陈独秀

唐宝林 著

全传

社会科学文献出版社
SOCIAL SCIENCES ACADEMIC PRESS (CHINA)

简体字版前言

    春寒料峭情迟到，花立寒春分外娇。在经过了北京历史上少有而漫长的超低温寒春和重污染雾霾之后，和风和暖阳终于姗姗而来。出乎我意料的是，拙著《陈独秀全传》简体字版也随之而至，给我有久渴逢甘露之感。命运之眷顾确是很难预测。

    饮水思源，拙著今天得以与读者见面，首先我要感念香港中文大学出版社（社长甘琦女士），是他们在我最困难、最绝望的时候（2009 年）接受了我长达 100 多万字的初稿，然后花费巨大的人力和财力，请专家匿名审读，与我共同进行（通过电子邮件）编辑、修改和整理，于 2011 年 11 月出版发行了繁体字本。该书不到两个月就获得香港《亚洲周刊》评选的 2011 年度非小说类"十大好书"第二名，充分展示了香港出版界、学术界和媒体界博大精深的人文情怀，因此也在港台和海外读者中引起广泛的关注，内地的读者亦然。之后，令人意外的是，这部本应被冷落（篇幅太长且是学术著作）的初版书，竟然在一年零两个月时间内，被读者抢购一空，在 2013 年春节前出现脱销现象。一些购买者奔走相告，有的甚至"投诉"到我的邮箱中。出版社立即加印修正版二刷，节后即应声入市。在此，我对广大读者和出版社的厚爱，表示衷心的感谢。

    中国社会科学院的社会科学文献出版社一直在关注着我的这本书。他们以诚意和对学术的敬畏之心获得香港中文大学出版社的理解、宽容与合作，最终获得出版简体字版的版权，使我的"中国梦"——拙著返回生我养我的故土，报答父老乡亲——得以实现。我现年已经 74 岁，以此句号，结束学术生涯，足矣。

    在繁体字版面世期间，我收到了港台、海外读者和内地读者的大量来信，除了殷殷鼓励之外，也有不少古道热肠的指教和建议，许多是不曾谋面甚至不留真名（电子邮件用的是化名）的"一字师"。其中最使我感动、最应该纪念的是以下几位。

一是我的学长、中国社会科学院陈铁健研究员。他对于陈独秀1925年一首重要政治诗（羁情脉脉感年芳，余梦愔愔入渺茫）的字句辨认提出了正确的读法，对诗中的"白塔"也提出了更为合理的阐释。

二是中共中央党校党史部的领导和教员们。他们最早关注、研读繁体字本，并专门召开了此书的研讨会，热情邀请我去参加聆听和讨论，使我深受教益。特别是李东郎教授的发言，主要谈陈独秀在大革命中的弱点和责任问题，入情入理。我因十年主持陈独秀研究会的陈独秀冤案"正名"平反工作，自觉不自觉地投入感情，替陈打抱不平，因此对他自身的弱点探讨甚少。当我意识到这个问题时，已经难以自拔。李教授的发言，使我茅塞顿开。于是我在这次简体字版中增加了一节"陈独秀自身的弱点"，弥补了本书一个重大的不足。

三是本书的审查单位中央党史研究室。他们抱着对学术和学者关怀的态度，以尊重本书对史料的运用、保护独立见解为出发点，认真仔细地审读了全稿，指出了严肃的问题和许多中肯、具体并可操作的修改意见，终于使本书得以顺利出版。

以上不少意见，已经在繁体字版二刷改正，还有些意见，也已在此简体字版中修改。此外，简体字版并在篇幅上略有增加，内容更加充实。但必须说明：在基本史料和基本观点上，两个版本的书是一致的。

虽然本人在大家的帮助下，做了以上努力，但毕竟学识有限，种种舛误和不足尚不能免；有些学术问题，更可以再探讨。学无止境，本人愿意并衷心希望广大读者继续给予批评指教，以使拙著再有进步。

唐宝林
2013 年 4 月于北京

繁体字版前言[*]

1979 年，我 40 岁。在十年"文革"和它的前身"四清运动"中浪费了一生中最宝贵的青春年华后，我由一个大学的政治教员，茫然地跨进了一个藏龙卧虎之地——中国社会科学院近代史研究所，进行中国革命史研究。社科院近代史所位于北京王府井大街东厂胡同一号，曾是明代的特务机关、北洋政府黎元洪大总统宅第、学术大师胡适的住宅。对于自己学识水准能否胜任近代史研究最高机构的任务，我心中一点也没有数。

然而，我是一个幸运者。近代史所革命史研究室的领导人，是延安"小八路"出身、性格开朗、热情提携后人的史洛明女士。"文革"中，她看到那些过去亲密无间的战友，一夜之间就翻脸不认人，都被咬得遍体麟伤，而她自己，非但不承认莫须有的罪名，也决不捏造罪名陷害他人。她为此吃尽了苦头，伤透了心，有点"看破红尘"的心绪，故而要求调到研究所来，清静地研究一点历史，了却余生。巧的是，她的安徽老家，七拐八弯，与陈独秀还有点远亲关系。几十年来她在党内总听到陈独秀是"右倾机会主义"、"汉奸"、"叛徒"、"反革命"，但又始终拿不出一条证据来，心中一直疑惑不解，现在想弄弄明白。她说："小唐，你就与我一起做陈独秀的研究吧！先从他的后期着手。"——因为，上述陈独秀的罪名，都发生在他的后期。

做此研究，谈何容易！陈独秀案是在极其复杂的年代中党派斗争的产物，被中共中央数个决议所铁定。陈独秀与托派结合后成立了中共反对派组织，也即中共到目前为止唯一的反对党。因此，他的后期历史资料是严厉封存的绝密档案。别说学者，就是高官，没有特殊的理由和审批手续也是不能

---

[*] 此文为香港中文大学出版社 2011 年繁体字版前言，收入本书时有删节。

查阅的。陈独秀研究成了禁区，能发表的，只能是批判，批判，再批判……老一代史学家中，个别有一点正义感的人如孙思白、丁守和、彭明、林茂生等，在论述五四新文化运动时客观评价过陈在这个运动中的作用，就立即遭到批判、打击和迫害。

机遇终于出现了。当我们开始收集陈独秀后期资料时，"文革"刚结束不久，各项工作包括各地的档案管理还未完全走上正轨。我们花了约一年时间，在北京、上海、南京收集到相当完整的陈独秀后期和中国托派的系统资料，犹如发现了一座储藏量丰富的金矿。系统到什么程度？可以说，它包括了从1929年被开除到1942年去世前，陈与中共中央斗争的几乎全部文件、文章和书信；1929年转向中国托派及1931年被选为托派中央书记后，陈与国民党、共产党及托派内部极左派进行斗争及呼吁联合抗日的几乎全部文件、文章和书信；中国托派从1927年大革命失败后在莫斯科诞生，到1952年在大陆上被取缔时的几乎全部文件、文章、书信。

为什么这些资料会如此全面而系统？中国托派产生及陈独秀加入后，组织和活动中心一直在上海，由此向全国辐射。其活动完全归结为一张机关报上的宣传及散发小册子和传单，由于地下斗争的恶劣环境，这些材料绝大多数是手刻油印件，甚至是用印蓝纸手工复印或手写的原稿。1949年大陆政权易手，除少数托派领导人把组织转到境外之外，绝大多数托派分子转入地下，继续收藏着这些资料。中共忙于对付国民党残余势力及整顿经济，托派分子以为可以继续活动，因此又活跃了起来。没料想，他们的组织与活动完全被中共掌握。1952年12月22日夜，依照毛泽东的命令，全国统一行动，对大陆的托派分子及其同情者实行大逮捕、大抄家。中共继而在全国掀起肃托运动，把散落在民间及所有图书馆中的有关陈独秀和托派的资料全部彻底地清查出来，经过整理，加以封存。

获得这批后期历史资料后，为贯彻资料共用和推动全国陈独秀全面研究的原则，我们于是联络安徽、上海、北京三地对陈独秀有研究的学者收集、研究陈独秀并最终编辑《陈独秀研究资料》，共分四卷。安徽学者主编第一卷（1879～1915），即陈独秀早期资料，陆续收集到《江州陈氏义门宗谱》、迄今发现的陈独秀最早的著作《扬子江形势略论》、早期创办的刊物《安徽俗话报》等；北京学者主编第二卷（1915～1920），收集到陈独秀在广东省任教育委员会委员长时期出版的《广东群报》，记录了陈的大量言论和活动；上海学者主编第三卷（1921～1927），收集到陈独秀领导的"五卅运动"和"上海工人第三次武装暴动"资料，其中在上海"三暴"时期陈主持的中共特委会会议的原始记录尤其珍贵；近代史所则利用上述资料主编第四卷（1927～1942）。这四卷资料都是综合性的，包括陈独秀未发表过的论著、有关各种档案资料、亲友回忆录和各方评论等，准备交中央直属的、中国最重要的政治书籍出版单位人民出版社出版。

与此同时，不少学者冲破阻力，纷纷发表文章。有的对陈独秀的诬名提出质疑，有的直接为其辩诬。笔者也在中国革命博物馆刊物《党史研究资料》（1980年第16期）发表了处女作《旧案新考——关于王明、康生诬陷陈独秀为"汉奸"问题》。接着又运用整理编辑《陈独秀研究资料》第四卷的材料和心得，写了三万多字的论文《试论陈独秀与托派问题》，发表在中国社会科学院的史学界最高权威刊物《历史研究》（1981年第6期）上。该文批驳了陈与托派相结合是"走向反革命"的传统观点，获得该杂志优秀论文奖。

北京的政局如初春的天气，乍暖乍寒。1984年初，《陈独秀研究资料》四卷初稿陆续编出，第一卷已经被人民出版社审阅通过。然而此前，发生了"清除精神污染运动"，"陈独秀右倾机会主义"不能成立的观点，被定为学术领域"精神污染"的主要表现，受到了批判。《陈独秀研究资料》的出版也受到指责。有关部门称："近年有些刊物发表为陈独秀错误辩护的文章……这是很不妥当的。望告各有关刊物，此后严肃注意防止再发生同类事情。"并指出"不能为他被开除出党和进行托派活动翻案，更不能把他看作党内人物"，致使《陈独秀研究资料》胎死腹中。

此前，我开始撰写《陈独秀传（下册）——从总书记到反对派》一书（此著为李新主编的革命史丛书之一，该书上册已由丛书编委会成员之一任建树先行接手），在"清除精神污染"运动被迫结束以后得以面世。但由于形格势禁，为了能够顺利出版，该书在观点上未能有较大突破，资料运用也不能不有所顾忌。尽管如此，此书还是受到了欢迎，在上海图书馆的借阅率好几年名列前茅。而且，由于陈独秀后期档案资料很快又被查封，并转移到北京中央档案馆，不让学者研究使用，这本书成了所有研究陈独秀后期历史的学者必阅的"工具书"。

就在《陈传》下册出版前夕的1989年3月，我与十几位来自全国各地的陈研学者，在北京成立了"陈独秀研究会"，决心把对陈的研究与"正名"工作推向前进。1992年，我出任该会秘书长（后来改选为执行会长）。次年10月，我为该会创办并主编会刊《陈独秀研究动态》，为全国陈研学者提供一个交换新资料、新观点的平台。同时由陈研会组织，两年一次，逢陈独秀生日和忌日轮流在其各个历史活动地举行全国性的学术研究讨论会，交流学术成果，并推动为陈独秀正名的运动向纵深发展。我们陆续把"十宗罪"推倒了九宗，只剩下"陈独秀右倾机会主义"，由于缺乏有力的资料，无法撼动。

真所谓"山重水复疑无路，柳暗花明又一村"。正在这个时候，1994 年由俄罗斯科学院现代历史文献保管与研究中心同德国柏林大学东亚研究会联合编辑的大型系列档案文件集《联共（布）、共产国际与中国革命》（1920 ~ 1949）由中央党史研究室组织有关专家陆续翻译出版。首先出版的 6 卷，正好收录的是关于陈独秀在共产国际帮助下从 1920 年创建中共，到 1927 年大革命失败的几乎全部绝密文件。从中，人们可以十分清楚和详细地看到，陈独秀怎样在共产国际代表的指导下创建中共，又怎样被迫加入共产国际成为它的一个支部；怎样被迫接受国际命令加入国民党实行党内合作；怎样一次又一次地被迫放弃独立发展中共、独立进行革命的主张，接受斯大林为首的联共中央政治局和共产国际的训令向国民党让步、屈服，从而成为国民党进行北伐战争的附庸和助手；以及 1927 年 4 月至 7 月，国民党怎样把中共打入血泊中，斯大林又是怎样把失败的罪责推到陈独秀身上。所有这些，彻底地推翻了"陈独秀右倾机会主义"。这项罪名，原来是斯大林文过饰非，把陈独秀当替罪羊的产物。

除陈独秀问题外，本人还在多个领域从事研究，著有《宋庆龄传》（主笔）、《马克思主义在中国 100 年》、《中国托派史》等，多数获得重大奖项，并获得"政府特殊津贴"，该奖是为那些为我国社会科学事业做出突出贡献的学者而设。但我也因多次闯禁区、踩线而受到警告，甚至走到"严惩"的边缘。有人对我说："你是新中国共产党培育的学者，不为现实政治服务，违背正统观点，是严重错误。"我回答说："我爱我师，我更爱真理。"况且，党的基本原则正是"实事求是"，我求真实写历史，无愧于党，更无愧于祖国和人民，无愧于历史。

本书的写作动机，正是在这样的情况下产生的。笔者企图把自己近 30 年来积累的资料和思考毫无保留地奉献给广大学者，特别是那些在为陈"正名"的战斗中结为战友的先生和女士们。同时，我也要说明，本书所以能如此全面的贡献陈研资料和许多反传统的观点，是由于吸收了以上提到的全部资料和陈研会会员的研究成果，故而大胆地取名为《全传》。为了求"全"，初稿近百万字。由于篇幅有限，在香港中文大学出版社的帮助下，若干内容只得割爱，减缩成现在这个版本，但与国内外几本陈传相比，还是最全的，所以未改书名。自然，随着时间的推移，此书的所谓"全"也是相对的，只是指就目前国内外的研究状况而言。所以，本著实际上是广大有良知的陈研学者集体的创作。为此，我向广大陈研学者，向广大原陈研会会员，表示衷心的感谢和崇高的敬意。

还要指出的是，本著在撰写过程中还得到日本京都大学石川祯浩教授、东京大学佐佐木·力教授、庆应义塾大学长堀祐造教授和弘前大学李梁教授的热情帮助。这种国际友情产生于前几年日中关系紧张的时期，让我十分感动。另外，我还收到邵育信先生（瑞士籍，原中国托派中央临委邵鲁之子）和原中国托派老人、已故的郑超麟、王凡西（英国籍）先生提供的许多资料和信息，在此也一并感谢。

本著的撰写，是我在陈研会无法立足时向会员的许愿之举。但是为了照顾妻子的病体，研究与撰写工作只得断断续续地进行，本来准备两三年完成的工作，现在花了整整五年，使许多朋友和陈研会员等得太久，这也是需要说明和表示歉意的。这一点想必大家也能理解。

我的妻子魏淑敏，为我三十年学术生涯提供了全部的后勤保障，让我能够专心于学术研究。为此她操劳过度，从2003年起，几次发生脑血栓、心肌梗、股骨骨折等病危状况，近年来发展到全身瘫痪，直到近乎"植物人"的程度，使我感到深深的歉疚。本书在出版社审阅期间，即2009年3月9日，她不幸病逝，未能见到本书的出版，遗憾之至！

明年我将进入古稀之年，本著乃笔者的封笔之作。香港凌文秀先生为本著的出版热情奔走；香港中文大学出版社提供了出版机会，为我的学术生涯画了一个圆满的句号，为此我对他们无比感激。我还要特别感谢本书编辑吴永嘉小姐和出版社为此延请的特约编辑胡泊先生出色的工作。出版社按国际规格，要求甚高，所提修改意见对我帮助很大。我也曾努力为之，但几十年来大陆在这方面的低规格积习已深，尤在资料的运用和注释上限制较多，致少数地方仍有缺憾，望读者见谅。

2009年10月9日是陈独秀诞辰130周年。本著恰逢此时完成，乃是对这位历史伟人的最好纪念。

唐宝林
2008年10月初稿
2009年7月修改

中国学术界为陈独秀正名的艰难历程（代序）

唐宝林

1927 年 8 月 7 日中共中央紧急会议（八七会议）决议、1929 年 11 月中央政治局开除陈独秀党籍的决议、1945 年六届七中全会通过的《关于若干历史问题的决议》，是对陈独秀命运产生决定性影响的三个重要决议。这些决议以及根据这些决议所做的其他文件、领导人讲话、文章，和毛泽东秘书胡乔木 1951 年写的《中国共产党三十年》，给陈独秀扣了十顶帽子，我们称之为莫须有的"十宗罪"：机会主义的二次革命论、右倾机会主义、右倾投降主义路线、托陈取消派、反苏、反共产国际、反党、反革命、汉奸、叛徒。

1978 年中共中央十一届三中全会后，学术界有些人利用思想解放、政治空气稍有活跃的时机，开始挣脱枷锁，独立思考，以科学的态度，对陈独秀一生的思想和活动，进行重新考察，发现以上罪名都不能成立。除了"汉奸"罪名完全是诬陷之外，有的属于权力掌握者的"理论解释权"（即"成王败寇"）的产物，有的则是把革命阵营中的不同意见"妖魔化"的结果。因此，站在正义的立场上，此案是中共党史上一桩最大的冤假错案。现把这个考察情况简述如下。

一 "五四无陈论"与"一大错误选择论"的破灭

关于五四和建党时期的陈独秀，新中国成立初期，中共中央宣传部 1954 年 12 月 2 日给中央的一个请示报告中指出："最近，关于陈独秀在五四运动前后的作用的估价问题，由于这个问题涉及有关五四运动的历史论述和资料的编辑，因而屡次被提出来。人民出版社出版的《中国现代史丛刊》

有一本《五四运动》，就因为不能肯定陈独秀的文章可否选入而只得暂时把编好的稿子搁下来；《中国青年》编辑部曾经怀疑五四运动时期的历史论文是否可以提到陈独秀的名字；马列学院编辑中国革命报刊史同样遇到这个问题。最近四川武隆县委宣传部也来信问："苏联对革命叛徒贝利亚的文章和照片统统烧掉，为什么三联书店出版的《中国近代史资料选辑》一书中还选有革命叛徒陈独秀的文章《新青年罪案之答辩书》？"为此，报告提议：

> 有关的历史事实的叙述可以不必避免提及他，有关的历史资料，可以选录他的一部分有影响的论文，但是，应有适当的批判，或加注说明他在当时的作用和后来叛变革命的行为。①

这个提议，实际上受胡乔木《中国共产党三十年》的影响。这本书以及20世纪五六十年代作为高校教科书普遍使用的《中国革命史讲义》（胡华著），写到五四新文化运动时，一般都不提陈独秀，而只提李大钊，有的仿照毛泽东的做法，再加一个"新文化运动的主将鲁迅"；讲建党前马克思主义的宣传，只讲李大钊和毛泽东，也不提陈独秀。《讲义》甚至说毛泽东在1920年"为在中国建立无产阶级政党作了思想上的准备"（毛泽东自己在1936年曾对斯诺说：他在1920年听了陈独秀的一次谈话、读了陈独秀推荐的《共产党宣言》等三本马克思主义的书后，才转变成一个马克思主义者——引者）。当写到中共一大不得不提到陈独秀被选为中央局书记时，他们也要强调"陈独秀不是一个好的马克思主义者"，并说"他以马克思主义面貌出现，而实质上是小资产阶级革命家"；陈独秀之被选为党中央领导人，是由于"党在初创时的幼稚所致"，是全党"错误的选择"。②

在这样的政治和学术气氛中，一些研究五四和马克思主义在中国早期传播的学者，由于在具体论述中不能回避陈独秀的历史作用，纷纷遭到批判，如孙思白、丁守和、彭明、林茂生等。在"文化大革命"中，更遭到"触及皮肉"的批斗。他们的"罪名"就是"为叛徒陈独秀翻案"！

"文革"结束，中国迎来了改革开放的新时代。1979年纪念五四运动

---

① 《一份关于陈独秀的文件》，唐宝林主编《陈独秀研究动态》第1期（1993），北京陈独秀研究会，内部资料，第4～5页。
② 胡华：《中国革命史讲义》，中国人民大学出版社，1962，第38、54页；毛泽东：《中国革命战争的战略问题》注4，《毛泽东选集》第1卷，人民出版社，1951，第238页。

60 周年、1981 年纪念建党 60 周年时，国内学者都举行了盛大的学术研讨会，发表了一批重要文章，其中，针对以上情况，也提出了应该肯定陈独秀在五四和建党时期的应有地位和作用。如以儒将闻名的萧克将军在中共建党 60 周年学术研讨会上说："陈独秀问题，过去是禁区，现在是半禁区，说是半禁区，是不少人在若干方面接触了。但不全面，也不深入，大概有顾虑。""不认真研究陈独秀，将来写党史会有片面性。不久前看纪录片《先驱者之歌》，就看不出五四时期的总司令和创党的最主要人物。在创党的镜头中，一出现就是李大钊。然而'南陈北李'是合乎历史事实的定论。李大钊作为建党主要人物之一是对的，但陈独秀应属首位。"①

1981 年 7 月 17 日，《人民日报》在头版头条发表毛泽东在 1945 年 4 月 21 日中共七大预备会议上的讲话。谈到陈独秀，毛泽东深情地说：

> 他是有过功劳的。他是五四运动时期的总司令，整个运动实际上是他领导的。那个时候有《新青年》杂志，是陈独秀主编的。被这个杂志和五四运动，警醒起来的人，后头有一部分进了共产党。这些人受陈独秀和他周围一群人的影响很大，可以说是由他们集合起来，这才成立了党。他创造了党，有功劳。

随后，经过众多学者的长期广泛的论证和宣传，陈独秀是"五四运动时期总司令"、中共主要创始人的观点，逐步被各界人士所认知，并被官方接受。如 1984 年 3 月 19 日一份发向全国的 13 号文件，② 主题虽是防止对陈独秀的不妥当宣传及"不准翻案"，但其中也不得不承认："陈独秀在建党时期有不可否认的功绩。"中央党史研究室撰写的中共党史范本，即 1991 年、2002 年出版的《中国共产党历史》，以及获中宣部、文化部奖的电影《开天辟地》、电视剧《日出东方》，都热情洋溢地歌颂了陈独秀在五四和建党时期的历史功绩。可见，此时已比较彻底地否定了统治中国舆论界几十年的"五四无陈论"和"一大""错误选择论"的传统观念。

---

① 转引自《欧远方文选》，香港：语丝出版社，2002，第 457 页。
② 中共中央宣传部：《关于严肃注意防止不适当地宣传陈独秀的通知》（中宣发文第 13 号），1984 年 3 月 19 日。

二　13号文件为陈独秀汉奸罪公开平反

1935 年 12 月 1 日，当时在苏联人民中威望比斯大林高的基洛夫在列宁格勒斯莫尔尼宫被刺杀。此案由于凶手和侦查凶手的人员很快被消灭，至今还是个谜。但是，斯大林迅速抓住时机，对过去各个不同时期的不同意见者，进行了大审判、大清洗。从季诺维也夫、加米涅夫、布哈林到流亡在国外的托洛茨基，在国内的，经过逼供信后，全部枪毙；原先已被驱逐出境、辗转流亡到墨西哥的托洛茨基，也被斯大林派去的克格勃用斧子残忍地砍死。与此同时，为了配合联共的这个疯狂运动，当时在莫斯科分任中共驻共产国际正、副代表的王明、康生（1937 年 11 月回国）先后在共产党的机关报——巴黎的《救国时报》、延安的《解放》和武汉的《群众》及《新华日报》上诬陷陈独秀是每月向日本侦探机关领取三百元津贴的汉奸。此说当时就引起舆论大哗，纷纷要求中共拿出证据来。陈独秀也发表声明予以批驳，并准备付诸法庭。后来由于周恩来做了许多工作，并由徐特立出面调解，再加上抗日战事吃紧，武汉很快失守，此事虽未闹上法庭，却一直未了。于是，陈独秀头上"汉奸"这顶帽子，一直到死也没有摘掉。1951 年出版毛泽东亲自审定的《毛泽东选集》时，有一条注释，还完全重复 30 年代王明、康生对陈独秀的诬陷：

> 在一九二七年中国革命遭受失败之后，中国也出现了少数的托洛茨基分子，他们与陈独秀等叛徒相结合，于一九二九年形成一个反革命的小组织……在九一八事变后，他们接受托洛茨基匪贼的"不阻碍日本帝国占领中国"的指令，与日本特务机关合作，领取日寇的津贴，从事各种有利于日本侵略者的活动。[1]

1930 年代王明、康生诬陷陈独秀是"汉奸""叛徒"时，人们以为毛泽东对此是不同意的，现在看来，当时的确是不同意的，但后来发生了转变。因为，在王明、康生 1937 年 11 月从莫斯科回国前，1936 年 4 月 25 日，以毛泽东为首的中共中央发表《为创立全国各党各派的抗日人民阵线

---

[1]　毛泽东：《论反对日本帝国主义的策略》注 29，《毛泽东选集》第 1 卷，第 164 页。

宣言》①，其中被呼吁的 40 个党派及团体名单中，就有"中国托洛茨基主义同盟"。1937 年 8 月，陈独秀出狱时，中共中央机关报《解放》还发表"时评"，对陈独秀表示欢迎和期待："当陈独秀先生恢复了自由以后，大家都在为陈先生庆幸，希望……（他）重振起老战士的精神，再参加到革命的行伍中来。"② 但在 1938 年 9 月六届六中全会上解决了王明企图夺权的问题后，毛泽东不敢得罪斯大林，继承了王明诬陷陈独秀为"汉奸"的衣钵。

1979 年、1980 年，学术界在首先为陈独秀五四和建党问题正名的同时，大胆地对"汉奸"论提出质疑。笔者也发表《旧案新考——关于王明、康生诬陷陈独秀为汉奸问题》③，进行论证。此事立即引起重视。1984 年中宣部的 13 号文件《关于严肃注意防止不适当地宣传陈独秀的通知》终于明确承认："三十年代王明、康生诬其为日寇汉奸，亦非事实。"实际上为陈独秀的"汉奸"罪进行了平反。

三 "邓小平理论"等于是对"陈独秀机会主义二次革命论"的彻底平反

从 1928 年 11 月蔡和森发表《中国革命的性质及其前途》④ 起，中共领导人及几乎所有大陆学者，都把陈独秀视为"机会主义二次革命论者"，起因是 1923 年陈独秀发表的两篇文章：《资产阶级的革命与革命的资产阶级》《中国国民革命与社会各阶级》。因为，陈独秀在文章中明确认为："国民革命成功后，在普通形势之下，自然是资产阶级握得政权。"蔡为适应斯大林和中共丑化陈独秀的需要，就把这个观点想当然地断定为陈独秀主张在民主革命与社会主义革命之间横插一个资本主义发展阶段。从此，大陆学者都不再认真去读陈独秀文章的本意，而是因循讹传蔡和森的观点，故意不提陈独秀文章中紧接着还有另一句话：若有特殊情况，"工人阶级在彼时能获得若干政权，乃视工人阶级在革命中的努力至何程度及世界的形势而决定"，即如俄国二月革命后的十月革命。改革开放后，首先是大庆师专的贾立臣先生

---

① 中共中央统战部、中央档案馆编《中共中央抗日民族统一战线文件选编》（中），档案出版社，1985，第 137 ~ 139 页。

② 冰：《陈独秀先生到何处去》，《解放》第 32 期，1937 年 11 月 20 日。

③ 中国革命博物馆编《党史研究资料》1980 年第 16 期。

④ 《布尔塞维克》第 2 卷第 1 期，1928 年。

在主编《中国现代史》时，否定了关于陈独秀 1923 年的两篇文章的论述是所谓"机会主义二次革命"论的观点，认为陈"对中国革命的两种前途，已做出了科学的预见，较之认定只有一种前途的观点是很大的进步"；"陈独秀对中国社会各阶级的分析和对革命前途的预见，对推动国共两党早日实现合作，起到了积极作用，对中国共产党关于新民主主义革命基本思想的提出作了一定贡献"。① 随后，日本学者江田宪治更明确地指出，陈独秀是"两阶段连续革命论者"。② 因为陈独秀认为，不管民主革命由谁来领导（即使是资产阶级领导），胜利后由谁来掌握政权（即使是资产阶级握得政权），紧接着无产阶级有可能进行社会主义革命。他并以陈文中所述的俄国 1917 年二月资产阶级革命到十月社会主义革命的过渡为佐证，强调从来没有人说领导这个过渡的列宁是"机会主义二次革命论者"。

但是，由于政治压力和传统观念影响太深，几十年来，几乎没有一个人能像贾立臣和江田先生那样认真研究陈独秀文章的原意。直到 1999 年 3 月，在中共中央党史研究室召开的编修新的《中国共产党历史》讨论会上，笔者转达江田先生的观点，并提出疑问：如果陈独秀所指的国民革命胜利后资产阶级握得政权的情况，是指俄国二月革命后的状况——资产阶级掌握政权，建立了资产阶级政府，紧接着发生十月革命，由此，能不能也说列宁是"机会主义二次革命论者"？在场的众多权威学者才承认"不能"！然后，笔者又指出：现在，当我们总结苏联建设社会主义及最终解体的历史教训和 20 世纪 50 年代中国建设社会主义失败的教训，我们发现，在民主革命后，即使是所谓的无产阶级握得政权，在社会经济上，必须有一个长期的发展或利用资本主义经济的阶段，否则奢谈社会主义就是民粹主义的空想。所以，陈独秀 1923 年两篇文章中的思想，不是右，反而是"左"。因为他认为民主革命后，社会主义革命会紧接着很快发生，排除了有一个漫长的资本主义发展阶段。但是，这时他的这个观点还是动摇的。直到 1938 年，陈独秀才真正有所觉悟，连续发表《资本主义在中国》《告反对资本主义的人们》《我们不要害怕资本主义》等文章，对像中国这样落后的国家必须充分发展资本主义经济才能过渡到社会主义的观点，进行了全面论述。这时，陈独秀才变成上述批判中所称的地地道道的所谓"二次革命论者"。但是，这恰恰

---

① 贾立臣主编《中国现代史》，黑龙江教育出版社，1989，第 87 页。
② 日本京都大学人文科学研究所编《东方学报》第 62 册，1990 年 3 月，第 547 页。

是马克思主义的理论。中国马克思主义理论家胡绳在晚年也明确指出：所谓"二次革命论"，"这确实也是马克思主义的"；"马克思主义讲不断革命论，就是这个意思"。[①]

改革开放后，改计划经济为市场经济，起初对市场经济是姓"社"还是姓"资"，争论得很激烈。邓小平说，不争论这个问题，"摸着石头过河"，先干起来再说，因此而有"中国特色社会主义"。在这种情况下，2001年，中共中央为纪念中共成立80周年而出版的《中国共产党简史》及次年出版的新编《中国共产党历史》（第一卷）也不再批判陈独秀的"机会主义二次革命论"了。

四　新版毛选放弃了六项"反革命罪"的指控

陈独秀于1929年被开除出党，并被定下取消派、反党、反共产国际、反苏、反革命、叛徒六项罪名，都是因为他走上了与托派相结合的道路。但是，人们只知道陈独秀转向托派以后采取了与共产国际及中共中央对立的立场，至于他究竟有什么主张，进行了什么活动，为什么是取消派、反革命、叛徒，大家是不清楚的。党的决议都笼统地说他转向托派后"客观上""走向反革命方面去了"。就这样，慑于党的纪律，没有人提出异议。几十年过去了，这几乎成了铁案。即使毛泽东在中共七大预备会议上称陈独秀是"五四运动时期的总司令""建党有功"时，也不得不说："后来，陈独秀反对我们，搞成托陈取消派，走到反革命方面去了。"造成这种状况的一个重要的客观原因是，从1929年陈独秀与托派开始接触，一直到他逝世，他的政治主张、托派活动以及与党的争论，都是在少数人中、极端秘密的情况下进行的；他的政治主张和某些重大的托派活动报道，也大多发表在印量极少的托派油印的机关报、小册子、传单和私人通信上。这些稀少的材料原先保存在少数留在大陆的托派骨干分子手中。但是，1952年12月22日，在上面的命令下，全国一致行动，把大陆上的托派分子及其同情者全部逮捕，接着搞了一个全国性的肃托运动，所有有关陈独秀和托派的材料都被彻底清查出来，作为绝密档案被严密封存。于是，陈独秀与托派结合的真相，也就被封锁了起来。"文革"中，管理失控，资料暴露。1980年、1981年，笔者

---

① 胡绳：《论"从五四运动到人民共和国成立"》，社会科学文献出版社，2001，第48页。

在收集陈独秀后期资料时，看到了这些档案，终于了解到陈独秀在 1927 年大革命失败后到 1942 年逝世的系统主张和活动状况，同时也了解到中国托派从 1927 年在莫斯科留学生中产生到 1952 年覆灭的历史全过程。

随后，笔者在运用这些资料编辑《陈独秀后期研究资料》（内容包括陈独秀未刊文章、书信、他人写的回忆录及其他各种有关陈独秀的珍贵资料）的同时，撰写了《试论陈独秀与托派关系》的论文，以 3 万多字的篇幅发表在 1981 年《历史研究》第 6 期上，立即引起学术界的重视。

文章以大量无可争辩的原始档案资料，叙述了陈独秀从 1929 年春到 1942 年逝世期间，与托派相结合、争吵、分离的复杂过程，以及在此期间他与共产党的矛盾、反对日本帝国主义侵略和国民党独裁统治的斗争。文章指出：在陈出任托派中央领导人期间，曾领导托派进行过许多重大的"反日反国民党"革命行动，抗战爆发后，也做过许多抗日工作，所以，不能称其为取消革命的"取消派"，更不能视其为"反革命"。因为在民主革命时期，衡量革命与反革命的标准，只能是一个：是否反帝反封建反国民党独裁统治。在这个问题上，陈独秀是一个坚定的革命派。而他与共产党的矛盾，主要集中在农村包围城市的革命道路问题上，他认为革命应该像欧洲那样，共产党是无产阶级的党，不能离开城市、离开工人阶级而到农村去与农民相结合；否则共产党就会农民意识化，革命就会像历史上的农民起义那样没有胜利的希望。就马克思主义理论和策略而言，这没有错，只是在运用到中国实际中时成了教条主义，自然是错误的。但这个错误的性质是革命阵营内部的思想路线分歧，不应定为"反革命"。而且，从长远来看，陈独秀对中共政权的命运预测是否正确，还有待观察。至于说陈反苏、反共产国际（主要是反斯大林），这倒是事实，但这种反对是完全正确的，是伟大的预见，不能被定为所谓"罪名"。

这篇文章发表后，引起两方面的强烈反响。学术界认为填补了一项空白，1983 年纪念《历史研究》杂志社成立三十周年时，该文与其他 8 篇文章一起，获得《历史研究》1980～1983 年优秀论文奖。

但是，有关文件提出："近年有些刊物发表为陈独秀错误辩护的文章……这是很不妥当的。望告各有关刊物，此后严肃注意防止再发生同类事情。"并指出"不能为他被开除出党和进行托派活动翻案，更不能把他看作党内人物"。《历史研究》等刊物也因此很长时间不再发表有关陈独秀研究的文章。

因为"不能把他看作党内人物"，所以，1980 年至 1991 年期间编辑出版的《中共党史人物传》第 1～50 辑共 632 人中，没有陈独秀。而陈是党的主要创始人，并连任党的五届中央最高领导人。虽然时间不是最长，但连任届次是建党以来最多的。

当时上海人民出版社出版的《党史资料丛刊》（1983 年第 3 辑）和中央党史研究室编的《中共党史资料》（1982 年第 2 辑）两个内部发行刊物刊登陈独秀 1934 年在国民党狱中写的一组七绝诗《金粉泪》五十六首全文及手书墨迹影印和著名学者陈旭麓作的注释一事，也被说成"很不妥当的"。《中共党史资料》为此被迫做了检讨。而这五十六首诗的全部内容是以嬉笑怒骂的手法抨击日本帝国主义侵略和国民党领导集团腐败、卖国、独裁罪行的，一点"反共"的色彩都没有。

与此同时，1984 年，人民出版社准备编辑出版的陈独秀文集也受到限制，最后只能以《陈独秀文章选编》之名"内部发行"。其他计划出版中的该书的补编以及陈独秀研究资料等，都因各种规定限制而被迫取消。

但是，学术界继续沿着求真求实的道路走下去。1989 年，按照《试论陈独秀与托派关系》的思路，笔者写的《陈独秀传——从总书记到反对派》一书，由上海人民出版社公开出版，书中不仅再次全文收录了陈的《金粉泪》五十六首并作全面注释，而且再次全面否定了托派时期的陈独秀是"反革命"的传统观点。1993 年，上海人民出版社出版《陈独秀著作选》三卷本，其中也收录了《金粉泪》五十六首，以及陈晚年的书信和文章。1995 年，时代文艺出版社出版了目前收录最全的《陈独秀诗集》，包括《金粉泪》，并有详细注释。1989 年出版的《中国大百科全书》中笔者所写的"陈独秀"条目，和1994 年出版的《中华民族杰出人物传》丛书（10）中笔者所写的《陈独秀传》，都取消了以上传统观念给陈扣的十顶帽子。1994 年，鉴于广大学者对"不能把陈独秀看作党内人物"这一规定的强烈反对和不满，《中共党史人物传》出版第 51～100 辑时，终于把"陈独秀"列为第一篇。

就这样，所谓陈独秀与托派相结合是"反革命"的罪名，在广大学者的心目中，已经推倒；所谓"取消派"和"革命叛徒"之类的罪名，也不能成立。

与此同时，1991 年出版的《毛泽东选集》第二版关于"陈独秀"的注释，也做出了相应的改变，在写到 1927 年以后的陈独秀时，原先的"取消派""反革命""叛徒"一类的帽子取消了，改为："对于革命前途悲观失望，接受托派观点，在党内成立小组织，进行反党活动，一九二九年十一月被开除出党。"①

在革命低潮时期主张策略上的退却，不能视为"对于革命前途悲观失望"；反对在当时情况下武装进攻大城市，"首先夺取一省或数个省的政权"，进而夺取全国政权的极左路线，也不是什么"取消派"。虽然就党的体制和立场言，信仰托洛茨基主义，提出并坚持不同于党中央的政治主张，成立反对派性质的小组织，实属违纪，所以，执行党的纪律，把他开除出党，别人无权置喙，陈独秀对此也理直气壮地承认是事实，但不能因此说他是"反革命"。所以，中共中央文献编辑委员会的这条注释，没有再提所谓"取消派""反革命""叛徒"之罪名。至于反共产国际的问题，则要具体问题具体分析。

所谓"反苏"，就是反斯大林，也是从反共产国际衍生出来的。原则上来说，"反斯大林""反共产国际"，都没有错。斯大林有那么多错误，甚至杀人如麻，不应该反对吗？他和共产国际对别国革命瞎指挥，不应该反对吗？陈独秀是在大革命失败后的深刻教训中体会到中国革命应该由中国人自己来领导才能胜利，不能由莫斯科遥控。这一点，已经为中国革命的全部历史所证明。毛泽东也是这个观点，否则他也会成为瞿秋白、李立三、王明式的悲剧人物。具体到 1929 年的中东路事件，国民党不惜以发动战争的挑衅，强行收回中苏共管的中东铁路，是企图煽动中国人民的民族情绪，进行反苏反共，削弱东北军地方武装，残害中国人民。党中央没有洞悉其奸，对这个涉及中国人民民族利益和民族感情的复杂问题，遵照共产国际的决议和指示，提出了简单化的策略口号："保卫苏联！"这是错误的。中央还反复宣传这样一个观点：希望中苏战争快快爆发推动世界大战发生从而引发中国革命高潮早日到来。陈独秀从中国革命和中国人民的根本利益出发，反对这个错误口号，而提出"反对国民党误国政策"的口号，并指出战争无论怎样爆发，在中国领土上进行，受害的都是中国老百姓。陈独秀的这种立场和意见显然是正确的。在中东路问题上的争论，是当时定陈独秀为"反党、反苏、反共产国际"而被开除出党的一个重要根据，现在应该把这个问题说清楚，还他一个公道。②

---

① 《毛泽东选集》第 1 卷，人民出版社，1991，第 238 页。
② 参见唐宝林《陈独秀传——从总书记到反对派》，上海人民出版社，1989，第 45 ~ 53 页。

五 皮之不存，毛将焉附

陈独秀的托派问题之所以被搞得如此复杂，一个重要原因是中国托派被深深地打上了"汉奸""反革命"的烙印。所以，要彻底弄清这个问题，必须搞清中国托派是不是汉奸反革命。

上述 1951 年出版的《毛泽东选集》在注释毛泽东说的"反革命的托洛茨基分子"一词时，写道：

> 托洛茨基集团，原是俄国工人运动中的一个反对列宁主义的派别，后来堕落成为完全反革命的匪帮。关于这个叛徒集团的演变，斯大林同志于一九三七年在联共中央全会上的报告里，作过如下的说明："过去，在七八年前，托洛茨基主义是工人阶级中这样的政治派别之一……现时的托洛茨基主义并不是工人阶级中的政治派别，而是一伙无原则和无思想的暗害者、破坏者、侦探间谍、杀人凶手的匪帮，是受外国侦探机关雇用而活动的工人阶级死敌的匪帮。"①

紧接其后就是上引与陈独秀结合后的托派是汉奸、反革命的那些文字。20 世纪 30 年代以来，直到 1991 年前，中共文件都根据斯大林的这个说法和毛泽东审阅过的这条注释，把中国托派定成"汉奸""反革命"。

当初王明、康生诬陷陈时提出的两条"根据"——莫斯科审判苏联托派案时逼供信搞出来一条材料：托派国际总部指示中国托派"不阻碍日本侵略中国"；陈独秀为首的托派中央每月向日本间谍机关领取三百元津贴——也写进了这条注释。关于第二条，上文已详述，早已被证明是诬陷。关于第一条，在 1988 年苏联当局为 20 世纪 30 年代冤案的平反决定中，也已经被否定。

正是在苏联当局为苏联托派平反的 1988 年这一年，笔者应当时中央党史研究室副主任、《中共党史研究》主编郑惠所约，在此前一年已经完成的 24 万字的《中国托派史》初稿基础上，缩写了约 1 万字的论文《简论中国

---

① 毛泽东：《论反对日本帝国主义的策略》注 29，《毛泽东选集》第 1 卷，第 164 页。

托派》，刊登在《中共党史研究》1989 年第 1 期上（《中国托派史》1994 年在台湾出版）。文章引用中国托派当年发表的文件、机关报、传单、小册子（绝大部分是油印的），介绍了中国托派的具体历史，实际上否定了以上所有的不实之词，指出不仅陈独秀任托派中央书记时的托派是"反日反国民党"的，而且在陈独秀 1932 年 10 月被捕后，直到 1949 年国民党垮台前，中国托派也是反帝反国民党独裁统治的，他们与中共的分歧也是革命阵营内部的路线分歧（虽然他们的路线是错误的），不是反革命。

此文发表后，又引起广泛的关注。中共中央组织部、中共中央文献编辑委员会、中共中央党史研究室等都派人来向笔者了解有关情况。1991 年出版的《毛泽东选集》第二版，对于毛泽东在《中国共产党在抗日时期的任务》一文中，把中国托派与"我们的敌人——日本帝国主义、中国汉奸、亲日派"放在一起的说法，做了注释：

> 抗日战争时期，托派在宣传上主张抗日，但是攻击中国共产党的抗日民族统一战线政策。把托派与汉奸相提并论，是由于当时在共产国际内流行着中国托派与日本帝国主义间谍组织有关的错误论断造成的。[1]

这条注释，在指出托派错误的同时，第一次承认托派是"抗日的"，并指出了说托派是"汉奸""反革命"的来源，实际上也是非正式地为托派平了反。这对于 1942 年已经逝世的陈独秀来说，无疑是对"陈独秀取消派和反革命"的最彻底的平反。因为当年说陈独秀是反革命的唯一根据就是他"与托派相结合"。现在，皮之不存，毛将焉附？

六　解铃还须系铃人

"陈独秀右倾机会主义"这个问题最复杂，因此学术界的拨乱反正也最晚。这主要是因为以下几个原因。

第一，"陈独秀右倾机会主义和投降主义路线导致大革命失败"的结论，是在 1927 年大革命失败时由斯大林、共产国际定的。联共对各国共产

---

[1] 《毛泽东选集》第 1 卷，人民出版社，1991，第 270 页。

党以"老子党"自居，中共作为共产国际的一个支部必须服从。共产国际虽在 1943 年解散了，但"老子党"还在，新中国成立后，又加上了一个"苏联老大哥"。因此"陈独秀右倾机会主义"的真相始终未能揭开。所以，1945 年中共六届七中全会通过的第一个历史决议这样写道：

> 1924 至 1927 年的大革命，最后一个时期内（约有半年时间），党内以陈独秀为代表的右倾思想，发展为投降主义路线，在党的领导机关中占了统治地位，拒绝执行共产国际和斯大林同志的许多英明指示……这次革命终于失败了。[1]

第二，如 1957 年毛泽东在各国共产党和工人党莫斯科会议期间对南斯拉夫代表团团长卡达尔所说的，从 1927 年以后，中共在长期的对敌斗争中一直处于弱势，需要苏联的援助；建国后建设社会主义也需要苏联援助和经验借鉴。为此，没有必要去得罪斯大林和苏联。[2]

第三，毛泽东还对卡达尔说，第二次世界大战后，出现了以美国为首的帝国主义阵营与以苏联为首的社会主义阵营的严重对立，为了国际斗争和各个社会主义国家的利益，需要维护斯大林的领袖形象。1963 年在中苏大论战中，二评苏共中央公开信《关于斯大林问题》也指出："斯大林问题，是一个世界范围内的大问题。"相比之下，陈独秀的冤屈乃是一个小问题。小道理必须服从大道理，因此党内定了一个规矩，批判党史上的错误，只批判我党领导人，不批判共产国际，更不批判斯大林。谁违背这个规矩，谁就是违犯党的纪律。[3]

第四，在 1931 年至 1945 年毛泽东革命路线战胜王明错误路线的斗争中，莫斯科在总体上是支持毛泽东的。50 年代初，中国社会主义建设初期，也得到"苏联老大哥"的"无私援助"，压制党内对共产国际和斯大林的不满情绪，也在情理之中。

第五，1956 年苏共二十大及之后，赫鲁晓夫掀起反对斯大林个人迷信的运动。刘少奇、邓小平在当年的中共八大上也提出防止中共党内的个人迷

[1] 《毛泽东选集》第 3 卷，人民出版社，1952，第 976 页。
[2] 参见《卡达尔回忆录》，新华出版社，1981，第 173 页。
[3] 参见《关于斯大林问题——二评苏共中央公开信》，《红旗》1963 年第 18 期。

信问题，引起毛泽东的警惕。他坚决维护斯大林的崇高地位，提出"我们理所当然、义不容辞地要起来为斯大林辩护"。① 在这种情况下，批判斯大林，揭示"陈独秀右倾机会主义"真相显然是不可能的。

第六，大革命中，联共中央、共产国际指导中共中央对国民党妥协退让的那些文件，只有他们的代表和陈独秀等少数人知道，而这些能够揭露事实真相的证据，在大革命失败后又被莫斯科严密地封锁了起来。与此相反，当时执行共产国际这些指示的中共中央文件和陈独秀的文章却历历在目，被反复引用。于是，当斯大林和共产国际把失败责任全推在陈的身上，说他违背斯大林和共产国际的许多指示时，陈独秀就是浑身是嘴也说不清了。别人也无法为他说话。

1991年苏联解体，过去封存的联共中央和共产国际绝密档案陆续开放。1997年、1998年，这套档案中有关1920～1927年联共中央与共产国际如何指导中国革命的系统档案，被翻译介绍到中国，立即在中国学术界引起了一场关于陈独秀与大革命研究的革命。1999年，中国社会科学院近代史研究所研究员杨奎松首先利用这批档案写成《陈独秀与共产国际》一文，刊登在这年《近代史研究》第2期上，首次全面否定了"陈独秀右倾机会主义"的传统观念。这时，笔者也已读到公开出版的这批档案资料，思想受到极大的震动，认识到过去对"陈独秀右倾机会主义"的研究和批判，是受了深深的蒙蔽，应该重新研究。

恰巧，1999年3月，中央党史研究室为征求对新编《中国共产党历史》1923～1927年部分修改稿的意见，邀请一些学者开了几天座谈会。笔者有幸也应邀参加，并在会上对照新的档案资料，就陈独秀的机会主义二次革命论、国民党二大、中山舰事件、党务整理案上的三大机会主义让步、汪陈宣言、不执行共产国际挽救革命的"紧急指示"等一系列重大问题，针对传统观念提出了颠覆性的意见，引起了当场专家学者的极大兴趣，大家进行了热烈的讨论和争论。主持这次编修工作的中央党史研究室副主任石仲泉当场表示："要把陈独秀当作正面人物来写。"②

随后，1999年12月，为纪念陈独秀诞辰120周年，由陈独秀研究会发起，联合中国中共党史学会、中央党史研究室等7家单位，在北京召开了规

---

① 《关于斯大林问题——二评苏共中央公开信》，《红旗》1963年第18期。
② 唐宝林：《把陈独秀当作正面人物来写——参加中共中央党史研究室著〈中国共产党历史〉修改稿讨论会侧记》，唐宝林主编《陈独秀研究动态》第16期（1999），第20页。

模空前的"陈独秀与共产国际"学术研讨会，会上再次重点宣传了联共中央和共产国际档案资料。会后，《人民日报》社理论部把著名作家、中国作家协会主席团委员袁鹰写的为陈独秀辩护的文章《怅望一座墓园——写在陈独秀诞生120周年》，冠以《应当把陈独秀作为正面人物来写》标题，以《内部理论动态》的形式，发到全国各省市领导同志手中。历史学权威刊物《历史研究》则发表了笔者撰写的《重评共产国际指导中国大革命的路线》长篇论文。文章认为，1923～1927年的中国大革命是在联共政治局和共产国际直接指导下进行的。在此期间，联共政治局会议专门讨论中国革命问题122次，做出了738个决定。这些决定绝大部分由莫斯科派驻中国的代表、顾问直接在中国执行，然后把严重的后果强加给中共中央；只有一小部分由共产国际做成决议、指示，在莫斯科代表的监督下，命令陈独秀为首的中共中央在共产国际代表的监督下贯彻。所以，指导中国大革命的路线、方针、政策，几乎全部来自莫斯科，中共中央的活动范围和实际权力是很小的。所谓"陈独秀右倾机会主义"和"陈独秀右倾投降主义路线"是没有的，它是大革命失败时，斯大林为推卸自己的责任、文过饰非的产物，应该予以彻底否定。

转眼到了2001年中国共产党诞生80周年，中国举行了一系列隆重的纪念活动，也出版了很多党史著作。其中，中共中央党校党史研究部组织著名学者合作撰写的《中国共产党历程》，作为全国党校系统新的党史教材，继1999年上海党史研究室编写的《中国共产党上海史》以后，成了又一部摒弃"陈独秀右倾投降主义路线导致大革命失败"传统观念的权威著作。经过中共中央书记处审批、由中央党史研究室编写的《中国共产党历史》（第一卷），吸收学术界新的研究成果，一改陈独秀为首的党中央"违背斯大林共产国际的许多英明指示，推行右倾投降主义路线"传统观念的提法，承认："中国共产党作为共产国际的一个支部，直接受共产国际的指导。共产国际及其代表……并不真正了解中国的情况，也作出过许多错误的指示，出了一些错误的主意"；"在国民党新老右派变本加厉的反共活动面前，共产国际指示中共中央：共产党如果同国民党新右派进行斗争，必将导致国共关系破裂，因而主张妥协退让。共产国际驻中国代表也坚持这种意见。中共中央只能执行共产国际的指示，使妥协退让的意见在党内占了上风"。①

---

① 中共中央党史研究室编著《中国共产党历史》第一卷下册，中共党史出版社，2002，第280页。

在民间，陈独秀研究也有广泛的基础和较大的影响。1989 年 3 月，北京、上海、安徽等地一些学者成立了第一个陈独秀研究会，接着，安庆、合肥、上海也先后成立研究陈独秀的学术团体。他们分别于 1989 年（北京）、1992 年（安庆）、1994 年（江津）、1997 年（上海）、1999 年（北京）、2001 年（温州）、2002 年（南京）召开了 7 次全国性的陈独秀学术研讨会，还直接促成了日本陈独秀研究会的成立，并在东京召开了中日两国学者参加的一次陈独秀学术研讨会。陈独秀研究会在香港出版了 3 本反映目前陈独秀研究主要成果的《陈独秀研究文集》，还从 1993 年开始，在缺乏经费的困难条件下，编辑出版了会刊，不仅提供大量珍贵史料，还使中外学者研究成果得到及时交流。所有这些，大力推动了陈独秀冤假错案辩诬工作的开展，扩大了这项工作在社会上的影响。

自然，要真正恢复陈独秀的历史本来面目和应有的历史地位，还要做许多艰苦的工作。实际上，在这个问题上，争论还相当激烈，有时甚至出现倒退。如有的党史论著还提出"外因通过内因起作用"的说法，在否定"右倾投降主义"的同时，继续保留"右倾机会主义"的帽子。这说明，陈独秀的"正名"尚未完成，同志仍需努力。

（本文原载文史研究馆、上海市文史研究馆主办《世纪》，2002 年 9 月，收入本书时，做了一些修改）

目　录

CONTENTS

中篇　鹰击长空　经受磨难

下篇 大彻大悟 到达彼岸

上篇 | 一个叛逆爱国者和启蒙大师的诞生

一 早年传奇 (1879~1905)

源远流长的陈氏家族

陈独秀，1879 年 10 月 9 日（清光绪五年八月二十四日），生于安徽省怀宁县城。这一年阴历是兔年。后来的经历表明，陈这个生日，与两窝兔子有关，可以说"五兔闹人间"。与陈这只兔子同一年出生的还有与他同月出生而比他小 19 天的托洛茨基，比他大十个月的斯大林（斯大林生日为 1878 年 12 月 6 日①，阳历与陈虽不是同一年，阴历却同为兔年）。这两个人决定了陈后半生的悲剧命运。斯大林更是直接制造了同年出生的陈、托这两只兔子的悲剧命运。同时，比陈大一轮出生的蔡元培、比陈小一轮出生的胡适，这两只兔子则扶助了陈前半生的喜剧命运，铸就了中国近代启蒙运动的辉煌——新文化运动。围绕着陈传奇一生周围总共五只兔子的故事，也算是另一种巧合，另一种传奇。

陈独秀出生的怀宁，今称安庆。其实，当时怀宁又名安庆。自 1760 年起，安庆既是安徽省府，又是安庆府治和怀宁县治所在地。所以，说陈生于安徽怀宁或安庆均可。

陈谱名庆同，官名乾生，字仲甫。后来，自己取名，用作化名、别名、笔名的，现已查明有四十几个，其中重要的有：独秀、众甫、CC 生、三爱、陈仲、山民、只眼、王坦甫、致中、T. S. CHEN、撒翁、顽石、雪衣、三户、骄儿、孔甲、明夷等。一个人，一生用那么多名字，这大概是具有几千年文化底蕴的中国文化（汉字文化和姓氏文化）中的一个特殊现象，表明

---

① 斯大林生日有多种说法，现经俄罗斯学者考证，应是 1879 年 12 月 21 日。肖虎。

经历的曲折和复杂。为什么不能始终用一个名字，原因主要有两个：一是为了躲避文字狱，远的不说，就从秦始皇开始，哪朝哪代没有触目惊心的文字狱？中国文人，从这血迹斑斑的教训中，学会了用不断变化的化名、别名、笔名来掩护自己，希望既能与黑暗势力作斗争，又能成为"漏网之鱼"。陈以上的 CC 生、三爱、王坦甫、致中之类，就属此类。二是为了明志和寓意，以上只眼、撒翁、顽石、雪衣、三户等，就属此类。这每一个名字中，都有一个深刻的故事。本书在以下这些名字出现时，再做交代。

关于陈这一支"陈氏家族"的历史渊源，据"文化大革命"中陈家一名成员冒着生命危险保存下来的《江州义门陈氏宗谱》记载和安徽史学家张湘炳先生的考证[①]："陈"这一氏姓的始祖是虞舜的后裔——虞思。

唐朝时，这支正统的陈氏家族出了一个陈阔公，字伯宣，少有才名，在战乱之年，到庐山去访宦友马总，见庐山风光秀丽，不舍离去，便在庐山义门地区结舍居住下来。伯宣公就成为义门陈氏的始祖。

到陈阔公系下第十三世陈汝公这一房，分徙到安徽省怀宁县，最后在怀宁县棕阳门外金锭桥大江一带的柳林湾安家落户。这地方可能就是陈独秀《实庵自传》中所写的渌水乡。陈汝公可算是陈氏家族怀宁始祖的第一世始祖了。此后第 19 世就是陈独秀这一代。所以，章士钊说："陈，怀宁旧家子，自幼读书有声。"[②] 这陈家的确是个"怀宁旧家子"，已经在怀宁定居19 个世代了。与陈一起共度过领导中共与托派两个风火岁月的郑超麟先生在 1945 年未完成的《陈传》残稿中，曾提出陈家在怀宁"已有好多世代"，但说不正确。张湘炳先生正确列出了陈汝公到陈独秀再到其子共 20 世的世系表，可见其研究学问的功力不小。

出生于 1901 年的郑超麟对封建社会的宗族制度颇有研究。他从陈自传中提供的少量文字中，探寻陈家的渊源，讲得头头是道。渌水乡在长江边，有江堤叫广济圩拦着江水。可是每年潮汛一来，常有水堤被冲毁的危险，全乡就会被水淹没。这样的旧家子，有一套严密的宗族制度。乡里设有陈家祠堂，订有族规，推选出族长管理全族事务。为族长办事的名为"户差"，执行族长的命令毫不含糊。同时还有一位"阴差"（阎王的差人），是专门利用神鬼迷信骗钱的。陈说："他常常到我们家里来，说他在阴间会见了我们

① 张湘炳：《史海抔浪集》，天津社会科学院出版社，1993，第 2~6 页。
② 孤桐：《吴敬恒—梁启超—陈独秀》，《甲寅周刊》第 1 卷第 30 号，1926 年，第 5 页。

的祖先，我们的祖先没有钱用，托他来要钱买钱纸银锭烧给他们。我的母亲很恭敬地款待他，并且给钱托他代买钱纸银锭，不用说那钱纸银锭是烧给这位当阴差的先生了。"奇怪的是，"这位阴差去后，母亲对我们总是表示不信任他的鬼话"。① 陈将母亲这种既不信任他，又很恭敬地款待他的做法，说成是"优容奸恶"。其实表明当时这种迷信习惯势力之强大，明白人也不得不违心顺从之。后来在写自传时，他才明白，这种现象虽是人性的一个弱点，却普遍地存在，连他这个硬汉有时也不能免。大革命中，他违心地执行共产国际错误路线，多次听从国际命令对国民党右派做出于共产党致命的让步。这表明了社会和人性的复杂性。陈把这说成母亲性格的"遗传"，似乎有点道理，但也是简单化了。陈说：

> 有人称赞我疾恶如仇，有人批评我性情暴躁，其实我性情暴躁则有之，疾恶如仇则不尽然，在这方面，我和我的母亲同样缺乏严肃坚决的态度，有时简直是优容奸恶，因此误过多少大事，上过多少恶当，至今虽然深知之，还未必痛改之，其主要原因固然由于政治上不严肃，不坚决，而母亲的性格之遗传，也有影响。②

说陈的话"简单化"，因为这种情况还发生在许多没有母亲遗传的人身上。这大概是"人在江湖，身不由己"的道理吧。

族长权力之大，可以令户差逮捕族里犯了族规的子孙到祠堂受处罚，直到处死。自然，族长也要领导大家兴办种种公益事业，如赈济救灾等，才能维护自己的权威。不用说，担任族长的一般都是贵族地主。陈自传说："有一位我祖父辈的本家，是我们族里的族长，怀宁话称为'户尊'，在渌水乡地方上是一位颇有点名望的绅董，算得一位小小的社会栋梁。我母亲很尊敬他，我们小辈更不用说了。"所以，族长实际是当地的统治者。朝廷如果在当地设官，如乡长、村长之类，不是由他们来担任，也是由他们来操纵。这种制度，一直到陈这一家迁徙到城内还有影响。

陈氏家族这样变迁的同时，中国社会也在缓慢地变化。随着城市的兴起，乡村里的人，有些人家就迁居到城市里来。进城的，除了城市的催生婆

---

① 《实庵自传》，《宇宙风》第 51 期，1937 年 11 月。
② 《实庵自传》，《宇宙风》第 51 期，1937 年 11 月。

和商人外，多半是乡村中富裕的地主、富农，此外就是教书的、做手艺的、吃衙门饭的，等等。陈这一房，是什么时候、什么因由、以什么身份进城的，已难以考察，但是，宗谱上记载到陈父亲陈衍中一代，已经"习儒业十二世矣，而功名俱未显"。说明已有十二代没有当过官了，而主要以教书为业。

出身书香门第"大世家"

关于陈独秀出生在一个什么样的家庭，学术界曾有过一些争论，主要是陈本人在1937年发表的《实庵自传》中说的一句话引起的。陈在自传中详论了科举制度在旧社会的重大作用后说："我们这一家姓陈的，在怀宁本是个小户人家，绅士们向来是瞧不起的。全族中到我的父亲时才有一个秀才，叔父还中了举。"

于是，不少学者（包括笔者以前的论著）在写陈出生在什么样人家时，都说他出生于"小户人家"。其实不然，陈说的是"本是个小户人家"，因为在科举为上的社会中，衡量一家是大还是小，唯一标准是在科举考试中是否得到功名。而他家在父亲辈以前，虽"十二世业儒"，却未得一个功名，所以是被绅士们"瞧不起的"。但陈出世以前，陈家这种"小户人家"的地位已经发生变化。因为他的父亲陈衍中曾考中秀才，叔父陈衍庶（字昔凡，又名庶）在23岁时还中了举，之后就官运亨通，先考取誊录馆，议叙后补知县，在山东治理黄河有功，被山东巡抚张耀保举荐直隶州用。后调往盛京（即今沈阳）办理文案，又得将军裕禄赏识，奏留奉天（今辽宁），署奉天府军粮同知，历任怀德、柳河等地知县。据《怀宁县志》记载，他为官很有才干，以柳河署为例，"柳河固新设治，凡创建一出其手，念柳民苦转输，为筹巨款，并蠲廉设局以贷，行十余年无弊"。在一次赈灾放粮活动中，"一昼夜理讼卷三百余件，悉得民隐"。

陈衍庶有很高深的文化修养，特别在书画方面造诣更深。著名画家黄宾虹把他与清末安徽的名画家放在一起，给予很高的评价。

陈独秀受了这种家族传统的影响，一生除了主要从事政治活动之外，在书画和文字学方面，也有很高的造诣。

陈衍庶还是一个亦儒亦官亦商的全才型人物。在升官发财之后，他就开始收藏、经营书画古玩业，在沈阳、北京曾开设有古玩店。北京的店，就在中外著名的古玩街琉璃厂，店名"崇古斋"。所以，陈独秀出生时，陈家已经成为官宦世家。对这一点，凡是与陈交往很深的朋友，都了解。1942年，陈逝世后，郑超麟应陈的终身至交汪孟邹的提议撰写《陈传》。郑拟出的提纲中，根据陈的自传，有一句"陈出生于小户人家"，汪看后很不以为然。胡适明确说"他家是所谓大世家"。① 章士钊说："陈独秀，怀宁世家子，自幼读书有声。"② 王森然说：陈"先生本世家，其祖（有误，应是叔——引者）若父，曾在奉天官知府。家资丰厚，为安徽怀宁之大地主。北京琉璃厂尚有其商店……先生幼年乃一华胄公子也"。③

陈家虽然"十二世业儒"，但在陈衍庶当官以前，由于家贫，都是自家人课授后辈。陈衍庶虽然比其兄陈衍中才小三岁，但从小却在其兄的教导下读书。据《江州义门陈氏宗谱》记载："先是太恭人（即陈祖母劳氏——引者）以季子昔凡幼弱，不能成立为虑，象五承母志，训诲季弟，无微不至。距太恭人丧不数年，昔凡举于乡矣，而象五之心始慰。"一个秀才哥哥教出一个举人弟弟（陈独秀也曾在其兄课读下考取秀才），可见手足情深。所以，陈独秀不满二周岁丧父后，立即立嗣给陈衍庶。独秀的童年和少年时代，实际上为陈衍庶所养育，特别是经济上。陈衍庶在东北为官期间，一度还把陈带在身边，曾教陈练过字，干过一些文案工作。陈后来一手好书法，是此时打下的基础。

也许说陈家是"大世家"是指他家是巨富。1925年秋，陈领导的五卅运动进入尾声时，受到沉重打击的英国，对中国开始刮目相看。英国劳工运动左翼领袖勃劳顿尤其同情中国人民，来到上海访问，在拜见陈时问道："国内外报纸尝载陈家拥巨资，确有其事乎！"陈幽默地指着隔壁一间屋子说："吾之财产，全此乎矣。"而隔壁所藏却是党中央的文件。④ 其实，在陈独秀出生前后，陈家的经济状况有一个由穷到富又到破产的过程。陈家到陈独秀祖父、父亲这两代时，还很穷，《宗谱》上说，在他父亲青年时期，甚至穷到"家徒四壁，无以为生"，主要靠祖母做女红来维持。直到陈衍庶中举、当官后，才慢慢发达起来。所以，陈出生时，陈家可算是个小康之家。

后来，陈家果真成为大富，因为1905年日俄战争时，陈衍庶正好在东

① 胡适：《陈独秀与文学革命》，王树棣等编《陈独秀评论选编》（下），河南人民出版社，1982，第291页。
② 孤桐：《吴敬恒—梁启超—陈独秀》，《甲寅周刊》第1卷第30号，1926年，第17页。
③ 王森然：《近代二十家评传》，书目文献出版社，1987，第223页。
④ 翠芳：《陈独秀与中共文件》，《社会新闻》第1卷第18期，1932年。

北做官，战场正在他管辖的区域内。当时战争双方都需要马匹等物资，一些商人便从蒙古一带贩运马匹等到战区，陈衍庶就乘机抽牲口税。这种特殊税收不入国库，而是收入他自己的腰包，从而积累起大量财富。以后，他用这些钱置地、盖房、开店做生意。据统计，最盛时，陈家家产总计达6万元左右。其中有奉天彰武县的土地200亩；安徽贵池县置地800余亩；奉天和北京的两家古玩店。安庆有两处房产：一处在四牌楼附近，10家铺面房，每月租金可收200元左右；一处在南水关，花园式自住用房19间，加出租平房8间。① 所以，中国第一个为陈作传的王森然，说他家是"安徽怀宁大地主"，说陈幼年时是"华胄公子"。

但是，好景不长。1912年底，陈家就破产了。原来，1909年，陈衍庶辞职归乡时，曾到浙江探望老友、拜把子兄弟曾子固。此人乃是他的东北前任州知府，这时升任浙江巡抚。在他的撮合下，曾子固作为官保，陈衍庶以浙江益大公司的名义与上海怡德洋行签订了一项大豆交易合同：英方出定金沪银71280两，由陈以财产契约为抵押，在东北为英商代购3万吨大豆；而英商不得在东北自行收购大豆。陈以为可以从中牟取暴利，却不知其做官可以，做生意不行，特别不是老奸巨猾的英商的对手。签约后不久，他与曾就发现，英商违约抢先在东北大量收购大豆，造成价格猛然上涨。陈若按约交售大豆，必大大亏损。于是，陈、曾二人按约向政府提出诉讼，取消合同，交还了那笔预付款。陈、曾官司赢了，然而，在办理除约退金手续时，英商与姚买办欺侮陈、曾不识外文，搞欺诈舞弊，使退金收据与原约不符。到1912年，耍无赖的英商竟然向中国政府外交部提出反诉讼，要求中国"政府勒令益大公司东人，将原付定银清还"。② 查阅字据，陈、曾有口难辩。于是，陈一病不起。

问题是不在乎别人怎么说，陈独秀自己却不以这个书香门第、官宦世家为荣，更拒绝享受这个家世提供的庇荫，一生过着清贫险恶的生活。上述胡适在北大的讲演说（当时陈被国民党关在监狱中）："有一次他（陈）到北京，他家开的一所大铺子（即琉璃厂的古玩店——引者）的掌柜听说小东人来了，请他到铺子去一趟，赏个面子，但他却说：'铺子不是我的。'"所

---

① 张湘炳：《史海抔浪集》，第19～20页。
② 《咨复外交部，据陈衍庶呈复亲赴上海与英商怡德洋行理结经手帐项由》，《安徽公报》1912年9月18日。

以，陈独秀后来多次宣称他是一个"没有父亲的孩子"，还把这句话作为他两章自传中第一章的标题。

陈独秀为什么拒绝接受这个家庭出身，这就要说到本传主人公的特殊品性了。这个家庭的品位与当时千千万万个家庭一样，是科举制度的产物，儒家伦理道德文化的产物。所以，它把"忠""孝"视为最高准则。"忠"即无条件地拥护统治者，特别是一生享受清王朝"隆恩"的嗣父陈衍庶，对皇上更是感恩戴德。"孝"则无条件地听从家长的意志，特别在事业和婚姻问题上。而陈是个天生"不忠不孝"的"乱臣逆子"。他一生坚决要推翻当时的反动统治者：清王朝、北洋军阀、国民党。在事业和婚姻问题上，陈更是离经叛道了。事业上，如上所述，他母亲和陈衍庶曾对他寄予厚望，走仕途，升官发财。他却偏偏厌弃科举，当了一个职业革命家。在婚姻上，竟然在与元配保持夫妻关系的情况下，与小姨子双宿双飞，在封建家长眼中，简直是"乱伦"。于是，陈衍庶就与陈脱离了关系，并把其与小姨子轰出家门。胡适甚至说陈不仅参加政治革命，还"实行家庭革命，他家是所谓大世家，但因恋爱问题及其他问题同家庭脱离了关系，甚至他父亲要告他"。①在这种情况下，陈当然也就不承认这个所谓的父亲了。幸亏他的亲生父亲去世得早，否则也会被陈活活气煞。就这样，一个"没有父亲的孩子"出来了。

厌弃科举的"选学妖孽"

陈独秀可以拒绝家庭出身，但是摆脱不了早期的家庭教育。这种教育在陈这个特殊的孩子身上，产生了各种奇特的效应，影响了他的一生。观察人类文明发展史，可以看到，人对教育的传授，一般采取两种模式：正面承受与逆反承受。前者若是单纯的继承，即所谓"听话"，"顺者为孝"，当"驯服工具"，一般只能培养出循规蹈矩的没有出息的保守性人物；若在继承上有所发扬，才可能成为杰出人物。后者的逆反承受，若无理性指导，必成为罪犯一样的破坏者；若顺应时代突变和飞跃发展的潮流，则可成为破坏旧世界、创造新世界的伟人。陈从小就是这样的逆反承受者，直到他去世前一天，还保持着这样的品性。胡适曾送他一个"终身反对派"的诨号，他竟

---

① 胡适：《陈独秀与文学革命》，《陈独秀评论选编》（下），第291页。

然乐意接受。在中国或世界上，很少有陈这样彻底的逆反承受者。既然是逆反，为什么还承受呢？二者岂不矛盾。不，因为我们毕竟生活在这个现实的社会中，真如不能拉着自己的头发上天一样，不管你愿意不愿意，你总是自觉不自觉地承受着社会的某些传统，而陈这样的人，却同时又以敏锐而挑剔的眼光，激烈反对那些他认为是错误的传统。

不用说，逆反的承受者因为要自己动脑子，找出种种反对旧传统的理由，绘出新世界的蓝图，一般都是比较聪明的孩子。

当时中国社会最大的传统就是"科举"。陈家"十二世业儒"得以存在而不败，也是有赖于这个传统支撑的。陈在上述自传中，对这一点有十分生动而深刻的描写：在那一时代的社会，"科举不仅仅是一个虚荣，实已支配了全社会一般人的实际生活"，有了功名才能做大官，做大官才能发大财，发了财才能买田置地，做地主，盖大屋，欺压乡农，荣宗耀祖；那时人家生了独生子恭维他将来，"普遍的吉利话，一概是进学，中举，会进士，点状元"；婆婆看待媳妇之厚薄，全以独生子有无功名和功名大小为标准，丈夫有功名的，公婆便捧在头上，没有功名的连用人的气都得受；贫苦农民的儿子，举人、进士、状元不用说，连秀才的好梦都不敢做，用尽九牛二虎之力，供给儿子读几年书，好歹能写出百八十个字，已经算是才子，如果能够跟着先生进城过一次考，胡乱写几百字交了卷，哪怕第一场主榜上无名，回家也算得出人头地。穷凶极恶的地主们，对这一家佃户，便另眼看待，所以当时乡间有这样两句流行的谚语："去到考场放个屁，也替祖宗争口气"；"在这样的社会空气中，在人们尤其是妇女的头脑里面，科举当然是一件神圣事业了"。

"在这样的社会空气中"，又是在"十二世业儒，功名未显"的家庭里，陈从小所受的教育和期待就可想而知了。他的自传中说，从六岁开始，直接教育他的是他身边的三个亲人：一个严厉的祖父，一个能干而慈爱的母亲，一个阿弥陀佛的大哥。六岁到八九岁，由祖父亲自教他读书。关于这个祖父，他说："亲戚本家都绰号我的这位祖父为'白胡爹爹'，孩子们哭时，一说白胡爹爹来了便停声不敢哭，这位白胡爹爹的严厉可怕便可想见了。"可是，这位饱经风霜，一生不富，官运也不通的封建传统的笃信者，晚年就把全部的希望寄托在陈独秀身上。尤其是因为看到小孙子比大孙子聪明，对陈独秀更是心切而严狠。"我从小有点小聪明，可是这点小聪明却害苦了我。我大哥的读书，他从来不大注意，独独看中了我，恨不得我一年之中把

《四书》、《五经》都读完，他才称意……幸亏这位祖父或者还不知道'三礼'的重要，否则会送掉我的小性命。"陈这里说的是，祖父一方面提出不切实际的教育要求，另一方面又动不动进行体罚——打板子。要求太高，当然达不到；达不到，就狠狠地打；而你越是狠打，我越是不好好读，以至有些该背的书也背不出来了。如此恶性循环，长此以往，当然这条小性命就难保了。好在祖父也是这种教育方法的受害者——受不住这样的气。陈说："我背书背不出，使他生气动手打，还是小事；使他最生气、气得怒目切齿几乎发狂令人可怕的，是我无论挨了如何毒打，总一声不哭，他不只一次愤怒而伤感地骂道：'这个小东西，将来长大成人必定是一个杀人不眨眼的凶恶强盗，真是家门不幸！'"① 同时，在背后，他又对人说："这孩子将来不成龙就成蛇。"②

现在看来，这位老爷子只说对了一半。陈在自传中说："祖父对我的预料，显然不符合，我后来并没有做强盗，并且最厌恶杀人。"就是说他没有成蛇。而对于"家门"，对于中国乃至世界来说，他岂止是"龙"，而是偷天火到人间的普罗米修斯那样的伟人。因此在很大程度上改变了陈家、中国的命运。

陈独秀与祖父的关系弄得如此紧张，母亲的软功——眼泪就出来起作用了。陈的母亲虽然没有受过教育，却很了不起，陈对她十分敬爱。他在自传中说："母亲之为人，很能干而疏财仗义，好打抱不平，亲戚本家都称她为女丈夫。"所以，当祖父生气骂孙子"真是家门不幸"时，他的母亲为此不知流了多少眼泪，可是母亲对他并不像祖父那样悲观，总是用好言劝勉道："小儿，你务必好好用心读书，将来书读好了，中个举人替你父亲争口气，你的父亲读书一生，未曾考中举人，是他生前一桩恨事！"他见了母亲流泪，倒哭出来了，母亲一面替儿子揩眼泪，一面责备道："你这孩子，爷爷那样打你，你不哭，现在倒无端的哭了！"1937年，陈独秀59岁时写这篇自传时还说："母亲的眼泪，比祖父的板子，着实有威权，一直到现在，我还是不怕打，不怕杀，只怕人对我哭，尤其妇人哭，母亲的眼泪，是叫我用功读书之强有力的命令。"

---

① 《实庵自传》，《宇宙风》第51期，1937年11月。文中所述陈独秀《自传》的内容，均引自该作，恕不一一注释。
② 濮清泉：《我所知道的陈独秀》，《文史资料选辑》第71辑，中华书局，1980。

实际上，母亲的眼泪只有在祖父的板子陪衬时，才显示出这样神奇的功能。这也算是"刚柔相济"吧。

不能说这时陈独秀对祖父的对抗是针对科举制度的，除了根本达不到祖父不切实际的要求（恨不得一年之中把《四书》《五经》都读完）外，主要是儿童的兴趣，他不喜欢这种枯燥乏味的书和死记硬背、背不出就打板子的方法。就这样在这种逆反承受的启蒙教育中，陈度过了三四个春秋。祖父在世的时候，陈独秀不适应，也得忍受着；祖父去世后，情况相反了，连续请了几个塾师，陈独秀都"大不满意"，辞掉了。当时的陈独秀，虽然还是个孩子，却由于他过分地聪明、反抗、倔强、淘气、刁钻古怪，一点也不老实，活像一个解除了紧箍咒的孙悟空，那些书塾老师自然对他没有办法。陈在自传中就讲过这样一件事：

一天，族里的阴差又到他家来。一进门就大张开嘴打了一个呵欠，直挺挺地倒在床上，口中喃喃说着胡话，说阴间祖宗叫他来要纸钱和银锭……陈独秀就约了十几个孩子，从前后门奔进来，同声大喊某处着了火，这位阴差先生顿时停止了声响，急忙打了个小小的呵欠便回到阳间来，闭着眼睛问道：

"这边有了火烛了吧？"

"是的。"

"这说得不错吧，我在那边就知道了！"

陈独秀就在旁边弯着腰，缩着脖，用小手捂着嘴，几乎要大笑出来。

看得出来，那时的陈独秀，这类促狭的事一定做了不少，自然也饶不了那些令他"大不满意"的塾师们。这回，被邻居们称为"女丈夫"的母亲也没有办法了。到陈独秀十二三岁时，由大儿子来教小儿子读书。可是，这位被陈称为"阿弥陀佛"的大哥陈孟吉，老实厚道、善良顺从，完全符合那个时代"孝悌"的标准，因此兄弟感情也很好。但是，他没有弟弟那样的才气，对弟弟更是没有办法，又不得违抗母亲的重托和严命，于是，老好人的他只得顺着弟弟的性子来。陈在自传中这样写道："大哥知道我不喜欢八股文章，除温习经书外，新教我读《昭明文选》。初读时，我也有点头痛，后来渐渐读出味道来了。这件事使我阿弥陀佛的大哥夹在中间很为难，一面受了母亲的严命，教我习八股，预备应考，一面他知道我不喜欢这一套……"

陈独秀十七岁时，在县考前一两个月，大哥实在挨不过去了，才硬着头皮对他说："考期已近了，你也该看看八股文章罢！"他勉强答应，表面上是在听大哥的讲解应考的文章，心里还是想着《昭明文选》……厚道的大哥对于这位难说话的弟弟，实在无法可想，只好听其自然了。陈的自传中这样说："大哥虽然十分忠厚老实，我猜想他此时急则智生，必然向母亲做了一个虚伪的报告，说我如何如何用心学八股文，那是在这期间母亲喜悦的面容中可以看出来的。"

陈独秀不喜欢四书五经八股文，而喜欢《昭明文选》。此书内容活泼、文字清新，思想比较自由，不像四书五经、《左传》和束缚思想自由的八股文那样。在五四新文化运动中，《昭明文选》也在受批判之列，"选学"被斥为"妖孽"，所以陈独秀后来就自谑少年时期是"选学妖孽"。同时，为了应付考试，哥哥还辅导陈独秀读了金黄与袁枚的制艺。总之，在祖父启蒙教育的基础上，在成年（考秀才）前的四五年中，即人生汲取知识最重要的年代，陈独秀在哥哥的帮助下，打下了坚实雄厚的旧学基础，尽管陈不喜欢四书五经，由于逆反承受的法则威力，反而使他比一般人学得更深刻，尤其在书法、诗词、文字学以及对诸子百家的研究等方面，后来其造诣之深，可以与同时代一流学者相比。因此，陈对哥哥的感情十分深厚。他说："我们弟兄感情极好，虽然意见上没有一件事不冲突，没有一件事依他的话做，而始终保持着温和的态度，不肯在口头上反驳他，免得伤了手足感情。"陈孟吉于1908年因肺病死在沈阳。陈独秀长途奔丧到沈，抱其遗骨归葬故里。当时他特地写了一首五言长诗《述哀》，表示对兄长的深切缅怀之情。他的自序中说："亡兄孟吉与仲隔别于今十载，季秋之初，迭获凶电，兄以肺疾，客死关东，仓猝北渡，载骨南还，悲怀郁结，发为咏歌，情促辞拙，不罄所怀，聊写哀曲，敢告友生。"诗中用"青灯课我读，文采励先鞭"，缅怀兄长对他的辛勤教诲。

蒙了一个秀才

有意栽花花不发，无心插柳柳成荫。人生也像历史一样，充满着这种神奇的偶然性。按那时的规定，十七岁的陈独秀，可以参加科举考试，考秀才了。以他对八股文和考试的态度，可想而知，不会考出好成绩的。因此，县试、府试都是勉强通过。到院试时，宗师出了一道题是："鱼鳖不可胜食也材木。"这是科举考试中的截搭题，即是截取《孟子·答梁惠王》中的两句话中的各半句接搭起来——"鱼鳖不可胜食也，材木不可胜用"。在这方面做一篇好文章，对于陈来说不会是很难的。可是，陈偏偏在这关系到个人命运的第一个关口，别人都认真对付也唯恐不好通过的时候，他却开玩笑似的胡来了一下："我对于这样不通的题目，也就用不通的文章来对付，把'文选'上所有鸟兽鱼虫草木的难字和《康熙字典》上荒谬的古文，不管三七二十一，牛头不对马嘴上文不接下文地填满了一篇皇皇大文……"回家后，他把文章稿子给大哥看，"大哥看完文稿，皱着眉头足足有个把钟头一声不响，在我，应考本来是敷衍母亲，算不得什么正经事，这时看见大哥那种失望的情形，却有点令我难受"。

不料，"谁也想不到我那篇不通的文章，竟蒙住了不通的大宗师，把我取了第一名"。

就这样，陈独秀蒙了一个秀才。陈一生有许多奇迹，这可算是第一次。用"不通的文章""蒙住了不通的大宗师"，蒙了一个秀才，这是陈自己说的。他还用哥哥的反应来旁证那篇文章的确"不通"。但是，有的学者如冯建辉教授认为这是"对陈的很大的误解"。因为"截搭题"是用以考查学生对四书五经的熟悉情况（即知识面），以及巧妙的构思能力和发挥议论的能力。陈能够考中秀才，说明他对四书五经十分熟悉，古文根底很深，并且思路敏捷，议论上乘。陈后来反对八股文正是"杀回马枪"，也正因为如此，才显得更加深刻有力。[①]

冯教授的说法有一定的道理，但也有些误解。第一，说他是用不通的文章蒙了一个秀才，并不抹杀他"对四书五经十分熟悉，古文根底很深"的实际水平。因为他是故意用"不通的文章"戏弄"不通的宗师"，并不代表他的实际水平。第二，陈说他那篇文章"不通"，一是可能晚年写自传时的自谦，二是按当时正统的标准来衡量的。而考试成绩的好坏，在没有标准答案的情况下，往往因判卷的老师不同而不同。看陈那篇文章的宗师肯定不是被这篇文章"蒙住了"，糊里糊涂给了第一名的。陈说："他翻开我的卷子大约看了两三行，便说：'站住，别慌走！'我听了着实一吓……他略略看完了通篇，睁开大眼睛对我从头到脚看了一遍，问我几岁，为啥不考幼童？我说童生今年十七岁了。他点点头说道：'年纪还轻，回家好好用功，好好用功。'"这说明事后，这位宗师认真琢磨了陈独秀的这份考卷，随后给了

---

① 冯建辉：《从陈独秀到毛泽东》，中央文献出版社，1998，第4页。

他第一名。这里就有两种可能：一是宗师从这份考卷中的确如冯教授所说的看出了考生"对四书五经十分熟悉，古文根底很深"的实际水平。二是宗师也与陈一样，不喜欢在四书五经和八股文中死读书、读死书，而喜欢《昭明文选》《康熙字典》，博览群书。或者两者兼而有之。

总之，世界上的事，有些只能见仁见智，是不必非求统一的。说这位"山东大个儿李宗师"是第一个发现陈独秀是千里马的伯乐，也未尝不可。

没有爱情的婚姻

陈第一次考试，就得中秀才，立即在亲友邻舍中引起轰动，特别是一些被认为"眼皮子浅"、看不起陈家的人们，不但另眼相看，而且还造出许多神话来。说陈家的祖坟是如何如何好风水，说城外迎江寺的宝塔（安庆的标志性建筑）是陈家祖坟前的一支笔，还说陈独秀出生前夜，他母亲做过什么什么梦，诸如此类，不一而足。陈说："他们真想不到我后来接二连三做了使他们吓破了胆的康党、乱党、共产党，而不是他们所想象的举人、进士、状元郎。"最有趣的是几家富户，竟看中了这位新秀才，争先恐后地托人上门说媒。母亲因此"大乐而特乐"。

那时年轻人的婚姻，都由父母做主。连陈这样有主见而倔强的青年，也对这个陌生的领域，不知所措，最后听从母亲和叔父兼嗣父的陈衍庶之命，与安庆府统领高登科的大女儿高大众结婚。高登科原是一个贫苦农家的孩子，托福于"朝为田舍郎，暮登天子堂"的科举制度，竟与陈衍庶同科考中举人，后又在镇压太平军时，立有军功，清廷曾赏赐黄马褂，且给以世爵，清末做过南宿州的游击（统带绿营兵的将军，职位次于参将），继又任安庆统领，后升至副将，家有四千多亩土地。这安庆大将军竟看上陈独秀，实令陈诚惶诚恐。于是，陈独秀在两亲家的抬举下，稀里糊涂地娶了一个与自己人生态度、性格兴趣相差十万八千里的妻子——高大众。这是一个奇怪的名字。大众是她的乳名。不少学者说她正名高晓岚，张湘炳先生指出："当今史学界以大众名晓岚，其实是张冠李戴，弄错了人。笔者曾对此作过深入调查和考证。查得霍邱确有个晓岚，也是一家富门望族，但与高家毫无干系，霍邱县志载她，1907 年尚在美国留学。"[1] 其实，她的三儿子陈松年

---

① 张湘炳：《史海抔浪集》，第 17 页。

多次受访问时说过："我的亲母姓高，无名字。"① 陈氏宗谱上也没有。不知道什么人给她取了一个"晓岚"这个名字，后来就流传开来，并列入所谓陈家"世系表"。② 其实，陈松年的说法是符合当时的风俗习惯的。中国旧式女子都没有名字，在娘家时，在姓后面加一个氏，她即为"高氏"，嫁到夫家后，应称为"陈高氏"。所以，乳名"大众"倒可能真实。为了叙述的方便，暂时以此呼之。她的同父异母之妹，因为在北京师范学习过，所以取名高君曼。

大众比陈大两岁，由于年幼丧母，受继母亓氏虐待，在家中处于奴婢地位，只能穿布衣，吃粗饭，干重活，当丫鬟使唤。高登科常年在外，后来知道大众的处境后，由于自己童年时期也有类似经历，十分同情女儿的遭遇，于是严斥亓氏一顿，把大众带在身边，亲自教养。然而，一是忙于军务，二是受"女子无才便是德"的传统观念的影响，他也没有怎样特殊地教育。因此，大众长大后，成了一个目不识丁、三从四德的典型的旧式女子。但是，大众十分勤劳朴素。据她的侄媳妇邹兰芳回忆："她个条很高，总是穿着长长的大襟褂子，老蓝布的或是由洋蓝布做的，长裤的裤管用小绳子扎紧着，是一双小脚。我没有看见她穿过鲜艳的衣服。"陈的早期至友潘赞化说：她思想"完全旧式的，与陈思想相隔距离不止一世纪"。而陈是一个性情中人，思想距离导致感情不融洽，"平时家庭不和，多口舌之争。留洋，欲借其夫人十两重金镯作为游资，坚决不肯，时常吵嘴"。③ 大众特别不支持陈在外奔波而不顾家庭。其实这是一个妻子的普通要求，只是这种要求对陈而言，太难以忍受了。陈这时已经眼观中国，心怀世界，小小的家庭，岂能笼住这只雄鹰。因此，他也不妥协，再加上二人婚后聚少离多，双方都饱尝了封建包办婚姻之苦。这是陈后来浪漫情史的根源。而高大众却只得终生不离家门一步，奉养老人，抚育子女，竭尽一个媳妇和母亲的责任，但在爱情和婚姻的世界里，她一生落寞，凄凉之至。因此，陈婚后不久写的批判封建包办婚姻的文章，特别深切感人：

---

① 参见刘禄天、李永堂访问整理《陈松年同志谈陈独秀》，《党史研究资料》1979 年第 15 期；沈寂访问整理《再访陈松年谈话记录》，《安徽革命史研究资料》1980 年第 1 期；《陈的生平和家世——日本学者横山宏章访问陈松年及有关人士的记录》，张湘炳《史海抔浪集》，天津社会科学院出版社，1993，第 22 页。

② 任建树：《陈独秀大传》，上海人民出版社，1999，第 24 页。

③ 潘赞化：《我所知道的安徽两个小英雄故事略述》，《安徽省革命史研究资料》第 1 辑。

夫妇乃人伦之首，为人间第一件要紧的勾当，若无夫妇，便没有世界。偏偏我们中国人，于夫妇一事不甚讲究，草草了事，往往不合情理……原来人类婚嫁的缘由，乃因男女相悦，不忍相离，所以男女结婚。不由二人心服情愿，要由旁人替他作主，强逼成婚，这不是大大的不合情理吗？……若是配得两下里都还合式哩，就算是天大的幸福，但要相貌、才能、性情、德性，有一样不合式，便终身难以和睦，生出多少参差，闹出许多新鲜的笑话儿来……男女婚姻，乃终身大事，就是这样糊涂办法，天下做老子娘的，岂不坑害了多少好儿女吗……现在世界万国结婚的规矩，要算西洋各国顶文明。他们都是男女自己择配，相貌才能性情德性，两边都是旗鼓相当的，所以西洋人夫妻的爱情，中国人做梦也想不到。①

为此，他提议，对于不合情理的婚姻，男女双方有离婚和再婚的自由，并深刻认为这样做有两大好处："一是增进人类幸福；一是保全国家的安宁。"

在这个问题上，陈给予妇女更大的同情，因为妇女是封建传统观念最大的受害者，他说："我们中国的律例，女子不好，男子有七出的权利，男子不好，却没说女子可以退婚，这不是大大不平等的事吗？天生男女都是一样，怎么男子可以退女人，女人就不可以退男人呢"；"我们中国还有一样坏风俗，说起来更是可恶得很，女人死了，男人照例可以续弦，人人不以为奇。男人死了，女人便要守寡。若是夫妻恩爱得很，丈夫死了，女人不肯改嫁他人，这也是她的恋爱自由，旁人要逼她嫁人，这本是不通的话。但是，她自己本来愿意改嫁，若是拘了守节、体面、请旌表、树节孝坊种种迂腐的话，不能改嫁，真是冤沉苦海了"。

陈这时以"三爱"的笔名，写了三篇《婚姻》文章，涉及说媒、婚礼、婚后生活等有关婚姻爱情的广泛领域，对于封建的婚姻传统观念和习俗，进行了相当彻底的揭露和批判，至今还是这个领域的好文章，并不失为有现实意义的思想深刻之作。可见，从1897年稀里糊涂地接受旧式婚姻而结婚，

---

① 三爱：《婚姻》（上），《安徽俗话报》第3期，1904年5月15日。"三爱"是至今发现陈最早用的一个笔名，专用于他主办《安徽俗话报》期间。从其用此笔名所发表的文章内容看，"三爱"似乎指"爱国家、爱人民、爱家庭"。是否如此，待考。

到这时（1904年）写这三篇文章，这七年中，他对男婚女嫁问题，结合自己的亲身体会，做了广泛的调查和思考。他自己在这个问题上是想通想透了，因此在以后的人生中，他再也无所顾忌，成为一个彻底的性解放者，做出了不少令世俗者瞠目结舌的事情来。但当时的社会毕竟在封建伦理的桎梏中，所以，他的妻子（包括第二位妻子高君曼）却不得不忍受封建传统及他的乖张行为带来的双重苦难。

成"康党"　舌战群儒

1897年8月，在陈独秀与高大众订婚以后，陈到南京参加乡试，若考中举人，就可以当官了。这回，该应着那句"有意栽花花不发"半句话了。本来，陈独秀是做了准备，希望中举的，倒不是为了做官，而是为了"考个举人以了母亲的心愿，以后好让我专心做点正经学问"，"只想考个举人了事，决不愿再上进（指进京考进士——引者）"。为此，在中秀才后约一年的时间里，"虽然多病，也还着实准备了考试的工夫……八股文也勉强研究了一番"。而且，对他这第一次离家远行去考试，全家着实是隆重安排了一番，竟有大哥、大哥的先生、大哥的同学和先生的几位弟兄同行，对他来说颇有一种保驾护航、保送考中的架势。

但是，这次命运之神不再眷顾他，他落榜了。奇怪的是，他非但不沮丧，反而有一种解放感。因为，不管怎么说，为了应付母命，十年寒窗，读那自己不喜欢的四书五经和练八股文的苦日子，现在终于结束了。他的思想可以冲出牢笼了。他自述："考个举人以了母亲的心愿，以后好让我专心做点正经学问"；"只想考个举人了事，决不愿再上进"，说明他并不把读经书、写八股当作"正经学问"，但是，十年来，他又不得不受这种封建礼教的束缚，而现在他多么希望能迅速摆脱这种束缚，到他认为"正经学问"的广阔天地里去自由飞翔。此其一。

其二，追求思想自由的人，往往把考试视为"灾难"。尤其是科举考试，因为如果要想取得好成绩，必须被迫服从他人之意来答题，还要遵守那些严格的规则，对于少年陈独秀来说，对考试不仅厌恶，更是害怕。请看他在自传中对这次灾难的回顾：

到了八月初七日，我们要进考场了。我背着了考篮、书籍、文具、食粮、烧饭的锅炉和油布，已竭尽了生平的气力，若不是大哥代我领试卷，我便会在人丛中挤死。一进考棚，三魂吓掉了二魂半，每条十多丈长的号筒，都有几十或上百个号舍，号舍大小仿佛现时的警察岗棚，然而要低得多，长个子站在里面是要低头弯腰的。矮屋的三面七齐八不齐的砖墙，当然里外都不曾用石灰泥过，里面蜘蛛网和灰尘是满满的，好容易打扫干净，坐进去拿一块板安放在面前，就算是写字台，睡起觉来，不用说就得坐在那里睡……那一年南京的天气，到了八月中旬还是奇热，大家都把带来的油布挂起遮住太阳光……空气简直不通，每人都在对面墙上挂起烧饭的锅炉，大家烧起饭来，再加上赤日当空，那条长巷便成了火巷，煮饭做菜，我一窍不通，三场九天，总是吃那半生不熟或者烂熟或煨成的挂面。

陈在写此自传时，正在狱中，过去他也坐过几次牢，从来没有见他讲述过在狱中生活如何难受到这种地步，可见这考试的"灾难"在他心目中留下多么难忘的印象。

其三，更奇怪的是，他本人还把这次科考落榜当作政治生涯中的第一次重要的转折点。因为，他在考场上，看到一个徐州来的大胖子考生，一条辫子盘在头顶上，全身一丝不挂，脚踏一双破鞋，手里捧着试卷，在如火的长巷中走来走去，走着走着，脑袋左右摇晃着，拖长着怪声念他得意的文章，念到最得意处，用力把大腿一拍，竖起大拇指叫道："好！今科必中！"本来对科举制度没有好感的陈独秀，对这个怪状，"看呆了一两个钟头"，可见，他事先做的考试准备，根本没有发挥出来，思想完全开了小差，怎么能考中？可他却说这次乡试，"不料其结果对于我意外有益"："在这一两个钟头当中，我并非尽看他，乃是由他联想到所有考生的怪现状；由那些怪现状联想到这班动物得了志，国家和人民要如何遭殃……因此又联想到国家一切制度，恐怕有如此这般毛病；因此最后感觉到梁启超那班人们在《时务报》上的话是有些道理呀！这便是我由选学妖孽转变到康梁派之最大动机。一两个钟头的冥想，决定了我个人往后十几年的行动"。

想到这里，他已经顾不及"考个举人以了母亲的心愿"的事了。

实际上，他受了1895年甲午战败的刺激和维新思想的启蒙，在乡试前，就已不再把个人与家庭前途放在第一位，而关注国家命运了。他回忆当时自己的思想状况时说：

> 以前，在家里读书的时候，天天只知道吃饭睡觉。就是发奋有为，也不过是念念文章，想骗几层功名，光耀门楣罢了。那知道国家是什么东西，和我有什么关系呢？到了甲午年，才听见人说有个什么日本国，把我们中国打败了。到了庚子年，又有……八国的联合军把中国打败了，此时我才晓得，世界上的人，原来是分做一国一国的，此疆彼界，各不相下。我们中国，也是世界万国中之一国，我也是中国之一人。一国的盛衰荣辱，全国的人都是一样消受，我一个人如何能逃脱出呢。想到这里，不觉一身冷汗，十分惭愧。①

这里说的思想启蒙，如以上他自述所指，主要是受了康梁派的《时务报》的影响。这份正好在陈参加科举考试的 1896 年 8 月 9 日创刊，1898 年 8 月 8 日停刊的报纸，在当时发行量达万余份，影响之大是空前的，特别在陈独秀所在的江淮地区。当时反对维新派的胡思敬说，《时务报》"张目大骂，如人人意欲所云，江淮河汉之间，爱其文字奇诡，争传诵之"。② 顽固派的屠仁守也说：《时务报》发行以后，"虽以僻寂荒城，而皆辗转丐托，千里递寄，数人得共阅一编，资为程课"。③ 特别是主编梁启超在上面发表的文章，宣传康有为《新学伪经考》《孔子改制考》的变法思想，批判封建主义者历来认为神圣不可侵犯的某些经典是伪造的文献，以激情洋溢的笔调，阐述能否认真实行变法是关乎中国存亡的大问题；又以通俗的文字发挥新颖的思想，所写的文章完全适应当时初次接触和渴望新事物的知识分子心理，从思想和感情上深深打动读者。这样的思想和文章，自然得到自小就讨厌四书五经、八股文的陈独秀的喜爱。所以，乡试结束后，陈即与汪希颜、汪孟邹、李光炯等维新派人士交往，宣传康梁派维新主张，"谈康先生及其梁任公之文章，始恍然于域外之政教学术，灿然可观，茅塞顿开，觉昨非而今是"，④ 并与"一辈后生小子"，对康有为受到的攻击，"愤不能平，恒于广座中为康先生辩护"。从这里可以看到陈等"一辈后生小子"，当时舌战群

---

① 三爱：《说国家》，《安徽俗话报》第 5 期，1904 年 6 月 14 日。
② 《戊戌履霜录》卷 2，民国二年刊本，第 2 页。
③ 《翼教丛编》卷 3，光绪二十四年刊本，第 26 页。
④ 陈独秀：《驳康有为致总统总理书》，《新青年》第 2 卷第 1 号，1916 年。

儒，是多么斗志昂扬，意气风发。不用说，当时的保守势力是强大的，但在气势上，他们却害怕这股新生力量的崛起。于是，陈等人就被指"为康党，为孔教罪人，侧目而远之"。①

就这样，陈完成了一生思想上的第一次自觉的转变，用他自己的话来说：由"选学妖孽转变为康梁派"，实际上是他生活道路上的第一次政治选择，他成了资产阶级改良主义的拥护者。

陈独秀这时的改良主义思想，充分地表现在迄今发现的他的第一篇著作《扬子江形势论略》中。

书中首先可以看到作者对于当时中国已被瓜分、面临灭亡的危急形势，有着全面而深刻的认识："近时敌鼾卧榻，谋堕神州，俄营蒙满，法伺黔滇，德人染指青齐，日本觊觎闽越，英据香澳，且急急欲垄断长江，以通川藏印度之道路，管辖东南七省之利权，万一不测，则工商裹足，漕运税饷在在艰难，上而天府之运输，下而小民之生计，何以惜之。时事日非，不堪设想。"

为此，作者采用旧有资料、旅行者的记述和外国人的一些论述，写了这部著作，略述长江（当时称扬子江）沿江形势，提出各处重要地段军事设防意见，供清政府参考，以"勉付梨灾，愿质诸海内同志，共抱杞忧"。

该著从四川上游开始，到东海出口，围绕长寿、荆州、岳州（今岳阳）、武汉、九江与南昌、三山（小孤山、马当山、金鸡山）、安庆、芜湖、金陵（南京）、镇江、吴淞口等十几个要镇为中心，详细叙述了万里扬子江各个江段的地形地貌、水文交通（如江水迂回曲折的流向、水中流沙的运动、潮汐规律与江水涧涨等）、军事教训、历史变故等种种情况，有针对性地、十分具体地提出一系列如何加强军事设防的意见（如何处可凭险而据，"一人守御，万夫莫伐"；何处平坦，需驻重兵；何处可"恃水为防"，需开浚江道；何处需利用高点架设炮台；何处潮汛莫测舟过需谨慎；何处地势隐藏可泊战船；等等）。从文中注释看，这些设防意见还是粗略的，同时，作者还有一篇《扬子江筹防刍议》，至今还未发现。

这部石刻竖排本自印的著作，署名怀宁陈乾生众甫，撰于光绪丁酉（即1897年）冬，并在文末特别注明："光绪丁酉冬怀宁陈乾生自识。"如果没有如此明确的署名、时间及注识，我们很难想象这部资料如此详尽、专业知识如此高深、思想如此深刻、眼界如此高远的军事著作，竟然出自几个

① 陈独秀：《孔子之道与现代生活》，《新青年》第2卷第4号，1916年。

月前南京乡试时还没有出过家门、一直读四书五经再加一点《昭明文选》的十八岁的年轻人之手。设想他乡试后亲自沿扬子江从头至尾考察一遍是不可能的，只有一种可能，就是他在乡试后，的确在南京安庆之间中外书报广泛传播的新知识海洋中，如饥似渴地阅读着，采摘着，咀嚼着，最后形成这篇至今仍不失有参考价值的军事名著。由此也足显他的天赋之高。

有学者认为，对陈独秀写这篇著作有直接影响的是当时两本日本人写的关于扬子江的书：林繁撰写、汪国屏翻译的《扬子江流域现势论》；国府犀东撰写、汤钊翻译的《最近扬子江之大势》。① 前书共分四编，第一编"序论"三章的标题是："沿岸繁盛之情况""航路""沿岸之铁道线"；第二编标题是："就富源上所见之扬子江"；第三编标题是："就兵备上所见之扬子江"；第四编标题是："结论"。后书共六章："航行水程""沿岸产业之概况""沿岸之诸港""长江之汽船"等。可见陈独秀的《扬子江形势论略》对扬子江沿岸形势叙述的资料，不少来自此二书。而对于列强侵吞中国的危亡之"杞忧"，并从加强扬子江的防务着手挽救此危的爱国主义心绪，则可能是受了林繁作其书意图的刺激，并与这两本书的译者序言相呼应的。

日本法学士林繁在其"序论"中明白写出西方帝国主义和日本在甲午战争后瓜分中国的贪婪心态后，竟然也毫不掩饰地承认，他写这本书的意图也是效法于他们的："呜呼！国于东亚万里之外者，其情尚如此，况吾日本界处东洋，与之仅隔一衣带水，而今乃如睹对岸火灾，视为不甚干己之事，岂不深足怪哉。故余不敢辞撰述之势，而作是编，亦欲我日本人之耳目，与欧人同一视听已。"

中国译者汪国屏则在序言中说："萧何收秦图籍而定汉业，读史者皆服其此举之智矣。呜呼！庸讵知今日他国之为萧何者，如林如雨，而吾华无远近大小，皆在其所收图籍之中哉。知己知彼，百战不殆，何他国之智于知我，而我华人而不惟不知彼，且竟然不知己也，不惟不自知己，且并他人所知之我，而己亦不知之矣。呜呼！是何待战而徒败？"汪国屏指出，这种不自知的情况，使吾华"自落于印度、埃及之寠而后已"。为此他"惧吾华人将千秋万岁终无有自知之一日，虽或知之，终无有自立之一日也，因亟取日本林君扬子江一书而译之，使吾国人见他国萧何之智能焉"。

① 张湘炳：《陈的第一篇著作——〈扬子江形势论略〉评介》，《社会科学战线》1982 年第 1 期。

汤钊在序言中的抱忧更是深沉。他在论述扬子江对于中华民族犹如"呼吸血管"和"生命"后指出："浩浩乎，扬子江之河流乎，主吾国者宜如何宝之也？而乃百务废弛，国政萎靡，行政理财诸大道，曾不知所措理之。呜呼，土地不能自治，财权不能自振，外人焉得而不觊觎之。自甲午以来，欧人之注意于吾国，欲择肥而噬之者，莫不经营方略，立说陈词，殷殷岂堪于扬子江畔，谋广植范围之势力矣。噫，如此国土，如此富源，如此繁庶之人民，如此膏腴之土壤，己不能治，而人欲治之，己不能谋，而人代谋之。遂举数千年之古国，黄帝之子孙，而为之轭之塞之沦陷之，为他人掣其项，绝其生机矣。前途茫茫，岂堪问乎！"写到此，他深深地感叹："山河如昨，陨泣新亭，卧榻嚣然，任人鼾睡，我国民岂能超然乎！"

陈独秀则即在他的著作末尾呼应道："近时敌鼾卧榻，谋堕神州……时事日非，不堪设想，爰采旧闻旅话暨白人所论，管蠡所及，集成一篇……愿质诸海内同志，共抱杞忧。"

陈独秀在文中说他"略述沿江形势，举办诸端，是引领于我国政府"，并参考了曾国藩、胡林翼"通靖长江为平荡东南"即镇压太平天国的经验，供清政府防内乱，御外侮之用。在表示了强烈的反帝爱国主义精神的同时，也表现了维护清政府、鼓吹改良主义的立场。

存在决定意识，陈独秀当时的这种思想立场，是完全符合历史状况的。当时是康梁维新主义思潮上升时期，连孙

青年时期的陈独秀在南京

中山也曾向李鸿章投书，主张变法自强。同时，他的祖辈和父辈，也都参加了镇压被称为"长毛造反"的太平天国运动，而把曾国藩、胡林翼视为为国除奸的英雄。

陈独秀此著虽是传统的石印本，印数有限，却在当时的书店出售过，并且还有一定的影响。据程演生说，他在旧书店看见过陈独秀的这本书，"后面有批语，说仲甫如何年少，如何有才有学的话。是一个老辈的口气"。[1]

---

① 程演生：《仲甫家世及其他》，未刊手稿，中央档案馆藏。

学西学　转为"乱党"

陈独秀在 1897 年参加江南乡试落榜以后直到 1901 年 10 月之间的历史，由于资料不多，情况不清。国内外多部论著①都认为陈独秀在 1898 年曾入学杭州求是书院，在此，他受到了最初的新式教育，学习了英文、法文、天文学、造船学等。但根据何在，均无考证。后来，华东师范大学邬国义教授在 1901 年 4 月 3 日（光绪二十七年二月望日）出版的《励学译编》第一期上，发现了两条关于"陈仲甫先生"的讯息，很有价值：一条是在该志所载各代售处中，有"安庆，南门内名利栈隔壁陈仲甫先生"一处；一条是为该志"助资诸君姓氏"名单中，有"陈仲甫先生捐银三元"的记载。

这两条讯息，说明陈独秀当时与《励学译编》杂志关系密切，并且可以折射出陈怎样由儒学转向西学、由封建主义士大夫转向民主主义者初期的状况。他自己说过："吾辈少时，读八股，讲旧学，每疾视士大夫习欧文读西学者，以为洋奴，名教所不容也。"②而不久，他成了"欧文西学"的狂热崇拜者和实践者。这份《励学译编》乃是最早对他影响的刊物。这就涉及《励学译编》是一本什么样的杂志？编译者是一些什么样的人？

《励学译编》是我国 20 世纪初最早的启蒙杂志（月刊）之一，在苏州出版，由汪郁年、戴昌煦所倡设的"励学译社"主办。以"采东西政治、格致诸学，创译本以饷天下"为方针，分期译载新学图书，介绍给中国的思想界。自从鸦片战争的炮火打开中国封闭的国门后，有些有识之士逐渐感到中国的落后，开始有一种向西方学习的觉悟。于是，开学馆，学外文，出外留学，译介西学论著，逐渐流行起来。自然，这些事，开始时是清朝统治集团中的洋务派进行的，民间是没有条件的，而且按"中学为体，西学为用"的观点，最早从学习和运用自然科学着手。从时间上来说，这个过程开始于 19 世纪 60 年代，由于随着洋务派主持的中国近代工业的建立和资本主义的发生、发展，介绍和学习自然科学的工作，开始受到重视，逐渐发展起来。1862 年，主持清政府总理各国事务衙门的恭亲王奕䜣，奏准在北京设

---

① 如日本学者多波野乾一的《中国共产党资料集成》、周策纵的《五四运动研究指南》、美国学者科·托马斯的《陈与中国早期共产主义运动》、郅玉如的《陈独秀年谱》等。

② 陈独秀：《驳康有为致总统总理书》，《新青年》第 2 卷第 1 号，1916 年。

同文馆，招收八旗子弟，学习外国语文字。但是，该馆设立之初，并无学习自然科学的课程，只是给开设学堂学习外国知识创了一个先例。然后，主要在上海和广州这类学堂逐渐地多起来，教师大部聘用外国人担任，开设英文、法文、物理、化学、电学、矿学、医学、天文、地理等课程。中日甲午战争后，改良派认为日本所以战胜中国，首先是日本遍设各类学校，技艺先进，人才众多。他们要求政府积极提倡设立新式学堂，并学习德国、日本的经验，光绪皇帝特下明诏，命令全国各省、府、县、乡，一律兴办学堂。于是，又掀起一个西学高潮。虽然1898年的维新运动是失败了，但向西方和日本寻求救国方案的潮流，已经不可逆转，而且随着民族危机的加深，重点迅速从自然科学向社会科学转移，一时，译介西方新思潮在爱国知识分子中成为时髦和渴望。1897年，维新派在上海成立公开的翻译出版机构"译书公会"，声明其章程为"以采译泰西切用书籍为宗旨"，向伦敦、巴黎等地，购买关于政治、教育、法律、天文、商务、军事等方面的新书，次第译出，每周汇订成《译书公会报》，精印发行，并汇译当时各国报纸如英国《泰晤士报》、法国《勒当报》、德国《东方报》、美国《自立报》等内容，辅以编者和译者的论说，以开民智，广见闻。

可能是受了上海"译书公会"和《译书公会报》的影响和启发，江苏吴县的汪郁年、包清柱、祝天龄、顾培基等人，同年夏，在苏州城里亦成立"励志会"，研习英、法、日语和外国学问。隔年戊戌变法时，他们又议设蒙学学堂，旁及阅报藏书会（图书馆）。后来，变法失败，同志星散，游学而去他省。1900年夏，这些人倦游归苏，复聚集在一起。恰逢北方义和团与八国联军进京，国事迫在眉睫，于是他们相商译书办刊物事，准备"人译一书，月出一编，以质海内"。这是《励学译编》创刊号上《励学译社缘起》一文中说的他们筹备的过程。进而，声明他们的宗旨是："日本之盛也，其书足以资我，其学足以师我"；而其始也，只是二三学人翻译西学图书，并且锲而不舍，以至译学大昌。今日同社学之，持之以恒，他日"民智赖以疏通乎，世变赖以挽救乎，未可知也。同社勉之矣"。

从这段文字中，我们至少可以得知，在1901年4月3日出版的《励学译编》创刊号上刊出的安庆代售处联系人和捐银者名单中的陈独秀，在1898年9月后与励志会同人游学各省时相识，1900年《励学译编》筹备时，给陈独秀通了信，请其允设代售处，陈还愿捐银三元。而对他们仿日本、传西学、疏民智、挽国亡的做法和宗旨，陈独秀是完全赞同的。只是陈的外文还没学，不能参加而已。而且，从《励学译编》所载的"本社译人办事诸君姓氏"及代售处名单中，该志联络之人及地区相当广泛，除了苏州、安庆外，还有上海、无锡、杭州、南昌、南京、江阴、日本等处。这些地方中，日本留学生与励志译社及《励学译编》的关系最密切，因此也与陈独秀的关系密切。据励学译社成员包天笑回忆："那时有几位朋友，留学日本，我们常与他们通讯，并且苏州设立了日本邮便局，我们常委托他们邮寄书报，在文化交通上，较为便利。""那时中国政府派出去留学日本的很不少，而自资留学者也很多。我们所认识的有杨廷栋、周祖培诸君，他们都是学政法的。"在创办《励学译编》时，"我们这一群朋友中，便与这班留日学生联络起来，常常通信。他们在书信中，告诉我们种种事情。"①

实际上，这里提到的杨廷栋、周祖培等留日学生，与苏州的励志译社互为影响、互相支持，做着同样的工作。原来，当时在日本留学生中也有一个"励志会"的组织，成立于1900年春，其宗旨不过是联络感情，策励志节，是一个联谊性组织。但是，由于国难频频，政治热情也很高，经常探讨中国衰弱的原因和变革转强的出路。于是，在苏州《励学译编》创刊前四个月的此前，1900年12月6日，同为江苏人的杨廷栋、周祖培等人，就创刊了《译书汇编》，以编译欧美政法名著、介绍西方资产阶级社会政治学为主，同时普及天文、地理、物理、化学等自然科学常识，设有社说、论说、学术、研究资料等栏，很受留学生和国内先进分子的欢迎。冯自由在《革命逸史》中说：日本留学生中，江苏人杨廷栋、杨荫杭、雷奋等主持的《译书汇编》，其译笔流丽典雅，风行一时，被称为"留学界杂志之元祖"，"自后各省学生次第倡办月刊，吾国青年思想之进步，收效至巨，不得不谓《译书汇编》实为之倡也"。日本的这些江苏留学生当时都在专门为中国留学生学日语办的东京专门学校学习。他们边学边用，就把日文版的西方政治学说著作翻译过来（如杨廷栋译的卢梭《民约论》，此外他们还译了孟德斯鸠的《万法精义》、穆勒的《自由原论》等），正好适应了留学生追求学习西方先进思潮的需要。而苏州《励学译编》与他们不仅有通信联系，还有业务联系，所刊译著大半译自日文，而且转载《译书汇编》上的文章。《励学译编》在东京的代售处就是《译书汇编》发行所，同时，《励学译编》还刊出代售《译书汇编》的广告。苏州吴县人周祖培不久回国后，参加了励

---

① 包天笑：《钏影楼回忆录》，山西古籍出版社，1999，第203、197页。

学译社工作。

安庆陈独秀、苏州《励学译编》、东京《译书汇编》之间的这种关系，提供了考察陈独秀这几年的行踪、所受的教育和思想的线索，并足以否定多数学者所定的这一时期陈独秀在杭州求是书院接受西学的说法，实际情况是陈独秀是自学成才的典型。包括他后来留学日本期间。由于大战和大地震等原因，陈独秀五次留学日本，都没有留下系统的资料，学什么科目、成绩如何等等，经过中日学者几十年的查考，都不清楚。但有一点是清楚的，他进某一日本学校，都是象征性的，除学一点日、英、法等外文外，主要是找原著或日人译介的西文社会科学图书，进行自学，不为学校的规定所拘束。这是他从小养成的性格，追求独立自由发展的精神表现，他是自学成才的典型，与鲁迅、胡适等人的成才之路不同。这也是与他留学的目的是寻找救国的方案而不是学一门专业的思想一致的。所以，他后来推行教育革命时，特别强调学生的自学精神，重视社会教育和图书馆事业。

1898 年，在参加南京乡试后回安庆、与维新派人士密切交往并在各种新书报中如饥似渴地汲取新知识的陈独秀，与游学各省到此的苏州励学译社的成员相识。然后，随嗣父陈衍庶到东北，住了一段时间。昔凡善长诗赋、书法和绘画，并酷爱收藏书画古玩。聪明而爱好不同的独秀在这里受到熏陶，文化修养得到进一步提高。①

次年，兄弟俩得到母亲病重消息，匆匆南返。陈后来悼念兄长诗中，有一句说："南奔历艰险，意图骨肉全。"这里的"南奔历险"，有人说是在途中遇到东北的土匪"红胡子"劫财，要杀。后来知道他是陈衍庶的儿子。不仅归还财物，还护送他俩入关；孙伯醇还说：陈衍庶为奉天新民府知府时，红胡子张作霖曾被捕判死刑。陈予以相救，并招安。② 查张和陈的历史，这个说法不准确。张作霖被招安收编是在三年以后的 1902 年。当时的新民府知府是增韫，不是陈衍庶。从《怀宁县志》记载，这时的陈衍庶可能是任知府同级的"新民府擢道员"。由于如前所述他在东北任职期间，"悉得民隐"。对此，当时红胡子张作霖也表示钦佩，所以放了陈独秀弟兄俩。这个解释似乎更符合实际。

弟兄俩"辛苦归闾里，母已长弃捐"，可惜未能"骨肉全"——与母亲

① 参见孙雨航《胡适的白话文运动》，《安徽文选》第 1、2 期合刊，台北，1973 年 7 月。
② 参见《ある中国人の回想》，东京：东京美术社，1969，第 7 页。

见上最后一面。母亲是当时陈独秀心目中最敬爱最眷恋的亲人，"无言执兄手，泪湿雍门弦"，① 这可能是重感情、知恩情的他，一生中第一次尝到失去亲人的痛苦。然而，使他更为痛苦和迷茫的是他的改良主义信仰由于戊戌政变的失败、康梁出逃日本、谭嗣同等六君子牺牲而遭到沉重打击。于是，因母亲逝世，陈独秀在家中未住多久，又北上东三省。这一次他在帝国主义侵华第一线亲身体验到国亡家破民苦的滋味，更坚定了他探索救亡道路的决心。

1900 年春天，由帝国主义侵略激起的山东、河北地区农民反洋教的义和团运动，由于被清政府利用，很快席卷平津城市，东北的义和团也向沈阳发展，给帝国主义各国以沉重打击。英、法、美、俄、日、意、奥、德遂组成"八国联军"入侵，对清政府宣战，8 月中旬攻进北京，烧杀抢掠，无恶不作。与此同时，沙皇俄国还派出十万侵略军，以"护路"为名，分五路，入侵我国东北，所到之处，奸淫掳掠，制造骇人听闻的惨案。如海兰泡和江东六十四屯大屠杀，火烧瑷珲城等。中国居民被杀害二十余万人。有些情景，还为陈独秀所目睹。1903 年，他回忆说：

> 仆游东三省时，曾目睹此情形……前年金州有俄兵奸淫妇女而且杀之，地方老绅率村民二百人向俄官理论，非徒置之不理，且用兵将二百人全行击毙。俄官设验疫所牛庄，纳多金者则免，否则虽无病者亦置黑狱中，非纳贿不效。其无钱而囚死狱中者，时有所闻。

他又说到中东铁路的情形：

> 中国人坐火车者，虽已买票，常于黑夜风雨中无故被俄兵乘醉逐下，或打死于车中华官不敢过问。沿铁道居民时被淫虐者，更言不胜言。②

1895 年甲午战败时，陈独秀还年轻，只是听人家说，已有触动；这次亲身目睹，受到极大刺激。1904 年，他回顾说：

① 陈仲：《述哀》，《甲寅》第 1 卷第 5 号，1915 年 5 月 10 日。
② 陈由己：《安徽爱国会演说》，《苏报》1903 年 5 月 26 日。

我生长二十多岁，才知道有个国家，才知道国家乃是全国人的大家，才知道人人有应当尽力于这大家的大义。我从前只知道，一身快乐，一家荣耀，国家大事与我无干。那晓得全树将枯，岂可一枝独活；全巢将覆，焉能一卵独完。自古道国亡家破，四字相连。若是大家坏了，我一身也就不能快乐了，一家也就不能荣耀了。我越思越想，悲从中来。我们何以不如外国，要被外国欺负，此中必有缘故。我便去到各国，查看一番。①

他产生了出国留学的念头。这时梁启超的《时务报》已经被查封，苏州的《励学译编》等新书报，也已满足不了陈独秀的求知和探索中国衰亡原因的要求。于是，他从沈阳回安庆只承担了一期《励学译编》代售处的工作，从1901年5月3日出版的《励学译编》第二期起，安庆的代售处改为"姚家口藏书楼何春台先生"。这位何春台，当时也是一位激进的爱国者，与陈独秀关系密切。据当时报纸报道，何春台在这年3月24日上海张园举行的反对俄国侵略我国东北的爱国集会上，曾发表"激昂感慨"的演说，近千人"听者耸然拍手称是，其沉痛处能令闻者兴起"。②

何春台与陈独秀相识于何时，不清楚，但从《励学译编》代售处地址和名单的变更，说明上海演说后，何即回安庆，与陈联系上了，因此5月3日出版的《励学译编》才由何任该杂志的代售。陈独秀要准备去日本留学了。陈独秀原来说要"去到各国，查看一番"，结果五次都去了同一个国家——日本。除了去日本经济和方便之外，主要是当时各国先进学说的图书，在日本都可以读到。而且日本本身是一个由落后迅速转变为强盛的样板。这里，已经可以满足他寻求救中国道路的愿望。

在《清国留学生第一次报告书》中，我们发现了由陈独秀本人自填的留学时间是"1901年10月"，学校是"东京学校"。陈独秀不是由国内某个学校因学业成绩优异而由政府派遣的官派留学生，而是不懂日语的自费生。所以，很有可能是通过苏州"励学译社"和东京"译书汇编社"的朋友介绍（这两社的几位朋友本身即在东京学校读书），进入专门为中国留日学生学习日语的"东京学校"，同时又在东京高等师范学校补习其他功课。

---

① 三爱：《说国家》，《安徽俗话报》第5期，1904年6月14日。
② 《中外日报》1901年3月25日。

但是，陈独秀绝不是一个安分守己死读书的学生。既然他不是来单纯学习知识，而主要是来寻找中国衰弱原因的，所以，入学不久，他就加入了留学生组织的"励志会"。但是，这时"励志会"及学生中的思想状况已经与一年前有很大的变化。原先这些学生对孙中山和梁启超都很景仰，似乎并不关心他们之间的政治分野。而且，由于梁启超倚仗在刚刚失败的戊戌政变的声名，在学生中有更大的影响。励志会中的有些会员如秦力山、沈云翔、戢元丞、吴禄贞等听了梁的召唤，还回国参加了 1900 年 8 月唐才常自立军在江淮地区进行的拥护光绪帝君主立宪的勤王起义。但是，这次起义失败后，有些会员的思想发生变化，励志会分裂为两派：稳健派和激烈派。稳健派中的曹汝霖、章宗祥等人接近官场，凡有政府派员考察日本，常任翻译，对日本帝国势力的发展十分崇拜，并站在维护清王朝立场上，鼓吹君主立宪，被激进派的人士视为堕落的官场走狗。激进派中有秦力山、戢元丞、沈云翔、张继等人，认为清政府腐败，难以挽救，受卢梭《民约论》影响，倾向于民主革命。秦、戢、沈等人是参加自立军起义的。秦在失败后到新加坡斥责康有为贪污起义经费，愤然与康绝交；又回到日本横滨找梁启超，梁为躲避自立军将士的责难而他去。于是，秦力山跑到东京，与同为找梁算账不着的戢元丞一起在 1901 年 5 月办起了《国民报》，倡革命、排满之说。明确与已经堕落成保皇党的康梁派划清界限，发表激烈批判康、梁的文章。秦力山自任总编辑，参与其事的还有编辑《译书汇编》的杨廷栋、杨荫杭、雷奋，还有张继等。于是，《国民报》成为最早提倡颠覆清王朝的刊物，并以西方资产阶级民主主义为理论武器，鼓吹天赋人权、平等自由，而在留学生中独具特色。秦力山等人在创办《国民报》同时，还组织了"国民社"，张扬革命为宗旨，提出"革除奴隶之积性，振起国民之精神，使中国四万万人同享天赋之权利"。

以自立军失败为转机，秦力山等人抛弃改良主义而转向革命，说明留学生思想的急剧分化。这些人，都因《励学译编》的关系，成了陈独秀的朋友。他们和他们的报刊，都给陈以影响（在后来创办《青年杂志》时，还可以看到《国民报》和国民社给陈的影响），所以，陈虽曾接受过康梁改良派的主张，但思想日渐左倾。再加上，因戊戌政变和"勤王"起义失败，以及八国联军入侵的刺激挥之不去，他急于采取行动。所以，不久，陈即与张继退出励志会，并于 1902 年 3 月回国，约热血青年何春台、潘赞化、葛温仲、张伯寅、柏文蔚等，在安庆姚家口北的藏书楼拉开了安徽省近代革命的序幕。

　　藏书楼是类似图书馆那样的公共场所，1901 年由当地开明士绅所创设，宣传的主要是自然科学方面的西学图书。现在，除了原来苏州《励学译编》之外，陈独秀又从东京和上海带来许多宣传西方资产阶级民主平等自由学说的社会科学方面的书报展览，于是吸引来众多青年学子。陈独秀还和几位友好模仿东京留学生的做法，在张伯寅家组织了一个"青年励志学社"。社员每周聚会一次，各人展示每周读书笔记，交流读书心得体会，发表对时局看法。他们还每周进行一次军事训练，由张伯寅的弟弟张仲寅用英语呼喊排操口号。

　　当时的《大公报》还报道他们拟创办《爱国新报》，"其宗旨在探讨本国致弱之源，及对外国争强之道，依时立论，务求唤起同胞爱国之精神"。①

　　《大公报》上的这条消息，可以说是关于陈独秀一生中进行爱国和启蒙活动最早的报道。而这也的确是陈一生革命与启蒙运动、政治生涯的开始。

　　不过，实事求是说，陈独秀他们当时的思想，还只是在反帝爱国的改良主义水平上，还未达到孙中山的推倒清政府的"革命"程度。因为当时对他们刺激最强烈的是八国联军的军事入侵和俄国拒绝撤军所造成的亡国危险。此乃燃眉之急。从这一点上来说，他们对中国问题的认识，甚至还没有达到康、梁（改革政治体制，实行君主立宪）的深度。但在活动上，他们又有自己的特点和优点，即着重于广大民众的启蒙，着眼于从根本上救国的远景，而不是像康、梁注重于上层而又醉心于保皇，也不是像孙中山依靠少数激进志士及华侨，并以单纯"排满"为号召。当时保皇改良派与排满革命派互相攻讦，争论得很厉害，陈独秀却清醒地保持着独立的立场。他作诗曰："勤王革命皆形迹，有逆吾心罔不鸣。"

　　这里，又一次显示出他独立思想者的特色。

　　不过，从广义上说，反帝爱国运动毕竟是民族民主革命最重要的内容。而且由于中国封建统治者与外国侵略势力互相勾结的特殊关系，反帝必然导向反封建、反对清王朝的统治。所以，1902 年陈独秀的这些活动，可以说，标志着他自己所说的一生中第二次重大的转折：由"康党"转化为"乱党"（即革命党——激进的资产阶级民主主义者）。这也说明，陈独秀的思想发展是与时代先进思想的发展同步的，他总是走在时代的最前列，而且他更注重实践。

　　果真，"宁赠友邦，不予家奴"，醉心卖国求存的清政府，对陈独秀等

---

① 《纪爱国新报》，《大公报》1902 年 4 月 19 日。

人的反帝爱国活动不能允许。这年9月，陈独秀与潘赞化一起再次赴日，进入当时中国留学生学军事的热门学校——成城学校。在这里，他结识了一大批激进的革命志士，如章太炎、邹容、蒋百里、苏曼殊、刘季平、汤尔和等。在冬季的一天，他们仿照意大利独立前马志尼创立的革命团体"少年意大利"名称，成立了"少年中国"，后为避免清朝当局注意，定名为"青年会"。会约规定该会"以民族主义为宗旨，以破坏主义为目的"，成为"日本留学生中革命团体之最早者"，会后还合影留念。① 1902年冬出版的《逸经》杂志第1卷第31期刊登了这张合影照片，其中陈的面相至今清晰可见。这是又一份十分难得而且稀有的记录陈独秀早期事迹的真实史料。

1902年的这些活动，标志着他自己所说的一生中第二次重大转折。从1894年孙中山在檀香山创立兴中会起，中国的资产阶级民主革命就拉开序幕，发动了一些武装起义，一方面表现了革命志士英勇牺牲的精神，开创了中国历史上资产阶级革命的新时代；另一方面，以"排满"的种族革命为旗帜，理论准备不足，社会基础狭窄，起义规模较小，都以失败而告终，社会影响也不大。

进入20世纪，以留日学生中《译书汇编》《国民报》的创办、励志会分裂、青年会成立为标志，表明随着中国资本主义工商业和新式教育事业的发展而出现的新型知识阶层崛起，积极参加到资产阶级革命中来。这个阶层由初步接受了西方社会思想和科学文化的知识分子组成，是中国资产阶级、城市小资产阶级中最活跃的部分。因此他们的加入，使中国资产阶级革命面目为之一新，并得到迅速发展。但是在1911年以前的中国民主革命中，排满以推翻清王朝的种族革命的色彩较重，因此这个革命无论在反帝还是在反封建上，都是很不彻底的。唯有陈独秀等一开始就根据西方民主主义，自觉地为中国人民的独立、平等、民主、自由目标而奋斗。所以，陈是一个真正的自觉的彻底的民主主义者。无论从时间还是从思想上说，他不愧为中国资产阶级民主革命的先驱。

初出茅庐　叱咤风云

青年会创立后，陈独秀即积极参加或组织身边的一系列反帝反清活动。

---

① 《壬寅东京青年会成立摄影》，陆月林编《逸经》第1卷第31期，1937年。

鉴于当时清政府所派湖北留日学生的监督姚文甫无理压制学生正当权利，并阻挠学生学习军事，1903 年 3 月 31 日，陈独秀约同张继、邹容、翁浩、王孝慎等人，以姚某生活腐化堕落，强占老师之妾，败坏了中国人的声誉，有损国格人格为由，闯入姚宅，"由张继抱腰，邹容捧头，陈独秀挥剪"，发抒割发代首之恨，并训曰："你赶快回国别留在这里给留学生丢人，你要不走，我们总会要你的命。"然后还把姚的辫子悬在骏河台留学生会馆的屋梁上，上书"禽兽姚文甫之辫"，[①] 使姚威信扫地。

姚文甫作为朝廷命官，当然不会屈服，更不允许这种无法无天的造反行动。他向清政府驻日本公使蔡钧控告，蔡照会日本外务部。于是，陈、张、邹等因此被日政府强行遣送回国。可是，他们一回到上海，立即汇入更加广大和激烈的革命风暴之中。

1900~1903 年，在日本留学生中出现西方民主主义思想倾向并由维新向革命激进转变，产生青年会的同时，国内主要以上海为中心的东南地区，也出现了这样的变化和新派人物。他们是 1901 年、1903 年上海两次拒俄运动

1903 年 3 月陈独秀（左一）与友人摄于东京

① 章士钊：《疏〈黄帝魂〉》，全国政协文史委员会编《辛亥革命回忆录》（一），中华书局，1962，第 229 页。

的组织者和参加者。同时，他们还以上海南洋公学退学风潮为导火线，发起席卷吴兴、杭州、南京、上海各地师生退学、罢课、集会反抗学校中封建势力的"学界风潮"。

在这些斗争中，产生了中国教育会、爱国学社和《苏报》这些激进组织和报纸，代表人物有蔡元培、吴稚晖、章炳麟、章士钊等。他们当时的革命活动，主要是组织集会，出版书报，发表政论，鼓动人们起来进行反清革命。

《辛丑条约》，中国以巨大的屈辱为代价，换取八国联军撤军的承诺。另按 1902 年中俄《东三省交收条约》，俄国应于 1903 年 4 月撤退在东北的侵略军。但是，它不但不撤，反而向清政府另提出七项新要求企图独霸东北。消息传出，曾在两年前上海张园举行过两次抗议俄国妄图霸占我国东北集会的上海士商汪康年，会同蔡元培、吴敬恒主持的中国教育会、爱国学社等组织，在 4 月 27 日，发动千余群众，包括十八省籍的人，再次在张园集会抗议，并致电清朝外务部，表示："此约如允，内失主权，外召大衅，我全国人民万难承认。"[1] 同时致电各国外交部，表示"即使政府承允，我全国国民万不承认"。[2]

在东京的留学生立即响应。29 日，四十余人集会，汤槱、钮永建等发表了慷慨激昂的演说。钮还提议："徒言无益，学生不自担任，但责望于人，非所以国民也。宜自行组织义勇队以抗俄，并为国民倡。"[3] 于是，在会上，留学生纷纷签名加入"拒俄义勇军"。

上海又与东京留学生互相呼应。30 日，爱国学社、爱国女学等校学生及各界群众一千二百余人，在张园再次举行拒俄集会，蔡元培首先演说，倡议设立国民公会以议论国事。当场决定成立中国国民总会，签名入会者六百余人。会议高潮时，得东京留学生成立义勇队急电，又决定也成立上海义勇队（后来两地的义勇队都改名为军国民教育会），并推蔡元培、吴敬恒、章士钊为首。据当时与陈独秀一起回国的潘赞化回忆，被驱逐回国的陈独秀这时也参加了上海的运动："留学生返国者，始在上海组织（加入）爱国学社，于英租界跑马厅旁。蔡元培、吴敬恒、章炳麟、邹容、陈

① 《呈外务部电》，《苏报》1903 年 4 月 28 日。
② 《寄各国外部电》，《苏报》1903 年 4 月 28 日。
③ 《军国民教育会之成立》，《江苏》第 2 期，1903 年 5 月。

独秀主持之。未几，南京陆师学堂退学生章士钊、陶严兄弟、秦力山等十余人也来加入军事，声势浩大。"① 但是，可能陈在当时上海名气还没有别人大，并且，上海人才济济，他作为后来者也插不上手，也没有什么特殊的行动，所以当时的报纸和其他人的回忆录一般都没有提到他。可是，紧接着陈独秀到安庆响应上海、东京而发起的安徽拒俄运动，他就成了当然的领袖。而且，在当时报道的各地响应掀起的拒俄运动中，安徽拒俄运动也较为突出。

1903 年 5 月初，陈独秀回到安庆，就与潘赞化、潘璇华、王国桢、葛光延等人，以"皖城爱国会同人"的名义，在各学校及闹市区广为散发张贴陈独秀起草的《知启》：

> 呜呼！事迫矣！势亟矣！若我国人心稍懦，俄约一经许允，则东西各国执利益均沾之说，并起而图，德索山东，法占两粤，日据闽浙，英取长江，我最可敬爱、最可有为的大中国，岂不胥沦于异域，而尚有尺寸干净土哉！

为此，《知启》疾呼：

> 我神州血性男子须知：国与人民，利害相共，食毛践土，具有天良，时至今日，若仍袖手旁观，听天待毙，则性命身家，演己身目前之惨，奴隶牛马，贻子孙万代之羞。神州大陆，忍令坐沉；家国兴亡，在此一举。②

《知启》通告"特定于本月二十一日（阳历 5 月 17 日）"在藏书楼开演说会，"议补救之方，善后之策"；并声明"风雨无阻"。

是日，虽然大雨滂沱，但在陈独秀等人的积极发动下，安徽大学堂、武备学堂、桐怀公学等校师生及其他群众三百多人，还是冒雨来到藏书楼举行拒俄集会。据报道：楼内容纳不下，"多立门外而听，众情踊跃，

---

① 潘赞化：《辛亥安徽革命运动回忆录》，手稿，安徽省博物馆藏。
② 《安徽爱国会知启》，《苏报》1903 年 5 月 25 日。

气象万千"。①

报道说：大会由陈独秀主持，"陈君仲甫开演大旨，谓当今非提倡军人精神断不足立国，外患日亟，瓜分立至，吾辈恐有不足为牛马奴隶之一日。词情慷慨，满座郁歇"。② 接着，陈独秀首先发表演说。他在逐条痛斥沙俄侵华七条要求后指出：

> 我政府若允此约，各国与俄战之仇固结不解，我国之人有一人不与俄死战皆非丈夫！

然后，他讲述庚子年自己在东北亲眼目睹"俄人虐待我中国人"之惨状，并说"不但俄如是也，各国将来瓜分我中国，其惨状亦何堪设想！我中国人如在梦中，尚不知有灭国为奴之惨；即知解而亦淡然视之，不思起而救之"。

这里，最凸显出陈独秀一出山就不同凡响的是，他特别从国民性质上思考国亡危势，从改造国民性质、唤醒国民大众来救亡，而不是依靠少数热血之志士推翻腐败清王朝为目标。他说：

> 盖中国人性质，只争生死，不争荣辱。但求偷生苟活于世上，灭为奴皆甘心受之。外国人性质，只争荣辱，不争生死，宁为国民而死，不为奴隶而生……故各国人敢于出死力以侮辱我中国者……呜呼，我国人果真如此耶？抑彼族妄言耶？思之当一大痛哭。

为此，他提出三条挽救意见：

第一消息。此次俄之密约，上海及沿江沿海已传遍，欧美及日本也宣传各报，惟内地不知何日可得此消息。"中国人尚不知，其何以防之。"

第二思想。"谓中国人天然无爱国性，吾终不服，特以无人提倡刺击"（启蒙）。

第三体魄。发展体育以强健之。

最后，他热切表示：

---

① 《安徽爱国会知启》，《苏报》1903 年 5 月 25 日。
② 《安徽爱国会知启》，《苏报》1903 年 5 月 25 日。

全中国人既如是沉梦不醒，我等既稍有一知半解，再委弃不顾，则神州四百兆人岂无一人耶！故我等在全国中虽居少数之少数，亦必尽力将国事担任起来……此即今日开会本意。①

且看，陈独秀此时就已明确用正面教育和反面的激将法，来做国民的启蒙运动。所以后来发动新文化运动的全国启蒙运动，不是偶然的。

适值湖北学生转寄来北京师范、仕学二馆学生与各省学堂公函，言之沉痛。陈独秀当场宣读公函，更激起群情激昂。陈独秀并当场宣称爱国会"如办有基础，拟与上海爱国学社通成一气，并连结东南各省志士，创一国民同盟会，庶南方可望独立，不受异族侵凌"。② 说明他们立此团体和活动，并不局限于一省，而着眼于全国，着眼于救国。由此也看到，当时陈独秀他们与全国各界的联系，特别是学界的联系，已经相当广泛和密切。牵一发而动全身，全国的反帝爱国运动，已经在很大程度上连成一气，再加上当时在上海出版的具有全国指导中心地位的《苏报》的报道，使陈的活动得以宣传，这就为陈高瞻远瞩，眼观全局，叱咤风云，成为群众运动的领袖，创造了条件。

接着在"各学堂魁杰"演说后，当场公布陈独秀、潘赞化等七人起草的《安徽爱国会拟章》，宣布宗旨为："本社因外患日亟，结合士群为一团体，发爱国之思想，振尚武之精神，使人人能执干戈卫社稷，以为恢复国权基础。"现办之事为出报和体操（每日习操二小时）。规则和戒约中，对社员的要求亦极正派和严格，如："本社既名爱国，自应遵守国家秩序，凡出版书报，惟期激发志气，输灌学理，不得讪谤诋毁，致涉叫嚣"；"本社员素谓群谊，当视全体为一体，视全国如一家，务各互相敬爱，见以至诚"；"除星期外，社员仍宜各励实学，不得常至各处聚谈，荒嬉学课"。最为可贵的，是"五戒"竟然把自由而不妨害公益，反帝而不盲目排外，赫然列入，即"戒盲昧仇洋；戒主张各人自由，放弃国家公益"，说明起草者起点之高，已达何等境界。而这时的陈独秀才只有25岁！

此爱国会章程公布后，"立经全体赞成"，当场在《爱国会会员名簿》

---

① 陈由己：《安徽爱国会演说》，《苏报》1903 年 5 月 26 日。
② 《安徽爱国会之成就》，《苏报》1903 年 5 月 25 日。

上签名入社者 126 人，并公推陈独秀等七人组成干事会，分理会计、书记、体操、报务等事宜。

陈独秀这次发动的安徽拒俄运动，犹如一声惊雷，震动江淮地区。当时报纸报道就有这样评论：与会人员"旨趣皆相同，而规则整严，精神团结，此吾皖第一次大会，而居然有如许气象，诚为难得"。①

相对于广东和江浙东南沿海各省，安徽在政治上是比较闭塞保守的。在思想界，戊戌政变后，有所变动也多数限于上层的信仰君主立宪的改良主义。现在，这一潭死水，被陈独秀等人搅得波澜四起了。会后，广大青年学生积极响应，要求学校改变旧的学习科目，加强体操训练，健身强体，以备反抗入侵者。当时安庆最大的学校"安徽大学堂"四名高材生回校后即要求学校停止各课和自修日记，专习体操，遭到拒绝和威胁后，5月 20 日自行退学。接着，又有八人相率告退，谴责学校"素已腐败，禁阅报章，除经史日记而外，毫无功课"。② 一位历史教师胡某在讲课时责问参加演说会的学生说："汝年幼，何亦往演说？前次日记，吾尚取汝为第一，汝何随人妄动？"学生答："当此国家危急之秋，老师不以忠义提倡学生，而以考取日记高下诱掖后进……老师甘为亡国之老师，学生万不甘为亡命之学生。"③ 言辞慷慨，声泪俱下，当场告退出堂，为此事，又有二人自动退学。

武备学堂、桐城学堂等学校，也是如此。陈独秀的演说，激起学生爱国热情，"各学生印入脑筋，勃发忠义，走相告语，或拟请抚皖电奏，或拟公电上达政府。数日之内，纷纷告假，多有不上课者"。④

这时的陈独秀，真是意气风发，斗志昂扬，深为找到自己的人生目标并能与众多知己一起参加到崇高的救亡运动中来而热血沸腾。这种心绪，热烈洋溢在这年 8 月发表的两首诗中：

哭汪希颜三首⑤

凶耗传来忍泪看，恸君薄命责君难；英雄第一伤心事，不赴沙场为

---

① 《安徽爱国会之成就》，《苏报》1903 年 5 月 25 日。
② 《苏报》1903 年 5 月 26 日。
③ 《中外日报》1903 年 5 月 29 日。
④ 《苏报》1903 年 5 月 30 日。
⑤ 上海《国民日日报》1903 年 8 月 9 日。署名由己。

国亡。

　历史三千年黑暗，同胞四百兆颠连；而今世界须男子，又杀支那二少年。

　（吴君茂良以事亡于海上故兼悼之）

　寿春倡义闻天下，今日淮南应有人；说起联邦新制度，又将遗恨到君身。

　（汪希颜是后来陈独秀终身挚友、上海亚东图书馆老板汪孟邹的胞兄。陈在信仰维新主义时相识，二人对教育制度的改革应实行德、智、体三育并举的方针有共识，也曾交流国家救亡与建设之种种设想，被青年陈独秀视为一难得的知己。）

题西乡南州游猎图①

　勤王革命皆形迹，有逆吾心罔不鸣。直尺不遗身后恨，枉寻徒屈自由身。

　驰驱甘入棘荆地，顾盼莫非羊豚群。男子立身惟一剑，不知事败与功成。

　前诗表明陈独秀对有思想的革命志士的重视。国民大多数处于愚昧状态固然可悲，但正因为如此，更需要少数先驱者去做启蒙的工作。后诗则表现了在这国家大变革时期，将不顾敌手如何强大和左右怎样的干扰，自己决心独立思考和探索，牺牲个人利益而为国事勇于献身、一往无前的精神。

　拒俄运动一开始，就引起清政府的密切注意和恐慌。东京留学生集会后，清政府驻日公使蔡钧便致电两江总督端方："东京留学生结义勇队，计有二百余人，名为拒俄，实为革命。现已奔赴内地，务饬各州县严密查拿。"② 同时，清政府也密谕"地方督抚于各学生回国者，遇有行踪诡秘，访闻有革命本心者，即可随时拿到，就地正法"。③ 虽然后来清廷否认曾发

　① 上海《国民日日报》1903年8月17日。署名由己。
　② 《苏报》1903年5月30日。
　③ 《苏报》1903年6月5日。

出此谕,但清政府镇压拒俄运动却是事实。

陈独秀在藏书楼的活动,也受到当局的注意和查禁。知府桂瑛甚至化装混到现场听陈独秀等人演说。当时报纸报道:"闻来往是处(藏书楼——引者)之人,均系极有热心主持维新之士。其中有数名,乃近由日本留学而归者,彼等常在是处,谈议维新之法,并在是处代售在日本所刊之某华报。其报乃为华官所深不喜而欲封禁之者,但屡行封禁,均无成效。安庆府知府桂某闻藏书楼代售是报,则大为愤怒,故当此藏书楼开会议时,该府亦往而旁听。彼闻会议之人论及东三省之事,心甚不悦。一回署后,印签差往拘学生。"① 桂瑛在藏书楼贴出镇压布告曰:

> 访闻近有东洋游学回国之人,在该处私设会社,演说悖妄之词,摇惑人心,实属荒谬,有违国家法律。现奉抚面谕,不准演说,私设会社,如违拿办。②

同时他又呈报两江总督端方。安徽巡抚聂某也亲自出马,宣布学生不准"妄动",否则立即"开除",并饬令严缉陈独秀等人。

端方接阅呈报后,立即电饬安徽统领韩大武:"皖省之'励志学社'与东京拒俄义勇队互通声息,名为抗俄,实为排满,且密布党羽,希图大举,务将何春台、陈独秀一体缉获。"③ 端方同时还奏请政府饬令各省一体缉拿。于是,藏书楼即被查封,柏文蔚、郑赞丞等十余人被大学堂开除。

陈独秀则险些被捕。安庆统领韩大武之文案吴汝澄是陈独秀之友,他在接得端方电令后,连夜把电令内容通报给陈独秀及爱国会有关人员。于是,陈及有关人员星夜逃走。次日,韩大武令吴汝澄将电令译出,再派人去逮捕陈独秀等一干人时,陈已逃亡上海。

1903年上半年陈独秀在安徽发动的拒俄运动,是安徽及中国革命史上重要的一页。当时报纸报道爱国会章程时评论说:"此事于国家前途大有影响,事虽不成,其拟章实是为安徽志士之一纪念,故录之。"④ 参加这次活

---

① 《中外日报》1903年6月7日。
② 阙名:《安庆藏书楼革命演说会》,未刊稿。
③ 阙名:《安庆藏书楼革命演说会》,未刊稿。
④ 《苏报》1903年6月7日。

动并被开除、后来成为著名国民党元老的柏文蔚在《五十年经历》回忆录中说："此时，革命情绪更一发而不可遏。"① 因此，史家认为，"清朝末年，安徽的革命运动，发端于安庆藏书楼演说"；将陈这一段的活动概括为"传播新知，牖启民智，宣传爱国，鼓吹革命"，② 是符合历史事实的。

有人认为，这时的陈独秀在爱国会拟章中提出"遵守国家秩序"、"恢复国权基础"等，没有提反清口号，陈还是一个维护清王朝统治的改良主义者。其创一国民同盟会，"不受异族之侵凌"之异族是指外国侵略者，不是"排满"。因此他是一个"改良的爱国主义者"。但是，历史的逻辑是：以媚外卖国求自存的清政府，连这样的爱国者都不能容忍，终于把陈独秀这样的大批原来崇尚改良的爱国者推上革命的道路。所以，1903 年的拒俄运动，是陈独秀由改良转向革命的重要转折点。

蔡元培、吴稚晖、章炳麟、邹容、章士钊等人及其主持的中国教育会、爱国学社，有强烈的仇满情绪。他们当时主要的目标是通过反帝宣传，鼓动人们起来进行反清革命，推翻满族统治，并以《苏报》为主要阵地。尤其是 1903 年 6 月聘用章士钊为主笔主持报务后，《苏报》实行重大改革。其改革宣言称："吾将大索天下之所谓健将者，相与鏖战公敌，以放一线光明于昏天黑暗之中。"③ 公开揭出用革命舆论指导中国政局变化的旗帜，对清朝反动统治和保皇派发起激烈攻击。当时正值剧烈鼓吹"革命排满"的邹容名著《革命军》和章炳麟名著《驳康有为》先后出版，《苏报》即发表章炳麟为《革命军》写的序文，并著文介绍二书，公开号召去世袭君主，排贵族特权，推翻君主制度，建立资产阶级共和国，疾呼"中华共和国万岁！"引起社会极大震动。于是，清政府即行镇压。6 月 29 日发出查禁"爱国学社"和《苏报》，捕拿陈范、章炳麟、邹容、龙积之等七人的牌告。30日，在爱国学社捕去章炳麟，然后，章又写信劝邹容、龙积之等投案。当时，督办此案的候补道俞明震本打算吓退当事人，不了了之，不想真的逮捕人，扩大事态，不可收拾。所以，他们都有机会逃脱。但是，章炳麟却书生意气，认为自己的事业是正义的，准备用自己的鲜血和头颅来向社会宣示这种反清革命事业的正义性，坐等巡捕来逮捕。邹、龙二人也来投案自首。这

① 《近代史资料》1979 年第 3 期。
② 安徽政协文史资料工作组：《辛亥前安徽文教界的革命活动》，《辛亥革命回忆录》（四），第 382 页。
③ 《苏报》1903 年 6 月 4 日。

固然表现了资产阶级革命志士的英雄献身精神，但革命者还是应该避免不必要的牺牲和损失。陈独秀一生多次摆脱缉捕，同样表现了另一种革命精神。

陈独秀逃到上海时，革命者正利用外国租界与清政府的矛盾，反对清政府把章炳麟、邹容从租界引渡出来给予严惩的要求。东京和国内的革命运动暂时低伏。为了继续革命，在《苏报》被封后，章士钊筹办《国民日日报》。章士钊于1902年3月到南京陆师学堂学军事，与汪希颜是同学。这时正好陈独秀从日本回国到南京拜访汪希颜，与章士钊结识。汪希颜于这年暑期病逝，而陈与章却结下了一辈子恩恩怨怨、大起大落的友情。

1903年8月7日，陈独秀参与章士钊等筹备的《国民日日报》创刊。章士钊、陈独秀、张继等人主编。在这里，陈又结识了苏曼殊、何梅士、陈去病、林獬、刘光汉（即刘师培）等一批革命志士。

《国民日日报》接受《苏报》被封教训，文章"论调较舒缓"，且多不具真名，说明革命者在斗争中正在成熟起来，开始讲究斗争策略。章士钊回忆说："《苏报》被封后，余与陈独秀继办《国民日日报》以善其败。但论调之舒缓，即远较《苏报》之峻急有差"，不"为爆炸性之一击"。① 该报的另一个特点是"格式多创作"。陈独秀给《国民日日报》带来的这种风格，以及他后来自己创办的《新青年》《每周评论》等报刊，与章士钊主持的《苏报》《甲寅》比较来看，活泼、新颖、讲求宣传实效，是陈的一贯风格。因此，《国民日日报》，因其"主张与《苏报》同，而篇幅及取材较《苏报》新颖。发刊未久，风行一时，时人咸称'《苏报》第二'"，并且比《苏报》"规模尤大"。②

陈独秀给《国民日日报》出了多大力，发生多大影响，可以从章士钊回忆中深切看到。陈独秀逃亡到上海，就住在昌寿里《国民日日报》编辑部，与章士钊、何梅士"三人同居一室，夜抵足眠，日促膝谈，意气至相得"；陈、章与张继三人主编，实际是陈、章二人总理编辑事，甚至负责全部文字校对，每天工作至凌晨，习以为常。③ 而当时他们生活条件之艰苦、工作起来废寝忘食的情景，更是感人：何梅士走后，"吾两人蛰居昌寿里之偏楼，对掌辞笔，足不出户，兴居无节，头面不洗，衣敝无以易，并也不浣。

---

① 章士钊：《苏报案始末记叙》，《辛亥革命资料丛刊》（一），第386页。
② 冯自由：《革命逸史》，中华书局，1981，第135页。
③ 烂柯山人（章士钊）：《双枰记》，《甲寅》第1卷第4期。

一日晨起，愚见其黑色祖衣，白物星星，密不可计。愚骇然曰：'虱耳。'其苦行类如此"①（俗话说"虱子多了不痒"，陈独秀穷干实干革命，已经到了这种地步）。及至1941年5月，即陈去世前一年，二人因政治斗争发生多少冲突，陈多次严厉抨击他并表示与其绝交，章士钊还写诗深切怀念他与陈的这段日子：

> 我与陈仲子，日期大义倡；《国民》既风偃，字字挟严霜。
> 格式多创作，不愧新闻纲；当年文字友，光气莽陆梁。②

章士钊在中国近代史上，不计其功过，就以其在政治、学术、法律、文坛上所达到的成就来说，不愧为一代名人。但是不管陈后来对他发出多么严厉的抨击和批判，始终没有影响他对陈崇敬的心情和感人至深的私人情谊。这也可反映出陈独秀是一个什么样的人了。

同时，从当时他们的工作和生活状况看，陈独秀不愿意享受其嗣父陈衍庶为其创造的公子少爷那种优裕的生活条件，却挑选这种危险艰苦潦倒的生活，由此也可看出他的情趣和志向所在。

但是，《国民日日报》反清革命的色彩很快被当局看出。报纸仅办两个月，但因其在英租界，清政府不便直接镇压，便发通令不准商民售阅："上海逆党著书刊报，煽惑人心，大逆不法。业将苏报馆办事人等按名拿办，并将报馆封闭在案。乃又有人创办《国民日日报》，依然妄蜚语，昌言无忌，实属执迷不悟，可恨已极。仰各属府州厅县，将《国民日日报》荒谬悖逆情形，示知地方商民，不准买看。如有寄售《国日日民报》，提究。"③ 而且，清政府派人侦得，"该报执事人等，半多寒酸出身，甘于为非，扰害大局，怂人观听，藉广销场。但使无人阅其报纸，彼必支持不住，不难立即闭歇"。于是，又传令总税务司和各地邮政局，严禁销售，以"杜其销路，绝其来源"。④ 10月7日，上海知县汪郁琨即发出告示："不准商民购读或寄销《国民日日报》。"⑤

① 孤桐（章士钊）：《吴敬恒—梁启超—陈独秀》，《甲寅周刊》第1卷第30号，1926年，第17页。
② 章士钊：《初出湘》，《文史杂志》第1卷第5期，1941年5月。
③ 戈公振：《中国报刊史》，三联书店，1955，第155页。
④ 张静庐：《中国近代出版史料初编》，中华书局，1957，第97页。
⑤ 蒋帧吾：《同盟会时代上海革命党人的活动》，《逸经》第1卷第26期，1937年。

可见，清政府对《国民日日报》是十分害怕的。但是，由于当时民心所向，该报未被清政府压垮。总税务司给清廷复函说："如此禁寄，防不胜防。""清廷遂不得逞。"① 12月初，该报终于停刊，却是毁于内讧。因社内职工连某与卢某私人纠纷，酿成该报与国民丛书社之间的诉讼，最后虽得调解，但经此风潮，该报大伤元气，难以为继了。

从其1902～1904年的革命活动可以看出，陈一开始就以艰苦奋斗的实践精神，注重思想启蒙，着眼全体国民的发动、重视宣传、组织工作的领袖姿态出现，与那些重行动而不重思想启蒙，或依靠少数人而不注意发动群众，或轻视实践的口头革命派及没有组织能力的一般战士，形成鲜明对比。但是，由于中国资本主义经济的落后和资产阶级的弱小，决定了像陈这样的革命者是少数，因此他们不可能改变中国民主革命初期失败的总体结局。

何梅士、苏曼殊
——早期的两位特殊友人

在1915年创办《青年杂志》以前的早期革命活动中，陈独秀也进行了许多文化活动。可贵的是，他在进行这些文化活动时，是自觉地为政治活动服务的，带有反对封建旧文化、提倡民主新文化的文化启蒙运动的性质，并以这个标准处理朋友的亲疏，从而团结了一批志同道合的战友。

在1903年《国民日日报》时期，与章士钊、陈独秀同居的是何梅士，福建人，当时正拟东渡日本习陆军未就，暂住此处。此人立志高远，品性豪放，情趣浪漫，因此与陈一见如故，双方都觉相见恨晚。这时有一女子沈棋卿，乃浙江名门闺秀，与何梅士一见钟情，在热恋中似胶如漆。但沈家以何贫而反对，棒打鸳鸯，将棋卿强行送返原籍，以断绝二人往来。此事激起陈独秀和章士钊深切同情。第二年2月16日，何梅士在东京因患脚气病逝世。章士钊与陈独秀得讯，皆以为何为棋卿殉情跳海而亡。章士钊为此而以何、沈原型创作了小说《双枰记》，当时在芜湖的陈独秀则写了两首情真意切的怀友诗：

哭何梅士
海上一为别，沧桑已万重。落花浮世劫，流水故人踪。

---

① 《江苏》第6期，第145页。

星界微尘里，吾生弹指中。棋卿今尚在，能否此心同。①

　　此诗刊于 1904 年 4 月 15 日，说明陈写此诗时，还不知何死真相，还以为是为棋卿殉情。在歌颂了他们纯真的爱情同时，感叹了人世沧桑和生命的短促。章士钊得此诗后，一面告诉陈何死真相，一面也百感交集，和诗两首，并披露他们当时已经以"革命党"自居，称何为"吾党健卒"，而他们三人是最相投契者，因为他们三人在编辑《国民日日报》时，曾"形影相属者，半年有余，无一日不促谈至漏尽"，"同享友朋之乐也"。而"何梅士之立志与行事，知之亦详"；"梅士之死也，方卧病淮南，余驰书告之，余得报书，谓梅士之变，使我病已加剧，人生朝露，为欢几何，对此弗能自悲，哭诗一首，惨不成句矣"。章曾将何耗讯广告友朋，望"集梅士之友为诗哭梅士，庶足以尽待死友之道。今应声而同感者，只之一诗"，可谓知己难得。

　　由此亦可看到，陈独秀既是一个很有个性，又是一个很重友谊和情感的人，非常人所可比拟。从章士钊的复信中得知何死真相后，更激起他情感波澜，以觉醒记梦的手法和浪漫主义情调，又写一首歌行体长诗《夜梦亡友何梅士觉而赋此》。诗中云：

　　故人一别流水东，我悲朝露齐翁童。理为万劫不复值，胡意梦中忽一蓬。谈笑颜色一如昨，我亦知尔为鬼雄。
　　……
　　神州世变日益急，方以病亡为尔惜。今知拯弱横葬沧海东，男儿壮举何悲泣。况复捐躯从知己，同种同心此爱一。我惊此梦百感来，灯火不温人语寂。
　　吁嗟呼，众生九道相轮移。动植沙石流转何离奇，与尔有缘得再随。不知尔为何物，我为何物在何时。②

　　此诗在前诗基础上，继续表示赞赏死者对纯真爱情的执着和对自己失去知己悲痛的同时，上升到了为革命失去一"男儿"的悲惜。因为"神州世

① 《警钟日报》1904 年 4 月 15 日。署名由己。
② 《警钟日报》1904 年 5 月 7 日。署名由己。

变日益急"，正需要何梅士的智行胆识为拯弱救亡干一番轰轰烈烈事业的时候，他却"横葬沧海东"，此事是何等的悲泣！

同时，何梅士与沈棋卿的恋情被拆散事件，也在陈独秀的头脑中产生挥之不去的悲情。当时他显然把控诉和批判包办婚姻剥夺青年恋爱自由权利的事件，看成与救亡同样重要的革命内容。所以，接着在5月，在他主办的《安徽俗话报》批判"恶俗篇"专栏中，连续发表两篇《婚姻》的文章（第三篇发表于9月）。6月又发表《说国家》的救亡文章。这说明，陈独秀一开始就把反帝反封建的政治救亡与批判封建传统的文化革命放在同等重要地位。这是他的一贯思考，所以，当后来辛亥革命和反袁斗争的政治革命暂时失败时，文化革命在他心目中也就很自然地成为主题。

这时期与陈独秀志同道合、情趣相融的还有苏曼殊。何梅士由于很快去世，没有在革命运动中继续发展与陈的友谊；陈与苏曼殊的相处，也主要在《国民日日报》时期，也是短暂的。但二人的友谊基础比何梅士与陈的友谊基础广泛深刻得多。如果说陈与何的友谊主要是建立在反对封建包办婚姻的基础上，那么，陈与苏的友谊则是建立在反对"孔子的奴隶教训"和"抢夺他人财产"的统治者的革命基础上了。此外，二人还有共同的爱情痛苦、身世折磨和高傲处世、愤世嫉俗的性格。

苏曼殊也是一个陈独秀式的怪才。父亲是旅日侨商，母为日本人（另一说其生母是中国人黄氏，日本人非其生母）。1884年生于横滨，6岁时回归原籍广东香山。1898年因家道中落，重返日本。因此他一生漂泊，未享父母之爱。有人说他与陈因此有共同的"仇父情结"。陈独秀因婚姻、爱情与革命，与嗣父决裂，最后还"拒认家产"。他则在1904年父亲病重去世时，"拒奔父丧"。他还深爱过一个日本女子，但未成功。陈的第一次婚姻也不幸福。因此这方面也是同病相怜。这些都是使二人成为莫逆之交的重要因素。1902年，苏曼殊在东京振武学校学军事时，与陈独秀等共同发起青年会，与陈相识。现在又与陈住在一起，为《国民日日报》撰写小品。此人绝顶聪明，通英文、日文和梵文，爱读并翻译过拜伦、雪莱的诗作和雨果的《悲惨世界》。他还长于文艺、绘画和作诗，风格清丽，间有俊逸豪放之作。在这些特长与爱好方面，他也与陈有许多共同语言，并相互切磋，共同提高。后来与苏曼殊有深交的著名政治家、思想家、革命家、诗人柳亚子回忆苏曼殊在某些方面曾深受陈独秀的教益，甚至说曼殊是受陈独秀的影响而启发了自己的天才。

那时，苏曼殊很喜欢法国文豪雨果的名著《悲惨世界》，决定翻译成中文，并连载于《国民日日报》。连载时译为《惨社会》，作者译为"嚣俄"。这时曼殊的汉文根基尚差，"不工为文章，造词多乖律令。而独秀殷勤启迪，不啻师之弟子"。① 柳亚子说：陈对苏曼殊的译文，于"字字句句间为他指点、修改不少……此后，独秀与曼殊时在一起，常以文字相往来，过从极密，而曼殊受益亦不少。这样曼殊就因独秀的影响，而启示了自己的天才，成为一个超绝的文人了"。此人真是一个怪人怪才，汉文根基不好，竟然还想作诗。惊人的是，曼殊后来竟还真成了一位诗人。原来，曼殊学作诗也在这个时候"由独秀指导"。可能老师对学生很严格，曼殊称他是"畏友仲子"。②

曼殊因身世飘零，又受佛教和西方悲剧作品影响，佯狂玩世，在与陈一起加入"青年会"后不久，即厌世而削发为僧，法号博经，世称曼殊上人。但又耐不住寂寞，又以僧装还俗，加入到《国民日日报》工作中来，后来做过不少革命工作。但他又生活无节，嗜酒暴食，1918 年 35 岁时即英年早逝。

那时的革命者中，有一些人，一面因献身革命，饱受反动当局的迫害，一面因追求个人自由，与现实专制社会格格不入，缺少社会（包括家庭、亲友、恋人）温情，因此备受折磨。体质稍弱者，往往早逝。社会发展中，这种精英早殇的现象是十分突出的，与陈这段时期有接触的就有汪希颜、邹容、何梅士、苏曼殊、吴孟侠、汪仲尹、熊子政等。

陈对重要亲人和朋友的去世，一般都写诗或作文悼念，有的还写长诗，而且他写诗文并非一般应酬，而是挥洒真情。如他早期写的《哭汪希颜》、《夜梦亡友何梅士而赋此》、《述哀》（哭兄）、《存殁六绝句》，晚年写的《挽大姊》《蔡元培逝世感言》等。这里充分表现了陈品性中重感情的一面。这与他对敌人深恶痛绝并以"四十二生的大炮"进行轰击的战斗精神，形成鲜明对照。

陈独秀后来对曼殊有不少感人的回忆。1926 年 9 月 6 日，他对柳亚子说："曼殊是一个绝顶聪明的人，真是所谓天才。他从小没有好好儿读过中国书，初到上海的时候，汉文的程度实在甚不高明。他忽然要学做诗，但平仄和押韵都不懂，常常要我教他。他做了诗要我改，改了几次，便渐渐的能

---

① 钱基博：《现代中国文学史》，岳麓书社出版社，1978，第 98 页。
② 柳亚子：《曼殊全集》（5），北新书局，1929，第 9、10、77 页。

做了。在日本的时候，要章太炎教他做诗，但太炎也不曾好好儿的教，只由着曼殊自己去找他爱读的诗……读了这许多东西以后，诗境便天天的进步了。"不仅如此，在陈的调教下，他不仅能把大部头的外国名著翻译刊登出来，还能做最难的翻译外国名诗（拜伦、雪莱的诗）的工作，而且不久还成为诗文、绘画俱佳的中国近代著名的文学家。陈感叹说：曼殊"能够成就到如此地步，真是不容易的。他实在是一个天才的文学家"。陈独秀还讲到东京同盟会时期，章太炎与刘申叔的冲突与他们反对孙中山的活动。当时曼殊与他们住在一起，看透了人情世故，"不肯随时俯仰，只装做癫癫疯疯的样子，以佯狂免祸罢了……好在他们都当他是傻子，甚么事不去回避他，而他也一声不响，只偷偷地跑来告诉我"（所以，陈独秀对同盟会和国民党，由于很了解它们的弱点，有很不好的印象）。陈独秀最后说："在许多旧朋友中间，像曼殊这样清白的人，真是不可多得的了！"①

在教曼殊的人中，还有章士钊。那么，谁对他影响最大，是他最好的老师呢？陈独秀。柳亚子在曼殊去世17年后的1935年写诗这样说：

名扬画虎惜行严（即章士钊），孤愤佯犯有太炎，要忆囹圄陈仲子（陈时在南京狱中——引者），曼殊朋友定谁贤？

关于二人翻译《惨社会》的合作，就更富有喜剧意味了，并可见二人友谊的思想基础。

《国民日日报》停刊时，《惨社会》只发到第十一回的一半。镜今书局的老板陈况全对陈说："你们的小说没有登完，是很可惜的，倘然你们愿意出单行本，我可以担任印行。"②《国民日日报》停刊后，陈独秀与章士钊、何梅士、苏曼殊曾一起在上海赁屋同住过一段日子。不久，喜欢浪迹天涯的苏曼殊去了香港。于是，陈就接受了整理苏曼殊的《惨社会》并接着翻译下去的工作。《悲惨世界》的原著是法文的。在当时的日本，这样的名著，肯定也有英译本或日译本。现在不知道苏曼殊所译的书，是法文还是英文或日文。陈独秀在日本留学，自然首攻日文，同时也精通英文，因为几年后他

① 柳亚子：《记独秀先生关于苏曼殊的谈话》，《苏曼殊年谱及其他》，北新书局，1928，第284、285页。
② 柳亚子：《记独秀先生关于苏曼殊的谈话》，《苏曼殊年谱及其他》，第283页。

还出版了一本《模范英文教科书》。但有人说他还通法文，就无从查证了。这时，陈独秀两次留学日本的时间加起来，已有约12个月，以他的天赋，日文和英文精通到能翻译外国名著的程度，是可能的。所以，大概用了不到一个月时间，陈独秀就把《惨社会》从第十一回下半回，续到第十四回。镜今书局于是就在这年（1904）年底印出了单行本。书名改为《惨世界》，署名为"苏子谷、陈同译"。

这本书，因是出于这样两位名人之手，又是我国第一次翻译雨果名著，所以，它不仅以后一版再版，而且在我国翻译史上具有重要地位。但是，具有更大意义的是，苏、陈二人并不把这当作一件纯文学的工作来做，而是有意把它作为一件载体，载负揭露现实黑暗统治，宣传革命思想的任务。因此，不仅译文"乱添乱造，对原著很不忠实"，而且从第七回起，添加了原著中没有的一个故事，故事的男主角叫"男德"，通过他来说出许多宣传革命的话。这又是我国翻译史上绝无仅有的事。这种事也只有他们两个具有这种造反精神和性格的人才干得出来。像章士钊这样的人是干不出来的。所以，章士钊说：陈与苏共译的小说，"极写人类困顿流离诸状，颜曰《惨社会》，所怀政想，尽与此相同"。①

关于曼殊译《惨社会》，陈独秀说："我曾经润饰过一下。曼殊此书的译笔，乱添乱造，对原著很不忠实，而我的润饰，更是马虎到一塌糊涂。"②这说明在苏曼殊开始翻译该著时，陈就知道并参与了这项工作，他是同意从第七回开始添加进去这么一个故事的。因此最后三回多，由陈继续"乱添乱造"下去。那么，苏曼殊和陈独秀通过编造的故事，到底宣传了些什么"政想"呢？至于这些"政想"是否像有的学者所说的那样，完全代表了陈独秀的思想，也值得商榷。

第一，称颂立志要铲除人间一切不平的有志青年。故事的主人公姓明名白，字男德，反"难得糊涂"之意而用之。

这是译者要歌颂的正面人物。配角是范桶（饭桶）、吴齿（无耻）、满洲苟（满洲狗，影射汉族官僚）等。通过这些人物的冲突故事，描写男德是一个"立志要铲除人间一切不平的有志青年"，声称："我活在世界上一

① 孤桐：《吴敬恒—梁启超—陈独秀》，《甲寅周刊》第1卷第30号，1926年，第17页
② 柳亚子：《记独秀先生关于苏曼殊的谈话》，《苏曼殊年谱及其他》，北新书局，1928，第283页。

天，遇着一件不平的事，一个没有良心的人，我就不能听他过去"；"我想教这个人间苦难的责任，都在我一人身上"。这些话自然表现了译者（实为添加故事的作者）自己的志向。

第二，鼓吹反清革命。男德要铲除的人间不平，主要是"官府"，矛头直指清王朝。他说："你看世界上那些抢夺了别人国家的独夫民贼，还要对着那主人翁说什么'食毛践土'，'深仁厚泽'的话哩。"（下面会讲到，把反对清王朝的革命视为反对满族的种族革命，不是陈独秀的本意，但考虑到此故事主要是由苏曼殊创编，出现这种文字，也是可以理解的。而且小说毕竟是小说，它有故事本身发展的逻辑。）

第三，宣传无政府社会主义思想。书中多次写道："世界上物件公有，反对财主不劳而获"，并明确提到"社会党"的主张："世界上物件，就为世界人公用，那（哪）铸锭应该是那一人私产吗？"男德说："我看世界上除了能做工的，仗着自己本领生活，其余不能做工靠着欺诈别人手段发财的，哪一个不是抢夺他人财产的蟊贼呢？这班蟊贼的妻室儿女，别说'穿吃'二字不缺，还要尽性儿地奢侈淫逸。可怜那穷人，稍取世界上些东西活命，倒说他是贼。这还算平允吗？"

有人把这说成是陈独秀最早的马克思主义社会主义思想的表现，显然是误解。当时日本流行的社会主义新思潮中，对中国留学生影响最大的是克鲁泡特金的无政府主义思想，与陈独秀关系密切的朋友中，如张继、吴稚晖、刘光汉及其妻子何震、苏曼殊等，都是无政府主义的信仰者和鼓吹者。但是，当他们把这种无政府主义当作社会主义思想接受和宣传的时候，还分不清什么是马克思主义，什么是无政府主义，即不懂得马克思主义以阶级斗争和无产阶级专政为特点，并在肯定资本主义历史进步性的前提下，强调社会主义必须建立在资本主义高度发展的基础上。而且，在1917年十月革命胜利以前，人们也不注意马克思的学说，最崇拜的是克鲁泡特金。至于用暗杀等个人恐怖的无政府主义手段进行革命，则信仰者更多，包括蔡元培、秦力山等。他们领导的军国民教育会甚至把"暗杀"列入纲领。所以，陈独秀受到这种思想的影响，是不奇怪的。但是，同时必须指出，如上所论，这时期陈独秀本人所写的信仰和政治文章中，几乎没有这种宣传无政府主义的文字。赞成个人恐怖手段，也主要发生在1905年一个短时期内。因为正如以下他创办《安徽俗话报》时所明确阐述的，陈独秀基本的革命思想是唤醒全体国民，具有"理性革命"的色彩。所以，如果硬要把《惨社会》中的思想与陈独秀当时的思想联系起来，正如以上把反清革命具"反满"色彩主要应该视为苏曼殊的思想那样，陈独秀即使同意，在他当时驳杂的思想中，也是次要的。同时也应该肯定，这种思想表达的建立一个政治平等，反对人剥削人、人压迫人的理想社会的主张，虽然带有乌托邦的色彩，但在当时是具有进步性和革命性的。或许在这一点上，陈独秀是赞成的。

第四，批判孔教的奴隶思想。故事中，批判最烈的，莫过于借男德之口，攻击孔子把全中国人民变成了"奴隶"："那支那国孔子的奴隶教训，只有那班贼种奉为金科玉律，难道我们法兰西贵重的国民，也要听那些狗屁吗？""我法兰西国民，乃是义侠不服压制的好汉子，不象都做惯了奴隶的支那人。"在这个问题上，上观陈独秀童年时期对四书五经的厌恶，下看新文化运动中他对法兰西文明的歌颂和对儒家伦理的轰击，可知这才是陈独秀的一贯思想。

创办《安徽俗话报》
——对国民性的初步探索

如上所述，可能是从小就厌恶孔夫子的四书五经和八股文的原因，陈一开始革命就重视反对封建传统的文化革命，把它与政治革命相结合，或配合政治革命的进行，从而在思想境界和革命觉悟的深刻性上，高于同时代一般的革命者。关于这一点，集中表现在1904年他主编的《安徽俗话报》上。

1903年底，陈独秀回到安庆。他经常去的地方是桐城学堂。这个学堂是京师大学堂总教习吴汝纶（字挚甫）去日本考察学制后创办的新式学校，聘用陈独秀的两位友人——房秩五、吴汝澄为学长。陈独秀就经常向他们宣讲形势。房秩五回忆说：独秀几无日不来校，纵谈时事，极嬉笑怒骂之雄，意气甚豪。他对当时意气风发的陈独秀极为推崇。有一天，陈终于说出想法，"约共办安徽俗话报"①。但是，当时桐城学堂要迁回桐城县城，改名桐城中学。房秩五要去日本留学，吴汝澄也要回桐城授课。于是，陈即写信商之于安徽著名人士胡子承。胡又写信给在芜湖经办"科学图书社"的汪孟邹。胡对当时只有25岁的陈也极为推崇，信中说："陈君重甫拟办《安徽俗话报》，其仁爱其群，至为可敬、可仰……此事应如何应付，本社诸同志

---

① 房秩五：《浮渡山房诗存》之回忆《俗话报》，《安徽革命史资料》第1辑。

与栋老（栋臣）会面时当可妥商也"。于是，经汪孟邹与图书社同人议妥后，欢迎陈独秀到芜湖办理，并以图书社作为发行机关。①

就这样，1904年初，陈独秀背了一个包袱，拿了一把雨伞，来到芜湖，办起了《安徽俗话报》。开始时，由房秩五负责教育栏，吴汝澄负责小说栏，其余各栏均由陈独秀一人负责。陈还负责全部排版、校核等工作。② 因芜湖科学图书社无印刷设备，所以由陈独秀将稿件汇齐后，寄上海章士钊创办的大陆印制局承印。每期出版，都由陈独秀亲自动手分发、卷封、付邮。③ 不久，房去日本，吴赴桐城，报务遂由陈一人负担。这种筚路蓝缕、艰苦奋斗的精神，在当时也是很少见的。这一方面说明当时陈独秀思想（办报宗旨）高远，知音难觅；另一方面又说明，他以偷天火启蒙天下的工作为自豪，表现了·种崇高的献身精神。他不再看中点点滴滴的改良，也不急于轰轰烈烈的革命起义，而想从提高国民群众的思想素质着手，做一些扎扎实实的启蒙工作。陈后来回忆说："我那时也是二十几岁的少年，为革新感情所驱使，寄居在科学图书社楼上，做《安徽俗话报》，日夜梦想革新大业，何物臭虫，虽布满吾衣被，亦不自觉。"④

这时，科学图书社也创办不久，以贩卖新书报、教科书为业。陈独秀一到，就在墙上写了一副对子：

推倒一时豪杰　扩拓万古心胸

气吞山河，豪气冲天。从此，陈与汪孟邹及其图书社（后改名为"亚东图书馆"）结下了永恒的友谊。直到陈逝世，几十年中，汪孟邹及"亚东"给了陈许多极其宝贵的帮助，特别在经济与出版上。

说《安徽俗话报》思想高远而深刻，首先表现在它的对象是面对广大人民群众的，特别是"无钱多读书的穷人"，而不是对上层及其他少数人的，这就说明它与当时的保皇改良派及排满革命派是不同的。陈独秀在创刊号《开办安徽俗话报的缘故》中宣布，他办报的"两大主义"是："第一是

---

① 汪孟邹：《亚东简史》，《安徽革命史研究资料》，第1辑。
② 房秩五：《浮渡山房诗存》之回忆《俗话报》，《安徽革命史资料》第1辑。
③ 汪原放：《陈独秀与上海亚东图书馆》，《社会科学》1980年第5期。
④ 《在科学图书社二十周年纪念册上的题词》，转引自汪原放《回忆亚东图书馆》，学林出版社，1983，第200页。

要把各处的事体，说给我们安徽人听听，免得大家躲在鼓里，外边事体一件都不知道。况且现在东三省的事，一天紧似一天，若有什么好歹的消息，就可以登在这报上，告诉大家，大家好有个防备。"说明他要告诉大家的事体，不是一般的事，而是关系到国家存亡的大事（在《安徽俗话报章程》里，概括为"教大家好通达学问，明白时事"）。"第二是要把各项浅近的学问，用通行的俗话演出来，好教我们安徽人无钱多读书的，看了这俗话报，可以长点见识。"为此，他表示要用"最浅近最好懂的俗话""各项人看着都有益处""价钱便宜，穷人也可以买得起"的办法来办报。

此报上每期重要文章，都由陈独秀亲自用"三爱"笔名发表。

于是，俗话报第 1 期第一篇重要的文章《瓜分中国》就讲当时中国面临被瓜分的形势，说由于中国官怕洋人，各国就来"把我们几千年祖宗相倚的好中国，当作切瓜一般，你一块，我一块，大家分分，这名目就叫做'瓜分中国'。照他们的瓜分图上，说是俄国占了东三省，还要占直隶、山西、陕西、甘肃；德国要占山东、河南；法国要占云南、贵州、广西；日本要占福建；义大利要占浙江；这靠着长江的四川、两湖、三江几省，就分在英国名下了"。

接着，文章说，要是中国不答应洋人的要求，洋人就要大动干戈。但是，"我们中国现在的兵力，要和外国打战，那是怎能够打得胜呢？"接着他简单论述了长江防务和其他情况，认为若是外国兵马一涌而来，中国是没法抵挡的。但是，"这样看起来，难道外国兵来了，我们就顺手归降他不成吗？我想稍有点人味儿的，那肯做外国顺民呢……不如趁着外国兵还没有来的时候，偷点空儿，大家赶紧振作起来，有钱的出钱，无钱的出力，或是办团练，或是练兵，或是开学堂学点武备、枪炮、机器、开矿各样有用的学问。我们中国地大人众，大家要肯齐心竭力办起事来，马上就能国富兵强，那还有怕洋人欺负的道理呢？"

文章接着批评了"只晓得个人躲在家里舒服"，不问国事的现象，指出"国亡家破四字相连"，"大家睡到半夜，仔细想想看看，还是大家振作起来，做强国的百姓好，还是各保身家不问国家，终久是身家不保，做亡国的百姓好呢？"

实际上，陈独秀并不满足于这样的救亡宣传和鼓动工作，他的重点是寻找导致中国衰亡的原因，企图从根本上来做救亡工作。

这原因自然是多种多样的，首先是清朝政府和官吏的腐败。"三爱"在

《安徽俗话报》上有许多抨击这方面的文字。"中国官，最怕俄国活象老鼠见了猫，眼看着他占了奉天，那敢道个不字"；"那班带兵官，别说是打战的本事了，那不吃鸦片烟不克扣军饷的，到有几个呢?"①谴责最严厉的是在同期俗话报上发表的《醉东江——愤时俗也》那首词：

> 眼见得几千年故国将亡，四万万同胞坐困。乐的是，自了汉；苦的是，有心人。好长江各国要瓜分，怎耐你保国休谈，惜钱如命。拍马屁，手段高，办公事，天良尽。怕不怕洋人逞洋势，恨只恨我们家鬼害家神。安排着洋兵到，干爹奉承，奴才本性。

但是，陈独秀探索的结果认为，中国衰亡的根本原因，"不是皇帝不好，也不是做官的不好，也不是兵不强，也不是财力不足，也不是外国欺负中国，也不是土匪作乱，依我看起来，凡是一国的兴亡，都是随着国民性质好歹转移。我们中国人，天生的有几种不好的性质，便是亡国的原因了"。

不少人对陈独秀这段话不以为然，把帝国主义侵略和清政府腐败排除在中国衰亡原因之外，似乎不是爱国者、革命者应有的思想。其实，陈独秀这里并没有为帝国主义侵略和清政府腐败辩护的意思，不过是把这两个因素视为当时中国衰亡的现象来对待，把它与国民性不好相比较来看，后者具有根本的意义。应该说，这个观点与我们惯常把帝国主义侵略和政府腐败当作中国衰亡主要原因的传统观点比较起来，是更深刻的。因为，若当时没有帝国主义侵略，中国也是衰弱的；若没有人民起来推翻腐败的清政府，也不可能改变中国衰亡的现状。

接着他写《亡国的原因》②，举了两种不好的国民性质，并进行分析批判。

一、"只知道有家，不知道有国"。做官的，"无非想弄几文钱，回家去阔气，至于国家怎样才能兴旺，怎样才可以比世界各国还要强硬，怎样才可以为民除害，怎样才可以为国兴利，这些事他们做梦也想不到的"；"至于士农工商各项平民，更是各保身家，便是俗话说的'各人自扫门前雪，不

---

① 三爱：《瓜分中国》，《安徽俗话报》第 1 期，1904 年 3 月 31 日。本节所引陈文，均署名"三爱"，以下不再赘述。

② 《安徽俗话报》第 17、19 期，1904 年 12 月 7 日、1905 年 6 月 3 日。

管他人瓦上霜'。若和他说起国家的事，他总说国事有皇帝官府作主，和我等小百姓何干呢！越是有钱的世家，越发只知道保守家产，越发不关心国事"。

陈独秀指出："列位呀！要知道国亡家破四字相连，国若大乱，家何能保呢！"然后，他以庚子赔款四万万两银子，乱事虽然在北方，南方几省也要摊赔款，百姓都要出捐，来讲"一国大乱，一家不能独保"的道理；并以犹太古国的百姓，只知有家不知有国而被灭国，犹太人没有国家保护只得东飘西荡，被别国人欺侮的实例，进行论证。

二、"只知道听天命，不知道尽人力"。文章批判了"靠天吃饭""听天由命"等一系列"糊涂的俗话"，指出："天地间无论什么事，能尽人力振作自强的，就要兴旺，不尽人力振作自强的，就要衰败，大而一国，小而一家，都逃不过这个道理……我中国人都是听天由命，不肯尽人力振作自强，所以一国的土地、利权、主权，被洋人占夺去了，也不知设法挽回哩。我看日后洋人来灭中国，中国人做奴隶，扯顺民旗的，少不得又是这班听天由命的人了。"

文章以科学的知识解释道："列位要知道天是一股气，并没什么私心作主，专要洋人兴旺中国衰败的道理。命是格外荒唐的话了，俗话说得好：'祸福无门，为人日招'，那有什么命定的话呢？不过是算命的胡乱凑几个天干地支叫做命，骗骗饭吃罢了。"

陈独秀1901年去日本时，就自觉地怀着一颗探寻"我们中国何以不如外国，要被外国欺负"的"缘故"的心，现在，经过几年的探索，他初步找到了这个答案——国民性质不好！而从他对国民性质的分析中，问题集中在两个方面：民主与科学。

民主问题，当时突出表现在对"国家"认识上：国民的普遍认识是国家是皇帝一个人的，是政府的，不是人民百姓的。所以，人民只知道有家，不知道有国，也就不关心国家危亡形势，不参加救亡运动。

陈独秀认为："国家乃是全国人的大家，人人有应当尽力于这大家的大义"；国家"主权是全国国民所共有，行使主权的是代表全国国民的政府"；"一国之中，只有主权居于至高极尊的地位，再没别的什么能加乎其上了。上自君主，下至走卒，有一个侵犯这主权的，都算是大逆不道"。在这里，陈的武器，显然是卢梭《民约论》的思想。

国家是全国人的大家，政府是代表全国国民的政府，君主与国民是平等的——这就是当时陈独秀的民主观、国家观。与后来《新青年》时期的陈相比，这时他的民主观显然是初步的、肤浅的，但与当时一般国民比，甚至与先进的革命志士比，却是先进的。特别可贵的是，他一开始就不同意孙中山代表的革命派把革命视为"排满"的种族斗争。当时的革命志士中，大多数是仇满者，认为中国的衰亡、外敌的入侵，都是满族统治的结果，甚至认为清人入关，推翻汉族的明王朝就是"亡国"了，即中国在发生亡于洋人的危险之前，早已亡于满人了。因此，他们认为满人是同胞之"公敌""公仇"，必须"驱逐"。他们的口号是"革命排满""建立共和"。当时的章太炎、邹容、陈天华等著名的革命者，都是这种思想。而且他们都聚集到孙中山的旗帜下，于是也影响到孙中山，"驱除鞑虏"这个种族革命的口号，写进了1905年成立的同盟会"誓约书"。"驱除鞑虏，恢复中华，创立民国，平均地权"成了同盟会的宗旨。当时这种"革命排满"的舆论在革命者中形成强大的压力，而且贯穿于资产阶级反清革命的全过程。对待"排满"的态度，甚至作为划分革命、不革命、反革命的分界线。

但是，陈独秀独立思考，明确表示不能苟同。他在《安徽俗话报》上的文章，承认清朝皇帝是中国的皇帝，清政府是中国的政府。他在解说"亡国"二字时指出：

> 这国原来是一国人公有的国，并不是皇帝一人所私有的国，皇帝也是这国里的一个人。这国里无论是那个做皇帝，只要是本国的人，于国并无损坏。我们中国人，不懂得国字与朝廷分别，历代换了一姓做皇帝，就称为亡国，殊不知一国里，换一姓做皇帝，这国还是国，并未亡了，这可称做"换代"，不可称做"亡国"。必定这国让外国人做了皇帝，或土地主权，被外国占去，这才算是"亡国"。①

在当时的"革命排满"论高扬的情况下，能用这样明白的语言说出清朝皇帝也是中国人，清朝灭明不是亡国，是要有很大的理论勇气的。把亡国的原因主要归结为国民性不好，这国民自然包括汉族人民，而且主要是汉民，更要有勇气。更可贵的是，他接着还说了"亡国还不必换朝"的道理：

---

① 《亡国篇》，《安徽俗话报》第 8 期，1904 年 7 月 27 日。

不但亡国与换朝不同，而且亡国还不必换朝。只要这国的土地、利权、主权，被外国占夺去了，也不必要外国人来做皇帝，并且朝廷官吏，依然不换，而国却真是亡了。

这是多么深刻而富有远见的观察。联系到当时的革命者对《辛丑条约》以后的中国的认识，有几个有这样的深度？联系到以后依附于帝国主义的北洋军阀时期的中国和汪伪时期的中国，它的远见性也显而易见。深刻性和远见性，就是真理的彻底性。陈独秀宣讲的就是这样的真理。所以，陈独秀一生革命始终不忘反帝。而孙中山领导的资产阶级革命所以不彻底，总是失败，就是因为对帝国主义总是抱有幻想，总想依靠帝国主义来反清反北洋军阀。

话又说回来，发展中的客观事物总是不可能那么完美。陈独秀的思想也许太理性、太彻底了，所以在当时的现实环境中往往曲高和寡，不为世俗所理解。因为，几百年的清王朝的确是满族这个少数民族统治大汉民族，而且这个民族统治集团的狭隘性，使它不能实行"满汉一家"的政策，始终想表现和保持其满族的优越性，时时不忘记在阶级压迫之上，再加种族压迫，即使像袁世凯这样忠心效命于清王朝的汉官，也受到猜忌和排斥，更不要说它不得不任用的其他汉官了，这表明它的统治基础是很孤立很脆弱的。因此，在革命风潮到来时，"革命排满"的口号，不仅比保皇派的"君主立宪"，而且比陈独秀的"国民启蒙"口号，更能吸引革命者。这大概是陈独秀为什么参加革命较早，而在以后的辛亥革命高潮中却少有作为，以及与同盟会元老们关系密切，却始终不参加同盟会及以后的国民党（第一次国共合作前的国民党）的重要原因吧！

然而，中国人的悲剧，也许也被这时的陈独秀点中了。因为即使在现在，又有多少中国人能自觉理解陈独秀的国家观、民主观、科学观，并为此而去努力奋斗呢！

1904～1905年的陈独秀，探寻中国衰亡原因，找到了国民性不好的答案，并作了初步的分析和批判，本来应当继续深入探索国民性所以如此不好的根源是什么，即是什么导致国民不关心国家危机？是什么造成国民听天命、迷信鬼神？又如何改造这种不好的国民性？陈独秀当时没有能回答这些问题。为什么？过去一般的研究主要认为是客观形势有了变化，因为1905年，由于革命派三个小组织在东京成立了以孙中山为首的统一的革命领导机关同盟会，并立即在长江流域和南方地区掀起轰轰烈烈的革命运动高潮，陈被卷入到这个高潮中去，无暇再做这种理论探索工作。这当然是一个实际情况。但是笔者认为，从主观上来分析，当时的陈独秀，的确也缺少回答这些问题所需要的知识和经验。更新和更加深刻的思想是在更加丰富的实践中产生的。陈虽然是天才，也不能凭空产生思想。

从现存22期《安徽俗话报》上陈独秀以"三爱"笔名发表的文章来看，内容虽然十分广泛，有政治、矿务、民俗、教育、历史、地理等，说明他知识广博，但都紧扣两个主题：一是政治上反帝爱国救亡；二是文化上宣传民主、科学。对象是广大民众，而不是上层和少数人，即反对国民对国家危亡形势的麻木及思想意识上的迷信、愚昧和落后。不过，如上所述，这时陈独秀所宣传的民主，主要是反对国民对国事的麻木，即把国家主权和命运交给皇帝和政府胡为的传统观念。例如《论安徽的矿务》和《安徽的煤矿》二文，[①] 具体列出安徽十几个州县煤矿资本情况后指出："二十几处，就有十七处，或合洋股，或挂洋股，或挂洋旗，中国人独自办得妥当的却很少。"接着就深入浅出地讲述一般老百姓不明白的帝国主义由经济侵略必然发展到军事侵略的道理："我们中国人，只知道恨洋人，杀教士，到（倒）是洋人把我们中国人的命脉弄着去了，我们中国人还是不在意哩。你道什么是中国人的命脉呢？就是各处的矿山了……他们洋人，占人家的土地，灭人家的国度，其先总是哄着那地方的官民，开采几处矿山。他既开了矿，必定又要造运矿的铁路，既开矿山，又造铁路……那洋人必定借保护商务为名，调洋兵来驻扎矿山铁路左近。到了洋兵来的时候，他们那种强梁的举动，还用再说吗……单看看眼前的东三省，当初也不过是让俄国开几处矿山，造一条铁路。东三省的人，都看着不在意哩，那晓得到了拳匪乱起，俄国只借保护矿山铁路为名，调来大兵，就把偌大的东三省占住了，算是他的土地。"

陈独秀讲历史，也是重在讲述历朝兴衰原因，褒贬朝政善恶，鼓吹革命。如他写的夏、商、周更替这段历史，就用了《汤武革命》这个标题，说夏桀为王时，横征重税，搜尽百姓银钱，全国人民自然要切齿痛恨，反对朝廷了。成汤便大兴人马，直向京城进发，"不几日革命军便破了王军"，推翻夏桀，建立商朝。成汤用伊尹做了宰相，在京城内外，"设了些大小学堂，教育众人的德性才艺"。这时候读书明理的人，大半是世家子弟，平民

① 《安徽俗话报》第2期，1904年4月30日。

专心经营衣食，不暇求学，因此认识字的都很少，汤王设了这些学堂，倒着实有益。六百多年后，纣王接位，加收重税，招养兵卒，"压制众民，不许议论国政。那晓得防民之口，甚于防川，越发激成民变"。周文王久有仿照商朝汤王废君救民的念头，一天访得一位贤人姜子牙。这姜子牙的为人，与众不同，生平志气，"只知有保国救民四个大字，除此以外的钱财官爵，都看做狗矢一般"……在《十四年共和》中，陈独秀讲周厉王暴政被推翻，也用了"革命"和"国民革命军"的新词，说厉王每下一旨意，万民同声怨骂。于是让一位善于警察的卫巫带领许多无赖之徒，四下里明察暗访，如有二人私聚在一处谈论国政的，便拿去斩首，"国民莫不怒发冲冠，革命的暗潮，也一天涨似一天。国民正在惊涛怒潮之中，突有一班聪明人，发出一种壮快的议论，大声疾呼道：逐昏王！逐昏王！此言一出，好象春雷一动，百草发芽一般，国民无不揭竿响应，革命军大得胜利"。"厉王逃去之后，国民新创共和制度，不立国王，公举周公、召公二人，为全国国民的代表，协办内外一切国政，号曰共和。"

如此"故事新编"，为自己的政治思想服务，使我们想起了后来鲁迅的"故事新编"。这种形式的政治斗争、革命斗争，看来陈独秀是创始者。前有改译《悲惨世界》，利用小说宣传革命，现在又改编历史故事，表明陈独秀不仅敢于革命，还善于革命。如此潜移默化地影响国民思想，反动当局当然是无奈的。

陈独秀讲地理，说到海岸，注明哪些口岸被那个外国占据，让人知道我国九千里海岸，可是沿海一带重要口岸很多被外国侵占了；说到交通，也是注明哪些公路、铁路归了那个国家造，"行路虽很方便，但是大权落在外国人的手里，真要制中国人的死命哩"；所幸邮政局由国家办理，但"要请外国人管理，实在是可耻得很哩"。

说到商业，"我国出产虽多，可惜工艺不精，都是些粗货。所以商务虽盛，却是外国货进口多，本国货出口的很少。因此中国的银钱，都让外国人弄去了"。东西各国，来我国通商的，有英、俄、德、法、美……十八国。但是我们中国人去到外国通商的，除日本、美国之外，他处极少，"这岂不可恨么！"

为了改善国民性质，陈独秀在《安徽俗话报》上，向一切恶化国民性的思想、观念、制度、习俗开火，进行了一场新文化运动的预演。

除前述反对包办婚姻的恶俗外，他还反对妇女"只为要讨男人的喜欢"

而过分"装扮",致使妨碍了自己的思想和行动。①

"唱戏"被陈独秀称为使男女老少诚心悦意接受教育的"世界上第一大教育家"。但是,他认为戏曲有好有坏,必须改良。如何改良,他提出了五方面的意见:一要多多地新排有益风化的戏;二可采用西法,即戏中夹些演说,大可长人识见,或是试演那光学电学各种戏法,看戏的还可以练习格致(物理)的学问;三不唱神仙鬼怪的戏;四不可唱淫戏;五除去富贵功名的俗套。这些意见,不用说,即使在今天也有现实意义。而对于戏曲在救亡中的特殊功能,陈独秀更是有独到见解:

> 现在的国势危急,内地风气,还是不开。各处维新的志士没出多少开通风气的法子,像那开办学堂虽好,可惜教人甚少,见效太缓。做小说、开报馆,容易开人智慧,但是认不得字的人,还是得不着益处。我看惟有戏曲改良,多唱些暗对时事开通风气的新戏,无论高下三等人,看看都可以感动,便是聋子也看得见,瞎子也听得见,这不是开通风气第一方便的法门吗……我很盼望内地各处的戏馆,也排些开通民智的新戏唱起来,看戏的人都受他的感化,变成了有血性、有知识的好人,方不愧为我所说的世界上第一大教育家哩!②

可见,当时的陈独秀想什么问题、干什么事,都联系到革命、救亡和启发民智。对于"国语教育",也是如此,他说:"全国地方大得很,若一处人说一处的话,本国人见面不懂本国人的话,便和见了外国人一样,哪里还有同国亲爱的意思呢?所以必定要有国语教育,全国人才能够说一样的话……若是再不重国语教育,还成个什么国度呢?"③ 为了创造全国统一的语言,陈独秀后来在革命工作之余,做了一生的研究工作。而在这纯粹的学术工作里面,也浸透着他热烈的爱国情感。

与革命、救国和启发民智紧密相连的,陈独秀还有一个一生关注的问题就是教育的改革,在《安徽俗话报》上也提了出来。他借用"解释"王阳明先生训蒙大意,宣传以下教育改革思想。

① 《妇女的装扮》,《安徽俗话报》第12期,1904年9月24日。
② 《论戏曲》,《安徽俗话报》第11期,1904年9月11日。
③ 《国语教育》,《安徽俗话报》第3期,1904年5月15日。

一、反对只教学生"熟读古书做好文章去应考，混那功名富贵"，而把做人的道理丢在九霄云外。

二、教育童子的方法，一要"用顺性开导主义"。就是说"要顺着儿童原来的性情志意，渐渐的培养他的长处，警戒他的短处"，"应该像栽培草木一样，不可压制拘苦他，要叫他心中时常快乐，自己自然晓得学好"。二要实行"儿童快乐主义"，不要"待学生如同阎王待小鬼一般，百方压制，百方威吓，终日拘在学屋里咿咿唔唔，不许丝毫活动，弄得那柔弱的儿童，便合八十岁的老寡妇一般"。而应"鼓动学生的志气"，"养成儿童的活泼的性子"。三要反对体罚，"捆打辱骂种种野蛮的法子，以至儿童看学堂合监牢一般，看先生合仇人一般，象这样不但学生万万不能得益，而且廉耻丧尽，养成一种诡诈庸劣的下流性质"。

三、教育方针应学西洋，德、智、体全面发展，反对中国"自古以来专门讲德育，智育也还稍稍讲究，惟有体育一门，从来没有提倡"的传统。"以至全国人斯文委弱，奄奄无生气，这也是国促种弱的一个原因"。就此，在课程上，应该设置音乐、体操："歌诗是最容易感动人的，礼仪也是很可以训练人的"，"音乐、体操两项，正合先生歌诗习礼两项"。特别是体操，"不但礼的仪节，可以令儿童整齐严肃，而且可以运动身体，调和血脉，坚强筋骨"。

四、教育目的应该"重德行轻才智"，培养学生"存良心，重志气"；不应培养"读书万卷，所行所为，还是天良丧尽""卑鄙龌龊的小人"。

五、教育要不断改良，劝人莫随俗见。①

1904 年，25 岁的陈独秀，就能说出如此系统的教育改革主张，回顾那时以来百年的中国教育发展史，谁能否认这些真知灼见的深刻性和预见性，而且今天还有现实性！

陈独秀主编的《安徽俗话报》具有如此特殊的内容、特殊的风格，很快使它声名鹊起，发行仅半年，即达数千份。全国大城市如南京、上海、镇江、扬州、武昌、长沙、南昌等，均有代派处，"一时几与当时驰名全国之杭州白话报相埒"。② 特别在安徽广大知识分子和青年学生中产生强烈影响，

---

① 《王阳明先生训蒙大意的解释》（一）（二），《安徽俗话报》第 14、16 期，1904 年 10 月 23 日、11 月 21 日。

② 房秩五：《浮渡山房诗存》之回忆《俗话报》，《安徽革命史资料》第 1 辑。

著名革命者吴樾、朱蕴山等，都从《安徽俗话报》中接触到"新学"和资产阶级民主主义思想，从而走上了革命的道路。①

同时，也必须指出，文化知识是在继承中发展的，陈独秀在《安徽俗话报》中表现出的丰富而深刻的思想，正如他在十八岁时能写出那样知识广博的《扬子江形势论略》是参考了许多别人的研究和著作一样，也是参考了当时几家白话报的，并且在思想和内容上受到它们深深的影响。因为《安徽俗话报》的出现，已是中国白话运动的中期。白话运动是1898年维新派人士裘廷梁提出"白话为维新之本"的口号以后出现的。那以后，白话文书刊大量涌现，单就白话报而言，据香港学者陈万雄统计，到1904年，就已有40多种。这个运动的第一个高潮是1897年、1898年，这两年出了8份白话报。第二个高潮是1903年、1904年，由拒俄运动引发的，共出了28份白话报。《安徽俗话报》就是在这个高潮的后期诞生的。所以，陈独秀在办报缘故中说明：白话报"现在已经出了好几种"，上海的中国白话报以及杭州、绍兴、宁波、潮州、苏州等地的白话报，"我都看见过"；"我就想起我们安徽省，地面着实很大，念书的人也不见多，还是没有这种俗话报……我因为这个缘故，就约了几位顶相好的朋友，大家拿出钱来，在我们安徽省，来开办这种俗话报"。

在他看到的几种白话报中，对他影响最大的分别是1901年6月和10月创刊的《杭州白话报》《苏州白话报》，还有上海宁波同乡会马裕藻（幼渔）等人1903年11月创刊的《宁波白话报》和12月林獬等人在上海创办的《中国白话报》。这几份报纸，都带有强烈的反帝爱国色彩，叙述当时国家被瓜分的危亡形势，揭露帝国主义以经济侵略为先导，然后以派兵来华保护其在华经济利益为借口，侵占中国土地的侵略手法。上引的陈独秀在《安徽俗话报》上的观点甚至有些用词都与他们十分相近；有的报纸如《苏州白话报》（该报在安庆设有代售处，并与和陈独秀有直接关系的励学社关系密切）首先提出"国破家亡"四字相连之语和百姓赶快猛醒救亡的呼喊。

各报对于民间恶俗，也都痛加批判，与安徽不同的是，各地的恶俗都有"特色"，因此批判对象也都有差异，如《宁波俗话报》主要批判宁波流行的赛会风、厚葬风和赌博风。各报也都反对迷信鬼神，主张人力，宣传科学知识："鬼是断然没有的"，"凡事都靠人力，没有人力，徒然倚仗鬼力是万

---

① 李正西等：《朱蕴山》，黄山书社，1988，第11页。

万没有用的"。对于教育也都极为重视，甚至有教育救国论者，主张德智体全面发展，课程上也主张重视体操和唱歌，并进行家庭、交际、自立、人格、公德、国家等全面的教育。更有意思的是马幼渔也在《宁波白话报》上写了一篇《论戏曲宜改良》的文章，并指出戏曲是"开人智识的一件最快最要紧的东西"，并指出改良的宗旨有三：一明国耻，二作民气，三是描摹社会上的现状。所有这些观点和主张，都比陈独秀《安徽俗话报》上的相关内容早一些时候或前后刊出，明显有相互影响、异曲同工之妙。

比较而言，在内容安排上，反复宣传中国被帝国主义瓜分的危急形势，"历史故事新编"和利用小说宣传政治主张，乃是《安徽俗话报》的先导。

还有，《宁波白话报》和《中国白话报》都谴责帝国主义侵略瓜分中国，但并不引导人民去进行反帝斗争，前者鼓吹"实业救国"，后者主张"排满革命"。陈独秀《安徽俗话报》在谴责帝国主义侵略、宣传中国危亡形势，以及主张暂时无法与帝国主义对抗（中国"老弱残兵，打土匪也有些费事，若是外国兵马一涌而来，那里抵挡得住"①）这几点上，基本上与他们相同，但主张"改善国民性"以救国，则与他们有别，即在中国衰亡原因的观点上有分歧：不是中国经济太弱，也不是满族统治所致。

过去传统的"左"倾观念，都把陈独秀等这批白话报运动的主张批判为"不敢反帝、反清政府（少数排满派除外）的资产阶级改良主义"，说明"中国资产阶级的软弱"。其实，在当时的历史条件下，能如此来探索中国衰弱的原因，并提出种种救国方案，满腔热情地敢于如此公开地宣传，表现了一种先知先觉的品性，是十分可贵的，而且像陈独秀这样的人还都是20多岁的青年人，更何况他们的观点和意见并非全无道理，难道能要求他们像过去的太平天国、义和团那样，发动人民去与帝国主义及清政府硬拼吗？或像后来的共产党那样进行轰轰烈烈的革命运动吗？

---

① 《瓜分中国》，《安徽俗话报》第 1 期，1904 年 3 月 31 日。

二 在中国早期的民主革命中
（1905～1914）

信仰无政府主义

如前所述，辛亥革命前的革命志士中，特别是与陈独秀关系密切的朋友中，许多人信仰无政府主义，在革命手段上，主张实行暗杀的个人恐怖。为此，上海的军国民教育会曾成立"暗杀团"秘密组织，主要活动是练习射击、制造炸药等。主持者杨笃生、何海樵等，开始是六人，后来逐渐扩大，蔡元培、章士钊、黄兴、陈天华、张继、蔡锷、刘光汉、熊成基等人都参加。当然，从表面上看，当时的革命派经过组织和宣传，从1903年开始，进入暴力革命的行动阶段。行动分为两种方式：以孙中山为首的一方，主要从事大规模的武装起义发动；另一方即以上的热衷于暗杀活动。但是，二者实际上是互相呼应、互相配合的。即只有少数人想纯粹靠暗杀进行革命，多数人只是把它作为引发起义的一种手段，为此在1903年7月东京军国民教育会改组方案中，明确规定革命分"鼓吹，暗杀，起义"三步进行。其目标是"欲先狙击二、三重要满大臣，以为军事进行之声援"。① 所以，应该把这些从事暗杀活动的人视为革命分工的产物，而不应该把他们看作"不愿意做艰苦革命工作、不相信人民群众"，幻想杀几个满族权贵，就可使革命成功的"犯急性病的小资产阶级革命者"。实际上，很难分清谁是暗杀派，谁是起义派，往往是一人兼而有之，既主张起义，又参与暗杀。后来，为了响应黄兴为首的华兴会拟在1904年11月16日趁慈禧太后万寿节之日发动长沙起义，又以上海暗杀团为基础，吸收各省重要同志，组成爱

---

① 冯自由：《革命逸史》，第5册，中华书局，1981，第62页。

国协会，作为华兴会的外围组织，以暗杀为主，杨笃生、章士钊分任正副会长。陈独秀在1904～1905年也一度受此影响，甚至在1904年秋主编《安徽俗话报》期间，加入过暗杀团，并与蔡元培共事过一段时间。陈独秀后来在哀悼蔡元培逝世时说："我初次和蔡先生共事，是在清朝光绪末年，那时杨笃生、何海樵、章行严（士钊）等，在上海发起一个学习炸药以图暗杀的组织，行严写信招我，我由安徽一到上海便加入了这个组织，住上海月余，天天从杨笃生、钟宪鬯试验炸药，这时子民（蔡元培）先生也常常来试验室练习、聚谈。"① 章士钊也说："上海别树爱国协会，招适内层志士，如蔡子民、陈独秀、蔡松坡等。在上述秘密计事处，由杨笃生监誓加盟。"②

暗杀团成立后，首先把暗杀目标定为顽固派元首慈禧太后。为此，杨笃生亲率何海樵等六人潜入北京，伺机行刺，但终无下手机会，因经费不支而放弃。上海爱国协会的暗杀团分会成立后，决定分地区活动：北方以北京为中心，杨笃生、何海樵、张继负责；南方以上海为中心，由蔡元培、章士钊、陶成章负责；中江以安徽为中心，由陈独秀负责，成员有刘光汉、柏文蔚、李光炯、倪映典、郑赞丞、宋玉琳等，加入者必须"歃血为盟"。据柏文蔚说：狂热的无政府主义者刘光汉还在安徽公学内为此组织了黄氏学校，"专门从事暗杀工作"。③

于是，暗杀事件频频发生，但又每每失败。其中与陈独秀有关的是吴樾谋炸清廷出国五大臣事件。

吴樾是安徽桐城人，他谋炸清廷五大臣是中国近代史上一个重大事件，因此史家常常提及。但是，由于此事策划极其秘密，主人公又决心牺牲自己保护同志，所以事件真相极少有人知道。事后，清廷派人侦查，企图株连他人，最后也不得不承认："据云现在诸生（指吴生前所在保定高等师范学堂的师生——引者）并无与吴樾亲故知交，自属可信……至监督以下各员，于吴樾在堂之日，未能事先察觉，实因该犯匪貌似安分，并无异常言动……知人实难，其情可原。"④

① 陈独秀：《蔡子民先生逝世后感言》，《中央日报》1940年3月24日。
② 章士钊：《与黄克强相交始末》，《辛亥革命回忆录》（二），第149页。
③ 参见柏文蔚《五十年经历》，《近代史资料》1979年第3期。
④ 《吴樾狙击五大臣后倪嗣冲上袁世凯密禀》，该书编纂委员会编《中华民国开国五十年文献》第1编第13册，（台北）正中书局，1969，第588页。

但也正因为如此，一般史家在撰述此事件时资料匮乏，给人印象似乎这仅是吴樾个人行动，一个孤立的事件。① 其实不然，它是同盟会前身之一军国民教育会的有计划、有组织的革命行动，直接参与策划的是杨笃生、赵声。陈独秀也有所介入。

吴樾于1902年考入保定高等师范学堂，因与陈独秀少年时的好朋友张啸岑同窗，又得到陈1902～1903年在安庆的革命活动消息，对陈独秀十分敬仰。他先与陈独秀、潘赞化建立通信联系，1903年8月回家度假时，还特意转道上海，拜访陈独秀于《国民日日报》社。二人议论国势大计，十分投机，建立起更深的友谊。据与其同行的同学马鸿亮说，吴"排满思想于此澎湃而蓬勃"②，回去后，在保定创办"两江公学"与《直隶白话报》，自兼教员、主笔，积极宣传革命。据吴樾自述，第二年得知万福华、吴旸谷刺杀铁良未遂后，他便萌生了暗杀铁良的念头，还典当了衣物，购买了日本手枪，急于行动。③ 这种情绪可能被陈独秀察觉，所以陈乘潘赞化考察北洋警察来到保定的机会，进行指导。④ 张啸岑说：潘下榻于两江公学，"朝夕聚谈，每至夜分。孟霞（即吴樾）、啸岑、进化（即赞化）三人交换南北同人对于时局的看法，且商讨革命工作的如何组织，如何进行"。潘就转达陈独秀的意见，"指示主要的是：要努力唤醒广大群众，起而救亡，救亡就必须推翻清室的腐败统治。同人等进行革命，要能谨慎而不懦怯，要有勇气而不急躁"。⑤

陈独秀的这个意见，实际上表明他主张侧重于发动群众革命，不要急于进行个人的暗杀行动。但是，吴樾恰恰认为当时由于孙中山革命派策划的多次起义的失败，中国还不是"革命时代"，而先要有一个"暗杀时代"，并根据欧洲和日本的经验说："革命之先，未有不由于暗杀，以布其种子者"；在俄国，"十九世纪下半期，为虚无党之暗杀时代，二十世纪上半期，则为虚无党之革命时代"；在中国"今日为我同志诸君之暗杀时代，他年则为我

---

① 如邹鲁的《吴樾烈士历史》、冯自由的《炸清五大臣者吴樾》、章士钊的《书吴樾狙击五大臣事》等，都是如此。1980年中华书局出版的《民国人物传》中之《吴樾》亦未脱此窠臼。

② 马鸿亮：《吴樾烈士传略》，《中华民国开国五十年文献》第1编第13册，第579页。

③ 吴樾：《暗杀时代》，《民报》临时增刊"天讨号"，1906年4月。

④ 潘与吴樾是桐城同乡，1902年留学日本警察科，毕业回国后，清政府授予花翎知府衔，但他暗中与陈独秀等一起从事革命活动。

⑤ 张啸岑：《吴樾烈士事迹》，《安徽史学工作通讯》1957年第2期。

汉族之革命时代。欲得他年之果，必种今日之因……时哉不可失，时乎不再来，手提三尺剑，割尽满人头，此日正其时矣"。他还是一个极端的仇满主义者。他自问自答说："我中国之人，与满洲之人，为同族乎？曰：否。中国乃汉族也，满族是通古斯族耳。又问之曰：满洲人之为我中国之君主，既二百有六十余年，则现土地之为满洲所据，我国权之为满洲所夺，我子女为满洲所奴，不亦二有六十余年乎……不排满则不得复我土地，不排满则不得还我利权，不排满则不得归我子女……欲思排外，则不得不先排满；欲先排满，则不得不出以革命。"① 吴樾这种把革命简单归结为"排满"的观点，陈独秀也是不能苟同的。

潘赞化还向他们通报了赵声要来保定洽谈的消息。赵与陈独秀认识于1902年南京陆师学堂。此后二人关系密切。1904～1905年期间，赵经常到芜湖，与陈及柏文蔚等联络。这次赵赴保定活动，显然也是陈独秀他们的安排。② 立志于军事行动推翻清朝统治的赵声，早已潜入军界。这次他以考察北洋新军的名义来到保定，与吴樾"聚首一日夜，彼此各抒己见，无不志同道合"。③ 于是，赵就发展吴加入了"少年中国强学会"。赵尤为吴争当革命先锋、勇于自我牺牲的精神所感动。离保定后，即赠吴诗四首：

> 淮南自古多英杰，山水而今尚有灵；相见尘襟一潇洒，晚风吹雨太行青。
> 双擎白眼看天下，偶遇知音一放歌；怀酒发挥豪气露，笑声如带哭声多。
> 一腔热血千行泪，慷慨淋漓为我言："大好头颅拚一掷，太空追撵国民魂。"
> 临行握手莫咨嗟，小别千年一刹那；再见却知何处是，茫茫血海怒翻花。④

该诗激越悲壮，义薄云天，吴樾读之，激动不已，泪流满面，更加坚定了献身的决心。他在给赵声回信时自谦地表示：暗杀容易，起义艰难，

---

① 吴樾：《暗杀时代》，《民报》临时增刊"天讨号"，1906年4月。
② 马鸿亮：《吴樾烈士传略》，《中华民国开国五十年文献》第1编第13册，第579页。
③ 吴樾：《与同志某君书》，《暗杀时代》附书，《民报》临时增刊"天讨号"，1906年4月。
④ 《赵声遗诗》，《中国国民党史稿》第5册，中华书局，1960，第1391页。

"某（指自己）为其易，君为其难……盖易者不过顷刻之苦，此后尚可尽乐于余生；而难者艰险为备，责任为巨，一日不达其目的，即一日不得辞其难"。他嘱望赵声，"勿出于私而忘其公"，"异日提大军北上，而为某兴问罪之师也"。① 这说明赵的革命思想更接近于陈独秀，主张以发动起义为主，但是，并不绝对排斥暗杀论者，反而乐助其成，因为二者的目标毕竟是一致的。

鉴于此，赵声路过北京时，就把吴樾介绍给了杨笃生。当时杨因万福华刺王之春案发，逃到北京，厕身于译学馆内，以教习身份作掩护。他来到保定，与吴樾、马鸿亮等人会面，双方一见如故，在两江公学翠竹轩内，杨亲自监誓，吴、马等六人刺血加入军国民教育会，并成立该会保定支部（又称"北方暗杀团"），② 吴任支部长。吴完全赞成军国民教育会宗旨，认为"排满之道有二，一曰暗杀，二曰革命。暗杀为因，革命为果。暗杀虽个人而可为，革命非群力即不效。今日之时代，非革命之时代，实暗杀之时代也"。③ 而他自己则立志于"手提三尺剑……愿为同志诸君之先鞭"，"予死后，化一我而为千万我，前者扑，后者起，不杀不休，不尽不止"。然后，他领导的"保定支部"，在杨笃生的指导下，进行了一系列暗杀清廷重要大臣的准备工作。

1905 年春，万福华等三起刺杀铁良的事件未遂，王铁汉因失败留下遗书和手枪投井自杀，给了吴樾极大的刺激。他说："之三子者，其志可嘉，其风可慕。"于是，他利用这年春假期间，赶紧写完遗著《暗杀时代》，阐明自己的革命主张，揭露清廷的腐败和铁良的罪恶，以明自己暗杀铁良的原因。书后附有告同胞书，给妻子、章太炎和赵声的信共十三篇。接着，他以母病为由，请假回安徽老家，事先安排后事，途经芜湖时，他又去拜访陈独秀、赵声于长街"科学图书社"楼上，三人进一步研究了吴樾的暗杀计划。赵声还与吴互争北上任务。吴问："舍一生拼与艰难缔造，孰为易？"赵曰："自然是前者易，而后者难。"吴曰："然，则我为易，留其难以待君。"④ 于是议定，即时置酒，慷慨悲歌，如荆轲刺秦皇以壮其行。

---

① 吴樾：《与同志某君书》，《暗杀时代》附书，《民报》临时增刊"天讨号"，1906 年 4 月。
② 曹亚伯：《杨笃生蹈海》，《中华民国开国五十年文献》第 1 编第 11 册。曹是杨的挚友。
③ 吴樾：《暗杀时代》，《民报》临时增刊"天讨号"，1906 年 4 月。
④ 孙传瑗：《安徽革命纪略》附言，《学风》第 4 卷第 6 期，1934 年 7 月 1 日。

　　不过，这时吴樾的暗杀对象还是铁良。6 月 14 日，清政府宣布派载泽等五大臣出洋考察宪政，以备实行宪政。吴樾认为，这是清廷欺骗民意，"以欲增重于汉人奴隶之义务，以巩固其万世不替之皇基"。为此，他与杨笃生商量后决定，狙击对象改为五大臣，为了"保定支部"的长远计划，保护其他同志，决定乘当时东北为编练新军创办"武备速成学堂"缺乏教员机会，派马鸿良等三人前去任教。一切安排妥当后，吴樾写了一封绝命性质的《意见书》，痛斥清廷立宪阴谋，敬告同志："我四万万同胞，人人实行与贼满政府势不两立之行为，乃得有生存之权利，不得权利，毋宁速死"；"我愿四万万同胞，前仆后继，请为之先"，[①] 表示了自己杀身成仁、义无反顾的决心。

　　《意见书》写完后，他连同《暗杀时代》，交给张啸岑保存，嘱其"在他完成任务以后，如果离开人世，就设法交付可以发表的人，如果仍在世间，即将其焚毁，免得牵累。万一无法发表，便交湖南杨笃生，或者安庆陈仲甫先生"。[②]

　　1905 年 9 月 24 日，北京正阳门车站轰然一声巨响，暗杀终于发生。由于是自制炸弹，性能不安全，因火车开动时的震动而自爆，仅炸伤载泽、绍英二人，而吴樾本人却壮烈牺牲。

　　因吴樾被炸得面目全非，清廷一时难以查清凶手是谁，而远在南方的陈独秀，却在事后旬日致函张啸岑问："北京店事，想是吴兄主持开张。关于吴兄一切，务速详告。"[③] 张即把吴樾的《暗杀时代》和《意见书》寄给了陈独秀。陈又将其寄往日本东京革命党人。同志读到吴樾遗著，热血沸腾，后来将其刊登在《民报》临时赠刊"天讨"号上，成为激励革命党人的传世之作。同时，吴樾到北京行刺前，又曾将其自己的部分遗物交予张榕，请他交陈独秀，再转杨笃生，以作为同谋者的纪念。陈独秀收到后，即将其交给当时唯一在国内的暗杀团骨干蔡元培保存。辛亥革命胜利后，在吴樾烈士追悼大会上，蔡元培说："吴樾死难之后，有陈君寄一皮包至上海。内有西式外套一件，此系烈士之遗物。当时系赠杨君以为绝命纪念者。"[④] 陈独秀当时以安徽省代表参加了这次追悼大会，并当场录自己于 1910 年夏写的怀

---

① 吴樾：《暗杀时代》，《民报》临时增刊"天讨号"，1906 年 4 月。
② 张啸岑：《吴樾烈士事迹》，《安徽史学工作通讯》1957 年第 2 期。
③ 张啸岑：《吴樾烈士事迹》，《安徽史学工作通讯》1957 年第 2 期。
④ 《蔡元培在吴樾烈士追悼大会上的演词》，《追悼吴烈士大会纪念册》1912 年 3 月。

念战友诗《存殁六绝句》，赠给了章士钊。其第一首就是赞颂吴樾和赵声的，可见吴樾事件在他心目中的地位。诗曰：

> 伯先京口夸醇酒，孟侠龙眠有老亲；仗剑远游五岭外，碎身直捣虎狼秦。
>
> （存为丹徒赵伯先，殁为桐城吴孟侠）

从吴樾两次临终遗托以及陈独秀的执行情况，可以看到吴、陈二人心中明白双方友谊的性质和程度。由于在"反满"和"暗杀"两个问题上实际存在差异，吴、陈友谊的基础主要是革命精神，而在前两个问题上，吴樾只与杨笃生有完全一致的思想感情，所以，吴把杨作为最后的精神寄托；此外，杨是军国民教育会的负责人，而陈仅仅是一个值得尊敬和信任的同情者。从这里我们可以看到陈独秀性格中一个复杂的方面：在处理人际关系时，虽然他是一个重感情、重友谊的性情中人，但他也会把原则与友谊分开，既坚持原则，又保持友谊。在社会上，能做到这一点的人，是不多的。关于这一特点，在以后他与章士钊、胡适的关系中，将会更鲜明地表现出来。

吴樾的行动，在当时几起暗杀事件中影响是最大的，是军国民教育会暗杀团成立后第一个稍有成果的行动，被蔡元培称为"中国第一炸弹"。尤其是他忧国忧民的爱国主义情怀和为了革命勇于自我牺牲、视死如归的精神，为后人所敬仰："事虽未成，而满酋丧胆，四万万汉族，悉从酣睡中警醒，厥功因其伟也。"[1] 事后不久，孙中山在东京接见张啸岑，听了吴樾事件经过后，也表示：吴的牺牲"虽云可惜，但是影响于国内外人心者至大"。[2]

除了以上颂诗外，1914 年 11 月，陈独秀也在文章中称赞吴樾、赵声等人是"有道德，有诚意，有牺牲精神，由纯粹之爱国心而主张革命"的人。[3]

自然，孙中山和陈独秀赞扬的主要是吴樾的革命牺牲精神，并非赞同其

---

[1] 孙传瑗：《安徽革命纪略》附言，《学风》第 4 卷第 6 期，1934 年 7 月 1 日。

[2] 张啸岑：《吴樾烈士事迹》，《安徽史学工作通讯》1957 年第 2 期。

[3] 《双枰记叙》，《甲寅》第 1 卷第 4 号。刊登在烂柯山人著的《双枰记》内，没有署名，但"叙"（即序）文一开始引陈独秀作《存殁六绝句》诗中纪念何梅士一句诗后称"此予辛亥年春居临安时所作《存殁六绝句》之一也"。可见此序是陈独秀所作。

无政府主义的暗杀手段。真正有远见的政治家是不赞成用这种方法进行革命活动的。孙中山就说过，暗杀手段，"不免有缺光明，其结果定不良也"。①

陈独秀虽然参加了暗杀团，也试验过炸药，并参与了吴樾暗杀铁良的有关策划。但从上述请潘赞化转达的意见来看，实际上他是不主张急于采取这种行动的。但是，毕竟是人各有志，陈独秀站在友谊的立场上，是难以阻止吴樾、杨笃生这类军国民教育会组织的活动的。陈独秀参加暗杀团，也应如是分析，不过是保持与章士钊、杨笃生、蔡元培等这些老朋友的友谊，学一点军事知识。因为，他本身虽是中江地区暗杀团的负责人，但并没有去积极组织这种暗杀的实际活动和宣传，而且接着，他把主要精力投入到培训广大革命干部的事业中去了。

综观陈独秀1901年（留学日本）至1905年的思想，反帝爱国是主旋律，十分明确而坚定；清政府腐败，不能依靠它来救亡这一主张也逐渐明确起来，至于革命主张就相当驳杂了，既有法兰西共和思想，又有皇帝也是一国之人、政府代表国民的君主立宪因素；既有唤醒国民起来的大众革命思想，又有参加暗杀团的无政府主义影响；既有反封建统治思想，又有同情革命者的"反满"情绪。

由此看到，这时陈独秀还很不成熟，思想处于混沌状态。这是正常现象，因为人的成长是一个在实践中逐步发展和提高的过程，即使是天才也是如此。

办学校、组团体　培训革命骨干

吴樾谋炸清廷五大臣失败，实际结束了吴樾所说的"暗杀时代"，促使革命志士更加重视集合团体力量、准备群众起义的组织工作。恰巧，中国同盟会应运而生。1905年8月20日，集合了国内14个省，代表兴中会、华兴会、光复会、军国民教育会等几个革命团体的100多位革命志士，在东京召开了同盟会成立大会。同盟会的成立，标志着中国资产阶级革命党的诞生。从此，中国反清革命运动有了统一的领导，于是，又在各地蓬蓬勃勃地开展起来。这样，各地缺乏组织革命运动骨干力量的问题就突出了。

① 田桐：《革命闲话》，《党史史料丛刊》第4期，1945年。

吴樾牺牲后，陈独秀化悲痛为力量，并按自己的唤起民众的革命思路，继续做扎实的基础工作。又由于革命形势的发展，他自觉不自觉地把工作重点由办报宣传调整到培训干部上来。1905 年 8 月，也就是同盟会在东京成立的同时，陈独秀结束了《安徽俗话报》的工作，以全部精力投入到开办"安徽公学""安徽初级师范学校"，组织"岳王会"的事业中去，花了整整两年时间，全力为革命新高潮的到来培训骨干。这表明，陈独秀从当时一系列的暗杀失败中，认真吸取了教训，彻底摆脱了无政府主义对自己的影响。不过，一直到 1923 年，即接受马克思主义的阶级斗争论之后，他才对这种暗杀的革命方式，做出如下深刻的理性批判：

> （进行暗杀活动的人）只看见个人，不看见社会与阶级；暗杀所得的结果，不但不能建设社会的善阶级的善，去掉社会的恶阶级的恶，而且引导群众心理，以为个人的力量可以造成社会的阶级的善，可以去掉社会的阶级的恶，此种个人的倾向，足以使群众的社会观念、阶级觉悟日就湮灭。因此……我敢说暗杀只是一种个人浪漫的奇迹，不是科学的革命运动。科学的革命运动，必须是民众的阶级的社会的。①

陈独秀办的第一个学校——安徽公学的前身是李光炯（字德膏）、卢仲农在长沙开办的"安徽旅湘公学"。李、卢都是比陈大几岁的教育界前辈，因赞赏陈的革命精神而与陈建立了友谊。李是安徽桐城人，清末举人，因随同当时学界巨子、京师大学堂总教习吴汝纶考察日本教育，萌生了教育救国的思想。回国后在协助吴创办桐城中学后，1904 年春，又应邀到长沙与同乡又志同道合者卢仲农开办了"安徽旅湘公学"。陈独秀当即给予支持，在刚刚创办的《安徽俗话报》第 2 期上为它宣传，说该校"专收安徽人……学规功课，样样都不错，我想安徽有志求学的青年，很可以到那里去学习哩！"②

陈独秀对此校如此推崇，号召有志青年到那里去，除了他与李的友谊之外，主要是该校不是一般的学校，而实际是一所革命学校，黄兴、赵声、张继等革命党人都曾到校任教，进行革命宣传。赵声、张继等都是陈独秀当时

---

① 陈独秀：《论暗杀暴动及不合作》，《向导》第 18 期，1923 年 1 月 31 日。
② 《安徽俗话报》第 2 期，1904 年 4 月 30 日。

的挚友。如此贵重的师资，办在湖南长沙而专收安徽人，势必发生种种困难，如师资上的"浪费"和生源上的"不足"等。更由于这一年 2 月 15 日，黄兴、宋教仁、刘揆一和陈天华等人在长沙成立了反清革命团体华兴会。10 月，他们策划的在慈禧七十寿辰起义的计划事泄，"国子监祭酒王先谦以结党谋逆，密奏清廷，株连黄兴、张继、周震麟、刘揆一多人。李光炯以全家性命为质，营救于藩司张筱传，筱传言于巡抚赵小冀，搜捕令因迟延未下，党人得以从容避免"。① 但是，走了和尚走不了庙，安徽旅湘公学因此受牵连，"环境困难"。于是，开办不到一年，就搬到省内第二重镇、陈独秀所在的芜湖市，而据从那时至陈去世都是陈挚友的高语罕说："迁校运动的中心人物，就是陈独秀。"② 学校即改名为"安徽公学"。

　　既然如此，以陈独秀本人及他的革命影响，和与他联系的人文资源来办此校，可见此校将是一座何等的革命学校！学校于 1905 年 2 月开学，《安徽俗话报》就刊出这样的招生广告："本公学原名旅湘公学，在长沙开办一载，颇著成效。惟本乡人士远道求学，跋涉维艰，兹应本省绅商之劝，改移本省。并禀拨常年巨款，益加扩张，广聘海内名家，教授伦理、国文、英文、算学、理化、历史、地理、体操、唱歌、图画等科。"招生条件则强调："必须身体健康，心地诚朴，志趣远大，国文通顺。"③ 这里，把体育放在第一位，"志趣远大"赫然列出，且在"国文通顺"之前，充分体现了陈独秀一贯的革命教育思想。

　　由于 1903 年拒俄运动后群众斗争和暗杀活动频发，这时的清政府颇有风声鹤唳之感，对革命事物十分敏感，镇压严厉。而革命者也更加成熟，讲究斗争策略。陈独秀虽为该校实际主持，却以"代课"之名到校讲授，对外则聘请李鸿章后裔——前驻英钦使李经迈和淮扬道蒯光典为学校名誉总理，著名书法镌刻家邓石如的后人邓艺荪（绳侯）为副总理，监督李光炯等。而在陈独秀的影响下，学校所聘教员，则大多数是重要的革命党人，如柏文蔚、陶成章、刘师培、张伯纯、苏曼殊、谢无量、周震麟、江彤侯、潘赞化、潘璇华等。这些人中的多数，原属光复会、华兴会等革命团体，旋即

---

① 李则刚：《安徽历史辑要》，油印稿。

② 高语罕：《百花亭畔》，亚东图书馆，1933，第 35 页。

③ 《安徽俗话报》第 17 期。按其半月刊时间安排，该刊第 16、17 期应是 1904 年 12 月出版，可能是陈独秀主持迁校事宜缘故，在该刊第 19 期《本报告白》中，说第 16 期拖到 1905 年 3 月才出版。

成为新成立的同盟会会员。他们"均觉非革命不足以救亡,乃联络皖中各县学校互为声援,复与留东京同盟会本部及南京、上海各城市革命组织潜通消息,图伺机大兴"。① 所以,1906 年 8 月署太平府汪昌麟对安徽公学所做的《履勘调查报告表》称:"教员系日本、上海、南京、安庆各学堂毕业生,想均熟谙教法,并无编辑讲义。"试问,宣传反清革命的内容,何以能编成讲义呢?这位知府大人可能已经嗅到点造反味道,但又找不到把柄,所以,他在《报告表》最后的"总评"一项中,自圆其说地写道:"该堂教员、管办员及学生均各精神奋发,志气轩昂,可推府属学堂之冠。惟教员多因出洋剪发,学生薰陶所及,去发辫者甚众,谈论举止,饶有重外轻内思想,若能歛才就范,讲求伦理,尊君爱国,宗旨一归纯正,则将来造就未可量也。"②

这位汪大人希望安徽公学造就"讲求伦理","尊君爱国"的"纯正"人才,乃是他的一厢情愿,实际由于其革命的影响,该校成了中江流域(长江流域中游)革命运动的中心,也成了中江流域文化运动的总汇,甚至有人说它是中江流域的"革命之策源地"。③ 它为日后江淮地区的辛亥革命运动,培养了不少干部(在《安徽俗话报》上刊登的广告标明,招生不限于安徽,第一期"本省百名,外省二十名")。同时,它又与安徽其他地区的革命学校联络,与东京同盟会总部、南京、上海、安庆、合肥等地革命组织互通声气,再加上创办后不久,陈独秀又在学校内建立"岳王会"的总机关,成为革命党人联络和策划重大革命行动的基地。所以,安徽辛亥革命老人朱蕴山说:"这是安徽革命运动的序幕。"④ 冯自由亦称:"皖人之倾向革命实以该校为最早。"⑤

安徽公学校务的实际主持人是李光炯,陈独秀只是以"代课"教师的身份,利用学校进行革命宣传和培养干部、策划活动。同时,1906 年 4 月,为了适应形势发展的需要,培养更多的干部,陈独秀还亲自创办了"徽州初级师范学堂"。这一史实,过去鲜为人知,后来发现一份与署太平府汪昌麟履勘安徽公学报告表相似的对公立徽州初级师范学堂的《履勘调

① 朱光潜:《李光炯先生传》,《文史资料选辑》第 78 辑,第 143 ~ 144 页。
② 《安徽官报》第 15 期,1906 年 8 月。
③ 《李光炯先生事略》,未刊自印本,安徽省博物馆藏。
④ 朱蕴山:《辛亥革命前后的几位杰出人物》,《团结报》1961 年 10 月 4 日。
⑤ 冯自由:《革命逸史》第 5 册,第 62 页。

查报告表》，① 才发现陈独秀还担任过这个学校监学，并任教育、地理、东语（即日语）课教员。表上称"公立徽州初级师范学堂于光绪三十二年三月（即1904年4月）旅芜徽州人筹款开办"，而各科教员几乎全是与陈独秀关系密切的安徽公学的教员，都是革命党人，如伦理兼心理教员金绍甫（刘光汉）、理化教员潘璇华、博物生理教员潘赞化、算学教员卢仲农、经学国文教员汪宗沂等。其课程设置、教材等情况，也与安徽公学调查报告表上的反映相同，并特别指明："教授均用新式书籍，并无编辑讲义。查经学一科，教授钟点过少，似有背奏定章程"；"博物、理化译用日本理化教科书"。因为学校已经放假，汪昌麟可能从课程表的安排和口问中发现了这个问题。而这恰恰说明这个学校是一个讲授新学，宣传革命的学校。至于"上奏章程"强调经学，不过是争取合法，掩"官"耳目。这个真相，自然不能让清廷官吏知道的，所以汪还说："教员教法，不得查知"；学生实际所用的教材，"因学生已多收招，不及调查核对，所开书目似均平正"。

另外，有些学者根据1906年阴历七月廿五日苏曼殊给刘三的信和柳亚子所写的《曼殊全集》序，认为陈独秀这时还在皖江中学任教或代课，则有待进一步的证实。

实际上，皖江中学与上述安徽公学、师范学堂相类似的革命学校。所以，知府汪昌麟对这三个学校一起履勘后，针对已经嗅到的革命气息，在《署太平府汪昌麟申学务处前奉委查卑属学堂原禀表格文》中这样写道："三学堂教科，经学最少"；"课本亦多用东洋……重外轻内"，"不以学堂为修业之地，转持学堂为护身之符"。因此，报告表示要对三学堂进行整顿，"申明定章，严加约束，令修身经学教员择集经书要言，切于正心行事，尊君爱众者实力宣讲"，并要求上峰授权"本道随时督察该三堂，循名质实，遵守定章，保存国粹"。② 所以，安徽公学和徽州初级师范学校虽有较好的掩护，最后还是被侦知是革命党人的基地，受到压迫。

陈独秀在利用和创办学校宣传革命、培养干部的同时，还于1905年夏，在安徽公学基本稳定后，与柏文蔚等走访淮上各县，串联革命志士，重建起反清秘密团体岳王会。

过去一般史家都认为岳王会是陈独秀所独创，有人经过详细考证发现，

---

① 《安徽官报》第15期，1906年8月。
② 《安徽官报》第14期，1906年8月。

在陈独秀之前，安徽已有此会，陈独秀不过是重组而已。因为据老岳王会会员杨鼎甎、张树侯的后人杨慕起及其他有关人士叙说：清末出现于江淮之间的岳王会创立于 1898 年冬的寿县，是豫皖间哥老会的别部，以反清为目的。当时是哥老会首领郭其昌来到寿县找到杨鼎甎和张树侯发起的。由于哥老会反清活动早为清廷注意，故取名岳王会。后来发展到附近几个县，柏文蔚、常恒芳、岳相如、范传甲、郑赞丞等人相继入会。张树侯所在之伟才学校创办人、名门之后孙少侯（孙毓筠，其祖父孙家鼐曾任清廷工部、礼部、吏部尚书及光绪帝师之职），因看不起帮会组织哥老会，不参加岳王会，但因同情革命而予以资助。但到 1903 年，会首郭其昌举行起义被绞死狱中；1904 年，张树侯、柏文蔚离开寿县到安庆武备学堂任教，岳王会处于散漫状态，名存实亡。①

说到陈独秀 1905 年重组岳王会的情况，当事人有许多回忆，陪陈独秀走访皖北、寻访同志的柏文蔚、胡渭清的回忆最为清楚。当时柏文蔚已到安徽公学任体操教员。经军国民教育会等各革命团体和陈独秀等人的鼓吹，为了强国救亡，体操已成为爱国革命志士的必修课，所以，体操教员大受人们的尊敬。经过一段时间的酝酿，陈独秀就约柏文蔚、宋少侠诸君作皖北之游，途经各县，最后到达老岳王会创始地寿县。一路上，他们遍访了各地豪杰和原岳王会成员，到寿县后住柏文蔚家半月，会晤了张树侯、郑赞丞、孙少侯等。②

从寿县回到芜湖，陈独秀就与柏文蔚等重组了岳王会。据李光炯、柏文蔚、常恒芳回忆：安徽公学成立不久，"学校里一般人都主张革命，于是就发起组织"。在成立黄氏学校从事暗杀工作同时，大家以为"排满革命，徒从宜多，主义虽定，宣传宜广"。于是，陈独秀、柏文蔚、常恒芳组织了一个岳王会，"秘密结合，采取烧香宣誓方式，效法岳飞精忠报国的精神，对外不发表文字，也没有什么政治纲领"。③

岳王会经过这样一批革命党人的重组，自然得到脱胎换骨的改造，旧的

---

① 参见杨幕起《岳王会早期情况简介》，手稿，安徽省政协藏；连苏《辛亥革命前的柏文蔚》，《皖西史志通讯》，试刊号。

② 参见《柏烈武先生革命谈话》，《柏委员烈武事略》附录，蚌埠市各界追悼柏文蔚筹备会印于 1947 年；《胡渭清回忆稿》，安徽省政协文史资料室藏。

③ 参见李光炯《安徽公学与岳王会》，《团结报》1961 年 10 月 4 日；柏文蔚《五十年经历》，《近代史资料》，1979 年第 3 期；常恒芳《安徽革命始末》，未刊稿，安徽省博物馆藏。

帮会式的岳王会何以相比！

首先，在宗旨上来说，它从一个反清复明帮会组织，成为一个反清革命的进步团体。

其次，规模迅速扩大，深入到各个阶层。岳王会成立后的这年寒假，常恒芳趁到安庆尚志学校（校长邓绳侯）任训导主任的机会，成立岳王会安庆分部，常恒芳任分部长。同时，柏文蔚在南京联络了一些人，又成立南京分部，柏任分部长。皖北也成立了一个分部，石劲武"被推为岳王会皖北分部纠察员"。陈独秀则坐镇芜湖，任总部会长。这些分部又有外围组织，致使势力可观，"大者聚徒数万，小者结党数千"。岳王会最大的贡献是为当时同盟会和辛亥革命在江淮地区的发展，提供了深广的思想条件和组织条件。

岳王会最出色的工作是在安庆、南京两地及军队中的工作。1905年安徽开始筹建新军，其中第二标第三营中的革命分子最多，如后来成为同盟会骨干的薛哲、倪映典、熊成基、毕靖波、石德宽、张汇滔、范传甲、张绳武等。他们"革命情绪都很高"。于是，常恒芳到安庆后，就以他们为基础，成立了岳王会安庆分部的外围组织"维新会"（有人说是"励学会"。薛、倪、熊先去南京加入了那里的岳王会）。1906年秋，清政府决定总督所在地成立一镇的军制，在安庆举办军官训练班，常恒芳感到要革命非有武力不行，看见有这样一个机会，就找了督练公所中两个从南京柏烈武那里来的教练官，"请他们把我保送到训练班。这个训练班分五个队，每个队里都有我们的同志。我入训练班后，虽然是学员，但因为我是岳王会的安庆分部长，仍然可以对岳王会的同志起领导作用。那时像迎江寺宝塔里和大观亭后面松树林，都是我们开会的地方"。① 这些学员结业后分配到各军去，又继续发展会员，如此滚雪球，军队中的中下级军官和士兵中，岳王会会员自然很快膨大起来。此外，他们还在新军中下级军官和巡警学堂师生中直接发展会员。据记载："凡在新军中，稍有知识血性者，无不收入其间，亲与接纳，推食解衣，均有布衣昆季之欢。每宣布满人之残暴祸国，无不愤激涕淋，同呼效死。新军两标余众，无不舍命是听。"②

南京岳王会的发展，也以薛哲、倪映典、熊成基所在的南京陆师学堂、炮兵速成学堂以及新军第九镇为主要对象。第九镇练兵，赵声得陶俊保的介

① 常恒芳：《记安庆岳王会》，《辛亥革命回忆录》（四），1962。
② 《范传甲传》，未刊稿，安徽省政协文史资料室藏。

绍，为新军统制徐绍桢所信用，使其主持政务。于是，南京岳王会会员柏文蔚、倪映典、熊成基、吴旸谷等均由"赵声的援引入新军，充中、下级军官"。① 而赵声、柏文蔚、倪映典、郑赞丞、宋玉琳等，常到芜湖科学图书社与陈独秀"举行会议"。②

最后，岳王会与同盟会结合后，发动了一系列重大的革命行动，为安徽革命史写下了光辉的一页。1906 年春，参加东京同盟会成立会的吴旸谷，奉命回国建立同盟会安徽分部。他先到南京，动员了岳王会南京分会会员柏文蔚、倪映典、胡维栋、龚振鹏等加入了同盟会。然后，吴旸谷到安庆，安庆的岳王会会员也多加入同盟会。常恒芳说："从日本回来的吴旸谷将孙（中山）先生的主张、组织章程和书籍带回来啦！从此以后，就干得更有劲了。"岳王会由哥老会改组而来，毕竟带有帮会色彩，没有明确的政治纲领，不可能有更大的发展和作为。现在会员纷纷加入同盟会，实际上是又一次改组，变成为资产阶级政党的一部分，岳王会实际上也就名存实亡了。所以，有一种说法，岳王会总部在 1906 年夏天正式做出决议：接受吴旸谷、张钱仁之介绍，全体加入同盟会，在各校各机关者，另组华族会；在陆军营另组慰心会，乃是外围组织。但是，由于当时岳王会总部的负责人是陈独秀，而陈始终没有加入同盟会，所以，有没有这个"全体加入同盟会"的决议，是值得怀疑的。然而，正因为岳王会是松散的帮会性质的团体，不仅没有政治纲领，而且总部与各地分部及会员之间并没有严密的组织关系，实际上各自独立活动，因此，大多数会员被当时高举"反满革命"旗帜的更为激进和严正的同盟会所吸引，也是事实。而且，这些岳王会会员在加入同盟会以后，又成为同盟会及后来国民党的重要骨干。现在有名可考者，就有40 多位，如除以上所提到的外，还有张劲夫、张汇滔、刘文典、倪树屏、王正藩等。

更重要的是，此后，岳王会的活动完全纳入了同盟会的计划，从而在江淮地区策划了一系列反清革命事件，为辛亥革命高潮的到来铺平了道路。其中最著名的有协助安庆徐锡麟起义的熊成基起义。

徐锡麟早经陶成章介绍加入光复会，是反满革命派中的激进派，早在1905 年 9 月在绍兴创办大通学校时，就想借开学典礼举行起义。因时机不成

---

① 束世徵：《赵声传》，《文史杂志》第 2 卷第 3 册，第 35 页。
② 李宗邺：《吴樾》，《革命人物志》第 2 集，台北：中央文物供应社，1969，第 269 页。

熟，被陶成章所阻。后来，他设法混入清军中，并得到安徽巡抚恩铭重用，1907 年任安庆巡警学堂堂长、陆军小学监督等职。当时，同盟会评议部评议员、浙省主盟人秋瑾女侠已接收大通学校，筹划这年 7 月的绍兴起义，并约定徐锡麟发动安庆起义为呼应。徐在准备安庆起义的过程中，其骨干均为原岳王会成员。不料，6 月，党人叶某在上海被捕叛变，泄露起义计划，供出同党别名及暗号。两江总督端方将名单电告恩铭，嘱其拿办。恩铭不知名单中也有徐锡麟的别名及暗号，召徐计议。徐见名单，担心事已泄露，即在 7 月 6 日巡警学堂举行毕业典礼时，提前起义。当场枪杀恩铭。但因提前行动，岳王会等外地会党均无配合，最后失败，徐被捕后被斩首、剖腹、剜心祭恩铭。

徐锡麟牺牲后，安庆岳王会范传甲、熊成基决定为徐报仇，积极谋划新的起义。1907 年冬，倪映典由南京调回安庆，任第三十一混成协炮兵营管带，即与熊成基、范传甲、薛子祥、方楚翘等密商革命进行。原计是年（1908）除夕举义，派范传甲驰宁，告诸军届时响应。不料，2 月 11 日事泄，当局下令捕人。倪只得把后事托付给熊成基等，走粤另图。这是一次以岳王会为主体的未遂武装起义。

岳王会不负重托，再度发动起义。这年秋天，清廷命令湖北第八镇和南洋第九镇两镇新军集中在安徽太湖县举行秋操。熊成基等决定利用此机举事，推作风稳健、果断善谋的冷遹任总指挥。但是，范传甲在赴南京与第九镇新军联络时，走漏了风声，被两江总督端方侦知。所以，11 月 19 日，当岳王会熊成基领导的安庆炮兵营起义仓促发动时，只经过一昼夜激战，即告失败。熊成基、范传甲、张劲夫、薛哲、田激扬、李朝栋、张星五等，几乎安庆岳王会的全体骨干，先后被捕牺牲。常恒芳得到一个亲戚帮助，赴日本留学而逃脱。他说：自从我离开安庆后，岳王会也就关门了，只有维持会还在活动。

陈独秀虽然未参加这些起义的具体策划，并且在恩铭被刺事件后也避赴日本，但他看到自己亲手改组缔造的岳王会发动或参加这一次次起义而失败，大批战友牺牲，在他心灵深处激起了复杂的波澜。

人们也许会问，1902～1903 年参加青年会、挥剪清廷官吏发辫、发动安徽拒俄运动时锋芒毕露的陈独秀，为什么在 1905 年同盟会成立后各地起义不断而走向革命高潮时，却不见踪影了呢？从表面上来看，一是正因为前两年过于暴露，被清廷所注意，他不得不退居二线。二是正因为当时是革命在走向高潮，急需宣传群众，培养干部，所以他眼光远大，去做办报、组校、结社等更重要的工作。除此之外，他有没有更深沉的思考呢？例如对蔡元培、秦力山、章士钊、吴樾等从事的暗杀活动，对岳王会、同盟会这样的组织以及他们策划的一系列武装起义，他有什么看法？

看来，他对岳王会、同盟会这样组织及进行的这一系列起义（除了安徽外，同盟会还在湖南、广东、广西、云南、东北、浙江、四川等地发动了一系列起义），是有看法的。因为岳王会成立后，我们只看到主要是南京、安庆两个分部与同盟会合作进行的活动，没有看到陈独秀主持的芜湖总部的活动，和他对分部工作的态度。好像陈独秀总部被架空了。所以，在1910年他为纪念他最亲近的12位战友而写的《存殁六绝句》中，只有当时还活着的郑赞丞曾是岳王会的干事，像柏文蔚、常恒芳远在郑之上的岳王会重要人物，都不在他眼中。同盟会那种以"反满"种族革命为中心的纲领，他显然是同情而不拥护，因此身边如此众多骨干参加同盟会，他却无动于衷。不能说他当时已有明确的反对态度，因为直到1924年12月，总结27年来国民运动所得教训时，他才明确说出这样的话：

辛亥革命方法错误之点正多，最重要的有二：（一）单调的排满，虽然因此煽动了民族的情感，使革命易于成功；同时并未抓住社会上客观的革命势力，即当时商民之经济的要求，亦即反抗外国帝国主义收回权利的要求。因此，革命之目的不为商民所了解，革命运动遂不得不随清室退位而中止；因此，中国的产业未能随革命成功而发展；因而，封建余孽得勾结帝国主义者扑灭革命势力，而帝国主义之长驱直入，革命后反比前清更甚。这是辛亥革命之大失败。（二）单调的军事行动，这种军事行动之基础，不但不曾建筑在民众的力量上面，即参加革命的军队，也只是被少数党人权利的煽动，并非是普遍的受了革命的宣传与鼓励；因此，军人以争夺权利而互斗的内战，血污了十三年民国史。这不但是辛亥革命之失败，直是辛亥革命之罪恶。

专做军事行动而忽略了民众的政治宣传；专排满清而放松了帝国主义的侵略，不但放松了，而且满口尊重外人的条约权利，力避排外的恶名，军所行至，皆以冒犯外人为大戒；致使外力因中国革命而大伸，清末权利收回运动，无形消灭，借外债，送权利，成为民国史之特征；同时军人以兵乱政，亦为前清所未有，至如军阀与帝国主义者勾结为患的局面，亦可以说是辛亥革命方法错误所遗下的恶影响。①

　　陈独秀这里对辛亥革命错误的批评和教训的总结，虽然包括辛亥年推翻清朝统治后北洋军阀统治时期的情况，但"专做军事行动而忽略了民众的政治宣传；专排满而放松了帝国主义侵略"，却点中了1924年与共产党合作前的同盟会、国民党领导革命活动错误的要害，同时也可以解释为什么他在1903年拒俄运动后，不参加同盟会、国民党，不积极参加他们领导的武装起义，自己也不发动起义的主要原因。

　　显然，对于如何进行反清革命，陈独秀有自己的看法，认为至少要做到两点：第一，必须在发动民众的基础上进行军事行动，即民众与军事行动相结合；第二，推翻清朝统治必须与取消帝国主义在华特权同时进行，即反封建与反帝相结合。但是，这种主张太理性了，在当时同盟会的排满革命纲领得到热烈响应、广大民众和革命者的觉悟还没有提高到把反帝与反封建放在同等重要位置上进行的时候，陈独秀的这种主张只能是曲高和寡的，而陈独秀又是一个很有主见，不随俗流，不怕孤立的人。

学习、思考、彷徨的三年

　　从1906年下半年开始，当局开始加强对安徽公学、初级师范学堂管制，更对陈独秀与革命党人的联络机关科学图书社严密监视，革命活动的环境恶化，"奸民候补道汪云浦告密于恩铭，恩铭大怒，欲穷治之，羽书连下"。②于是，芜湖侦探密布，端方还拟出了逮捕的名单。革命党人纷纷离开学校，李光炯也暂避九华山。挨到1907年春，陈独秀也不得不再度赴日。

　　1901~1915年，陈独秀多次赴日留学或逃亡避难。当时许多青年和革命者也都是如此。在1920年陈独秀为首的中共发起组向俄国派送留学生以前，日本是培养中国早期具有现代科学知识的知识分子和民主及社会主义思想革命者的摇篮。这些青年之所以如此轻易来往于中日之间，一个重要原因是当时没有像现在这样的严格审查与烦琐的手续。一位当时的留学生后来回

① 陈独秀：《二十七年以来国民运动中所得教训》，《新青年》季刊第4期，1924年。
② 许承尧口述、郑初民录《民元前徽州革命党人之活动》，《中华民国五十年文献》第1编第12册，第184页。

忆说："日本是外国，自不必说。拿现在的标准来说，赴外国留学，不知在国内先要费多少时间，办理出国手续；并须请驻在中国的日本领事官，为我们签证护照，方能起程。但那时候一切手续都不要。中国政府对于出国的人民，都绝对不管。只要你有钱，什么时候愿意去日本，你就去；什么时候愿意回国，你就回。绝对不受留难。而日本方面，对于中国人，也绝对许其自由出入，不要护照。"① 这位回忆者还说，当时去日本的旅费也不贵，以1915年他去日本的旅费为例：由上海乘日轮到日本横滨船票，统舱，只需15元国币；而坐船由上海到长崎，再乘火车到东京更便宜，船票7.5元国币，火车7.5日元。当时国币与日元币值几乎相等。

陈独秀这次赴日本，入东京正则英语学校，专攻英语。2004年笔者应日本东京大学佐佐木·力和庆应义塾大学教授长堀祐造邀请，赴日学术访问，曾参观正在移地扩建中的该校，现在它已成为日本著名的多语种的外语大学。该校提供的历史资料表明，陈独秀在校期间，用的是该校创办人自编而各个大学普遍使用的模范英文教科书，所以吸引了如陈独秀那样许多外国学生。正如后来中国著名评论家王森然所述，以陈独秀的天赋，力求创新的学习和研究方法，不论哪门学问，只要被他用心关注，必然成绩优异而且总有独到见解。三年以后，他竟然为当时著名的群益书社编辑出版了一部《模范英文教本》（四册）。当时的广告这样写道：

陈独秀著　模范英文教本

是书英名 Lesson，乃揉合会话、文法、翻译而为之，且译之以国文焉。盖习外国文与本国文异趣，必于读书文法外加读是书，始易于曲喻而灼解也，其编制体裁，系由浅入深，由简之繁，别为四册。第一册释八种词之要略，第二册释各种词之不规别法，第三册释各种词之特别要点，第四册动词之各种用法（mode、infinitive 之类）及各种前置词之用法，措辞严洁，引例显豁，先生得意之作也。

可见陈独秀对这次英文学习用心之深。而且此书必然借鉴日本正则学校的教科书不少。陈独秀这次留学日本时间最长，除了第二年秋天短期应邀回国参加安徽教育总会召开的教育大会、在会上发表改良教育的讲话之外，在

---

① 《龚德柏回忆录》，台北：龙文出版社，1989，第11页。

日本约有两年。除英文外，还学习了法文，这无疑是与他独钟法兰西文明，特别是法国资产阶级民主主义学说有关。后来他创办《青年杂志》（第二年改名为《新青年》）封面上，用的词就是法文"LA JEUNSSE"。

因此，由于过去对陈独秀1907～1909年的行踪不清，有人曾以为他到法国去留学了。为此，1902～1912年先后在法国的李石曾和李书华写信给正在作《陈独秀年谱》的郅玉如先生证明：陈独秀"未到过法国"。① 所以，他是在日本学的法文。日本学者中岛长文在《陈独秀年谱长编初稿》中曾说陈独秀在1914年还在日本"雅典娜法语学院"学过法语。另一位日本学者曾是这座学校的学生，在回忆文章《坂口安吾待过的雅典娜法语学院》中，也引用过这条材料。虽然该校的资料已经毁灭，此说无从查实，但应该是可信的。笔者2004年访问该校时，发现该校最早是1913年东京外国语学校的一部分，课程是"高等法语"，第二年在日本学者丸山顺太郎的协助下，才加设初等科。这说明陈独秀在该校的初等科一开始就加入了进去。笔者参观时，该校已经迁到东京都千代田区神田骏河台建筑了雄伟别致的校舍，并且成了法语为主、兼学英语等多种语言的外语大学。该校如陈独秀所主张的那样，教学相当灵活，有入门科、本科（初级、中级、高级）、专科、视听会话科、夏秋旅游研修课等。

但是，凡与陈有接触的历史名人，都说他会法语，而且水平不低。胡适说："陈独秀英文和法文都可以看书。"② 王森然说：陈独秀"先生书无不读，又精通日文、法文"。③ 柳亚子甚至说："曼殊生平第一个得力的朋友是仲甫，大抵汉文、英文和法文都曾受他指教。"④

这两年，除了参加亚洲和亲会外，陈独秀没有什么政治活动。他不像其他一般的革命者那样踊跃参加同在东京的同盟会，而参加亚洲和亲会，倒是完全符合他当时的思想状况的。因为，和亲会完全是一个亚洲革命者反对帝国主义侵略的国际组织。章炳麟起草的《亚洲和亲会约章》称："本会宗旨，在反对帝国主义，期使亚洲已失去主权之民族，各得独立。"⑤ 据参加

① 郅玉如：《陈独秀年谱》，香港龙门书店，1974，第16页。
② 胡适：《陈独秀与文学革命》，《陈独秀评论选编》（下），第291页。
③ 王森然：《近代二十家评传》，第223页。
④ 柳无忌：《苏曼殊及其朋友》，《曼殊全集》第5册，北新书局，1928，附录第76页。
⑤ 朱务本：《亚洲和亲会的作用、局限及其他》，《华中师范大学学报》（人文社会科学版）1989年第3期。

和亲会成立大会并保存约章中文抄本的陶冶公在抄本"附识"上的记载：中国参加者除章太炎（炳麟）、陶冶公外，还有张溥泉（继）、刘申叔（师培）、何殷振（震，刘申叔之妻）、苏子谷（元瑛，法名曼殊）等人，多是陈独秀的好友。陈多数时间也与曼殊同居一屋。和亲会由这些中国人与印度的钵罗罕·保什等首先发起，日本、缅甸、菲律宾、朝鲜诸国的革命者陆续加入，是一个反对帝国主义侵略亚洲的统一战线组织。和亲会约章规定："亚洲诸国，或为外人侵食之鱼肉，或为异族支配佣奴，其陵夷悲惨已甚。故本会义务，当以互相扶助，使各得自由为宗旨"；"亚洲各国，若一国有革命事，余国同会者应互相协助，不论直接间接，总以功能所及为限"。①

日本参加这个和亲会的有社会主义者幸德秋水、山川均、大杉荣等。可是，有讽刺意味的是，这个山川均后来在 20 世纪 30 年代日本大举侵略中国时，竟然变成拥护日本侵华的"爱国主义者"。为此，陈独秀专门撰文谴责他的背叛：

日本如果还有社会主义者，我这篇文章便是献给他们的。

把压迫国的资产阶级和被压迫国的资产阶级分别看待，把殖民地半殖民地反抗帝国主义的战争和帝国主义间的战争分别开来，对于殖民地半殖民地反抗帝国主义的战争，即令是资产阶级领导的，全世界的工人阶级及社会主义者（战时两方的工人及社会主义者，自然都包含在内），也应该援助这一反抗战争；这本是我们科学的社会主义者前辈自己所曾经实践的遗教，而为今天我们的日本同志所背弃了。

据我所知，首先背弃的便是山川均先生……他们都由社会主义转向爱国之战了。

……被压迫民族的爱国运动是进步的，因为这一运动是给帝国主义者以打击；压迫国的民族主义和爱国运动是反动的，因为它是帮助自己的帝国主义政府，压迫侵略被压迫被侵略的民族；这是对于爱国运动之辩证的见解。山川、佐野、铃木诸人不至于不懂得这个，如果他们真来责问我们，这只是证明他们是自觉的背弃了前辈社会主义大师的遗教！②

---

① 约章全文刊于汤志钧编《章太炎年谱长编（1868~1918）》，中华书局，1979，第 243 页。
② 陈独秀：《告日本社会主义者》，《政论》第 1 卷第 22 期，1938 年。

对于山川均来说不只是"背弃了前辈社会主义大师的遗教"，还背弃了1907年他亲自参加的亚洲和亲会的约章。而当时的陈独秀还不是一个社会主义者。

亚洲和亲会规定会员每月聚会一次，实际上，除幸德秋水搞了一个"星期五演讲会"，刘光汉与张继搞了一个"社会主义讲习会"（1907年8月31日），又与何震夫妻俩创办《天义》《衡报》，宣传无政府主义之外，没有搞什么活动。章太炎与张继则忙于主办同盟会机关报《民报》，还与刘光汉热心为上海的《国粹学报》写文章，鼓吹"发明国学，保存国粹"，"用国粹激动种性，增进爱国的热肠"，实际上没有什么精力主持亚洲和亲会的工作。不过和亲会的意义不在于进行了多少活动，而在于它是亚洲被压迫民族组织国际反帝同盟的最早尝试者。这样的组织，只有各国政府出面，才可能有所作为，若是民间人士组织，肯定不会有结果。况且约章中本来就表明这个组织是一个思想上的大杂烩："凡亚洲人，除主张侵略主义者，无论民族主义、共和主义、社会主义、无政府主义，皆得入会。"这样，思想上就没有共同语言，开起会来就变成一个"吵闹不休的俱乐部"，怎么可能会有统一的行动。所以，不到一年，这个组织就无形消散了。

从现有资料看，陈独秀参加亚洲和亲会后，也没有什么活动。不过，这么长时间与他在一起的上述参加和亲会的中国人和日本人，多是无政府主义者，对于他对当时流行的社会主义思潮的研究肯定是有帮助的。值得注意的是，陈独秀这时再一次表现出"出淤泥而不染"的独立精神。他没有赶时髦成为一个狂热的无政府主义者，既没有在上述两个演讲会上演说，也没有在他们的刊物上发表文章。在十月革命以前，东方的社会主义者，很向往社会主义，像陈独秀、苏曼殊译的《悲惨世界》中借男德所宣扬的那样，主张公有制，反对私有制，反对剥削与压迫，甚至把马克思和《共产党宣言》也介绍翻译到东方来。但是，他们还分不清无政府主义与马克思主义的区别，一般都景仰巴枯宁和克鲁泡特金的无政府主义。有的虽看到了二者的区别，也不重视，而把马克思主义视为无政府主义的战友。刘师培在当时出版的《共产党宣言》中译本序言中，称马克思的阶级斗争理论为"不易之说"，与达尔文创立进化论之功不殊，可是不及无政府主义。

陈独秀虽然没有成为无政府主义者，但对社会主义学说也处于这样的混沌状态。所以，直到几年后办《新青年》、发起新文化运动时，他虽然把社会主义视为三大法兰西文明之一，却独颂资产阶级民主主义，而认为社会主义思想高远，不适合于当时的中国。

看来，在辛亥革命发生前的三四年中，在以康梁为代表的君主立宪派与孙中山为代表的共和派的激烈争论中，在国内同盟会与各地会党联合发起的一系列武装起义的高潮中，在日本周围朋友都信仰无政府主义的包围中，陈独秀在坚持唤起民众救亡革命的总立场下，对于中国革命应该走什么道路，既不盲从，又无所适从，处于彷徨状态。所以，国民党理论家傅斯年说到这一时期的陈独秀思想时说："清末陈氏在日本时，加入革命团体，而与当时长江革命人士一派较亲密，与粤浙各部分较疏，又以他在学问上及著文的兴趣，与国粹学报、民报诸人同声之来往最多，然而因为他在思想上是胆子最大，分解力最透辟的人，他永远是他自己。"①

在君主立宪、排满革命、无政府主义三股巨大的潮流面前，能保持独立不附，的确需要"胆子最大，分解力最透辟"的素质，但正确的出路在何处？这时的陈独秀还不能"分解透辟"，这自然不能苛求于陈独秀，而是客观条件还没有提供这种思索的条件。陈独秀虽然是天才，但天才的思想也是客观实践的总结。于是，陈独秀把主要精力放在了中国汉学和西方新学的学习和研究上。后来在1915～1919年，陈独秀在《新青年》时期对东西方文化、思想、学术有那么精深的研究和独见，看来主要是这一时期研究的结果。具体说来有：对西方民主主义和社会主义思想的研究；对东西方文化的比较研究；对儒家思想的研究；对佛学的研究；对诗词字画的研究；对音韵学和文字学（古称"小学"）的研究；等等。

这些研究的状况和成果，以后各章都会陆续介绍，这里只叙述他与苏曼殊共同对梵文和佛学的研究状况。陈独秀这时期对这方面所以特别感兴趣，与章太炎、刘光汉、何震特别是与他住在一起很长时间的苏曼殊有关。章太炎由于从小受外祖父、父亲精心调教，后又受朴学大师俞樾严格教诲，在汉学方面有很高的造诣，被尊称为"国学大师"。周作人回忆陈独秀有一次在《民报》社与章太炎讨论汉学问题，曾发生一个戏剧性的故事：大概是前清光绪末年的事情吧，约略估计年岁当戊申年（1908），还在陈独秀办《新青年》进北大的十年前，章太炎在东京民报社里迎来一位客人，名叫陈仲甫，

---

① 傅斯年：《陈独秀案》，《独立评论》第24号，1932年10月30日。

这人便是后来的陈独秀，那时也是搞汉学、写隶书的人。这时候适值钱玄同（其时名叫钱夏，字德潜）、黄季刚在座，听见客来，只好躲入隔壁的房里去，可是只隔着两扇纸的拉门，所以什么都听得清楚的。主客谈起清朝汉学的发达，列举戴、段、王诸人，多出于安徽、江苏，后来不知道怎么一转，陈仲甫忽而提出湖北，说那里没有出过什么大学者，主人也敷衍着说：是呀，没有出什么人。这时，黄季刚大声答道："湖北固然没有学者，然而这不就是区区；安徽固然多有学者，然而这也未必就是足下。"主客闻之索然扫兴，随即别去。十年之后，黄季刚在北大执教，陈独秀也赶了来任文科学长，且办《新青年》，搞起新文化运动来，风靡一时。"两者的旗帜分明，冲突是免不了的了。当时在北大章门的同学做柏梁台体的诗，分咏校内的名人，关于他们的两句，恰巧都还记得，陈仲甫的一句是'毁孔子庙罢其祀'，说得很得要领；黄季刚的一句则是'八部书外皆狗屁'，也是很能传达他的精神的。"①

陈独秀与苏曼殊这时期互相影响，更是达到珠联璧合的地步。二人不仅在狂放不羁的性格上颇相似，在对佛学、文学（特别是外国文学）、诗词字画的兴趣方面，也有共同的爱好，甚至到痴迷的程度。柳亚子说：苏曼殊信佛，甚至削发为僧，于是学梵文研究起佛学来，陈独秀就送他一本英文版《梵文典》，他竟把他翻译了过来出版了，还请参加亚洲和亲会的印度革命者"法学士波逻罕居士"、章炳麟、刘光汉、何震、熙州仲子（陈独秀）题词写序。陈独秀的题诗诗名很长：《曼上人述梵文典成且将次西游命题数语爱奉一什丁未夏五》，内容是：

> 千年绝学从今起，愿罄全功利有情。
> 罗典文章曾再世，悉昙天语竟销声。
> 众生茧缚乌难白，人性泥涂马不鸣。
> 本愿不随春梦去，雪山深处见先生。②

此诗充分表明陈独秀当时对佛学研究与信仰之深，思想又消沉到什么程

---

① 《周作人回忆录》，河南人民出版社，1982，第455～456页。"八部书"指《毛诗》《左传》《周礼》《说文解字》《广韵》《史记》《汉书》《昭明文选》。
② 《天义报》1907年9月1日。

度。他称颂佛学是"千年绝学",赞扬苏曼殊竭尽全力、满腔热情振兴将要失传的千年绝学,并且竟然认为被茧缚的众生和堕落得毫无生气的人性以及他自己,只有靠佛学来拯救(佛经上称喜玛拉雅山为雪山,是佛家圣地)。为此,苏曼殊决定像当年唐僧那样,"西谒梵士,审求梵学"。而陈独秀竟然也想跟他去——"雪山深处见先生"。当然,这只是浪漫主义的手法,实际上表示了他对苏曼殊的深厚情谊。但苏曼殊后来真的去过印度朝圣,为此还差一点命丧佛国。

据后来陈独秀的学生何之瑜向当时与陈、苏住在一起的邓仲纯了解,翻译《梵文典》的过程,实际上是二人共同研究佛学的过程。何在一封给胡适的信中说:"我在仲甫先生遗箧中,发现一本《初步梵文典》的手稿,字迹很像仲甫的手笔。我就去问邓仲纯,他告诉我,他和曼殊和尚、仲甫先生二人,共同住在东京一间小房里,曼殊向仲甫学字,学诗文,所以曼殊的字很像仲甫,曼殊的诗,不仅像,好多是仲甫做的或改的;而仲甫则向曼殊学英文、梵文,每天嘟呀也呀,他(指邓——引者)很讨厌,时常还因此吵嘴。"① 可见,陈与苏达到了你中有我、我中有你的程度,对佛学的兴趣达到了旁若无人的境界,即使朋友"讨厌""吵嘴"也不在乎,真是两匹不羁之马。

苏、陈这时如此痴迷地信仰与研究佛学与参加亚洲和亲会有关,实际是和亲会活动的一部分。和亲会约章规定:"振武我婆罗门、乔答摩、孔、老诸教,务为慈悲恻怛,以排西方旃陀罗之伪道德。"即把佛教、孔教、道教,视为拯教东方各国社会道德的祖传药方。为此,他们曾成立"梵学会"和拟建"梵文书藏"。但是,这种事毕竟应者寥寥而卒不成。

与其他大教一样,佛教是一门广大精深的哲学,有许多善行道德的教诲,但它的核心是因果报应论,要求广大受苦者对人间恶行采取忍受和献身精神,导致人们对社会群体的生存与奋斗、对民族的命运和前途也是消极与冷漠,苟且偷生。

这里就可以探讨为什么1905年以前陈独秀积极参加革命组织、领导安徽拒俄运动,成为江淮地区的革命领袖;而在以后,同盟会领导的全国各地武装起义如火如荼地发展,陈独秀却非但不参加同盟会,而且思想消沉、彷徨的原因了:一是受了上述佛学中消极退忍思想的影响;二是如前

---

① 《胡适来往书信选》(下),第260页。

述对同盟会纲领及骨干分子们"误解推翻满清专制统治单纯是一种（排满的）狭隘的种族革命"不认同；三是如前述对同盟会强调反满而不反帝国主义侵略不认同；四是对周围同盟会骨干分子反映出来的同盟会内部钩心斗角的矛盾有看法。如这两年与陈独秀关系密切的章太炎、张继、刘光汉三人。章由于原是光复会发起人、发表大量极端的仇满言论、博学的国学基础（在东京举办国学讲习会和星期日讲习班，鲁迅、许寿裳、钱玄同、吴承仕等都曾受业）、《苏报》案的影响和主编同盟会机关报《民报》并领导与保皇派的论战等，当时在革命派中的影响之大不亚于孙中山。但是，在革命战略和策略上，由于受无政府主义思想影响，他和张继、刘光汉都与孙中山发生矛盾。如对待日本政府的态度，孙中山出于利用矛盾的考虑，不主张反对日本帝国主义，他们反对；孙中山提倡民主立宪，他们反对任何立宪；孙中山主张"平均地权""发展实业"，刘光汉主张农民群众自发行动，"杀尽资本家"；等等。章太炎还为《民报》经费问题与孙中山，大相龃龉。他们把这些矛盾公开暴露出来，攻击孙中山，甚至酝酿改组同盟会。至1909年章太炎终于与陶成章重组光复会，任会长，与同盟会分道扬镳。刘光汉则心术不正，竟从极左而变为叛徒。他不仅反对孙中山，继又与章太炎、陶成章闹翻，与革命党人关系全面恶化，并挑拨同盟会内部各派常起纠纷，进而提议改组同盟会总部，妄图夺取干事职权。而此议遭到拒绝后，他竟萌生异志。1908年清政府两江总督端方为了分化革命党，派人到东京用官职金钱暗中收买同盟会会员。刘光汉夫妻及其姻弟汪公权（均为同盟会会员）三人随即变节，成为密探，后来干了不少坏事。陈独秀为人正派，光明磊落，虽然当时不知这些人后来堕落到那种地步，但对他们的为人和活动，肯定是不以为然的，因此1910年他写《存殁六绝句》怀念最亲密的十二位朋友中，没有章、张、刘三人。同时也因此影响到他对同盟会这个组织的看法，使他不愿意加入到他们的行列中去。

自然，最主要的原因还是陈独秀特立独行的性格。借用冯自由评没有参加同盟会的徐锡麟的话：他"与孙中山一系人在人事关系思想气质方面都有相当距离，可能是一部分原因……又他们均具'志大心雄，不依人成事'的独立性格"。[1]

---

① 冯自由：《革命逸史》第5集，第63页。

但是，说陈独秀对佛学的信仰，绝没有达到信徒迷信的程度，只是把它作为一门学术来研究，似乎更正确些。正因为他对它有如此深的研究，才在后来新文化运动中能对佛教对中国国民性的危害给予深刻的批判。

陈独秀、苏曼殊的友谊，可以说达到了如胶似漆的程度。二人不仅合译《悲惨世界》，合译《梵文典》（陈独秀是帮助），共研佛学，还有字画合作。陈独秀对苏曼殊情谊深厚。如1906年，苏、陈在芜湖皖江中学任教时与邓以蛰关系密切，有一次苏画一幅葬花图赠邓，请陈题字，陈写了一首五绝："罗袜玉阶前，东风杨柳烟；携锄何年事，双燕语便便。"① 曼殊也是个多情种，曾有"不爱英雄爱美人"的诗句。这年暑假，三人同去日本旅游，回国时，在船上闲聊。曼殊说到在日本与女友亲昵之事，陈、邓二人开玩笑，故意表示不信，逼得苏把女友的发饰等物给他俩看。之后，因不能与心爱之人长相守，曼殊把件件情物抛入海中，转身痛哭起来。陈独秀见此状，表示同情，又题诗一首："身随番船朝朝远，魂附东舟夕夕还；收拾闲情沈逝水，恼人新月故湾湾。"② 1913年，陈独秀在上海回皖城任安徽都督府秘书长前，巧遇因赴日本江户省亲路过上海的曼殊，陈又激动不已，给苏题诗一首："春申浦上离歌急，扬子江头春色长。此去凭君珍重看，海中又见几株桑。"③

苏曼殊对陈也是情深谊长，一分离就常作诗以寄托思念。如1909年1月时，苏与陈曾同住东京清寿馆，3月，二人又同迁江户，5月，苏返东京时作过《过若松町有感示仲兄》诗一首，颇为真切："契阔死生君莫问，行云流水一孤僧。无端狂笑无端哭，纵有欢肠已似冰。"④ 一个感到无限孤寂而对仲兄深深怀念的疯和尚的形象，多么活灵活现地出现在陈独秀面前。从下一节的论述中，我们也可以看到多首陈独秀抒发孤寂之苦的诗作，由此也可以看到他们二人友谊之深，另一个因素，即感情上都是孤寂的两颗心，碰到了一起：惺惺惜惺惺。另如，1913年底，困居上海的苏曼殊又一次东行时巧遇陈独秀，这时反袁斗争失败，陈又在"静待饿死"，苏只得匆匆离

① 《曼上人作葬花图赠以蛰君为题一绝》，安庆市陈独秀研究会编《陈独秀诗存》，安徽教育出版社，2003，第36页。
② 《偕曼殊自日本归国途中》，《陈独秀诗存》，第36页。
③ 《曼上人赴江户余适皖城写此志别》，《陈独秀诗存》，第37页。
④ 柳无忌编《苏曼殊全集》第1册，第51页。

去，又作诗《东行别仲兄》诗曰："江城如画一倾杯，乍合仍离倍可哀。此去孤舟明月夜，排云谁与望楼台？"①

这不舍离别而又不得不离别的情感，是多么的感人肺腑。

在消沉与苦闷中隐居、读书、作诗

陈独秀从 1902 年加入日本留学生中的革命团体青年会起，就以满腔激情投入到一系列爱国救亡和反清革命的运动中去，但是，其结果是不断失败，遭到清政府的通缉，诸多战友被杀或被迫流亡而去，报纸学校纷纷解散，更有岳王会的弟子几乎是集体加入了他看不上的同盟会。而对同盟会，他又因对其纲领、组织、行动有看法，自命清高而不能随"俗"，陷于自我孤立。所谓道不同，不相为谋。他自己探索的唤起民众、反帝反清的革命道路又因曲高和寡而行不通……所有这些使他从 1907 年起逐渐陷入寂寞、消沉、苦闷、彷徨之中。而到 1909～1911 年辛亥革命爆发前，因亲爱的兄长陈孟吉，至友汪仲尹、熊子政、章谷士、赵声等人的相继去世，这种孤苦、消沉的情绪又加重到了极致。

1909 年 9 月、10 月间，陈独秀由日本返国，到杭州。不久，接兄凶讯，到沈阳护孟吉棺木返回故里，忆及早年兄和母亲抚育之恩，不禁泪如泉涌，作《述哀》五言长诗痛悼："……见兄不见母，今兄亦亡焉。兄亡归母侧，孑身苦迍遭。地下语老母，儿命青丝悬。老母喜兄至，泪落如流泉。同根复相爱，怎不双来还……"②

这并不像 1903 年《哭汪希颜》那样，化悲痛为力量，抒发豪情壮志，而是述说"儿命青丝悬"，希望与兄同去"双还"；表示悲伤之深，同时也表示其这时的志气之消沉。

陈独秀这次住家，时间较长，约有两三个月。在此期间，他与胡渊如曾去拜访程演生，二人结为终生友好。程演生与陈是同乡，曾游学欧洲，学识广博。后历任北京大学教授、安徽大学校长、安徽学院院长，并先后出使阿富汗、波斯（伊朗）、土耳其、暹罗（泰国）。五四时期，他在北京大学当教授，是北大文科学长陈独秀领导新文化运动的积极支持者和合

---

① 柳无忌编《苏曼殊全集》第 1 册，第 59 页。
② 《甲寅》第 1 卷第 5 号，1915 年。

作者，曾亲自支持陈对文科教学进行改革，嘱陈"万望鼓勇而前，勿为俗见所阻"。①

己酉岁末（1910 年 2 月初），陈独秀再到杭州。有人说，他此次在杭州隐居一年半左右，根据是 1911 年 1 月 5 日《民立报》上"小奢摩室诗话"栏里发表的陈独秀所写的两首《感遇诗》。编者"大哀"在诗前序中说：

> 吾友怀宁陈仲甫，弱冠工属文，往曾访予扬州，相得甚欢。此后，君即留学东瀛。去岁归国后，隐居杭州，日以读书为事。所为诗日益精进。今春曾以《游山》诸作见示，予性善忘，都不省记。昨又得近作《感遇诗》五古念余首，皆忧时感世之作，说者谓有陈伯玉、阮嗣宗之遗。

这篇短序，概括了辛亥革命前夕陈独秀的思想和生活状况。"大哀"即王无生，名钟麒。1908 年陈独秀由日本回国度假路过扬州时，王曾拜访。为什么二人一见如故，"相得甚欢"？不仅因为二人是安徽同乡，都博学并有共同的爱好和兴趣（王无生对时政、民生、宗教、文艺等都有研究，发表过重要文章，并擅长骈文，熟于稗史，能够以芳馨悱恻之词，达小雅诗人之志），更主要的是二人都是反帝反清的激进派。王曾历主激进的《神州日报》《民吁报》《天铎报》笔政，现在又主政《民立报》，受到陈独秀的信任和尊敬。于是，他主持的"小奢摩室诗话"成为陈独秀发泄情绪的一个渠道。1907 年，洋人在上海租界创办电车，王在《神州日报》上撰写社论，痛骂洋人搜刮金钱，断绝人力车夫生计。洋人即派警探四出捉拿他，逼得他逃亡扬州。所以，陈独秀与他保持密切关系，说明这时他虽有消极情绪，但反帝反清激进派的立场没有改变。

陈独秀这时的确情绪消沉。当时在同盟会的领导下，全国反清排满革命运动是如火如荼，风云激荡，而他却"日以读书为事"，还有心思"游山"，写诗吟诗，发"忧时感时"之情。这是为什么？这 20 首诗，充分展示了他当时复杂的心情和对人生与革命重大问题的一些思考。《民立报》只发表了两首，后来在 1917 年 5 月 1 日的《丙辰》杂志上 20 首全部刊出。以下根据

---

① 《新青年》2 卷 6 号，1917 年 2 月。

此诗作和参考王昭训女士《陈独秀〈感怀〉20首阐释》及任建树、靳树鹏、李岳山先生《陈独秀诗集》注，来全面观察一下陈独秀当时隐居、读书时的所思所想——利用所读书中的故事典故即兴抒发自己的情怀和经验。

第一，抒发自己抱着救国救民的志向，又对当时的形势悲观，行动上自然处于一种消极状态。造成这种状况的原因是多方面的，其一是感叹找不到力量施展自己的抱负，如第一首：

委巷有佳人，颜色艳桃李。珠翠不增妍，所佩兰与芷。
相遇非深恩，羞为发皓齿。闭户弄朱弦，江湖万余里。

前四句，把自己比作天生丽质的"佳人"。陈早期诗作常以屈原、湘娥、灵均自喻，寄托他忧国忧民的情思。后四句，虽然志在江湖万里，即心怀国难家仇，但只得闭门弄琴，因知音难觅。反过来说，就是现在因找不到可以信赖的同志，只得闭户读书，等待时机再施展救国救民的抱负。又如第二首：

春日二三月，百草恣妍美。瘦马仰天鸣，壮心殊未已。
日望苍梧云，夜梦湘江水。晓镜览朱颜，忧伤自此始。

前四句写革命形势和自己的雄心壮志，后四句借用帝舜两个妃子万里寻夫，已到湘江苍梧之野却见帝舜已死的故事，哀叹革命屡遭失败，战友相继离去、病逝或牺牲，一时找不到出路的彷徨与惆怅。这种情绪，在陈独秀1910年所作的《存殁六绝句》[1] 中，表现得更是淋漓尽致，在该诗中，他一一怀念了12位一起奋斗的挚友，其中六人已逝或牺牲，六人还活着但已远离。

第十三首表现了同样的心境：

威凤敛羽翼，众口誉焦明。焦明与威凤，异命不同声。
西巢三珠树，振翮一哀鸣。王母不可见，但忆董双成。

---

[1] 《民立报》1912年3月9日。

威凤是才德高尚之人的古称，焦明是古代神鸟之一。诗人以威凤自喻，说焦明本不如威凤，却因后者敛羽而受到众口赞扬。这里显然表示了诗人自己几年来的奋斗中的一种感受——孤芳自赏与自信：自己唤起民众的革命主张本来是正确的，却得不到张扬而没有多少人响应；而鼓吹狭隘的排满革命的人，却得到了广大群众的拥护。接着，诗人以栖息在珍木三珠树上的美丽的翡翠鸟，在猎人追捕下振翅哀啼的状态，比喻才华横溢的革命者（当然包括诗人自己）遭遇的险恶。关于末句"王母不可见，但忆董双成"（西王母为古代众神之首，董双成是其侍女），有人说是诗人对革命领袖孙中山的钦佩，也有对其难得一见、脱离群众的批评，似可商榷。因为，从对同盟会态度来看，他似乎对孙中山并不怎么看重。说他还没有找到让他佩服的领袖或他自认为领袖但还没有被人认识，似乎更有道理。

第十二首在谴责了统治者面对国家危机依然过着腐化奢靡生活的同时也表达了这种惆怅心情：

> 列星昼陨队，华灯耀疏堂。杂布夺文锦，欲语回中肠。
> 鸱枭岂终古，惊散双鸳鸯。美人怀远思，中夜起彷徨。

其中"杂布夺文锦，欲语回中肠"，还表现了诗人在举世混浊、是非颠倒、好坏不分之世而唯我独醒的自负，也因此而更加焦虑和忧伤。

第十六首则表现诗人面对祖国大好河山而社会改造艰难的惆怅：

> 魂魂昆仑气，洛洛清溪流。琅玕出西极，光彩粲九州。
> 鸾凤一朝去，宫馆颓山邱。崦嵫不可望，望之令人愁。

但是，他的消极、彷徨、惆怅只是因暂时找不到出路而苦闷的表现，他对革命和国家前途并不悲观。如第二十首："八表同阴霾，虚白自盈室"，意为尽管天下妖雾笼罩，自己的心情却明朗宁静；"十日丽芜皋，光明冀来日"，意为让阳光照彻那阴暗潮湿的地方吧，光明就在前头。

第二，揭露了清王朝为代表的反动势力的残暴、腐败和无能，表示了对苦难中人民的深切同情。如第十一首：

古人重附民，后世重兵车。鲛革与铁钯，兵败于垂沙。

田野有饥色，千金购莫邪。将军不好武，守身龙与蛇。

谴责清政府对内残酷镇压革命，屠戮人民；对外屈辱妥协，主权沦丧。

第十八首表现诗人同情劳动人民苦难："哀哀世上人，果腹任鞭棰。栖迟尘网中，局蹐待销毁"；此外，更有号召苦难中的人民起来斗争，以争取如天上般美好的人生，如第十九首：

天路绝泥滓，人世终苦辛。一念脱尘网，双足生青云。

云中发箫管，悦耳何缤纷。回瞰所来地，泣下为人群。

第三，总结多年来奋斗的经验，悟到一些重要的人生、革命和事业发展的规律和经验，以自励励人。

如第八首告诉人们，事物和事业的发展都是有规律的，要想成功，必须依规律而行：

木鸣响焦杀，怪星党天居。人情有忧乐，天意亦惨舒。

穆王得造父，八骏供驰驱。如何致千里，辟马驱毁舆。

这后四句，以穆王西游的故事，说明倘无良驹好车，即使神御手造父也不能驾跛马破车日行千里之遥。为此，他在第十首中，根据自己的亲身体验，赞颂了纷纷出国寻找救国之道的留学生们：

东邻有处子，文采何翩翩。高情薄尘俗，入海求神仙。

归来夸邻里，朱楼列绮筵。今日横波目，昔时流泪泉。

又如第三首告诉人们，特别是革命的领导者，时势有时瞬息万变，要善于明辨抉择，果断处理，还要有顽强意志和勇于追攀的精神：

得失在跬步，杨朱泣路歧。变易在俄顷，墨翟悲染丝。

人心有取舍，爱憎随相欺。八骏虽神逸，绝尘犹可追。

关于革命者要有不怕失败、不屈不挠的精神，他在第十七首中用精卫填海、夸父追日的故事，更是对此集中发挥：

> 女娃为精卫，衔石埋东海。东海水未埋，女娃心已改。
> 夸父走虞渊，白日终相待。奈何金石心，坐视生客悔。

诗人所以特别提倡不屈不挠的精神，是因为由于保守或反动势力的强大，革命或改革事业的发展是曲折艰难的，如第四首中引用赵武灵王胡服骑射改革失败的故事：

> 美哉武灵王，梦登黄华颠。女娃挟赵瑟，歌诗流眄妍。
> 变服习胡射，宗族害其贤。奇计竟不成，美人空弃捐。

在循规律而行的经验中，他最重视领导者善于用人和人的素质的问题，即用人和为人。如第五首，他以对比方法，批判了吴王刘濞轻贱智者而败，肯定了梁孝王、伯乐善于用人制胜的道理。

第九首则进一步指出了用人之道首先应重才与德；第七首，以鲧治水无功而被处死，伯夷叔齐饿死首阳山而顽民反抗周的统治被杀戮的事实，指明才德高尚的人是主持公道的，好坏应当分明，但是，假若人们连是非观念都没有了，对他们讲是非则是徒劳的。这是他为什么始终重视国民性素质改造的一贯思想和他的独特理念。

所以，善于用人与人的素质的提高是统一的。而在为人之道中，诗人又最看重不怕打击甚至杀头而持正义又能敢说敢为的品质。而且诗人一生就是这种品质的典范，如第六首：

> 筑墙非过计，邻人乃见疑。忠言戮其身，哀哉关其思。
> 周泽即云渥，爱憎谁能期。奈何婴逆鳞，福祸岂不知。

此诗用两个故事——智子疑邻和关其思进忠言遭杀，赞扬了刚正不阿的臣子明知要触犯君主，仍敢于进谏的精神。

总之，这组诗，以传统的比兴手法，以古喻今，托物咏怀，感时伤世，表现了诗人杰出的才华。全诗二十首，主题明确，内容广博，情感激越，哲理深刻，异彩纷呈，"令人有目不暇接之感，不禁慨然叹为奇绝！"① 确如编者王无生所说，有陈伯玉、阮嗣宗诗圣的遗风。因为，由于提倡诗风革新而被誉为开一代诗风的唐代诗人陈伯玉代表作即为《感遇诗》38 首的组诗。陈独秀把自己的诗取其同名，显然受其启发和影响。陈伯玉组诗的内容和特点，就是以古喻今或托物寄情，抒发作者怀抱，讽揭时弊，又以无奈而感叹人生祸福无常，向往避世隐居的消极思想。这是他在武则天时代曾提出一些进步主张而未被采纳、政治上不能实现自己的抱负而屡遭打击时的产物（他最后被武三思所指使的人诬害而死，年仅 42 岁）。与陈独秀当时的心情颇有相似。

反对刻意雕琢的形式主义，追求自然壮丽，又多用含蓄的比兴方法，为处于黑暗统治下的进步作家开辟一条抒情述怀道路的先驱诗人是魏晋时代的阮嗣宗。包括上述陈伯玉在内，陶渊明、庾信、李白等都受到他的代表作《咏怀诗》（82 首）的影响。此组诗多数表现诗人疏狂自放、孤郁嫉俗的情感。这是他对当时鼓吹礼教而又腐朽、残暴的司马氏统治集团不满并遭到迫害的结果。他反对礼教而走向另一极端——崇尚老庄哲学。

所以，从作诗的心情、个人遭遇的不幸、诗作的内容与表现手法——五言诗与比兴手法等各方面来看，有理由可以认为陈独秀作此《感遇诗》是在读了陈、阮之诗后的有感而发。所不同的是，时代毕竟不同了，陈、阮作诗时，他们的进步主张败局已定，而陈独秀作此诗时，正是辛亥革命胜利前夜的黑暗。所以，陈独秀诗中除表现陈、阮诗作中这种消极心绪外，还有不甘消极、积极向上的人生追求和又一时找不到出路的惆怅。

但是，由于陈、阮二人所处时代的限制，其诗不能直白心意，不得不较多地用比兴手法，虽有含蓄、隽永的优点，也带来了旁人和后人"归趣难求""难以情测"的问题，以上对陈独秀诗的诠释，也只供参考。

其实，陈独秀在《感遇诗》中那种消极、苦闷、彷徨的心绪，在 1908年、1909 年已有充分表露。这就是 1908 年夏末秋初陈独秀游览日本名胜风景区华严泷时作《华严瀑布》十四首组诗，② 翌年 1～8 月与苏曼殊同住东京清寿馆时，二人又有唱和诗《本事诗》十首。这些诗主要表现作者几年奋斗迭遭失败及目睹同盟会领导的多次起义惨遭镇压后的痛苦、彷徨心理，和以屈原、拜伦自喻，孤愤抑郁、忧国忧民的情思。如《华严瀑布》中：

---

① 《陈独秀诗集》，时代文艺出版社，1995，第 122 页。
② 《民立报》1911 年 2 月 19 日。原诗 14 首，王无生只选其中八首刊出。

列峰颦修眉，湖水漾横波；时垂百丈泪，敢问意如何。
死者浴中流，吊者来九州；可怜千万辈，零落卧荒丘。
日拥千人观，不解与君语；空谷秘幽泉，知音复几许。
我欲图君归，虚室生颜色；画形难为声，置笔泪沾臆。

《本事诗》中第四首苏曼殊的原唱曰：

淡扫娥眉朝画师，同心华鬘结青丝。一杯颜色和双泪，写就梨花付
与谁？

陈独秀的和诗曰：

湘娥鼓瑟灵均法，才子佳人共一魂；誓忍悲酸争万劫，青山不见有
啼痕。
丹顿拜伦是我师，才如江海命如丝；朱弦休为佳人绝，孤愤酸情欲
与谁。

第五首苏曼殊原唱：

愧向尊前说报恩，香残夬玉浅含颦。
卿自无言侬已会，湘兰天女是前身。

陈独秀和诗曰：

慵妆高阁鸣筝坐，羞为他人工笑频。
尽日欢场忙不了，万家歌舞一闲身。①

如以上的分析，对比起来，1910 年《感遇诗》中虽然还有这种消极、
苦闷的情绪，但已经开始有从中挣扎出来的愿望。这就是陈独秀辛亥革命前
三年思想的基本状态。

_____

① 《南社》第 3 集，1910 年 10 月。

好像是对这十年中国最初的民主革命做一总结一样，1911 年初春，陈独秀把对这一时期最亲密的战友（死去的六位和活着的六位）的怀念，压缩在六首七绝中，进行纪念：

存殁六绝句

伯先京口夸醇酒，孟侠龙眠有老亲。
仗剑远游五岭外，碎身直蹈虎狼秦。
（存为丹徒赵伯先，殁为桐城吴孟侠）

何郎弱冠称神勇，章子当年有令名。
白骨可曾归闽海，文章今已动英京。
（存为长沙章行严，殁为福州何梅士）

夬公说法通新旧，汪叟剧谈骋古今。
入世莫尊小乘佛，论才恸惜老成心。
（存为寿春孙少侯，殁为徽郡汪仲伊先生）

老赞一腔都是血，熊侯垂死爱谭兵。
蜀丁未辟蚕丛路，淮上哀吟草木声。
（存为霍邱郑赞丞，殁为正阳熊子政）

谷士生前为诤友，彤侯别后老诗魂。
塚中傲骨成枯骨，衣上啼痕杂酒痕。
（存为歙县江彤侯，殁为绩溪章谷士）

曼殊善画工虚写，循叔耽玄有异闻。
南国投荒期皓首，东风吹泪落孤坟。
（存为广州曼上人，殁为同邑葛循叔）①

以上 12 人中，赵伯先和吴孟侠，已在前文吴樾案中说过；章行严（士

---

① 仲甫：《存殁六绝句》，《民立报》1912 年 3 月 9 日。

钊)、何梅士、曼上人(苏曼殊)、孙少侯(孙毓筠),之前也有较多的叙述。汪仲伊大陈独秀 42 岁,在芜湖办《安徽俗话报》时,由汪孟邹引荐,与陈结忘年交,1906 年与陈合办徽州初级师范学堂,汪任总理,陈任监学。学堂因培养革命(造反)人才,不久停办。汪也随之谢世。郑赞丞与葛循叔,曾与陈共同发起安徽藏书楼学说的拒俄运动,成立岳王会,参加反袁斗争。章谷士是陈办《安徽俗话报》时"朝夕晤谈的好友",而熊子政曾任此报正阳关发行代办。此诗简绘十二人物与陈独秀的深切缅怀,手法之简练,意境之高雅,一时舆论轰动。20 世纪 50 年代周恩来见章士钊时,竟能背诵,一字不讹。①

陈独秀对自己这一时期的诗作,是很珍爱的。据这一时期与他关系密切的程演生说:"仲甫有占诗近体诗一册,民四(即 1915 年——引者)我在上海向他借抄一副本,还录了好多首登入《丙辰》杂志文苑门内。后在北京,还看见他的手写本。"②

没有婚姻的爱情与诗书暂憩的生活

陈独秀这三年苦闷的生活中,也有慰藉和甘泉。这就是他终于找到了志同道合的心爱的伴侣——高君曼。关于这三年陈独秀的行踪,学术界曾有不同的说法,主要分歧有三点:一、1909 年陈独秀迎兄灵柩回安庆后,何时再到杭州?二、何时到杭州陆军小学任历史地理教员?三、何时何地开始与高君曼同居?笔者在收集资料过程中,获得了程演生写的《陈独秀家世及其他》未刊手稿,结合其他已刊资料,去芜存菁,可整理出一个比较真实的行踪如下。

据张湘炳访问陈独秀第三个儿子陈松年记录,陈说:伯父(陈孟吉)1909 年在东北逝世后,"父亲伴伯父的尸骨灵柩回里,这次父亲在家住的时间较长,有二三个月,所以我在第二年九月(阳历十月)出生"。③ 这说明 1909 年陈独秀没有在安庆与高君曼同居。程演生说:宣统元年(1909)底(即阳历 1910 年 1 月、2 月份),陈独秀曾与胡渊如一起到他家拜访,从此,

---

① 章士钊:《疏〈黄帝魂〉》,《辛亥革命回忆录》(一),第 229 页。
② 程演生:《仲甫家世及其他》,手稿。
③ 张湘炳:《史海抔浪集》,第 261 页。

二人结为好友。随后陈独秀即赴杭州。这说明，陈独秀的确是在 1910 年初到达杭州。然后就是王先生说的在杭州"隐居"了约一年。在此期间，他与自己妻子的同父异母之妹高君曼由相爱而同居。姐夫与小姨子相爱，为当时的社会舆论所不容。特别在当时封建礼教十分严厉的氛围中，男女双方走出这一步，都需要巨大的勇气、叛逆的思想和炽烈的爱情。这几年陈独秀多次去日本留学，又多次到杭州，在经济上主要靠嗣父陈昔凡的供给，而陈昔凡这时正在杭州与浙江巡抚曾子固合伙做东北的大豆生意。看来，他与高君曼相爱的事，陈昔凡起先不知晓，后来东窗事发。陈昔凡本来对这个"不忠不孝"的嗣子，又疼爱又害怕，爱的是他的才气，怕的是他的叛逆精神，早晚捅出事来，给家门带来不幸。现在出此种逆伦之事，坚决执行"家法"。陈独秀却不妥协，二人只得脱离父子关系。陈昔凡宣布他"不准进我家门"。自然，安庆老家特别是妻子高大众，得此消息，不啻是晴天霹雳，"反对最烈"。从此，陈独秀不仅产生"仇父情结"，一再对外宣布"我从小就没有父亲"，不愿继承陈昔凡的遗产，而且再也不敢面对妻子高大众。高大众从 34 岁起就落寞至终。

1930 年冬，高大众离开了这个给她悲哀多于欢乐的世界。这个善良与认命的女人，非但没有怨恨背叛和伤害自己的丈夫和妹妹，反而还惦念着在白色恐怖中被国民党政府悬赏万金缉拿的共产党首领丈夫的安全。两年后，陈独秀入狱，从来探监的三儿子陈松年口中得知妻子已经去世的消息时，他也深感歉疚，沉默半晌后对儿子说："你母亲是个老好人，为陈家辛苦了一生，未享过一天福。我对不起她。我感谢她，为我生了三个儿子。延年、乔年虽然牺牲，但他们死得英雄，人民不会忘记他们。你母亲也算是英雄的母亲啊。"松年知道父母感情不和，感慨地说："父亲，母亲弥留之际，还念着你……"从来不信鬼神的陈独秀却十分动情地说："松年，你回去之后，替我买几刀纸钱，在你母亲坟前烧烧，聊表我对她的缅怀之意。每逢清明，不要忘了去扫墓。"①

高君曼与高大众不一样，不仅才貌双全，而且读过北京女子师范学校，思想开放，每与姐夫陈独秀相谈，十分投契。于是两人渐渐坠入情网。对于她的行为，作为霍邱将军的父亲高登科坚决反对，自然也在情理之中。于是，她也像陈独秀那样，被逐出家门。在旧社会，有多少男女因这样的私情

———

① 唐宝林：《访问陈松年》，1986 年 6 月 3 日，未刊稿。

不见容于社会和家庭而惨遭迫害，甚至殉情而死。好在陈独秀已是一个浪迹江湖的革命者，在各种生活条件下都有顽强的生命力。于是，陈独秀终于走出靠家庭供养的优裕的生活环境，摆脱"隐居"生活，彻底踏上了自谋生路的穷困而危险的职业革命家之路。以他当时的才识、影响、人际关系等种种条件，他很快就在杭州陆军小学谋上了一个历史地理教员的工作。陈独秀对地理有特殊的兴趣，他撰写的《扬子江形势论略》，实际上也是地理著作。然后不久，大概日本留学第一年，他就参照日本的世界地理书，编了一本《小学万国地理新编》，1902 年就由商务印书馆出版了。程演生证实说：他"编了一本商务地理，是商务印书馆出版的（大约清末），我见过"。① 商务印书馆老人回忆说："早在清末光绪年间，陈独秀就和商务印书馆有了联系，他赴日本留学时编写了一本《小学万国地理新编》交由商务印书馆出版，因十分畅销，而一版再版。"② 从此陈独秀与商务印书馆这个中国近代史上著名的出版社建立了一生的联系，直到逝世后出版他的遗著。原来，商务印书馆的创办者张元济和该馆编译所所长高梦旦，对陈独秀最早编的这本畅销书和他早年的革命活动、主编《新青年》、掀起新文化运动、被聘为北京大学文科学长等十分敬重，曾于 1918 年赴北京大学拜访陈独秀，共商编辑与稿酬事项。1921 年，陈独秀到上海担任中共中央书记时，还受商务印书馆之聘，担任馆外编辑。所以后来，他自己因忙于党务，无力撰述的情况下，在他的推荐下，商务印书馆出版了瞿秋白的《赤都心史》，还聘瞿帮助编译百科全书，又出版了蔡和森、王若飞等人在国外所译的书稿。1927 年大革命失败，他从党的领导岗位上下来，写了《中国拼音文字草案》一书，就交由商务印书馆出版，后来因为政治（"共匪首领"遭通缉）和技术上的原因（制版上遇到困难），未能出版。以后，陈独秀被捕入狱，写了大量的文字学著作，商务印书馆再不避嫌，其所办的著名的《东方杂志》，及时发表他的多篇论文；还把每期杂志及时从上海发往南京狱中的陈独秀。直到晚年，陈独秀流亡在四川乡下，还不断为商务印书馆编写书稿。陈逝世后，照顾他晚年生活的学生何之瑜负责收集整理陈独秀的全部遗稿，又和陈的家属与商务印书馆总经理王云五签订了出版协议。

---

① 程演生：《仲甫家世及其他》，手稿。

② 钱普齐：《陈独秀与商务印书馆》，《党史信息报》1994 年 1 月 16 日。

　　话再说回来，陈独秀留学日本第一年就注意到地理学这一学科，说明他千方百计从各方面对中国人做启蒙工作。因为，几千年的中国皇朝统治，总宣传"普天之下，莫非王土"，"世界是以中国为中心"的自大愚昧思想，因此对近代列强入侵都想不通，于是就不思图强。如去日本留学以前的陈独秀那样，不知道世界是分一国一国的，而且有强国，有弱国。中国只是世界万国中的一国。为什么要成为弱国中的一国，而被别国欺侮呢？陈在杭州陆军小学教历史地理，自然也贯彻着这样的启蒙教育。

　　这时，陈的收入虽不多，但还满意。尤其他与高君曼的相爱，由于摆脱了各种羁绊束缚，正沉浸在幸福之中，大有一扫几年来因革命失败带来的愁云惨雾之势，并愿将这几年来用于自娱、记述内心世界情绪的诗作示人（一般说，只有在走出内心阴影、情绪低潮时，才愿意将这类东西示人，包括给王无生公开刊登在《民立报》上）。这可以从当时他给苏曼殊的信中看出："去年岁暮，再来杭州，晤刘三、沈君默……仲别公后胸中感愤极多，作诗不少。今仅将哭兄诗及与公有关系绝句奉上……仲现任陆军小学堂历史地理教员之务，虽用度不丰，然'侵晨不报当关客，新得佳人字莫愁'。"①所以，程演生在回忆中说道："他与他第二夫人高君曼在此时相爱上。他做四首七律赞颂她的美好。他又写信给朋友说：'侵晨不报当关客，新得佳人字莫愁。'可见那时与高君曼的得意。"沈尹默的回忆也说："陈独秀从东北到杭州陆军小学教书……我和刘三、陈独秀夫妇时相过从，徜徉于湖山之间，相得甚欢。"②可惜，四首诗，现在只留下了两句。晚年流亡美国的高君曼的女儿陈子美曾托笔者主持的陈独秀研究会设法寻找陈独秀的遗诗《忆君曼》，③可能就是指这四首诗。这四首诗在陈独秀逝世后，即使存世，也逃不过"文革"的洗劫。许多陈的朋友都谈到"文革"中被迫销毁陈独秀文字的事。

　　这里，"哭兄诗"即作于1909年的《述哀》，"与公有关系绝句"即《存殁六绝句》。最后两句诗，则表明他当时对"新得佳人"高君曼的情爱之深，新婚之喜溢于诗信之内。喜怒哀乐，政见上也不管正确与错误，他总是这样率直与透明。杭州山水本有天堂之美。于是，陈独秀与高君曼及友人

---

　　①　柳无忌编《苏曼殊全集》第5册，第283页。信未署日期，但从程演生的回忆和章士钊在《民立报》上发表的《秋桐日记》内容考察，可以确定此信写于1909年底或1910年初。

　　②　沈尹默：《我和北大》，《五四运动回忆录》（续），中国社会科学出版社，1979。

　　③　《纽约陈子美来函寻找陈独秀遗著〈忆君曼〉》，《陈独秀研究动态》第22期，2000年11月。

在游山玩水时所作的诗，也不再有如游日本华严泷时那样的愁苦，而是充满着清新、亮丽、欢快、激昂的情趣，如《游虎跑》：①

> 昔闻祖塔院，幽绝浙江东。山绕寺钟外，人行松涧中。
> 清泉漱石齿，树色暖碧空。莫就枯禅饮，阶前水不穷。
> 神虎避人去，清泉满地流。僧贫慵款客，山邃欲迎秋。
> 竹沼滋新碧，山堂锁暮愁。烹茶自汲水，何事不清幽。

"虎跑"是杭州名胜之一。传说唐代高僧寰中居此，苦于无水，忽一日，见二虎刨地作穴，甘泉涌出。"祖塔院"即传说中的"济公"塔院遗址。诗中表现了一个久搏沙场的战士在新的激战前小憩中的恬逸。又如《咏鹤》：②

> 本有冲天志，飘摇湖海间。偶然憩城郭，犹自绝追攀。
> 寒影背人瘦，孤云共往返。道逢王子晋，早晚向三山。

杭州西湖孤山有北宋诗人林逋之墓，此人曾隐居孤山二十年，不婚娶而以种梅养鹤自娱，有"梅妻鹤子"之谓。陈独秀游此，借咏仙鹤优雅、飘逸、崇高的奋飞态势，进一步表现了自己暂憩杭州，犹存冲天之志，并将不息追攀的心绪。而在《灵隐寺前》③ 一诗中，他更以"垂柳飞花村路香，酒旗风暖少年狂"诗句，表示自己仍然具有诗酒豪情、指点江山般的少年意气。

在《雪中偕友人登吴山》④ 和《杭州酷暑寄刘三沈二》⑤ 二诗中，他述说自己因与高君曼相恋而与嗣父断绝关系后，生活一度十分困难："冻鸟西北来，下啄枯枝食。感尔饥寒心，四顾天地窄。"作者把自己比作从杭州西北方向的安庆飞来的穷艰饥极的"冻鸟"，在陆军小学任教不过是"啄枯枝"暂谋生计。生活之饥寒和孤独无助的情境，写得淋漓尽致。

在杭州的这段清苦生活中还给他情趣的，就是他与义士刘三、沈尹默以

---

① 《民立报》1911 年 1 月 20 日。署名仲甫。
② 《民立报》1911 年 1 月 20 日。署名仲甫。
③ 《甲寅》第 1 卷第 3 号，1914 年 8 月 10 日。署名陈仲。
④ 《甲寅》第 1 卷第 3 号，1914 年 8 月 10 日。署名陈仲。
⑤ 《甲寅》第 1 卷第 3 号，1914 年 8 月 10 日。署名陈仲。

及马一浮、谢无量等人的友谊。除了游山玩水、吟诗作词之外，还观赏和研究书画、文字学等。

对于书法，陈独秀这时已有较深的造诣，从而在无意中帮助沈尹默书艺大进。沈出身于书香门第，自幼写字，祖父和父亲都是善写字的。但他回忆说："陈独秀（那时名仲甫）从东北到杭州陆军小学教书，和同校教员刘三友善，刘三原名刘季平，松江人，是当时江南一位著时望的文人，以刘三名，能诗善饮，同我和沈士远相识。有一次，刘三招饮我和士远，从上午十一时直喝到晚间九时，我因不嗜酒，辞归寓所，即兴写了一首五言诗，翌日送请刘三指教。刘三张之于壁间，陈仲甫来访得见，因问沈尹默何许人。隔日，陈到我寓所来访，一进门，大声说：'我叫陈仲甫，昨天在刘三家看到你写的诗，诗做得很好，字则其俗入骨。'"初次见面，就直率到如此当头一棒，而不管人家的感受如何，也只有陈独秀才能做得出来。还好，沈先生毕竟是一个有自知之明和"大肚能容"之雅量的士大夫——"这件事情隔了半个多世纪，陈仲甫那一天的音容如在目前。当时，我听了颇觉刺耳，但转而一想，我的字确实不好，受南京仇涞之老先生的影响，用长锋羊毫，又不能提腕，所以写不好，有习气。也许是受了陈独秀当头一棒的刺激吧，从此我就发愤钻研书法了。"① 如何发愤钻研？后来他说：陈独秀"所说的药石之言，我非常感激他。就在那个时候，立志改正以往的种种错误，先从执笔改起，每天清早起来，就指实掌虚，掌竖腕平，肘腕并起执着笔……一直不断地写到1930年"。"到了1939年，才悟到自有毛笔以来运用这样工具作字的一贯方法。"②

艺高胆大，陈独秀当时能对沈尹默的字作如此大胆的评论，是因为他对书法已有相当的研究和实践。据当时同在杭州的马一浮先生说："那时仲甫先生在杭州陆军小学教史地，差不多每天都和沈尹默、刘三几个人到他那里去谈天。他们在一起，时常做诗，互相观摩，约莫有一二年。不过仲甫先生不论做诗吟月也好，酒醉饭饱也好，有事无事，仲甫先生他一个人，总要每天写几张《说文》上的篆字，始终如一，比我们哪一个人都有恒心些。"③ 这一二年，他每天都要写几张篆字，怪不得我们今天发现的大批陈独秀晚年

① 《五四运动回忆录》（续），中国社会科学出版社，1979。
② 尹默：《书法漫谈》（二），《新民晚报》1955年5月8日。
③ 1946年9月7日何之瑜访问马一浮记录，转引自《何之瑜致胡适》，《胡适来往书信选》（下）。

给杨鹏升、台静农的书信，不是豪放的狂草，就是漂亮的篆体。① 把书信当作书法作品来写，已经成了他的习惯。

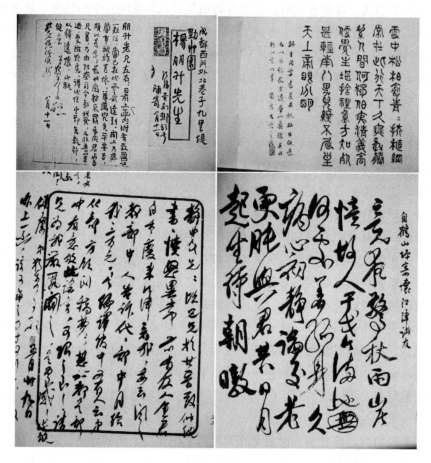

陈独秀墨迹，右上为给陈钟凡写的小篆，右下为给江津诸友诗

自然，说陈独秀"比我们哪一个人都有恒心些"，倒不见得，因为，如上所述，沈尹默受了陈独秀的"刺激"，也"每天清早起来……"而且"一直不断地写到1930年"。而陈独秀在辛亥革命爆发以后，就全身心投入政治运动，一直到1932年被国民党政府投入监狱，无暇再练字了。所以他对狱友濮清泉说："许多年来，我没有写字了。"因此，谦虚地认为自己的字

① 陈独秀晚年给杨鹏升的40封信，藏中央档案馆。1939～1942年陈独秀致台静农等102封信及诗文、题字、对联、手书自传影印件，载《台静农先生珍藏书扎》（一）。

"差得很，差得远"。濮清泉理解他的"意思是天分有一点，功夫是不够的"。实际上，书法这门艺术的确是要勤学苦练，不能间断的。所以，他被捕后，就利用一切机会练字，如国民党军政部长何应钦等求字、监狱看守求字、探监的亲友刘海粟等求字，以及作诗写词等，他都认真对待，作为练字的机会来利用。以至于晚年给亲友写信，也是如此。

陈独秀不仅对书法有如此勤奋的练习，而且有深入的研究和独到的见解。其外甥葛康素，是陈独秀青年时期留学日本和安庆藏书楼时期的战友，又是清朝杰出书法、篆刻家邓石如的外孙，对书法有相当造诣，他对陈独秀的书法水平和见解却有很高的评价。1939年秋，陈独秀在四川江津养病时，葛康素曾与陈独秀有一段时间的接触，尊称陈为先生。陈当时"偶为人书字，然多不经意之作"；而葛"终日习书，殆废寝食"，因而专门向陈讨教书法。陈独秀写了"论字三则"给他：一是作隶宜勤学古，始能免俗；二是疏处可容走马，密处不使通风，作书作画，俱宜疏密相间；三是初学书者，须使粗笔有骨而不臃肿，细笔有肉而不轻佻，然后笔笔有字而小成矣。笔画拖长宜严戒，犹之长枪大戟，非大力者不能使用也。①

葛康素评论说：先生不经意之作虽有可置议之处，然此论书三则，于学书之道颇有深见，非特初学才宜适之也。先生为人书多作草字，信笔挥洒，有精神贯注气势磅礴者；有任手勾勒拖沓笔画者；一循情之所之。先生不求工不求名之志可谓尽矣。

葛康素还就当时他见到的陈独秀的几幅字，做了以下的评价：

余所见狂草一幅，书余先外祖邓绳侯公赠曼殊和尚诗：寥落枯禅一纸书，敧斜淡墨渺愁予；酒家三日秦淮景，何处沧波问曼殊。

用笔遒劲，墨气盎然，直追古人。又为余写屈原《哀郢》手卷，一笔书成，行路极佳。诚可谓"一点成一字之规，一字乃终篇之准也"。又赠余兄小幅，自书赠友人诗：

何处乡关感乱离，蜀江如几好栖迟。

相逢须发垂垂老，且喜疏狂性未移。

均有独到风格，卓荦肆姿，堪称此老心书也。（此诗同时也赠方孝远——笔者）

① 葛康素：《谈陈仲甫先生书法》，唐宝林主编《陈独秀研究动态》第7期，1996年，第8页。

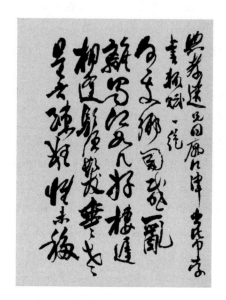

陈独秀书赠友人诗

书谱曰："观夫悬针垂露之异，奔雷坠石之奇，鸿飞兽骇之姿，鸾舞蛇惊之态，绝岸颓峰之势，临危据槁之形；或重若崩云，或轻如蝉翼，导之则泉注，顿之则山安，纤纤乎似初日之出天涯，落落乎犹众星之列河汉；信可谓智巧兼优，心手双畅，翰不虚动，下必有由。"

先生之草书其气势具于此矣，或功力有不到者焉，故稍有"鼓努为力"之嫌耳。

先生书法以小篆第一，古隶稍次，然求书者难得其篆隶也。就余所见，以为余舅父邓仲纯先生书篆联最佳。联文曰：

我书意造本无法，此老胸中常有诗。和姿态圆润，自然之间而不失规矩。先生字有如此纯静者盖渺矣。

三十年前先生在西湖曾寄余舅氏诗，颇有倜傥风流之格。诗曰：

垂柳飞花村路香，酒旗风暖少年狂。

桥头日系青骢马，惆怅当年萧九娘。

先生为古隶书此诗，浑厚朴质，如汉之瓦当，屈铁成字，乃先生气魂高逸，始有此神工，非特手技可致也。

　　可惜，陈独秀晚年时，此书，邓仲纯已失，应台静农之求，陈重写时，
已不再是古隶而成狂草了。

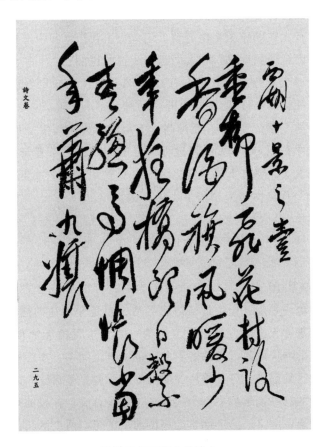

陈独秀书西湖十景诗之一

　　关于这时期陈独秀研究文字学的情况，资料不多。据后来何之瑜调查
的情况透露，当时甲骨文研究专家刘铁云编写了一部《铁云藏龟》（全是
甲骨文龟背片影印）的书送给了谢无量。谢不懂文字学，从北京带到杭
州，放在马一浮家里，一放就是两年，没有人看它。但是，马说："一天
仲甫先生看见，非常重视，便拿去了。"① 从此，无论经过多少烽火岁月，
陈独秀一直视这部书为珍宝，随身带着，直至逝世后成为他的遗物之一。
谢无量、马一浮等都是很有学问的大家，但因对文字学没有研究而对这本

---

① 《何之瑜致胡适》，1947 年 11 月 5 日，《胡适来往书信选》（下），第 260 页。

书不感兴趣，唯有陈独秀把它视为珍宝，可见，陈对文字学的爱好和研究的功力。

陈独秀如此作诗写字，主要集中在 1915 年以前的早期和 1932 年入狱之后的晚年。为什么在领导新文化运动、创建中国共产党和中国托派时期的中期，至今没有发现他的诗字？有人同意李大钊的说法："仲甫生平为诗，意境本高，今乃'大匠旁观，缩手袖间'，窥其用意，盖欲专心致志于革命实践，遂不免蚁视雕虫小技耳。""仲甫闻此言，亦不置辩。"① 这里，说陈独秀因"专心致志于革命实践"，无情趣、无时间再作诗写字是可信的，而说其"蚁视雕虫小技"，则不大说得过去。至于陈独秀"不置辩"，并不能说明他同意这个说法，恐有不屑一辩之意。一个以"白发老书生"而终的人，决不会"蚁视"作诗写字为"雕虫小技"的。

辛亥革命中一飞冲九天

1911 年 10 月 10 日，辛亥革命一声炮响，打破了陈独秀在杭州教书、吟诗、写字，也许是他一生中最恬静的生活，也是他向往的摆脱寂寞岁月，寻找同志，实现冲天志向，追求精卫填海、夸父追日的无悔艰苦人生的开始。在接下来的响应武昌起义的各省独立的光复运动中，浙江省府杭州的革命志士也很快行动起来。陈独秀所在的陆军小学就是革命党人的一个联络机关。已经毕业的第一期学生中不少人参加了武昌首义。在校的第二期、第三期学生也积极准备起义。第三期学生还提前发了枪。两个队长，一个是同盟会会员葛敬恩，一个是光复会会员周亚卫。商文蔚等六七个排长都同情革命。教员中更有陈独秀、罗嗣宗等进步分子。

周亚卫队长说：起义工作从宣传鼓动开始，对杭州各机关学校等散发传单。"地理历史教员陈仲甫起草了一篇檄文，由我用一张大纸写好，同排长商文蔚两人深夜里去贴在鼓楼的门旁"（褚辅成说贴在衙署），第二天虽然檄文已被清政府揭走，原位置上改贴了抚台衙门的严厉镇压的告示，但"省垣官吏闻之悚然"。11 月 4 日，新军起义，浙江巡抚曾韫等官吏逃窜，第二天就成立浙江军政府。但陈独秀未参加同盟会，同时与浙江革命领袖人物没有深谊，所以在新政府中没有陈独秀的位置。显然，他的位置在安徽。

---

① 罗章龙：《亢斋汗漫游诗话》，《新湘评论》1979 年第 12 期。

安徽的光复过程比较复杂，付出了沉重的代价。革命洪流来到时，同盟会派至国内联络长江中下游起义的吴春阳，联络安徽革命党人韩衍、管鹏、高语罕等人于 10 月 31 日在安庆发动起义。但是，安徽巡抚朱家宝负隅顽抗，在前一天就遣散安庆新军六十一标工程、辎重、炮、马、步各一营。起义失败。接着，朱家宝见大势已去，与省咨议局勾结，接受袁世凯计议，诡诈地表示愿意转移政权，11 月 8 日宣布安徽独立。朱家宝任都督。革命党人受到排挤。与此同时，原受陈独秀组织的岳王会影响的寿州、六安、怀远、霍丘、合肥、芜湖等地，纷纷独立，省城安庆"已同孤注"。① 但是，各地独立后均成立军政分府，形成地方割据，形势混乱。于是，吴春阳向在九江的江西都督马毓宝请求援兵。马派团长黄焕章率由洪江会党组成的浔军 800 人入皖，赶走朱家宝。16 日安徽重新成立军政府，黄焕章自任总司令。但是，浔军入皖后抢掠不止，糜烂地方。吴春阳直入黄焕章司令部斥责其行，竟被黄枪杀。革命党人准备武装驱逐之。江西都督马毓宝派参谋长李烈钧进行调处，带走浔军。12 月 2 日，孙毓筠出任安徽军政府都督，并依靠军政府参谋长兼青年军总监韩衍统率的军队和南京临时政府陆军第一军柏文蔚的军队，打败了清军倪嗣冲部，裁撤各地军政分府，实现了全省的统一。

孙毓筠出身清朝贵族，本人纳资捐官三品道台。由于岳王会时期与陈独秀建立友谊，深受陈的影响，倾向革命，东渡日本。1906 年参加同盟会，曾捐私产十多万金，充革命军经费，后被孙中山派回国，运动长江流域各地新军起义。不幸被叛徒出卖被捕入狱，判处终身监禁，南京光复前，恢复自由。孙毓筠十分了解并仰慕陈独秀的才智，因此得知被选为安徽都督后，即急电召陈回皖共事。陈独秀也欣赏孙出身贵族而不保守，在 1910 年春所写《存殁六绝句》诗怀念他的最亲密的十二位朋友中，孙即其中之一，称"央公说法通新旧"。于是，陈即响应，辞去杭州教职，来到安庆，任安徽都督府顾问。过去一般论著根据张啸岑的回忆，都说陈是任都督府秘书长，实际上，根据当时的《安徽公报》（第 4 期）公告，秘书长另有其人，是泾县人查秉钧。陈独秀等八人为顾问，在秘书长之上。当时所定的《都督府临时官制》写道："府内于各主务职员外，置顾问员，备一切政务之咨询，由都

---

① 《卸任安徽军事参议官唐启尧呈袁世凯禀》（原件），宣统三年十月，中国社会科学院近代史研究所藏。

督延任，定额不得过八人。"这八位顾问都是当时安徽社会名流，除了陈独秀外，还有与陈终身相伴的高语罕，有《存殁六绝句》诗中怀念的"汪叟剧谭骋古今，论才惋惜老成心"汪仲尹老人的儿子汪律本。汪仲尹1906年曾与陈独秀合作主持培养革命人才的徽州初级师范堂，其才识与热忱深为陈独秀所敬佩，可惜于同年冬谢世。不过，既然是都督府的顾问，秘书科的工作自然也要"顾问"，秘书科也欢迎并利用这些社会名流的影响力，所以，陈独秀等这些顾问的名字又经常出现在秘书科对外的文件中。如1912年1月30日皖都督府秘书科电祈孙中山赦免释放刘光汉的电文，署名十人中就有"陈仲"，① 是14位"议董"之一。当时因1911年"六月间，无为、庐州、合肥、当涂、芜湖、繁昌各州县均遭水患，死亡枕藉，惨不能言"。12月，在上海成立陈独秀等名流组成的"全皖工振筹办处"，为安徽灾民募集赈灾款。② 陈独秀是这个办事处的14位"议董"之一。而由于陈独秀名气之大，大大盖过别人，因此，亲朋好友的回忆录，也往往把陈独秀这个顾问当成"秘书长"。

从现有资料看，在孙毓筠任内，陈独秀主要干了两件大事：第一件就是上述的安徽赈灾工作；第二件大事是大力推行旧官僚机构的改革。

据当时在都督府任科长的张啸吟说："陈仲甫当时提出改革的意见，大体可归纳三个方面：一，人民的生活要提高；二，旧官僚不能都敬克任用；三，对那些对革命事业有阻碍、违背革命利益的事，应大刀阔斧地将它除掉。"

在这里，人们看到了陈独秀革命者的本色：一旦有了权力，不是做官当老爷，鱼肉百姓，为个人谋取私利，而是利用权力来打碎旧世界，推动社会的前进，为人民谋福利。这也表现了他是一个实践家的品性，以及几年的寂寞、思考和彷徨，急于抓住时机，一展抱负，干一番事业，有所作为的心情。因为，"孙少侯是少爷出身，又因吸食鸦片，不理政事，都督府里问事最多的是秘书长陈仲甫"。

但是，改革之难，远远超过推翻一个旧政权。陈独秀的这次改革计划注定是要失败的。张啸吟所说："陈想在行政上作一番改革，唯性情过于急躁，想一下子就把政治改好，常常为了改革而与人发生口角。每逢开

---

① 《临时政府公报》第2号，1912年1月30日。
② 《全皖工振筹办处公告》，《民立报》1912年2月5日。

会，会场上只听他一人发言，还总是坚持己见，孙少侯也无可奈何，还不得不从。孙少侯认为，所谓革命，就是把满清推翻，现在满清政府推翻了，就万事大吉。在都督府任用人的问题上，孙少侯重用的是旧日的官僚人员，对那些留学生反不甚信用。陈仲甫的看法则不同，他的目光看得远些，认为把满清政府推翻，事属破坏，今后需要建设的事则更多，且更为重要。"①

把这次改革失败归结为"陈独秀性情急躁"，显然不得要领。实际上是当时根本没有改革的条件。

首先，从革命党方面看，像孙少侯（毓筠）这样的人很多，占了主导方面，连孙中山、章太炎也不例外，认为推翻清政府就是革命成功，谁来掌权无所谓，所以，在袁世凯为代表的反动或保守势力反扑面前解除了思想武装。陈独秀一个人主张改革，连革命党都不支持，如何进行？而革命党人所以如此软弱是由于中国资产阶级的力量弱小，再加上这次革命没有发动广大工农群众参加，更显得弱小。

其次，从全局来看，袁世凯为代表的北洋军阀势力很快篡夺中央政权，各省旧势力纷纷复辟，仅安徽一省进行改革，也是独木难支。

所以，在复辟守旧势力的阻碍下，不要说陈独秀的改革不可能进行，就是连革命的成果也难以保持。陈独秀眼看时局危急，不甘心失败，秘密到浦口会见他的岳王会时期的另一个老战友——柏文蔚。柏是南京临时政府第一军军长，是陈独秀朋友中唯一掌握强大军权的人。陈独秀请其回皖主政，说明陈的革命思想成熟了一步——对武装力量的重视。柏文蔚回忆说，当时他统率第一军驻浦口，（江）苏人张謇、马良，以苏人治苏相号召，要吾离开。"是时，陈独秀亦由安庆来浦口密商，以袁世凯用威迫利诱的手段，革命党内部已被分化。南方留守府既取消，各军涣散，军事重心，已不在南京，浦口无久居必要。且少侯在安徽处境确甚困难，要我即回安徽，还可以保存一部分力量。于是返皖计划乃定。"②

由此说明，柏文蔚回皖任都督，陈独秀起了相当的作用，而且二人对安徽及全国时局的认识一致，认为孙中山让出政权给袁世凯后，革命陷入了危机，他们想保持安徽的地盘。这种对形势深谋远虑的思想和行

① 《张啸吟回忆》，未刊稿，安徽省博物馆藏。
② 柏文蔚：《从辛亥革命到护国讨袁》，《江苏文史资料选辑》第6辑，1981年，第22页。

动，在当时是难能可贵的，即使在同盟会领导层内部也很少人有此认识。因此，柏文蔚回安徽后，陈独秀任秘书长，又成了都督府的核心人物。从拥柏回皖至选陈为秘书长，柏与陈可谓是力任时艰。对此，柏文蔚又回忆说：

> 安徽本是一个穷省，大乱以后财政更感困难。本党同志意见未能统一，纷扰于内；乱党政客，构陷于外。盘根错节，毕现于前，时时有捉襟见肘之苦。本党一部分同志主张积极扩充军备，以防袁氏，如陈独秀、管昆南……一部分人主张纳入袁氏，以巩固地位，代表如孙少侯（后来孙果真去北京投靠了袁世凯——引者）……此时余之秘书长为陈独秀，机要秘书王树笙，参谋长为徐子俊，高级参谋徐介卿。所有机要皆由四人与余密商解决。当时的方针：决定以中山先生的意志为转移，由独秀负责，与上海陈英士随时接洽掌握，决不能违背我们革命的宗旨，无论何种建议主张，皆不为所动。①

就这样，柏文蔚在陈独秀等四位参谋的辅佐下，在安徽苦撑了一年多，进行了多方面的整顿和建设，取得了相当的成绩。这里当然饱含着陈独秀的志向和辛劳，概括起来，以下几方面较为突出。（1）整顿扩充军备。（2）充实整顿都督府及所辖各行政机构，尽量安排革命党人。（3）整顿财政金融，实行开源节流，缓解财政困难。当时安徽财政已经入不敷出，为此规定全省行政开支必须量入为出，军政费用只占全省收入的1/3。教育、实业、交通、司法等占2/3。还由安徽中华银行发行100万元公债，五厘行息，一年支付息金。（4）发展教育事业。革命战争中，许多学校被毁、被占或停办。新政府发表通令，各军、团、社不得任意破坏，而给予保护，迅速恢复发展。又将教育经费纳入各级政府的财政计划，开办各级各类学校。因此，1912～1913年安徽教育发展较快，全省60个县增加中小学校达270余处。（5）严厉禁烟。1912年5月15日，柏文蔚向中央和全国发出《条陈禁烟通电》："皖省土税、膏捐一律停止，统限一年内禁绝，不使稍留余毒，病我同胞。""如有甘为戮民，不得不执峻法以随其后。"9月30日，又宣布取消烟照，鸦片店一律关闭；又严令禁种，私自种鸦片百株以上者，

---

① 柏文蔚：《从辛亥革命到护国讨袁》，《江苏文史资料选辑》第6辑，1981年，第22页。

即行枪决。9 月中旬，安庆水上巡警从英轮上查获走私鸦片。柏文蔚下令焚烧。英商调军舰威胁，索取赔偿，被严词拒绝，被列为柏督一大政绩。（6）破除迷信，将各处庙产逐渐收归公有，限制迷信活动。（7）禁止妇女裹足，扶持天足会组织，幼女一律不准缠足。（8）开办实业，发展交通，继续建筑芜屯、芜广、安正公路，蚌埠开埠，省政浚坞，修固堤圩等。

所有这些主张，无论是军事、政治、经济、民俗，在《安徽俗话报》和孙毓筠督皖时期，陈独秀都大力提倡并望实行，现在终于得到可以实施的机会，陈独秀当然踌躇满志，可以说，这是他一生中施展抱负、改造社会最得意的时期。虽然只是在一省的范围内，并且只有一年的时间，与他期望的目标还很遥远，但毕竟这是他人生中一个难得的机遇。当时柏文蔚虽是都督，但因是武将重在军事，全局的综合治理主要靠陈独秀等人。柏尤其对陈十分信任，达到了言听计从的程度。他在《五十年大事记》① 手稿本中说：

> 最可异者，中山先生但听落伍者之谗言，颇不信余。余惟抱定宗旨，切实作去，一面求吾皖内之完整，一面又防袁氏之叛国。如此机要，只有陈独秀、徐子俊、徐介卿相与计议，其他即多年之患难同志，亦不敢微露真意，盖因权利冲突，恐其泄露告密也。

《民立报》则说，柏文蔚所以如此倚重陈独秀，是因为陈"学识优长，宗旨纯一"，意为德才兼备，可信可用之才。所以，1913 年 4 月 13 日，柏赴南京省亲时，甚至把安徽民政长（相当于省长）事宜委托给了陈独秀。陈一度为一省之首。为澄清吏治，缩减编制，皖省决定这年 4 月 1 日起，军民分治，对都督府与行政公署进行改组。② 看来，陈独秀又在为参与执政以后的改革大业呕心沥血了，并有"日理万机"之感。不过，这次似乎比在孙毓筠任内遇到的内部阻力较小，因此他的心境也较好，在紧张的工作中，不乏浪漫与洒脱。如当时在安徽高等学堂教课的苏曼殊致邓庆初的信中谈到，他常去陈独秀处，唯仲兄忙极，又好讲笑话。当时由应溥泉安排与陈独秀家住在一起的周越然也回忆说：

---

① 中国社会科学院近代史研究所资料室藏。
② 《民立报》1913 年 4 月 13 日。

我在安庆最初的一个月中，因为我寄宿在他的屋子里，几乎每日必见一次或两次。他与他的夫人（次妻）及他的新生男孩居楼上，我居楼下客房中。我到安庆的次晨，应（溥泉）先生见他（独秀）下楼赴署办公的时候，即为我作介绍。他长方的脸，不高不低的身子，声音响亮，脚步疾速，一见就知道是一位多才多识，能说能行的能干人。那日黄昏他归家时，特来与我寒暄。他看了我桌上所有的书，即问我道："周先生，你有没有阅过江浦儿（即英国人之别名）和他的岛（John Bull and his Island）一书？"我答道："没有。"他道："你快去买来看，很好看的，很滑稽的。"我立即致信上海伊文思书馆，嘱他们向外洋代购一册。后来看了，果然甚妙。那是一本讽刺英国的书；英国所有的风华人情，皆加以特异之见介。英国人自己也要看，看了也要发笑。第三日晚上，我睡得很早，大约九点之后。一觉忽醒来，听得唱声大作，伴以胡琴月琴，惟无锣鼓声。我自忖道："这是什么呀？"半夜三更，为什么大弹大唱？难道邻家做寿唱堂会么？再仔细一听——都是女人声，都是烂污京调。次晨早餐时，溥泉先生默默告诉我："昨天夜里，他（指独秀）请客，唱戏的都是班子中唤来的伎女。"①（这里的伎女，是指卖艺的歌伎——引者注）

讨袁革命失败时差一点丧命

不过，内部阻力虽小，外部的压迫却逐步加大了。柏文蔚这次赴宁省亲，实际与国民党激进派计议反袁，进行第二次革命，企图保持革命成果。因为，袁世凯夺取大总统后，孙中山、黄兴等同盟会领袖，误以为民国已成，以后可以专心于民主政治和经济建设。同盟会法制局局长宋教仁，更是醉心于仿效西方的议会民主和责任内阁制，主张两大政党的和平竞争，限制总统的个人独裁。为此，他竭力推动同盟会改组成一大党，并在1912年7月21日同盟会选举大会上，当选为总务主任，实际主持全会工作。赞成改组的孙毓筠、张耀曾分任财政、政事主任。随后，8月25日，同盟会与另外四个政党合并，成立国民党。在这年年底到1913年3月上旬进行的国会

---

① 周越然：《我所知道的陈独秀》，《六十回忆》，太平书局，1944，第60页。

选举中，国民党在宋教仁领导下，以"巩固共和，实行平民政治"为宗旨，对亲袁政党取得了压倒性优势的胜利，成为国会第一大党。但是，因此也引起了袁世凯的恐慌，3 月 20 日袁世凯派人刺杀宋教仁于上海。孙中山彻底醒悟，决定发动第二次革命讨袁。于是，在 4 月中下旬于上海召开第一次秘密军事会议。柏文蔚、陈独秀积极响应，决定由柏以赴南京省亲为名，密赴上海参加此皖、赣、粤、湘、闽五省代表举行的会议。

会上，孙中山主张立即兴师讨袁，得到柏文蔚、李烈钧的坚决支持。柏且表示"愿首先在皖发难"。但稳健派首领黄兴认为："袁世凯帝制自为的逆迹尚未昭著，南京的革命军又甫经裁汰，必须加以整备才能作战，因而主张稍缓用兵，以观其变。各省领兵同志多同意黄的意见。"① 实际上，他们主张法律解决。因此，这次会议仅议定进行反袁准备。由此看到，在当时全国形势中，柏文蔚、陈独秀主持的安徽省在反袁斗争上，一开始就站在最前线。而且，正是在柏文蔚赴上海开会期间，陈独秀主持的安徽，因袁世凯为镇压革命党而与英、法、德、日、俄五国银行团签订《善后借款合同》借外债 2500 万英镑，以柏文蔚的名义发表了一篇战斗性极强的讨袁檄文：

> 政府借款，不由议院议定之通过，无论君主共和，凡世界立宪国均无此例。民国宪法未颁布以前，临时约法当然有效，曾经大总统三令五申，全国人民共闻共晓，借款必由参议院决定，明载约法，中外皆知。宪法未颁以前，今参议院，其职权与前无异。国家一日无法，则人民一日无命。不图政府竟与五国银行秘借二千五百万英镑，未经议院通过，径与签约，人民闻之，无不喘汗相告。宋案证据内，有政府发给资助杀人之语。兹复当政府交替之时，蔑视议会，秘借巨款，不明用途，即平日谨言守法之人，莫不闻之痛心，言之发指。万恳大总统为国法计，为人心计，立罢前议，以解天下之疑，则国家幸甚。一俟正式政府成立，指明用途，国会议决，借款之事非不可行。文蔚虽愚，素不敢持迂阔之论，阻止不计也。若政府今日之所办，誓死以为不可，临电忧愤，敢负罪言。②

---

① 转引自周震麟《关于黄兴、华兴会和辛亥革命后的孙黄关系》，《辛亥革命回忆录》（一），第 218 页。
② 《民立报》1913 年 4 月 24 日。

此电用词婉转，却说理充分，矛头犀利，直指袁世凯违反国法民意。这充分表明，在当时革命派之内，柏文蔚与陈独秀等安徽派是激进的反袁派。他们主张尽快讨袁（为此，袁世凯曾派人到南京刺杀柏文蔚，未遂）。但是，由于黄兴等稳健调和派力量较大，讨袁军事一直拖延不决。

趁国民党内争动摇之机，袁世凯却双管齐下，疯狂向革命党杀来。一方面，调兵遣将，日夜备战，准备武力消灭国民党；另一方面则用政治手段削弱和瓦解国会内和各省革命党的力量。5 月 15 日，袁世凯悍然取消黄兴陆军上将资格，6 月 9 日免去武装讨袁最激烈者李烈钧赣督职务，14 日免去粤督胡汉民职务。陈独秀立即感到下一个必是安徽无疑，就准备待变。17 日，苏曼殊致刘三信中即透露："顷得仲兄信，有去皖之志。"果然，30 日，袁世凯即免皖督柏文蔚，派其亲信孙多森任安徽民政长兼署安徽都督。陈独秀的代民政长自然也就结束。同日，陈独秀呈请辞职。《民立报》记者说：陈独秀"未待批准，留书径去，书中有旧病复发，迫不及待等语，盖指旧官僚政治复活，不可一日与居之义"。① 陈独秀绝不会与袁世凯派来的旧官僚合作，看来，此记者对陈颇为了解。不久，北京的国务院代总理段祺瑞批准安徽都督府秘书陈仲甫辞职。② 陈即携高君曼妻儿随柏文蔚同迁南京。两家同院而寓，闭门谢客。柏文蔚与陈独秀及徐子俊等人几乎每天黎明乘舟至府城桥下纳凉，夜深始归。表面上不问世事，实际上二人在密谋今后的出路。

7 月初，孙中山终于说服党内稳健派，兴师讨袁。12 日，李烈钧在江西湖口宣布独立，发布讨袁檄文，向北军发起猛攻，打响讨伐袁世凯的二次革命的第一枪。第二天，他被推举为江西讨袁军总司令。15 日，南京响应，宣布独立，黄兴为江苏讨袁军总司令。安徽介于南京和江西之间，对于革命党来说，进是前哨阵地，退是重要屏障，因此是敌我双方必争之地。但是，由于柏文蔚身在南京，安徽军事力量处于群龙无首的混乱状态。为此，黄兴在南京坚请柏文蔚出任安徽讨袁军总司令，赴蚌埠部署军事。

这时，南京柏文蔚与安徽革命党人之间的联络人就是陈独秀。黄兴与柏文蔚在南京积极筹划讨袁期间，陈独秀正在安徽奔走，企图统一安徽各派军事力量，结果无功而返。柏文蔚说："此时独秀由皖返宁，知袁家声、岳相如、张汇滔、范光启、龚振鹏、管鹏、郑芳荪、凌毅等在正阳关召开军事会

① 《民立报》1923 年 7 月 8 日。
② 《临时政府之尾声》，《民立报》1913 年 7 月 7 日。

议未成。龚振鹏带兵赴芜湖溃散，几遭不测，幸有岳相如派兵护送，龚始能安全到芜。此时安徽已成一盘散沙，故在皖同志，均希望余即时回皖。"①柏文蔚这里提到的安徽军事领导人，大多数都是当年陈独秀组织的岳王会的成员。但是，由于陈独秀一没有参加同盟会，二手中没有军队，所以，陈独秀这位昔日的岳王会总会长的号召力，已经远没有柏文蔚这位分会长大了。

柏文蔚接任安徽讨袁军总司令后，即与陈独秀、徐子俊等人会商组织安徽讨袁军总司令部事宜，大家一致认为："目前南方军队已成强弩之末，时机一误再误"；"不过，我们能有树倒不乱的精神，不怕牺牲，目前的颓势不是说绝对不能挽回，那就是我们首先要统一意见，以中山先生的马首是瞻，不能再另有主张。本党同志，被袁世凯所收买的大有人在，内部早已分化，应特别加以注意，如有可疑者，一定不可以付以重任"。随后，陈即携家至沪，安排后即与柏返皖发动。这时安徽各地原淮上军将领龚振鹏、张汇滔、范鸿仙、张永正等纷纷发表讨袁檄文，芜湖、寿州等地宣布独立。27日，柏文蔚再任安徽都督，陈独秀又任秘书长。

但是，淮上讨袁军在袁世凯派来的讨伐安徽的倪嗣冲部及豫军的联合进攻下，连连败北。受柏文蔚派往太湖方向作战的胡万泰部率部回归安庆，与其他叛将联合围攻都督府。这时，柏文蔚也已接到反袁军总司令黄兴密电："大势已去，无能为力，弟已他往，望兄相机引退，留此身以待后用。"② 柏文蔚、陈独秀等只得败走，向芜湖方向突围。胡万泰即宣布取消安徽独立。

这时，发生了被史学家称为"陈独秀第一次被捕"的事件，即芜湖的反袁军旅长龚振鹏差一点误杀陈独秀。起因是陈独秀听信谣传：龚振鹏由于军事失利，在芜湖"惨杀无度，每日枪决民众不可胜数，以致英领因每日枪声不断，出而干涉。都督府秘书长陈独秀、师长袁家声因其残暴，痛斥其非，均遭绳绑，正拟枪决，幸张旅长永正迫以兵力，不下毒手"。③ 柏文蔚接着说："龚振鹏之为人，富有革命性，惟头脑简单，近朱者赤，近墨者黑。"原来这事也与柏文蔚有关。高语罕说："曾记得，二次革命失败，先生（独秀）从安庆逃到芜湖，被芜湖驻防军人某逮捕。这位军人本是和柏公（文蔚）立在反袁旗帜之下的，不知因何事与柏不谐，而迁怒于先生。

① 柏文蔚：《从辛亥革命到护国讨袁》，《江苏文史资料》第6辑，1981年，第23页。
② 柏文蔚：《五十年经历》，《近代史资料》1979年第3期。
③ 柏文蔚：《从辛亥革命到护国讨袁》，《江苏文史资料》第6辑，第25页。

已经出了布告，要枪决先生。先生从容地催促道：'要枪决就快点！'旋经刘叔雅、范鸿仙、张子刚三先生力救得免。"① 常恒芳也说陈独秀这次在芜湖被捕要杀，是因为龚振鹏等旅长"始终反对柏烈武"，后因"芜湖有张永正一旅军队驻在那里，反对龚振鹏等杀陈独秀，说要是杀了陈独秀，他就要率兵拼命，故陈独秀后来仍被释放了"。② 龚为什么与柏文蔚"不谐"，是因为责怪国民党决定讨袁军事太晚，贻误了时机，所以开始讨袁时，柏在南京消极，待到入皖行动时，龚振鹏等已在省内发动。

对于这次生死考验，陈独秀表现如何，以上高语罕说是先生从容地催促道："要枪决就快点！"而柏文蔚说陈是"饱受惊吓"；程演生说：事后"回去的人说，当时仲甫被绑时并无屈服表示，但面色亦不能无变了"。这些说法都在情理之中。问题是陈独秀这样的人物如果这样被杀死，太不值得，以后中国的历史就会改写。之所以没被杀死，除了张永正旅长的武力营救之外，还因为在场的范鸿仙、刘叔雅等人的劝阻。范鸿仙旅长说："陈独秀是社会上颇有影响的名流，杀不得。"③ 因此，8 月 13 日，柏文蔚一到芜湖，与龚振鹏嫌隙即消，龚亲到江边拜见柏文蔚，并接到司令部，"聚谈甚欢"，面对失败之局，共商善后之策。

龚振鹏枪下留人，袁世凯却不能容忍。8 月 28 日，倪嗣冲兵占安庆，第二天，叛军胡万泰进入芜湖。安徽的讨袁革命终于以失败而告终。倪嗣冲进入安庆即饬令军队捕拿柏文蔚前秘书长"陈逆仲甫"及其嗣父陈衍庶，逮不着就抄其老家。当年嗣父陈衍庶和妻子高大众反对陈独秀参加"造反"而祸及家门的事，终于临头了。陈独秀下一辈（即"遐"字辈，陈延年即遐延，陈乔年即遐乔）的一位陈家老人陈遐文回忆说：

> 民国二年，袁世凯当大总统，倪嗣冲在安徽做督军，马联甲那时当统领，说陈独秀私造枪炮子弹，带人把家查封了，他家被一抄干净，把昔凡公私藏的字画一抢而空。统领手下的人，还到处捉拿陈独秀的两个儿子，要除根。陈独秀的两个儿子，一个叫小四子（延年），长长瓜子脸，一个叫小五子（乔年），圆脸儿，小六子（松年）年纪还小。当

---

① 高语罕：《入蜀前后》，《民主与统一》1946 年第 7 期。
② 常恒芳：《安徽革命始末》稿本，藏安徽省博物馆。
③ 胡渭清：《我陪陈独秀去寿春》稿本，藏安徽省文史资料委员会。

时，小四子、小五子就从屋上跳下来，连夜跑到乡下，找到我家。我把妈妈的床拉开，在床里边搭铺，把蚊帐撑着，让他们在里边睡了三夜，后来家里来人才找到他们。据说当时没有逮到延年乔年，却把陈独秀的侄子永年逮去了。①

倪嗣冲没有逮着陈独秀等人，就通缉安徽革命党人，陈独秀名列首位，罪名是"柏逆文蔚、龚逆振鹏死党，蓄志谋叛之犯"。②

这一年，陈家的命运与整个革命形势一样，多灾多难。曾给陈氏家族带来骄傲的陈衍庶，因前一年与洋商合伙做东北大豆生意被骗破产，受到严重打击，自叹不懂洋务，受人愚弄，不识洋文，两眼漆黑，一病不起，于1913 年 5 月 10 日，即陈独秀与柏文蔚策划反袁事宜前，去世了。从此陈家也就衰败下去。陈松年说："倪嗣冲派兵来我家抓人，昔凡公的灵柩还停在家里。"③ 陈独秀的嗣母"经过这次刺激，致成大病"。事后，有人去上海，见到陈独秀，告以家中的遭遇。陈愤愤地说："恨不得食肉其人"，"过几年再看吧"。④

这说明，陈独秀对这次革命失败，并不气馁，而且，从此以后，他的革命志向，集国难与家仇于一身，更加坚定彻底了。而且由于家庭的遭难，他从此再也无颜见家人，至死也不再回安庆。客观上，他作为一个革命者，在反动当局长期的通缉下，也不能"回家看看"，真是"风萧萧兮易水寒，壮士一去兮不复还"。

以编辑为生　静待饿死

辛亥革命和讨袁革命失败，陈独秀逃亡上海。当时许多革命志士在一场革命失败后，有的悲观失望，甚至自杀；有的消极厌倦，从此远离政治；有的虽不屈不挠，却只会重蹈覆辙，从失败走向失败。陈独秀与一般人不一样：他一边把精力转到他喜爱的文字学或其他纯学术研究的领域，打发革命低潮时期的寂寞岁月，一边总结失败教训，寻找新的革命出路，在革命高潮

---

① 《陈遐文谈陈独秀》，《安徽革命史研究资料》第 4 辑，1980 年 10 月。
② 《陆军上将衔陆军中将安徽都督民政长勋二位倪令》，民国 2 年 10 月 21 日。
③ 唐宝林：《访问陈松年》，1986 年 6 月 3 日，未刊稿。
④ 《张啸吟回忆》，未刊稿，安徽省博物馆藏。

到来时，再当重任。所以，他不是一个一般的革命者，而是一个思想家、革命家和学者相结合的复合型人物，具有领袖与书生双重人格。学者的求实品性，使他在政治斗争中具有耿介和光明磊落的作风，但不具有政治领袖所必需的策略手段；他能擦出思想火花，但他不会使其燎原，更不能创造系统的理论。这是他的人生充满喜剧与悲剧色彩的重要原因。同时，学者的特殊生活，能使他在革命中饱受折磨和疲惫的身心得到疗伤和休息，重振起老战士的雄风。

陈独秀一生的大部分时间里，能维持这样革命家与学者的生活，得之于一个同乡至交汪孟邹的帮助。安徽都督府组建时，受旧传统的影响，不少人靠"裙带关系"弄了一官半职。汪见陈独秀任都督府秘书长，也动了这个心思，特地从芜湖来到安庆，找陈独秀帮忙，结果碰了一鼻子灰："都督府里许多朋友都劝我出来做事，仲甫却大不以为然，一定要我回芜湖做生意。"为此，"他和柏文蔚商量，要帮我的忙，凑点股子，再到上海开书店"。[①]

此事首先说明陈独秀为人为政的正派，绝不以权谋私，用人唯亲；同时也说明他对政治和革命风险意识的深刻体验，和他对汪孟邹这类"生意人"深切理解与真诚的关怀。1927年大革命失败时，他也这样语重心长地嘱咐过汪孟邹及其侄儿汪原放，不要从政和参加实际的革命斗争。在延年、乔年牺牲后，他还嘱咐三儿子松年，千万不要参加革命，学一门手艺过生活（松年学了木匠），为陈家留一根香火。这说明他自己虽然义无反顾地投身了革命，也一贯主张充分发动广大民众参加革命才能成功，可是具体到某个人时，他又认为不是每一个人都是能直接投入革命的。他是一个理想主义与现实主义相结合的人物。

汪孟邹听了陈独秀的话并且受了他的帮助，到上海开了一家名为"亚东图书馆"的书店，主要经销新式图书，同时又是一个出版社，出版新式图书。讨袁革命失败后，陈独秀逃亡上海，就利用这个关系，结合自己的知识和兴趣为其编写书籍。

陈独秀绝顶聪明，学识功底又很深，所以，才花几个月工夫，在1913年冬，他就写出一部文字学书稿《字义类例》。此书内容共分十类：假借、通用、引申、反训、增益、俗误、辨伪、异同、正俗、类似，类后有目，目

---

① 汪孟邹：《亚东简史》，《安徽革命史研究资料》第 1 辑，1980 年 7 月。

下举例。

正如王森然所论，陈独秀作论写书，必有创意，绝不无病呻吟，更不人云亦云。对于这本《字义类例》，他在自序中谦虚地说："这本书是我于民国二年亡命上海闭户过冬时做的，其中只有解释假借有点特殊的意见，要求读者加以注意！""近代学问重在分析，此书分析字义底渊源，于中学国文教员或者有点用处，我所以允许亚东主人将他出版。"① 识者的评价更高一些，说其各目的举例"极为详明，而对于假借，尤其有特殊的意见，以近世视假借通用为同实异名，故或称通假，陈氏则以造字之假借，为六书之专名，用字之假借属之通用，而别之为两类。识字，为读字之初步，工夫似最浅近，翻阅是书，知真正识字，亦复不易也"②。

陈独秀这里所说的"近代学问重在分析"，分析就是独立思考，就是寻找事物的客观规律，就是创造发明，推动世界不断前进。这是他抓住的人生真谛，不仅仅是做学问，进行政治改革，参加革命斗争，亦是如此。这是与提倡死记硬背、独尊儒术的八股传统根本对立的。

如前所述，陈独秀当时还编了一部《模范英文教本》。从 1922 年《新青年》上刊登的广告看到，陈独秀对这本书也是下了很大工夫，并把自己学习研究英文的心得"糅合"其中，使其成为一部有特色的英文教科书，而绝不是为了挣点编辑费的抄袭之作。而且，他能编教科书，说明他的英文水平达到了怎样的程度，还表明他的文字学研究对象，不仅是中国文字，还包括外国文字。后来我们还知道，外国文字中，他不仅对英文有研究，还对法文、拉丁文、世界语有兴趣。广告上还说第一、二册定价每册五角，第三、四册"在编著中"。以每册五角算，全册为二元。当时毛泽东在北京大学图书馆助理员的月薪才八元，看来这部书不便宜。可是，据汪孟邹说：这部书也就出了两册，因为生意不好，第三、四册不仅没有出版，而且，陈独秀也没有"编著"完成。陈独秀当时在给章士钊的信中解释说："仆本拟闭户读书，以编辑为生，近日书业，销路不及去年十分之一，故已搁笔，静待饿死而已。"③

《字义类例》直到 1925 年才出版，《模范英文教本》的命运又是这样，

---

① 此书到 1925 年才出版，这年 3 月陈独秀写了这篇序。

② 《新闻报》1942 年 6 月 4 日。

③ CC 生：《生机》（致《甲寅》杂志记者），《甲寅》第 1 卷第 2 期。"CC 生"显然是"陈乾生"的化名，陈乾二字的英文拼音，是 C 打头。

那么，靠编辑为生的陈独秀全家（包括高君曼及两个儿女——1912 年生的陈子美和 1914 年生的陈哲民即陈鹤年），自然就断绝了生机，只能"静待饿死"了。

困厄中的思索　搅得周天寒彻

章士钊是了解并看重陈独秀的才识的，绝不会让这位天才"饿死"。于是，当陈独秀请他觅一世界语教科书，"急欲习世界语，为后日谋生之计"时，1914 年 5 月，他在东京创办《甲寅》杂志，特邀请陈独秀襄助，继《国民日日报》后，二人再度合作。

《甲寅》是宣传反对袁世凯独裁的政论性月刊。郑超麟说："《新民丛报》以后，《新青年》以前，要算它影响最大了。"[①] 11 年后，章士钊追论当时创办杂志用意，说道："民国三年，愚违难东京，愤袁氏之专政，某执文字以为殳，爰约同人，韧之杂志。"可见，这是袁世凯反动统治下一种在野党刊物，但不是孙中山中华革命党的机关报，而是站在中华革命党右边的黄兴支持的刊物，主张"有容""不好同恶异""调和立国"等。黄兴参加了筹备工作。章士钊后来讲杂志起名时说："与克强（即黄兴）议名，连不得当，愚介以其岁牒之，即名《甲寅》，当时莫不骇诧，以愚实主是志，名终得立。"[②] 说它是梁启超《新民丛报》之后，陈独秀《新青年》以前影响最大的杂志，不仅因为它的文章倾动一时，而且其文体亦成风气。胡适称之为"甲寅派"或"政论文学"，并借用别人的话称赞它是"集'逻辑文字'之大成"；"政论的文章到这个时候趋于最完备的境界了"。[③]《新青年》也称其"多输入政治之常识，阐明正确之学理"；"说理精辟，其真直当为当世独一无偶"。[④] 但郑超麟在上述那篇文章中认为：无论就主张说，就文体说，就文字力量说，这杂志都可以盖上"章士钊"印记。

笔者说这次是章士钊与陈独秀的再度合作，也只是从工作上说而已。陈既不是此志经费的提供者，也不是共同创办时的"社友"，而且更重要的是，二人在对政治形势的认识和主张上，有些相同的同时，又有深刻的

---

① 郑超麟：《陈独秀与〈甲寅〉》，1946 年 3 月 6 日，手稿。
② 章士钊：《与黄克强相交始末》，《辛亥革命革命回忆录》（二），第 149 页。
③ 胡适：《五十年来中国之文学》，台北：远东出版公司，1986，第 115 页。
④ 《通信》，《新青年》第 2 卷第 2 号，1916 年。

不同。

同者，二人都认为国家在袁世凯的罪恶统治下，形势岌岌可危，人民生计断绝，必须推翻袁世凯才有出路。在 1914 年 6 月出版的《甲寅》杂志上，章士钊公布的上述陈独秀"静待饿死"信中，陈独秀还说："国政剧变，视去年今日，不啻相隔五六世纪。"这是猛烈抨击袁世凯上台后中国大大地倒退了。又说："自国会解散以来，百政俱废，失业者盈天下又复繁刑苛税，惠及农商，此时全国人民，除官吏、兵匪、侦探之外，无不重足而立，生机断绝。"这是悲愤控诉在袁世凯统治下，不只是他个人"静待饿死"，而是整个民族"生机断绝"。这些话，对袁世凯专制独裁统治罪恶是多么尖锐深刻的揭露呵！所以，章士钊在公布这封信时写的按语中激动地说："捧书太息！此足下之私函，本不应公诸读者，然以寥寥数语，实足写尽今日社会状态，愚执笔终日，竟不能为是言。足下无意言之，故愚宁负不守秘密之罪，而妄以示吾读者。呜呼！使今有贾生而能哭，郑侠而能绘，不审所作较足下为何如！"所以，陈独秀在《双枰记叙》中说："烂柯山人（章士钊——引者）尝以纯白书生自励，予亦以此许之。烂柯山人素恶专横政治与习惯，对国家主张人民之自由权利，对社会主张个人自由权利，此亦予所极表同情者也。"①

不同者，章士钊一贯注重上层政制的改革，主张民主制，反对君主制；主张内阁制，反对总统制；主张联邦制，反对总统制；主张多党制，反对一党制等，相信执政者能"有容"，择贤"用才"，"调和立国"。陈独秀则认为中国不能依靠执政者的觉悟来救国，必须要有一场彻底的革命。但是，如何来进行这场革命，他当时还没有找到答案。他在信中说："国人唯一之希望，外人之分割耳。"那是一句反话，意思是在袁世凯统治下的中国，比做西方文明国家的殖民地还要黑暗。章士钊不解其意，说他"又何言之急激一至于斯也"。

不过，从国家与社会的变革道路上说，二人的差别也正在于此，即缓进与激进、改良与革命、依靠上层改革与依靠人民革命之不同。这说明二人的分歧在此已经显露。终于，在《甲寅》出了四期，1914 年 8 月后移到上海出版时，陈独秀早期与章士钊合作革命的"蜜月期"结束了。二人从此分道扬镳，后来竟然走到水火不容的地步，章士钊不仅拥护北洋军阀的统治，

① 《双枰记叙》，《甲寅》第 1 卷第 4 号，1915 年。

还当了段祺瑞政府的司法部长，参与了对1926年三一八学生运动的血腥镇压。为此，陈独秀作为共产党领导人，多次表示与他绝交。不过章士钊的"有容"倒是十分彻底，尽管陈独秀对他如此划清界限，他在1932年陈独秀因反蒋抗日而被捕后，却自告奋勇地要求为陈做辩护律师。于是，在法庭上，当他按自己的思想风格进行辩护时，发生了被告否定自己律师辩词的怪事，一时传为陈独秀的佳话。缓进与激进、改良与革命等基本分歧，二人一直持续终身。

所以，章士钊后来叹道："吾弱冠涉世，交友遍天下，认为最难交者有三人"，而第一人就是陈独秀。[1] 他说陈独秀"因皖中贤士汪铸希颜葛襄温仲识之，言语峻利，好为断制性狷急不能容人，亦辄不见容人"。[2] 正因为如此，陈独秀1914年在《生机》那封信中写尽的"社会状态"，即使是当时"执笔终日的第一号政论家"章士钊也是不能言的。而更令章士钊和当时整个舆论界瞠目结舌的是，陈独秀在《甲寅》第4期上第一次用笔名"独秀"发表的政论文章《爱国心与自觉心》。这篇文章是作者十几年来为救国和革命奔波不断受挫后的初步总结，在当时思想界的激烈争论（改良与革命、民主共和与君主立宪、激进与缓进）中，是陈独秀独辟蹊径，独具慧眼，鹤立鸡群的又一次表现。他批评了国人只有传统的盲目的"爱国心"，没有建立近代国家的"自觉心"。中国人的这种素质，必然导致亡国灭种。

陈独秀这个思想的中心观点是"近代国家观"。这个观点，在1914年9月陈独秀于日本江户为章士钊以烂柯山人笔名写的小说《双枰记》所作的序中，已有酝酿。小说以他们二人亲密的朋友何靡施（即梅士）经历及最后自杀为原型，表现了国家与人民、社会与个人的关系；无情地鞭笞了专横的国家政治与社会习惯对人民与个人自由权利的摧残；宣称："对国家主张人民之自由权利，对社会主张个人之自由权利"；"团体之成立，乃以维持及发达个体之权利已耳，个体之权利不存在，则团体遂无存在之必要。必欲存之，是曰盲动"。[3]

中国几千年的"爱国传统"是所谓"忠孝不能两全"，而对皇帝的"忠"高于一切，人民要为国家牺牲自己的自由权利，个人要为社会（宗族

---

[1] 章士钊：《与黄克强相交始末》，《辛亥革命革命回忆录》（二），第149页。

[2] 孤桐（章士钊笔名）：《吴敬恒—梁启超—陈独秀》，《甲寅》第1卷第30号，1925年。

[3] 《甲寅》第1卷第4号，1914年。

制度）牺牲自己的自由权利。陈独秀现在要把它翻过来：团体要为个体维持权利，否则"团体遂无存在之必要"。这又是与他给章士钊那封信中说的"国人希望外人之分割耳"的牢骚话，相呼应的。顺着这个思想，他继续探索下去，那么出路在哪里呢？当然不是让"外人分割"，而团体——国家和社会是由个体组成的，所以关键是人，中国人的素质，转了一圈，又回来，还是他1904年办《安徽俗话报》时提出的那个命题："一国的兴亡，都是随着国民性质的好歹转移。"

在这个问题上，陈独秀在当时陷于革命连连失败、政治黑暗的境遇中，思想是十分悲观的。他在《双枰记》序言中，借着何靡施自杀这个情节，想起这几年在奋斗中牺牲或自杀的另几位战友赵伯先、杨笃生、吴孟侠、陈星台等，在无限悲痛的同时，对今人的麻木与堕落，十分感叹。他说："十年前中国民党之零丁孤苦，岂不更甚于今日"，但他们是"有道德，有诚意，有牺牲精神，由纯粹之爱国心而主张革命……不惜自戕以励薄俗"，但"国人已忘其教训"。他还自责说："即予亦堕落不堪，愧对亡友"；"此实民族衰弱之征"。那么如何解决这个"国民性质""民族衰弱"的问题呢？当年，他没有找到答案，现在，他又有了十年的经历，对这个问题的思考更加深刻了。于是，他就写了《爱国心与自觉心》。①

文章开宗明义："范围天下人心者，情与智二者而已。"但是，"今之中国，人心散乱，感情智识，两无可言。惟其无情，故视公共之安危，不关己身之喜戚，是谓之无爱国心。惟其无智，既不知彼，复不知此，是谓无自觉心。国人无爱国心者，其国恒亡。国人无自觉心者，其国亦殆。二者俱无，国必不国。呜呼！国人其已陷此境界否耶？"

接着，文章以西方近代民主主义的国家观批判中国传统的封建主义国家观："中国语言，亦有所谓忠君爱国之说。惟中国人之视国家也，与社稷齐观，斯其释爱国也，与忠君同义"；"近世欧美人之视国家也，为国人共谋安宁幸福之团体……欧人之视国家，既与邦人大异，则其所谓爱国心者，与华语名同而实不同。欲以爱国诏国人者，不可不首明此义也"。所以，"爱国心，情之属也。自觉心，智之属也。爱国者何？爱其为保障吾人权利谋吾人幸福之团体也。自觉者何？觉其国家之目的与情势也。是故不知国家之目的而爱之则罔，不知国家之情势而爱之则殆，其蔽一也"。

---

① 《甲寅》第1卷第4号，1914年。

然后，文章在深刻揭露袁世凯政府"滥用国家威权"，进行种种卖国残民的罪恶活动后，惊呼"其欲保存恶国家哉，实欲以保存恶政府"，而"恶国家甚于无国家"，"国家者，保障人民之权利，谋益人民之幸福也。不此之务，其国也存之无所荣，亡之无所惜"。

同时，他又指出，中国人受数千年封建传统影响，没有建设近代国家的"自觉心"，把忠君视为爱国；而且"吾国闭关日久，人民又不预政事，内外情势，遂非所知"，即既不知建国之"目的"，又不知国家危险之情势。"所以，今吾国之患，非独在政府。国民之智力，由面面观之，能否建设国家于二十世纪，夫非浮夸大，诚不能无所怀疑。然则立国既有所难能，亡国自在所不免，瓜分之局，事实所趋。"

文章的基本观点是，中国当时根本没有近代意义上的真正的国家，所以无所谓亡国不亡国。于是，对照当时印度、朝鲜等国，文章的结论是："穷究中国之国势人心，瓜分之局，何法可逃；亡国之奴，何事可怖。"

陈独秀这篇文章，具有何等惊世骇俗的震撼力，只有放到当时历史条件下才能显现出来。

中国几千年封建社会的最高道德是"忠君"，所谓"忠为八德之首"。忠君也就是"爱国"，所谓"朕即国家"。所以，不忠君，不仅要杀头，而且要满门抄斩。几千年来，图书、戏剧、故事等，反复宣传这个道理。于是，老百姓就养成一种习惯，把一切国家大事身家性命，都托付给明君及清官。近代以来，西方列强入侵，清王朝连连失败，一部分先进分子首先开始怀疑"忠君"的威权，但因为面临入侵，代替它的是"爱国"。郑超麟说："在'爱国'面前，一切都须退避三舍。君可以不忠，国不能不爱。"起初，与陈独秀一起战斗的同盟会成立前后的革命党人，可以拿"爱国"为武器去攻击保守派。可是后来保守派也可以拿"爱国"为武器去攻击进步派了。康、梁保皇党反对革命的诸论据中，最有力的就是"革命能召瓜分"。所以，革命党人都是"不爱国"，都要帮助外国来瓜分中国。革命党方面只能拿"革命不致召瓜分"为理由去回答保皇党，却不敢进一步说："在清王朝的腐败统治之下，中国甚于被瓜分。"辛亥革命毕竟爆发了，而且革命胜利了，中国并未被列强瓜分去，革命党似乎可以堵塞保皇党之口了。然而，继承清王朝政权的袁世凯，只愿意施行"伪共和"，却不愿对国民党让步。袁世凯所用的种种论据，最有力的仍是"党人主张能召瓜分"。换一句话说，凡是主张内阁制、联邦制的，主张削减总统和中央政府权力的，都是"不爱国"，因为都是要帮助外国来瓜分中国。何况此时欧战爆发，国家主义成了时髦。英语民族盛行一句口号："My country, right or wrong!"意思是说："我的祖国做得对也好，做得错也好，它总是我的祖国！"其他民族也有类似的口号。袁世凯更加振振有词责令人们为了"爱国"起见，再不可反对他，而应当拥护他。

"爱国！""爱国！"袁世凯政府及其舆论工具，以此口号标语为武器来攻击那些失败亡命的革命党人，来责斥党人的反政府言论和活动，《甲寅》杂志也在内。"谁反对政府，谁就是不爱国！"在这个打击之下，反对党只好低下头来了。他们忙着声明：他们反对政府仍是为了爱国。为此缘故，他们竭力从法理上说明"国家"和"政府"是两个不同的事物。但反对党的这种抽象论据是不能驳倒政府党那种现实论据的；无论法理上如何说得圆满，国家和政府现实上是不能截然分开的。不幸，当时舆论上流行的都是这类文章。人们不谈政治的根本，只谈法理，只注意上层政治制度问题，如什么君主制和民主制、总统制和内阁制、统一制和联邦制、一党制和多党制等。人们好像以为中国只要采取而且实行良好的政制，就可以长治久安了。

陈独秀当时已经超出这种言论以外了。他已从上层政制问题走到政治根本问题。他明白，要抵抗政府党手里的"爱国"武器，乞灵于法理是没有用的，分别什么"真爱国"和"假爱国"，也是没有用的；必须进一步检讨：什么是国？如何去爱？他的《爱国心与自觉心》一文就回答了这些问题。

他首先提出"自觉心"来对抗"爱国心"。爱国心不是高出一切的，而是有自觉心与之相对。"自觉心"至少与"爱国心"处于相等的地位，前者出于"智"，而后者出于"情"，二者不可偏废。但这是就一般而言的。单就中国来说，则中国根本没有名副其实的国家，根本"未尝有共谋福利之团体，若近世欧美人之所谓国家也"。既没有国家，就谈不上什么"爱国"。所以首先要懂得什么叫作国家，它以什么为目的，它的情势怎样，即首先须有"自觉"。所以，在中国，自觉心不仅与爱国心并驾，而且驾爱国心而上之。

有了自觉心之后才能知道为什么要爱国。陈独秀指出：国家不是绝对必须去爱的，国家必须本身值得我们爱，我们才去爱国。既然懂得"爱国"是以国家本身值得爱为前提，那就可以明白亡国也不见得怎样可怕。于是他说出了"其欲保存恶国家者，实欲以保存恶政府"；"恶国家胜于无国家"

的"危言"，并指出："此非京、津、江南人之无爱国心也，国家实不能保民而致其爱，其爱国心遂为其自觉心所排而去尔。呜呼！国家国家，尔行尔法，吾人诚无之不为忧，有之不为喜。吾人非咒尔亡，实不禁以此自觉也。"

在当时"爱国"是神圣不可动摇的传统道德，任何人不敢也不能怀疑的情况下，陈独秀的这种完全是冒天下之大不韪的言论，立即在舆论界引起强烈反响。

这篇文章是陈独秀在《甲寅》上发表的唯一一篇政论文章，对它与《甲寅》风格的不同，以及它在陈独秀思想发展史、中国近代史上的意义，郑超麟有较深刻的论述。他说：

那唯一的论文，好象一颗炸弹放在甲寅杂志中间，震动了全国论坛。

《甲寅》在陈独秀思想发展上是一个重要的环，他开始从政治的改革又走向更深刻的文化的社会的改革了。

少年陈独秀自我意识的觉醒恰是与中国资产阶级开始其改革运动差不多同时的。五十多年前（甲寅杂志出版前二十年）开始的改革运动本是多方面的，它不仅改变传统的政治形式，而且要改变传统的制度、礼俗、宗教、道德、文化、思想、文字、诗歌等等。总而言之，它要拿西方的一切，来代替东方的封建的即前资本主义的一切。这运动开始三年后，未满二十岁的陈独秀就被吸引而积极参加成为很活跃的一员了。但不多久，政治事变紧张起来，政治的改革吸引了一切力量而渐渐把其他的改革推到舞台后面去。运动愈扩大，改革的范围愈缩小而集中于政治，最后甚至集中于"排满"和"起义"两个意义上面。人们疏忽了其他方面的改革。不仅如此，为了加强排满观念，以增强起义力量原故，人们甚至与运动初期相反，去赞美中国旧的传统而走上保存国粹的道路。辛亥革命就是在这种情况下完成的。陈独秀从加入改革运动以来就随着运动的主流前进；他离开了主张改良的保存皇帝的维新党而走向主张革命的驱逐满族的革命党；他投身在联络会党、游说新军、武装暴动的行动里面；他参加安徽光复的工作，在新成立的都督府中占据一个相当重要的位置，最后他分担了革命失败的命运而过着亡命的生活。这一切是如此自然，以致他同当时无量数的志士一般，虽不落在他人后面，但也没有表现什么为他人所不及的特色。

失败和亡命给了他以闲暇，以思考的时间，让他从容考虑更深刻的有关国家命运的问题。没有特别表现的志士所以成为后来的"洪水猛兽"，就是此次思考的结果。①

但是，在当时"爱国心"高于一切的情势下，陈独秀此文一出，自然引起各方的反弹，而且一致表示抗议。《甲寅》这一号出版后，停刊了几个月，直到次年5月以后才在上海复刊。杂志迁移是与1915年5月7日日本向袁世凯政府提出灭亡中国的"二十一条"有关系的，因为这年5月出版的第五号上第一篇论文《时局痛言》就是评论此次"国耻"的。

到了8月出第八号，杂志不能不答复读者的抗议了。因为章士钊得到了十几封信，诘问斥责陈文"以为不知爱国，宁复为人；何物狂徒，敢为是论！"看来，《甲寅》是没有其他论文曾引起读者写了十多封信来诘问斥责的。可惜这十多封信中，除了那一句骂陈独秀是"狂徒"的话外，只发表了李大钊的一封，显然，这时的李大钊与陈独秀还没有认识。

李大钊的这封信似乎不能代表大多数投信者的意见，因为信写得很委婉，虽表示抗议之意，却无斥责之词。信的标题用了《厌世心与自觉心》，以与陈文对应，批评陈文是"厌世"的，"伤感过甚"，"厌世之辞嫌其太多，自觉之辞嫌其太少"；人心所蒙之影响"甚巨"；认为方今政象阴霾，众生厌倦，"作者之责在于奋生花之笔，扬木铎之声，激吾民之觉悟"。同时，李大钊也似乎感悟到了陈文有"言外之旨"，但它"未为牢骚抑郁之辞所尽"，"欲寻自觉之关头，辄为厌世之云雾所迷"，于是，他试着来"申独秀君言外之旨"。

但是，他申述的结果，还是反驳陈独秀的观点的。他说："自觉之义即在改进立国之精神，求一可爱国家而爱之，不宜因其国家之不足爱遂致断念于国家而不爱，更不宜以吾民从未享有可爱之国家，遂乃自暴自弃以侪于无国之民，自居为无建可爱之国之能力者也。"

李大钊还不同意陈的"恶国家甚于无国家"的观点，认为"国之存亡，其于吾人，亦犹身之生死"；"中国至于今日，诚已濒于绝境。但一息尚存，断不许吾人以绝望自灭"。

① 郑超麟：《陈独秀与〈甲寅〉》，1946年3月6日，手稿。

因此，李大钊从陈文中引申出来的主张是："吾民今日之责：一面宜自觉近世国家之真意义，而改进其本质，使之确足福民而不损民。民之于国，斯为甘心之爱，不为违情之爱。一面宜自觉近世公民之新精神，勿为所逢情势，绝无可为……惟奋其精诚之所至以求之，慎勿灰冷自放也。"①

看来，李大钊仍旧是把"爱国"置于一切之上的，仍旧认为恶国家究竟胜于无国家的。由此看到，李与陈从第一次文字接触，就表现出两种不同的风格：李是厚道而理智，陈是机智而狂飙。李的议论固然不错，但往往流于老生常谈，但当时中国昏暗如磐，正需要惊世骇俗的呐喊和狂飙，不需要厚道理智的老生常谈。当然，当革命高潮到来时，机智与厚道、理智与狂飙就应该相得益彰了。

陈独秀的机智，就在于针对当时的形势，采取了"正言若反"，"故耸危言"的手法，向昏睡中的国民大喝一声。但是，这一声能不能唤醒国民？如何让中国人培养起"近世国家观的自觉性"来？他自己在当时也没有找到答案，只知道十几年来奋斗的经验证明，直接、单纯地从政治革命入手不行。所以，李大钊"申独秀君言外之旨"只能是对陈文的肤浅阐释。

无独有偶，章士钊在他回答读者诘问斥责、替陈独秀辩护的文章中，也努力把那种惊世骇俗的话转移为老生常谈。他认为"国不足爱"的话固然可以抵御政府党手中那个有力武器，但也有便利外国侵略者的危险。他提出了"解散国家说"。他说这是根据卢梭民约论的。国家是人民订立的契约的产物，中国国家既然不好，我们可以宣布废弃旧的契约，解散这个国家，然后订立新的契约，建设新的国家。

其实，李大钊和章士钊的文章发表时，已是陈文发表八九个月之后了。这时，中国论坛风气有很大的变化，因为发生了"二十一条"事件。人们看到陈独秀的话完全应验了：袁世凯这个恶政府，的确是亡国的政府；这个自称是国家的恶国家，的确甚于无国家。那么我们为什么要忍受它的高压统治呢？"自觉心"果然起来排挤"爱国心"了。李大钊信内就说到，他有一个朋友起初不以陈独秀的议论为然，"厥后此友有燕京之行，旋即返东。询以国门近象，辄又未言先叹曰：'一切颓丧枯亡之象，均如吾侪悬想之所能及，更无可说。惟兹行颇赐我以觉悟，吾侪小民侈言爱国，诚为多事。曩读

---

① 《甲寅》第 1 卷第 7 期，1915 年。

独秀君之论，曾不敢谓然，今而悟其言之可味，而不禁以其自觉心自觉也.'”章士钊辩护信内也引证了梁启超新写的论文《痛定罪言》。梁启超设为“客问”，提出若干种理由说明“有国不优于无国”，而这些理由，梁启超都说是“余厥然无以应”的。梁感叹说：“夫客之言虽曰偏宕，不诡于正乎。然事实既已若兹，则多数之心理，不期而与之相发。呜呼！吾见夫举国人暗暗作此想者，盖十人而八九也，特不听敢质言耳。”章士钊引了这几句话之后说道：“夫梁先生方以不作政谈宣言于众也，劝人不为煽诱激刺之论者也，今骤然与昨日之我挑战，其所为惊人之鸣，竟至与举世怪骂之独秀君合辙而详尽又乃过之。此固圣者因昆制宜之道，然而谨厚者亦复如是，天下事可知矣。”

试想：八九个月以前，陈独秀那篇文章的议论为举世所怪骂，如今据梁启超说，持此议论者十人之中有八九人了。大多数当然是自发的，但不能说陈独秀的文章没有发生影响。所以，章士钊说陈独秀是“汝南晨鸡，先登坛唤”。

这里还有一个小插曲。郑超麟先生在1946年3月6日写完一文评介陈独秀《爱国心与自觉心》后，在《新青年》第5卷第3号发现了胡适一首新诗，题为《你莫忘记》。这首作于陈文五年后的诗，所要表达的思想观点，竟然与陈文一样，不过是把陈文变成了一首诗，不知是胡适受了陈文的启发，还是英雄所见略同，至少说明陈文的思想具有何等的深刻性。兹录于下：

（此稿作于六月二十八日。当时觉得这诗不值得存稿，所以没有修改它。前天读《太平洋中劫余生》的通信，竟与此稿如出一口。故又把已丢了的修改了一遍，送给尹默、独秀、玄同、半农诸位，请你们指正指正——适）

我的儿，我二十年教你爱国——
这国如何爱得！
你莫忘记这是我们国家的大兵，
强奸了三姨，逼死了阿馨，
逼死了你妻子，枪毙了高升。
你莫忘记：是谁砍掉你的手指，
是谁打死你的老子，

是谁烧了这一村……

嗳哟……

火就要烧到这里——

你跑罢，莫要同我们一齐死！

回来！

你老子临死时，只指望快快亡国；

亡给哥萨克，亡给普鲁士——都可以——

总该不至——如此！

　　1914～1915 年，陈独秀在东京襄助章士钊办《甲寅》杂志期间，还结识了三个以后对他的人生有深刻影响的朋友：李大钊、吴虞和易白沙。李大钊与陈独秀看来是以文会友认识的，除了那篇《厌世心与自觉心》与《爱国心与自觉心》的对话外，李大钊还向《甲寅》投有其他稿件。作为编辑，陈独秀当然会通过其文，认识其人。二人风格虽不同，但救国救民之心是相通的。所以，后来二人在新文化运动、宣传马克思主义、创建中国共产党、实现第一次国共合作和大革命等一系列改写中国历史的重大事件上，携手合作，写下了许多可歌可泣的篇章。

　　陈独秀在《甲寅》期间编辑处理过多少来稿，现在难以查清，但后来陈独秀说新文化运动中以"打倒孔家店"闻名的"蜀中名宿"吴虞的一组《辛亥杂诗》是陈所选载，"且妄加圈识"，陈为此对吴十分"钦仰"。[1] 因此，吴虞接着就成为陈发起的新文化运动中最得力的反孔主将。

　　易白沙与陈独秀是同在《甲寅》的编辑。在工作中，陈独秀十分欣赏易白沙的才识，因此，1915 年 6 月陈独秀回国时，易白沙与陈同往，成为陈独秀创办《青年杂志》的主要助手。不过，1917 年初，陈独秀赴北京大学任文科学长并带走《新青年》时，他没有同往，而是先后去湖南省立第一师范、天津南开大学、上海复旦大学任教。但因见政治日渐黑暗，忧国忧民的情结不能释怀，1921 年端午节那天，他学屈原，在广东新会投水自杀。

　　陈独秀则在屡起屡折后，不气馁，不悲观，决心开辟新的革命道路。

　　郑超麟对陈独秀不出来为自己的《爱国心与自觉心》文章辩护，对章士钊的辩护和李大钊的批评及引申其旨的信，也不发表意见，感到很奇怪。

①　陈独秀：《答吴又陵》，《新青年》第 2 卷第 5 号，1917 年 1 月。

章士钊当然劝过陈独秀出来回答读者的信，但是，陈在章士钊答文前一期《甲寅》发表的替苏曼殊的《绛纱记》写的序中，却表示"视执笔为文宁担大粪"。对此，郑先生这样解释：

第一，他（陈独秀）的文章不合于《甲寅》的作风。人家谈法理，论政制，他则要超出法理政制以上；人家始终把"爱国"置于一切之上，他则认为必须敢说"瓜分之局何法可逃，亡国为奴何事可怖"的话。此时，这话虽然私人谈论时十人八九不以为怪，但出版物的编辑人究竟不愿意发表出来的。

第二，他也必须有自己主编的杂志。从发表那篇文章时起，他就积极计划着自己办杂志了。他的老朋友（郑后来对笔者说是汪孟邹）还记得，甲寅年他就有办杂志的意思。他说："让我办十年杂志，全国思想都全改观。"甲寅停刊之前不久，他的杂志终于成功。这就是有名的《新青年》。①

郑先生这个分析是有一定道理的。笔者以为，最主要的原因是，陈独秀认为对于那十几封信的"诘问斥责"和章士钊、李大钊的文章的回答，不是一两封信可以解决的；同时，这类问题，也不是靠文字和话语可以释疑的，更不是如梁启超所说，一个"二十一条"事件，十之八九的人，已经觉悟到了；而是要做大量的宣传教育工作，更要掀起一场规模浩大轰轰烈烈的文化革命，从根本上改变国民性质。这才是陈独秀要自己办杂志的根本理由。从参加革命以来，他基本上是辅助别人行动，如吴稚晖在《章士钊—陈独秀—梁启超》一文中所述："黎元洪由副总统代任大总统时代的内阁，即定于上海霞飞路章（士钊）先生的宅内。陈（仲甫）先生却象演赤壁之战：章先生充做诸葛亮，他充做鲁肃，客散之前，客散之后，只有他徘徊屏际。"② 但是，倒袁以后的陈独秀，不再是"鲁肃"（别人的助手和秘书），而是新文化运动的领袖了。

---

① 郑超麟：《陈独秀与〈甲寅〉》，1946 年 3 月 6 日，手稿。
② 《吴稚晖先生文粹》第 1 册，全民书局，1929，第 316 页。

三　掀起中国近代启蒙运动（1915～1919）

创办《新青年》　揭开中国近代启蒙运动序幕

从1909年与陈独秀结合起，高君曼随陈多次享受过短暂的安宁、温馨、革命胜利带来的荣耀生活，也终以失败、逃亡、惊险和颠沛流离的生活而结束，甚至如陈独秀所说到1914年发展到"静待饿死"的程度。在这种情况下，陈独秀不得不离开妻子和四个儿女（陈延年、陈乔年和君曼所生的陈子美、陈鹤年）只身到日本去襄助章士钊编辑《甲寅》。而高君曼及四个儿女，除了陈延年、陈乔年主要靠勤工俭学维生外，另要拜托给汪孟邹照顾了。不幸的是，屋漏偏逢连夜雨，高君曼又得了当时最可怕的肺结核病，经常咯血。由于当时医学不发达，药贵而难治，因此被称为"痨病"、"富贵病"。人们谈痨色变。同时，陈延年因不满父亲与姨娘高君曼的结合，也常闹纠纷。① 在这短短的四五年间，生活如此跌宕起伏，五味俱全，使高君曼感慨万端。于是，一是几年来受陈独秀的文化修养的熏陶与耳濡目染，二是参加了柳亚子为首的以写诗咏词为主要活动的南社，高君曼在诗词创作上大有长进。于是她在愁苦中，写下了许多情意绵绵、心细如发、感人至深的怀念陈独秀的诗句，兹录其在《月词》、《饯春词》② 中的数首如下：

嫩寒庭院雨初收，花影如潮翠欲流。

---

① 石原皋：《陈独秀生平点滴》，《安徽文史资料》1980年第1期。
② 分别载《民国日报》1916年7月12日、14日。对诗的注释参照了安庆黄河先生的注释，唐宝林主编《简报》（陈独秀研究会会刊）2004年2月号。

绣幕深沉人不见，二分眉黛几分愁。

头两句应该是描写上海初春夜雨刚停时的景象，她似又失眠了，站到窗前感到一股寒意，看到月光映照在庭院里青翠的花叶上尚在流淌的雨水，思念不禁又送到那远在日本的心上人陈独秀身上，但在深沉绣幕后面却见不到人，只见自己的眼波眉语间几分的忧愁（眉黛，古代美女的一种称谓）。

倚窗临槛总成痴，欲向姮娥寄所思。
银汉迢迢宫漏永，闲阶无语立多时。

头两句写她经常不自觉地站到窗前发呆，以向遥远的（经常作诗自称"嫦娥"）的丈夫寄托思念。可惜中日两国隔海好似天地遥远难以到达，只得无语痴立多时。

寂寂春城画角哀，中宵扶病起徘徊。
相思满地都无着，何事深闺夜夜来。

寂静的春城忽然响起画角（古代一种竹筒似的主要是军中用的乐器，声音悲壮而高亢）悲壮而高亢的声音。夜半扶病百无聊赖地闲步在院中徘徊。对亲人的思念洒得满地却又无着落，我的病情和对他的思念，不知陈独秀知道否！而这种愁绪却夜夜袭来。

密云如绷望来迟，为拜双星待小时。
偷向丁帘深处立，怕他花影妒腰支。

（为期望陈独秀早日归来）拜牛郎织女星多时，可能是浓云密布的阻滞不能如约而来；我偷偷地躲在幕帘深处，怕他来时如婀娜亭亭的花影那样妒嫉我那纤弱的腰肢。

春寒风腻冷银缸，翠竹分阴上琐窗。
记得凭肩花底生，含情羞见影双双。

早春寒风吹冷了"银缸"（灯盏），摇动的翠竹影子不时投到连锁图案的纱窗。回忆从前曾与你凭肩依立在花丛下面，何时还能与你含情脉脉，俪影双双？

　　　　影事如烟泪暗弹，钗痕依约粉香残。
　　　　伤心最是当前景，不似年时共倚阑。

往事如烟泪暗弹，依然故我却失去了当年的美好。伤心最是当前景，往日与你共倚栅门的幸福到哪里去了！

　　　　洛阳三月春犹浅，刚觉春来春又归。
　　　　若个多情解相忆，征鞍还带落花飞。

春天在洛阳的三月似乎就要过去，使人觉得春来春又归；哪个多情人能解我的思念，恐怕只有常年在外征鞍奋蹄带着落花飞扬的他（陈独秀）。

　　　　离筵惆怅日西斜，客舍留春转自嗟。
　　　　多恐明年消息早，归来依旧是天涯。

红日西斜，离别筵上惆怅多多；客车之行发出像留不住春天辗转哀嗟的声音；又恐明年有报春花早发的消息，归来时不要又去天涯（希望亲人归来，又怕归来后迅即远去）。

　　　　羌笛凄凉怨玉门，春来春去了无痕。
　　　　年年载酒长安道，折得杨枝总断魂。

羌笛的凄凉声是抱怨挡住春风的玉门关，使春来春去无痕迹；虽然年年在长安道上来往喝酒，每当折得杨枝报春，却总有梦断魂销之感。

　　　　楼下花骢花下嘶，殷勤还与订归期。
　　　　问君更有愁多少，拼把年华换别离。

楼下的青白马对花丛高声嘶鸣，似问主人何时归来；问君到底有多愁？哪忍心把宝贵的年华换取一次次离别。

这些诗，对时令、花、月等景物如此的敏感，以极其细腻的女性的笔触抒发了对亲人陈独秀的情爱，离别哀怨、急盼思归之情是如此的深切，读了无不感人肺腑。

这种煎熬难忍的心绪必然加重她的肺结核病，经常咯血不止，因此急坏了汪孟邹。汪就急信催还陈独秀。1915 年 6 月中旬，陈独秀回国。在船上见日本船警打骂被窃车票的中国穷学生，周围的中国人看热闹，颇与鲁迅在仙台医学院看日军残杀中国人时围观的中国人麻木不仁的情景相似。陈独秀立即上前阻止日警暴行，并劝大家捐钱为穷学生补票，多有为富不仁者，不屑而避，却听到日警叽里咕噜地说"中国人唯暴力是从"的话，又一次深深刺痛陈独秀的心，加深了他对中国人国民性的认识。6 月 20 日，陈到上海，汪孟邹还为他设宴洗尘。①

这时的形势，由于袁世凯冒天下之大不韪，想当皇帝，大造复辟帝制的舆论，并因此悍然接受日本的"二十一条"，又激起全国反袁斗争的高潮。不少安徽的革命者也聚集到上海陈独秀周围，进行倒袁活动。柏文蔚也从南洋汇来募捐之款，作为活动经费。但是，陈独秀这时正筹备"自己的杂志"，酝酿另一种革命，所以对这样的政治活动兴趣已经不大。于是，正如以上吴稚晖所说，陈让章士钊做"诸葛亮"，以章的住宅为活动基地，自己只当"鲁肃"，安排这些同志活动。

陈独秀当时一贫如洗，创办杂志谈何容易，只得靠他的革命威望和友情。汪孟邹想帮他，但当时汪的力量还不足以承担印刷、发行等事项。汪即介绍他去找开办"群益书社"的安徽出版家陈子佩、陈子寿兄弟。二陈乐意承担《青年杂志》的印刷和发行工作；双方议定：每月的编辑费和稿酬二百元，月出一本。

9 月 15 日，《青年杂志》创刊。到 1917 年 1 月的《新青年》（1916 年由《青年杂志》改名）第 2 卷第 5 号，都在上海出版，由陈独秀一人主编，除各期的重要稿件都由陈独秀亲自撰写外，其他主要撰稿人有高一涵、易白沙、吴虞、刘叔雅、谢无量、潘赞化、高语罕、李大钊、杨昌济、苏曼殊、吴稚晖、刘半农、胡适等。还有专门从事编译的李亦民和陈嘏。据程演生

---

① 《梦舟日记》第一本（1915.3.20～7.30），上海历史博物馆藏。

说，这陈嘏就是陈独秀哥哥陈孟吉的儿子陈遐年，他翻译的四部小说——屠格涅夫的《春潮》、《初恋》和英国王尔德的《弗罗连斯》（悲剧）、法国龚枯尔兄弟的《基尔米里》，从《青年杂志》创刊号起，一直连载到1917年2月1日的《新青年》第2卷第6号。这个侄儿，成为陈独秀在《新青年》初创时期的得力助手。从以上《新青年》创刊初期的作者群看到，他们基本上是《甲寅》的编者和作者，再联系到《爱国心与自觉心》一文与陈独秀创刊《青年杂志》的联系，可以说，陈独秀在《甲寅》一年的编辑生涯，为《新青年》的诞生，打下了思想和组织上的基础。

经历了《爱国心与自觉心》发表后近一年的观察与思索，陈独秀对自己提出的问题：中国人为什么没有近代西方人那样的"自觉心"，怎样改造中国人的国民性，等等，已经找到答案，不必再用那种"正言若反"、"故耸危言"的手法，去刺激昏睡中的中国人民，而可以用正面阐述、宣传教育的方法来改造国民性。但由于中国人受封建思想毒害太久太深，同样也要用惊世骇俗、振聋发聩、石破天惊的话语，去喝醒他们。在相当于《青年杂志》发刊词的《敬告青年》一文中，陈独秀以极其鲜明的文字，提出了他心目中的具有"自觉心"的国民性的标准：

> 自主的而非奴隶的；进步的而非保守的；进取的而非退隐的；
> 世界的而非锁国的；实利的而非虚文的；科学的而非想像的。[①]

任何一个思想家提出先进思想都不可能脱离那个时代的背景。陈独秀提出的这六条标准，与梁启超的"新民"标准一样，属于资产阶级民主主义的范畴，即"以个人为本位"（个人主义自由平等，个性解放等）、"以法治为本位，以实利为本位"。[②] 但是，在中国那个时代，唯有这个思想是先进的、科学的。

同时，与古今中外一切进步的思想家一样，陈独秀也把拯救中国的希望，寄托在青年身上："予所欲涕泣陈词者，惟属望于新鲜活泼之青年，有以自觉而奋斗耳！"[③] 所以，这六条标准，首先是新青年的标准。

---

① 陈独秀：《敬告青年》，《青年杂志》第1卷第1号，1915年，第2~6页（本文对这六条标准逐条进行了论述）。
② 陈独秀：《东西民族根本思想之差异》，《青年杂志》第1卷第4号，1915年。
③ 陈独秀：《敬告青年》，《青年杂志》第1卷第1号，1915年，第6页。

说也凑巧，《青年杂志》出了几期后因声名鹊起，引起了基督教上海青年会的抗议，说此杂志因与他们办的《上海青年杂志》名字雷同，应该及早改名，以免犯冒名的错误。因为当时的北洋政府的著作权法规定：著作权经注册后，遇有他人翻印仿制及其他各种假冒方法损害其权利时，得提起诉讼。其实《青年杂志》是月刊，《上海青年杂志》是周刊，无论刊名、周期和内容，二者区别是十分明显的，但是出版方陈氏兄弟为了避免不必要的麻烦和官司，就由陈子寿到陈独秀住宅商量，拟将杂志改名为《新青年》。当时汪孟邹也在座，赞成改名。陈独秀亦只好同意。所以，这次改名，并非出自陈独秀的本意。这从当时（1916 年 8 月 13 日）陈给胡适信中可看出："《青年》以战事延刊多日，兹已拟仍续刊。依发行者之意，已改名《新青年》。"于是，从 1916 年 9 月 1 日即《青年杂志》创刊一周年起，正式改名为《新青年》。想不到，正是这个名字，连同"陈独秀"三字，在中国历史上树立起一块永恒的丰碑。

陈独秀在《敬告青年》中又指出，这六条标准的基本精神是"科学"与"民主"："国人而俗脱蒙昧时代，羞为浅化之民也，则急起直追，当以科学与人权并重。"陈独秀在新文化运动开始时，讲民主侧重于"人权"即争取个人的民主自由权利，随着运动的深入，如提出"德先生"、"赛先生"时，他把民主扩大到政治、经济、文化和学术等一切领域，而"近代欧洲之所以优越他族者"，当以科学与民主并重，"若舟车之有两轮焉"。

这样，陈独秀在《青年杂志》开篇就高举起科学与民主两面大旗，从而揭开了中国近代化——思想启蒙运动的序幕。

从此，陈独秀联合远近志同道合的战友，向中国几千年的封建文化传统特别是其最落后、最保守、最反动的部分——儒家三纲（君为臣纲、父为子纲、夫为妻纲）、老庄与佛教的退隐思想和迷信观念，以及为这些学说、思想、观念服务的旧教育、旧文学，发起持续的、猛烈的攻击，掀起一场又一场惊世骇俗、影响深广的革命。在中国历史上，统称其为"新文化运动"，由于其结果直接导致了另一个伟大事件——五四爱国运动的爆发，因此又称其为"五四新文化运动"，其中震动最大的是伦理革命、教育革命、宗教革命、文学革命。

陈独秀一直把这场运动的重点放在批判儒家伦理学说即伦理革命上，指出"三纲"之说把全国每一个人都变成没有独立自主人格，没有平等自由人权的奴隶，必须彻底推倒。他认为只有这样才能从根本上振兴中华。因为，"集人成国，个人之人格高，斯国家之人格亦高；个人之权巩固，斯国家之权亦巩固"。① 这就把人的解放与国家的振兴联系起来了，把启蒙与救亡统一起来了。这也是陈独秀参加革命以来的一贯思想。

国家的政治救亡，必须从国民的文化革命开始。这个思想无疑是新颖而深刻的。因为当时中国社会的结构是：政治上是封建专制的统治体制，支撑它的支柱是三根：一、小农经济的经济基础；二、儒家伦理思想为中心的封建文化，包括"文以载道"、宣教儒家伦理思想的旧文学，灌输这个思想并教育青年只知个人升官发财的旧教育，和教人认天命、不抗争、迷信鬼神的佛教和消极退让的老庄哲学；三、时时想灭亡中国、遭到抵制后转而支持中国封建统治者奴役中国人民的帝国主义。维新运动和辛亥革命只是触动了一下政治体制而未动摇三根支柱，自然是推而不倒。陈独秀发起的新文化运动，把主要攻击矛头集中到三根支柱中的主要支柱——儒家伦理思想和封建文化，把封建统治下沉睡的广大人民唤醒，人人成为有独立自主人格和平等自由人权的战士，自然具有空前伟大的意义。陈独秀的思想逻辑是：只有自由独立的人民，才能有自由独立的国家。同时，这次还与他当年办《安徽俗话报》时不一样，不是从"家"与"国"的关系、从"家"的利益启发国民关心国家命运的政治觉悟，而是从"人"与"家族"（封建社会基石）的关系，即"个人"利益（人权）出发，来启发国民的伦理觉悟，即从改造社会的社会革命入手，来拯救国家的命运，具有更深刻、更彻底的意义。

所以，陈独秀认为伦理的觉悟比政治觉悟具有更深的层次："吾敢断言：伦理的觉悟，为吾人最后觉悟之最后觉悟。"②

正因为在陈独秀的思想中启蒙与救亡是统一的，所以，在他批判旧文化的文字中，处处从当时中国的危亡形势出发，紧扣救亡主题。

如：强调改造国民性重要时，他说："今其国之危亡也，亡之者虽将为强敌，为独夫，而所以使之亡者，乃其国民之行为与性质。欲图根本之救亡，所需乎国民性质行为之改善，视所需乎为国献身之烈士，其量尤广，其势尤迫。""若其国之民德，民力，在水平线之下者，则自侮自伐，其招致强敌独夫也，如磁石之引针，其国家无时不在灭亡之数，其亡自亡，其灭自灭也。"③

① 陈独秀：《一九一六年》，《青年杂志》第 1 卷第 5 号，1916 年。
② 陈独秀：《吾人最后之觉悟》，《青年杂志》第 1 卷第 6 号，1916 年。
③ 陈独秀：《我之爱国主义》，《新青年》第 2 卷第 2 号，1916 年。

批判独尊儒术时，他说："窃以无论何种学派，均不能定为一尊，以阻碍思想文化之自由发展。况儒术孔道，非无优点，而缺点则正多。尤与近世文明社会绝无不相容者，其一贯伦理政治之纲常阶级说也。此不攻破，吾国之政治、法律、社会道德，俱无由出黑暗而入光明。"①

所以，陈独秀发起新文化运动的思路，一开始就与后来加入运动的胡适等"纯文化运动派"不一样，因此，在第一次世界大战后，陈独秀和李大钊等人与胡适派决裂而转向政治救亡，乃是自然的结果。陈独秀在新文化运动中，从来没有忘记过政治救亡。

如果说批判儒家伦理是陈独秀发起的这场运动高扬民主精神的体现，那么，批判宗教迷信、批判旧文学、旧教育，则更多地体现了科学精神。

对于中国人的宗教迷信传统和老庄退让苟安忍辱哲学，陈独秀认为是造成中国国民性腐败堕落的最大原因之一，并且完全适合儒家奴隶伦理的需要，所以，新文化运动对其发起了猛烈的攻击。他说："吾国旧说，最尊莫如孔、老。一则崇封建之礼教，尚谦让以弱民性；一则以雌退为教，不为天下先。吾民冒险敢为之风，于焉以斩。"②又说："老尚雌退，儒尚礼让，佛说空无。义侠伟人，称为大盗；贞直之士，谓为粗横。充塞吾民精神界者，无一强梁敢进之思。惟抵抗之力，从根断矣"；"审是人生行径，无时无事，不在剧烈战斗之中，一旦丧失其抵抗力，降服而已，灭亡而已，生存且不保，遑云进化！盖失其精神之抵抗力，已无人格之可言；失其身体之抵抗力，求为走肉行尸不可得也！"③ "苟安忍辱，恶闻战争，为吾华人最大病根，数千年来屈服于暴君、异族之下者，只以此耳。"④

如此批判佛教老庄哲学，确有振聋发聩、惊世醒言之力。

需要指出的是，《新青年》从创刊到迁移北京前的上海时期，攻击的主要矛头是儒家伦理和佛老学说，即伦理革命和宗教革命。这时期的杂志完全由陈独秀一人主编，而且他发扬主编《安徽俗话报》时期的精神，不仅是主编，还是主笔，每期主打文章全由其亲自撰写，不仅写主打文章，还写其他文章；不仅撰写，还搞译作，还以"记者"为笔名，编写每期的"国内大事记"和"国外大事记"，同时回答读者来信，等等。所以，这时期的

---

① 陈独秀：《我之爱国主义》，《新青年》第 2 卷第 2 号，1916 年。
② 陈独秀：《答李大槐》，《青年杂志》第 1 卷第 3 号，1915 年。
③ 陈独秀：《抵抗力》，《青年杂志》第 1 卷第 3 号，1915 年。
④ 陈独秀：《答李亨嘉》，《新青年》第 3 卷第 3 号，1917 年。

《新青年》，连"同人杂志"都称不上，而带有"独人杂志"的色彩，往往在一期上出现他署名"陈独秀"或"独秀"的文章不止一篇，如第1卷第1期目录上有四篇：两篇自撰的主打文章《敬告青年》和《法兰西人与近代文明》，两篇译作。第1卷第3号、2卷2号、2卷4号，都有三篇。其他各期一般都是两篇。若再加上他写的国内外大事记和通信，那么，他在每期上发表的文字就相当可观了。可以说，《新青年》时期，是他一生创作最丰富的时期。所以，后来收集起来出版的这时期（到1922年止）《独秀文存》，其版税收入竟成了他一生（及全家）生活费的主要来源。

但这也反映了新文化运动发轫期陈独秀筚路蓝缕、孤军奋战的悲壮情景。如鲁迅后来所描写的："不特没人来赞同，并且也还没有人来反对。"①

造成这种状况的主要原因，是因为这时还没有形成"新文化运动阵营"的核心——《新青年》作者群。不过，就一般情况而言，一本杂志的影响总是慢慢扩大的。而《新青年》的初期，还没有像鲁迅说的那么糟。

这时期的《新青年》作者，除了陈独秀外，虽然还有几个常著的作者和译者，但紧紧围绕陈独秀文章的伦理革命和宗教革命主题的，主要有三个人，高一涵、易白沙、吴虞。而高、吴并不在陈身边，一个远在日本，一个远在四川。

高一涵可以说是陈独秀进行新文化运动的第一位得力助手。他虽比陈小六岁，但早年与陈有很多相同的经历。他是陈的安徽同乡，幼年也受过严格的传统教育，并中过秀才。后来，他进入安庆安徽高等学堂，接触到梁启超的《新民丛报》和同盟会的《民报》，并亲眼看到徐锡麟因刺杀安徽巡抚未果被剖腹剜心事件，产生了反清革命的思想。民国初年，他到日本留学，入明治大学政治系，系统研究西方民主政治，这为他以后成为陈独秀得力助手、宣传民主主义思想奠定了专业基础。在此期间，他被"头号政论家"章士钊主编的《甲寅》所吸收，成为其编辑部的主要编者，于是与同在编辑部的陈独秀相识，同乡加同志，二人一见如故。正如吴稚晖所说："把人物与《甲寅》联想，章行严而外，必忘不了高一涵，亦忘不了陈独秀。"②因此，陈独秀回国后创刊《新青年》，便向他约稿，他总是按要求及时供稿。当时因《甲寅》也迁回上海，高一涵一时生活困难，陈独秀的约稿，

---

① 鲁迅：《呐喊·序》，《鲁迅全集》第1卷，人民文学出版社，1973，第274页。
② 吴稚晖：《章士钊—陈独秀—梁启超》，《吴稚晖先生文粹》第1册，第316页。

解决了他的燃眉之急。后来他回忆说："余时已到日本三年余，为穷所迫，常断炊。独秀约余投稿，月得十数元稿费以糊口。"① 而陈独秀对他写的稿子则视为雪中送炭，总是安排在他的主打文章下面，成为贯彻《新青年》宗旨的重要言论：阐述西方民主政治制度、民主与专制的区别，民主与自由的关系、国家与国民的关系以及青年与人生的价值等。如第一卷头五期的前二、三篇稿件安排：

敬告青年（陈独秀）
法兰西人与近代文明（陈独秀）
共和国家与青年之自觉（高一涵）

今日之教育方针（陈独秀）
共和国家与青年之自觉（续本卷一号）（高一涵）

抵抗力（陈独秀）
民约与邦本（高一涵）
共和国家与青年之自觉（续本卷二号）（高一涵）

东西民族根本思想之差异（陈独秀）
国家非人生之归宿论（高一涵）
读梁任公革命相续之原理论（高一涵）

一九一六年（陈独秀）
我（易白沙）
自治与自由（高一涵）

这里还有一个小小的传奇故事。李大钊相识高一涵，就是通过《新青年》："守常读《新青年》，见余文，知在东京，访问半年余，终无人见告。迨帝制事起，东京有留学生总会之组织，守常见留学生总会中有余名，转辗询问，始得余之住所。一日房主持李大钊名片上楼，余览片竟不知为何许

---

① 高一涵：《李大钊同志传略》，武汉《中央日报》副刊，1927年5月23日。

人。及接谈，始知守常已访余半年矣，此为余与守常相见之始。因纵谈国事，所见无不合，遂相交。"①

因为这个缘故，1917 年 8 月，陈独秀把高一涵和李大钊一起请进了《新青年》编辑部，开创了后来"南陈北李"的新篇章。

如果说高一涵注重引进西方民主思想，那么四川的吴虞则注重批判儒家伦理与佛老思想，"打倒孔家店"这一新文化运动中最富战斗力的口号，就是吴虞提出来的，所以胡适称他是"只手打倒孔家店"的老英雄。在伦理革命中，高与吴二人可谓是陈独秀的左膀右臂，哼哈二将。陈独秀对于吴虞文章的赞赏，如同《新青年》第 1 卷中对高一涵的文章一样，在 1917 年 2 月出版的第 2 卷第 6 号以后的连续五期，吴虞的文章都排在陈独秀后面的第二篇的位置：

> 文学革命论（陈独秀）
> 家族制度为专制主义之根据论（吴虞）
> 对德外交（陈独秀）
> 读荀子书后（吴虞）
>
> 俄罗斯革命与我国民之觉悟（陈独秀）
> 消极革命之老庄（吴虞）
>
> 旧思想与国体问题（陈独秀）
> 礼论（吴虞）
>
> 时局杂感（陈独秀）
> 儒家主张阶级制度之害（吴虞）

下一期即第 3 卷第 5 号，只在中间插了一篇刘半农的文章：

> 近代西洋教育（陈独秀）
> 诗与小说精神上之革新（刘半农）

----

① 高一涵：《李大钊同志传略》，武汉《中央日报》副刊，1927 年 5 月 23 日。

儒家大同之义本于老子说（吴虞）

截止到 1922 年，即新文化运动期间出版的 9 卷 54 期《新青年》中，如以上这样编排高一涵、吴虞的文章，是绝无仅有的。这充分表明了高、吴二人在陈独秀心目中的地位。

陈独秀所以如此安排吴虞的文章，是由于当时吴虞给陈的一封信引起的。信中说 1906 年吴游日本时曾作诗数首，"注中多'非儒'之说"。归国后，常以《六经》、《五礼通考》、满清律例及诸史中议礼、议狱之文，对照研究西方孟德斯鸠等人著作及欧美各国宪法、民法、刑法，"十年以来，粗有所见"，写了以上诸篇，并在投登《甲寅》的《辛亥杂诗》中，发表了"非儒"心得。吴虞认为："孔子自是当时之伟人，然欲坚执其学，以笼罩天下后世，阻碍文化之发展，以扬专制之余焰，则不得不攻之者，势也。"信中又说道，这些"非儒"文章，由于内务部朱启钤电令封禁，"成都报纸，不甚敢登载"。"读贵报大论，为之欣然。故不揣冒昧，寄尘清监，教之为幸。"①

陈独秀接读此文，如同又得一知音，当然十分激动，回信说：早"闻知先生为蜀中名宿。《甲寅》所录大作（指《辛亥杂诗》——引者），即是仆所选载，且妄加圈识。钦仰久矣！兹获读手教并大文，荣幸无似"。并表示：尊著倘全数寄赐，载于《青年》，"嘉惠后学，诚盛事也"。接着，陈独秀高屋建瓴地阐述了与吴同样的"非儒"观点："窃以无论何种学派，均不能定于一尊，以阻碍思想文化之自由发展。况儒术孔道，非无优点，而缺点正多。尤与近世文明社会绝不相容者，其一贯伦理政治之纲常阶级说也。此不攻破，吾国之政治、法律、社会、道德，俱无由出黑暗而入光明。"最后，他对吴虞的文章寄予极高的期望："神州大气，腐秽蚀人，西望峨眉，教之为幸，瞻仰弗及我劳如何！"②

由于吴虞与陈独秀以上的关系，1919 年，吴虞也被邀请到北大任教。

易白沙是跟随陈独秀从日本回国助其创办《青年》的主要帮手。在《新青年》的上海时期，他写的批判儒家伦理和宗教迷信方面的文章，也很突出。上述吴虞给陈独秀的那封信中说"读贵报大论，为之欣然"，从而引

---

① 《新青年》第 2 卷第 5 号，1917 年 1 月 1 日。
② 《新青年》第 2 卷第 5 号，1917 年 1 月 1 日。

发他寄"非儒"诸篇的,具体是指易白沙的《孔子平议》。

易白沙对诸子百家都有较深的研究,批评中肯,也比较平允,所以他用了《孔子平议》的标题。这在当时包括陈独秀在内的新文化派比较偏激的情况下,显得十分可贵,对因偏激而遭到太多攻击的新文化运动是一种保护。文章说:"天下论孔子者,约分两端:一谓今日风俗、人心之坏,学问之无进化,谓孔子为之厉阶;一谓欲正人心、端风俗,励学问,非人人崇拜孔子,无以收拾末流。此皆瞽说也。"①

众所周知,这里说的第一端,即是当时陈独秀非儒给保守派的口实,也是后来评论新文化运动的一般学者,在肯定新文化运动成绩后,总要说上的几句话。虽然陈独秀一再申明,他所批判的一是儒家伦理学说对国民素质的毒害,二是孔子思想不适合现代生活,并不是全盘否定孔子,相反,他对儒家学说在中国奴隶社会向封建社会进化时期的历史进步作用、它的反宗教鬼神思想、它的有教无类等教育思想等,都给予了相当高的评价。这些,即使是提出"打倒孔家店"的吴虞也是注意到了的。但是,人们无视这些,硬说陈和这些新文化运动的干将全盘否定儒家学说,显然偏颇。这里除了这些批评者自己偏颇之外,还有一个原因是,当时为了推动伦理革命,陈独秀把主要的攻击矛头放在孔子学说消极面上,而不可能同时去花许多精力阐发儒家学说的积极面如何如何。

易白沙用较多篇幅阐述孔儒的历史面目及其不足,指出:"孔子当春秋季世,虽称显学,不过九家之一。主张君权于七十二诸侯,复大非世卿,倡均富,扫清阶级制度之弊,为平民所喜悦。故天下丈夫、女子,莫不延颈举踵而愿安利之。无地而为君,无官而为长,此种势力,全由学说主张,足动当时上下之听。"但是,"秦始皇摧残学术,愚弄黔首,儒宗亦在坑焚之列。孔子弟子,善于革命,鲁诸儒遂持孔氏之祀器,往奔陈涉,此盖以王者受命之符,运动陈王,坚其揭竿之志……汉高祖震于儒家之威,鉴秦始覆辙,不敢再溺儒冠,祠孔子以太牢,博其欢心,是为孔子身后第一次享受冷牛肉之大礼。汉武当国,扩充高祖之用心,改良始皇之法术,欲蔽塞天下之聪明才智,不如专崇一说,以灭他说。于是罢黜百家,独尊儒术,利用孔子为傀儡,垄断天下之思想"。进而,易文在揭破"中国二千余年尊孔大秘密"之后,详细论述儒学自身的问题,驳斥了"以孔子一家之学术代表中国过去、

---

① 易白沙:《孔子平议》(上),《青年杂志》第 1 卷第 6 号,1916 年 2 月 15 日。

未来之文明"，独尊儒术、罢黜百家的说教，指出："孔子之学只能谓为儒家一家之学，必不可称以中国一国之学。盖孔学与国学绝然不同，非孔学之小，实国学范围之大也。朕即国家之思想，不可施于政治，尤不可施于学术。三代文物，炳然大观，岂一人所能统治"。①

易白沙如此评论孔子，似乎更能为广大中间派人士所接受。

但是，必须指出，如城门失火，殃及鱼池那样，任何革命在摧毁旧事物的时候，总会发生一些偏颇的现象，那些不该否定的东西，在革命过后，也早晚会重新树立起来。然而，要革命在"保证不发生偏差"的情况下才能爆发，却是可笑的，因此总是指责革命的偏颇，指责新文化运动的"片面性"和"绝对化"错误也是可笑的。

所以，对于新文化运动的"片面性""绝对化"，笔者同意陈金川先生的评议：对陈独秀等五四新文化战士而言，当时"反传统"是有特定含义的，主要是指腐朽而顽固的封建传统。因为当时正值民国初创之际，封建余孽和封建幽灵仍在四处猖獗地活动，成为阻挠民主、科学精神传播的最大障碍和社会进步的最大阻力，只有毫不妥协地与旧的传统势力彻底决裂并全力铲除它，才能为民主共和制度和民主、科学精神的确立扫清障碍。所以说，陈独秀的这种反传统主义不仅具有唤醒民众的深刻的思想启蒙意义，而且具有推动社会进步的不可磨灭的历史功绩。虽然当时个别新文化战士提出过废除汉字、取消中医、改良种族之类的过激观点，但有这种主张的人也并非他的本意，而是一种反封建的急躁情绪的随意发泄和矫枉过正的激将法而已。陈独秀本人并不赞成废除汉字，只是主张汉字走拼音化道路；虽然他提倡白话文，但并不否认中国古代格律诗词的艺术价值；虽然无情抨击儒家"三纲五常"的封建礼教，但对作为学者和教育家的孔子，仍表示相当之尊敬，并没有不分青红皂白地一概骂倒。这些都充分表明，当时陈独秀的反传统主义有特定的内涵和指向，不可任意曲解。有人总是貌似"辩证"地挑剔其中全盘否定封建传统所犯的"绝对化毛病"，其实这是最缺乏辩证眼光的庸人之见。如果对当时为害甚烈的阻挠社会进步的封建传统，也持"公允"的、"一分为二"的含糊态度，还有五四精神和开启中国现代化大门的新文化运动吗？！是否可以这样讲，在当时条件下，这种"绝对化毛病"是为了彻底反封建而在认识论上必然要付出的代价？从这个意义上说：没有片面

---

① 易白沙：《孔子平议》（上、下），《青年杂志》第1卷第6、7号，1916年，第1、7页。

性，就没有新文化运动。①

这就是我们常说的"片面的深刻性"和"深刻的片面性"。人们总想折中、平稳地发展，但客观事物和社会的发展总是不平衡的。自然，作为历史反思，我们应该在以后的历史转折时期，尽量减少矫枉过正带来的负面影响。

蔡元培三顾茅庐请出"总司令"

按照鲁迅的感觉，初期的《新青年》（主要是上海时期再加到北京后的初期）和陈独秀是寂寞的，从严格意义上说，还没有形成"运动"（这是细分而言，总体来说，所谓"新文化运动"，当然从 1915 年《青年》创刊就开始了）。走出寂寞，成为全国性的运动的转折点，是《新青年》移到北京，而关键性的人物是时任北京大学校长的蔡元培。

蔡元培，这位曾受过清王朝恩宠的翰林大学士，早就是清王朝的背叛者，他曾是光复会的创始人，1905 年还曾一度与陈独秀等一起试验炸药，热衷于无政府主义的暗杀活动。辛亥革命时，他在孙中山民国政府中任教育总长。失败后，赴欧洲留学、考察，着重研究西方资产阶级国家的政治制度和文化教育制度，在更加坚定民主政治的同时，对西方的教育制度产生浓厚兴趣，树立起教育救国的思想。他认为教育是一国立国之本，教育发达与否，直接关系国家的强弱兴衰。西方一些国家所以先进强盛，都是由于教育发达，因而，国民文化素质高，人才辈出，科学昌明。而中国所以落后，是由于教育不发达，因而，国民文化素质低下，人才奇缺，科学不昌明。1916年 9 月，他还在法国时，即收到北京政府教育总长范源廉的电报，促其回国担任北京大学校长。这为他施展自己教育救国的抱负提供了机会。当他回到上海时，汪精卫、吴稚晖、马君武等不少友人反对他去北大这个是非之地，他却回答说："吾人苟切实从教育着手，未尝不可使吾国转危为安。"② 可见其教育救国思想之坚定。1917 年 1 月 4 日，蔡元培就任北京大学校长，翻开他一生中最辉煌的一页。

---

① 参见《陈金川在南京全国第七次陈独秀学术研讨会上的发言》，载唐宝林主编《简报》（陈独秀研究会会刊）第 3、4 期合刊，2002 年，第 43 页。

② 《蔡元培致汪兆铭》，1917 年 3 月 15 日，《蔡元培全集》第 3 卷，中华书局，1984，第 26 页。

建立于清末的京师大学堂，辛亥革命后改名为北京大学，是全国最高学府。但其腐败也是最出名的。主要是学生多以它"为升官发财之阶梯"，对研究学问不感兴趣，多有常到北京前门八大胡同（当时北京妓女集中地）嫖妓者，时称"两院一堂"〔即嫖妓比较多的是参议院、众议院"议员"和大学堂（即北大）的教员和学生。在这方面，陈独秀和理科学长夏浮筠，也有不检点的地方，后来成为保守派造谣盯死的缝隙〕。因此，学生对专业教员不欢迎，甚至反对；而对政府官吏兼职的教员，即使不学无术，也热情笼络，以为可做将来仕途的靠山。因此，学校内学风陈腐，复古主义思想泛滥。蔡元培教育救国，决心从改革北大开始，并首先从文科入手。因为文科教员中，顽固守旧人物最多，崇尚宋儒理学的桐城、文选派占优势，亟须延聘革新思想的人物来主持和充实文科。所以，蔡元培对于聘用文科学长一职，特别慎重，曾请当时国立北京医学专门学校校长汤尔和推荐人才。

这时，陈独秀正巧在为"亚东"和"群益"两书社合并之事帮忙，帮他们起草合并协议，又与汪孟邹一起来到北京筹集股份。到北京后，在琉璃厂，陈独秀偶遇在北京大学的老朋友沈尹默。沈随后告诉在北京医专的汤尔和。于是，沈和汤分别向蔡推荐了陈独秀出任北京大学文科学长，并告诉蔡：陈独秀就是当年的陈仲甫，还拿了几本《新青年》给蔡元培看。蔡对陈独秀原本怀有"一种不忘的印象"，特别是对于他早年编发《安徽俗话报》，鼓吹民主思想，很是钦佩；现今，他再翻阅《新青年》，更赞同其主张，认为陈"确可为青年的指导者"。于是，他就决定聘陈独秀出任北大文科学长（相当于后来的文学院院长）。[①]

陈独秀当时住宿前门一小旅馆——中西旅馆。蔡元培诚聘陈独秀的经过十分感人，颇有当年刘备三顾茅庐请诸葛亮出山的精神。他从汤尔和处打听到陈独秀住处后，就亲自登门拜访。据汪孟邹1916年12月26日的日记记载：这几天"蔡先生差不多天天来看仲甫，有时来得很早，我们还没有起来。他招呼茶房，不要叫醒，只要拿凳子给他坐在房门口等候"。[②]

为什么谈了好几天呢？因为陈独秀起初不答应。陈回沪后对安徽老乡、老友、邻居岳相如说："蔡先生约我到北大，帮助他整顿学校。我对

① 蔡元培：《我在北京大学的经历》，《东方杂志》第 31 卷第 1 号；沈尹默：《我和北大》，《五四运动回忆录》（续），中国社会科学出版社，1979，第 166 页。
② 《孟邹日记》，汪原放：《回忆亚东图书馆》，第 36 页。

蔡先生说，我从来没有在大学教过书，又没有什么头衔，能否胜任，不得而知。"① 陈又提出正在主编《新青年》，摆脱不了。蔡元培则答应他：《新青年》可以带到学校里来办；没有头衔，不碍事，我了解你，我不搞论资排辈，只求真才实学的人，没有教过书，主要做教学的组织和管理工作。陈独秀拗不过，最后答应："我试干三个月，如胜任即继续干下去，如不胜任即回沪。"②

1917 年 1 月 13 日，即蔡元培校长到任第十天，北京政府教育部函字第十三号发出："贵校函开前安徽高等学校校长陈独秀品学兼优堪胜文科学长之任……当经本部核准在案，除令行外，相应函复。"

随此复函，附教育总长范源廉令乙件："教育部令第三号：'兹派陈独秀为北京大学文科学长。'"③

15 日，蔡元培以校长名义发布第三号布告："本校文科学长夏锡祺已辞职，兹奉部令派陈独秀为本校文科学长。"

这个布告引起当年北大二年级学生冯友兰先生晚年一个回忆：蔡元培先生到了，他当时先换文科学长。"新学长就是陈独秀先生"；蔡先生"到校后没有开会发表演说，也没有发表什么文告宣传他的办学宗旨和方针。只发了一个布告，任命陈独秀为文科学长。就这几个字，学生们全明白了，什么话也用不着说了"。可见，二人都是不尚空话而重实践的人。

因此二人一来，北大就立即大变样了。"文科的教授多了，学生也多了，社会对文科另眼看待，学校是变相的科举的观点打破了。"学生中间开始觉得入大学的目的是研究学问，并不是为得个人仕途的"出身"。就以学校的主要工作——教学而言，冯友兰接着说：以前"各学门的功课表者订得很死，既然有一个死的功课表，就得拉着教师讲没有准备的课，甚至他不愿意讲的课。后来选修课加多了，功课表就活了……（先）让教师们说出他们的研究题目，他可以随时把他研究的新成就充实到课程的内容里去……这样，他讲起来就觉得心情舒畅，不以讲课为负担；学生听起来也觉得生动活泼，不以听课为负担"。④

从北京大学档案中看到，当时陈独秀地位之尊，竟然在蔡校长之后排在

---

① 岳丹秋（岳相如之子）：《陈独秀生平点滴》，《安徽文史资料选辑》1980 年第 1 辑。

② 岳丹秋（岳相如之子）：《陈独秀生平点滴》，《安徽文史资料选辑》1980 年第 1 辑。

③ 以上教育部两件原件皆存北京大学。

④ 《冯友兰自述》，河南人民出版社，2004，第 39 页。并参照中国人民大学出版社同书的内容。

第二位。如 1917 年 12 月 28 日北京政府教育总长傅增湘签署的批准温宗禹代工科学长的教育部指令文件上，附签的北京大学领导人中，蔡元培校长是第一名，第二名即文科学长陈独秀，下面是理科学长夏浮筠（字元瑮）等。虽然夏的工资比陈独秀多 50 元，但在工资表上，陈独秀也排在第二位。在北京大学领取薪金的签名簿①上，第一名是校长蔡元培，月薪 600 元，第二名是文科学长陈独秀 300 元，第三名是理科学长夏浮筠 350 元。更有意思的是，在这张表上李大钊是文科教授兼图书馆馆长，只拿 120 元。毛泽东作为图书馆助理员，仅拿 8 元。这张工资表保存在北京大学档案中，陈列在北大旧址（现北京市中心五四大街"红楼"）举办的"新文化运动纪念馆"里，这也从另一侧面，反映出当时陈独秀、李大钊、毛泽东的地位。历史无声，却是最铁面无私的法官。当然，整体评价这三人的地位，是另外一回事，但是，后来有些人写这一段历史时，千方百计把毛泽东、李大钊放在陈独秀之上，甚至在"红楼"东侧五四纪念碑的浮雕上，只有毛泽东的头像，而无陈独秀的头像。这是对历史的无知和亵渎。

巧的是，几乎与被任为北大文科学长的同时，陈在蔡不知道的情况下，在 1917 年 1 月 1 日出版的《新青年》上，以"记者"笔名，发表了两篇蔡元培反对把孔教作为国教的演说。而这期的第一篇即主打文章，恰是陈独秀的《再论孔教问题》，二人观点完全一致。并且这期通信中还有一读者建议邀请蔡元培为《新青年》杂志的撰稿人。从此，蔡元培也与《新青年》发生密切关系，不仅精神上支持，而且思想行动上也支持，如蔡改革北大的一个重要思想"以美育代宗教说"，就首发在《新青年》这年 8 月号上。次年 5 月号上又发表了他的有关"大学改制"的文章。11 月欧战结束时的那一期《新青年》上，竟然发了蔡三篇文章与演说。其中一篇，就是代表中国知识分子新觉悟的《劳工神圣》。

这个事实表明，蔡元培与陈独秀的结合，不仅有历史情结，还有共同的思想基础，而且是互为影响，共同进步的。

就这样，蔡元培不拘一格聘人才，教育部"品学兼优"随声和，他们怎么也没有想到，此举在中国近代史上意味着什么！他们请出的不是诸葛亮，而是孙悟空。从此，沉睡数千年的旧中国，再也不得安宁。

陈独秀也是一个爽快人，回沪后，安排一下妻儿，只身就来北京。因为

---

① 北京大学档案，转引自北京新文化运动纪念馆影印件。

本来是来试干三个月的，没有长远打算，也就不必迁家来京了。由于《新青年》带到北京，他的编辑部和住宅也就合二而一，安排在北大本部附近即北大三院学生宿舍隔壁的箭杆胡同9号（现为20号）。

北大原有文、理、法、商、工五科，没有重点，蔡元培到校后，重点扩充文理两科。于是，文科学长陈独秀与理科学长夏元瑮地位突出，从上文那张薪金表上即可看出。陈独秀是文科学长，与文科教员接触后，很快就分辨出各人的政治态度和学识水平。陈独秀就把志同道合者钱玄同、刘半农、沈尹默、陶孟和等都请进了《新青年》编辑部。后来，又陆续增加归国到北大任教的李大钊、高一涵、胡适以及鲁迅、周作人等，正式形成一校（北京大学）一刊（新青年）为中心的新文化运动阵营。于是，1918年1月初，陈独秀召集编辑部会议，做出具有重大历史意义的决定：一、"本志自第四卷第一号起，投稿章程业已取消，所有撰译，悉由编辑部同人，公同担任"。[①] 二、"采取集议制度，每出一期，就开一次编辑会，商定下一期的稿件"，[②] 并从7月（《新青年》第5卷第1号）开始，由北大教授陈独秀、钱玄同、高一涵、胡适、李大钊、沈尹默轮流主编。总负责依然是陈独秀。

这样，《新青年》就由一人刊物，转变为多人编撰的同人刊物；编辑成员也不负众望，结合自己之特长，发出一篇篇批判旧文化、扶持新文化的战斗檄文，形成以陈独秀为核心的新文化阵营。新文化运动也由一人一刊为中心，变成一校一刊为中心，迅速向全国思想舆论界辐射，成为名副其实的全国性的思想解放运动。

这个新文化运动阵营是怎样形成的？即这些"干将"是怎样陆续团结到陈独秀身边的？简单的情况是这样的。

1917年7月，任北大文科教授兼图书馆主任的章士钊，推荐李大钊接任图书馆主任（11月上任）。1920年李大钊又兼文科教授。

1917年8月，在陈独秀的推荐下，在美国尚未完成博士论文答辩的胡适，出任北大文科教授，兼哲学研究所主任。

9月，1916年进北大给沈兼士代课的钱玄同，任文科教授，热烈支持陈独秀的文化运动主张，并成为陈的得力助手。

同时，1916年在上海就投稿《新青年》的刘半农，进入北大文科预科

---

① 《本志编辑部启事》，《新青年》第4卷第3号，1918年。
② 鲁迅：《忆刘半农君》，《鲁迅全集》第6卷，第71页。

任国文教授，热情投入新文化运动。

1917年4月，鲁迅之弟周作人进入北大，任文科教授、国史编纂处编纂员，不仅勤于译写，而且是陈独秀与鲁迅之间的牵线人。陈知道鲁的才华后，即派周作人或钱玄同多次前去启发尚处于极度悲观中的鲁迅，并一次次约稿、催稿。于是鲁迅"一发不可收"，写出了一篇篇代表文学革命实绩的文章——《狂人日记》、《呐喊》……鲁迅成为中国新文学巨匠，据他自己说，首先应归功于不让他在"铁屋子"中等待死亡的"先驱者"、"主将"——陈独秀。

1917年，鲁迅在政府教育部任职，与蔡元培、李大钊、陈独秀关系密切，1920年夏，兼职北大教授。

此外，这时在北大教员中，成为陈独秀志同道合、共同为新文化运动奋斗的好友，还有文科的沈尹默、沈兼士，理科的王星拱（后任武汉大学校长）、朱家骅（后任南京中央大学校长、国民党中央组织部长、国民政府教育部长等职，去台后任蒋介石"总统府资政"），法科的陶孟和、高一涵，可以说网罗了北大各科的优秀人才。在陈独秀周围，这个"新文化运动阵营"，真是人才济济，高朋满座。所以说，陈独秀在当时能领导起这样一个在全国轰轰烈烈、至今影响深远的新文化运动，并不是偶然的。

自然，按照蔡元培思想自由、兼容并包的治校方针，在北大也有与陈独秀新文化运动对立的著名的保守派人士，如辜鸿铭、刘师培、黄侃、陈汉章、崔适等。他们的存在和斗争，非但没有阻碍新文化运动的发展，反而显示出那个时代在中国历史上少有的"百家争鸣、学术繁荣"的盛况。冯友兰说：斗争是有的，"但只有文斗，没有武斗"。学生中也有左、中、右之分，并各有杂志，相应为《新潮》、《国民》、《国故》，并且都发行全国。

总之，陈独秀于1917年1月进入北京大学，是其一生的转折点，也是新文化运动的转折点。

文学革命中的"黄金搭档"

就促进当时中国社会变革而言，新文化运动最有深远影响，获得实际成果最多的是文学革命，其中最突出的是白话文代替文言文、新文学代替旧文学的变革，以及使用标点符号（1920年北京政府教育部明令全国各小学"国文科"改为"国语科"，各省教育厅采用新式标点符号）等，使中国在文字语言和文学以及书写与印刷格式上，率先跨入近代化的大门。其影响之深刻，到 1945 年毛泽东在中共七大预备会议上还这样说：当时我们"听他（陈独秀——引者）说要用白话文，文章要用标点符号，这是一大发明"。

关于文学革命，人们总是说是胡适先提出"文学改良"，陈独秀才把它上升到"文学革命"。其实，"文学革命"这个词也是由胡适首先提出的，文学革命的序幕也是由胡适拉开的。早在 1914 年，胡适在研究中国古代律诗时就发现，"排律"并非古诗一贯本性，它可能起于排偶之赋。对偶之诗，初仅偶一用之，自汉伊始，入晋成风，"贤如渊明，亦未能免俗。然陶诗佳处都不在排"。如此对古诗排律特性的否定，的确是他的独到见解。因此，他主张"有心人"当"以历史眼光求律诗之源流沿革"，推动吾国文学史的进步，流露出要打破这中国文学史上最古老的堡垒——排律诗的传统，创作白话诗、白话文的最初意向。同时，他自己创设了标点符号释例，尝试白话文的写作。而他对白话文的研究，却受了一个怪人的激发。

那是 1915 年，胡适作为"第二次考取庚子赔款留美学生"，已经毕业于康奈尔大学，转入哥伦比亚大学哲学部，他每月应得的费用，均由在华盛顿的清华学生监督处担任书记的钟文鳌先生寄出。这位钟先生可能在美国的时间长了，受传教士和国内革命的影响，有一个怪行为，常利用发支票的机会，做一点社会改革的宣传。胡适从信中取出支票时，总发现里面夹着些小传单，上面印着类似现在公益广告这样的文字："废除汉字，取用字母"；"多种树，种树有益"；"不满二十五岁不娶妻"；等等。

胡适当时少年气盛，对这样的说教很厌恶。有一次，他接信后，以下犯上斥责钟先生：你们这种不通汉文的人，不配谈改良中国文字问题；你要谈这个问题，必须先费几年工夫，把汉文弄通了，你才有资格谈汉字是不是应该废除。但是，信发出后，胡适自觉有些莽撞了：既然训斥钟先生不够资格谈论这个问题，难道自己就有资格谈论这个问题了吗？这"够资格的人"，就应该用点心思才力去研究这个问题才是。① 恰好，这一年在美国的中国学生会新成立了一个"文学科学研究部"，胡适担任文学股的委员，于是便与学友赵元任等着手研究"中国文字的问题"。8 月 26 日，他写成《如何可使

---

① 胡适：《逼上梁山——文学革命的开始》（手稿原件），中国社会科学院近代史研究所藏胡适档案。

吾国文言易于教授》。在这篇文章里，他明确提出了古文的文字是"半死的文字"，白话的文字是活文字的观念。接着，他在与几位同学好友的交往中，都纷纷作诗相送，并讨论起文学来。他答赠任鸿隽、梅光迪、杨杏佛的诗都是白话诗，而且在诗中甚至明确提出"诗国革命"和"作诗如作文"的主张。答任鸿隽的诗曰：

> 诗国革命何自始，要须作诗如作文；琢镂粉饰丧元气，貌似未必诗之纯。①

胡适在给梅光迪的诗中甚至提出了"文学革命"的口号：

> 梅生梅生毋自鄙，神州文学久枯馁。百年未有健者起，新潮之来不可止。文学革命其时矣，吾辈誓不容坐视。且复号召二三子，革命军前杖马箠。②

胡适在此诗自跋中称："此种诗不过是文学史上一种实地试验，前不必有古人，后或可招来者。知我罪我，当于试验之成败定之耳。"③ 可见，文学革命的确起始于胡适。

但是，胡适关于白话诗文和文学革命的主张，遭到了周围几乎所有好友的反对。包括梅光迪、任鸿隽、杨杏佛、朱经农等。杨、朱甚至这样说："兄于文学界能自树一帜，本为弟所倾慕。但愿勿误入歧途，则同志幸甚！中国文学幸甚！"④

胡适不为所动，坚持他的研究工作。4月5日，写出《吾国历史上的文学革命》，认为："文学革命，在吾国中非创见也。"以韵文为例，由三百篇变而为骚；又变为五七言古诗；赋而变为骈文；古诗而变为律诗；诗又变为词；词又变为曲，变为剧本，已经过六次革命。"文亦遭几许革命矣。"由先秦诸子到汉代之文，由韩愈的"复古"散文到宋代的语录体，到元代更出现了白话小说。针对梅光迪反对白话文、反对"俚俗文学"的尖锐批评，

---

① 《胡适留学日记》（三），商务印书馆，1948，第790页。
② 《胡适留学日记》（三），第784页。
③ 《胡适留学日记》（三），第785～786页。
④ 《朱经农致胡适》，1916年8月12日，《胡适来往书信选》（上），中华书局，1979。

他特别强调："文学革命至元代而登峰造极。其时，词也，曲也，剧本也，小说也，皆第一流之文学，而皆以俚语为之。其时吾国真可谓有一种'活文学'出世。倘此革命潮流不遭明代八股之劫，不受明初七子诸文人复古之劫，则吾国之文学必已为俚语的文学，而吾国之语言早成为言文一致之语言，无可疑也。"可是，"惜乎五百余年来，半死之古文，半死之诗词，复夺此'活文学'之席，而'半死文学'遂苟延残喘，以至于今日"。最后他惊呼："文学革命何可更缓耶？何可更缓耶？"①

这篇札记，已经明确提出了文学革命的总目标是在创造"言文一致之语言"。这个目标后来被陈独秀接受并推动，引出了一系列的研究和改革：白话诗对古诗的挑战、白话文代替文言文、标点符号的使用、文章自左向右横向书写和排版、中国文学改革和国语化运动等，中国文字、文章、文学和语言能有今天这样的进步，首先应该归功于胡适和陈独秀当年的开创性工作。

胡适认为，这篇札记是他文学革命思想的一个转折点。后来他回顾说：这年二三月间，他思想上"起了一个根本的新觉悟"："一部中国文学史，只是一部文学形式新陈代谢的历史，只是'活文学'随时起来代替了'死文学'的历史。文学的生命全靠能用一个时代的活的工具来表现一个时代的情感与思想。工具僵化了，必须另换新的、活的，这就是'文学革命'……历史上的'文学革命'全是文学工具的革命。"②

在写了《吾国历史上的文学革命》后，胡适的研究工作继续深入，并不断取得成果。4月17日，作札记《吾国文学三大病》："一曰无病而呻"；"二曰摹仿古人"；"三曰言之无物"。③6月下旬，在与梅光迪辩论时，又明确提出文学应"普及最大多数国人"和"影响于世道人心"的功能的主张："吾以为文学在今日不当为少数人之私产，而当以能普及最大多数之国人为一大能事。吾又以为，文学不当与人事全无关系。凡世界有永久价值之文学，皆尝有大影响于世道人心者也。"④

8月19日，胡适在复朱经农所劝"勿误入歧途"的信时，第一次系统

① 《胡适留学日记》（三），第862、867页。
② 胡适：《逼上梁山——文学革命的开始》（手稿原件），中国社会科学院近代史研究所藏胡适档案。
③ 《胡适留学日记》（三），第893页。
④ 《胡适留学日记》（四），第955～956页。

提出了文学革命的"八事"纲领："新文学之要点约有八事：（1）不用典。
（2）不用陈套语。（3）不讲对仗。（4）不避俗字俗语（不嫌以白话作诗
词）。（5）须讲求文法。——以上为形式的方面。（6）不作无病之呻吟。
（7）不摹仿古人。（8）须言之有物。——以上为精神（内容）方面。"

胡适把这"八事"写信给另一位在美国的友人江亢虎时，也受到梅光
迪那样的反对。

很奇怪的是，胡适对文学革命的探讨，在与在美同学和朋友激烈争论并
几乎遭到一致反对的情况下，竟然在大洋远隔的这边，找到了一个知音——
陈独秀。

此外，胡适这时期其他方面的思想，与陈也有许多暗合之处。如对中国
家族主义的批判，二人也是相同的：胡适认为中国的家庭对于社会俨若一敌
国。"曰扬名也，曰显亲也，曰光前裕后也，皆自私自利之说也；顾其私利
者为一家而非一己耳。西方之个人主义犹养成一种独立之人格，自助之能
力；若吾国'家族的个人主义'，则私利于外，依赖于内，吾未见其善于彼
也。"① 他认为养成依赖性是中国家族制度的最大弊病。陈独秀接着创办
《青年》，一开始就以西方的个人主义——人权说，批判中国的家族主
义——儒家伦理。

后来文学革命起来后，即 1918 年 10 月 15 日，陈独秀还在与胡适联名
答复易宗夔的信中，明确表示不同意易提出的文学革命只限于提倡"言文
一致"而不必推翻孔学、改革伦理、破坏古文的主张，指出："旧文学，旧
政治，旧理论本是一家眷属，固不得去此而取彼；欲谋改革，乃畏阻力而迁
就之，此东方人之思想，改革数十年而毫无进步之最大原因也。"②

又如对于中国衰弱的原因，这时二人都看重国民性落后的内因，而忽视
列强侵略的外因。陈以《爱国心与自觉心》为代表，胡适则在 1915 年 3 月
3 日写给张亦农（即张奚若）的信中说："今日大患在于学子不肯深思远虑，
平日一无所预备，及外患之来，始惊扰无措，或发急电，或作长函，或痛哭
而陈词，或慷慨而自杀，徒乱心绪，何补实际？"③

又如对当时一些爱国志士杨笃生等因一时挫折而自杀的现象，胡适认

① 《胡适留学日记》（一），第 251 页。
② 《新青年》第 5 卷第 4 号，1918 年 10 月 15 日。
③ 《胡适留学日记》（三），第 577 页。

为：他们皆属可以有为的人，以"蒿目时艰，悲愤不能自释，遂以一死自解，其志可哀，其愚可悯也"。主张以乐观的态度对待生活，"希望所在，生命存焉"，殊以自杀为谬。陈独秀对这种自杀行为的评价与胡适不一样，认为与苟且偷生比，以自己的死来唤醒同胞，是悲壮的，精神可嘉，并非"其志可哀"；但是"其愚可悯"，陈是同意的，因此他也不主张自杀。他一辈子受了多少挫折、多大打击，从未产生自杀念头。

两人还有一个共同的处境：他们激进的革命思想，都受到周围亲朋的反对。陈独秀的革命思想和主张，不仅遭到元配和嗣父的反对，以反满种族革命的朋友们的不理解，更有如章士钊、李大钊及给《甲寅》写了那些抗议信的"爱国者"们的反对；胡适的革命思想，除了上面提到的几乎所有在美国的同学朋友的反对外，连在国内的二位兄长也写信来，批评胡适说的"中国须第三次革命"的话是"丧心病狂"，"恐国中无一人赞成"，痛诋革命党"间有一二才智之士，然有才无德，根器不固。两次革命，底已暴露"，要胡适在思想上"痛与绝之，一意力学。否则为彼所染，适以自陷也"。所以，两颗心都是备受煎熬，孤独无助。但二人又都决不妥协。

因此，陈、胡二人，虽然一个是早已出名的革命家，北京大学的名教授，一个是还在美国的留学生，但是一经接触，立即成为关系密切的忘年交（陈大胡12岁），特别在文学革命上，成为一对"黄金搭档"。

正是在1915年的8月，胡适把自己译成的德国小说《柏林之围》寄给《甲寅》，并致信章士钊。不料稿件遗失，信件却在《甲寅》上刊了出来。信中提出了中外文明如何结合的主张，认为输入之文明，需"经本国人士之锻炼也。此意怀之有年，甚愿得明达君子之赞助"。① 陈独秀觉得胡适之意与己甚合，可谓难得的知音，铭记在心。《青年杂志》创刊，就决定向他约稿。恰巧，汪孟邹与胡适是绩溪同乡，认识，就由汪首先与胡联络。

10月6日，汪孟邹因接手《甲寅》的销售工作，致信胡适，请他代催在美各大学寄售《甲寅》书款，顺便寄赠《青年杂志》创刊号一册，并告称"乃炼（即汪之名——引者）友人皖城陈独秀君主撰"，转达了陈向他约稿之意："拟请吾兄校课之暇担任《青年》撰述，或论文，或小说戏曲均所

---

① 《致〈甲寅〉编者》，《胡适书信集》，北京大学出版社，1996，第61页。

欢迎。每期多固更佳，至少亦有一种。炼亦知兄校课甚忙，但陈君之意甚诚，务希拨冗为之，至祷感幸！"① 两个月后，汪又寄上《青年杂志》第 2、3 号，催促胡适："陈君望吾兄来文甚于望岁，见面即问吾兄有文来否，故不得不为再三转达，每期不过一篇，且短篇亦无不可，务求拨冗为之，以增该杂志光宠，至祷至祷。否则陈君见面必问，炼将穷于应付也。"下一封信又说："陈君盼吾兄文字有如大旱之望云霓。"——陈独秀对胡适期望如此殷切，求贤若渴，实在令人感动。

胡适当时正忙于准备博士论文，同时又与梅光迪等人争论文学革命问题，无暇他顾，但无奈年长老友（汪大胡 13 岁）特别是当时已颇有声望的陈独秀的再三催促，就在次年 2 月初，译出俄国作家库普林的短篇小说《决斗》，寄给了陈独秀，并在信中向陈披露了"创造新文学"的意见："今日欲为祖国造新文学，宜从输入欧西名著入手，使国中人士有所取法，有所观摩，然后乃有自己创作老祖宗新文学可言也。"②

因《青年杂志》改名纠纷，陈独秀对胡适这一封信的答复拖到即将出版《新青年》第 2 卷第 1 号的时候——8 月 13 日（1916 年）寄出，一开始就表示"罪甚罪甚"，并通知他《决斗》发表于此期；因对中国社会弊端及改革有同感，再次表示仰望之情："弟仰望足下甚殷，不审何日始克返国相见……中国万病，根在社会太坏，足下能有暇就所见闻论述美国各种社会现象，登之《青年》，以飨国人耶？"——这里，二人再次表示了借助西方文明，推动中国社会整体的彻底的改造，而不是某一方面的改革的意向。

在苦等上述陈独秀第一封回信而未到之时，胡适翻阅手头的《青年杂志》，看到陈独秀写的《欧洲文艺史谭》和与张永言谈欧洲文艺发展史的通信，犹如孤旅苦战中遇到援兵，又触发他 8 月 21 日给陈写信的冲动。因为陈在文章和通信中，讲述了欧洲文艺史的发展，恰与胡适讲中国文学史的发展不谋而合，都是"文学革命史"。

陈认为欧洲文艺的发展是从古典主义进到理想主义，再进到写实主义、自然主义。其复古保守之病，与中国相通："欧文中古典主义，乃模拟古代文体，语必典雅，援引希腊、罗马神话，以眩赡富，堆砌成篇，了无真意。

① 中国社会科学院近代史研究所藏胡适档案。
② 《胡适留学日记》（三），第 845 页。

吾国文学，举有此病，骈文尤尔。诗人拟古，画家仿古，亦复如此。理想主义，视此较有活气，不为古人所囿。然或悬拟人格，或描写神圣，脱离现实，梦入想象之黄金世界，写实主义自然主义乃自然科学实证哲学同时进步。此乃人类思想由虚入实之一贯精神也。"①

在《欧洲文艺史谭》中，陈独秀论证欧洲文艺为什么有这样的变革时说："十九世纪之末，科学大兴，宇宙人生之真相，日益暴露，所谓赤裸时代，所谓揭开假面时代，喧传欧土，自古相传之旧道德、旧思想、旧制度，一切破坏。文学艺术，亦顺此潮流，由理想主义，再变而为写实主义，更进而为自然主义。"② 由于写实主义和自然主义的作家反映和歌颂这样的时代变迁，因此，"盖代文豪而为大思想家著称于世"。③

胡适在给陈的信中，另一方面欣喜在美国"苦斗"中终丁在国内找到了第一个知音，赞赏地说："足下之言曰：'吾国文艺犹在古典主义理想主义时代，今后当趋向写实主义'，此言是也"；更钦佩"足下洞晓世界文学之趋势，又有文学改革之宏愿"。另一方面猛烈批判"今日之文学腐败极矣"："适尝谓凡人用典或用陈套语，大抵皆因自己无才力，不能自铸新辞，故用古典套语，转一弯子，含糊过去，其避难趋易，最可鄙薄！"他还用杜甫、屈原等人的一些作品证明了"在古大家集中，其最可传之作，皆其最不用典者也"；又直言指出《青年杂志》第3号上发表的谢无量的长篇诗作《寄会稽山人八十四韵》，"用古典套语一百"，而陈独秀以"记者按语"却赞其为"希世之音"："文学者，国民最高精神之表现也，国民此种精神良顿久矣，谢君此作，深文余味，希世之音也。子云相如而后，仅见斯篇，虽工部亦只有此工力，无此佳丽，谢君自谓天下文章尽在蜀中，非夸矣，吾国人伟大精神，犹未丧失也欤，于此征也。"胡适说陈：一面在与张永言的答信中，主张写实主义，一面又如此恭维谢的诗，是"自相矛盾之消"（胡适后来说：陈"也承认他矛盾"）。陈在回信中说："以提倡写实主义之杂志，而录古典主义之诗，一经足下指斥，曷胜惭感！"但又解释因今之文艺界写实作品太少，本志文艺栏"不得已偶录一二诗，乃以其为写景叙情之作，非同无病而呻"。

---

① 陈独秀：《答张永言》，《青年杂志》第1卷第6号，1916年。
② 陈独秀：《欧洲文艺史谭（续）》，《青年杂志》第1卷第3号，1915年11月15日。
③ 陈独秀：《欧洲文艺史谭（续）》，《青年杂志》第1卷第3号，1915年11月15日。

胡适信的最后，郑重推出其在美国屡遭反对的文学革命八条主张："综观文学堕落之因，盖可以以'文胜质'一语包之。文胜质者，有形式而无精神，貌似而神无精神，貌似而神亏之谓也。欲救此文胜质之弊，当注重言中之意，文中之质躯壳内之精神"；"年来思虑观察所得，以为今日欲言文学革命，须从八事入手。八事者何？一曰，不用典。二曰，不用陈套语。三曰，不讲对仗。文当废骈，诗当废律。四曰，不避俗字俗语。不嫌以白话诗词。五曰，须讲求文法之结构。此皆形式上之革命也。六曰，不作无病之呻吟。七曰，不摹仿古人，语语须有个我在。八曰，须言之有物。此皆精神上之革命也"。

看得出来，此时的胡适，不仅意志坚决，而且语气上也坚决，一口一个"文学革命"，而不是"文学改良"，而且表示："以上所言，或有过激之处，然心所谓是，不敢不言。"要求陈独秀刊登在《新青年》上公开讨论。但是，也许他的这个主张在美国遭到太多太尖锐的反对，他也有一丝保留和谨慎，表示："此一问题，关系甚大，当有直言不讳之讨论，始可定是非。"①

胡适的这些主张，在今日看来极其平常，在当时却具有惊世骇俗、振聋发聩的震撼威力。因为当时的文坛正如胡适所说，是有诗必律，有文必骈（骈四俪六，对偶排比），文以载道，内容陈腐，之乎者也，八股文独霸。所以，胡适的"八事"，从内容到形式，是对文坛传统的一个全面否定。

胡适后来说陈独秀"想文学改革，但未想到如何改革，后来他知道工具解放了就可产生新文学"，② 这"后来他知道"，就是看了胡适此信后。当时陈如获至宝，称其为"今日中国文界之雷音"，立即回信表示："承示文学革命八事，除五、八二项，其余六事，仆无不合十赞叹。"他希望胡适"详其理由，指陈得失，衍为一文，以告当世"。③

胡适遵嘱照办，立即写了一篇后来被称为"文学革命发难信号"的文章，但是，正如上述，胡适坚定而内敛的性格凸显，标题强调谨慎的试验性，称"改良"而非"革命"，叫《文学改良刍议》。用胡适后来所说的话是"一篇对中国文学作试探性改革的文章"。陈阅后"快慰无似"，大喜过

---

① 《通信》，《新青年》第2卷第2号，1916年10月1日。
② 胡适：《陈独秀与文学革命》，王树棣等编《陈独秀评论选编》（下），第293页。
③ 《通信》，《新青年》第2卷第2号，1916年10月1日。

望，立即安排在《新青年》第 2 卷第 5 号上发表。同时，陈独秀又考虑到当时中国旧文化传统势力之巨大，"黑幕层张，垢污深积"，而胡适受阅历、地位等因素的局限，他的"八条"尚有不尖锐和不彻底之处，因此在下期刊物上，陈独秀又亲自撰写了《文学革命论》，为胡文呼号助威，并弥补其不足，恢复其"文学革命"的气势。他写道："文学革命之气运，酝酿已非一日，其首举义旗之急先锋，则为吾友胡适。余甘冒全国学究之敌，高张'文学革命军'大旗，以为吾友之声援。"他提出了"文学革命三大主义"：

推倒雕琢的阿谀的贵族文学，建设平易的抒情的国民文学；

推倒陈腐的铺张的古典文学，建设新鲜的立诚的写实文学；

推倒迂晦的艰涩的山林文学，建设明了的通俗的社会文学。

陈独秀还宣告：凡"有不顾迂儒之毁誉，明目张胆与十八妖魔宣战者"，"予愿拖四十二生的大炮，为之前驱！"

这样，陈独秀就把胡适的"文学改良"，上升到了一场真正的气势磅礴的"文学革命"上了。胡适在经过一段筚路蓝缕的艰苦跋涉之后，终于踏上了浩荡的坦途。

一个是早已在全国著名大报上多次露面、在革命志士中闻名的大名人、全国最高学府教授、文科学长，一个是在美国留学的学生，就这样结成了"文学革命"的"黄金搭档"。对于陈独秀来说，是慧眼识珠，不拘一格举人才；对于胡适来说，竭尽困顿之后，千里马终于找到了伯乐。所以，后来二人虽然走上了不同的政治道路，但是二人之间的友情终生长青。

由于陈独秀的"三大主义"超出了文学的范畴，与伦理道德政治等革命相通，并且陈、胡很快相聚北京大学，所以胡适后来说：陈独秀的这篇文章有可注意的两点："（一）改我的主张进而为文学革命；（二）成为由北京大学学长领导，成了全国的东西，成了一个严重的问题。……变成整个思想革命！最后，归纳起来说，他对于文学革命有三大贡献：一、由我们的玩意儿变成了文学革命，变成了三大主义。二、由他才把伦理道德政治的革命与文学合成一个大运动。三、由他一往直前的精神，使得文学革命有了很大的收获。"①

胡适作为当时与陈独秀的亲密合作者，对陈做这样的评论是十分中肯

---

① 胡适：《陈独秀与文学革命》，王树棣等编《陈独秀评论选编》（下），第 293 页。

的。说到陈独秀当时"一往无前的精神"，更是精到。与在美国的同学和朋友比，胡适是激进而革命的，但是，与陈独秀相比，一种差异就显现出来了。文学革命之火被胡适和陈独秀点燃时，胡适一时还不适应陈独秀的那种叱咤风云、狂飙席卷的风格。1917 年 4 月 9 日，胡适十分激动地给陈写信说：

> 今晨得《新青年》第六号，奉读大著《文学革命论》，快慰无似！足下所主张之三大主义，适均极赞同。适前著《文学改良刍议》之私意，不过欲引起中国人士之讨论，证集其意见，以收切磋研究之益耳。今果不虚所愿，幸何如之！①

同时表示，对于他的"八事"和陈的"三大主义"的讨论，"此事之是非，非一朝一夕所能定，亦非一二人所能定……吾辈已张革命之旗，虽不容退缩，然亦决不敢以吾辈所主张为必是而不容他人之匡正也"。

陈独秀立即回信："改良文学之声，已起于国中，赞成反对者各居其半。鄙意容纳异议，自由讨论，固为学术发达之原则，独至改良中国文学，当以白话为文学正宗之说，其是非甚明，必不容反对者有讨论之余地，必以吾辈所主张者为绝对之是，而不容他人之匡正也。"②

这里再次表现了二人在共同奋斗中的不同风格。有人认为胡适的表现"暴露出胡适软弱、动摇性"、"软懦游移的弱点"。③ 其实二人各有千秋，似不必称其为"弱点"。北京大学教授陈平原的评论较为恰当："胡适的'文学改良刍议'与陈独秀的'必不容反对者有讨论之余地'，二者姿态迥异，互相补充，恰到好处。陈之霸气，必须有胡之才情作为调剂，方才不显得过于暴戾；胡之学识，必须有陈之雄心为之引导，方才能挥洒自如。这其实可作为新文化运动获得成功的象征：舆论家之倚重学问家的思想资源，与大学教授之由传媒而获得刺激与灵感，二者互惠互利，相得益彰。"④

胡适自己在五年后写的一篇长文中，用第三人称做了这样的解释：文学

① 《通信》，《新青年》第 3 卷第 3 号，1917 年 5 月 1 日。
② 《通信》《新青年》第 3 卷第 3 号，1917 年 5 月 1 日。
③ 陈漱渝：《搴旗作健儿——胡适在五四新文化运动中》，《民国春秋》1989 年第 3 期。
④ 陈平原：《序三》，《回眸〈新青年〉》，河南文艺出版社，1997，第 9 页。

革命起初，如他在美国留学时那样"只是几个私人的讨论，到了民国六年（即 1917 年——引者）1 月才正式在杂志上发表第一篇胡适的《文学改良刍议》，还是很和平的讨论"；"胡适自己常说他的历史癖太深，故不配作革命的事业。文学革命的进行，最重要的急先锋是他的朋友陈独秀。陈独秀接着《文学改良刍议》之后发表了一篇《文学革命论》（六年二月），正式举起'文学革命'的旗子……陈独秀的特别性质是他的一往直前的定力"。胡适对于文学的态度"始终只是一个历史进化的态度"，认为文学革命正在讨论时期。他当时正在用白话作诗词，取名为《尝试集》，并坦率地承认："他的这种态度太和平了，若照他的这个态度做去，文学革命至少还须经过十年的讨论与尝试。但陈独秀的勇气，恰好补救了这个太持重的缺点。"接着，他用陈独秀的白话文代替文言义"不容他人之匡正"的话，说："这种态度在当日颇引起一般人的反对。但当日若没有陈独秀的'必不容他人之讨论之余地'的精神，文学革命运动决不能引起那样大的注意。"①

胡适的这段叙述是实事求是的，充分说明胡适的求真求实，谨慎探索，实验主义的精神，与陈独秀的烈马嘶鸣，狂飙席卷，摧枯拉朽作风的差异与互补效应。这是辩证法的一个典型。

"不容他人之匡正"，似乎有些霸气，有人认为不利于学术之发展，其实是不解其意。陈意很明确，并不反对学术上的自由讨论："容纳异议，自由讨论，固为学术发达之原则"；他之强调"不容他人之匡正"是"独至改良中国文学"而言。但是，他也不是不讲道理，他解释说："盖吾国文化，倘已至文言一致地步，则以国语为文，达意状物，岂非天经地义，尚有何种疑义必待讨论乎？其必欲摈弃国语文学，而悍然以古文为文学正宗者，犹之清初历家排斥西法，乾嘉畴人非难地球绕日之说，吾辈实无余闲与之作此无谓之讨论也！"②

一石激起千层浪。《文学改良刍议》和《文学革命论》的发表，立即在中国文坛引起广泛关注和强烈反响，很快发展成一次全国性的气势磅礴的文学革命运动。到 1921 年 1 月 1 日《新青年》出版第 8 卷第 5 号，周作人、郑振铎、沈雁冰、郭绍虞等 12 人发起成立"研究介绍世界文学，整理中国旧文学、创造新文学为宗旨"的"文学研究会"止，仅在《新青年》上，

---

① 胡适：《五十年来中国之文学》，台北：远东出版公司，1986，第 137~140 页。

② 独秀：《再答胡适之》，《新青年》第 3 卷第 3 号，1917 年 5 月 1 日。

就刊出讨论文学革命的重要的文章、通信 50 多篇，除胡、陈外，参加者中后来成名的有钱玄同、刘半农、傅斯年、朱经农、任鸿隽、欧阳予倩、周作人、俞平伯、朱希祖、潘公展等。在讨论中，胡适和陈独秀又发表了多篇文章和答信。至于发表在其他报刊上的讨论文章，就无法统计了。反对者的声音当然也不绝于耳，当时两派对比，据陈独秀所说是"赞成反对者各居其半"，可见斗争之激烈。最早的一篇反对文章就是被称为"古文大家"的守旧顽固派首领林琴南写的《论古文之不当废》。胡适见此文说："喜而读之，以为定足供吾辈攻击古文者之研究，不意乃大失所望。林先生之言曰：'知腊丁之不可废，则马、班、韩、柳亦自有不宜废者。吾识其理，乃不能道其所以然，此则嗜古者之痼也'"；"'吾识其理，乃不能道其所以然'，此正是古文家之大病。古文家作文，全由熟读他人之文，得其声调口吻，读之烂熟，久之亦能仿效，却实不明其'所以然'"。胡适由此得出结论："林先生为古文大家，而其论《古文之不当废》，'乃不能道其所以然'，则古文之当废也，不亦既明且显耶？"①

所以，当时的旧文学根本不堪一击，新文学运动一路凯旋。

如果说蔡元培任用陈独秀为北大文科学长是他不拘一格聘人才的贤举，那么，举荐胡适入北大创办哲学研究所并任英文科教授会主任，则是蔡元培和陈独秀不拘一格用人才、伯乐相中千里马的又一个实例。因为当时胡适才26 岁，而此举酝酿于胡适还未毕业之时。早在 1917 年 1 月，蔡元培三顾茅庐请陈独秀出任文科学长而遭到拒绝时，陈就推荐由胡适出任。因为胡适尚未毕业，故由陈暂代。当时陈致胡适信说到为亚东图书馆谋扩大招股事，"书局成立后，编译之事尚待足下为柱石"。又告，蔡元培先生已接任北京大学校长，"力约弟为文科学长，弟荐足下以代。此时无人，弟暂承乏。孑民先生盼足下早日归国，即不愿任学长，校中哲学、文学教授俱乏上选，足下来此亦可担任"。②

这年 4 月，胡适才完成博士论文的写作。但是 5 月 22 日进行博士论文最后考试（口试）时，由杜威教授等 6 人组成的主试者，没有通过他的论文（此事当时知之者甚少，40 年后，在袁同礼编辑的《中国留美同学博士论文目录》中才披露出来）。胡适于 6 月回国，7 月 10 日到上海，即给母亲

① 《致陈独秀的信》，1917 年 4 月 9 日，《新青年》第 3 卷第 3 号，1917 年 5 月 1 日。
② 《胡适来往书信集》（上），第 6 页。

写信，其中说道："闻北京大学文科学长陈独秀先生可于一二日内到上海，且俟他来一谈，再写何时归里。"① 陈独秀因何来上海？与胡适交谈什么内容？至今材料阙如。胡回家后，9 月 10 日才北上到达北京，即任北大教授，初与高一涵同住。蔡元培和陈独秀得此久盼而来的教学与文学革命大将，自然十分兴奋。胡适不负所望，21 日，北大举行新学年开学典礼，即作演讲《大学与中国高等学问之关系》，给这个古老的学府吹进一股强劲的新风。接着，他担任英国文学、英文修辞学及中国古代哲学三科教学，立即成为北大最年轻最得力的教学骨干，月薪一下子定为 280 元，比陈独秀仅少 20 元。胡立即兴喜地写信给母亲，表示今后大嫂、三嫂及侄辈的生活，"概可由适承担"。由于倡议文学革命，他一回国就声誉鹊起，各处纷纷前来聘请演说，11 月下旬，就做了四次。12 月 3 日，胡适创办的哲学研究所成立，自任主任，同时兼任英文教授会主任。

从此，陈独秀、胡适团结高一涵、钱玄同、刘半农、沈尹默、李大钊等其他主张新文化运动的教员，在蔡元培的支持下，大力推动北京大学的改革，如革新学校领导体制，改变权力过于集中的校长领导制，仿欧美大学，实行民主的教授治校（胡适是此案创议人之一②）。办法是成立蔡元培主持的评议会，作为学校最高的立法机构和权力机构。评议员由各科两名教授组成，实际上是教授会，校长和陈独秀等各科学长是当然评议员；废除年级制，实行选科制（胡适称此为"中国学制上一大革命"，亦是胡适所建议③）；在预科首先实行白话文教学；等等。

两位特殊的战友

说到新文化运动中的文学革命，除了主将胡适和掌握帅旗的陈独秀之外，还应提到两位干将：钱玄同和刘半农。

钱玄同在当时就被人称为"文学革命军里一个冲锋健将"，又说他是"说话最有胆子的一个人"，后来则称他是"在寂寞中奔驰的猛士"。这是因为他在这个革命中做出了重大的贡献，而且在某些方面比陈独秀还要狂狷和

---

① 《胡适书信集》（上），第 97 页。

② 《胡适给母亲的信》，1917 年 10 月 25 日，《胡适书信集》（上），第 111 页。

③ 《胡适给母亲的信》，1917 年 10 月 25 日，《胡适书信集》（上），第 111 页。

偏颇。他出身于书香门第，因此旧学的功底十分深厚，而思想的发展也与同时代先进分子相似，信仰过康、梁维新主义，转而赞成"排满革命"。1905年赴日后，参加过张继、刘师培举办的宣传克鲁泡特金思想的"社会主义讲习会"，深受无政府主义影响；后又与鲁迅兄弟等一起听章太炎讲述中国国学，成为"国粹派"，"一志国学，以保持种性，拥护民德"，[①] 坚决主张"师古"、"复古"、"存古"。这样的守旧顽固派，按常理说，必然竭力抗拒新文化运动，令人奇怪的是，钱玄同却采取了截然相反的态度：发生180度的大转弯，反过头来全面批判传统文化。与陈独秀、胡适等人比，他的批判虽然缺少深刻的理论思维，也缺少充分严密的论证，但其激烈程度超过陈独秀和其他同人。许多学者探索过钱玄同突然发生如此大转变的原因，一般都不得要领。笔者认为主要是由他的性格决定的。钱是一个感情富于理性、性格外向、心中没有什么城府的坦荡君子，与胡适的性格完全不一样，倒与陈独秀有某些相似，如觉今是而昨非，在某种因素的刺激下，能够坚决而轻易地放弃过去曾经十分坚持的立场和观点。促使钱玄同实现这个180度大转弯的主要因素，就是陈独秀已经出版了一年多的《新青年》杂志，即已经进行了一年多的新文化运动，尤其是刚刚发轫的包括文字、文章、语言在内的文学革命。

　　清代中叶以后，文坛上主张"阐道翼教"的桐城派成为散文中占统治地位的流派，还有讲究句子骈俪、用词华藻的"文选派"与它并立，窒息着中国文学和思想的发展。在北京大学更是如此。1902年，桐城派著名领袖吴汝纶任当时名为"京师大学堂"（北大前身）总教习，请了桐城派文人林纾、陈衍等当经文科教员。1914年，夏锡琪为北京大学文科学长，引进黄侃、马裕藻、沈兼士等章太炎一派学者来北大任教，打破桐城派一派独大学风，推崇晋宋之文，音韵考据之学大盛，被称为"文选派"。两派形式虽不同，却都主张"文以载道"，宣传封建主义的宗族观念和孔孟之道，窒息青年的思想发展。钱玄同受陈独秀正在提倡的文学革命的启发，在1917年1月1日与沈尹默的访谈中说："应用文之弊，始于韩、柳，到八比之文兴，桐城之派倡，而文章一道，遂至混沌。"[②] 接着，他在给陈独秀的信中，激烈攻击了当时神圣不可侵犯的桐、选两派，说他们是"选学妖孽，桐城谬种"，并积极拥护

---

①　《钱玄同日记》，1909年1月22日，手稿，鲁迅博物馆藏。
②　《钱玄同日记》，1917年1月1日，手稿，鲁迅博物馆藏。

胡、陈提倡的文学革命。对钱玄同明确参加文学革命阵营，陈独秀十分高兴，并给予高度评价："以先生之声韵训诂大家，而提倡通俗的新文学，何忧全国不景从也？可为文学界浮一大白！"① 陈独秀对钱玄同把文学守旧派概括成"选学妖孽，桐城谬种"特别欣赏，在他的文章中经常采用，甚至在晚年写的未完成的两章回忆录中，还戏称自己童年时是"选学妖孽"。而陈独秀与胡适二人发生关于"以白话文为正宗"是否可容他人匡正的争论时，钱则坚决站在陈独秀一边。7月2日，他致信胡适表示："最赞成独秀先生之说"，以白话文为文学正宗，"'其是非甚明，必不容反对者有讨论之余地，必以吾辈所主张者为绝对之是，而不容他人之匡正。'此等论调虽若过悍，然对于迂缪不化之选学妖孽与桐城谬种，实不能不以如此严厉面目加之。因此辈对于文学之见解，正与反对开学堂，反对剪辫子，说'洋鬼子脚直，跌倒爬不起'者见解相同，知识如此幼稚，尚有何种商量文学之话可说乎！"②

与此同时，钱玄同仿胡适的《文学改良刍议》，花两个月时间，写出了《论应用之文亟宜改良》一信，提出应用文改良十三事：

一、以国语为之。

二、所选之字，皆取最普通常用者，约以五千字为度。

三、凡一义数字者，止用其一，亦取最普通常用者。

四、关于文法之排列，制成一定不易之"语典"，不许倒装移置。

五、书札之款或称谓，务求简明确当，删去无谓之浮文。

六、绝对不用典。

七、凡两等小学教科书及通俗书报、杂志、新闻纸，均旁注"注意字母"，仿日本文旁"假名"之例。

八、无论何种文章，除无句读文，如门牌、名刺之类，必施句读及符号之类。此事看似无关弘旨，其实关系极大。古书之难读误解，大半由此，符号尤不可少。惟浓圈密点，则全行废除。

九、印刷用楷体，书写用草体。

十、数目字可改用"亚拉伯"码号，用算式书写，省"万"、"千"、"百"、"十"诸字。

十一、凡纪年尽改用世界通行之耶稣纪元。

① 钱、陈二人通信均载《新青年》第2卷第6号，1917年2月1日。
② 《新青年》第3卷第5号，1917年7月1日。

十二、改右行直下为左行横迤。

十三、印刷之体，宜分数种。

从此内容看到，经钱玄同这样一规划，原来以白话文为中心的胡适文学改良主张，扩张到书写、印刷、语言、文字改革等全面改革的方案。[1]

陈独秀见后表示："先生所说的应用文改良十三样，弟样样赞成"，[2] 并很快在《新青年》和北京大学文科改革中试行推广。其中大多数都已成为我们今天的习惯，而在当时却具有何等重大的革命意义。

但是，钱玄同也的确具有比陈独秀更多的书生气与感情用事的成分。有人说："新文化运动诸人大都具有比较强烈的反传统思想，但其顶尖人物则是钱玄同。"确实如此，以钱玄同提出的废除汉字主张而言，就成了当时和以后守旧派人士攻击新文化运动最大的口实，也是使这个运动失去许多一般群众的一个难以弥补的缺陷。钱在读了陈独秀的"力主推翻孔学、改革伦理"的文章后，写信给陈表示："玄同对于先生这个主张，认为救现在中国的唯一办法。然因此又想到一事：则欲废孔学，不可不先废汉文；欲驱除一般人之幼稚的野蛮的顽固思想，尤不可不先废汉文。"[3] 因为汉字是儒家伦理的载体，所以反孔也就必须废除汉字。

这个逻辑也太形而上学了。其实，在这个问题上，钱玄同只是当了首先说出的炮手而已，因为这个主张不仅是他信中提到的吴稚晖首先提出，陈独秀、刘叔雅、鲁迅（周豫才）也有这个意见。在给陈写这封信以前即1918年1月2日的日记中，钱写道："独秀、叔雅二人皆谓中国文化已成僵死之物，诚欲保种救国，非废灭汉文及中国历史不可，吾亦甚然之。此说与豫才所主张相同。"

因此，此信发表时，陈独秀附言表示赞成，甚至用进化论的观点认为将来废除汉语亦是必然的趋势。他说："吴先生'中国文字，迟早必废'之说，浅人闻之，虽必骇怪；而循之进化公例，恐终天难逃。惟仅废中国之文字乎？抑并废中国言语乎？此二者关系密切，而性质不同之问题也。各地反对废国文者，皆以破灭累世文学为最大理由。然中国文字，既难传载新事、新理，且为腐毒思想之巢窟，废之诚不足惜。"至于汉语，他认为今日"国

---

① 《通信》，《新青年》第3卷第5号，1917年7月1日。

② 《通信》，《新青年》第3卷第5号，1917年7月1日。

③ 《新青年》第4卷第4号，1918年4月15日。

家"、"民族"、"家族"、"婚姻"等观念，皆野蛮时代狭隘之偏见所遗留，将来"国且无之，何有于国语？当此过渡时期，惟有先废汉文，且存汉语，而改用罗马字母书之"。①

可见，在当时进化论和无政府主义思想影响下，陈独秀的思想浪漫到什么程度！不过他毕竟已有较深的阅历，特别是他在任安徽省都督府秘书长时期进行改革失败的教训，在现实斗争中，他知道想的与说的、做的之间，应该掌握一定的分寸；更不应该让遥远的将来可能实现的设想，来干扰当前的斗争。所以，他没有把文学革命引进废除汉字、废除汉语的死胡同，并且努力减少这种片面主张带来的负面影响。1918 年 8 月，《新青年》公布的任鸿隽致胡适的信中，批评了钱玄同废灭汉字的主张 "有点 Sentimental（伤感）"。1919 年 1 月 5 日，《时事新报》发表漫画，又讽刺钱的这个主张。7日，蓝公武在《国民公报》上发表给傅斯年的信，声称《新青年》中有了钱玄同的文章，于是人家信仰革新的热心遂减去不少，等等，这些批评表明钱的这个主张已经严重脱离群众，不止是保守派，中派和一些革新派也难以接受了。陈独秀不得不出来声明：钱的主张是 "用条石压驼背" 的医法，"本志同人多半是不大赞成的"。同时，他也为钱的主张做了最大限度的辩护："钱先生是中国文字音韵学的专家，岂不知道语言文字自然进化的道理？他只因为自古以来汉文的书籍，几乎每本每页每行，都带着反对德、赛两先生的臭味；又碰着许多老少汉学大家，开口一个国粹，闭口一个古说，不肯声明汉学是德、赛两先生天造地设的对头；他愤极了才发出这种激切的议论……但是社会上有一班人，因此怒骂他，讥笑他，却不肯发表意思和他辩驳，这又是什么道理呢？难道你们能断定汉文是永远没有废去的日子吗？"②

至于中国文字的拼音化问题，一直是中国文字改革家关注的重大问题。1927 年以后，钱玄同进行反省时，对早年的激烈言论颇多后悔，但是，对提倡 "国语罗马字" 一事却始终坚持，并提议从汉字注音或改用罗马字拼音入手。陈独秀深以为然，并在 1927 年大革命失败后，专心于此，写出了《中国文字拼音草案》一稿。

从以上可看到，当时《新青年》同人中，对文学革命的大业无大分歧，

---

① 《通信》，《新青年》第 4 卷第 4 号，1918 年 4 月 15 日。
② 陈独秀：《〈新青年〉罪案之答辩书》，《新青年》第 6 卷第 1 号，1919 年 1 月 15 日。

但在具体做法上有急进与缓行之别。陈独秀、钱玄同等确是把这当作革命来干，为达目的可以不讲究方法和手段，对旧的落后的东西疾恶如仇。而胡适等人主要视其为学理上的变革和创新，因此主张以充分说理取胜，行动上虽带有很多的书生气，但理性思考较浓。两种方法各有所长，对于顽固的保守派甚至当权的反动派来说，后者是无济于事的，但对于广大中间群众来说，前者不容易得到同情。

如任鸿隽1918年9月5日致胡适信就认为，钱玄同、刘半农演的"王敬轩"双簧恐有失《新青年》的信用。胡适在给钱玄同的信中，也对此不以为然。他说他找张厚载写探讨文学改良的文章，"也不过是替我自己找对方的材料。我以为这种材料无论如何总比凭空闭户造出一个王敬轩的材料要值得辩论些"。钱玄同对此却十分不满，回信说：张厚载的文章"实在不足以刊我《新青年》……老兄的思想我原是很佩服的，然而我有一点不以为然之处，即对于千年积腐的旧社会，未免太同他周旋了。平日对外的议论，很该旗帜鲜明，不必和那些腐臭的人去周旋。老兄不知道外面骂胡适的人很多吗？你无论如何敷衍他们，他们还是狠骂你，又何必低首下心，去受他们的气呢"。①

由于钱玄同以上文化革命的主张，比陈独秀还要激进，就受到保守派的猛烈攻击和阵营内部胡适等人的批评，所以这位被鲁迅称为"在寂寞中奔驰的猛士"，很快就不干了，宣称"五年内不发一言"，深深地陷入到"寂寞"中，既不"猛"，更不"奔驰"了。1920～1921年到上海、广州的陈独秀与胡适等北京《新青年》编辑部同人分裂时，陈还想挽救，多次催促他们供稿，他们始终怠工。钱玄同在致胡适信中声明说："我对于《新青年》，两年以来，未撰一文。我去年对罗志希说：'假如我这个人还有一线希望，亦非在五年之后不发一言。'这就是我对于《新青年》不做文章的意见。所以此次之事，无论别组或移京，总而言之，我总不做文章的（无论陈独秀、陈望道、胡适之……办，我是一概不做文章的。绝非反对谁某，实在是自己觉得浅陋）。"② 这括号中的最后一句话，显然是回敬胡适的。

刘半农也是一个怪才。他四岁从父识字，六岁入塾，读到中学因爆发辛亥革命，学校停闭而辍学。以后凭着自学，对中外文学的研究颇有功底，先

---

① 手稿原件残片，无日期，中国社会科学院近代史研究所藏胡适档案。
② 《钱玄同致胡适信》，1921年2月1日，国家文物局藏。此信连同1920～1932年陈独秀致胡适等人的11封信，是2009年国家文物局从住在美国的胡适儿媳妇手中征收的。

后受聘任上海《中华新报》、中华书局的编译员，从事翻译和创作。他发表的《玉簪花》、《髯侠复仇记》等言情小说，当时很有影响，受到陈独秀的注意。所以从 1916 年 10 月出版的《新青年》第 2 卷第 2 号开始，除就为刘半农开辟《灵霞馆笔记》专栏，连续刊登他研究中外文学的心得。陈独秀进入北京大学后，就邀请他任北大预科教员。胡、陈发动文学革命，刘立即响应，先后发表《我之文学改良观》、《诗与小说精神上之革新》①，进一步全面阐述了对散文、韵文、诗歌、小说、戏曲等方面的改革意见，并有不少创见，弥补其他人的不足。如他赞成以白话文为正宗，但认为白话中应吸收文言的优点，同时提出不用不通之字，破坏旧韵重造新韵，增多诗体，提高戏曲在文学中的地位，文章注意分段等，无论对旧文学的批判还是对新文学的建设，都保持着较清醒的头脑，这在当时是难能可贵的。他还勤奋做建设性的基础工作，如亲自用传统风格写了不少通俗小说、白话诗文，还征集大量民间歌谣。他写的白话诗、无韵诗，语言明快，内容进步，颇受群众欢迎，一度广为流传；数年内，他征集了几千首民间歌谣，经他亲自整理发表了 140 首，开创了民间文艺研究的先河。他还创造了"她"和"它"字的用法，受到了鲁迅的赞扬。鲁迅很喜欢这位战友，说"他活泼，勇敢，很打了几次大仗"，尽管浅，有失之无谋的地方，但"要商量袭击敌人的时候，他还是好伙伴"；对比陈独秀与胡适讲究"韬略"来说，鲁迅更喜欢半农的"忠厚"，说："半农却是令人不觉有'武库'的人，所以我佩服陈胡，却亲近半农。"②

这里所说的"大仗"，特别是指 1918 年《新青年》实行轮流编辑之后，3 月 15 日，轮到刘半农编辑第 4 卷第 3 号时，为了刺激舆论，扩大新文化运动的影响，他与钱玄同商量后决定演一出双簧戏：由钱玄同化名王敬轩，当保守派，给"《新青年》诸君子"写信，对文学革命提出种种责难；由刘半农出面作答，逐条进行批驳，嬉笑怒骂，激情喷发，并指名批判了顽固派首领林纾。此着果然在读者和保守派中激起很大反响，大大改善了《新青年》初期赞成者不多、反对者也不多的寂寞处境。这一幕"固然近乎恶作剧，却是现代中国报刊史上精彩的一笔"。③ 缺点是过分渲染了反对者的"无知"，有欠公道。因此也加深了刘半农与胡适之间的裂痕。胡适本来就

---

① 二文分别刊于《新青年》第 3 卷第 3 号、第 5 号，1917 年 5 月 1 日、7 月 1 日。

② 鲁迅：《忆刘半农君》，《鲁迅全集》第 6 卷，第 74、75 页。

③ 陈平原：《序三》，《回眸〈新青年〉》，第 13 页。

看不起没有上过大学、没有拿过学位更没有留学外国的刘半农，现在更不屑于这种不光明的手段。

陈独秀处理这个事件也不够冷静。当保守派以"崇拜王敬轩先生者"的名义提出抗议，说"王先生之崇论宏议，鄙人极为佩服，贵志记者对于王君议论，肆口侮骂，自由讨论学理，固应如是乎"时，陈独秀竟然这样回答：本志对于"不屑与辩者，则为世界学者业已公同辩明之常识，妄人尚复闭眼睛胡说，则唯有痛骂之一法。讨论学理之自由，乃神圣自由也；倘对于毫无学理毫无常识之妄言，而滥用此神圣自由，致是非不明，真理隐晦，是曰'学愿'；'学愿'者，真理之贼也"。① 这就太意气用事了，不仅刺激对方过度地反弹，也会失去中间群众的同情。如当时还在国外留学的张奚若给胡适的信中说：读过《新青年》《新潮》《每周评论》后，"是赞成，是反对，亦颇难言。盖自国中顽固不进步的一方想起来，便觉可喜，便觉应该赞成。然转念想到真正建设的手续上，又觉这些一知半解、不生不熟的议论，不但讨厌，简直危险"；"但因社会不能停滞不进，而且我们总是带有几分好新的偏向，故到底恐是赞成之意多于反对之意"。又指出，《新青年》等刊物的编者们，说话"有道理与无道理参半。因他们说话好持一种挑战的态度——谩骂更无论了——所以人家看了只记着无道理的，而忘却有道理的"。他甚至说："你老胡在他们这一党里算是顶顽固了。"②

且看，连胡适这种在新文化运动中比较"温和"的人都被称为"顶顽固了"，那么像陈独秀、钱玄同、刘半农等，在中间派眼中会是怎样一种形象，就可想而知了。

鲁迅小说的引路人

胡适、陈独秀发起文学革命时，都怀疑中国文学界有创造新文学的能力。所以如前述胡适第一次向陈独秀寄《决斗》译稿时的通信，希望"欲为祖国创造新文学"。但是，后来陈发现"吾国无写实诗文以为模范，译西文又未能直接唤起国人写实主义之观念"，③ 于是他又热心推动本国新文学

---

① 问答二信均载《新青年》第4卷第6号，1918年6月15日。
② 《张奚若致胡适函》，1919年3月13日，《胡适来往书信选》（上），第30页。
③ 《陈独秀致胡适信》，1916年10月1日，《新青年》第2卷第2号。

的创作，终于点燃起又一支文学革命的火炬——鲁迅。

鲁迅见《新青年》初期高喊"文学革命"，但内容却长于议论，文学作品又只注重发表外国的译作，且全是文言文，没有本国文学作品，所以他不客气地说自己的《狂人日记》、《孔乙己》、《药》等的发表，"显示了'文学革命'的实绩"。①

与陈独秀一样，鲁迅也是一个热血沸腾的爱国者，留学日本时，经过了从医学救国到文学救国的痛苦摸索，最后认识到救国之道首先在于医治国民精神上的创伤。这个认识本来是与陈独秀发起新文化运动的动机接近的。然而，陈独秀从辛亥革命失败中经过短暂的彷徨而奋起时，鲁迅却陷入更深的消沉之中。鲁迅说看到辛亥革命及其后一系列斗争的失败，就"怀疑起来，于是失望，颓唐得很了"。因此，新文化运动开展已两年了，他还是站在运动的大门外，感到非常的"寂寞"。他说寂寞就像"大毒蛇"，缠住了他的"灵魂"，使他"太痛苦"。他就"用了种种办法，来麻醉自己的灵魂"，使自己"回到古代去"，办法就是"钞古碑"，以使自己的生命"暗暗的消去"。② 要不是陈独秀把他唤醒，很可能如他自己所说，将在"昏睡中死灭"。

正在这时，1917年8月9日，陈独秀委派《新青年》编辑部成员钱玄同，来到北京宣武门外一个幽静的处所——绍兴会馆鲁迅寓所，拜访了正在埋头"钞古碑"的鲁迅，向他约稿。

鲁迅起先还想拒绝。他痛苦地说："假如一间铁屋子，是绝无窗户而万难破毁的，里面有许多熟睡的人物，不久都要闷死了，然而是从昏睡中死灭，并不感到就死的悲哀。现在你大嚷起来，惊起了较为清醒的几个人，使这不幸的少数者来受无可挽救的临终的苦楚，你倒以为对得起他们么？"③

这里，反映了鲁迅对新文化运动的最初态度，他认为这个运动是无望的，只能使少数清醒（觉悟）者更加痛苦，因此他采取了消极的态度。鲁迅的这个观察有深刻的一面。他看到《新青年》（或新文化运动）初期，人们关心的并不多，因此也是"寂寞"的，"不特没人来赞同，并且也还没有人来反对"。他认为钱玄同就是因为陈独秀们"寂寞"而来找他的。后来热

---

① 鲁迅：《〈中国新文学大系〉序》，《且介亭杂文二集》，人民文学出版社，2006，第25页。
② 鲁迅：《呐喊·序》，《鲁迅全集》第1卷，第274页。
③ 鲁迅：《呐喊·序》，《鲁迅全集》第1卷，第274页。

闹起来，也并不像后世人宣传的那样轰动。陈独秀自己在五四运动时就承认："大学风潮，报纸上虽然说得很热闹；但是毫无根据，不过是几个冒充古文家的老头儿、冒充剧评家的小孩子，在背地里串起来蠕动罢了。"①

但是，鲁迅这里说的"你大嚷起来，惊起了"正在"昏睡中死灭"的中国人，倒是正确地描绘出了创办《新青年》时陈独秀、钱玄同等少数人的心态。

于是，在文学革命上的激情一点也不比陈独秀弱的钱玄同回答鲁迅说："然而几个人既然起来，你不能说绝无毁坏这铁屋的希望。"于是，鲁迅抱着这一线希望，试着写了第一篇小说《狂人日记》，并第一次用"鲁迅"的笔名向《新青年》投稿。

陈独秀见鲁迅的稿子以白话小说的形式，内容又"暴露家族制度和礼教的弊害"，字字渗透着血和泪，悲愤地控诉封建礼教所谓"仁义道德"乃"吃人，吃孩子"的本质，最后发出"你们立刻改了，从真心改起！要晓得将来容不得吃人的人"的警示，和"救救孩子"的呐喊，完全与自己的思想吻合，并且发挥出政论文章所起不到的作用。所以他后来曾写信对鲁迅的弟弟周作人说："鲁迅兄做的小说，我实在五体投地的佩服。"② 他认为这是真正的白话文，又是攻击旧礼教，把文化革命与思想革命结合起来，好极。因此，从1918年1月起，陈独秀特邀鲁迅参加《新青年》编辑部会议。尤其在1919年五四运动及1920年陈独秀筹组共产党后，新文化阵营分裂、《新青年》成为中共中央机关报的情况下，胡适等人不写或很少给《新青年》投稿，陈独秀还是一遍又一遍地表示"很盼豫才先生为《新青年》创作小说"，③ 其急切诚恳之情不亚于当年请在美国的胡适写稿。

鲁迅说，于是"便一发不可收"，写下了大量"小说模样的文章"。直到1933年陈独秀因进行反蒋抗日活动被国民党关在监狱里，鲁迅在谈到自己怎样做起小说来时，还这样说："《新青年》的编辑者，却一回一回的来催，催几回，我就做一篇。这里我必得纪念陈独秀先生，他是催促我做小说最着力的一个。"④

---

① 《陈独秀答某某的信》，未刊，中国社会科学院近代史研究所藏胡适档案。可能在1919年6月11日被捕前未及在《新青年》上发表，而落到胡适手中。

② 《陈独秀致周启明信》，1920年8月22日，《历史研究》1979年第5期。

③ 《陈独秀致周启明信》，1920年3月11日，《历史研究》1979年第5期。

④ 《鲁迅全集》第4卷，第526页。

就这样，从 1918 年 5 月 15 日《新青年》第 4 卷第 5 号开始，到 1921 年 8 月 1 日第 9 卷第 4 号止，鲁迅在该杂志上共发表了《狂人日记》、《孔乙己》、《药》、《风波》、《故乡》五部小说，还有四部翻译日本和俄国的小说，以及多则随感录、通信等。特别是他的五部小说，完全奠定了他在中国近代文学史上文学巨匠的地位。1920 年 9 月 28 日，陈给周启明的信中，还表示要为鲁迅出版小说集："豫才兄做的小说实在有集拢来重印的价值，请你问他倘若以为然，可就《新潮》、《新青年》剪下自加订正，寄来付印。"①

鲁迅也毫不掩饰自己对陈独秀的崇敬心情。他把自己比作一个战士，把自己的小说称作"遵命文学"：自己是"遵命"而作，"呐喊"向前，一扫此前的那种消极悲观情绪。他把陈独秀视为"革命的前驱者"和"主将"。他说："既然是呐喊，则当然须听将令的了……那时的主将是不主张消极的。"②

特别要指出的是，陈独秀不仅推动鲁迅写小说，也带动他写"随感录"——杂文，这是鲁迅后期巩固文学巨匠地位、成为文学战线上伟大旗手的主要武器。当陈独秀已经发表大量随感录的时候，鲁迅还较少注意这种文学形式。在陈独秀的带动下，直到 1919 年 1 月出版的《新青年》才有他写的两则随感录。新文化阵营分裂后，随感录的稿子少了，陈独秀写信对鲁迅的弟弟周作人说："随感录本是一个很有生气的东西，现在为我一个人独占了，不好不好，我希望你和豫才、玄同二位有功夫都写点来。"③

陈独秀讲的是当时的实情。从 1918 年 4 月 15 日《新青年》第 4 卷第 4 号开始，陈独秀带头，创造了一种称为"随感录"的时事杂文形式的短文，针砭时弊，嬉笑怒骂，似匕首投枪，极富时效性和战斗力。这是其他文章形式所不能代替的。但是，翻开 1920 年的《新青年》，共刊出 28 篇随感录，全部署名"独秀"，好孤独呵！所以才有上述呼吁。可是，陈独秀没有想到，鲁迅后期成了写杂文的"专业户"，而其风格完全是与陈独秀的"随感录"一样的。由此我们说，鲁迅的杂文受陈独秀的带动和影响，似不为过吧！

---

① 《历史研究》1979 年第 5 期。

② 鲁迅：《呐喊·序》，《鲁迅全集》第 1 卷，第 274 页。

③ 《陈独秀致周启明信》，1920 年 9 月 28 日，《历史研究》1979 年第 5 期。

　　从以上陈独秀与诸位新文化运动干将看，每位干将都有自己特殊的才识，陈独秀则能充分发挥、运用、呵护每个成员的专长，向旧文化的腐朽领域攻击，从而起到了"总司令"的作用。

教育革命的呼号与实践

　　陈独秀自 1902 年加入青年会起，可以说是一个终身革命家，教育革命也是他一贯的追求。他认为教育分学校教育和社会教育："教育有广狭二义：自狭义言之，乃学校师弟之所授受；自广义言之，凡伟人大哲之所遗传，书籍报章之所论列，家庭之所教导，交游娱乐之所观感，皆教育也。"[①]所以，教育对象不仅是青年学生，而是全社会人。因此，陈独秀的教育革命观是十分宽泛的，既是社会革命、文化革命的一部分，又是它的具体形式。伦理革命、宗教革命、文学革命，以及政治革命、经济革命，等等，都是教育革命的一部分。从这个意义上说，陈独秀的一生都在从事教育革命。谁能说他著书作文、办报办刊、组织社团政党、进行革命宣传和斗争等，不是在教育人甚至教育全体中国人呢？他大半生的精力花在"改造国民性上"，这是最伟大的教育工作。他所发动的新文化运动，是一场名副其实的教育革命。所以，陈独秀是一个伟大的教育家，一个伟大的教育革命家。实际上，他的教育革命是与新文化运动同时发动的。《青年杂志》第 1 卷第 2 号上，他就明确刊出《今日之教育方针》。

　　就学校教育而言，陈独秀也是一个杰出的教育家。早在 1905 年、1906年，他就主持安徽旅湘公学迁回芜湖改为安徽公学，创办了徽州初级师范学堂，并在两校任教，进行教学改革并为革命活动服务。辛亥革命后任安徽都督府秘书长时期，他又担任过安徽高等教育学校教务主任（1917 年北京政府任命其为北大文科学长时称其校长），再次推行教育改革，为保守派所阻，最后甚至被保守派策动的学生所驱逐。当时该校后继教务主任周越然生动地回忆说：

　　　　薄泉先生的继独秀先生而为皖高等教务主任，不是安徽本省没有人才，实在是本省人才不敢应召的缘故，陈独秀是被学生赶走的。先

---

　　① 陈独秀：《今日之教育方针》，《青年杂志》第 1 卷第 2 号，1915 年 10 月 15 日。

是——在清末——先师严几道（复）也是被赶而走的。清末民初安徽高校的学生真不容易"侍候"，真不容易对付，独秀先生的离去高校，全为学生要求不遂。据说当时他与学生代表最后的对话如下：

（学生）：我们非达到目的不可。你答应么？——你答应也好，不答应也好。

（独秀）：我决不答应。

（学生）：你竟不答应，有什么理由？

（独秀）：我不必对你们讲理由。

（学生）：那末，你太野蛮了。

（独秀）：我是野蛮，我已经野蛮多年了，难道你们还不知晓么？

于是，喊打之声四起；同时，全校电灯熄灭，变成黑暗世界。独秀先生到底是活泼伶俐的革命家，在此"千钧一发"喊打未打之际，无影无踪的脱离高校而安然抵家了。次日，独秀先生辞职，教务由郑某代理，不久，郑某辞职而由溥泉继任，暑假前溥泉又辞职返，教务由我主任。①

陈独秀因推行教育改革而被驱逐，这是第一次，下面讲到，以后还有两次。可见教育界保守势力之大，教育革命之艰难。原因很简单，教育革命就是社会革命的一部分，社会革命不成功，单独的教育革命是不可能成功的。但是，作为革命家又怎么能不关注教育革命呢？所以，他一有机会就呼号，就实践。这时，他主编《新青年》，继而又出任北京大学的文科学长，当然积极推行。

如前所述，陈独秀从小就厌恶旧传统封建主义的教育制度，抵制为了参加科举、当官而读四书五经，习八股文。科举废除后，这种为了升官发财而教育的状况并没有改变。北京大学就是一个典型的"官僚养成所"。所以，陈独秀首先从教育与国家命运的关系、教育与青年成长的关系这两个根本问题上，彻底否定旧教育，提倡新教育。他痛切地指出：

余每见曾受教育之青年，手无缚鸡之力，心无一夫之雄；白面纤腰，妩媚若处子；畏寒怯热，柔弱若病夫。以如此心身薄弱之国民，将

① 周越然：《我所知道的陈独秀》，《六十年回忆》，太平书局，1944，第65页。

何以任重而致远乎？他日而为政治家，焉能百折不回，冀其主张之贯彻也？他日而为军人，焉能戮力疆场，百战不屈也？……他日而为实业家，焉能思穷百艺，排万难，乘风破浪，制胜万里之外也？纨绔子弟，遍于国中；朴茂青年，等诸麟凤；欲以此角胜世界文明之猛兽，岂有济乎？茫茫禹域，来日大难。吾人倘不以劣败自甘，司教育者与夫受教育者，其速自觉觉人，慎毋河汉吾言，以常见虚文自蔽也！①

为此，他认为教育三要素是教育之对象、教育之方针、教育之方法。其中"以教育之方针为最要：如矢之的，如舟之柁"。我国家教育方针的制定应该遵循的原则是"去其不适以求其适"，即"补偏救弊，以求适世界之生存"。教育方针的内容："第一当了解人生之真相，第二当了解国家之意义，第三当了解个人与社会经济之关系，第四当了解未来责任之艰巨。"教育的目的是，应该使受教育者在德育、智育、体育三方面都得到发展。为此，他提出的教育方针是四大主义：

一、现实主义，即树立唯物主义的世界观和人生观，反对宗教迷信。

二、惟民主义，即主权在民，实行共和政治。

三、职业主义，即"尊重个人生产力，以谋公共安宁幸福之社会"。

四、兽性主义，即体魄强健能力抗自然者，意志顽强而善斗不屈者，能独立奋斗而不他活者、顺性率真而不饰伪自文者。②

从以上四大主义可见，陈独秀这时已经对社会和个人的方方面面具有深刻的思考。

后来，陈独秀主持广东省的教育改革时，把以上四大主义的教育方针又进一步地概括为"教育必须与社会相结合"。他认为旧教育的根本缺点是"把教育与社会分为两件事，社会自社会，教育自教育，学生在社会中成了一种特殊阶级，学校在社会中成了一种特殊事业，社会上一般人眼中的学生、学校，都是一种侈奢品、装饰品，不是他们生活所必需的东西"。又指出："旧教育的主义是要受教育者依照教育者的理想，做成伟大的个人，为圣贤，为仙佛，为豪杰，为大学者。新教育不是这样，新教育是注重在改良社会，不专在造成个人的伟大。"因为"社会的力量大过个人远甚，社会能

---

① 陈独秀：《今日之教育方针》，《青年杂志》第 1 卷第 2 号。
② 陈独秀：《今日之教育方针》，《青年杂志》第 1 卷第 2 号。

够支配个人，个人不能够支配社会"。所以，"要想改革社会，非从社会一般制度上着想不可"。①

在教育方法的改革上，陈独秀也提出了一系列惊人的主张，其基本原则是反对旧的灌输式的教育方法，改用启发式的教育方法。为此，他用对照方式介绍三条西洋先进教育法：第一，是自动的而非被动的，是启发的而非灌输的；第二，是世俗的而非神圣的，是直观的而非幻想的；第三，是全身的而非单独脑部的。②

据此，他把旧教育方法的"缺点和罪恶"归结为两种主义：主观主义和形式主义。"教师只知道他自己做本位教授的时候，不管学生能不能接受，一味照他的意思灌输进去，这就是主观主义的现象。"形式主义主要表现在"考试"上："因为有了考试，就有什么毕业问题，文凭问题，引起了学生的虚荣心。教师学生平常多不注意，临到考试时候，在这一二礼拜以内拼死用功，不但临场时夹带枪替，于道德上很有影响，并且废食忘眠，在身体上大有妨害，到了考试完毕，把所有临时强记的完全忘掉了。"学生求学的目的，不是为增加学问，不是为社会进步，而是专为考试，"所以种种罪恶，都从考试发生，道德上、身体上、思想上都没有好处"。他认为："吾们要望学生道德上学业上进步，不在乎考试，另有好的方法，——譬如作文、英文等科，只要平常多方练习，自然能够进步。"③

必须指出，陈独秀以上教育思想基本上是正确的，而且至今还是中外教育改革的目标。但是，中国历代统治者只知道争权夺利，不为国家兴亡和人民利益着想，教育改革至今一直收效甚微。

在当时，陈独秀的这种教育革命思想，也与蔡元培改造北京大学的思想吻合。他不拘一格聘用陈为文科学长，说是看了几期《新青年》后，赞同其主张，认为陈"确可为青年的指导者"，其直接的原因，自然是看到头几期上陈关于教育问题的见解。所以，陈独秀一上任，立即在蔡的支持下，对文科进行大刀阔斧的改革。首先，他纠正人们对旧北大的错误观念："培养官僚"，强调大学的目的是"研究学理"。他在 1918 年 9 月北大开学典礼上公开发表演说指出：大学学生之三目的中，唯"研究学理""始与大学

---

① 陈独秀；《新教育是什么》，《广东群报》1921 年 1 月 3 日。
② 陈独秀：《近代西洋教育》，《新青年》第 3 卷第 5 号。
③ 《教育缺点》，《时报》1920 年 3 月 30 日。

适合"。为此，他主张方法有三："一曰，注意外国语。"以最新学理，均非中国古书所有，而外国专门学术之书，用华文译出者甚少。"二曰，废讲义。"以讲义本不足以尽学理，而学恃讲义，或且惰于听讲。"三曰，多购参考书。"校中拟由教员指定各种参考书之册数、页数使学生自阅，而作报告。①

当时，陈独秀把北大当作教育革命和整个新文化运动的试验场。所以，这些措施首先在他主持的文科实行。例如：1917年春，文学革命刚拉开序幕，在蔡元培的支持下，陈独秀就组织刘半农等教员，首先改革北大预科课程，并且实行白话文教学。当时的北大，各科都分为本科和预科。本科大致相当于美国的研究生院。高中毕业生考入北大，必须先读3年预科，毕业后才能升入本科（3～4年）。1918年改为预科2年，本科4年。

1917年11月，陈独秀多次约请胡适、沈尹默、钱玄同、陶履恭、章士钊等开会，讨论改变文科课程。

1918年1月19日，陈独秀加入蔡元培发起组织的"进德会"。该会入会标准是，甲种会员：不嫖、不赌、不娶妾；乙种会员：再加二戒，不做官吏、不做议员；丙种会员：前五戒外，再加三戒，不吸烟、不饮酒、不食肉。6月，进德会选举评议员，蔡元培212票，陈独秀152票，章士钊111票，王宠惠81票，沈尹默、刘师培31票当选。

1918年2月，陈独秀支持胡适等人发起的"成美学会"，捐款120元。该会目的是"协助德智优秀，身体健壮，自费无力的国立大学生"，为国家增进人才。

6月，陈独秀担任北京大学入学考试委员会副主任（主任为蔡元培），对入学考试制度进行改革。

9月25日，为加强宣传法兰西文明，推动北大的编译工作，陈独秀参加北大编译处会议，议定陈独秀、胡适代表该处办理加入"法文学社"手续，筹划法国名著翻译事项。

同时，陈独秀又大力支持北大文科学生傅斯年、顾颉刚等创办"新潮社"和《新潮》杂志。这些学生受了新文化运动的启蒙，早在1917年秋就"纯由觉悟而结合"，并想创办类似《新青年》的文学杂志，但因缺乏经费

---

① 《在北京大学开学式上的演说》，《北京大学日刊》1918年9月21日。下引陈独秀在北大的活动，除另有出处外，皆载该《日刊》，恕不一一注释。

而陷于困难，求助于学长陈独秀。陈给予了出乎他们意料的热情支持，对他们说："只要你们有办的决心和长久支持的志愿，经费方面，可以由学校负担。"① 于是，1918 年 11 月 19 日，他们先成立"新潮社"，后来请胡适任顾问。北大图书馆主任李大钊也给予支持，拨出一间房作"新潮社"办公室。1919 年元旦，《新潮》创刊。由于该杂志完全支持陈独秀发起的新文化运动，实行三条指导原则：批评的精神、科学的主义和革新的文词，很快成为《新青年》的得力助手和伙伴，受到广大先进青年的热烈欢迎。而加入"新潮社"的北大学生，也就成为陈独秀、《新青年》和新文化运动直接培养的第一批"新青年"，成为后来五四运动的学生领袖和学术界、政治界的重镇，兹列几位如下。

傅斯年：历史学家和通俗作家，后任国民党中央研究院院士、历史语言研究所所长、北京大学代理校长、台湾大学校长等职。

罗家伦：历史学家、教育家、通俗作家，后任清华大学、中央大学校长，新疆监察使，国民党中央党史编纂委员会副主任委员、主任委员，驻印度大使，台湾"考试院"副院长，"国史馆"馆长等职。

顾颉刚：历史学家

毛子水：教育家、历史学家

江绍源：教育家、宗教史学家

汪敬熙：作家、心理学和生理学家

何思源：教育家，曾任山东省主席、北平市长

俞平伯：散文作家、诗人、文学评论家

郭绍虞：作家、考据史家

孙伏园：作家、编辑家

张申甫：哲学家，早期中共党员、中共旅欧支部创始人

叶圣陶：作家、诗人、教育家

冯友兰：哲学家

朱自清：散文作家、诗人

此外，还有段锡朋、许德珩等没有参加"新潮社"的其他北京大学的学生。这些知识精英，虽然后来政治态度和党派不同，不少人先后还是陈独秀、共产党的对立面。如黄侃在课堂上似泼妇骂街那样攻击新文化时，学生

---

① 傅斯年：《〈新〉之回顾与前瞻》，《新潮》第 2 卷第 1 号，1919 年，第 199 页。

傅斯年、罗家伦曾跟随之。因此成立"新潮社"时，陈独秀一度怀疑他们是"奸细"。后来他们又成为国民党的反共健将。这种在文化与政治两个不同领域中的分分合合，是常见的现象。分有分的原因，合有合的道理，很难说谁是谁非。但是，他们对中国文化的发展和现代化都做出了重大贡献。这是任何人都无法否认的。

在当时北洋军阀封建专制主义统治和传统保守势力占绝对优势的情况下，陈独秀在北京大学进行教育革命和文学革命取得以上的成果，是与蔡元培的支持分不开的。而蔡元培的支持主要是通过推行其"兼容并包，思想自由"的方针实现的。北大原是封建主义文化的堡垒，封建专制主义对别的思想文化是不允许"容"与"包"的。蔡元培是资产阶级民主派，既长北大，实行改革，自然要推行民主、自由的原则："仿世界大学通例，循'思想自由'原则，取兼容并包主义"，"无论为何种学派，苟其言之成理，尚不达自然淘汰之运命者，虽彼此相反，而悉听其自由发展"。① 正是在这种方针下，北大在这次改革中，虽然也引进了一些旧学人士，但是更引进了陈独秀为首的新文化派，并以文科为重点进行改革，进而对全校进行改造。经过几年的努力，使北大这个以腐败、堕落、落后而闻名的官僚养成所，变成了一个注重研究学问、学术空气活跃而又浓厚的中国第一所新型高等学府。所以，蔡元培的这个方针，对陈独秀的新文化派起了保护、支持的作用。

为此，在 1940 年蔡元培逝世时，陈独秀感言说：我在北大和蔡先生共事较久，我知道他为人也较深。"一般的说来，蔡先生乃是一位无可无不可的老好人；然有时有关大节的事或是他已下决心的事，都很倔强的坚持着，不肯通融，虽然态度还很温和；这是他老先生可令人佩服的第一点。自戊戌政变以来，蔡先生自己常常倾向于新的进步的运动，然而他在任北大校长时，对于守旧的陈汉章、黄侃，甚至主张清帝复辟的辜鸿铭，参与洪宪运动的刘师培，都因为他们学问可为人师而和胡适、钱玄同、陈独秀容纳在一校；这样容纳异己的雅量，尊重学术思想自由的卓见，在习于专制好同恶异的东方人中实所罕有；这是他老先生更可令人佩服的第二点。"陈独秀又说："五四运动，是中国现代社会发展之必然的产物，无论是功是罪，都不

---

① 《蔡元培致〈公言报〉函并答林琴南函》，1919 年 3 月 18 日，《蔡元培全集》第 3 卷，中华书局，1984，第 271 页。

应该专归到那几个人；可是蔡先生、适之和我，乃是当时在思想言论上负主要责任的人。"① 这里讲的"思想言论上负主要责任"，就是新文化运动及其在北京大学的试验。

关于蔡元培与陈独秀改革北大、民主办校，还有不少故事，这里只举一例。

据当时在北大英文学门（即英文系）上学的许德珩回忆：陈独秀来北大之前，虽然不认识他，但他的文章我早就在《甲寅》杂志上读过了，因为他是首倡新文化运动的人物，所以给我的印象很深……陈独秀任北大文科学长之后，和蔡元培一起，积极推动北大的改革，在整顿上课纪律当中，还与我闹过一场误会。当时我们班上有一同学是黎元洪的侄子。此人经常缺课，并叫人代他签到。陈独秀不调查研究，误听人言，就把这件事记在我的身上，在布告牌子上公布我经常旷课，记大过一次。我当时是一个穷苦学生，冬天穿夹衣过冬，宿舍里没有火，所以我不是在讲堂上，就是在图书馆里。当我见到这个记过布告时，十分惊异，并极端愤怒。我一怒之下，就把布告牌砸碎了。陈独秀性情一贯的急躁，他也大怒，对我的砸布告牌又记了一过。我又把第二个布告牌砸了，并站在他的办公室门前，叫他出来同我说理。此事立即为蔡校长所知，经过蔡的调查，才知道是陈独秀搞错了，叫陈收回成命，并向我进行劝慰，此事遂告平息。"这就是陈独秀认识我的开始。"②

真是不打不相识，他们二人以后的关系很好，下面有所叙述。

传统党史为了政治需要丑化陈独秀，往往把陈独秀描写成爱发火、拍桌子、训人骂人那样的"家长主义"，"凶神恶煞"。实际上，他是一个很讲理，也很风趣的人。前述陈独秀与黄侃的调侃，对沈尹默字的评论，都是如此。冯友兰也说过一个故事："我们毕业的时候，师生在一起照了一张相，老师们坐在前一排……陈独秀恰好和梁漱溟坐在一起。梁漱溟很谨慎，把脚收在椅子下面；陈独秀很豪放，把脚一直伸到梁漱溟的前面。相片出来后，我们班长孙本文给他送去了一张，他一看，说：'照得很好，就是梁先生的脚伸得太远一点。'孙本文说：'这是你的脚。'"于是大家"哈哈"大笑起来。③

---

① 陈独秀：《蔡孑民先生逝世后感言》，《中央日报》1940 年 3 月 24 日。
② 许德珩：《我和陈独秀》，《党史研究》1980 年第 4 期。
③ 《冯友兰自述》，第 39 页。

1918 年夏北大文科哲学门毕业照，前排右三为陈独秀，右二为梁漱溟

　　沈尹默这个人也很有意思。陈独秀对他写的字，上门直率恶评，促使他狠练书法，对陈感激一辈子。胡适与他没有交恶，他却把胡适说成是不肖之徒："胡适这个人，因缘时会，盗窃虚名，实际他是一个热衷利禄的政客，并非潜心学术的文士。"他说有个叫陈仲恕的人，"震于胡适之声名"，到北大来听过一次胡适讲演，一听之下，就听出问题来了。他越听越觉得熟悉，原来所讲的是从颜习斋书上搬来，并且不加说明，据为己有；又说钱玄同也知道胡适这个秘密。有一次，胡适被邀做学术讲演，此公既已成为时下忙人，自无功夫做什么准备。玄同曾亲眼看见胡适在讲演之前，匆匆赴琉璃厂旧书铺找了一本不知什么书，大约就是一般人不大看的颜习斋著作之类吧，"在洋车上翻阅一过，他这点鬼聪明是有的，裁裁剪剪，上讲台发挥一通，此公行事，大率如此"。①

　　沈先生攻其一点，否定全人，没有看到胡适确有"大学问家"的一面，可见评人之难。当时在这个新文化阵营中，胡适除了陈独秀这位"伯乐"之外，与其他人如鲁迅（"武器库门上拈小纸条"比喻）、钱玄同、刘半农

---

　　①　沈尹默：《我和北大》，《五四运动回忆录》（续），第 168 页。

（关于"王敬轩的双簧戏"及瞧不起刘半农当时没有留过学）、沈尹默等人的关系都不好。似乎在人际关系上，胡适有点傲气和霸气。自然，这里也有中国文人的通病：文人相轻。但陈独秀则相反，在文学革命上有"不容讨论"的霸气，在人际关系上，却能团结各种人。这是难能可贵的，也是新文化运动取得成功的重要原因之一。这里也暗藏着将来陈独秀一走，《新青年》阵营必然分裂的危机。

培育一代"新青年"

从 1915 年至 1918 年，以《新青年》及北京大学为中心的新文化运动，已经开展了四年。由于《新青年》在全国各大城市都有销售处；教育部又以北大教育改革为试点辐射全国学校教育，于是，这个运动在全国发生了巨大的影响，成为荡涤神州大地的一股冲击波。大批青年甚至中老年（如北大教授、后来成为毛泽东岳父的杨昌济等）受到它的启蒙，人生观发生根本性转变，成为一代"新青年"。这一代人，除了《新青年》编辑部成员（他们在发起和进行新文化运动的同时，自己的世界观也得到了转变）、《新青年》和后来《每周评论》的作者群〔《新青年》虽然是一个同人刊物，主要文章多由编辑部成员撰写，但也发表了不少编辑部以外作者的文章，其中在《新青年》1~9 卷共 54 号上公布的读者来信，就有 109 封，扣除重复的 21 人，有 88 位不同的读者（有的是以学校集体或其他团体名义写的信，如此就不止 88 人了）〕，及上述北京大学和北京直接受到教育的学生以外，像远在湖南的毛泽东、彭述之，湖北的恽代英，天津及随后留学日本的周恩来都受到《新青年》的洗礼。

据统计，《新青年》的发行量从创刊初期的 1000 册，1917 年以后发展到一万五六千册。[①] 而从以下毛泽东及周恩来的叙述中可知，一本杂志往往不是一人阅读，而是转辗传阅。那么，全国各地有多少万人受到《新青年》的教育和影响，可以想象是相当的可观了。许多读者受到思想启蒙后，情不自禁地发出心底的激动，称陈独秀《新青年》为"思想界的明星""金针""药石""良师益友"，说："青年得此，如清夜闻钟，如当头一棒。"[②] 可见其影

---

① 张静庐：《中国近代出版史料》二编，中华书局，1954，第 316 页。
② 《通信》，《新青年》第 2 卷第 5 号，1917 年 1 月 1 日。

响之广大和深远。所以说陈独秀、《新青年》、新文化运动为中国的新时代
培育了整整一代"新青年"，是绝不为过的。连毛泽东在中国革命胜利前夕
的1945年中共七大预备会议的内部讲话中，面对中共夺取政权的第一代领
导人，也不得不承认这个事实：

> 关于陈独秀这个人，我们今天可以讲一讲，他是有过功劳的。
> 他是五四运动时期的总司令，整个运动实际上是他领导的。他与周
> 围的一群人，如李大钊同志等，是起了大作用的。我们那个时候学
> 习作白话文，听他说什么文章要加标点符号，这是一大发明，又听
> 他说世界上有马克思主义，我们是他那一代人的学生。五四运动，
> 替中国共产党准备了干部。那个时候有《新青年》杂志，被这个杂
> 志和五四运动警醒起来的人，后来有一部分进入了共产党。这些人
> 受陈独秀和他周围一群人的影响很大，可以说是他们集合起来，这
> 才成立了党。①

　　毛泽东说这一段话是有充分理由的，因为他是这一代人中受陈独秀
《新青年》培育和影响最大最深的人之一。
　　早年毛泽东有与陈独秀相同的思想历程。从17岁开始，毛泽东学习
"新学"，阅读《新民丛报》等维新派书报，对他们的思想主张赞佩不已，
一度把康、梁视为自己人生的"楷模"。但是，进入长沙第一师范后，该校
有位教员杨昌济，早已受《新青年》影响，提倡新道德，反对旧道德，批
判封建伦理，反对三纲五常和禁欲主义。他主张的德智体并重，反对偏重于
智、德而轻体育的思想，这些对毛泽东影响极大。他还善意栽培毛泽东，曾
致信章士钊特别推荐毛泽东和蔡和森，恳切劝他重视毛、蔡二君，说："二
子海内人才，前程远大；君不言救国则已，救国必先重二子。"② 1918年杨
进入北京大学陈独秀领导的文科当教授，教伦理学，与陈独秀的关系更加密
切，并在《新青年》上发表文章，所以，这时受杨昌济的直接引导，毛泽
东阅读《新青年》，立即把最高的崇敬移到陈独秀身上，并且从哲学思想到
政治主张、文章风格，全面崇尚陈独秀。他后来对美国记者斯诺说："《新

---

① 《人民日报》1981年7月17日。
② 王兴国编《杨昌济文集》，湖南教育出版社，1983，第386页。

青年》是有名的新文化运动的杂志，由陈独秀主编。我在师范学校学习的时候，就开始读这个杂志了"，听他说，学白话文，写文章要加标点符号。"我非常钦佩胡适和陈独秀的文章，他们代替了已经被我抛弃的梁启超和康有为，一时成了我的楷模"。[1]

毛泽东既然把陈独秀等人视为"楷模"，立即起而学之。他一边读陈独秀等人的文章，一边思考，常常把文章中精辟的论述，整段地抄在笔记上，并写上自己的心得，还常与朋友们讨论这些观点和问题。

他还把陈的思想与康、梁的思想对比，终于认识到前者代表着时代的声音，而后者已成时代的阻力。1917 年 8 月，他在致黎锦熙的信中说："康似略有本领，然细观之，其本源究不能指其实在何处，徒为华言炫听，并无一杆树立、枝叶扶疏之妙。"

毛泽东学习楷模陈独秀的第一个行动，同时也是受杨昌济的教育的影响，就是采用《新青年》提倡的文风，拥护陈独秀、杨昌济提倡的重视体育的主张，写了《体育之研究》一文，用"二十八画生"笔名（繁体字"毛澤東"三字笔画数），寄给了心中敬仰的陈独秀。陈独秀立即将其发表，以表示对他的鼓励和支持。所以在 1917 年 4 月，在当时早期的《新青年》杂志上，出现一篇迄今为止发现的毛泽东一生中最早公开发表的文章，并不是偶然的，这是毛泽东把陈独秀当作"楷模"的产物，也是《新青年》、新文化运动造就一代新青年的例证。

如前所述，陈独秀在 1902 年与安徽维新巨子汪希颜的谈话中，就提出德、智、体全面发的教育主张。《新青年》创刊后，他在批判旧教育弊病时，更是痛斥其使青年"柔弱若病夫"，致使"人字吾为东方病夫国"。毛泽东也对旧教育不重视体育的学制很不满意，主张德、智、体三育并重，"心力"与"体力"全面发展。他根据自己体育锻炼的体会，写成了《体育之研究》。对照前引的陈独秀《今日之教育方针》一段话，可看到毛文不仅吸收了陈独秀的思想，而且有的文字也是相同的。

文章在论述增强民族体质与保卫国家关系时说："国力荼弱，武风不振，民族之体质日益轻细，此甚可忧之现象也"；"夫命中致远，外部之事，结果之事也；体力充实，内部之事，原因之事也。体不坚实，则见兵而畏之，何有于命中，何有于致远？"文章在论述德、智、体三育关系时，认为

---

[1] 斯诺：《西行漫记》大连光华书店，1948，第 127 页。

体育"实占第一位置，体强壮而后学问道德之进修勇而收效远"。文章还与陈独秀一样认为体育锻炼不仅在于强体质，更在于强意志："夫体育之主旨，武勇也，武勇之日，若猛烈，若不畏，若敢为，若耐久，皆意志之事。"并与陈独秀一样，严厉批判了当时学校教育忽视体育教育的倾向。所不同的是，陈独秀崇拜西洋教育而对中国传统教育否定过多，毛泽东则从中国传统教育中，肯定清初颜元、李塨"文而兼武"的思想，赞同"文明其精神，野蛮其体魄"的主张。这实际上否定了陈独秀说的中国传统教育中"惟有体育一门，从来没人提倡"的说法。——从这里，也可看出两人在对待中西文化上的不同态度。

当时毛泽东还把陈独秀当作"大哲学革命家"崇敬，决心投身革命运动。1917 年 9 月 22 日，张昆弟的日记，记述了他与毛泽东一起在湘江游泳后毛泽东的一段话说："毛君润芝云：现在国民思想狭隘，安得国人有大哲学革命家，如俄之托尔斯泰其人，以洗涤国民之旧思想，开发其新思想。余甚然其言。中国人沉郁闭塞，陋不自知，入主出奴，普成习性。安得有俄之托尔斯泰其人者，冲决一切现象之罗网，发展其理想之世界，行之以身，著之以书，以真理为归，真理所以，毫不旁顾。前之谭嗣同，今之陈独秀，其人者魄力雄大，诚非今日俗学所可比拟。毛君又主张家族革命，师生革命；革命非兵戎相见，乃除旧布新之谓。"① 这与当时陈独秀领导的新文化运动的精神和内容完全相符。

1918 年 4 月，即《新青年》发表《体育之研究》一年后，毛泽东把陈独秀当楷模的第二个行动，就是与几个朋友创立了湖南新文化运动的团体"新民学会"，决心按陈独秀提出的标准，引导大家做"新青年"。新民学会会章规定的宗旨是："革新学术，砥砺品行，改良人心风俗。"会员守则也明显仿照北京大学进德会的内容：一、不虚伪；二、不懒惰；三、不浪费；四、不赌博；五、不狎妓。当时武汉、上海、杭州、天津等地，也受《新青年》影响出现了许多富有战斗精神的青年激进团体。

10 月，毛泽东为送赴法勤工俭学的新民学会会员，来到新文化运动的中心——北京，在这里住了约半年的时间。为解决生活问题，由已在北京大学做教授的杨昌济介绍，到李大钊为主任的北大图书馆当助理员。在这期间，他不仅如饥似渴阅读各种宣传新思想的书报，还拜访了陈独秀、蔡元

---

① 转引自李锐《毛泽东早期革命活动》，湖南人民出版社，1980，第 61 页。

培、胡适等新文化运动的干将们，一睹几年来敬为"楷模"们的风采。直接接触以后，对比之下，他产生了陈独秀"对我的影响也许超过其他任何人"① 的感受。

从此，毛泽东与陈独秀结下了不解之缘，在五四运动、创建共产党、发动工农运动、实现第一次国共合作等方面，双方互相配合与支持，而陈独秀给毛泽东更多的关照和提携，有待后文论述。

《新青年》也使周恩来的人生观发生了根本性的转变。1917 年 6 月，19 岁的周恩来以优异的成绩从天津南开中学毕业，靠友人借一笔钱，到日本留学。这时，他也如第一次留学日本前不愿意做"只知道吃饭睡觉"的平庸之人的陈独秀一样，要做一个立志救国的人。他在第二年 2 月的一篇日记中写道："梁任公有一句诗：'世界无穷愿无尽'，我是很赞成的。盖现在的人，总要有个志向，平常的人不过是吃饱了穿足了便以为事；有大志向的人，便想去救国，尽力社会。"②

但是，怎样救国？他当时十分茫然。开始时，他看到中国太弱，受之前留日学生中流行的"军国"思想的影响，产生过军国主义救中国的想法。关于人生，又信仰过当时日本流行的佛教"无生"的思想，但残酷的现实总使他痛苦。直到 1918 年 1 月，这个痛苦才渐渐地打消了。

怎样"打消"——走出这个痛苦绝望的境地的呢？——阅读《新青年》！

就在这"打消""无生"之道的同一天——1918 年 2 月 25 日的日记中，他写道：

> 晨起读《新青年》，晚归复读之，对所持排孔、独身（指陈独秀提倡的"独立自主的人格"——引者）、文学革命诸主义极端的赞成。

进而，他回顾道：

> 从前我在国内的时候，因为学校里的事情忙，对于前年出版的

① 斯诺：《西行漫记》，第 127 页。
② 《周恩来旅日日记手稿》，1918 年 2 月 6 日，中央档案馆藏。以下所引周恩来旅日日记出处同。

《新青年》杂志没有什么特别的注意，有时候从书铺里买来看时，亦不过过眼云烟，随看随忘的。

与毛泽东一接触《新青年》就像过电被磁吸一样不同，周恩来受《新青年》的思想冲击和影响，是另一种典型：开始没有感觉，当摸索别的道路着着碰壁，痛苦绝望时，蓦然回首，却见她在灯火阑珊处……终于，如痴如醉地投入到她——《新青年》的怀抱中。原来，他从天津临来日本时，有朋友给了他一本《新青年》第3卷第4号，上有第一篇陈独秀的主打文章《时局杂感》，第二篇吴虞的反孔檄文《儒家主张阶级制度之害》。陈文针对当时黎元洪、段祺瑞之争正在造成的张勋复辟的乌烟瘴气的政局，严斥"自袁氏执政以来，故纵此骄兵叛将，为害遍于国中。段氏继之，亦未能制止。今一明目张胆、万恶不法之张勋、倪嗣冲，竟横戈跃马，逞志京津自称起义矣。国中贤豪长者，不思讨贼，且以调和之说进。呜呼！中华民国，尚复成何世界"。指出："吾人理想中之中华民国，乃欲跻诸欧美文明国家，且欲驾而上之，以去其恶点而取其未及施行之新理想"；寄望黎元洪、孙中山等人"以社会之中枢国民之表率自任，勿自杀。而社会为自救计，亦勿以细故而杀之，使一国人才完全破产也"。

显然，这位朋友看了这期《新青年》受了很大启发，才推荐给周恩来。周在赴日途中阅读，"看得很得意。及至到了东京，又从季冲处看见《新青年》三卷全份，心里越发高兴，顿时拿去看了几卷，于是把我那从前的一切谬见打退了好多"。这第3卷的内容相当丰富而尖锐，其各期主打文章皆是陈独秀、吴虞、刘半农、蔡元培等写的攻击孔教和佛、老消极思想，以及主张文学革命及赞扬俄国十月革命内容的。以此内容，就可以看出来周恩来为什么受震动。首先，他在这天日记的开头，兴奋地写下两句诗：

风雪残留犹未尽，一轮红日已东升！

第二天的日记中又写道：

我的心仍然要用在"自然"上，随着进化的轨道，去做那最新最近于大同理想的事情。收练了几天，这个月开月以来，觉得心里头安静了许多。这几天连着把三卷的《青年》仔细看了一遍，才知道我从前在国内所想的全是大差，毫无一事可以做标准的。来到日本，所谓的"无生"主义虽然是高超了许多，然而却不容易实行。总起来说，从前所想的、所行的、所学者全都是没有用的。从今后要按着二月二十一日所定的三个主义去实行。决不固持旧有的与新的抗，也不可惜旧有的去恋念它。我愿意自今以后，为我的"思想"、"学问"、"事业"支开一个新纪元才好呢！

这里讲的"三个主义"（陈独秀在《新青年》上常喜欢用"三个主义"这个词），是他在这年春节这一天写的日记中为自己立的三条行动方针："第一，想要想比现在还新的思想；第二，做要做现在最新的事情；第三，学要学离现在最近的学问。思想要自由，做事要实在，学问要真切。"显然，《新青年》最符合他这三条要求。他并且表示："我平生最烦急的是平常人立了志向不去行。"

于是，15日以后，周恩来完全像是变了一个人，在17日、18日的日记中，他完全沉浸在找到真理和前进道路的兴奋和激动之中。

于是，当两个月后，发生日本帝国主义与北京段祺瑞政府秘密签订《中日共同防敌军事协定》的事件后，周恩来立即带着《新青年》给他的觉悟，义无反顾地投入到反帝反封建的革命救国的运动中，逐渐成长为中国近代史上一位非常杰出的人物。

除了保守派和中间派之外，如以上这样受到《新青年》和新文化运动深刻影响的人，不是少数，而是相当广大。最可注意的是一位叫崔通的读者，特别写信给陈独秀，表示他虽已56岁，但"生平趋于革新派"，对《新青年》极有好感，常劝人购读，有时多买数册以赠人。《新青年》甚至在日本也有很大影响。正如当时去日本的陶孟和所说：去日途中及到日后，所遇人物皆极称赞（请注意是"极称赞"，不是一般的称赞——引者）《新青年》。而高一涵1918年2月13日在日本写信给陈独秀和胡适，更是十分激动地说，在日本一个纪念会上，他做了一个报告，"大家仿佛得了宝贝一样的欢喜"。会后的情况更是热烈："此地有许多人对于北京大学和《新青年》社同人当作天使一般看待"；"这是你们鼓吹的功劳，也就是你们无穷的不可推脱的责任，还望你们快快努力，尽你们'天使'的责任才好！"①

---

① 陶孟和书信手稿，中国社会科学院近代史研究所藏胡适档案。

就这样，陈独秀通过《新青年》和新文化运动，终于从身边的北京大学学生到全国的广大青年学生，包括一部分海外留学生和中老年知识分子中，培养了一大批革命者、"新青年"，为即将到来的五四运动、中国共产党的成立和大革命的开展，准备了较好的思想条件和组织条件。

创办《每周评论》　指导五四爱国运动

1918 年 11 月，第一次世界大战结束，对于中国，出现了第一次从帝国主义（德国）手中收回权利的机会。这时，具有强烈爱国心的陈独秀再也不能对现实政治保持沉默了。他与蔡元培、李大钊等人一样，接连发表政治主张，投入到积极争取中国权利的斗争风潮中，从而与坚持只做文化运动方向的胡适等人发生分歧。

从陈独秀思想历程来考察，他是中国人中较早感到亡国危机的人之一，从 18 岁时写的《扬子江形势论略》和 1904～1905 年创办《安徽俗话报》发表的一系列文章，再到《甲寅》的《爱国心与自觉心》，都是有力的证据。而救亡首先是一个政治问题。在政治救亡遭到一系列失败以后，他才独辟蹊径，企图从文化革命着手，寻找新的救亡之路。所以，他从事文化运动的目标还是要解决政治问题，而且企图从根本上解决政治问题。为此，他从创办《新青年》、发起新文化运动起，一天也没有停止对现实政治的关注，特别是袁世凯和张勋复辟事件。有人以《青年杂志》创刊号上陈独秀给一个读者要求批判袁世凯帝制运动的一封答信，批评陈独秀在创办《青年杂志》时，把自己的事业孤立地放在文化思想方面，而和当前的政治斗争脱节。陈独秀在信中说："盖改造青年之思想，辅导青年之修养，为本志之天职。批评时政，皆枝节问题。"但是，陈独秀这里所指是他办志的宗旨，而在具体贯彻这个宗旨时，他不必也没有"把自己的事业孤立地放在文化思想方面，而和当前的政治斗争脱节"。时与陈独秀在北京大学国史编纂处一起做编纂员工作的周作人回忆说，当时复辟的严重气氛，也是使陈独秀重拾政治运动的一个原因。当时北京神武门内仍有宣统小朝廷每天上朝，还有每天拉玉泉山泉水给皇上用的黄车。陈独秀在景山前街经常看到戴着红顶帽的旧臣上朝及黄车滚滚的街景，而这时封建王朝已经推翻 6 年了。特别是 1917 年 7 月 1 日张勋复辟与段祺瑞"马厂誓师"反复辟的双簧戏，北京城里一会儿挂龙旗，一会儿挂五色旗，弄得人心惶惶。而有不少人是怀念清朝一统，过安定生活的。陈独秀见此，与《新青年》同人议论，一定要写反复辟的文章，讲清批孔与反复辟的关系，要改变"不谈政治"的初衷。① 每期《新青年》都设有"国内大事记"栏目，就是一个明证。他在上面发表了《宪法与孔教》、《袁世凯复活》、《对德外交》、《旧思想与国体问题》、《复辟与尊孔》等文章，从文化视角出发，密切配合政治斗争。他在那封答信中和一篇文章中说的话——"国人思想尚未有根本之觉悟，直无非难执政之理由。年来政象所趋，无一非遵守中国之法，先王之教，以保存国粹，而受非难，难乎其政府矣"；② "盖伦理问题不解决，则政治学术，皆枝节问题"③ ——与其说他"和当前的政治斗争脱节"，不如说证明他对当时政治斗争认识的深刻。果真，由于伦理问题不解决，袁世凯倒了，又出现了一场张勋复辟；北洋军阀虽然不搞帝制，却搞了个假共和，政治状况与袁世凯时期没有什么两样。

所以，早在欧战结束前的 1918 年 7 月，他以特有的敏感认为世界和中国的形势将有大变的时候，就已经明确表现出要积极参与政治斗争的态度。他以《今日中国之政治问题》为题，开宗明义就纠正人们对《新青年》不谈政治方针的误解："本志同人及读者，往往不以我谈政治为然。有人说：我辈青年，重在修养学识，从根本上改造社会，何必谈甚么政治呢？有人说：本志曾宣言志在辅导青年，不议时政，现在何必谈甚么政治惹出事来呢！呀呀！这些话都说错了……我现在所谈的政治，不是普通政治问题，更不是行政问题，乃是关系国家民族根本存亡的政治根本问题。此种根本问题，国人倘无彻底的觉悟，急谋改革，则其他政治问题，必至永远纷扰，国亡种灭而后已！国人其速醒！"④

但是，陈的"同人"胡适却不以为然。他在 1917 年 7 月从美国回国在上海停留期间，"看了出版界的孤陋，教育界的沉寂，我方才知道张勋的复辟乃是极自然的现象，我方才打定二十年不谈政治的决心，要想在思想文艺上替中国政治建筑一个革新的基础"。⑤ 看来，胡适是下了死心要走从文化着手改造国民性这个根本上救国的道路的。而陈独秀在这个问题上的基本思

① 参见《周作人回忆录》，湖南人民出版社，1980，第 306~310、312 页。
② 《通信》，《青年杂志》第 1 卷第 1 号，1915 年 9 月 15 日。
③ 陈独秀：《宪法与孔教》，《新青年》第 2 卷第 3 号，1916 年。
④ 《新青年》第 5 卷第 12 号，1918 年 7 月 15 日。
⑤ 《我的歧路》，《努力》第 7 号，1922 年。

想与他一致，但具体实践上有较大的灵活性。这就是二人的同中有异，异中有同。所以，当初胡适加入新文化阵营，二人曾有"二十年不谈政治"的约定。但是，现在陈要谈政治，却不是违背这个约定，为此，陈做了以上的解释。

11月14~16日，为庆祝协约国在第一次世界大战中的胜利，北京各大学放假三天，在天安门外举行演讲大会。28~30日，又在中央公园（今中山公园）举行演讲会。蔡元培、陈独秀、李大钊等发表演讲。在15日出版的《新青年》第5卷第5号上，发表了蔡元培、李大钊、陶履恭三个人的演讲，他们开始注意俄国的十月革命对战争胜利的影响。蔡的演讲题就是《劳工神圣》，李是《庶民的胜利》，认为德国失败"是资本主义失败，劳工主义战胜"。同期还发表李的《Bolshevism 的胜利》（即《布尔什维主义的胜利》），高呼："试看将来的寰球，必是赤旗的世界！"蔡、李都朦胧意识到，将来的世界潮流是十月革命的道路。陈独秀讲了什么，没有报道，同期却发表了陈的《克林德碑》一文，是检讨义和团用迷信和愚昧的方法反对八国联军入侵的。那是因为在庆祝协约国胜利的活动中，出现了大量封建迷信的色彩。特别是"政府当局的人……脑子里，装满了和新学和西洋文化绝对相反的纲常名教……开口一个礼教，闭口一个纲纪"；倾向共和与科学的新派人物，在代表专制迷信的旧人物看起来，"无非是叛逆，是异端邪说；所以时时刻刻想讨灭"。最后他指出："现在世界上有两条道路：一条是向共和的科学的无神的光明道路；一条是向专制的迷信的神权的黑暗道路。"我国国民"到底是向那条道路而行才好呢？"① 可见，陈独秀这时的思想还是文化启蒙与政治救国紧密结合的。表面上看，陈独秀是落后于蔡和李，但是，早在俄国二月革命胜利后，他发表《俄罗斯革命与我国民之觉悟》，对大战的结局就有准确的预测，对我国国民从中应该吸收的"觉悟"就有深刻的论述。

当时中国一般人都有严重的"恐德症"，误料二月革命后的俄国会与德国单独议和，从而增长君主主义、侵略主义的气焰，对中国与世界前途不利，所以对大战双方持"滑头中立"，以图协约国"败则苟免，胜则坐享其成"。陈却指出"俄罗斯之革命，非徒革俄国皇族之命，乃以革世界君主主义侵略主义之命也。吾祝其成功……吾料世界民主国将群起而助之，以与德

---

① 《新青年》第5卷第5号，1918年10月15日。

意志战，且与一切无道之君主主义侵略主义的国家战"。"吾国民……自应执戈而起，随列强之后，惩彼代表君主主义侵略主义之德意志，以扶人类之正义，以寻吾国之活路。"①

从这篇文章和当时陈独秀的表现来看，第一次世界大战和俄国十月革命后的陈独秀，思想还停留在俄国二月革命后的认识上，即民主主义战胜君主主义、人道主义战胜侵略主义。表面上看，陈对于十月革命和布尔什维克主义的认识，不如李大钊甚至蔡元培那样敏感（十月革命和布尔什维克主义并不是李、蔡理想中的那样）。更有一般的学者持传统观点认为，陈独秀把欧战结果说成民主主义、人道主义对君主主义、侵略主义的胜利是没有认清这场战争的性质，但是，必须承认，陈的这个思想是符合当时历史发展潮流的。十月革命开辟的无产阶级专政的道路，不过是历史的一个插曲。然而由于历史的曲折性，这个插曲又是不可避免的。

而且，就以陈独秀本人和中国的情况来考察，他的这种民主主义和人道主义思想，也足以引领起一场爱国运动，同时，他的这种思想与即将成为新潮流的马克思列宁主义是互为融合、互为影响的。受历史曲折惯性的冲击，陈独秀这时已经在一定程度上感受到了马克思列宁主义和俄国十月革命的影响。所以，他能在 1919 年 1 月出版的《新青年》第 5 卷第 5 号上，把以上蔡、李的文章作为重点来处理，并不因为他坚持民主主义和人道主义而对十月革命和布尔什维克主义采取排斥态度，而是欢迎。而且接着在 4 月份发表文章，对十月革命做出了高度的评价："十八世纪法兰西的政治革命，二十世纪俄罗斯的社会革命，当时的人都对着他们极口痛骂；但是后来的历史家，都要把他们当作人类社会变动和进化的大关键。"② 这表明，五四运动后陈独秀很快就转向马克思列宁主义，乃自然的。

欧战结束后的放假庆祝和演讲，"公理战胜强权"、"民主主义胜利"、"劳工神圣"思潮的流行，极大地调动起中国人民爱国救国的热情。当时报载：北京"商民闻此佳信，笑逐颜开，鼓掌欢舞，遂纷纷高揭国旗，张灯结彩，五光十色，辉煌耀目，全城街市，顿呈一种兴高采烈之景况"。③ "东

---

① 《新青年》第 3 卷第 2 号，1917 年 4 月 1 日。

② 只眼（陈独秀的笔名）：《二十世纪俄罗斯的革命》，《每周评论》第 18 号，1919 年 4 月 20 日。

③ 《顺天时报》1918 年 11 月 13 日。

交民巷以及天安门左近，游人拥挤不堪。"① 特别是青年学生界，更是反应强烈。直到 12 月上旬，北京大学在天安门前搭起台子，连续举行演讲大会。参加大会的有"北京各校男女三万余人"。② 11 月 30 日下午，还举行了学界提灯大游行。住在天安门附近箭杆胡同里的陈独秀敏锐地感受到了这股爱国热情，认为《新青年》的出版模式，已经不能适应形势的需要，要有另一个刊物更有力地推动形势的发展。

11 月 27 日下午，陈独秀在文科学长办公室召集李大钊、高一涵、张申府、周作人等，协商决定出版一份比《新青年》（月刊）"更迅速、刊期短，与现实更直接"的周刊——《每周评论》。12 月 22 日，《每周评论》创刊。陈独秀在《发刊词》中阐明本刊宗旨是"主张公理，反对强权"，提出两大主义："第一不许各国拿强权来侵害他国的平等自由。第二不许各国政府拿强权来侵害百姓的平等自由。"接着，在 29 日出版的第 2 号中，他又提出欧战后东洋民族的两大"觉悟与要求"：对外，"人类平等主义，是要欧美人抛弃从来歧视颜色人种的偏见"；对内，"抛弃军国主义，不许军阀把持政权"。③ ——这就在当时的历史条件下，提出了中国人民革命的两个基本要求：反帝和反封建。虽然在具体革命道路上，他不可能提出正确的设想，甚至还对美国总统威尔逊寄予幻想，被威氏的一些漂亮言辞所迷惑，以为他会是主张公理、反对强权的"世界上第一个大好人"。但在当时能像陈独秀那样高瞻远瞩、提纲挈领地提出反帝反封建纲领的，没有第二个人。如在1918 年 5 月反对《中日共同防敌军事协定》斗争后、1919 年 1 月在学生救国会基础上成立的国民社，虽是京、津、沪三地爱国学生组成，但由于不能提出这样的纲领，还因为不重视已经蓬勃开展的新文化运动，其《国民》杂志还一律采用文言文，所以在社会和青年中的影响不大。

领导后来五四爱国运动的大旗，就在《每周评论》创刊这一天树立起来了。而且，最为可贵的是，此刊一开始就把言论主题锁定在当时全国瞩目的焦点——巴黎和会和山东问题上，即收回原德国侵占的我国山东的权利，实现鸦片战争以来，第一次夺回权利的胜利。形势强于人。由于此刊由陈独秀主编，包括胡适、鲁迅等《新青年》同人都陆续参加进来，编辑工作又继续

---

① 转引自陈独秀《克林德碑》，《新青年》第 5 卷第 5 号，1918 年 11 月 15 日。
② 《申报》1918 年 11 月 16 日。
③ 只眼：《战后东洋民族之觉悟及要求》，《每周评论》第 2 号，1918 年 12 月 29 日。

贯彻新文化运动的方针，因此，《每周评论》的创刊，标志着新文化运动与现实政治斗争的密切结合。与政治隔离的纯粹的新文化运动结束了。尽管如胡适和新潮社的骨干傅斯年、罗家伦等人，后来在口头上还坚持新文化运动"不问政治"的方向，但在实际行动上，他们还是被迫卷入现实政治斗争的大潮。

1919 年 1 月 19 日，关于国内斗争，陈独秀又提出更具体的目标，即"除三害"——军人、官僚、政客，即当时的反动政府和军阀。具体的斗争方式是"相当规模的示威运动"和"组织有政见的有良心的依赖国民为后援的政党"。这显然是总结了他早年参与并领导的拒俄运动和 1918 年的学生反对中日军事协定斗争的经验。

陈独秀的思想很明确，要斗争就要组织起来，行动起来。虽然在《新青年》的启蒙和示范下，各地学生中已经出现了不少团体和刊物。如毛泽东曾回忆："这些团体的大多数，或多或少是在《新青年》的影响之下组织起来的。"① 但《每周评论》创刊后，学生团体和刊物如雨后春笋，影响更是扩大。胡适说：那时，"各地学生团体里忽然发生了无数小报纸，形式略仿《每周评论》，内容全用白话"。所以用白话，就是为了启蒙民众的救亡觉悟。"有人估计，这一年（1919）之中，至少出了四百种白话报。"② ——这种情况自然有利于陈独秀通过《新青年》和《每周评论》对学生运动发挥指导作用。

2 月 9 日，当巴黎和会表现出欺侮中国和弱小国家的态势时，陈立即在《每周评论》上发表《揭开假面》等文章予以揭露，斥问和会"由五个强国秘密包办"，"按国力强弱分配权利"，"公理何在？"更对威尔逊幻想破灭："威尔逊总统的和平意见十四条，现在也多半是不可实行的理想，我们可以叫他做威大炮。"似这样爱国激愤的情绪，自然对国民特别是爱国学生产生极大的感染力，起到了调动他们斗争积极性的作用。

随着中国外交在巴黎和会上的着着失败，和《每周评论》以及其他报刊的宣传鼓动，中国近代史上一个伟大的运动终于爆发了。首先起来的是那些三年来直接受《新青年》启蒙的青年学生。早在 1 月 27 日，中国代表首次在巴黎和会上提出将胶州湾租借地、胶济铁路及其他权利直接归还中国的要求时，日本代表就以中日间已有密约为由，予以驳回。2 月 2 日，日本驻

---

① 斯诺：《西行漫记》，三联书店，1979，第 125 页。
② 胡适：《文学革命》，《胡适选集》，天津人民出版社，1991，第 168 页。

华公使小幡还奉命到中国外交部施压，指斥中国代表在和会上提出山东问题。5 日，北京大学学生闻讯后，即在与陈独秀的箭杆胡同住宅仅有一墙之隔的北河沿法科礼堂召开全体大会，对日本代表在和会上的横蛮态度以及小幡公使的无理质询，表示严重抗议。会上，还推举干事十余人，分头联络各校学生，拍电报给和会的中国代表，"请他们坚持前议，不要让步"。陈独秀立即把这条消息，刊登在 9 日出版的《每周评论》第 8 号上。

于是，从 2 月初到 3 月中，全国各地纷纷发出通电，表示抗议，形成了一个包括各阶层的广泛的通电抵抗运动。

同时，由于日本以中日密约为由抵制中国收回权利，国民同时又开辟一个反对卖国贼的运动。陈独秀立即揭露日本自"二十一条"、日中军事协定以来的种种侵略中国的罪恶和北洋政府为满足这些侵略要求所干的一系列勾当，揭露双方在"中日亲善"的幌子下，进行侵略和卖国："试问日本在满洲和山东的行动，是叫中国亡国还是和中国亲善？二十一条和军事条约，是亡国的条件还是亲善的条件呢？"① 公开点名批判日本寺内首相"扶助中国军阀压迫人民"，"真是世界第一恶人"，② 点名批判曹汝霖（交通总长）、章宗祥（中国驻日大使）、陆宗舆（币制总局总裁、中华汇业银行总理）三个卖国贼的丑行。③ ——这里，实际上发出了五四运动的动员令，更高更具体地举起了反日反北洋政府的旗帜。三个卖国贼因长期以来屈膝媚外，丧权辱国，特别是直接与日本签订亡国的"二十一条"和山东济顺、高徐铁路的换文，从而招致中国外交在巴黎和会上失败，很快成为国民的众矢之的。《每周评论》又及时报道这一斗争：4 月 11 日，章宗祥请假由日回国，300多名中国留日学生赶到东京车站，"大叫卖国贼，把上面写了'卖国贼'、'矿山铁道尽断送外人'、'祸国'的白旗，雪片似的向车中掷去"。④

4 月 30 日，巴黎和会在大国操纵下最后做出决定，山东问题上满足日本的要求，中国外交彻底失败。消息传到中国，人们震惊了，对"公理战胜强权"的幻想也彻底破灭。要知道，在第一次世界大战中，中国不仅属于战胜国，而且为胜利也确实做出了巨大的贡献与牺牲。大战期间，英法联

---

① 只眼：《亡国与亲善》，《每周评论》第 12 号，1919 年 3 月 9 日。
② 只眼：《世界第一恶人》，《每周评论》第 19 号，1919 年 4 月 29 日。
③ 参见只眼《日本人与曹汝霖》、《四大金刚》、《苦了章宗祥的夫人》、《怎么商团又要骂曹》、《陆宗舆到底是那国人？》，《每周评论》第 13、19 号，1919 年 3 月 16 日、4 月 29 日。
④ 转自只眼《苦了章宗祥的夫人》，《每周评论》第 19 号，1919 年 4 月 29 日。

军前线曾一度告急，请求中国援助。于是，从中国的直隶（今河北）、山东、江苏等8省招募了约14万名劳工到欧洲前线，担负起修筑铁路、公路，架设桥梁，挖掘战壕甚至掩埋尸体等重苦力劳动。后来，中国对德宣战，许多劳工还直接上了战场。所有这些，有力地帮助英法联军扭转了危急的局势。而且，最后由于战乱与疾病，共有两万多名华工的尸骨留在异国的土地上。可以无愧地说：中国的贡献和牺牲不亚于任何一个战胜国。关于这一点，每一个欧洲人都无法否认。因为在法国土地上，现在还建有许多中国华工的墓园，其中以法国北部努瓦耶勒市郊的诺莱特华工墓园为最大，里面长眠着842位同胞，而且绝大多数是山东人。因为当时输出华工人数最多的是山东省。这是由于当时的英国驻华公使朱尔典和英国驻华公使馆军事参赞罗伯逊从他们殖民多年的招工经验中知道：山东劳工不仅能耐寒冷，而且强壮能干，因而山东是"最好的招募区域"。巴黎和会的决定，不仅抹杀了中国是战胜国的历史，更是抹杀了中国华工在战争中的这种巨大贡献和牺牲。这是中国人民决不能答应的！

北京大学学生首先行动起来。5月2日，蔡元培校长在学校饭厅召集学生班长和代表100余人开会，讲述了帝国主义互相勾结在巴黎和会上牺牲中国利益的情况，"指出这是国家存亡的关键时刻，号召大家奋起救国"。[1] 然后，参加国民杂志社的各校学生代表紧急会议决定：5月3日晚在北河沿北大法科大礼堂召开全体学生大会，并约北京13个中等以上学校学生代表参加。3日晨，北京大学各公告牌上都出现了昨晚七时开会的"措词慷慨激昂的布告"。

当晚，一千余名北京大学学生和各校学生代表在北大法科礼堂集会，场面无比激愤。会议由对陈独秀十分崇敬的学生、北大学生会和北京市学联主席段锡朋[2]主持，最后决定：（1）联合各界一致力争；（2）通电巴黎专使，

---

[1] 何思源：《五四运动回忆》，《北京文史资料》第4辑，第67页。何参加了这次会议。

[2] 段直接具体参与领导了这场运动。北京高潮过去后，6月5日，他与许德珩等作为北京学生的总代表，参加了上海各界代表的联席会议。在这次会议上成立了上海各界联合会。段在会上介绍了北京学生的斗争经验。会议克服了资产阶级的动摇，决议坚持三罢，不达目标，誓不反顾。6月16日，段又在上海主持全国学联成立大会，并出任会长。6月21日，巴黎和约签字在即，他又主持全国学联与上海各界联席会议，通过对内对外宣言，坚决反对中国代表在和约上签字，直到胜利。可以说在整个五四运动中，他是第一号学生领袖。后来段成了国民党官员，进行反共活动，但他对陈独秀的尊师之情一直维持着。这种感情集中表现在陈独秀晚年被国民党逮捕入狱后，一直到陈逝世期间，段对贫病交加中的陈独秀给予的关切、探望、帮助（钱和物），在同辈北大学生中是最多的。

坚持和约上不签字；（3）通电全国各省市 5 月 7 日国耻日（即日本提出"二十一"条之日）举行群众游行示威运动；（4）定于 5 月 4 日（星期天）齐集天安门举行学界大示威。

住在与北大三院（即法科礼堂）仅有一墙之隔的陈独秀立即在第二天（5 月 4 日）要出版的《每周评论》上，发出中国人民的最强烈的愤怒与号召："什么是公理，什么是永久和平，什么威尔逊总统十四条宣言，都成了一文不值的空话……与世界和平人类真正幸福，隔得不止十万八千里，非全世界的人民都站起来直接解决不可。"①

"人民站起来直接解决。"这就是五四运动爆发当天，陈独秀为这个运动提出的行动纲领。这就意味着，这次行动，不是一般地表示表示民意，而是要不达目的誓不罢休。如果政府不能达到民意，那么人民将"直接解决"。

五四运动爆发后，陈独秀密切关注形势的发展，针对敌我友各方的动向，更及时发出鲜明而强烈的政见，不断打击敌人，教育群众，力图使运动朝着正确而彻底的方向发展。

5 月 11 日，针对北洋政府镇压爱国学生和学生运动只注重罢免曹、章、陆三个卖国贼的情况，陈独秀列数政府从"二十一条"、中日军事协定到参战借款和济顺、高徐两条铁路借款等一系列卖国行为，再到禁止国民集会，拿办爱国学生，逼走大学校长（蔡元培）的种种罪恶，指出斗争矛头不能仅仅指向作为政府"机械"的三个卖国贼，而更应指向造成这些"根本罪恶"的北京政府。②

5 月 18 日，针对北京的运动总是局限在学生阶层和有些人把民族的斗争视为山东一省的问题的错误认识，陈独秀又发表文章"敬告中国国民"应该全民起来奋斗："现在日本侵害了我们的东三省，不算事，又要侵害我们的山东，这是我们国民全体的存亡问题，应该发挥民族自卫的精神，无论是学界、政界、商人、劳工、农夫、警察、当兵的、做官的、议员、乞丐、新闻记者，都出来反对日本及亲日派才是。万万不能把山东问题当做山东一省人的存亡问题，万万不能单让学生和政客奔走呼号，别的国民都站在第三者地位袖手旁观，更绝对的万万不能批评学生和政客的不是。"③

---

① 只眼：《两个和会都无用》，《每周评论》第 20 号，1919 年 5 月 4 日。
② 只眼：《对日外交的根本罪恶——造成这根本罪恶的人是谁》，《每周评论》第 21 号，1919 年 5 月 11 日。
③ 只眼：《为山东问题敬告各方面》，《每周评论》第 22 号，1919 年 5 月 18 日。

文章同时警告北洋政府："政府若是听从亲日卖国派的诡计，凭空断送重大权利，酿成直隶、山东、江苏三省的问题，这种卖国大罪，国民是万万不能再恕了！"

此后，针对反动当局不断镇压和逮捕学生，而运动中又出现妥协和厌倦的倾向，陈独秀在 5 月 26 日和 6 月 8 日，及时发出战斗檄文，指出国民"应该有两种彻底的觉悟"："（一）不能单纯依赖公理的觉悟。（二）不能让少数人垄断政权的觉悟。"提出了鲜明的战斗口号：

> 强力拥护公理，
> 平民征服政府。①

又谆谆告诫在运动中受尽磨难的学生："世界文明发源地有二：一是科学研究室，一是监狱。我们青年立志出了研究室就入监狱，出了监狱就入研究室，这才是人生最高尚优美的生活。从这两处发生的文明，才是真文明，才是有生命的有价值的文明。"②

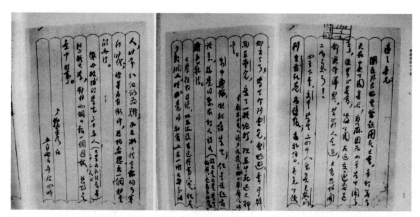

1919 年 5 月 7 日陈独秀致胡适（在上海）信，报告北京五四运动情况

从此，"出了研究室就入监狱，出了监狱就入研究室"，就成为五四运动中青年学生的座右铭。毛泽东在指导湖南五四运动的刊物《湘江评论》创刊号中，就直接引用了这句话。

---

① 只眼：《山东问题与国民觉悟》，《每周评论》第 23 号，1919 年 5 月 25 日。
② 只眼：《研究室与监狱》，《每周评论》第 25 号，1919 年 6 月 8 日。

在刊出此文第二天，即 6 月 9 日，为了推动运动进一步深入，也为了改变北京运动囿于学生圈子、目标只指向三个卖国贼的状态，为了实践"出了研究室"不怕"入监狱"的诺言，陈独秀竟不顾大学教授的身份，亲自起草了内容，并请胡适译为英文，印成中英两种文字的《北京市民宣言》的传单，又亲自到闹市区香厂新世界屋顶花园，向下层露台上看电影的人群散发，不幸被暗探逮捕。

值得注意的是，《宣言》中明确提出的五条"最低要求"，不仅要收复山东权利，而且"取消民国四年七年两次密约"，表现了反日的彻底性；不仅免除曹、章、陆三位卖国贼，还要免除掌握当时暴力专政机关的徐树铮（西北筹边使兼西北边防军总司令，实际掌握当时北洋政府军权）、段芝贵（陆军总长、京畿警备总司令）、王怀庆（步兵统领）的官职，并"取消步兵统领及警备司令部两机关"。——这就把一般的爱国政治运动，导向革命的道路了。

综上所述，陈独秀及其从事新文化运动的战友们——蔡元培、李大钊等，先是以《新青年》为阵地，唤醒了广大民众特别是青年学生关心政治、关心国家命运的爱国主义觉悟，又以《每周评论》为阵地，为五四运动提出了不断深入的战斗纲领、口号和斗争方式。而且陈独秀等新文化运动的干将们还身先士卒，冲到斗争第一线去散发传单，陈为此还被捕，三个月后由于全国营救才获释。陈独秀及其领导的新文化运动，就是这样为五四爱国运动准备了思想条件、组织条件并直接指导运动的。这也雄辩地证明了，他不仅是新文化运动的领袖，也是五四爱国运动的领袖。据 1923 年 12 月的一份民意调查，询问被访问者（大多数是青年学生）心目中国内大人物是哪几位？结果以孙中山、陈独秀、蔡元培三人票数最多。[①] 这样的历史地位，充分说明了陈独秀在新文化运动和五四爱国运动中的作用。八十多年来，不少人以阶级和党派的偏见，极力贬低或抹杀陈独秀在五四运动中的影响，甚至有人说他"不曾领导过甚至不曾支持过五四运动"，是多么的无知和妄说。

6 月 28 日，中国代表终于拒绝在巴黎和约上签字，从而取得了 1840 年以来第一次反帝反封建斗争的胜利。这个胜利，是全国各大中城市广大人民群众斗争的结果，特别如上海、天津等地以工人阶级为主力的包括学生、工

---

① 朱务善等：《本校二十五周年纪念日"民意测量"》，《北京大学日刊》1924 年 3 月 4～7 日。

商资产阶级在内的"三罢"斗争的结果。陈独秀提出的运动不应局限于学生，应该最大限度地包括社会各阶层的主张，虽然在北京没有实现，但从全国来说是在一定程度上实现了。虽然陈独秀在《北京市民宣言》提出的最高目标没有达到，也不可能达到，但是，争其上而得其中，也是一种不错的收获。

五四运动胜利时，陈独秀尚在狱中。对于他来说，五四运动的胜利和收获，使他的人生观又发生一次重大的转折，即接受马克思列宁主义，从民主主义者转变为马克思主义者。

明星如此闪烁

从当时京师警察厅的档案看，陈独秀在 6 月 11 日被捕。这并不是他初次散发传单。此前他约李大钊等已经在群众中散发过。暗探发现传单后即进行侦查，发现"陈独秀等以印刷物品传播过激主义煽惑工人等情，并在大沟头十八号设立印刷机关实属妨害治安"。于是，京师警察厅密令各区署严密监视陈独秀、李大钊等。所以，当 6 月 11 日陈独秀再次约高一涵等上街分头散发传单时，自然就被捕了。①

由于四年来主编《新青年》，领导新文化运动，陈独秀已是全国著名的人物，所以他的被捕，立即引起全国震惊。全国各界爱国人士和许多社团、机构深为愤怒，纷纷致电致函政府，要求释放。值得注意的是，在援救陈独秀的人士中，既有拥护新文化运动的人，也有反对甚至受到新文化运动冲击的人。后者主要出于对陈独秀学识渊博和高尚人格的敬佩，如安徽桐城派古文家马通伯、姚永概等称：陈独秀"平时激于爱国之忧，所著言论或不无迂直之处。然其学问人品亦尚为士林所推许"。安徽省长吕调元在致京师警察厅总监吴炳湘电中，也说："怀宁陈独秀好发狂言，书生结习，然其人好学深思，绝于过激派无涉。"甚至在北京大学直接受到新文化运动冲击的守旧派教授刘师培，也来报答当年陈独秀营救他的恩情，在呈文中说：陈独秀"诚不免有越轨之嫌，然原其用心无非激于书生爱国之愚惘……可否于陈独秀宽其既往"。②

---

① 《外右五区警察署送案表》法字第 12 号，北京市档案馆藏京师警察厅档案；高一涵：《李大钊同志护送陈独秀出狱》，《五四运动回忆录》（续）。

② 以上数件资料，均藏于北京市档案馆。

　　自然，这些人借此攻击新文化运动过激，也在情理之中，陈独秀是绝不会同意的。

　　拥护新文化运动的人营救陈独秀，主要出于对他发动和领导新文化运动功绩的赞赏，由此可以进一步看到新文化运动对中国社会和历史的深刻影响。而新文化运动也借此机会正好检阅了一下自己的成就，从中可以看到陈独秀这颗"思想界明星"，如此闪烁！

　　如一直不注意群众运动和新文化运动而只注重少数人武装起义和依靠地方军阀进行共和革命的孙中山，受到学生运动的震撼，看到了群众运动的力量，并深刻认识到其与新文化运动的关系，给予高度的评价。他说：五四以后"全国学生之奋起，何莫非新思想鼓动荡陶镕之功"；"一般爱国青年，无不以革新思想，为将来革新事业之预备。于是蓬蓬勃勃，抒发言论"，各种刊物"扬葩吐艳，各极其致，社会遂蒙受绝大之影响……此种新文化运动，在我国今日，诚思想界空前之大变动。惟其原始，不过由于出版界之一二觉悟者从事提倡，遂至舆论放大异彩，学潮弥漫全国，人人皆激发天良，誓死为爱国之运动"。[1] 孙中山从此开始改变了他的革命观。他说："欲收革命成功，必有赖于思想之变化"；[2] "欲图根本救国，非使国民群悟觉悟不可"。[3] ——革命救国应该从思想和文化上启发国民的觉悟入手！这个认识就很接近于陈独秀的思想了。

　　孙中山是一个实干家，一有所悟，立即行动，6 月 8 日就指派戴传贤以《新青年》和《每周评论》为榜样，创刊《星期评论》；8 月 1 日，又指派朱执信创刊《建设》杂志，加入了新文化运动行列。这两个刊物在当时传播马克思主义方面，做出了特殊的贡献。

　　正在这时，传来了陈独秀被捕的消息，此时与陈还素不相识的孙中山，出于对新文化运动的崇敬，立即投入营救活动。他在上海接见北京政府的"南北和议"代表许世英时，气愤地说："独秀我没见过……你们做的好事，很足以使国民相信我反对你们是不错的证据"；"你们也不敢"杀死他。"他们这些人死了一个，就增加五十、一百，你们尽做着吧！"许世英连忙说："不该，不该，我就打电报回去。"[4] 孙中山当时是全国第一的革命领袖，也

---

① 《孙中山全集》第 5 卷，中华书局，1985，第 66 页。
② 《孙中山全集》第 5 卷，第 209～210 页。
③ 《孙中山全集》第 5 卷，第 103 页。
④ 《沈定一致胡适的信》，《胡适来往书信选》（上），第 77 页。

是当时广州军政府的精神领袖。军政府的主席总裁岑西林也致电北京政府徐世昌和代总理龚心湛，请释陈独秀。因欲与南方谋和，徐世昌主张从速开释陈独秀。① 所以，此次陈独秀获释，可以说孙中山起了重要作用。

最能感受到新文化运动在社会中影响以及陈独秀在新文化运动中地位与分量的，是与陈独秀一起进行斗争的人们，如李大钊等，还有亲身聆教于陈独秀的毛泽东等人。

李大钊在《每周评论》上发表《是谁夺走了我们的光明》，说有一位爱读本报的人来信说："我们对于世界的新生活，都是瞎子。亏了贵报的'只眼'，常常给我们点光明。我们实在感谢。现在好久不见'只眼'了，是谁夺了我们的光明。"② 同期，还发表署名"赤"的随感录《入狱——革新》，称"陈独秀在中国现在的革新事业里，要算是一个最干净的健将。他也被囚了，不知今后中国的革新事业更当何如？"李辛白的诗《怀陈独秀》，更是悲情诉说：

> 依他们的主张，我们小百姓痛苦。
> 依你的主张，他们痛苦。
> 他们不愿意痛苦，所以你痛苦。
> 你痛苦，是替我们痛苦。

远在上海的李达，也深表敬意："陈先生是一个极端反对顽固守旧思想的急先锋……他的文字，很有价值，很能够把一般青年由蒙眬里提醒觉悟起来"；"我们对他应该要表示两种敬意。一敬他是一个拼命'鼓吹新思想'的人。二敬他是一个很'为了主义吃苦'的人"。③

1919 年 3 月，毛泽东从正在风起云涌地酝酿着五四运动巨大风暴的北京，带着遍访新文化运动干将而陈独秀对他影响最大的感受回到长沙后，立即发动并领导起响应北京的湖南五四爱国运动。从此，毛泽东正式地、义无反顾地走上了政治斗争舞台。可以说，毛泽东走上政治舞台时，带着陈独秀的许多影响。5 月 28 日，在他的推动下，湖南学生联合会成立。6 月 2 日，

---

① 《神州日报》1919 年 7 月 9 日，《申报》1919 年 7 月 15 日。
② 《每周评论》第 30 号，1919 年 7 月 30 日。
③ 鹤（李达）：《陈独秀与新思想》，《民国日报》副刊《觉悟》1919 年 6 月 24 日。

该会议决，从 3 日起，全省学校学生一律罢课。14 日，得到陈独秀在北京被捕消息后，毛泽东就仿效《每周评论》创办了湖南学联机关报《湘江评论》，并完全以陈独秀当时指导新文化运动和五四运动的思想为方针，宣称该刊"以宣传新思想为宗旨"。当时陈独秀指导五四运动的旗帜依然是"民主"，即"民众直接行动"和"强力拥护公理，平民征服政府"。毛泽东在《湘江评论》创刊宣言中说："世界什么问题最大？吃饭问题最大。什么力量最强？民众联合的力量最强。什么不要怕？天不要怕，鬼不要怕，死人不要怕，官僚不要怕，军阀不要怕。"提倡平民主义，主张用民众的力量反对各种强权，用民众联合的方法，做"忠告运动"、"呼声革命"、"无血革命"。在《湘江评论》第 2～4 期中，毛泽东专门发表重要连载文章《民众大联合》，阐述陈独秀的"民众直接行动"的思想，指出民众大联合是改造国家、改造社会的根本方法，歌颂了俄国"劳农革命"和五四群众运动，总结辛亥革命因为没有这个民众大联合而失败了。毛泽东的这个思想，立即受到全国舆论界的注意。陈独秀入狱后，《每周评论》由李大钊和胡适主持，李在接读《湘江评论》创刊号后，认为其是当时全国最有分量、最深刻的一种刊物。胡适则在《每周评论》上撰文介绍《湘江评论》是自己的朋友，"武人统治之下，能产生出我们这样一个好兄弟，真是我们意外的欢喜"。他特别重视《民众大联合》一文，说"《湘江评论》的长处是在议论的一方面……《民众大联合》一篇大文章眼光远大，确是现今的重要文字"。①

最值得注意的是，毛泽东在创刊号上亲自写了一篇《陈独秀之被捕及营救》的文章。文章充分表达了他对陈独秀精神最深刻的了解和最崇高的敬意。文章在全文转载《北京市民宣言》、报道京沪等地营救活动后写道：

> 我们对于陈君，认他为思想界的明星。陈君所说的话，头脑稍为清楚的听得，莫不人人各如其意中所欲出。现在的中国，可谓危险极了。不是兵力不强财用不足的危险，也不是内乱相寻四分五裂的危险。危险在全国人民思想界空虚腐败到十二分。中国的四万万人，差不多有三万万九千万是迷信家。迷信鬼神，迷信物象，迷信命运，迷信强权。全然不认有个人，不认有自己，不认有真理。这是科学思想不发达的结果。

---

① 《每周评论》第 36 号，1919 年。

中国名为共和，实则专制，愈弄愈糟，甲仆乙代，这是群众心里没有民主的影子，不晓得民主究竟是甚么的结果。陈君平时所标揭的，就是这两样。他曾说：我们所以得罪于社会，无非是为着"赛因斯"（科学），和"德莫克拉西"（民主）。陈君为这两件东西得罪了社会。社会居然就把逮捕和禁锢加给他。①

文章结尾，毛泽东竟然情不自禁地高呼："我祝陈君万岁！我祝陈君至坚至高的精神万岁！"并认为："陈君之被逮，决不能损及陈君的毫末。并且是留着大大的一个纪念于新思想，使他越发光辉远大。"

从这篇文章看到，毛泽东对陈独秀的崇敬，经过了《新青年》初期的"楷模"，1918年到北京拜访时"对我的影响也许超过其他任何人"，已经进入到唯其独尊的"思想界明星"的程度。所以，在1945年4月中共七大预备会议上，即在陈独秀被视为与托派相结合、被共产国际定为反党反革命开除党籍的情况下，毛泽东为了不得罪共产国际和迁就大多数而维持原案的同时，还特地为他辩护，对他在五四时期的功绩给予很高的评价，称"他是五四运动时期的总司令，整个运动实际上是他领导的"。

从"思想界的明星"到"五四运动时期的总司令"，虽然经过了26年的巨大变迁（中共决议把陈开除并定他为反革命的时候），毛泽东对陈独秀往日的崇敬心情，依然没有改变。虽然，这些话是在中共内部讲的。

综上所述，当时，陈独秀在囹圄之中，但在神州大地上，这颗"明星"却如此闪烁！

患难识知己，高山觅知音。这次被捕事件，除了毛泽东，最深切了解陈独秀人格魅力和思想价值的要算李大钊。陈在狱中时，李发表《是谁夺走了我们的光明》是为一证。陈出狱后，李又作《欢迎独秀出狱》诗三首，更富激情，意蕴深远：

你今天出狱了，我们很欢喜！他们的强权和威力，终于战不胜真理。什么监狱什么死，都屈服不了你；因为你拥护真理，所以真理拥护你。

……相别才有几十日，这里有了许多更易；从前我们的"只眼"

---

① 泽东：《陈独秀之被捕及营救》，《湘江评论》创刊号，1919年，第3页。

忽然丧失，我们的报（即《每周评论》——引者）便缺了光明，减了价值；如今"只眼"的光明复启，却不见了你和我们手创的报纸！（《每周评论》在陈独秀入狱后的 8 月 31 日被反动当局查封——引者）可是你不必戚憾，不必叹惜；我们现在有了很多的化身，同时奋起，好像花草的种子，被风吹散在遍地。

……有许多好的青年，已经实行了你那句言语："出了研究室便入监狱，出了监狱便入研究室。"他们都入了监狱，监狱便成了研究室。

当时陈独秀的朋友很多，但像李大钊这样的知音不多。可以说二人是真正志同道合的同志。

谣言杀人　无奈离开北大

关于陈独秀怎样离开北京大学文科学长岗位和离开北大，有的学者归罪于陈独秀的生活作风问题，这种观点十分无聊而肤浅。

陈独秀从 1915 年创办《青年》开始批判旧伦理、旧文化，虽然到 1917 年以后形成一个以一刊一校为中心的全国规模的新文化运动，但总体上说，与旧思想旧势力对比，新文化阵营始终处于绝对的劣势。所以，在当时的历史条件下，陈独秀这位"总司令"的命运，必然是"堂·吉诃德"的下场，也并不奇怪。

新文化运动发展到 1918 年春，一方面，由于在进步青年中和思想界影响越来越大，引起人们的广泛注意。出版家胡晋接当时就写信给陈独秀，盛赞《新青年》及其"思想革新"的主张，称"屡读大志，深佩卓识。此时吾国凡百事业，靡不失败，其大原因，皆由思想未曾革新致然"；"今先生所主张之救国主义，独从改革青年思想入手，此诚教育之真精神所寄"。"自来学说之力，足以左右世界；以先生之大雄无畏，推翻数千年来盘踞人人脑筋中之旧思想，而独辟町畦，以再造新中国，仆深信大志《新青年》出版之日，乃真正新中国之新纪元也。"① 另一方面，旧派人物却自命清高而摆出一副不屑置理的态度。于是，钱玄同和刘半农趁轮值编辑第 4 卷 3 号《新青年》之

---

① 《通信》，《新青年》第 3 卷第 3 号，1917 年 5 月 1 日。

机，演了那出"双簧戏"，诱发了旧派人物的强烈反弹，于是群起而攻之，致使形势很快逆转。陈独秀和新文化运动至少受到三股势力的压迫。

一、旧思想旧文化的反扑。

北京大学既是新文化运动的大本营，又是保守派的大本营。特别是文科。其代表人物有辜鸿铭、刘师培、黄侃、梁漱溟等。辜鸿铭公开作文《反对中国文学革命》，说文言文并非是"死文字"，它可以传"道"，而白话文"使人道德沦丧"。① 可见也是形而上学。文字就其表达的内容来讲，不过是一种工具，既可净化心灵，又可传布邪恶。刘师培、黄侃、陈汉章及学生陈钟凡等数十人，成立《国故》社，刘、黄任总编，主张保存"国粹"，宣扬旧文化、旧道德，与《新青年》、《每周评论》、《新潮》对垒。黄侃还骂白话文是"驴鸣狗吠"。他于1919年秋去见林纾，竟"一见如故"。梁漱溟则竭力反对"欧化"，主张"东方化"，成立"孔子研究会"，宣扬儒学和佛学。但是，这帮保守派由于与新文化派同处一校甚至一系，可能是顾及面子和旧谊及为维持日常的教学和生活，双方保持各自的观点，没有采取严重对抗的行动。严重对抗的主要是校外的保守派。

首先是当时的舆论重镇《东方杂志》主编杜亚泉先后推出他自己化名伧父写的《迷乱之现代人心》、钱智修的《功利主义与学术》和日本的《中西文明之评判》译文。

杜的《迷》文，对新文化深表不满，而对"君道臣纲，名教纲常"赞叹不已，认为以儒家为主的吾国"固有文明"是举国上下衡量是非的标准和"国基"，是决不能移易的；攻击自西洋学说输入以来破坏吾国之"固有文明"和是非标准，造成国事之丧失，精神之破产，人心之迷乱。所以他恶毒攻击宣传新文化是输入"猩红热和梅毒"。为此，他提出要像我之战国秦始皇、今之欧洲德意志主义那样，对文化进行"统整"，"以强力压倒一切之主义主张"，以恢复"君道臣纲，名教纲常"的"国基"。②

《功利主义与学术》认为西洋文明对中国影响最大的影响是功利主义，于中国文明为害最大的也是功利主义。而功利主义最大罪状是崇欧美而败先贤。《中西文化评判》③ 主要引用德人台里乌司氏对中国当时大儒家辜鸿铭

---

① 《密勒氏评论》，1919年7月12日。
② 《东方杂志》第15卷第4号，1918年。
③ 《东方杂志》第15卷第6号，1918年。

（即胡氏，时在德国）所著《春秋大义》的称赞，承认孔子伦理优越于西洋文明，德国的君主制优越于美国的民主制。

对于以上三文，陈独秀首先于1918年9月15日发表《质问〈东方杂志〉记者——〈东方杂志〉与复辟问题》，提出16个问题进行质疑。杜亚泉在这年12月作《答〈新青年〉记者质问》，进行辩解，却对多数质问不做回答。于是，1919年2月15日，陈独秀发表《再质问〈东方杂志〉记者》，予以严正批驳。

针对杜亚泉一面称颂儒家伦理，一面又不敢承认自己是帝制复辟派、不认辜鸿铭为同志的虚伪心理，陈独秀指出："德国政体，君主政体也；孔子伦理，尊君之伦理也"；"辜鸿铭之所言，尊孔也，尊君也。张勋所言所行，亦尊君也：当然可作一联带关系。此数者，关于尊重君主政体之一点，乃其共性。"

关于功利主义，陈独秀指出："民权自由立宪共和与功利主义，在形式上虽非一物，而二者在近世文明上同时产生，其相互关系之深，应为稍有欧洲文明史之常识者的同认也。"论证了杜亚泉是借反对功利主义反对民主共和、反对进化、反对中国走向现代化的实质。

对于杜亚泉呼吁以中国固有文明统整文化，陈独秀指出："文化之为物，每以立异复杂分化而兴隆，以尚同单纯统整而衰退；徵之中外历史，莫不同然"；黜百家而独尊一说，以统一学术思想，是"为恶异好同之专制，其为学术思想自由发展之障碍"，其"为害于进化也，可于中土汉后独尊儒术、欧洲中世独扬宗教征之"。

此外，陈独秀揭批了杜亚泉用中国古代封建帝皇的"民本主义"篡改近代"民主主义"的无知妄说，指出民主与民本的差异，中国古代的政治原理绝没有民主主义。所谓民本思想，不过是君主实行"仁政"，给民些"恩赐惠施"，民则感恩戴德，叩谢"吾皇万岁"；而民主则是人权平等，人格独立，政治、信仰、思想、言论、结社等自由，载诸宪法，任何人都不得侵犯，国家主权属于全国人民，即主权在民，人民是主人，执政者是公仆。所以民主与民本有本质的区别，不能混淆。

陈独秀与杜亚泉的争论，在当时产生很大影响，进一步扩大了新文化运动的影响。

随杜亚泉之后，另一位著名的旧派人物翻译家林纾也跳出来，向新文化派发起疯狂攻击。林当时年垂七十，博学多才，通几国外语，应该是最受西方文化影响的人，早年曾有爱国思想，思想最保守，以"遗民""清室举人"自居，一直留着辫子，并在致蔡元培信中公开声称"今笃老尚抱残守缺，至死不易其操"。思想如此保守，而且私德也很坏。他发表两篇小说《荆生》和《妖梦》，①竭力诋毁新文化运动，影射攻击陈独秀为首的一班人。《荆生》中，说有田必美（影射陈独秀，在古代田氏是陈氏的分支，"秀"与"美"意思相近）、狄莫（胡适，"胡"与"狄"都有蛮族和野人之意；以"莫"代"适"，据《论语气·里仁篇》："无适也，无莫也，义之舆比。"）和金心异（钱玄同，"钱"与"金"同义，"同"与"异"反义）三人，新归自美洲，能哲学，发人所不敢发之议论，倡白话，废文字，诋毁孔子伦常，被伟丈夫荆生听见，把这班人痛加殴打。《妖梦》说了一个类似的故事，说某人梦见有个"白话学堂"，蔡元培任校长，陈独秀任教务长，胡适任副教务长，非圣非贤，后来被一个食过太阳和月亮的怪物拿去吃了。"荆生"和那个怪物，暗指当时崇拜林纾的皖系实力派人物徐树铮将军。这两篇小说，言语污秽，暴露了他们要求军阀武力镇压新文化运动的险恶用心。1919 年 3 月 18 日，林纾还在徐树铮主持的《公言报》上发表《致蔡元培书》，对新文学和主张新文化运动人士发起攻击，指责北大"覆孔孟，铲伦常"，"尽废古书，行用土语为文字"。

蔡元培当即写了一封长信给予还击，指出北大教员不曾以"复孔孟"教授学生；教员所反对的只是那些依托孔子以反对革新之不合时宜的言论，并非以孔子为敌；北大课卷仍皆用文言，但讲解古书必赖白话。白话并不逊于文言，而且提倡白话的教员，皆博学而长于文言。蔡元培的信，在当时困难的条件下，勇敢地捍卫了新文化运动，信的最后，宣布了他在北大办学的两大著名主张：一为"思想自由，兼容并包"；一为"教员以学诣为主"，"校外之言论，悉听自由，本校从不过问"。

尽管如此，蔡元培为了保护北大，还是做了一些妥协，如在 1919 年 3 月 1 日，召开评议会通过《文理科教务处组织法》，决定暑假后实行"文理合并，不设学长，而设教务长"，其目的就在于变相免除陈独秀学长职务，以保护陈和北大免受攻击。

二、反动当局的镇压。

杜亚泉和林纾都提出了依靠强权镇压新文化派的要求，说明保守势力在

---

① 分别载于《新申报》1919 年 2 月和 3 月。

无力抵抗进步势力发展时，都会乞求反动势力的帮助。

林纾的丑行在受到蔡元培、陈独秀等人的揭露和批判后，一面不得不写信给各报馆，"承认他自己骂人的错处"，一面却做"伟丈夫"主子的工作，"想藉重武力压倒新派的人"。同时，他又去"运动他同乡的国会议员，在国会里提出弹劾案，来弹劾教育总长和北京大学校长"，^① 并且要求教育部解聘陈独秀、胡适、钱玄同等新文化派教员。安福系议员张元奇果真提出了这个弹劾案。大总统徐世昌也召见蔡元培，施加压力。国会虽慑于学生和公众舆论强烈反对，最终没有通过这些弹劾案，但是，1919年春，政府将出面干涉的流言却颇为盛行。所以，有人认为如果不发生"五四事件"，北京大学和其他大学的新思想运动，很可能将会受到军阀政府的镇压。五四发生后，政府虽然穷于应付运动和外交，还是把陈独秀、李大钊等人以"过激派"的罪名，上了黑名单，进行监视，所以，陈独秀在6月9日上街散发传单时即被逮捕。学生被逮捕，一般营救，即被释放，而他被捕后，虽经各种势力特殊营救，却被关了三个多月，而且出狱后还被监视，说明在反动当局眼中，他的确成了"洪水猛兽"。

三、谣言杀人。

自从杜亚泉、林纾等保守派攻击新文化运动，并发出政府干涉的要求后，社会上就开始流行中伤陈独秀等人的谣言，居心不良者还添枝加叶，扩大和制造谣言。其中最恶劣的是两个。

第一个谣言是说陈独秀、胡适、钱玄同等新派教员，已经被北京大学驱逐。此谣言首先出自北京大学法科学生张厚载之口。此生在军阀徐树铮办的立达中学读书时，是林纾的学生，进入北大后还兼做保守派报纸《神州日报》的通讯记者，还做林纾的情报工作，收集陈独秀、胡适等新文化派人物的言行和私德方面的诽谤性材料，提供给林纾和报刊。他本人因崇尚旧文化，酷爱旧戏，与主张废除宣传封建迷信、旧道德的旧戏的新文化派陈独秀、胡适、钱玄同、刘半农等严重对立。早在1918年6月15日，陈独秀在答复张厚载用化名写的来信时，对于张说的旧戏有"隐寓褒贬"作用，就斥之曰："夫褒贬作用，新史家尚鄙弃之，更何论于文学学术？且旧剧如'珍珠衫'、'战宛城'、'杀子报'、'战蒲关'、'九更天'等助长淫杀心理

---

① 参见只眼《林纾的留声机器》和《林琴南很可佩服》，《每周评论》第15、17号，1919年3月30日、4月13日。

于稠人广众之中，诚世界所独有，文明国人观之，不知作何感想"；"至于'打脸''打把子'二法，尤为完全暴露我国人野蛮暴戾之真相，而与美感的技术立于绝对相反之地位"。① 陈独秀等新文化派的这些主张自有一些道理，但旧戏的这些缺点，可以通过改革消除，而增强其进步的教育民众的一面。但过激的思想，促使他们提出了"废除旧戏"的革命主张。对于演剧和歌曲，胡适甚至主张"废唱而归于说白"（即话剧）。张厚载对此恨极，寻机报复。现在沉渣泛起，围攻新文化派，他一面把其中学时的老师林纾写的造谣小说《荆生》、《妖梦》转寄《新申报》发表，一面自己向《神州日报》提供歪曲材料，说陈独秀等思想激烈，受政府干涉，陈已经被迫辞职，蔡元培也不否认，等等，在社会上造成广泛影响，也给北大很大压力。谣言不胫而走，北京、上海各地，大家都信以为真，于是进步人士纷纷在各报上发表评论，对国立大学教员因在《新青年》、《新潮》等出版物上发表创文学革命之论而被驱逐之事表示谴责，指出"思想自由，讲学自由，尤属神圣不可侵犯之事"，政府不当干涉。虽是谴责政府，但反过来，又扩大了谣言。

陈独秀对于来自政府的压迫和谣言的中伤，甚至对于新文化运动可能失败的前途，是有思想准备的。他在1919年新年号《新青年》发表的著名文章《〈新青年〉罪案之答辩书》中，一开头就说：

> 本志经过三年……所说的都是极平常的话，社会上却大惊小怪，八面非难，那旧人物是不用说了，就咭咭叫的青年学生，也把《新青年》看作一种邪说，怪物，离经叛道的异端，非圣无法的叛逆。本志同人，实在是惭愧得很；对于我国革新的希望，不禁抱了无限的悲观。

这里，他无意中已经暴露出对新文化革新事业前途的动摇，表明他对中国革命道路的探索，将发生新的转折。但是，在新道路找到以前，他对于民主和科学救中国的信念依然十分坚定，指出反对本志的人：

> 他们所非难本志的，无非是破坏孔教，破坏礼法，破坏国粹，破坏贞节，破坏旧伦理（忠孝节），破坏旧艺术（中国戏），破坏旧宗教

---

① 《新青年》第4卷第6号，1918年。

（鬼神），破坏旧文学，破坏旧政治（特权人治），这几条罪案；这几条罪案，本社同人当然直认不讳，但是追本溯源，本志同人本来无罪，只因为拥护那德莫克拉西（Democracy）和赛因斯（Science）两位先生，才犯了这几条滔天的大罪。

为此，他表示：

> 西洋人因为拥护德、赛两先生，闹了多少事，流了多少血，德、赛两先生渐渐从黑暗中把他们救出，引到光明世界。我们现在认定只有这两位先生，可以救治中国政治上道德上学术上一切的黑暗。若因为拥护这两位先生，一切政府的压迫，社会的攻击笑骂，就是断头流血，都不推辞。①

一面是对新文化运动遭到的阻力表示悲观，一面又对民主和科学救国的信念表示坚定，陈独秀作为一个人，一生中多次表现出这种信仰与实践、理想与现实的矛盾。这展现了他为人的特点，包括他的优点和缺点。在思想理念上，他具有深刻性和预见性的伟人思想家的素质，往往高于一般人的水平；但在感情和行动上，他对改造社会和救国革命事业的长期性、复杂性和艰苦性准备不足，因此在实际斗争中，往往缺少坚韧不拔的毅力而发生动摇。所以，他主要是一个理想主义者。这种情况，由于当时中国的特殊环境而更加突出。因为，当时的中国首先是由于内忧外患，面临严重的亡国危机，政治救亡的任务十分迫切；而同时，所以陷此亡国危机，是由于社会处于封建社会的落后状况所致，要救亡必须从改造社会入手。于是，就出现了两种层次的压力：国家危亡的痛苦，非常实际和具体，给人以只争朝夕的迫切感；同时，由于帝国主义和封建势力的强大，救亡革命又是一个长期斗争的过程，至于社会改造和国民启蒙更是一个至少要几十年甚至几百年才可能见成效的事业。这就构成了理想与现实、理性与感情上的双重矛盾。陈独秀的伟大和悲剧就在于他明白认识并参加到这两种事业中来，而在这种双重矛盾中，对于以上种种迫害，他不得不受尽折磨，饱受苦难。

针对以上谣言攻击的严重性，胡适、蔡元培、陈独秀等不得不花费不少

① 《新青年》第6卷第1号，1919年。

精力来认真对付。胡适首先出来严厉批评张厚载的卑劣行径，迫使张进行了自我检讨、谢罪，承认所写通信是"无聊的"。① 蔡元培发表《致神州日报函》进行了辟谣。蔡函特别指出："陈学长并无辞职之事。""文理合并不设学长，而设一教务长以统辖教务，曾由学长及教授主任会议定（陈学长亦在座），经评议会通过，定于暑假后实行"，非"下学期之说"。② 但由于另一个嫖妓谣言的影响，教务长制提前实行，陈独秀的文科学长提前取消，进而又在五四运动中被捕，致使"陈独秀被驱逐"的谣言由非而实。陈独秀也揭露林纾和张厚载的可耻嘴脸："林琴南怀恨《新青年》，就因为他们反对孔教和旧文学。其实林琴南所作的笔记和所译的小说，在真正的旧文学家看起来，也就不旧不雅了。他所崇拜的那位伟丈夫荆生，正是孔子不愿见的阳货一流人物。这两件事，要请林先生拿出良心来仔细思量！""张厚载因为旧戏问题，和《新青年》作对，这事尽可以从容辩论，不必藉传播谣言来中伤异己。若说是无心传播，试问身为大学学生，对于本校的新闻，还要闭着眼睛说梦话，做那'无聊的通信'（这是张厚载对胡适君谢罪信里的话，岂不失了新闻记者的资格吗）？若说是有心传播，更要发生人格问题了！"③ 为此，北京大学教授评议会最后通过决定，开除了张的学籍。

对于林纾企图依仗权势压迫新文化，陈独秀也及时给予揭露："林纾本来想藉重武力压倒新派的人，那晓得他的伟丈夫不替他做主；他恼羞成怒，听说他又去运动他同乡的国会议员，在国会里提出弹劾案，来弹劾教育总长和北京大学校长。无论哪国的万能国会，也没有干涉国民信仰言论自由的道理。我想稍有常识的议员，都不见得肯做林纾的留声机罢？"④

在蔡元培、陈独秀、胡适等谴责下，林纾和张厚载不得不公开认错。——这表明谣言命短。为人之道，观点尽可相异，手段必须光明磊落。

第二个谣言是说陈独秀到前门八大胡同嫖妓，与诸生同昵一妓，争风吃醋，挖伤某妓下体泄愤。此谣言最具杀伤力。因为，当时社会虽然嫖妓是较普遍的现象，妓院业是公开合法的，但道学的假面是不能撕破的。况且陈独秀是蔡元培倡导的北大进德会的成员，"不嫖"是基本一戒。于是，即使新文化运动的战友和与陈独秀私谊很好的人，在听到此谣言后，也表示出不能

① 《北京大学日刊》1919 年 3 月 10 日。
② 《北京大学日刊》1919 年 3 月 19 日。
③ 只眼：《关于北京大学的谣言》，《每周评论》第 13 号，1919 年。
④ 只眼：《林纾的留声机器》，《每周评论》第 15 号，1919 年。

容忍的态度，甚至加入到迫害陈的行列中，以表示自己的清白。所以，1919年3月26日晚上，蔡元培在沈尹默、汤尔和、马叙伦等人的压力下，来到汤家开会，沈、汤这两位两年前竭力向蔡元培推荐陈独秀的谋士，这次"力言其私德太坏"，"如何可作师表"。"蔡先生颇不愿于那时去独秀"，但是，蔡元培毕竟是进德会的提倡者，最后不得不同意汤、沈等人的提议，决定在4月8日召开文理两科各教授会主任会议，议决提前实施《文理科教务处组织法》，选马寅初为教务长，陈独秀、夏浮筠（理科学长，也有嫖妓问题）被改聘为教授。陈的文科学长之职，实际被撤销了。当初三顾茅庐请诸葛的蔡元培，这时的心情该是"挥泪斩马谡"吧？

陈独秀十分鄙视汤尔和的小人伎俩。4月11日，汤尔和在北大回寓途中，遇见陈，见他面色灰白，自北而南，以怒目视之。

然后，夏浮筠争取到经费出国游学，陈独秀则因在五四运动中散发传单被捕，被营救出狱后，被监视而自动脱离了北京大学。所以，陈之离开北京大学，是政府压迫与谣言杀人所致。陈独秀在当时发表的《关于北京大学的谣言》一文中感叹道："中国人有'倚靠权势''暗地造谣'两种劣根性。对待反对派，决不拿出自己的知识本领来正正堂堂的争辩，总喜欢用'倚靠权势''暗地造谣'两种武器……此次迷顽可怜的国故党，对于大学制造谣言，也就是这两种恶劣根性的表现。"[①]

陈独秀是一个正人君子，光明磊落的人。他只痛恨无理的强权与谣言，而不怕与保守派对立，并认为社会发展中新与旧、革新与保守的对立是正常的，而且是永恒地发展的。他在那封因被捕入狱而未及在《新青年》上发表的信中说过以下一些极深刻而富有哲理的话：

　　北京大学教员中，像崔怀庆、辜汤生、刘申叔、黄季刚四位先生，思想虽然是旧一点，但是他们都有专门学问，和那班冒充古文家、剧评家的人，不可同日而语。蔡（元培——引者）先生对于新旧各派兼收并蓄很有主义，很有分寸，是尊重讲学自由，是尊重新旧一切正当的学术讨论的自由，并不是毫无分寸，将那不正当的猥亵小说，捧角剧评，和荒唐鬼怪的扶乩剑侠，毫无常识的丹田术数，都包含在内……他对于各种学说，无论新旧都有讨论的自由，不妨碍他们个性的发达。即于融

---

① 只眼：《关于北京大学的谣言》，《每周评论》第13号，1919年。

合与否，乃听从客观的自然，并不是在主观上强求他们的融合。我想蔡先生兼收并蓄的主义，大概总是如此。今日的保守派，从前也做过革新派（如康南海等），今日的革新派，将来也要变成保守派。世界进化的大流倘没有止境，那保守革新两派的争斗，也便没有止期。我想就是再过一百万年，道高一尺，魔高一丈，终久是保守革新两派对抗的世界，不过保守派也跟着革新派一天一天的进步罢了。

革新派对于保守派，当然大声疾呼，攻击他的短处，就是有时动了感情，骂几句粗恶的话，也都无妨；若是只望消灭世界上新旧并立的现象，恐怕是不可能的妄想，因为革新派自己，对于将来比他更新的革新派，就要做保守派了。如此新旧递变，以至无穷，那新旧并立的现象何时才能消灭呢？

接着，他对"儒家孔学"，也采取了分析的态度：

我对于学术外延内含的观念，中国的旧学，只是世界学术中一部分，而非其全体；儒家孔学，只是中国旧学中一部分，而非其全体；纲常伦理，只是孔学中一部分，而非其全体。他们本分以内价值的存在，我们并不反对（此处所谓价值的存在，乃指其在历史上的价值而言，至于在现社会上适用的价值乃别一问题）。若要把一部分中的一部分的一部分，定为一尊，尊为道统，并且把全体的全体的全体，都一齐踩在脚底下，说都一文不值，说都是异端邪说，像董仲舒那样专制办法，大背讲学自由的神圣，实在是文明进化的大障碍。蔡先生兼收并蓄主义，大约也是不以这样专制办法为然。本志（即《新青年》——引者）攻击孔教，除不适现代生活以外，也是一种理由。①

谣言止于智者。在陈独秀被谣言中伤而处境困难的日子里，在一些"战友"为洗刷自己而落井下石的时候，胡适这位智者却保持着清醒的头脑，看到了造谣者的险恶用心，而拒绝信谣传谣。他后来在给汤尔和的信中，愤怒谴责汤"为理学书所误，自以为是，嫉恶如仇，故不免为夷初诸人利用也"；责问汤："嫖妓是独秀与浮筠都干的事，而'挖伤某妓之下体'

① 手稿，藏中国社会科学院近代史研究所胡适档案。

是谁见来？""小报所传，道路所传，都是无稽之谈，而学界领袖乃视为事实，视为铁证。"他又一针见血地指出："当时外人借私行攻击陈独秀明明是攻击北大的新思潮的几个领袖的一个手段，而先生们亦不能把私行为与公行为分开，适坠奸人术中了。"他还疑心是沈尹默等几个"反复小人"造成一个攻击陈独秀的局面，汤尔和不察，做了他们的"代言人"。所以，他认为，若无 3 月 26 日夜的事，即使独秀后来被捕，"至少蔡、汤两公不会使我感觉他们因'头巾见解'和'小报流言'而放逐一个有主张的'不羁之才'了"。为此，他对汤尔和非常不满："此夜之会，虽有尹默、夷初在后面捣鬼，孑民先生最敬重先生（指汤——引者），是夜先生之议论风生，不但决定北大的命运，实开后来十余年的政治与思想的分野。"可见，胡适在这次事件中，对陈的处境表示了深深的同情和义愤。汤尔和对此，不得不承认他是听信谣言，说当时是"一时争传其事"。①

可是，正是这位以谣言攻击陈独秀"私德太坏"的人，却在后来日本侵华时期成为地地道道的汉奸，出任日本在北平扶持的"中华民国临时政府"议政委员会委员长兼教育部长，竭力为日本帝国主义奴化中国人民效劳。

---

① 1935 年 12 月 28 日汤尔和致胡适的信和胡适的回信，《胡适来往书信选》（中），第 281～294 页。

四 筹建中国共产党（1919~1921）

狱中思索 一度信仰空想社会主义

陈独秀能成为当时广泛阶层衷心拥戴的政治明星和思想明星，说明当时中国社会的进步已经达到了一个重要的转折点：从1915年起掀起的思想启蒙运动，已经收到丰硕成果，广大民众，特别是大部分知识分子，已经从"奴隶"的儒家伦理中解放起来，将"国家兴亡，匹夫有责"的古训，发扬光大；同时，少数先进分子包括陈独秀在内，感觉到"爱国""救国"已经不能停留在思想启蒙层面，而应该走向"直接行动"，但如何行动法？又遇到一个指导思想即途径与理想问题。既然在巴黎和会上，西方的民主主义已经被误认为破产，于是大家就来寻找新的出路。而恰在此时，十月革命后产生的马克思列宁主义，终于冲破重重障碍，传播到了中国，满足了这个社会需要。这个历史转折是不以人的意志为转移的，有人曾提出如果五四运动后陈独秀不转向马列主义和创建共产党，坚持思想启蒙运动会如何如何，这是没有意义的，历史不承认假设。

就陈独秀个人而言，五四时期，他所受到的打击和压迫，使他自然而然地走上救亡道路。实际上，他从创办《每周评论》开始，就已经开始了这个转变：从启蒙转向救亡。因为客观形势是"救亡压倒了启蒙"。国家不独立富强，谈不上个人的民主与自由，已经成为多数先进分子的共识。由于陈独秀当时处于思想领袖的地位上，所以，他就带动了一批先进分子，共同实现了这个转变。只有少数人如胡适等新文化运动阵营的人，依然停留在启蒙的立场上，不承认帝国主义的侵略和封建军阀的统治是阻碍当时中国社会进步的主要势力，而认为国民性的落后是主要原因，只要坚持做启蒙工作，国民性先进了，一切问题就都解决了。这种思想显然太脱离现实，所以被淘汰了。

不过，陈独秀从崇拜 18 世纪的法兰西民主主义转变到信仰无产阶级专政的马克思列宁主义，也是一个相当复杂的过程。

据胡适说，陈独秀的这次思想转变是从狱中悟出的。这应验了陈独秀的监狱是"人类文明发源地"的说法。胡适说陈独秀这次被捕，对他转向马克思主义、组建共产党发生了很大的影响："独秀在拘禁期中，没有书报可读，只有一本基督教的《旧约》、《新约》……他本是一位很富于感情的人，这回读了基督教的圣经，很受感动"；"大概独秀在那八十多天的拘禁期中，曾经过一度精神上的转变。他独自想过一些问题，使他想到他向来不曾想过的一条路上去，使他感到一种宗教的需要。他出狱之后，就宣传这个新得来的见解，主张要有一个新宗教……抱着这种新宗教热忱的陈独秀，后来逐渐的走进那二十世纪的共产主义新宗教"。①

其实，早在 1917 年，陈独秀在研究欧洲近代文明之源时，就认为"社会主义，乃耶稣教文明"。② 这次出狱后，他发表了一篇《基督教与中国人》的文章，称颂基督的人格和情感。他认为基督教的"根本教义"不是"创世说"、"三位一体说"和各种灵异这些已经被科学证明破产了的东西："基督教的根本教义是信与爱，别的都是枝叶"；具体说，他把基督教的根本教义归纳为耶稣的"崇高的牺牲精神"、"伟大的宽恕精神"、"平等的博爱精神"。又说："耶稣不曾为救国而来，是为救全人类的永远生命而来……基督教是穷人的福音，耶稣是穷人的朋友。"因此他大声疾呼："我们今后对于基督教……要有甚深的觉悟，要把耶稣崇高的、伟大的人格和热烈的、深厚的情感，培养在我们的血里，将我们从堕落、冷酷、黑暗、恶浊坑中救起。"③

能对基督教精神做此概括和论述，说明他的确把监狱当研究室，对基督教做了一番认真的研究。这里我们无须评论他的概括是否正确，因为他对任何学说的研究，都是根据他当时的认识和需要而取舍，研究方法是实用主义的。

---

① 《胡适手稿》第 9 卷（下）卷 3，台北：胡适纪念馆，1970，第 545～550 页。
② 《道德之概念及其学说之派别》，《新青年》第 3 卷第 3 号，1917 年 5 月 1 日。
③ 《新青年》第 7 卷第 3 号，1920 年 2 月 1 日。

其实，正如空想社会主义和西方民主主义是通向马克思主义的桥梁一样，陈独秀概括的基督教教义，带有浓厚的空想社会主义色彩，如解放全人类的国际主义精神，以"穷人"为主体、给穷人带来幸福的牺牲精神和阶级调和的平等博爱宽恕精神等。所以，他在出狱后，曾一度信仰无政府空想社会主义。1919 年 11 月 2 日，他发表《实行民治的基础》一文，宣传美国杜威博士的"民治主义"即西方的议会民主加阶级调和的空想社会主义。他说，杜威的民治主义有四种元素：（一）政治的民治主义：就是用宪法保障权限，用代议制表现民意之类；（二）民权的民治主义：就是注重人世间的权利，如言论自由、出版自由、信仰自由、居住自由之类；（三）社会的民治主义：就是平等主义，如打破不平等的阶级，去了不平等的思想，求人格上的平等；（四）生计的民治主义：就是打破不平等的生计，铲平贫富的阶级之类。他宣称："杜威博士关于社会经济（即生计）的民治主义的解释，可算是各派社会主义的公同主张。"

显然，他这时还分不清马克思的科学社会主义与空想社会主义的区别。马、恩的社会主义与其他一切社会主义思潮及资产阶级思想的根本区别是要不要进行"阶级斗争"及"消灭资本家"。为此，他说："我们所渴望的是将来社会制度的结合生活，我们不情愿阶级争斗的发生，我们渴望纯粹资本作用——离开劳力的资本作用——渐渐消灭，不至于造成阶级争斗。"① 进而，在同一期《新青年》上，他发表《宣言》宣布《新青年》同人"公共意见"时，更明确地说："我们理想的新时代新社会，是诚实的、进步的、积极的、自由的、平等的、创造的、美的、善的、和平的、相爱互助的、劳动而愉快的、全社会幸福的。希望那虚伪的、保守的、消极的、束缚的、阶级的、因袭的、丑的、恶的、战争的、轧轹不安的、懒惰而烦闷的、少数幸福的现象渐渐减少，至于消灭。"如何达到这个目的呢？他说："我们主张的是民众运动社会改造，和过去及现在各派政党，绝对断绝关系。"

于是，他就与蔡元培、李大钊等人发起成立了北京工读互助团运动，进行空想社会主义的试验。陈独秀是个富于感情、疾恶如仇的人，1919 年 4 月，北大提前实行教务长制、陈独秀实际被解除文科学长，改聘为教授后，他就不屑与小人为伍，萌生去意。所以，到 11 月，据当时陈独秀的学生陈钟凡、杨亮功回忆，陈的早年朋友、后来转到新文化运动对立面的刘申叔病

① 《新青年》第 7 卷第 1 号，1919 年 12 月 1 日。

逝，陈独秀主持丧事，在葬礼上对陈钟凡说："校中现已形成派别，我的改组计划已经实现，我要离开北大了。"这里指的"派别"，显然不是指保守派与革新派的派别，而主要是指新文化运动内部主张谈马克思主义和十月革命（布尔什维克主义）的李大钊派与主张谈实际问题和实用主义的胡适派，以及在所谓个人道德作风上反对陈独秀的汤尔和、沈尹默等人。"改组计划已经实现"，则是指他在北大文科进行的那些教育改革的措施，这些措施并不因为他不当文科学长和随后离开北大而被取消。离开北大后干什么呢？陈表示要"专心从事社会运动"。①

陈独秀所说的社会运动，首先是试验以上新社会的"工读互助团"运动。这个运动最早是外来的"新思潮"——克鲁泡特金无政府共产主义、托尔斯泰泛劳动主义和日本武者小路实笃的新村主义——在中国进步青年中影响的结果。运动的最早发起人是原北京中国大学毕业的记者王光祈。他受新文化运动熏陶，于1919年7月1日与李大钊等人一起发起成立少年中国学会，并任执行部主任。学会宗旨是："本科学的精神，为社会的活动，以创造少年中国。"企图把进行了数年的新文化运动，推向实践。8月，他就提出把进步青年组织成一个个十余人的小团体，在乡村实行一边种菜，一边读书和翻译外文书籍的"新生活"设想。然后他又提出在城市中实行这个设想，并给这样的团体赋予"工读互助团"的名称。没有想到这个倡议立即得到多年来受到新文化运动启蒙，冲出封建礼教、家庭、婚姻的束缚而团聚到《新青年》新文化阵营周围来寻找出路的广大青年的热烈响应，陈独秀、蔡元培、李大钊、胡适等人也给予支持。他们等17人在《新青年》、《民国日报》上，发表《工读互助团募款启事》，②为它的尽早诞生筹集经费。启事指出：互助团"本互助的精神，实行半工半读"为宗旨。互助团成立后，规定：团员每人每日必须工作4小时；团员生活必需之衣食住，由团体供给；教育费、医药费、书籍费也由团体供给，唯书籍归团体公有；工作所得归团体公有。他们认为工读互助团是新社会的胎儿，通过工读互助团的逐渐推广，可以实现"各尽所能，各取所需"的共产主义理想。

可见，当时陈独秀与这些互助团员，对空想社会主义社会的确满怀憧憬。

---

① 陈钟凡：《陈仲甫先生印象记》未刊手稿，在1945年后为郑超麟写"陈独秀传"而写，所以在1952年12月23日夜郑被捕时，此稿亦被抄没，现藏中央档案馆；杨亮功：《早期三十年的教学生活》，台北：传记文学出版社，1980，第16页。

② 《新青年》第7卷第2号；《民国日报》1920年3月25日。

当时北京的互助团有 4 组，每组 10～13 人，分别设在北京大学、北京工业专门学校、法文专修馆、北京师范学校、女子高等师范附近。团员都是来自这些学校的学生。所以，他们很便于得到陈独秀、李大钊的指导。最可注意的是，毛泽东、何孟雄、施存统、俞秀松、罗汉、李求实、缪伯英、刘伯庄等后来中共的早期骨干，都曾是互助团的成员。他们进入这个团体后，就宣布脱离家庭关系、脱离婚姻关系、脱离学校关系，在这个团体内"绝对实行共产"。以后，上海、天津、南京、武昌、广州、扬州等地，也先后成立或准备成立类似团体。

上海的工读互助团，是陈独秀到上海后在 1920 年 3 月，与王光祈、左舜生、张国焘、刘清扬、毛泽东、肖子璋等 26 人发起的。

但是，互助团的进行，太理想、太脱离实际了，很快就碰到种种不可克服的困难。首先是经费不足，收入难抵支出，纷纷面临饥饿。接着就出现严重的意见分歧，最后就逐渐瓦解。大概到 1920 年六七月份，这些互助团相继失败，个别的坚持到 1921 年初。正是在这个互助团试验失败的过程中，陈独秀和这些青年人逐步转向马克思列宁主义，进而建立当时以为可以达到理想王国的共产党。

误入"列宁主义"

陈独秀及同期的一些先进分子是怎样转向马克思列宁主义的？准确地说，是怎样转向"列宁主义"的？因为在十月革命前夕，马克思主义已经分裂成第二国际的马克思主义与列宁的马克思主义两大支流。前者根据恩格斯晚年思想主张通过议会斗争等和平手段，由资本主义过渡到社会主义；后者坚持通过暴力革命和无产阶级专政，夺取政权，消灭资本主义。早在 1895 年，恩格斯在《1848 年至 1850 年的法兰西阶级斗争》一书导言中就说：

> 从今天起，工人们使用选举权，并以多种形式来报偿选举权，以此作为各国工人的范例……直到如今，选举权仍是作解放工具的。
>
> ……过去那种一直延缓到 1848 年的街垒式斗争，到处都是最后的解决方法，它已经过时了。如果条件改变，对阶级斗争来说，其条件也改变不少。突然袭击，少数最有觉悟的人带领一大批没有觉悟的人革命，这种时代也已过时。

我们这些人是"革命者"，也是"捣乱分子"，与其通过非法手段和捣乱，我们更希望通过合法手段。①

但是，陈独秀在 1920 年接受列宁主义之前，是不了解马克思主义和共产主义运动这种分裂状况的。早在日本留学时期，陈独秀就接触到包括空想社会主义、马克思主义等思想在内的体系庞杂的新思潮之一"社会主义"。所以，他发起的新文化运动一开始，在《青年杂志》创刊号介绍近代文明时，这样说：

近代文明之特征，最足以变古之道，而使人心社会划然一新者，厥有三事：一曰人权说，一曰进化论，一曰社会主义也。②

但是，他根据中国当时所处的社会状况，先着力于宣传和实践前二者，即民主（人权）和科学（进化论）。对社会主义虽然不知其详，但总体上认为应该在民主资本主义实现之后，特别是在中国，应该是在经济发达之后。因为他在这篇文章中，认为社会主义是资本主义社会矛盾尖锐的产物：进入资本主义社会后，"政治之不平等，一变而为社会之不平等；君主贵族之压制，一变而为资本家之压制：此近世文明之缺点，无容讳言也。欲去此不平等与压制，继政治革命而谋社会革命者，社会主义是也"。

于是，他把法国大革命时的"巴布夫（Babeuf）"财产共有制主张、"圣西孟及傅里耶"的社会主义、德国的拉萨尔主义及马克思主义都称为"社会主义"。而圣西门等的社会主义，被马克思批判为"空想的"，因为他们的政策是"阶级调和"，而不是阶级斗争；对于拉萨尔主义，因为拉氏主张与反动的俾斯麦政府联合起来反对资产阶级，马克思批判其为"普鲁士王国政府的社会主义"。陈独秀把四者并列，可见，当时他对马克思主义的认识是多么混乱、模糊与肤浅。但是，他抓住了根本的一条，包括马克思主义在内的所有这些"社会主义"思想，都是在资本主义经济高度发达后，消灭私有制，建立共有制，人人过平等富裕幸福的生活。这又不能不说，他

---

① 本序言是标志马克思、恩格斯晚年思想转变的一篇重要文献，但被列宁、斯大林、毛泽东视为修正主义，因此国内翻译出版的《马克思恩格斯选集》不予选入。这里的引文摘自〔法〕让·马雷、阿兰·乌鲁合著的《社会党历史——从乌托邦到今天》，商务印书馆，1999，第 44～45 页。

② 《青年杂志》第 1 卷第 1 号，1915 年 9 月 15 日。

还是在模糊中抓到了马克思主义的本质。

然而，陈独秀当时虽然还迷恋于民主、平等、自由的民主主义，却拥护接近第二国际主张的阶级调和政策，在上述文章中宣称："财产私有制虽不克因之遽废，然各国之执政及富豪，恍然于贫富之度过差决非社会之福；于是谋资本劳力之调和，保护工人，限制兼并，所谓社会政策是也。"

正因为他这样认识"社会主义"，所以，在十月革命前有人把社会主义视为"近世文明之真谛"，要陈独秀研究宣传时，他断然拒绝，指出：

> 社会主义理想甚高，学派也甚复杂，惟是说之兴，中国似可缓于欧洲。因产业未兴，兼并未盛行也。[①]

这个观点应该说是理智而深刻的！不仅符合当时的国情，也符合近百年后今天的国情。所以，当一个月后俄国发生推翻沙皇统治的民主革命"二月革命"，建立资产阶级临时政府后，陈独秀理所当然地表示高兴，并预言资产阶级临时政府的俄国，"政治学术一切制度之改革与进步，亦将旷古所罕闻……"[②] 这种思想都是从民主主义战胜"君主主义""侵略主义"出发的。

但是，历史的曲折，往往在短时间内难遂人愿。几个月后的十月革命，竟把陈独秀称赞为"御外敌"、"弭内乱"，不与德国"单独言和"的临时政府打翻了；代之以割地100平方公里、赔款60亿马克的代价与德国签订《布列斯特条约》而单独言和的苏维埃政府。继而，在陈独秀处在难以理解的惊讶中还未醒来时，第一次世界大战很快又戏剧性地以德国等一方失败而告终。1918年秋，这一极大的冲击波，很快使人们将心头那片苏维埃曾与德国"单独言和"的阴云放置脑后，[③] 而陶醉在协约国的胜利中，尤其从善良的愿望出发，称赞十月革命对大战胜利的影响。《新青年》编发了一期讨论第一次世界大战的专号，蔡元培发表《劳工神圣》，李大钊发表《庶民的胜利》、《Bolshevism 的胜利》，[④] 都是歌颂苏维埃劳工新政权的。

---

① 《褚葆衡来信与答书》，《新青年》第2卷第5号，1917年1月1日。
② 陈独秀：《俄罗斯革命与我国民之觉悟》，《新青年》第3卷第2号，1917年，第1页。
③ 各国学者因此事一直怀疑列宁在二月革命后从德国秘密回到俄国策划十月革命是德国当局派遣的，列宁是"德奸"。此说似有道理，但可能这是极端秘密的策划，证据确难以服人，成了一大世界之谜。
④ 两篇演说均发表在《新青年》第6卷第5号，1918年，第438、436页。

但是，陈独秀还是陈独秀，他的心情与大家完全不同。他在 11 月 14 ~ 16 日北京放假三天庆祝协约国胜利的日子里，即 11 月 15 日，写了一篇《克林德碑》，坦露他的心绪：

> 在我看来，与其说是庆祝协约国战争胜利，不如说是庆祝德国政治进步。至于提起那块克林德碑，我更有无穷感慨，无限忧愁。所以不管门外如何热闹，只是缩着头在家中翻阅闲书消遣。①

请看，他关心的还是：一、政治体制（德国因失败君主体制倒了），二、中国国民性的落后与专制统治：由克林德碑，想起八国联军入侵时，义和团运动以愚昧落后的宗教和统治者专制的方式去抵御外敌的入侵，结果得到了一个耻辱的"克林德碑"。现在，由于德国的战败，克林德碑很容易推倒，但中国何时进步呢？至于十月革命和马克思列宁主义的救国道路，他一点也不感兴趣。说：

> 现在世界上有两条道路：一条是向共和的科学的无神的光明道路，一条是向专制的迷信的神权的黑暗道路……我国到底是向哪条道路而行才好呢？

可见，十月革命一年后，他的信仰还是民主共和！对于俄国的苏维埃道路，根本不予考虑。所以，1919 年日本的《日日新闻》甚至评论陈独秀对俄国的"布尔什维主义的潮流"是取"防遏"态度的。厚道的李大钊，虽然写了《Bolshevism 的胜利》的文章，但联系到中国国情，也是拥护陈独秀的主张的。② 直到他接受马克思列宁主义、拥护俄国苏维埃前夕的 1920 年 1 月，他还在回答日本《日日新闻》记者提问对于中国政治的见解时说"取消帝政，改建共和"八个大字。当时辛亥革命推翻帝制已经 9 年，但他说："中国现政治底实质……既然还是帝政，我们的中国革命党在建设的积极的改建共和之前，一定还要做破坏的消极的帝政底苦功。"③ 而且从上述所阐

---

① 陈独秀：《克林德碑》，《新青年》第 5 卷第 5 号，1919 年，第 449 页。
② 李大钊：《再论问题与主义》，《每周评论》第 35 号，1919 年 8 月 17 日。
③ 陈独秀：《中国革命党应该实习的功课》，《星期评论》第 31 号，1920 年 1 月 3 日。

述的理由看，陈独秀对俄国十月革命与二月革命冷热不同的鲜明态度，完全是从当时的中国国情出发的，而不是从个人好恶的感情出发的。

但是，时代的潮流毕竟强于人意。十月革命后的马克思主义和社会主义思潮澎湃席卷各国的激进派，连陈独秀这样的人也难以抵挡。

陈独秀第一次对苏俄新政府表示同情，是在 1919 年底出版的《新青年》上发表的一篇小文章中。针对"日本人硬把 Bolsheviki（即布尔什维克——引者）叫做过激派，和各国的政府资本家痛恨他，都是说他扰乱和平"的情况，他为苏俄大抱不平："Bolsheviki 是不是扰乱世界和平，全靠事实证明，用不着我们辩护或攻击；我们冷眼旁观的，恐怕正是反对 Bolsheviki 的先生们出来扰乱世界和平！……反对他们的人，还仍旧抱着军国侵略主义，去不掉个人的、一个阶级的、一个国家的利己思想（日本压迫朝鲜，想强占青岛的土地和山东的经济权利，就是一个显例），如何能够造成世界和平呢？"[①]

那么，陈独秀是什么时候明确表示接受"Bolsheviki"——十月革命和列宁主义的呢？

首先还是他的爱国主义情愫起了决定性的作用。自 1840 年英国殖民者入侵以来，特别是 1901 年陈独秀参加革命以来，多少中国人为收回被掠夺的国家主权而前仆后继地奋斗，但是均以失败而告终。五四运动以全国人民的激烈斗争，保住了山东的权利，陈独秀也因此坐牢近三个月，并且丢掉了北大文科学长的职务。可是，苏维埃政府成立后不久，就发表了要放弃沙皇俄国过去在华掠夺的权利的宣言（虽然以后在执行时并不完全，如中东铁路，就以国民党政权是"反共政权"为名，一直拒绝交还中国，这是后话）。这个宣言在发表一年多后，终于冲破北洋政府的封锁，传入中国，在中国人民中产生了巨大的反响，全国 31 个社团发表感谢电。陈独秀自然也就不能无动于衷了。他在 1920 年元旦出版的一期《新青年》中，首次以赞赏的口吻说道："进步主义的列宁政府，宣言要帮助中国。"[②] 可以看出，陈独秀的口吻是赞扬的，措辞却是谨慎的，说明还是有所保留，坚持中国人的一句老话："听其言，观其行。"

其次，也是最主要的，误信了列宁说的无产阶级民主是比资产阶级民主

---

① 陈独秀：《过激派与世界和平》，《新青年》第 7 卷第 1 号，1919 年 12 月 1 日。
② 陈独秀：《保守主义与侵略主义》，《新青年》第 7 卷第 2 号，1920 年 1 月 1 日。

"高百万倍"的说教。关于这一点，后文再说。

过去，中国史学界经常引用毛泽东的一句话——"十月革命一声炮响，给我们送来了马克思列宁主义"——认定中共的建党思想来自俄国。其实，第一，如上述，这时的马克思主义已经分裂为两派，不能笼统地提马克思主义。第二，从具体接受途径来看，在中共筹建过程中，陈独秀等最早接受的以"无产阶级专政"为特色的马克思主义，即列宁主义，与民主主义一样，也是来自日本，随后是美国。关于这个问题，日本研究中共创建史的著名学者石川祯浩，通过查阅日本、美国、俄国与中国的大量历史档案资料进行研究，写了一系列论文，最后汇总成一部代表性的著作《中国共产党成立史》，① 做出了很大的贡献。

十月革命后，由于当局的严密封锁，陈独秀和先进的知识分子们，没有立即认识到这个历史转折点将对中国命运产生的影响，自然也不可能对十月革命的指导思想——马克思列宁主义有太多关注。陈独秀依然陶醉在西方的民主与科学，领导着新文化运动的开展。但是，也正是这个运动，打开了国外各种"新思潮"汹涌进入国门之闸，马克思主义也随之而来。通过日本书文介绍，比较系统了解马克思主义的李大钊，首先对它建立起信仰。1919 年 9 月、11 月，他在《新青年》第 5、6 号上发表了《我的马克思主义观》。

一般认为，李大钊是中国接受马克思主义第一人。但是细读他的代表作《我的马克思主义观》却发现，李大钊接受的是近似马、恩晚年的思想，即恩格斯领导的第二国际社会党的思想——"社会民主主义"。所以他用"总觉有些牵强矛盾"的评说，委婉地批评了马、恩在《共产党宣言》、《资本论》中"经济（即物质生产）决定一切"、"阶级竞争"（即阶级斗争）是历史发展动力，忽视伦理、道德、人道主义、宗教等精神方面的作用的观点。因此，他庄严地宣告："我们主张以人道主义改造人类精神，同时以社会主义改造经济组织……我们主张物心两面的改造，灵肉一致的改造。"②

在十月革命发生三年后，李大钊还这样宣传马克思主义，不强调暴力革命和无产阶级专政的列宁主义，而倾向于考茨基、普列汉诺夫、卢森堡等第

---

① 〔日〕石川祯浩著《中国共产党成立史》，袁广泉译，中国社会科学出版社，2006。
② 高瑞泉编选《向着新的理想社会——李大钊文选》，远东出版社，1995，第 228 页。

二国际的主张，究其原因，一是他的这个"马克思主义观"，主要来自《晨报》上渊泉译的日本河上肇作的《马克思的社会主义理论体系》和福田德三的《续经济学研究》。① 当时的河上肇，一边介绍马克思的学说，一边又对马克思的唯物史观存有怀疑，认为不应该只进行物质方面的改造，还必须通过伦理改造解放人的灵魂。所以，有人评他的思想是"灵肉二元论"，带有强烈的道德主义倾向。二是可能李大钊自己还未真切地看清苏俄新社会初期的状况，特别是苏俄政府放弃侵华特权的宣言。所以，当次年陈独秀接受马克思列宁主义，建立共产党，并在中国掀起轰轰烈烈的暴力革命运动时，他也紧跟上来，并在 7 年之后（1927 年）为之而献身。

从当时马克思主义分裂的发展史来看，陈独秀实际是舍考茨基和第二国际马克思主义，而取列宁和第三国际的马克思主义，从这个意义上说，陈独秀是在最高点上接受马克思主义的。

由此看，在接受列宁主义上，陈独秀而不是李大钊才是中国第一人。

1920 年，陈独秀于上海在共产国际帮助下筹建中共时，有一个日本小组，其成员有施存统、周佛海。但是，由于资料缺乏和周佛海后来成了汉奸等原因，日本小组在中共建党史上的作用和地位以及它与陈独秀的关系，中国学术界过去很少论述。实际上，这个日本小组对于陈独秀接受列宁主义及其建党思想，具有特殊的贡献。日本小组的工作特点是把日文版的马克思主义著作和日本社会主义者介绍马克思主义的通俗文章，及时翻译成中文寄给陈独秀，其中马克思《哥达纲领批判》中的"无产阶级专政"学说，为在指导思想上奠定中共的马克思列宁主义基础，具有重要的作用。

因为，如上所述，由于新文化运动解放思想的结果，在中共成立前后，中国思想界十分活跃，也很混乱，凡外来思想，均称"新思潮"，多有人接受。除了各类无政府主义、空想社会主义外，还有鼓吹先发展资本主义的基尔特社会主义、第二国际的民主社会主义、杜威的实用主义等。这些思潮的共同特点是反对列宁强调的作为马克思主义试金石的"无产阶级专政"理论。1920 年 6 月，陈独秀、施存统等 5 人组成中共第一个发起组时，起草了一个简单的纲领。据施存统回忆，它是根据几本有限的马克思著作拟订出来的，其中虽有"劳农专政和生产合作"字样，但不解其意，"带有相当浓

---

① 河文载《晨报副刊》1919 年 5 月 5 日；福著由同文馆 1913 年出版。

厚的社会民主党色彩，个别同志还有几分无政府主义色彩"。① 施本人就是一个无政府主义者。日本外务省亚洲第一课警视总监的监控报告中，把陈独秀、李汉俊、李达等人，都称为"中国无政府共产主义者"。②

　　然后，施存统带着这个纲领由戴季陶介绍到日本治病和留学，住在友人宫崎滔天家中。当他如饥似渴地阅读《法兰西内战》、《社会主义从空想到科学的发展》等马克思主义著作，特别是看到日本《社会主义研究》杂志上由日本共产党员山川均根据马克思《哥达纲领批判》撰写的文章《考茨基的劳农政治反对论》积极评价苏俄的"劳农专政"后，深受影响，并立即把此文翻译成中文寄给陈独秀，后来发表在上海《民国日报》副刊《觉悟》（1921 年 4 月 22～29 日）上。同时，施存统以及随后去日本的周佛海，还运用这些理论，根据中国的实际，撰写了不少通俗文章，通过陈独秀发表在《新青年》和《共产党》月刊上，产生了很大的影响。这是陈独秀接受无产阶级专政理论的开始，也是他与无政府主义脱离关系的开始，与胡适等反布尔什维克的新文化运动战友决裂的开始。

　　维经斯基于 1920 年 4 月来华，对这一过程起了催化剂和转折点的作用。他先到北京，然后到上海指导陈独秀建立共产党，给这两地的知识分子带来了大量的与共产主义理论及俄国革命相关的文献资料，仿佛忽然给陈独秀们打开了一扇通向列宁主义和俄国革命的大门。这些大量的系统的资料，代替和补充了零星的日文资料。这充分反映在 5 月"中共上海发起组"成立后停刊、9 月复刊，实际成了发起组理论机关报的《新青年》第 8 卷第 1 号上。在这一期上，不仅在首篇刊登了标志陈独秀彻底转向列宁主义的文章《谈政治》，而且开辟了专门介绍俄国革命的"俄罗斯研究"专栏。

　　这种变化，立即引起原《新青年》部分战友的不满，特别是胡适，他抱怨《新青年》"差不多成了 *Soviet Russia* 的汉译本"。这里的英文词 *Soviet Russia*，过去没有引起大陆学者的注意，有的人还把它译成《布尔什维克》，并以此证明中共的指导思想来自俄国。其实留学美国多年的胡适此处实指美国纽约的苏俄政府办事处的机关刊物《苏维埃俄罗斯》（周刊，*Soviet Russia*），它是五四以后的 1919 年 6 月才创刊的，它提供的新苏俄国内的情

　　① 李达：《中国共产党的发起和第一次第二次代表大会的经过的回忆》，《"一大"前后》（二），人民出版社，1980，第 7 页。
　　② 日本外务省外交史料馆档案：［A-3］外秘乙第五二三号；［A-4］外秘乙第五六0号。

况当然具有权威性，适应了当时已经读到苏俄政府发表的《第一次对华宣言》（放弃沙皇政府时期掠夺的一切侵华特权）① 后急切想了解苏俄政府的情况及其革命与建国指导思想的中国先进知识分子们的需要。后经石川祯浩在美国找到几期当时的 Soviet Russia 核对，惊人地发现，《新青年》"俄罗斯研究"专栏上的文章，绝大多数译自 Soviet Russia，内容都是介绍俄国十月革命后的实际情况。陈独秀们也正是从这份杂志中第一次较全面正确地了解到俄国革命的真实情况和列宁、托洛茨基等布尔什维克领袖的革命理论。如《新青年》和 9 月起出版的上海发起组政治机关报《共产党》上分别译载的《列宁著作一览表》、列宁的《国家与革命》〔据茅盾说，由于他没有读过多少马克思主义著作，只译了第一章。② 其实他忘了，当时他据以翻译的母本美国《阶级斗争》（The Class Struggle）上提供的也就是该著的第一章，当时美国还没有该著的英文全译本〕、《俄罗斯的新问题（列宁的演说）》、《我们从哪里做起?》（托洛茨基著）等文章，都译自《苏维埃俄罗斯》。当然，《新青年》和《共产党》上刊登的不止《苏维埃俄罗斯》一种刊物上的文章，还有美国其他先进杂志。如《共产党》月刊第 2 号刊登的《美国共产党党纲》和《美国共产党国际联盟对美国 L. W. W 的恳请》两文，是 P. 生（茅盾）分别译自美国芝加哥的"美国共产党"（即美国统一派和共产主义劳动党合并而成的美国统一共产党）机关报《共产党》1920 年 6 月 12 日和《一大工会月刊》（The One Big Union Monthly）1920 年 9 月号。他们翻译的多是美国新出的杂志，从美国出版寄到中国，再译成中文刊登，时间相当的短，表明陈独秀和发起组的工作效率是很高的。此外，他们译登的文章，还有些来自美国《解放者》（The Liderator）、《阶级斗争》（The Class Struggle）等进步刊物。

不仅如此，石川先生还注意到《新青年》第 8 卷第 1 号的复刊号新设计的封面图案，也是模仿美国社会党的党徽。茅盾说："这一期的封面上有一小小图案，是一东一西，两只大手，在地球上紧紧相握……暗示中国革命人民与十月革命后的苏维埃俄罗斯必须紧紧团结，也暗示全世界无产阶级团结起来的意思。"

---

① 苏俄政府的《第一次对华宣言》是列宁时期 1919 年 7 月 25 日发表的，显然由于害怕其影响，北洋政府进行了封锁，直到第二年才透露出来。不过，列宁逝世后的斯大林时期，苏俄没有真正履行宣言中的诺言，如中东铁路虽改为"中苏共管"，实际仍为苏霸占。

② 参见茅盾《我走过的道路》（上），人民出版社，1981，第 176 页。

这个党徽在当时经常出现在美国左翼团体的著名出版社查尔斯·H. 克尔出版的有关马克思主义的小册子和图书的封面上。中共早期马克思著作翻译家柯柏年说，当时"向专门出版马克思主义著作的芝加哥克尔书局（Charles H. Kerr & Co.）购买了一批英译本《资本论》在内的书"。[①]

这说明，"维经斯基为中国的先进分子带来了大量文献资料"，实际上是带来了一笔经费，使贫穷的陈独秀们能够（当然不排除在维经斯基的帮助下）从美国或美国在上海的代理机构购买这一大批英文的《苏维埃俄罗斯》期刊及马克思列宁主义的书籍和杂志。这显然比维经斯基从苏俄直接带来苏俄的"违禁刊物"更为安全、方便和迅速。因为当时陈独秀们懂俄文的几乎没有，而英文的资料当即就可以翻译。

于是，在巴黎和会上失败而对西方民主主义失望和对十月革命胜利后苏俄新气象的向往中，特别是在苏维埃政府发表了第一次对华宣言的刺激下，陈独秀一下子投入了列宁主义的怀抱。《新青年》复刊号首篇刊登了他这个转向的庄严宣言《谈政治》，文中没有用当时已经流行的"马克思主义"这个词，当然也没有用还未产生的"列宁主义"这个专用名词，而是直接承认"列宁的劳动专政"，主张用"阶级战争"和"政治法律的强权"去打破资产阶级旧的政治体制，并对无政府主义和社会民主主义对马克思主义的歪曲进行了严厉的批判。刚信仰过"社会民主主义"，主张"人道主义"，反对暴力革命的厚道而崇拜陈独秀的李大钊，也跟了上来，与陈独秀一起来创建列宁主义的共产党。

来自日本（施存统和周佛海）和美国（维经斯基的帮助）的两股列宁主义（即布尔什维克主义）影响，从此汇合了，陈独秀们的思想得到了彻底的洗礼。

在施存统由无政府主义者转变为列宁主义者的同时，陈独秀也转变为列宁主义者。二人的思想互相影响，可以从以下几乎同时发表的两段文字的对比中看出来。

施存统在1921年6月的《共产党》第5号上发表《我们要怎么干社会革命》，指出俄国革命后世界上的资本主义正在走向灭亡时说：

---

① 柯柏年：《我译马克思和恩格斯著作的简单经历》，中共中央马克思恩格斯列宁斯大林著作编译局马恩室编《马克思恩格斯著作在中国的传播》，人民出版社，1983，第29页。

从此各国无产阶级，必然奋起猛进，推倒有产阶级，与俄罗斯同志们携手协力建立共产主义的世界。支那是世界底一块地方……也当然要起来与全世界无产阶级同心协力干这个全世界的社会革命共同创造"人底世界"……总之，中国底资本主义虽不发达，世界底资本主义却已由发达而崩坏了；决没有世界底资本主义灭亡而中国底资本主义独存之理。这是从世界底大势看起来，支那也非实行共产主义不可的。

身在广州却领导着上海的建党工作的陈独秀在 1921 年 1 月的《广东群报》上刊登并于同年 7 月 1 日在《新青年》第 9 卷第 3 号转载的《社会主义批评》中说：

一定又有人说：资本主义在欧美是要崩溃了，是可以讲社会主义了；我们中国资本主义制度并不甚发达，更没有到崩溃的地步，如何能讲社会主义呢？象这种似是而非的话，恐怕很有许多人相信；其实他最大的缺点，是忘记了现代人类底经济关系乃国际的而非国别的……各国资本制度都要崩溃，中国哪能拿国民性和特别国情等理由来单独保存他。

于是，在陈独秀的思想中，过去的"国民"、"民众"的观念，逐渐被"阶级"的观念所代替，他开始用阶级斗争和阶级分析的方法，观察国家与社会问题。他说："我以为世界上只有两个国家，一是资本家的国家，一是劳动者的国家……各国内只有阶级，阶级内复有党派，我以为'国民'不过是一个空名，并没有实际的存在。有许多人欢喜拿国民的名义来号召，实在是自欺欺人，无论是国会也好，国民大会也好，俄罗斯的苏维埃也好，都只是一阶级一党派底势力集中，不是国民总意的表现；因为一国民间各阶级各党派的利害、希望各不相同，他们的总意不但没有方法表现，而且并没有实际的存在。"[1]

但是，有一点特别要说明，此时的陈独秀在接受列宁主义的同时，依然坚持着民主的理念。

后世不少学者说陈独秀五四后由民主主义者转变为马克思主义者、接受

---

[1] 《对于时局的我见》，《新青年》第 8 卷 1 号，1920 年 9 月 1 日。

无产阶级专政理论后，抛弃了民主思想。这是一个极大的误会。实际上，他只是接受了列宁的思路，以阶级分析的方法看待民主，追求真正的民主和更广大的民主，也就是属于无产阶级和人民大众的多数人的民主。

让我们来对比一下，列宁是怎样分析这个问题的。在《无产阶级专政和叛徒考茨基》中，列宁说："只要有不同的阶级存在，就不能说'纯粹民主'，而只能说阶级的民主"；"资产阶级民主同中世纪制度比较起来，在历史上是一个大进步，但它始终是而且在资本主义制度下不能不是狭隘的、残缺不全的、虚伪的、骗人的民主，对富人是天堂，对被剥削者，对穷人是陷阱和骗局"。而"无产阶级民主（苏维埃政权就是它的一种形式）在世界上史无前例地发展和扩大了的正是绝大多数居民，即对被剥削劳动者的民主"；"无产阶级民主比任何资产阶级民主要民主百万倍"。"无产阶级不粉碎资产阶级的反抗，不用暴力镇压自己的敌人，就不能获得胜利；凡是实行'暴力镇压'的地方，没有'自由'的地方，当然也就没有民主。"①

而陈独秀也理直气壮地说：

> 十八世纪以来的"德谟克拉西"是那被征服的新兴财产工商阶级，因为自身的共同利害，对于征服阶级的帝王贵族要求权利的旗帜……如今二十世纪的"德谟克拉西"，乃是被征服的新兴无产劳动阶级，因为自身的共同利害，对于征服阶级的工商界要求权利的旗帜。②

> 民主主义是什么？乃是资本阶级在从前拿他来打倒封建制度的武器，在现在拿他来欺骗世人把持政权底诡计。在从前政治革命时代，他打倒封建主义底功劳，我们自然不能否认……但若是妄想民主政治才合乎全民意，才真是平等自由，那便大错而特错。资本和劳动两阶级未消灭以前，他两阶级底感情利害全然不同，从那里去找全民意？③

过去，他把马克思主义与法国空想社会主义、拉萨尔主义混为一谈，而且当有人要《新青年》把社会主义作为"最新之思潮"在中国推行时，他也明确拒绝，说在中国实行社会主义应"缓于欧洲"。当时，他竭力鼓吹中

---

① 《列宁选集》第3卷，人民出版社，1972，第629～643页。
② 《告北京劳动界》，《晨报》1919年12月1日。
③ 《民主党与共产党》，《新青年》第8卷第4号，1920年12月1日。

国实行西方民主主义和资本主义，认为中国根本出路是"建设西洋式之国家，组织西洋式之新社会"。现在，他宣布："我们相信世界上的军国主义和金力主义（即帝国主义和资本主义）已经造成了无穷罪恶，现在是应该抛弃了。"①

过去，他宣扬耶稣的"宽恕""博爱"精神；现在，他说："马格斯曾说过；劳动者和资产阶级战斗的时候，迫于情势，自己不能不组成一个阶级，而且不得不用革命的手段去占领权力阶级的地位，用权力去破坏旧的生产方法（陈在写这段文字时，特别注明'见《共产党宣言》第二章'）……我敢说：若不经过阶级战争，若不经过劳动阶级占领权力阶级地位底时代，德谟克拉西必然永远是资产阶级底专有物，也就是资产阶级永远把持政权来抵制劳动阶级底利器。"②

而且，针对当时有人用"德谟克拉西和自由"的口头禅来反对无产阶级专政的情况，陈还责问："（一）经济制度革命以前，大多数劳动者困苦不自由，是不是合于'德谟克拉西'？（二）经济制度革命以后，凡劳动的人都得着自由，有什么不合乎'德谟克拉西'？"③

试想，一个一直思想进取、一直把国家的命运和人民大众的利益放在第一位，曾经对法兰西文明的民主主义思想狂热拥护，却在巴黎和会和当时各国资本主义危机中看到其因虚伪而彻底破产的陈独秀，在接触到列宁主义的这种思想时，能无动于衷吗？于是，从1920年开始，他毅然决然地接受了列宁主义，把民主区分为资产阶级民主和无产阶级民主，舍前者而取后者，把无产阶级专政说成"最民主"的政权，最终完成了一次彻底的世界观的转变，并且诚心诚意地按列宁的思想，从新文化运动的圈子中走出来，走到工农群众中去，致力于建立共产党，进行革命的实践活动。

脱下西装和长袍　到工人中去

1919年9月16日，陈独秀在北京被警厅拘禁3个多月后，终因"警厅侦查结果，终不见陈氏有何等犯法之事"，被迫准予安徽同乡保释。④但当

---

① 《谈政治》，《新青年》第8卷第1号，1920年9月1日。
② 《谈政治》，《新青年》第8卷第1号，1920年9月1日。
③ 《答柯庆施》，《新青年》第8卷第3号，1920年11月1日。
④ 《陈独秀恢复自由》，《申报》1919年9月17日。

局对这位过激分子依然不放心，规定他有重大行动须得政府批准，并且在他家附近增设岗哨，进行监视。殊不知这个从小就桀骜不羁的陈独秀哪能受此拘束。1920年1月底，他趁南方政府筹办西南大学，筹办员汪精卫、章士钊邀请他也出任筹办员之机，摆脱监视，奔赴上海。2月2日，又由上海到武汉，在文华大学、武昌高等师范学校、堤口下段保安会等处，连续发表讲演。演讲内容，除主张教育改革外，鼓吹社会主义的《改造社会的方法和信仰》一篇最引起注意。其中提出的改造方法是：一、打破阶级制度（即不平等制度——引者），实行平民社会主义；二、打破继承制度，实行共同劳动工作；三、打破遗产制度，不使田地归私人传留享有，应归为社会的共产。信仰是：平等，劳动。①

陈独秀在武汉的活动和言论见报后，先是"湖北官吏对于陈氏主张之主义，大为惊骇，令其休止演讲，速去武汉"。陈独秀则"深愤湖北当局压迫言论自由"。②他秘密回京后，京师警察厅也闻讯连续四天派出巡长王维藩等四人，来侦查陈的行踪。2月9日，陈正在家中写请柬约胡适等几位朋友晤面一聚，警察即来敲门盘问是否出门，并说：你如离开北京，至少要向警察关照一声才是，然后要走了陈的一张名片。密探回去后禀告说："未听说其（即陈独秀——引者）出京及往南省"之事；而陈这时始知大事不好，那警察一定还会回来找麻烦，所以他请柬也不写了，便偷偷跑到胡适家。但警察知道陈与胡的关系，所以觉得胡家躲不过，因而又躲到李大钊家，最后由李大钊护送至天津，由天津乘船到上海。③

14日，陈独秀自认脱离险境后，给京师警察厅吴总监写了一封信，挪揄说："夏间备受优待，至为感佩，日前接此间友人电促前来面商西南大学事宜，匆匆启行未及报厅，颇觉歉仄，特此专函补陈，希为原宥，事了即行回京，再为面谢，敬请勋安。"④

19日，阴历大年三十，陈独秀到达上海。当时北大学生许德珩正在上

---

① 《国民新报》1920年2月12日。
② 《汉口新闻报》1920年2月9日。
③ 《京师警察厅中一区警察署1920年2月10、11日记录》，北京档案馆藏京师警察厅档案；唐德刚译注《胡适口述自传》，华东师范大学出版社，1993，第186页。高一涵在《李大钊同志护送陈独秀出狱》一文中说陈在自武汉回京前，他们就得到警察要逮捕陈的消息，所以就同李大钊商议派人先到车站把陈接到王星拱家，暂避一时，再设法送他离开北京。此说与胡适所说不一，本文取胡之说。
④ 《陈独秀被捕卷》，北京档案馆藏京师警察厅档案。

海等待去法国勤工俭学，接李大钊电报后，知道陈独秀这次是到沪长期居住，就与在沪参加筹备全国各界联合会的另一北大学生张国焘（五四运动中产生的北京学生联合会代表）一起，帮助陈独秀安排住处，最后定在原柏文蔚住宅——法租界环龙路渔阳里2号。

这时的陈独秀，思想上正在多种"新思潮"影响下，逐步转向列宁主义；行动上则脱下西装和长袍，接近工人群众。他作为长期在留学生、大学教授等知识分子小圈子中奋斗、倍感孤独无援的革命者，所以有此觉悟，一是十月革命后"劳工神圣"观念的影响，二是总结他亲自参加的两个运动得到的经验。

一、对于五四运动。早在1919年10月12日，他在参加《国民》杂志社成立周年并欢送许德珩等赴法勤工俭学大会上，一面赞扬五四运动是中国"国民运动之嚆矢，匪可与党派运动同日而语"，"国人及今已至觉悟时期"；另一面又指出，国民觉悟层次不一及不足，即"爱国心之觉悟——国民自保及民族自决之精神——最为普遍"；但对"政治不良之觉悟"，人数就大大减少，仅"五四运动"中学生一部分而已；而对"社会组织不良之觉悟"，"即在学生界亦殊少矣"。① 这里，他再次表现出革命的彻底性，他的理想，是要把救国的民族革命、推翻旧政权的政治革命和改造旧社会的社会革命，三者合一，彻底进行。进行这样艰巨的革命，力量到哪里去找呢？仅靠学生运动是不行的。因此，1920年2月19日，他一到上海就发表谈话，对北京的运动始终未能走出学生圈子表示遗憾："北方文化运动，以学界为前驱，普通社会似有足为后盾者，然不能令人满意之处，实至不鲜。其最可痛心，为北京市民之不能醒觉。以二十世纪政治眼光观之，北京市不能谓为有一市民。仅有学界运动，其力实嫌薄弱，此足太息者也。"②

陈独秀此番话表明，以近代产业社会观之，北京由于工业不发达，工人阶级基础薄弱。所以，他这次离京到沪，不仅是工作和住址的变动，而是奋斗方向将由学生和知识界的救国运动转向革命的工人运动。

二、关于工读互助团运动。2月，陈独秀到上海后不久，就与王光祈、毛泽东等人发起筹备上海工读互助团。在27日的筹备会上，他还提出具体的工作意见，如工读互助团成员可以进行印刷装订、种菜等工作。可是，一

① 《国民》第2卷第1期，1919年11月。
② 《民国日报》1920年2月23日。

个月后，传来北京和上海互助团纷纷瓦解的消息，他终于放弃此空想，并总结其"失败的原因"，"完全是因为缺乏坚强的意志、劳动习惯和生产技能三件事；这都是人的问题，不是组织的问题"①。

这个总结，使他更进一步认识到要进行社会革命，必须到产业工人中去。

陈独秀是个实干家，说干就干。他一面学当年马克思、恩格斯那样，亲自或委托朋友及受《新青年》影响的青年人，深入到上海、太原、南京、天津、唐山、长沙、芜湖、北京、香港、巴黎（华工）等地工人群众中调查工人阶级状况，内容包括工人人数、工作时间、工资、家庭生活、受资本家工头剥削欺压程度、工人来源、文化程度、帮会组织等。这些调查结果，刊登在1920年5月1日出版的《新青年》第7卷第6号"劳动节纪念号"上。蔡和森认为，陈独秀编的这期五一劳动节特刊，是他"由美国（即资本主义）思想变为俄国思想"，由宣传资本主义变为"宣传社会主义"的标志。②

同时，陈独秀也积极在工人中开展活动。4月18日，他参加了由中华工业协会、中华工会总会等上海各业工会代表发起的上海各工会庆祝五一节的筹备会议，提议当天大会定名为"世界劳动纪念大会"，并发表演讲《劳工旨要》指出：当前劳工运动"应当以减少时间，增加工资等切身问题入手，然后才能图谋解决其他问题"。最后，筹备会推陈独秀为顾问及中华工业协会的教育主席。他还自愿出任工人的义务教授。于是，他在各种工人集会上频频发表演讲，发表通俗文章，提高工人觉悟。如他在4月2日上海船务栈房工界联合会成立大会上，发表题为《劳动者的觉悟》的演说称："我以为只有做工的人最有用最贵重"；"社会上各项人，只有做工的人是台柱子"；指出劳动者的觉悟分两步：第一步"要求待遇"；第二步"要求管理权"。同时指出："我们中国的劳动运动，还没有萌芽，第一步觉悟还没有"，但"不要以为第一步不满意，便不去运动"。③

对于被压榨被侮辱的广大工人群众来说，听大学教授讲这一番话，以及《劳动界》上陈独秀等人写的通俗文章，真是破天荒第一次，受到极大震动。更令人惊异的是，陈独秀本人前一年还是中国最高学府北京大学的教

① 《新青年》第7卷第5号，1920年4月1日。
② 《中国共产党史的发展（提纲）》，《蔡和森的十二篇文章》，人民出版社，1980，第7页。
③ 《民国日报》1920年4月3日；《新青年》第7卷第6号，1920年5月1日。

授，现在竟在文盲的工人群众中做这样的通俗普及工作。在当时哪个大学教授能放下这样的架子呢！

5月1日，上海工人在西门体育场举行历史上第一次大规模集会，纪念劳动节，初有5000人参加，后来人越来越多。军警霸占体育场进行阻止，群众四次转移场地，最后在靶子场举行。会上庄严地提出了"三八制"的要求，抗议军阀的压迫。由于苏俄政府对华宣言正式传到中国，会上及会后，各团体还发表宣言答谢苏俄政府宣布废除沙俄在中国的一切特权，扩大了俄国十月革命的影响。这次活动的口号和宣言，都是在陈独秀的指导下提出的。

5月以后，陈独秀在参加以上活动的同时，开始了筹建共产党的工作，于是工人运动纳入共产党的革命范围，获得了空前的发展。

"南陈北李，相约建党"传说不实

在中国史学界，1920年"南陈北李，相约建党"几乎成了共识。但实际上这是子虚乌有的事。此一传说的唯一依据是没有参与此事的第三者高一涵1927年5月22日即大革命武汉时期的高潮中，在武汉举行的追悼南北死难烈士大会上的演讲《李大钊先生事略》，[①] 说陈独秀"返京后则化装同行避入先生本籍家中，在途中则计划组织共产党事"。陈、李二人在赴天津途中所说的事，高一涵并不在场，而是在国外——日本，[②] 显然是听人所说。后为了赶写这篇演讲，把听说到的事情写进去。讲后，大概有人质询或自觉没有证据、道听途说，所以，第二天就把其亲手所写的同样内容的《李大钊先生传略》[③] 中这两句话删除了。在1963年，高一涵撰写《李大钊护送陈独秀出险》和《回忆李大钊》[④] 二文时，他还是不敢再说二人"计划组织共产党事"，说明他三次修正了自己的演讲中道听途说的内容。但因为他当时演讲稿已经在第三天刊登在报上，于是为后世史家所误用。当然，也不排除有人出于好心，以此证明中共不是"俄国党"，早在维经斯基来华前，

① 汉口《民国日报》1927年5月24日。

② 1920年2月13日（即陈独秀从天津到上海途中）高一涵还从日本写信给胡适和陈独秀，此信原件藏中国社会科学院近代史研究所"胡适档案"。

③ 《中央副刊》第60号，1927年5月23日。

④ 前文刊《文史资料选辑》第61辑，中华书局，1979；后文刊《五四运动回忆录》（续集）。

就有自主建党的想法。

其实，李、陈当时所谈的组党不是"共产党"，而是与无政府主义者建立"社会主义同盟"的统一战线组织。而这个组织也是俄国人策动的。一个最有力的证据是当事人章志的回忆《关于马列主义在天津传播情况》[1] 和众多的佐证资料。

章志当时是无政府主义组织"少年中国学会"会员，1919 年 9 月开始担任北京《晨报》和上海《时事新报》驻天津特派员，并宣传天津的新文化运动，因此与从事新文化运动的人关系密切。1920 年 1 月，他搬到一位姓姜的先生（即姜般若）家中住，那里还住着另一位无政府主义者、山西人尉克水。恰好这时，李大钊陪陈独秀来到天津。"陈独秀先生住在租界客栈里，李大钊同志在河北大马路日纬路附近友人家中。次日晚间，李、姜、山西同志、南开学校的胡维宪同学连同我到特别一区某苏联同志家中集合商谈京津地下工作情况约一小时。第二天天津《益世报》登出'党人开会，图谋不轨'的消息。李大钊同志急忙到姜先生家中，通知我们防患于未然。"原来"姜先生"的行踪是被政府监控着的。于是，他们纷纷离开了天津。"陈独秀先生因事已提前去上海，未能参加集会。"

这里的"苏联同志"就是鲍立维（又译作柏烈伟）。大陆不少学者称他是俄共派在天津从事秘密工作的专员，当时的重要任务是帮助中国的激进分子建立亲俄的革命政党。但可能因为是"秘密"，档案的证据几乎没有，这一情况应该是根据他的实际行动推测出来的。当时他住在天津，一周数次到北京大学去教俄语，因此与李大钊熟悉。但是在天津，他周围的中国人，多数是无政府主义者。这些无政府主义者在中共成立很早以前就在中国许多省市活动。正如蔡和森所说："在马克思主义输入中国以前，无政府主义派在中国已有相当的宣传（在广东及各地都有组织且发行了许多小册子），并且在知识阶级中已有相当的影响了……因此我们开始工作时，在上海、广东、北京等地均有与无政府主义者合作。"[2] 如姜般若 1919 年在天津成立"真社"，出版《新生命》；尉克水 1918 年在山西成立"平社"，出版《太平》。胡维宪、周恩来等人在天津成立的"觉悟社"也有很强的无政府主义倾向。为了废姓抓阄，周恩来抓了个 5 号，就改名为"伍豪"。鲍立维主张各派社

---

① 转引自马模贞等编《李大钊生平史料编年》，上海人民出版社，1984，第 98 页。
② 蔡和森：《中国共产党史的发展（提纲）》，《"一大"前后》（三），第 76 页。

会主义者（包括无政府主义者）联合组建革命组织。他和当时的中国都把无政府主义者视为"社会主义者"。实际上，这次集会陈独秀未参加，是因为他当时"逃亡"的特殊身份，不仅李大钊把这次集会的内容告诉了他，还有材料证明鲍立维的活动很频繁，这样的集会不止这一次，而且陈独秀与李大钊曾秘密会见了鲍立维。所以，鲍立维在天津企图组织"社会主义者同盟"的事，陈独秀显然是知道的。因此，后来解密公布的《联共（布）、共产国际关于中国革命的档案资料》中，维经斯基的报告中，多次提到天津的建党情况。虽然陈独秀最初的建党活动接受了与无政府主义合作的方针，却没有天津的代表，中共"一大"代表中也如此。这应该是与陈独秀由接受苏俄的建党方针（只要亲苏的就可以接受）逐渐转变（坚信无产阶级专政）有关。

曾在《新青年》上与陈独秀通信的无政府主义者郑佩刚说："1920 年 3 月，我接到黄凌霜（当时无政府主义者领袖——引者）的信，说他到天津与俄国朋友 Broway（即鲍立维）接洽，并约同陈独秀、李大钊等开会，成立了'社会主义者同盟'，推举陈独秀为领导，并说陈独秀到沪活动，要我返沪相助。"[①] 梁冰弦也回忆：鲍立维希望俄共和无政府主义者联络，因此和黄凌霜等人相识。他说："黄氏约陈独秀、李大钊与布氏（布鲁威，即鲍立维——引者）在津在京叙话几回，结果产生'社会主义同盟'，没有派系壁垒，只要是倾向同一大目标的都先团聚起来，共推陈独秀为领导人。北大和其他大学学生投身这旗下的众多而热烈。"[②]

综上所述，陈独秀到上海初期（1920 年 5 月至 7 月、8 月）组织的团体，并不是真正的共产党，而是"社会主义同盟"，即与无政府主义者等社会主义者联合的统一战线组织。

与共产国际互相帮助发起建立共产党

过去传统的说法，是陈独秀等人在共产国际帮助下筹建中国共产党。新近公布的共产国际、联共（布）档案表明，在某种意义上说，当时的苏俄更需要中国出现一个推翻现政府的共产党，而且在筹建过程中，不仅苏俄及

---

① 《"一大"前后》（三），第 483 页。
② 梁冰弦：《解放别录》，《党史学刊》试刊第 1 期，1980 年。

其工具共产国际给了陈独秀许多帮助，陈独秀也给了共产国际许多帮助。一般认为，这个建党事件发生在 1920 年。然而，有资料表明，早在此前，俄共（布）、共产国际及他们的远东机构，就开始派代表在中国积极活动，寻找合作对象，创建亲苏的革命团体。

俄国十月革命胜利，世界上第一个社会主义国家的建立，使马克思主义的目标第一次成为现实，也使苏维埃新政权顿时陷于世界帝国主义和各国反动派的包围之中，处于严重的困难和孤立之中。于是列宁利用马克思关于世界革命的理论，于 1919 年 3 月成立共产国际，专门支持、发动、帮助和组织各国的革命政党和活动，包括殖民地半殖民地国家的民族解放运动，特别关注在远东与俄国有漫长边境线的中国的动向，希望中国出现一个对苏友好至少是不敌视的中立的政府，更希望中国出现有利于苏俄的革命，出现一个"兄弟党"和"兄弟国家"。

可见，无论是苏俄政府还是共产国际，对华工作的第一目标都是俄国的国家利益。于是，共产国际、俄共（布）中央、俄国政府外交人民委员部，以及 1922 年 11 月才加入俄罗斯联邦的远东共和国等各个系统的机构纷纷派出人员到中国来寻找这样的政党、团体和代表人物。可是，一是由于当时苏俄远东地区的内战尚在进行，局势不稳；二是由于共产国际、俄共（布）、苏俄中央政府及其远东地区的党政系统不仅经常变化，而且各自开展对华工作，结果出现了十分混乱和有趣的情况：因为没有找到像陈独秀这样有威望的领袖人物而无所成就。连当时俄共（布）中央西伯利亚局东方民族处的副主席 M. 布龙斯泰因和中国科科长 M. 阿布拉姆松给俄共中央的报告都承认："从事东方工作的各个组织在行动上不一致、不协调和互不通气"；"共产国际、中央、外交人民委员部、远东局派出自己的工作人员（这些人不是都胜任其使命的）执行独立的任务，没有总的计划，不了解当地的情况"。[①] 例如，共产国际信任旅俄华侨刘绍周，派他去中国工作。虽然他是旅俄华工联合会主席，并作为中国代表出席了共产国际二大，东方民族处却认为，"此人并不具备足够的政治素养，而且就其思想和信仰而言，远不是与社会主义运动休戚与共的人"。上述报告还指出："俄共（布）中央向东

---

① 《关于俄共中央西伯利亚局东方民族处的机构和工作问题给共产国际执委会的报告》，《共产国际、联共（布）与中国革命档案资料丛书》（以下简称《共产国际档案资料丛书》）第 1 辑，中共中央党史研究室第一研究部译，北京图书馆出版社，1997，第 56 页。

方派出旅俄共产华员局,其组成人员表现出党性不强,政治素质差,根本不能在中国人当中组织革命工作。"

由于苏俄把国家利益放在第一位,当时北京皖系政府追随帝国主义推行反苏政策,他们曾争取直系军阀吴佩孚。直到 1922 年,越飞还写信对吴佩孚说,吴"给莫斯科留下了特别好的印象",提议双方合作。① 同时,他们又对多年来一直要推翻北京政府而对俄国友好的孙中山寄予厚望,1920 年曾派人与孙中山达成协议,双方军队合作,从新疆方向"反对北方现时的反动政府"。② 他们还称福建督军、粤军总司令陈炯明,云南督军唐继尧为"人民运动的领导人",甚至称赞"陈炯明是最杰出的军人之一,是受到人民称赞的共产主义者"。③

与中国先进分子的接触,如上所述,开始时也十分广泛,他们自称与北京、上海、广州、天津、汉口、南京等地的工人和学生组织联系,"为共产主义组织打下了基础"。④ 其实,他们联系的绝大多数人是无政府主义者、基尔特社会主义者(即改良主义)和空想社会主义者。

所以,在俄共远东州委符拉迪沃斯托克分局外国处派维经斯基来华通过李大钊、陈独秀建立中国共产党以前,苏俄以上这些代表的工作,除了提供五四运动后中国社会主义思潮活跃的情况外,寻找代理人以组织革命政党的努力,端无成就。

那么,陈独秀又是怎样成为中共的创建者的呢?

如上所述,陈独秀到上海初期(1920 年 5 月至 7 月、8 月)组织的团体,并不是真正的共产党,而是"社会主义同盟",即与无政府主义者等社会主义者联合的统一战线组织。但是,也正是因为有了这样的背景,陈独秀最后才真正成为共产国际和俄共(布)中央为在中国建立共产党物色的对象。新近公布的共产国际、联共(布)档案资料表明,有关陈独秀发起筹建中国共产党的史实,与中国学术界几十年来的传统说法有很大的不同,比较真实的情况,应该是这样的。

---

① 《越飞给吴佩孚将军的信》,1922 年 8 月,《共产国际档案资料丛书》第 1 辑,第 99 页。

② 《刘江给俄共(布)阿穆尔州的报告》,1920 年 10 月 5 日,《共产国际档案资料丛书》第 1 辑,第 44 页。

③ 《外交人民委员部通报》,1921 年 3 月 15 日,李玉贞:《孙中山与共产国际》,台北:中研院近代史研究所,1996,第 132~133 页。

④ 维经斯基:《关于在东亚各国人民中的工作情况的简要报告》,1919 年 9 月至 1920 年 8 月,《共产国际档案资料丛书》第 1 辑,第 40 页。

1919年8月，维连斯基－西比里亚科夫向俄共中央政治局提交了一个在东亚各国人民中开展共产主义工作的提纲，在得到批准后，他作为苏俄外交人民委员部远东事务全权代表的身份来到远东，俄共中央政治局给他的指示是：

> 1. 我们在远东的总政策是立足于日美中三国利益发生冲突，要采取一切可能的手段来加剧这种冲突。2. 我们对待中国、蒙古和朝鲜人民的态度，应当是唤起广大人民群众争取摆脱外国资本家压迫的自觉行动。3. 实际上，我们应努力支援东亚各国人民的革命运动。还应同日本、中国和朝鲜的革命组织建立牢固的联系，并通过出版铅印刊物、小册子和传单来加强鼓动工作。4. 必须积极帮助朝鲜人和中国人建立游击队组织。[①]

这个指示，充分反映了苏俄及共产国际在华工作的总方针是把维护苏俄国家利益放在第一位，他们在中国等东亚国家的工作十分广泛，帮助中国等东亚国家的革命，只是其中的一部分。

1920年3月，俄共中央正式决定建立远东局（又称西伯利亚局），负责领导远东各国的革命。远东局下设海参崴分局东方民族处，其成员有中国科科长阿布拉姆松及维经斯基等。维连斯基则继续以外交部全权代表的身份，配合远东局的工作。

远东局一成立，维经斯基即带领两名助手——季托夫和谢列布里亚科夫到中国来（同来的还有维经斯基的夫人库兹涅佐娃和翻译杨明斋），正式开始帮助中国建立共产党的工作，并且考察在上海成立共产国际东亚书记处的可能性。这说明维经斯基既是俄共中央代表，又是共产国际的代表的双重身份，而且来华绝不仅仅是帮助筹建中国共产党。顺便说一句，这个来华代表的名单，记载在俄共中央档案中的俄共中央西伯利亚局东方民族处1920年12月21日写的报告[②]中，可以纠正以往观点所持的陪同维来华的是波林、马马耶夫及其夫人马马也娃的说法。

1920年4月，维经斯基一行首先来到北京，由鲍立维和伊万诺夫介绍，

---

① 《维连斯基－西比里亚科夫就国外东亚人民工作给共产国际给共产国际执委会的报告》，1920年9月1日，《共产国际档案资料丛书》第1辑，第38～39页。

② 《共产国际档案资料丛书》第1辑，第50～51页。

与李大钊等进步人士接触。一见面，俄国人就称李大钊"达瓦里西"（同志）。李非常感愧，解释自己不过是在学习，哪里称得上"同志"。维说读了他写的宣传马克思主义和十月革命的文章，认为已经达到了他们同志的水平。但马克思主义者决不能停留在思想上，为了实现革命的理想，就应该组织起来，由此提出了建党的问题。于是，一直敬佩陈独秀思想境界和崇高威望的李大钊，把他们介绍到上海，与陈独秀联系。

陈独秀到上海后不久，北京的《新青年》编辑部发生分裂，最后大家决定《新青年》"还"给陈独秀，移到上海编辑。于是，除了要求北京的原编著者继续供稿外，陈独秀在上海重组编辑部，吸收陈望道、李汉俊、袁振英（震瀛）、沈雁冰等对马克思主义热烈拥护的先进分子加入。《新青年》与时俱进，又成为宣传马克思主义的中心，进而成为筹建共产党的基地。维经斯基一行到上海后，首先会见陈独秀，并由陈联系，与热心宣传社会主义新思潮的人进行座谈。当时影响较大的刊物有 1919 年 6 月 8 日由戴季陶、沈玄庐、孙棣三人创立的《星期评论》，这时李汉俊参加主持，又有一批生气勃勃的先进分子如陈望道、邵力子、俞秀松、施存统等人参加，与《每周评论》一起，被称为中国"舆论界中最亮的两颗明星"。[1]《新青年》也称其为"最有力的周刊"。[2] 其次是 1919 年 8 月由朱执信、廖仲恺等人主持的《建设》月刊。此二刊都受孙中山和国民党指导及经济支持。还有国民党左派邵力子等人主持的《觉悟》（《民国日报》副刊），和研究系张东荪、俞颂华主持的《学灯》（《时事新报》副刊）等。这些人以及陈公培、李季、沈雁冰、周佛海等，多次进行座谈，讨论中国社会改造和社会主义。维经斯基介绍了十月革命和苏维埃政府的情况。

与此同时，维经斯基的其他工作也进展顺利。1920 年 5 月，即与陈独秀接触后不久，他就在上海建立了共产国际东亚书记处，并由维连斯基任临时执行局书记。临时执行局下设中国科、朝鲜科和日本科。中国科的任务是：（1）通过学生组织中以及在中国沿海工业地区的工人组织中成立共产主义基层组织，在中国进行党的建设工作；（2）在中国军队中展开共产主义宣传；（3）对中国工会建设施加影响；（4）在中国组织出版工作。[3]

---

[1] 《教育界》第 5 期，1919 年 11 月。

[2] 《新青年》第 7 卷第 2 号，1920 年 1 月 1 日。

[3] 《维连斯基－西比里亚科夫就国外东亚人民工作给共产国际执委会的报告》，《共产国际档案资料丛书》第 1 辑，第 39 页。

　　6月，维经斯基在给远东局的一份报告中，较具体地讲到他在陈独秀帮助下工作取得进展的情况：

　　　　自我寄出第一封信后，仅在加强联系和完成我拟定的计划方面，工作有些进展。现在实际上我们同中国革命运动的所有领袖都建立了联系，虽然他们在汉口、广州、南京等地尚未设代表处，但我们在那里的工作，可以通过一些朋友即当地区的革命者立即得到反映……目前，我们主要从事的工作是把各革命团体联合起来组成一个中心组织。"群益书店"（即印刷经销《新青年》的单位，实际上是指《新青年》——引者）可以作为一个核心把这些革命团体团结在它的周围。中国革命运动最薄弱的方面就是活动分散。为了协调和集中各个组织的活动，正在着手筹备召开华北社会主义者和无政府主义者联合代表会议。当地的一位享有很高声望和有很大影响的教授（陈独秀），现在写信给各个城市的革命者，以确定会议的地点和时间。因此，这次会议可能在7月初举行。我们不仅要参加会议筹备工作（制订日程和决议），而且要参加会议。[①]

　　这个报告还讲到另一件事，说明维经斯基当时对陈独秀的意见重视的程度。关于南北战争，"陈独秀认为，如果南方取胜，它会立即受到日本的影响，因为日本会马上开始援助取胜的南方。一句话，要利用北南之争来进行社会革命的唯一办法，是在双方士兵中间开展互不残杀和发动革命的宣传鼓动工作。这是一位享有声望的中国革命者的看法"。

　　但是，这个报告反映出当时俄方与陈独秀之间在中国建党指导思想上有一个重大的分歧。俄方只求迅速建立起一个对中国现存政府不利的革命政党，明确认为可以容纳无政府主义者，而且他们在天津、广州、南京等地联系的也主要是无政府主义者，在北京、上海联系的人中，也有无政府主义者。参加上述李大钊等人在天津"商讨"建立"社会主义同盟"的也有当时著名的无政府主义者黄凌霜、梁冰弦等。他们在北京和广州都有无政府主义的社团和刊物，与鲍立维关系密切。陈独秀则要建立信仰无产阶级专政的

━━━━━━━━━━━━━━━

① 《维经斯基给某人的信》，1920年6月于上海，《共产国际档案资料丛书》第1辑，第28～29页。

政党。所以，由鲍立维支持的"社会主义同盟"在北京、上海、广州产生时，陈独秀、李大钊没有参加。而参加这些同盟的也多是无政府主义者。

所以，由于陈独秀的抵制，维经斯基计划在 7 月初就召开陈独秀"写给各个城市的革命者"派来的（社会主义者与无政府主义者）"联合代表会议"，"把各革命团体联合起来组成一个中心组织"的意图，没有实现。对于俄方来说，这个计划和意图，显然是不了解中国情况和好大喜功的产物。

维经斯基显然听取了陈独秀的意见，变通办法，采取在上海座谈会的基础上成立共产党发起组的方式。他向参加座谈会的人指出："中国现在关于新思想的潮流，虽然澎湃，但是，第一，太复杂，有无政府主义、有工团主义，有社会主义，有基尔特社会主义，五花八门，没有一个主流，使思想成为混乱局势；第二，没有组织，做文章，说空话的人多，实际行动一点都没有。这样决不能推动中国革命。"① 于是，维因势利导提出了组织共产党的问题，立即得到多数人的同意。陈望道回忆说：我们经常在一起反复地谈，越谈越觉得要彻底改革旧文化，根本改革社会制度，有研究马克思主义的必要，有组织中国共产党的必要。②

但是，也有人表示异议。张东荪只参加一次座谈就退出了。戴季陶最初表示同意，但酝酿建立共产党时，他说不能同孙中山国民党断绝关系，也声明退出了。实际上，此二人只是赶了一阵宣传社会主义的时髦，思想上另有所望。可能是这两个代表当时重要党派的人的阻挠或其他原因，维经斯基帮助中国革命者迅速建党的计划遇到了障碍。

7 月 4 日，东亚书记处临时执行局书记维连斯基由海参崴赶到北京，5 日至 7 日，召开在华工作的俄国共产党员第一次代表会议。维经斯基、鲍立维和斯托扬诺维奇等 10 余人参加。会议就以下问题交换了意见："1. 我们工作的成果。2. 即将举行的中国共产主义组织代表大会和中国共产党的成立。3. 出版、报道工作。4. 在日本的工作。"③

会议认真讨论了维经斯基来华的工作进展，提出了尽快促成建立共产党的要求。然后，为贯彻这次会议精神，7 月中，东亚书记处又在上海召开了"远东社会主义者会议"。陈独秀代表中国出席。会议再次强调在中、日、

---

① 周佛海：《扶桑笈影溯当年》，《古今》第 19 期，1943 年 3 月。
② 《1956 年 6 月陈望道的回忆》，《"一大"前后》（二），第 20、23 页。
③ 《维连斯基－西比里亚科夫就国外东亚人民工作给共产国际执委会的报告》，《共产国际档案资料丛书》第 1 辑，第 41～42 页。

朝等国扩大共产主义宣传，迅速组建共产党的任务。7月19日，维经斯基在上海召开了"最积极的中国同志"会议，陈独秀、李汉俊、沈玄庐等出席，大家坚决主张建立中国共产党。根据8月17日维给俄共中央西伯利亚局东方民族处的信，在这次会上或会后，他与陈独秀等4名中国革命者，组成了上海革命局，以全面领导建党、宣传马克思主义、组织工会等工作。①

但是，这封信还表明，维经斯基等人还没有放弃在天津、广州以及汉口、南京等地与无政府主义合作的方针，在这些城市也建立了类似上海革命局这样的领导机构。因为在这些城市里他们联系的都是无政府主义者，没有别的选择。然而，也因此注定了他们的这些努力是不可能成功的。此外，他们的胃口还很大，要陈独秀等人与他们一起在上海和这些城市中的学生和工人中活动，建立社会主义青年团和"工会中央局"，在这个基础上"完成中国共产党的正式建党工作"。信中说："这一周，我们组织部（即上海革命局组织部——引者）要召开10个地方工会和行会各出两名代表的代表会议，成立工会中央局。中央局将派一名代表参加我们的上海革命局。"对此，陈独秀又进行了抵制。

陈独秀长期住在上海，并从这年2月到沪后就深入工人中间，与现有的由资本家代理人、政客、工头、帮会控制的各种黄色工会打交道，深知在这样的工会组织基础上进行建党工作是无论如何不行的。他说："像上海的工人团体就再结一万个也都是不行的。新的工会一大半是下流政客在那里出风头，旧的公会公所一大半是店东工头在那里包办。"所以，他主张"觉悟的工人""另外自己联合起来，组织真的工人团体"。②而这样的工人团体（工会）在共产党成立以前是不可能建立的。所以，维经斯基计划中的各地工会代表会议和工会中央局没有实现。

学生中的工作也是如此。维经斯基等俄国人和陈独秀曾联系过当时在上海参加全国学联成立会并被选为评议长的龚德柏（留日学生总会代表）、全国学生联合会会长狄侃、上海学生联合会会长程天放以及东吴大学学生代表何世桢和全国学联在沪代表及有关省市的代表。但是正如维经斯基的信中所承认的：这些学生及其团体大多受胡适等"在美国受过教育"的人的影响，

① 《共产国际档案资料丛书》第1辑，第29、31、33、35页。这套档案资料的编者注释说7月19日的会议就是维经斯基计划中7月初要召开的各城市革命者的"联合代表会议"，显然是搞错了。这两个会议是两回事。后者根本没有条件召开。

② 《真的工人团体》，《劳动界》第2册，1920年8月22日。

主张"依靠民主美国来反对日本对中国的政治和经济影响","可以通过利用外国非侵略性资本（美国资本）发展中国民族经济的方式来拯救国家"。① 因此他们对俄国十月革命和苏维埃根本不感兴趣。

龚德柏后来回忆与陈独秀的接触时说："我在上海开会期内，我个人可说是绝无活动，以为将来地步。但他人对我则设法纳致，以为其党。比如陈独秀即其最著一人。陈氏这时住在上海，隐然以中国列宁自居。他托人约我谈话……我们两人谈话约两点钟，我对他很不高兴。因为他总离不开欺骗。我那时已是二十九岁，常识很丰富，他的欺骗话，我完全清楚。谈过后，我对他左右的人痛骂他欺骗。后来他也不再找我，我也就此脱离他的圈套。这是我的性格与共产党人绝对不合……我天生反共性格，无法妥协。"②

可见当时并不是所有青年都拥护马克思主义，都愿意追随陈独秀。但是，陈独秀的工作也是有成绩的。龚德柏接着说："留日学生所选的另一代表方维夏，后来作了共产党。他是否受陈独秀的欺骗而参加共产党，虽无从证明。但可能性很大，他在北伐时，任革命军第二军的师政治部主任。他的军政治部主任李富春，是现在共党政权的第二流要人。"

所以，社会主义青年团只能在共产党成立后才可能真正建立起来。

奠定中共基础工作

8月，以《新青年》（第8卷第1号）复刊为标志，中国共产党的胚胎组织上海发起组，终于成立。成员有陈独秀、李汉俊、李达、沈玄庐、邵力子、施存统、俞秀松、陈公培、陈望道、赵世炎、李季、袁振英、周佛海、沈雁冰、李启汉、刘伯垂、杨明斋等。显然，除了大部分是上海的成员外，有些是维经斯基说的陈独秀写信请来的外地同志。陈独秀被推选为党的书记，全面负责建党工作。随后，一些成员因留学、工作或其他原因，离开上海，也带着到各地建立党组织的任务。如施存统和周佛海先后到了日本；陈公培和赵世炎先后到了法国；刘伯垂去了武汉。他们在各地建立组织后或筹备过程中，继续与陈独秀上海发起组保持联系，以不断地得到指导。另外还有陈独秀指导毛泽东在湖南建党。陈还亲自到广州重建那里的共产党，又与李大

---

① 《共产国际档案资料丛书》第1辑，第34页。
② 《龚德柏回忆录》，第58页。

钊协商北方的建党工作，主要由李大钊负责。除了以北大为中心的北京党支部之外，李还派人到济南、天津、唐山、郑州等地进行建党的筹备工作。

上海发起组成立后，在维经斯基为首的共产国际上海革命局的指导下，双方互相帮助和共同努力，做了许多工作。

第一，如前所述，大量引进英文版的书刊，大力宣传马克思列宁主义和苏俄新政府的状况，着重分清列宁主义与各种新思潮的界限，从思想上为全国建党做准备。

《新青年》复刊，以崭新的面目出现，成为发起组公开的理论刊物，宣传马克思列宁主义。在这一期上，陈独秀发表了《谈政治》一文，实际上成了《新青年》变为党的理论机关刊物后的第一篇政治宣言。文章除了表明他坚定地拥护"无产阶级专政"的列宁主义之外，还用阶级分析方法、无产阶级专政观点，指名批评了胡适、张东荪、无政府党人和上海资产阶级在"不谈政治"的假面下，散布的种种错误论调，如国家、政治、法律、强权、理论等，都是"一种改良社会的工具，工具不好，只可改造他，不必将他抛弃不用"的说法；论述了"用革命的手段建设劳动阶级的国家"、对资产阶级实行专政的合理性。

这就使《新青年》将1918年以来在内有胡适等人反对，外有各种反马克思列宁主义者的攻击面前，遮遮掩掩、勉强宣传马克思主义的尴尬彻底摆脱，在中国土地上第一次鲜明地举起了马克思列宁主义的旗帜。陈独秀也以此为标志，完成了到马克思列宁主义者的转变。

虽然没有无产阶级专政的历史经验，但陈独秀对自己的每一次重大的人生选择，总能找到充足的理由。对此，他在10月1日发表的《国庆纪念底价值》一文中说："我们对于一切信仰一切趋赴，必须将这事体批评起来确有信仰趋赴底价值，才值得去信仰趋赴，不然便是无意识的盲从或无价值的迷信。"并再次宣布："封建主义时代只最少数人得着幸福，资本主义时代也不过次少数人得着幸福，多数人仍然被压在少数人势力底下，得不着自由与幸福的……主张实际的多数幸福，只有社会主义的政治"；"由封建而共和，由共和而社会主义，这是社会进化一定的轨道，中国也难以独异的"；而且，"我以为即在最近的将来，不但封建主义要让共和，就是共和也要让社会主义"。① 陈独秀的这个思想，虽然对于"共和"代替封建主义的民主

---

① 《新青年》第8卷第3号，1920年。

革命阶段在时间的估计上有严重的不足，但对人类社会发展规律的认识基本上是正确的。

随后，以《新青年》为阵地，以陈独秀为主力，又开展了对以梁启超、张东荪为代表的基尔特社会主义实为改良主义的批判。这场论战进行了一年多，发展到全国各地，划清了马克思的科学社会主义与各种假社会主义的界限，在思想上解决了建立一个革命的共产党的问题。以陈独秀为首，同时开展的对以区声白为代表的无政府主义思想的批判，则解决了坚持不坚持无产阶级专政的问题。这些问题的解决，使中共一开始就建立在列宁主义基础上，在当时第二国际与共产国际的斗争中，明确地站在共产国际一边。

中共筹建时就排除走改良主义和第二国际和平改革的道路，是当时的历史条件决定的。一是中国人民长期以来受到封建主义和帝国主义的压迫，积压太重，积愤太深，改良主义没有生存的条件；二是国际上帝国主义的残暴掠夺使第二国际和平改革道路破产，国内自 1898 年戊戌维新运动失败后，先进分子一直迷恋于崇拜暴力革命的激情中。和平改革与暴力革命哪一条道路正确，毋庸说当时很难分辨，实际上是后来的历史才能判决的问题，即需要经过几十年甚至上百年的人类实践才能被人们认识的问题。人类必须付出这样的代价，没有捷径可走。所以，中国走和平改革还是暴力革命道路，不是理性思考问题，而是形格势禁所使然的客观趋势问题。陈独秀虽然是一个伟大的思想家，但他也跳不出历史的局限与选择。

《新青年》开辟的《俄罗斯研究》专栏，如前述，主要译载当时各国报刊书籍中有关俄国革命的理论和苏维埃政府状况的资料，主要译者多是上海发起组成员，如李汉俊、杨明斋、袁振英、陈望道、李达、沈雁冰等。而且，从格式上，《新青年》从第 8 卷开始，实行了我国书写方式的一场革命：采用新式标点符号和文章横排。

发起组另一项重要工作是以"社会主义研究社"（又称"新青年社"）名义，出版了一批马克思列宁主义著作，第一批主要的著作有：《共产党宣言》，由陈独秀委托陈望道翻译的我国第一个全译本，陈独秀和李汉俊校对；《阶级斗争》，考茨基著，由陈独秀委托恽代英翻译；《社会主义史》，柯普卡著，由陈独秀委托李季翻译；李汉俊译的《马克思资本论入门》（原名《资本论入门》），马尔西著；等等。

第二，出版党内机关报、制定宣言，正式宣布中国共产党成立。

1920 年 11 月 7 日，即十月革命胜利三周年之际，上海发起组创刊了内部机关刊物《共产党》月刊，第一次在中国树起"共产党"的大旗。

1920年8月成立的中国共产党发起组，当时的创建者陈独秀、维经斯基等都认为这就是革命政党，不过还很不完善，思想上也比较混乱。如后来发现的发起组成员之一俞秀松1920年7月10日的日记写道："经过前回我们所组织底社会共产党以后，对于安其那主义和波尔雪维克主义，都觉得茫无头绪，从前信安其那主义，的确是盲从的。"① 可见，这时的发起组不仅思想上在无政府主义向布尔什维克主义的转变中，连党的名称"社会共产党"也是非驴非马的。8月后，初步定下来时，叫"社会党"。所以，1920年9月1日出版的《新青年》陈独秀的一篇文章中，有这样两段文字：

> 法律是强权底化身，若是没有强权，空言护法毁法，都是不懂法律历史的见解。吾党对于法律底态度，既不像法律家那样迷信他，也不像无政府党根本排斥他；我们希望法律随着阶级党派的新陈代谢，渐次进步，终久有社会党的立法，劳动者的国家出现的一日。
>
> 在社会党的立法和劳动者的国家未成立以前，资本阶级内民主派的立法和政治，在社会进化上决不是毫无意义；所以吾党遇着资本阶级内民主派和君主派战争的时候，应该帮助前者攻击后者；后者胜利时，马上就是我们的敌人……吾党虽不像无政府党绝对否认政治的组织，也决不屑学德国的社会民主党，利用资本阶级的政治机关和权力作政治活动。②

在这两段话中，一直以国民、民众代表说话，反对政党政治的陈独秀，三次用"吾党"的名义表示政见，并且两次把"社会党"与"劳动者国家"并列，说明当时他和他的同志已经公认这个发起组是一个政党，并且此党名为"社会党"。用当时参加者之一的俞秀松的日记所记为："后来陈独秀写信给北京大学的李大钊、张申府征求意见，叫社会党，还是叫共产党。最后共同确定叫共产党。1920年暑期，张申府还特意到上海，与陈独秀商讨过建党问题。"③ 所以，11月创刊党的政治理论刊物《共产党》不是偶然的。

① 《俞秀松烈士日记》，《上海革命史资料与研究》第1辑，开明出版社，1992，第297页。
② 《对于时局的我见》，《新青年》第8卷第1号，1920年9月1日。
③ 参见张申府《建党初期的一些情况》，1979年9月17日，《"一大"前后》（二），第220页。

据当时毛泽东给在法国勤工俭学的蔡和森的信中说：《共产党》的创刊词《短言》是陈独秀所写。此文完全用历史唯物主义即阶级斗争和无产阶级专政的观点阐明了共产党的基本主张：

> 经济的改造自然占人类改造之主要地位。吾人生产方法除资本主义及社会主义外，别无他途。资本主义在欧美已经由发达而倾于崩破了……代他而起的自然是社会主义的生产方法，俄罗斯正是这种方法最大的最新的试验场。
>
> 要想把我们的同胞从奴隶境遇中完全救出来，非由生产劳动者全体结合起来，用革命的手段打倒本国外国一切资本阶级，跟着俄罗斯的共产党一同试验新的生产方法不可。
>
> 我们只有用阶级战争的手段，打倒一切资本阶级，从他们手（里）抢夺来政权；并且用劳动专政的制度，拥护劳动者底政权，建设劳动者的国家以至于无国家，使资本阶级永远不至发生。

读到这样的文字，以及以上《谈政治》等陈独秀关于马克思列宁主义的思想，说陈独秀已经转变为真正的马克思主义者，难道还有异议吗？难道在当时还能找到比陈独秀更好的马克思主义者吗？可以断定，陈独秀在撰写这个发刊词前后，还为新成立的中国共产党起草了第一个党纲性质的《中国共产党宣言》。这个宣言的中文稿已经遗失，在 20 世纪 50 年代苏共中央移交给中国的原中共驻共产国际代表团的档案中，有它的俄文件。[①] 前面的译者说明写于 1921 年 12 月 10 日，表明这个文件当时曾提交给参加 1922 年远东人民会议中国代表团中之共产主义者讨论，并说明："这个宣言是中国共产党在去年（即 1920 年——引者）十一月间决定的。这个宣言的内容不过是关于共产主义原则的一部分，因此没有向外发表，不过以此为收纳党员之标准。"可见，这个宣言是当时作为"临时党纲"使用的。其内容与上述陈独秀撰写的《共产党》发刊词完全一致，分共产主义者的理想、目的和阶级斗争的最近状态三个部分；阐明按照俄国的榜样，由阶级斗争必然导致无产阶级专政，最后实现共产主义，建立一个没有经济剥削，没有政治压迫，没有阶级的共产主义社会。

---

① 《宣言》的中文载《中共中央文件选集》第 1 册，中央党校出版社，1982，第 547～551 页。

《共产党》月刊和这个《宣言》广泛发到各地共产主义者和旅欧勤工俭学的革命者手中，特别是《共产党》，发行量最高时达 5000 份，从而保证了中国共产党一开始就是马克思列宁主义政党的性质。而陈独秀为此倾注了巨大的心血。

由于 1920 年 5～8 月中共党成立的模糊性及党名的混乱性（"社会共产党"、"社会党"），再间接证以《新青年》复刊号，所以，重于文字档案资料考证的石川祯浩认为：中国共产党应该正式成立于 1920 年 11 月。

不仅如此，石川先生还根据对中共代表张太雷向共产国际第三次代表大会（1921 年 6 月 22 日至 7 月 12 日）提供的报告[①]中提到的中共 1921 年"三月会议"的详细考证，认定在这年 7 月现在通称的"中共一大"之前，就召开了党的代表会议，并在会上制订了正式的党的宣言和临时纲领；他并同意最早（1971 年）发现《给共产国际第三次代表大会中国共产党代表张太雷同志的报告》[②]的苏联学者佩尔西茨的观点："中共'一大'只不过基本上审议了'三月会议'事先准备的议题而已。"[③]

第三，开办外国语学社，培训干部，建立青年团。

发起组成立后，在渔阳里六号（今淮海中路）开办了一个"外国语学社"，公开挂牌，并在报纸上刊登广告招生，作为掩护，实际上是中共最早的培训干部的"党校"。学员主要是各地革命团体选送来的。如 1920 年暑假，萧劲光、任弼时等六人，就是湖南俄罗斯研究会介绍来的。后来刘少奇、彭述之等都在此学习过。也有些青年因受新思想影响，离开家庭和学校，来到上海找新青年社的陈独秀谋求出路，投身革命。发起组就把他们安排在外国语学社学习。学社由杨明斋负责，主要由他和维经斯基夫人库兹涅佐娃教授俄文，随后选拔一部分去俄国深造。学员最多时有五六十人，少时也有二三十人。其中有二十多人先后分三批到莫斯科学习，其他则分配到国内各地工作，为早期中共培养了一大批干部。

发起组先派最年轻的党员俞秀松负责组织社会主义青年团。首批共青团员中有位叫金家凤的青年，出身于富裕家庭。1919 年五四运动时，他是上海学运的领导人之一。陈独秀来上海后，办"外国语学社""建团、建党"

---

① 《远东人民》（俄文，苏联伊尔库茨克发行）第 3 期，1921 年 8 月。
② 俄文打印稿，藏于当时的莫斯科马克思列宁主义研究院中央党档案馆所收的"俄共（布）中央委员会远东局"的文件中，内容与上述《远东人民》上所刊几乎完全相同。
③ 石川祯浩：《中国共产党成立史》，第 206、207 页。

缺经费时，是他托言要留法十年，向家庭要到了 6000 银元。钱给了陈独秀后，法国未去，陈将他和其妻子毛一鸣介绍给蔡元培和李大钊，进入了北京大学。1921 年他到了北京，跟随李大钊，在北京发起成立"北京非基督教者大同盟"，领衔发表《非基督者宣言》；1922 年 5 月与邓中夏一起作为北京的代表，出席了全国首届社会主义青年团代表大会。①

实际上发起组的成员都参加了青年团。陈独秀经常参加青年团的会议，并在指导各地建党时，同时要求成立青年团，而且为了保证党员的质量，在条件不成熟时，要求先建团，后建党。陈独秀直接指导下的毛泽东在湖南的建党工作就是这样进行的。因此在"一大"召开前，湖南只建团，没有建党。陈独秀等还帮助把青年团章程发向全国，因此，上海发起组同时也是全国青年团的发起组。

第四，建立工会，重点开展工人运动。

国际共产主义运动的经验表明，共产党是马克思主义与工人运动相结合的产物，二者缺一不可。共产党是工人阶级的先锋队，党组织若不与工人群众相结合，走不出知识分子小圈子，就没有任何力量。但是，工人运动不会自发产生马克思主义，也不会自发产生共产党。一参加革命就重视研究国民性、改造国民性的陈独秀，深刻地懂得这个道理。所以，发起组成立后，最大的革命工作就是工人运动。从到上海后进行的工人运动中，陈独秀发现原有工会组织是由"政客发起的"，办工会的人"总是穿长衣的先生们多，穿短衣的工人很少很少"。而且这些工会大多为资本家、工头或政客所把持，没有工人群众基础，严格说来，都不是真正的工人团体。工人群众中没有一点马克思主义的影响。于是，在发起组成立后，陈独秀就把工人运动的重点放在筹办工人刊物，向工人宣传马克思主义，组织真正的工会上面。

影响最大的工人刊物是 8 月 15 日创刊的《劳动界》（周刊）。17 日，《民国日报》在《劳动界出版告白》中指出："此周刊由陈独秀和李汉俊二君发起"，"宗旨在改良劳动界的境遇……一个中国劳动界有力的言论机关"。此外还有面向店员的《伙友》周刊，"主编系闻名之社会主义者陈独秀"等人，陈独秀在发刊词中称：该刊宗旨是"（一）诉说伙友们现在的苦恼；（二）研究伙友们将来的职务"。

1920 年，陈独秀在上述工人刊物上发表了约 20 篇关于工人运动的文

---

① 《晨报》1922 年 4 月 4 日。

章，主要内容是：宣传工人的重要地位和改造社会的伟大历史使命；阐述剩余价值学说，揭示资本主义剥削的秘密；揭露和批判资本家与黄色工会对工人运动的诬蔑和破坏，号召工人群众自己组织起来，为本阶级和全人类的解放而斗争。可以看出，这时的陈独秀真是把主要精力放到了工人运动上，而且他十分注意工作对象的特殊性，所写的文章深入浅出，通俗易懂。如他在《劳动界》创刊号上发表的《两个工人的疑问》中说："劳动是什么？就是做工。劳动者是什么？就是做工的人。劳动力是什么？就是人工……总而言之，我们吃的粮食，住的房子，穿的衣裳，都全是人工做出来的。"以此宣传了"劳工神圣"的思想。8 月 22 日，在第 2 册《劳动界》上，他又发表《真的工人团体》，号召觉悟的工人赶快自己联合起来，组织真正的工人团体。为了排除其他思潮特别是无政府主义和空想社会主义思想对工人运动的影响，9 月 5 日，他又在《劳动界》第 4 册上发表《此时中国劳动运动的意思》，指出："此时中国劳动运动的意思，一不是跟着外国的新思潮凑热闹，二不是高谈什么社会主义，不过希望有一种运动好唤起我们对于人类的同情心和对于同胞的感情，大家好来帮助贫苦的劳动者，使他们不至于受我们所不能受的苦恼。"同时，他又针对当时有人诋毁马克思的社会主义是"几十年前百年前底旧学说"，"此时已经不流行不时髦"的说法，批驳说："本来没有推之万世而皆准的真理，学说之所以可贵，不过为他能够救济一社会一时代的弊害昭著的思想或制度"；输入学说若不以需要为标准……以新为标准，是把学说弄成了装饰品"。又说："我们士大夫阶级断然是没有革新希望的，生产劳动者又受了世界之无比的压迫，所以有输入马格斯（马克思——引者）社会主义底需要。"[①] 发起组其他成员，也积极为《劳动界》写稿，而且语言通俗，事例生动，深入浅出，因此很受工人欢迎。

　　杨树浦电灯厂钳工陈文焕写信给陈独秀说："我们苦恼的工人……从前受资本家的压逼，不晓得多少年了！……有话不能讲，有冤无处伸！现在有了你们所刊的《劳动界》，我们苦恼的工人，有话可以讲了，有冤可以伸了，做我们工人的喉舌，救我们工人的明星呵！""《劳动界》万岁！祝先生的身体健康！"[②] 工人的觉悟也有所提高。从第 3 册至第 19 册，共刊登工人来稿 30 多篇。海军造船所工人李中写的《一个工人的宣言》，就代表了一

---

①　《新青年》第 8 卷第 2 号，1920 年 10 月 1 日。
②　《劳动界》第 5 册，1920 年 9 月 3 日。

个觉醒了的工人的心声:"工人的运动,就是比黄河水还厉害还迅速的一种潮流。将来的社会,要使他变个工人的社会;将来的中国,要使他变个工人的中国;将来的世界,要使他变个工人的世界……俄国已经是工人的俄国……这个潮流,快到中国来了。我们工人就是这个潮流的主人翁,这个潮流的主人翁,就要产生工人的中国。"① 文章还号召工人要一面做工,一面联络,把工人组织起来,形成一个强大力量。

这些声音表明,当时陈独秀等人在工人中宣传教育马克思主义的工作,的确取得了巨大的成功。

与此同时,陈独秀等即开始在工人中组织工会的工作。10 月 3 日,在渔阳里六号(即外国语学社和社会主义青年团总部所在地)召开了上海机器工会筹备会。到会的有各工厂的工人代表七八十人。上海共产党发起组的陈独秀、李汉俊等六人以"参观员"的身份出席会议。会议由海军造船厂工人筹备会主席李中任临时主席并主持。会议欢迎陈独秀等六位"参观员"为名誉会员。杨明斋、陈独秀先后发表了演说,称赞机器工人成立自己的工会组织好。陈独秀指出:工人团体,"要是彻底联络了,那就社会上一切物件都要受他底支配,就是政府也不得不受其支配"。② 陈独秀和李中还为这个机器工会草拟了章程。这是中共领导下制订的最早的工会组织章程。陈独秀还出任工会募经处主任,为工会活动募集经费。

11 月 21 日,上海机器工会正式成立,参加成立大会的近千人。孙中山和陈独秀在会上发表了演说。陈说:"希望这个工会到了明年今天,就有几千或几万的会员,建设一个大力量的工会。"③ 这是中共领导下第一个工会组织。随后,党又在印刷、纺织工人中成立了工会,开办了工人补习学校。10 月 10 日,陈独秀还参加店员工会——上海工商友谊会成立会,为其刊物《伙友》写《发刊词》。④

陈独秀在工人中做的这些工作,在全国也产生了很大影响,使其成为工人运动领袖。10 月 27 日,当时在湖南省最大的工会"湖南劳工会"负责人黄爱曾慕名致函陈独秀,报告该会简章内容,请求指导。

但是,由于原有的军阀和资本家支持的黄色工会不甘心退出历史舞台,

① 《劳动界》第 7 册,1920 年 9 月 26 日。
② 《上海机器工会开发起会纪略》,《劳动界》第 9 册,1920 年 10 月 10 日。
③ 《民国日报》1920 年 11 月 22 日。
④ 《民国日报》1920 年 11 月 10 日。

争夺工人运动领导权的斗争十分激烈。例如 10 月 16 日，上海军阀淞沪护军使何丰林就在报上公开登出专电称："社会党陈独秀，勾结俄党刘鹤林等，在租界组织机器工会，并刊发杂志等。"第二天，上海机器工会理事会立即发表决议进行批驳："据本会章程，非机器工人不得入会……陈独秀实非工人，何能组织俄党"，"更何能加入组织"；"本会与社会党、俄党，实无丝毫关系"。① （可见，这时外人还把陈独秀组织的上海共产党叫"社会党"——引者）又如在与工商友谊会及其《伙友》合作两个多月后，从《伙友》第 8 册开始，由于主张改良主义的童理璋的操纵和破坏，陈独秀和上海发起组，终于与工商友谊会及《伙友》断绝关系。②

第五，指导各地建党。

上海发起组是全国性的中国共产党发起组，是全国建党活动的中心，这不是自封的，也不是后人随意说成的，而是因为它对各地建党工作有过直接指导和推动的作用。除了以上所述外，李大钊等在北京的建党活动是与上海陈独秀等人的建党活动互相响应的。济南的建党活动首先是由陈独秀写信给王乐平开启的。王是山东省议员，比较开明，因欣赏陈独秀在《新青年》上的文章，早就与陈独秀有联系。上海发起组成立后，1920 年 10 月，他在济南开办"齐鲁书店"，出售《新青年》等进步杂志。王烬美与王乐平是亲戚。王烬美是北京马克思学说研究会外埠会员，王乐平鉴于身份，不便出来组党，于是就由王烬美与另一名济南五四运动领袖邓恩铭两个年轻人在李大钊的指导下组织济南共产党。武汉的建党工作，先由李汉俊委托在汉的董必武发起，随后由陈独秀派回武汉工作的刘伯垂推动。

1920 年 11 月，蔡元培赴欧洲考察教育，北京大学教授张申府因赴法国任教，陪同前往，路经上海。陈独秀给张写介绍信，嘱其到法国联系赵世炎，进行建党工作。③ 当时在勤工俭学学生中，陈独秀与李大钊具有崇高的威望。五四运动期间在北京受教于李大钊并称其为"我的导师"的赵世炎，1920 年 5 月到上海参加了陈独秀最早的建党活动。在临去法国勤工俭学前，他到环龙路陈宅拜访，陈独秀明确表示对类似"工读互助团"的赴法勤工

① 《民国日报》1920 年 10 月 20 日。

② 《伙友》第 8 册，1920 年 12 月 26 日。

③ 《张申府谈话记录》，1961 年 1 月 27 日，《赵世炎烈士资料汇编》上册，油印资料，第 110 页；李达：《中国共产党的发起和第一次、第二次代表大会的回忆》，《"一大"前后》（二）。

俭学活动表示怀疑，认为"工读兼顾是办不到的"。陈的态度很坚决，没有给赵以提问和陈述的机会，因而给赵留下了这样一个印象：自信心强，判断力强。赵到法国后，就仿照李、陈在国内的做法，先在勤工俭学学生中组织了读书会，宣传马克思主义，培养积极分子。他在一张李大钊与陈独秀合影后面的硬纸板上，写了一篇杂感，其中提到勤工俭学学生中流传着这样一首诗：北李南陈，两大星辰，漫漫长夜，吾辈仰承。① 于是张申府到法国后，先与赵世炎、周恩来成立起共产党小组，然后组织了名为"中国共产党旅法之部"的青年团组织，分别接受国内党、团中央的领导。

去日本建立共产党小组的施存统和周佛海，也一直与陈独秀保持着联系，而且，正是通过陈独秀，施存统最早把马克思《哥达纲领批判》中的无产阶级专政思想翻译传播到中国来。② 1920 年 7 月，施在参加陈独秀召集的共产党筹备会后不久，即到日本东京，住在中国革命的同情者宫崎滔天家里，一边疗养肺结核病，一边与日本的社会主义者山川均、堺利彦、高津正道等人来往，把介绍马克思主义的文章不断翻译介绍给国内的陈独秀、李汉俊、李达、邵力子等人，并奉陈独秀之命，与后来到日本留学的周佛海组成日本共产主义小组。由于他一踏上日本的土地就被日本警方派人严密监视，因此，他以上的一切言行和书信往来，在日本的外交史料中保存得相当完整和详细。例如大正十年（1921 年）5 月 20 日警察监视报告记载了住在鹿儿岛的周佛海给东京施存统的信的全文，其中写道：

> 关于陈独秀主张让我等二人作为驻日代表，贵意如何？我在三四月间给"C"杂志（即共产党发起组机关报《共产党》月刊——引者）草拟一文，其内容为我等应夺取政权。现在一般青年忌谈政治。我想告诉他们，夺取政权是必要的。四月的《改造》（即日本社会主义者的杂志——引者）被禁止发行，但我已获得。其中有山川均的《社会主义国家与劳动组合》一文，我已翻译登载于《新青年》（即该志第 9 卷第 2 号，1921 年 6 月出版——引者）。③

① 王渔：《"北李南陈，两大星辰"之说源于何处》，唐宝林主编《简报》2003 年第 7、8 期合刊，第 942 页。
② 石川祯浩编注《中共创立时期施存统在日本的档案资料》，刘传增译，《党史研究资料》1996 年第 10 期。
③ 日本外交史料《外秘乙第六九一号》，日本外务省外交史料馆藏。

这个材料说明：当时在广州任广东政府教育委员长的陈独秀，依然主持着上海的共产党发起组及其机关刊物《共产党》和《新青年》。此其一。其二，在当时无政府主义和反对"无产阶级专政"的马克思列宁主义思想占优势的进步青年（包括共产党发起组的成员）中，周佛海、施存统、陈独秀等人，开始重视"无产阶级专政"（即"夺取政权"）的思想。这一点在紧接着5月25日警察监视报告记载的施存统给上海邵力子的信（1921年5月8日）中，表现得更加明确：

> 苏维埃的性质，今天读了山川均的《苏维埃研究》（刊于日本《改造》杂志1921年5月号——引者），认为真是一篇有价值的文章，但由于我生病，不能完全翻译，今译出其梗概。
>
> 按照共产主义理论，"苏维埃"为无产阶级专政的国家组织，换言之，即对反对阶级实行强制专政的组织。因此，当阶级对立消灭时，全社会都被无产阶级同化、吸收，"苏维埃"也成为国家组织，将渐渐失去其功能。换言之，"苏维埃"是革命过渡时期的政治组织，到组织产生强制力的"苏维埃"完全无用时，只剩下一个劳动组合。我等由此而知"苏维埃"性质的大要。

这就是当时还没有执政的共产主义知识分子理想化了的马克思《哥达纲领》中的无产阶级专政思想。

随后，5月26日，施存统在给邵力子的信中再次强调了这种思想："我主张颠覆旧社会，建设无产阶级国家。我对国家的见解，认为国家是一阶级压迫他阶级的机构。"

施存统的这些宣传"无产阶级专政"的书信和文章，通过国内《民国日报》的副刊《觉悟》（1921年7月15日，题为《一封答复"中国式无政府主义"者的信》）、《共产党》（第5号，1921年6月7日）等刊物发表后，在当时思想界产生很大影响，使许多无政府主义者转向无产阶级专政。而受影响最大的也许就是陈独秀。于是，他领导的彻底清除当时影响最大的新思潮——无政府主义的运动，进行了两年之久。当时最著名的无政府主义领袖黄凌霜，曾公开批判无产阶级专政和社会主义按劳分配原则；[1] 又在

---

① 黄凌霜：《马克思学说批评》，《新青年》第6卷第5号，1919年，第466页。

1920 年 11 月因反对无产阶级专政和集中领导，反对组织纪律，率领 5 人退出北京的共产党小组。经过陈独秀的批评教育，逐渐有所转变。1922 年 5 月，陈独秀还在上海《新青年》社热情接待黄凌霜，并说无政府主义者与共产主义者，都是今天改造社会之健将，只可联合并进，不可分离排挤。然后，陈独秀介绍黄去苏联实地考察无产阶级专政的"苏维埃"情况。当时的苏联，还未出现斯大林时代的残暴统治，黄回国后思想大转变，致函陈独秀说，未去苏以前，对于"无产阶级专政"未表示可否，"现在已相信此种方法，乃今日社会革命惟一之手段，此后惟有随先生之后，为人道尽力而已"。陈独秀复函说，"精研笃信安其那（即无政府主义——引者）"在中国为"第一人"的黄凌霜，"今竟翻然有所觉悟，真算是社会改造之大幸，捧读来信，很喜"。并说：实行"各尽所能各取所需"的共产主义社会，"非经过无产阶级专政不可"；"而实行无产阶级革命与专政……非有一个强大的共产党做无产阶级底先锋队与指导者不可"。①

这时的陈独秀已经能读到许多翻译过来的马克思列宁主义经典著作，并熟练地在演说和文章中运用，热情宣传，又在实践中努力运用而反对教条主义地对待马克思主义。如 1922 年 4 月 23 日在中国公学的演说《马克思学说》，就大量直接引用马克思《经济学批判》《共产党宣言》《哲学之贫困》《哥达纲领批判》等著作，全面地阐述马克思主义的四大思想：剩余价值、唯物史观、阶级斗争、劳工专政。而在这年 5 月广州举行的马克思纪念大会和社会主义青年团成立大会的演说《马克思的两大精神》中，他强调："我很希望青年诸君须以马克思的实际研究精神来研究学问……最重要的是现社会的政治及经济状况，不要单单研究马克思的学理，这是马克思的精神，这就是马克思第一种实际研究的精神"；第二种就是"马克思实际活动的精神……我们研究他的学说，不能仅仅研究其学说，还须将其学说实际去活动，干社会的革命。"②

可见，陈独秀信仰马克思主义，一开始就是理论联系实际的典范，是一个反教条主义者。

至于陈独秀亲自到广州重建那里的共产党和指导毛泽东在湖南建党的情况，下面再叙述。

---

① 《答黄凌霜》，《新青年》第 9 卷第 6 号，1922 年 9 月 1 日。
② 二文分别载于《新青年》第 9 卷第 6 号和《广东群报》1922 年 5 月 23 日。

在上海发起组以上几方面的建党工作中，陈独秀投入了巨大的精力。由于这些工作是在秘密状态下进行的，又由于长期的局势动荡，没有留下书面资料，所以，中国学术界长期不清楚。但是，在新公布的共产国际档案中，有很多材料，如 1920 年 8 月 17 日维经斯基给俄共中央西伯利亚局东方民族处的信①和 9 月 1 日东方书记处临时执行局主席维连斯基给共产国际执委会的报告②，还有 6 月维经斯基给俄共中央远东局的信，系统汇报了维经斯基在 4 月到中国后的工作情况和成绩。而这些工作和成绩，恰恰与上述我们根据现存零星史料整理的陈独秀上海发起组进行的建党活动相合。由于陈独秀在建党工作中的杰出贡献，这三封信毫不掩饰对陈独秀的信任和崇敬，称他是"一位享有很高声望和有很大影响的教授"。

第六，开创妇女解放运动。

共产党从成立第一天起，就把妇女解放运动列入自己的重要日程。在最初参加陈独秀召集的组织共产主义组织的座谈会人士中，有一位神秘的女士，一直被史学界所遗忘。施存统回忆说："上海小组的成立经过：一九二零年六月间，陈独秀、李汉俊、沈仲九、刘大白、陈公培、施存统、俞秀松，还有一个女的（名字已忘），在陈独秀家里集会……"③ 陈公培的回忆中，也说在"陈独秀家里座谈"时，除以上那些人以外，"还有一个女的和我……这次会是 1920 年夏举行的，作为组织共产党的准备"。④ 所以，后来蔡和森在《中国共产党史的发展（提纲）》，李立三在《党史报告》中，都提到这个女的，但是又说："这个女的始终不知姓名"。⑤ 那么，这个女的究竟是谁呢？有人认为此女是曾在浙江绍兴女子师范学校担任过教员的上海《星期评论》社成员丁宝林。但是，当时《星期评论》社成员之一杨之华的回忆并没有证明此事。李立三的《党史报告》提供了一个线索，说此人"后来因为恋爱问题消极做尼姑去了……很早就出党"。直到 1991 年建党 70 周年时，俞秀松烈士夫人安志洁披露俞秀松 1920 年 6 月至 7 月日记内容时，这个谜才揭晓。

原来，这位女性叫"崇侠"，与沈玄庐一起是《星期评论》社的成员。

① 《共产国际档案资料丛书》第 1 辑，第 31～35 页。
② 《共产国际档案资料丛书》第 1 辑，第 38～42 页。
③ 施存统：《中国共产党成立时期的几个问题》，《"一大"前后》（二），第 35 页。
④ 陈公培：《回忆党的发起组和赴法勤工俭学等情况》，《"一大"前后》（二），第 564 页。
⑤ 参见《中国共产党第一次代表大会档案材料（增订本）》，人民出版社，1984，第 51、103～104 页。

因为共同的改造社会的理想，产生了很深的爱情。但是，当时沈已有四个夫人，所以，他们的爱情受到四个夫人的强烈忌恨。同时，同在一个社里的沈仲九也爱上了崇侠。而且沈仲九因与沈玄庐发生矛盾，一度出走，准备自杀。崇侠夹在这种种矛盾冲突中，感到十分痛苦，努力寻找摆脱这种环境的出路。恰恰沈仲九和刘大白对佛教很感兴趣，经常在崇侠面前谈佛论道，于是她深受影响，终于产生了出家当尼姑的念头。时间是在 1920 年 7 月。以上情况，在 1920 年 6 月至 7 月的《俞秀松日记》和日记中抄录的俞致沈仲九信（6 月 27 日）及崇侠致沈玄庐的信（7 月 21 日）中，有详细的记载。①如 6 月 17 日的日记说："玄庐和崇侠很亲爱……玄庐与崇侠谈天，我就加入进去，他们就对我宣布他们俩底爱情怎样深切。"当崇侠无法摆脱对玄庐的爱情与改造社会之间的矛盾时，想以自己的出家做尼姑来成全玄庐改造社会、在故乡浙江萧山衙前做农民运动的理想。所以，7 月 17 日的日记写道："崇侠对玄庐是很好一片心，伊恐怕他因恋爱以后，志气要消暮，没有从前那样热烈的努力改造社会。"7 月 21 日的日记终于有了结果："上午，玄庐接崇侠来信，这是伊别玄庐的信，伊不知到那里去做尼姑了。伊信里有一首血书是：'世道坎坷事龌龊，辅人意恐转误人。书留热血别知己，为勉前程莫痛心。'"可见，她参加了陈独秀 5 月召集的第一、第二次筹备共产党的座谈会后，就很快"因为恋爱问题消极做尼姑去了"，印证了李立三的说法。而沈玄庐的确受了这个刺激和激励，把中共领导的第一个农民运动——衙前农民运动搞得相当的轰轰烈烈。

此事件，也说明当时参加筹备共产党活动的人们，思想状况的确是很复杂的。而更重要的意义，在于在当时形成的新文化风气中，不仅中国男女平等有了很大的进步，而且女子参加政治运动也有了开头。这无疑是陈独秀对历史的重要贡献。实际上，妇女解放、男女平等和妇女参政等妇女运动，是当时陈独秀进行建党活动的重要部分。例如 5 月下旬，上海织袜女工因反对资本家施行苛刻的新章程全体罢工，女工吴莲溪发起成立织袜工会，并拜会陈独秀请予助力，指示进行。陈详细询问情况后，表示"尽力协助"。② 10 月，陈独秀帮助成立的上海店员工会"工商友谊会"机关报《上海伙友》

---

① 《俞秀松日记》复印本，上海中共"一大"纪念馆藏，是安志洁 1991 年建党 70 周年时赠送该馆的。
② 《申报》1920 年 5 月 29 日及 31 日。

发表女工陈亲爱的信《女工为什么不入会》一文时，陈独秀亲自为其写按语，指出："上海工人苦，女工尤其苦……我希望陈女士挺身出来为女同胞奋斗。"①　次年 1 月，他应邀去广东任省政府教育委员会委员长后，更把妇女运动当作一件重要事情来做，在广东省立女子师范学校、广东妇女界联合会等单位连续发表演说或写文章《妇女问题与社会主义》《我们为什么要提倡劳动运动与妇女运动》《我的妇女解放观》等，大做妇女启蒙运动，并指出彻底解放妇女，"必须把社会主义作唯一的方针"。②　并且还运用他手中掌握的教育大权，把李季调到广州，创办了专门宣传工人运动和妇女运动的刊物《劳动与妇女》，在省立一中首创男女同校等。10 月回沪主持中共中央工作后，又创办了我党第一个"女子学校"，以培养妇运人才，正式开展党领导的妇运工作。李达任学校校长，陈独秀等亲自任教。

　　从以上中国共产党筹建的过程，以及这一时期共产国际、联共（布）档案来看，是不是当时莫斯科更迫切需要建立中国共产党呢？在这个过程中，共产国际的确给了中国革命者许多帮助，这是主要的。但是，能成功建立马克思列宁主义的共产党，陈独秀等革命者是不是也给了莫斯科许多帮助呢？答案也是肯定的。

帮助毛泽东转变为马克思主义者

　　继领导湖南的五四运动后，毛泽东受陈独秀影响，对社会进行革命实践的第二个大行动是发动湖南的"驱张运动"。当时，湖南督军张敬尧对湖南的统治极其昏庸而残暴，激起人民群众的无比愤恨，一致呼吁："张毒不除，湖南无望。"毛泽东正确估量了当时湖南省内外形势和群众的愤怒情绪，决心将五四运动中形成的反日反北洋卖国政府为对象的群众爱国斗争，引向以驱逐张敬尧为中心的运动。1919 年 12 月，毛泽东以新民学会和湖南学联为骨干掀起的驱张运动，终于在湖南全省轰轰烈烈开展起来。他们从坚决抵制并焚烧日货、对抗张的禁令入手，遭到张的镇压后，即大张旗鼓地向社会公开揭露张的种种罪恶。12 月 6 日，长沙主要学校陆续罢课后，毛泽

---

①　《伙友》1920 年 10 月 17 日。

②　参见《广东群报》1921 年 1 月 24 日；《劳动与妇女》第 2、4 期，1921 年 2 月 20 日、3 月 8 日。

东与运动骨干商量决定在本地加强斗争的同时，向北京、上海、广州等地派出"驱张代表团"，进行请愿活动，以扩大驱张宣传，争取外省支援。毛泽东负责北京代表团的工作。这次行动与他同陈独秀的接触，成了他一生中最大的转折点。

毛泽东于 12 月 18 日到达北京，除向总统府、国务院呈文，向各界宣传、揭露张敬尧祸湘罪恶，要求"将湖南督军张敬尧明令罢职，提交法庭依律处办，以全国法而救湘"外，与正在向马克思主义者急进的李大钊、邓中夏、罗章龙等密切联系，开始较系统地接触马克思主义。罗章龙回忆说，毛泽东第二次到北京的时候，我们有一个庞大的翻译组，大量翻译外文书籍，《共产党宣言》就是其中一本。我们还自己誊写、油印。毛泽东看到了。毛泽东自己也说："在我第二次游北京期间，我读了许多关于俄国革命的书。我热烈地搜寻一切能找到的中文的共产主义文献，使我对马克思主义建立起完全的信仰。"① 自然，这里有一个过程。开始时，他把无政府主义和空想社会主义等思潮当作马克思主义来接受，而且自己原有的康有为大同思想、西方的民主自由以及封建思想影响，也没有肃清。正如他在 1920 年 3 月 14 日给周士钊的信中所述："老实说，现在我于种种主义，种种学说，都还没有得到一个比较明了的概念，想从译本及时贤所作的报章杂志，将中外古今的学说刺取精华，使他们各构成一个明了的概念。"在后来与斯诺的谈话中，他更明确地承认："在这个时候，我的思想是自由主义、民主改良主义、空想社会主义等思想的大杂烩。我憧憬'19 世纪的民主'、乌托邦主义和旧式的自由主义。"②

毛泽东这种思想状况完全是正常的。因为被称为中国信仰马克思主义"第一人"的李大钊，当时也刚刚接受马克思主义不久；陈独秀则还处在由自由民主主义者向马克思主义者转变的过程中。另一件能证明毛泽东此时虽然在北京看了大量马克思主义的书，但思想上还是"大杂烩"的事实，除了他在北京和上海参加工读互助团活动之外，就是他这时还十分信仰胡适"只谈问题，不谈主义"的实验主义——自由主义和改良主义。早在 1919 年 9 月 1 日，即李大钊与胡适争论"主义与问题"火热的时候，毛泽东不是站在李大钊一边，而是响应胡适"多研究问题"的号召，在湖南起草了

① 斯诺：《西行漫记》，1948 年版，第 134 页。
② 斯诺：《西行漫记》，1979 年版，第 127 页。

《问题研究会章程》，寄给北京大学的邓中夏，刊于 10 月 23 日的《北京大学日刊》。这个章程中所列的 144 项问题，是对胡适文章所提到的问题的具体展示，思路和主旨与胡适基本一致。可见毛对胡的思想和主张是认真研究、衷心拥护的，不是随便附和。因此，这年 12 月，毛泽东第二次到北京后，还代表新民学会上书并拜访胡适，争取胡支持湖南的驱张运动。1920年 1 月 5 日胡适日记写道："毛泽东来谈湖南事。"更有甚者，毛泽东还请胡适设计了在湖南具体落实胡适主张的方案。胡适 1951 年 5 月 16～17 日日记回忆："毛泽东依据了我在 1920 年的《一个自修大学》的讲演，拟成《湖南第一自修大学章程》，拿到我家来，要我审定。他说，他要回长沙去，用'船山学社'作为'自修大学'的地址，过了几天，他来我家取去章程改稿。不久他就回〔湖〕南去了。"① 所以毛泽东在当时给朋友信中称：我们在长沙要创造一种新的生活，"办一个自修大学（这个名字是胡适之先生造的）我们在这个大学里实行共产的生活"。② ——从他在信中的叙述来看，这个自修大学，实际上是他在北京和上海参加过的"工读互助团"那样的组织。

把毛泽东从以上思想"大杂烩"中导引出来、只信仰马克思主义一家的主要导师就是陈独秀。可能是因为在北京看的马克思主义文献，受其他各种思想的干扰，印象不深，到上海与陈独秀交谈后，才加深了认识，所以，毛泽东后来甚至说是陈独秀最早告诉他"世界上有马克思主义"。③

1920 年 4 月，毛泽东在上述思想"大杂烩"的状况下离开北京，5 月 5日到达上海。一方面是为一些新民学会会员赴法勤工俭学送行，另一方面进一步宣传湖南驱张运动。由于利用北洋军阀内部直、皖两系矛盾打击张敬尧取得成功，张倒台在即，这时的驱张运动已经进入到驱张以后怎么办的讨论。毛泽东提出了"湖南自治"，建立"湖南共和国"，"和北京政府脱离关系"的政治主张。他带着这个与胡适交谈过的同样的话题拜访陈独秀，与陈做了一次长谈，结果得到与第一次拜访新文化运动领袖们同样的印象——唯陈独秀给他的影响最深。

① 《胡适的日记（手稿本）》第 17 册，台北：远流出版公司，1986。该书无页码，按日记日期先后排行，即日期就是页码。
② 《毛泽东给周世钊的信》，1920 年 3 月 14 日，《新民学会文献汇编》，湖南人民出版社，1979，第 23 页。
③ 《"七大"工作方针》（1945 年 4 月 21 日），《人民日报》1981 年 7 月 17 日。

毛泽东后来对斯诺说："在上海，我和陈独秀讨论了我们组织'改造湖南联盟'的计划"；"和陈独秀讨论我读过的马克思主义书籍。陈独秀谈他自己信仰的那些话，在我一生中可能是关键性的这个时期，对我产生了深刻的印象"。①

陈独秀这时的"信仰"，就是上述他对西方民主主义和资本主义幻想的破灭和抛弃，和对俄国十月革命后苏维埃制度和马列主义阶级斗争、无产阶级专政学说的拥护。看来，陈独秀的新信仰，对于刚刚读了许多马克思主义书籍、苦苦思索还未得要领的毛泽东来说，起了"画龙点睛""拨云见日"的作用。所以，毛泽东才有"那些话，在我一生中可能是关键性的这个时期，对我产生了深刻的印象"这样的感受。

接着，毛泽东又读了上述三本陈独秀组织翻译出版的关于马克思主义基础知识的书——《共产党宣言》、《阶级斗争》、《社会主义史》。他说："这三本书特别深地铭记在我的心中，建立起我对马克思主义的信仰。我一旦接受了马克思主义对历史的正确解释以后，我对马克思主义的信仰就没有动摇过……到了1920年夏天，在理论上，而且在某种程度的行动上，我已成为一个马克思主义者了，而且从此我也认为自己是一个马克思主义者了。"②

毛泽东这里对读三本书与思想转折时间的回忆，与实际情况有出入。因为陈独秀组织翻译的中国第一个《共产党宣言》全译本到1920年8月才出版，而其他两本书第二年才出版。因此，他如果真是读了这三本书，才"建立起我对马克思主义的信仰"，就不能说"1920年夏天……我已成为一个马克思主义者了"。而且，人的思想转变，不可能从某年某月某日起一刀切，旧思想完全清除，新思想完全代替旧思想。旧思想的离去和新思想的确立，需要一个过程。在这个过程中，两种思想还会长期共存。这种"大杂烩"的现象，决不会从这年夏天起完全结束了。同时，毛泽东这时的思想方法又有自己的特点，不像陈独秀与胡适那样，各趋极端，而是善于吸取各种思想主张的长处，为我所用。就在毛泽东与陈交谈后离开上海回到湖南后，他还是念念不忘胡适，不忘胡适为他修改的湖南自修大学章程。在他回到湖南后，立即给胡适一信表示："我前天返湘。湘自张去，气

---

① 斯诺：《西行漫记》，1979年版，第127页。
② 斯诺：《西行漫记》，1979年版，第27页。

象一新，教育界颇有蓬勃之象。将来湖南有多点须借重先生，俟时机到，当详细奉商。"① 随后，毛泽东一面奉陈独秀的教导，学习宣传马克思主义，筹建湖南共产党和青年团；一面又奉胡适的指引，办湖南自修大学。1921年8月16日，毛泽东在湖南《大公报》上发表了《湖南自修大学组织大纲》，同时又起草了《湖南自修大学创立宣言》。9月，自修大学开学，原船山学社社长贺民范为校长，毛泽东任教务长。不过，这时的自修大学，由于北京、上海工读互助团的相继失败，更由于陈独秀给了他更大的影响，它不再是实行胡适的实验主义的工读互助团，而是学习马克思主义、为共产党培养干部的学校了。

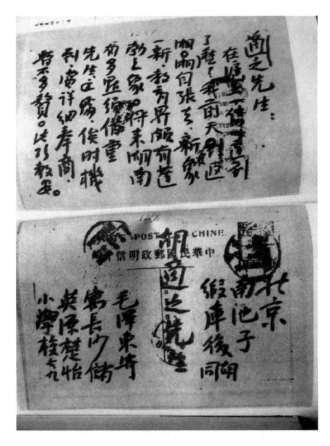

毛泽东致胡适明信片

① 《毛泽东致胡适》，1920年7月9日，明信片原件，中国社会科学院近代史研究所藏胡适档案。

毛泽东是 1920 年 7 月离开上海的，但至今没有资料说明他参加了上海共产党发起组的酝酿工作。现有资料只是表明他与陈独秀关系相当密切，并且从此开始，在陈的指导下，在湖南进行建团建党工作。据当时毛在长沙最亲近的朋友张文亮日记记载：9 月 10 日晚上，即毛泽东从上海回来后两个月，毛泽东与张在长沙第一师范谈话，次日，张就给陈独秀发信，要求介绍俄国情况，并寄些书报来。① 原来，毛泽东回长沙后，就学新青年社，筹备文化书社。8 月 1 日，毛泽东在《文化书社缘起》一文中说："没有新文化由于没有新思想，没有新思想由于没有新研究，没有新研究由于没有新材料。湖南人现在脑子饥荒实在过于肚子饥荒。青年人尤其嗷嗷待哺。文化书社愿用最迅速最简便的方法介绍中外各种新书报杂志，以充青年及全体湖南人新研究的材料，也许因此而有新思想新文化的产生。"② 名为传播新思想新文化，实为宣传马克思主义。因为在实际营业时，如书社敬告所说：销售的书报杂志，"曾经严格选择，尽是较有价值的新出版物（思想陈旧的都不要）"。③ 8 月 2 日，文化书社成立，9 月 9 日开始营业。但是，在筹备过程中，资金严重困难。毛泽东就向陈独秀和李大钊等人求助。后者立即响应。在与书社正式约定进行出版物交易的 11 家出版社中，陈独秀为它做"信用介绍，免去押金"的有新青年社、亚东图书馆、群益书社等好几家。据毛泽东起草的开业后一个月的营业报告统计，在已经销售的书刊杂志中，已成为上海共产党发起组理论机关刊物的《新青年》和指导工人运动的《劳动界》（周刊）最受欢迎，销量最多。半年后统计，这两种刊物分别售出 2000 册和 5000 册。这样大的销售量，当时全国是少有的。这表明他们为马克思主义的传播做出了特殊的贡献。这个资料还说明，毛泽东回湘后，上海陈独秀为首的共产党发起组出版的一切宣传马克思主义的书刊，都可及时提供给毛泽东和他组织的机构、团体。

另外，在宣传马克思主义、建党的过程中，李大钊在北京组织了"马克思主义学说研究会"。陈独秀在上海组织了"社会主义研究社"。毛泽东也在 8 月 22 日发起组织"俄罗斯研究会"。9 月 15 日正式成立于文化书社内。毛泽东任书记干事。因为上海已经成立了培训去苏联学习的"外国语

---

① 李锐：《毛泽东同志的初期革命活动》，第 148 页。
② 长沙《大公报》1920 年 8 月 24 日。
③ 《新民学会资料》，第 277 页。

学校"，所以俄罗斯研究会的三大宗旨之一是"派人赴俄实地调查"。结果，研究会成立不久，毛泽东就派出任弼时、萧劲光等六人进入上海外国语学校学习，然后赴俄进东方大学深造。

说明这时毛泽东与陈独秀关系密切的，莫过于陈独秀在思想上和组织上直接指导毛泽东在湖南建团、建党了。鉴于当时先进分子中信仰无政府主义的较多，所以毛泽东在陈独秀指导下筹建党、团组织时，特别强调要找"真同志"，工作谨慎，强调先建立团组织。湖南的工作是在原有的新民学会基础上进行的，由于新民学会内思想斗争很复杂，所以，"一大"前，湖南的工作主要是建团，还未进入到建党阶段。陈独秀对这项工作关心至深，当时受毛泽东委托在长沙进行建团工作的张文亮的日记，生动地记载了1920年11月、12月陈独秀与毛泽东在这项工作上的亲密关系：

> 11月17日，接泽东一信，送来青年团章程十份，宗旨在研究并实行社会改造，约我星期日上午去会他，并托我寻觅真同志。
>
> 11月21日，会见毛泽东（在通俗馆），云不日将赴醴陵考察教育，并嘱此时青年团宜注意找真同志；只宜从缓，不可急进。
>
> 11月22日，现在青年出路，做社会主义实行家，必定要亲身入工厂去工作，以促醒工界同胞的觉悟，而实行社会改造。
>
> 12月2日，泽东来时，他说，青年团等仲甫（即陈独秀——引者）来时再开成立会，可分两步进行：一、研究，二、实行。并嘱我多找真同志。

后来，陈独秀因要到广州任职，未能去长沙参加青年团的成立会。所以日记记载：

> 12月16日，（正是陈独秀动身去广州的前一天——引者）泽东来此。青年团将于下周开成立会。
>
> 1921年1月13日，湖南社会主义青年团正式成立。

当时湖南建党、建团所以采取这个"找真同志"、"只宜从缓"的方针，主要是因为这项组织建设是在原有的新民学会基础上进行的。而这时的新民学会受空想社会主义的"工读主义"和无政府主义思想影响较深，连毛泽东也不例外。关于他受工读主义的影响，已如上述。关于无政府主义，他自己说："我读了一些关于无政府主义的小册子，很受影响。我常常和来看我的一个叫区声白（当时一个著名的无政府主义者——引者）的学生讨论无政府主义和它在中国的前景。在那个时候，我赞同许多无政府主义的主张。"这年夏天，他接受马克思主义后，在清理自己的无政府主义思想同时，也开始清除新民学会内的无政府主义思想影响。这时在法国的蔡和森也在这个转变过程中。所以，毛泽东在这年秋天给蔡的信中明确表示：那种没有权威、没有组织的社会状态是不可想象的，绝对自由主义、无政府主义，都是"理论上说得好听，事实上做不到的"；那些倡导无政府主义的人，如果不是"故为曲说"，便是"愚陋不明事理"。在另一封给会友的信中又指出："中国坏空气太深太厚，吾们诚哉要造成一种有势力的新空气，才可以将他换过来……要的一种为大家共同信守的'主义'，没有主义，是造不成空气的。我想我们学会，不可徒然做人的聚集，感情的结合，要变为主义的结合才好。主义比如一面旗子，旗子立起了，大家才有所指望，才知所趋赴。"①

在这个工作中，陈独秀上海发起组 11 月创办的《共产党》月刊，由于主要内容是宣传无产阶级专政学说、批判无政府主义，给了毛泽东很大的帮助。张文亮日记记载：

> 12 月 27 日，泽东送来《共产党》九本。

有了这个思想武器，1921 年 1 月 1 日至 3 日，毛泽东就在文化书社约集在长沙的新民学会会员召开新年大会。会议主题是"改造中国与世界"采取何种方法？从何入手？毛泽东首先介绍了旅法会友提出的五种方法：一是社会主义政策，二是社会民主主义，三是激烈方法共产主义（列宁主义），四是温和方法的共产主义（罗素的主义），五是无政府主义。毛泽东在比较后表示："激烈方法的共产主义，即劳农主义，用阶级专政的方法，是可以预计效果的，故最宜采用。"②与会者各抒己见，热烈讨论达两个小时，最后表决，毛泽东、何叔衡等 12 人赞成第三种，二人赞成第二种，一

---

① 湖南省博物馆历史部校编《新民学会文献校编》，湖南人民出版社，1979，第 100 页。
② 《新民学会会务报告》第 2 号，《新民学会资料》，第 23 页。

人赞成第四种，三人未定。

同样的工作也在旅法的新民学会会友中进行着。蔡和森坚持以马克思主义为指导，实行无产阶级专政，组织共产党的主张。但是，由于会友中无政府主义势力强大，他的主张一时得不到多数人的拥护。他把这种情况分别写信给陈独秀和毛泽东。陈把他的信发表在《新青年》上，并答信表示支持，称其掌握了"马克思主义的骨髓"，还解释了有些人对马克思主义是"人为的革命说"又是"唯物史观"是"自相矛盾"的怀疑，指出"革命是我们创造将来历史之最努力最有效的方法"，但"我们对于改造社会底主张，不可蔑视社会经济的事实"。毛泽东也复信表示："你这一封信里见地极当，我没有一个字不赞成。"又说"唯物史观是吾党哲学的根据"，并重申无产阶级专政的重要性，批判无政府主义、工团主义的观点。关于建党步骤，毛泽东明确告诉他："党一层陈仲甫先生等已在进行组织。出版物一层上海出的《共产党》，你处谅可得到，颇不愧'旗帜鲜明'四字。"还特别说明"宣言即仲甫所为"。

《共产党》在当时是秘密刊物，"宣言"即创刊词"短言"并未署名。此信表明当时毛泽东与陈独秀关系之深。

陈独秀十分支持毛泽东发展青年团的正确方针。1921年春天，他在广州还特地写信给毛泽东，要求在湖南大力发展社会主义青年团。因此，在中共"一大"后，湖南得以顺利地建党，并在陈独秀的具体指导下，建党初期的工作取得了优秀于其他各地的模范的成绩。

与胡适分道扬镳　友谊长存

李大钊、陈独秀先后转向马克思主义之时，《新青年》编辑部和新文化运动阵营，也随之发生分裂。这是近代先进思想界和变革队伍第二次大分裂。第一次是1898年戊戌运动失败后孙中山革命派与康梁改良派的分裂。这第二次是由于李、陈转变时，胡适等人仍停留在西方民主主义的思想上，对于社会改造，胡主张他的美国老师杜威的实验主义，实行一点一滴的改良，反对李、陈接受的马克思主义——通过阶级斗争和社会革命从根本上改革社会制度。但是，由于康梁维新运动失败后，中国社会思想和民众情绪在帝国主义和封建主义高压下出现了崇拜暴力革命的狂飙，总的趋向是越来越激进，所以，改良的声音越来越微弱，终于被排挤出历史潮流之外。这种历史趋势的是非与长短，以及对陈独秀等人物在这种趋势中的作用，国内外学者有各种不同的评述，见仁见智。但是，笔者认为，在当时的历史条件下，对于这种趋势，谁也无能为力，包括陈独秀这样的思想家。

新文化运动发生后，中国思想文化界实际上爆发了新旧之争和东西文化之争，陈独秀是这两场论战中革命一方的领袖和先锋。1919 年 6 月 11 日陈独秀被捕后，又发生了第三场论战——"问题与主义之争"。与以前不同的是，这次论战发生在新文化运动内部，而且陈独秀因在狱中未能参加。

但是，这场论战的实质，并不是表面上所说的"问题与主义之争"，即只谈问题不谈主义，或只谈主义不谈问题；而是以什么主义来谈中国的出路问题，是马克思主义，还是杜威的实验主义。对于这个问题，陈独秀在 1919 年 6~8 月这场论战前后是完完全全参加了的，并且有一个由此及彼的转变过程。这个过程也就是他由民主主义者向马克思主义转变的过程，也是新文化阵营分裂的过程。

1919 年《新青年》采取轮流编辑制，陈独秀仍是总负责。5 月，李大钊主编的第 6 卷第 5 号为"马克思主义专号"（因故推到 9 月才出版），集中宣传马克思主义和俄国十月革命及苏维埃制度，引起胡适的不满。

陈独秀入狱后，李大钊也避难出京。胡适于是接办《每周评论》。从此，该刊突然改变为鼓吹实验主义改良哲学的舆论阵地，第 26 号还取消了原刊头，代以"杜威演讲录"。7 月 20 日出版的第 31 号便发表了胡适的挑战文章《多研究些问题，少谈些"主义"》。后来他说：这时"才有不能不谈政治的感觉。那时正当安福部（即皖系军阀——引者）极盛的时代，上海的分赃和会还不曾散伙。然而国内的'新'分子闭口不谈具体的政治问题，却高谈什么无政府主义与马克思主义。我看不过了，忍不住了，——因为我是一个实验主义的信徒，——于是发愤要想谈政治。我在《每周评论》第 31 号里提出我的政论的导言，叫做《多研究些问题，少谈些主义》。"①

可见他也承认这是要什么"主义"之争，而不是要不要"主义"之争，而且他从此开始也放弃了"不谈政治"的立场。胡的文章表面上是把问题与主义对立起来，把谈主义贬斥为"阿猫阿狗都可以干的事情"，要求大家都抛开主义，只注意眼前一个一个的实际问题；实际上是反对宣传马克思主义，主张以实验主义为指导实行改良。这是他改良主义政治态度的首次声明。对

---

① 《努力周报》第 7 期，1922 年 6 月 18 日。

于胡适一生思想转变也是一个标志，从一直表现为"不谈政治"的无党派人士，转变为反马克思主义的有鲜明立场的政治代表人物。7月26日，曾琦就写信给胡适，"万分佩服"其文"对于现在空发议论而不切实际的言论痛下砭鞭"。李大钊则立即做出回应《再论问题与主义》予以反驳，指出问题与主义"不能十分分离"，为了要解决一种社会问题，就需要有动员大家一致努力的一种理想的主义，不能因有人冒某种主义的牌号，便放弃正当的主义。然后李明确挑明："我可以自白，我是喜欢谈谈布尔扎维主义的。"①

紧接着，胡适连续发表《三论问题与主义》、《四论问题与主义》，② 也明确表示他主要反对马克思主义和革命。他指责马克思主义阶级斗争学说养成"阶级的仇恨心"，"使社会上本来应该互助而且可以互助的两种大势力成为两座对垒的敌营……使历史上演出许多不须有的惨剧"。

胡适说，当时，正是争论正在激烈时，京师警察厅总监把他找去，"他劝我不要办《每周评论》了，要办报，可以另起报名。我答应了。此事就过完了"。③ 8月30日北京警察厅下令查封《每周评论》。31日出版的刊有《四论》的《每周评论》成了终刊号。十几天后陈独秀出狱时，这场论战已经终止。于是，陈独秀对这场论战的态度，就成了一个谜！其实，从陈当时的文章、演说和对他深切了解的李大钊、胡适的评论看，这个谜还是可以解开的：开始是"中立偏胡"，然后"偏李批胡"。

在这场论战前，即5月份，美国实验主义哲学家杜威来华讲学，由胡适陪同巡回做报告，对中国学术界产生很大影响。陈独秀虽不似胡适那样成为其信徒，但在文章中时有赞赏之言，说明他对实验主义是赞成的。直到他11月2日写《实行民治的基础》一文时，还说中国要实行民治主义，应"拿英美作榜样"，指出："杜威博士关于社会经济（即生计）的民治主义的解释，可算是各派社会主义的公同主张，我想存心公正的人都不会反对。"而与这篇文章同时发表的《〈新青年〉宣言》，在阐述《新青年》同人理想的新社会后，还宣布："我们相信尊重自然科学实验哲学，破除迷信妄想，是我们现在社会进化的必要条件。"④ 当时的知识分子都拿达尔文的进化论做革新的思想武器，杜威的实验哲学也是建立在此进化论基础上的。所以，

---

① 《每周评论》第35号，1919年8月17日。
② 《每周评论》第36、37号，1919年8月6、7日。
③ 《胡适钞汤尔和日记并跋》，《胡适来往书信选》（中），第88页。
④ 《新青年》第7卷第1号，1919年12月1日。

陈独秀接受起来很容易。台湾资深学者余英时甚至说："陈独秀在'五四'前后对'民主'和'科学'的理解大体上是接受了胡适和杜威的影响。"[①] 这个说法，除在时间上有颠倒之误外，意思还是可以的。（即与其说是陈接受了胡、杜影响，不如说后二人的影响适应了陈的需要。因为陈的民主和科学思想早在 1915 年就从达尔文的进化论和法兰西文明中产生了，怎么能说是接受了 1919 年胡、杜的影响呢？）所以李大钊在答胡适的文章中，转引日本《日日新闻》的评论说："仲甫先生和先生（胡适——引者）等的思想运动，文学运动……是支那民主主义的正统思想。一方面与旧式的顽迷思想奋战，一方面防遏俄国布尔札维克主义的潮流。"[②] 胡适晚年也回忆说："事实上，陈独秀在 1919 年还没有相信马克思主义，在他的早期的著作里，他曾坦白地反对社会主义。在他写给《新青年》杂志的编者的几封信里面，我想他甚至说过他对社会主义和马克思主义并没有设想得太多。"[③]

同时，也应该指出，在革命与改良问题上，陈独秀一直是激进的革命派，因此又是与主张"根本解决"的李大钊心心相通的。早在胡适在中国和美国的学校中形成改良主义思想时，陈独秀就已经抛弃康梁改良派，在与旧民主主义革命志士共同奋斗的腥风血雨中培育起从根本上推翻旧制度的暴力革命观。1919 年 4 月 27 日，五四运动前夕，他在评论南北政府代表和平谈判状况时，就指出："若想真和平，非多数国民出来，用那最不和平的手段，将那顾全饭碗阻碍和平的武人议员政客扫荡一空不可。"[④] 在五四运动中，他又发出国民"直接行动，以图根本之改造"[⑤] 的号召。这里就埋下他必然与胡适分裂的根源。

正因为这场论战不是主义与问题的争论，而是要不要马克思主义，要不要革命的争论，所以，一旦陈独秀接受马克思主义，走上阶级斗争的革命道路之时，也就成为他告别胡适之日。十几年后，胡适为此而感叹道："独秀在北大，颇受我与孟和（陶孟和——引者）的影响，故不致十分左倾。独秀离开北大之后，渐渐脱离自由主义者的立场，就更左倾了。"[⑥]

---

① 余英时：《序》，《胡适之先生年谱长编初稿》第 1 册，台北：联经出版公司，1984。
② 《再论问题与主义》，《每周评论》第 35 号，1919 年 8 月 17 日。
③ 唐德刚译注《胡适口述自传》，华东师范大学出版社，1993，第 195 页。
④ 《南北代表有什么用处？》，《每周评论》第 19 号，1919 年 4 月 27 日。
⑤ 《北京市民宣言》，1919 年 6 月 9 日，陈独秀起草的原件影印件，中国革命博物馆藏。
⑥ 《胡适来往书信选》（中），第 282 页。

胡适的这个说法，显然有点自大。因为在北大时陈从事新文化运动，"不谈政治"，当然要团结胡、陶等新生力量，一致对外——封建顽固派，并非是陈受了胡、陶的影响。至于在编辑过程中，某具体问题的争论及破裂时《新青年》怎么办，陈独秀有时的确考虑过胡的意见，那是另一回事。

同样道理，正因为这场论战是要不要马克思主义而不是要不要脚踏实地地解决实际问题的争论，所以，在陈独秀接受马克思主义，批判空想社会主义和无政府主义时，还会说出一些似与胡适相同的话。如1920年10月他在《敬告广州青年》上说："我希望切切实实研究社会实际问题的解决方法，勿藏在空空的什么主义什么理想里面营造遁逃薮安乐窝。"① 谈到工人运动时，他又说："与其高谈无政府主义、社会主义，不如去做劳动者教育和解放底实际运动"，以"求那比较更实际的效果"；"此时中国劳动运动的意思，一不是跟着外国的新思潮凑热闹，二不是高谈什么社会主义，不过希望有一种运动好唤起我们对于人类底同情心和对于同胞底感情，大家好来帮助贫苦的劳动者，使他们不致于受我们所不能受的苦恼"。②

随后，陈独秀写了一篇《主义与努力》的短文，对这场"主义与问题"的争论做了一个最好的总结，其主要观点如下：

我们行船时，一须定方向，二须努力。不努力自然达不到方向所在，不定方向将要走到何处去？

我看见有许多青年只是把主义挂在口上，不去做实际的努力，因此我曾说："我们改造社会是要在实际上把他的弊病一点一滴一桩一件一层一层渐渐的消灭去，不是用一个根本改造底方法，能够叫他立时消灭的。"又曾说："无论在何制度之下，人类底幸福，社会底文明，都是一点一滴地努力创造出来的，不是像魔术师画符一般，制度改了，文明和幸福就会从天上落下来。"这些话本是专为空谈主义不去努力实行的人而发的。

但现在有班妄人误会了我的意思，主张办实事，不要谈什么主义什么制度。主义制度好比行船底方向，行船不定方向，若一味盲目的努

① 《广东群报》1920年10月2日。
② 《此时中国劳动运动底意思》，《劳动界》第4册，1920年9月5日。

力，向前碰在礁石上，向后退回原路去都是不可知的。

我敢说，改造社会和行船一样，定方向与努力二者缺一不可。①

这篇短文，概括了当时先进思想界的两大弊病，既反对了"空谈主义不去努力"的倾向，又反对了"不谈主义盲目努力"的倾向。同时明确表示拥护李大钊的观点（他的行船方向论是李大钊《再论问题与主义》中的观点），批判了胡适的思想。

陈独秀与胡适必然分手的另一个深刻的原因是新文化运动要不要谈政治，即要不要与政治相结合上的分歧。如前述，在这个问题上，二人原来是默契的，都认为中国衰弱的主要根源是国民愚昧落后，而这是旧文化毒害的结果，因此救亡应该从改造旧文化的新文化运动着手。所以，陈独秀在胡适加入《新青年》编辑部时，同意"不谈政治"的约定。但是，陈独秀与胡适二人的性格如同火与冰，完全不同。陈疾恶如仇、激情澎湃，是情系国家安危和民众疾苦的爱国者和革命者。胡则理智冷静到几乎到"冷血"的程度，面对国家危亡的危机，他认为知识分子除了读书和研究学问以及文学改革之外，什么救国运动、革命斗争，都不应该进行。1915 年他在美国留学时，日本继侵占我国山东后又提出灭亡中国的"二十一条"，留学生皆极愤慨，纷纷集会抗议，甚至有准备回国参加对日作战者。3 月 1 日绮色佳城的留学生集会，商议反对日本的进行办法。胡适不仅不与会，还写一便条称："吾辈远去祖国，爱莫能助，纷扰无益于实际，徒乱求学之心。电函交驰，何裨国难？不如以镇静处之。"此条在会上一读，大家都嗤之以鼻。连他的好友任鸿隽也怪他的"不争主义"。②

可是胡适并不以此为错，第三天（3 月 3 日），他还就此事给张亦农（即张奚若）写信，对留学生的爱国行动反唇相讥说："今日大患在于学子不肯深思远虑，平日一无预备，及外患之来，始惊扰无措，或发急电，或作长函，或痛哭而陈词，或慷慨而自杀，徒乱心绪，何补实际？至于责人无已，尤非忠恕之道。吾辈远去祖国，爱莫能助，当以镇静处之，庶不失大国国民风度耳。"③

---

① 《新青年》第 8 卷第 4 号，1920 年 12 月 1 日。
② 《胡适留学日久》（三），第 570 页。
③ 《胡适留学日记》（三），第 577 页。

巴黎和会山东问题发生后，陈独秀坚决要谈政治，于是创办了《每周评论》。在某种意义上，这份周报是陈与胡第一次分裂（新文化运动要不要谈政治）的产物。由于巴黎和会和五四运动，胡适被运动热潮所裹挟，没有像 1915 年那样对抗，但他的主要精力还是放在宣传杜威实验主义哲学上，并因此而与李大钊发生了主义与问题的论战。现在，陈独秀既然站到了李的一边，接受马克思主义，二人的分裂——新文化运动的分裂终于不可避免了。

1919 年 10 月 5 日，陈独秀了解李、胡之争后，在寓所召开《新青年》编辑部会议，试图弥合裂痕。会前，胡适对沈尹默等人说："《新青年》由我一个人来编。"反对大家轮流编辑，意在独霸编辑权。鲁迅则说："也不要你一人编，《新青年》是仲甫带来的，现在仍旧还给仲甫，让仲甫一人去编吧！"① 于是，会议决定，《新青年》自 7 卷 1 号起，仍由陈独秀一人主编。1920 年 2 月，陈独秀去上海时，就将其带到上海。

鲁迅所以提出这个主意，显然不是随意一想，而是出于他对陈、胡二人的认识——陈独秀待人的真诚品格给了他太深的影响。后来他说："假如将韬略比做一间仓库罢，独秀先生的是外面竖一面大旗，大书道：'内皆武器，来者小心！'那门是开着的，里面几把枪，几把刀，一目了然，用不着提防。适之先生却是紧紧的关着门，门上粘一条小纸：'内无武器，请勿疑虑。'"②

由此看来，鲁迅对《新青年》给胡适办是不放心的，而对陈独秀却一百个放心。应该说，鲁迅对二人的认识真是入木三分。

但是，由于陈独秀到上海后全面转向马克思主义，并开始筹建中国共产党，《新青年》也随着完全"赤化"。5 月出版的第 7 卷第 6 号是"劳动节专号"，第 8 卷第 1 号起又变成共产党的机关报。陈独秀估计到北京同人必有异议，就在吸收陈望道参加编辑部后的 4 月 26 日即"劳动节专号"出版前，致函李大钊、胡适等 12 人，征求《新青年》今后怎么办。他提出：是否继续出版？编辑人问题：（一）由在京诸人轮流担任；（二）由京一人担任；（三）由弟在沪担任。③ 此举显然没有抓住问题的症结——思想分歧。

---

① 《周作人日记》，1919 年 10 月 5 日，《新文学史料》第 3 期，1983 年，《周作人回忆录》，第 338 页；《沈尹默访问记》，1980 年 5 月 5 日，朱广沪记录，未刊稿。

② 鲁迅：《忆刘半农君》，《鲁迅全集》第 6 卷，第 75 页。

③ 《胡适来往书信选》（上），第 90 页。

因此北京的成员都没有表态。实际上，胡适等人对撰稿开始怠工。

但是，如上述，第 6 号编辑好后，由于出版商群益书社在定价与登广告问题上，与陈独秀多次发生冲突，5 月 7 日，陈独秀又给胡适和李大钊发去一信，催促北京对办《新青年》的意见，"不知大家意见如何"，并告之与群益老板的冲突，甚至说："一日之间我和群益两次冲突。这种商人既想发横财又怕风波，实在难与共事。"为此，他又提出两个新的办法："《新青年》或停刊，或独立，改归京办，或在沪由我设法接办（我打算招股办一书局），兄等意见如何，请速速赐知。"信的最后还强调说："我因以上各种原因，非自己发起一个书局不可，章程我已拟好付印，印好即寄上，请兄等切力助其成，免得我们读书人日后受资本家的压制。"①

此信发出后，又发生一件事：因五四运动一周年来临，京沪等地一些学生，以抗议"山东问题"而举行罢课集会等活动。胡适、蒋梦麟于 5 月 4 日在报上发表《我们对于学生的希望》，规劝学生安心读书。结果有人在上海的《正报》上发了一篇骂胡适的文章。陈独秀趁机在上信发出四天后的 5 月 11 日，又在胡适等北京诸人没有回信的情况下，把此报寄给胡适，并附信说："群益对于《新青年》的态度，我们自己不能办，他便冷淡倨傲令人难堪；我们认真自己妥办，他又不肯放手，应如何处置，请速速告我以方针。"信中还第一次附和胡适对学生运动的主张，认为当时形势不该轻易发动学生运动，所以表示对《正报》的骂胡文章"看了只有发笑；上海学生会，受这种人的唆使，干毫无意识的事，牺牲了数百万学生的宝贵时间，实在可憎之至，倘数处教会学校果然因此停办，便更是可憎了"；并热情建议胡适"邀同教职员请蔡（元培）先生主持北大单独开课，不上课的学生大可请他走路，因为这种无意识的学生，留校也没有好结果。政府的强权我们固然应当反抗，社会群众的无意识举动我们也应当反抗"。②

请看，半个月内，陈独秀单方面连给胡适三封信，说明陈独秀既是一个硬汉子，也是很重感情的人，如初交时那样的确对胡适的才华特别欣赏，而且与

① 《陈独秀致适之、守常信》，1920 年 5 月 7 日，国家文物局藏。此信及本书注为"国家文物局收藏"的 11 封陈独秀致胡适等人的信和钱玄同、Turexy 致胡适的两封信，直到 2009 年 5 月才由国家文物局从在美国的胡适的儿媳妇手中征集到，并请笔者鉴定。因为笔者手中有 236 件封陈独秀亲笔信及诗、文、字联等原件影印件、复印件和照片，其中仅亲笔信就有 196 封。对照笔迹、内容、签名等各种特点，可以断定，这 11 封信确为真品，而且在大陆从未公开过，具有极高的学术价值和文物价值。
② 《陈独秀致适之信》，1920 年 5 月 11 日，国家文物局藏。

他在新文化运动中与保守势力激烈斗争与创新亢奋中结成的情谊，难以忘怀。

胡适终于被深深打动，立即回了"快信"，并在 6 月 14 日追加一信，担心经费问题，劝其不要独立招股办《新青年》。陈独秀在 19 日回信胡适，表示了坚决招股独立办刊的四条理由：

"（1）'新青年社'简直是一个报社的名子，不便招股。（2）《新青年》越短期，越没有办法。单是八卷一号也非有发行所不可，垫付印刷纸张费，也怕有八百元不可，试问此数从那里来？（3）若作者只能出稿子，不招股集资本，印刷费从何处来？著作者协济办法，只好将稿费算入股东；此事我誓必一意执行，成败听之。（4）若招不着股本，最大的失败，不过我花费了印章程的九角小洋。其初若不招点股开创起来，全靠我们穷书生协力，恐怕是望梅止渴。"

信的末尾，具体解释了他与群益的冲突原因加强了他执意独立办刊的决心："我对于群益不满意不是一天了。最近是因为六号报定价，他主张非六角不可，经我争持，才定了五角；同时因为怕风潮又要撤销广告，我自然大发穷气。冲突后他便表示不能接办的态度，我如何能才（再）将就他，那么万万做不到的。群益欺负我们的事，十张纸也写不完。"①

但是，独立自办《新青年》，谈何容易！不仅有经费缺乏问题，还有稿荒问题。胡适等北京诸人由于陈"一意孤行"，也只好静观待变，不供稿，待尘埃落定再说。陈独秀又焦急起来，原来打算与一家叫"兴文社"的出版商合作，因群益的反对也只好取消。5 月 25 日陈又致函胡适商量解决办法："群益不许我们将《新青年》给别人出版，势非独立不可。我打算兴文社即成立，也和《新青年》社分立，惟发行所合租一处（初一二号只好不租发行所，就在弟寓发行），较为节省。如此八卷一号的稿子，请吾兄通知同人**从速**寄下，以便付印。此时打算少印一点（若印五千，只需四百余元，不知北京方面能筹得否；倘不足此数，能有一半，我在此再设法），好在有纸版随时可以重印。吾兄及孟和兄虽都有一篇文章在此，但都是演说稿，能再做一篇否？因为初独立自办，材料只当加好万不可减坏。"信中提到的约稿，除了胡适的一篇演说稿和陶孟和夫人的一篇译稿已经收到外，还提到张申甫的译稿、守常的文章和周作人、鲁迅兄弟的小说，要胡适"分别催来"。②

---

① 《陈独秀致适之信》，1920 年 5 月 19 日，国家文物局藏。
② 《陈独秀致适之信》，1920 年 5 月 25 日，国家文物局藏。黑体字"从速"，原稿为加圈。

就这样，以 6 期为一卷的《新青年》，自 5 月 1 日出满七卷后，由于改为自办和胡适等北京同人不供稿，作为月刊的它，停了三期。而恰恰在这三个月中，陈独秀完成了由文化救亡到政治救亡的转变，由民主主义者到马克思列宁主义者的转变，并由酝酿建立共产党到正式成立中共上海发起组。因此办刊的经费和稿源的问题也总算解决了。因为，自第 8 卷第 1 号开始，《新青年》成了发起组的理论机关报，经费自然由带着经费来的共产国际代表维经斯基支付了，而撰稿和编辑的基本力量也逐渐被发起组的成员所取代。对胡适等北京同人的继续怠工，满怀希望和热情的陈独秀也渐渐失望了。这可以从 7 月 2 日陈独秀给高一涵的信中看出。

信中说："《新青年》八卷一号，到下月一号非出版不可，请告适之、洛声二兄，速将存款及文稿寄来。兴文社已收到的股款只有一千元，投股的事，请你特别出点力才好。适之兄曾极力反对招外股，至今《新青年》编辑同人无一文寄来，可见我招股的办法，未曾想错。文稿除孟和夫人一篇外，都不曾寄来，长久如此，《新青年》便要无形取消了，奈何！"①

有意思的是，这封信用的信纸，上有"各尽所能，各取所需"印刷体口号，下有"劳工神圣社制"的标记。这与文中提到的"兴文社"一样，似乎是一种人为的动作，在于掩饰俄国人维经斯基出资办杂志的真相。因为，若让胡适等人知道《新青年》现在在拿卢布"自办"，那陈独秀还有何脸面做人。

直到此时，陈独秀还想最后争取胡适等人。8 月 2 日，第 8 卷第 1 号的稿子凑齐时，他又致函胡适，望其为第 2 号供稿，并点题说："我近来觉得中国人的思想是万国虚无主义——原有的老子说、印度空观、欧洲形而上学及无政府主义——底总汇，世界无比。《新青年》以后应该对此病根下总攻击。这攻击老子学说及形而上学的司令非请吾兄担任不可。"②

当时在思想上，无政府主义也是马克思主义的主要对手。鉴于胡适反对空谈的"主义"中，包括无政府主义和马克思主义，陈独秀想引导胡只反无政府主义而保护马克思主义，使胡成为反无政府主义的同盟军，可谓用心良苦，却是对牛弹琴。胡适不予理睬，继续怠工。陶孟和则写信给陈独秀和

① 《陈独秀致一涵信》，1920 年 7 月 2 日，国家文物局藏。
② 《胡适来往书信选》（上），第 107 页。

胡适，提议办一日报，以《新青年》的"重要分子"为主体，多请外间专门家撰稿，主张以"稳健"为得。初拟办法为："（一）专门问题请专门家担任。（二）终年不停刊。（三）社论等皆署名。（四）无'法律编辑'，由同人中之一人立案负责。（五）扩张通信一栏，取为舆论之参考。（六）同人除必不得已外，暂不支薪。"①

此议显然有取代《新青年》之意，无论就私（陈独秀个人）还是就公（上海发起组），陈独秀都不可能答应，故而未见他对此有何答复。而由于北京同人的继续怠工，陈独秀不得不正式吸收上海发起组成员加入编辑部。12月1日，《新青年》第8卷第4号出版后，他写信给北京同人，报告现在编辑部新加入沈雁冰、李达、李汉俊，主要编辑工作仍由陈望道负责，并告他本人不久将南下广州。

但这时陈独秀还想维持与北京同人的联系，甚至不惜迁就他们的意见。12月16日他赴广州工作前再次致函胡适、高一涵，说："《新青年》色彩过于鲜明，弟近亦不以为然。陈望道君亦主张稍改变内容，以后仍以趋重哲学文学为是。但如此办法，非北京同人多作文章不可。近几册内容稍稍与前不同，京中同人来文太少也是一个原因。"信末提到："南方颇传适之兄与孟和兄与研究系接近，且有恶评……我盼望诸君宜注意此事。"②

这一下如捅了马蜂窝，在北京同人中引起强烈反响。胡适接到1日的信后就给大家传阅，并提示《新青年》已不准邮寄；接到16日信后，他更是火冒三丈，回信答辩与研究系首领梁启超等近年思想见解一直相左，责怪陈独秀竟然相信谣传。

但是，陈独秀还不知北京方面这些反应，仍在1920年12月21日从广州致函高一涵与胡适，报告17日从上海动身，昨天到广州，"此间倘能办事，需人才极多，请二兄早为留意，一涵兄能南来否？弟颇希望孟和兄能来此办师范，孟和兄能来此办工科大学，请适之兄向顾、陶二君一商……我十分盼望杜威先生能派一人来实验他的新教育法，此事也请适之兄商之杜威先生"。③

---

① 《陶孟和致陈独秀、胡适的信》，1920年8月17日，手稿原件，中国社会科学院近代史研究所藏胡适档案。
② 《关于新青年问题的几封信》，《中国现代出版史料》甲编，中华书局，1954。
③ 《陈独秀致一涵、适之信》，1920年12月21日，国家文物局藏。

　　显然，这时的陈独秀认为《新青年》的事，对胡适等北京同人已经没有什么可说了，而由于应广东省长陈炯明聘请到广州来办教育，就专力思考广东的教育建设了。殊不知，北京同人对此根本不感兴趣，反而对办《新青年》事，如上述的陈独秀那样，十分热心起来了。所以，陈独秀的这封信，有点"对牛弹琴"。

　　与此同时，北京同人开会讨论《新青年》办法，陶孟和以英文名"Turexy"给胡适一纸条，赞成第三种办法——"停办"《新青年》，并劝胡不要对陈独秀说的他俩与研究系接近的话而生气："仲甫本是一个卤莽的人，他所说那什么研究系底话，我以为可以不必介意。我很希望你们两人别为了这误会而伤了几年来朋友底感情。你以为然否？"但在此纸条纸边又轻蔑地补充说道："广东、上海，本来是一班浮浪浅薄的滑头底世界。国民党和研究系是'一丘之貉'。我想，仲父（应为'甫'，原文如此——引者）本是老同盟会出身，自然容易和国民党人接近，一和他们接近，则冤枉别人为研究系的论调，就不知不觉地出来了。"①

　　1921 年 1 月 3 日，胡适把各人意见归纳起来复函陈独秀，解决《新青年》"色彩过于鲜明"的办法有三：（一）听任《新青年》流为一种特别色彩之杂志，而另创一个哲学文学杂志；（二）移北京，并发表声明"不谈政治"；（三）停办（此为陶孟和提出）。此信发出后，鲁迅并代表周作人声明，三个办法都可以，"而第二办法更顺当"，宣言"不谈政治，我却以为不必"。胡适再次致函陈，强调移北京有两种办法：不发表宣言或发表宣言不谈政治。②

　　很显然，这是对陈独秀的最后通牒。前两种都意味着分裂，第三种是瓦解，而陈独秀还想维持。所以，他接信后很生气，1 月 9 日，立即回复，并异乎寻常地写了致适之、一涵、慰慈（张祖训）、守常、孟和、豫才（鲁迅）、启明（周作人）、抚五（王星拱）、玄同九人信，对"不谈政治"极为不满，认为"另办一杂志"的主张是"反对他本人"，声明胡若另起炉灶，"此事与《新青年》无关"，逐条答复了三种办法：

①　《Turexy 致适之的纸条》，国家文物局藏。无日期，应是 1920 年 12 月下旬所写。英文名为陶孟和，根据陈独秀 16 日的信和胡适下一封 1921 年 1 月 3 日的信所提第三种办法"此为陶孟和提出"。笔者断其为纸条，不是信札，因为一不是书信格式，而且没有日期，用纸也是小纸片。

②　《关于新青年问题的几封信》，《中国现代出版史料》甲编。

第三条办法　孟和先生言之甚易，此次《新青年》续出弟为之甚难；且官厅禁寄，吾辈仍有他法寄出与之奋斗，销数并不减少。自己停刊，不知孟和先生主张出此办法的理由何在？阅适之先生的信，北京同人主张停刊的并没有多少人，此层可不成问题。

第二条办法　弟虽离沪，却不是死了，弟在世一日，绝对不赞成第二条办法，因为我们不是无政府党人，便没有理由可以宣言不谈政治。

第一条办法　诸君尽可为之，此事于《新青年》无关，更不必商之于弟。若以为别办一杂志更无力再为《新青年》做文章，此层亦请诸君自决。弟甚希望诸君中仍有几位能继续为《新青年》做点文章，因为反对弟本人，便牵连到《新青年》杂志，似乎不大好。①

但陈独秀还是想维持北京同人，所以在信后又附言："前拟用同人名义发起新青年社，此时官厅对新青年社颇忌恶，诸君都在北京似不便出名，此层如何办法，乞示知。"

胡见信后颇感委屈，认为"独秀答书颇多误解"，"我并不反对他个人，亦不反对《新青年》"。因陈生气，他出于多年来对陈的真诚情谊和尊敬，以及他的宽宏胸怀，表示很愿意取消"宣言不谈政治之说"，取消"另办一杂志"的主张，单提出"移北京编辑"一法，并以趋重哲学文学为是。他并抱怨《新青年》"此时在素不相识的人手里"，"差不多成了《Soviet Russia》（即苏维埃俄罗斯——引者）的汉译本"。

这里，胡适再次表明他之所以仍坚持《新青年》的文化运动方向，坚持哲学文学的内容，主要矛头还是指向马克思主义和苏维埃，反对《新青年》落到陈望道等上海共产党人手中而成为共产党的机关报。于是，北京同人又开会表决。1月26日，胡适整理表决结果：

赞成移北京编辑者：慰慈、一涵、守常；

赞成北京编辑，但不必强求，可任它分裂成两个杂志，也不必争《新青年》这个名目：豫才、启明、玄同；

赞成移北京，如实不能则停办，万不可分为两个杂志，致破坏《新青年》之团结：抚五、孟和。②

---

① 《陈独秀致〈新青年〉北京同人适之等九人信》，1921年1月9日，国家文物局藏。

② 《关于新青年问题的几封信》，《中国现代出版史料》甲编。

当时钱玄同比较厚道，力挽新文化阵营分裂，他致函胡适，恳切地说：《新青年》的"停办之说，我无论如何，是绝对不赞成的，而且是我们不应该说的。因为《新青年》的结合是彼此思想投契的结合，不是办公司的结合。所以，思想不投契了，尽可以宣告退席，不可要求别人家不办。换言之，即《新青年》若全体变为苏维埃俄罗斯的汉译本，甚至于说这是陈独秀、陈望道、李汉俊、袁振英等几个人的私产，我们也大可说陈独秀等办了一个'劳农化'的杂志，叫做《新青年》，我们和他全不相干而已，断不可能要求他们停办。"①

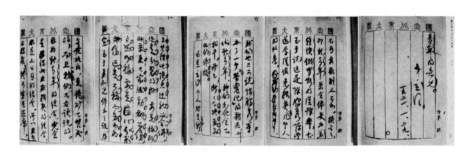

钱玄同致胡适信

实际上，当时北京诸人也不可能让上海的《新青年》停办。至此，新文化阵营终于四分五裂。

胡适对布尔什维克主义绝不妥协的态度显然也刺痛了陈望道等上海编辑人员。1 月 15 日，陈望道给胡适一封明信片，很生气地表示："新青年内容，我不愿意多说话，因为八卷四号以前我纯粹是一个读者，五号以后，我也只依照多数意思进行。"② 胡适还给他一封明信片，表示他争持的不是何地何人编辑，而是办报方针。他直率地说："我不是反对你编辑《新青年》，而是反对你把《新青年》作宣传共产主义之用。"陈望道在给周氏兄弟（鲁迅和周作人）的信中也旗帜鲜明地表示："我也不想要在《新青年》上占一段时间的历史，并且我是一个不信实验主义的人，对于招牌，无意留恋。不过适之先生的态度，我却敢断定说，不能信任。"信还指出胡适不做文章，

① 《钱玄同致胡适的信手稿原件》，1921 年 1 月 29 日，中国社会科学院近代史研究所藏胡适档案。
② 《陈望道致胡适的明信片原件》，1921 年 1 月 16 日，中国社会科学院近代史研究所藏胡适档案。

又企图支配《新青年》，表示与胡适等人"早已分裂，不能弥缝"。"上海广大同人及一般读者"对周氏兄弟支持《新青年》——"病中也替《新青年》做文章"——表示感谢。"办《新青年》不能靠胡适，要靠你（鲁迅——引者）。"①

可见双方分歧之深刻，分裂已成不可挽回之势。陈独秀只得接受这个现实。1921年2月15日，他致函胡适："现在《新青年》已被封禁，非移粤不能出版，移京已不成问题了。你们另外办一个报，我十分赞成……但我却没有工夫帮助文章。而且在北京出版，我也不宜作文章。"同时，他又致函周氏兄弟："《新青年》风波想必先生已知道了，此时除移粤出版，无他法。北京同人料无人肯做文章，唯求助于你们两位。"②

至此，《新青年》作为中共中央机关报的地位才完全确立起来。《新青年》由一个文化刊物变成一个政治刊物，意味着从1915年开始的中国近代启蒙运动——新文化运动正式结束。此后的文化改革、文艺改革、文学革命、文字改革、教育改革等，虽然从未中断过，但作为一种声势浩大、影响深远的运动，特别是对于长期生活在封建主义社会中的中国人民至关重要的民主主义启蒙运动，的确是结束了。在这个过程中，胡适曾企图挽回，提出过重整新文化运动的纲领："研究问题，输入学理，整理国故，再造文明。"③ 但是，一是胡适这时还远没有陈独秀那样的人望；二是更重要的，由于巴黎和会和苏俄对华宣言这一反一正事件撞击性惯性的推动，西方民主主义潮流衰落长达30～40年之久，而马克思主义潮流磅礴而来，任何个人，即使是陈独秀也难以阻挡。陈独秀作为一个弄潮儿式的思想家，不知不觉地被历史潮流所裹挟，并且被推到浪尖上。这是他一生悲喜剧、曲折人生的总根源。

陈独秀是重感情而留恋昨天，同时又追求理想而向往明天。这种难以两全的困境，使他以后与胡适等人的友谊，镀上了传奇的色彩。

《新青年》风波平息后，陈独秀与胡适的思想矛盾没有解决。这个矛盾实质上是马克思主义与民主主义的矛盾，是中国走俄国十月革命之路，还是走英美资本主义之路的分歧。因此也不可能解决。但是，由于二人在新文化

①　邓明以：《五四时期的陈望道》，《百科知识》第1期。
②　《关于新青年问题的几封信》，《中国现代出版史料》（甲编）。
③　胡适：《新思潮的意义》，《新青年》第7卷第1号，1919年12月1日。

运动中结下了深厚的友情，于是，二人以后的关系发展，呈现出一条奇特的轨迹：政治思想上不断争吵，个人生活和某些工作上互相关心和帮助。

在双方分裂，北京同人实际上已经退出《新青年》编辑部一年以后，陈独秀还是把他们视为编辑部成员，每期出版，照样寄送。1921 年 9 月 5 日，陈独秀给胡适一短信说："《新青年》已寄编辑部诸生百本到守常兄示转交（他那里使用人多些，便于分送）。除我开示赠送的七十本外，尚余卅本，兄与守常兄商量示置"。信中还推荐胡适或任叔永任安徽省教育厅长，认为"皖教厅事，非你和叔永不会以全体赞成"。①

由于政治思想上的分歧，胡适对陈独秀等宣传马克思主义、组织共产党总是耿耿于怀。经过约一年多的酝酿，他终于在 1922 年 5 月创办起"另一刊物"——《努力》周刊。但他也不遵守"不谈政治"的诺言了，邀集蔡元培、汤尔和、梁漱溟、李大钊、陶孟和、高一涵等共 16 人签名发表《我们的政治主张》，要求建立一个"好政府"，一个"宪政的政府"，一个"公开的政府"，实行计划政治的政府。同时对南北统一、裁兵、裁官、改革选举制度等问题提出具体意见。这是胡适要求改良政治的第一个具体纲领。②

这个纲领发表在 5 月 14 日出版的《努力》上，而胡适 30 日又入宫去见了溥仪，事后撰《宣统与胡适》一文登在《努力》第 12 号上。他在给庄士敦的信中说："我不得不承认，我很为这次召见所感动。我当时竟能在我国最末一代皇帝——历代伟大的君主的最后一位代表的面前占一席地位。"③当时许多进步人士都很鄙夷胡适的这个行为。

当有人劝他全力教书、著书，不要办报时，他还表示不能放弃"言论的冲动"，"宁可因讨论话题而被封禁，被监禁，被枪毙，不要拿马克思、克鲁泡特金来替张作霖、曹锟、薛大可、叶恭绰的报纸充篇幅"；又说自从

---

① 《陈独秀致一涵、适之信》，1921 年 9 月 5 日，手稿原件，国家文物局藏。
② 李大钊应胡适之请在这个宣言上签名，原因是复杂的。学术界的分析有以下说法：一、出于胡是一个自由主义者，在当时反封建主义斗争中是一个应该争取的对象；二、这个"好人政府"的改良主义纲领在当时是进步的；三、当时李大钊对赞成"好人政府"主张的直系将领吴佩孚存有幻想；四、当时李正奉共产国际之命，争取吴佩孚亲苏护共，而且李领导的北方工人运动，也需要争取吴佩孚的保护。五、胡适夜里写好这份政治主张的初稿，首先想到打电话与李大钊商量，说明他对李的信赖。李为人宽容厚道，希望保持与蔡元培、胡适等人的友谊，不致因拒绝签名而损害。陈独秀随后起草了《中国共产党对于时局的主张》，批评了这个主张。李大钊积极拥护，大力宣传，并提供给胡适等人，用实际行动改正了自己的错误。
③ 溥仪：《我的前半生》，群众出版社，1964，第 116 页。

发表《多研究些问题，少谈些主义》以后，"我等了两年零八个月，中国的舆论界仍然使我在失望。一班'新'分子天天高谈基尔特社会主义与马克思社会主义；高谈'阶级斗争'与'赢余价值'……他们索性把社论、时评都取消了，拿那马克思、克鲁泡特金、爱罗先珂的主张来做挡箭牌、掩眼法！""我现在出来谈政治，虽是国内的腐败政治激出来的，其实大部分是这几年的'高谈主义而不研究问题'的'新舆论界'把我激出来的。我现在的谈政治，只是实行我那'多研究问题，少谈主义'的主张。……我谈政治，只是实行我的实验主义。"①

可见，胡适办《努力》主要是针对马克思主义和共产党的。因此，他在中共"二大"制定反帝反封建的革命纲领后，发表了《国际的中国》一文，第一次直接攻击中共政治纲领，完全否认帝国主义侵略中国的事实，宣称现在"只须向民主主义的一个简单目标上做去，不必在这个时候牵涉到什么国际帝国主义的问题"。②

接着，1923 年 1 月，陈、胡又因蔡元培辞职事件发生争执。当时蔡因反对反动政客彭允彝出任教育总长，"不忍为同流合污之苟安"，请辞北大校长。北大师生掀起一个驱彭挽蔡运动。这个运动本来是反对北洋政府的正义行为，应该同情和支持，但陈独秀却评论说："正告蔡校长及一般国民：革命的事业必须建设在广大民众积极运动的力量上面，依赖少数人消极的拆台政策来打倒恶浊政治，未免太滑稽了，太幼稚了，而且太空想了。"陈独秀此论确是过左，是唯我独左的"革命万能论"的表现，所以引起胡适过度的反应，著文反驳时，竟对陈进行人身攻击："自从袁世凯以来，政府专用金钱来收买政客，十年的功夫，遂使猪仔遍于国中，而'志士'一个名词竟久已不见经传了！新文化，学生运动，安其那，社会主义，共产主义……无不可作猪仔之敲门砖！今天谈安其那，明天不妨捧为政客；今天谈共产主义，明天不妨作教育次长（指陈独秀于 1921 年上半年曾任广东教育委员会委员长——引者）！在这个猪仔世界里，民众不用谈起，组织也不可靠，还应该先提倡蔡先生这种抗议的精神，提倡'不降志，不辱身'的精神，提倡那为要做人而有所不为的精神。"③

①　胡适：《我的歧路》，《努力》第 7 号，1922 年 6 月 18 日。

②　《努力》第 22 号，1922 年 10 月 1 日。

③　胡适：《蔡元培是消极吗》，《努力》第 40 号，1923 年 2 月 4 日。

　　8 月以后，二人又在"科学与人生观"论战中短兵相接。当时发生了以张君劢等人为一方与丁文江等人为另一方的这场论战。前者宣扬盲目的"自由意志"和孔孟的内心修养，认为科学不能解决人生观的问题；后者则鼓吹科学万能，科学能解决人生观问题，但他们又认为人的感觉也是物质，即物质并非客观存在，而是"觉官感触的集合"。因此"科学派"实际上也是一种唯心论。胡适在为这场论战的论文集写序时，支持后者，并明确批判陈独秀的唯物史观，说"唯物（经济）史观至多只能解释大部分的问题"，相信知识言论教育也可以"变动社会，解释历史，支配人生观"。

　　陈独秀也为该论文集写序，答复胡适，指出："唯物史观并不是不重视思想文化宗教道德教育等心的现象之存在，惟只承认他们都是经济的基础上面之建筑物，而非基础之本身"，是"一元论"，而非"多元论"。然后指出："适之果坚持物的原因外，当有心的原因……像这样明白主张心物二元论，张君劢必然大摇大摆的来向适之拱手道谢！"胡适则说："仲甫的答书，近于强辩，末段竟是诬人，使我失望。"[1]

　　由此看到，二人矛盾，由信仰、政治领域深入到了世界观。不仅如此，争论之激烈时，有时还大失学者风度，发展到人身攻击。

　　1924 年 9 月，在纪念辛丑条约 23 周年时，陈独秀曾撰文，改变过去彻底否定义和团的观点，肯定其反帝的意义，"是中国民族革命史上之悲壮的序幕"。[2] 胡适立即攻击说："六年前作《克林德碑》那篇痛骂拳匪的大文的作者，现在也大出力颂扬拳匪了！""这真是翻手为云，覆手为雨，我们只好叫他讼棍的行为！"[3]——其实胡适攻击和讥讽的恰恰是陈独秀知错必改、追求进步的精神。因为不管怎么说，义和团运动的反帝性质是抹杀不了的。而胡适的矛头所向，却是借题发挥攻击共产党。

　　1925 年，胡适参加段祺瑞皖系政府的"善后会议"，被社会上讥笑为军阀分赃的帮凶。北大一院的厕所墙上甚至有学生的咒骂，说其"卖身于段贼"，"拥戴段祺瑞为父"。陈独秀听到此事后，2 月 5 日致函适之表示支持，但嘱要"卓然自立"，一改前次反对蔡元培"不合作主义"的态度："现在有出席善后会议资格的人，消极鸣高，自然比同流合污者稍胜，然终以加入

　　① 陈、胡二人的序皆载《科学与人生观》，亚东图书馆，1927。
　　② 陈独秀：《我们对于义和团两个错误的观念》，《向导》第 81 期，1924 年 9 月 3 日。
　　③ 胡适：《努力的问题》，《晨报》副刊 1924 年 9 月 12 日。

奋斗为上乘（弟曾反对子民先生不合作主义以此）。因此，兄毅然出席善后会议，可尝试一下，社会上颇有人反对，弟却以兄出席为然。但这里有一个重要问题，就是兄在此会议席上，必须卓然自立，不至失去中国近代大著作家胡适的身份才好。"① 但他对胡与章士钊合办报纸、效力政府的传说，却竭力表示反对，言辞激昂。

胡适接信后，10 日回信，责怪陈听信关于他与章士钊合办报纸之谣言。陈在 23 日接读后，立即回复，表示"十分喜慰。前函措词冒昧，特此谢罪。惟此次来函说'一时的不愉快'，此语虽然不能完全做逆耳解，或不免有点逆耳的嫌疑罢，一笑"；"既无此事，我们真喜不可言"。并说《申报》、《新闻报》、《北京新闻》"讥你为段祺瑞的留声机"，列在"准安福系"，"我们固然不能相信这是事实，然而适之兄！你的老朋友见了此等新闻，怎不难受！"信中又说："我并不反对你参加善后会议，也不疑心你有什么私利私图，所以这些话都不必道及"；唯有些话需要再说一下："你在会议中总要有几次为国为人民说话，无论可行与否，终要尝试一下，才能够表示你参加会议的确和别人不同，只准备'看出会议式的解决何以失败的内幕'，还太不够……"②

可见，陈独秀对胡适，在政治上还是关心的。但是胡适却认为自己已经成熟，在政治原则问题上，不需要陈瞎操心，而且认为二人根本上走的是两条路，非但毋庸关照，而且要斗争到底。

于是，两人除了利用自己掌握的舆论阵地进行论战之外，有时相聚还当面争吵。例如对于中国近代衰弱之原因，胡适始终不承认帝国主义侵略的罪恶，只怪中国人民愚昧落后。1925 年 11 月，他到上海治痔，住在亚东图书馆老板汪孟邹家。陈独秀知道后很高兴。汪的侄儿汪原放回忆说："这位总书记有时会在夜间悄悄地来看望这位'五四'时期的盟友。可是每次见面，总是以两人激烈的争吵而告终。一个讲社会主义好，另一个讲资本主义好；一个讲马克思主义，另一个讲实用主义，各不相让。"有一天，又争起来，陈独秀说："适之，你连帝国主义都不承认吗？"胡适一下子站起来，气急败坏地用手杖在地板上笃笃敲着说："仲甫，哪有帝国主义！哪有帝国主义！"接着，他又强忍怒气说："仲甫，我有事，你坐罢！"下楼去了。陈独

---

① 《陈独秀致适之信》，1925 年 2 月 5 日，国家文物局藏。
② 《陈独秀致适之信》，1925 年 2 月 23 日，国家文物局藏。

秀气呼呼坐了好一会儿，也走了。但过不了几天，陈独秀会再来，重新挑起一场争论。①

　　这年 12 月，二人因北京群众烧毁《晨报》馆的事又发生争吵。《晨报》是有梁启超研究系背景的报纸，当时站在安福派一边，对学生在五卅运动中的"过激"行动有所批评。11 月 29 日，因北洋政府解散女师大及拖欠教师薪金问题，再次触发学潮，数千民众在天安门举行游行，要求段祺瑞下台。部分群众游行到宣武门，烧毁了《晨报》馆。当时有人出来指责学生行动是"不守纪律、无意识、非真正民意"。陈独秀又站在共产党的"左"倾立场上为学生行动辩护，指出像五四时期学生火烧赵家楼那样，不能这样"抹杀""北京市民运动"。② 胡适即写信批评陈的意见，主张："大家能容忍异己的意见与信仰。凡不承认异己者的自由的人，就不配争自由，就不配谈自由。"表示："我们两个老朋友，政治上主张尽管不同，事业上尽管不同，所以仍不失为老朋友者，正因为你我脑子背后多少总还有一点容忍异己的态度。"同时又攻击陈和共产党："主张一阶级专制的人已不信仰自由这个字了。""这回出京两个多月，一路上饱读你的同党少年丑诋我的言论，真开了不少的眼界……我怕的是这种不容忍的风气造成之后，这个社会要变成一个更残忍更惨酷的社会。"③

　　当然，胡适的思想方法也有缺点。他也只是谴责一面，对于帝国主义的侵略、八国联军的暴行，没有看到他谴责过"残忍"和"惨酷"；对于李大钊、陈独秀等宣传马克思主义，他也没有表示"容忍"。如今对于群众的革命行动，他却如此严厉谴责，大声疾呼，可见他的立场是很鲜明的。这就加大了他与共产党、与群众运动的对立情绪。

　　以上种种，充分说明了陈独秀与胡适之间矛盾冲突的性质和广泛深刻的程度。奇怪的是，尽管二人在政治思想上如此对立，友谊却始终维持着。这表明他们都继承了中国士大夫的一种传统美德：思想分歧不影响个人情谊，诤友比一般的朋友更可贵。例如：1921 年 10 月和 1922 年 9 月，陈独秀两次因《新青年》"过激"、"违禁"在上海法租界被捕时，胡适都积极奔走营救，请蔡元培和外长顾维钧直接与法方交涉，并不因思想分歧而坐视不管，

---

①　汪原放：《回忆亚东图书馆》，第 95 页。

②　《工贼替安福派说话》，《向导》第 138 期，1925 年 12 月 10 日。

③　《胡适来往书信选》（上），第 355～357 页。

更不因《新青年》"赤化"而幸灾乐祸。1932 年 10 月，陈独秀被国民党政府逮捕后，胡适虽是亲国民党的高层人士，还是参加了营救，为陈聘请辩护律师。陈坐牢后，胡经常去看望他，送物，送书，关心其生活，并为出版陈的文字学著作而奔走。1937 年 8 月，为提前释放陈独秀，胡适也出了力。这时，国民党与共产党（包括陈独秀领导的托派）是你存我亡的敌我关系，陈还一直被视为"共党首领"，被国民党以万金悬赏通缉，而胡适并不因党派之见而落井下石。

陈独秀也是如此。中共成立后，与陈望道不靠胡适办《新青年》的情绪相反，陈仍向胡约稿。甚至 1924 年团中央机关报《中国青年》出"反对泰戈尔专号"时，也请胡适写一篇短文，胡适虽然表示怠慢，但有时也会应付一下，在《努力》创刊前，给了几篇诗作和一篇《国语文法的研究》。后者分两次连载在《新青年》1921 年 7、8 月份出版的第 9 卷第 3、4 号的第一篇。共产党的机关刊物把这类稿子放在首位，可见陈为争取胡之用心良苦。后来，陈还求胡为共产党的骨干张申府寻找工作，为蔡和森、瞿秋白向商务印书馆推荐出版书籍等。1932 年 10 月 10 日双十节时，闻胡适外访回国，他还致函胡适，拜托两件事：一，求为李季翻译马氏巨著《资本论》筹措生活费，因为译此书"所用时间必须很长，非有可靠生活费，无法摆脱别的译稿而集中力量于此巨著"，并建议胡商之于"庚子赔款的翻译机关"，称赞说："我知道李季的英德文和马氏经济学知识以及任事顶真，在现时的中国，能胜任此工作者，无出其右。"；二，求胡适把他存于胡处的拼音文字草案，"希望商务（印书馆）能早日付印，免得将原稿失去，且可了结兄等对商务的一种悬案；并且我还痴想在这桩事上弄几文钱，可不必是实际的钱，而是想一部百衲本的二十四史"。然后写了一句戏言："兄回到野蛮而又不野蛮的祖国，一登陆便遇着我给你这两个难题，使你更加不愉快，实在抱歉得很。"[1]

"野蛮而又不野蛮的祖国"，显然是对胡适政治态度的调侃。胡适一方面总是埋怨国民素质和学生运动"野蛮"，另一方面又主张改良，反对革命推翻现政府，更反对"打倒帝国主义"，这等于说现政府和支持现政治的帝国主义是"不野蛮"的。可是，此信后第五天，陈独秀本人即被帝国主义的租界巡捕房逮捕，并引渡给国民党政府囚禁了。

---

① 《陈独秀致适之信》，1932 年 10 月 10 日，国家文物局藏。

陈被捕入狱后，又求胡适提供狱中研究用书和纸笔等，甚至再次要求胡帮助解决李季翻译出版《资本论》，帮助出版他的《中国文字拼音草案》，并认为中国字"实在是教育普及的大障碍"，"新制拼音文字，实为当务之急"，"甚至望先生（胡适——引者）能够拿出当年提倡白话文的勇气，登高一呼！"又劝胡从著不从政，[①] 真是殷殷切切，一往情深。

1933 年 11 月，陈独秀还在南京狱中，胡适匆匆路过南京而未能去"奉看"。陈独秀知道后十分生气，致函汪原放表示要与胡适绝交："不错。他很忙。我知道他在此间即和一班达官贵人拜会吃酒，已经够忙了。"但又说："君子绝交不出恶声也。我和他仅仅友谊关系，其他一切不必谈。他现在既不以友谊态度待我，不过旧朋友当中又失了一个，如此而已。"[②]

这时的陈独秀确实怪可怜的，有点剃头挑子一头热的味道。但不久，陈又心血来潮，要做太平天国史研究，得知罗尔纲有一部书稿交亚东图书馆，陈借来一阅后颇赞赏。因当时罗正从学胡适，他便要汪原放转告胡适，要请罗到南京来谈一谈，把自己的身份和坐牢全然不当一回事。胡适得知后笑对罗说："仲甫是有政治偏见的，他研究不得太平天国，还是让尔纲研究吧！"[③] 胡适一直把陈独秀信仰马克思主义的阶级斗争观点视为"政治偏见"，而且二人在改造中国上，至此还有革命与改良之别。这是胡反对陈研究太平天国史的根本原因。

就这样，二人这种奇特的友谊，一直维持到 1942 年陈独秀逝世。

实际上，这种奇特的友谊，除了中国士大夫阶层传统的古道热肠之外，也是 20 世纪 20 ~ 40 年代中国特定历史时代的产物，是社会主义者与民主自由主义者在认识和改造世界问题上，世界观与方法论同中有异、异中有同现象的反映。在对待北洋和国民党政府反动独裁统治上，二者都有不满而向往民主，这是相同的，但陈主张彻底革命，胡主张批评改良。在救亡问题上，二人都是爱国主义者，但陈先强调克服国民落后性，后强调反抗帝国主义侵略，胡则停留在谴责国民落后性上，放过了帝国主义的侵略。自然，七七事变后，面对祖国沦亡的危机，爱国主义又把二人联系起来。

陈独秀晚年，看到斯大林专政下的许多罪恶，否定了自己多年来信仰的

① 《陈独秀致胡适信》，1932 年 12 月 1 日，《胡适来往书信选》（中），第 143 页。

② 汪原放：《回忆亚东图书馆》，第 170 页。

③ 罗尔纲：《师门五年记》，《胡适琐记》（增订本），三联书店，2006，第 50 页。

无产阶级专政学说，重新估价西方民主主义推动人类文明进化史的价值，写下了不少文章和书信，逝世后，被他的学生何之瑜编为《陈独秀最后论文与书信》一书，地下集资印刷。胡适阅后大喜，将其改名为《陈独秀最后对于民主政治的见解（论文与书信）》，推荐给出版社公开出版，[①] 并写序指出：陈独秀的这些独立见解"实在是他大觉大悟的见解"；他"从苦痛经验中悟得近代民主政治的基本内容，特别重要的是反对党派之自由"。

这时，两人经历 20 多年的分道扬镳，终于又在思想上达到了一致。

在广东的教育改革和建党活动

陈独秀在新文化运动和五四运动中的杰出表现，使他成为中国思想界和政治界迅速升起的一颗明星，不仅引起中国思想界、青年学生界和苏维埃俄国及共产国际的尊重，而且引起中国其他各阶层的关注，包括那些统治着中国的大大小小军阀们。北洋军阀自然是把他视为"过激党"、洪水猛兽，进行打击。南方的地方军阀，如统治广东的粤军司令陈炯明，由于在军阀争斗中处于劣势，则企图利用陈独秀和苏俄的力量与影响，一度表现得相当亲共，甚至高喊社会主义。他当时追随孙中山，在孙的大力支持下，于 1920 年 10 月驱逐桂系军阀，进驻广州。11 月，孙中山在广州组织护法政府，与北京政府对立，任命陈炯明为广东省省长。

陈炯明一上任，即电邀陈独秀去粤主持教育，提倡新思想，发展新文化。[②] 陈独秀提出三条件："（一）教育独立，不受行政干涉。（二）以广东全省收入 1/10 拨充教育经费。（三）行政措施，与教育所提倡之学说作同一趋势。"陈炯明表示同意，拟废教育厅，设教育委员会，聘其为广东省教育委员会委员长，主持全省教育，并保证以全省岁入 1/10 以上为教育经费，无论如何，决不短发。[③]

接着，陈独秀致函各地党支部，征求意见。李大钊等人复函支持陈赴粤：一、可以将新文化和社会主义新思潮广泛地带到广东去；二、可以在那里发动共产主义组织。12 月 17 日，陈独秀偕袁振英登轮船赴粤。行前，把

---

① 广州自由中国出版社，1949。
② 《民国日报》1920 年 11 月 13 日。
③ 《民国日报》1920 年 12 月 12 日、18 日；《时事新闻》1920 年 12 月 31 日。

共产党书记职务交给李汉俊（1921 年 2 月由李达代理），《共产党》月刊主编交由李达担任，《新青年》交由陈望道主编。可能陈原打算走陆路，所以有毛泽东的长沙"青年团等仲甫来再开成立会"的说法。

12 月下旬，陈独秀乘坐的轮船中途停泊香港。李义宝、林昌炽、张仁道三位先进青年慕名登船拜访，并带来他们编的《真善美》刊物给陈看。陈看后倍加赞许，鼓励他们组织马克思主义研究小组，深入钻研革命理论。三人欣然接受，后来，他们成为香港青年团和共产党的创始人。①

29 日，陈独秀抵达广州，舆论十分关注，进步报纸《广东群报》刊出了欢迎文章和陈独秀的大幅照片。

遗憾的是，被陈独秀看好的国民党骨干朱执信，这时在联络民军驱逐桂系军阀时，在虎门遇害。朱执信在日本留学时，参与孙中山同盟会的创建，此后一直追随孙中山革命。特别在五四运动后，创办《建设》杂志，与陈独秀的《新青年》一起，为传播、介绍马克思主义新思潮，做出了重大贡献，给陈独秀很深刻的印象。为此，在 1921 年 1 月 23 日广州各界举行追悼大会时，陈独秀特意送了一副挽联，寄托哀思，并给朱很高的评价：

> 失一执信，得一广东，得不偿失
> 生为人敬，死为人思，死犹如生②

陈独秀对国民党人做如此高的评价，这是一个特例。

陈独秀这次赴任广州，主要做了两件事：重建广东共产党与推行教育改革，并且使二者互为利用，互相推动。

如前述及新公布的共产国际、联共（布）档案表明，广东的建党工作比较特殊而复杂。早在维经斯基到上海与陈独秀等酝酿建党同时，他的两名工作人员米诺尔和别斯林，也由李大钊推荐的北京大学粤籍学生、无政府主义者黄凌霜陪同来到广州，介绍给广州的无政府主义者区声白、梁冰弦等人。他们与上海一样，成立了共产国际领导的"广州革命局"，并建立了俄国通讯社，成立广州"共产党"和青年团，创办《劳动者》工人刊物。但这个"共产党"的执行委员会中，除了两个俄国人之外，7 名成员全是无政

---

① 梁复然：《广东党的组织成立前后的一些情况》，《"一大"前后》（二），第 446～447 页。
② 《挽朱执信联》，《陈独秀诗存》，第 182 页。

府主义者。他们在工人中有一定的影响，《劳动者》印数达到 3000 份，并有两个工人组织，每个组织各有四五十人。① 但是，他们在工人中却宣传克鲁泡特金的无政府共产主义和工团主义。传统党史，把这个《劳动者》与上海共产党发起组的《劳动界》并列说成是共产党的工人刊物，其实风马牛不相及。

与此同时，在北京大学做过陈独秀学生的谭平山、陈公博、谭植棠三人在 1920 年暑期毕业回粤后，分别在广东高等师范学校、公立政法学校任教。在接受陈独秀关于在广州建党的任务后，他们经常深入学生中宣传五四精神和马克思主义，争取影响了杨匏安、阮啸仙、刘尔崧等一批进步青年。他们因与无政府主义者观点不同，拒绝参加无政府主义的党团组织。这年 8 月首先成立了社会主义青年团。② 10 月，他们又在陈炯明的赞助下，创办了一份宣传新文化的报纸——《广东群报》。陈独秀在该报创刊号上发表了一篇《敬告广州青年》的文章。但是，由于工人中无政府主义思想影响较大，他们只在学生中活动。而且在他们的团组织中也混进了不少无政府主义者，包括区声白。

据这个材料和当时广州"共产党"中 7 名无政府主义者之一刘石心的回忆，陈独秀到粤时，广州没有真正的共产党。所以，维经斯基及两个俄国人向共产国际报告说广州建立了共产党是不对的。陈独秀到粤后，就以谭平山等人组织的社会主义青年团为基础，依据马克思主义的"集权主义"，即无产阶级专政和民主集中制原则进行建党工作。陈对谭平山等人说："到广东后，听了你们的介绍，也从别的朋友中了解到一些情况，我曾有这样的设想：现在孙中山、陈炯明在广东已经建立了政府，正是开展民众运动的最好机会。但是领导民众运动，个人的领导是比不上组织的领导的，就是一个小团体也担负不起领导民众运动的历史重任，为使广东民众运动获得更大的发展，必须建立一个领导组织。""北京、上海各地已有共产主义集团组织，名称就叫'共产党'。我的意见，广东也应该建立一个共产党组织，去担负起领导民众运动的任务。"③ 谭平山等人表示赞同。经过一段时间的酝酿，

① 《共产国际档案资料丛书》第 1 辑，第 33 页；《广州共产党的报告》，1921 年，《"一大"前后》（三），第 10 页。
② 谭平山：《在广东社会主义青年团成立会上的答词》（1922 年 3 月 14 日），《青年周刊》第 4 号，1922 年 3 月 22 日。
③ 谭天度：《回首往事话当年》，《广州党史资料》1980 年第 1 期。

1921 年春，成立了共产党。党员开始有 9 人，包括陈独秀、米诺尔和别斯林两个俄国人也转了过来。最初的书记是陈独秀，不久改为谭平山。陈公博、谭植棠分任组织和宣传。随后整顿青年团，清除无政府主义者。从此，广东的革命状况为之一新。

陈独秀在建立广东共产党和重组青年团的过程中，与无政府主义者多次举行联席会议，要求对方放弃无政府主义信仰。据当时北京政府打入北京互助团和社会主义青年团的密探给北京军警头目王怀庆的密报称，1921 年 3 月 11 日北京互助团开会时，黄凌霜报告广州区声白给他的信说："本地多数同志第一着之意见，应与社会主义青年团联络一气，本互助之精神，以期合力推翻现政府及一切恶制度。乃吾人在粤曾为一度开联席会议，并数次直接或间接与青年团首领陈独秀磋商，不料陈独秀野心专横，谓吾辈联合须听其指挥，悉依青年团之集权主义进行，如吾党被其降服，立约之加入者。然同人闻之不胜愤懑，议遂中止。而陈独秀近日恃势攻击，屡与吾党为敌，破坏吾人信用。"[1] 于是，"无政府主义者退出了党"。[2]

广东共产党建立后，陈独秀就把广东教育工作与党的工作——主要是推广新文化和宣传马克思主义——结合起来，在广东掀起了一场震撼各界的革命。为此他制订了一个庞大的改革教育计划：

一、未成年教育——即中小学教育、幼稚园等，分期使其绝对普及。

二、成年教育——即实习教育及社会教育，凡被修学校、图书馆、博物馆、剧场、影戏、音乐、一般宣传、特殊宣传皆属之。

三、专门教育——以工业教育为主，除高等专门及大学工科而外，以设甲种工业学校普及乙种工业学校为目的。[3]

同时，又提出了《广东全省教育委员会组织法》，制定了教育经费年表等。可以看出，他真是雄心勃勃，要大干一场，并且把这些改革措施，多纳入广东共产党的工作之中，具体如下。

创办宣传员养成所：在经费核算表中，养成所的经费 30 万元，为最大项。陈独秀说创办该所的宗旨是"宣传和普及马克思主义，造就将来开展群众工作的干部"。实际上是要把它办成广东省共产党的一所党校。该所学员从社会青年

---

① 北京档案馆藏京师警察厅档案。

② 《广州共产党的报告》，1921 年，《"一大"前后》（三），第 11 页。

③ 《民国日报》1920 年 12 月 24 日；1921 年 1 月 1 日。

中招收，每期五六十人，毕业后不少成为广东党、团组织骨干。养成所由陈独秀去后成立的广东共产党宣传部领导，陈独秀在北京大学时的学生陈公博为校长，陈独秀有时也到校讲课。这年广东共产党向中央报告说："这个学校是广东省进行社会主义教育的主要机关，很多教员都是我们的好同志。"①

开办工人夜校：陈独秀认为"机器工人比较进步"，先试办机器工人夜校，参加者有100多人。接着，帮助理发工人成立工会，开办夜校，发展会员千余人。1921年2月10日，在理发工会成立大会上，陈独秀发表演说："工人的知识比较缺乏，故求知识是今日工人一件很重大的事情。我现在想在广州设立许多劳动补习学校，令工人有求知识的地方。"② 陈独秀这一措施，实际上是帮助广东党组织开展工人运动。他尤其注重在机器工人、海员工人和铁路工人中的工作。广州的河南机器总会机器工人开办补习学校时，陈独秀为董事，谭平山为董事长。在陈独秀和党组织的推动下，各种工会组织纷纷成立，至1921年6月，仅在广州、佛山、香港地区就先后成立了汽车驾驶工人总会，革履、理发、茶居、机织、洋务等工会33个。此外，他们还注意"向农民进行宣传"，党员褚诺晨曾创办《新农村》，向农民宣传马克思主义。③

首创中学男女同校：陈独秀首先在省立一中实行男女同校，遭到汪精卫及守旧派势力的反对。斗争结果，3月23日，省教育委员会议决开放女校。

此外，陈独秀还创办了注音字母教导团、俄语学校，筹建西南大学、市民大学、编译局、通俗图书馆、幼稚园等，还从上海调来沈玄庐创办《劳动与妇女》杂志。并且在所有这些工作中，都注意与党的工作结合起来，在普及文化的同时，宣传社会主义，批判封建主义和无政府主义。

从以上活动可以看到，陈独秀这时的教育革命思想与接受马克思主义前相比有了很大的不同。五四前期，他从非此即彼的二元论、进化论思想出发，在中西对比中，感到中国一切都不如西方，"若是决计革新，一切都应该采用西洋的新法子"，因此力主"取法西洋教育"。④ 现在，他则对中西教育都能

---

① 梁复然：《广东党组织成立前后的一些情况》，《"一大"前后》（三），第446页；《广东共产党的报告》（1921年），《"一大"前后》（三），第12页。

② 《广东群报》1921年2月13日。

③ 《广东共产党的报告》（1921年），《"一大"前后》（三），第14页。

④ 《今日中国之政治问题》，《新青年》第5卷第1号，1918年7月15日；《近代西洋教育——在天津南开学校演讲》，《新青年》第3卷第5号，1917年7月1日。

取分析的态度:"我们反对旧教育,并不是说西洋来的教育都是好,中国的旧教育都是坏";"我不是说中国的古代的教授方法一概都是教训式的、旧的;不是说欧美各国的现代的教授方法一概都是启发式的、新的。中国古代教授方法也有是启发式的","现代欧美各国底教育也还是教训式的多"。①

因此,从上述陈独秀在广东进行的教育改革实践看,他比较注重中国教育的实际,不是盲目照搬西方;同时又实行社会教育,即不是单纯的学校教育,而是重视一切教育机构和工具(这是与他自己自学成才的经历分不开的),并使社会各阶层都能受到教育,使社会多数人特别是下层劳动民众受教育,而不是只为少数人服务。——所有这些,都使历来被少数人垄断、只为少数人服务的贵族式传统教育观念,受到猛烈的冲击,从而在广东掀起一层层波澜。

陈独秀是一个天生而执着的社会变革家,是一个永远的革命者,因此他到那里就在那里引发"地震",在安徽是如此,在北京是如此,这时到广东也是如此。他把自己在广州的住所取名为"看云楼"。其实,他不只是观看风云,而是倒海翻江自搅风云。

可是,一是陈独秀重建广东共产党和教育革命取得了很大的成绩,产生了很大的影响;二是这些措施触动到广泛阶层的利益,于是,很快就遭到保守派及极左势力的强烈反对。当时一篇文章指出:"现在广东的空气,都充满着反对陈独秀的声音。反对陈独秀大概有八派:一、省议会;二、教育界的一部分人物;三、一班政客;四、资本家;五、孔教徒;六、一般守旧派;七、基督教徒;八、少数自号无政府党者。"② 1921 年 3 月中,他们首先策动广东省高等师范学校旧派教职员反对省长关于该校由国立改为省立的决定。他们集矢于陈独秀一人,呈文省长:若任令陈独秀"操纵广东教育之权,广东教育前途,必不堪问……如不收回成命,必全体辞职"。③ 同时,他们还挑动广东高师的学生反对陈独秀,在省议会中提出驱陈议案,诬指他主张"讨父"、"仇孝"、"公妻"、"妇女国有",甚至"百善淫为首,万恶孝为先"。国民党内反对孙中山的政学系更是猖狂,竟在其上海的机关报《中华新报》上公开造谣,攻击陈提倡"废德仇孝"、"禽兽学说"。温宗尧

---

① 《教育缺点——在江苏教育会上的演讲》,《时报》1920 年 3 月 31 日;《新教育是什么——在广州高等师范学校底演说》,《广东群报》1921 年 1 月 3 日。
② 《广东群报》1921 年 3 月 17 日。
③ 《广东教育界新旧两派之争斗》,《晨报》1921 年 3 月 24 日。

氏所操纵的广肇公所甚至以同样的论调致电政府当局，对陈采取措施。北京《晨报》记者石龙因在广东谋取第二小学校长被陈独秀"严词拒绝"，也与夏重民等造谣说陈计划改组编辑部，收取《晨报》社，"归陈独秀个人主持"。①

所有这些，正如当时《广东群报》上一篇文章指出的，广东高师、省议会、上海《中华新报》、广肇公所、北京《晨报》、无政府党和政学会所掀起的四次攻击陈独秀的"联合运动"，所放出的谣言原本是"北京顽固派故意造出来攻击北京大学的谣言"和"英日两国的顽固派故意造出来攻击俄国劳农政府的谣言"。②足见陈独秀在广东的作为及其深远影响，远远超出了教育的范围，而是一场社会的革命。

对此，陈独秀和袁振英、陈公博等人，利用《广东群报》、上海《民国日报》等阵地，进行了坚决的回击。陈独秀发表《辟谣——告政学会诸人》，在指出谣言的无稽之谈后，奉劝政学会"不必如此倒行逆施"，应取"磊落光明的态度"。③袁振英和陈公博的声明和文章，也揭露谣言制造者的丑恶用心。《民国日报》郑重发表《广州特约通信——辟诬蔑陈独秀主张讨父公妻的谣言》，指出了这些谣言的来龙去脉。文末附记者访问（陈独秀）记。陈独秀对"讨父"、"公妻"谣言觉得"又好气，又好笑"，认为"稍有常识的人，必不相信"。④

谣言脚短，本来并不可怕。可怕的是当时的广东社会毕竟还是反动和保守势力占优势的社会，决不允许陈独秀的活动继续发展下去，所以，他们掀起了这一个从封建顽固派到极左的无政府派联合起来的反陈运动，一时闹得十分嚣张，以致一直支持陈独秀的陈炯明也动摇起来。在一次宴会上，他问陈独秀："外间传闻你组织什么'讨父团'，真有此事吗？"陈独秀则正正经经地回答："我的儿子有资格组织这一团体，我连参加的资格也没有，因为我自幼便是一个没有父亲的孩子。"⑤陈独秀后来讲到他说这几句话后的当场气氛是："当时在座的人们，有的听了我的话，呵呵大笑，有的睁大着眼睛看着我，仿佛不明白我说些什么，或者因为言语不通，或者以为答非所问。"

---

① 《广东群报》1921年3月3日、18日。
② 《陈独秀与康有为的今昔观》，《广东群报》1921年3月21日。
③ 《广东群报》1921年3月18日。
④ 《民国日报》1921年3月21日。
⑤ 《宇宙风》第51期，1937年11月11日。

其实，陈独秀是话外有音，指出在"睁大着眼睛看着"他的人中，多数是那些制造谣言却未见陈受中伤、依然故我而生气的人。陈独秀为此还特意在《新青年》上发表一篇"随感录"，表示自己的心态："社会的进步或救出社会的危险，都需要有大胆反抗舆论的人，因为盲目的舆论大半是不合理的。此时中国的社会里，正缺乏有公然大胆反抗舆论勇气的人！"① 他还拿出前年对付反对《新青年》恶势力的大无畏精神表示说："我因为说实话，惹了几个精神病患者大惊小怪。""在这种邪恶的社会里，要想处处事事拿出良心来说实话办实事，也都非有以生命来换的精神不可。"②

于是，实际的压迫终降临到陈的头上。他的教育改革的实施开始遇到障碍，原来保证的权力和经费经常受到侵犯。例如，5 月中旬，廉州中学校长辞职，本来应由教育委员长陈独秀任命新校长，但钦廉善后处擅自决定由某人接任，越过陈独秀而得到省署的同意。又如，为了筹办大学预科，陈独秀连中国共产党第一次代表大会都未去参加，但预算出来，校址择定，经费却迟迟不给。

至此，陈独秀感到，"若留恋不去，拥此虚名，不独无以对粤人，且无以对自己，故顿萌退志"。但是，陈炯明还想挽留他，5 月中旬，陈炯明甚至"亲到慰勉，说明经费延拨等之原因，表示自己兴学之决心，声明无论经费如何困难，总之对于已批准之预算案，刻日饬厅拨交"，以开办编译局、宣讲所、第一师范，筹备西南大学等。③ 于是，陈独秀又勉强在广东待了三个月。

国民党内有些人见陈炯明如此倚重陈独秀，颇有醋意。国民党机关报《民国日报》总编叶楚伧一直把广东教育发展的成绩，归功于汪精卫（广东教育会会长）、胡汉民（孙中山大总统府总参议）和广州市教育局长许崇清。7 月 28 日，他在《民国日报》头条发表重要言论——《告反对陈独秀的旅沪粤人》，一面为陈独秀辟谣，一面却说："陈独秀在广东，是教育行政委员会里的一个委员；他所做的事，是全体委员所决定要做的事。平心而论，广东教育无论发展到怎样，不应归功于陈独秀一人。因为这是陈省长和教育行政委员会及一般热心教育家合做出来的成绩，不许陈独秀据为己有的。""陈独秀不配做偶像。"

---

① 《反抗舆论的勇气》，《新青年》第 9 卷第 2 号，1921 年 6 月 1 日。
② 《答张崧年》，《新青年》第 9 卷第 3 号，1921 年 7 月 1 日。
③ 《广东群报》1921 年 5 月 16 日；《晨报》1921 年 5 月 24 日。

　　陈独秀清楚，叶楚伧的文章并非是他一个人的态度，而代表了国民党多数政要的观点。对此，陈独秀就难以容忍了，恰巧这时上海中共"一大"选举他为中央局书记，连电催促他回沪主持全党工作。于是，8月17日，他致电在广西前线讨伐桂系军阀陆荣廷的陈炯明，坚决请辞。奇怪的是陈炯明还是不放，而且诚意感人，24日复电："仍望以教育为重。当凤独立。我做我事。不萌退志为要。至于一切障碍，我当能为委员会扫除之"，并在其辞呈上批示："该委员长贞固有为，凤深倚重，所请辞职，应毋议云。"① 要不是第二年陈炯明背叛孙中山，人们会以为陈炯明对陈独秀多么情深，实际上，陈炯明是为了在即将到来的与孙中山国民党正统派的较量中，利用一下陈独秀以及他在广东的力量。显然他当时不知道陈独秀已是共产党的领袖。也正因为如此，所以他对陈独秀是一厢情愿，不知道有更重大的事业需要陈独秀去奋斗。

　　陈独秀终于在1921年9月11日不待陈炯明批准，请假离粤。他在广东进行的教育改革事业自然也就随着他的离去而停止，但他在当地留下的变革精神和培养的革命种子，在以后的革命运动和社会发展中，将会发生深远的影响。

　　对于陈独秀来说，虽然在半生革命奋斗中，又遭到一次挫折，但他没有消极，反而悟出更加深刻的道理。在月1921年7月、8月间，改革事业最困难的时候，他接连发表文章，认为："历史上一切制度的变化是随着经济制度的变化面变化的"；"我们改造社会，应当首先从改造经济制度入手。……创造历史之最有效根本的方法，即经济制度的革命"。② 又说："政党是政治的母亲，政治是政党的产儿；我们与其大声疾呼：'政党政治'，不如大声疾呼：'改造政党'！"③

　　在阐述这些观点时，他还明确说是根据马克思主义的唯物史观。他要从经济和政治制度入手，根本上改造中国的社会。所以，对于如广东教育改革这样的事业的失败，他是有思想准备的。现在，终于可以摆脱那些无聊的谣言困扰，从事那更重大的事业了。

―――――――――

① 《广东群报》，1921年9月13日。
② 《答蔡和森》，《新青年》第9卷第4号，1921年8月1日。
③ 《政治改造与政党改造》，《新青年》第9卷第3号，1921年7月1日。

五 主持中共初创时期的工作
（1921～1923）

接任共产党领导时的特殊心态

1921 年 6 月，上海中共发起组代理负责人李汉俊、李达等人，在共产国际代表马林的催促下，向各地共产党组织发出通知，各派两名代表到上海来参加中国共产党全国第一次代表大会。自然，最要紧是催促在广州的陈独秀回上海主持一大，为此还给陈寄去了 200 元路费。结果，陈独秀决定不去，而指派陈公博、包惠僧出席一大。陈独秀的理由是因兼大学预科校长，正争取一笔款子修建校舍，他一走款子就不好办了。但他让包惠僧带去了致各代表的信及向大会提出的四点意见：1. 慎重发展党员，严格履行入党手续，加强党员教育，以保证党的先进性和战斗力；2. 实行民主集中制，既要讲民主，又要集中；3. 加强党的组织纪律；4. 目前主要工作是争取群众，为将来夺取政权做准备。①

这四点意见，正是他当时与无政府主义者斗争坚持的立场，即不能把党建设成绝对民主和绝对自由化的没有集中、没有纪律、不争取群众夺取政权的无政府主义的党。在一大上，多数代表赞成陈独秀的意见，在《党纲》中写进了"我党采取苏维埃的形式"以及对党员严格要求的规定。

大会通过的《党纲》，在党的目标上，沿用了上一年陈独秀起草的《共产党》发刊词和《宣言》的内容：

---

① 张国焘：《我的回忆》第 1 册，第 136 页；《包惠僧回忆录》，人民出版社，1983，第 368 页。

我党的纲领如下：

1. 以无产阶级革命军队推翻资产阶级，由劳动阶级重建国家，直至消灭阶级差别；

2. 采用无产阶级专政，以达到阶级斗争目的——消灭阶级；

3. 废除资本家私有制，没收一切生产资料，如机器、土地、厂房、半成品等，归社会所有。

此外，《党纲》还规定："坚决同黄色知识分子阶层及其他类似党派断绝一切关系"；党员"必须断绝同反对我党党纲之任何党派的关系"；"除为现行法律所迫或征得党的同意外，不得担任政府官员或国会议员"。这就涉及与孙中山国民党的关系。大会讨论时，虽然有人以陈独秀在广东政府中做官为根据，提出异议，但多数代表确认了这样的规定。

所有这些说明：由于中共是在共产国际指导下建立的，所以采用了俄国共产党的列宁主义模式，排除了被称为修正主义的第二国际的影响，这是当时国际共产主义运动分裂的产物。由于十月革命的胜利，强调暴力革命和无产阶级专政的列宁主义的共产国际（第三国际），在与主张和平过渡的第二国际的斗争中，占了绝对的优势，而且与中国客观存在的崇拜暴力革命的救亡思潮相适应。

由于党的创建者们还不了解中国的特殊国情，"走俄国人的路"有很大的盲目性，因此如何进行阶级斗争和无产阶级专政，如何达到共产主义，必然要经过许多曲折和难以想象的困难和牺牲。

共产国际代表马林和尼柯尔斯基参加了一大，由于陈独秀没有出席，临时决定由张国焘主持。因为上海发起组临时负责人李汉俊、李达书生气太重，不善于与各地组织及共产国际的联络。由于当时党员数量少，各地组织尚不健全，大会最后决定暂不成立党的中央委员会，先设立中央局，选举陈独秀为中央局书记，李达为宣传主任，张国焘为组织主任。

陈独秀在担任发起组领导人之后，再次正式被选举为领袖，而且是缺席被选，说明陈在创建共产党过程中的特殊贡献和崇高的威望再次得到确认，当时没有第二个人能与他相比，也说明共产国际仍然对陈独秀有极高评价，虽然马林和尼柯尔斯基这时还并不认识陈独秀。1919 年就在中国从事地下工作的俄共党员、1921 年接任共产国际远东局书记的 K. H. 索科洛夫－斯特拉霍夫在 1921 年 4 月 21 日向莫斯科提供了一个绝密报告，还称陈独秀是

"中国的卢那察尔斯基","即天才的政治家和善于发动群众的宣传家"。①

所以，这是历史的选择。后来有人因以后的变故，说一大选举陈为领袖是"错误的选择"，这显然是对历史的无知和偏见。

人在创造历史的重大事件中，往往不知其重大意义而不介意。1920 年，陈独秀和李大钊虽然亲手筹建了中国共产党，但是，1921 年 7 月召开正式成立共产党的第一次代表大会时，二人都因他务而没有出席。如果二人知道这次中共的成立将对中国今后的发展具有何等重大的意义，他们也许不会这样。其实，即使亲自参加这次会议的 13 位代表，当时也没有太看重这个近代中国历史上最重大的事件，因为直到 19 年后的延安时期，在曾参加一大的毛泽东、董必武亲自主持下，决定党的生日纪念时，竟然也都忘了一大开会的日期，于是，只好人约地定为"7 月 1 日"。这个口子，就成为法定的"党的生日"。直到 1978 年 8 月，中国社会科学院的李新先生受命编著《中国新民主主义革命史长编》，组织一批著名学者进行了详细的考证，才确定一大的召开日期为 1921 年 7 月 23 日。

不仅陈独秀、李大钊没有把一大当一回事，连来中国亲自促成并实际主持一大的共产国际代表马林也是如此。他在当时给共产国际的报告和 14 年后中共已在中国成为一个重要的政治力量、他的在华工作的回忆中，都没有把这一被后人视为开天辟地的大事件看得多么重要，甚至没有积极的评价，相反，他认为中共是一个"早产儿"，② 当时只能成立一个"宣传性的小组"。他说："1921 年 7 月，各地方小组代表齐集上海，并决定建立共产党，即共产国际支部，虽然建立一个宣传性的小组会更好一些。"③ 这与此前一年维经斯基帮助陈独秀成立中共发起组时的重视程度、迫切性和工作热情，完全形成鲜明的对照。

为什么会这样？从新公布的共产国际、联共（布）档案看，可能有以下原因。第一，在共产国际和苏俄看来，中国共产党诞生这个开天辟地的事件已经在 1920 年发生，第二年的第一次代表大会不过是例行公事，而且主

① 《共产国际档案资料丛书》第 1 辑，第 59 页。卢是文艺评论家、哲学家。俄国十月革命胜利后，成为著名的国务活动及社会活动家。
② 《马林致共产国际执行委员会的信》，1923 年 6 月 20 日，中国社会科学院马列主义毛泽东思想研究所、近代史研究所编《马林与第一次国共合作》，光明日报出版社，1989，第 243 页。
③ 《共产国际档案资料丛书》第 2 辑，北京图书馆出版社，1997，第 226 页。

要是中共内部的事，无须作为共产国际日程上的重大事件对待。上述索科洛夫 1921 年 4 月 21 日的报告，充分反映了这一点。他是奉命到广州去了解广州政府情况的。显然，这个工作比在上海参加中共一大更重要。他说："我从上海动身前，中国共产党人在积极筹备召开共产党全国代表大会，会上要选举产生中央委员会。迄今党的实际领导权还在中央机关刊物《新青年》杂志编辑部手里。这个杂志是由我们资助在上海用中文出版的，主编是陈独秀教授。"报告接着谈到一个情况，虽然并不正确，却反映了当时他们认为中国共产党已经成立的认识。他说陈独秀去年底去广东，是根据共产党与国民党中央谈判的结果，"陈独秀被列为来自共产党方面的未来广州政府成员，将做同国民党的联合工作"。第二，也是最主要的，这时苏俄对华工作的重点放在首先争取吴佩孚，其次争取孙中山、陈炯明这些有实力的政治军事集团身上。这也是维经斯基和马林来华工作的重要目标之一。因此他们看不起力量弱小、还处于萌芽状态的共产党。给马林的任务只是对中共的工作顺便过问一下，远东局甚至没有给他什么指示，更没有给他成立共产党的指示。他说："我被派往中国，是由于我参加了 1920 年共产国际第二次代表大会……没有给我什么专门的指示。我仅有的事先准备就是共产国际第二次世界代表大会的讨论提纲。之所以没有其它指示是由于没有什么指示可给，因为只有伊尔库茨克局了解一些情况。伊尔库茨克局全都是俄国人。它与在北京的非正式的俄国使团有联系。中国承认赤塔远东共和国政府的谈判正在进行。赤塔的俄国人坚信，为开展中国的民族主义运动而可以合作的人是吴佩孚，而不是孙中山（后来因联吴失败才转向孙中山——引者），他们认为孙中山是个不切实际的梦想家。他们同意支持吴佩孚。伊尔库茨克局只与赤塔政府合作，它的活动仅仅受俄国在华北的利益支配。"①

这里所说的"伊尔库茨克局"就是从中国回去后任书记的维经斯基领导的远东局。说明在 1920 年帮助中共建立后，"在北京的俄国人"和共产国际远东局对中共和中国革命的发展取消极态度。所以，马林说："从伊尔库茨克局我得到了第一份关于中国共产主义者的情报。从他们那里我了解到中共与工人阶级的联系很少。中共只有几个分散的小组，到那时为止，真正的组织工作没有做多少。""维经斯基同志在上海工作期间，在陈独秀同志

① 伊罗生：《与斯内夫利特（马林）谈话记录》，《共产国际档案资料丛书》第 1 辑，第 59 页。

领导下组成一个中国共产党小组……这个小组划分为 7～8 个中心，在全国的人数也不过 50～60 人。通过劳动学校（工人俱乐部）开展工作，维经斯基同志离去了，那里没有经费，学校不得不再度中途停办。"①

所以，传统观点说共产国际派马林来中国帮助成立中国共产党的说法是不能成立的。

这里顺便说一下传统党史中关于"共产主义小组"的提法。1920 年 6 月上海成立的党组织，开始称"社会党"，11 月发表《中国共产党宣言》和出版《共产党》机关报以后，就正式定为"共产党"。现在，从公布的共产国际关于帮助中国建党的原始档案和中国参加者（包括陈独秀）的回忆文章看，都把一大前成立的组织称为"共产党"，各地组织称为"共产党小组"或"共产党支部"。虽然不太统一，但都有"共产党"之称。只有马林 1922 年 7 月给共产国际的报告在提到香港海员罢工时，说了"广州的共产主义小组"。但是，1936 年 7 月，一大代表陈潭秋为纪念中国共产党成立 15 周年，在《共产国际》月刊上发表了《中国共产党第一次代表大会的回忆》一文，把一大前成立的党的地方组织统称为"共产主义小组"。从此，中国学术界就把这种说法统一沿用下来，以表明一大前没有成立党组织，把一大定为中国共产党成立的唯一标志。1999 年，中共上海市委党史研究室为建 50 周年献礼推出《中国共产党上海史》，恢复历史的本来面目，不再沿用"共产主义小组"的提法，这是实事求是的态度，值得肯定。

从马林提出这个"共产主义小组"或"在陈独秀领导下组成一个中国共产党小组"时的思想情绪来看，他明显是要贬低一大前的党组织。他不懂得任何新生事物在产生时，都是不完善的。当时，从表面上看，1920 年维经斯基回国后，上海共产党的活动处于停顿状态，实际上正如上述，维经斯基走后，上海及各地党组织还是积极主动地做了大量的工作。从组织状况来说，处在深入进行马克思主义和科学社会主义思想讨论、教育、宣传和各地组织的筹建、完善、整顿阶段，不可能进行大规模的革命运动。马林因而贬低一大前的共产党，不愿意视其为政党，只视为"小组"，显然是一种偏见。

其实，关于中国革命，从上述 1922 年 7 月 11 日马林给共产国际的报告

---

① 伊罗生：《与斯内夫利特（马林）谈话记录》，《共产国际档案资料丛书》第 2 辑，第 252～253 页。

中分析，共产国际给他的任务是研究调查，而不是成立中国共产党。他说："我奉命赴上海，研究远东各国的运动，与之建立联系并就共产国际是否需要和可能在远东建立一个办事处，做一些调查。"这个任务与1920年维经斯基的任务完全相同，而且维经斯基出色地完成了这项工作。但是，到1921年，情况好像又重新来过，1920年在上海建立的以维连斯基为首的"共产国际东亚书记处"、维经斯基为首的共产国际"上海革命局"等都没有了，只剩下"陈独秀同志领导下的共产党小组"。这说明当时俄共和共产国际对华工作的混乱。

有人分析说，认识到来中国是帮助成立中国共产党的是尼柯尔斯基。此人早于马林到上海，过去都说他是受赤色职工国际派遣来华的代表，但荷兰保存的马林档案和苏联有关的档案表明，他是远东书记处的代表，"是受维经斯基的派遣来华工作的，其任务之一就是帮助建立中国共产党的统一组织"。建立"统一组织"，是从这个意义上来说中共成立于1921年，而不是否定1920年的建党工作，这个说法似乎更接近于历史事实。而且尼是主角，马林处于"帮助"地位。所以，马林"并没有十分看重中国共产党成立这件事"，"实际上，远东书记处给他（指尼柯尔斯基——引者）的指令是必须参加中国共产党所有会议，而马林只是局限于帮助他执行远东书记处的任务"。①

这也符合马林在第二年给共产国际的报告中的说法："实际上我只是名义上参加了书记处。我从未收到过伊尔库茨克的任何文件。"他甚至明确说："我和尼柯尔斯基同志在上海期间，我只局限于帮助他执行书记处交给他的任务，我从不独自工作，以避免发生组织上的混乱。"②这再次证明马林并不负有到中国来成立共产党的使命。可是中国大陆学者总是特别强调马林是来帮助建立中共的，极少提到尼柯尔斯基。

因此，当时的俄共中央、共产国际、马林、陈独秀、李大钊等，都不重视一大建党这件事，陈、李甚至不参加，就很自然了。

从陈独秀自身思想来考察，还有更深的原因。这位一贯把提高国民性、思想启蒙、唤起民众放在首位，然后才能有统一的有效革命行动的思想家、

---

① 姚金果、苏杭、杨云若：《共产国际、联共（布）与中国大革命》，福建人民出版社，2002，第56页。

② 《共产国际档案资料丛书》第2辑，第225页。

革命家，这时还是把思想建党——用马克思列宁主义统一各地的共产党组织成员——放在第一位，特别在当时无政府主义思想占相当优势的情况下，他不急于成立全国性的统一组织，更不急于发动革命运动。因此，他对于一大前后上海方面遵照共产国际代表的要求，先是再三催促他参加一大，随后又催他赶快到上海主持党中央工作，很不满意。

到广州接他回上海的包惠僧回忆说："关于党怎么搞法，他（陈独秀——引者）主张我们应该一面工作，一面搞革命，我们党现在还没有什么工作，要钱也没用，革命要靠自己的力量尽力而为，我们不能要第三国际的钱。"当时广州的无政府主义者区声白、朱谦之经常在报上写文章骂陈独秀崇拜卢布，是卢布主义。所以陈独秀坚决主张不要别人的钱。"他说拿人家钱就要跟人家走，我们一定要独立自主地干，不能受制于人。"①

这的确是一个非常尖锐而棘手的问题。因为自从外国殖民者侵入中国以后，他们见中国太大，又因中国人民的坚决反抗，难以实行直接的殖民统治，只得寻找中国内部的代理人，而且由于多个帝国主义国家入侵，每个帝国主义国家操纵的代理人也不同。于是，一切革命党派和其他政治派别，在进行争斗时，总寻找对方与某个帝国主义的联系，指责对方拿某个列强的钱，是"卖国贼"、"走狗"等，激发民愤，往往可以收到很好的效果，置政敌于被动。这个反帝反军阀的法宝，陈独秀当然是常用的，也知道它的厉害。所以，他在建立共产党后，对与苏俄及共产国际的关系，自然就十分敏感。当时他还分不清西方"殖民主义"与苏俄宣扬的"国际主义"（实为"红色殖民主义"）的区别，也不知道像中国这样落后的大国，很难实行所谓"洁身自好"政策。

正是这样的心态，决定了他一开始领导共产党的工作就具有"慢慢来"的思想，与俄共和共产国际使苏维埃政权迅速摆脱孤立无援状态的"急迫"心态格格不入，这里就埋下了日后以他为首的中国共产党与俄共、共产国际无穷矛盾与冲突的基因：一边是立足于中国革命的利益，一边是立足于苏俄的民族利益；一边是根据中国的国情要慢慢来（中国革命的长期性），一边是根据苏俄的要求快快干，恨不得一个早上就使中国革命成功，建立起一个与苏俄友好甚至结盟的国家。

所以，陈独秀对包惠僧说："国际代表（指维经斯基——引者）走了，

---

① 《包惠僧回忆录》，第367页。

上海难道就没有事情做了？李汉俊急什么，中国的无产阶级革命还早得很，可能要一百年上下，中国实现共产主义遥远得很……我们现在组织了党，不要急，我们要学习，要进步，不能一步登天，要尊重客观事实。"

这是陈独秀对中国革命和共产主义运动的基本思想，对困难看得多一点，把时间想得长一点，对革命形势和革命的基本力量——工人与农民——的力量和觉悟估计得实际一点。

但是，这种思想，在革命激荡的年代很难被共产国际和中共党内的主流派思潮所认同。

但是，平心静气考察英国、法国资产阶级革命以来的历史，看看俄国1905年革命和1917年十月革命以来的历史，再看看辛亥革命、五四运动以及新中国成立以来的历史，不能不承认陈独秀的这个思想是非常深刻的。在欧洲和俄国，从中世纪的封建社会走出来时，无论从民主主义思想的启蒙到资产阶级革命的发生、取得胜利，还是从马克思主义的传播到无产阶级政党的产生、无产阶级革命的爆发，再到十月革命的胜利，都经过了几百年的很长的过程；再要到共产主义的实现，更不知还要经过多少个世纪。陈独秀当时说"可能要一百年上下"，已经是极而言之，但还是估计不足。

如追随陈独秀半辈子革命的郑超麟在陈独秀逝世时写的悼文所述：单从西方民主主义思想启蒙与革命运动、社会变革的规律来看，典型的法国大革命，先是有伏尔泰、孟德斯鸠、卢梭等思想家批判封建主义、提倡民主主义的启蒙运动，以提高国民的觉悟，半个世纪以后，才有18世纪末叶的法国大革命。马克思主义在空想社会主义传播半个世纪以后的19世纪中叶产生，又过约半个世纪，到20世纪初的1917年才发生无产阶级的十月革命，诞生了第一个社会主义国家。就是说，在欧洲，从民主主义思想的启蒙运动，到马克思主义思想和政党指导下的革命运动，花了约150年的时间。①

而在中国，从1915～1919年的启蒙运动到1920～1921年马克思主义传播和建立无产阶级政党，只有五六年的时间。除了少数人如李大钊、陈独秀比较熟悉并信仰马克思主义之外，绝大多数先进分子还在别的各种错误思想中徘徊，更不要说广大人民群众了。这说明，中国要在几年时间里走完西方150年所经历的思想、革命、社会变迁历程，必然会遇到许多西方和俄国没

---

① 参见意因（即郑超麟）《悼陈独秀同志》，中国托派多数派机关报《国际主义者》第3期，1942年，油印件。

有遇到过的问题。这是对陈独秀等共产党人严峻的考验。

然而，也正是因为中国当时所处世界的动荡和新思潮的传播，才使中国先进分子产生种种错觉，以为既然西方民主主义和资本主义制度已经过时了，马克思主义和共产主义思想已经来临，那么中国就可以不必走西方已经走过的几百年弯路，而是可以直接走上无产阶级革命道路，实行共产主义。殊不知，先进的思潮可以很快传到中国，个人的世界观也可以在很短时间内从民主主义转变为马克思主义（像陈独秀、李大钊、毛泽东那样），但是，社会的改造，不管是政治制度、社会结构等，还是全体人民思想习俗，从封建主义变为共产主义，是绝对不能在几天、几年、几十年的时间内可以完成的。

从这里，我们可以看到当时陈独秀思想中的价值、尴尬与无奈。一方面，他顺应了历史发展的潮流，较快地从民主主义者转变为马克思主义者，并担任了共产党的领袖；另一方面，他又必须"尊重客观规律"，"不要急"，还是先要统一思想，特别是先进分子要统一思想，就是如包惠僧说的："陈独秀主张各种思想争鸣，自由发展，信仰自由，让各种思想都暴露出来，由人民群众评论谁是谁非。"①

所以，要不是广州实在待不下去，陈独秀不一定这时就接任共产党领导工作。

形势强于人，陈独秀就在这样的思想状态下，从广州来到上海，正式担负起中共中央局书记的角色，主持起中国共产党最初年代的工作。

创建中共的全国性组织

尽管陈独秀上任时还有以上"慢慢来"的思想，但他干起来一点也不消极。他就是这种风格：要么不干，要干就雷厉风行。

在20世纪50年代联共中央移交给中共中央的原共产国际中共代表团档案中，有一份用毛笔写的《中央局议决通告》，落款是"一九二一年十一月中央局书记 T. S. Chen"。② 这是迄今为止发现的中共中央第一个工作文件，而且从其苍遒的笔迹和署名来看，这是陈独秀亲笔起草并签发的。这个文件

---

① 《包惠僧回忆录》，第 367 页。
② 陈独秀的英文名缩写。在后来托派时期，内部化名为"D. S"，当时的翻译不规范，所以有人把"独秀"简译成"T. S."，有人译成"D. S."。

表明，陈独秀回上海后经过一个多月的准备，就担负起了建立中共全国组织并领导全国革命的工作。

其实，在这一个多月的时间里，他主要处理了两个很麻烦的事件，排除了对中共领导中国革命的两个重大的干扰。

第一件事是与马林的冲突。马林染上当时俄共和共产国际看不起中共的毛病，在工作中表现出不尊重中共中央的傲慢作风。马林本来就对陈独秀不参加一大有意见，更对陈当上中央局书记后迟迟不回上海主持工作很不满意。他召集张国焘、李达、周佛海、包惠僧开会，指出陈独秀当选中国共产党书记，应该尽到责任，不能由别人代替，一个国家的共产党领导人，不能在资产阶级政府里做官。于是才决定派包惠僧到广州把陈接来。

陈独秀到上海后，发现在诸如中共与共产国际关系、与国民党的关系，党的建设和革命策略等一系列问题上，中共与马林有着广泛的分歧，并在几件具体事情上，爆发了冲突。一是共产国际远东局派来帮助建党工作的正式代表尼柯尔斯基根据指示，提出"党的领导机关会议必须有他参加"，马林向国际报告说："中国同志不同意这样做，他们不愿意有这种监护关系。"① 当时中共还没有加入共产国际，陈独秀及党中央这样的态度，无可置疑；二是马林不征求中共中央的意见，擅自密派张太雷赴日本联络社会主义者参加即将在俄国召开的"远东各国共产党及民族革命团体第一次代表大会"（简称远东劳苦人民代表大会）；三是张国焘与马林商定，关于一大后成立的专门指导全国工人运动的机构"劳动组合书记部"的计划和预算，决定接受共产国际的津贴，给工作人员发薪金。马林认为："中国共产党从成立起就编入了第三国际，是国际的一个支部"，要受国际的领导和经济援助，这是无产阶级国际主义和世界革命的需要，"你们承认与否没有用"。② 这种情况，再加上张国焘心术不正，挟马林以自重，封锁中国同志，更造成马林与中国同志之间的对立。李汉俊、李达等都对马林的傲慢态度和张国焘的附庸作风十分不满。

陈独秀作为中国党的领导人，自尊心更是受到极大伤害，斥责张国焘和马林的观点是"雇用革命"，强调："中国革命一切要我们自己负责，所有

---

① 《马林向共产国际执行委员会的报告》，1922 年 7 月 11 日，《马林在中国的有关资料》，人民出版社，1980，第 12 页。

② 《包惠僧回忆录》，第 370 页。

党员都应无报酬地为党服务，这是我们所要坚持的立场"；"我们应该一面工作，一面搞革命。我们党现在还没有什么工作，要钱也没有用，革命要靠自己的力量尽力而为。我们不能要第三国际的钱"。① "革命是我们自己的事，有人帮助固然好，没有人帮助，我们还是要干，靠别人拿钱来革命是要不得的。"②

陈独秀介绍包惠僧到重庆师范学校去教书，主张同志们应从独立生活的环境中去发动革命，不要以革命为职业。

就这样，陈独秀与马林的关系闹得很僵。二人谈了三四次，总谈不拢。有一次，张太雷企图调解二人关系，劝陈独秀说："全世界的共产主义运动都是在第三国际领导之下……中国不能例外。"不料，陈独秀把桌子一拍说："各国革命有各国情况，我们中国是个生产事业落后的国家，我们要保留独立自主的权力，要有独立自主的做法，我们有多大的能力干多大的事，决不让任何人牵着鼻子走。我可以不干，决不能戴第三国际这顶大帽子。"③说完了拿起皮包出门就走。张太雷仍然笑嘻嘻地请他坐下来。陈不理，很气愤地走了。

于是，陈独秀几次拒绝马林要与他会晤的要求，并要共产国际撤换马林的代表职务。张国焘甚至认为"他在那里筹谋撇开马林，独立进行工作的计划"。马林也对陈有绝望之感，挑动张国焘来领导共产党。他向张表示："陈独秀同志回来已经两个多星期，拒绝和我会面，他的言论又简直不像一个共产主义者，这样如何可以负起书记的责任。你为何不丢开他，自己领导起来。"他甚至鼓励张像列宁当年反对普列汉诺夫那样，"反对他的老师"。④

第二件事是再次被捕。荷兰王国阿姆斯特丹国际社会历史研究所保存的系统的斯内夫利特（马林）档案表明：至少从 1920 年 12 月起，荷兰政府就知道马林"特受莫斯科第三国际派遣去东方完成宣传使命"，"进行革命煽动"，并通知马林护照上允许经过的各国政府设法"阻止他得到签证"；尤其得知他将来华的消息后，更"提请中国政府注意"，"务必不使之入境"。虽然这一切企图都未得逞，但马林在奥地利被驱逐，经意大利、新加坡来到上海的行程，都在各国警方及荷兰驻华公使、英国驻华公使及荷兰驻

① 张国焘：《我的回忆》第 1 册，第 59～160 页。
② 《包惠僧回忆录》，第 7 页。
③ 《包惠僧回忆录》，第 431 页。
④ 张国焘：《我的回忆》第 1 册，第 161 页。

沪总领事的监视之中。① 因此，在法租界贝勒路树德里 3 号（现为兴业路 76 号）召开的中共一大虽然采取了严密的保密措施，中途还是被侦探侵扰，最后一天通过各项决议和选举，不得不转移到浙江嘉兴南湖的游船上举行。而陈独秀回到上海后，由于与马林接触，也引起租界巡捕房的注意。

再说，陈独秀 1920 年春节前脱离北洋政府警察的监视后，从广州回到上海，由于广州的反陈派大肆宣传、造谣，诬蔑陈主张"万恶孝为首，百善淫为先"，也引起了上海北洋当局的注意，于是上海密探也跟踪起陈独秀来。看到他与马林相会，一位密探捕风捉影，竟然编出这样的情报来：

> 广州见陈独秀主张万恶孝为首，百善淫为先等词句，故极端反对。全省人民请求陈炯明省长将其驱逐出境。陈不得已避居琼岛。彼处人民亦不容留。万分无法，遂即潜行来沪与在申一般无聊政客即第一第二两届议员相周旋。恰有俄之过激党徒古立脱甫（即马林原名"斯内夫利特"——引者）来至上海，正拟传播该项主义无人与其接洽之际，陈独秀遂往见焉，自称为中国过激党首领。古立脱甫欢迎之极，接洽妥协立拨巨款交陈，请其酌派相当之人分赴各省积极煽惑一般劳动界为入手，然后渐及军人，以蒙俄攻至张家口，北京必致动摇，届时彼辈为全体一致起事之期。②

可以说，这个密探的想象力相当的丰富。

于是，10 月 4 日，陈独秀在家中被捕，同时被捕的有妻子高君曼、党员杨明斋、包惠僧、柯庆施，并搜出《新青年》、《共产党》、《劳动界》等刊物。在捕房登记时，陈独秀用假名"王坦甫"，以为掩护。但是，随后去陈家拜访的国民党名人褚辅成（北京众议院副议长、上海法学院院长）、邵力子被蹲守在那里的暗探逮捕，带到捕房，褚一见陈独秀就拉着他的手说："仲甫，怎么回事，一到你家就把我带到这儿来了！"于是，陈独秀的身份暴露。褚、邵二人弄清身份后放了。陈独秀即嘱咐包惠僧等人，不可说出共产党的实情，一切都推在他身上，以争取陈一人在狱，其

---

① 《荷兰政府与各国警方密切监视斯内夫利特东来》各件档案，《马林与第一次国共合作》，第 2～15 页。
② 《步军统领衙门探员刘汉超等关于苏联共产党人在北京、沪、鄂活动情报》，中国第二档案馆藏。

余人先行获释。因为，被捕前陈曾接到马林一封长信谈及中共工作，他怕此信落到巡捕手中，可能要判他七八年徒刑。第二天审问时，法庭企图追查共产党的关系，认为其余人是陈独秀的党徒。陈独秀据理力争，说他们是我的客人，高是家庭妇女，客人陪我太太打牌，有事我负责，与客人无关。

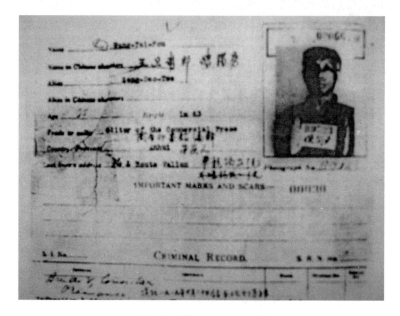

陈独秀被捕后在法租界巡捕房的登记

陈被捕一事在报纸上披露后，全国又掀起营救浪潮，但起关键作用的却是马林。因案子发生在法租界，马林立即利用西方法制，花很多钱聘请著名律师巴和出庭辩护，又找铺保保释，并打通会审公所的各个关节。26 日，法国副领事宣判："搜获书籍虽多，尚无激烈言论。"唯查出《新青年》因有"过激"文字，判罚一百元了案。[①]

若如张国焘所说，马林本来可以乘此机会除掉与他不合作的陈独秀，扶持张国焘为中共领袖的。但马林却如此大力营救陈独秀，可能是因为陈独秀是被俄共中央和共产国际十分看重的人，马林是不能凭个人好恶弃之不顾或不予救助的。

---

① 《民国日报》1921 年 10 月 6 日、20 日、27 日。

由于在这次营救中，马林出了大力，加之陈独秀本是一个重感情、重实际的人，从开展党的工作的实际出发，他与马林和解了。二人"和谐地会谈了两次，一切问题都得到适当解决"。从此，中共接受共产国际的领导和经济援助（据陈独秀1922年6月30日给共产国际的报告：已收到"国际协款"16655元，中共自行募捐只1000元，半年中全部支出，主要用于工人运动和印刷宣传）。

陈独秀表示：中共拥护共产国际，对其代表在政策上的建议自应尊重；马林也做了妥协，收敛了自己傲慢的态度，表示一切工作完全由中央负责领导，作为共产国际代表，他只与中共最高负责人保持经常接触，商谈一般政策。

两天后，陈独秀对包惠僧说："派你到武汉去工作，负党的责任兼任劳动组合书记部武汉支部主任。今后党不开支经费，只由劳动组合书记部接受赤色职工国际的经济支援。你的生活费由劳动组合书记部开支，你今后不要教书或当记者，做一个职业革命者好了。"①

陈独秀离开北京大学后，当然是一个"职业革命者"，但他不需拿共产国际的钱。一是他由在商务印书馆工作的沈雁冰联系，在商务印书馆担任名誉编辑，工作虽然不能做太多，但可以支取一点生活费。二是他经常发表文章和演讲，有稿费。三是他还不断有著作出版，1919年，群益书社出版了他的《汉译英文选》，亚东图书馆出版了他著的《模范英文教科书》的第一、二册。1922年，亚东又出版了他的《独秀文存》，主要是他在《新青年》上文章的汇编。此书十分畅销，出版后两个月内就售出6000册。那时的版税高，此书的版费，竟然补贴了陈独秀此后大半生及其一家人的生活费。

陈独秀排除了以上干扰，就全身心地投入到中共初创时期的工作中，首先是建立中共的全国组织。由于马林已在10月下旬离开上海去南方，上述中共中央第一个《通告》可以视为中共中央独立做出的。它文字简练，布置各区委以下工作任务：

（一）上海、北京、广州、武汉、长沙五区早在本年内至迟亦须于明年七月开大会前，都能得同志三十人成立区执行委员会，以便开大会时能够依党纲成立正式中央执行委员会。

---

① 《包惠僧回忆录》，第8页。

（二）全国社会主义青年团必须在明年七月以前超过二千团员。

（三）各区必须有直接管理的工会一个以上，其余的工会也须有切实的联络；在明年大会上，各区代表关于该区劳动状况，必须有统计的报告。

（四）中央局宣传部在明年七月以前，必须出书（关于纯粹的共产主义者）二十种以上。

另外，关于劳动运动，议决以全力组织全国铁道工会，上海、北京、武汉、长沙、广州、济南、唐山、南京、天津、郑州、杭州、长辛店诸同志都要尽力于此计划。

关于青年及妇女运动，请各区切实注意；"青年团"及"女界联合会"改造宣言及章程日内寄上，望依新章从速进行。

半年多的时间里，要完成这么艰巨的任务，说明陈独秀当时的工作态度是十分积极的，也说明党中央从一开始就高度重视工青妇的工作，是全面领导中国革命。

而且，1922 年 6 月 30 日陈独秀给共产国际的报告表明，这个工作计划在"明年七月"即中共二大前出色地完成了。一大时"只有党员五十余人"，二大时达到"一百九十五人"，超过了 150 人的指标。五大区委得以成立，因此在中共二大上正式成立中央委员会，陈独秀当选为委员长。

为了进一步健全全国组织，在 1922 年 6 月给共产国际的报告中，陈独秀提出了下一步的目标是：在全国各都会增设支部；多收工人党员，务求居全数一半以上。

第一年的辉煌业绩

相对于中国这个大国来说，当时尽管党员这么少，但在陈独秀为首的党中央积极领导下，依然发挥星火燎原的精神，一年里开展了大量的革命工作。

第一，利用一切机会进行革命宣传，扩大党的影响。1922 年元旦，根据陈独秀的提议，上海共产党全体党员和团员，与朝鲜社会主义青年团团员100 余人，工人 50 人，在上海市内散发"贺年帖" 6 万张。此帖一面写"恭贺新禧"，另一面写共产主义内容的口号和"太平歌"歌词，如"天下要太平，劳工须团结。万恶财主铜钱多，都是劳工汗和血"；"推翻财主天下悦"，"不做工的不该吃"等。同时又在"新世界"等群众聚集处，散发反帝国主义和本国军阀的传单 2 万张。群众见了说："不得了，共产主义到上海了。"①

1 月 15 日是著名的马克思主义者李卜克内西、卢森堡殉难两周年纪念日，各地党组织都在本地举行纪念会，散发了 5000 本纪念册。在上海全体党员联络几个革命团体举行的纪念会上，陈独秀任大会主席之一，并做演讲。广州党组织的这次活动，吸收工人 2000 多人参加游行。② 5 月 5 日是马克思诞辰纪念日，各地党组织又开纪念会，散发马克思纪念册两万本。另外，1 月，在华盛顿召开美国倡议的太平洋会议期间，上海散发小册子传单六万份，揭露帝国主义对弱小民族的侵略。

1922 年 6 月 15 日，中共中央发表第一次对于时局的主张，散发 5000 份小册子，表明中共联合国内民主派反对军阀统治的立场。

同时，中央还设立了"人民出版社"，印行马列和共产主义书籍 12 种，每种 3000 本。

以上这些，使刚刚诞生的共产党得以在中国政治舞台上树立起一面特殊的旗帜，较好地扩大了影响，为争取群众，进行革命斗争，迈出了良好的第一步。

第二，全党工作的重点在劳动运动方面，因此陈独秀在这上面花费的精力也最多。

中央设立了"中国劳动组合书记部"，并在北京、汉口、长沙、广州设立分部，作为指导全国工人运动的公开的合法的机构。中央指示各地区委领导人直接负责开展工运工作。书记部在上海发行《劳动周刊》，最多时一期5000 份。至第 41 期被查禁，共发 16.5 万份。这时的工人运动因处于初级阶段，主要是对工人宣传教育，提高觉悟，同时发动和参加工人反对资本家残酷剥削和压迫、争取改善待遇而举行的罢工斗争，并在此基础上帮助工人组织自己的工会。

劳动组合书记部的工作本由张国焘负责，1921 年 10 月后，张因率领中

① 《中共中央执委会书记陈独秀给共产国际的报告》，1922 年 6 月 30 日，《中共中央文件选集》（1），第 28 页；《陈望道谈话记录》，《复旦学报》1980 年第 3 期。
② 《民国日报》1922 年 1 月 16 日；《中共中央执委会书记陈独秀给共产国际的报告》，1922 年 6 月 30 日，《中共中央文件选集》（1），第 28 页。

国代表团参加莫斯科远东劳苦人民代表大会离去。李达主要负责人民出版社的工作。马林已经表明不再干涉中共的具体事务，并不久就离开上海，到南方去拜访孙中山，考察国民党地区的政治形势。于是全面领导工人运动的工作就由陈独秀一人承担。从宣传教育到建立机构，从发动罢工时机到注意斗争策略，从结束罢工的谈判条件到工会的建立和巩固，等等问题，往往是由陈独秀直接与工运骨干、工人代表协商决定。

据现存资料不完全的统计，从 1921 年 11 月至次年 5 月，陈独秀在报刊上发表了 10 多篇专门指导工人运动的文章。如《告做劳动运动的人》一文就全面阐述了工人运动的纲领和政策。

首先，文章指出工人运动的主要对象是工厂、矿山、交通（铁路、轮船）部门劳动的"近代产业工人"。因为这三种劳动是资本主义制度的产物。这些工人"是可以做无产阶级之中坚与资产阶级战斗的；无产阶级倘失了这中坚，便没有和资产阶级战斗的能力"。

这一点认识，对于在产业不发达、小资产阶级和其他各种劳动者占优势的中国活动的共产党来说，非常重要，使中共一开始就建立在近代产业工人的基础上，保证了它的阶级性质和先进性。

其次，关于工人运动的最终目的和策略，文章指出："自然是要造成劳动者的国家，劳动者的世界；但是在这力量未充足的时期，便不得不采取各种和劳动界战斗力相应的战略。"为此，"劳动者在自己阶级（即无产劳动者阶级）没有完全力量建设革命的政府以前，对于别的阶级反抗封建式的政府之革命党派，应该予以援助"。

这个认识表明，陈独秀已经纠正了建立共产党发起组时那种直接进行社会主义革命的思想。这个认识的确立，对于即将召开的中共二大通过民主革命的纲领，具有重大的意义。

最后，对于工人斗争的主要手段罢工，文章提出了谨慎发动、审时度势、尽量争取胜利的原则，指出："罢工自然是劳动者对资本家的唯一武器，但实行罢工时必审度资本家企业状况及劳动市场底供求状况；因为若在资本家企业失败时或劳动市场供过于求进行罢工，罢工失败，是劳动运动最大的打击。"

此外，文章还论述了工人组织与政治党派的关系，"最应该亲近"共产党，而与别的党派划清界限；工人团体（工会）自然首先在本地区本行业建立，但应该"进而联合各地方的团体组织一个省的劳动团体，更进而联合各省的团体组织一个全国的劳动团体"，等等。①

所有这些充分显示，一个从事建党和工人运动才两年的共产党领袖，在理论政策和策略上，已经相当成熟，有了丰富的理论修养和实践经验，而没有国际工人运动中通常发生的机会主义因素。他是一个称职的领导人。

随着工运工作的开展，各地很快出现罢工斗争。陈独秀密切注视斗争动向，及时揭露帝国主义反动派及黄色工会破坏罢工的阴谋，协调各地区工人加强团结，互相支援。例如，香港海员罢工爆发后受到长辛店、武汉等地工人的声援，陈独秀即指出这"是中国劳动阶级觉悟的第一声"，"因为他们觉悟到无论是路工是海员，无论在广东在他省，都同属一个劳动阶级，都应该互相援助，这就叫劳动阶级的觉悟"。同时针对香港海员的雇主多是英国人和日本人的具体情况，教育工人除有阶级觉悟外，"还应该加上民族的感情"，劝告宁波水手万万不可"贪小利"而被招雇，"破坏同行而又同胞的广东水手团体"。②

为了帮助工人从黄色工会中摆脱出来，成立工人自己的工会，陈独秀发表多篇文章，揭露黄色工会的欺骗性。在陈独秀党中央的直接领导下，1922年上海发动了六次较大的罢工斗争，并在这基础上逐渐成立共产党直接领导的工会。工人们纷纷离开原来的"招牌工会"。那些招牌工会不甘失败，在1921年11月，以中华劳动联合会、中华工会、中华全国工界协会、中华印刷联合会的名义，成立"上海各业工团总联合会"，与共产党争夺工人群众。陈独秀即揭露说：从前军界有"点名发饷"的规矩，于是多的不过几千人，少的甚至于数百人也称军称师。"现在上海有许多工会也是虚张声势的挂起中华中国全国总工会、联合会等等好看的招牌，其实他们底内容不但外省没有支部，就是在上海的会员也并没有几个真正工人，内中还有一个号称全国总工会的只有会长一名、会员一名，人家称他做'一个把总一个兵的工会'，你说可笑不可笑"；"工人、军人都是国家重要分子……我们希望有好的军人、真的工人速速有以自救，勿使军队、工会为国人所厌弃，这才是国家底幸事呵！"③

---

① 《先驱》第 7 期，1922 年 5 月 1 日。
② 《答上海工界》、《"宁波水手"》，《民国日报》1922 年 2 月 6 日、10 日。
③ 只眼：《工人与军人》，《民国日报》副刊《觉悟》1921 年 11 月 18 日。

当时虽然党员很少，但由于大家出色的工作，一年内仅上海就成立了烟草、机器、印刷、纺织、邮务五大工会。北京成立了京汉铁路及京绥铁路工会。武汉成立了京汉铁路工人俱乐部，人力车夫、扬子江铁厂和烟草工人三个工会。长沙组织了粤汉铁路工人和萍乡路矿工人俱乐部。在这个基础上，陈独秀1922年6月给共产国际的报告提出今后的打算是：集中力量组织全国五个大的产业组合：全国铁路总工会、全国海员总工会、全国电气工人总工会、全国机器工人总工会、全国纺织工人总工会；组织三个地方总工会：上海、广东、武汉；设立四个工会职员讲习所（即培养工会干部的党校——引者）：北京、上海、汉口、广州。

可见当时陈独秀党中央对中国工人运动的宏伟规划和巨大热情。相对于当时只有195名党员的共产党来说，这样的工作成绩和规划，不能不令人肃然起敬。

就这样，在中国共产党的领导和推动下，很快出现了中国历史上第一次工人运动高潮。据不完全统计，1922年全国罢工达100次，罢工工人数21万。而且，由于贯彻了陈独秀提出的谨慎发动、争取胜利的原则，再加上反动当局和资本家初次面临如此规模的罢工潮，没有经验，惊慌失措，大多数罢工都取得了胜利。故而这年有"中华劳动运动新纪元"的美称。

国共合作问题上的努力与困惑

1922~1924年，使中共党史、中国革命史发生重大转折的事件，是国共合作。这也是给陈独秀一生带来辉煌同时又带来灾难的事件，还是中国史学界至今争论不清、莫衷一是的复杂问题。

马林（原名斯内夫利特）出生于荷兰一个贫苦工人家庭，在资本主义的荷兰也处于被压迫被剥削的地位，很早就信仰社会主义而投身工人运动，并同情荷属殖民地印尼人民反对荷兰殖民者的斗争，参与了印尼共产党的建立。在斗争中，他获得了与资产阶级民主派结成统一战线的经验。1920年，他又赴莫斯科参加了共产国际第二次代表大会。在这次大会上，他以自己的斗争经验，衷心拥护列宁提出的殖民地半殖民地国家民族民主运动与无产阶级革命运动相结合的理论，会后被派往中国。于是，中国的斗争就成为他贯彻这种理论和运用统一战线策略的广阔的试验场。

可能正是出于对这种世界革命及其理论和策略的信仰和忠诚，所以他能较迅速地结束与陈独秀为首的中共中央在一些具体问题上的冲突，1921 年 10 月下旬由张太雷陪同，到南方去考察国民党控制地区的状况，并与孙中山等国民党领导人直接接触。当时广州正在举行的香港海员大罢工及其与国民党的关系，给了他深刻的印象。这次反英大罢工于 1922 年 1 月 12 日爆发，6000 多香港海员参加，3 月初即增至十万人。罢工坚持 56 天，终于迫使港英当局让步。在对中国南方的形势和国民党的情况做了比较深入的了解和研究以后，1922 年 3 月中旬，他在上海向中共中央提出了共产党员和青年团员加入国民党，以党内合作形式建立革命统一战线的建议，并要中共中央迁往广州，遭到陈独秀党中央的断然拒绝，气得马林在给共产国际的一封信中把中共说成"早产儿"。①

7 月，他到莫斯科，向共产国际详细报告了中国革命运动状况。报告显示，他的确对中国进行了广泛而深入的调查研究，并用马克思主义阶级斗争的观点进行了分析。

第一，关于形势，报告说：上海这个中国最大的工业中心，"没有我们所理解的那种工人运动"。巴黎和会"在知识分子中引起的强烈冲动，已经完全消逝，学生运动的领袖们从中国政府得到了出国深造的机会。因此，学生的组织从那时起也变得没有价值了"。"整个生活从政治上看仍在外国势力控制下，还没有一个训练有素的阶级能在当前这个时代指出前进方向。"

第二，关于工人阶级，报告说："现代产业工人的人数甚少……仍然是中国人口中很少的一部分"，而且"来自贫苦农民中的劳动力却为数众多。到目前，大部分工人同在农村的家庭保持着联系"。"工人绝大部分目不识丁。"

第三，关于农民，报告说："中国人口的大部分是农民，他们虽然穷，但几乎都是小有产者。内地人同外界的资本主义几乎没有联系。""农民群众对政治完全漠不关心，也不会发挥任何政治作用。他们消极地忍受着频仍的军阀混战。"

第四，关于南方和国民党，报告："关于中国运动及其前途，上海给了我一个悲观的印象。到了南方我体验到，有可能进行有益的工作，而且工作定会卓有成效的。有一些省城，我发现中国青年对社会主义总是非常感兴

---

① 《马林致共产国际执行委员会的信》，1923 年 6 月 20 日，《马林与第一次国共合作》，第 243 页。

趣。"他认为国民党的性质"是民族主义的"。孙中山三民主义的"党的纲领为各不同派别的人入党提供了可能性"。国民党由四种人组成：知识分子、华侨（资产阶级分子）、士兵（没有社会地位，处境恶劣）、工人。香港海员大罢工期间，"广州的共产主义小组同罢工海员没有联系，也没有采取任何行动支持罢工"，而"国民党同罢工者之间联系非常紧密，在广州、香港和汕头大约有 12000 名海员加入了国民党"。报告还说国民党领导人"对俄国革命都持赞同态度"，并愿意共产党在国民党内进行共产主义宣传。

第五，鉴于以上情况，马林再次提出共产党员加入国民党，共产党"改变对国民党的排斥态度并在国民党内部开展工作"的建议，以"通过国民党同南方的工人和士兵取得联系"。同时他也强调共产党"必须不放弃自己的独立性"。

一个原来不了解中国、第一次来中国又不懂汉语的外国人，只通过半年时间的调查，就能写出这样的关于中国情况的报告，应该说是相当出色的。除了他对国民党的观察有点表面化之外，其他情况基本符合当时的实际，远比陈独秀等中共领导人这些激进派实事求是而高明得多。过去一些中国学者说报告高估国民党资产阶级，低估共产党和工人阶级，是站不住脚的。

而且特别要指出，过去和现在，有许多学者把后来大革命失败归罪于党内合作策略时，都追溯到这个策略的始作俑者马林，这是不公平的。因为，马林对这个策略的实施是有条件的：第一，共产党"必须不放弃自己的独立性"；第二，实行这个策略的目的仅仅是使共产党早日走出知识分子的小圈子，通过国民党与工农民众相结合。总之，是一种"借壳发展"的策略，完全是从共产党的利益出发的。可是后来，这个策略被俄共中央操纵的共产国际批准并迫使中共接受后，马林就离开了中国，斯大林接着派鲍罗廷来执行这个策略，在这一过程中，弄巧成拙，被蒋介石反利用，斯大林、俄共中央、共产国际及他们的代表与蒋介石一起，迫使中共完全放弃了独立性，成为国民党的附庸；并且只是为着苏联的民族利益和国民党新军阀的利益而严重损害共产党的利益，最后导致大革命的失败。这个责任是不能由马林来负责，更不能由陈独秀来负责。

马林的这个建议在当时是大胆的创造，完全在人们的意料之外，在国际工人运动和各国革命中也没有先例，所以，史学界称其为"斯内夫利特策略"。

与此同时，从 1920 年共产国际二大后，列宁和共产国际的策略思想也有重大转变，随着十月革命引起的欧洲各国无产阶级革命高潮的退去，列宁更重视殖民地附属国特别是东方各国革命运动的发展，提出了资本主义各国的无产阶级革命与殖民地半殖民地国家民族解放运动互相支援的思想，把马克思的"全世界无产者联合起来"的口号，发展成"全世界无产者与被压迫民族联合起来"。这就意味着这些殖民地半殖民地国家的民族民主革命不再是旧的资产阶级世界革命的一部分（这种革命的结果是建立资本主义），而成了新的无产阶级世界革命的一部分，革命目的本来是想将使这些国家避免资本主义的前途，而向社会主义发展。这就要求这些国家的无产阶级和共产党不但要积极参加民族民主革命，要与资产阶级及其政党建立统一战线，而且要夺取革命的领导权。但是，由于这些国家的政治、经济、文化都比较落后，因此其国内的无产阶级及其政党一般也比较幼弱。这样，列宁主义实际上为这些国家的共产党提出了比俄国共产党艰巨得多甚至难以达到的目标。共产党和工农参加民主革命的结果几乎全被资产阶级甚至封建贵族所利用来改朝换代。中国的民主革命也经历了1927年的失败，才达到1949年的胜利。

　　列宁为了贯彻自己的思想，在1922年1月远东各国共产党及民族革命团体第一次代表大会期间，亲自接见了由张国焘、张秋白（孙中山指派的国民党代表）、邓培（铁路工人）组成的代表团，促进共产党与国民党的合作。他问张秋白和张国焘："中国国民党和中国共产党是否可以合作？"张秋白回答："国共两党一定可以很好的合作！"张国焘也做了肯定的回答，并表示："在两党合作的过程中可能发生若干困难，不过这些困难相信是可以克服的。"列宁很满意。[1]

　　1922年三四月间，在马林于中国向中共中央提出加入国民党的建议时，青年共产国际代表达林前来中国帮助中共召开社会主义青年团第一次代表大会，同时，他也奉命做中共中央和孙中山的工作，提议两党合作，建立革命统一战线。孙中山因看到"国民党正在堕落中死亡，因此要救活它就需要新血液"，[2] 因此，他只同意共产党员加入国民党，实行党内合作。中共中央虽仍不同意党内合作，但对国民党的对立态度有所转变，其结果是接受建立联合战线总路线，[3] 但还是坚持与国民党党外合作。

----

① 张国焘：《我的回忆》第1册，东方出版社，1991，第198页。
② 孙中山与宋庆龄的谈话，转自宋庆龄《儒教与现代中国》，人民出版社，1966，第109页。
③ 达林：《中国回忆录》，中国社会科学出版社，1981，第112页。

陈独秀听取张国焘汇报远东劳苦人民代表大会和列宁接见情况后，深以为然，表示共产国际、世界革命和苏俄是不可分割的，须相依为命，互为声援，共同发展；目前中国革命不是什么工人阶级反对资产阶级，只是反对帝国主义侵略和反对军阀。环顾全国，除国民党可以勉强说得上革命外，并无别的可观的革命势力。对列宁提议国共合作，陈独秀"深表同意"。

于是，就决定按照去年 11 月陈独秀起草的中央通告，举行第二次中共代表大会，并于 1922 年 7 月 16 日至 23 日于李达家中召开。代表的产生方式，有别于其他各次大会，不是各地选举的，"而是由陈独秀、张国焘指定从莫斯科（参加远东会议）后回国的是那省的人就作为那省的代表"。① 结果有 12 位代表参加了这次具有伟大历史意义的大会。根据上述《中央通告》，成立了中央委员会，陈独秀当选为委员长，蔡和森为宣传部长，兼《向导》主编，张国焘为组织部长。

但中共"总觉得国民党有很多毛病，如注重上层，勾结土匪，投机取巧，易于妥协，内部分子复杂，明争暗斗等"，② 陈独秀对于国民党的情况和这些毛病，可以说是太了解了。从 1901 年参加革命起，他就与后来同盟会——国民党的骨干在一起奋斗，关系十分密切，并参加他们组织的励志社、青年会、暗杀团、亚洲和亲会、欧事研究会等小团体，以及拒俄运动、辛亥革命、反袁斗争等一系列活动。但是，他却和苏曼殊、章士钊等几个朋友相约：不加入同盟会。他领导的"岳王会"成员，后来几乎都加入了同盟会，唯独他例外。所以有人说他是"不参加同盟会的同盟会员，不参加国民党的国民党员"。为什么？就是因为他太了解同盟会、国民党的毛病了。

关于"投机取巧，易于妥协"，自然主要是指辛亥革命胜利后把政权让给袁世凯。在力量对比上，袁世凯北洋军阀的力量大于革命派的力量是一个客观原因，但陈独秀主要不满于革命派纲领的错误："误用了不能贯彻革命宗旨的口号"——"排满"，以为推翻清政府就以为革命成功了。"革命功成，革命党消"。

"内部分子复杂，明争暗斗"，最明显的例子是前述 1907～1908 年陈在东京时，他身边发生的章太炎、刘光汉与孙中山之间的钩心斗角和章、刘以

---

① 李达：《中国共产党的发起和第一次、第二次代表大会经过的回忆》，《"二大"和"三大"》，第 587 页。

② 张国焘：《我的回忆》第 1 册，第 212 页。

后的堕落。特别是刘光汉（刘师培）这位旧学根底很深的人竟然由无政府主义者的极左很快被清政府收买，成了同盟会中的坐探，给了陈独秀很大的刺激，直到1926年对柳亚子谈起这件事时，还表示他对同盟会—国民党"内部分子复杂，明争暗斗"的鄙夷之情。而1921年叶楚伧等人对陈独秀在广东教育改革成绩的忽视甚至否定，更加深了陈独秀的这种观察。

至于斗争方式上，"注重上层，勾结土匪，投机取巧"，更是孙中山的弱点——对外依靠列强，尽管列强一再欺骗和欺压他；对内依靠军阀甲反对军阀乙；战斗力量依靠会党（即帮会，往往是"土匪"）和华侨，而不依靠工农劳苦群众。

陈独秀长期以来形成的对国民党的这种认识，使他对国民党没有好感，甚至说出"宁死不参加国民党"的话来。

陈独秀所指国民党的这些缺点，基本上是符合实际的，但也有片面性。如"排满"口号在辛亥革命前具有推动反清革命的作用，不能一概否定。分子复杂、不依靠工农，说明中国资产阶级的软弱，不是孙中山一个人能够克服的，而其重视军事斗争和不屈不挠的精神是一大优点。

因此，马林提出共产党员加入国民党，自然遭到强烈反对，不仅是陈独秀，而是全党反对。1922年4月6日，陈独秀特地给维经斯基一信，郑重表示：

> 马林君提议中国共产党及社会主义青年团均加入国民党，余等则持反对之理由如左：
>
> 共产党与国民党革命之宗旨及所据之基础不同。
>
> 国民党联美、联张作霖、段祺瑞等政策和共产主义太不相容。
>
> 国民党未曾发表党纲，在广东以外之各省人民视之，仍是一争权夺利之政党，共产党倘加入该党，则在社会上信仰全失（尤其是青年社会），永无发展之机会。
>
> 国民党孙逸仙派向来对于新加入之分子，绝对不能容纳其意见及假以权柄。

信的最后强调说："广东、北京、上海、长沙、武昌各区同志对于加入国民党一事，均已开会议决绝对不赞成，在事实上亦已无加入之可能。"①

---

① 《陈独秀致吴廷康的信》，《中共中央文件选集》（1），第15页。

可见当时全党态度之坚决，似是没有回旋余地的。

必须指出，当时陈独秀反对的是党内合作的方式，而不是反对统一战线政策本身。相反，在接受列宁关于殖民地革命的理论后，陈独秀党中央坚决扭转了一大时排斥与资产阶级党派联合的观念，而树立起明确的统一战线观念。就在给维经斯基写信的4月份，陈独秀在上述《告做劳动运动的人》一文中就有所论述。接着，6月15日发表的《中共中央第一次对于时局的主张》，更是以党的决议的方式，向全国宣告：

> 中国共产党的方法是要邀请国民党等革命的民主派及革命的社会主义各团体，开一个联席会议，在上列原则的基础上，共同建立一个民主主义的联合战线，向封建式的军阀继续战争。这种联合战争，是解放我们中国人民受列强和军阀两重压迫的战争。①

可见，这个后来被毛泽东总结为中国革命胜利的三大法宝之一的"统一战线"，早在1922年就被陈独秀为首的党中央自觉地认识到了。而且历史证明，使共产党最后胜利的法宝，恰恰是这个"党外合作"的统战政策。

陈独秀写此信目的是要求维经斯基向共产国际反映，阻止马林的意见成为国际的决定。但是，没料想，共产国际执委会讨论马林报告后，做出了一系列异乎寻常的决定。

首先，共产国际远东局书记维经斯基似乎没有理会陈独秀4月6日信件的意见，而是站在马林一边，在7月18日会议后，立即签署了《共产国际给中国共产党中央委员会的命令》，要中共中央"根据共产国际主席团7月18日的决定，立即将驻地迁往广州，与菲力浦（即马林——引者）同志密切配合进行党的一切工作"。②

这意味着又回到一大后初期的情况，由共产国际给马林这位"钦差大臣"一把"尚方宝剑"，中共的一切工作都得听马林的。

其次，由共产国际负责人拉狄克亲自主持拟定了《共产国际执行委员会给其派驻中国南方代表的指令》，称共产国际认为"国民党是一个革命组织，它保持着辛亥革命的性质并努力创建一个独立的中华民国。因此中国共

---

① 《中共中央文件选集》（1），第26页。
② 斯内夫利特档案第239/3009号，《马林与第一次国共合作》，第77、78页。

产党人应当有以下任务"：

一、"训练能保持独立思想的党员，未来由他们组成中国共产党的核心。"——这表明还是强调把国共合作后的共产党的独立性，放在第一位。

二、"这个党将随着资产阶级、小资产阶级和无产阶级分子间日愈明显的分裂而成长。分裂之前，共产党人应该支持国民党，特别是国民党内代表无产阶级分子和手工业工人的那一翼"。——这表明国共合作只限于统一战线破裂以前，一旦破裂，就应该退出国民党。

三、共产党在国民党内和工会内把拥护共产党的人组织一个小组，在全国开展工作，宣传反帝反封建的思想，组织中华民国。"如果可能，这个组织的建立应取得国民党的同意，但是又应该完全不依赖国民党。"——这是想在国民党内建立一个共产党，即"党内有党"，这是后来造成国共合作出现矛盾并最终破裂的导火索。孙中山及后来的蒋介石的国民党，根本不允许"党内有党"。

四、"中国共产党人最重要的任务是组织劳动群体"。[1]

从这四条内容来看，共产国际关于国共合作的第一个文件，是站在中共的立场上，以我为主，利用国民党发动工农群众进行革命，强调保持共产党的独立性和随时退出国民党的灵活性。而不是后来那样，做国民党的附庸，国民党屠杀时也不退出。

由于马林同时提议"在广州建立一个共产国际与红色工会国际的代表机构"，负责中国、日本、朝鲜三国的革命运动，而且这两个国际"应有一名共同的代表"就足够了，共产国际又做出了《共产国际和红色工会国际发给其派驻中国南方代表的委任书》，委任马林"代表共产国际和红色工会国际在中国南方同党中央委员会联系，并代表我们同南方国民革命运动领导人合作"。[2]——这就是说马林具有了相当于远东局书记的权力。这样，马林不仅是中国的"太上皇"，还是远东的"太上皇"了。

这里，有一个值得注意的现象，这次共产国际做出这么多决定，却没有一个直接令中共加入国民党的决议，而只是又给了马林一把任意处置中共的尚方宝剑。为什么不挑明要中共加入国民党？第一个原因可能是陈独秀4月6日信还是起了点作用。就是说，共产国际一方面无法反驳马林的意见，但

---

[1]　斯内夫利特档案第224号，《马林与第一次国共合作》，第80页。

[2]　《马林与第一次国共合作》，第80页。

另一方面由于中共竭力反对，强调自己的独立性，那就在重申中共独立性的同时，把权力给你马林，等你回去说服中共以后，再由共产国际做出正式决议。——这个令共产党加入国民党的方针能不能通过，最后看你马林的了。

第二个原因，也是最主要的原因是，从当时俄国的外交利益出发，莫斯科正在做联吴反奉的好梦。由于日本与俄国在远东和我国东北地区争夺得很激烈，奉系又依附于日本，而直系为了与奉系及南方的孙中山争斗，有意表现左倾，向莫斯科示好，争取援助；又通过李大钊向共产党和北方工人特别是对于他用兵有重大决定意义的京汉铁路线上的工人群众表示友善。这种利用性的策略，莫斯科和中共竟然不加警惕。正如前述马林所说：俄国人这时"合作的人是吴佩孚，而不是孙中山"。而孙中山却把掌握中原的吴佩孚视为他北伐的主要障碍。他的策略是与奉皖结成三角联盟，先打垮吴佩孚。奉、皖也利用这一点，迎合孙中山的思想，三方互派代表，频繁接触。在1922年6月陈炯明背叛孙之前，踌躇满志，对马林提出的联俄联共政策，不太欣赏，声明在他"胜利结束北伐之前，要与苏俄结成联盟事实上是不可能"[1] 的，现在只考虑与"苏俄建立非官方的联系"。

所以，这时共产国际讨论马林的党内合作方针时，马林还没有说服国共双方同意。再加上当时共产国际执行的是莫斯科的"联吴疏孙"的方针，当然不可能做出明确的决定国共合作的决议和指示，只能静观事态的发展和马林回中国后的工作，以使莫斯科保持进退自如的主动权。

莫斯科这种态度在马林回中国后利用陈炯明叛孙、逼迫孙联俄联共，又以共产国际的权威逼迫中共加入国民党之后，还没有转过弯来。以至于在1922年11月召开共产国际四大时，拉狄克在发言中，当着陈独秀等中国代表的面，竟然还说出要共产党联吴的话来：

> 当吴佩孚同张作霖打仗时，他有长江一线和那里的兵工厂作后盾，但他没有掌握北方的铁路，控制铁路的人被日本人收买了。他是怎么办的呢？他向年轻的共产党寻求支持，共产党派了一些党代表给他。在战争期间，党代表牢牢掌握了铁路，供在那儿进行革命斗争的吴佩孚军队使用。在中国谁进行反对日本帝国主义的斗争，谁就是为中国革命的发展而斗争……后来，工人向吴佩孚提出了自己的要求，也使这些要求部

---

[1] 《共产国际与中国革命资料选辑（1919～1924）》，人民出版社，1985，第174页。

分地得到了实现。由于这样的支持，由于革命的资产阶级力量实现了自己的使命，我们的同志在华北的工人群众中站住脚。①

把吴佩孚视为"革命的资产阶级"，把反日视为革命与反革命的标准，这是多么错误的观念和荒唐的逻辑。

就这样，马林对莫斯科的"联吴疏孙"方针憋着一股气，同时，又以那样的身份和"全副武装"，于8月中旬来到上海，一面命令共产党执行加入国民党的决定，一面做国民党的工作。为此，他与国共两党领导人频繁接触，还把李大钊调到上海，帮助工作。因为李对孙中山和陈独秀都有较大影响。这时，孙中山因受到陈炯明背叛的沉重打击，处于"光杆司令"的极度困难和绝望的精神状态中，所以，非常欢迎共产党和青年团这批"新鲜血液"的输入，以挽救国民党。这也就是他非要共产党人加入国民党、只同意党内合作的根本原因。但共产党内，除了李大钊等个别人之外，陈独秀等绝大多数还是抵制共产国际的方针。

于是，8月28～30日，在马林的要求下，中共中央在杭州召开特别会议，讨论共产国际的决定。会上，由于陈独秀等多数中央委员继续反对马林的意见，发生激烈争论。马林说国民党不是"资产阶级的政党"，而是一个"各阶层革命分子的联盟"。陈独秀反对，强调"国民党主要是一个资产阶级的政党"，共产党员加入国民党，"会引起许多复杂而不易解决的问题，其结果将有害于革命势力的团结"，"混合了阶级组织和牵制了我们的独立政策"。最后，马林只得拿出"尚方宝剑"，说这是共产国际的决定，不同意也得服从。陈独秀无奈地表示："如果这是共产国际的不可改变的决定，我们应当服从。"但他提出的条件是：孙中山必须取消按手模宣誓服从他等封建独裁的入党办法，并根据民主主义原则改组国民党。关于这一点，马林在7月给共产国际的报告中也认为是国民党的缺点，所以是支持陈独秀的。李大钊也表示支持。但张国焘、蔡和森仍反对共产国际的决定。会议表决，最后以多数通过了陈独秀的意见，但没有形成文字决议，提供给中共三大做出决定。

如上分析，当时共产国际并没有正式做出令共产党加入国民党的决议。但是，马林却充分引用共产国际给他的权力，压服了中共中央。陈独秀是一

---

① 《共产国际档案资料丛书》第2辑，第353页。

个言而有信、光明磊落的人，既然服从，就决不搞阳奉阴违的小动作。于是，我们看到他在思想上仍有保留的情况下，行动上却表现出极大的热情，积极贯彻共产国际的指示，密切配合马林的行动。

杭州会议一结束，陈独秀即与马林、李大钊一起去拜访了孙中山。孙听取陈独秀等人关于改组国民党的意见，在 9 月 4 日召集了国民党各省市 50 余名负责人开会，讨论改组问题。会后，在孙中山同意改组并取消入党时按手模宣誓效忠于他的情况下，陈独秀、蔡和森、张太雷由张继介绍，孙中山主盟加入了国民党。6 日，陈独秀等 9 名国民党骨干即被孙中山指定组成国民党政务改进起草委员会。1923 年 1 月 21 日，孙中山又任命陈独秀、廖仲恺等 21 人为国民党本部参议。4 月 10 日，孙中山又以中华民国陆海军大元帅的名义，发布命令，委任陈独秀为大本营宣传委员会委员，与马林共同制订改组国民党的计划。孙中山与其他领导人讨论这一计划后，委托陈独秀修改，制订出一个更详细的计划，最后为孙中山所接受，开始改组工作。

与此同时，陈独秀还发挥其宣传、教育方面的特长，对国共两党内对党内合作方针尚有疑虑或激烈反对的党员做工作，在多家刊物上发表阐述国共合作必要性和迫切性的文章，造成一种重大的舆论影响。

例如，他一接受国共合作方针，就在国民党中央机关报上发表重要文章，宣传国民党的革命性，号召大家都来加入国民党。他认为中国现在政治状况的特点之一是"政党之萎弱"。由于这月中旬刚刚被捕后保释，为了对付反动派的耳目，他故意写道："幼稚的中国无产阶级，眼前还没有代表他的政党出现"，意在说明共产党还"很萎弱"；而"代表资产阶级的政党也很萎弱。这就是中国资产阶级还没有强壮的表征。孤军奋斗的国民党，我们极尊重他有民主革命的历史，现在他还本着民主革命的精神进行，但党员尚少，运用政党政治来代替军阀的力量还嫌不足"，因此要倾覆封建军阀，反抗国际帝国主义，"只有集中全国民主主义的分子组织强大的政党"。①

《民国日报》在刊登此文时，特加"附识"说此文"只称许国民党有民主革命的历史……那么中国要组织强大的政党，最好的方法是全国民主主义的分子都来加入国民党"。

同时，陈独秀的文章还针对有些国民党员担心共产党来赤化国民党的疑虑，指出：中国阶级斗争分为两段路程："第一段是大的和小的资产阶级对

---

① 陈独秀：《对于现在中国政治问题的我见》，《民国日报》1922 年 8 月 22 日。

于封建军阀之民主主义的争斗，第二段是新起的无产阶级对资产阶级之社会主义的争斗。因为中国劳苦群众的潜势力虽然是无限的伟大，但是他们阶级的形成及意识方在萌芽时代，所以他们所表现的，只是组织工会和罢工运动，可以说纯粹为他们自己阶级的政治斗争时期还未成熟。"

对此，《民国日报》在 9 月 14 日发表重要文章《国民党主义并无变更》，解释由陈独秀加入国民党引起的"种种揣测"和"殊多误会"，称："中国国民党为民国惟一之政党，入党手续，中山先生已允加变通……若三民主义五权宪法之党纲，则决无所更变。陈独秀君最近曾有《对于现在中国政治问题的我见》一文（曾载本报来论栏），其加入中国国民党，于思想上亦似无矛盾也。"

总之，陈独秀文章的中心思想是说无产阶级和资产阶级及他们的政党都很幼稚和萎弱，只有联合起来才能打倒强大的军阀和帝国主义，只是因为国民党有民主主义的历史的影响，所以应该把国民党作为这个联盟的形式。

不过，与此同时，陈独秀对国民党的认识，也明显受到了马林观点的影响，改变了过去一贯的特别是 4 月 6 日给维经斯基信中对国民党资产阶级性质的认识。这表现了他理论上的弱点以及思想方法上时有片面性，过于敏感，容易受表面现象所惑及听信他人之言的缺点。例如，9 月 20 日，他为了说服党内反对者，在机关报《向导》上发表《国民党是什么》，竟说："中国国民党是一个代表国民运动的革命党，不是代表那一个阶级的政党；因为他的政纲所要求乃是国民的一般利益，不是那一个阶级的特殊利益；党员的分子中，代表资产阶级的知识者和无产阶级的工人几乎势均力敌。"他的错误在于一个阶级在某个历史阶段提出符合"国民的一般利益"的政纲和党员中有其他阶级的成员，并不能改变这个政党的阶级性质。正如共产党在民主革命时期的政纲是反帝反封建，保护资本主义，允许其他阶级成员入党，并不能改变共产党的性质一样。不过，陈独秀的这个错误观点没有坚持太久，很快就改变了。

由于中共中央接受了以共产党员加入国民党的党内合作方式实行"国共合作"的方针，加上 11~12 月陈独秀率领中共代表团参加莫斯科召开的共产国际四大对此再次加以确认，1923 年 1 月 12 日，共产国际正式做出了关于共产党与国民党合作的决议——《共产国际执行委员会关于中国共产党与国民党的关系问题的决议》。决议的主要内容如下。

一、关于国民党的性质。"中国唯一重大的民族革命集团是国民党，它既依靠自由资产阶级民主派和小资产阶级，又依靠知识分子和工人。"——这同陈独秀一样，是接受了马林的观点，为当时国民党的表面（如支持香港罢工等）所迷惑，抹杀了国民党的资产阶级性质。

二、关于国共合作的必要性和党内合作的形式。"由于国内独立的工人运动尚不强大，由于中国的中心任务是反对帝国主义者及其在中国的封建代理人的民族革命，而且由于这个民族革命问题的解决直接关系到工人阶级的利益，而工人阶级又尚未完全形成为独立的社会力量，所以共产国际执行委员会认为，国民党与年青的中国共产党合作是必要的。""因此，在目前条件下，中国共产党党员留在国民党内是适宜的。"

以上两条，从当时陈独秀发表的文章和演说来对照，陈独秀是接受的。

三、关于加入国民党的原则和目的。原则是：

"不能以取消中国共产党独特的政治面貌为代价。党必须保持自己原有的组织和严格集中的领导机构。"

"中国共产党应当在自己的旗帜下行动，不依赖于其他任何政治集团，但同时要避免同民族革命运动发生冲突。"

"只要国民党在客观上实行正确的政策，中国共产党就应当在民族革命战线的一切运动中支持它。但是，中国共产党绝对不能与它合并，也绝对不能在这些运动中卷起自己原来的旗帜。"

目的是："组织和教育工人群众，建立工会，以便为强大的群众性的共产党准备基础。"

站在中共的立场上，这些规定无疑是十分明确而正确的。中心思想是必须保持中共的独立性。支持国民党是有条件的："国民党在客观上实行正确的政策。"这就意味着如果违背这些原则，失去了这个条件，中共就应该及时退出国民党。

这就表明：除了对国民党性质判断失误外，共产国际当初制定这个方针基本上是正确的。这些正确的方面，明显是受了陈独秀4月6日信的影响。此后，陈独秀在宣传共产国际这个决议时，还强调："此种联合，纯粹是两阶级革命行动之联合，决非两阶级主义之联合，此绝对不容混同者也。"[①]但是，在1925年8月以后，共产国际受了斯大林为首的联共中央的压力，逐渐违背这些原则，剥夺中共的独立性，使其变成任国民党宰割的附庸。陈

---

① 《民主联合战线与劳资妥协》，《劳动周刊》第 6 期，1923 年 5 月 26 日。

独秀在这个过程中也深受其害。

而对于国民党来说，这个党内合作的方针，也是当时的权宜之计。孙中山所以同意甚至欢迎共产党加入，是要共产党接受他领导，真诚地为三民主义而奋斗，而不是借用国民党的旗帜搞什么共产主义。这一点，孙中山也是光明磊落的，他通过 1922 年初《孙越宣言》（孙中山与越飞分别代表国民党与苏联政府签订的协议）公开声明了：共产主义不适合于中国。

所以，这个党内合作的方针，一开始就酝酿着日后必然分裂的悲剧。

陈独秀由竭力反对党内合作的方针转变为积极贯彻这个方针，是他一生中的一个重大转折。对这个转折，也即对这个方针，大革命失败后，他自己在读了托洛茨基的有关文章后，给予了彻底的否定，认为这个方针是彻头彻尾的机会主义的，是造成大革命失败的根源。中国学术界至今还有两种对立的意见：一种是与上述陈独秀的观点相同，认为这是错误的方针；另一种意见认为，方针本身没有错，是当时共产党走出知识分子小圈子、成为全国群众性政党的最好途径。问题是后来斯大林和鲍罗廷执行时犯了错误，没有允许共产党保持独立性，更不允许共产党在合作发生危机时退出国民党。笔者持后一种观点。

唯一的一次莫斯科之行

陈独秀本可以如其他中共领导人那样，多次去"朝拜"当时马列主义的"圣城"、国际共运的中心——莫斯科。但是，他只去过一次——参加 1922 年 11 月举行的共产国际第四次代表大会。这次中共代表团只有三个人，陈是团长，团员是王荷波、刘仁静。王是一个地道的产业工人——津浦铁路浦镇机器厂钳工，建党前就投入工人运动，建立浦镇机器厂工会，任会长，后率此工会加入中国劳动组合书记部北方分部，1922 年 6 月入党，然后就作为代表赴俄，说明当时陈独秀对产业工人的重视。刘仁静实际上是翻译，能说一口流利的英语，因为陈独秀虽然英文不错，但口语不行。所以陈在四大上的报告由刘翻译。当时的陈独秀可以说是"神采奕奕"。时在莫斯科留学的中共旅莫支部领导人彭述之，在已与陈独秀反目成仇后的晚年，还这样回忆说：

> 陈独秀抵达莫斯科时，已是"不惑"之年，四十岁出头了。他中

等身材，前额宽广，留有小胡子，牙齿整齐洁白，体态文雅，待人随和，但警惕性极高；眼神炯炯，闪耀着智慧之光，这就是他的充沛生命力。他的仪表确是与众不同，显然是一位大知识分子型。有时他那悠悠自得的神情几近乎风流倜傥。他是一位健谈者，在不拘形式的谈话中，顷刻间就能把对方征服。他不断地旁征博引，常常是妙语连珠，妙趣横生，确实引人入胜。他能把我们所有听他说话的人逗乐了，甚至是件小事也会逗得我们开怀大笑，直到笑出眼泪来。说他是一位地道的逗人欢乐的人，并不为过。①

这再次说明，陈独秀是个风趣的人。大智者多数是幽默之人，人们没有想到一向在政治和文化阵地上叱咤风云、冲锋陷阵的陈独秀也有此一面，既不是面目狰狞的好斗者，也不是整天板着脸孔的训导士。

参加共产国际四大的中共代表团，前排左一为陈独秀

彭述之感觉，中国代表团没有得到应有的礼遇。他说：会议对"东方国家，特别是中国，在所有应予关心的问题中，却被置于无关紧要的位置上。甚至对陈独秀作为中国新知识分子的领袖，作为五四运动的领袖，作为

① 《陈独秀在莫斯科》，骆星幸译，法国程映湘、卡达尔记录整理《彭述之回忆录》之节录，载唐宝林主编《陈独秀研究动态》第 15、17 期，1999 年 1 月。

中国马克思主义思潮的主要鼓舞者所代表的重大意义，也没有认识到。同时，对陈独秀的出席代表大会，几乎没有引起注意"。因此，陈独秀对中国留学生谈起这次四大时，没有多大热情。为什么这样？主要还是因为共产国际对陈独秀那封 4 月 6 日信和中共中央曾经坚决抵制加入国民党并且总是强调保持共产党的独立性不满。因为在刘仁静代表中国代表团所做的报告中说："我们党根据这一原则（即大会主题"建立反帝统一战线"——引者），已决定和国民革命的政党即国民党建立统一战线，其形式是我们共产党员以个人名义参加国民党。通过这样的形式，我们想要达到两个目的：第一，我们希望通过我们在国民党内许多有组织的工人中进行宣传，把他们争取到我们这边来"；第二，"我们打算在组织群众和通过宣传说服群众方面和国民党竞争……我们能够把群众团结在我们周围，并分化国民党"。①

这代表了当时陈独秀党中央同意加入国民党的真实思想：以我为主，利用国民党。从共产党的立场来说，无疑是正确的。但是，新上任的共产国际远东局书记拉狄克却认为这样想还不够，他以教师爷的口气说："同志们，不要把事情看得太美好，不要过高估计你们的力量。""我们对你们讲的第一句话是：走出孔夫子式的共产主义学者书斋，到群众中去！""不要事先夸耀胜利。这句话很好，正像古代中国圣贤的话一样，应当学习和好好理解（即"学而时习之"——引者）"，并对各国代表说："我们的中国党……把自己关在书斋里，研究马克思和列宁，就象他们从前研究孔夫子一样。几个月前还是这个样子。"②

彭述之说，这时的陈独秀对加入国民党行动上服从，思想上还有保留，在共产国际四大上，"他还力图把这个问题提出来讨论，这样，便遭到来自拉狄克方面的很不是滋味的、带有讽刺意味的反驳"。

可是，就是这个拉狄克，在后来成为托洛茨基得力干将后，严厉抨击加入国民党的方针。

着意培养第一代党的领导骨干

陈独秀这次去莫斯科的第二个目的是物色党的干部。对于共产国际四

---

① 《共产国际档案资料丛书》第 2 辑，第 352、353 页。
② 《共产国际档案资料丛书》第 2 辑，第 354 页。

大，可能由于拉狄克的不礼貌举动，彭述之说，陈独秀"不愿多作评论，而当跟我谈到中国形势的前景时则是滔滔不绝。在这一点上，证明陈独秀不愧为一位乐观主义者"。他当时"最大的忧虑是如何促进中国共产主义的发展"，而最紧急的问题是干部的不足。

随着党组织健全、革命运动开展而要求的党内思想纯洁化和实干能力的提高，建党初期的骨干离去不少，陈独秀深感干部的奇缺。中央机关经常是他一个人说了算。这加深了所谓他的"家长制作风"的传说。1922 年 7 月中共二大召开前，正好第一批留学莫斯科党员回国，于是，他们就作为二大的主要代表参加了会议，相应代表各省党组织，其中有刘少奇、彭黎和、袁达时等。

由于这批党员经过莫斯科党务和革命工作的系统训练，所以都成为党的重要骨干。他们的素质给陈独秀留下了深刻的印象。他发现："他们一经与工人运动相结合，便显示出既能胜任工作又能顽强斗争的可贵品质。"为此，他觉得培养干部的重要，不能靠寻找自发成才的"千里马"，这样来的干部少、慢、难，而要靠自己有计划地培养。鉴于当时在国内没有条件办正规的党校，于是，他打算连续不断地派同志到俄国去，而且一大批在法国勤工俭学的同志也要转到莫斯科学习一段时间再回国。此事与俄国当局协商后得到允许。陈独秀当即给在法国的共产党旅欧支部负责人兼青年团性质的"旅欧少年共产党"书记赵世炎写信，劝其迅速回国。开始，赵世炎不愿去，说"法国华工很多，要搞华工运动，现在离开不好。"陈独秀回信反驳说："你不要只看到法国有多少华工，应该看到中国有多少工人，现在中国需要你们回来搞工作。"后来赵世炎才同意离开法国赴苏。① 这时，旅欧少共也正好为归属国内青年团事要请示陈独秀。

旅欧少共成立于 1922 年 6 月，中央执行委员会是赵世炎、周恩来、李维汉。宣传部长兼机关报《少年》主编是陈独秀长子陈延年。10 月，召开大会，决定加入国内的团组织，成为其"旅欧之部"，并派李维汉回国与团中央接洽。当李到达当时的党中央所在地北京时，陈独秀已经赴俄。少共中央得知后，当即又写信给陈，提出此要求。陈独秀复信批准少共加入国内青年团，但名称应将"旅欧少年共产党"改为"中国共产主义青年团旅欧支部"（因为这年 5 月"中国社会主义青年团"已改名"中国共产主义青年

---

① 郑超麟：《回忆陈延年乔年兄弟》，《怀旧集》，东方出版社，1995，第 122 页。

团")；"中央执行委员会"改为"执行委员会"。同时解释了他们对共青团纲领的两个误解，指示他们在欧活动的方略。与此同时，国内党中央和团中央也在 1923 年 1 月 2 日和 29 日，做出回复，意见与陈独秀相同。于是，旅欧青年团就在 2 月遵循陈独秀指示进行改组，并决定立即派一批同志赴俄深造，然后回国。但是，据彭述之回忆，在做出此决定前，赵世炎、王若飞、郑超麟、陈延年、陈乔年等八人，就到了莫斯科。在吕克斯豪华旅馆与陈独秀代表团举行了一次小小晚会。"陈独秀主持了晚会，发表他自称是庄严隆重的演说，但演说并不遂人意，他两个儿子带着渴望而又叹息的神情听他们的父亲讲话。然而全场却一致鼓掌，总的说来，是沉浸在一片欢乐之中。此时，大家心里充满着的是同一希望，这希望也就是他曾经带给我们的。"

但是，据郑超麟回忆，情况不是这样的：在赵世炎同意赴苏后，只是"陈独秀在莫斯科替我们一行人办了手续，我们才从法国动身赴莫斯科"；"1923 年 3 月 18 日，延年和我们共十人，由周恩来陪同离开法国"，经过比利时、德国，3 月底 4 月初才到莫斯科，而陈独秀早在 1 月初已经回国。

两人说法不同，郑说比较真实。因为他的回忆以 20 世纪 40 年代写的《回忆录》为基础。而彭的说法写于 80 年代。不知道彭说的陈独秀与两个参加共产党后的儿子首次"欢聚"的故事，来自何处。

关于陈氏父子是否有这次欢聚，只是一个小小的插曲，无足轻重。对中国共产党和中国革命具有极其重大的战略意义的是，陈独秀决定利用莫斯科共产主义劳动大学和后来新建的中山大学，自觉地有计划地为中共培养了一大批优秀的领导骨干，即中共第一代领导骨干。这批中共骨干既具有较高的马克思主义理论修养，又有大无畏的自我牺牲精神，更有艰苦奋斗的实际工作能力，他们和陈独秀一起出色地领导了中国 1924～1927 年的大革命，而且大多数都牺牲在那个风云激荡的年代，包括陈独秀的两个儿子，剩下的人很多又成为新中国的第一代领导人。不管这些领导人后来犯过多大的错误，但毕竟改变了整个中国的面貌。——在评价陈独秀的历史贡献时，人们不应该忘记这一点。

莫须有的"机会主义二次革命论"

在传统的中共党史文件和论著中，陈独秀被定为"机会主义二次革命论"的典型代表。然而总结中共 80 多年、国际共产主义运动 150 多年、世界近代史近 400 年的历史，这个罪名完全是莫须有的。

此事起因于 1922 年 7 月召开的中共二大。这年 1 月，为贯彻共产国际二大精神及在莫斯科召开的远东劳动人民代表大会和列宁对中国代表团的接见，实际上决定了中国革命的两个战略问题：一个是建立上述国共合作的革命统一战线；另一个是当前只能进行资产阶级民族民主革命，而不能进行无产阶级社会主义革命，中国革命分两阶段进行。这两个问题的提出，实际上纠正了 1920～1921 年建党时期直接进行无产阶级革命和排斥国民党的倾向，对中国共产党和革命事业的顺利发展是十分及时和重要的。关于革命统一战线的问题，已如前述，采取了党内合作方针。革命分两阶段进行的问题，是在中共二大上解决的。

陈独秀主持起草的《中国共产党第二次代表大会宣言》，第一次向全国公开宣布了中国共产党的纲领，分两部分，最高纲领是："组织无产阶级用阶级斗争的手段，建立劳农专政的政治，铲除私有财产制度，渐次达到一个共产主义社会。"最低纲领是："消除内乱，打倒军阀，建设国内和平"；"推翻国际帝国主义的压迫，达到中华民族完全独立"。即"反帝反封建"。当时的口号为："打倒军阀！打倒列强！"

《宣言》在解释这个纲领时指出："审察今日中国的政治经济状况，我们无产阶级和贫苦农民都应该援助民主主义革命运动"；"我们无产阶级有我们自己阶级的利益，民主主义革命成功了，无产阶级不过得着一些自由与权利，还是不能完全解放。而且民主主义成功，幼稚的资产阶级便会迅速发展，与无产阶级处于对抗地位。因此无产阶级便须对付资产阶级，实行'与贫苦农民联合的无产阶级专政'的第二步奋斗。如果无产阶级的组织力和战斗力强固，这第二步奋斗能跟着民主主义革命胜利以后即刻成功的"[①]。

第二年，即 1923 年 6 月召开的中共三大通过的《中国共产党党纲草案》和《关于国民运动及国民党问题的决议案》，重申了以上内容和资产阶级与无产阶级都幼稚、必须建立联合战线的必要性。

就在这一年，为了宣传、贯彻共产国际对于以上两大问题的一系列指示和决议，以及中共二大和三大的决议精神，陈独秀先后写了两篇重要文章《资产阶级的革命与革命的资产阶级》[②]、《中国国民革命与社会各阶级》[③]。

---

① 《中共中央文件选集》(1)，第 76～78 页。
② 《向导》第 22 期，1923 年 4 月 25 日。
③ 《前锋》第 2 期，1923 年 12 月 1 日。

《资产阶级的革命与革命的资产阶级》（以下简称《资》文），从马克思主义唯物史观的人类发展史规律出发，精辟论述了辛亥革命的前因后果，指出："辛亥革命本身的性质，是资产阶级民主革命……但以革命运动中主要分子而论，却大部分不出于纯粹的资产阶级，而属于世家官宦落下来非阶级化之士的社会；这种非阶级化的'士'之浪漫的革命，不能得资产阶级亲密的同情，只可以说明辛亥以来革命不易完成的原因。"这里如实总结了辛亥革命没有真正依靠中国资产阶级的经验教训，即孙中山的三民主义虽然代表了中国资产阶级的利益，却没有依靠资产阶级的力量。为此陈独秀得出一个重要观点：

> 依世界的政治状况及中国的经济文化状况和在国际的地位，资产阶级的民主革命正负着历史的使命，这是毫无疑义的。半殖民地的中国社会状况既然需要一个资产阶级的民主革命，在这革命运动中，革命党便须取得资产阶级充分的援助；资产阶级的民主革命若失了资产阶级的援助，在革命事业中便没有阶级的意义和社会的基础……因此，我们以为中国国民党应该明白觉悟负了中国历史上资产阶级民主革命的使命，在这革命运动中，不可有拒绝资产阶级之左倾的观念。

这个观点，明显是指陈独秀在国共合作后帮助孙中山注意争取资产阶级参加革命而言，但是，后来在批判陈独秀的所谓"右倾机会主义"错误时，却被说成陈独秀站在无产阶级和共产党的立场上认为民主革命是"资产阶级的革命"（与无产阶级共产党无关），"若失了资产阶级的援助，在革命事业中便没有阶级的意义和社会的基础"，因此便"自动放弃了无产阶级的革命领导权"。——这显然是断章取义的肆意歪曲。

《资》文接着分析中国的资产阶级分为三部分，（一）"革命的资产阶级"，即反帝反封建军阀的；（二）"反革命的资产阶级"，即依附于帝国主义和封建军阀的，又称"官僚的资产阶级"；（三）"非革命的资产阶级"，多数是小工商业家、小资产阶级，对于民主革命取消极的中立态度。因此，陈建议孙中山国民党在争取资产阶级参加革命时，也要注意区别对待，着重争取"革命的资产阶级"，"国民党要想完成资本民主革命的使命，万不可和反革命的官僚资产阶级妥协"。文章又说："我们也知道中国资产阶级势力微弱，尚不足克服封建军阀及国际帝国主义"，所以只有"一条活路"，

"就是与革命的无产阶级携手,打倒我们共同的敌人";而"与革命的资产阶级合作,也是中国无产阶级目前必由之路"。——这里,陈一方面是对国共两党内对国共合作尚有疑虑的人做工作,阐述两党两阶级合作的必要性;另一方面创造性地对中国资产阶级做了区分,虽然对于小资产阶级的革命性估计不足,但是对于毛泽东后来对资产阶级的分析提供了初步的思想资料。

《资》文最后总结以上观点,提出了一个著名的公式:

> 中国国民党目前的使命及进行的正轨是:统率革命的资产阶级,联合革命的无产阶级,实现资产阶级的民主革命。

这是陈为当时已经接受国共合作方针的孙中山国民党归纳的一条正确的道路。

文章提出国民党"统率革命的资产阶级","联合革命的无产阶级",也是当时共产国际和中国共产党认可的正确方针,即"联共"方针。可是,后来却被一些人倒转过来,指责陈主张"资产阶级'统率'民主革命","把革命领导权拱手让给资产阶级",从而把它作为批判"陈独秀右倾机会主义"的铁证!这是何等惊人的歪曲!

在《中国国民革命与社会各阶级》中,陈独秀从"经济落后文化幼稚的中国"社会的特殊状况出发,分别分析了资产阶级、工人阶级和农民阶级的优缺点,即每一个阶级都有它的"两面性"。

对于资产阶级,文章指出,五四运动以来,由于一些城市商联会"加入群众的国民示威运动,即此可以证明中国的资产阶级已经由非政治的态度,发展到和平的政治运动态度,最近更发展到革命的政治运动倾向了"。这就肯定了中国资产阶级革命性的一面,而且以历史唯物主义的观点做了分析:由于第一次世界大战后中国资本主义"企业规模超越了地方的而渐成为全国的,同时又遭遇军阀扰乱之阻碍或外货外资之竞争,经济的要求自然会促起他有政治革命必要的觉悟"。同时又指出:"工商业幼稚的资产阶级,他的懦弱心理,自然不容易赞成革命",因为"他还未脱离利用敌人(列强及军阀)势力发展他自己阶级势力的时期,所以他时常表现出来爱和平怕革命的心理"。"幼稚的资产阶级,至今没有有力的政党,便是它幼稚之征验。"——如此分析中国资产阶级的两面性为以后毛泽东等中共领导人科学分析资产阶级奠定了基础。

关于小资产阶级，他改变了上一篇文章中"非革命"的提法，指出："小资产阶级固不及大资产阶级集中，然其企业因竞争而崩坏，生活不安，也足造成其浪漫的革命心理。"对于小资产阶级知识分子的产生及其革命性，也做了精彩的论述，指出：维新变法、辛亥革命、五四以来的国民运动，"几乎都是士的阶级独占舞台。因西方文化输入之故，旧的士的阶级固然日渐退溃，而新的士的阶级却已代之而兴；现在及将来的国民运动，商人工人农民固然渐变为革命之主要的动力，而知识阶级中之革命分子，在各阶级间连锁的作用，仍然有不可轻视的地位……就是一班非革命的分子，他们提出所谓'不合作''农村立国''东方文化''新村''无政府''基督教救国''教育救国'等回避革命的口号，固然是小资产阶级欲在自己脑中改造社会的幻想，然而他们对于现社会之不安满足，也可以说是间接促成革命的一种动力"。——这也许是他接受胡适批评，纠正了对蔡元培的"不合作"行动全面否定的态度，同时对自己参加过的"工读"运动，也做了新的反思。自然，他也并不否定小资产阶级及其知识分子的动摇性："知识阶级没有特殊的经济基础，遂没有坚固不摇的阶级性，所以他主观上浪漫的革命思想，往往一时有超越阶级的幻象。"

引起后来一些史家猛烈抨击的是这篇文章中对工人阶级和农民阶级的分析。

他一方面说工人阶级在国民革命中是"急进的先锋""重要的分子"；另一方面又指出："因为殖民地半殖民地产业还未发达，连资产阶级都很幼稚，工人阶级在客观上更是幼稚了。详细说起来，产业幼稚的中国工人阶级不但在数量上很幼稚，而且在质量上也很幼稚。"接着他具体分析了工人阶级三部分的状况：第一，"大多数还沉睡在宗法社会里，家族亲属地方观念还非常之重"，尤其是还未与小手艺小商人小农等环境绝缘；第二，"只有少数有了国家的觉悟，有了政治的要求"，在海员和铁路工人罢工中表现出来；第三，"真有阶级觉悟并且感觉着有组织自己阶级政党的工人，更是少数中的极少数"。因此，他认为当时工人阶级"不能成为一个独立的革命势力"，而必须与其他革命阶级结成联合战线。这一点也为以后的共产党全部历史所证明，即是后来毛泽东总结的革命胜利三大法宝之一："统一战线"。

凡是稍微了解一些当时中国工人阶级状况的人，无不承认陈独秀的这种观点和分析是符合实际的。

关于农民，陈独秀也做了两面的分析，指出："农民占中国全人口之大多数，自然是国民革命之伟大的势力，中国之国民革命若不得农民之加入，终不能成功一个大的民众革命。但是农民居处散漫势力不易集中，文化低生活欲望简单易于趋向保守，中国土地广大易于迁徙避难苟安，这一种环境是造成农民难以加入革命运动的原因。然而外货侵入破坏农业经济日复一日，兵匪扰乱，天灾流行，官绅鱼肉，这四种环境却有驱农民加入革命之可能。"

综上分析，文章最后得出两个重要观点：

> 殖民地半殖民地的各社会阶级固然一体幼稚，然而资产阶级的力量究竟比农民集中，比工人雄厚，因此国民运动若轻视了资产阶级，是一个很大的错误观念。
>
> 国民革命成功后，在普通形势下，自然是资产阶级握得政权；但彼时若有特殊的环境，也许有新的变化，工人阶级在彼时能获得若干政权，乃视工人阶级在革命中的努力至何程度及世界的形势而决定。一九一七年俄罗斯的革命就是一个好例。

这两个观点，与上一篇文章中的"国民目前的使命及进行的正轨"一样，在1927年大革命失败、陈独秀被定为"右倾机会主义者"后，长期遭到左倾史家的猛烈批判。

他们一不懂得阶级的人数与阶级的成熟是两回事，二不懂得革命斗争、政治斗争是有组织力量的较量，不是靠人数众多可以取胜的。鸦片战争时，中国人民有四万万，为什么敌不过一小撮英国殖民者，因为四万万人是"一盘散沙"。1923年时，工人和农民（主要指其中的贫下中农）虽然在人数上与地主、官僚资产阶级和民族资产阶级相比有绝对的优势，但在阶级觉悟上，即认识到自己阶级的使命、成立政党并组织起来进行斗争上，还很不成熟，即陈独秀说的"幼稚"。共产党刚刚成立3年，而且人数很少，只有420人，不能有效地组织起全国亿万工农民众；而资产阶级虽然人数少得多，也同样幼稚，但从1894年孙中山成立兴中会开始，已经历了29年的斗争历史，在全国有相当大的政治影响和组织机构，比共产党更有经验，更成熟，少一点幼稚，其"力量究竟比农民集中，比工人雄厚"。

关于第二个观点，左派先生硬是截取头一句话："国民革命成功后，在普通形势下，自然是资产阶级握得政权"，大肆宣扬陈独秀是主张民主革命后建立资产阶级政权，发展资本主义，是典型的"机会主义二次革命论"；根本无视陈独秀接下来说的：像俄国1917年由二月革命后的情况那样，即使民主革命后政权落到资产阶级手中，无产阶级也可能根据当时国内国际出现的有利条件，接着进行无产阶级革命。这个思想也是中共二大《宣言》的精神："如果无产阶级的组织力和战斗力强固，这第二步奋斗能跟着民主主义革命胜利以后即刻成功的。"日本学者江田宪治称这是"两阶段连续革命论"①，绝不是主张在两次革命中间横插一个资产阶级专政历史时期的"二次革命论"。此其一。

其二，在这两阶段连续革命思想中，要想在民主革命后紧接着进行社会主义革命，陈独秀说的条件是"工人阶级在革命中的努力"；二大《宣言》说的是"无产阶级的组织力和战斗力强固"，这自然是指无产阶级要在民主革命中争取革命领导权，只是当时的形势是正在建立国共两党的联合战线，主题是要消除两党内部有些党员对"党内合作"形式的疑虑，阐述国共合作的必要性和重要性，因此未能强调无产阶级在联合战线中要争夺领导权。如果说其在论述这个问题时，有片面性和绝对化的缺点，是可以的。因此引起了后来瞿秋白、彭述之、邓中夏等人的误解。但是在瞿秋白和彭述之指出后，他很快就改正了，并且在大革命初期的工作中，为捍卫共产党的独立性和领导权作了坚决的斗争，说明他的本意中，根本没有轻视工农、自动放弃革命领导权的思想。

其三，陈独秀说的"在普通形势之下，自然是资产阶级握得政权"，也是符合历史发展的一般规律的。综观中国和世界历史，人类走出中世纪时，都要经过民主革命，殖民地半殖民地国家还要加一个民族革命，称民族民主革命，但不管是欧美各国的民主革命，还是亚非拉各国的民族民主革命，民主革命成功后，"在普通形势之下"，政权是不是都落到了资产阶级手中呢？不言而喻。甚至列宁的党参加的俄国1917年二月革命（俄国的民主革命），胜利后的政权也落到克伦茨基为首的资产阶级临时政府手中。这是因为，资产阶级总是比工农阶级成熟早些，有组织的政治军事力量大些。这种情况是不以人们的意志而决定的。所以，马克思提出了无产阶级在民主革命胜利后，不能停顿，要"不断革命"。所以，这种"二次革命论"最早来自马克

① 〔日〕江田宪治：《陈独秀与"二次革命论"的形成》，张晓峰译，《国外中国近代史研究》第22期，中国社会科学出版社，1993，第47页。

思，不是陈独秀独创。

其四，就社会经济发展而言，不管是欧美发达国家，还是像中国这样的落后国家，民主革命成功后，不论政权落到资产阶级手中，还是无产阶级（共产党）手中，都要经过一个资本主义经济的发展阶段，才能过渡到更高一层的社会主义社会，想在封建落后的农业经济基础上直接建立社会主义，是空想的民粹主义。这个道理，陈独秀在当时不可能认识到，大革命后期曾有所悟，20世纪30年代才彻底认识，一再阐述发展资本主义经济的必要性。

总之，陈独秀以上1923年两篇文章的基本思想是正确的，为当时建立国共合作的统一战线做出了重要贡献；他对中国社会各阶级分析也为党在国共合作初期制定正确的路线和政策提供了依据，更为毛泽东在1926年写作《中国社会各阶级分析》提供了思想材料。大革命失败后，把这两篇文章定为"机会主义二次革命论"，是没有道理的。

革命领导权问题上误解的消除

1922~1923年，陈独秀为了宣传国共合作的重要性和必要性，写了不少文章，在中共三大上也说了一些类似的话。尽管如以上分析的那样，他本意并没有放弃共产党的独立性和争取革命领导权的思想，但是在客观上的确引起一些人的误解。这一方面是他爱用"偏颇"的语言文字的缺点（同时，为了使思想明确、尖锐，这也是一种优点）所致；另一方面，也是当时复杂的历史条件（特别是党内合作的条件）下，对于保持独立性和争取领导权等问题，毫无经验、尚待探索的状况决定的。这个问题，即使是共产国际二大及据此精神而召开的远东劳动人民代表大会也是不明确的，因此也导致了中共二大的不明确。二大解决了中国革命分两步走的问题，但是没有解决民族民主革命中的领导权的问题，以及与此相关的联合战线中谁领导谁的问题。一方面是思想上不明确，另一方面在现实斗争中也没有提出这个问题，即只有四百多人的小党（小团体）此时还谈不上去领导别的党派，更谈不上去领导全国规模的革命运动，何况当时的普遍观念（即传统观念）都是"民主革命是资产阶级的革命"。各国的先例，无论是法英美，还是俄国的二月革命，都是资产阶级领导民主革命。共产国际关于国共合作的决议，也只强调保持合作中的独立性，并没有奢望中共去领导国民党和整个革命。应该说，陈独秀当时的思想也处于这种状况。因此他在二大上代表中央局所做的工作报告中说：依据中国社会政治经济的实际情况，当前只能进行民主主义革命。无产阶级只有先帮助资产阶级进行民主主义革命，等到民主革命胜利后，再进行社会主义革命。所以，二大没有提出民主革命胜利后建立无产阶级领导的革命政权问题，却说："民主主义革命成功了，无产阶级不过得着一些自由权利。"① 而在陈独秀的文章中，是把俄国 1917 年二月革命后几个月就发生十月革命建立无产阶级政权，作为特例处理的。

于是，二大精神和陈独秀的思想在当时就被一些人误解，以为他主张在民主革命中放弃革命领导权。第一个起来批评陈独秀的是刚刚被陈独秀从莫斯科带回来的瞿秋白。在陈参加莫斯科共产国际四大期间，由于刘仁静主译英语，更加需要的、精于俄语的瞿秋白就成为中共代表团的主要翻译。他一直随同陈独秀口译会议讲话和笔译文件、大会简报等。瞿当时在莫斯科东方大学执教，多次见过列宁，还是 1922 年参加远东劳动人民代表会议中国代表团的成员。由于他所处的环境、他的学养和勤奋，他对马克思、恩格斯、列宁的原著有较深的研究，可以说在当时成员不多的中国共产党人眼中理论水平是最高的。陈独秀与瞿秋白朝夕相处，见他是自己的同志，又熟悉马克思列宁主义和俄国革命，认识苏共领袖人物，也熟悉共产国际方面的事务，所以对他产生很好的印象。刘仁静说："在共产国际四大上，他和陈独秀谈得很投机，和我关系也不错。"再加上当时干部奇缺，所以，陈独秀就动员他一起回国工作。瞿秋白欣然同意。其实，他这次也不是初识陈独秀，并早有敬仰之情。五四运动期间，他与郑振铎、郭绍虞、许地山等办新文化刊物《新社会》时，曾与郑振铎等一起拜访过"青年运动的领袖"陈独秀。瞿秋白还把这件事，写进了《革新的时机到了》一文中，发表在《新社会》第3 期上。这次回国工作，直接为祖国服务，也是他的愿望。他说：在苏联"研究社会哲学的理论如此之久，而现实的社会生活只有俄国历史及现今的环境，中国社会呢？不仅中国书籍没有，不用说现代的不能研究，就是历史的都不成。于是决定回国一次。"②

回国时，瞿秋白与陈独秀原本同行，但见此时的东北王张作霖竭力反对

---

① 《中国共产党第二次全国代表大会宣言》，《六大以前——党的历史材料》，人民出版社，1980，第 10 页。
② 《瞿秋白文集》第 1 集，人民文学出版社，1953，第 203 页。

"赤化"，残酷镇压共产党，陈、瞿同行目标太大，于是，在到达临近满洲里的一个小站时，瞿秋白先下车，没有与陈独秀一起直达满洲里。然后，二人先后到达北京——当时中共中央所在地。为了就近领导北方的工人运动，中共中央是在 1922 年 10 月迁到北京的。但是，不久发生吴佩孚血腥屠杀京汉铁路工人的"二七惨案"，北方工人运动转入低潮。中共中央又不得不迁回上海。李大钊原本准备为瞿秋白在北京大学谋一教授职位，执教俄国文学史，但北大的聘书迟迟发不下来。陈独秀党中央就委托他筹办已经在 1922 年 7 月出满九卷休刊的《新青年》（季刊），着重发表理论探索的文章，所以这是中共中央理论刊物。瞿秋白任主编，同时，他又主编中共中央另一机关刊物《前锋》，并参加编辑政治机关报《向导》，这都是陈独秀因才而用，充分发挥瞿秋白在理论方面的特长。他不仅编辑这些刊物，还亲自撰写重头文章。他抽空还为《民国日报》《东方杂志》等刊物写文章。据不完全统计，从 1923 年 1 月到 1927 年 7 月，他所写的政治理论著述 200 多篇，100 多万字，大多发表在上述报刊上。这是他的政治理论著述丰富而辉煌的时期。

最重要的是，由于中国共产党初创时期理论准备不足，瞿秋白运用他深厚的理论功底，以马克思主义的基本原理分析中国国情，考察中国社会状况，提出了一系列较新鲜的观点，如中国革命的性质、任务、对象、动力，以及革命的战略和策略等，尽管不免有很多教条主义的成分，但是在当时马克思主义理论匮乏的中共党人中，无疑是杰出的马克思主义理论家和宣传家。

但是，一个人的优点，往往也就是他的弱点。1921 年、1922 年，瞿秋白在俄国两年，在马克思主义第一个胜利实验地——列宁主义的故乡，得以系统地学习、研究马克思列宁主义，使他具有了与同时代中国共产党人相比高得多的理论修养，但是，也因此付出了代价，即长时期地脱离中国现实斗争的实际。一方面他能从理论和原则高度，敏感发现其他同志不易发现的党内和革命中发生的非马克思主义的错误倾向；另一方面，他的主张往往在现实斗争中难以实行，他本人有时也不得不屈从潮流或"洁身自爱"作壁上观，当革命因此而遭受挫折时，他会走向另一极端——"左"倾和教条。这种风格与陈独秀的由于理论上的薄弱而往往迁就现实、善于变化、讲究策略以致被认为"右"倾的状况，适成鲜明对照。于是，二人很快发生思想冲突。

1923 年 6 月，瞿秋白来到广州，与陈独秀等一起参加了中共三大的筹备工作，并且主持起草党纲党章。在会上，他拥护马林提出的全体共产党员参加国民党的方针，也听到了马林、陈独秀等"一切工作归国民党"，此时"没有阶级斗争，只有民族斗争"，"无产阶级和共产党的独立性此时是鬼话"① 等言论。对于三大通过的瞿秋白起草的《党纲》，在会后付印前，陈独秀又做了几处修改，例如：

一、原文"此革命之中，只有无产阶级是**唯一的、最现实的、最先进的最彻底的力量，因为其余的阶级……**"一句，改为"无产阶级却是**一种现实**的最彻底的有力**部分**"，并在"其余阶级"下面加了"**一时**不易免除妥协的倾向"。

二、原文"……不得农民参加革命不能成功"，改为"……**也很难**成功"。

三、原文"无产阶级应竭力参加促进此民族革命……督促**不彻底**的资产阶级……"改为"……督促**苟且偷安**的资产阶级"。

（以上粗体字部分是后来瞿秋白说明这种修改时加的着重号，下同——引者）

瞿秋白还说："当时确有一派同志（指陈独秀等人——引者）无意中承认资产阶级应当领导革命，认为资产阶级不过暂时苟且偷安罢了。"②

接着，7月1日，瞿秋白主编《前锋》创刊，又读到了陈独秀写的发刊词《本报露布》，其中写道："我们认定国民运动是中国国家生命之救星……我们在此运动中，**不敢说是领袖，更不敢说是先觉，只顾当前锋，只顾打头阵。**"而在《前锋》第2号上，陈独秀又发表上述著名的《中国国民革命与社会各阶级》一文，强调说："资产阶级都很幼稚，工人阶级在客观上更是幼稚"；"农民难以加入革命"；"国民革命成功后，在普通形势之下，自然是资产阶级握得政权"；等等。

所有这些言论，就陈独秀的本意来说，已如上节分析，只是针对国共两党内强大的反对国共合作的思想而言，说明国共两党和各阶级合作的必要性、重要性和迫切性；特别是为了避免刺激国民党内的反对派，以使孙中山为首的国民党主流派能顺利确立国共合作的方针，并不是说无产阶级要放弃革命领导权。他的问题最多是说了些过头的话。但是，这些话对于瞿秋白来说，是那样的刺耳，不能接受，并立即产生出陈独秀党中央要自动放弃革命领导权、美化资产阶级、丧失对资产阶级动摇性背叛性的警惕、贬低工人和

---

① 转自蔡和森《论陈独秀主义》，《布尔塞维克》第4卷第5期，1930年。
② 瞿秋白：《中国革命中之争论问题》，《六大以前》，第670页。

农民革命性的误解。当时张国焘和蔡和森等人也反对，但他们说不出什么道理来；瞿秋白则是从马克思主义的原理出发，写了一系列文章，辨明马克思、列宁在这些问题上的观点，批评陈独秀的这些"错误"思想。当然，他是抱着一种"我爱我师，我犹爱真理"的心情写的，他对陈独秀的尊敬之情并不因此而减弱。

首先，瞿秋白不同意陈独秀说的"资产阶级都很幼稚，工人阶级在客观上更是幼稚"，"资产阶级的力量究竟比农民集中，比工人雄厚"的观点。他说："劳动阶级固然因中国资本主义发展的种种特性而尚弱……然而资产阶级之弱更甚于劳动阶级"；① 中国劳工阶级虽然文化程度低，"但在'社会意识'上，却比资产阶级政治党性高得多呢"；② 尤其是"铁路工人、矿山工人、纺织工人、海员等，直接与官僚军阀冲突，感觉帝国主义压迫最甚，而亦最易组织"。③

请看，二人观点貌似对立，实际是视角不同，应是互为补充。陈是从当时资产阶级的政治影响和组织力量出发，认为资产阶级比无产阶级强一些，所谓"强"，也只是相对少一些"幼稚"。因为从1894年成立兴中会、1905年成立同盟会及后来的国民党，资产阶级毕竟已经进行了20多年的斗争，政治影响和组织力量，自然比才成立三年的共产党、尚处于"自发"状态的无产阶级强一些。而瞿秋白是从"社会地位"亦即阶级性出发，认为"资产阶级之弱更甚于劳动阶级"，以及首先在官僚买办、帝国主义企业中产生的工人阶级受压迫的社会地位，决定他们反抗性更强，这也是事实，也有道理。

其次，瞿秋白不同意陈独秀所说的"资产阶级的民主革命若失了资产阶级的援助，在革命事业中便没有阶级的意义和社会的基础"的观点。他从马、恩、列的论述和欧洲革命的历史出发，认为资产阶级往往利于民主革命的"不彻底性"；而无产阶级必须在民主革命的彻底胜利后才能进行社会主义革命，所以，"由某一方面说来，资产阶级革命也许对于无产阶级比对于资产阶级的利益更大些"，④ 无产阶级比资产阶级更需要这种革命。因此，他主张"为无产阶级自身的利益"去参加资产阶级民主革命，并说："马克

① 《中国资产阶级的发展》，《前锋》第 1 号，1923 年。
② 《中国之地方政治与封建制度》，《向导》第 23 期，1923 年。
③ 《中国资产阶级的发展》，《前锋》第 1 号，1923 年。
④ 《自民治主义至社会主义》，《新青年》（季刊）第 2 期，1923 年。

思主义不是教无产阶级远避资产阶级革命或不参加资产阶级革命，不是教无产阶级：'因为革命是资产阶级的，就放任资产阶级，让他单独去干'，而是教无产阶级竭力引导革命到底并且全副精神去参与"，而且"在总的民权运动中勉力做骨干"。①

其实，在实践上，二者是一致的，即当前要联合资产阶级完成民主革命。陈独秀所说民主革命力争资产阶级参加，否则就失去"阶级的意义和社会的基础"，是针对国民党历史上不重视争取"革命的资产阶级"参加革命而言，并不是说整个民主革命要"以资产阶级为主体"。在这一点上，瞿秋白显然是误解。而在如何对待资产阶级民主革命的问题上，陈独秀当时过多地考虑如何贯彻共产国际的方针，劝说孙中山特别是国民党内强大的反对国共合作的人尽快接受国共合作的政策，就事论事地或过多地站在国民党立场上、为国民党着想来说明国共合作的好处，并且的确把民主革命主要看作资产阶级的革命，把社会主义革命看作是自己的革命。既然必须在民主革命完成后才能进行自己的革命，那么现在就让我们来帮助资产阶级快快地完成这场革命吧！这是当时在陈独秀身边工作的郑超麟感受到的陈的一种心情。② 而瞿秋白则完全把这场民主革命视为无产阶级（共产党）自己的革命，给人以革命性更强的感觉。

但当时如此弱小的共产党如何去争夺领导权？如何担当得了领导中国革命的责任？瞿秋白并没有考虑。这是一切教条主义者的特点，话说得很激进，很革命，至于如何去执行，能不能执行，是别人的事。

最后，关于民主革命的结局，陈独秀讲了两种可能性，即普通形势下，是资产阶级握得政权，也有可能像俄国二月革命后那样，无产阶级很快进行十月革命，再夺取政权。瞿秋白则根据马、恩分析德国和法国革命的方法，认为资产阶级在民主革命中，怕政权被无产阶级夺取，势必"半途而辍，失节自卖"，宁愿与封建势力妥协，使革命失败，而决不会胜利。

在这个问题上，陈独秀的观察基本上是符合殖民地半殖民地国家的状况的。由于这些国家的资产阶级有受帝国主义和封建势力压迫的一面，因此他们有革命性的一面，而且他们的政治和组织力量一般地说也比工、农强（指有组织的力量），因此资产阶级有可能在一定程度上，领导民族民主革

---

① 《自民治主义至社会主义》，《新青年》（季刊）第 2 期，1923 年。
② 《郑超麟回忆录》，1945 年，手稿。

命取得胜利，等等。无产阶级要想夺取胜利，需要有特殊的条件，如俄国1917年二月革命后那样的条件。而瞿秋白的思想，对于无产阶级在革命中提高对资产阶级叛变的警惕性，具有重大的意义，但是，他简单搬用西方国家的经验，而无视落后国家资产阶级的特点，显然有教条主义的色彩。而且即使是资产阶级与封建势力妥协而结束民主革命，也不能断定是社会的倒退。因为资产阶级毕竟比封建势力先进，如英国、德国、日本毕竟还是走上资本主义的道路，从而使社会大踏步地前进了。

这样两种的不同思想立场，在实践中的表现自然是不一样的。陈独秀容易接受并贯彻莫斯科后来下达的与资产阶级国民党妥协让步的路线，瞿秋白则往往不愿意如此，即使组织上被迫服从，思想上却十分抵触或消极，因此一旦由退让的方针转变为进攻，他必然成为先锋和旗手，但是也容易走到另一个极端，即混淆两种革命的不同性质，超越民主革命的范畴。

不过，从上述对比中，可以看到，瞿秋白思想的最大优点是：确保无产阶级革命领导权的思想十分明确而坚定。他指出："无产阶级在社会关系之中，自然处于革命领袖地位"；"务使最易组织最有战斗力之无产阶级在一切反抗旧社会制度的运动中，取得指导者的地位，在无产阶级中则共产党取得指导者的地位"。① 而且，"资产阶级性的革命却须无产阶级领导方能胜利"。②

继瞿秋白之后，邓中夏据其两年来亲身参加领导工人运动的经验，也发表《论工人运动》③ 和《我们的力量》④ 两文，明确批评陈独秀轻视无产阶级力量和放弃革命领导权的思想，指出：国民革命"最重要的主力军，不论是现在或将来，总当推工人的群众居首"；"我们不敢夸张我们的力量已可与欧美产业先进国无产阶级攀长比短，然而在中国各阶级民众比较起来，恐怕谁也不能否认我们的领袖地位吧"；"只有无产阶级……配做国民革命的领袖"；"中国将来的社会主义革命的领袖固然是无产阶级，就是目前的国民革命的领袖亦是无产阶级"。邓中夏在青年团中央机关刊物和工人刊物上，这样教育自己的同志，只能助长党内的"左"倾情绪。如果陈独秀在与资产阶级国民党谈判做联合战线的工作时，甚至是执行共产国际方针要求

---

① 《现代劳资战争与革命》，1923年2月，《瞿秋白论文集》，重庆出版社，1995，第671页。
② 《自民治主义至社会主义》，《新青年》（季刊）第2期。
③ 《中国青年》第7期，1923年12月。
④ 《中国工人》第2期，1924年11月。

共产党员加入国民党时，也这样口口声声地说要"领导地位"，显然是行不通的。所以说，在领导权问题上，此时瞿秋白和邓中夏的观点并不符合实际。

从陈独秀方面检讨，其思想在客观上引起这样的误解，不仅是因为他在讲述国共合作的必要性时有过头的话，而且他的思想也确有模糊之处，否则在语言上也不会走得如此远。但是这种模糊也是当时全党和共产国际思想状况的反映。在中国共产党人探讨这些革命道理的同时，在莫斯科也进行着同样的工作。共产国际东方部先是根据列宁的《民族和殖民地问题提纲》和远东劳动人民大会的精神，研究中国社会和革命发展状况后，得出了被称为"国民革命论"的第一个结论：中国非先经过国民革命，即资产阶级民主革命，不能进行无产阶级社会主义革命。1922 年 3 月，共产国际用电报把这个结论发给中共中央，李达说："当时我们不懂国民革命是什么。同年夏，张国焘和十多位青年团员从莫斯科回到上海，带来了国际指示，也带回许多文件。"① 于是，7 月召开的中共二大上做出了当前的任务是进行反帝反封建的民主革命的决定。中共二大后，共产国际东方部继续讨论研究，又得出了"国民革命论"的第二个结论：无产阶级必须在国民革命中掌握领导权，并且写进《共产国际执行委员会给中国共产党第三次代表大会的指示》中："毫无疑问，领导权应当归于工人阶级的政党。"② 这个文件因故在中共三大后才传到中国。之后，维经斯基等人通过与中共旅莫支部讨论的方式，把这个结论灌输给当时在苏留学的中共党员。③ 1924 年暑期后，这批党员陆续回国，担任了中共各级重要的领导职务，如彭述之任中央宣传部长，陈延年任广东区委书记，尹宽任山东省委书记，赵世炎任北京地委书记和北方区委宣传部长兼职工运动委员会书记，协助李大钊主持北方区委工作，郑超麟任中央宣传部秘书、《向导》编辑，王若飞任河南省委书记，罗亦农任江浙区委书记，等等。他们团结一致，在党内贯彻"国民革命论"。同时，维经斯基也再次奉命来华，与彭述之等一起，帮助筹备中共四大，负责起草大会文件，保证无产阶级领导权思想的贯彻。

由于贯彻无产阶级领导权的思想与俄共在华谋求苏俄民族利益的方针还

---

① 李达：《中国共产党的发起和第一次、第二次代表大会经过的回忆》，《"一大"前后》（二），第 17 页。
② 《中共中央文件选集》（1），第 105 页。
③ 《郑超麟回忆录》，1945 年，手稿。

没有发生冲突，因此，莫斯科没有干扰无产阶级领导权思想的贯彻。

中共四大前夕，彭述之写了《谁是中国国民革命的领导者》一文，明确表示不同意陈独秀的观点，认为由于中国资产阶级的软弱，"要资产阶级来参加国民革命，已是难能之事，若望其来作国民革命的领导者，宁非梦想"，并指出："中国工人阶级之反帝国主义与反军阀的革命性与觉悟力都是天然的。所以中国工人阶级天然是中国革命的领导者。"[1] 彭述之的观点比瞿秋白走得更远。所以，他后来转向托派并成为超越陈独秀的极左派多数派的领袖，甚至第四国际的首领之一，就不是偶然了。

彭述之后来说：这篇文章写成后，"把文稿送给陈独秀，请他写一篇关于这个问题的东西，我的用意是，要他不同意我的观点并欲批评我的这个问题上，引起公开的讨论"。[2] 显然，当时已经成为中共第二号人物的彭述之，在共产国际的支持下，摆出了一副挑战者的架势，希望引起与陈独秀的争论。

陈独秀怎样表示呢？作为中共中央委员长，他可以不理睬中央委员瞿秋白、邓中夏的意见；但对于共产国际的决定并且要写入四大的文件，他不能回避。他读了彭述之的文稿后，写了题为《二十七年以来国民运动中所得的教训》的回应文章，与彭文一并发表在同一期《新青年》季刊上。作为共产党的领导人，他本来就没有放弃革命领导权的思想，说他有这个思想是一种误解，因此不存在与人争论的问题，反而可以趁此机会澄清人们的误解。陈独秀强调说："二十余年来国民运动给我们的总教训是：社会各阶级中，只有人类最后一个阶级——无产阶级，是最不妥协的阶级，而且是国际资本主义天然敌对者；不但在资本帝国主义国家的社会革命他是主力军，即在被资本帝国主义压迫的国家之国民革命，也须他做一个督战者。"[3]

彭述之期望的那种情况——"陈独秀反对革命领导权"，没有出现。陈独秀当时没有采用已经通用的"领袖"和"领导者"这个词来表示无产阶级领导权的意思，这显然是考虑到了当时共产党的实际情况，即力量还小，又是以参加国民党的形式进行革命，所以，所谓"领导权"只能通过"督战者"的方式来实现，也就是要对孙中山国民党进行监督和批评。陈独秀

---

① 《新青年》（季刊）第4期，1924年；彭述之：《评张国焘的〈我的回忆〉——中国第二次革命失败的前因后果和教训》，香港：前卫出版社，1975，第56页。

② 彭述之：《导言》，莱斯·埃文斯、拉赛尔·布洛克：《托洛茨基论中国》，纽约，1976。

③ 《新青年》季刊第4期；彭述之：《评张国焘的〈我的回忆〉》，第56页。

在这里既坚持了自己的立场，又避免了中共可能的分裂。

就这样，共产国际与中共中央在无产阶级掌握国民革命的领导权的问题上，思想达到了一致。陈独秀以这个思想主持了1925年1月召开的中国共产党第四次全国代表大会。会议通过的各项决议，都贯彻了这个思想。陈独秀在四大上当选为中共中央总书记，这是中国共产党第一次采用"总书记"这个名称。

至此，在是否放弃革命领导权问题上，党内一些干部对陈独秀的误解完全消除。以后的事实表明，陈独秀在大革命中一直坚定地贯彻四大精神，以各种方式坚持共产党的独立性和对革命的领导权。

而在陈独秀担任中共中央总书记的国民革命期间，虽然国共两党的革命目标相同，都是反帝反封建，但由于两党都要争夺领导权，对中共具有控制力的共产国际有时指示中共放弃领导权，有时又强调争取领导权，所以，革命的发展呈现出十分曲折的状况。

提携毛泽东

1921年8月中旬，毛泽东参加中共一大后回到长沙。10月10日，建立起第一个湖南党支部，任书记。然后，把湖南的工作完全纳入中央领导轨道，贯彻11月中央《通告》中布置的任务。毛泽东湖南党组织与陈独秀党中央之间，也就建立起下级与上级的关系。当时这种关系是相当融洽的：陈独秀十分关心并支持湖南的工作，毛泽东则出色地完成了一切任务，并积极争取中央对湖南工作的帮助。举数例如下。

1921年12月25日，毛泽东和湖南党支部根据中央指示精神，通过劳工会和省学联，发动长沙工人和各界群众近万人，举行集会游行，反对美、英、法、日等帝国主义国家在华盛顿召开损害中国主权的太平洋会议。1922年5月5日，湖南又根据中央关于纪念马克思诞生104周年的部署，通过长沙马克思主义学说研究社，举办纪念会，到会2000余人，毛泽东在会上做了《共产主义与中国》的演讲。根据中央《通告》，湖南党支部把当时的工作重点放在以下三方面。

一、积极而慎重地发展党员，提前完成建立长沙区委的任务。

中央《通告》规定1922年7月前各区必须各发展30名同志，成立区委。湖南党支部成立后，于1922年5月底就提前使本区的党员发展到30多人，建立起中共长沙区委的机构，为中共二大的及时召开和建立中央委员会做出了重大贡献。毛泽东本人本来是要参加党的二大的，因忘记了开会地址，未果。1923年初，湖南党员发展到40多人，占全国党员总数的1/3强。

在湖南建党过程中，陈独秀党中央也给了毛泽东必要的帮助。如为了帮助解决缺少有理论有经验的党的干部问题，1921年11月下旬，旅法的蔡和森、李立三回到上海，陈独秀与陈公培介绍他俩入党后，在中央干部也感奇缺的情况下，只留下蔡，派李赴湘工作。毛泽东对李特别倚重，让李任中共湘区委员及团区委委员，并派他到当时工运中心安源去工作。李去后建立起湖南第一个产业工人党支部，紧接着就发动起轰轰烈烈的安源煤矿工人大罢工。又如：1922年5月，陈独秀又应毛泽东的要求，派在团中央工作的张秋人到湖南任教于衡阳第三师范为掩护，很快建立起湘南地区的党组织，并于次年春，发动起震动全省的"三师学潮"。

在陈独秀党中央的帮助下和毛泽东等人的努力下，中共湘区区委在当时的全国五大区委中，思想最纯正，队伍最整齐，工作最出色。

二、大力发展工人运动，成为第一次工运高潮中的模范。由于中央《通告》指示全党全力组织影响全局的铁道工会，毛泽东在粤汉铁路几个工会和安源路矿工人俱乐部的建设中，花了较多的精力。除了亲自深入工人中外，他还在陈独秀的支持下，派李立三、刘少奇、蒋先云、郭亮等得力干部，去各地组织工会、办工人夜校，因此1922年至1923年初湖南的工运取得了较大的成绩，共建立了20多个工会，会员四五万人。大的工会都由区委直接领导，毛泽东还出任全省工团联合会总干事，超额完成了中央的任务，因为中央只是要求"各区直接管理的工会一个以上"。在这个基础上，湖南的工人运动轰轰烈烈地开展起来，到1923年2月8日，大规模的罢工达八次之多。"二七惨案"后，全国反动，各地工运成果相继丧失，唯独湖南工运红旗岿然不倒。安源工人俱乐部曾被誉为"小莫斯科"。在这个过程中，陈独秀给予了许多宝贵的支持和帮助。例如，信仰无政府主义的原湖南劳工会领袖黄爱、庞人铨，在被争取过来后，英勇斗争，在1922年1月指导长沙第一纱厂罢工斗争时，被军阀赵恒惕杀害。毛泽东向中央建议派李立三陪同黄爱父亲到上海向社会各界控诉军阀罪行。陈独秀完全支持毛泽东的建议，并决定不仅在上海，而且指示天津、北京、广州等地也开类似追悼大会。上海的追悼大会由与陈独秀一起开辟工人运动的李启汉主持，陈独秀亲自参加并发表慷慨激昂的演说，指出追悼死者应把斗争矛头指向整个旧社会，再次赞扬湖南人的"最富于革命的反抗精神"。接着，陈独秀向赶来参加追悼会的毛泽东布置了5月初在广州举行全国第一次劳动大会的任务。毛泽东回湘后立即选派易礼容等三人为代表参加"劳大"。陈独秀指导的这次大会特别关照湖南的运动，通过了"湖南劳工会黄、庞二君被杀及香港罢工沙田海员被杀案"，决定每年1月17日为黄、庞纪念日。

三、认真发展青年团，成为全国青运的一面旗帜。

由于1920年8月成立的社会主义青年团混进了一些思想各异的分子，党的一大后，中央决定改组青年团。1922年5月5日，在陈独秀指导下召开了团的第一次全国代表大会，制订了新的团章和纲领，强调"社会主义青年团为信奉马克思列宁主义的团体"。① 毛泽东在这年3月与陈独秀一起参加上海追悼黄爱、庞人铨大会时，就得知改组青年团消息，立即回湘布置，并于6月7日至15日三次致信团中央索要"千份"新团章，并说衡阳一县，已有团员50余人，而且"都是好的"。中央《通告》1922年7月全国团员达到2000人，而衡阳一个小县这时已有50人；长沙一区就要团章"千份"，可见其工作之优秀。为此，陈独秀党中央十分赞赏长沙区委的工作，曾决定团的二大在长沙举行，后来因长沙发生"六一惨案"，局势恶化，改在南京举行。

毛泽东湘区贯彻中央《通告》取得的杰出成绩，引起了党中央的特别注意。在紧接着召开的党的三大上，陈独秀在代表中央做的工作报告中，批评了上海、北京、武汉等地的工作，唯独表扬了湖南。他说："只有湖南的同志可以说工作得很好"，"湖南几乎所有拥有三万人以上的工会，都在我们的影响之下"。②

这种情况，在马林的《工作记录》上也有反映。他在写给共产国际主席季诺维也夫等人的1922年10月14日至11月1日的工作报告中说，《向导》周报的销售，"湖南最好，3500份已售出"；青年团的"情况很糟"，中央机关报"《先驱》12期，但有5000册没发出去。长沙小组最好，那里的团员人数230，上海110，广州40，浙江40，济南府20，安徽15，山西20"。③ 在说到党的经费时，马林又报告说："我告诉（中共）同志们，党务费用务必力争自理……党员的多数，乃至大多数都没有收入，我经常指出，

① 《先驱》第8号，1922年5月15日。
② 《陈独秀在中国共产党第三次全国代表大会上的报告》，《共产国际档案资料丛书》第2辑，第488、489页。
③ 斯内夫利特档案第293/3145号，德文手稿，转引自《马林与第一次国共合作》，第87页。

这种情况是正常的";"只有在湖南,我们有一个最好的组织,那里大约有一半开支靠当地财源,一直在争取自给"。①

同时,陈独秀早就有意调毛泽东到中央工作的想法。正好,由于国共合作方针确立后,一是全国工作的开展,党中央的任务日益繁重起来;二是由于党内合作的方式遭到一些干部的反对而退党,中央工作干部缺少的问题越来越尖锐。陈独秀在调国外学习的同志回国的同时,决定调毛泽东到中央工作。正好这时李维汉从法国回国,1923 年 1 月,中央决定派李去湖南担任区委书记,接替毛泽东的工作。

当时党的主要工作是准备三大和与国民党建立合作,并帮助国民党改组。在这些方面,毛泽东成了陈独秀最得力的助手。6 月上旬,二人一起到广州参加中共三大预备会议。三大于 1923 年 6 月 12 日在广州举行。会议由陈主持,讨论了三大的各项决议案和中央委员人选。张国焘依然不同意党内合作方式,尤其不同意全体党员和产业工人加入国民党,不同意在劳动群众中发展国民党党员。毛泽东根据湖南工人运动的经验,说明搞联合战线的必要性,认为大批工农加入国民党,正可以改造它的阶级成分,与资产阶级建立联合战线,是共同完成民族民主革命的需要。会议否定了张国焘的意见,选举了新的中央委员会。陈独秀、毛泽东、罗章龙、蔡和森、谭平山五人组成中央局。陈为委员长,毛泽东为中央局秘书,二人共同主持日常工作。毛泽东这个秘书具有相当大的权力。大会通过的《中国共产党中央执行委员会组织法》规定:"秘书负本党内外文书及通信及开会记录之责任,并管理本党文件。本党一切函件须由委员长及秘书签字。"

因此,三大结束后,两人署名共同签发了一系列文件,如 1924 年的《中央通告》第十三号(关于开展"五一"、"五四"、"五五"、"五七"纪念和宣传活动)、第十四号(关于一致戮力申讨卖国殃民的直系军阀吴佩孚)、第十五号(关于反对国民党右派反共排共的措施)、第十七号(关于揭露江浙军阀战争的反动性质)、第二十一号(关于加强党内组织工作)等等。不仅如此,毛泽东还经常代表中央独立签发文件,指导地方工作,可见陈独秀对他的信任。例如,1924 年 8 月,他曾代表中央指导中共上海地委的工作;9 月受中共中央和国民党总务部的委托,到长沙筹建湖南国民党省

① 《马林致共产国际执行委员会和萨法罗夫的信》,1923 年 7 月 3 日,斯内夫利特档案第 300/3076 号,《马林与第一次国共合作》,第 278 页。

党部，同时又代表中央指导团中央的工作。尤其在 1924 年 5 月兼任中央组织部长（原由陈独秀兼）以后，他与陈独秀的关系更是密切，这年八九月份，又多次代表中央签发关于筹备中共四大的文件。

从二人在中共三大上的发言，和他们写的文章及签发的文件来看，二人在执行共产国际的路线、方针和政策方面，总的来说是一致的，正如二人在 7 月 2 日共同署名的致共产国际报告中所述："目前党内存在的一些困难已经在这次会议上获得解决。"但在有些问题上，二人与共产国际的认识有差距。在革命的重大问题上，毛泽东与陈独秀密切配合，主持党中央工作，主要表现在三个方面：积极贯彻共产国际指示，帮助国民党改组并大力发展国民党组织；坚决维护国共合作，打击右派的破坏活动；纠正国民党传统的革命方式。

关于大力发展国民党，原先国民党在湖南基本上是空白，1923 年 9 月中旬，毛泽东即遵照中共中央决定并受国民党本部总务部副部长林伯渠（共产党员）的委托回长沙，筹建了湖南国民党的系统组织。1924 年 1 月国民党一大后，毛泽东又受陈独秀党中央的委派，参加国民党上海执行部的工作，出任国民党上海执行部文书科代理主任（主任是邵元冲）和组织部秘书（部长是胡汉民）。但上海执行部的重大问题，则由国民党总理孙中山和中共中央委员长陈独秀协商决定。实际上，在陈独秀和孙中山的指导下，毛泽东为国民党重点地区上海的组织建设，做了许多卓有成效的工作。1925 年 10 月，经中共中央批准和国民党中央党部常务会议通过，毛泽东又任国民党中央代理宣传部长（部长汪精卫因是国民政府主席事繁不胜兼理），为加强国民党中央、上海和广东国民党组织，又付出了巨大精力。所有这些，可以毫不夸张地说，在国共合作和国民党发展史上，陈独秀和毛泽东都占有重要的一页。

与国民党右派破坏国共合作的行为进行的斗争是相当激烈的。自 1922 年孙中山确立"容共"（共产党称"联共"）方针起，国民党内以谢持、邹鲁、邓泽如等人为首的老右派，一直持反对态度，进行种种阻挠活动。1925 年 3 月，孙中山逝世后，他们就进行公开的分裂活动，11 月在北京西山举行会议，另立中央，通过一系列反苏反共决议。而以中派面目出现的戴季陶等也暗中帮助，发表小册子，宣称两党"共信不立"，要共产党放弃阶级斗争理论，或退出国民党。陈独秀发表了《给戴季陶的一封信》、《戴季陶与反共派运动》、《戴季陶之道不孤矣》、《国民党新右派之反动倾向》等多篇信文，给予批驳。毛泽东配合陈独秀的行动，在国民党一大上，与李大钊等人一起，粉碎了右派提出的共产党员不能"跨党"的提案。1924 年 7 月 21

日，就反对国民党右派斗争策略问题，他与陈独秀联署发出《中央通告》第十五号，指出："我们在国民党的工作，甚重要而又极困难，各地同志应有不断的注意与努力。"接着，在列数右派种种错误后指示："为国民革命的使命计，对于非革命的右倾政策，都不可隐忍不加以纠正"："（一）应由我们所指导的各团体或国民党党部，对于国民党中央执行委员会表示不满于右派的意见"；"（二）我们同志应在国民党各级党部开会时提出左右派政见不同之讨论"；"（三）今年凡非表示左倾的分子，我们不应介绍他入国民党"；"（四）须努力获得或维持'指挥工人农民学生市民各团体的实权'在我们手里，以巩固我们在国民党左翼之力量，尽力排除右派势力侵入这些团体"；"（五）各地急宜组织'国民对外协会'，一方面是建筑反帝国主义的联合战线之中坚，一方面是形成国民党左翼或未来的新国民党之结合……此会为社会运动一种独立团体，不可与国民党团体混合，尤不可受国民党支配……协会内万不能容留右倾观念的分子在内"。①

这个文件表明，当共产国际的指示较正确时，中国共产党陈独秀、毛泽东等在执行国共合作方针时，也是正确的，对于"团结左派，打击右派，保持共产党的独立性，争取革命领导权"，是十分坚定而明确的。遵照这个方针，1925 年 10 月，毛泽东在广州任国民党代理宣传部长时，配合陈独秀对戴季陶反共小册子的批判，促使国民党中央开会决定，指出戴书只是"个人意见，并未经中央鉴定"，并通告各级组织，"凡关于党之主义与政策之根本原则之言论，非先经党部决议，不能发表"。会议还通过毛泽东提议，调戴来广州工作。

正是通过这三四年陈独秀的提携和工作中的锻炼，毛泽东才迅速成长起来，特别在认识中国社会各阶级（尤其是资产阶级），对付资产阶级的两面性，领导全党和全国的革命运动方面，取得了丰富的经验。这为他日后成为中共领袖奠定了坚实的基础。1926 年 3 月发表的《中国社会各阶级分析》，就是他在这方面的一个总结。以往观念总是把毛泽东的这篇文章视为批判陈独秀 1923 年两篇"右倾机会主义"文章的武器，是完全颠倒黑白的。实际上，这篇文章既吸收发展了陈独秀两篇文章的成果，又总结了他自己在陈独秀指导下工作的经验。这时期的二人关系是互帮互助的，陈独秀对毛泽东则给予了更多的帮助，绝不是互相对立的。

---

① 《中共中央文件选集》（1），第 223 页。

批评孙中山　马林被撤

说 1923 年陈独秀的两篇文章及其他类似文章、讲话和报告是"放弃无产阶级革命领导权"是误解，最有力的证明是从 1923 年、1924 年国共合作方针确立开始，陈独秀就旗帜鲜明地、不屈不挠坚持对孙中山国民党的错误路线、方针、政策采取批评的态度，起到了如陈所说的"督战者"的作用。

陈独秀与毛泽东共同纠正国民党传统的革命方式，主要表现在 1923 年 6 月 25 日即中共三大后第五天，他们二人与李大钊、蔡和森、谭平山一起，以国民党党员身份，致函孙中山，指出革命要靠广大工农群众，"我们不能沿袭封建军阀用武力夺取政权攻占地盘的同样的方针。这会给人们造成我们与军阀一脉相承的印象。用旧方法旧军队去建立新中国不仅不合逻辑，而且在实践中也绝对行不通……我们只能用新手段，采取新方针，建立新的力量。对于国民，我们应联合商民、学生、农民、工人并引导他们到党的旗帜下……我们要求先生离开广州前往舆论的中心地上海，到那里去召开国民会议"。①

因此，在 7 月 2 日，毛泽东与陈独秀联名致函共产国际，抵制其要求把中共中央机关定在广州的指示，仍迁回上海。信中说："这不仅因为上海是工业最发展的中心区，而且也便于对全国工作进行指导和传达。"

这时，共产国际主要从苏俄的利益出发，陈独秀中共中央主要从中国革命利益出发的矛盾，开始明朗起来。因为共产国际希望中共中央在广州与国民党密切合作，尽快发动北伐，推翻反苏俄的北洋政府。

这时，陈独秀与毛泽东也是同中有异：陈独秀所以有上述思想，主要是从马克思主义在欧洲革命方式亦即十月革命方式——以城市为中心，平时发动组织工农群众，最后发动全国武装总暴动，一举夺取政权——出发的。因此他后来反对北伐战争，又反对革命低潮时期的农村武装割据。毛泽东则受了历史上农民战争的影响，又看到北伐战争摧垮地方上旧政权，对发动工农运动有利，所以一直支持北伐；大革命失败后更坚持在敌人统治薄弱的农村地区建立武装割据。这种差异长期以来被视为孙中山和毛泽东重视武装斗争，陈独秀轻视武装斗争，而中国革命的特点是武装的革命反对武装的反革命。因此，这又成为批判"陈独秀右倾机会主义"的一个根据。其实这又

---

① 《马林与第一次国共合作》，第 267 页。

是一种误解，陈独秀只是教条主义地看待欧洲革命的方式，不懂得即使在革命低潮或准备时期，也要坚持武装斗争。以后的历史也表明，他从来没有放弃暴力革命和武装夺取政权的战略思想。

不过，革命应该依靠工农群众，不能依靠军阀甲打倒军阀乙，更不能依靠外国列强。这是一个分清敌我友的战略路线问题。陈独秀的立场观点是完全正确的。所以，他除了直接写信给孙中山之外，还在党刊上多次发表文章，批评、劝告孙中山，说理充分，态度诚恳，甚至到"垂泪而道之"的程度。

他指出：我们一是反对"外国帝国主义者的压迫"，二是反对"国内军阀的压迫"，因此，"逼迫得我们不得不做国民运动以自救"；"国民运动，就应该依赖中国国民自己的势力，断然不能依赖外国势力……断然不能依赖军阀势力"；"若妄想假借友邦势力或利用一部分军阀势力来做国民运动，这种四不像的国民运动，其结果必然是王婆照应武大郎"。①

在另一篇文章中，他对照孙中山国民党的历史，说得更具体、更恳切、更尖锐："现在国家的大难又到了，国民党应该怎样做？直系军阀之拥兵乱政，为全国所不容，然而昏庸奸猾的黎元洪，罪恶昭著的段系、奉系军人与安福、政学等国蠹……他们虽然也都反对直系，却不是国民党所应该利用的武器；国民党真的武器，只有国民——商会、工会、学生会、农民等人民团体——的力量"；"国民党若不建设在国民的力量上面，而建设在敌人的力量上面，就是他们能够拥戴中山先生做总统，其结果能比傀儡总统黎元洪高明几何？"最后，他甚至这样说：

> 现在有两条对立的战线：一是国民党的战线，一是军阀的战线……国民党除了集合自己的真势力——国民势力，引导国民去做革命运动以外，实无别路可走；断不可徘徊依违于军阀之间而终无所就，徒然失去国民之希望与同情，致阻国民革命的机运，所以我们不得不向敬爱的国民党垂泪而道之。②

陈独秀如此恳切、如此苦口婆心的规劝，充分显示了一个诚实的政治家的高尚风度。

---

① 《国民运动》，《前锋》第 1 期，1923 年 7 月 1 日。
② 《北京政变与国民党》，《向导》第 31、32 期，1923 年 7 月 11 日。

忠于马克思主义依靠工农革命战略思想的马林，也不满孙中山国民党继续推行"依靠军阀倒军阀"的路线，为此，他在 1923 年 5 月 31 日给布哈林的信中，坦率地承认在中共机关报《前锋》上，"严厉批评了国民党"，并且认为国民党会因其"领导上的种种错误而垮台"。① 他在同一天给越飞、达夫谦和季诺维也夫的信和 6 月 8 日给越飞和达夫谦的信中，又指出张作霖只是利用孙中山以在与直系曹锟的上海谈判中谋取"副总统"的位置，而孙中山任命伍朝枢为南方政府的外交部长，是为了"避免招惹港英当局"。②

7 月 21 日，马林给廖仲恺的信中，对国民党的纲领、领导体制到策略路线上的错误，更是全面地进行了坦率的批评。

关于纲领，马林批评国民党不反帝。国民党"认为不用触动外国在中国的势力，就有可能建立一个新中国，由中国人自己决定中国的一切事务。"因此，"国民党对许多重大问题（例如世界大战、1919 年五四运动、华盛顿会议召开时的运动、京汉路大罢工的大屠杀、抵制日货运动）采取了既不领导也不参与的态度。党没有成为国民运动的领导者，却与各封建军阀为伍"。

关于领导体制，他说：辛亥革命时，"采取了符合家长制传统的领导方式，这种个人领导方式延续至今，对党的发展极为不利"；那时以来，中国和世界发生了许多变化，"这些变化本应使国民党产生新的思想，但是，国民党的体制，国民党从不召开代表大会或代表会议，以及它政治宣传工作的薄弱等都不利于党的新策略思想的产生和发展"。

关于策略路线，他说："虽然国民党的三民主义是革命的，然而在实际行动上，却日益封建主义化。虽然党纲规定党应采取新的斗争形式，动员资产阶级、知识分子、农民和工人参加国民运动，但实际上党只依靠军阀、依靠那些和他们在华北的敌人毫无区别的军阀。"③

这封信对国民党的分析，与 1922 年陈独秀的 4 月 6 日信基本上是一致的，完全切中要害。说明在这个问题上，马林与陈独秀中共中央是一致的而且是坚决的。因为这关系到能不能在国共合作中保持共产党的纯洁性和独立性的原则问题。如果国民党继续走"依靠军阀反军阀"的道路，那么，加入国民党的共产党就改变性质了，而且这是毫无胜利希望的投机行为。

---

① 《马林与第一次国共合作》，第 196 页。
② 《马林致越飞、达夫谦和季诺维也夫的信》，1923 年 5 月 31 日，《马林与第一次国共合作》，第 197 页。
③ 《马林与第一次国共合作》，第 301～304 页。

当时马林和陈独秀为孙中山草拟的"国民党改组计划",也是为了克服这些缺点。在荷兰保存的马林与陈独秀为孙中山拟定的中国国民党改组计划二件草案中写道:"党的执行委员会由 21 人组成",名单在"全国党代表大会上选举";"党代表大会每年举行一次";"执行委员会由党的总理、组织部长、宣传部长、各部长和国内各地方党部负责人组成"或"设立由党的总理、组织部的三名部长和宣传部的三名部长组成的中央委员会处理日常事务"。所有这些规定,都是旨在改变孙中山一人独裁的旧有体制。而且,在各部部长人选名单中,除了组织部长人选为张继、廖仲恺外,全是共产党人。陈独秀被列为三个部长的人选:宣传部、联络部、知识分子部。

这个名单,充分表现出当时马林和陈独秀执行的党内合作方针,的确是利用国民党、掌握国民党领导权,进而掌握革命领导权。不过,后来的实践证明,这种"雄心壮志"是一厢情愿的,不现实的。但也雄辩地证明,当初陈独秀同意国共合作方针,没有一点后来斯大林和毛泽东所说的所谓"右倾机会主义"。

但是,正如陈独秀给维经斯基的 4 月 6 日信中指出的,孙中山还是那个老脾气,只要求党员对他绝对忠诚和服从,不允许对他的批评,"绝对不能容纳新加入分子的意见"。他屡次对马林说:

> 共产党既加入国民党,便应该服从党纪,不应该公开批评国民党,共产党不服从国民党,我便要开除他们;若苏俄袒护中国共产党,我便要反对苏俄。①

当时,马林的一封信中这样说:"上海的国民党员抱怨我们《向导》周报上的批评太苛刻";"孙中山告诉我,这个周报上的批评是无法接受的,如果陈独秀不放弃批评,孙一定要把他开除出党"。② 当时任共产国际远东情报部主任的斯列帕克说:"事情到了这种地步,孙逸仙想把陈(独秀)开除出党,原因是后者在《向导》上批评了国民党的行为。"③ 后来,孙中山

---

① 转引自陈独秀《告全党同志书》,1929 年 12 月 10 日,陈独秀转向托派后散发的手刻油印小册子。
② 《马林致达夫谦和越飞的信》,1923 年 7 月 20 日,《共产国际档案资料丛书》第 2 辑,第 425 页。
③ 《共产国际档案资料丛书》第 1 辑,第 267 页。

虽未采取此极端措施，并且看在鲍罗廷带来的大量经济与军事援助的分上，还指定陈独秀为参加国民党一大的代表。但是，二人芥蒂从此种下，第二年七八月份终于发生了要成立联络委员会控制中共的事件。

可见，国共要合作，又要争夺领导权，双方都是心知肚明的。所不同的是国民党采取了光明磊落的态度，共产党则采取了孙悟空钻进铁扇公主肚皮里的策略。一向光明磊落的陈独秀由于受到了共产国际的牵制，采取了"知其不能而为之"的态度。因此，他在整个国民革命中的表现，始终是动摇和无奈的。

1923年6月，北京发生直系曹锟驱逐总统黎元洪事件，政局动荡。陈独秀主持发表《中共中央第二次对于时局的主张》，提议："由负有国民革命使命的国民党，出来号召全国的商会、工会、农会、学生会及其他职业团体，推举多数代表，在适当地点开一国民会议。"① 同时，中共中央特别"函请孙中山赴沪召集国民会议"，但是，迷恋于依靠军阀的孙未予理睬。致使陈独秀感叹这个印发了6300份（其中300份为英文）的中共宣言，除了香港各英文报有反应外，"在国内舆论上无什么影响"，对孙中山的工作，"亦无结果"。②

马林对孙中山坚持旧的策略也很恼火，于是建议莫斯科在这种情况下，不要为孙中山"南方毫无意义的军事行动提供财政援助"，并说：

> 我个人认为，如果我们的援助只是有利于旧策略的继续，供养那些与革命的国民党毫无关系的将领们，如果这种危险存在，就不要给予援助。最好是在对方保证不把援款用于南方的军事行动之后，再开始提供援助。③

7月18日，马林离华前夕给越飞和达夫谦的信说得更坚决："你们看见，孙中山更希望留在广东，而不乐意同我们接近。现在，我对他毫无办法。你们随时可以通过上海找到他。我们的中央委员会（指中共中央——引者）感到，不能寄希望于通过健忘的孙中山改变态度去把国民党的宣传推上新的轨道。为了开展群众工作，我们的人也不能总在广州束手以待。

① 《中共中央文件选集》（1），第133页。
② 《陈独秀在中共三届一中全会上的报告》，《中共中央政治报告选辑（1922～1926）》，中共中央党校出版社，1981，第10页。
③ 《马林与第一次国共合作》，第197～198页。

现在的问题是，不能为了孙氏王朝控制广东再把 200 万元塞进南方将领们的腰包，最好是用 21000 万元（原文如此，估计是 21000 元——引者），帮助为数不多的共产党人从事国民党的宣传，看看他们在这方面会有什么作为。"① 在 5 月 31 日给布哈林的信中，他甚至表示："我坚决主张，如果国民党因其领导上的种种错误而垮台，那就一定还要另建一个革命的国民党。共产党人在这个党里应做的事情与在国民党里所做的事情完全相同。"②

顺便说一下，马林如此醉心于共产党人做国民党的工作，是因为他坚定地认为："在殖民地和半殖民地国家里，绝对不能单纯进行共产国际的工作，因为在这样一些国家里，阶级的分化尚未到达这种地步，单纯进行党的工作是不相宜的"；"因为这些被压迫国家的革命运动在很长时间内必将是民族主义的运动"。③ 这种认识，对于像中国这样的殖民地和半殖民地国家的共产党人来说，可以说是正确的，可以医治急于进行共产主义运动的"左"倾急性病。这也是他虽然独创性地提出了国共合作的方针，却很快被共产国际抛弃的主要原因之一。

实际上，马林与陈独秀上述批评孙中山的意见，与维经斯基的意见是一致的，或者说是贯彻了当时共产国际主流派的意见。早在 1923 年 3 月 27 日，维经斯基给莫斯科的萨法罗夫（共产国际东方部负责人）的电报中就说："建议在党代会和工会代表大会（指中共三大和工会第二次代表大会——引者）结束前让马林留在中国，指示他不要无条件地支持国民党，而要向孙逸仙提出条件：第一，不要把主要精力放在与督军建立军事联盟上，而要放在建立全国性的政党上；第二，支持工人和学生运动；第三，断绝同张作霖、段祺瑞的联系。"④

但是，这时的苏俄，由于吴佩孚拒绝承认苏俄继承旧俄在中东路的特权，拒绝承诺苏俄在外蒙古不撤军的要求，再加上 1923 年"二七惨案"的发生，被吴佩孚骗到一笔不小的俄国军事援助，并用这批武器屠杀了大量中国工人以后，不得不放弃重点联吴的政策，转而接受马林的联孙政策。然而，援助孙中山的第一个条件是"孙一定要让张（作霖）接受我们对铁路

---

① 《共产国际档案资料丛书》第 2 辑，第 424 页。
② 《共产国际档案资料丛书》第 2 辑，第 460 页。
③ 《关于我们在殖民地和半殖民地尤其在中国的工作问题——越飞和斯内夫利特的提纲》，《共产国际档案资料丛书》第 2 辑，第 404、405 页。
④ 《共产国际档案资料丛书》第 1 辑，第 238 页。

（即中东铁路——引者）的要求，并立即同我们缔结一个关于铁路的协定"。① 而恰恰在这个问题上，一直在反对西方殖民主义、支持被压迫民族斗争的环境中成长的马林，与莫斯科发生了根本的冲突。

十月革命胜利后，苏俄政府曾两次发表声明，放弃沙俄时代侵华的一切权益，自然也包括在中国东北的中东铁路的权益。但是后来在与中国政府谈判时，他们改变了政策，要求中俄共管，而实权仍掌握在苏俄手中。马林则认为，中东铁路权益应当归属中国，不应该由中俄共管。马林的这个主张也是为苏俄的根本利益考虑的。在他看来，中俄共管会给人不好的印象。这同马林对中国问题的看法是一致的。他认为：苏俄对殖民地和半殖民地国家的外交政策"必须毫不含糊，在民族问题上友好，而且是反对帝国主义的，即使在外表上，也绝不允许与帝国主义国家有丝毫相似之处"。因此，他认为苏俄在自己的政策中，"不仅要批判帝国主义者，揭露他们的欺骗行径，而且丝毫不可做出任何不当的事，以免使人产生苏俄实行伪装的帝国主义政策的印象。这样做特别必要，因为俄国的敌人现在正指挥着他们的整个宣传机器，妄图证明俄国也象其他国家一样，推行同样的帝国主义政策"。他又说："帝国主义娓娓动听地对东方各国人民表示广泛的让步，在这种形势下，革命思想的吸引力再也不能仅仅停留在思想上，必须有事实作为证明。"他强调，俄国的政策才是表明革命的俄国和帝国主义者之间区别的最有说服力的事实。② 显然，马林对中国问题的看法（包括对中东铁路权益问题的看法）与俄共及其领导人确立的总的对华政策存在分歧。因为俄共（布）领导人（由于列宁病重，这个时候主要负责人是斯大林）固执地坚持苏俄在中东路的利益，这使马林失去了俄共领导人的基本信任。

就这样，苏俄领导人决定换马，另派鲍罗廷来执行新政策。但是，这个政策和人事上的变动，没有一开始就通知马林。他们先是给马林降职，1923年1月，撤销其共产国际执行委员会驻华代表职务，并且不再由他联络孙中山；进而断绝他的经费（包括他的生活费），逼迫他自动离华回国。其实，当时的马林还是很想继续担任共产国际执行委员会驻中国代表，以便全面启动他的"斯内夫利特战略"。因此他在5月31日给布哈林的信中谈道："孙

① 《越飞致斯内夫利特的电报》，1923年5月11日，《马林与第一次国共合作》，第173页。
② 《关于我们在殖民地和半殖民地尤其在中国的工作问题——越飞和斯内夫利特的提纲》，不晚于1922年12月，《共产国际档案资料丛书》第2辑，第405～406页。

现在已经得到巨大的支持，如果我能留在这里专门致力于帮助国民党的改组和开展一个强大的反帝宣传运动，那会是有益的、重要的工作。"信中近乎哀求地这样说："如果我加入了国民党，参与改组工作（我已经替孙拟定了一个计划），我愿意同时也担任共产国际执行委员会驻中国的代表，那么我可以无偿地为共产国际执行委员会工作，并能照旧完成我现在的工作。"但是，马林的这封渴望布哈林给他"至关重要意见"的信又没有得到回答。6月20日马林在广州给越飞和达夫谦写信时说："自从5月31日以来，我一直在等待消息，但是毫无音讯。"[1]

于是，马林终于愤怒了！1923年7月18日，马林在广州给越飞和达夫谦写信表示："无论如何，请回答我本月发出的电报，况且，不该让我总这样滞留此地，不管我打多少电报，你们还是照老样办事：只寄新闻简报，而不给我一分一文生活费用。给我新闻简报表明你们知道我在这里，即使一个老共产党员，也需要钱维持生活。"[2] 可见，这时的马林过着多么狼狈的生活。于是，他断然决定回国。

1923年7月下旬，陈独秀抵制莫斯科指示成功，把中共中央迁回上海。马林随往，继而离华回莫斯科。后来，孙中山和蒋介石多次邀请他再来华工作，他也表示愿意，但是，由于上述他与莫斯科的种种分歧，这位很有独立见解、与陈独秀党中央曾有尖锐矛盾、最后与陈独秀在保持国共合作中共产党的独立性等问题上有较多共同语言的国际代表，再也没有被允许来华。这位为苏俄和共产国际创造了国共"党内合作"战略的功臣，最后竟被无情地抛弃了。1924年3月27日，他回到故乡荷兰定居。与此同时，代替马林的鲍罗廷于1923年8月底来华。

马林离华，鲍罗廷来华，是一个转折点，意味着苏俄与国民党关系一个波浪的结束，又一个波浪的开始，即由若即若离，到如胶似漆；对于中共也是如此，是一种状态的结束，又一种状态的开始，即在与共产国际、俄共（布）的关系问题上，陈独秀中共中央从还有一点发言权，到完全被压服；在国共合作中，从能维持一定程度的共产党的独立性并争取领导权，到完全成为国民党的附庸。

于是，历史翻开了陈独秀最悲壮、最屈辱的一页。

---

① 《共产国际档案资料丛书》第2辑，第435、459、460页。
② 《共产国际档案资料丛书》第2辑，第424页。

六 为捍卫中共在国共合作中的
独立性而斗争（1923～1926）

与鲍罗廷、维经斯基的不同关系

鲍罗廷这位带着莫斯科新方针的国民党和孙中山高级顾问，用郑超麟的话说，由于口袋中带着大量的"草"——当时国民党急切需要的经费和军事援助，而且能与莫斯科最高当局直接联系，比马林初来时更是不可一世。当时任苏俄副外交人民委员的加拉罕在给孙中山的推荐信中甚至这样说："莫斯科长期以来一直强烈地感受到我们的政府在广州缺少一个常驻的、负责的代表（从这里看出，莫斯科所以把马林撤换，还有一个重要原因是，他不是俄国人——引者）。随着鲍罗廷的被任命，我们已经朝这个方向迈出了重要的一步。鲍罗廷同志是在俄国革命运动中工作很多年的我们党的一位老党员。请您不仅把鲍罗廷同志看做是政府的代表，而且也把他看做我个人的代表，你可以像同我谈话一样，坦率地同他交谈。你可以相信他所说的一切，就象我亲自告诉您的一样。"[1]

10月6日，鲍罗廷到达广州，第一件事就是迅速把国民党改造成俄国需要的样子，催促孙中山立即改组国民党。由于当时孙中山处于十分困难之中，而鲍罗廷手中有援助，孙中山对此积极响应，18日就写聘请鲍为中国国民党组织教练员委任书。25日，召开国民党改组特别会议，讨论并落实原由马林和陈独秀拟定的改组计划。会上，孙中山指派九名中央委员和五名候补委员组成的国民党临时中央执行委员会，具体进行改组工作。谭平山（中央委员）和李大钊（候补委员）两名共产党人参加。

---

① 《共产国际与中国革命资料选辑（1919～1924）》，第 270 页。

但是，国民党内立即出现一股强烈反对共产党加入的势力，特别是在上海。国民党中央委员邓泽如甚至写信给孙中山，攻击国共合作是"陈独秀的共产党利用我党之阴谋"。对此，陈独秀在内心深处虽然对党内合作的方针有些动摇，如当时一直反对加入国民党的张国焘写信给维经斯基时幸灾乐祸地说的：陈独秀来信表示"现在感到三次党代表大会通过的关于我们同国民党关系的政治论断，不太切合实际"；"这很清楚地证明，陈独秀和马林同志的计划遇到了困难，目前不能兑现"。① 但是在行动上，陈独秀还是努力维护共产国际的方针，对国共双方内部的反对势力尽量做工作，除了发表上述《中国国民革命与社会各阶级》一文外，1924 年 1 月 8 日，在给国民党机关报《民国日报》一封信中，对国民党改组后的章程提出修改意见，主张吸收党员"固郑重将来，加以严密的规定，以慎其始也"。第二天《民国日报》在头版头条《言论》栏，发表《介绍一个"党"的意见》，摘录陈独秀信中有关党员资格及入党手续等修改意见，称赞陈信"很有见解，提出了几个有价值的意见"，"其中最有警策的一点，就是分子的选择和审查……没有好分子，断不会有好党"。

国民党另一位中央委员邹鲁以及骨干冯自由、马素等说改组后"国民党赤化了"，"是共产派利用国民党做共产主义的运动"。陈独秀驳斥说：共产党加入了国民党，是因为"知道革命的势力不可分"：

　　共产主义者加入国民党，乃是因为殖民地的中国国民革命在世界革命的重要，决不是因为想要赤化国民党利用国民党来做共产运动而加入的；因为共产党的目的、使命及革命的动机，都截然和国民党不同是断然利用不来的……国民革命和共产革命之目的与动力都截然不同，共产派的人有何神通能够利用各阶级合作的国民党来做阶级争斗的共产运动？……各阶级合作的国民党，当然不免而且应该包容许多大小资产阶级的分子在内；共产派有何方法能以利用这班资产阶级，来做共产运动，来革资产阶级他们自己的命？共产派如果这样头脑昏聩，他们还懂得共产主义么？②

① 中共中央党史研究室编《中共党史资料》第 3 辑，1982 年，第 11 页。
② 陈实庵：《国民党与共产主义者》，1924 年 1 月，《中国国民党演讲集》第 1 集，民智书店，1927，第 42 页。

当时的孙中山为了挽救国民党，也不得不逐条驳斥邓泽如的信。他以陈独秀上述给《民国日报》的信为证据，说共产党遵守国民党党纲，"阴谋"何来之有？仲甫现在处处为国民党建成革命党着想。你们这些处处自称对党忠诚的人，能提出这样的意见吗？

由于鲍罗廷、陈独秀、孙中山三方的共同努力，国共合作的方针，终于克服国共两党内部的重重阻力，得以顺利执行。1923 年 12 月 25 日，陈独秀以中共中央委员长的名义与秘书罗章龙共同签署的中央通告，首先指出当前国民党改组中的严峻形势，没有盲目乐观："自大会（指中共三大——引者）议决本党同志参加国民党扩大运动以来，以种种障碍未能见诸实行。"然而，此时国民党之改组已着着进行，颇有振作之希望，第二年正月在广州召集全国大会，"中局（即中共中央——引者）方努力进行复活国民党之工作"。这里又表现出陈帮助国民党的真诚态度。随后布置中共在国民党一大改组会上的策略如下：

1. 有国民党组织之地方，同志们立时全体加入；没有国民党组织之地方，望切将同志非同志可加入国民党之人数及何人可以负责，报告中局，以便中局向国民党接洽，请其派人前往成立分部。

2. 在国民党已有组织之地方，本党地方会应即与 S. Y. 地方会合组改组委员会，以主持目前应进行的诸事。

3. 吾党在此次国民党全国大会代表中，希望每省至少当选一人，望各区会与地方会预商当选之同志，此同志必须政治头脑明晰且有口才者，方能在大会中纠正国民党旧的错误观念。旧国民党员中，我们也应该出力帮助其比较的急进分子当选。

4. 此次国民党大会中最重要的问题是讨论党纲党章（其草案均见《向导》）及对于时局之策略，代表动身前各区均应详加讨论，候各省代表过沪时，我们的同志再集合议决一致的主张。

从这些郑重、具体、仔细的布置中，可以看出当时的陈独秀党中央对待这次国民党改组和国民党新领导机构的建立非常重视，对于在未来国共合作中捍卫共产党利益的立场也非常坚定，并无所谓"右倾机会主义"的味道。

于是，1924 年 1 月 20～30 日，孙中山在广州召开了国民党第一次全国代表大会，改组国民党，重新解释了三民主义，提出联俄、联共、扶助农工的三大政策（孙中山本意是"容共"）。大会最后选举的 24 名中央委员中，有 3 名为共产党人：李大钊、谭平山、于树德；17 名候补委员中，有 7 名为共产党人：沈定一、林祖涵、毛泽东、于方舟、瞿秋白、韩麟符、张国焘。在一届一中全会上推定的各部人选中，谭平山为组织部长，林祖涵为农民部长，李大钊为北京执行部执委，于方舟为候补执委，毛泽东为上海执行部的候补执委。这个名单，虽然没有完全实现马林和陈独秀原有的设想，陈独秀在国民党中央也没有担任任何职务，但是，受马林和陈独秀计划影响，在新设立的国民党中央委员会和中央党部等领导机构中，共产党员占了1/3至1/4的比例。尤其是负责组织发展的中央组织部，基本上是依靠中共党员在工作。当时中共党员总共才200多名，差不多都担任了国民党的发展工作。据1923年12月27日《陈独秀给共产国际执行委员会的报告》说：在国民党一大前，哈尔滨、北京、天津、湖南、南京安徽等地，已经建立起以共产党人为主的国民党党部。

但形势的发展有它自身的规律，中共帮助改组国民党，为其大量发展党员（提供新鲜血液），很快走到中共愿望的反面。因为从1923年10月到1924年1月几个月的时间内，共产党自己的活动却大大地减少了，而且党员人数几乎没有增加。

对于这种状况，担任国民党中央三常委之一并兼任组织部长的谭平山，感到十分不安。他对鲍罗廷说：我们的党员无法抽出时间做群众工作，已经失去了同工人群众的直接联系。仅以广州为例，国民党有9个区委会、64个支部，党员7780人，而共产党的干部党员只有30余人，目前主持9个区委中的5个，和64个支部中的13个，就已经忙不胜忙，"我们做群众工作的人越来越少。我们同工人群众失去了某种直接的联系"。①

但是，一心为着苏联的利益来帮助国民党的鲍罗廷却对此十分满意。他认为，这样不仅能挽救国民党，也可以使"萎靡不振"的共产党"人心振奋"起来。苏俄驻华大使加拉罕也称赞共产党人在国民党改组中表现得"十分出色"，"有高度的纪律性"，"没有用任何左派共产主义言论……制造麻烦"。②

鲍罗廷来华前后，在莫斯科向马林、加拉罕，在北京向俄国公使馆了解

① 参见《鲍罗廷的札记和通报——与谭平山的谈话》，1924年1月10日，《共产国际档案资料丛书》第1辑，第443～444页。
② 参见《鲍罗廷关于华南形势的札记》，1923年12月10日，《共产国际档案资料丛书》第1辑，第373页；《加拉罕给契切林的信》，1924年2月9日，《共产国际档案资料丛书》第1辑，第412页。

情况并在上海与陈独秀等中共领导人会见后，竟然对中共得出了这样一个十分藐视的结论：

> 共产党人有时举行集会，好象他们总共只有40人（陈独秀在1923年7月中共三大上说"现在共有党员420人"——引者），他们研究共产国际的提纲，因为已译成中文，好像这就是他们的全部活动。
>
> 中央委员会并没有给我留下一个紧密团结、有朝气的机关印象，罢工之类的地方事件临时把它抛到面上，否则它就会呆在自己的小天地——租界里，事后从那里发出指示。①

他甚至把加入国民党而又不能暴露身份的共产党说成国民党的"私生子"。② 于是，他就一头扎进广州国民党的怀抱，为了俄国的利益，竭力扶持国民党并与之进行一系列政治交易，共产党只是他与国民党领导人进行交易中的筹码。所以，他对共产党在国民党改组后如此努力为发展国民党工作而没有因保持独立性及争夺领导权闹矛盾，表示满意。

对此，斯大林在听了鲍罗廷汇报后，一度产生了同情中共的心绪，但又认为是"必然"的。共产国际远东局书记维经斯基当时给加拉罕的一封信中说：

> 鲍罗廷最近的通报并未使我们感到满意。第一，根据这些通报判断，很难想象在中国存在着这个国家的解放运动中起着十分重要作用的共产党……在鲍罗廷的通报中应该给予共产党实际作用以相应的注意和位置……让俄共和国家领导同志了解中国解放运动中真实力量对比……几天前，在同斯大林同志的一次长时间交谈中就了解到，在他的印象中，共产党人已溶化在国民党内，没有自己的独立组织，一般都受到国民党的"虐待"。斯大林同志对共产党人的这种寄人篱下的处境表示遗憾，认为也许在中国现在的这种处境是历史的必然。当向他说明共产党

---

① 《鲍罗廷在联共（布）中央政治局使团会议上的报告》，《共产国际档案资料丛书》第3辑，第97页；《鲍罗廷给加拉罕的电报》，《共产国际档案资料丛书》第1辑，第614页。《共产国际档案资料丛书》第3、4辑为1998年出版。

② 《鲍罗廷在联共（布）中央政治局使团会议上的报告》，《共产国际档案资料丛书》第3辑，第137页。

有自己的组织，比国民党更团结，共产党人在国民党内享有批评权，国民党本身的工作在很大程度上是由我们的同志做的等等情况时，他感到很惊讶。①

可见，维经斯基对中共的态度是与鲍罗廷不一样的。他约在 1924 年 4 月中旬来华，先到北京，在了解北京共产党人发展国民党组织的情况后发现，由于共产党人的努力，当时北京的国民党员已经有 1300 名，但是，两党党员思想上的"格格不入"却日益尖锐。为此，他批评说："我们的同志完成对国民党的工作，像是履行必要的和很重要的义务。但是他们对这种义务的理解是很片面的……我们的同志必须谨慎从事，但终归要十分明确地说明，在国民党内做工作不是目的，而是手段，所以……在从国民革命运动的角度看确实合适的地点和时间为他们做工作。"②

为了纠正这个倾向，维经斯基在共产国际的支持下，到上海推动并参加了中共中央第一次扩大全会（1924 年 5 月 10 ~ 15 日）。会前，他与陈独秀等人"不断地开会"。陈独秀介绍的国民党内右派势力强大的情况，给维经斯基以深刻的印象。会上，"关于在国民党内工作的问题引起了非常激烈的争论，许多工人对共产党实际上被溶化在国民党中表示反对，甚至有人主张与国民党决裂"，③ 最后通过决议，改变了一系列重大认识和决策，具体如下。

一、改变过去共产国际决议通过的关于国民党是一个"包含四个阶级的民族革命集团"的含混说法，肯定国民党是一个"资产阶级性质的党"。

二、改变鲍罗廷必欲把国民党变成一个真正有纪律、有组织的革命党的计划，指出"国民党依它的社会成份（阶级分子）及历史上的关系看来，客观上不能严格的集中主义及明显的组织形式"。④

三、改变中共三大关于"须努力扩大国民党的组织于全中国，使全中

① 《维经斯基给加拉罕的信》，1925 年 4 月 22 日于莫斯科，《共产国际档案资料丛书》第 1 辑，第 605 页。

② 《维经斯基给拉斯科尔尼科夫的信》，1924 年 4 月 21 日，《共产国际档案资料丛书》第 1 辑，第 493 页。拉斯科尔尼科夫时任共产国际执委会东方部主任。

③ 《拉斯科尔尼科夫的书面报告》，给季诺维也夫、斯大林、布哈林等，1924 年 6 月 2 日，《共产国际档案资料丛书》第 1 辑，第 496 页。

④ 参见《鲍罗廷的札记和通报》，1924 年 2 月，《共产国际档案资料丛书》第 1 辑，第 455 页；《共产党在国民党内的工作问题决议案》，《中共中央文件选集》（1），第 231 页。

国的革命分子集中于国民党"的决定，指出"宣传更重于组织"，"我们当赞助国民党办好组织机关，引进思想上接近国民党的分子，然而这不能作为我们在国民党里的唯一主要工作"。"共产党的责任，就是使国民党不断的有规划的宣传'宣言'（指国民党一大宣言——引者）里的反对帝国主义及军阀，要求民权的原则。决不能先求国民党数量上的扩大，而后宣传反对帝国主义及军阀"，也不能认组织与宣传是"同等重要的"。

四、改变过去笼统支持国民党的方针，强调应当把国民党分析成左派和右派。而"左派是孙中山及其一派和我们的同志——我们其实是这派的基本队伍"。我们应当用种种方法"巩固国民党左翼和减杀右翼势力"。"假使现在我们因为巩固扩大国民党起见而取调和左右派的政策，那就是一种错误。"

五、坚持共产党的基本立场，保持对国民党的批评自由。"我们仍要求国民党内的批评自由，我们便能在国民运动的根本问题上指摘右派政策的错误（最重要的，就是回避反帝国主义的争斗）——在我们自己的机关报上，在国民党的机关报上，在种种集会的时候。"

为此，会议强调：党现时的根本任务是"在大产业的工人里扩大我们的党"；"组织纯粹阶级的斗争的工会"；"不必帮助国民党组织渗入产业无产阶级，不然，就是一个很大的错误"。①

很明显，这次会议的精神是强调保持国共合作中共产党的独立性，强调共产党自身的组织的发展，强调团结和训练工农群众的阶级精神和阶级意识，使之在共产党的领导下参加国民革命，才能"防止资产阶级的妥协，民族解放才能彻底"。一句话，就是要争夺革命领导权。

这就是当时陈独秀的主要思想，并且得到维经斯基的支持，也得到共产国际执委内部一些人的支持。

于是，陈独秀在中央扩大会议后，马上向广州的鲍罗廷提出公开共产党人左派面目、使派别斗争合法化的问题，共产党也就取得批评国民党的自由。

但是，鲍罗廷一方面认为："中国国民党宗旨最适用。中国尚可应用一百年"；所以，"第三国际认定中国革命，只能用国民党党纲。不能用他种主义。故使中国共产党及社会主义青年团全部加入国民党。如有不奉命令

者，则认为违反命令"。另一方面，他又说："凡党皆有左右派之分"；"党中之派，是不能免"。共产党作为国民党中的左派，与右派竞争，可以复活国民党，"希望右派左派相争，发生一中央派，作党之中心"。而当时的孙中山为首的国民党中央，由于对当时发生的一系列反帝反军阀的重大事件，不讨论，不表态，不斗争，"实际上不能作党之中心"。所以，他深感迷茫，希望找到"根本上解决"的途径。①

恰巧在这时（6月），因发生共产党和青年团在国民党内建立党团事件，国民党右派再次掀起更大的反共浪潮。

与鲍罗廷的初次冲突

1924年6月，国民党中央监察委员邓泽如、谢持、张继发现一本小册子，内容是中国社会主义青年团第二次大会决议案及宣言，其中有关于加入国民党的共产党员和团员组织党团以指导党团员工作的内容。于是，他们在6月18日以此为证据，再次向孙中山提出弹劾共产党，声称共产党员和共产主义青年团员加入国民党，对国民党自身的生存发展有重大妨害，主张国民党绝不宜"党中有党"。实际上，共产党员和青年团员加入国民党后，陈独秀等人发表的任何批评国民党的言论，都被国民党人看作"党员反党"的证据，从而接连发生检控共产党人违纪进而联署反对共产党"跨党"的案件。在这次弹劾案之前，此类案件已有20多起，涉及党员达2000余人。7月3日，国民党中央委员会召开第四十次会议，对邓泽如等弹劾案提出三点意见：（一）须有表示态度的宣言；（二）应开中央全会讨论办法；（三）呈请孙中山做出决定。

7月7日，由汪精卫、邵元冲起草的这个宣言发表，称已加入本党的共产党人，言论、行动有分道而驰的倾向，于是反对派借此肆意挑拨，同志间遂由怀疑而发生隔阂。中央委员会郑重声明："对于规范党员，不问其平日属何派别，惟以其言论行动能否一依本党之主义政纲及党章为断；如有违背者，本党必予以严惩，以整肃纪律。"这是一个明显的反共宣言，因此在国民党内掀起了新一轮反共浪潮。

---

① 《谢持、张继与鲍罗廷问答纪要》，1924年6月25日，《鲍罗廷在中国的有关资料》，第11~15页。

　　由于陈独秀一再在共产党的机关报上批评国民党的路线，这次孙中山不像上次那样去反击右派，而是站到了右派的一边，利用反共浪潮，压一下陈独秀，用纪律来制裁共产党，决定召开中央全会，讨论对共产党的弹劾案。

　　孙中山一向被视为国民党左派，在接受国共合作方针时也答应改组国民党，包括改变旧的路线政策，因此，陈以为对其坚持适度的批评不至于引起严重问题，但是，现在看到孙不去反帝和压制右派，反而来压制共产党，深感意外。7月13日，他写信给维经斯基，在讲述国民党将开中央全会"讨论和决定所谓的共产党问题"后指出：

　　　　孙中山虽不会马上抛弃我们，但根本无意制止反动派对我们的攻击。

　　　　至于国民党目前的状况，我们在那里只看到了右派反共分子，如果说那里有一定数量的左派，那是我们自己的同志。孙中山和另外几个领导人是中派，而不是左派（即便戴季陶也不是左翼理论家），所以现在支持国民党，就只会是支持国民党右派，因为他们掌握着党的所有机构。在他们的对内政策中表现出反工人倾向，而在对外政策中表现出反苏倾向……您需要紧急给鲍罗廷同志发一份电报，请他提供实际情况报告。我们期待你们将根据他的报告制订共产国际的新政策。我们认为，对国民党的支持不能沿用以前的形式，我们应该有选择地采取行动，这就是说，我们不应该没有任何条件和限制地支持国民党，而只支持左派所掌握的某些活动方式，否则，我们就是在帮助我们的敌人，为自己收买（应译成"制造"——引者）反对派。[①]

　　陈独秀的话有些偏激，但指出国民党内右派势力之强大，共产党（自然包括苏俄和共产国际）不能无条件地支持国民党，否则将是"帮助我们的敌人"，这种认识是十分尖锐而深刻的。大革命的结果，不幸被其言中。

　　其实陈不明白，苏俄在中国推行的国共合作方针，不管他们支持哪一方，必然引起敏感的另一方的强烈反应，最后结果必然是一方打倒另一方。

　　同时，即7月21日，陈独秀和毛泽东联合签发《中央通告第十五号》，指出："国民党大部分党员对我们或明或暗的攻击、排挤日甚一日，意在排

[①]《共产国际档案丛书》第1辑，第507页。

除我们急进分子，以缓和列强与军阀对于国民党的压迫。此时国民党只极少数领袖如孙中山、廖仲恺等尚未有和我们分离之决心，然亦决不愿开罪于右派分子，已拟定于秋间召集中央执行委员会全体会议，以解决对我们的关系。我们为图革命的势力联合计，决不愿分离的言论与事实出于我方，须尽我们的力量忍耐与之合作。然为国民党革命的使命计，对于非革命的右倾政策，都不可隐忍不加以纠正。"为此，《通告》要求：

一、应由我们所指导的各团体或国民党党部，对于国民党中央表示不满右派的意见。

二、我们同志应在国民党各级党部开会时提出左右派政见不同之讨论。

三、今后凡非表示左倾的分子，我们不应介绍他入国民党。

四、须努力获得或维持"指挥工人农民学生市民各团体的实权"在我们手里，以巩固我们在国民党左翼之力量，尽力排除右派势力侵入这些团体。

五、各地急宜组织"国民对外协会"，一方面是建筑反帝国主义的联合战线之中坚，一方面是形成国民党左翼或未来新国民党之结合。此会为社会运动一种独立团体，不可与国民党团体混合，尤不可受国民党支配。①

从这些措施中可看出陈独秀党中央对于与国民党争夺革命领导权，持十分积极的态度。这时，虽未提出退出国民党的问题，表示："尽我们的力量忍耐与之合作"，但也做好了万一破裂，另组"新国民党"的准备。

同时，从以上陈独秀给维经斯基的信和通告看出，他把希望放在对鲍罗廷和共产国际身上，希望他们采取新政策，至少是不要无条件地支持国民党。

但是，陈独秀的希望落空了。鲍罗廷虽然感受到国民党内反共倾向的强烈，在给共产国际的报告中也承认："在对待共产党人的态度问题上，国民党内部的右派和左派，实行了一定程度的联合，包括孙中山在内……几乎所有国民党人都会参加反对共产党人的斗争。"但同时又认为："不应当由此得出结论，像某些同志估计的那样，似乎共产党人在国民党内所面临的问题是如此尖锐，以致必须作好可能分裂的准备。"② 于是，他非但没有制止孙

① 《中共中央文件选集》第1册，第223、224页。
② B. N. 格鲁宁：《共产国际与中国共产主义运动的形成（1920～1927）》，《共产国际与东方》，莫斯科，1967。

中山的行动，反而建议成立一个国际联络委员会来解决（控制）共产党问题。

这时，瞿秋白正好应鲍罗廷之邀前往广州，并未经中共中央同意，被鲍推举参加国民党中央政治委员会，与鲍一起出席了 8 月 21 日召开的国民党一届二中全会。当瞿从鲍处得到消息，鲍与孙中山内定成立一国际联络委员会来解决国共分歧问题时，马上专信告知上海。陈独秀闻讯怒不可遏，立即召开中央紧急会议，通过决定，并直接致电鲍罗廷和瞿秋白，极其强硬地规定：

一、禁止在国民党会议上进行任何有关共产党问题的辩论，并对此辩论不予承认；

二、中共中央拒绝承认国民党下属的为解决两党间问题而设立的国际联络委员会；

三、责成我们的同志在全会上对反革命分子采取进攻态势，从防御转入进攻的时机已经到来。①

但是，这个决定到达广州为时已晚。国民党一届二中全会已经结束。在会上，鲍罗廷和瞿秋白虽然为共产党党团问题进行了辩解，会议也否定了右派提出的请共产党员退出国民党的提议，但仍赞同成立国际联络委员会以监督共产国际和共产党关系的决议。决议认为："中国共产党的活动，有关国民革命者，实有为国民党周知的必要；中国共产党对于其加入国民党的党员施以指导，使之对于国民党应如何尽力，这与国民党党务、党员纪律有直接间接的关系，本党更不能不过问。"② 就是要求中共将自身活动中与国民党有关者，全部公开通报给国民党。在当时共产党员和青年团员全部加入国民党的情况下，接受这个决议，就意味着共产党失去独立性，完全接受国民党的监督和领导。

这里，党内合作方针的致命弱点就暴露出来了。一方面，共产党加入国民党，自然在路线政策上和组织上要接受国民党的领导，服从国民党的纪律。对此，无论孙中山还是国民党右派的要求，都不过分。另一方面，共产党作为无产阶级政党，对于这次革命，除了共同的反帝反封建目标之外，还

---

① 《中共中央致鲍罗廷、瞿秋白电》，1924 年 8 月 27 日，转引自杨奎松《陈独秀与共产国际》，《近代史研究》1999 年第 2 期。

② 荣孟源主编《中国国民党历次代表大会及中央全会资料》（上），光明日报出版社，1985，第 72～75 页。

有自己特殊的要求，更重要的是，根据历史经验和规律的提示，资产阶级往往在革命关键时刻动摇叛变，所以，共产党又必须保持自己的独立性和争取革命的领导权，包括对国民党错误的路线政策的纠正和领导职务上的安排。所以，实现国共合作时，国民党必须进行"改组"。这也是无可非议的。这样两党的合作势必发生日益尖锐的矛盾和冲突。要解决这个冲突，只有一方完全服从另一方，否则联合必然瓦解。也就是说，党内合作的形式是不可能长久的，应该根据形势，及时调整，变党内合作为党外联合。党外联合就自由、灵活得多，能联合的问题上联合，其他方面各保持独立。或能联合时联合，不能联合时各行其是。陈独秀 7 月 14 日给维经斯基的信，也就是这个意思。

但是，对于苏俄来说，国共合作这步棋刚走出，还没有收到成效，决不允许改变。所以，鲍罗廷的态度是符合莫斯科需要的。但是，一心站在中共和中国革命立场上考虑问题的陈独秀，根本不了解莫斯科的心思。所以，当广州的消息传到上海后，中共中央内部一片愤怒。蔡和森等人强烈要求致电莫斯科，控告鲍罗廷和他推行的损害共产党的妥协路线。陈独秀则十分沮丧，在给维经斯基的信中称：

> 国民党中央执行委员会全会已经闭幕。这次会议对我们是一个很大的打击。孙中山等人的态度在口头上保持中立。他们不能同我们的同志争吵，也不敢得罪右派和反动派，但实际上，他们利用反动派施加的压力和他们的反共宣传来压制我们，目的在于把中国共产党置于国民党的领导之下，或至少使中国共产党对它开放。我们必须反对这种行为。可是鲍罗廷同志不是站出来反对，而是建议他们成立所谓国际联络委员会，隶属于国民党政治委员会，并且拥有解决（国共）两党问题的全权。中国共产党中央执行委员会绝对不同意这个建议，并指出，鲍罗廷同志上了孙中山等人的圈套。中国共产党执行委员会给鲍罗廷发去电报，说明孙中山等人的这个阴谋，以及这个建议和我们党绝对不承认任何这类决定将带来的不良后果。但遗憾的是，在国民党中央执行委员会上作出了这种决定。①

---

① 《陈独秀给维经斯基的信》，1924 年 9 月 7 日，《共产国际档案资料丛书》第 1 辑，第 528 ~ 529 页。

　　然后，陈独秀对共产国际提出两点强调意见：一是提醒鲍罗廷"同孙中山打交道必须十分谨慎，否则他还会上圈套"；二是要鲍罗廷"始终要同我们党进行协商"。

　　这是中共再次向共产国际要自尊。

　　维经斯基和共产国际如何答复，现在无证可查。但陈独秀决不罢休，力图挽回影响。经过一系列紧急磋商后，陈独秀派中央委员高尚德赶往广州，传达中共中央拒绝国民党全会决议，贯彻进攻路线，决心抵制鲍罗廷的妥协政策，并通过决定：鲍罗廷无权领导广东地区党组织的工作。

　　鲍罗廷的错误只能由共产国际去处理，中共中央却可以处理瞿秋白。9月23日，瞿一回到上海，陈独秀等就对其进行严厉批评，并禁止他再去广州。接着，10月8日，中共中央召开全体会议，专门通过《就瞿秋白同志关于广东政治路线的报告作出的决议》①，决议实际上不仅对瞿秋白，而且也对鲍罗廷再次严厉批评了他们的错误。

　　决议指出，鲍罗廷和瞿秋白没有看清孙中山为代表的中派"只是想利用右派来威胁我们，使我们屈从于它"的实际情况；"也未反击右派，抵制他们试图把共产党置于他们控制之下的做法，而相反，错误地认为，我们应当帮助中派哄骗右派……走上了向中派让步的道路……因此落入了中派设置的圈套，结果我们遭到两大失败"：

　　（1）我们对反动派镇压措施的决议案，在会议开始时没有提出，"结果我们落到被告席上而未占有主动的地位。因此，中派得以不声不响地回避对右派镇压措施问题，很顺利地对我们发起攻势，并向会议提出预先准备好的干涉中共事务的决议案"。

　　（2）在国民党内成立干涉共产党事务的机构，现在采取了国际联络委员会的形式，并且已经同共产国际代表达成了协议。鲍罗廷同志和瞿秋白同志在国民党政治局会议上默认了关于国民党内之共产派问题的决议案。"中共中央认为，这等于共产国际和中共承认国民党有权成立调查共产党活动的机构，这一条将被国民党用来作为干涉共产党活动的依据。"

　　最为可贵的是，决议以批评瞿秋白为引子，以无畏的胆识，主要点名批评了以太上皇自居的鲍罗廷在广州犯下的一系列错误，特别是改变了原来陈独秀和马林对孙中山的批评——只"依靠军阀倒军阀"的单纯军事路线：

─────────

① 《共产国际档案资料丛书》第 1 辑，第 532～534 页。

　　"鲍罗廷同志犯了许多错误，他过高地估计了国民党中派的作用并同他达成了妥协，还有在实行自上而下对国民党的改造政策时犯的错误。特别大的错误是他支持国民党的军事行动。"因为一是"目前不仅国民党中的许多右派分子是反动的，而且不少中派分子虽然具有模糊的革命愿望，但在他们的头脑中国民党的老政策根深蒂固，很难使他们走上革命的道路"；二是国民党军队中是清一色来自反动右派的指挥员，没有可靠的革命力量，缺乏足够数量的革命分子在军队中做宣传工作和对它施加影响"。所以，现在"支持国民党的军事行动，那么客观地说，这就会加强国民党中的反动派，削弱对国民革命的宣传"。

　　决议最后强烈批评了鲍罗廷不尊重中国党、独断专行的作风："中共执委会非常不满的是，鲍罗廷同志作为共产国际代表同党的执行委员会联系很少，也不同它讨论决议和对国民党的态度的改变，而是单独行事……破坏统一，破坏工作制度，这对国民革命运动来说是非常有害的。"

　　还必须指出的是，与此同时，即1924年10月10日，中共中央和陈独秀还分别发出了两封极其重要的信。

　　其一，《中共中央给鲍罗廷的信》① 坚决贯彻党中央对国民党右派的进攻路线，要求鲍说服孙中山派汪精卫到上海，召叶楚伧去广州；尽快通过《民国日报》的新编辑人员邵力子、戴季陶、蔡和森、沈定一、刘仁静。因为由于中共推行强硬路线，国民党中央委员兼《民国日报》总编辑叶楚伧递交了辞呈，可是又不离开上海，因此也影响到戴季陶、于右任不工作，而共产党员瞿秋白、沈定一、毛泽东都是候补委员，"不能任负责人"，所以国民党上海局的工作陷于瘫痪。此信提议："务必尽快派汪精卫来上海。如果汪来此地，也许戴和于会同意予以协助，或者让某一候补委员（瞿、沈、毛）转为中央正式委员，只有在这种情况下，上海局才能继续工作，才能在一定程度上掌握在我们手中。"

　　其二，《陈独秀给共产国际给远东部的信》②。陈独秀以"中国共产党书记"的名义，再次向共产国际控告鲍罗廷：

　　"中国无产阶级、中国国民革命应当采取联合行动的策略，而共产国际代表同中共也应当对国民党采取共同行动。然而，鲍罗廷同志从不同我们党

---

① 《共产国际档案资料丛书》第1辑，第535～536页。
② 《共产国际档案资料丛书》第1辑，第537～540页。

协商，好象在中国不存在共产党。结果，对国民党没有采取联合行动。"如在对于当时进行的第二次直奉战争（"国民党仍坚持老政策：同张作霖和卢永祥联合，在战争期间，不做任何有利于人民的宣传"）、广州的商团事件（港英策动的反对广州政府的叛乱，孙中山为了准备北伐而不予镇压，让胡汉民出面"向商团作出让步"）、孙中山北伐等一系列重要的政治问题上，鲍罗廷与中共中央不同，"坚持另一种意见"。这种"意见分歧给广东同志造成了混乱，他们遵循的是两种不同的意见，无法对国民党施加影响。我们在国民党内的工作也面临很大威胁，所以我们希望共产国际给他提出警告。"

同时，在财务方面，"我们给他去信，要求他把原定给国民党省党部的这笔钱转给我们中共的省委，用来资助那些在我们控制之下并对国民运动的实际工作提供很大帮助的省党部"。但是，后来的事实表明，鲍罗廷对此也予以拒绝。因为，他要利用这笔钱与国民党做有利于苏俄国家利益的交易，让国民党直接听莫斯科的话。

以上种种充分表明，为了保卫年轻的中国共产党的独立性和保持对革命的一定程度的领导权，陈独秀党中央表现得像一头雄狮。

正是由于陈独秀如此不屈不挠的斗争，鲍罗廷与孙中山策划的企图控制共产党的"国际联络委员会"胎死腹中，没有起什么作用。

1924 年 10 月，冯玉祥发动北京政变，囚禁曹锟，重组内阁，邀请孙中山北上，"共商国是"。同时又让段祺瑞任中华民国临时执政，抢先掌握实权。段还与张作霖暗中勾结，竭力抵制孙中山进入中枢。各帝国主义也加紧进行干涉中国内政的活动。

面对如此复杂的局势，一贯直来直去率真的陈独秀，担心孙中山重走老路，不依靠工农革命而对帝国主义存在幻想，卷入与军阀争权夺利的旋涡，结果总是以妥协与失败而告终。所以，他又在中央机关报上发表文章，反对孙中山北上。

> 冯玉祥不过是英美帝国主义的另一工具，即将举行的天津会议也不过是一个由列强共同操纵的各派军阀首领之和平会议。孙中山的首要任务，是积极地采用肃清内部的政策，巩固自己的根据地，而不是参加所谓和平会议。①

---

① 独秀：《肃清内部》，《北京政变与中国人民》（1924 年 10 月 29 日），《向导》第 89 期。

蔡和森支持陈独秀的看法，认为和平会议是军阀会议，也是帝国主义宰制中国的会议，他告诫孙中山：不可轻信军阀，小心上当受骗。

陈、蔡二人的立场，代表了中共中央和大多数共产党人的立场。

但是，讲究策略、有丰富政治斗争经验的鲍罗廷大不以为然。他一面向莫斯科报告了中共中央的观点：

> 中共中央反对孙逸仙北上，赞成发表关于北京事件的宣言，但不采取积极参与事件的态度。中共中央……认为在北京除了美国决定把吴佩孚撤掉，代之以冯玉祥外，实质上没有发生什么特别的事情。人民不会由此而变得轻松些，国家的解放事业也不会有丝毫前进。①

一面与驻华大使加拉罕提出了另一种主张：

> 10月23日的政变及其后发生的事件给国民党提供了一个登上国民革命斗争大舞台并成为大政党的极好机会。如果不利用这一机会，不仅从策略上看是错误的，而且在一个长时期内会必然地、不可避免地削弱国民党。②

鲍在报告中解释他的所谓"利用机会"是，一要发表宣言，"重申国民党在各个问题上的立场，提出符合时局要求的口号"；二是孙中山应该北上，"在各地公开捍卫自己的立场和口号"。他并认为孙北上虽然有被帝国主义和军阀包围的危险，"但是我们可以冒这个险，因为我们坚信这个包围不会比在广州工作的那种形势更危险"。

鲍的主张显然得到了莫斯科的支持，于是，他既说服了国民党中央政治局，促成了孙中山的北上；也说服陈独秀中共中央支持孙北上。这说明陈在"联络委员会"上对鲍的情绪，这时已经缓解。正如维经斯基调解后给中共中央和鲍罗廷的信中所说："像以前一样，你们必须同鲍罗廷同志协调自己的工作。我认为，过去的许多误解都已过去"；"现在，在中央的方针与鲍罗廷之间我已找不到原则性分歧。造成你们与鲍罗廷之间产生误解的两个主

---

① 《共产国际档案资料丛书》第1辑，第565页。
② 《共产国际档案资料丛书》第1辑，第566页。

要的组织上和策略上的原因，现在已经消除"。①

　　不过，中共中央发表支持孙中山北上宣言时，已经相当被动，因为孙已经北上，不支持已经没有意义，而且中共广东区委在鲍的指导下，一直支持孙北上，认为此举可以使革命运动向北方发展。为了减轻这种被动，11 月 6 日由陈独秀和毛泽东签署的《中央通告第二十一号》中强调："现在我们对于孙中山参加北方和会并不根本反对，然我们当警告孙中山在和会上本着国民党的党纲、政纲及北伐宣言说话，揭破帝国主义和军阀在和会中勾结宰制中国的阴谋。"并指出共产党在北伐中的任务是："准备广州国民革命势力的往北发展，亦就是加紧的在农民之中工作，尤其是在北伐的过程中，以建立工农革命联合的基础，而达到国民革命全国范围内的胜利。"②

在五卅运动中充分实施革命领导权

　　国共合作后，陈独秀没有放弃革命领导权的思想，1925 年的五卅运动即一个实例。

　　中共二大和三大，在列宁和共产国际的帮助下，正确地解决了党的思想路线问题，主要是当前革命性质、统一战线和革命领导权。五卅运动就是在这样的背景下发生的。因此，在整个运动中，中共中央能比较自觉地掌握革命领导权，并自觉地运用统一战线这个策略。

　　五卅运动的导火线是上海日商纱厂的资本家任意侮辱和殴打中国工人，无故开除工人，甚至在 5 月 15 日发生枪杀工人代表顾正红的惨案。中共就领导上海几十家日商纱厂工人，举行中国历史上第一次同盟大罢工，给日本帝国主义以沉重的打击。同时，当时还有上海人民反对列强各国租界越界筑路、蚕食中国领土的斗争，参加者有学、商两界团体与地方官厅和乡绅，一时"呈请当局之文字，当在千份以上"。还有反对公共租界工部局四提案的斗争。四提案是增加码头捐、印刷附律、交易所注册和童工管理案。这四案若通过，将严重损害中国工商界和租界内广大市民的利益，因此引起沪上各界市民的强烈反抗。上海总商会等 31 个团体联名向工部局递交抗议书，表

　　①　《共产国际档案资料丛书》第 1 辑，第 578 页。
　　②　《中共中央文件选集》（二），第 56～57 页。

示除童工案"为有条件的赞成"外,其他三案"无论在法律上、国权上、事实上,均所反对"。

这三股斗争潮流的打击对象,主要是日、英帝国主义;斗争的动力包括了工、农、学、商等各阶级、阶层,完全符合当时民族民主革命的大方向。但是,斗争的形式却是分散、单独地进行着。针对这种情况,国民党历来对反帝斗争是消极回避的,况且,运动正好发生在孙中山3月12日逝世后不久,国民党内思想混乱。于是,中共中央果断地承担起领导运动的责任。在顾正红惨案发生后,即5月16日、19日,陈独秀以中共中央总书记名义,接连签发两个中央通告。第三十二号通告指示各区委、地委、独立支部的同志们,号召工会、农会、学生会以及各种社会团体一致援助:一、各团体宣言或通电反对日本人枪杀中国工人同胞。二、由各种团体发起筹募援助上海纱厂工人捐款。三、由各种团体名义发起组织宣传队向市民宣传日本帝国主义者历来压迫中国人之事实,造成排货行动。四、广州、长沙等处应号召群众向日本领事馆示威。

第三十三号通告指示各级党组织:现在"形势至为严重,我们在拥护无产阶级的利益上,在反对帝国主义的工作上,在反抗日本所主持的安福政局上,都应该号召一个反对日本的大运动。"一、各地应即邀当地C.Y.(共青团——引者)组织开一联席会议,下全体动员令,组织游行演讲队,罗列日本最近压迫中国人的事实,向日本帝国主义者加以总攻击,不必以上海纱厂工人事件为限。二、运动各地各公团开联席会议发表宣言,指斥日本人历来压迫中国人之罪恶,电请政府向日本交涉取消其在中国开设工厂之权利。①

从这两个通告的内容看,陈独秀党中央当时的指导思想很明确:一、从日本纱厂杀伤中国工人事件出发,但又不以此事件为限,掀起一个反帝反军阀的大运动。二、以上海为中心,发起一个全国性的运动。这两点表明:党中央决心通过局部事件,把经济斗争引上政治斗争轨道,从工人运动出发发动一场全民族的反帝解放运动;三、第二个通告中还有"应设法令各区分部校友和我们合作"的文字,是指与国民党合作,即这场运动应与国民党合作,而共产党掌握领导权。

5月30日,3000多名学生上街演讲,发生英国巡捕发射排枪屠杀学生

---

① 《中共中央文件选集》(1),第334页。

和市民的惨案。陈独秀当晚主持中共中央紧急会议，决定上海总工会公开成立，并联络上海学联、全国学联、上海各马路商界联合总会（代表中小资产阶级）和上海总商会（代表大资产阶级）组织工商学联合会，作为领导反帝运动的公开机关，发动全市性的学生罢课、工人罢工、商人罢市斗争，会议还决定斗争策略：集中打击帝国主义，尽量减轻华资厂商的损失及保障市民的正常生活。"三罢"斗争在次日得以实现。与此同时，以"反对帝国主义，废除不平等条约"为口号的反帝浪潮，迅速波及全国600多座城镇，1700多万人参加，实现了陈独秀党中央的预想。

更具有重要意义的是，运动的整个过程中，中国共产党始终处于领导地位。中共中央通过机关报《向导》周报和新创办的《热血日报》，密切关注、及时报道运动的状况，不断地发表告民众书或一系列评论，及时指明运动方向，纠正错误倾向，揭露敌人的种种破坏阴谋。据当时直接参与指导运动的张国焘说：整个运动由陈独秀"居中指挥"，其他人分工是：张国焘是全国总工会上海办事处主任，协助陈独秀抓总；李立三、刘少奇代表上海总工会负责工运，李立三还负责对外联络，特别是北京政府和商界的联络；恽代英是国民党上海执行部秘书，负责联络国民党；上海区委负责人罗亦农、王一飞联络学界。

陈独秀对运动的领导，主要表现在思想路线上。

6月至8月运动高潮期间，陈独秀主持的中共中央发表了七个文件（有的是与共青团中央联署），还发表11篇他的署名文章，另外还在中国共产党创办的第一份日报《热血日报》（瞿秋白主编）上，发表多篇未署名文章。如6月5日发表的《中共中央为反抗帝国主义野蛮残暴的大屠杀告全国民众书》及第二天发表的署名文章《上海大屠杀与中国自由运动》，针对当时上海上流社会冒出的调和妥协和"速了"倾向，批判了依赖和相信政府与外国交涉、法律解决的错误主张，一开始就为这次运动指明了正确的方向。《告全国民众书》指出："这次上海事变的性质既不是偶然的，更不是法律的，完全是政治的。"所以，"反抗运动之目标，决不止于惩凶、赔偿、道歉等'了事'的虚文，解决之道不在法律而在政治，所以应认定废除一切不平等条约，推翻帝国主义在中国一切特权为其主要目的"。又请全国愤激的人民注意："须将这个斗争持续的依靠于全国民众自身的力量，万不可依赖和相信政府的交涉而中辍民众的反抗"；"须知中国人民与野蛮残暴的帝国主义无调和之余地；更须知……在上海的外商厂主（工部局的主人）

更是这次大屠杀的正凶，万不能自欺欺人把残杀之罪转移于其雇用之巡捕，而反认真正的敌人为'调人'，希望他们出来讲什么'斡旋''公道'和'谅解'"。①

更可贵的是这份告民众书在揭露帝国主义离间破坏政策时，理直气壮地表明了共产党坚决领导这次运动的态度：

> 中国共产党是中国工农阶级的党，工农阶级既不是冷血动物，又不是帝国主义的附属品，乃是帝国主义最坚强最可怕的死敌，中国共产党那有不参加运动的道理？假如这次运动真如帝国主义机关报之所说——是共产党所鼓动的，那末这不仅仅不足使各阶级群众畏避共产党而观望不清，反而要使他们亲近共产党，并加倍勇往的团结中国民族之一致的奋斗。因为中国共产党只有这样和积极努力才能使各阶级群众深信共产党不仅为工农阶级的利益而奋斗，并且为全中国被压迫民族而奋斗。

陈独秀的署名文章则进一步指出：斗争的最终目的是"推翻全世界一切帝国主义"，目前"最低限度的要求应该是：一、惩办凶手赔偿损失；二、撤换驻上海英、美、日领事；三、取消各国领事裁判权；四、收回全国租界；五、撤退驻中国境内的外国陆海军，禁止外国陆海军在中国境内自由登岸"。并指出上海是这次运动的中心，但"民族自由运动是一个全国运动，全国的学生、工人、商人都应该同时起来向一切帝国主义者进攻"。②

可见，这篇文章与他签署的上述两个通告及告民众书的精神完全一致，是彻底的反帝运动纲领。

6月20日，当运动波及全国，并在青岛、汉口等地发生枪杀中国工人、市民的严重事件，各地出现局部妥协解决的倾向时，陈独秀又发表《此次争斗的性质和我们应取的方法》一文，提出："我们主张：中国国民应该运用自己的团结力，立即在上海召集全国工商学兵代表大会，议决废除一切不平等条约，严责政府宣布执行。倘政府不肯执行此议决，立起国内战争，建设一个国民革命政府。"并且指出："我们这个提议，是立脚在全民族的生

---

① 《中共中央文件选集》（1），第350~353页。
② 《向导》第117期，1925年。

存与自由之意义上面，不是立脚在某一党派的利益上面，希望全国人民不存成见，予以公正的考虑与讨论。"①

这就有意识地把反帝斗争与国内革命结合起来了。虽然当时不可能实现这个主张，不可能"召集全国工商学兵代表大会"和成立"国民革命政府"，陈独秀也不可能幼稚到有这个幻想，他的本意在于提高全国人民的革命意识。所以，6月底7月初，当出现上海交涉破裂（英、美、法、日、意、比六国委员会与北京政府代表在上海就"五卅案"进行谈判，六国委员会以中国收回会审公堂等条款与"五卅"无关，不予讨论而破裂），而全国还有盛大的示威行动，省港大罢工进行得比上海更加猛烈的复杂状况时，他在坚持"组织全国工农学商兵联合大会，以为指导全国运动的中央机关"的同时，又提出了更加激进的革命主张："要扩大工商学兵农联合会或雪耻会遍于全国，成为群众的行动机关，执行各地排货、罢工、废约、反抗媚外的军阀奸商及教徒等反帝的实际行动"；"急须武装学生、工人、商人、农民，到处组织农民自卫团，以抵抗军阀之压迫"。② 这个主张，还写进了7月10日发布的《中共中央、青年团中央告"五卅"运动中为民族自由奋斗的民众书》中。③

历史还是按照自己的规律发展，否定了陈独秀党中央的"左"倾盲动设想，五卅运动最后因当时阶级力量对比和人民觉悟程度的状况，以妥协而结束。但是，联系到随后广州革命政府的成立和接着进行的北伐战争，应该说，他的这些主张也不是没有意义的。

除此之外，陈独秀还运用自己的影响，做了一些重要的具体工作，如与上海总商会会长大资本家虞洽卿之间的联络。李立三奔走于他们二人之间，倾听虞对工人运动的意见，并请他代筹一部分经费，救济罢工工人；李立三到北京与财政总长李思浩交涉时，还请虞写介绍信。随着运动的深入，资产阶级首先发生动摇，如上海总商会把工商学联合会提的十七条要求减为十三条，并首先退出"三罢"等。陈独秀一面发表《军阀及资产阶级在上海民众运动中之影响》④ 等文章批评他们的动摇，一面还通过同乡某某的关系，

---

① 《向导》第118期，1925年。
② 《我们如何应付此次运动的新局面》，《向导》第120期，1925年7月2日。
③ 《中共中央档选集》（1），第358页。
④ 斯内夫利特档案第313/3136号，陈独秀英文手稿，《马林与第一次国共合作》，第150～151页。

把广东帮资本家霍守华从安徽找到上海来，在总商会中加强支持工人学生群众要求的力量。

运动进展到 8 月中旬，以上海和省港大罢工以及南京、青岛、河南、北京的局部罢工为主力军的中国人民对帝国主义的打击，如陈独秀所说的显示出了"极伟大的力量"。从这个意义上讲，五卅运动取得了伟大的胜利。对这个胜利，陈独秀总结为这样几个成果：一、反帝统一战线的形成。由工人总罢工的带动，"学生、手工业者、小商人，甚至于大资产阶级都起来奋斗，始则在上海，随后更在其它各地形成了民族运动的联合战线"；"接着后援会、雪耻会等组织遍于全中国南北各地"。二、工会组织的广泛建立，工人阶级开始走上政治舞台，成为民族解放运动的主力。"群众的工会组织，不但在上海是如此，其它各埠，尤其是沿铁路一带的大都市也是如此。中国的工人阶级第一次得着这样伟大的政治上组织上的训练，增高了自己的地位，成了民族解放运动中极重大的动力。"

对于中国共产党来说，还有第三个重大成果，即极大地发展了共产党的组织，通过这次运动，共产党实现了一个伟大的转折：终于由一个知识分子的小团体，发展成为一个在中国政治舞台上有重大影响的群众性政党。党员人数由年初中共四大时的 994 人，在运动结束后的 10 月，达到了 3000 人，年底更达到了 10000 人，比运动前增加了 9 倍。这是因为中共中央成功领导运动而在群众中威信大增、在运动结束时大力发展党员的结果。8 月 18 日，中共中央与青年团中央联合发表宣言《全国被压迫阶级在中国共产党旗帜底下联合起来呵》，指出"向帝国主义者和军阀决死的斗争"是艰巨而长期的，"这是很长期的工作，要组织得好，要有耐久的战斗力，要有统一的政治的指导——中国无产阶级政党的指导。——中国无产阶级的政党便是共产党……大家赶快加入中国共产党，增加他的力量，就此可以保证我们对于帝国主义的胜利"。

由于帝国主义和军阀武装的镇压和破坏，大、中、小资产阶级在他们的压迫下先后退出了战斗，陷工人阶级于孤军作战的困境。少数先进工人想以武装暴动来救此危机。在这紧急的关头，如何结束运动，对年轻的共产党来说，是一个严峻的考验。

陈独秀立即发表多篇文章，果断改变六七月份坚决进攻的策略，指导运动在力求最大限度地保持胜利成果的情况下，转向防御与收缩，即"从全国性质的民族争斗，变成经济的争斗和地方性质的民族争斗"，他指出：

　　为防御上海、香港罢工孤立的危险起见，为保存工人阶级的组织及已得的胜利起见，就改变上海、香港罢工的政策，以经济要求及地方性质的政治要求为最低条件；至于全国性质的根本要求，工人方面应该提议委托南北政府联合组织一委员会来解决。工人群众应该纠合全国的力量，努力督促这委员会，不准他对外让步，使他不能不拥护民众的要求。

　　他明确否定了武装暴动的主张，指出："这种意见是不对的。武装暴动，乃是群众奋起之最高潮，并且应该是有全盘计划的庄严工作，不应该在群众恐慌之时，拿武装暴动当做一种浪漫的'拼命'办法，想借此泄愤，或拿他来代替现时困难的争斗。"

　　与此同时，在中共中央所发的几个通告中，也都表达了这样的精神，要求罢工工人有组织地"复工"："先求达到经济上法律上的要求，团结在工会里面。你们既是有组织的罢工奋斗，你们也要有组织的上工。"革命形势的发展总是曲曲折折的，有高潮，有低潮。因此领导者的策略也应该有进攻和防御、退守。

　　对照陈独秀六七月份发表的主张，提倡什么，反对什么，可以清楚地看到，革命的实践，已经使陈独秀相当成熟。

　　自然，还必须指出，当时陈独秀党中央能有这样的转变和灵活的策略，是与共产国际的指导是分不开的。

　　早在运动爆发前夕，共产国际及其指导者联共中央领导人的思想也是比较激进的。1925年5月18日，斯大林在莫斯科东方大学演讲，在讲述东方共产主义者的任务时强调，共产党在执行统一战线政策，建立工人与资产阶级联盟时，必须"保证无产阶级有这个联盟当中的领导权"，"揭破民族资产阶级的动摇性和不彻底性，并与帝国主义作坚决斗争"。

　　运动爆发后，共产国际密切关注中国局势的发展，并很快意识到中国的斗争具有以往没有的世界意义。共产国际主席季诺维也夫亲自撰写了《上海事件的世界历史意义》，指出："让外国帝国主义军队滚出中国去！"这一口号，使"中国工人正在成为国际无产阶级革命中一个重要因素"，"中国的无产阶级正处于世界无产阶级斗争的前哨"。因此，共产国际多次作出决定，号召各国共产党和人民群众"支持中国工人的斗争"，监督各国政府"不准干涉中国"。各国人民广泛响应，特别是英国工党代表大会一致通过决议，"抗议英帝国主义分子在中国的所作所为，并要求英国军队全部撤离中国"。

最重要的是，共产国际还派维经斯基到中国来直接帮助中共中央领导运动。这是 6 月 25 日联共中央政治局会议做出的决定，给维经斯基的指示是：一、"务必推进以抵制、局部罢工和总罢工……形式进行的革命运动，不要害怕危机的加剧"。——这就是运动初期陈独秀和党中央发表一系列激进主张和宣言的背景之一。二、"一定要防止发生杀害和殴打外国人事件……以使帝国主义者不便进行尖锐的武装干涉。这种警告首先应由中国共产党提出"。——这显然是吸取了历史上义和团运动的教训，中国共产党注意了这一点，从而使运动一直健康地发展。三、"采取措施，使现在的中国政府对运动保持善意的中立态度，如果做不到这一点，那就让政府分裂和瘫痪，以使帝国主义者无法用中国政府来掩盖其反革命行径"。陈独秀派李立三持虞洽卿的介绍信到北京做财政总长李思浩的工作，争取其支持运动，就是贯彻这个指示。这个工作是有一定效果的，因此，运动高潮时，维经斯基发回莫斯科的文章说，"甚至有一些中国军阀也参加了反帝斗争"；"曾同日本携手合作的军阀张作霖也不得不附和人民群众的共同呼声，以免在北京和自己老巢奉天引起众怒"。

7 月份，在五卅运动由高潮走向低潮的转折关头，共产国际又专门发来指示信，联共中央政治局中国委员会也做出重要决定，在肯定中国共产党前一阶级工作"实行的是一条正确的路线"之后，指出党对此转折应有所准备，并发出以下指示。

第一，力争使党成为"群众性的政党"。"为了巩固胜利，尤其是在遭到失败、实行机动策略应付退却时，必须有一个十分坚强而灵活的纪律严明的集中统一的党组织，有一个借助完善的党团依靠广大群众性工农组织的党。"为此中共"作为自己的主要任务并采取一切措施力争成为一个群众性的政党"。——运动的结果，中共达到了这个目标，完成了由知识分子小团体到群众性政党的转折。

第二，掌握实际上的领导权。"中央应通过党员顽强而巧妙的工作，力争在中央的领导下使企业和农村地区的党组织真正成为实际上的领导中心……在维持同一切民族革命力量联盟的同时……表示自己的特有的阶级面目。"——关于这一点，运动中陈独秀发表的文章和党中央的文件，有明确的体现。

第三，争取农民是关键的关键。"党应该对农民工作给予专门的注意，在中国，农民是一支决定性的力量。一旦把他们正确组织和武装起来，他们定使中国革命所向无敌。"——关于这一点，由于运动较快走向低潮，中共当时党员人数太少，未能顾及。但是，运动结束以后，党中央认真研究了这个教训，利用国民党农民部办"农民运动讲习所"，培训农运干部和农民武装，取得了卓著的成绩。

第四，学会从进攻转向退却，从公开转向秘密。"中国共产党应该密切注视运动的一切意外转变，并在适当的时机提出可行的要求，从而可以有组织地让工人复工并保留工人组织。""党在争取公开合法存在时，还应该考虑到时局情况，务必要做好准备应付可能出现的退却，转入秘密工作状态。"而7月28日联共中央政治局中国委员会的决定更明确地指示："来自中国的报告以及共产国际的意见，运动正在走向低潮，必须采取措施保证有组织地脱离罢工斗争，最大限度地巩固业已取得的成果。要提出据以可能更有利地结束罢工的具体要求把结束罢工同准备进一步的斗争联系起来。"8月4日，维经斯基在北京与加拉罕研究贯彻这个指示后给莫斯科的信报告说："今天我们制订了一个行动纲领，根据这个纲领，我们将在上海和香港的罢工运动'刹车'。基本意思是工人继续罢工，不用全国性口号，而用经济性和地方民族性口号"；"我们是这样设想以后的策略的。先提出经济要求和地方民族要求，为同外国企业主的交涉打下基础，然后，我们声明（即向工人群众说明），工人不得不退让的主要原因……工人们宣布自己的最低要求，一旦得到满足他们就返回工作岗位，同时通过工作理事会宣布，他们将支持北京政府"，条件是"它将继续为废除不平等条约和为满足争取独立……而斗争"。

这就是8月份中共中央几个宣言和陈独秀几篇文章对运动策略急转弯以及五卅运动逐步收束的主要背景。而且，在收束时，维经斯基还帮助党中央"对已开始的镇压行动做了准备，建立了工会的地下机构，通过我们的党团加强了对工会的领导，建立了党团与党的地方和地区委员会之间的密切联系"。

由上可见，当时联共中央和共产国际毕竟是久经锻炼的有丰富斗争经验的领导者，所给予的指示（从战略、策略到具体办法），基本上是正确的。而中国共产党则是刚刚成立四年的党，领导如此大规模的革命运动缺乏必要的经验。因此以上指示无疑对中共是极大的帮助，是保证这次运动成功的重要条件。尤其是维经斯基，他为指导和帮助陈独秀党中央做了许多卓有成效的工作。总之，五卅运动时期，可以说是大革命时期陈独秀中共中央与共产国际关系最融洽的时期（这种情况与以后的情况是完全不一样的）。

因此，虽然当时帝国主义与军阀当局竭力攻击和挑拨中俄关系，挑拨中共与共产国际的关系，中共中央非但不隐瞒和回避这种关系，反而理直气壮地宣告："假如帝国主义机关报所说苏俄鼓动是真的，那末不仅不足以使各阶级民众畏避苏俄停止运动，反而要使他们证实只有工农共和国的苏俄是被压迫民族唯一的挚友……中国全国民众正殷殷的望着苏俄及其领导的各强国无产阶级有帮助中国民族如此解放之一日啊！"[①]

最重要的是，在五卅运动中，特别是运动结束时，陈独秀为这次运动做了最全面最深刻的总结，为中国共产党探索中国革命的理论和路线、政策和策略，为后来毛泽东思想的形成，提供了极其宝贵的思想材料。陈独秀最后总结的经验教训归纳为两个方面："（一）能正确的应用无产阶级两月以来联合城市劳动者及小商人而争斗的经验；（二）能正确的明了敌人方面——帝国主义及军阀——内部冲突而利用之。"具体阐述如下。

一、运动的进行和胜利，必须结成全民族的联合战线，并且必须以工人阶级为主力，学生是先锋。"中国工人阶级能够得着这种胜利，是因为自己勇敢的反帝国主义争斗，并且和其它被压迫的民众联合。"于是，工人阶级"成了民族解放运动中极重大的动力"。学生也"前仆后起的以热血和帝国主义奋斗"；因此成了"最急进最勇敢的先锋"。——当时运动还没有扩大到农村地区，所以这里未谈农民，并不是陈独秀故意忽视农民在革命中的作用。

二、为维护联合战线，工人阶级必须照顾各同盟者的利益："工人阶级在反帝国主义的争斗中，不但要拥护自己的利益，并且对于小资产阶级及农民，都要明了他们的利益，考察他们情形，竭力引导他们到反帝国主义的争斗里去，随着工人阶级前进，不使他们中途退却，这争斗才能继续下去。"

三、充分认识到资产阶级特别是大资产阶级的动摇性、妥协性和背叛性。陈独秀对资产阶级在运动中的表现多次进行中肯的批评，指出："他们

---

① 《中共中央为反抗帝国主义野蛮残暴大屠杀告全国民众》（1925 年 6 月 5 日）；《全国被压迫阶级在中国共产党旗帜下联合起来呵》（1925 年 8 月 18 日），《中共中央文件选集》第 1 册，第 353、375 页。

那妥协犹豫的态度，已足够使帝国主义及军阀乘虚而入了。自始总商会对于罢市即甚犹豫，罢市后，又不肯和民众集中的团体工商学联合委员会合作，随后又在工商学联合委员会所提十七条外，别自提出十三条……完全表现出在民族争斗中妥协的大资产阶级之阶级性。"

四、应该认识并利用各个帝国主义之间的矛盾。"英国是帝国主义之王，此次中国五卅事变起，美、法、日帝国主义者，都想乘机挟制英国一下，且因此卖弄中国人心。法国在东欧在小亚细亚，和英国的利益简直不能并立，所以首先不和在上海的英国人一致行动，并且对中国民族运动表示相当的同情；自英国保守党执政，道威斯计划受了打击，英美间遂现了裂痕，加之在华商业竞争，美国一部分舆论表示对华和缓态度，并主张有条件的取消领事裁判权；即至五卅事变造因之日本，亦以单独调解的声浪恫吓英国——五卅事变后一个月，英国都在此孤立状态中。""我们也应当知道英、日与美国内部的冲突是必然存在的，我们可以利用美国对华政策，使他对于中国解放之形式的问题比其它帝国主义者容易让步。"所以，中共在指导运动中，利用这种矛盾，重点打击英国，其次日本，收到了较好的效果。

中国是遭受多个帝国主义国家侵略的半殖民地，中国共产党领导革命一开始就认识到并利用帝国主义间的矛盾，是多么难能可贵。同时，陈独秀也提醒人们，利用矛盾并不是对某些帝国主义产生幻想，"我们最终目的，自然推翻全世界一切帝国主义"。

五、应该认识并利用帝国主义与军阀以及军阀与军阀之间的矛盾。陈独秀对各派军阀在运动中的表现，也做了具体分析，发现"奉张是现在第一有力的军阀，也就是第一反动的军阀……他的对外政策是公然压迫在他的势力下（从奉天到上海）的国民运动，结欢英、日以取得援助"；"直系尚有举足轻重之力……只因他们在政治上失了优势，压迫国民运动还不敢象奉军那样横行无忌。段派虽无实力，然占在中央政府地位，其举动在政治上亦颇有意义……此时因与奉张利害冲突，其实力又不足制奉遂不得不别开生面，向国民运动及国民军表示敷衍态度"。因此，他指出："打倒奉天军阀乃是去掉国内反帝国主义争斗之最大障碍。"所以，陈独秀在运动中，派李立三对皖系北京政府做了一些工作；而在最后收束运动时，陈独秀代表中共中央提出的三个条件之一是："委托南北政府合组一外交委员会，来解决全国性质的对外根本问题"。这种策略，与总战略上"打倒军阀"的口号，是互相补充的。

六、对于中间派应在斗争上引导教育，不应打击。革命任何时候都有主张温和的中间派。中国革命中经常出现把中间派与反动派一起打击的政策。后来王明"左"倾路线统治时期，甚至把中间派当作"最危险的敌人"来打击。陈独秀却指出："全国性质的根本要求，自然是废除一切不平等条约；但其它阶级的群众，如果还存在着用和平方法可以达到修改一切不平等条约的思想，我们也不反对他们去尝试一下，尝试失败了，他们才会走上革命的道路。"

今天，中国共产党及其领导的革命和建设已经 80 多年，现在回过头去观察，陈独秀早在 1925 年总结的这些经验教训，是多么可贵，多么深刻并有预见性。

七　地下生活中的家庭与爱情
（1922 ~ 1927）

父子无情亦有情

1921 年、1922 年，陈独秀两次被捕，此事引起了党中央的注意：需要加强保密和保卫工作。于是，党的工作机构进一步隐蔽化，特别是对陈独秀，决定让他单独隐蔽起来，其住址不告诉任何人，包括党中央和其家里人。平时陈独秀自己到党中央机关来办公，阅看和签发文件，他走后谁也不知道他住在哪里。这样，他就与高君曼和两个孩子——陈鹤年、陈子美隔离分居了。

如前所述，陈独秀与高君曼为反对封建包办婚姻，冒天下之大不韪，姐夫与小姨子结合，曾受到很大的压力。但是，二人真心相爱，又一直生活在远离家乡的环境中，而且终日忙于救国救民的大业，因此二人的爱情生活曾相当甜蜜。在高君曼方面，过去不知道她的感受，如上所述现在也有人从一份稀有刊物上发现高君曼约在 1915 年陈独秀从日本回国前写的两首组诗，其对陈独秀的感情，也是感人肺腑的。

由于史料湮没，关于高君曼的为人，现在鲜为人知，甚至至今没有找到一张她遗留下来的照片。只知道她的儿子陈鹤年在香港观看《日出东方》电影后，对女儿陈祯祥说："你奶奶长得比电影中的'高君曼'还要漂亮。"这应该是可信的，而且也是一位贤妻良母。1920 年陈独秀离开北京大学移居上海后，君曼为了让独秀全力从事党的工作，不仅承担了全部家务和养育子女的劳作，还在陈的帮助下，做一些力所能及的革命工作。如 1922 年 1月，她曾与陈望道、沈雁冰、邵力子、王会悟（李达夫人）、王钊虹（瞿秋白夫人）等发起"星期演讲会"，邀请陈独秀等到各个学校、团体去演讲，宣传马克思主义、科学和民主。例如 1922 年 4 月 2 日，陈独秀在上海毓贤高等小学校所做的《宗教问题》的演讲，就是这个演讲会组织的。

但是，真如世界上没有不散的筵席一样，世界上也少有恒久的爱情。二人的裂痕最早缘于对子女的教育。

陈独秀长子、次子，左为陈乔年，右为陈延年

1913 年反袁革命失败时，陈独秀被通缉，逃亡上海。接着，因抄家，两个儿子陈延年、陈乔年也千辛万苦逃到上海，投奔父亲。这两兄弟之间的情谊与陈独秀少年时与其兄的情况相似。延年个子高高，浓眉大眼，皮肤较黑，平时沉默不爱说话，一天到晚看书，无书不看，一目十行，记忆力很好，尤其古文写得好。"安庆老先生看了他的文章后说：可惜现在科举废了，要不然延年是翰林之才。"① 但参加革命后，特别在大革命中任中共广东区委书记期间，忙于紧张的革命工作，无暇写文章了。但由于他的博学深思与聪慧，演讲和口述整理下来就是一篇好文章。有一次他从广州到上海向总书记陈独秀汇报工作，一时没见着，就由他讲，郑超麟记录整理下来后，十分感叹地钦佩他的这种才华。陈延年对于父亲陈独秀，受母亲影响，对父亲的薄情颇有怨气，所以一直称陈独秀为"同志"。弟弟乔年则相反，个子

① 《访问陈松年谈话记录》（刘禄开、李永堂记录），1979 年 7 月 25 日、26 日。

比延年稍低，但长得清秀，像个白面书生。他“性情活泼，好谈笑，有朝气，充满着革命乐观主义情趣，无事打打闹闹，一片孩子气，天真烂漫。但后来长大后，讨论问题时，则一本正经，毫不放松，辩论批评，绝不马虎，是则是，非则非，正义凛然也”。①

陈独秀与高君曼在对待子女的教育观上，发生尖锐分歧。陈独秀见两个儿子是可造之材，从孩子和国家的前途着想，对延年和乔年实行所谓“兽性”教育，饿其体肤，劳其筋骨，就是要把他们造就成他心目中的“新青年”，而不是旧教育制度培养的纤弱无用之人。他在新文化运动期间，反复批判旧教育制度戕害青年的罪恶，指出：对比西方强国，我国青年“甚者纵欲自戕以促其天年，否也不过斯斯文文一白面书生耳！年龄虽在青年时代，而身体之强度已达头童齿豁之期，盈千累万之青年中，求得一面红体壮、若欧美青年之威武凌人者，竟若凤毛麟角”②；“所以未受教育的身体还壮实一点，惟有那班书酸子，一天只知道咿咿唔唔摇头摆脑的读书，走到人前，痴痴呆呆的歪着头，弓着背，勾着腰，斜着肩膀，面孔又黄又瘦，耳目手脚，无一件灵活中用。这种人虽有手脚耳目，却和那跛聋盲哑残废无用的人，好得多少呢?”③ 陈独秀认为这样的青年将来不能担负救国救民的重任，成为优秀的政治家、军人、实业家等。

陈独秀决心按这样的思想来塑造自己的两个儿子，以培养他们坚强的意志、强壮的身体和吃苦耐劳的精神，所以只给他们很少的生活费，让他们勤工俭学，并且不让他们俩在家里住。学业上则出于他对法兰西文明的偏爱，安排他俩与当时同陈独秀关系密切的辛亥革命志士潘赞化同在法租界学法文。延年兄弟俩“寄宿在《新青年》发行所亚东图书馆店堂的地板上，白天要外出工作，谋生自给，食则夸饼，饮则自来水，冬仍衣袷，夏不张盖，与工人同作工，故颜色憔枯，人多惜之，而怪独秀之忍”。④

君曼更是竭力反对这样做。她本有母性之爱，善良之心。见此情景，实在不忍。她本来就自觉对不起姐姐，再这样对待姐姐的两个儿子，更有虐待

① 潘赞化：《我所知道的安庆两个小英雄故事略述》，《安徽革命史研究资料》第1辑，1980年，第85页。

② 《新青年》，《新青年》第2卷第1号，1916年9月1日。

③ 《近代西洋教育》，《新青年》第3卷第5号，1917年7月1日。

④ 潘赞化：《我所知道的安庆两个小英雄故事略述》，《安徽革命史研究资料》第1辑，1980年，第85页。

之嫌；看到两个孩子这般受苦，她与独秀多次争吵，说不拢，就"流涕不已"乞求潘赞化："姐姐不在，小子无辜，我是姨妈，又是继母，他们也很训实。我以名义上及感情上看待他兄弟，尤甚于我所生。他兄弟失母无依，视我亦如母也。今不令其在家住食，知之者不言，不知者谁能谅我？"希望至少让他们在家里食宿。陈独秀却说："妇人之仁，徒贼子弟，虽是善意，反生恶果。少年人生，叫他自创前途可也。"

按理说，陈独秀如此严格要求儿子，并不为错，况且他自己就是这样成长起来的。这种情况看似"父子情薄"，实则骨肉情深，望子成龙，有点当年"白胡子爷爷"教育童年乾生（独秀）时的遗传。自然，二人的境界是不一样的。爷爷是想要孙子升官发财，光宗耀祖；独秀是要儿子成为于国家与革命有用的人才。但从君曼的立场和感情出发，她的心情也可以理解。真是难煞她了。尽管如此，君曼对独秀和延年、乔年还是做了不少工作，尽量缓和父子的紧张关系。

不久，延年、乔年勤工俭学进入上海著名的震旦大学读书。接着，陈独秀北上，出任最高学府北京大学文科学长，随后，君曼也携鹤年、子美来到京城，过起相当优裕的生活。陈的月工资是 300 元，但是，对上海的两个儿子还是那样"刻薄"，只让亚东图书馆老板从他的稿费里，按月支付给两兄弟每人每月 5 元生活费。

两兄弟从小见父亲不顾家庭，对于妻子即他们的生母如此薄情寡义，现在又如此严酷对待自己的亲生骨肉，自然不能理解和接受父亲的良苦用心。因此，二人在参加共产党以前，一度信仰不要家庭、不要国家等主张的无政府主义，并不是偶然的。以后，父子同在共产党内，他们也一直直呼其"独秀同志"，毫无亲情可言。

然而，兄弟俩毕竟没有辜负父亲的期望，都成了中共优秀党员和杰出的革命领导人，为中共的革命事业做出了巨大的贡献。而且，二人在1927 年、1928 年先后被背叛革命的国民党杀害时，都表现出大无畏的英雄气概，不愧为将门虎子，抛开党派偏见，应该承认他们是中国人民的伟大儿子。

1936 年，陈独秀在狱中听到西安事变蒋介石被扣消息时，"简直像儿童过年那样的高兴"。当时在场的濮清泉回忆说："他托人打了一点酒，买了点菜……他斟了第二杯，呜咽起来说，延年啊乔年，为父的为你俩酹此一杯了！把酒洒在地上。接着他老泪纵横，痛哭失声。我们见过他大笑，也见过他大怒，但从未见过他如此流泪。"①

这时，他藏在心底的对儿子的深情才像洪水一样倾泻出来。

总书记的穷困生活与情变

独秀与君曼在对待子女教育问题上的分歧，没有使他们分离，但陈独秀转入地下与君曼分居以后，情况就开始恶化。有人说世界上最难说清楚的是一个"情"字。许多在事业上成功的人，甚至在政治、经济、军事、文化等领域叱咤风云的伟大人物，包括孙中山、毛泽东、鲁迅、郭沫若等，一碰到这个字，也会陷于尴尬。

分居后，陈独秀通过汪孟邹从《独秀文存》的版税中，给君曼母子三人生活费。两人需要见面时，也通过汪约见在亚东图书馆。不幸的是君曼长期患有当时最可怕的肺结核，时称"痨病"。1915年陈独秀从日本被催促回国，就是因为她此病复发，大口咯血不止。后来随陈独秀到北京大学，两年多的时间，经济条件较好，病情得到较好的控制。子女又健康活泼，一家四口共享了一段美好的时光，尽享天伦之乐。君曼之女陈子美晚年回忆说：她小时候甚受父亲疼爱。陈独秀在书房写作时，不准任何人打扰，唯有她例外。她还记得父亲的书桌最底一层成了她的专用抽屉，里面经常放有她喜欢吃的芝麻糖、花生糖等。"父亲写个不停，把我给忘了；我也吃个不停，把父亲给忘了。"②

可是，好景不长。陈独秀辞去北大教职、到上海发起成立共产党后，生活条件立即恶化。而君曼的病又是"富贵病"，当时还没有发明有效的治疗药，只有进口药，相当昂贵，而且平时又要吃高营养食物，再加上上海的物价猛涨，君曼的生活日益陷于困境。而陈独秀成为党的最高领导人以后，就成为职业革命家，无论从精力上还是从工作及生活上，都无法再从事别的职业。当时的党组织不仅不可能给党的干部开工资，甚至还要靠党员交纳的党费进行一些活动，这部分的收入也微乎其微。党的活动经费主要靠共产国际（实为联共）供给。虽然这些钱多是由陈独秀经手，但是，陈独秀是一个清廉之人，不会挪用这种钱，也不能挪用，因为这些钱来之不易，而且不够党

① 濮清泉：《我所知道的陈独秀》，全国政协文史资料编委会：《文史资料选辑》第71辑。
② 吴琳琳：《陈独秀之女陈子美在美陷于困境》，《环球时报》1997年9月14日。

的实际支出，党的经费十分紧张，又有严格的预算决算制度。所有这些在马林的文件中，都有很详细的记载。

在马林档案中，我们看到有四张陈独秀签署的收款条，其中两张用英文写的是：

今收到上海 C. 维里杰同志寄交中国共产党中央委员会 1923 年 4、5 两月的经费

壹仟墨西哥元（1000 墨西哥元）

1923 年 4 月 30 日

T. C. Chen（陈独秀签名）

今收到西蒙斯交来

港币　贰仟玖佰肆拾元

在上海折合　三仟元

中共中央陈独秀

1923 年 5 月 19 日

说到党的经费紧张情况，马林在 1923 年 6 月 20 日给共产国际的报告中说："中国共产党第三次代表大会已告结束。事实表明，党现有党员 420 名，其中工人 160 名，但应指出以下情况：1. 缴纳党费的党员不到十分之一；2. 因此，整个工作几乎都是依靠外国经费；3. 多数党员没有职业。"①

此前，即 5 月 30 日，中共中央得到红色工会国际 2000 金卢布的款项，要求各半用于工会工作和召开第二次劳动大会。马林给国际书记处的信说："对于整个中国的工会工作来说，2000 金卢布为数不算多；可是以前我们的中国朋友没有这笔钱，所有的开支都不得不从党的经费中支付。1000 金卢布作为第二次（劳动）全体大会的费用是绝对不够的……这次大会应有400 ~ 500 名代表出席。估计还要花费 15000 ~ 20000。当然不可能弄到这么多钱作大会费用；可是即令大大削减代表的数目，接到这笔款子也只够应付准备工作。"马林的这个估计来自陈独秀。第二天，马林给国际的工作报告说："劳动大会正在筹备……党中央同意工会国际的见解，认为铁路大罢工失败（指二七大罢工——引者）以后，最好举行一次盛大的代表大会，但

---

① 斯内夫利特档案第 231/3066 号，《马林与第一次国共合作》，第 243 页。

是现收到 1000 金卢布不敷筹备大会之用，陈独秀认为，召开一次 400 名代表参加的大会须有 15000 墨西哥元。"①

因此，这次准备在 6 月 20 日召开的劳动大会，终于流产，拖到 1925 年才举行。1915 年创刊的《新青年》创造了辉煌的新文化运动，一直火爆，但到 1922 年 7 月出到九卷六号，终于主要因经费困难而停刊了。因此，党中央不得不向共产国际请求每月 1000～1400 卢布的援助。其中 650 卢布用于工会工作，770 卢布作为政治工作和宣传的费用。马林对共产国际说："这个数目对中国来说肯定是不会太多的"，"罢工的失败确实使这个小党处境艰难，我想支持中央委员会的请求，建议你们批准至少从 7 月到今年年底这个期间每月资助 14000 卢布"。但同时，马林在中共中央委员会内又说："党务费用务必力争自理，现在几乎一切都从共产国际执行委员会的资助开支……党员的多数，乃至大多数都没有收入；我经常指出，这种情况是不正常的。"②

陈独秀是个硬汉子，本来就反对拿人家的钱——"雇用革命"，听了这样的话，看到党这样的处境，内心自然很不是滋味。所以，陈独秀在主持党中央日常工作、领导全国革命运动的同时，还要亲自制作详细的预算和每一笔开支的账目报告给共产国际。在马林档案中，就有一份陈独秀做的"支持拟议中的国民会议进行宣传工作所需费用表"和"中国共产党领导下的中国工人运动每月预算表"。③

党的经费是如此的困难，陈独秀的经济状况当然也就更困难，如上述马林报告所述，如果他真有富余的钱，也要像那十分之一的党员那样，先缴党费。自从他离粤上任中共领导人以后，就成了没有职业的职业革命家，没有固定的经济收入。当时脱产的共产党干部，组织上只给每月 30～40 元的生活费。陈独秀即使要了也难以维持一家四口人的开销。他虽然常给党刊写文章，但那是党的工作，是没有稿费的。1919 年五四运动后，他被聘为商务印书馆馆外名誉编辑，但当时，他表示月薪不必多（当时商务印书馆招聘馆外名流为馆外编辑，月薪高至五六百元），编辑事务也不愿太繁重。因为他的主要工作是建党，愿任商务印书馆名誉编辑，不过为维持生活。结果说

---

① 斯内夫利特档案第 230/3055、297/3060 号，《马林与第一次国共合作》，第 182～193 页。
② 《马林致共产国际执行委员会和萨法罗夫的信》，1923 年 7 月 3 日，斯内夫利特档案第 300/3076 号，《马林与第一次国共合作》，第 278、279 页。
③ 《马林与第一次国共合作》，第 284、274 页。

定："月薪三百。"——这说明，他要是不搞政治，不搞革命，可以过相当优裕的生活，至少能像胡适那样。说是月薪三百，但他是一个无功不受禄的人，实际上当时也无力为商务编辑或写作，商务是不会白白给他钱的，他也不会白拿人家的钱。这可以从他当时的生活常常发生困难得到证明。

他的生活费，主要是1922年亚东版的《独秀文存》的版费。没钱了，他就到亚东图书馆去，但又"从不开口"向汪孟邹要钱。老朋友相知有素，汪每次"见他坐的时候多了，总要问他一句：'拿一点钱吧？'他点点头，拿了一元，二元，再坐一回，就去了"。可见，这位当年安徽都督府的秘书长、北京大学月薪300元大洋的文科学长，又任过广东省教育委员长的共产党总书记，现在窘迫到什么地步。

实际上，当时他家（嗣父陈昔凡）虽然生意破产，但家底厚实，还是很有钱的。因婚姻与革命，他与家里搞得很僵，但经济上家里对他是不吝啬的。可是如前所述，他连家里在北京开的琉璃厂古董店也不愿去。所以，他每次去亚东支钱，那些伙计（都是安徽人，与陈独秀相熟）总不免要议论一番：他家有钱哩！他不管怎么样，再也不要用家里一个钱，真是个硬汉子。可是他一个人当光棍硬汉子好办，妻子儿女怎么活？况且君曼又得了肺病。

于是，君曼每次与陈独秀见面就吵架。汪孟邹多次劝解无效。到1924年，国共实现合作后，既要协调与俄共、共产国际及其代表鲍罗廷的关系，又要处理与国民党的矛盾，更要领导全国的党务和革命运动，加之当时中央主持工作的干部又少，陈独秀更是忙得焦头烂额，更无精力顾及家庭生活。他与君曼的感情终于破裂。双方曾一度协议离婚，后经汪孟邹劝说，未离。大约在1924年，君曼为了节省生活费用，携两个孩子到南京居住。南京东厂街（今秀山公园旁）有君曼娘家的几间破草屋。陈子美认为母亲是最理解陈独秀的，读过许多陈独秀的文章，"母亲能成全父亲，了解大丈夫志在四方，自己则默默地带着两孩子隐居他乡，让父亲无后顾之忧"。①

揭开"神秘情人"的面纱

可是，性如烈火的陈独秀，在感情上也是一匹狂放不羁的野马。分居

---

① 吴琳琳：《陈独秀之女陈子美在美陷于困境》，《环球时报》1997年9月14日。

后，他耐不住寂寞，终于与一位女医生发生感情。这不是陈独秀喜新厌旧、寻花问柳的风流韵事，而是在地下生活被"隔离"的特殊的孤独状态下，碰到一个能给予温情的异性朋友，接受这份感情，乃人的本能所为。人生犹如旅途，有时很累，很艰难，很孤独，需要外来的温暖、安慰和帮助，需要有一个心灵的港湾，憩息、补充给养以备继续跋涉。所以，陈独秀这次恋情及以后与潘兰珍的结合，与"富贵思淫欲"有本质的区别。按照当时陈独秀的经济状况，既无力帮助高君曼，同样也不可能有钱挥霍在情人身上。

陈独秀的"地下恋情"，终于慢慢"失密"。先是同志们若有所感，看到他每次来看文件或开会，修饰穿着得比较整齐，猜想他一定有一个女伴照顾着他。当时在中宣部工作的郑超麟说：彭述之猜这人大概是一个女学生，有文化，有思想，而崇拜陈独秀的。"我们有时用话去引陈独秀泄露秘密，但每次都失败了。话一说到边缘，他便闭口不谈。"① 但是，这种事还是女人最敏感。1925 年 10 月，此事终于被南京来上海的高君曼识破，与独秀大吵一场。

10 月 13 日，汪孟邹的日记写道："晚 8 时，仲翁（即独秀——引者）来，想见君曼女士。"

14 日日记写道："昨晚仲翁走后，他的夫人君曼女士来，相左未见"；她只站着和我谈话，抱怨陈独秀不管她。

汪孟邹和汪原放叔侄劝说道："仲甫太忙，也没有办法。党里事务繁多，他哪有功夫问家。"

这么一来，君曼就忍不住把一肚子的委屈喷发出来：说她去看病，穷人害了富病，"我到南京去是为要省一点（在上海每月百十来元），南京生活水平低。但到宁后，他每月只寄五十元给我，太少了。这不是明明逼我上死路吗？"而他"倒拿经济接济心爱的人，过天上的好日子"。

其实如上所述，他哪有钱"接济心爱的人"，更没有"过天上的好日子"，不过是苦中找乐，孤独中找点安慰，在繁重而紧张的政治斗争中获得一点精神上的憩息而已。

大约 1925 年底或 1926 年初，陈独秀突然不来中央机关看文件了。因为没有人知道他的地址，没有办法找他。中央秘书处秘书任作民首先恐慌起来，报告了主席团成员张国焘、瞿秋白、彭述之，"他们也恐慌起来"。任

---

① 郑超麟：《陈独秀在上海住过的地方》，《怀旧集》，东方出版社，1995，第 227 页。

作民在《民国日报》上登载寻人广告，也没有反应。广东区委书记陈延年来上海汇报或开会，见不到父亲，到亚东图书馆找汪孟邹，想得到一丝讯息，也毫无所获，急得这个从来不叫父亲、只称"同志"的硬汉子也啼哭起来。可见他也与父亲一样，并非无情，而只是把感情隐藏在心底深处。一天天过去，大家近乎绝望了，做了最坏的思想准备，以为军阀和帝国主义秘密逮捕了陈独秀，秘密处死了。江浙区委甚至派高尔柏回松江去打听。江苏省长陈陶遗是松江人，与高尔柏有亲戚关系，想从陈陶遗口中得到一点风声。结果也不得要领。于是，大家都以为陈独秀已经死了。张国焘在与工人部闲谈时，甚至说："老头子如果要做官，可以做很大的官，想不到今天落了这个下场"，说着差不多要哭出来。

中共中央总书记失踪了！可不是一件小事。1926 年 2 月 21～24 日，中共中央在北京召开特别会议，决定"两个顶重要的问题"：一是陈独秀"已经月余与中央局隔绝消息……国际来电主张中央迁移"，迁到北京或广州。因为考虑到国内外"各种反动势力互相配合，出全力以搜索我党中央机关"；二是对待国民党北伐的态度。[1] 但是，中央通告说："当会议初开，即接仲甫同志由沪来电，谓已经能扶病视事"，于是中央迁移之事暂时搁置。

仲甫因病而"失踪"月余，是事后陈独秀本人的解释。当天，陈延年怀着悲痛的心情回广州，已经上船了，中央交通员立即到轮船上把他找回来，父子又一次在惊喜中相聚。陈独秀向大家解释说：他生了伤寒病，进了医院，做医生的女伴服侍他。陈为自己的冒失行为开脱说：他原先已经告诉任作民要好多天不来办公的；他也看到《民国日报》上的寻人广告，但以为不久就可以出院，未作理会。他就是这样的人，有一点自由主义，不知道他这个中共总书记的重要性，以致造成这场不大不小的风波。同志们给了他批评。他当然不得不接受，答应以后任作民一人可以去他的"家"。但是，这个"神秘的情人"叫什么名字？是怎么样的人？还是不告诉大家，任作民也是守口如瓶。

后来，陈独秀、任作民先后去世，人们以为陈独秀的这个谜永远不会揭开了。不料想，半个多世纪以后，一个在新疆建设兵团工作的年轻人张军辉，在整理原上海电影制片厂工作的母亲陈虹的遗物时，意外地发现在外祖母照片的大镜框背后，重叠隐藏着一张同样大的陈独秀的照片。而外祖母的

---

[1] 《中央通告第七十九号》，1926 年 3 月 14 日，《中共中央文件选集》(2)，第 46 页。

名字叫施芝英，一个美丽而不俗的名字，职业是医生。由此终于揭开了陈独秀这位"神秘情人"的面纱。这足以说明当初这对情人感情之深，施芝英的心中也一直深藏着陈独秀这个人和与他相处的这一段浪漫生活。可见陈独秀此人的魅力，虽然其貌不扬。

这时的中国，由于改革开放带来的轻松环境解除了人们对"陈独秀"这个名字的恐惧感，在新疆工作的这个年轻人，这时也明白了他母亲当初硬要认陈独秀为父亲而在"文化大革命"中惨遭迫害的原因所在。他就伙同另两位兄弟姐妹，三人共同向中共中央写信，说要认亲——认陈独秀后代传人，而陈独秀是他们的外祖父，他们是陈独秀的外孙，做起了与他们的母亲同样的梦。又说母亲陈虹和外祖母施芝英先后在"文革"中——1969年、1973年病故。众所周知，由于江青在30年代以"蓝苹"艺名在上海电影界混迹过，为了掩盖她在这段生活中那些不可告人的丑事（有一张坐在青红帮头子杜月笙大腿上的裸照），上影厂是"文革"中受到暴力摧残的重灾区，许多著名的演职人员，受尽残酷迫害，有的死于非命。陈虹的死，之后施芝英的死，以及他们的子女去新疆"建设"，乃并不偶然。

三位年轻人并不知道，陈独秀问题的复杂性，远远超出"文革"中发生的一般的冤假错案。它是中共一部"左"倾史的沉淀物，更涉及中共头30～40年的主宰——联共党及共产国际的历史的大问题。所以，当时以忧国忧民、满怀激情做拨乱反正、推翻了许多冤假错案的胡耀邦总书记，虽然对陈独秀案也给予了同情和关注，并专门派人在1979年4月26日给这位年轻人去了长途电话，表示中央将对陈独秀功过重新评价，询问他们现在的生产状况及要求。① 但是，当他们几次提出简单的要求时，却再也杳无音讯了。于是他们寻求社会的帮助，向廖承志等著名人士反映和呼吁。有一份材料转到了已过八旬的历史见证人郑超麟的手里，于是，郑超麟终于知道了这个隐藏在心中60多年的陈独秀"神秘情人"真相，并把记忆碎片黏合起来，提供出更多的故事。

他说：陈独秀这位医生女伴，看来是一个有身份有地位的人。"两人同居要对陈独秀的朋友绝对保密，可能是施芝英提出的一个条件。"可是，这个小家庭持续时间也不长，大概只有一年多。上海第三次暴动前不久（1927年二三月间），陈独秀住到中央宣传部来，在北四川路横滨桥南边安

---

① 参见《张军辉致廖承志的信》，1980年5月4日，油印件。

慎坊今 33 号。"我把自己的房间三楼亭子间让给他住，我睡办公室去。陈独秀在这个地方听汇报，约见干部（例如，顾顺章指挥杭州暴动成功到上海来，周恩来就带他来这里同陈独秀见面），遥控暴动战斗，起草《汪陈宣言》，等等。我当时以为他是为了便于指挥暴动才住到中央宣传部来的，谁知那时他是无家可归。这个小家庭怎样破裂，我不知道，但后来施芝英嫁了人，丈夫名王蔚如。"①

"这个小家庭怎样破裂"，其实也不难推测。陈独秀可以向党内同志隐瞒这个情人和这个小家庭，但是难以向这个情人永远隐瞒他的真实身份。在北伐战争轰轰烈烈，一直打到上海附近时，陈独秀为策划并亲自指挥上海工人三次武装暴动，天天早出晚归，行踪诡秘，怎能让施芝英放心。即使陈独秀不能告诉她自己的真实身份，也难以说清自己每天的行踪。如果她知道陈独秀的真实身份，知道他干着"造反""杀头"的最危险的事体，一个热爱生活而没有革命观的女人，是无论如何不能接受的。她哪里知道，情况还不仅如此，这个多情的男子，乃是当局要缉拿的、报纸上天天形容为"共产共妻"、"杀人放火"、"无恶不作"的"共匪巨首"！同样，虽然不知道陈独秀的真实身份，男方每天如此神秘的行踪，也令女方没有安全感。

就这样，1927 年 3 月上旬或中旬，陈独秀与施芝英分手了。陈成了一个"无家可归"的人，只得住到中央宣传部来。

1937 年 8 月 23 日陈独秀在南京出狱后到武汉，因在武汉接连发表抗日演讲，频频在媒体上露面。某日，陈虹找到陈独秀，自称是他的女儿。陈当面告诉她：你不是我的女儿，你是你母亲的养女。从上海电影制片厂保存的陈虹档案中看到，陈虹自填出生于 1921 年，到施、陈同居时（1925 年、1926 年）已经是四五岁的女孩了。所以，陈独秀的说法是对的。但是，陈虹也没有错，因为施芝英领养她的那一年，也是施与陈的同居期，所以，陈虹也可以理所当然地把陈独秀认作"养父"。因为陈独秀与施芝英相好的日子里，这个女孩还小，不懂事。以后十来年，陈独秀又是被国民党政府万金悬赏缉拿的"共匪首领"。施芝英自然也不敢告诉已经长大的陈虹关于陈独秀的事。现在，陈独秀成为经常见报的"大名人"，于是，施本人因为已嫁他人不好出面，就让陈虹来认这个"父亲"，这也在情理之中。要不然，当年四五岁的陈虹，哪还会有陈独秀这位"养父"的印象。不过，对于陈独

---

① 郑超麟：《陈独秀在上海住过的地方》，《怀旧集》，第 229 页。

秀来说：既然当初那段恋情是秘密同居，也就不好相认，况且又不是亲生骨肉，再加上自己还在"浪迹"之中，前途未卜，何必接受这个累赘。对此，当时武汉的反动报纸就很感兴趣，并借机渲染，说陈独秀拉了屎不揩屁股。但是，陈独秀既然不认此事，报纸炒作一阵后，也就平息了。从此，无论是施芝英还是陈虹，再也没有来打扰陈独秀，只把那段思念埋藏在心底，将陈独秀的那张照片藏在施芝英照片背后，镶嵌在镜框里。施芝英的这点隐私，竟然瞒过了与她同床共枕几十年的丈夫王蔚如。可见这"情"字了得！

可是，陈虹却万万没有想到，为了敬仰陈独秀这个名人而要求陈认她为"女儿"这件事，却给她后半生及其子女带来了灾难性的后果。

影响儿孙坎坷命运

说到陈独秀的儿孙，受到冲击最大的要算是女儿陈子美及其儿女、小儿子陈鹤年及其儿女，以及自称是陈独秀女儿的陈虹和她的儿女。

幼年时作为北京大学文科学长陈独秀的女儿、有过三年美好生活回忆的陈子美，1925年因身为中共总书记的父亲的安全，不得不与母亲一起与父亲分离，到南京居住。1931年母亲去世时，她才19岁，在杭州电信局工作。母亲过早地离开人世，父亲又不能联络，一下子把她抛进孤独的深渊，不久便与比她大10岁的男子有妇之夫张国祥结婚。张并没有告诉她已有妻室。婚后生了五个子女。在日本侵华的烽火中，他们转辗流亡上海、重庆，吃尽苦头，最后落脚在日本统治下的山东泰州。因生活困难，陈子美经常奔波于泰州、上海、南京之间，做小生意，时称"跑单帮"。这是一种不适宜女人干的很辛苦、很危险的工作，特别是在日伪军封锁各交通要道的环境中，等于是在刺刀下讨生活。她身上有陈独秀的遗传基因，胆大心细，活动能力很强，富于冒险精神。不料想如此在外奔波没有出事，后院却着起火来。在家的张国祥又寻新欢，一再欺骗和愚弄陈子美，她忍无可忍，毅然与张离婚，来到上海。出于母爱的本能，她本欲把几个孩子带在身边，但被张拒绝。到沪后，她继续靠跑单帮生活，后与一位叫李焕照的男子结婚。李比她小十岁，深切同情她的遭遇。二人生有两个儿子。1949年上海解放后，新政府推行"新式接生法"，子美在重庆时学过妇产科技术，就当上了里弄里的"接生员"，因技术好、服务态度好，颇受各方赞扬。但是，好日子不长，1966年"文化大革命"一来，灾难终于落到了陈独秀的后代身上。一向循规蹈矩过着平静生活的普通老百姓陈子美，被拖到大街上，挂上"大右派陈独秀的孝子贤孙"的牌子，游街示众，反复批斗，受尽折磨和污辱。

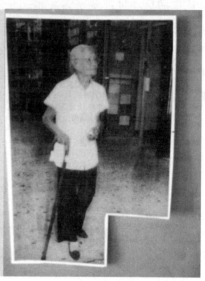

年轻时的陈子美和晚年在纽约街头的陈子美

但是，突然而降的横祸，倒又一次唤起她血液中的陈独秀精神。她不愿像千万个受害者那样，逆来顺受，任人宰割。1970 年，58 岁的陈子美，在一天夜里，带着"红卫兵"给她的遍体鳞伤，身系五六只酱油桶做成的"救生圈"，在海上漂泊了十多个小时，偷渡到香港，从此杳无音讯约 27 年。几乎所有的人都以为她已经不在人世，还有人说她"自杀"了。

1997 年 9 月 14 日，中国《环球时报》发表了该报驻联合国特派记者吴琳琳女士写的一篇报道，终于揭开了陈子美离开大陆后的传奇。

她到香港后，因躲避港英当局将偷渡客遣返大陆，又吃尽千辛万苦，最后亡命美国。1989 年加入美国籍。在这个过程中，她又把两个在国内学校中同样因"陈独秀问题"受到迫害的儿子接到美国，并帮助他们成家立业。1991 年以后，因年迈多病失去劳动能力，靠美国政府补助金过日子，到 1997 年已积欠公寓管理费达 1.4 万美元。公寓管理公司于这年 5 月向法院提起诉讼，限令其交纳此款，否则到期不交，她将被赶出公寓，流落街头。《环球时报》报道"陈独秀女儿在纽约陷于困境"后，引起海内外华人的热情关注。笔者主持的中国现代文化学会陈独秀研究会，特别向中共中央呼吁救助陈子美，并在社会上发起募捐运动。① 最后，老人得到了以"中华海外联谊会"名义提供的 9000 美元的经济援助，终于渡过难关。老人感谢国人和华侨同胞的关怀，曾想回祖国看看，最后因体弱多病，医生劝阻不能远行，未能遂愿，2004 年 4 月 14 日，在遗憾和孤独中客死纽约。②

陈鹤年在父母分离、母亲去世后的经历更是坎坷。他出生于 1913 年反袁斗争之时，正逢革命连遭失败，他也随父母四处逃亡，特别是未离母亲一步，直到高君曼去世。在这个过程中，给他最大温暖的是伟大的母爱。因此他与母亲的感情无比深切。直到 1990 年代，他还对自己的女儿陈祯祥说："你的奶奶不但长得秀气、文静、漂亮，性情也极温和、善良，真是一位慈爱的母亲。她还很有文学修养，不仅懂得古体诗，还会做格律诗，讲故事。她讲起故事来，娓娓动听，总是让人听得入神、入迷。"③ 他与父亲陈独秀虽因母亲的关系颇有怨恨，但毕竟还有骨肉之情，并有过北京大学时期的美好时光，因此母亲去世第二年陈独秀被捕入狱后，他立即去南京探望，并提出要帮助陈独秀越狱逃跑的天真想法，被陈斥为"胡闹"。他并不因此生气，还是经常去看望父亲，并给予力所能及的帮助。当时他在南京《民声报》工作。陈独秀狱中写的《辩诉状》十分精彩，他曾拿去《民声报》秘密印刷后在社会上散发，产生很大影响。

后来，陈鹤年为了继续深造，辗转到北平入致诚中学读高中三年级，半工半读。不久与同校女生许桂馨结婚。1935 年在日本侵吞华北时，夫妇俩参加了轰轰烈烈的一二·九运动。陈独秀的基因又发挥作用，他成为"北平三大领袖之一"。之后，他即加入共产党的外围组织"民族青年先锋队"（简称"民先队"。1936 年，为建立抗日民族统一战线，共青团解散，民先队即代替共青团）。北平沦陷后，他成为中共北京西山游击队的交通员，在城内做秘密工作。后来暴露，想去延安未成，一家人辗转逃亡天津、上海、香港、桂林、桂平等地，在战乱中，失去了组织关系，饱经苦难。抗战胜利

---

① 中国现代文化学会陈独秀研究会：《特别呼吁：捐助在纽约陷于困境的陈独秀女儿陈子美》，《陈独秀研究动态》第 11 期，1997 年 10 月；中国现代文化学会陈独秀研究会：《为救助陈子美给中共中央办公厅的一封信》，1998 年 2 月 10 日，《陈独秀研究动态》第 13 期，1998 年 2 月。

② 中国现代文化学会陈独秀研究会：《关于陈子美在纽约解困公告》，1998 年 4 月 30 日，《陈独秀研究动态》第 14 期，1998 年 8 月；《纽约陈子美来信》，《陈独秀研究动态》第 15 期，1999 年 1 月；《陈独秀与中国》总 41 期，2004 年 6 月 1 日。

③ 孙其明：《陈独秀身世婚恋后代》，济南出版社，1995，第 176 页。

后，又因是陈独秀的儿子，被国民党当局逼走香港。陈鹤年考进《星岛日报》工作，继而又学父亲陈独秀自己办了一个刊物——《少年文艺》（读者对象主要是青年）。1949 年大陆解放后，该刊站在共产党立场上宣传毛泽东、周恩来等中共领导人的生平事迹和新中国的建设成就，因港英当局查禁改名为《新少年》。他们全家原本想迁回内地，但许桂馨带着四个孩子先行回去，满怀激情参加新中国的建设时，却因"陈独秀问题"遭到不公正待遇。许桂馨一说是陈独秀的儿媳，连工作都难找，"幼儿园都不要我"，最后到一家职工医院先做挂号工作，后到药房，直到退休。大女儿陈祯祥，在 1957 年被打成右派，在"文化大革命"中更是受尽折磨；二女儿陈祯荣（陈红）也被打成"五一六"分子；三女儿陈祯庆被打成"现行反革命"。许桂馨更被诬陷为"特务"。因此，陈鹤年的暂留香港，成为常滞，直到 2000 年 12 月 19 日逝世。所幸他们都活到了改革开放以后，看到了陈独秀一切莫须有的罪名得到洗刷。

那位自称是陈独秀的女儿、实为施芝英养女的陈虹，后来进入新四军苏南军区文工团（现南京军区前线话剧团）工作，跟随部队（新四军，然后是解放军）转战南北，后经人介绍与在上海做中共地下工作的张燕认识，1949 年结婚，解放后进入上海电影制片厂化妆组工作。张燕则在上影乐团工作，1960 年病逝。陈虹"为社会主义事业勤奋工作"，并抚养三个孩子长大成人，但没有想到，因为说过自己是"陈独秀女儿"的话，使她和儿女以后的生活遭受许多苦难。

她的儿子在致廖承志的信中控诉道：在"陈独秀问题"压迫下，"母亲只有抱着立功赎罪的态度，在从事社会主义事业中勤奋努力地工作。但几十年中冷嘲热讽，我们同母亲一起，忍受着世上的辱骂、鄙视。"文革"期间又因'陈独秀女儿'受株连迫害，隔离，批斗，劳改，写交代，受尽欺辱。他们逼迫母亲写'与陈独秀的罪恶勾当'。母亲终于被折磨成重病缠身。他们照样不被放过批斗、写交代。一直到她肝硬化腹水无法下床，还让我代替她写交代。但批斗会仍不放过。母亲必须手托着膨胀的肚子去参加批斗会。1969 年 7 月 21 日凌晨，终于死在上海广慈医院。病危和火化时，厂里没有一个人来看望"。我们三个母亲的子女，也因此被分配在新疆石河子农场"工作"，受尽折磨，并且至今不得返回上海。①

---

① 《张军辉致廖承志的信》，1980 年 5 月 4 日，油印件。

1953 年底，毛泽东视察各地乘船路过安庆时，与安庆地委书记谈话，问到陈独秀问题时说："陈独秀晚年犯错误不小，但在党的启蒙运动时是有功劳的，其功不可磨灭。他就是这个地方人，可能还有家属，你们去访问一下，若有家属要给予适当照顾。"据陈松年说："这以后政府给我家每季度补贴 30 元，后来省委统战部通知，每月给我家补贴 30 元，一直到现在（1979 年——引者）没有中断过。"① 这笔钱，相当于当时一个月工人的中等工资。所以，在陈独秀的家属中，元配高大众一系包括陈松年及其四个子女，一直没有受到冲击。

自由恋爱不能影响革命

陈独秀自己这样处理家庭与爱情，作为共产党的总书记，又怎么样处理党员的恋爱与家庭纠纷呢？这是人们很感兴趣的问题。郑超麟先生在 1945 年写的回忆录中，专门有一章"恋爱与革命"写二三十年代中共第一代领导人中的恋爱故事与纠纷，以及陈独秀处理这些纠纷的情况。

中国共产党是在五四新文化运动的背景下成立的，而且除了陈独秀、李大钊、林伯渠等少数中年人之外，早期共产党人都是青年人。新文化运动提倡和带来的思想解放，反对旧伦理观念的束缚，受到广大青年的热烈欢迎，特别是性解放，反应更为强烈。青年们（主要是城市知识青年）一下子从长期的封建包办婚姻的禁锢中冲出来，自由恋爱，自由结合，一时成为时尚。但由此也发生不少三角或多角恋爱的纠纷事件。这种情况自然也反映到党内来。陈独秀作为党的领导人，除了领导革命工作外，也要经常处理同志们的这类纠纷。

尹宽是中共早期重要领导人之一。他曾与赵世炎、周恩来等一道赴法勤工俭学，是中共旅欧支部创始人之一。1925 年到山东任地委书记兼济南市委书记。中共一大前，山东党组织三位创始人之一王翔千有一个不到 20 岁的女儿——王辩，特别疼爱，视为掌上明珠，介绍到共青团里来，受共产主义教育，参加革命工作，对她寄予很大希望。然而，王辩与尹宽接触后，就爱上了他。每次听尹宽在会议上讲话，那风趣而激情的话语、广博而新鲜的马列主义知识，把她紧紧地吸引住。她总是如痴如醉地听着，露出十分钦佩

---

① 《访问陈松年同志谈话记录》，1979 年 5 月 25 日、26 日，林茂生、王树棣访记，未刊稿。

的神情。山东当时的工作开展得较好，她也认为是尹宽的功劳，对尹有一点个人崇拜。尹宽很快感到了王辩的感情，对她也多加关照。于是，这年8月，他奉中央之命调上海工作时，临走前夕，写了一个纸条给王辩，要她随同到上海去。姑娘毫不犹豫地收拾了简单的行装，跟他走了。结果在山东引发了一场很大的风波。

山东的党员同志几乎全体闹了起来，要求中央开除尹宽的党籍，说他拐带王翔千的女儿逃到上海。王翔千本人更是要带刀来上海，与尹宽拼老命。山东的同志都支持他。

尹宽调上海后，先是任上海区委书记，可能是这个原因，很快下台，转任区委宣传部长。中共中央对这个问题感到很棘手。提倡新文化、新思想的陈独秀当然不愿向这种封建落后意识让步，但此事已经在山东党内激起公愤，严重影响党的工作，也不能置之不理。做了许多工作以后，王翔千和山东的同志渐渐冷静下来，见中央不可能答应他们的要求，便自动让步，要求尹、王二人举行正式婚礼，并请陈独秀（党中央总书记）、恽代英（团中央宣传部长）两人做证婚人。中央担心开了这个先例，别人效法，也没有答应。问题就搁置了一段时间。陈独秀虽然本人主张恋爱自由，不想插手，但他又有一条原则：党的干部恋爱自由，不能影响革命工作。所以，他还是积极想办法妥善处理这个问题。

正好这时尹宽旧病复发，也是肺结核，大口吐血。这种病有传染性，王辩为情，毫不畏缩，尽力服侍他。尹宽一时很悲观，想到自己会一病不起。有一天对王说："我死了，你怎么办？某某两同志还没有爱人，你选择一个好么？"王辩摇摇头说："你死了，我终身不再爱人。"① 于是，中央决定：尹宽离职养病，由王一飞代理他的上海区委书记兼宣传部的工作，然后，中央任命罗亦农任书记。王辩去莫斯科读书。

虽然没有开除尹宽的党籍，也没有拆散尹与王的关系，但王翔千和山东的同志们也只好收场了。

郑超麟说：当时去莫斯科读书的，有好几位女同志。她们在国内都有爱人，但到莫斯科后都移情别恋。为此，尹宽寝食不安，也担心王辩变心。当时莫斯科中国留学生男多女少，而且比例悬殊。一般女同志经不起"围

---

① 郑超麟：《记尹宽》，香港：春燕出版社，1997，第64页。本节有关王辩的情节主要取材于该书。

攻"。但王辩是一个例外。莫斯科回来的同志都说尹宽多虑："你担心王辩爱了别人，可是王辩在莫斯科是爱情专一的，心里念念不忘你尹宽，好多男同志追他，她都不理会。"事实也果真如此。可见二人是真心相爱，而且爱得很深。

1927年，王辩回国时，正是大革命失败后党的困难时期。由于工作的需要和地下斗争的危险环境，她和尹宽先后在广州、上海工作，却都未能谋面。后来尹宽任安徽省委书记，两人才调到一起。但那时工作很忙，又天天警惕着被特务和叛徒破获，两人虽同居一处，仍没有工夫共叙旧情。只有一天，稍有闲暇，尹宽打了一点酒，备了一点菜，二人享受了一下生活的乐趣。这样的革命情侣生活，在当时来说是很正常的。1926年与彭述之同居的女革命家陈碧兰说："在我们同居的岁月中，虽然双方都感到青年之恋的欢乐，但由于我们的工作太忙，我们从没有闲情逸致一同去看过电影或游公园，即在恋爱的过程中也是如此，也从未感到这种需要。这便表现着在一个革命上升的时代，私人的生活也是与平时不同的。"①

谁料好景不长。不久，安徽共产党组织终于被国民党特务破获，王辩和另一位女同志被捕。尹宽还支持了一段时期，营救无效，以后也逃到上海。王辩出狱时已是1929年秋天。这时尹宽与陈独秀等人已转向托派——中共的反对派。按照莫斯科的标准，反对派就是"反革命派"。党中央向王辩介绍情况后，劝她不要再与尹宽见面。但往日的情爱，难以割舍，还希望用爱情的力量把尹宽拉回来。因此，她坚持要见尹宽。某日，二人在虹口公园附近的尹宽住处相见。这时的王辩，已经成熟，失去了少女的羞涩和稚嫩，她当即与尹宽及在场的郑超麟夫妇争辩起来，坚决反对托洛茨基主义，劝他们回到党的路线上来，结果失败，她拂袖而去，从此再也不与尹宽见面。

痴情的尹宽，永远也忘不了王辩的深情。曾天天到猜想是中央机关所在地的某菜市场转悠，希望遇见王辩。直到解放后，他因托派问题入狱，遇见山东籍的人还要打听王辩的下落。后来终于打听到，高兴地对狱中的郑超麟说："王辩还活着，王翔千也未死，但已脱党，在家中替人杀猪。"

另一位女同志是中共最早的妇女运动领袖向警予。早年参加赴法勤工俭学时与蔡和森是一对情侣，后来结婚，是当时党内干部中革命志向上情投意

---

① 陈碧兰：《我的回忆——一个中国革命者的回顾》，香港：十月书屋，1994，第174～175页。

合最早结婚的一对，人人羡慕他们是"模范夫妻"，"最佳情侣"。在男女关系上，她表现得很正统，很严肃，看不惯党内一些浪漫事件。开会或闲谈时，陈独秀有时拿男女关系的事情开玩笑，她在场就会正色严词地提出抗议，弄得老头子下不了台。别的同志更不敢在她面前放肆。女同志也都害怕她。瞿秋白称她是"党内马克思主义宋学家"。可是，1924年蔡和森调北京区委工作后，她在上海发生了情变，爱上了彭述之（中央宣传部长）。不久，蔡又奉调回上海准备去莫斯科任中共驻共产国际代表，在火车站未见她来接，引起怀疑。经多次盘问，她才讲出实情，说自己爱上了彭。

第二天，中共中央主席团陈独秀、彭述之、瞿秋白、张国焘、蔡和森，加上团中央和上海区委的代表开工作会议，向警予也参加。散会时，蔡站起来说，还有一个问题请大家讨论。他说了妻子移情别恋的事。一下子场上气氛好像是凝固了似的，大家许久不能说话，因为太出乎他们的意料。

最后，陈独秀说：这要由她自己来决定。她伏案大哭，不肯说一句话。独秀说："你究竟爱述之呢，还是爱和森？"她也没有回答。独秀提这个问题也的确让她难以回答，特别是当着大家的面，而且是当着和森和述之的面，一个是丈夫，一个情人，叫一个女同志如何启口。于是，当场开了一个特殊而奇怪的中央会议，也许是中共历史上唯一的一次，当着三位当事人的面，讨论三角恋爱纠纷，并做出正式决定：独秀、秋白、国焘三人提议：蔡和向二人一道到莫斯科去，蔡和森去参加共产国际第五届执行委员会第六次扩大会议，然后留驻莫斯科；向警予入莫斯科中山大学学习。她并不反对。于是便作为组织决定执行。为了尽量缩小这个事件对党的工作的影响，陈独秀嘱咐在场者对此事严守秘密。

1925年10月，蔡和向二人服从组织决定去了莫斯科。向警予在国民党上海执行部妇女部的职务和《民国日报》副刊《妇女周刊》的编辑工作，由刚刚从莫斯科回国的陈碧兰接任。不久，陈碧兰与彭述之结合，由同居而结婚，后来经过了几十年革命战争年代急风暴雨、是是非非、生生死死的考验，一直白头到老，始终没有分离，倒是一对真正的"模范夫妻"。

其实这些事不必忌讳或隐瞒，共产党人也是人，不是圣人，有七情六欲，即使在情爱问题上有些不妥，并不影响一个人的总体形象和评价。如上述王辩、尹宽、向警予、蔡和森，即使发生这类恋爱纠纷，谁会抹杀他们的革命工作、玷污他们的烈士形象呢？陈独秀本人更是如此。

鹰击长空　经受磨难

八 莫斯科路线的重大转折

共产国际的"九二八"指示

如上所述，1925 年 8 月前，陈独秀能抵制鲍罗廷、孙中山策划的控制中共的国际联络委员会，又能领导五卅运动取得很大的成功，中共在国民党组织内和实际运动中，都取得了一定程度的领导权，一个重要原因是，这时期莫斯科共产国际的路线对帝国主义比较强硬，实施进攻的策略；在国共关系上，也强调保持共产党的独立性和争取领导权。

但是，这条路线从 1925 年秋天以后，随着国际和中国形势的变化，逐渐发生了根本性的转折。一是这年 10～12 月，德国先后与法国、比利时签订了边界协议，苏联认为这是欧洲吸收德国建立"反苏联盟"，助长了德国帝国主义的气焰。二是苏联和中共大力援助的中国北方的冯玉祥国民军，在反直系、反奉系的战争中，由于日本帝国主义出兵干涉，于 11 月转胜为败；中共北方区委领导的乘机推翻段祺瑞北京政府的"首都革命"也遭挫折。而在国民党内，由于中共及其领导的工农运动在五卅运动中的强大发展，引起了国民党内资产阶级特别是右派和中派的恐慌。原来就一直反对孙中山三大政策、反对国共合作的老右派，以冯自由、邹鲁、谢持等一批国民党中央监察委员为首，在孙中山逝世后积极活动，终于在 11 月北京西山碧云寺召开所谓"国民党四届一中全会"，非法通过决议反苏、反共，另立国民党中央于上海，与广州的国民党中央对抗。他们被称为"西山会议派"，公开分裂国民党。而在广州，一方面由于共产党员、工人群众和革命士兵的英勇作战，取得两次东征陈炯明和粉碎杨希闵、刘震寰叛乱胜利，巩固了广州革命根据地。7 月 1 日将广州大元帅府正式改组为"中华民国国民政府"。另一方面，国民党右派勾结英国帝国主义收买刺客于 8 月 20 日刺杀了孙中山逝世后最忠实执行三大政策的左派领袖廖仲恺，结果广东派中实力最强的胡汉民和许崇智被怀疑而驱逐出广州。许的国民政府军事部长一职被蒋介石接替。蒋又是黄埔军校校长、国民军第一军军长。原来被视为"中派"的戴季陶（国民党中央委员、中央宣传部长）、蒋介石等人，也开始转变为"新右派"，对苏俄和中共采取既利用又限制的政策，公开要争夺革命领导权。戴季陶甚至公开散发他写的小册子《国民革命与中国国民党》，鼓吹"共信不立，团结不固"；要加入国民党的共产党员要么脱离共产党，要么退出国民党。国民党的分裂，造成了国共合作统一战线的严重危机。

面对如此复杂的形势，联共中央、共产国际及其驻华代表，在俄国外交方针和指导中国革命路线问题上出现了严重的分歧。陈独秀党中央也被牵扯其中，后来成为最大的受害者。

首先，当时，维经斯基在帮助中共中央以策略性的退却做好五卅运动的善后工作后，就与陈独秀共同筹备中共四届二中全会。他在 8 月 19 日和 9 月 28 日给莫斯科的两个书面报告中，表示了他与陈独秀共同的意见：对鲍罗廷的中共工作"一切为了国民党"的方针不满。他们认为从资产阶级在五卅运动中暴露出来的动摇性和争夺革命领导权的情况，以及国民党刺杀廖仲恺的事件来看，国共关系应当调整，即"采取与迄今为止不同的形式"，共产党要积极发展自己的力量（包括在各县组建农民协会），而不是一味扩大国民党的力量。① 在 9 月 28 日的报告中，在提到他与陈独秀商量的意见（将由陈独秀起草提供给中共中央四届二中全会的《中国共产党与中国国民党关系议决案》）时，更明确地提出："我们采取的方针是，在同国民党的关系中，要从联盟转向联合。""现在就需要采取这种过渡方针。"这里所指的"转向"，就是变"党内联盟"为"党外联合"。为此决定："不让所有新入党的党员，特别是工人党员加入国民党。"并且说明，只有在采取这个方针的时候，中共对于国民党才"不一定要进入领导机构"，强调现在只做这个"转向"的"过渡"工作。②

这个思想的确是当时陈独秀的真实思想。陈独秀在给戴季陶的一封信中批判戴提出的在右派与共产派之间建立一个代表民族资产阶级的"单纯的

---

① 《共产国际档案资料丛书》第 1 辑，第 655、656 页。
② 《共产国际档案资料丛书》第 1 辑，第 693 页。

国民党"号召时指出：

> 你如果真有这个企图，在理论上我们当然不必反对，因为政党随着阶级分化而演进，本应该是这样……然而在事实上，我们以为你这个企图，现在或者还失之稍早。①

在公开的宣传和斗争上，陈独秀必须这样说，以维护共产国际的党内合作的方针。但是，实际思想上，他也渴望像戴季陶站在资产阶级国民党立场上思考那样，站在无产阶级共产党的立场上，希望共产党能独立，退出国民党，成为一个"单纯的共产党"；在共同的革命活动中，可以与国民党进行党外的联合行动。

这是陈第一次公开提出共产党员退出国民党，变党内联盟为党外联合。这个思想早在 1924 年 7 月 13 日陈写给维经斯基信中，为反对鲍罗廷与孙中山策划国际联络委员会以控制共产党的斗争时，就有流露，指出："我们不应该没有任何条件和限制地支持国民党，而只支持左派所掌握的某些活动方式。"但是，这一次他明确说出这个意见，准备写进四届二中全会决议，并让维经斯基报告给共产国际，结果还是没有获准。陈独秀后来回顾说：

> 是年（即 1925 年——引者）十月，在北京召集的中共中央扩大会议，我在政治决议案委员会提议：戴季陶的小册子不是他个人的偶然的事，乃是资产阶级希图巩固自己阶级的努力，以控制无产阶级而走向反动的表现，我们应该实时退出国民党而独立，始能保持自己的政治面目，领导群众，而不为国民党政策所牵制。当时的国际代表和中共中央负责同志们一致严厉的反对我的提议，说这是暗示中共党员群众走向反对国民党的道路。主张不坚决的我，遂亦尊重国际纪律和中央多数意见，而未能坚持我的提议。

为了贯彻国际指示，四届二中全会的决议，非但没有写进陈独秀原先提议、维经斯基也曾赞同的退出国民党的意见，反而批判了这个意见，指出：

----

① 《向导》第 129 期，1925 年 9 月 11 日。

"假使认为这种现象,已经是中国共产党与资产阶级民主主义的国民党脱离关系之时,那是一种很大的错误。"①

为什么是这样?因为莫斯科最高当局不会同意陈的这个提议。

1925 年 8 月 21 日,联共政治局中国委员会会议,在研究了当时的中国形势后决定:指示中共必须对国民党"避免加剧关系"。②

在莫斯科的共产国际东方部政治书记瓦西里耶夫看了维经斯基的 8 月 19 日报告和加拉罕 9 月 16 日在联共中央政治局中国委员会会议上的报告后,就给共产国际主席季诺维也夫写信,毫不掩饰地以"老子党"的口吻责怪中共犯有"左"倾幼稚病。③

接着,瓦西里耶夫根据联共政治局上述"避免加剧关系"的决定,在 9 月 28 日起草了《共产国际执委会给中共中央的指示》(以下简称"九二八指示"),要求中共遵循下列原则立即审查同国民党的关系:

(一)对国民党工作的领导应当非常谨慎地进行。

(二)党团不应发号施令。

(三)共产党不应要求必须由自己党员担任国家和军队的领导职位。

(四)相反,共产党应当竭力广泛吸引(未参加共产党的)国民党员……参加本国民族解放斗争事业的领导工作。

指示还强调:"共产党的地方委员会应当在这方面细心接受指导";"俄国工作人员尤其应在这方面接受指导"。④

这个指示精神,就是以"谨慎"和"避免加剧关系"为名,不仅令中共在国民党右派进攻面前全面退让,而且要主动放弃在国民党党、政、军内的领导职务,实际上就是放弃革命领导权。

一个远在莫斯科的外国人,只凭一两个书面报告就对中共和中国革命做

---

① 《中共中央文件选集》(1),第 405~406 页。

② 《共产国际档案资料丛书》第 1 辑,第 665 页。

③ 《瓦西里耶夫给季诺维也夫的信》,1925 年 9 月 21 日,《共产国际档案资料丛书》第 1 辑,第 678 页。

④ 《共产国际执委会给中共中央的指示》,1925 年 9 月 28 日,《共产国际档案资料丛书》第 1 辑,第 695 页。

出这样评断和指示，一味批评共产党符合实际的积极的政策，而丝毫不谴责国民党右派不反帝只反共的反动行径。可见当时的陈独秀党中央原先保持共产党独立性和争取领导权的政策处于怎样危险的境地。

　　还应指出，这个指示与一个月前《共产国际执委会东方部关于中国共产党军事工作的指示》完全相反。这个指示强调：中共"中央委员会和大的地方委员会应当组建以这些委员会执行机构中最有威望的成员为首的特别军事部"；"考虑到国民党的社会和政治性质，共产党（中央委员会和地方委员会）应当（坚定地、但又必须非常谨慎地）争取做到，使共产党（中央、地区、省和地方的）军事部的领导人一定成为相应的国民党军事部的首脑……最好是以国民党的名义基本上像我们红军所做的那样在中国革命军队中进行政治工作，小心谨慎地但又坚定不移地争取使**实际领导权**一定掌握在我们党的手里"（黑体字是原件所有——引者）。① 而在同一天（8 月 21 日）举行的联共中央政治局中国委员会会议上，做出了"中共应当通过自己的同志来保持和争取参加并领导国民党的军事工作"的决定。②

　　所以，"九二八"指示是联共和共产国际指导中国大革命由强调保持中共独立性和争取革命领导权的激进方针，转向中共向国民党退让，成其附庸、苦力，放弃革命领导权的转折点，也是中国大革命历史的转折点，更是酿成"陈独秀大革命悲剧"的转折点。因为，从 9 月到 12 月，如前所述在欧洲和中国发生了一系列严重的事件。这条路线的"转折"，是一个非常复杂的过程。简而言之是这样的。10 月 2 日，瓦西里耶夫亲自给维经斯基回信说："您 8 月 19 日来信是这样提出问题的：无产阶级是领导者，农民、知识分子、中小资产阶级是基础，是中介。应当怎样理解这一点呢？这难道不是同我们的观点直接相悖，明显重复了中国同志的左倾观点吗！"——请看，把"无产阶级是领导者"的观点视为"左"倾，不就是再一次要中共放弃领导权吗？接着，他重申"九二八"指示后，严厉批评维经斯基和陈独秀要求改变党内联盟为党外联合的提议，指出若"迷恋于这一新方针，这可能有很大的危险。我们觉得广州就走在这条道路上，它在不停地拆毁连结共产党先锋队与民主群众的各种桥梁，要完全孤立中国共产党，并带来由

---

　　① 《共产国际档案资料丛书》第 1 辑，第 657、658 页。
　　② 《共产国际档案资料丛书》第 1 辑，第 665 页。

此而产生的各种致命的后果"。例如驱逐胡汉民和解除许崇智武装等"都是我们绝对无法理解的";"我们收到鲍罗廷发来的每一条新消息,都得到了新的证据,证明广州因左倾而在陷入孤立和毁灭"。① 14 日,他在给季诺维也夫转送维经斯基 9 月 28 日信时,又说:"我们对错误的政治方针的担心是合乎实际的……很显然,(中共)党内和我们的工作人员(主要指维经斯基——引者)中有一种倾向,应当与之进行坚持不懈的斗争。我认为,这里需要我们采取强硬的路线。"②

陈独秀和维经斯基要求对国民党右派的进攻采取"强硬的路线",而莫斯科却要对中共采取"强硬的路线"。

驱逐胡汉民和许崇智出广东,陈独秀党中央和陈延年为首的广东区委认为是巩固广东革命根据地的一次重大胜利(虽然也为蒋介石的崛起提供了条件)。这再次表明莫斯科与中共在估计革命形势上的巨大差异。

在中共四届二中全会决议中,虽然陈独秀和维经斯基放弃并自我批评了退出国民党的意见,但同时还保留了向党外联合过渡的通道,如明确指出"戴季陶等"正在成为新右派:"在国民党内,假借'真三民主义'的招牌,提出阶级妥协的口号来反对阶级斗争——反对国民党左派及共产派。"并说:"假使我们不注意这种右派的阶级妥协的意义,也是一种危险的错误。所以我们应当找一个与国民党联盟的好的方式,最好要不但不束缚无产阶级与城市小资产阶级及智识阶级的联盟,而且能扩大化。"为此决定:"现在我们对国民党的政策,是反对右派而与左派结合密切联盟,竭力赞助左派和右派斗争。"而"实行这种策略的最重要的一个方法,便是到处扩大巩固我们的党"。具体说来就是:"非必要时,我们的新同志不再加入国民党,不担任国民党的工作,尤其是高级党部(完全在我们势力支配之下的党部不在此限)";"在有国民党左派势力的地方(尤其是广东),我们应竭诚与之合作,逼迫他们各级用全力参加民族运动……但同时在一切运动中关于阶级争斗的理论与行动,我们对他们丝毫不能让步"。③

必须指出,这里说的"不担任国民党的工作,尤其是高级党部",是指

① 《共产国际档案资料丛书》第 1 辑,第 704 页。
② 《共产国际档案资料丛书》第 1 辑,第 713~714 页。
③ 《中共中央文件选集》(1),第 416、417 页。

准备实行退出国民党的策略而言，而与共产国际"九二八"指示有本质的区别。

这次会议决定把共产党从"国民党左派"队伍中抽出来，共产党只是站在"赞助左派"的立场上，让国民党左派和右派自己去争斗。陈独秀的意思是共产党不再包办代替国民党的事务，推动左派起来积极负责，也是从共产党准备退出国民党的过渡方针考虑的。

对此，传统观点采用王若飞的说法，即批判这次会议把中共对国民党的政策纳入了"退而不出，办而不包"的机会主义轨道，最后导致大革命的失败。王若飞说："须知当时国民党左派即是共产党，我们如果不去代替，就无所谓左派，大的错误就此铸成。"这次大会是"不要国民党的精神，是不要领导权的精神，是较大的错误"。

其实，陈独秀（包括维经斯基）对国共合作后国民党内国共斗争的形势、国民党左派没有力量、共产党才是真正的"国民党左派"的认识一直是十分清楚的。早在1924年5月维经斯基参加的中共中央第三次扩大全会通过的《共产党在国民党内工作问题的议决案》就明确指出："国民党内——对于反帝国主义，民权主义，农民问题的改良政策，对工人利益的让步问题——便发现两派的力量……国民党的左派是孙中山及其一派和我们的同志——我们同志其实是这派的基本队；因此所谓国民党左右派之争，其实是我们和国民党右派之争。所以假使现在我们因为巩固扩大国民党起见而取调和左右派的政策，那就是一种错误。"① 7月13日，当孙中山决定利用右派进攻对共产党施加压力时，陈独秀在给维经斯基的信中，更是明确指出："至于国民党目前的状况，我们在那里只看到了右派反共分子，如果说那里有一定数量的左派，那是我们自己的同志。"②

所以，导致后来"退而不出，办而不包"，使共产党成为国民党苦力的根源是莫斯科的"不准退出国民党"的总方针。

维经斯基在11月11日给共产国际的报告中，还为自己和陈独秀在中共四届二中全会上制定的方针——团结国民党左派、打击右派，准备过渡到党外联合，推动全国的反帝运动——辩护，认为过去几周的运动表明，我们"正确地对待了国民党"。因此，"现在我们面临的任务是，帮助国民党左派

---

① 《中共中央文件选集》（1），第186页。
② 《共产国际档案资料丛书》第1辑，第507页。

从组织上巩固自己的影响，并在即将举行的国民党代表大会之前从思想上和组织上击败右派"。①

对于维经斯基和陈独秀党中央为一方，与莫斯科共产国际执委会为另一方的分歧，在1925年10月29日和12月3日两次由斯大林主持的联共中央政治局会议上，终于得到解决。前一次会议上"伏龙芝的信"和后一次会议上斯大林的指示以会议决定的形式做出，其有关内容如下。

（一）在中国反帝问题上，"实行旨在在日本和英美之间打入楔子的方针，尽量不损害同日本的关系并容忍中国的现状对日本有利这一意义上同它进行谈判"。对此，决定附录一《给报界和塔斯社的指示》是："1. 不突出对日本的攻击；2. 指出容忍中国新的局面对日本是有利的，有可能也有必要保持以日本为一方同以中国和苏联为另一方的睦邻关系；3. 不鼓吹东方对西欧和美国资本主义的威胁；4. 尽量少写苏联在东方事件中的积极作用。"②

由此看出，苏联的外交政策是向帝国主义阵营全面退却。为此，中国也必须停止一切反帝宣传和行动，以免被人谈论"红色布尔什维克的威胁"。

在1926年4月1日召开的联共政治局会议上通过的《我们对中国和日本政策问题》，称这个新政策为"喘息政策"：中国革命"由于欧洲出现某种稳定……国际局势变得非常严峻。国内局势在最近一个时期由于国民军的失败和撤退也恶化了"。因此，不仅苏联"需要延长喘息时间"，对当时苏联在远东的最大对手日本"需要作出让步"，并力求同中国现有政府"保持真诚的关系"；中国革命也要与苏联外交政策相适应，必须设法"争取一个喘息的机会"，甚至搁下"国家命运问题"，"容忍南满在最近一个时期留在日本手中"。1926年4月1日，联共政治局通过一个重要文件，对此辩解说：这不能错误地解释为"以牺牲中国的利益来调整苏联和日本国家间的关系"。③ 这种辩解完全是"此地无银三百两"。

这是一份迫使中国革命服从苏联外交利益的最典型的文件。

（二）关于对待北京政府和北洋军阀问题，联共中央认为："吴佩孚正在成为核心政治领导人物，同时好象也在成为民族运动重新爆发的中心。人民军以及冯玉祥的作用和意义在渐渐消失。人民军、国民党、中国共产党等

① 《共产国际档案资料丛书》第1辑，第738页。
② 《共产国际档案资料丛书》第1辑，第742、740、721页。
③ 《我们对中国和日本政策问题》，1926年4月1日，《共产国际档案资料丛书》第3辑，第194～198页。

有必要同吴佩孚建立固定关系，这是整个形势决定的。对中国现时政府方面也一样。"① ——这是重温与吴佩孚政府联盟的旧梦。

（三）批评中共（包括北京加拉罕、李大钊中共北方区委、维经斯基和上海陈独秀党中央与广东区委）在推动反帝运动，支持冯玉祥反对北京政府和直系、奉系军阀，反对国民党右派问题上，"采取了过左的方针"；"认为广州人拟议中的北伐在目前时刻是不能容许的。建议广州人将自己的精力集中在内部的巩固上"。②

于是，中国共产党的"任务是强调作为民族解放思想最彻底最可靠的捍卫者的国民党和人民军的作用，并将其提到首要地位"。③

这就是要中共中央不折不扣地执行共产国际的"九二八"指示：在北方为冯玉祥的人民军抬轿子，在南方为国民党做苦力。它的出发点，一是希望对日本和西方帝国主义讨好，争取吴佩孚政府对苏友好；二是国民党巩固和扩大，将来代替吴佩孚而建立一个对苏真正友好的政权。为此必须使中共屈服于帝国主义、吴佩孚和国民党。

共产国际东方部主任拉斯科尔尼科夫在 12 月 4 日给维经斯基的信中传达斯大林上述"最高领导机关的指示"时，再次严厉批评维经斯基（包括陈独秀）"太左了，过高地估计了自己的力量和影响，而过低估计了帝国主义者和国民党以外势力的力量和作用"，批评维、陈的"计划在总体上和细节上都考虑欠周"，是斯大林的"最高指示"给予了"修正"。④

应该指出，莫斯科的最高指示主要是针对加拉罕、维经斯基执行的原（1925 年秋以前）联共支持冯玉祥反直反奉和推翻北京政府的政治路线，从当时阶级力量对比来考察，这条路线的确有"左"倾的色彩，但是现在一百八十度大转弯，而且一刀切，连中共正在进行的民族革命的基本任务——反对帝国主义和反对国民党右派都不允许，这使中共处于十分被动的境地。

实际上，联共中央对当时国际与中国形势的分析并不正确。因为无论国际或中国形势的发展，都是不平衡的，"西方不亮东方亮"，即使欧洲出现了联盟反苏的形势，并不意味着在东方就必然出现帝国主义联合镇压中国革命的状况。五卅运动中就是如此。"黑了北方有南方"，冯玉祥在北方的失

---

① 《共产国际档案资料丛书》第 1 辑，第 730 页。
② 《共产国际档案资料丛书》第 1 辑，第 742 页。
③ 《共产国际档案资料丛书》第 1 辑，第 730 页。
④ 《共产国际档案资料丛书》第 1 辑，第 743、744 页。

败，革命形势转入低潮，并不意味南方也是如此而必须实行退却。恰恰相反，南方正处于革命高潮的前夜。

所以，陈独秀实在有些想不通！

迄今已经出版的陈独秀诗集，都是他早年或晚年写的，中年的几乎没有，笔者在收集资料时，只发现一首他 1925 年秋写的诗，内容明显表示对上述形势特别是国际指示退让和四届二中全会上自己"退出国民党"意见被否定后的不满、消沉、希望、矛盾的心绪。

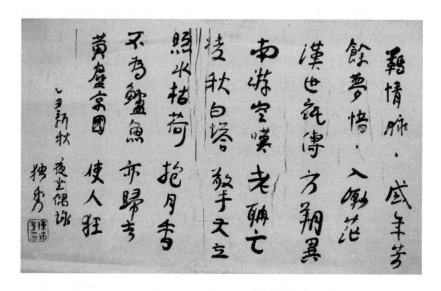

羁情脉脉感年芳，余梦惝惝入渺茫。
汉世只传方朔异，南游空叹老聃亡。
凌秋白塔擎天立，照水枯荷抱月香。
不为鲈鱼亦归去，黄尘京国使人狂。[①]

乙丑新秋　夜坐偶咏调
独秀（陈独秀印章）

头两句表示了对当时形势恶劣和自己主张被否定后的低沉心情。"白塔""黄尘京国"表明这首诗为作者在北京所作，应该在北京北海公园白塔

[①] "方朔"，即汉代大臣东方朔，传说以怪异的方式推进改革而闻名。"鲈鱼""归去"，指的是西晋大司马张翰因不满朝政，提出辞官回家乡苏州吃鲈鱼去。

与北海湖之间（或在湖中划船），所以能看到白塔、明月，映照着湖中的荷花。假如北方的形势像国际所说这么糟糕，南方却充满着希望，即使不如张翰那样回归南方吃鲈鱼，我们也要回归南方去。正如白塔在凌秋中擎天而立，枯荷在水照中抱着香月。

但是，联共却从自己错误的形势分析出发，指导中国革命的整个路线由进攻转向退却，并认为在国共合作中，共产党对国民党的关系，也应当如此。

正是在这样的背景下，先是维经斯基被迫放弃中共退出国民党的思想，然后再迫使陈独秀改变主张，毫无保留地贯彻共产国际"九二八"指示。而贯彻这个指示，完成这个"转折"的标志，就是在 1926 年上半年在国民党二大选举、"三二〇"中山舰事件、"五一五"整理党务案事件上一系列的让步。经过周恩来的归纳，[①] 过去人们把这"三大让步"，说成是形成"陈独秀右倾机会主义"的主要标志。现在公布的联共（布）、共产国际绝密档案揭开了真相，完全是联共、共产国际及其代表所为，再强加给陈独秀党中央。陈独秀曾抵制过，但没有成功。

从这个过程中，可以看到共产国际、联共是怎样任意摆布陈独秀当猴耍的：先是陈反对共产党员加入国民党，他们强迫他加入；再是加入后强调要保持共产党的独立性和争取领导权，当陈这样做并取得一定成效时，又突然批评他"左"倾，又强迫他及中共成为国民党的附庸与苦力。陈本人的悲剧一是对社会的发展没有深刻的认识和坚定的原则，因此忽左忽右地任人摆弄；二是他领导的中共太弱小，特别是没有武装，也只有听人摆布。

国民党二大
——所谓"三次机会主义大让步"之一

关于国民党二大，陈独秀原来的立场是十分强硬的，而鲍罗廷是右倾的。1925 年初，鲍罗廷与中共中央在上海开会，讨论有关国民党二大上选举新中央委员会的问题。陈独秀企图加强共产党力量，提议从一大时的 3 人扩大到 7 人。为此，3 月 20 日，陈独秀给共产国际报告谈到孙中山逝世后

---

① 《一九二四至一九二六年党对国民党的关系》，1943 年春，《周恩来选集》上卷，人民出版社，1980，第 112～124 页。

的形势及"我们党对国民党的政策"时，决定"准备迎接国民党第二次全国代表大会，使右派在会上没有影响。"①

但是，鲍罗廷反对中共中央的提案。他在给加拉罕的电报中说："关于在将来的国民党中央委员会的共产党员人数问题曾一度发生争执，中央提出7人，我表示反对，为的是不吓跑中派和不无谓地刺激右派。"最后，陈独秀党中央不得不做了妥协："同意最低限额——4人。"②

当时在上海任苏联驻上海总领事馆副领事的维尔德在给维经斯基的信中，全文引述了鲍罗廷给加拉罕的电报，并评述说："上周，鲍罗廷同志在前往广州途中在这里停留几天，他同（中共）中央委员会开了几次会议。会议进程、交换意见情况和相互关系，都给人留下了不好的印象：感觉到互相不信任、不真诚、耍外交手腕。"这可能是上次国际联络委员会事件留下的后遗症。在给加拉罕的电报中，鲍罗廷还向加保证，他帮助拟定的《关于国民党执行孙中山遗嘱的宣言》（1925年5月24日国民党中央执委会第三次全体会议通过）中"不会直接攻击右派"，但是，他却批评陈独秀中共中央"落后于对时局的领导"，只会待在租界里，在罢工之类事件发生后，才发出指示。他甚至强调说："中央委员会是一个非常严肃的问题。"③ 似乎有改组中共中央之意。

上述瓦西里耶夫起草"九二八"指示，除了维经斯基的书面报告之外，另一个根据是加拉罕在9月16日联共政治局中国委员会上的报告。这个报告在联共档案中"没有找到"，但其内容自然主要是鲍罗廷的这个电报。所以，上述瓦西里耶夫给季诺维耶夫的信及他起草的给中共的"九二八"指示，完全是一个口吻，只批评和管束中共，不谴责国民党右派。

其实，当时鲍罗廷与陈独秀党中央之间的主要矛盾是：鲍罗廷要求中共围着他这个国民党的顾问转，而中共力量有限，又必须开展全国的工作，难以满足鲍的要求。维尔德对此有较为公正的评价："中央委员会与鲍罗廷同志的观点的主要差别在于后者确信，中央委员会现在就应当把全部力量投向广州（尽管会损害其它工作），而中央委员会则认为，它在这方面已经尽了最大的可能（张太雷、蔡和森、罗亦农以及其他许多负责人已被派往广州

① 《共产国际档案资料丛书》第1辑，第590页。
② 《维尔德给维经斯基的信》，《共产国际档案资料丛书》第1辑，第613页。
③ 《共产国际档案资料丛书》第1辑，第612~614页。

从事经常性工作。此外，还向那里的农民学校派去了 70 人）。如果考虑到紧急派 35 名积极的工作人员到冯玉祥的军队，又派 70 人去河南军校，以及全国罢工运动的浪潮，那么应当肯定中央委员会确实尽了一切可能。"由此看来，鲍罗廷对陈独秀党中央的蔑视和指责，是完全没有道理的，至少是对中国情况了解不够，又瞎指挥。

但是，8 月份，在广州发生了国民党右派中广东地方实力派胡汉民、许崇智策划的刺杀廖仲恺事件。廖是孙中山逝世后，鲍罗廷和中共可以依靠的最重要的左派。而在上述鲍罗廷给加拉罕电报中，"胡汉民政府"本来是被鲍罗廷"看作是向较为革命的政府过渡形式"。蒋介石为代表的中派，乘机利用廖案发生后的时机，依靠中共和左派力量，驱逐胡汉民、许崇智出广东，进而又利用国民党中枢出现的权力真空，其势力迅速膨胀。中共广东区委也利用这个形势，制定了在国民党二大选举时执行"打击右派，孤立中派，扩大左派"的方针，即开除戴季陶、孙科等人的党籍，争取共产党人的中央委员占三分之一或一半的方案。鲍罗廷也别无选择地同意了这个方案。

然而，远在莫斯科的联共中央和共产国际根本不了解广东形势变化的复杂性和严重性，甚至对驱逐胡汉民和许崇智都不能接受，要求中共继续执行党内合作的方针，为此不惜向国民党右派让步，更不要说蒋介石等名为"中派"的新右派了。

所以，尽管维经斯基 11 月 11 日的书面报告表示要在国民党二大上帮助左派，击败右派，但是，最后，为了贯彻"九二八"指示和 12 月 3 日斯大林为首的联共政治局会议通过的"最高领导机关的指示"，维经斯基再次被派来华"纠偏"，12 月 24 日，在他的安排下，把陈独秀、瞿秋白和张国焘叫到苏联驻上海领事馆，与国民党政要孙科、叶楚伧和邵元冲谈判国民党二大问题。陈独秀被迫表示：中共并没有包办国民党事务的企图，且反对这种企图；中共将在第二次国民党大会上不增选中共方面的国民党中央委员的人数。并且为了让对方能赴粤参加国民党二大，还告知大会延期召开。在这次谈判后，中共中央在执行莫斯科妥协路线的前提下，确定了在国民党二大上"团结左派，联络中派，打击右派"的方针，并派张国焘去广州执行。这样在对待实为新右派的"中派"（包括当时谁也没有认识的假左派蒋介石）问题上，陈独秀党中央与广东区委发生了尖锐的冲突。即打击右派和扩大左派，没有分歧，但对于"中派"，中央是"联络"，广东是"孤立"。然而人们不知道，特别是广东区委不知道，双方争论的背后，莫斯科在起决定的作用。陈独秀对于戴季陶这位"中派"的反共面貌本来是有清楚深刻认识的，他所以取"联络"政策，是因为必须服从莫斯科的指示。

结果，在 1926 年 1 月召开的国民党二大上，在大会秘书长吴玉章等共产党人的努力下，使共产党人争取到了一些职位，如谭平山任组织部长，林伯渠任农民部长，毛泽东任代理宣传部长等，即保持了一定程度的领导权。但在 36 位中央执行委员中，共产党人只有 7 人，不到三分之一。左派 14 人，右派和中派却有 15 人。大会虽然对戴季陶主义进行了批判，但仍选他为中央执行委员。最严重的是在中央监察委员中，右派占了绝对优势，共产党员只有一人。中执委和中监委一起开会时，就形成右派势力大、中派壮胆、左派孤立的形势。而且当时的所谓国民党左派汪精卫、陈友仁等，是很没有力量的。这就为比戴季陶还隐蔽的新右派蒋介石等上台、打击共产党和国民党左派开辟了道路。蒋介石在这次大会上第一次当上中央委员，随后在二届一中全会上当选为常务委员，开始跳跃式上升。不要说莫斯科不了解情况而没有料到，连在上海和广州的共产党人也没有料想到前门驱逐老右派，后门迎来更加贪婪、凶狠的"伙伴"。

这就是执行莫斯科的"避免加剧与国民党的关系"和"不吓跑中派和不无所谓地刺激右派"的结果。而紧接着在以下两个事件中，更加悲惨的命运在等待着中国共产党。

中山舰事件
——所谓"三次机会主义大让步"之二

国民党二大后，硕果仅剩的几个国民党左派分享了反对以谢持、冯自由为首的老右派胜利、共产党同时退让的成果，汪精卫一人身兼国民党中央主席、国民政府主席、国民党军事委员会主席三职，集党政军最高权力于一身。共产党虽作了退让，也保留了中央几个部门和重要省、市党部的位置。特别是当时对国民党和广东局势有重要影响的以季山嘉为团长的苏联军事顾问团站在汪精卫和中共一边，而且对共产党倍加呵护。

为此，季山嘉明确反对莫斯科要求共产党从国民党党政军领导岗位上撤退的方针。他在 1926 年 1 月 13 日即国民党二大结束后，给中共中央的一封信中指出：现在中国，在国民革命运动迄今所依靠的社会集团中，发生了角色的变动和变化。"实际上我们现在可以断定，目前的中国，无产阶级是以国民革命运动的领导者姿态出现的，民族资产阶级已开始离开领导岗位。"他特别提到"居第一位的是第一军，即所谓黄埔'党军'"；"因为这个军从最初组建时起，就把政治工作提到了应有的高度并由从中国共产党内专门挑选出来的一些同志从事这项工作。这个军的各个师都设立了政治机关，团和连都设有做这项工作的政治委员……事实说明，国民革命军的一切成就都应完全归功于共产党人。这一点哪怕以黄埔军校为例也是显而易见的，黄埔军校是共产党人最多的地方，因此也是国民革命军最稳定的一部分……如果我们承认，我们退出国民党为时尚早并是有害的，如果我们认为，我们现在不能做分裂或离开国民党的倡导者，中国共产党需要预先为此掌握群众和为自己打下基础，那么我们离开军队……那就是幼稚的"。

然后，季山嘉提出了与莫斯科"九二八"指示完全对立的四项"工作方法设想"：

1. 共产党人的整个工作由（中共）中央军事部领导，该部也主管组建工农武装。

2. 共产党人要进入相应的国民党军队组织，参加这些组织并以国民党名义在国民党基层组织中施加自己的影响，目的是防止这些组织产生右的倾向。

3. 共产党人积极参加部队中的各种社会组织并把它们工作置于自己的影响之下。

4. 部队中的共产党支部不公开，在严格保密的情况下工作。[1]

可以看出，季山嘉对共产党的确倾注了满腔热情，而且正是在他的影响下，共产党人不仅在国民党中央及高级党部内占据了相当的位置，在军队中的力量和影响也不小。在国民革命军中大约有一千余名共产党员。一、二、三、四、六军的政治部主任都由共产党人担任。特别是蒋介石为军长的第一军3个师的党代表，有两个是共产党。9个团党代表中，7个是共产党员。此外，共产党还掌握着10余万参加工会的工人和60余万农会会员，其中工人纠察队2000余人，农民自卫军3万余人。

---

[1] 《共产国际档案资料丛书》第3辑，第20页。

汪精卫当时被莫斯科和中共视为第一个大左派，认为他继承孙中山遗志，贯彻三大政策，对鲍罗廷也十分依顺，"一切事多与鲍罗廷商谈"，并曾同意国民党二大选举时广东区委提出的使共产党人和左派在中央委员会占多数的方案。①

广东以上这种状况，是国共合作以来共产党人努力奋斗的结果，特别是在两次东征陈炯明和粉碎刘、杨叛乱战争中，共产党员和工农群众浴血奋战的结果。

但是，这种形势也使正在迅速崛起的、隐藏着更大野心的蒋介石与其他各派，尤其是共产党、国民党左派和苏联军事顾问团的矛盾日益尖锐。蒋介石在 1926 年 3 月 8 日日记中写道："上午与季新（即汪精卫——引者）兄商决大方针。余以为中国国民革命未成以前，一切实权皆不宜旁落，而与第三国际必能一致行动，但须不失自动地位也。"9 日日记又说："吾辞职，已认我军事处置失其自动能力，而陷于被动地位者一也；又共产分子在党内活动不能公开，即不能相见以诚，办世界革命之大事而内部分子貌合神离，则未有能成者二也。"② 4 月 9 日，他在给汪精卫的信中说："自第二次全国代表大会以来，党务、政治事事陷于被动，弟无时不抱悲观，军事且无丝毫自动之余地。"③ 可见他心中强烈的不满情绪。但是，他也从老右派的失败中吸取教训，不能公开地反苏反共，因为他当时毕竟羽毛未丰，还需要苏俄和中共的帮助，即利用苏俄的援助和共产党的努力，打倒北洋军阀和南方其他军事势力，包括国民革命军其他各军，所以，他必须使用谋略。

黄埔军校中有一些自称是孙文主义学会人，与在上海的西山会议派有联系，主张反苏反共。他们看透了蒋介石的心思，1926 年 3 月 18 日，乘一艘由上海到广州的商轮因在海上被劫、停泊黄埔港要求保护之机，由黄埔军校驻省办事处主任欧阳钟（孙文主义学会骨干、海军军官学校副校长欧阳格之侄）假称"蒋校长命令"，通知海军局代局长李之龙（共产党）调中山舰由广州到黄埔"听候差遣"。这时蒋介石不在黄埔而在省城。之后，又因联共中央委员、红军总政治部主任布勃诺夫率领的苏联使团要参观中山舰，李之龙用电话请示蒋介石，可否调中山舰返省？蒋介石于是猜疑起来，认为

---

① 张国焘:《我的回忆》，第 82、85 页。
② 中国第二历史档案馆藏。
③ 中国第二历史档案馆藏。

自己没有调令，却调中山舰去了黄埔；而现在发现自己在省城，又把中山舰调回省城；随即惶惶然联想起孙文主义学会散布的"共产党要干（掉）他"、汪精卫要"赶走他"的传言，认定此举是要"强掳蒋介石去莫斯科受训"的"阴谋"。蒋介石起初颇为踌躇，曾想离开广州退到汕头他所掌握的东征军总指挥部，转而与身边亲信密谋后决定，就地"反击"。20 日，他宣布广州紧急戒严，逮捕李之龙，监视和软禁第一军党代表周恩来等大批共产党人，解除省港罢工委员会工人纠察队武装，包围苏联领事馆和苏联顾问住宅。史称"中山舰事件"（又称三二〇事件）。①

事件发生当天，中共广东区委书记陈延年及毛泽东、周恩来等人，向苏联顾问团提议采取强硬方针，动员在广东的国民党中央执监委员到肇庆集中，依靠当地驻防的共产党人叶挺独立团的力量，争取对蒋介石此举极为不满的第二、三、四、五、六各军，通电反蒋，指责他违反党纪国法，必须严办，削其兵权，开除党籍。② 周恩来也回忆："这时，谭延闿、程潜、李济深都对蒋不满"，"各军都想同蒋介石干一下"。③ 就是说出现了"反蒋联盟"。汪精卫更是站在这个联盟的一边。21 日傍晚，蒋介石以探病为名访问汪精卫，只见汪"怒气勃勃，感情冲动，不可一世"。④ 当时鲍罗廷和苏联军事顾问团团长加伦正回国述职，代理团长季山嘉支持汪精卫和共产党的反蒋计划。但是，比季地位更高的布勃诺夫根据自己的判断，获得莫斯科批准后，决定对蒋取退让方针。

事件发生后第四天即 6 月 24 日，布勃诺夫在苏联军事顾问团全体大会上做了六个小时的报告，阐明了为什么必须对蒋介石让步的理由，第一条就是"不吓跑大资产阶级"。他认为事件"是由三种矛盾造成的"：（1）集中统一的国家政权同尚未根除的中国军阀统治陋习之间的矛盾；（2）国民革命的基本力量与城市小资产阶级和工人阶级之间的矛盾（小资产阶级向买办资产阶级利益的方面摇摆）；（3）国民党左派与右派之间的矛盾。并指出

① 参见蒋介石《晚宴退出第一军党代表及 CP 官长并讲经过情形》，毛思诚编《民国十五年以前之蒋介石先生》第八编二，中国第二历史档案馆藏；陈孚木《国民党三大秘案》连载之三，《热风》第 70 期。陈孚木当时为国民政府监察委员。陈公博：《苦笑录》第 75 页，香港大学亚洲研究中心，1980；《欧阳钟报告》及《欧阳钟供词》，1926 年 3 月 31 日，中国第二历史档案馆藏。
② 茅盾：《我走过的道路》，第 307 页。
③ 《关于 1924 年至 26 年党对国民党的关系》，《周恩来选集》上卷，第 120 页。
④ 《蒋介石日记类抄·党政》，1926 年 3 月 21 日，中国第二历史档案馆藏。

右派孙文主义学会是香港"政治买办","代表大资产阶级利益"。面对这些矛盾，他强调："我们无论如何不能在现在承担直接领导国民革命的这种完全力所不及的任务，也就是依靠自己的双手来直接实行基本的革命措施的任务。"他认为"三月行动无非是一次针对俄国顾问和中国政委的小规模准暴动"，"整个行动是针对俄国顾问和中国共产党人的"。为此，他批评苏联顾问包括中共在广州工作特别是军事工作中的"过火行为"，认为这些行为引起的后果是："1. 更加吓跑大资产阶级；2. 引起小资产阶级的动摇；3. 一再复活尚未根除的中国军阀统治陋习；4. 加深和挑起国民党左派和右派之间的矛盾；5. 激起在'打倒赤祸！'口号下的反共浪潮；6. 造成国民政府的危机和总起来更使国民革命有遭到失败的危险。"

可见，布勃诺夫为当时的广州描绘了一幅多么危险的图画，并认为这是引起中山舰事件的根源。但是，他所指的"过火行为"主要是指苏联军事顾问团的行为："实际上我们给中国将领脖子上套上了五条锁链：司令部、后勤部、政治部、政委和顾问"；"在作战部队中政委有权签发每一道命令，在军事机关中政委有更大的权力，而且还有俄国顾问，他们常常不只是出主意而是发号施令"，等等。对此，他提议"司令部不是以俄国顾问为首而是中国将领。这个方针当然是对的。只能让俄国顾问真正做顾问，不要出头露面，不要发号施令，不要惹中国将领讨厌"。

具体对三二〇事件时的形势，布勃诺夫说："在 21 日夜间我们接到报告说，20 日行动可能继续进行，所以我们开了一个会，得出以下结论：广州市内力量对比对国民政府不利，省内力量对比对国民政府有利，需要赢得时间，而要赢得时间就要作出让步……由于作出这种让步，我们取得了某种均势。"①

从事件发生后一度出现"反蒋联盟"和蒋介石的冒险与心虚状况来看，布勃诺夫对形势的估计完全是主观主义的。而且，即使苏联顾问团有对"中国将领"包办太多，监督太严的错误，也不能让中共陪绑，改正顾问团的错误，而牺牲中共的利益。

蒋发动此变，本来也是在自感力量不足并无必胜把握的情势下的冒险试探，所以，20 日下午，他应季山嘉要求撤去了对顾问团的包围，并表示他的行动不是针对苏联的，随后，又向国民党中央军事委员会呈书表示反省，

① 参见《共产国际档案资料丛书》第 3 辑，第 162～171 页。

自请处分。但是，蒋也没有想到，他的行为竟然把这位"久经锻炼的老布尔什维克"吓成这样。于是，布勃诺夫亲自出面与蒋介石谈判，蒋提出俄国顾问团包办太多等许多错误。布表示决定撤销季山嘉团长及两个副团长的职务并令其回国。汪精卫失望之极，先是隐匿不出，继之出走他国。所谓"反蒋联盟"立即瓦解。李之龙被查办，第一军和黄埔军校中的共产党人全部被清除。蒋介石的试探性进攻得到了全面的胜利。

对这个事件，传统的中共党史著述多引用张国焘提供的谎言，说是陈独秀党中央制定了对蒋让步的"妥协政策"，并派张"赶赴广州，查明事实真相，并执行这一妥协政策"，纠正广东区委主张反击的"左倾错误"。[1]

张国焘的说法本身就自相矛盾。陈独秀党中央难道是在不明真相的情况下就制定了对蒋让步的"妥协政策"，然后再派他去"查明事实真相，并执行这一妥协政策"？所以，张国焘的回忆一发表，彭述之首先揭露他这个谎言，指出中共中央只是派他去"查明事实真相"，并没有派他去"执行妥协政策"。

实际情况是，上海的陈独秀和中共中央对广州发生的事件，起初只从报纸上得到零星消息而对真相一无所知，因此除了对蒋介石的"反共政变"感到"震惊和惶惑，对蒋介石的态度，在一段时间内陷于迟疑莫决"。[2] 等到3月底，布勃诺夫回国路过上海，陈独秀才从其口中得到一些较为可靠的消息，并听信了布的一面之词，在《向导》上发表文章，认为三二〇事件的策动者是"孙文主义学会为中心的国民党右派"，意即与蒋介石无关，而蒋采取行动，是由于误信共产派有倒蒋阴谋的谣言。在驳斥此谣言时，陈又说了这样的话："蒋介石是中国民族革命运动中的一个柱石，共产党若不是帝国主义者的工具，决不会采用这种破坏中国革命势力统一的政策！谁破坏革命势力统一，谁便是反革命！"[3]

这说明，当时陈独秀对蒋介石的认识与广东区委及俄国人一样，还把蒋当作"左派"，不过是听信了右派的谣言。其实，蒋介石是一个忠诚的国民党员。他要捍卫的是国民党的根本利益。开始时，他要争取苏联援助和中共的支持，维持国共合作，打击公开反共的国民党元老派，被苏联和中共视为

① 张国焘：《我的回忆》第2册，第99、100页。
② 彭述之：《评张国焘的〈我的回忆〉》，第5页。
③ 《广州事变之研究》《中国革命势力统一政策与广州事变》，《向导》第147期，1926年4月3日。

"左派"。待到蒋反苏反共时，才把他视为"中派"和"右派"。这里，蒋有一个由"假左"到"右"、由隐到显的转变过程，中共对其认识也有一个过程。这是正常现象。

但是，事情并不到此为止。本来，事件既然已经由布勃诺夫代表莫斯科最高当局处理完毕，中共中央也就只有服从，无权改变了。问题就出在陈独秀还不想完全盲从，对布的话还是不放心，想有一点独立性，像过去对鲍罗廷那样，了解事件的详情，特别是了解广东区委和国民党左派人士对蒋介石的态度后，再做出自己独立的判断，采取自己的政策，以资补救。于是，他一面决定派张国焘去广州"查明事件真相"，一面等待莫斯科的指示，陈独秀甚至以个人的名义，再次提议"由党内合作改为党外联盟"。

但是，张国焘去后，没有及时回音，等到 4 月中旬，中共中央才收到广东区委书记陈延年的详细报告，立即制定了新的对蒋政策：

> 一、尽力团结国民党左派，以便对抗蒋介石，并孤立他；二、在物质上和人力上加强国民革命军二、六两军及其它左派队伍，以便于必要时打击蒋介石；三、尽可能扩充叶挺的部队、省港罢工委员会指挥下的纠察队和各地的农民武装，使其为革命的基本队伍。

为了实现这个计划，中共中央决定在广州成立特别委员会，其人选为彭述之、张国焘、谭平山（均中央委员）、陈延年、周恩来、张太雷（广东省委员），并指定彭为特委书记，前赴广州，组织特委，与鲍罗廷商讨上述政策。

但是，当中共中央收到莫斯科电报告鲍罗廷 4 月底到达广州，彭述之起身赴粤时，鲍罗廷已经先两天返回广州。他根据莫斯科的指示，否定了中共中央的反蒋计划，认为"假使依照中央的决议去作，势必退出国民党"；而"这个退出国民党的问题，是我们党和国民党合作的根本问题"，莫斯科是不能允许的。他"极力强调广东局势异常危险，很有可能发生右派（指吴铁城、古应芬、伍朝枢等代表的广东派）的反革命政变，意在暗示中共中央的反击政策是不合时宜的"；"在当前局势异常危险的威胁下，只成立一个革命的独裁，像法兰西大革命中罗贝士比尔的革命独裁一样，才能打破右派的反革命阴谋，替革命开辟一条出路……蒋介石有很多严重的错误，但在现时的国民党中，没有人像他有力量有决心，足以打击右派的反革命阴谋"。因此，"我们不得不对蒋作最大限度的让步，承认他从三月二十日以来所取得的权力"。[1]

由此可见，鲍罗廷和布勃诺夫在执行莫斯科退让路线上，出发点是一致的，把西山会议派为代表的老右派开除后还留剩的广东系右派的威胁视为最大的危险，把克服这个危险的希望寄托在蒋介石的身上。所不同的是，这次鲍罗廷说出了对蒋的退让只是策略上的，是为了利用他"尽快进行北伐，将来北伐的进展，形势会对我们有利的"。鲍罗廷就是以这个策略说服了最初主张反蒋的中共广东区委的。斯大林后来公开把这个策略比喻为"榨柠檬汁"，宣称最后要把蒋介石"像一只榨干了的柠檬似的丢掉它"。[2] 鲍罗廷、斯大林这个策略的目的在于利用蒋介石打倒北洋政府，又使他不离开莫斯科的驾驭而成为反苏势力。其实他们对中共也是这个策略。不过陈独秀经常闹一点小脾气，动不动要一点从中国革命利益出发的"独立性"。对此，莫斯科用组织纪律和不给武器、少给经费以及所谓"中央委员会里的多数"之类措施，很容易把他制服了。但是，蒋介石对苏联来了一个"反利用"，即利用莫斯科的金钱和武器壮大后"反戈一击"，要置斯大林和中共于死地。斯大林有强大的苏联作后盾，输掉一局无所谓，中共就不一样了。在斯大林与蒋介石之间利用和反利用的争斗中，夹在中间真正被双方利用的、牺牲最大的是对中国革命满怀忠诚而书生气十足的陈独秀及其领导下的年轻的共产党人。

整理党务案
——所谓"三次机会主义大让步"之三

蒋介石在三二〇事件得手后，大喜过望，立即酝酿进一步打击共产党。在 5 月 15 日国民党二届二中全会上提出"整理党务案"：共产党员在国民党高级党部任执行委员的人数不得超过 1/3，不得担任国民政府中央部长，不得批评孙中山主义，交出加入国民党的全部共产党员和共青团员名单。

此案当然也遭到中共中央的拒绝。这个史实，过去为了批判"陈独秀

---

[1]　彭述之：《评张国焘的〈我的回忆〉》，第 6、7、8 页。

[2]　《斯大林在莫斯科党组织积极分子会议上的讲话》，1927 年 4 月 5 日。这个讲话由于很快被蒋介石的"四一二"政变所嘲弄，没有见报。南斯拉夫共产党员武约维奇的当场记录刊于托洛茨基著《中国革命问题》，纽约，1932，第 389～390 页。

右倾机会主义",也被长期埋没,1975 年彭述之在批驳张国焘谎言时,才揭露出来;周恩来也在批判"陈独秀右倾机会主义"时,无意中作了旁证:党中央派彭述之来指导出席国民党二中全会的中共党团,"在党团会上,讨论了接受不接受整理党务案。彭述之引经据典地证明不能接受。问他不接受怎么办?他一点办法也没有"。①

其实,当时鲍罗廷已经遵照莫斯科的指示接受了蒋介石的要求,并且在彭述之组织的中共"特别委员会"上申述了与在三二〇事件上对蒋让步一样的理由。彭述之能有什么办法?此其一。其二,彭述之的办法,就是陈独秀党中央的"反蒋计划"和退出国民党,实行两党党外联盟,② 不能说"他一点办法也没有"。其三,即使他没有办法,亦不应把这次陈独秀党中央无权无法改变的莫斯科的让步,作为"罪恶"都扣在陈独秀一人身上!

蒋介石给莫斯科的交换条件是答应进一步打击他们最害怕的广东系右派,逮捕了吴铁城(公安局长),赶走了孙科(原广州市市长、孙中山之子,赴俄与共产国际接洽)和伍朝枢(广州市长,离粤休假),傅秉常被免去海关监督及外交秘书职务,古应芬的内务部职务也将被撤销。而这些也是蒋介石追求个人独裁所需要的。鲍罗廷却得意扬扬地向莫斯科汇报说,这样处理"使右派蒙受了比共产党人更大的损失……从右派手里夺走了他们用来反对我们的武器"。③

这充分说明,苏联在这场交易中是如何为了他们的利益而牺牲中共利益的,而中共在鲍罗廷手中又怎样成为他手中的一个筹码的。

鲍罗廷又反过来再给蒋丰厚的回报,竭力动员蒋出任国民革命军总司令。在蒋假意"惶愧力辞"时,鲍竟声言蒋若不就总司令一职,他自己就要辞去总顾问一职。④

就这样,通过这次交易,鲍、蒋二人的互相信任达到了别人无人替代的程度。蒋在北伐前夕,谈到后方留守时,提到只有两人可以托付,除了张静江,就是鲍罗廷,称"自总理去世以来我们还没有这样一个伟大的政治活

① 《周恩来选集》上卷,第 123 页。
② 彭述之:《评张国焘的〈我的回忆〉》,第 8 页。
③ 《鲍罗廷给加拉罕的信》,1926 年 5 月 30 日,《共产国际档案资料丛书》第 3 辑,第 162～171 页。
④ 《蒋介石日记类抄·军务》,1926 年 6 月 3 日,中国第二历史档案馆藏。

动家"。①

综上所述，所谓陈独秀的三次"右倾机会主义让步"，都是联共、共产国际对蒋介石的让步，陈独秀中共中央曾经抵制，但是被否定了，进而出于组织纪律的原则，又不得不违心地服从。于是，担任国民党中央部长的一批共产党员如谭平山（组织部长）、林伯渠（农民部长）、毛泽东（代理宣传部长）等，不得不全部辞职，而且紧接着应蒋的要求，黄埔军校中的共产党员也全部退出了学校（从此，该校成为专门培养蒋介石嫡系将领的基地）。而蒋介石则先后当上了国民党中央组织部长兼军事部长、中央常务委员会主席和国民革命军总司令，一手控制了广州的党政军大权，为共产党在大革命中的彻底失败，种下了总根。

所以，陈独秀后来愤怒地指出：

> 我们主张准备独立的军事势力和蒋介石对抗，特派彭述之同志代表中央到广州和国际代表面商计划。国际代表不赞成，并且还继续极力武装蒋介石，极力的主张我们应将所有的力量拥护蒋介石的军事独裁来巩固广州国民政府和进行北伐……这一时期是最严重的时期，具体的说是资产阶级的国民党公开的强迫无产阶级服从它的领导与指挥的时期，是无产阶级自己正式宣告投降资产阶级，服从资产阶级、甘心作它的附属品之时期（国际代表公然说："现在是共产党应为国民党当苦力的时代"）。党到了这一时期，已经不是无产阶级的党，完全成了资产阶级的极左派，而开始堕入机会主义的深渊了。

> 我在三月二十日事变后对国际报告中，陈述我个人的意见，主张由党内合作改为党外联盟，否则其势必不能执行自己的独立政策，获得民众的信任。国际见了我的报告，一面在《真理报》上发表布哈林的论文，严厉的批评中共有退出国民党的意见……一面派远东局部长吴廷康到中国来，矫正中共退出国民党之倾向。那时，我又以尊重国际纪律和中央多数意见，而未能坚持我的提议。②

---

① 《蒋介石同留守后方将领们会见时的谈话》，1926 年 7 月 26 日；《鲍罗廷与蒋介石的谈话记录》附言，《共产国际档案资料丛书》第 3 辑，第 365 页。
② 陈独秀等最早成立的托派小组织机关报《无产者》第 2 期，1930 年 7 月 1 日。

事后，连一位国际代表也承认："整理党务案""是在蒋介石直接施加压力情况下并且是在他的 3 月 20 日武装示威之后通过的，不是根据同共产党人的协议，而是为了反对他们而通过的"。①

可是陈独秀没有想到，后来的联共和共产国际及中共中央，恰恰把这三次让步视为"右倾机会主义"反扣在陈独秀一人头上，成为中共党史上的一个冤案。

经过这次"整理党务案"事件后，陈独秀再次向国际要求共产党员退出国民党，变成党外联盟。他认为这时实行这种转变是完全合情合理的，并将其写进中共中央文件《中国共产党为时局及与国民党联合战线致中国国民党书》中：本党与贵党"合作之方式，或为党内合作或为党外合作，原无固定之必要，因此政策之精神，实在团结革命势力以抗帝国主义，凡足以达此目的者，即为适当之方法，原不拘于形式。然当本党决定合作政策之初，曾商于贵党总理孙中山先生，孙先生以为党内合作，则两党之关系更为密切；本党亦认为中国社会各阶级力量之相互关系，现亦可适用此种合作方式，故毅然决定，令本党党员加入贵党，同时，本党与贵党结政治上之联盟……（但是）历年以来，迭次引起党内一些人之疑虑猜忌，致使为反动派所乘，散乱革命之阵线，故必须先在合作方式上有所改变，祛除一般无谓之疑忌"。②

但是，莫斯科再次否定了陈独秀的这个要求和主张。

而且，正是基于这种退出国民党的立场，陈独秀才在这封信中说："贵党'党务整理案'原本关及贵党内部问题，无论如何决定，他党均无权赞否。"可是，传统党史论著，均以此证明陈独秀是接受"整理党务案"的。这是多么惊人的对历史的曲解。

反对北伐风波

1913 年第二次革命失败后，孙中山多次依靠南方军阀进行北伐，都未出师而夭折，成为他一生中最大的遗憾。所以，"革命尚未成功，同志仍需

---

① 《共产国际执行委员会远东局使团关于对广州政治关系和党派关系调查结果的报告》，《共产国际档案资料丛书》第 3 辑，第 439 页。
② 《中共中央文件选集》（1），第 98 ~ 99 页。

努力"，成了他遗嘱的中心思想。蒋介石掌握国民党军政大权后，自认是孙中山的第一继承人，高唱"继承总理遗志"，无论是统一中国，还是实现他个人夺取中国最高权力的"拿破仑式"的理想——"北伐，打倒北洋政府"，自然是他梦寐以求的目标。对于中国共产党来说，打倒北洋军阀也是其实现民主革命纲领中"打倒封建主义"的具体目标，所以，早在 1926 年 2 月中共中央在北京举行特别会议，专门讨论了支持广州国民政府北伐问题，并做出"我党应从各方面准备北伐"的决定。

陈独秀虽因在上海患伤寒"失踪"未参加会议，但事后对这个决定是拥护的。

3 月 14 日，陈独秀主持中共中央向全党发出《中央通告第七十九号》，进一步表明支持北伐的态度：

> 党在现时政治上主要的职任是从各方面准备广东政府的北伐；而北伐的纳必须是以解决农民问题作主干。广东政府是中国国民革命唯一的根据地，只有它的势力之发展，可以推动全国民众及接近民众的武力更加爆发革命的火焰，而且广东政府也只有向外发展的北伐，煽动全国反帝国主义的暴动，才能增强自己的声威，才能维持自己的存在，否则必为反对势力所包围而陷落。①

可以看出，这时的陈独秀的思想，与鲍罗廷支持孙中山北上和在这次北伐问题上的思想是完全一致的；革命不能在广州等死，必须向外发展。在经受了"中山舰事件""党务整理案"的打击后，鲍和广东区委以及陈独秀中共中央，都迫切地期望如此。而鲍与陈的关系也越来越密切。特别是大革命后期，饱受莫斯科和国民党双重打击后的陈独秀情绪消极，只得跟随鲍罗廷走，简直到了鲍唱陈随、亦步亦趋的程度。

具有戏剧性意味的是，莫斯科这次对北伐的态度，出现了与鲍、陈相反的情况。他们遥控指导中国革命的方针，首先考虑的是自身狭隘的民族利益，为了推行所谓的"喘息政策"，它主张与帝国主义和北洋政府妥协。而如果国民党北伐，一是必然引起各帝国主义攻击与国民党结盟的苏联；二是有可能在中山舰事件上使莫斯科大丢脸面的蒋介石新右派集团在北伐中迅速

---

① 《中共中央文件选集》(2)，第 81 页。

壮大，使其在国民党内的夺权行为合法化，越来越难以为莫斯科所驾驭；三
是担心北伐导致北方张作霖、吴佩孚进一步联合进攻苏联支持的冯玉祥国民
革命军。为此，早在 1925 年 12 月 3 日的联共中央政治局会议上，作为会议
决议的斯大林指示就说："广州人拟议中的北伐在目前时刻是不能容许的，
建议广州人将自己的精力集中在内部的巩固上。"①

　　内容类似的决定还在 1926 年 4 月 1 日、15 日的联共中央政治局会议决
定中一再重申，并指示中国。直到 1926 年 5 月 6 日的联共中央政治会议得
知由于蒋介石的坚持，北伐实际上已无法阻止，而且湖南唐生智由于受到吴
佩孚的压迫，请求广东政府支援，否则广州将失去湖南这个屏障。于是斯大
林为首的政治局在坚持原议的前提下做出一点松动："（苏共）中央过去认
为、现在仍认为不能分散广州的军事力量"，"鉴于目前出现的情况，认为
可以派遣一支规模不大的远征军去保卫通往广州的要道——湖南省，但不能
让军队扩展到该省疆界之外"。但是，这月 20 日，斯大林等人收到布勃诺
夫关于中国情况的总报告后，又开政治局会议，再次拧紧了反对北伐的螺
丝，"责成广州同志保证实行政治局不止一次重申的坚决谴责在目前进行北
伐或准备北伐的指示"。②

　　在以上长达半年的时间里，莫斯科如此三令五申阻止北伐，但没有成
效。鲍罗廷显然由于赞同北伐或感到中国的实际情况根本无法阻止北伐，
对莫斯科的指示置若罔闻。于是，联共政治局责令共产国际直接向中共中
央施加影响。1926 年 6 月，忠于职守，既认真执行莫斯科指示，又努力保
护中国共产党的维经斯基，趁奉命来华组建共产国际远东局的机会，尝试
调解莫斯科与中共中央之间在北伐问题上的关系。他在这月 11 日报告莫斯
科说：

　　　　关于北伐问题，尽管莫斯科作了各种指示，但在这里这仍然是一个
　　十分迫切的问题。我还不能确切地说，中央的情绪怎样，但这里的同志
　　们坚定不移地主张进行北伐。看来必须就此问题同中央认真地谈一
　　谈。③

---

① 《共产国际档案资料丛书》第 1 辑，第 742 页。
② 以上分见《共产国际档案资料丛书》第 3 辑，第 241、268 页。
③ 《共产国际档案资料丛书》第 3 辑，第 303 页。

6 月 19 日，共产国际远东局在上海正式成立，把说服陈独秀中共中央改变支持北伐的态度作为第一项任务。21 日就做出决定认为："在广州内部业已形成的形势下举行北伐是有害的。"①

虽然从 1920 年建党以来，维经斯基与陈独秀情谊深厚，但前者很快发现，这次劝说陈改变对北伐的态度，远比当初劝他建党难。维的理由就是莫斯科历次决定中反复重申了的，但陈对此说进行了顽强的抵抗，而抵抗的理由也是之前的。在 6 月 30 日举行的远东局会议上，陈独秀甚至这样表示：以他自己的名义向共产国际执行委员会发一电报，说明中共中央内部一致主张进行北伐，以使广州摆脱内外威胁。② 以致维在第二天给莫斯科的电报中哀叹说：中共中央委员会总的情绪是主张进行北伐，认为这是使广州摆脱内外威胁的唯一出路。

但是，维经斯基远东局没有放弃，他们通过调查研究，在中国实际中寻找更有说服力的理由。他们很快发现一个严重的情况：蒋介石已经利用准备北伐向工农人民进攻了，他让右派（叶楚伧）领导农民工作，"广东开始了豪绅向农民的进攻时期"。在发给莫斯科的电报中，维经斯基着重指出：

> （广州政府的）管理权集中在蒋介石手里，停止采取有利于农民的措施，这都便于准备北伐。为建立 1000 万元的基金，增加了农民的捐税，提前一年征收了税款，全部款项集中在总司令手中，500 万元收入中有 450 万用于军事预算……③

因此，维经斯基坚定地说："在这种情况下，依我看，北伐必然遭到失败。"④

这对于广州的革命都要特别是共产党来说是一个惊人的情况。原来，莫斯科与中共中央从一个根据——广州政府内外危机——得出两个截然不同的结论——北伐，对外发展；反对北伐，巩固内部，互相拉锯平衡。现在却出现了一个重要的砝码：蒋介石利用北伐加强独裁，还加强对工农民众的进攻。这个砝码加在反对北伐一边，平衡随即被打破。陈独秀在经过维经斯基

---

① 《共产国际档案资料丛书》第 3 辑，第 307 页。
② 《共产国际档案资料丛书》第 3 辑，第 317 页。
③ 《共产国际档案资料丛书》第 3 辑，第 320 页。
④ 《维经斯基给加拉罕的信》，《共产国际档案资料丛书》第 3 辑，第 309 页。

耐心劝说后终于惊醒，倒向反对北伐一边（后来维经斯基与鲍罗廷辩论时说："陈的文章是在与我们长时间交谈后写的。"），并且立即行动。首先统一中共中央内部思想。于是出现了郑超麟（当时任中央宣传部干事）回忆的情况：

> 某日，中共中央在宣传部办公室开会，讨论北伐问题，陈独秀反对北伐，彭述之附和；张国焘反对陈的意见，瞿秋白也拥护北伐。两票对两票。反复辩论了几次，最后，陈独秀发了脾气，桌子一拍，张口大骂。张国焘不敢回骂，默然了（这反映了陈的威望，也暴露了陈的简单粗暴的作风——引者）。于是，通过了反对北伐的决议。

然后，7月7日，即国民革命军北伐誓师前两天，陈独秀在中央机关报《向导》上发表了《论国民政府之北伐》。文章完全接受维经斯基所说的观点，把两种不同性质的北伐观与解放人民的问题联系起来，揭露并反对在当时条件不成熟的情况下进行蒋介石追求个人独裁的反革命反人民的北伐，主张准备解放工农劳苦大众的"革命军事行动的北伐"。文章写道：

> 中国民族革命之全部意义，是各阶级革命的民众起来推翻帝国主义与军阀自求解放：全民族经济解放，尤其是解除一般农工平民迫切的困苦。
>
> 在军阀统治之下的民众，若误认为北伐是推翻军阀解放人民之唯一无二的希望，遂至坐待北伐军之到来，自己不努力进行革命工作，这便是大错。这便和前代人民仰望吊民伐罪的王师是一样，完全失了近代革命的意义。
>
> 再论到北伐军之本身，必须他真是革命势力向外发展，然后北伐才算是革命的军事行动；若其中央杂有投机的军人政客个人权位欲的活动，即有相当的成功，也只是军事投机之胜利，而不是革命的胜利。至于因北伐增筹战费，而搜刮及于平民，因北伐而剥夺了人民之自由，那更是牺牲了革命之目的，连吊民伐罪的意义都没有了。①

---

① 《向导》第161期，1926年7月7日。

文章最后指出："革命的北伐时机尚未成熟。现在的实际问题，不是怎样北伐，乃是怎样防御，怎样地防御吴佩孚之南伐，防御反赤军势力之扰害广东，防御广东内部买办、土豪、官僚、右派响应反赤。"

从中国革命的立场上来考察，陈独秀这篇文章的观点无疑是深刻的，看透了蒋介石急于北伐的用心，坚持了共产党人堂堂正正的革命立场。后来北伐战争的实际进程，也证明陈独秀的这个立场是完全正确的。但是历史必定要走曲折的道路，北伐已经无可阻挡。

在中山舰事件和整理党务案两次事件中遭到沉重打击和压迫的鲍罗廷、中共广东区委和国民党反蒋派人士却积极拥护北伐，他们想从北伐中摆脱身处的困境。为什么这两个事件对鲍罗廷也是一种打击呢？因为，在中山舰事件发生前，鲍罗廷对其在中国两年的工作成绩十分自负，甚至在北京对来华将去广州考察的布诺诺夫使团吹牛说：

> 当你们去广州时，你们自己会确信，华南的思想势力范围乃是我们的影响。我们从那里赶走了帝国主义，正是在帝国主义的中心赶走了帝国主义的影响。今后……还有什么问题我们解决不了呢？一旦我们宣传什么，一旦我们提出什么建议，人们就会很认真地听取。我们在那里已经不是外人，我们毛遂自荐，并将根据我们的政策、我们的决定，以极大的成功希望来加以贯彻执行。
>
> 在广东几乎没有军阀，没有我们所理解的在中国其余地区的那种军阀……但毋庸置疑，这些军队的领导人已完全处在我们的影响之下。
>
> 在6个军和6个军长当中，可以认为有4个是完全可靠的。我们同他们未必有很大的误会，他们当中蒋介石、谭延闿、吴铁成（原文如此，应是李济深，因为吴是警察局长，不是国民军军长——引者）和朱培德无可非议。①

可是蒋介石发动的三二〇事件，给了他一闷棍，彻底否定了他对广州局势乐观的估计和对蒋介石"完全可靠"的评价。布勃诺夫对三二〇事件原因的分析和对苏联顾问的严厉批评，更是对鲍罗廷这段吹牛话语的最辛辣的讽

---

① 《鲍罗廷在联共（布）中央政治局使团会议上的报告》，1926年2月15日、17日于北京，《共产国际档案资料丛书》第3辑，第147、120、140页。

刺。鲍罗廷在受此刺激和打击后，决心对蒋进行报复，但他一是看不起中共和工农的力量，认为中共"没有实力，不能同蒋介石及其政治方针作斗争"；二是看不起国民党左派的力量，"并不认为有真正的国民党左派"，于是他把希望寄托在北伐中蒋介石与其他军事集团的矛盾冲突上，把革命变成单纯的在上层"玩弄权术"，搞"阴谋诡计"。为此，他为北伐设计了这样一条路线："北伐在军事上的胜利可以认为是有保证的"，但蒋介石和"保定派"（当时除蒋为军长的第一军军官主要是黄埔军校毕业生之外，其他各军的军官主要是保定军校出身——引者）之间的"矛盾是不可调和的"；在北伐胜利过程中，"保定派"必定压倒蒋介石，从而"加速他在政治上的灭亡"①。

中共广东区委受鲍罗廷的影响，更饱受广东系国民党右派和蒋介石的压迫与欺侮，积极拥护北伐，企望在北伐中，来一个"我们的三二〇"，进行报复，打倒蒋介石。

广东地方军政集团和其他非蒋势力，包括国民党左派和第一军除外的国民革命军各军，也都支持北伐，希望蒋介石离开广东或摆脱由俄国全力扶持（特别是军事援助）的蒋介石军事独裁。也有少数人如国民革命军第四军军长李济深及孙科，怕蒋介石在北伐中强大起来而加强其军事独裁，对北伐心存疑虑。

所以，陈独秀反对北伐的文章一发表，广东一片哗然：国民党"中派及右派左派领袖，均表示不满"；顾孟余"直斥仲甫同志有意挑拨人民与国民政府之感情"；张静江则请鲍罗廷"劝仲甫勿再作这类文章"；黄埔特区国民党党部则向中央党部控告，并禁止同学购阅《向导》，"左倾分子不赞成，竟至用武"。"在中央党部接受黄埔同学这个控告后，开会讨论，李济深第一个站起来说这篇文章并不错，孙科亦然，左派诸人亦借此机会向中派发牢骚。最后，勉强敷衍由主席张静江写一信给仲甫结束此案。"②

9月13日，陈独秀在《向导》上发表驳答张静江抗议的复信，坚持《论国民政府之北伐》一文中的立场和观点，申明："我们对于出师北伐是否国民革命之唯一先着，对于怎样出师北伐，和你们都有不同的意见。你们一闻不同的意见便以为是攻击，你们这种不受善言的老脾气也仍然丝毫未改，更是令人失望！"③

---

① 《鲍罗廷在同共产国际执行委员会远东委员会会晤时的讲话》，1926年8月9日于广州，《共产国际档案资料丛书》第3辑，第369页。

② 《中央局报告》，1926年9月20日，《中共中央政治报告选辑（1922～1926）》，第79～80页。

③ 《向导》第171期。

　　在当时北伐已成大势的情况下，陈独秀能看透蒋介石北伐的用心，并力排众议，提出反对北伐的主张，固然表现了他非凡的智慧和勇气，但也表现了他的十足的书生气。因为当时是否北伐的决定权，在广东方面，主要是蒋介石、鲍罗廷方面，而不在上海中共中央手中。所以，尽管中共中央做出了反对北伐的决定，广东国民政府还是在 7 月 1 日誓师北伐。陈独秀 7 日发表的反对北伐的文章成了马后炮。而且由于他追求的是革命的北伐，即发动革命群众打倒帝国主义，打倒北洋军阀！所以，他不想把"打倒蒋介石"放在首位。于是，当中共广东区委派周恩来到上海请示"在北伐中是帮助蒋介石呢，还是削弱蒋介石？"时，陈独秀表示：第一，反对北伐；第二，北伐就是北伐，既不是拥护蒋介石，也不是打倒蒋介石。① 所以，后来周恩来批判陈独秀说：关于在北伐中对蒋介石的方针"陈独秀说你们开个会商量商量好了"。开会时，张国焘代理主席，"说北伐中我们的方针就是，是反对蒋介石，也是不反对蒋介石。所以，在北伐战争中，直到国民党三中全会前，对蒋介石的方针是不明确的，结果就是客观上帮助了蒋介石"。②

　　把北伐中帮助蒋介石坐大的罪责归咎于陈独秀是不公平，真正反对打倒蒋介石而且大力帮助蒋介石的，是莫斯科。因为，他们见北伐一路凯旋，7 月 12 日攻取长沙，9 月就攻克汉口、汉阳，莫斯科立即改变原来反对北伐的态度，倾全力帮助蒋介石。结果，即使中共广东区委和鲍罗廷想在北伐中来一个"我们的三二〇"、打倒蒋介石的企图，也成了泡影。与蒋介石得到莫斯科巨额经费及武器供应相比，在上海的陈独秀党中央既无钱又无武器，拿什么"打倒蒋介石"！

　　所以，对于陈独秀来说，不是要不要反对北伐、要不要反打倒蒋介石的问题，而是能不能反对北伐、能不能打倒蒋介石的问题。很显然，在国民党和共产国际双重压制下，陈独秀不过是百无一用的书生，尽管他作为中共总书记和他那特殊的个性，为捍卫党和革命的纯洁性还要出来顽强地表现一番，结果只能是徒劳的。

　　陈独秀当然知道是徒劳的，不过是再一次表现了"知其不可而为之"的硬骨头精神！

---

① 参见《李立三党史报告》，1930 年 2 月 1 日。
② 《周恩来选集》上卷，第 124 页。

九　大革命中的奋斗与无奈（上·1926）

在北伐中追求的目标

由国共合作进行的"国民革命"，是从 1924 年 1 月的国民党一大开始的。共产党一般称其为"第一次大革命"。后来由于北伐战争的顺利开展，广大工农群众参加大革命，遂将革命推向高潮。但由于国共两党追求的目标不同，革命一开始就埋下了分裂的种子，存在两条路线和两种命运。因为国民党的目标是追求新军阀代替旧军阀，共产党的目标是追求人民的解放，至少在当时，陈独秀为首的中共中央是怀着这种纯洁而崇高的理想。他们希望北伐战争能朝着这个目标发展，但是他们没有实现这个目标的实力，虽然，这一点，当时他们是不可能意识到的。或者即使意识到，也由于党的纲领所定，只能"知其不可为而为之"。理想主义者往往只见遥远的目标，不考虑当前的实际。上述在北伐开始后召开的由陈独秀主持、维经斯基参加的中共四届三中全会还在做这样的决议：

> 本党是无产阶级革命的党，随时都须准备武装暴动的党，在民族革命的进程中，应该参加武装斗争的工作，助长进步的军事势力，摧毁反动的军阀势力，并渐次发展工农群众的武装势力。

这次北伐开始后的重要会议，竟然根本不提北伐，也不制定对北伐的对策，完全是准备另一套共产党武装暴动的方案，把北伐战争让给国民党去进行。

陈独秀对北伐战争消极，就来积极进行自己的"国民革命"，俗称"大革命"。它的目标是要解放工农大众；而国民党的"国民革命"实际上就是单纯的"北伐战争"，目标是打倒北洋政权。

7月12日，中共中央发表了《第五次对于时局的主张》，与国民党的北伐宣言唱反调，提出走国民会议的道路："现在本党对于时局的主张，仍旧主张国民会议是解决中国政治问题的道路。"国民会议的运动"是国民革命时代自始至终一切运动的骨干"；并且为这一运动制定了一个23条"共同政纲"。①

北伐战争在当时被视为革命的武装打倒军阀的武装。而陈独秀党中央却高喊什么召开国民会议来解决国是，真是牛头不对马嘴，所以，很快被淹没在北伐军胜利的号角声中了。但是，共产党依靠民众进行工农革命的原则不能变。于是，陈独秀党中央立即修正了自己的态度，首先，7月25日，让中华全国总工会发表《对国民政府出师北伐宣言》，指出："这次国民北伐军北伐的成功和失败，就是中国革命的胜利和失败，与中国民众痛苦的解除有极大的关系，所以……应该即刻下定自己的决心，极力的赞助国民革命军，作国民革命军的后盾，使之得到胜利。"② 接着在31日，又发出《中央通告第一号》，一改原来对北伐悲观的估计，承认"唐生智已占长沙，迫岳阳……北伐军大有长驱而下湘赣进窥武汉形势"；"北伐军之胜利，已唤起了全国革命民众之注意，甚至影响到一部分小军阀均有输诚革命政府趋势，所以我们可以说全国反赤潮流现已到一低落时期，而革命潮流则随北伐军之进展而上涨，广东政府之北伐已成为全国民众最注意的一个问题"。

其次，中共中央决定把北伐战争与国民会议运动结合起来，号召各地民众积极响应北伐，赞助北伐的同时，组织"国民会议促成会"，在北伐胜利的地方，使之成为"市民会议、县民会议的过渡机关，即对于地方政府成为当地人民的代议机关"。总之，建立解放民众的民主制度："从地方政治的直接争斗以汇合北伐革命的势力，达到全国民众的解放。"③

应该说，这是陈独秀独立自主制定的路线，体现了陈独秀思想中一贯的"民主"理念。但是，这个策略生不逢时，与蒋介石追求的"军事独裁"目标不相容，而对中共起支配作用的莫斯科，见貌似强大的北洋军阀如此不堪

---

①　《中共中央文集选集》（2），第184页。
②　《中共中央文集选集》（2），第198页。
③　《中共中央文集选集》（2），第207页。

一击，被自己低估的北伐军如此胜利进军，也一改原先反对北伐的方针，对中共的民众运动和民主政权不感兴趣，一心想靠有军事实力的蒋介石快快打倒北洋政府。于是，陈独秀的路子只能是越走越窄，最后以失败而告终。这时陈独秀正当壮年，又有最美好的理想——建立民主共和国，但是，却成了他一生中最窝囊的年代。这里有一个重要的认识问题：那时是革命潮流向上时期，陈独秀不可能认识到，暴力革命的结果，往往是以暴易暴，很难产生民主政权。蒋介石等军阀决不允许自己打下的地盘上，建立什么共产党领导的民众政权。

同时，陈独秀起先明确反对北伐，现在又连发指示拥护北伐，虽然转变得较委婉，但始终没有做坦率的自我批评。郑超麟评论说：这样，在干部中，"对陈独秀的领袖地位是很大的打击。张国焘认为，当初不是我错了，是陈独秀错了。瞿秋白也是这样认为的"。[1]

在汪、蒋之间

陈独秀一旦确定了自己的路线，就立即行动起来。在 7 月 31 日发出的《中央通告第一号》中，分别对广东根据地、湖北、江西等战争地区及东南与北方非战地区做出了不同的工作指示，总的精神是，"提出我们独立的政治主张，而不可笼统的宣传北伐"，即在北伐中要"保护民众利益"，"要求政权的民主主义化"。因为，这时的广东和北伐军占领区内，已经出现了陈独秀担心的情况，维经斯基为首的共产国际远东局的一份调查报告有以下记录。

张太雷说：北伐前广东农民运动有较广泛的开展，北伐后，借口筹措军费，"在农民中强制分摊债券。谁不购买，就说他是反革命，说他反对北伐。当地的市政府官员成立了新的警察局，实际上是反对农民的。广州的县长（宋子文）为了支持豪绅到处安插自己的亲信，到处对农民发起攻势，或许不起义的农民运动就会被击溃"。

关守森（音，广东区委组织部长）说："在北伐的借口下，他们想取消结社的自由"；"东部地区卫戍司令下令禁止成立农会。他宣布，他将把反对当地市政官员的行动作为反对国民政府的行动，作为反革命予以惩处"。

---

[1] 郑超麟：《回忆录》，1945 年，手稿。

彭湃说："在汕头，蒋介石的走卒何军长（何应钦）在工人代表大会上以蒋介石的名义发表演说，在北伐期间，罢工就是反革命。"

总之，正如参加这次调查的鲍罗廷也承认："这次北伐使蒋介石发动的政变（指三二〇事件、五一五事件——引者）以及作为这一政变内容的整个军事独裁倾向神圣化了。"①

于是，陈独秀对北伐战争的发展更加警惕，把党的工作重点放在工农民众运动上，企望以工农运动的力量战胜蒋介石的军事独裁势力。但是，一心想利用蒋介石进行投机的斯大林和鲍罗廷，醉心于在上层玩弄权术，不支持中共领导的工农运动，他们只要求工农民众做北伐军的带路、侦察、修工事、救护伤员等苦力的工作，不允许他们武装起来，更不允许进行武装暴动夺取地方政权。北伐开始时，鲍罗廷甚至公开对陈独秀说："现在是共产党应为国民党当苦力的时代"，"我们应将所有的力量帮助并拥护蒋介石的军事独裁"。② 鲍罗廷为中共规定的任务是："应当集中精力在工会和农民当中做工作。共产党人应当知道，蒋介石现在在前线作战，在完成巨大的革命工作，对我们来说没有问题要支持蒋介石。他们应该对北伐完全放心。"③ 进入9月份后，由于蒋介石的反动面目逐渐暴露，再加上唐生智率领的第四、六、七军在湖南、湖北战场上的节节胜利，实力迅速增长，而蒋介石率领的第一、二、三军在江西战场上屡屡失利，威望下降，于是，鲍罗廷为雪耻加紧进行所谓"迎汪抑蒋"（把还在国外的汪精卫接回来）"以唐制蒋"活动。这种活动得到了国民党左派、非蒋系军官及共产党内不少人的支持。

蒋介石鉴于"反蒋迎汪空气异常浓厚"，"自觉自己地位之危险"，派人到上海请陈独秀和维经斯基赴武汉，"请 C.P. 勿赞成汪回"，以"维持他总司令的地位"。执着于民众革命和国民会议运动、光明磊落、书生气十足的陈独秀，不屑于鲍罗廷的谋略，向蒋介石表示中共中央的态度是："我们赞成汪回"，但有三个条件："1. 是汪蒋合作，不是迎汪倒蒋；2. 仍保持

---

① 《共产国际执行委员会远东局使团关于对广州政治关系和党派关系调查结果的报告》，1926年9月12日，《共产国际档案资料丛书》第3辑，第439页。

② 《告全党同志书》，1919年12月10日；《我们的政治意见书》，1929年12月15日；《中共中央文件选集》（5），中共中央党校出版社，1983，第472页。

③ 《共产国际执行委员会远东局委员会与鲍罗廷会议记录》，1926年8月16日，《共产国际档案资料丛书》第3辑，第397~398页。

蒋之军事首领总司令地位，愈加充实蒋之实力，作更远大的发展，决不主张别的军人拥汪以助小军阀倒蒋；3. 不主张推翻整理党务案。"① 对于蒋、唐关系，陈独秀党中央对党内的指示是："我们现时对于蒋、唐的冲突不去助长，也不去消灭，只维持其平衡，在这个平衡中，还可逼他们多做点革命工作。"②

这就把鲍罗廷和中共广东区委原定的在北伐中"来一个我们的三二〇，打倒蒋介石"的设想，完全否定了。陈独秀为什么采取这样的方针，除了莫斯科不允许在北伐胜利声中倒蒋之外，他认为国民党中的其他人并不一定比蒋好，正如他过去一贯反对孙中山北伐取"联甲倒乙"方针一样；另外还想给蒋介石一个回头的机会，因为对于蒋介石这个人，不仅陈独秀，包括全党和共产国际，的确还看不透。而陈独秀的根本思想还是把希望放在共产党和工农的力量上，不论是北伐，还是革命。所以，陈独秀党中央发出一系列指示，向党内进行解释。

9月16日，中共中央发出第十七号通告，指出："迎汪绝不是就要倒蒋，在现时内外情势之下，采取此政策是很危险的：一动摇了北伐的局面，二继蒋之军事首领不见得比蒋好……（我们）主要是要产生一个左派的政纲（对工农政策实施的政纲），为我们与左派合作的基础，……如果蒋能执行左派政纲成为左派，我们亦可不坚持要汪回来。"③ 由此看出，陈独秀对蒋还抱有幻想，反映了他常常动摇和妥协的弱点。

9月17日，中共中央致函广东区委，通报16日中央局与共产国际远东局联席会议的结论：认为北伐后广东政府勾结反动势力摧残工农学革命民众，出路有三：一是迎汪倒蒋；二是汪蒋合作；三是使蒋成一个左派，执行左派政策。第一办法太危险，第三办法进行亦多困难，"比较最好的是取第二办法"。④ 可见，"蒋汪合作"并对蒋介石抱有幻想，是远东局的方针，归根到底是莫斯科的方针，陈独秀不过是奉命执行而已。

9月20日，中共中央做出《对于国民党十月一日扩大会的意见》，揭露蒋介石突然提出迁移国民政府阴谋，企图以军挟政，要求"国民政府当注重各省自治权，各省组织自治政府，打破总司令的委任制度……减少军事独

① 《中央局报告》，1926年9月20日，《中共中央政治报告选辑（1922~1926）》，第78页。
② 《中央局报告》，1926年9月20日，《中共中央政治报告选辑（1922~1926）》，第71~72页。
③ 《中共中央文件选集》（2），第222、223页。
④ 《中共中央文件选集》（2），第225页。

裁倾向"。①

同日发表的《中央局通告》，再次重申"汪蒋合作""蒋唐平衡"，"将军权和党权分开，请汪精卫回粤，党权交与汪精卫"，"仍保持蒋之军事首领总司令地位"；强调："照以上办法，既迎合蒋好大喜功之心，又使他抛弃目前和汪的争持，及各小军阀间的权力或者不至冲突。以蒋现在所处之地位，或能接受我们这个忠告和主张。"通告最后重申陈独秀《论国民政府北伐》的主要意思："1. 北伐只是一种讨伐北洋军阀的军事行动，不能代表中国民族之全部意义。2. 防止投机的军人政客个人权位欲的活动不能因北伐而牺牲民众之自由利益。"②

其实，由于北伐进展顺利，斯大林和鲍罗廷越来越信任蒋介石，所谓的"利用"，变成了"依赖"。因此到 11 月，鲍罗廷及其影响下的苏联军事顾问团团长加伦、中共广东区委和两湖的中共党组织，放弃了当初"以唐制蒋"的策略，改成"扶蒋抑唐"。为此，陈独秀党中央在 9 月 11 日专门致函广东区委，批评他们受了蒋介石的影响，意在"扶蒋抑唐"是"非常之大的错误"。不久即证明，陈独秀的预言是多么的正确，他始终对北伐的胜利保持着清醒的头脑，对蒋介石的用心保持着一定的警惕，虽然在一定时间内还看不清他的真面目。

希望寄托于农民运动

陈独秀把希望放在自己力量基础上（特别是农民运动）的思想，表现在他 10 月 17 日给各级党部的信中：

> 我们现在都已经喊出"从研究小团体到群众的政党"这一口号了；可是怎样才能够走到群众的政党呢？党员数量上的增加，乃是第一个重要问题，当然，同时我们也不应忽略质量上的增加。
> 我们的党，自然以工农党员为柱石，然而除上海、武汉、津唐、香港四个工业区及山东湖南矿工各省路工外，别处多半是苦力及手工工人，近代产业工人实在不多，最大部分的中国领土是农民世界；尤其是广东、

① 《中共中央文件选集》（2），第 225 页。
② 《中共中央文件选集》（2），第 246、247 页。

广西、湖南、湖北、河南、四川、陕西、江西这些省份，都已经有了农民运动，我们的党在这些省份应该喊出一个口号："到农民中去！"

以上我的提议，希望各地各级党部负责同志都能够经过很诚意的考虑而采纳，切勿冷淡的嘲笑我这是一个空想！①

接着在陈独秀给11月5~6日给远东局与中共中央联席会议的材料《陈独秀论农民问题》中，提出："应当号召农民加入国民党队伍，以防止左派向右转，并给它以力量来同右派进行斗争。"②

在这份材料中，陈独秀提出了一个农民运动纲领，其中心内容是"减租减息"、农村政权归农民，带有农村自治的"民主"性质，应该说是比较积极的、温和的、实事求是的。因此，略加修改后，被联席会议通过。

为此，11月中旬，陈独秀党中央还特别成立了"中共中央农民运动委员会"（简称"中央农委"），任命毛泽东为书记，成员有彭湃、阮啸仙、陆沉等七人。农委在汉口设立办事处，指导湘、鄂、赣、豫、川各省农民运动，并开办武昌农民运动讲习所，培训农运干部。11月15日，中央局决议做出了《目前农运计划》，指出："在目前的状况之下，农运发展应取集中的原则。全国除粤省外，应集中在湘、鄂、赣、豫四省发展。次则陕西、四川、广西、福建、安徽、江苏、浙江七省亦应以相当的力量去做"，并具体地指示了各省工作的重点地区与注意事项。③

过去，陈独秀曾被指责为轻视农民的革命性，反对农民运动。这些档案材料充分说明，这种指责是站不住脚的。甚至当时的农民运动领袖毛泽东也是陈独秀党中央培养起来的，陈一开始就把毛泽东放到中央农委书记的位置上。而当时进行农民运动的资历最深、成绩最大的是被誉为"农民大王"的彭湃。联系到中共三大前，陈独秀点名调地方干部毛泽东到中央出任其权力相当于委员长的中央秘书的事实，陈独秀对毛泽东真是"情有独钟"。可以说毛泽东是陈独秀最早相中的"千里马"。陈独秀在大革命后期只是反对毛泽东式的"过火的农民运动"和无法执行的莫斯科极左的农民运动纲领。

---

① 《中央局报告》，1926年9月20日，《中共中央政治报告选辑（1922~1926）》，第132、134页。
② 《共产国际档案资料丛书》第3辑，第611页。
③ 《中国共产党关于农民政纲的草案》，《中共中央政治报告选辑（1922~1926）》，第150页。

以上史实表明，陈独秀在蒋介石独裁势头无法抑制的情势下，加强了共产党领导的工农运动，特别是农民运动。这就出现了蒋介石军事北伐与工农运动竞争的形势。但由于起决定作用的莫斯科站在蒋的一边，注定了共产党工农运动必然失败的命运。

同情陈独秀的维经斯基"引火烧身"

总之，陈独秀反对鲍罗廷、斯大林在上层玩弄政治计谋，主张主要依靠工农进行光明正大的革命运动，保护民众利益。这是他的优点，也是他的缺点。革命也好，战争也好，不应该拒绝计谋。当时斯大林（鲍罗廷）与陈独秀双方都走入了一个误区：把群众运动与上层的斗争割裂开来；他们也不懂得北伐战争与民众运动也是互动的。

如此看来，对待北伐战争和国民革命运动，实际上存在两条路线、四种方法。两条路线是：一条是斯大林和鲍罗廷的路线，依靠蒋介石的单纯的军事北伐路线；另一条是陈独秀和维经斯基（远东局）的路线，在不反对北伐的条件下（因为北伐已经胜利展开），主要依靠工农运动和国民党左派的路线。四种方法是：斯大林的方法是利用（实为依靠）蒋介石到底，打到北京；鲍罗廷看出蒋在打下南昌后有反苏反共倾向，开始在上层倒蒋；维经斯基主要依靠国民党左派和中共，但为保护中共，主张以国民党左派为主；陈独秀在屡次退出国民党、变党内合作为党外联盟的主张被推翻后，反对鲍罗廷的策略，执行远东局的方针，但对国民党左派不太信任，主要以共产党和工农运动的力量为主。就是说，他与远东局之间也有差异。

尽管如此，维经斯基还是比较支持陈独秀党中央的方针。他在 1926 年9 月 22 日和 10 月 22 日两次写信或致电莫斯科，以北伐胜利造成的工农民众受压制、蒋介石军事独裁倾向加强的危机为理由，批评鲍罗廷"三二〇"以来对国民党上层"无条件退让"和"投降"的策略，要求"撤换鲍罗廷"，并准备推动上海工人武装暴动，争取建立"商人和城市民主派（即国民党左派——引者）"的政权，坚决发动农民"反对地主和豪绅"的斗争，并认为只有坚决斗争，"才不会吓跑国民党左派和城市民主派"。①

---

① 《共产国际执行委员会远东局委员给联共（布）驻共产国际执行委员会代表团的信》，1926年 9 月 22 日；《维经斯基给共产国际执行委员会的电报》，1926 年 10 月 22 日；《共产国际档案资料丛书》第 3 辑，第 529、530、588、589 页。

维经斯基的这些信和电报，引起了斯大林的震怒。因为三二〇事件对蒋介石的让步正是斯大林的政策，由此而产生的严重后果，也是斯大林的一块心病，在苏联国内严密封锁，不使其成为联共党内托洛茨基反对派反对斯大林的口实。维经斯基偏偏要触动这块心病，斯大林自然不能容忍。此其一。其二，斯大林被北伐的表面胜利冲昏头脑，认为自己的策略是完全正确和成功的，早在 9 月 23 日，北伐军打到武昌时，他就在度假胜地索契欢呼"汉口将很快成为中国的莫斯科"。① 所以，斯大林先后在 10 月 29 日和 11 月 11 日主持联共政治局会议做出决定，严词拒绝维经斯基的主张和建议，批评他是"左的幻想"，说这种错误会吓倒国民党并"使它向右转结成联盟"；批评他"所建议的加剧反对中国资产阶级和豪绅的斗争，在现阶段为时过早和极其危险"；不准发动上海工人武装暴动；批评发动农村斗争"会削弱国民党的战斗力"。② 1926 年 10 月，共产国际甚至致电中共中央，指示在北伐军占领上海以前，暂时不应当进行土地运动，③ 而这时两湖地区的土地革命正进行得如火如荼。

斯大林这个策略的精神十分明确：在北伐进行中，禁止开展工农群众斗争，特别禁止进行工人夺取政权、农民夺取土地的革命运动，只维护上层资产阶级的联合和政权。这与鲍罗廷推行的策略完全一致。所以，接着联共政治局不仅不撤换鲍罗廷，还给鲍罗廷颁发"红旗勋章"，进而改组远东局，维经斯基被撤职，并置远东局于鲍罗廷领导之下。④

这样，就使陈独秀为首的党中央在北伐中的路线与莫斯科所要推行的路线发生严重冲突，而胳膊扭不过大腿，陈独秀自然处于十分困难的境地。关于这一点，维经斯基在下台前曾有深切的体会。

三二〇事件后，由于莫斯科认为事件是中共推行"左"倾路线造成的，陈独秀又多次提出退出国民党的主张，破坏莫斯科的基本路线，直接威胁到苏俄在中国追求的利益。所以，在事件后，莫斯科采取了一系列措施加强对中共的控制。

---

① 《斯大林给莫洛托夫的信》，1926 年 9 月 23 日，《共产国际档案资料丛书》第 3 辑，第 537 页。

② 以上两个决定，分别见《共产国际档案资料丛书》第 3 辑，第 604、623 页。

③ 《斯大林全集》第 10 卷，人民出版社，1954，第 17 页。

④ 《联共（布）中央政治局会议第 90 号（特字第 68 号）记录》，1927 年 3 月 10 日，《共产国际档案资料丛书》第 4 辑，第 151 页。

第一，进一步强调中国革命必须服从苏联的利益，用布勃诺夫的话说：对中共，特别是"对广州要给予更多的注意，把对它的领导工作与我们在全中国的政策结合起来"。①

第二，在上海成立共产国际远东局。陈独秀代表中共中央参加远东局，远东局主席维经斯基则参加中共中央和它的日常工作。中共代表"应定期向远东局报告中央工作，必要时还应就主要的政治问题同远东局预先进行协商"②。

这就意味着中共中央的任何重大决策和行动，必须经过远东局批准，而远东局必须请示莫斯科。如此实行仅一个月后，远东局的工作报告承认：对中共中央"我们远东局起了领导作用"，"变成中国党的第二个中央，取代实际上的中央委员会，从而破坏党的正常发展"；还发生"不经党中央的事先决定就派俄国同志到党的地方组织工作"的情况。这样的文字似乎是在做检讨，但并不想改，所以远东局三个月工作总结还得意地说：中共中央"政治生活和活动中没有一个问题不是在远东局俄国同志的参与下解决的"；"我们还要监督中共的军事工作"。③

但是，他们很快认识到"中国的局势复杂，远东局……胜任不了它所肩负的任务"。他们发现陈独秀在1926年7月召开的中共中央扩大会议上的总结报告，有三点使他们"感到惊讶"。其中第一点，陈把"与左倾军阀勾结在一起的民族资产阶级争夺领导权的斗争"，当作"时局的基本特点"，而不是像他们和莫斯科那样"满足于对个别问题的回答"（即就事论事，甚至颠倒黑白地说蒋介石的挑衅是中共的"左"倾错误引起的）。这表明陈独秀在某些问题上比远东局高明，看到了斗争的实质是争夺领导权。由此，他们甚至说莫斯科对中国情况"知之甚少"，自以为可以"在莫斯科领导远东的工作也是十分错误的"。④

越俎代庖，不尊重中国共产党，由此导致的后果反而教育了远东局的一些领导人认识到莫斯科的路线有问题。特别是当时任远东局书记的维经斯

---

① 《布勃诺夫使团的总的结论和具体建议》，1920年5月27日，《共产国际档案资料丛书》第3辑，第258页。

② 《共产国际执行委员会远东局俄国代表团会议第1号记录》，1926年6月19日于上海，《共产国际档案资料丛书》第3辑，第305页。

③ 《远东局的工作报告》，1926年6月18日至7月18日，《共产国际档案资料丛书》第3辑，第350、352~354页。

④ 《拉菲斯关于共产国际执行委员会远东局工作的报告》，1926年12月14日，《共产国际档案资料丛书》第4辑，第41、50页。

基，一直比较同情中共的困难处境，一度支持陈独秀退出国民党和变党内合作为党外联合的主张。他认为"九二八指示"代表的莫斯科新路线，对于中共来说，存在自相矛盾的致命弱点。他给共产国际执委会写信抱怨说：既要保持共产党的独立性，又要事事迁就国民党；既要领导国民党，争取革命领导权，又不能担任国民党党政军的领导职务；"要实行领导但不能变成指挥、由自己（共产党人）取代国民党人，这是特别困难的"；"必须发展农民运动但同时又不破坏与国民党的统一战线"；国民党"使用一些军事领袖，而且也被这些领袖利用"，以致国共合作本来是要"使民主发展倾向取得胜利"，实际却在走向军事独裁。

对此，维经斯基感叹道："中国的解放斗争是多么的与众不同，在这种斗争中保持真正的革命策略又是多么的困难，一方面要冒陷入机会主义的危险，另一方面又要冒过左和破坏必要的民族革命统一战线的危险"；了解了这些，"那么就会明白，中共需要在何等令人难以置信的矛盾条件下进行工作"。①

维经斯基当时已经是一个得到过列宁赞赏的久经考验的老布尔什维克。他在中国工作几年后，竟有如此的认识和感慨，那么，对于十分幼弱而又缺乏革命经验的中国共产党和陈独秀来说，执行这样一条自相矛盾的莫斯科路线，将会遇到怎样难以克服的困难，就可想而知了。

但是，陈独秀生来就具有挑战困难和顽敌的品性，从北伐军打到杭州开始，中共中央连续领导上海工人举行了三次武装暴动，一方面固然是为了配合北伐军的胜利进军，另一方面则更有抵制莫斯科、依靠自己力量革命之意；而第二、第三次武装暴动，更是为了抵制蒋介石到上海反共的图谋。因为这时，他已经基本上看清了蒋介石的反共面目。

1926 年 9 月 1 日，北上的北伐军攻克汉口后，挥师东进，攻入江西，与在福建作战的北伐军同伐孙传芳部队。孙两面受敌，抽调各方主力投入江西战场。上海防务空虚。同时，10 月 16 日又传来浙江省长夏超宣布独立，并率部向上海进发。上海以虞洽卿为代表的大资产阶级因与孙有矛盾（孙曾取消虞的上海商务帮办、上海总商会会长等职）。"所以虞极反孙"，极希望共产党帮助其"取得上海政权"。② 曾在孙中山时期策划过武装起义的国

---

① 参见《维经斯基给联共（布）驻共产国际执行委员会代表团的信》，1926 年 11 月 6 日于上海，《共产国际档案资料丛书》第 3 辑，第 617 ~ 619 页。

② 《中央政治通信》，1926 年 9 月 15 日，中央档案馆藏。

民党上海军事特派员钮永建活跃起来，"要工人帮助他，听他的号令起来动作"，答应暴动成功后"保护工人"。① 由中共上海区委出面，组织上海工人第一次武装暴动。1983 年公布的档案材料说：中共中央和上海区委决定这次暴动"以商界（虞洽卿为代表的上海总商会——引者）为主体"，"以国民党的钮永建和吴稚晖（中央监察委员——引者）二人为主力"；在未来的市政府中"不反对资产阶级为市民取得政权"，无产阶级"不拿政权"；"我们只须有人参加，不必要重要的地位，我们的目的只在取得民众之集会、结社、言论、出版之自由。"② 当时钮永建号称有 1000 人（实际只有 100 余人），上海工人纠察队也只有 200 多人。

这说明当时的陈独秀和中国共产党是多么的幼稚。以如此的实力，何以夺取上海这样的大城市？民众的自由是靠民众政权保障的，何以由资产阶级政权所恩赐？

结果，10 月 23 日，上海工人仓促举行第一次武装暴动。当天就因夏超部队被孙军击败、钮永建及其联系的起义部队临阵动摇，使工人陷于孤军作战而失败。于是，传统观点又给陈独秀加上一条"放弃革命领导权"的罪状。其实，正如上述在暴动前一天（10 月 22 日）维经斯基给莫斯科的电报所言，这次暴动把领导权让给资产阶级国民党、建立资产阶级为主体的政权，正是远东局定的方针。陈独秀只是在上海区委会议上传达了这个方针而已。维经斯基的电报称："南方军队最近取得的胜利使孙（传芳）开始崩溃……反孙斗争正在上海广泛展开，12 个月前采取的在争取商人和城市民主派自治的旗帜下将孙逐出上海的方针，实践证明是正确的。不排除在最近几天内成立由商人和国民党组成的、主张正式或非正式承认国民政府的政权委员会。"③

维经斯基反对鲍罗廷在上层"玩弄权术"，而主张依靠国民党左派为主，加上共产党和工农的力量制蒋。殊不知国民党左派十分软弱，所以，他及远东局的策略就夹在莫斯科与中共之间，力图在两者之间寻找平衡，而

① 《上海自治市的运动计划》，1926 年 10 月 17 日，《教育杂志》（伪装本），中共上海区委油印刊物。
② 《中共上海区委召开活动分子会议记录》，1926 年 10 月 26 日；《中共上海区委政治部政治宣传大纲》，1926 年 10 月 19 日；上海市档案馆编《上海工人三次武装起义》，上海人民出版社，1983，第 55、31 页。
③ 《共产国际档案资料丛书》第 3 辑，第 588 页。

结果往往徒劳，不得不服从莫斯科，同时又同情并说服陈独秀党中央执行莫斯科的路线。

上述莫斯科对维经斯基的批评和惩罚，首先是在上海工人第一次暴动失败后做出的。由于他最早看出了"利用蒋介石的策略反被蒋所利用的危险"，并进行了一定程度的抵制，所以，他首先遭到整肃。大革命后期，特别是武汉时期，他实际上成了一个多余的人，实权掌握在鲍罗廷和罗易手中。

一再提示警惕蒋介石要反共

第一次暴动失败后第二天，中共上海区委就总结经验，区委书记罗亦农说："这次我们认识资产阶级毫无力量，不要把他们力量看大。以后上海的运动，应很坚决的认定只有工人阶级可以主动，否则一无所有。以后特别要认定自己为一切的中心"，"以自己为主体"。① 这个方针成了陈独秀党中央指导以后两次暴动的指导思想。远东局在事实教训面前，也不得不违背莫斯科指示，默认这个方针，放弃让资产阶级国民党领导暴动和掌握政权的计划。

北伐的形势发展很快。但是，随着东路军的胜利进军，蒋介石的反共面目也明显地暴露出来。1927 年初，他公然违抗国民党中央迁都武汉的决定，扣留路过南昌（总司令部所在地）的中央委员和国民政府领导人，要求迁都南昌，以实现他以军制党的个人独裁，制造了一场迁都之争，在中共、鲍罗廷和宋庆龄等国民党左派人士的坚决反击下，蒋败，但革命阵营的分裂公开化了，各种反动势力都朝蒋走来。蒋与帝国主义（特别是日本）、以上海为中心的江浙地区大资产阶级势力甚至与奉系军阀公开联络，相互勾结。2月 21 日，他在南昌行营举行的总理纪念周上发表演说，公开叫嚷要"制裁"共产党，驱逐鲍罗廷，推翻三大政策，并且唆使党徒杀害江西省总工会副委员长陈赞贤，解散工农组织，杀出反共第一刀。接着，从九江、安庆，在北伐的同时，一路反共，杀到上海。

陈独秀等共产党人见此情形，怒不可遏，连续发表文章进行揭露和

---

① 《中共上海区委各部书记临时联席会议记录》，1926 年 10 月 25 日，《上海工人三次武装起义》，第 48 页。

批判。

1月21日，陈独秀借纪念列宁逝世三周年发表文章，对蒋介石与各方反动势力勾结和革命形势的危急做了充分的揭露：

> "革命的中国！"列宁若到现在还活着，必然这样欢呼。可是这里有一个严重问题，即是：在革命的中国是否也会走到一种历史的时期……一方面因惧怕工农阶级及其政党的势力渐渐增长，一方面为帝国主义和国内黑暗势力投机分子和平空气所诱惑，遂至回头和国内外黑暗、反动、右倾、一切不前进的势力联合起来，向前进的工农群众进攻……以回复到不革命的中国，甚至造成反革命的中国？

接着，他列举了报上刊登的帝国主义者、奉系军阀、安福系、上海的买办阶级等所说的引诱蒋介石反共反苏的话语和给予的一系列互利互惠的条件，惊问（实问蒋介石）："国民党领袖们将如何选择？接受国内外黑暗反动派离散削弱南方革命势力的提议呢，还是继续中山先生的革命政策？"进而又说：

> 现在国民党很危险的试验时期又到了！所谓稳健派（自有中山先生革命运动以来，稳健派这个佳名，即反对革命者之称），即是反俄、反共、反工农运动之右倾分子，是否占多数于国民党，是否不受敌人软化而与之握手提携？这不独是国民党的政治生命所关，并且中国革命前途是否会因此中遭顿挫！①

过去中外学者在批判斯大林时，都说只有托洛茨基在蒋介石发动四一二政变前提出过警告，斯大林被北伐的胜利冲昏头脑，听不进去！以上证明，比托洛茨基早三个月，陈独秀已经用十分明白的语言，发出了这个警告。

2月16日，陈独秀又以"实"为笔名发表文章不指名地批判蒋介石"和军阀妥协便是间接和帝国主义妥协"，呼吁人们："留心着，果有谁敢经过日本帝国主义之拉拢，而与北方军阀妥协，以葬送革命！"② 同期又以

---

① 《列宁逝世三周年纪念中之中国革命运动》，《向导》第184期，1927年1月21日。
② 《是谁愿与北方军阀妥协》，《向导》第188期，1927年2月16日。陈独秀原名实庵。

"独秀"发表《张作霖宣言之解剖》，以张作霖声称"余之起兵，非仇抗任何党派，而专为剿灭过激主义，舍过激党外，皆有商量之余地"之宣言，呼应上文指出：张作霖"若只望拿宣言勾结某一部分人，增加他的声势，这也是枉然的事；因为谁和他勾结，谁就变成了反革命而失败"。①

3月12日，针对蒋介石2月21日在南昌总部第十四次总理纪念周上的演讲，陈独秀又发表文章指出：凡是一个民主主义党的领袖或民主主义政府的领袖，对民众发表意见，照例都称我们，决不称我，这是表示非个人专政的意思。若说我主张如何如何，反对如何如何，时常"我"呀"我"的大喊，这在党便是"我即党"，在政府便是表示"朕即国家"，这些口气乃是"个人独裁之自然流露"。②

3月18日，陈独秀发表题为《评蒋介石三月七日之演讲》一文，直接在标题中点蒋介石的名，警告蒋介石："若忽然为日本帝国主义所诱惑，与垂危的奉天军阀谋妥协，以延其残喘，使肃清军阀的大业功败垂成，这岂非革命史上一大错误，并且是一大污点！"要求蒋介石立刻在言论上在行动上，证明所谓南北妥协共同反赤的确是日本帝国主义造谣煽惑、破坏中国革命的阴谋。③

正是在这样的背景下，1927年2月，北伐军打进浙江省时，中共中央决定既不想完全让北伐军攻占上海，也不等到北伐军攻打上海时扮演配角帮助拿下上海，而是抢在北伐军攻占上海前，亲自领导上海工人武装暴动；所以，暴动目的宣传上是配合北伐，实际相反，主要是反蒋，与蒋争夺上海市政权。这充分表明，陈独秀党中央已经完全认清蒋的反共真面目，不再对他抱有幻想。正如上海区委书记罗亦农在1月25日传达中央指示时所说："上海为财源之地，北伐军如果一来，必将勾结资产阶级，也许蒋介石到上海后，就正式攻击C. P.，而爆发直接冲突。"④ 2月16日，在区委第一次全体会议上讨论举行第二次工人暴动时，区委组织部长赵世炎（又称"士炎"）强调了这次暴动"革命的前途""反蒋"的性质，按照"中央及国际报告"大纲，要有系统地做好宣传工作。他又说：中央"要我们赶快做反英运动"；"现在蒋介石要来，我们如无运动，他必与帝（国）主（义）妥协"。

---

① 《向导》第188期，1927年2月16日。
② 《我即党与朕即国家》，《向导》第191期，1927年3月12日。
③ 《向导》第192期，1927年3月18日。
④ 《中共上海区委会议记录》，1927年1月25日，上海市档案馆藏。

会议决定："要有一个工人为主的武装暴动"；"现在局面很紧，我们要赶快准备，表示民众力量"；"我们现在要给民众知道，蒋实反革命，说北伐军、国民政府很好，而蒋不好，再将蒋之罪状宣布，特别是工人群众。宣传时，只用口头不用文字"。①

第二天上海区委发出的秘书处《通讯》第十一号，更是明确指出："现时蒋介石已成为右派反动势力的中心，我们在各地应即刻开始作反蒋宣传"，并且列数了蒋介石的九大罪状。②

因为当时北伐表面上还在胜利进行，蒋又是总司令，所以反蒋斗争必须讲究策略。"只用口头不用文字"，或用文字时，也只揭露事实，不予声讨。这是陈独秀提出的方针，他本人发表的以上文章就是这样处理的，即使点到蒋的名字也是只讲事实或客观反映报纸上的报道。

所以，陈独秀中共中央和上海区委在 1927 年 1 月、2 月，已经开始反蒋运动。与鲍罗廷及武汉不同的是，上海是依靠工农民众的力量，而武汉是依靠上层。

但是，由于武汉国民党上层实际控制在软弱无力的所谓"国民党左派"手中，他们没有采取什么有效措施防止蒋介石向反共独裁方向发展。所以，陈独秀党中央在 3 月 13 日直接致函国民党中央，指出："中国国民革命之主要目的，自然是反对帝国主义对于中国之统治及其在中国的基本势力。"打倒军阀"为达到此主要目的所必需的手段"。接着责问武汉为什么不反蒋：一月以来，"南北妥协共同反赤"之声，声浪喧腾于中外报章……且有"蒋介石……现在与国民党旧人及中立各派密商反赤，即以反赤名义与北方携手……蒋之联北计划现甚积极，已请人提出条件"之说，介石同志对于此等流言，不但不曾有一语声辩，而且在南昌总部第十四次纪念周演讲中，竟谩骂武汉的左派为败类，要制裁左派，要制裁共产党，预言共产党将要失败，自称有干涉和制裁共产党的责任及其权力，这似乎是表示接受了日本帝国主义和奉天军阀的提议，因此英、日帝国主义的报纸，都一致极口称赞他的这篇演讲。此事若系介石同志个人行动，一经贵党最高权力机关明白制裁，则介石同志当未便一意孤行……倘系贵党多数之意思，则事态便十分严

① 《中共上海区委第一次全体会议记录》，1927 年 2 月 16 日，《上海工人三次武装起义》，第 115、118 页。
② 《中共上海区委秘书处通讯》第 11 号，1927 年 2 月 17 日，《上海工人三次武装起义》，第 121~122 页。

重了。本党为革命前途成败计，不得不具函请教于贵党者。①

此函表明，陈独秀不仅对蒋介石不再抱有幻想，而且对武汉国民党和国民政府也不抱希望了。这就促使他下决心以中共中央的名义，不顾莫斯科的态度，在身边的远东局的默认下，独立领导上海工人武装暴动。

19 日至 23 日，中共发动了上海工人第二次武装暴动，但是，仍由上海区委出面组织，由于缺乏经验，没有在总同盟罢工后立即转入武装暴动，给敌人留有时间调集力量，结果又被镇压。工人被迫在 24 日复工。

在这次暴动期间，中共曾提出"召集上海市民代表会，组织'上海市民临时革命政府'"的口号。但是当罗亦农、汪寿华（上海总工会委员长）与吴稚晖商量时，吴竟认为共产党在上海成立"工人专政的政府"，"乃无意与国民党合作"，"提出抗议"。罗亦农等解释此委员会仅为对付军事，吴才勉强同意。同时，23 日，陈独秀亲自致函吴稚晖，驳斥右派散布的"西披（中共）要在上海成立工人政府"的谣言，望吴"万勿轻信"；称"西披分子多出力，这是革命者应尽之义务"，"西披绝无与国民党分离之意，谁愿分离，便是谁不忠于革命"。②

同日，共产党不屈不挠，不达目的誓不罢休，为了再发动第三次暴动，陈独秀亲自参加中共中央与上海区委的联席会议，决定由上海总工会发布复工令，扩大武装组织，准备再次暴动。会议还决定成立指导第三次武装暴动的"特别委员会"，简称"特委"，由陈独秀、罗亦农、赵世炎、尹宽、彭述之、周恩来等八位优秀的中共领导人组成。这就坚定地表示了中共亲自掌握这次暴动领导权的决心。

与瞿秋白的分歧

但是，在暴动胜利后建立什么样的政权问题上，陈独秀始终不敢提建立无产阶级专政的政权，从而与瞿秋白发生尖锐的对立。事情的经过是这样的。

早在二月中旬，第二次暴动前夕，上海区委动员暴动的活动分子召开会

① 《中共中央文件选集》（3），第 25～27 页。
② 罗家伦、黄季陆主编《吴稚晖先生全集》，第 9 卷，台北：中国国民党中央委员会党史史料编纂委员会，1969，第 877 页。

议，瞿秋白要求参加会议，陈独秀主持中央会议决定则让彭述之而非瞿参加。彭代表陈独秀党中央在活动分子会议上做报告时，没有提出"工人夺取政权"的口号。瞿秋白知道后，提出一个新的暴动提案，指出了彭的错误，提出工人应参加市政府选举及联合小资产阶级、反对大资产阶级。陈独秀和彭述之深感工人及中共力量之不足，并担心国共合作局面的破裂（这在当时的远东局和莫斯科都是不允许的），因此拒绝了瞿秋白的提案。他们的意思是，中共可以领导暴动，参加新政权，但只能建立与资产阶级国民党的联合政权，不能建立无产阶级专政（或领导），不能排挤资产阶级甚至大资产阶级的代表。

按照当时中国社会发展阶段和各阶级力量对比，以及共产党自身的力量状况，陈独秀的这种思想是比较实事求是的。但是，在当时革命高潮时期思想"左"倾化的氛围中，这种思想容易被视为"右倾"。

瞿秋白是要把上海暴动引向苏联十月无产阶级革命的模式。所以，他在1923年批评过陈独秀。这时在他写了《上海"二·二二"暴动后之政策及工作计划意见书》，严厉指责党在"二暴"中的错误策略"简直客观上是卖阶级的策略"，即没有竭力鼓励工人阶级"武装斗争的意志，指明其夺取参政权之目的"。[1]

但是，他不敢直接批评当时有崇高威望的"老头子"陈独秀，只敢批评紧跟陈独秀的党内第二把手彭述之。因为，他写了《意见书》后就离沪去武汉，埋头撰写长篇文章《中国革命中之争论问题》，又名《第三国际还是第零国际——中国革命中之孟什维克主义》，批评"彭述之主义"，实际上批评1923年以来的陈独秀为首的党中央及国际代表维经斯基推行的"二次革命论"、放弃国民革命中的领导权等错误。所以，瞿秋白没有参加上海工人的第三次暴动。

他的这篇长文章在4月中武汉召开的中共五大上散发。瞿秋白的主张和行动，为中共五大前后莫斯科寻找陈独秀的替代者、五大后陈独秀实际靠边站和最后把大革命的失败归罪于陈独秀，客观上提供了炮弹。

说是"客观"上，是因为瞿当时不了解真情，并不想陷害陈独秀，只是他的"左"倾思想被莫斯科利用了。

---

[1] 瞿秋白：《上海"二·二二"暴动后之政策及工作计划意见书》，1927年2月24日，《上海工人三次武装起义》，第155页。

实际上，在他离开上海后，陈独秀党中央在总结"二暴"失败教训后，接受了他的批评，拒绝莫斯科"不准暴动"的指令，独立自主地根据当时的形势，领导"三暴"取得了胜利。

早在1926年11月11日，即莫斯科接到维经斯基报告，远东局支持中共中央准备进行第二次工人武装暴动时，斯大林主持的联共政治局会议就做出决定："远东局对诸如在上海和南京发动武装起义的问题所持的轻率态度是不能容忍的"；"对远东局在上述问题上所犯的错误提出警告"。①

这个决定表明：莫斯科仍坚持10月29日斯大林主持的政治局会议决定给维经斯基信中的立场："广州胜利后形成的局势不应造成左的幻想"；"既然是指依靠广州和浙江的军队来成立由国民党和商人组成的政权委员会（指上海工人第一次暴动时，远东局的设想——引者），那这是合适的，但要靠武装的工人的力量在上海发动政变就有可能使上海无产阶级的积极分子淹没在血泊之中。需要小心谨慎"。②

看来，莫斯科担心的是上海暴动失败于统治上海的奉鲁联军旧军阀，而不是暴动成功后的中共和工人群众淹没在蒋介石屠杀的"血泊之中"。这就是远在莫斯科的指挥者与身处上海复杂局势中的中共中央不同的感受和对策。不过，今天看起来，不管是失败于旧军阀，还是蒋介石，对于中共和工人来说都是一样的，都要付出高昂的代价，从而为中共以后走农村发展的道路和用正规军夺取政权，取得沉痛的教训。

在瞿秋白与陈独秀、彭述之发生分歧同时，莫斯科的驻华代表和共产国际远东局之间也发生了更严重的分裂。3月17日，在第三次上海工人武装暴动前夕，青年国际驻华代表N.那桑诺夫、共产国际远东部成员（负责指导中国共青团）N.福金、共产国际联络部驻华代表A.阿尔勃雷脱三人给联共中央写了一封很长的信。信中详细检讨了"最近几个月来发生的事变"，特别是第一次、第二次上海暴动的失败，宣称："最后使我们相信了中国共产党目前的领导机关是不能实行坚定的共产主义政策的……在党的领导机关中有一个派别，它决心要将党推向右倾，走上取消的道路，同时这一派别及其政策又受着共产国际执委会的代表（指维经斯基——引者）的支

---

① 《联共（布）中央政治局会议第67号（特字号第50号）记录》，《共产国际档案资料丛书》第3辑，第623页。

② 《联共（布）中央政治局会议第65号（特字号第48号）记录》，《共产国际档案资料丛书》第3辑，第604页。

持……如果共产国际执行委员会不立即加以干涉，则它对于党及中国革命，都会发生严重后果"。该信认为错误和危机的总根源是：中国党的领袖们"仍旧以为：既然中国革命是一次资产阶级革命，则由此人们只能期待得到一些民主的自由权与经济状况中的一些微细的改善。他们不相信中国革命发展的社会主义道路。"

这就表明，这三个人是站在把中国革命看成"社会主义革命"的立场上来考察国民革命的，与瞿秋白的观点完全一致。信中例数了陈独秀党中央在维经斯基支持下推行"孟什维克机会主义"的一系列错误："害怕群众运动"，"反对土地革命"，"在北伐军占领区不发动工人罢工"，"反对武装工农"，"反对共产党员和工农分子参加军队"，等等，总之是在党政军内不进行"无产阶级为夺取中国革命中领导权的斗争"。因此，他们认为中国革命处于危机之中，宣称中共党的领导"只能领导党与工人阶级走向失败与投降"。

其实，这些"错误"都是维经斯基和陈独秀党中央忠实执行斯大林为首的联共中央和共产国际以前一年"九二八"为主要内容的路线、方针、政策的结果。信中开出挽救这个危机的唯一方法是撤换维经斯基。

"中央委员会本身现在实际上由三个人组成的，彭述之代表右派，瞿秋白代表左派，'老头子'（指陈独秀——引者）代表中派。我们都相信，假使能使彭述之与伍廷康（即维经斯基——引者）孤立起来，放些新鲜空气进中央委员会，弄一些工人进去，那么这个'老头子'，虽然有其一些缺点，却是比伍廷康同志高强得多的一个人；他享有巨大的威望，能够继续成为党的领袖之一。"①

这三个人对中国革命的观点，与正在猛烈批判斯大林的托洛茨基的观点不谋而合。所以，那桑诺夫立即被召回国，另外两位也在后来的肃反运动中被处死。但是，他们反映的情况，特别是莫斯科与维经斯基、陈独秀与维经斯基之间的关系与差别，是比较客观公道的。在许多重大问题上，陈独秀是有保留的，但又不得不服从。

莫斯科显然十分重视这封信，不仅立即派来了罗易这位更有权力的代表接替维经斯基，而且派来一个"审查小组"，审查每一个中共中央干部，逐个找他们谈话，企图在中共五大上撤换陈独秀。结果正如这封信中所说，由

---

① 《上海来信》，托洛茨基：《中国革命问题》，春燕出版社，1947，第140页。

于"他享有巨大的威望"没有找到替代他的人,只得维持陈独秀总书记的地位。这是后话了。

其实,被信中斥责为犯了右倾错误的陈独秀、彭述之、罗亦农也在总结经验,探索独立领导革命的正确道路,特别是吸取两次上海暴动的教训。于是,陈独秀迅速转向"左"倾并领导起上海工人的第三次暴动。

十　大革命中的奋斗与无奈（中·1927）

筹备上海工人第三次暴动

从 1927 年 2 月 23 日上海工人"二暴"失败当天成立陈独秀为首的领导第三次暴动的"特别委员会"起，至上海工人第三次暴动成功后的 3 月 30 日，特委会开会共 31 次，陈独秀参加了 30 次，而且在会上都有重要发言，重大决策都由他拍板决定。虽然因在革命高潮中，有的决定带有"左"的色彩，但由于身处在第一线，对复杂多变又险恶的形势估计，采取的决策和策略，陈独秀有正确的，也有失误，但与莫斯科基本错误的指导方针形成鲜明对比。

2 月 24 日，中共中央发表《告上海工友书》，指出这次罢工"是中国工人阶级直接反抗封建军阀的第一次伟大的政治斗争"，"可惜上海的小资产阶级及其他被压迫民众太软弱没有决心"，致使工人"孤军深入"；但"这次罢工中主要的缺点是没有武装准备，没有准备武装暴动的决心"；号召上海工人加紧团结，扩大组织，准备武装，向新的斗争中去。①

当日晚，他在特委会议上，再次总结第二次暴动经验，准备第三次暴动时，又提出重要意见，强调"军事运动，目标要集中，不要散漫"；"集中浦东，因浦东码头工人及流氓都可训练"；浦东军队较少，"容易夺取武装"；一再强调武器来源是"夺取武装"，"要造成工人群众夺取武装的野心"。陈还指示党务工作"要尽量发展新同志，不好的淘汰掉。部委与工会

---

① 《中国共产党为上海总同盟罢工告上海工友书》，《上海工人三次武装起义》，第 146、147 页。

方面缺少工作人才，现要重新分配"；人才来源于"支部中之工作努力者"及"新的工人领袖之失业者"。①

陈独秀为什么如此强调工人"夺取武装"？因为莫斯科反对工人暴动，不给武器或购买武器的经费。早在 1 月 21 日维经斯基给联共（布）驻共产国际执行委员会代表团的信中，就莫斯科帮助解决这个问题写道："关于武装城市工人的问题情况很不好，因为没有武器，也无从获得武器。"甚至在武汉也是这样，"工人们将请求政府给以武器以保卫革命和国民政府，几乎没有希望从政府手中得到武器"。②但是，莫斯科只热衷于给蒋介石的北伐军武器和经费，对共产党的要求不予理睬。陈独秀在特委会上讲话后的第二天，即 2 月 25 日，共产国际执委会联络部驻中国代表阿尔布列斯特在给共产国际执行委员会书记皮亚特尼斯基的信中，更是急切呼吁：上海革命形势"非常好"，工人还"将举行罢工、示威游行，这场罢工也许是起义的信号"，但是，"没有钱。急需钱。有 5 万元就可以买到武器、手榴弹等，可是没有钱"；"几乎没有武器。这更糟"。③本来，在前一天的联共政治局会议上，斯大林亲自签署做出决定："拨给上海的同志 10 万卢布"，但不到 10 天，即 3 月 3 日，中共中央准备发动第三次暴动时，莫斯科又撤销了这个决定。为什么出尔反尔？政治局会议记录上没有记载，但显然是因为得到了第二次暴动失败又要举行第三次暴动的消息和需要购买武器的要求。莫斯科以此再次表示反对中共继续举行暴动。因为在这次政治局会议上，还同时做出一个决定："必须提请一切忠于革命的工作人员注意，目前中国革命由于阶级力量的重新组合和帝国主义军队的集结，正经历一个危机时期，只有坚定不移地实行开展群众运动的方针才能使革命取得进一步的胜利。否则革命就会受到巨大威胁。"④这就是让赤手空拳的"群众运动"去对付"帝国主义军队的集结"。正是这样，使得陈独秀党中央不得不让工人自己千方百计地去夺取武器，在 25 日、26 日的特委会议上，陈独秀甚至说：不要占机关，

---

① 《特委会议记录》，1924 年 2 月 24 日晚，《上海工人三次武装起义》，第 148～153 页。
② 《维经斯基给联共（布）驻共产国际执行委员会代表团的信》，1927 年 1 月 21 日，《共产国际档案资料丛书》第 4 辑，第 96 页。
③ 《阿尔布列赫特给皮亚特尼斯基的信》，1927 年 2 月 25 日，《共产国际档案资料丛书》第 4 辑，第 128～129 页。
④ 《联共（布）中央政治局会议 88 号（特字号第 66 号）记录》，1927 年 2 月 24 日；《联共（布）中央政治局秘密会议第 89 号（特字号第 67 号）记录》，《共产国际档案资料丛书》第 4 辑，第 123、136 页。

因我们无甚实力。"但兵工厂关系重要，仍要想法夺取"；"至于夺取武装，可以无论是警察的、兵士的，一支二支都夺取"。

这时，陈独秀考虑的另一个重要问题是暴动成功和北伐军进上海后的政权问题。

上述 2 月 24 日发表的中共中央发表《告上海工友》指出："成立工人代表会议，参加市政府，建立民主政权。"第二天发表的《告民众书》又指出："由市民公会召集全上海市民代表大会，一切权力归市民大会，实现国民政府之北伐目的——市民会议政纲。"①

可见，这时的陈独秀党中央还是要建立"民主政权"，工人代表只是这个政权中的一部分，绝不是"无产阶级专政"。这就必然要与蒋介石发生冲突，因为蒋要的是独裁政权。不幸的是，他只知道在上海举行一次巴黎公社和十月革命式的革命，不知道当时中国怎么可能维持一个上海孤立的"民主政权"！

陈独秀怎样实现他的目标呢？在 2 月 28 日的特委会上，他提出："国民党江苏省党部改选，因吴稚晖担心 C. P. 太多"，"我们可以申明，并不要'五雀六燕'，我们就以名单先要他圈定"；"可以明明（白）告诉他，要三个人（三分之一），可提出名单"；"北伐军来后，最重要的问题，即为市政府问题。我们要群众的，而他们必是要领袖的。我们要选举的，而他们要委任的。此为重要争点。我们应赶快做代表选举的工作。我意在名词上要改为民选市民政府，使民众格外明了。我们要在北伐军到来前，造成很浓厚的民选空气，预先选好，然后与他们讨论名单，结果就成为民选政府"。② 关于共产党在这个政府中的作用，赵世炎在 3 月 6 日的一次会议上有进一步的阐述："我们要参加政权，不是派代表参加政府就完事了，必须要在政治思想上拿住群众。在政府中力争民众的利益，在民众中要有不断的公开宣传 C. P. 的政治主张。"③

这个民选政府的方案是在上海的共产国际远东局同意的，或者说是他们建议的。早在 2 月 18 日即第二次暴动前，国际代表就提出，在忠于蒋介石的部队到达上海之前，建立保证无产阶级领导的革命政权，用以抵制广州军

① 《中国共产党为上海总同盟告民众书》，《上海工人三次武装起义》，第 167 页
② 《上海工人三次武装起义》，第 219～227 页。
③ 《中共上海区委各部委各产总联席会议记录》，《上海工人三次武装起义》，第 289 页。

队指挥人员的右倾，深入开展革命运动，促进国民政府的进一步革命化，并称这一政权"完全有可能和必要按照苏维埃制度建立起称之为'人民代表会议'的政权，基本上采取苏维埃制度"。① 这个建议在 2 月 25 日阿尔布列赫给莫斯科的信中得到了进一步证实，说他们远东局的几个人，在"前一天（即根本不知道会发生罢工的时候）"，与中国同志"讨论了鉴于事态的发展是否有必要提出关于建立由工厂工人、企业职员、大学生、小商人及其他居民阶层直接选举产生的人民革命政权问题。这一建议的目的是：（1）通过对这次选举的广泛鼓动可以调动最广大劳动群众的积极性；（2）通过这个办法可以在中国最大工业城市中把中国的革命运动引上新的道路，即不是几个领袖和上层阶层同将军们搞阴谋勾当，而实际提出关于工人、农民、手工业者和小资产阶级在共产党和国民党左派领导下实行民主专政并实现工人阶级的领导权的问题"。② 但是，这个建议因暴动很快失败而没有被采纳。陈独秀和中共上海区委准备第三次暴动时，接受了这个建议。2 月 25 日上海区委发布《告同志书》称："我们应该乘孙传芳的势力根本动摇之际，举行一次总同盟罢工，集中工人阶级的势力，催促孙传芳势力之根本覆灭，取得政治的领导地位，并夺取相当的武装。如此，北伐军来后，工人阶级的势力已表现并树立起来，我们自可在政治上占得相当的地位，引导一般民众参加政权，防止国民党新右派之反动。"③

所以，中共为什么不等北伐军打进上海就进行暴动，与其说是针对当时统治上海的北洋军阀，不如说主要是针对将要来的国民党新军阀蒋介石。陈独秀的思想很清楚：一是要用武装工人对抗即将进上海的北伐军，二是用民选市民政府对抗蒋介石的独裁政府。

作为手中没有强大军队而有民主理念的共产党领袖陈独秀，在当时也只能提出这样的方案，却有乌托邦式的悲壮色彩。因为，从当时中国极其顽固的专制传统来说，不可能出现一个上海民主政府，北伐军进来后，蒋介石不独裁，也会有李介石、张介石独裁。此其一。其二，中共即使有 10 万工人武装，也敌不过蒋介石的北伐军。所以，陈独秀美好的民主理想，正在制造一个悲壮的历史剧。它是悲剧，虽然它是壮丽的。

---

① 转自杨天石《陈独秀建议紧急发展十五万国民党员》，《百年潮》2003 年第 11 期。
② 《阿尔布列赫特给皮亚特尼斯基的信》，1927 年 2 月 25 日，《共产国际档案资料丛书》第 4 辑，第 125 页。
③ 《中共上海区委告同志书》，《上海工人三次武装起义》，第 171 页。

建议紧急发展十五万国民党员

陈独秀关于建立上海民主政权的设想是真诚的，而且鉴于当时的力量对比和共产党员加入国民党的形式实行的国共合作总方针，他当然知道这个民主政权必须由国民党人参加，并且必然以国民党政权的名义出现，所以必须与国民党上海领导人协商。恰巧当时共产党第一次工人暴动失败，又在准备第二次暴动，社会上关于"C. P. 要在上海成立工人专政的政府"的谣言四起。掌握上海国民党实权的吴稚晖（中央监察委员）听信谣言，对去协商"召集上海市民代表会，组织上海临时革命政府"的共产党代表罗亦农、汪寿华表示坚决反对，说："倘若共产（党）必欲自立名目者，乃无意与国民党合作，吾立国民党地位，敢提出抗议。"[1] 吴稚晖、钮永建、杨杏佛还对第二次起义中海军响应者提前开炮事对共产党不满。

陈独秀听汇报后给吴稚晖等写了一封信：斥右派造谣"西披（即中共）要在上海成立工人专政政府"，望吴"万不轻信"；称"西披分子多出力，这是革命者应尽之义务"；"西披绝无与国民党分离之意"。他解释海军提前开炮，是因"军阀肆意屠杀，群众忍耐不住，自由行动，甚至于影响海军"，承认这是个错误。[2]

吴、钮、杨阅此信后，表示满意。"吴说从前的确误会，我们以为 C. P. 民众仍有强奸气，现在我们主张并无不同处。"可见，当时稳定上海的国民党相当重要，而陈独秀凭其地位与影响，发挥了重要作用，别人无法替代。为此中共特委会决定以后仍由陈与他们接洽。

陈独秀还有一个不切实际的幻想是还想收回帝国主义的租界。收回租界本是废除不平等条约、打倒帝国主义的题中应有之义。但在当时的历史条件下，中国还无力实现这个目标，中共更是这样。更何况帝国主义各国正在向华大量增兵的时候。而 2 月 25 日发表的中共中央告民众书竟说："帝国主义以武力干涉中国革命，则中国的武装市民及将来的北伐军必须进入租界，'以武力回答武力'！"

其实陈独秀还是讲究"策略"的，主要表现在为建立民主政权而与国

---

① 《吴稚晖先生全集》第 9 卷，第 877 页。
② 《吴稚晖先生全集》第 9 卷，第 877~878 页。

民党争夺领导权上。当时是共产党员以个人身份加入国民党的国共合作时期，不管政权性质如何，表面上都是国民党的政权。那么，如何使上海的市民政权不落在国民党右派特别是蒋介石新右派手中，而实际上是共产党领导的民主政权呢？陈独秀党中央和中共上海区委颇费心思，最后决定以发展国民党员的名义，大量发展共产党及其领导的工人纠察队，而为了对付像吴稚晖、钮永建、杨杏佛等的疑心，3 月中旬，陈独秀亲自给他们写了一封信。信的原件至今没有找到，但在吴稚晖 3 月 15 日未刊日记中却保留了一段精彩的内容：

> 夜，开会，到罗亦农、汪寿华、侯绍裘、杨杏佛……会内见陈仲甫致余、惕、杏三人书，录一段如左：
>
> 稚晖、惕生、杏佛先生，顷间思及三事谨陈如左：
>
> 上海市产业、文化均有高度之发展，故不得不取渐进方法，发展民众政权，而同时忽视了党的领导权也是一个错误。惟党在上海之领导方式，简单以党的机关命令行之，已万万不够（因上海民众已有组织而要求政权了）必须党之本身在数量上有很大的发展，党的力量充满了各方面，使党的决议都能够——在一切民众会议中充分通过执行，如此才真是以党治国，以如此方式领导民众，训练民众，也才真是中山先生训政之精义。欲成此种训政方式（约五十人中有一党员）方能运用，即在苏省，亦须如此。然此时上海市即江苏省国民党党员，均不满万，为数太少，马上取得政权后不是党不能管理政治，便是党的独裁，所以此时省市党部宜发出紧急命令于各下级党部，大大的征集党员，上海市以五万为标准，江苏省以十万为标准（这是可能的，望稚晖先生勿以为我发疯，要送我到病院里去！）此时征集党员可以来者不拒，因为现在还在军阀压迫之下，不似北伐军到后投机分子纷纷加入也。①

这封信说明陈独秀一是对上海所谓的左派领袖吴、钮、杨的绝望：因为从五卅运动、第一及第二次上海工人起义中，陈明显看到这些所谓的左派和虞洽卿为代表的上海大资产阶级，只知道在打倒北洋军阀的斗争中与共产党争夺领导权，实际上力量衰弱而且动摇，根本靠不住。但是从当时革命性质

---

① 转自杨天石《陈独秀建议紧急发展十五万国民党员》，《百年潮》2003 年第 11 期。

和国共合作的政策出发又不能把他们甩掉，正如罗亦农在 2 月 24 日特委会上所说："国民党毫无力量，连钮惕生的命令都毫无效力。"在第二天的特委会上，陈独秀则说："左派病的病，走的走，左派现在对我们只是说，你们去做好了，没有一定主张。"① 在 3 月 11 日的特委会上，罗亦农也说："杨杏佛现在对于市党部很横行，所有市党部决议案任意更改，现在群众很反对他，我们决不去抬他在群众中的威望。"② 面对这种情况怎么办呢？3 月 8 日，赵世炎在上海区委会议上说："与国民党左派的组织问题，要使左派有群众，而且这个群众是受我们的影响的。"③ 这就是通过大量发展国民党员，吸收左派群众。这些群众，主要是工人之外的小资产阶级分子。次日，陈独秀就明确指出："在这次运动中，我们要注意中小商人中许多领袖人才，将来上海的局面，必为右派与民众斗争剧烈之地，我们要能拿住中小商人，为将来争斗时之要具。"④

几十年后中共老资格的党史专家胡绳在总结国共斗争的根本规律时，也说过类似的话："现在讲这段历史（指 1919～1949 年——引者）的书，主要讲国民党和共产党，讲它们间的矛盾和斗争；论阶级，这是两极，一个是大地主大资产阶级，一个是无产阶级。其实，在这两极中间，还有一大片……这就是中间势力"；"国民党的人只是一小撮，我们的人也很少，实际是第三种人占大多数。政治也是如此。革命能胜利，是因为我们党把中间势力拉过来了，如果中间势力都倒向国民党，共产党就不可能胜利"。⑤

陈独秀建议紧急发展大量国民党左派党员，另一个考虑是大力发展共产党和纠察队，把非工人出身的先进分子视为共产党的外围，培养其加入共产党，如 3 月 15 日罗亦农在活动分子会议上所说：在大力发展国民党同时，"自然随带可以发展 C. P. 与 C. Y. 的组织"；"党的内部工作，要加紧严密各级党部的组织，最主要的为发展党员的工作。从上月二十三日到现在，只发展一千多党员，实在嫌太少了……我们要在一月内发展到一万个党员。此为提高党的威权最主要的工作"。⑥

① 《特委会议记录》，1927 年 2 月 25 日，《上海工人三次武装起义》，第 175 页。
② 《上海工人三次武装起义》，第 308 页。
③ 《中共上海全体会议记录》，1927 年 3 月 8 日，《上海工人三次武装起义》，第 297 页。
④ 《特委会议记录》，1927 年 3 月 1 日，《上海工人三次武装起义》，第 301 页。
⑤ 《胡绳论"从五四运动到人民共和国成立"》，社会科学文献出版社，2001，第 3 页。
⑥ 《上海工人三次武装起义》，第 331 页。

其实，这个原则对于工人也是适用的。如赵世炎在 3 月 19 日上海区委召开的活动分子大会上所说："在产业工人方面，则要以全体工人加入国民党，工人群众不能同时有两个党，但现在事实上工会不能不加入国民党，因此工人加入国民党，可以广大的加入，只是一个名义上的关系。"当时上海有国民党员 7000 余人，但一有号召即能立刻行动的仅有 2000 人，其中一半为共产党员。这个数字对于进行第三次起义是远远不够的。在 3 月 11 日的特委会上，周恩来说："军事组织，自卫团可扩充到一千人，预备把他们都加入党（指共产党——引者），将来分配到纠察队里面去做核心。"①

陈独秀建议的最终目的是要建立上海民主政府。争取群众也好，发展共产党员和纠察队也好，都为了在未来的胜利中建立一个共产党领导的民主的市民政府。3 月 19 日，已是第三次起义前夕，在公布的罗亦农在 15 日活动分子大会阐明本党工作方针的报告时透露："我们在此地可以下一结论是：中国革命的前途，必须是革命的工农与小资产阶级联合，战胜一切反动势力，直接取得政权，建立民主独裁制。此项民主独裁制之实现，我们完全取得领导的地位丝毫不能退让，以为革命成功之保障。"可是，恰恰在这个问题上，中共受到国民党左派领袖的阻碍。因为按照共产党的目标，未来的上海市民政府"必须以工人阶级为主体"。这样的市政府就必须有三个特点：一是应以职业为单位直接选举代表，不劳动的无职业的流氓，不能当选为代表。这一点与（国民党）资产阶级"有很大的冲突"。他们因为看了工人人数之多将来必难制胜，所以主张以区域为单位，以便无业流氓、土豪劣绅都可参加政府。二是代表与民众应有直接的关系，不像从前的议会选举，与民众不发生什么关系。三是无立法与行政的划分。革命的民众应该是随时自己立法，自己执行。

显然，按此目标建立起来的市民政府，绝不是西方的资产阶级议会制度，而是苏联式的苏维埃。实质上是无产阶级专政，但时势所限，还是以"民主政府"称之。

罗亦农详细解释了陈独秀说的"我们要能拿住中小商人，为将来争斗时之要具"的含义："全上海有二百万人口，其中有七八十万是中小资产（阶级），因此中小资产阶级在革命的意义上占着非常重要的地位。C. P. 应领导工人群众，联结小资产阶级在市民代表会议中合作。这就是工人群众与

---

① 《上海工人三次武装起义》，第 251、311、340 页。

小资产阶级的民主独裁制，实际以工人为主体，C. P. 去领导。"

于是，为了贯彻陈独秀党中央关于大量发展国民党左派的决定，罗亦农布置关于"国民党的工作"时，特别强调了"要赶快发展国民党员。上海有二百万以上的人口，至少有一百五十万人同情于革命，至少十万到二十五万以上的人口可以加入国民党。我们要大大的开放门户，吸收他们进来，尤其是中小商人、教职员、学生及许多自由职业的群众"。①

国共两党的斗争，从争夺革命的领导权，终于发展到争夺政权。但是从上述陈独秀的思想看，根本不切合实际。一是他们没有强大到足以战胜国民党的武装力量；二是他们没有一支可以掌握政权、管理国家的干部队伍。而且要在一两个月内发展 15 万共产党员（或"为共产党所利用"的国民党员），也是不可能的，即使在数量上达到了，素质上根本不可能达到。当时的工农分子多是文盲，在这个基础上发展的党员，怎么可能掌握政权，管理好国家。所以，陈独秀的这个主张只能说是"左"得可爱的绝望的挣扎。

领导第三次上海工人暴动胜利

3 月 1 日，北伐军到苏州、松江，由于张宗昌为首的直鲁联军乘孙传芳败退来争夺上海，三千军队进入上海。守卫上海、松江、苏州的毕庶澄部队动摇，并有欲投降北伐军的消息。当日晚，特委会举行会议，分析形势，看到"普通人民非常动摇"，"上海将成无政府状态"，"兵工厂有兵来接洽，可出卖军械"，决定加紧准备武装暴动。陈独秀最后说："以后口号要规定原则：一、不要笼统，要切实。二、要集中，不要太多——集中口号可定：收回租界，民选政府，市民代表大会政府，拥护武汉国民政府四口号。"②

"收回租界"，意味着要用实际手段推翻帝国主义在中国的统治。同时，次日，中共上海区委对工人的宣传大纲又称："李宝章已跑，孙传芳已完全倒台，张宗昌的军队也四面受包围，上海革命的时机完全到了"；"我们应急速准备大暴动，夺取武装"；"帝国主义及军阀都惊慌，一般人民都赞

① 《特委会议记录》，1927 年 3 月 1 日，《上海工人三次武装起义》，第 251 页。
② 《特委会议记录》，1927 年 3 月 1 日，《上海工人三次武装起义》，第 247、249、251 页。

赏";"武装暴动响应北伐军,把孙、张军阀打倒后,联合一般被压迫人民,召集上海市民代表会议,组织上海市政府"。① 由此可见,陈独秀为首的中共对革命形势估计过于乐观,看不到当时形势的复杂性。首先,北伐军打到上海,也有力量拿下上海,用不着让工人纠察队去先夺取上海。其次,即使共产党先拿下上海,接着面对的就是一路反共杀到上海的蒋介石军队,上海工人纠察队很难与之对抗。所以,这次暴动虽然可歌可泣,但却是一次没有胜算的冒险,而受害最大的是共产党和上海工人群众。

3月5日,陈独秀参加上海特委会议,讨论上海工人第三次暴动时机和指挥问题。关于时机,陈独秀最后归纳为:等待北伐军"一、松江下。二、苏州下。三、麦根路与北站兵(指直鲁联军)向苏州退。三条件有一个就决定发动"。会议讨论了暴动时各区的指挥人,最后由陈独秀决定。陈还决定:"党的方面士炎代理书记。"罗亦农提出整个行动由特委指挥,紧急时由罗亦农、周恩来、何松林、陈独秀处理。赵世炎提出:"明天所有消息集中仲甫。"从而确定了陈独秀是上海工人第三次暴动"总指挥"的地位。所以可以说,第三次暴动的胜利,是陈独秀参加革命以来辉煌的顶峰,以后就风光不再了。

关于暴动胜利后的上海市政府,陈独秀在会上提出:代表人数至少1000人,工人占一半。工人、学生的负责人,"我们的要先选好。临时把名单经群众通过"。会议最后议定了暴动胜利后市政府15名成员名单,其中共产党员有罗亦农、汪寿华、顾顺章、侯绍裘等7人。国民党员有吴稚晖、钮永建、杨杏佛、何应钦等。工商等各界有虞洽卿、王晓籁等。② 关于这个名单,在前一天的特委会上,陈独秀还提出:"市民政府最后必经过市民公会的选举,然后打电(报)到武汉国民政府请他批准,事前就用谈判的方法,先求一致。"③ 这个名单后来反复协商,在3月12日举行的市民代表会议上正式选出市政府成员,扩大到31人。

可见,陈独秀对此是考虑周全的,既有民主,又考虑到组织程序,照顾到各方面的利益。也许正因为如此,这个方案又是一个乌托邦的方案。

实际上,陈独秀对于当时不实行无产阶级专政是真心诚意的。3月6

---

① 《中共上海区委宣传部对工人宣传大纲》,《上海工人三次武装起义》,第257页。
② 《特委会议记录》,1927年3月5日,《上海工人三次武装起义》,第278~284页。
③ 《特委会议记录》,1927年3月4日,《上海工人三次武装起义》,第277页。

日晚，他与罗亦农一起到钮永建办公处晤见钮、吴稚晖、杨杏佛。吴认为在中国实行共产主义"二百年尚嫌不足"，否则"急切轻挂招牌，只是赝品"。陈答现在那里行共产，行共产不是疯子么！吴问陈：你定中国实行列宁式共产主义是若干年？陈答："二十年。"吴说："如此国民党生命只剩十九年了"，"若你们共产党急迫至此，未免取得国民党的生命太快了一点"。①

3 月 19 日，北伐军白崇禧指挥的部队打到上海南郊龙华，陈独秀为首的党中央特委决定发动第三次工人暴动。陈在下午 1 时和晚上两次参加特委会议。当日，罗亦农下达了第三次武装暴动的预备动员令，并开始总同盟罢工。为了吸取"二暴"时罢工与暴动、夺权脱节的教训，上海区委制订的行动大纲强调："此时上海民众的责任是：总同盟罢工、罢市、罢课、武装暴动、响应北伐军，用民众的力量，最后的根本的消灭反动军阀的统治，建立上海民众的直接政权。"② 次日，为了保证第三次武装暴动的胜利，陈独秀在特委会上提议：国民党"市党部及民众方面，赶快派代表去见白崇禧、薛岳（当时是同情共产党和上海工人起义的北伐军先头部队首领——引者），要他赶快来取上海"。同时，中共上海区委制定了上海各部详细的"作战计划"。

3 月 21 日，上海工人举行第三次武装暴动。中共上海区委书记罗亦农坐镇指挥部（施高塔路四达里，原是一个党校），周恩来（中央军委书记）和赵世炎（上海区委第二书记兼上海总工会党团书记）在前线指挥。陈独秀在中共中央宣传部（北四川路横浜桥南，郑超麟住处），通过交通员郑超麟和夏之栩，与指挥部联系，掌握情况，提供建议，参与指挥整个暴动。③ 当时的中共中央常委中，瞿秋白和张国焘在"二暴"后离沪去汉，蔡和森在莫斯科，只有陈独秀和彭述之在上海。彭述之总是在陈独秀发言后，表示"同意老先生的意见"，被党内视为唯陈命是从、自己没有主见的人物，没有威信。

由于鲁军在与北伐军的战斗中溃退，上海工人暴动各区的战斗较为顺利。先是 80 万工人总同盟罢工，同时，约有两三千工人纠察队与鲁军溃兵

① 《吴稚晖先生全集》第 9 卷，第 810～811 页。
② 《上海工人三次武装起义》，第 345、347 页。
③ 郑超麟：《回忆录》，1945 年，手稿。

及各警署警察进行巷战。双方激战两日一夜,多数地区被纠察队攻下,敌人最后集中到北火车站、商务印书馆及天通庵火车站一线。敌人由于有白俄装甲车及英国装甲汽车的支援,战斗十分激烈。"当各处行动开始后,总工会代表乘汽车至龙华请兵,国民革命军东路前敌总指挥白崇禧方迟疑间,又接驻沪军事特务委员钮永建报告,请缓一日进兵,以待毕庶澄投降。总工会代表涕泣力请,最后第一师师长薛岳始率全师进攻。"①

21日凌晨3时,陈独秀亲自来到指挥部,见闸北天通庵火车站的敌人顽抗,工人起义军久攻不下,牺牲很大,曾写一字条交人送到前线,建议"把我们的武力撤退到乡下去",条子送到时,形势已经好转,此议未被采纳。最后的北站守军大队逃散时,薛岳的部队赶到,完全将溃兵全部俘虏,并进驻北站。至此,上海工人第三次武装暴动获得胜利。

1927年3月22日,对于中共和陈独秀来说,是一个伟大的日子。因为,这是第一次由共产党独立领导的,以工人阶级为主力、联合其他进步阶级阶层,乘北伐军兵临城下举行武装暴动,取得了完全的胜利。当日,在暴动中成立的上海总工会进驻湖州会馆公开活动。陈独秀在上海总工会举行的庆祝武装暴动胜利的大会上发表演说,从巴黎公社讲到十月革命,赞扬上海工人阶级了不起,依靠自己的力量解决了军阀的武装。② 对于陈独秀个人来说,是他从1902年加入青年会以来,第一次实现了自己领导的革命(虽然局限于上海地区);但这也是他最后一次成功领导的革命活动,可以说是他一生革命活动的顶峰,而且是在对抗共产国际意志的情况下实现的。虽然后来他领导托派时期曾多次努力,但都没有成功。

自2月23日中共特委会成立至3月22日上海"三暴"胜利,从这期间的特委会和上海区委会议原始记录及实际运动考察,对于上海"三暴",陈独秀处于总的领导地位,罗亦农则是总的执行者,赵世炎和周恩来次之。所以,在胜利后的3月25日中共上海区委召开的扩大活动分子会议上,当陈独秀做报告后,有人提议:"陈同志是我们中国革命领袖,我们应一致表示,坚决的表示拥护陈同志的报告(一致拍掌)。"③

从"三暴"胜利后的第一天(即23日)晚上特委会会议开始,陈

---

① 施英(赵世炎):《上海工人三月暴动纪实》,1927年3月,《上海工人三次武装起义》,第421页。
② 《徐梅坤回忆录》,未刊稿。徐是参加"三暴"的共产党骨干分子。
③ 《上海工人三次武装起义》,第403页。

独秀每天都在考虑如何对付蒋介石的反共政变，并做出一系列指示，主要是：

1. 要想法使左倾的薛岳部队"留在上海"，并同意薛，任上海市公安局长的要求，以保护革命成果，保护工人和群众的利益；还根据"苏联同志"（即远东局）的意见，发动工人、农民、共产党员和团员参加该部队；选出1500工人，帮助他扩充军队。但"不要把薛岳弄得太左了，只是使他存在，加紧他的政治工作，最后要弄到无论谁都不能来（代替薛），来就同他打，但应尽可能免冲突，同时准备最后冲突"。①

2. 整编工人纠察队，要调得力者百余人为干部，作为纠察队中心，加紧训练；其余复杂分子，实行淘汰。

3. 工人收藏的武器，除把剩余的送交薛岳外，暂时不能交出去。

4. 因受蒋介石操纵，虞洽卿、钮永建、陈光甫、白崇禧等市政府委员不就职，就取消、再选，补选；政府委员要就职，并通知领事团。

当时中共与蒋介石（26日来到上海）斗争的焦点也是这几个方面。其结果是：薛岳部队被蒋介石轻易调走，代之以投降过来的旧军阀、反共的周凤岐部队。为此，陈独秀曾主张"我们要赶快以各区党部分头召集党员大会拥护留薛"，并指示"要找商界有力的领袖，与市党部代表去找蒋说薛在沪很相安，如薛走，出了事怎么办"？但都无济于事。陈为此叹曰："留薛未见有效。"②

3月26日，根据陈独秀指示，上海区委发动百万民众起来拥护市政府，成立市政府。但国民党方面主要委员还是不就职，中间派委员就职了也不敢任职，市政府名存实亡。

最后的冲突是解散工人纠察队。陈独秀和中共做了最顽强的抵抗，25日晚，陈独秀针对所传蒋介石部队要解散工人纠察队一事指出：

> 将来的纠纷问题，为纠察队问题，如果我们不马上动作，将来就将纯全为国共争斗，完全失掉联合战线。所以我们现在要准备一个抵抗，如果右派军队来缴械，我们就与之决斗，此决斗或许胜利，即失败则蒋介石的政治生命完全断绝。

---

① 《上海工人三次武装起义》，第387页。
② 《中共上海区委会议记录》，《上海工人三次武装起义》，第390、392页。

这充分说明，"三暴"胜利以后的陈独秀是明确主张与蒋介石决斗的。他在第二天的中共上海区委会议上，甚至指名"蒋在江西赣州杀工会委员长，打市党部，打六军政治部，被害的都是 C. P."；南京惨案，英美打死中国一两千人，"所以现在帝国主义与新军阀已经进攻了，我们把这两个问题联合起来看，所以中央已决定准备防御战争"。①

但是，如何与蒋决斗呢？陈独秀也有顾虑。在 3 月 28 日的特委会议上，他说：若工人纠察队与蒋介石冲突，"太阶级性了"，"完全失掉联合战线"，即国共合作破裂。为此，他一面提出搞一个反英运动："号召反英，要蒋反英，民众愿作后持（援）"；"反英运动要扩大，可逼蒋对民众的进攻减少"。这里所谓的"反英运动"，也如陈所说只是宣传、英厂罢工和抵制英货。陈的设想是蒋必不反英，民众即可反蒋："最好要将反英与反蒋联合一起"，并提出"口号是收回租界，撤退英国兵"。② 一面则请示国际。彭述之后来回忆说：在特委会议上，大家"检讨当前极度危险的局势，一致认为：除了坚决采取行动反蒋外，别无其他出路"。罗亦农、周恩来也是这个主张。周认为："如果我们采取行动对付蒋介石，薛岳（他所指挥的一师驻上海闸北）和严重（他的军队分驻苏州无锡一带）可能站在我们方面来，但举行军事行动反对蒋介石，恰好是违反国际的政策。"因此，除向莫斯科请示外，陈独秀又派彭述之去武汉，商议重要决定。

可见，虽然陈独秀和中共明知蒋要反共，却无制止的有效办法。先是想靠薛岳部队和组建左倾的市政府，说明中共实力的软弱，最后的所谓"反英运动"也是不切实际的。这三项措施反映出陈内心不可言语的无奈：真要用中共的工人纠察队与蒋介石的右派军队决斗，没有胜利的把握。所谓"幸而胜则已，不幸亦可影响全国，断绝蒋之政治生命"，不过是自我安慰罢了。所以，中共发动"三暴"及其后的反蒋斗争，如当初的巴黎公社，乃是形势逼出来的壮举，反蒋而建立上海民主政权，并无任何可能。"三暴"胜利后的中共处于更加危险的位置上。

有学者认为，对这时的陈独秀，与其说是"右倾"，不如说是"左"倾。实则无所谓"左"与"右"，只是做了他无可奈何必须做的事情。

办法也许是有的，如发现蒋介石要动手镇压中共和工人纠察队时，立即

① 《上海工人三次武装起义》，第 392 页。
② 《上海工人三次武装起义》，第 392 页。

转入地下隐蔽起来，或撤退到农村去。但是，那时的陈独秀和年轻的共产党人，在"三暴"胜利后的"头脑热昏"之中，一不可能有此成熟的觉悟，二不可能做此理性的思考。所以，在拼命中流血牺牲，成了其唯一的命运。

问题在于，当时的莫斯科却从错误的前提出发，做出了更加糟糕的指示。陈独秀党中央请求武装反蒋的电报发到莫斯科后，3月28日，联共中央政治局在"征询政治局委员意见"后作出决定，给上海党中央发去如下电报："请你们务必严格遵循我们关于不准在现在举行要求归还租界的总罢工或起义的指示。请你们务必千方百计避免与上海国民军及其长官发生冲突。"① 这就把陈独秀和中共中央逼蒋反英以粉碎其反共的策略或以武力反蒋的策略完全否定了。

3月31日，联共中央政治局举行秘密会议，在"收到发自上海的中共中央署名报告，说蒋介石已在上海发动政变，命令上海人民政府自行解散并打算在这方面进一步采取行动"的情况下，做出决定，一面询问鲍罗廷"对蒋介石作出某些让步以保持统一和不让他完全倒向帝国主义一边"，一面却指示中共中央："（1）在群众中开展反对政变的运动；（2）暂不进行公开的作战；（3）不要交出武器，万不得已将武器藏起来；（4）揭露右派的政策，团结群众；（5）在军队中进行拥护国民政府和上海政府、反对个人独裁和与帝国主义者结盟的宣传……"②

平心而论，莫斯科的这个指示，在阻止中共"拼命主义"上，有其正确的一面，但它没有指出如何正确地组织防御，以保护上海的中共党员和工人的力量。而对于正处在头脑发热的陈独秀们来说，这是一个对业已开始的蒋介石反共政变示弱和挨宰的政策，与中共中央的政策完全对立。"罗亦农看了这个电报，很愤激地把它摔在地下。"③ 罗还在中共上海区委活动分子会议上明确反对国际指示。他说："蒋与我们争斗的中心问题，为解除上总纠察队武装问题，他要取消上海工人在政治上的地位，此是国民党与共产党最后的决斗"；"我们决定不收藏枪械，坚不缴械"，"决不投降与退却"。他认为与蒋"没有调和余地"，"我们不避免冲突"，"我们唯有与蒋奋斗，我们有实力有群众，只要策略应用得好，有胜利的希望"。但是，如何与蒋

---

① 《共产国际档案资料丛书》第4辑，第169页。
② 《共产国际档案资料丛书》第4辑，第167页。
③ 《告全党同志书》，1929年12月10日，托陈派小组织散发的油印小册子，中央档案馆藏。

斗，他也没有办法，只说"以民众的力量去镇压蒋之反动"，"不取进攻的形势"。① 罗的话显示出中共的无奈。

联共政治局所以做出以上指示，一是他们最清楚这几年来他们给蒋介石的援助之巨大与给中共的援助之少（不给一枪一弹），相差是那样的悬殊，中共根本不是蒋介石的对手；二是他们对蒋介石不反共尚有幻想，尚有利用价值，就是这只"柠檬"的汁还没有榨干净；三是对陈独秀揭露蒋介石从南昌开始与敌人的勾结阴谋不相信，这是莫斯科遥控中国革命、不了解中国实情的死穴。因为，就在这个指示做出后第三天（4月3日）斯大林的反对派托洛茨基发表《中国革命中的阶级关系》一文，指出中国革命分裂危机"不可避免"，主张"共产党完全独立"，并赞扬陈独秀多次提出的退出国民党的提议"是无条件正确的"，呼吁立即建立工人苏维埃。② 为此，斯大林在4月5日莫斯科党组织积极分子会议上，批驳托洛茨基，竭力为自己支持蒋介石的政策辩护，说蒋"是服从纪律的"，"除了率领军队去反对帝国主义外，不能有其他的作为"。会议通过决议，批评共产党退出国民党的意见是"极端错误的"。③

于是，陈独秀不得不执行"务必千方百计避免与上海国民军及其长官发生冲突"的指示，与当时乘苏联轮船回国到上海的汪精卫签署《国共两党领袖联合宣言——告全党同志书》。后来陈独秀也称这是个"可耻的宣言"："那时我又以服从国际命令，未能坚持我的意见，而且根据国际对国民党及帝国主义的政策，和汪精卫联名发表那样可耻的宣言。"④

起草《汪陈宣言》

陈独秀党中央从准备反蒋到签署《汪陈宣言》，是政策上的一个重大转折。莫斯科的指示对这个转折起了决定性的作用，但从当时的档案看，陈独秀党中央及上海区委，在国际指示的影响下，也认为这是必要和正确的。

---

① 《上海工人三次武装起义》，第444页。
② 托洛茨基：《中国革命问题》，第16页。
③ 《真理报》1927年4月6日。但是，斯大林讲话中为蒋辩护的话，没有见报。此话保留在南斯拉夫共产党员武约维奇的当场记录中，后披露在托洛茨基《中国革命问题》一书中，见第389~390页。
④ 《告全党同志书》，1929年12月10日，手刻油印件。

汪精卫于 4 月 1 日到达上海，周恩来把他安排到一个临时住处后，向陈独秀汇报说："三点水来了，我今天得到俄国同志通知第一个去看他，此时别人还不知道他站在我们方面。他问我，他于北伐以前到外国去，如今北伐胜利才回来，国内同志是否因此对他不满？我向他解释，说国内同志都希望他速回来领导他们。他对于俄国同志有点不满意的表示，因为负责送他回国的同志，无论在西伯利亚火车上或从海参崴到上海轮船上，都把他当作囚犯一般看待。"① 周恩来主张直接把汪送到武汉去，不让他在上海同蒋介石及其他国民党要员见面。陈同意周的意见。

但是，上海是国民党的老根据地，汪到上海后如鱼得水，处于危险境地的共产党再不能控制他的行动，更不能限制蒋介石等在上海的国民党人与汪联络。于是，2 日、3 日两天，汪精卫与蒋介石、吴稚晖等连日召开秘密会议。吴自认为在与陈独秀的谈话中摸到了共产党的底——早晚要推翻国民党，因此反共最坚决，提出检举中共案，要求各地北伐军将领实行清共。此正合蒋意，蒋提出马上做两件事："赶走鲍罗廷"，"分共"。汪精卫显然没有忘记三二〇事件中被蒋排挤的惨痛教训，如何在复杂的形势中自图发展，因乍回国，既不了解情况，又无实力，需要等待时机再做决定，所以提出"缓兵之计"：暂时容忍，争取和平解决分共问题。蒋、吴反共，一想争取汪精卫，二要时间准备，同意了汪的主意。

最后，双方达成折中协议如下：（1）由汪精卫负责通知中国共产党首领陈独秀，立即制止国民政府统治之下各地共产党的一切活动听候开会解决；（2）对武汉中央及政府所发命令，"如有认为妨害党国前途者"，"不接受"；（3）各军队、党部、团体、机关"认为有在内阴谋捣乱者"，"暂时取缔"，"制裁"；（4）"凡工人纠察队等武装团体，应归总司令指挥"。②

陈独秀党中央和上海区委的共产党人还在梦中，遵照莫斯科指示，力图挽救危机，于是又落入蒋、汪的圈套。

3 日，陈独秀与周恩来一起会见汪精卫。汪告诉他们，已经与蒋介石见了面，在座的还有吴稚晖等人。吴大骂共产党，蒋则不作声。陈独秀说："吴、蒋二人是一个唱红脸，一个唱白脸。"汪用吴的话质问陈："共产党已

---

① 郑超麟：《回忆录》，1945 年，手稿。当时郑超麟在场，陈独秀就住在郑的房子里。

② 汪精卫：《武汉分共之经过——1927 年 11 月 5 日在广州中大演讲》，《申报》1927 年 4 月 8 日。

提出打倒国民党、打倒三民主义，并要主使工人冲入租界？"陈答"决无此事"。汪又转达吴稚晖话，称陈是"口头骗你的话，不要信他"。于是，陈被激起，答以亲笔做书面宣言。当夜，陈写了很久，即起草《汪陈宣言》——《国共两党领袖联合宣言——告两党同志书》。次日，周恩来拿去给汪签字，拿回来时一看，汪的名字签在后面，前面留了许多空白，意思是让陈的名字签在前面。"但独秀拿起笔来把他的名字仍旧签在汪的名字后面"。① 5 日，《民国日报》《时事新报》等上海各大报普遍刊登并宣传此宣言。

宣言称："只有不愿意中国革命向前进展的人，才想打倒国民党，才想打倒三民主义。"而国民党则"决无有驱逐友党摧残工会之事"。

这是两党领袖庄严的宣言。但是，对于陈独秀来说，本来是出于自卫而倒蒋，并不想打倒国民党和三民主义，现在做此澄清，反而处于被动地位。对于蒋、汪方面来说，完全是政客手段，麻痹共产党，使共产党丧失警惕。陈独秀则落入圈套，根本不是吴稚晖、蒋介石、汪精卫对手。

所以，当时各派对《宣言》的反应也很复杂。宣言公布当日，蒋介石、汪精卫、吴稚晖等国民党要员在上海召开谈话会，吴又故意挑拨说"汪陈宣言""外间误会甚多，以为从此中国归两党共同治理"。汪大笑说：宣言"仅言两党误会不可发生，未言两党共理中国"；宣言"仅两党首领外交上友谊谈而已，不关于两党之政策也"。吴说："治理中国止（只）有国民党，没有联了共产党来共治之可能。"

《汪陈宣言》发表后，中共江浙区委、江苏省委及中共领导的群众团体纷纷发表宣言表示拥护。罗亦农在 6 日举行的中共上海区委活动分子会议上，指出"陈汪联合宣言，已使许多造谣中伤的右派伎俩都将打破，许多怀疑的国民党分子也可不怀疑"。他要求"所有国民党党部及我们党部要发表宣言表示拥护"；尤其在群众中"要特别宣传我们的领袖独秀同志"。②

陈独秀本人也感觉良好，拿着刊有宣言的报纸对郑超麟说："大报上好久没有登载我的名字了！"大革命失败后，他才觉悟到这是个"可耻的文件"。

这真是书生难敌政客。

---

① 郑超麟：《回忆录》，1945 年，手稿。
② 《上海工人三次武装起义》，第 444 页。

　　陈独秀签订了《汪陈宣言》，以为上海的局势可以放心了，4 月 6 日即
登船赴武汉，因为武汉共产国际代表团和中共临时中央，连电催促陈赴汉，
认为国民政府在武汉，一切问题都应集中力量在武汉解决。

　　陈独秀在 4 月 10 日到武汉。蒋介石 12 日就在上海撕毁与汪精卫达成的
协议和《汪陈宣言》，发动反共政变，大批共产党员和工人纠察队员被屠
杀。史称"四一二反共政变"。

　　一种观点把这次共产党的灾难完全归咎于陈独秀和《汪陈宣言》。因为
这个宣言解除了共产党的思想武装。宣言的确被蒋介石所利用，但不能说在
事件发生前共产党毫无思想准备，因为共产党自己有情报来源。据郑超麟回
忆：

　　　　驻扎在闸北的第一师（即薛岳——引者）调开了，第二师调来。
　　师长刘峙是反对共产党的。有一天，我在我们新开的书店里，帮着毛泽
　　民照料生意。一个兵士买了书后不肯走，要同我们说几句话。他在柜台
　　旁边低声同我们说："你们要小心，纠察队夜里睡觉把枪和子弹放在身
　　边。"我问他："为甚么？"他不肯说下去。其实，我们早从他处得知蒋
　　介石进攻计划了。有个黄埔（军校）学生蒋友谅是我们的同志，司令
　　部召集军官开会，政治部主任潘宜云发表反共言论，蒋友谅起来驳他，
　　立即被他下命扣押了，其他同学暗地放他逃走。他找到周恩来，报告蒋
　　介石的阴谋。自然还有其他方面的报告。周恩来写了一封《致陈独秀
　　蒋介石二先生信》，很长，很激昂，但未曾在什么地方发表。在这局面
　　之下，我很忧虑，曾向尹宽表示我的忧虑。尹宽对我说："蒋介石向我
　　们进攻，即使胜利了，那也不过是一时的军事的胜利，在政治方面说则
　　他是失败的，我们是胜利的。"尹宽主持的省委机关报已经开始暗中攻
　　击蒋介石。[1]

　　请看，陈独秀的阿 Q 精神胜利法——蒋介石反共胜利是政治上的失
败——几乎感染了全党。但这是一种充满绝望的声音。蒋介石的最后失败，
不在于反共，而在于他的独裁，在于国民党官僚体制的腐败。

---

　　① 郑超麟：《回忆录》，1945 年，手稿。

十一 大革命中的奋斗与无奈
（下·1927）

"不堪回忆武昌城"

陈独秀晚年在给友人杨鹏升夫人和平女士写的一首七绝诗中写了这一句，充分反映了他对 1927 年武汉大革命时期的深刻反省和所受委屈的愤慨，可以说这是他一生中最窝囊的时期。这主要是因为他虽为中共总书记，却受到多重包围和挤压，既不能做主，又不能有所作为，最后还要代人受过，为大革命的失败负责。

首先，由于中共受到四一二政变及其后广州四一五李济深政变的打击，陈独秀在党内的威望急剧下降，也开始失宠于莫斯科。

先到武汉的张国焘回忆说："过了几天，陈独秀先生也到达武汉，他比任何人都面临着更多的困难。他从上海断羽而来，对于上海广州北京（李大钊等人虽然躲进俄国大使馆兵营，还是被军阀张作霖的军警搜捕，于 4 月 28 日杀害）一带大批同志的遭受惨杀，是十分痛心的。中共内部的种种责难，纷至沓来，猬集于他的一身……他对同志们的责难，都没有心情置辩，他极力想找寻一个补救方案，但又力不从心、奇迹没有从天而降。他终日在那里苦思焦虑，勤劳工作，但苦恼之魔总是纠缠着他。"郑超麟在回忆当时中共情况时说："中央形成了一个三人集团：瞿秋白、谭平山、张国焘。每次开会，他们三个人唱了一样的调子，最后按他们三个人的意见通过。彭述之被踩在脚底下，陈独秀如同小媳妇。一次，黄文容（原中共中央宣传部干事，到武汉后做陈独秀秘书，旁听中央会议——引者）告诉我，张国焘在中央会议上拍桌子大骂陈独秀，而陈独秀不敢还骂。"[1] 而在此前，"拍桌

---

① 郑超麟：《怀旧集》，第 20～21 页。

子大骂"的是陈独秀，"不敢还骂"的是张国焘。所以，郑又说张国焘"这是报复了讨论北伐那次所受的屈辱"。可见此时陈独秀受挤压的程度和地位之卑微。

郑在谈到在武汉第一次旁听中央工作会议时还说："我有异样的感觉。照旧是陈独秀当主席，列席者照旧是蔡和森、瞿秋白、彭述之、张国焘，不错还有谭平山、李立三，以及其他的人。但是，这些人的神气多么不同！独秀已经不是有威权的领袖了，不过是一个普通主席，一个人，中央委员会中的少数派。他的意见只有彭述之赞成，别人则一致反对他。别人'一致'得太奇怪了。后来，回上海，袁昌颐才告诉我，那时一切重要会议以前，平山、秋白、国焘三人都先商议过的。他常住在他们三人常会面的屋子，但是这三人回避他，说话不让他在旁。"① 上述张国焘大骂陈独秀而陈不敢回骂，就是在这种情况下发生的。

所以造成陈独秀这种状况的直接原因主要有两个。一是武汉早已成为共产党的实际领导中心。中央常委中，瞿秋白在上海第二次暴动失败后，去了汉口。张国焘和谭平山也跟随北伐军到了汉口。蔡和森在1925年10月去了莫斯科，在那里任中共驻共产国际代表，也在这年4月随罗易等经广东到了汉口。这几个人，不等陈独秀到来，就在汉口成立了"共产党中央"，指挥一切。所以，陈独秀来到武汉时，已经成了"多余的人"。二是莫斯科正在酝酿中共五大，并计划撤换总书记陈独秀。郑超麟回忆：有一次聊天，罗亦农说："你们知道么？莫斯科有个决议，拟撤换陈独秀，找一个与国民党接近的人做领袖。"为什么要撤换他呢？据郑分析：陈独秀代表的倾向已经失败了；他反对北伐，但是北伐胜利；他长久拒绝把中央从上海移到广东来更密切地同国民党合作，北伐军到武汉，他又不肯把中央移到武汉。现在他不得不来了，他不得不放弃自己的主张，服从鲍罗廷的主张了。但从过去经验和倔强性格看来，他不会服服帖帖执行"国际"路线的。所以必须撤换他。为此，莫斯科派了几个人来，专门考察中共高级干部，找每个人谈话。于是发现能够代替陈的人有三个：与国民党接近的谭平山，提出强硬新理论的瞿秋白，中国工人运动元老、兼任湖北省委书记的张国焘。于是，"谭平山想当总书记，瞿秋白也想当，张国焘也想当。他们三个人都想抢这个位置"。②

---

① 郑超麟：《回忆录》，1945年，手稿。
② 郑超麟：《回忆录》，1945年，手稿。

但是，全面综合后又觉得陈独秀在党内外的威信还是最大，在这风雷激荡的时期，公开攻击并撤换他，是不合时宜的；同时，这三个候补领袖也各有问题且不相上下。

结果决定，保留陈的总书记位子，但剪除他的一切羽翼，以使他不再能发挥作用。这就是古代"清君侧"的策略。所以在中共五大上，最初提出来的新中央名单中，既没有过去与陈独秀接近的人，也没有过去上海区委和北方区委的负责干部。这个名单实际上的"改朝换代"倾向太明显了，以至国际代表团主席罗易不得不站出来说话："像彼得洛夫（即彭述之）和布哈洛夫（即罗亦农）两同志，这名单里面竟没有列入。他们过去负了如此重要责任，即使错误了，新领导机关仍须他们参加的。"① 所以，这两个人仍被选为中央委员，但毕竟还是被排挤出了中共决策层。而且在中共五大后，他们两人和其他原来接近陈独秀的人，都被派到地方工作，如彭述之去北京，代替李大钊的位子，罗亦农任江西省委书记，王若飞去上海，尹宽去广东省委任宣传部长，郑超麟为湖北省委宣传部长。

实际上，陈独秀本来就没有决策权，只是贯彻莫斯科的路线而已，虽然有时还想闹点独立性，但一般均被否定。现在连贯彻莫斯科路线时，在中共党内的具体决策权也没有了。鲍罗廷和罗易，不再把陈放在眼里，有事多与瞿秋白、张国焘、谭平山等人商量，做出决定后再形式上通过一下陈独秀这个总书记。完全被孤立起来的陈独秀只有跟随，没有独立做主的权力。正如后来毛泽东在与斯诺谈到武汉地区的土地革命时所说："鲍罗廷站在陈独秀右边一点点"，罗易"站在陈独秀鲍罗廷两人左边一点点"。②

武汉时期的陈独秀就是这样，夹在两个权势者的中间，不仅在党内受挤压，还要受这两个国际代表的夹板气。

一是当时莫斯科，特别是斯大林为首的联共政治局是神圣不可批评的，二是陈在提出异议后往往被迫违心执行莫斯科的指示，三是纪律不允许陈独秀向全党和外界宣示来自莫斯科的命令、决定、指示、训令等，于是，党内，甚至党的高级干部中，都以为一切路线、决定都来自党中央甚至于陈独秀本人。即使极少数知道点内情的人，也只敢指责远东局。

例如，4月18日，中共上海特委会讨论中共中央对沪区工作决议案，

---

① 转引自郑超麟《回忆录》，1945年，手稿。
② 斯诺：《西行漫记》，1979年版，第138、139页。

认为上海失败虽为客观环境所造成，但主观上也有错误，"不但是上海党的错误，而是整个党的错误"。这个错误就是，第一没有坚决认定对于大资产阶级斗争的策略；第二没有扩大无产阶级的领导影响于小资产阶级。周恩来提出错误的责任问题，批评"中央政策动摇，指导无方，对于前次广东与上海都如此，中央对于争领导权没有决心"等；对于这种错误，"中央完全承认才能领导全国……此次运动东方局也要负责"。①

关于执行国际执委七大路线的争斗

毛泽东在回答斯诺提问大革命失败"谁应负最大的责任"时说："陈独秀应负最大的责任，陈独秀的'动摇的机会主义，在继续妥协显然意味着灾难的时刻，使党失去了决定性的领导作用和自己的直接路线'。"对于鲍罗廷，毛泽东认为"仅次于陈独秀"，说鲍在1926年是赞成大规模重新分配土地的，可是到了1927年竭力反对。② 吴玉章则说：有一次，陈与吴及汪精卫商谈局势，有人反映，农民押着某某司令的母亲游街，农协扣留了政府的粮米，汪暴跳如雷："这不是造反吗，岂有此理！是政府管农会，还是农会管政府？"陈也附和说："是谁在湖南搞的，简直是乱搞！"③

这里牵涉大革命中后期复杂的理论、路线、政策和责任问题。对这些问题，当时全党思想极其混乱；这个混乱本来是共产国际造成的，而由于共产国际的干涉，又更加剧了混乱。

为了澄清混乱，统一全党的思想，召开中共第五次全国代表大会提上了议事日程。但是，酝酿和主导五大的指导思想，完全由莫斯科制定。甚至五大召开的提出，召开的时间地点、参加人数、议事日程、大会文件的起草，到政治、组织等一系列决议原则的贯彻等，都是按照共产国际的旨意执行的。可以说是中共诞生以来，共产国际干涉最广、最深的一次代表大会。陈独秀党中央在这次大会上，除了挨批，就是被迫服从。而在会前的准备期间，他曾做了相当激烈的抵制。

首先，五大的指导思想是1926年11～12月在莫斯科召开的共产国际执

① 《上海工人三次武装起义》，第463、467页。
② 斯诺：《西行漫记》，1979年版，第138页。
③ 吴玉章：《第一次大革命的回忆》，《中国青年》1961年第9期。

委会第七次扩大会议上决定的。这次会议通过的《关于中国形势问题的决议》，为中国国民革命的发展制定了一条一百八十度转弯的"左"倾路线，与"九二八"指示制定的右倾路线完全相反。

这条"左"倾路线的要点是：（1）莫斯科对形势的估计，原来是反对北伐，现在却被北伐的胜利冲昏了头脑，认为北伐军打下武汉后，"帝国主义的统治实际上已在一半国土上被打垮了"，革命在整个中国已经胜利在望。这种观察，由于在遥远的莫斯科看中国，根本看不到帝国主义已经在革命阵营中找到了新的代理人蒋介石这个致命的危机。（2）对国民党的政策，原来指示中共在党政军中放弃领导权，现在则强调无产阶级要从已经变得十分强大的资产阶级手中夺取革命的领导权，特别在军队中共产党要"担任某些领导职务"。（3）对统一战线，原来强调要联合资产阶级，现在则说："现阶段中国革命的动力是无产阶级、农民和小资产阶级的革命联盟。"这就把资产阶级排除了。但又自相矛盾地批评陈独秀多次提出的"共产党应该离弃国民党的这种主张，乃是错误的"。而且主张"共产党人应该参加广州政府"，原来指示不要参加国民党政府。（4）对土地革命，原来不准进行阻碍北伐的农村斗争，现在强调革命的"重点是土地革命"，否则"就会失去民族解放运动的领导权"。（5）对革命性质和前途，原来强调资产阶级革命的性质，现在则提出革命发展的前途将"超越资本主义"，"走向非资本主义即社会主义"（斯大林说："更确切些说，走向社会主义发展的过渡政权"），建立与苏联结盟的"无产阶级与农民专政的国家"。

这样就把全党的思想完全搞混乱了。当时任中共中央妇女部长向警予秘书的陈修良回忆这种混乱以及陈独秀靠边站的情况时说：

> 共产国际执委七大后，对中国革命提出了一个口号，叫做"走非资本主义道路"。这个口号不大明确，是指立即走社会主义道路，还是作为一个目标奋斗，当时都不了解，只有一个模糊的理解。我曾问过向警予同志什么是"非资本主义道路"？她没有回答这个问题，她只是说："当时中央有两种不同的估计，一种人说：中国处在俄国的二月革命时期。还有一种人说：中国已经到了十月革命的社会主义革命阶段，争论不决。"当时由于对革命的阶段问题不明确，后来又对于苏维埃政权口号不理解，到底是搞无产阶级革命，还是搞民主革命，说不清楚。
>
> 瞿秋白当时是中央的宣传部长，他对农民问题特别关心，经常讲这

个问题，市委的干部训练班上也讲这个问题。他说："中国革命的性质是民权革命，也就是农民革命，任务是打到地主阶级，夺取政权，走非资本主义道路"，看来也非当即要进行无产阶级革命，这个问题一提出，对于城市工作的任务是什么？就有争论了，城市里应当建立一个什么样的政权，革命的主要对象是谁？有分歧了。但这个问题在当时的党中央没有听到公开的辩论，我们听到的就是共产国际的代表团所提出的"走非资本主义道路"。在实际行动上是组织工会，领导工人向资本家要求增加工资的斗争，在政治上的口号还是"国共合作到底"，其实内部的大分裂早在"四一二"事变后明朗化了。不过武汉还没有公开化，党内也并无什么组织上措施，在七月十五日汪精卫正式宣布反共以前，人们思想上还没有准备……甚至有不少在武汉政府工作的党员，大吃大喝之风相当盛行，女同志多喜欢找军人结婚，因为他们钱多，其中有许多是党团员。无怪1928年周恩来同志在莫斯科时对我说过一句很重要的话，他说："当时武汉不少的同志大吃大喝，生活腐化，武汉政府不失败才是怪了。"可知人们思想的麻木到了何种程度！

党的第五次代表大会之后，陈独秀没有在公开场合露面，瞿秋白很活跃，如在党的积极分子会议上报告，俄国人——国际代表特别活跃，常常公开做报告。共产国际代表米夫和王明，他们都说："中国革命正在高潮中，中国的前途是非资本主义道路。"[1]

上述国际执委会七大决议精神，完全根据斯大林11月30日在这次会议上的讲话。[2]

为什么说这是个"左"倾路线呢？

从理论上讲，当时的"国民革命"，是资产阶级民主革命。一是革命的发展有自己的规律和惯性力；二是由于苏联总想在中国建立"苏维埃中国"式的"友好邻邦"——"红色殖民地"；三是由于中共和工人农民的不成熟，一旦革命发动起来，也时时想在行动上超出"国民革命"允许的范畴。就农民运动而言，北伐战争的进行必须有农民群众的帮助。而农民一起来，首先要求减租减息，进而要求土地革命，实行"耕者有其田"。这本来是合

---

[1]　陈修良：《我走过的道路》，1989年，未刊稿。
[2]　参见《共产国际有关中国革命的文献资料》第1辑。

乎逻辑的正当要求。但是农民要从地主阶级手中夺取和保住土地，又必须摧毁旧政权和旧武装，建立自己的政权和武装。于是一场尖锐的农村革命就必不可免。而当时情况最为复杂和微妙的是，由于北伐军官家属绝大多数是地主、富农、资本家出身，工农群众一起来闹革命，就直接触及他们的利益。曾在广东帮助毛泽东主办第六期农民运动讲习所、后任中共湖北省农民协会秘书长的陆沉，在当时就对维经斯基说：农民反对土豪劣绅"常常发生私自审判、处决豪绅的事件。在新阳县处死了45名绅士，部分是农民自己处死的，部分是交给县当局，在农民的压力下由县当局处死的。最近省农民协会处理了165名因从事各种反农民的活动而被农民逮捕的绅士。在该省中部和东部的一些县，村政权实际上掌握在农民协会手里"。①

不仅农民运动如此，城市里的工人运动也出现了相当"左"倾的状况。刘少奇后来在给宋亮的一封信中谈苏区工人"左"倾问题时说："一九二七年前武汉、长沙、广州工人的'左倾'错误比这严重到十倍：提出使企业倒闭的要求，工资加到骇人的程度，自动缩短工作时间到每日四小时以下（名义上还有十小时以上），随便逮捕人，组织法庭监狱，搜查轮船火车，随便断绝交通，没收分配工厂店铺。这些事在当时是极平常而普遍的。工会是第二个政府，而且是最有力量命令最能通行的政府……这些事干起来，而且是越干越厉害，企业的倒闭，资本家的关门和逃跑，物价的高涨，货物的缺乏，市民的怨恨，兵士与农民的反感（当时有许多小城市的工会被农民捣毁，而且是农民协会领导的），军官与国民党人的非难，就都随着这种'左'的严重程度而日加严重起来，而工人运动在当时是共产党负责的，这一切非难就都加在共产党身上。人们并不责备工人，而责备这是出于共产党的指使，这就影响共产党与各方面的关系。"②

而工农运动自身也分裂了，农民协会到城市中来捣毁过左的工会。这说明农民运动也并非都是走极端的。所以大革命最后的失败，除了国民党反共这个主因外，也有革命阵营内部的问题。当时中共和工农都在幼年时期，这些问题似乎是难以避免的。而单纯归结于"陈独秀右倾机会主义"，显然是简单化了。不如说是共产党自己打败了自己，不能完全说"陈独秀右倾机

---

① 《维经斯基在共产国际执行委员会主席团会议上的报告》，1927年6月22日，《共产国际档案资料丛书》第4辑，第328页。

② 《关于大革命历史教训中的一个问题》，中共中央文献研究室、中华全国总工会编《刘少奇论工人运动》，中央文献出版社，1983，第213页。

会主义"导致大革命失败！

这就出现了一种讽刺性的情景：一面是在前方，北伐军与北洋军浴血奋战；一面是在后方，工农群众革北伐军军官家属的命，甚至农民革工人的命。所以，陈独秀说这"简直是乱搞"，并非言过其实。这样的革命怎么可能持久？怎么可能胜利？更具有讽刺意义的是，上述陈修良在大革命失败后，被派到上海工作后说："我到上海后一个很大的感觉，就是上海人拥护国民党，不拥护共产党，上海工人也并不拥护共产党，他们对共产党好像共产共妻的谣言很多，我很不开心……觉得非常孤独。"① 这是"左"倾路线造成的严重后果，而莫斯科及在中国的国际代表和已经没有陈独秀的中共中央，却没有认识到这一点！

在当时情势下，怎么可能去贯彻国际执委会七大会议的路线呢？而且，这条路线本身就有三大致命弱点：第一，上述一系列转变，都必须通过国民党和国民政府去实现，而国民党是不可能接受"自己打倒自己"的路线的。第二，《决议》本身自相矛盾，一面要共产党员去掌握革命领导权，同时又强调"不企图以共产党分子代替左派之领导工作"。第三，国际的决议做出后一个月，又给中共一个指示否定决议的精神，强调"中共应进行斗争，反对任何分裂国民党的图谋，反对把右派过早排出国民党的仓促步骤"。在接着通过的《关于中国共产党的组织任务》决议中，更是自相矛盾地规定："共产党决不应把自己的建议强加给国民党机构，更不应取代国民党机构"；"党应设法使党员担负党（国民党——引者）内的领导职务，但决不能容许把共产党的人选强加于人"。②

就这样，共产国际执委七大路线和莫斯科为执行它而发出的一系列指示，使陈独秀党中央和国际在华代表无所适从。所以，陈独秀开始采取了抵制的态度，再加上当时中央委员和各级干部为了领导紧张剧烈的革命运动，也很难集中，他主张推迟五大的召开。对此，从当时的鲍罗廷、远东局和罗易到后来的学术界，一直指责陈独秀在党内"不传达""正确的国际七大执委决议"，对其持消极态度。这是毫无道理的。实际上，连布哈林在国际七大执委会议上的报告也承认："问题难就难在我们不能瓦解已有的革命政府、革命军

① 陈修良：《我走过的道路》，1989 年，未刊稿。
② 《共产国际执行委员会书记处会议第 5 号记录》，1927 年 1 月 19 日；《共产国际关于中国共产党的组织任务的决议》，1927 年 1 月 19 日，《共产国际档案资料丛书》第 4 辑，第 71、85 页。

队和革命地区"，最后只能 **"在我们主宰的地区通过渐进的改良办法**解决这个问题"①（黑体字是原有的——引者）。然而，由于前期推行右倾妥协路线的结果，在右派掌握国民党党政军大权的情势下，改良也是行不通的。

以共产党人参加国民政府为例，国际执委七大关于中国问题的决议也承认，国民政府的"实际权力掌握在国民党右翼手中（六个委员中五个属于右翼）"，共产党人参加政府是不受欢迎的。维经斯基坦率地表示：在蒋介石掌握国民党领导权时，共产党"没有参加政权的可能性"。② 但是，在"四一二"后，武汉成为所谓左派政府时，通过了共产党人参加政府的决定，让谭平山和苏兆征分别担任农民部长和劳动部长时，他们却长期受到排挤，连一张办公桌和工作人员都没有，因此根本无法工作。最后，为了缓和紧张的国共关系，不得不"辞职"。

但是，执意贯彻这条路线的罗易和多里奥（与罗易一起来华的国际代表，法国人）向莫斯科告状说："党的领导状况不佳。在陈独秀来到这里之前，中央委员会的多数委员主张立即召开代表大会，以便建立集体领导，并定在（4月）25日召开。陈独秀到来后，借口省里的工作需要，要求将代表大会无限期推迟"；"尽管中共表面上接受共产国际的提纲（指上述国际执委七大决议——引者），但中央委员会的多数委员，特别是陈独秀不同意这个提纲并想避开讨论"。③

中共中央政治局在1927年1月，"经过详细讨论与辩难之后"，十分勉强地做出了接受国际决议的决定。"辩难"二字，说明通过这个决定，是经过了激烈的斗争的。不仅如此，决定还异乎寻常地提出："不必俟第五次全国大会之讨论，一切政策及工作计划，即须依据（国际）此提案的方针与战略而进行"，又指示各地党组织，在讨论和执行国际提案时，"不在乎盲目的一致接受，而是要全党同志都能懂得此提案的全部意义。与其由盲目一致而到实际不一致，不如由意见不一致而得到实际一致！"④

---

① 《布哈林在共产国际执行委员会第七次扩大全会中国委员会会议上的发言》，《共产国际档案资料丛书》第4辑，第21页。
② 《维经斯基给联共（布）驻共产国际执行委员代表团的信》，1927年1月21日，《共产国际档案资料丛书》第4辑，第93~95页。
③ 《罗易和多里奥给共产国际执行委员会政治书记处的电报》，1927年4月20日，《共产国际档案资料丛书》第4辑，第209页。
④ 《中央政治局对于国际第七次扩大会中国问题决议案的解释》，《中共中央文件选集》（3），第14页。

但是，革命局势的发展不出陈独秀所料，危机随着北伐的胜利更加明朗化了。2 月，由于蒋介石在南昌开始公开反共，3 月 3 日，莫斯科又把国际执委会七大决议进一步具体化，并令中共立即对"政策和工作制度作必要的改变"。斯大林这天签署了联共中央政治局做出的九条决定，其主要内容是：（1）改造国民党。"吸收工农群众加入国民党"；"在这一基础上实行排挤国民党右派的方针。从政治上使他们声誉扫地并有步骤地自下而上地撤销他们担任的领导职务"。（2）改造军队。"必须坚决加强提拔国民党左派和共产党员担任军队、军校、重要军事技术等部门干部职务工作"；"必须坚持把军队从个别军阀的雇佣军变为革命政府的、联系群众的常备军的方针；实行掌握军队中重要职位的政策"；"必须加强军队中共产党支部的工作"，"凡是没有支部、能够建立支部的地方都应建立支部"①。

这个"三三"决定，似乎摸到了中国革命危机的症结所在，即由于推行莫斯科的错误路线，党政军的领导权没有掌握在共产党手中（实际上是联共和共产国际"九二八"指示，不让共产党掌握领导权），现在，一下子要共产党改造国民党党政军领导机关，夺取领导权，无疑是水中捞月。况且连国际执委七大决议都承认："自广州政府建立以来，实际权力掌握在国民党右派手中。"掌握军队的又都是新军阀，岂能让共产党来夺权。所以，他们用屠杀和"礼送出境"的办法，驱逐那些不听话的共产党人，虽然他们有些当了军"政治部主任"等，只能做军事长官的帮手和苦力，如瞿秋白所说"政治部是姨太太"。②

国际执委会七大决议和"三三"决定另一个致命弱点是，必须通过武汉国民党政府来执行。特别是"四一二"之后，斯大林用汪精卫代替蒋介石作为依靠对象，称武汉成了"革命中心"，国民党成了"没有右派分子的革命的国民党"，"将逐渐变成无产阶级和农民的革命民主专政机关"。这与中国的实际情况根本不符。于是，国际新路线还来不及贯彻，形势就急剧恶化，发生了上海和广州等地的反共政变。武汉地区内部也不断发生军官叛乱的事件。

对此，罗易等人不敢追究莫斯科的错误和责任，却把责任推到陈独秀党

---

① 《联共（布）中央政治局秘密会议第 89 号（特字第 67 号）记录》，1927 年 3 月 3 日，《共产国际档案资料丛书》第 4 辑，第 135~136 页。
② 《瞿秋白文选》第 5 卷，第 393 页。

中央身上，又向莫斯科告状说："机会主义的和极左的错误根本不是来源于共产国际执委会的决议，而是来源于俄国反对派在中国的思想上追随者——右倾的彼得罗夫（即彭述之——引者）和布哈罗夫（即罗亦农——引者）、机会主义者陈独秀及庇护他们这些人的维（即维经斯基——引者）"；"中国共产党及其领导没有很好理解共产国际执行委员会的新提纲"，"仍旧受到自己的旧政策的束缚，无法执行时局所要求的新政策"。① 甚至说："共产国际执委会在中国执行了唯一正确的路线，但反对派的中国信徒破坏这条路线"，陈独秀为首的中央"经过战斗"才最终"理解了决议"，"但把它压了一个多月时间（到 3 月初）。并说他们在关键的几个问题上"持保留意见"：拒绝参加政府和国民党机构；不同意让工人大批地加入国民党，也就是隐蔽地退出国民党；借口广州军队是军阀军队，不同意争取军队；认为工人代表苏维埃的思想是与国民党所赞成的上海国民代表大会相对立；等等。②

从罗易的这封告状信中，可以看出，陈独秀内心深处还是坚持"国民革命"的理论和"退出国民党"的方针。

在中共五大上处处挨批

于是，4 月 27 日至 5 月 9 日，中共第五次全国代表大会在汉口举行。结果是剪不断，理还乱，使中共更加陷于混乱，最终导致革命失败。大会仍由陈独秀任执行主席，并代表中共中央做两年来工作报告。报告检讨了以他为首的党中央过去反对孙中山北上、主张退出国民党、没有积极地坚决地帮助北伐，以及上海暴动时没有估计到敌人的力量，马上想在上海实现民主专政等问题上的一系列错误，表现了一个领导人勇于承认错误，不搞文过饰非的磊落态度。在中共党史上，党的第一把手，在代表大会上能做这样的自我批评，是极为罕见的。其实在这个检讨中，由于国际的压力和党内的不明真相，也有不少委曲求全、忍辱负重之言。例如：谈到三二〇事件时，他说："党的意见是，当时不仅有戴季陶主义思想，不仅有蒋介石的武装力量，而

---

① 巴库林：《中国大革命武汉时期见闻录》，中国社会科学出版社，1985，第 209、337 页。
② 《纳索诺夫、阿尔布列赫特和曼达良给联共（布）驻共产国际执行委员会代表团的信》，1927 年 5 月 21 日，《共产国际档案资料丛书》第 4 辑，第 271 页。

且在他们后面还有整个资产阶级。我们的力量不足以镇压蒋介石。因此党中央坚决主张采取退却—让步的策略。这就是说，我们允许资产阶级力量留在联合战线里。我的意见是，共产党和国民党左派的力量，当时的确不能够镇压蒋介石；况且蒋介石也还没有公开地暴露出自己的反革命面目，社会舆论也不会同意对他进行镇压。因此，我认为党中央的策略是正确的。"前述国际绝密档案表明，这些想法、意见和措施，都不是陈独秀的，而是处理事件的布勃诺夫为首的苏联考察团及鲍罗廷的。因为陈当时被迫同意了这个退让方针，所以，他必须为它辩护，否则就是"反国际"了，而这在当时是绝对不允许的。

陈独秀他不能或不敢在这个问题上说明真相，但是，他又暗示退让方针是国际决定的，而自己曾提出"退出国民党"的策略是正确的。

关于退让方针，他明确指出："鲍罗廷同志坚持认为，共产党员要退出黄埔军校，甚至今后也不要在军队里进行工作。"这实际上向全党暗示三二〇事件甚至四一二事件前向蒋介石的整个退让方针，都是莫斯科决定的，中共中央不过是执行而已。

关于退出国民党，陈独秀大胆地说："这是一个非常重要的问题。因为这不仅是三二〇事变中的策略问题，而且是无产阶级与整个资产阶级联盟的问题。这是无产阶级应当如何退出同资产阶级的民族联合战线，什么时候我们可以不要资产阶级的援助而独立地进行革命，什么时候我们可以公开进攻资产阶级等等的问题。"这是一个深刻的思想，是当时年幼的共产党的领导人的宝贵探索，而这也就是陈向国际提出"退出国民党"策略的真实用意。

同时，这又说明在国民党右派多次掀起的反共高潮面前，特别是四一二政变后，主张退出国民党，改党内合作为党外联合，并非错误，只是因为违背共产国际的路线才成了"错误"。

其实，在大会上，陈独秀就像一个傀儡，蔡和森说："独秀在五次大会政治报告，其大纲是鲁易（罗易——引者）规定的。"[1] 罗易本人也直言不讳："共产国际执行委员会代表团与中共中央联席会议经过长时间的反复磋商决定"了这个中共中央的政治报告。他这里用了"长时间的反复磋商"，说明陈独秀党中央进行了相当激烈的抵制，但是无效，因此，在五大上，陈不仅进行了自我批评，还处处受到批评，并反映在大会通过的文件中。

---

[1]　蔡和森：《党的机会主义史》，《蔡和森的十二篇文章》，第 102 页。

大会上争论集中在土地革命、革命发展（包括北伐）方向问题上。

在土地问题上，陈独秀一贯主张实行温和改革的"减租减息"政策，后来由于两湖地区出现农民夺取土地的自发的土地革命运动，他在同意没收大地主、军阀和劣绅土地的同时，"反对农民运动过火"，反对没收小地主和北伐军官的土地，制止乱捕乱杀。早在 1926 年 12 月 13 日陈独秀主持的有鲍罗廷和维经斯基参加的中共中央政治局特别会议（又称政治局与国际代表联席会议）上，陈就与多数同志一起坚持这个主张，反对急进的土地政策。为此，会议还通过了《关于中国共产党农民政纲草案》，其中明确规定只"没收大地主、军阀、劣绅及国家宗祠的土地，归给农民"；在 1927 年 4 月 26 日（即五大开幕前一天），他在由国共两党成员组成的土地委员会上发言说："这个问题甚复杂，牵涉甚大，全部的问题，现在在革命的理论上，财政上，社会问题上，方方都要求解决土地问题。土地问题成了重要的舆论了。但是到了实际问题便发生困难，如军人的土地问题，中小地主问题，策略问题等等，都有困难，各方面都不能满意。我的意思，方法与原则是可以相符的。"接着，他提出了对土地问题的七条意见，其中强调"没收小地主及革命军人以外之出租的土地，分给农民"。[①] 在当时武汉地区和两湖农民运动高潮中能保持如此清醒的头脑，是难能可贵的。因此，在接着举行的中共五大上通过的《国民革命中的农民政纲》，基本上贯彻了这个原则，规定：（1）无代价地没收地主租与农民的土地，经过土地委员会，将此等土地交诸耕种的农民。（2）属于小地主的土地不没收。（3）革命军人现时已有的土地可不没收。[②]

实际上，正如陈独秀在土地委员会会议上所说，考虑到当时的主客观条件和两湖地区已经出现的过火情况，他认为这些土地革命的原则"不是马上实行的"。因此他又在五大提出先进行北伐，等打到北京（军阀政府）后，再进行土地革命主张。这被称为"先扩大，后深入"的方针。鲍罗廷也是这个主张。

中共五大虽然吸收了陈独秀的土地革命的意见，却还是处处挨批。因为国际执委会七次扩大全会后，带着斯大林和共产国际执委会七大新方针的罗易，主张在北伐军占领地区先进行深入的土地革命，以巩固革命的根据地，

---

① 《中国农民》第 2 卷第 1 期，1927 年 6 月。
② 《中共中央文件选集》（3），第 55 页。

再谈北伐。这是"先深入，后扩大"的方针。这个方针得到瞿秋白和毛泽东等人的拥护。

这样，在中共上层及国际代表方面，两种意见始终尖锐对立，不能形成统一的指导意见。

实际上，在激进两湖地区，已经形成类似历史上农民起义的自发的土地革命高潮；而在其他地区，则由于反动派及国民党右派势力的强大，连"减租减息"的政策也不能实行。造成这种复杂状况的原因是多方面的，但绝不是陈独秀的责任。因为，他的主张基本上是正确的，符合社会发展的规律。从共产党方面说，主要是党的成熟程度决定的，即从事农民运动干部的数量和政策水平，不可能把农民运动引上正确的轨道。

请看联共（布）、共产国际提供的档案证明。

在三二〇事件前，鲍罗廷自认为掌握了广东大权可以无所不为时，也对广东的农民运动无能为力。当时广东有92个县，4000万人口，60万农民已经自发组织起来。但当时全国共产党员只有4500人。鲍罗廷说：即便有100名甚至500名"职业共产党员"做这60万农民的工作，也"不能控制住这种自发行动"，"这意味着必然发生内战，因为我们无法控制住农民。即使有更多的共产党员，我们也无法制止农民为实现自己迫切的要求而进行斗争"。[①]

当时陈独秀与毛泽东之间、鲍罗廷与罗易之间的矛盾和斗争，就是这种"内战"。前者要想控制农民运动，后者则崇拜农民运动的自发性、狭隘的报复性和盲目的破坏性。

到1926年9月，北伐军占领武昌后，国民政府辖区达四个省约1.5亿人口，共产党员虽了有了大发展，达到1.5万多名，但在这么广大地区开展农民运动，维经斯基说：中共"要根据客观的条件来开展工作，既缺少人手又缺少经费"；"中央因缺乏工作人员而喘不过气来"[②]。谭平山则指出：新党员60%是工人，来不及进行培训就投入斗争，"大多数同志还缺乏必要的政治素质"；"我们一直保持着对农会的领导权，但是党太小，有许多农民组织是在反对地主、土匪和政府军的斗争中自发产生的，党还不能完成在

①　《鲍罗廷在联共（布）中央政治局使团会议上的报告》，1926年2月，《共产国际档案资料丛书》第3辑，第122、129页。
②　《维经斯基给联共（布）驻共产国际执行委员会代表团的信》，1926年9月23日，《共产国际档案资料丛书》第3辑，第539、542页。

这些农民组织中的主要工作"。还有一个中共中央无法解决的困难是，由于国民党右派掌握着地方政权，竭力破坏农民运动，经费问题，"党无力独立地加以解决"①。1927 年 1 月，共产党员的人数达到 5 万名，维经斯基更是感叹道：一年多来"党大约壮大了 10 倍。没有足够的力量用来改造最近几个月涌入党内的群众"。②

至于说到陈独秀"反对武装工农"这一大罪状，已如前述，既然是共产国际的指示，又是中共在干部和经济上面临的困境，是不应归罪于陈独秀的。陈本人是很想武装的，否则他怎会亲自领导第三次上海工人暴动。但是，正如他后来所说：中山舰事件时，"我们要求把供给蒋介石、李济深等的枪械匀出五千支武装广东农民，国际代表（指鲍罗廷——引者）说：'武装农民不能去打陈炯明和北伐，而且要惹起国民党的疑忌及农民反抗国民党'"，因此遭到拒绝。③

关于革命发展方向，当时有两层意思：一是北伐战争向何处去？二是共产党领导的革命运动如何发展？由于斯大林和共产国际把革命完全依附于北伐战争的发展，这两个问题有不可分割的联系。

对这个问题，中共五大上出现了四种意见：一是继续北伐，与冯玉祥的国民军呼应，向河南省推进，直捣北京。二是东征蒋介石，周恩来、赵世炎、罗亦农、陈延年、李立三等人持此意见。五大前他们就致信党中央，指出："即使武汉北伐，能直捣京津，而蒋之政权已固，继蒋而起者亦将大有人在，日帝国主义在北京亦未尝不可与国民政府成直接冲突。"④ 三是南进广东，打倒李济深，重新建立广东革命根据地。四是向西北发展。这是鲍罗廷和陈独秀的意见，认为东南反动势力太强大，向西北发展可以接受苏联援助。当时这种意见被斥为"向西北逃跑"的机会主义路线。

由于罗易实际上操纵了会议，会议通过的决议严厉批判了鲍罗廷、陈独秀"先扩大，后深入"的主张和向西北发展的路线，决定了先在武汉地区深入土地革命的路线。

---

① 《谭平山在共产国际执行委员会东方书记处会议上的报告》，1926 年 9 月 23 日，《共产国际档案资料丛书》第 3 辑，第 549、551 页。
② 《维经斯基给联共（布）驻共产国际执行委员会代表团的信》，1927 年 1 月 21 日，《共产国际档案资料丛书》第 4 辑，第 99 页。
③ 《告全党同志书》，1929 年 12 月 10 日，油印小册子。
④ 《周恩来选集》上卷，第 6 页。

这使正在走向低落和困难的大革命，只能在武汉等"死"了。

其实，在中共五大上争论这个问题是毫无意义的，因为，共产党的发展已经依附于北伐战争的发展，而武汉的北伐方向决定权掌握在国民党和国民政府手中，国民党和国民政府又被正在动摇、即将反共的唐生智、朱培德等新军阀所操纵。他们是绝不会服从共产党代表大会的决议的。

而且，最重要的是五大必须遵守莫斯科的死命令：无论是改造国民党、深入工农运动，还是争夺革命领导权，都必须通过国民党和国民政府去执行。所以，决议案又狠批陈独秀关于共产党必须退出国民党才能执行独立政策的主张，宣称："四年前中国共产党在两种条件之下，加入中国国民党，（A）保持组织的独立性；（B）有批评的自由，以执行其拥护工人阶级利益之政治主张……但是，本党在国民党中，以前只有离开国民党而求所谓'独立'的政策，而实际上并未能将真正独立的工人阶级之政策执行起来。"①

就这样，中共五大，虽然通过了一个"左"倾的决议案，企图统一思想，挽救正在走向失败的革命，但实际上什么问题也没有解决。而且，陈独秀虽然保留了总书记的位置，由于在会上处处挨批，威信扫地，更被国际代表及其他中共领导人不放在眼里了。

陈独秀根本不想接受莫斯科和罗易推行的、完全脱离中国实际的"左"倾路线，于是，他除了消极应付以外，只得跟在鲍罗廷后面跑。

明确抵制莫斯科的"紧急指示"

陈独秀消极抵制国际执委七大路线和莫斯科"三三"指示，已经被罗易和远东局中的激进派视为机会主义者。但是，致使他被打成"右倾机会主义者"的最直接的原因，是他和全体中央委员及国际驻华代表共同抵制所谓莫斯科挽救大革命的五月"紧急指示"。

中共五大闭幕不久，即1927年5月18～30日，共产国际执委会在莫斯科举行第八次全会，专门讨论中国革命问题。斯大林和托洛茨基都参加了会议，双方进行了激烈的争论。托洛茨基在发言中着重批评了斯大林和布哈林继续依靠武汉汪精卫推行的中国路线，顺带也点名批评了陈独秀的两个思

---

① 《政治形势与党的任务决议案》，《中共中央文件选集》（3），第37～46页。

想："将土地革命延迟至疆土在军事上已有保证之后"，"将政治改组延迟至军事胜利之后"。① 他坚决主张保卫中国共产党的独立性，发展工农武装，成立苏维埃，开展土地革命，并要求把反对派对斯大林中国政策的批评公之于众。这表明双方斗争已经白热化。但他毕竟是少数派，他的主张遭到大会的拒绝，并被斥为"反党罪行"。全会通过特别决议，谴责托洛茨基—季诺维也夫反党联盟的分裂行动，撤销了托洛茨基共产国际执委的职务。这就减弱了国际中支持陈独秀退出国民党主张的力量。

受到托洛茨基攻击的斯大林，决心坚决捍卫他的"国共合作"主张，并进一步向"形左实右"的路线发展。早在中共五大结束后的 5 月 13 日，斯大林主持联共中央政治局秘密会议，决定给鲍罗廷、罗易和陈独秀发去电报，提出三点建议：（1）在"保护指挥人员财产和分给士兵土地"的前提下，"在共产党的积极参与下由农民实际没收土地"，口号是"一切权力归农会"。这里虽然有陈独秀反对农民运动"过火"时的主张之一—"反对没收北伐军人的财产"，但是，没有明确对中小地主的政策，实际还是没收一切土地。（2）"开始组建 8 个或 10 个由革命的农民和工人组成的、拥有绝对可靠的指挥人员的师团。这些师团将是武汉在前线和后方用来解除不可靠部队武装的近卫军。"（3）"加强在蒋介石后方的工作，对蒋介石部队的瓦解工作。"②

现在没有材料说明这个电报是否发出，陈独秀对此有什么反应。但是，它却是紧接着发出的著名的"五月紧急指示"的雏形。因为，正是在共产国际执委会第八次全会期间，5 月 21 日，武汉国民党第三十五团团长许克祥在湖南长沙发动反共政变，大肆屠杀共产党人和工农民众。中共湖南省委发出指示，组织长沙附近农军于 30 日围攻长沙的叛乱部队。汪精卫得知后大发脾气，指责事件是由农运"过火"引起的。鲍罗廷怕国共破裂，主张国共双方组织代表团赴湘，"一面查办许克祥的叛变，一面查办农运过火"。③ 陈独秀为此召集政治局紧急会议，做出《对于湖南工农运动的态度》，也一面批评国民党领袖的工农政策"动摇"，一面批评"贫农幼稚行动"；同时指出"土地问题尚须经过相当宣传时期，并且必须先行解决土地

① 托洛茨基：《中国革命问题》，第 19 页。
② 《联共（布）中央政治局秘密会议第 102 号（特字第 80 号）记录》，1927 年 5 月 13 日，《共产国际档案资料丛书》第 4 辑，第 252～253 页。
③ 蔡和森：《党的机会主义史》，《蔡和森的十二篇文章》，第 75～76 页。

问题之先决问题——乡村政治问题，因此我们即须：（一）扩大土地问题在各方面之宣传尤其在军队中。（二）着手建立乡村自治政权及县自治政权"。[①] 于是，陈独秀签署了中央致湖南省委的信，命令取消进攻长沙的计划，避免公开冲突，把问题转移到武汉来解决。同时，鲍罗廷率领国共代表组成的代表团，去长沙查办许克祥，遭到许的恫吓而折回。此事引起中共党内激烈争吵。陈独秀、张国焘、李维汉组成的政治局常委一度通过蔡和森提出的强硬方针《两湖决议案》，号召农民依靠自己的势力解决许克祥，自动没收土地，发展 5 万以上农军，推翻代表土豪劣绅的国民党中央。

这说明陈独秀为首的党中央在这个问题上，的确处于左右为难的境地：要么支持农民的土地革命，而不顾国共合作破裂；要么维护国共合作，而阻止农民革命；对工人运动也是如此。

总之，在群众运动高潮的形势下，再加上共产国际忽右忽左的政策干涉，共产党的理智决策与感情用事，很难达到统一。正如陈独秀的秘书黄阶然后来回忆的：当时陈独秀十分苦恼，白天去开会，"晚上在房子里转来转去，直到深夜一、二点钟"才睡，还不断地对天长叹：这种政策"究竟叫我怎么领导？我这个领导怎么领导法？"[②]

正是在这革命危机的情况下，5 月 30 日，即共产国际执委会第八次会议处理了托洛茨基问题后，联共中央书记莫洛托夫在征询政治局委员意见后，决定给鲍罗廷、罗易、柳克斯（苏联驻汉口总领事）发去了被称为挽救中国革命的"五月紧急指示"的电报：

1. 我们坚决主张从下面实际占领土地。

2. 对手工业者、商人和小地主作出让步是必要的，同这些阶层的联合是必要的。只应没收大、中地主的土地，不要触及军官和士兵的土地。如果形势需要，暂时可以不没收中地主的土地。

3. 应该改变国民党目前的构成，务必更新国民党上层人士，充实在土地革命中脱颖而出的新领导人。

4. 应当消除对不可靠将领的依赖性。要动员两万共产党员，再加上来自湖南、湖北的五万革命工农，组建几个新军。要利用军校学员做

---

① 《中共中央文件选集》（3），第 105 页。
② 黄阶然的回忆，1980 年 5 月 20 日，未刊稿。

指挥人员，要组建自己可靠的军队。

5. 要成立以著名国民党人和非共产党人为首的革命军事法庭，惩办和蒋介石保持联系或唆使士兵迫害人民、迫害工农的军官。

6. 务必报告你们是否收到了电报和采取了什么措施。①

这个指示中，第二条比较理智，也与陈独秀的主张相符，但在这个指示的原始档案披露之前，人们看到的是斯大林本人在这年 8 月 1 日（即大革命失败后）所做的题为《国际形势和保卫苏联》② 演讲中精心摘取的内容，没有以上第二条。

这个指示中的第四条，即要共产党"组建自己可靠的军队"，一直被作为斯大林重视中国武装斗争，陈独秀反对武装斗争的重要证据。其实在此前，莫斯科一直不允许共产党组建自己的军队，甚至不允许武装工农。这里有一个复杂的过程。早在大革命初期，莫斯科领导人对共产党人掌握军队，似乎有所考虑。1925 年 5 月 5 日，在联共政治局会议上，斯大林曾提出"在广州组建新的可靠部队"。为此，会议还做出了向广州派遣 200 人的教官队和提供 50 万卢布、2 万支步枪、100 挺配备子弹的机枪、一定数量的掷弹炮和手榴弹的决定。可是，不久改由大力加强对"国民党将领"提供军事援助的方针。因此这年出现了共产国际给中共"九二八"指示中这样的文字："共产党人在国民革命军中的工作"，不是"瓦解它，削弱它的战斗力和为未来无产阶级红军准备干部"，而是"巩固和加强军队"。为此，"应该准备取消队中建立共产党支部"，而且"决不允许突出共产党人，让共产党人占据太重要的职位，试图取代最高指挥人员和政工人员"。从此，莫斯科就千方百计阻止和限制中共领导的工农武装的发展。

后来，维经斯基等国际代表多次向莫斯科呼吁，要求武装工农，特别"在农村，很难说究竟有什么样的武装力量"，要求莫斯科提供武器或购买武器的经费。③ 但莫斯科始终不予理睬。如前所述，在国际代表一再要求下，莫斯科原拟答应拨款 10 万卢布，但因反对上海工人第三次武装起义，

---

① 《联共（布）中央政治局会议第 107 号（特字第 85 号）记录》，1927 年 6 月 2 日，《共产国际档案资料丛书》第 4 辑，第 298 ~ 300 页。

② 《斯大林全集》第 10 卷，第 30 ~ 32 页。

③ 《维经斯基在共产国际执行委员会主席团会议上的报告》，1927 年 6 月 22 日，《共产国际档案资料丛书》第 4 辑，第 341 页。

临时取消了这批拨款。只是在 3 月 22 日上海暴动取得胜利后，24 日举行的联共政治局会议才做出一个事后追认的决定，致电鲍罗廷并转国民政府：

> 建议颁布关于根据工会的倡议在工业中心城市建立为数极少的工人纠察队的法令。首先在上海建立。①

这说明，在莫斯科看来，中共在上海接连三次武装暴动和武汉收回英租界时建立的工人纠察队是非法的，现在被迫承认，也用"为数极少"来限制它。

莫斯科为什么如此害怕工农武装呢？主要是害怕中共的武装会吓跑国民党资产阶级，破坏统一战线，此外，还有一个根深蒂固的思想，即认为只有国民党的正规军和正规战争才能战胜北洋军。在国民党军队纷纷叛变时，1927 年 5 月 13 日，斯大林还公开宣称："在目前，用新的军队，用红军来代替现在的军队是不可能的，原因很简单，就是暂时没有什么东西可以代替它。"②

但是，5 月 30 日的"紧急指示"，却突然要中共组建由共产党员和工农组成的 7 万人的"可靠部队"来代替用斯大林的话说"不可能""没有什么东西可以代替"的"现在的军队"，显然十分荒唐。

6 月 3 日和 6 日，斯大林联共中央政治局，又两次致电鲍罗廷等，同时也带上了陈独秀中共中央，强调"任何阻止土地革命的行为都是犯罪"，并点名武汉的张发奎部队，可以视为"可靠的部队调作武汉的后备队，赶紧补充工人和农民，或把它们作为主要支柱留在武汉，或令其向南京蒋介石的后方推进，或利用它们去解放广州"。③ 这就是后来大革命失败时，造成工农武装涌进张发奎部队和南昌起义时打"国民党"的旗号，拥护张发奎，向广州发展，最后又遭失败的最早的最高指示。这种"遥控"，而且具体，害得中共增加多少失败和牺牲。

鲍罗廷、罗易等，对联共最高当局的这个紧急指示，自然不敢怠慢，催促中共中央政治局于 6 月 7 日专门召开会议讨论落实。

在会议上，陈独秀大胆、直率批评"莫斯科不了解中国的实际情况"，

---

① 《联共（布）中央政治局会议第 92 号（特字第 70 号）记录》，1927 年 3 月 24 日，《共产国际档案资料丛书》第 4 辑，第 157 页。

② 《斯大林全集》第 9 卷，第 239 页。

③ 《联共（布）中央政治局紧急会议第 108 号（特字第 86 号）记录》，1927 年 6 月 2 日，《共产国际档案资料丛书》第 4 辑，第 307 页。

并逐条分析批驳了"紧急指示":(1)关于土地革命,陈认为"长沙的政变不只是反对土地革命,而且也是由过火行为引起的";"没有过火行为,反动派的统一战线不会这么容易形成。在这种情况下,我们不能谈及土地问题"。(2)关于改组国民党领导机构,陈指出:"国民党的领导机构是在党的代表大会上选举产生的。现在我们怎么能改变它呢……如果像莫斯科希望的那样撤换老领导人,那么国民党就会变成工农党。"(3)关于组建工农新军,陈认为"当然很好,但存在一些困难",因为根据莫斯科的指示,我们必须要"同军阀进行接触","进行谈判"。在"我们不能同这些将领断绝往来……的情况下我们没有可能建立自己的(武装)力量"。(4)关于组建革命法庭,陈认为"实际上是不可能的"。

因此,陈独秀的结论是:"我们衷心赞同指示,但问题是我们党未必能够贯彻执行。"①

这是陈独秀主持中共以来第一次明确抵制莫斯科指示。

陈独秀的这种态度是实事求是的。问题的关键是两个:一是由于受到工农运动的冲击,武汉国民党和国民政府控制在反对工农运动以至反共的军阀、政客手中,想通过国民党和国民政府贯彻紧急指示,等于让他们自己打倒自己,无异于痴人说梦;二是如果让共产党依靠工农的力量去执行,实质就是让共产党去打倒国民党,但是,由于北伐以来国民党新军阀获得大量的军事援助和北伐战争的胜利成果,共产党一直受到莫斯科和国民党的压制,国共双方力量对比悬殊,没有成功的可能。

这种情况,在中国的每一个中共领导人和苏联、共产国际代表都十分清楚。只有远在莫斯科的领导人不清楚。所以他们才凭主观想象和苏俄革命的经验,发来这种形左实右、矛盾百出、无法执行的指示。在这次会议和以后几次国际代表与中共中央的联席会议上,陈独秀一直坚持上述态度,甚至说:"莫斯科的指示我弄不明白,我不能同意。莫斯科根本不了解这里发生的事情。"②鲍罗廷也明确说:"我们不同意这些电报的方针",甚至"反对没收大地主的土地",认为若进行彻底的土地革命,"共产党人应该反对国民政府,而这必然会导致十分危险的武装起义"。周恩来则担心莫斯科出尔

① 转引自《罗易给联共(布)中央政治局的电报》,1927年6月8日于汉口,《共产国际档案资料丛书》第4辑,第308、309页。
② 《希塔罗夫关于中共中央政治局与共产国际执行委员会代表联席会议的报告》,1927年6月26日,《共产国际档案资料丛书》第4辑,第361页。

反尔："在上海我们收到了莫斯科关于建立民主政府的指示。后来当我们这样做了时，他们却对我们说，这是不对的。莫斯科经常这样做，应当弄清楚，莫斯科到底想怎么办。"瞿秋白口头上"完全同意"莫斯科指示，但也"回避明确提出问题"。①

只有罗易一人认为可以执行"紧急指示"，他只是认为莫斯科的指示"有点晚了"，必须采取"果断的组织措施"，即撤换鲍罗廷和陈独秀，才可能"挽回局面"。正如他在6月5日和17日给斯大林和布哈林的电报所说："现在的危机是鲍罗廷过去实行的政策造成的"，甚至说："共产党领导的令人可悲的状况是近四年来实行错误政策的结果"；而"鲍不同意你们的指示，并且公然对抗这些指示"，还对罗易进行封锁："莫斯科的电报，除了我坚决要求给我一些摘录外，都没有给我看"；"我没有钱，甚至党的预算也在上海（苏联领事馆——引者），我控制不了"。但是，鲍罗廷恰恰因为执行"过去的政策"的成功，在前一年北伐高潮中，获得了斯大林颁发的红旗勋章，深得联共中央的信任。所以，罗易不敢明说撤换鲍罗廷，只说："所有俄国的负责同志都认为局势危险，并反对鲍的政策。情况不正常。一个人无视最高领导机构的指示，而所有其他负责同志都不能监督他……鲍应当服从党的命令。"而对陈独秀则完全不一样了，罗易用严厉的口吻说："应当把陈独秀清除出共产党领导机构。这里必须创造条件使你们的指示得到有力贯彻。"② 然而，即使从罗易自己汇报的情况来看，造成革命危机"主犯"是鲍，陈不过是"胁从"。

这里，在大革命失败问题上，罗易创造了"放弃主犯，专打胁从"的模式。因为鲍罗廷的政策实际上是斯大林的政策，这就注定了罗易的最后失败。但是，他创造的这个模式，却被不断模仿，大家都来把全部脏水泼在陈独秀身上，而把斯大林视为"完全正确"的化身。

罗易在电报中批评谭平山遵照鲍罗廷的主张而率考察团（鲍罗廷也参加）去长沙解决马日事变时指出："陈（独秀）比谭更坏。他的领导无疑有害于党。"诬陷陈"是国民党在共产党内的代理人"，"完全支持国民党镇压

---

① 以上各人的发言，分散在《罗易给联共（布）中央政治局的电报》（1927年6月8日）等五个文件中，篇名太长，恕不一一列出，请见《共产国际档案资料丛书》第4辑，第309、321、357、361、427页。

② 《罗易给斯大林和布哈林的电报》，1927年6月5和17日，《共产国际档案资料丛书》第4辑，第303、320页。

湖南'过火行动'的政策，这实际上是向农民进攻"。为此，他不仅主张撤换陈独秀，而且首次提出："陈应立即召到莫斯科去"，甚至要取消中国共产党，由共产国际直接领导。他说："中国共产党现阶段的领导很软弱，共产国际实行直接领导是完全必要的。"他的具体建议是："在国民党内设共产国际的代表机构"；"由拥有同样全权的鲍、加（伦）和共产国际代表（自然是罗易自己——引者）组成的三驾马车应对整个工作负责"。他强调："尽管有莫斯科的正确指示和极大帮助，但当地的领导如果没有一些明确的组织措施，就会丧失一切。"①

在当时站在中共之上的两位最高领导人鲍与罗如此对立的情况下，再加上当时极其混乱的局势，陈独秀到底能起什么作用？有什么影响？不是可想而知吗！

在对待"紧急指示"问题上，柳克斯也赞同鲍罗廷、陈独秀的意见。这样，"不能执行""紧急指示"，就成了多数人的意见。但是，讲实话，对莫斯科说"不"，鲍、柳二个俄国人深深地知道，会遭到怎样的命运。于是，书生气十足而又不设防的陈独秀被引进了圈套：本来应该由三个外国人向莫斯科报告的任务，却由陈独秀一个人来承担。

6月15日，陈独秀根据政治局会议和联席会议讨论的情况，致电共产国际再次详细解释了暂时不能执行"紧急指示"的原因。他指出，土地革命能否开展是能否得到军队的支持联系在一起的，因为国民革命军的"大多数军官来自中小地主阶级，因而反对土地革命"。但他们用来反对土地革命的借口，不是没收土地，而是农民运动的"过火"行为，如军官家里的土地和财产被没收，亲属被拘禁；一些平民被扣留和罚款；禁止运粮；强迫商人摊款；农民私分粮食，吃大户；士兵寄回家乡的小额汇款被农民没收和瓜分；等等。"这些过火行为迫使出身中小地主阶级的军人与土豪劣绅结成反共反农民的联合战线。那些家中遭到冲击的军人更是愤怒。"

陈独秀毕竟"高高在上"，了解情况不深，实际情况比这严重得多。如湖北省农民协会秘书长陆沉除前述农会私自处死大批绅士外，还说："过去由县司法机关审理的所有诉讼案件现在几乎都在农村就地解决，县司法当局

---

① 《罗易给斯大林和布哈林的电报》，1927年6月2日和5日，《共产国际档案资料丛书》第4辑，第301、302、303页。

抱怨无事可做"；"地主和豪绅大批迁居城市，他们当中最反动者的财产（包括土地）被农民没收。仅阳新县就没收这种财产达 100 万元。湖北全省所没收的财产（包括土地）的价值，据省农民协会计算达 2000 万元"；"在罗田和黄冈两县可以看到这样的情况：地主自己自愿去农民协会，建议农会收走他们的土地。这一方面是因为地主害怕农民，一旦暴力没收，农民可能不仅没收土地，而且拿走所有财产"。[①]

当时国民党著名学者陶希圣因不满武汉工会、农会的做法，几次阻止农会滥杀无辜农民，而被农会捕走。陈独秀得施存统报告，下令释放了陶。后来陶希圣投桃报李，陈独秀在国民党监狱里出来后，生活困难，陶曾聘陈在他主持的艺文研究社刊物上写稿。

一是武汉地区的农民运动正处在高潮之中，二是共产党又处于幼稚阶段，没有力量和正确的政策加以引导。所以，农民运动出现上述"过火"现象是必然的。问题是对其应该采取什么样的态度。陈独秀给国际的报告就以湖南为例子说：湖南农民运动发展迅速，但"国民革命军百分之九十是湖南人，整个军队对农民运动的过火行为都抱敌意。夏斗寅叛变和长沙事件是这种普遍敌意的表现。在这种情况下，不仅是国民党，就是共产党也必须采取让步政策。必须纠正过火行为，节制没收土地的行动……否则，将立即引起与大部分反动军队的冲突，与国民党发生分裂，而我们将变成一个反对党"。

最后，陈独秀为了照顾莫斯科的面子，又要说服他们放弃错误的指示，苦口婆心地说：

> 你们的指示是正确而重要的，我们表示完全同意。中国共产党设法要建立民主专政，但在短时期内不可能实现。用改组的办法驱逐汪精卫尤其困难。当我们还不能实现这些任务的时候，必须与国民党和国民革命军将领保持良好关系。我们必须吸收住他们的左翼领导人，并达成一个共同的政纲。如果我们同他们分裂，要建立我们自己的军事力量将是很困难，甚至是不可能的。没收大地主和反革命分子土地的政策没有废止，也没有禁止农民自己起来没收土地。我们的迫切任务是要纠正

[①] 《维经斯基在共产国际主席团会议上的报告》，《共产国际档案资料丛书》第 4 辑，第 328、329 页。

"过火"行为，然后没收土地。并揭露言过其实的反动宣传以中止军官和国民党左派间引起的恐慌，从而克服农民运动道路上的障碍。失业、无地的农民是湖南农民运动中的动力。他们不仅要求平分土地，而且要求分配一切财产，这就不可避免地引起租地者和自耕农之间的冲突。这一点必须改变，贫农必须成为运动的中心。①

这里，陈独秀再一次表示了两个与莫斯科完全对立的立场："紧急指示"行不通；汪精卫不可靠。②

但是，第二天，罗易给联共中央政治局的电报，告发陈独秀"只是表面上接受"国际指示，"共产党答复中的一些说法是不对的"，并逐条驳斥了陈独秀的报告："第一，国民党土地委员会（有共产党员的代表参加——引者）只是原则上作出了没收（土地）的决定，但把没收的具体实施时间作了无限期的推迟。第二，湖南的将领们多数不是中小地主，而是大地主。第三，关于过火行为的说法基本上是虚假的，是为宣传目的伪造出来的。第四，国民党在夏斗寅叛变前就反对土地改革。第五，湖南多数农民协会不是由流氓组成，而是由佃农和贫农组成的。当然无地的农民更为革命。第六，平分土地的要求不具有普遍性，而只是一些例外。昨天，在共产党政治局会议上，鲍（罗廷）和另一些人不同意没收大地主（土地）的要求。"③

被"四一二"之前的"胜利冲昏头脑"，继而又被急转直下的挫折撞得头破血流，同时遭到托洛茨基反对派猛烈攻击的以斯大林为首的莫斯科最高当局，已经完全失去理智。他们哪听得进陈独秀的苦口良言，反而因此把拒绝执行"紧急指示"——拒绝挽救大革命失败的责任，全部推在陈独秀一个人身上，制造了"陈独秀右倾机会主义"这个罪名（在后来的抗日战争中，又被升级到"陈独秀右倾投降主义"）。

莫斯科见罗易借批判鲍罗廷而否定"四年来"的政策，当然不能听他

① 罗伯特·诺斯、津尼亚·尤丁编著《罗易赴华使命》，中国人民大学出版社，1981，第324～325页。

② 自然，在对外宣传上，陈独秀知道必须顾全大局，保护工农运动的积极性。所以，他在6月20日发表的文章《湖南政变与讨蒋》中，列数许克祥在马日事变后的种种反苏反共反工农的罪行，驳斥马日事变只是为纠正农民运动的幼稚的谬论，抱怨武汉政府对许克祥的庇护。

③ 《罗易给联共（布）中央政治局的电报》，1927年6月16日，《共产国际档案资料丛书》第4辑，第318～319页。

的话而撤换鲍罗廷。罗于是我行我素，在 6 月 5 日，私自把"紧急指示"的副本送给汪精卫，想依靠汪来挽救局势，并且说："你如接受电报的要旨并给予执行的便利，共产国际将继续同你合作，否则就将同国民党一刀两断。"汪见后"非常吃惊"，指责说："你们破坏了协议。"陈友仁得知其内容后，面如土色，说："这意味着国民党同共产党之间的战争。"于是，他们加快了"分共""自救"的步伐。擅长情报和统战工作的周恩来报告了从国民党内部透露出来的罗易向汪精卫泄露国际指示的消息，大家都怔住了。鲍罗廷立即向莫斯科报告了这个严重事件，也报复了这位多次向联共最高当局告他状的印度人。共产国际不得不做出撤职、"召回"罗易的决定，批评罗"违反了纪律"，"因为他给国民党中央的一些委员看了只发给鲍、罗、柳三同志而无论如何不能给其他人看的电报"，并任命纽曼来华接替他。[①]

自以为忠于莫斯科的罗易，被这一闷棍打得晕头转向。他在 6 月 28 日打电报给共产国际，表示强烈抗议（虽然他必须服从国际的决定）："以违反纪律为由把我召回使我感到惊讶。这里必然造成这样一种印象：虽然我严格按照共产国际决议和你们的指示行事，共产国际却否定我的看法。不是我，而是另一些人违反了纪律，无视和否定共产国际的决议。我将在莫斯科证明，对我的指控是荒唐的。"然后，他又说"共产党政治局正在逐步走取消主义的道路"。"陈（独秀）声称，莫斯科不了解情况，发出了不可能执行的指示"，局势非常严重，"在这种危机的情况下，共产国际却要召回自己捍卫了正确政策的代表"。[②]

看来，罗易也被莫斯科混乱的政策弄得满腔悲愤。

面对罗易造成的更严重的危局，鲍罗廷"垂头丧气"；陈独秀"认为莫斯科把事情弄糟，又无法善后"，开始消极，并再次主张"共产党人退出国民党"。[③]

其实罗易深谙莫斯科的想法，即依靠武汉国民党来拯救革命。不过他的行动如毛泽东后来的评价是"冒失鬼"而已。于是，罗易被撤回后，出现

---

① 《共产国际执行委员会政治书记处秘密会议第 30 号记录》，1927 年 6 月 22 日，《共产国际档案资料丛书》第 4 辑，第 344 页。

② 《罗易给共产国际执行委员会政治书记处的电报》，1917 年 6 月 28 日，《共产国际档案资料丛书》第 4 辑，第 371、372 页。

③ 张国焘：《我的回忆》第 2 册，第 251、253 页；《罗易给共产国际执行委员会政治书记处的电报》，《共产国际档案资料丛书》第 4 辑，第 372 页。

了更具讽刺意味的事情：斯大林亲自出面直接向汪精卫做工作。汪精卫这位狡猾的政客，摸到了莫斯科的要害，于是狮子大开口。他曾对罗易表示："同意此项计划，只要必需的援助能及时到来"①，并要求1500万卢布。罗易被撤的第二天（即6月23日），联共中央政治局做出决定，致电汪精卫："恳请您运用您的全部威望对国民党的其他中央委员施加影响，支持土地革命的农民……我们认为，通过国民党民主化、更多地联系群众、停止领导层内的动摇是可以挽救事业的。"同时向汪提供200万卢布的援助，并说明"现在我们无法满足"1500万。但第二天斯大林得到武汉回答，不提供1500万"就拒绝立即反对蒋介石"。莫斯科立即回复："再给武汉国民党政府汇款200万卢布"，同时指望第一笔汇款能用于"组建由工农组成的并拥有革命军官的可靠的忠于革命的部队"。30日的联共政治局会议记录称："6月29日已寄出100万美元，日内我们还将寄出50万美元。"② 斯大林在苏联南方索契休养地向莫洛托夫和布哈林写信解释这种"金钱外交"时说："我担心，武汉会胆怯，屈从于南京……要千方百计坚持不让武汉屈从于南京，只要还有这种可能的话。因为丧失武汉这个独立的中心就是丧失某个革命运动的中心，丧失工人自由集会的可能性，丧失共产党公开存在的可能，丧失公开出版革命刊物的可能，一句话，丧失公开组织无产阶级和革命的可能。请相信，因此给武汉追加300万到500万是值得的，只要有所依靠，武汉就不会向南京无条件投降，钱就不会白花。"③

值得注意的是，信中谈到了苏联承认蒋介石的问题。斯大林说："三年前我们承认了张作霖。如果问题发生在现在，我们就不会正式承认他。现在承认蒋介石，就是打击武汉（武汉还存在）和向张作霖挑战（请回忆一下中东路事件）。同蒋介石的关系问题最好等一等，要维持现状。"

这简直是在赌博，是在做一笔大买卖。在这笔买卖中，中共的利益完全被忽视了，在"四一二"时就出卖了，因此这次连提也没提一句。而对给

---

① 罗易：《中国的革命和反革命》，《国际新闻通讯》7卷42期，1927年7月21日。

② 《联共（布）中央政治局会议第112号（特字第90号）记录》，1927年6月23日；《斯大林给莫洛托夫的信》，1927年6月24日；《联共（布）中央政治局会议第113号（特字第91号）记录》，1927年6月27日；《联共（布）中央政治局秘密会议第114号（特字第92号）记录》，1927年6月30日；《共产国际档案资料丛书》第4辑，第345、346、352、364、375~376页。

③ 《斯大林给莫洛托夫和布哈林的信》，1927年6月27日，《共产国际档案资料丛书》第4辑，第366页。

了中共巨大打击的蒋介石，连一句谴责的话也没有，反而要承认他，现在只是考虑使武汉国民党的面子问题，暂时等一等，看来，早晚是要承认的。

被撤而尚未离华的罗易见斯大林如此"慷慨资助"汪精卫，深感委屈。他在 6 月 29 日直接给斯大林的信中，这样讽刺地说："尽管有对我的荒唐指责，我还是对于我执行了正确的革命政策而感到满意，这是共产国际在中国的整个活动时期可能是第一次。我之所以这样做是因为我忠实地根据共产国际的指示行事。莫斯科最近的指示只是证明，从我到这里时起，我始终执行了正确的政策。共产国际在借助荒唐的指控损害我的名誉的同时，承认我的所有建议都是正确的，并根据这些建议采取了行动，这个事实令人振奋。"①

是的，罗易是最有资格对斯大林，对共产国际说这种话的。因为，他一直在忠实执行莫斯科的政策，即使在做给汪精卫看"紧急指示"的蠢事时，也是如此。甚至所谓挽救革命的"紧急指示"，实际上也是在采纳了罗易 5 月 28 日、30 日的两个报告中的意见后做出的。罗易在报告中说：武汉和南京之间"没有多大差别"，"汪（精卫）是中央委员会内唯一的左派"。这就是莫斯科既要改组武汉国民党，又要依靠汪精卫的主要根据。罗易又说："所谓的国民革命军（大部分）是反动的，然而它对国民党和国民政府的影响却在日益增大。"这就是要中共以大批工农群众组建"可靠部队"或改造国民革命军的主要根据。罗易说："武汉政府的武装部队总数约 10 万人，其中 5 万人集中在湖南湖北两省，名义上隶属于国民政府……实际上是独立因素，当国民政府符合它们的利益时，它们就支持，但它们随时都会不知羞耻地起来造政府的反。"这就是"紧急指示"中能提出具体数字——"要运动两万共产党员，再加上来自湖南、湖北的五万革命工农，组建几个新军"，并成立革命法庭惩办反动军官的主要根据。

但是，罗易毕竟是一个初来乍到的外国人，带着一心坚决执行共产国际执委会第七次扩大会议决议和后来"紧急指示"的执着，对中国的国情和当时的形势没有深切的了解，就与莫斯科互为影响，把大革命引向了最后的失败。直到 7 月 8 日，莫斯科终于不得不承认在中国的失败。这一天联共中央政治局紧急会议决定写道："尽管我们一再提出忠告，但是国民政府实际上不仅不支持土地革命，而且还放开了敌人的手脚。解除了工人武装、讨伐农民……唐生智在长沙枪杀革命者，这些行动都是反革命的公开表演。武汉

---

① 《罗易给斯大林的信》，1927 年 6 月 29 日，《共产国际档案资料丛书》第 4 辑，第 374 页。

以唐生智为首的主要武装力量事实上已成为同蒋介石半结盟的、也可能是直接结盟的反革命分子的工具。"接着，指示中共采取两项应急措施：第一，退出国民政府，但不退出国民党："退出国民政府并不意味着退出国民党。共产党人必须留在国民党内，并在国民党的组织中和拥护它的群众中……进行坚决的斗争。"第二，批判陈独秀中共中央的机会主义错误："中国共产党应该召开（最好是秘密召开）紧急代表会议，以便根据共产国际执委会的指示纠正党的领导所犯的根本性质的错误。"①

陈独秀比较了解中国的情况，又从一开始经历甚至"领导"了这场革命的全过程，所以他看透了这个"紧急指示"是一步死棋，采取消极抵制的做法。这是他被说成"抵制国际英明指示"的重大事例。

成为大革命失败的替罪羊

与此同时，被蒙在鼓里的陈独秀在鲍罗廷和国际代表的监督下，对来自莫斯科的有些指示和训令还是尽量执行，并设法努力减少党员和工农民众的牺牲。为此，6月下旬至7月上旬，中共中央召开了一系列重要的应变会议。

6月20日，中共中央政治局举行会议，讨论中共退出国民政府而不退出国民党的莫斯科指示。陈独秀说："不仅要退出国民政府，而且要退出国民党"；"武汉国民党已经跟着蒋介石走，我们若不改变政策，也同样是走上蒋介石的道路了"。鲍罗廷说："你这个意见我很赞成，但是，我知道莫斯科必不允许。"周恩来说："退出国民党后工农运动是方便得多，可是军事运动大受损失了。"瞿秋白："宁可让国民党开除我们，不可由自己退出。"②瞿秋白则是紧跟莫斯科。俄罗斯研究共产国际和中苏关系专家潘多夫（A. Pantsov）在2004年6月25日中国社会科学院近代史研究所进行学术演讲，介绍他看到的一度开放又很快封闭的莫斯科秘档时说："夜里，瞿秋白很虚心地与陈独秀讨论领导革命的战略和策略；白天，他就按照国际代表的意见批判陈独秀。"这里，不是说瞿秋白是个两面派，而是说瞿秋白经

---

① 《联共（布）中央政治局紧急会议第116号（特字第94号）记录》，1927年7月8日，《共产国际档案资料丛书》第4辑，第397、398页。

② 陈独秀：《告全党同志书》，1929年12月10日；张国焘：《我的回忆》第2册，第263、266页。

常是个矛盾的人。直到最后牺牲前写的《多余的话》，他叙述了在这种矛盾中工作和生活所受的巨大精神折磨和痛苦，令人震撼。

其实，在这个问题上，再次表现了陈独秀、瞿秋白等这帮人书生气的可笑与窝囊。不管是中共退出国民党，或是退出国民政府，决定权都不在中共中央手中，而在莫斯科手中，最后又取决于国民党。莫斯科已经指示退出国民政府而不退出国民党，中共如何抗拒！汪精卫国民党若像蒋介石决心分共，哪由你不退出国民党！所以，结果是先服从莫斯科退出国民政府，后被汪精卫赶出国民党。

还有一个可笑的是讨论攻克郑州后北伐战争的去向问题。鲍罗廷、陈独秀、瞿秋白、李立三主张东征蒋介石；罗易、谭平山主张南伐广东李济深；蔡和森主张先解决两湖问题，认为："两湖反革命大暴动不解决，而高唱东征、南伐，只是一句空话！"然而军事决定权根本不在他们手中，而在即将反共反苏的军事将领手中。

6 月 23 日，陈独秀召集李立三、蔡和森、张国焘举行中央常务会，讨论通过了蔡和森提出、吸收了陈独秀和李立三的意见起草的《提高反帝运动通告》，并以中共中央秘书厅名义发出《致上海区委的信》：加强反帝运动以刺激帝国主义的武装干涉，然后"在抵抗武装干涉的反帝高潮之下来猛烈的实行土地革命"。[①] 真是煞费苦心，想曲线救革命，贯彻莫斯科的紧急指示。

但是，这个通告和信发出后，蔡和森又"自己感觉不正确"——"显然表示一种没有出路的冒险主义拼命主义的精神"，于是又提议政治局全体委员参加的常委扩大会议复议。但是，陈独秀两次召集扩大会议，均遭抵制，"二次都只有独秀、和森二人出席"。可见，陈独秀此时的威信，已是何等的低下。陈本人倒是坦然地说："反帝运动是我们的经常工作，何必再三讨论。"在蔡和森的坚持下，28 日在政治局会议讨论此问题时，还未离华的罗易（中共还不知道莫斯科调离罗的指示）严厉批评致上海的信"非常危险"，是"要用反帝斗争取代阶级斗争"；"这不是领导无产阶级去争取胜利，而是去遭受屠杀"。但当会议决定否决这封信时，秘书厅说信已经发出。

其实，这封信发出不发出，都毫无意义。因为这信发出后的第三天，即 6 月 26 日，陈独秀的长子陈延年调到上海重整被"四一二"破坏的党组织，

---

① 《蔡和森的十二篇文章》，第 91 页。

成立以他为书记的中共江苏省委时，与组织部长郭伯和、宣传部长韩步先一起被捕，由于韩的叛变，陈、郭身份暴露。陈在狱中给汪孟邹写了一封信。汪立即到南京请胡适设法营救。胡表示"我一定营救他"。但与陈独秀同样书生气十足的胡适，却把信交给了吴稚晖。这位对共产党和陈氏父子恨透了的吴稚晖立即报告蒋介石（一说密报上海警备司令杨虎），并说延年比其父亲陈独秀还可恶，催促迅即将其处决。

7月4日，陈延年、郭伯和被杀害。接替陈延年任代理书记的赵世炎，也在7月2日被捕，19日被杀害。对于中共来说，像陈延年、赵世炎这样的干部，是当时在第一线战斗的最优秀的高级领导干部。中共损失巨大。

第一线的共产党人和革命群众在不断地流血牺牲，中共中央、联共及国际代表则越加分裂。罗易走后，鲍罗廷虽然是罗易冒失行动的第一个牺牲品——6月17日被武汉国民党中央解除顾问职务——但他在汉口的住宅还是相对安全的地方，于是成为中共中央政治局经常开会的场所。鲍借此经常发泄对罗易和其他国际代表的不满。在一次政治局会议上，鲍又发表长篇演说："我的每一政策至少要比罗易十倍以上的革命"；中国"在客观上无产阶级本有取得领导权的可能……可是我们主观的力量没有成熟，我们不能领导农民（是地痞领导的），我们不能真正领导工人，我们不能组织广大的失业军，所以我们不能取得领导权"；"斯大林主张土地革命的政策是对的，可是斯大林他所接受于季诺维也夫（共产国际执委会第七次扩大会议前是国际主席）的遗产太坏了。以季诺维也夫及其在中国的代表只教我们帮助中国资产阶级武装中国资产阶级，未教我们武装工农，准备与资产阶级决裂。所以现在斯大林的政策难于实行"。①

这里，鲍罗廷也在文过饰非，并保护斯大林，实际季诺维也夫任国际主席时，斯大林的政策与国际政策是一致的。鲍罗廷也是积极执行了的。不过鲍的这些话却道出了国际执委七大前莫斯科在中国政策的要害："只教我们帮助中国资产阶级武装中国资产阶级，未教我们武装工农，准备与资产阶级决裂。"

陈独秀在鲍罗廷与罗易之间左右为难，同时，为了执行退出国民政府的指示，又在国际代表和中共党内以瞿秋白等为代表的激进派之间受尽了隔板气，在国民党与革命群众之间受尽隔板气。但是，他是一个负责任的人，只

---

① 转自蔡和森《党的机会主义史》，《蔡和森的十二篇文章》，第97页。

要他在任一天，就要奋斗一天。

6月4日，陈独秀以中共中央名义，致函国民党中央，提出削平湖南反革命的"六项要求"：立即下令，由唐生智派兵讨灭长沙叛乱；武装农民以防御反革命叛乱等。① 14日，陈又以中共中央和中央农民部的名义发出通告，指出："分地运动是贫农要求解决生计问题的迫切表现，其起源则在减租减息的运动，但我们党不能放任他们自由做去。分地虽然是必不可免的阶段，但在将来革命已有新的发展已与小资产阶级建立了巩固的联合战线时，可由没收而均分，然后再走上土地国有的道路……至于现时的联合战线，还不是工农小资产阶级的真正联合战线，国民政府及其军官之中还包含有中等地主，甚而至于大地主的少数分子在内。现在减租减税的运动和解决一部分贫农的生计问题，都是将来解决土地问题之准备而已"；"乡村中之联合战线，当以贫农为中心。领导中农富农并吸收小商人手工业者。同时，对小地主革命军官让步。农民协会对这些同盟者的利益亦须尽量拥护。领导他们向大地主土豪劣绅斗争"，这样才不会"使他们站在反革命的方面去"；至于农民内部，应注意会党问题，"农协中不应用任何方法、任何形式排拒会党"，但不能放任他们永久留在封建式的领袖之下，更不能放任他们游民式的思想和政策，反而来指导农协的运动"。②

在农民运动高潮中，在极左思潮和无政府主义思潮相当泛滥的氛围中，出现这样一个文件，提出如此理智的形势分析和策略，实在是难能可贵。但这个《通告》又遭到来自"左"的方面的责难，而无法落实。

就这样，在无休止的争吵中，6月29日，终于等来了又一个武汉重要将领何键的"反共训令"：呈请武汉国民政府及唐生智总司令，"明令与共产党分离"③。惊慌失措的鲍罗廷和中共中央，立即在第二天召开政治局扩大会议，为了拉住武汉国民党，阻滞其急骤右转，通过了一个"十一条政纲"的决议：承认国民党"当然处于国民革命之领导地位"；两党联席会议是"协商决定共同负责"，"不含联合政权的意义"；参加政府的共产党员"为图减少政局之纠纷，可以请假"；"工农等民众团体均应受国民党党部之

---

① 《向导》第197期。据罗易后来说：这封信及信中六条"提议"，并未得到中共中央的正式批准。见《罗易赴华使命》，第113页。
② 《中央通告农字第八号——农运策略的说明》，1927年6月14日，《中共中央文件选集》（3），第155、166页。
③ 《国闻周报》第4卷第29期。

领导与监督",执行国民党决议和国民政府的法令;"工农武装队应服从政府之管理与训练……为避免政局之纠纷与误会,可以减少或编入军队";"工会及工人纠察队不得党部或政府之许可,不得执行司法行政权,如捕人,审判及巡逻街市等事";等等。①

这个接着被莫斯科派来的国际代表罗明纳兹召开的中共中央紧急会议即八七会议称为"退让投降""机会主义""集大成"的十一条政纲,王若飞说是陈独秀起草的,张国焘说是鲍罗廷根据莫斯科的电令起草的,蔡和森说是瞿秋白起草的。不管是谁起草,应该说既贯彻了莫斯科的有关指示(如工农武装编入张发奎的军队),又考虑到保护工农武装的利益,是比较理智的。但是,它显然不符合"紧急指示"的"拼命主义""冒险主义"的精神。所以,共青团中央书记任弼时在 7 月 3 日的会议上,赞同共产国际的指示,反对中央的路线,与陈独秀吵了起来。陈独秀说:"共青团根本没有权利提出政治决议案。"任弼时说:"青年国际代表在场,他可以说一说,共青团是否有这种权利。"陈独秀说:"青年国际不应当干涉,他在这里是客人,他不应当进行干扰。"当时许多同志在讨论中,"对党的缺点进行了批评"。陈说:"这不包括在议事日程在内。"②

既往著述就把陈与任的这次争吵反复渲染,以说明陈独秀的"家长主义"作风和"右倾机会主义"罪恶。其实任弼时不过是重复了罗易和共产国际的意见,不具有可操作性,也不能挽救革命!

7 月 4 日,中共中央再次举行常委扩大会议,讨论反动到来时如何保存湖南省工农革命力量问题时,会议记录是这样的:

> 仲甫(即陈独秀——引者):省党部应特别注意各军招兵问题。他们要办工会或农会,我们可以不客气的多将群众送给他们,但要保存与农会的关系以维持阶级性革命性。每个招兵告示出来应与农会接洽,因各军政治部我们都有人。这样我们可以使农民武装化,不然我们只是空叫农民武装化。
>
> 毛(即毛泽东——引者):省农协二策略:1. 改成安抚军合法保存,此条实难办到。2. 此外尚有两条路线:a. 上山,b. 投入军队中

---

① 转引自《中共"八七"会议告全党同志书》,《中共中央文件选集》(3),第 255、256 页。
② 《中共中央驻共产国际代表团档案》,《党史研究资料》1991 年第 10 期。

去。上山可造成军事势力的基础，给养可以卖枪。

特立（即张国焘——引者）：以为可以上山，但不必与 C. P. 发生关系，可以抢富济贫。

仲甫：不能如此。枪藏不了的可以上山。招兵工作省党部应用大力来作。

毛：不保存武力则将来一到事变我们即无办法。

和森：可以留的仍要留。1. 送入军队，2. 保留，3. 上山。

仲甫：当兵最好。

和森、特立：同上（即同意陈独秀的意见——引者）。①

这个记录，是对 6 月 30 日所谓"机会主义集大成"政纲的最好注释，说明后来的"陈独秀右倾机会主义和投降主义"最大的罪状即"解散工农武装"，实际上是为了更好地保护工农武装力量，以待东山再起，而且是中共中央的集体决定。正因为有了这一步骤，才有以后的"农村武装割据"。同时还说明，在八七会议前，陈独秀并不反对"上山"打游击。

鲍罗廷见自己已被国民党解除顾问职务，陈独秀在党内的威信也降到最低点，革命失败已经无法挽回，善后工作也基本安排，终于在 7 月 12 日，宣布曾经由罗易提议而由联共中央政治局决定的"共产国际训令"，改组中共中央，成立以张国焘、张太雷、李维汉、李立三、周恩来为成员的临时中央政治局兼常委。陈独秀被停职，"不再视事"，并被召去莫斯科与共产国际"讨论"中国革命问题。但是遭到陈的拒绝。这个改组训令早在 6 月下旬即已发来，被称为"驼背毛子"的国际代表还说"不遵守国际训令者剥夺其在中央之指导权"。鲍罗廷有一种兔死狐悲的感觉，暂时把训令压下，直到这时才宣布。② 其实陈独秀此前已经提出辞职，指出："国际一面要我们执行自己的政策，一面又不许我们退出国民党，实在没有出路，我实在不能继续工作。"③

7 月 13 日，没有了陈独秀的中共中央发表对政局宣言，一改陈独秀时代的软弱状态，谴责国民党中央及国民政府推行"限制群众运动的政策，

---

① 《中共中央党委扩大会议记录》，1927 年 7 月 4 日，中央档案馆藏。

② 蔡和森：《党的机会主义史》，《蔡和森的十二篇文章》，第 98 页。

③ 《告全党同志书》，1929 年 12 月 10 日，油印小册子。

任令一切反革命行动不受任何惩罚"，"近日已在公开的准备政变"。这种政策"实足以使国民革命陷于渐灭"；声明：中国共产党"决不能对于国民党中央现时这种政策负责"，决定"撤回参加国民政府的共产党员"，但"共产党员决无理由可以退出国民党，或者甚至于抛弃与国民党合作的政策"①。

汪精卫早已摸透了斯大林的心思，见共产党终于摊牌，就在 7 月 15 日召开国民党中央第二十次扩大会议，进行"分共"。大革命终于失败。

几年来，陈独秀多次要求退出国民党，斯大林不允许，现在还是由汪精卫裁定了。但是，斯大林还要让中共留在国民党内，只是退出国民政府，真是"单相思"。

面对中国革命无可挽回的失败，特别是托洛茨基的猛烈抨击，斯大林绞尽脑汁寻找解脱自己的出路。罗易多次攻击鲍罗廷和陈独秀的电报，成了他最好的盾牌。鲍罗廷虽然抵制"紧急指示"比陈独秀更明确而坚决，但因是在大革命前期和中期忠实执行他的路线而获得他颁发的红旗勋章的人，否定鲍就等于否定了他自己。不仅如此，他甚至在 7 月 9 日给莫洛托夫和布哈林的一封信中为鲍辩护说："中共中央是否执行了这些指示呢？没有……罗易为此怪罪鲍罗廷，这是愚蠢的。鲍罗廷不可能在中共那里或者在中共中央那里享有比共产国际更高的威望。"于是，陈独秀成了唯一的替罪人选。就在这封信中，斯大林对陈独秀为首的中国共产党第一次进行了最严厉的抨击：

我们在中国没有真正的共产党……中共中央能提供什么呢？除了"一整套"从各处收集来的、与任何路线和任何指导思想毫无联系的一般词句外，不能提供任何东西。

中共中央**不理解**新革命阶段的涵义。中央**没有**一个能理解所发生的事件的内情（社会内情）的马克思主义头脑。中共中央**不善于利用**这个与国民党合作的宝贵时期，去大力开展工作……整整一年，中共中央靠国民党养活，享受着工作的自由和组织的自由，但它没有做任何工作，以便促使被错误地称之为政党的各种人物的大杂烩变成为一个真正的政党。

中共中央喜欢在与国民党领导人和将领的幕后交谈中消磨时光。中

① 《向导》第 201 期。

共中央有时也奢谈无产阶级领导权问题，但是，在这种奢谈中最令人不能容忍的是这样一个情况，即它对领导权**一窍不通**（黑体字是原有的——引者）。①

对照大革命真实的历史，斯大林的这些话，除了歪曲，没有一句是符合事实的。其中最大的谎言是说中共中央整整一年"享受着工作的自由和组织的自由"。实际上，在联共和共产国际的统制和国民党的挤压下，中共中央毫无自由可言。仅从 1993 年起，俄罗斯公布的、中共中央党史研究室翻译的、不完全的联共（布）共产国际关于中国革命的系统档案资料表明，1923 年至 1927 年，指导中国革命的最高决策机关是斯大林为首的联共中央政治局，在这期间为讨论中国问题共召开 122 次会议，做出了 738 个决定，从大的决策（如令中共党员加入国民党、对待国民革命的总方针、北伐），到小的决定（如何时结束五卅罢工、何时派谁去与蒋介石谈话、谈时要注意什么问题等），指示得十分具体。甚至在所谓"紧急指示"后第四天，（即 6 月 3 日），联共政治局紧急会议还对北伐战争做出决定并拍来电报指手画脚道："让唐生智冯（玉祥）向北京和济南府推进，切断蒋介石的去路，进而在山东和北京站稳脚跟。"② 苏联最高当局这样的决定，与当时的中国实际相差何止十万八千里。

这些大大小小的决定、决议，通过两个渠道在中国执行：一是命令他们派驻在中国的代表，包括驻华使馆和领事馆官员加拉罕等，驻国民党顾问鲍罗廷、加伦等，共产国际代表马林、维经斯基、罗易及驻上海的机构远东局等，在中国执行。二是由共产国际再做成国际的决议、决定、指示、命令、训令等，命其在华人员和机构执行，或由他们的代表布置给中共中央并监督其执行。

所以，在大革命中，陈独秀为首的中共中央领导革命的实际权力和工作范围是很有限的，大量的工作实际上是在"国苏合作"的前提下进行的。共产党的一切工作也必须服从"国苏合作"的方针。表面上的"国共合

① 《斯大林给莫洛托夫和布哈林的信》，1927 年 7 月 9 日，《共产国际档案资料丛书》第 4 辑，第 405～409 页。

② 《联共（布）中央政治局紧急会议第 108 号（特字第 86 号）记录》，1927 年 6 月 7 日，《共产国际档案资料丛书》第 4 辑，第 298～300 页；《共产国际档案资料丛书》第 4 辑，第 306～307 页。

作"，掩盖着实质上的"国苏合作"。因此"国共合作"对于共产党来说一开始就是不平等的，而且苏联和共产国际一直以牺牲中共的利益来实现和维持"国苏合作"。国民党的领导人从孙中山、胡汉民到蒋介石、汪精卫，也是这样来处理国共关系的和国苏关系的。

如此，在苏联和国民党再加一个共产国际三重压迫下，陈独秀中共中央哪有"自由"可言。稍有一点不同意见（如陈独秀在中共受压迫时多次提出的退出国民党的主张），就遭严厉批评和否定。

由于斯大林的这种文过饰非行为，于是"陈独秀右倾机会主义"，就被生生地钉在耻辱柱上了。

自然，有良知的人还是有的。7月6日，时任苏联不许干涉中国委员会主席团委员的沃兹涅先斯基写信给共产国际东方部部长拉斯科尔尼科夫指出："我们这些有罪的人在想，最近两年，中国的条件非常有利，但农民运动却很少发展，这种情况多少是由于我们的错误造成的，因为许多同志，其中也包括您在内，都认为，促使共产党到国民政府和冯玉祥政府地区开展运动是不合时宜的"；"国民革命运动刚刚开始时，我们把它看作是革命运动的高潮；反帝的资产阶级民主革命刚刚开始时，我们把它看作是革命已转入'社会主义轨道'。我们错了"；昨天在您这里的宣传标语上，把陈独秀"说成是人民英雄，而今天却被说成是'坏蛋'、'叛徒'等等"；"现在的这种歇斯底里又从何而来的呢"①——当然，它来自斯大林。

70年后（1996年），俄罗斯和德国学者在联合编辑新公开的联共中央和共产国际关于中国革命的这批档案时，也指出斯大林这样批评陈独秀中共中央是"不公正的"，"这表明他是把莫斯科方针遭到失败的罪责推到中共身上的首倡者之一"②。

综上所述，陈独秀在大革命中，在联共和共产国际准备的全部条件下，被迫进行了对中共与革命的领导工作，但是又被迫接受联共与国际的领导。最后成为所谓"右倾机会主义"的替罪羊，是因为他没有实行把中国变成亲苏的"非资本主义"即"社会主义"的国家。具体来说，他没有执行毫无可能的、莫斯科最后的"紧急指示"。所谓"右倾机会主义"，完全是联

---

① 《沃兹涅先斯基给拉斯科尔尼科夫的信》，1927年7月6日，《共产国际档案资料丛书》第4辑，第393～394页。

② 《国民革命的危机和共产国际与国民党关系破裂》导言，《共产国际档案资料丛书》第4辑，第193页。

共针对托洛茨基反对派的党派斗争的产物，完全是错误的。实际上，在"紧急指示"以前，陈独秀被迫领导的革命工作，许多应该重新检讨。例如上海工人的三次武装暴动，从当时中国社会状况来说，根本不具备建立社会主义国家和共产党代表无产阶级领导的"上海市民政权"的条件，所以必然失败。这是造化弄人，让一个具有救国救民之心的知识分子，由奋斗走向无奈。

陈独秀自身的弱点

如上所述，陈独秀在 1926～1927 年的大革命高潮中，处境十分窝囊：在国苏合作面前，没有一点他办《新青年》时期提倡的"独立自主的人格，平等自由的权利"。只能当苦力，处处听从于共产国际，对国民党让步，委曲求全，放弃自己的独立主张，牺牲党的利益，最后导致惨烈的失败。

与 1946～1949 年成熟时期的共产党相比，这个时期的共产党，无论在主观上或客观上，这样的失败有其必然性。因为这个时期的共产党尚属幼年时期，太弱小、太幼稚，只能做配角和助手，还不能起支配作用，而只能被支配；就是说，不具备与国民党、北洋军阀较量的力量，也不具备对抗共产国际（实为苏联）的条件，不能左右革命的全局及其发展趋势。

这是那个时代的局限！

因此，以"成败论英雄"来追究陈独秀，要他对大革命失败负责，是不符合历史实际的。

不过，对陈独秀个人来说，的确也暴露了他的一些弱点。在大革命高潮时期的两年表现，不仅与他在国共合作初期坚持党的独立性与争取革命领导权而坚决斗争的态度不同，更与《新青年》和五四时期的陈独秀根本不同。那时的他，可以说是天马行空，特立独行，而且是想他人所不曾想，言他人所不敢言，针砭时弊，振聋发聩，更有"不容他人所匡正"的霸气，从而奠定了他是中国近代民主主义革命家的地位。

直到 1921 年 9 月，他随包惠僧从广东回到上海主持共产党中央工作时，他还强调中国革命要靠我们自己来进行，不要苏俄的钱，要了人家的钱，就要被人家牵着鼻子走。但是，随着他在家中被捕，得到共产国际代表马林的大力营救；再加上第二年，中共二大决定加入共产国际，作为其一个支部（必须服从国际指示）之后，陈独秀完全变成了另一个人。

对这种情况，有人根据陈独秀性格，认为他本来可以有多种选择，如像早期革命时期因对同盟会的纲领、组织状况、斗争方式等有看法而不参加同盟会及其后的国民党那样，早在1922年全党都反对党内合作时或1926年3月中山舰事件时，因国际不同意自己"退出国民党"的主张（大革命中，他曾7次提出这个主张），就应该辞职，而不应该拖到1927年7月革命实际已经失败时才辞职；或者在1927年4月初，上海"三暴"成功时，就把工人纠察队转移到农村保护起来……

但是，历史不承认假设！实际情况正如他在1929年被党开除后写的《告全党同志书》长文中承认的，每当出现违背他意愿的状况时，由于"认识不彻底，主张不坚决，动摇不定"，所以屡次"以尊重国际纪律和中央多数意见，而未能坚持我的提议"。

"认识不彻底。"说明他一生中一个最大的弱点，就是理论的缺失。他虽然有不少闪光的思想，深远的预言，振聋发聩的主张，是一个出色的思想家，但是，他没有系统的深思熟虑的因而坚定不移的理论基础。所以，他不能在关键时刻战胜对方的说教，有时还往往以对方的说教为是，来说服自己迁就对方。这是他"认识不彻底"的根本原因。他自己没有理论，于是他先是信仰法兰西民主主义，再是信仰列宁斯大林主义，最后又信仰托洛茨基主义，常常被牵着鼻子走。

"主张不坚决，动摇不定。"说明他除了理论弱点之外，还有性格上的软弱，有时感情用事，不分是非，兼容善恶。如他在《自传》中承认的，受母亲的影响，他对明知是错的事，却由于某种原因（如感情用事、感激马林营救、喜欢或厌恶某个人等）或形格势禁（个人难以抗拒的力量），而不得不顺从。这表明他原来看似正确的立场和原则，是不坚定的。因此就放弃了，而接受了在他重新认识认为是正确的别人的主张。当事后证明别人的主张是错误的时候，他又反悔。这使他后来更坚决地坚持自己的认识，结果由于他理论上的弱点，信仰托洛茨基主义，迷途而不知返，离开了中国革命的主航道，造成悲剧的下场。

所以，在大革命中，把错误的责任主要归咎于共产国际是正确的，但陈独秀也不是完全违心地执行共产国际的错误路线，在某些问题、某种程度上，也可能是认为其正确的指示而执行的。如在第三次上海工人暴动胜利后放弃反蒋斗争，起草《汪陈宣言》等。又如北伐胜利初期，当共产党人和国民党左派主持的武汉国民政府看到蒋介石独裁倾向，提出"迎汪抑蒋"

"以唐制蒋"时，陈独秀却主张"蒋汪合作"，于是被蒋利用，促陈抵制武汉的政策。

因此，说共产国际在中国第一次大革命中执行了一条右倾机会主义路线，对革命失败负主要责任，是符合历史实际的结论。同时，也应说明，陈独秀在一定程度上也有不能识别、不能抵制这条错误路线的问题。

在被开除党籍初期写的《告全党同志书》中，陈独秀痛心地自责：自己"深深地沉溺在机会主义的大气中，忠实地执行了国际机会主义的政策，不自觉的做了斯大林小组织的工具，未能自拔，未能救党，未能救革命，这是我及我们都应该负责任的"。"盲目的执行国际机会主义政策，而没有丝毫认识与抗议，这是中国党领导机关应该负责任的。"

从陈独秀性格的另一面看，他原是一匹桀骜不驯的野马，若完全不加约束，往往会成事不足，败事有余。革命斗争是敌我双方有组织的政治、军事、经济、文化等实力的综合较量，因此需要严密的组织性和纪律性，容不得半点自由主义。最了解他的终身至友汪孟邹曾对郑超麟说过：共产国际纪律对仲甫兄的约束，不能全盘否定，否则他会乱来。这话是有道理的。上海三暴胜利后，他曾想号召反英，逼蒋反帝，以避免蒋向工人进攻。这年6月，大革命失败前夕，他也曾同意蔡和森提议，向全党发出开展反英斗争的通告，想以反帝运动挽救革命的失败。实际上这些都是无理智的拼命主义的念头。一个真正的革命领袖是不应该有的。

十二 探索革命新路（1927～1928）

舔吮自己的伤口

1927年7月，大革命失败时，无数的共产党员和工农民众流血牺牲，陈独秀也被莫斯科之鞭抽打得遍体鳞伤。

鉴于武汉反共形势日益严重，陈独秀离开中央工作岗位以后，就从中央机关"六十一号"搬出，与秘书黄文容另租房子隐蔽起来。郑超麟说：开始时，陈独秀"每天还同国民党要人见面。他一人综合各方面的秘密消息，每夜临睡前口授黄文容记下，用复写或油印发给党内重要同志，省委（湖北）有一份，我每天可以看见。这虽是无系统的、琐细的消息，但若有一份留下来定是当时最好的史料，其中有许多关于国民党要人的态度和私下言论，因为我们在这些要人身边都布置了密探"。[①] 可见，当时共产党虽在幼年，但情报工作已经相当成熟。后来陈独秀一度隐藏在党的印刷机关的长江印刷厂新创办的宏源纸行楼上，这个地方只有创办人陈乔年和汪原放（当时公开身份是《民国日报》营业部主任，实为中共中央出版局局长，兼管长江书店、长江印刷厂）等少数人知道。陈独秀还说"纸店的招牌取得很好，千万不要用时髦的字样"。他还让陈乔年转告汪原放，到他的老朋友柏文蔚的三十三军处去搞一位置，意思是要一张"护身符"，准备白色恐怖的到来。"七一五"汪精卫分共后，陈独秀成为国民党公开通缉的"共匪首领"，他就藏到工人住宅区。汪原放回忆：

---

① 郑超麟：《回忆录》，1945年，手稿。

有一晚，乔年对我说："今天父亲对我说，要你去一去。明天我和你一道去罢。"

我们去了，走到一个一楼一底的门口，一张竹床上，有一个人面孔朝屋内、头靠着门躺着。乔年和我进了门，他一头坐了起来，肩上披着一条粗夏布的大围巾，手上还拿着一把芭蕉扇，说："来了？"我才知道是仲翁……

差不多在走时，他笑着说："刚才你来时，看见我像一个工人罢？"我道："这一带是工人住宅，凑门乘凉的，我看见很多。朝里躺，更好。"①

后来，回到上海，陈独秀就让陈乔年转告汪原放，不要再与自己联系，"不要再干了，还是把店（指《亚东图书馆》——引者）事做好要紧"②。

这时的陈独秀已经48岁，又饱经斗争的磨难，可以说是一个"老革命"了。他的经验，对于年轻人来说，是多么的宝贵，关系到革命者的生命。

1927年7月23日，代替罗易的共产国际代表罗明纳兹终于来到武汉，德国人纽曼为其副手。罗手中拿着批判陈独秀中共中央"机会主义错误"的尚方宝剑，在清算陈独秀的同时，还要强行贯彻"紧急指示"，为挽救莫斯科在中国的"革命"事业，做最后的努力。罗首先与瞿秋白、张国焘谈话，宣布中共中央犯了严重的"右倾机会主义错误"，拒绝执行共产国际的指示，因此，决定正式改组中共中央。陈独秀不能再任总书记，而应到莫斯科去总结经验教训（实为接受批判和惩罚）。于是决定在8月7日召开中央紧急会议。

八七会议前，即4日或5日，罗明纳兹和纽曼到长沙，在麻园岭苏联领事馆内召开农民运动最发达也最受摧残的湖南省委临时会议（由领事馆英文秘书饶漱石任翻译），动员他们起来批判陈独秀，并要求大家签名"打倒陈独秀"。但是，湖南省委代理书记易礼容等不同意。易说："为什么要打倒陈独秀呢？革命连续失败，同志牺牲惨重，党组织多遭破坏，一时创巨痛深，不易活动；陈独秀在社会上有声望，在党内有号召力，打倒他，很少有

① 汪原放：《回忆亚东图书馆》，第127页。
② 参见汪原放《回忆亚东图书馆》，第131～137页。

人能起来领导；革命失败不能说是他一个人之过，共产国际对中共不断有指示，还派来了代表监督执行，难道就没有责任？而且，也不宜以下级组织签名方式来撤销党的总书记。"会议上，易还主张土地革命不该打倒中小地主。会议开到第二天早晨，双方争执不下，不欢而散。① 于是，在八七会议上，罗明纳兹即批判湖南省委书记"代表地主阶级思想"。

原来，易礼容在一些基本问题上，是与陈独秀一致的。1922 年湖南建党时，毛泽东是湘区区委书记，易是委员。1926 年易任省农民协会委员长，作风稳健，曾主持制定了《湖南农民运动目前的策略》，赞同陈独秀的先进行国民革命，然后才开展社会革命的观点，坚持实行三民主义，主张实行减租减息和耕地农有，不赞成没收富农和中小地主土地，并赞同在毛泽东的《湖南农民运动考察报告》中删掉"有土皆豪，无绅不劣"等词句。1927年中共五大上他被选为中央委员。5 月 21 日马日事变时，他正在武汉开会。24 日，陈独秀约见他，告诉他：湖南白色恐怖严重，原省委书记夏曦、代理书记郭亮均已被迫离开，现省委无人负责，中央决定要他回湘主持工作。易临危受命，于 28 日化装潜入长沙，逐渐恢复起被破坏的党组织。所以，在八七会议上，毛泽东当场反驳罗明纳兹说："湖南省委书记等人做了许多艰苦卓绝的工作，他们在前线血滴滴地同敌人斗争，你们却坐在租界里说风凉话。"但是，会后，党中央还是开除了易的省委书记职务。

八七会议在汉口举行。在当地的中央委员都被邀请参加了会议，陈独秀也是中央委员，人也在汉口，可是李立三说："临时的中央还主张他加入，国际代表非常反对。"② 不知是罗明纳兹和中共中央为了避免矛盾（大家了解陈的叛逆性格，若把大革命失败责任全推在陈一人身上，他必抗辩，临时中央的成员也难以面对），抑或其他原因。总之，八七会议在处理党内犯错误干部问题上，开了一个恶劣的先例，如以下周恩来、毛泽东所说：

> "八七"会议的主要缺点是：一、"八七"会议把机会主义骂得痛快淋漓，指出了要以起义来反对国民党的白色恐怖，但到底怎样具体办，没有明确地指出，以作为全党的方向；二、"八七"会议在党内斗争上造成了不良倾向，没有让陈独秀参加会议，而把反对机会主义看成

① 唐宝林记录并整理《易礼容访谈记录》，1983 年 7 月 16 日，未刊稿。
② 李立三：《党史报告》，1930 年 2 月 1 日，《中共党史报告选编》，第 266～237 页。

是对机会主义错误的负责者的人身攻击。所以发展到后来，各地反对机会主义都找一两个负责者当做机会主义，斗争一番，工作撤换一下，就认为机会主义没有了，万事大吉了，犯了惩办主义的错误。①

毛泽东也说，这样的"斗争方法有缺点：一方面，没有使干部在思想上彻底了解当时错误的原因、环境和改正此种错误的详细办法，以致后来又可能重犯同类性质的错误；另一方面，太着重了个人的责任，不能团结更多的人共同工作。这两个缺点，我们应引为鉴戒"②。

大会通过的主要文件是《中共"八七"会议告全党同志书》。这个文件由罗明纳兹起草，瞿秋白翻译，主要内容是两项：一是批判中共中央的"右倾机会主义路线"，成立瞿秋白、李维汉等七人临时中央政治局，陈独秀实际被撤职。但是，无论在政治上或组织上，文字上或口头上，都未点陈独秀的名。在这一点上，显然是中国的同志进行了广泛的抵制，因为，按照苏共的做法，如此严厉的处置，不仅要点名，还要明确做出撤职的决定。这至少说明，当时陈独秀在党内还有相当的威望，并且人们对共产国际把大革命失败归罪于陈一人不满，甚至表面上忠实于莫斯科而代替陈、实际上成了中共第一把手的瞿秋白，在内心深处，也充满着矛盾。据郑超麟说，约一个月后，党中央迁到上海。"此时反陈独秀的空气落下来了。过去其实并没有明白反对陈独秀的文件，只有空泛反对'机会主义'。八七会议议决案未曾提起陈独秀姓名。下层同志也许莫名其妙，但与中央工作接近的人都明白：武汉失败责任不能归独秀一人担负的。独秀退出领导机关，完全出于国际命令。秋白到了上海后，自己也是这般相信，至少表面装做这般相信。他一到上海，二三日内，即去访问独秀，态度又是很恭敬的。"③

陈独秀是一个既坚持原则，又能照顾大局的人。他对于未被邀请参加八七会议，并不计较，但对革命失败责任全由他一人承担，并到莫斯科去接受惩罚，坚决不答应。会后，瞿秋白和李维汉一起，到陈独秀住处，告诉他关于八七会议的情况，并劝他接受国际的指示，到莫斯科去，他坚决不去，表示他的错误共产国际有责任。④

---

① 周恩来：《关于党的"六大"的研究》，《周恩来选集》上卷，第171～172页。
② 毛泽东：《学习与时局》，《毛泽东选集》第3卷，人民出版社，1951，第961页。
③ 郑超麟：《回忆录》，1945年，手稿。
④ 李维汉：《关于八七会议的一些回忆》，《党史研究》1980年第4期。

陈拒绝到莫斯科去的另一个主要原因是想摆脱国际，自己独立思考，探索革命的新出路。

9月10日，在请汪原放向上海的汪孟邹探明上海租界相对比较安全的情况下，陈独秀与黄文容（阶然）、汪原放、陈啸青（亚东图书馆职员）在武汉秘密登船，前往上海。晚上到九江，正值中秋之夜，后半夜甲板上人少了，陈独秀出来凭栏赏了一会儿江月。一路上，一个挥之不去的想法，总在他头脑中萦绕，不时沉吟道："中国的革命，总要中国人自己领导！"①

这个思想其实早在1920年、1921年建党时就有了，是他的本色思想，为此还与马林吵过一架，"不要共产国际领导"。后来被迫接受了，他还是不忘中国人自己探索革命理论和道路的念头。为此大约在1925年孙中山逝世后，他把党内领导人所写的探索革命的重要文章，以《中国革命论文集》为书名，以"中国革命之性质""帝国主义侵略下之中国""中国革命过去之经验""中国革命中之国民党""军阀制度与联省自治""革命与不合作""劳动运动"7个总目，编辑了34篇文章，以"新青年社"的名义，出了一本小册子，供党内阅读研究。其中"陈独秀"有15篇。笔者1998年访问日本时，有幸在丰桥市的爱知大学霞山会馆文库，见到了这本珍贵的小册子。其中"屈维它"是瞿秋白的笔名，"孙译"即马林，各收了一篇。

后来，笔者又在中央编译局见到这本小册子的广告词，其中说道："中国革命问题是一个很复杂的问题。要完成中国革命，要使中国革命走上正确道路，而不至有已发展的革命运动走入军阀勾结帝国主义之新式统治的危险，必须拿最革命最科学的马克思主义观点来分析中国革命各方面的问题，以求得明了的观念。这部书正是以马克思主义研究中国革命问题之结晶品。"从广告词上看到，这本小册子，后来由上海华兴出版社出版，②但在国内没有发现原书。

大革命失败后的陈独秀，虽然受到斯大林和共产国际文过饰非的打击，思想上并未消极，抱着进一步探索中国革命经验之目的，勤于思索，他也不计较个人恩怨，把反对或批判过他的人，都视为同志，一视同仁，不过是在共同探索中国革命道路上产生一些分歧而已。他从大局出发，在八七会议后不久，先是在武汉，然后到上海，多次向临时中央贡献自己思考的意见，其

---

① 汪原放：《回忆亚东图书馆》，第130页。

② 《上海华兴出版社图书目录》，中共中央编译局资料室藏。

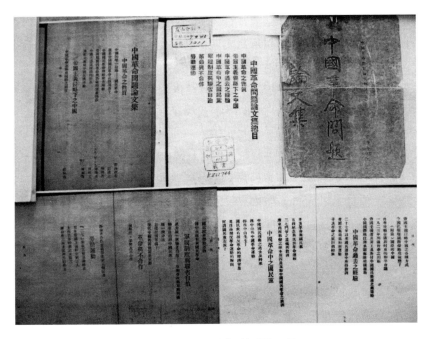

《中国革命论文集》封面及目录

主要精神是认为革命已经进入低潮，策略应该是退守和防御的。

　　但是，陈独秀的这个思想与莫斯科及其在中国的代表罗明纳兹及党中央瞿秋白等的思想完全对立。他们的思想充分表现在 1927 年 11 月中央临时政治局扩大会议通过的文件中，认为革命形势还在高潮中，并且是"不断高涨"，"是直接革命形势"。他们一方面承认为贯彻"紧急指示"而发动的"南昌暴动及南征广东的革命军队失败"，承认"广东两湖的农民暴动一处也没得确定的大规模的胜利"；另一方面，却又说"单是敌人的屠杀进攻，不但还不是革命的溃散，反而证明革命潮流之高涨"。而且，他们还为中国革命"创造"出一种"不断革命"的理论（当时称"无间断的革命"）："中国革命虽然简直还没有开始其民权主义任务的解决，但是现在的革命斗争，已经必然要超越民权主义的范围而急遽的进展；中国革命的进程，必然要彻底解决民权主义任务而急转直下的进于社会主义的道路。"① 瞿秋白更是认为："要说中国革命已经是纯粹社会主义的革命，固然不对，要说中国革命仅仅是民权主义革命……更是不对"；它是"工人阶级领导农民武装暴

---

① 《中国现状与共产党的任务决议案》，《中共中央文件选集》（3），第 369、370 页。

动获得政权开辟社会主义道路的革命"。①

如此混乱的战略思想,在革命实践中,势必混淆民主革命与社会主义革命的区别,出现"左"倾的社会主义革命的政策。

周恩来说:"'不断革命论'是那时共产国际驻中国代表罗明纳兹提出来的,我们当时并不知道";其意"是认为中国革命是'不断革命',一直发展下去没有间断地达到社会主义"。②

这比起共产国际执委第七次扩大会议提出的国民革命的前途是"非资本主义即社会主义"来,就更加激进了,自然也失败得更快了。

其实,周恩来不知道,所谓"不断革命论"真正的精神并不是罗明纳兹的发明,而恰恰来自莫斯科最高当局,即联共中央政治局和斯大林。只是斯大林不用"不断革命论"这个词,而用"苏维埃"这个同样能混淆革命性质的词。8月8日、13日,斯大林两次签署的给纽曼的政治局会议决定说:关于苏维埃的最近指示是这样,"发动国民党左派群众起来反对上层;如果不能争取国民党",或"国民党革命化在实践上毫无指望","而革命将走向高潮,那就必须提出苏维埃的口号并着手建立苏维埃"。③

莫斯科和斯大林提出"如果"和"指望",在华的国际代表和中共中央就来"制造"出这种如果和指望。于是一系列显示高潮的"暴动"就出现了,苏维埃也在广州暴动中建立了。而在革命策略上,就把一切地主和资产阶级、小资产阶级、富农甚至中农和小资产阶级,都当成了革命对象。在前述中共的决议案中竟规定:

> 没收中外大资本家的大工厂大商店银行矿山铁路等,收归国有,工厂归工人管理,厉行劳动法,如果小厂主怠工闭厂,便也没收他的工厂,歼灭一切工贼反革命派。

> 工农武装暴动的策略,尤其应当注意的是:对于豪绅工贼及一切反革命派,应当采取毫无顾惜的歼灭政策……对于上层小资产阶级——店东商人等等,切不可以存着犹豫动摇的心理,如果怕扰乱他们的安宁秩

① 瞿秋白:《中国革命是什么样的革命》,1927年11月16日,《中央政治通讯》第14期。
② 《周恩来选集》上卷,第172页。
③ 《联共(布)中央政治局会议第120号(特字第98号)记录》,1927年8月18日,《共产国际档案资料丛书》第7辑,第17、21页。

序，因而不去发展革命的群众的独裁制，甚至阻止群众的剧烈的革命行动。

　　土地革命的口号应当是：完全没收一切地主的土地，由农民代表会议自己支配给贫农耕种，耕者有其田，完全取消租田制度……歼灭豪绅地主及一切反革命派。本党坚决的反对用减租、没收大地主、打倒劣绅恶地主等改良主义的口号，来替代上述的革命口号。

　　如此极左的战略和策略，一是被国民党残酷的屠杀政策所激愤；二是被莫斯科过去推行（表面上表现为陈独秀为首的党中央所执行）的对国民党一再退让的政策所激愤；三是由本来就极左的莫斯科的五月"紧急指示"被罗明纳兹极端发展的结果。它不仅与国民革命经过"四一二""七一五"两次反共事变后正在走向低落的形势相违背，而且与陈独秀的比较稳健的思想与策略格格不入。

　　11月11日、12日，即中央临时政治局通过极左纲领《中国现状与共产党的任务决议案》的第二、第三天，陈独秀连续两次致函中共中央，直抒衷肠。

　　关于当前形势："国民党虽然不能长久统治巩固，而眼前尚不至崩溃，因此，我们以群众力量扫荡它们夺取政权的时机尚未到来。在实际行动上若取时机过早的政策，更是错误。"关于这一点，中共江苏省委常委王若飞有一次到陈独秀家去，谈到大革命失败后的形势时，二人又发生了争论，王若飞坚持中央意见，认为革命形势还是"向上涨的"；陈说是"向下落"。陈问道："这几天上海的外国兵大部分撤退回国，你以为中国革命还在高涨时候，帝国主义肯把军队撤退么？"这么一问使王若飞恍然大悟，回去后起草了一个《江苏省委决议案》的文件，批评瞿秋白为代表的中央"左"倾盲动主义错误（这个决议案未及省委通过，王即赴苏参加中共六大，决议译成英文，作为中国问题的文件在六大上散发）。

　　关于革命性质：中央第十三号通告中，"所有政治的经济的政纲，都是无产阶级革命无产阶级专政十月革命的政纲，且明言'武装暴动的工农革命'"，而不是民族民主革命的政纲，要求迅速确定"现在的革命性质及吾党政纲"。

　　关于以暴动夺取政权：如果"农运非暴动恐难发展"，"只能以暴动为不得已而用的方法，而不可为目的，此时尤不可以存'以暴动夺取政权的幻想'";"只是幻想政治的暴动,暴动失败了,我们什么都得不着;并且还会因此使农民离开我们"。

关于夺取江苏上海城市政权问题:(王)"若飞对于江苏运动,偏重在夺取城市的政权(有些似毛润之的意见),他且幻想会占得沪宁。我当时曾表示不赞成。略说了几句,他似乎还不大以我的意见为然。这如果是他的自己的意见,望常委急需纠正!如是常委的意见,我提议要切实讨论估计,万万不可随便做政治的暴动,尤其是上海"。

关于当前策略:"我提议用'四不'口号(不交租,不完粮,不纳捐,不还债),更简单明了容易唤起广大的农民了解,而且又可以通行全国。"

陈独秀担心这些意见不为党中央所接受,最后又坦诚地表示:"我见到于革命党有危险的,我不得不说,我不能顾忌你们说我是机会主义者。"①

但是,指导了八一南昌暴动及其南征广州、指导了八七会议及全国各省的秋收暴动而连连失败的国际代表和瞿秋白党中央,根本听不进陈独秀的意见。12月9日,中央复函陈独秀,批驳了他的意见:

关于形势:国民党内部存在各种各样的矛盾,"已经不能巩固其统治";"国民党的统治长久与否,全看民众暴动的力量能否汇合而成较大规模之胜利"。这就是说形势的好坏主要取决于革命主观的努力,而可以无视客观条件(如阶级力量的对比)。这是一种"革命万能论"的主观唯心主义。按照这样的逻辑,革命形势是可以人为制造的。

关于政策:对陈独秀的意见,"我们不能同意"!不能以经济斗争为限,"发动工农的经济斗争,以引导政治暴动是非常之必要,而且是唯一的方针"。"四不"口号发动农民群众非常之对,非常之必要;然而由此便必须走到暴动,农民群众不拿武器暴动,也决不能实行"四不"。

关于上海暴动:错误只在"以极少数勇敢工人之恐怖行动去'扩大'斗争"。"这是一种变相的军事投机主义。"应当去真正发动群众,"从经济斗争真正引起群众的政治斗争。引起群众取得政权之必要的认识,而走上武装暴动";"只准备做经济斗争,而不要指出政权的目标,这就不对了"。

关于革命性质:坚持"中国革命是无间断性质的革命",即"实行平民式的彻底的土地革命(完成革命民权主义任务),急转直下地进于社会主义

---

① 《中共中央文件选集》(3),第448、449页。

的道路"。①

国际代表和瞿秋白党中央根本听不进陈的逆耳忠言，又于 12 月 11～13 日，发动了广州暴动，又一次提出了"建立工农苏维埃政府"的口号。罗明纳兹副手纽曼亲自参加了暴动的指挥。陈独秀获得此讯后，在 13 日午前，紧急致函党中央，认为"广州暴动，无论成败我们都应该做！"并提出 5 条建议，企图予以正确引导："在广州非战斗人员悉数遭到有农民暴动之可能的地方迅速促其暴动"；广州革命政府用"工农平民代表会议政府"，似较妥当，不可用"工农政府""独裁政府""苏维埃政府"的口号，因为"苏俄政制精义是无产阶级独裁，离此，则苏维埃并无特殊意义"；"可以在赞成土地革命的条件之下，与任何国民党一派或个人党外合作……即谭平山如以国民党地位或另组他党而能从事土地革命工作，我们也不可以加以排斥。我们不可持'党外无党'的谬见"；共产国际代表不要参加广州事变，等等。②

陈独秀虽然反对这次暴动，但暴动已经起来，如果还在一旁反对，泼冷水，则无济于事。他学马克思对巴黎公社的态度，说"广州暴动，无论成败我们都应该做！"但是，他又料定这次暴动肯定是要失败的，关键是如何使其减少损失，因此提出 5 条建议。自然，国际代表和中共中央是不会接受的。

在广州暴动领导人中，总司令叶挺曾提出与陈独秀相同意见：由于国民党援军就要到来，而暴动部队消耗很大，提议撤退到海陆丰革命根据地，但却被国际代表纽曼所否定。纽曼说马克思主义的暴动原则是"进攻，进攻，再进攻"，指责叶挺向农村撤退的主张是政治动摇。最后，由于国民党军队的大量到来，寡不敌众，总指挥张太雷也在战斗中牺牲，余部不得不撤出广州市区，暴动失败，一部分部队与海陆丰农民武装相结合。

但是，广州暴动的失败，并没有使共产国际和中共中央吸取教训，反而使他们走向更加极端。12 月下旬，正是广州暴动失败后的余部向东撤退之际，中共中央常委会就广州暴动问题复函陈独秀，称暴动虽败，但"其他各乡之暴动可以趁军阀混战而形成多部分之割据与再行汇合的局面"。关于革命性质与目标，仍强调"民权主义的独裁"在中国"其势非以共产党一党政权表现之"。③

----

① 《中共中央文件选集》（3），第 445～448、437 页。
② 《中央政治通讯》第 14 期，1927 年 12 月。
③ 《中央政治通讯》第 14 期，1927 年 12 月。

陈独秀的意见非但没有被采纳，他还从已经成为中共江苏省委组织部长的儿子乔年口中得知，中央还把他的意见"当作笑话到处宣传"，这使他受到很大的刺激。而且回上海不久，瞿秋白因党中央人手不足，把黄文容调去做郑超麟助手，编辑新的中央机关报《布尔塞维克》。从此，他真的有些心灰意冷了，十分痛苦和孤独。还好，乔年经常来看望他，同情父亲的遭遇，也赞同父亲的某些主张。但他对陈独秀与党中央之间的矛盾，很感为难，劝告父亲不要再给党中央写信了。于是，约有一年半的时间，陈独秀没有再给党中央提出过一条建议。不久，乔年与史静仪结婚，二位都是在当时革命者中"最漂亮的人"，人人称羡。他们生了一个名叫"红五"的男孩。陈独秀很喜欢这个小孩，也算有了一点天伦之乐。可惜孙儿不久夭折，陈乔年又在1928年6月6日被捕牺牲。儿媳史静仪曾任中共北方区委妇委书记，为考虑安全，由组织安排，把乔年牺牲后生的遗腹女陈鸿寄养朋友处后，史再次赴莫斯科学习，后来他适。[①] 陈独秀在政治上、生活上接连打击之下，重又陷于空前的寂寞与悲痛之中。

而他的孙女陈鸿，后来也丢失了，直到他去世时还没有找到。史静仪在莫斯科与李国琛先生结婚，生有一男一女。1939年回国后，史静仪设法寻找陈乔年之女陈鸿，但始终杳无音信。1969年，她在弥留之际，嘱咐李氏儿女继续寻找。终于在1994年12月，在福州找到已经63岁改名为苗玉的陈鸿。她是已参加革命四十多年的新四军离休干部，生活美满幸福。这也算是给陈独秀和陈乔年在天之灵的一点安慰。

文字学研究中苦度艰难岁月

但是，经历了五四前后近二十年的革命失败、亲友牺牲的无数次打击后的陈独秀，早已成了一个硬汉子，而且很会排遣痛苦与寂寞。他暂时退出政治，研究他喜爱的文字学，犹如他所说的，"出了监狱就入研究室"。

中国历史上，许多文人在政治上受挫或失意之后，就退到学术领域施展才华或寻找精神寄托，有的还取得了辉煌的业绩，也算是失之东隅，收之桑榆吧。如前所述，陈独秀虽然没有在正规的中学、大学拿过文凭，但他通过

---

① 参见杨纤如《乔年烈士有女天涯何处》，苗玉《给党组织的一封信》，李文《我相认苗玉姐姐的经过》，均载《陈独秀研究动态》第20期，2000年6月，第26、27、28页。

自学，对历史、哲学、政治、文学、教育、宗教、道德、妇女、人口、家庭、婚姻、中外经济交流和文化交流等领域，都有研究，撰写了大量论著，发表了不少至今仍闪烁着真理光芒的论著。比较起来，他对文字学更是钟情。这里的"文字学"，不是狭义的文字学，而是如古称"小学"的文字学，即既包括研究字音的音韵学，又包括研究字形、字义、字源及其演绎等的狭义文字学。从现有资料看，陈独秀最早从事文字学研究，是在参加1913年二次革命（反袁斗争）失败之后，写了一部《字义类例》一书。现在他研究的是与音韵学有关但又有区别的中国文字的拼音化问题。

陈独秀为什么研究这个问题？他在书稿的《自序》中说：用现在的文字——衍音的象形字，"不能够使多数人识字写字"，"加造新字很不自由"；还由于中国文字长期以来被官僚文人用来作八股文，"所以一用现在的文字，代表现在的语言，叙述现在的生活，便自然感觉到中国的文字已经破产了"。"文字只是代表语言的符号，中国许多语言只能说出，不能写出，它不成了有语言而无文字的国家！"他还指出，现在有许多人努力推行平民识字运动，但所谓平民千字课丝毫不曾注意平民日常生活之所需，其中平民日常所需的字，百分之九十都没有，"教他们识了这些字又有什么用处！"

虽经五四新文化运动的提倡和创新，当时中国文字改革运动的阻力还是很大，只做了一些注音字母的工作。陈独秀认为注音字母还不如日本的假名便当："注音字母不能通行，自然原因很多，而其自身缺点太多，也是主要原因之一；尤其是制造注音字母的人们，既然没有把它做成拼音的决心，而又要用拼音文字的方法，方法太简陋，不成其为拼音文字，所以弄得不三不四，自然没有人肯用了。"

为此，陈独秀决心率先向旧的传统宣战，为后继者扫除前进的障碍。他说："有人讥笑制造拼音文字的人，是想做仓颉第二，其实想做仓颉第二并不是什么可以被人讥笑的事；中国文字当然不是什么仓颉一人所造，是从远古一直到现在无数仓颉造成的，今后需要许多仓颉来制造新的文字。"最后他表示："贸然做这本书……十分冒险，所以希望许多有志做仓颉的人们，加以讨论，纠正，并且有实际的运动，使最近的将来，中国真有一种拼音文字出现。"[1]

可见，陈独秀不管做什么事，都有一种创新的精神。这是他所以成为伟

---

[1]　陈独秀：《中国拼音文字草案·自序》，手稿，中共中央党史研究室资料室藏。

人的基本要素之一。诚如近代中国著名评论家王森然所说："（陈独秀）先生书无不读又精通日文、法文（其实还精通英文，懂得德文和拉丁文等多种外文——引者），故其学求无不精；其文，理无不透；雄辩滔滔，长于言才。无论任何问题，研究之，均能深入；解决之，计划周详；苟能专门致力于理论及学术，当代名家，实无其匹。"所以如此，他企图从陈的个性上探究："其个性过强，凡事均以大无畏不顾一切之精神处理之。无论任何学说，必参己意以研究之，无迷信崇拜之意。故每当大会讨论之际，其意见迭出，精详过人；常使满座震惊，或拍掌称快，或呆目无言，诚为一代之骄子当世之怪杰也。"①

为了进行这项工作，只要有人到他家去，寒暄几句后，他就会提出这个问题来，遇见湖北人时，他问这几个字湖北音怎样读；遇见广东人时，又问那几个字广东音怎样读。与他来往的人来自四面八方，这为他做这样的工作提供了方便，陈独秀很快就把中国几个典型方言调查清楚。

对于陈独秀进行文字研究工作，人们有种种议论，有人认为他像《汉书》中的曹参为相一般，人家去见曹参有所建议，曹总是醉人以酒，以堵塞建议者之口。陈独秀也是故意以文字学的研究来回避政治问题，并掩盖他在党的路线问题上与中央的分歧。因此，不少人果真以为他是不在其位，不谋其政了。②

但是，不管人们对他从事这一研究工作的动机作何种猜测，谁也不否认，他对此的确到了入迷的程度，并且终于在一年以后，即1929年3月，写成了《中国拼音文字草案》一稿。③ 此书稿分五部分：自序及说明；北京话；汉口话；上海话；广州。陈独秀还请邓颖超校核北京话，项英校核汉口话，沈雁冰和陆缀文校核上海话，杨殷和罗绮园校核广州话。这些人都是地道的当地人，可见其做学问认真。

在"说明"中，陈独秀讲了为什么不用当时流行的国语，而用四种地方话做标准语，主要是他认为当时中国还不曾达到国语成立时期，"现在的所谓国语，或所谓的普通话，人为的性质太过分，离开实际语言太远了，它不能够叫做国语"；一种国语必须有一个地方语做标准，现在真正国语未成

---

① 王森然：《近代二十家评传》，第23页。
② 郑超麟：《回忆录》，1945年，手稿；《柯柏年谈话记录》，1980年6月29日，唐宝林访问整理，未刊稿。
③ 藏中共中央党史研究室资料室。

立以前，应该以有最大影响的地方作标准语来过渡。于是他采用了北京、上海、汉口、广州四个地方语。他说："这四个地方都是中国产业中心或政治中心的最大都市；这四个地方语，确能代表全中国大多数人的实际语言，并且它们都有相当的文学作品。"

《拼音草案》拟定的单声母和单韵母共 43 个，采用的字母形体"大致是比较完备的国际音标，但也有小小增改的地方"。尤其是因为"中国结合声母的语言特别发达，国际音标不尽适用"，于是，陈独秀依据音理参照国际音标及各国字母，创造了九个结合声母及三个单声母。

此稿完成后，售给商务印书馆。该馆主持人与国民党当局关系甚深。陈独秀是当时国民党通缉的"共党首领"。书稿当然不可能出版。但陈独秀毕竟不是一般的作者。于是，他在政界和学术界一些很有地位的朋友、学生和商务印书馆的老板张菊生、王云五、胡适之、傅孟真、赵元任等，共同捐赠了稿费千元。当时共产党处于最困难的时期，无力关照他的生活。《独秀文存》当然也不可能再印，不能再以其版税收入来维持生活。这笔稿费使他渡过了一次难关，过了一段贫困的生活。

1942 年陈独秀逝世后，大革命失败后一度任中共湖南省委书记，曾受北京大学同学会的委托，照料过陈独秀的晚年生活的何资深（又名何之瑜），负责收集、编辑并出版陈独秀遗著《独秀丛著》，最后与商务印书馆签约，分两部出版陈独秀文字学方面的全部论著：第一部取名为《古音阴阳入互用例表及其他》，共收入他音韵学方面的七篇论文；第二部是他所写的六篇文字学（狭义文字学）方面的论著及《中国拼音文字草案》。结果，第一部的清样出来时，上海解放，这位已被共产党定为"大罪人"的著作，也被严禁出版，尽管这些是纯学术、纯语言文字的而非政治性的著作。直到改革开放后的 2001 年，原已是清样并由何之瑜核校完毕的《古音阴阳入互用例表及其他》，在笔者的努力下，由中华书局以繁体字出版，并改名为大家易懂的《陈独秀音韵学论文集》。但是，《中国拼音文字草案》至今尚未问世。

其实，以笔者粗见，由于中国地域广阔，人口众多，各地方言极其复杂，要想用一种拼音文字来统一，的确是一件难事，实可称"难于上青天"，可能是陈独秀永远也不能实现的一个理想。也许这是无知的外行话。我至今也难以理解，陈独秀为什么做这样一件吃力不讨好的事，也许他的思想比我们更深远。不过，如今以北京话为基础的"普通话"，并已在包括港台在内的各地普及而且说写基本统一。这也是陈独秀做拼音文字的初衷。

拒绝去莫斯科参加六大

大革命失败，之后又有南昌暴动、秋收暴动、广州暴动等接连的失败，在共产国际代表的指导下，中共中央又对这些暴动的负责人进行严厉处分，当时党内思想混乱，失败主义情绪弥漫。为了总结失败的教训，制定新的政策和策略，以向全党指明新的方向，1928 年 3 月，共产国际做出了 4 月在莫斯科举行中共第六次代表大会的决定。决定中有一条就是陈独秀、彭述之等人，必须参加。但是要在一个月内，把散在全国各地的共产党领导人作为代表送到莫斯科，是不可能的。于是，会议不得不推迟到 6 月召开。

陈独秀再次拒绝到莫斯科去，虽然党中央为了执行莫斯科的指示，对他做了许多工作，除了瞿秋白亲自出面外，还通过与他关系亲近的人进行劝说，如王若飞、郑超麟、黄文容等。但他坚持认为"中国革命应该由中国人来领导"，这是他从自己亲身的痛苦教训中得出的一条最基本的原则。他绝不让步。他认为大革命及其后一系列暴动的失败，主要是莫斯科瞎指挥的结果。而他们所以错误，是由于外国人不了解中国情况。他曾反问劝他赴苏的人："中国人的问题是中国人了解，还是外国人了解？我是中国人，我要研究中国问题，为什么不能在中国研究而要到莫斯科去研究？"[①] 王若飞同情陈独秀的处境，虽然奉命来劝说，但也担心苏联"正在反对托洛茨基，他去时一定坚持自己的意见，反对国际意见，那时人家一定为了打击托洛茨基原故来打击他"。所以，除了他强调的"中国革命应该由中国人来领导"，反对莫斯科干涉中国革命这个正当的理由之外，在内心深处，不能不说也有警惕的一面，党内许多同志也劝他不去莫斯科。彭述之也采取了与他同样的立场。

共产国际东方局副局长索洛维约夫曾给联共政治局中国委员会透露，共产国际早在大革命胜利高潮的 1926 年秋天和 1927 年春天，提出过请陈独秀来莫斯科的建议，那时是想真诚听取陈独秀的意见的。但是，显然斯大林最高当局认为自己的路线完全正确并因此给鲍罗廷和加伦颁发了红旗勋章，

---

① 黄阶然：《党的"六大"前后若干历史情况》，手稿。

"没有同意让陈独秀来莫斯科"。索洛维约夫说："很可惜，如果当时陈独秀来莫斯科，就可以和他一起制定中国党较为正确的路线。"①

这个估计是否成立，暂且不说，但却说明，应当请陈独秀去的时候不请，实际撤销陈独秀总书记职务后，几次三番邀请他，其用心何在令人怀疑。

不过，陈独秀1928年5月拒绝参加六大时诚恳地表示，他不再参加中共的领导工作，也不为自己辩护，更不出面批评别人；可如往常为中央刊物多做些短篇文章；如果第六次大会成绩不错，对共产国际和中共中央将不持反对态度。② 据张国焘回忆，当时，张曾多次拜访陈独秀，鉴于瞿秋白"左"倾路线造成的严重后果，张曾提议另组"工农党"，以摆脱共产国际及其代表的领导。陈一度"大感兴趣"，认为是"合情合理改变党内现状的要图"。但又考虑到这毕竟是分裂党的严重行动，困难多多，后因瞿秋白路线结束，中央又准备召开六大，于是作罢。他预料"第六次代表大会能改正瞿秋白这种明显的盲动错误"，③ 所以对六大寄予极大的希望，希望它成为一个历史的转折点。

当时有一批陈独秀领导党中央时期的骨干，对共产国际和新中央处理陈独秀不满，私下串联成一个派别，自称"陈独秀派"，并仍拥护陈为他们的领袖，鼓动陈也参加，为恢复往日的地位而奋斗。但是，一向光明磊落的陈独秀不参加，也不支持他们的活动，但也不阻止，表明了他对中共六大的期待。因为这些干部分散在各地任职，陈独秀又是这种态度，因此他们没有什么活动。

1928年6月18日至7月11日，在莫斯科召开的中共六大，检讨了大革命时期和瞿秋白时期的"左"右倾机会主义错误，不仅批评了陈独秀，也批评了共产国际代表鲍罗廷、罗易等。当然，共产国际和斯大林是不会做自我批评的。大会再次确认了反帝反封建、实行土地革命、建立工农民主专政的民主革命的纲领。从这个意义上说，六大的确成了中共历史上的一个重要转折点。但是，由于"左"倾的基因未除，被几位资产阶级的代表人物参加国民党政府的假象所迷惑，大会通过的《政治决议案》自相矛盾地宣称：

---

① 《索洛维约夫给联共（布）中央政治局中国委员会的信》，1927年9月5日，《共产国际档案资料丛书》第7辑，第33页。

② 张国焘：《我的回忆》第2册，第366、367页。

③ 张国焘：《我的回忆》第2册，第365、367页。

"资产阶级民主革命阶段之中动力，现在只是中国底无产阶级和农民"；"民族资产阶级是阻碍革命胜利的最危险的敌人之一"。于是自然得出这样的结论："中国革命底动力，已经只有无产阶级和农民，而且无产阶级底领导权，又能在资产阶级民主革命阶段中就建立起来，所以，这就可以开辟中国革命将来发展的道路，使它有非资本主义的前途，就是社会主义的前途。"①这就为以后发生更严重的"左"倾错误路线，埋下了根子。

关于陈独秀问题，中共六大及其后紧接着召开的共产国际第六次代表大会（7 月 15 日至 9 月 1 日），发生两个插曲。一是对陈独秀有亲切友谊而为人正派的王若飞，在对于大革命时期"右倾"错误的责任问题上，不同意有些人搞文过饰非，把错误全推在陈独秀一人身上的做法，认为应该党中央集体负责。他在大会发言时，批评了陈独秀领导的错误，也批评了瞿秋白的错误；同时，对他自己在担任中央秘书长期间的工作也做了自我批评。在选举中央委员会时，他还提名陈独秀为候选人。这实际上是在向斯大林为首的联共政治局和共产国际挑战，是要有很大的勇气的。这场斗争的复杂与激烈，充分反映在瞿秋白所做的总结报告中：

> 讲到机会主义的责任问题——陈独秀的问题。大家提及了这个问题，使我不得不来说一说。是否责任由他一人负呢？大家说不应该，又说他应负一点。这是法律的观点。他的思想是有系统的，常有脱离马克思列宁主义的观点。在政治意义上说，是他要负责的。但他的作用在中国革命中始终是伟大的。在武汉他有机会主义的政策，妨害了甚至于出卖了工人阶级，这是不错；但当时的中央政治局，是和他共同负责的。至于过去，则"五四"运动的《新青年》杂志以来，他对中国革命有很大的功绩。现在，只说他个人做了错误，在政治上，机会主义应由政治局负责。②

显然，瞿秋白的这段话，基本上是同情陈独秀的，但是又不得不照顾到控制大会的共产国际及其主席布哈林的面子。所以讲得很"累"：他一方面说"在法律的观点"上来说，陈独秀"应负一点"，"在政治意义上，是他

---

① 《中共中央文件选集》（4），第 170、171 页。
② 《政治报告讨论之结论》，《瞿秋白文集》（5），第 610 页。

要负责的"。另一方面，他又强调："在政治上，机会主义应由政治局负责"。一方面，他批评陈"的思想是有系统的，常有脱离马克思列宁主义的观点"，甚至说"在武汉他有机会主义的政策，妨害了甚至于出卖了工人阶级"。另一方面，他又说陈"的作用在中国革命中始终是伟大的"，还扯出与五四运动的《新青年》杂志以来，"他对中国革命有很大的功绩"。瞿是一个有头脑的人，他曾与鲍罗廷、维经斯基和罗易关系密切，自然知道陈独秀的错误是与共产国际斯大林有关的，但是，他又不得不避开这个"地雷"。

第二个插曲是，在共产国际六大上，被流放在阿拉木图的托洛茨基，向联共中央和共产国际提交了一个名为《共产国际纲领——对根本原则的批判》的文件，并要求在大会上散发和恢复其党籍。这个文件是批判斯大林和布哈林在共产国际六大搞的《共产国际纲领》的。文件分三个部分：（1）"世界革命的纲领，还是一国革命的纲领"：以托洛茨基发明的"不断革命论"，批判斯大林的"民族改良主义"的"一国社会主义"的纲领。（2）"帝国主义时期的战略和策略"：详细论述了共产国际历次大会的错误策略，和在这个策略指导下，各国革命失败的教训。（3）"中国革命的总结与前瞻"：把中国大革命及其后一系列武装暴动的失败，作为批判斯大林的重磅炸弹，全面总结共产国际指导中国革命的路线的错误。斯大林只在大会上印发了这个文件的（1）、（3）部分，并严格规定：阅后收回，不准带回国。

但是，参加大会的中国代表和留学生工作人员（如王文元即王凡西）中倾向于托洛茨基的一些人，看后大受鼓舞，特别是《中国革命的总结与前瞻》，他们设法保存下来。别的国家的代表，也有私自带回国的。此后一些国家的共产党开始分裂成两派：拥护共产国际的共产党和拥护托洛茨基的反对派。这个情况，是中共党内出现反对派的源头。

"中国革命的总结与前瞻"中为中国托派规定了一些基本原则，因此成为中国托派的基本纲领。这些原则体现在他以很长篇幅详细论述的两大问题中。

第一，中国民族资产阶级有没有革命性问题。他认为只有反动性，没有革命性，因此，工人阶级永远不能与它结成任何形式的联合战线。

在斯大林的共产国际纲领中，有一条从中国大革命经验中总结出的一段话："与殖民地国家的民族资产阶级成立暂时的妥协，仅在民族资产阶级不妨碍工农革命组织和它能进行真正反帝国主义斗争条件之下才可以的。"托洛茨基的文件从批判这段话开始，指出这是"用荒谬的条件去掩饰资产阶级"；"只有当时于我们有利，我们与魔鬼亦可以缔结（条约）……这是十分的荒谬。若我们依据这种条件行动，实际上便是让魔鬼作保镖和请他做基督的天使"；"以为殖民地的受压迫，必然要发生一个革命的资产阶级，这种了解就是留恋于孟雪维克主义的基本错误"。

接着，托洛茨基的文件从总结孙中山领导的民主革命和大革命的经验出发，论述了中国资产阶级可以反对某个军阀和某个帝国主义的代理人，但是，它从不反对帝国主义，从而得出结论说："中国资产阶级比俄国资产阶级还要反动，还要下贱。"因此，资产阶级表现得越革命，无产阶级越要警惕；而斯大林则用资产阶级的革命性来麻痹无产阶级。

从欧洲 1848 年资产阶级革命、俄国 1905 年革命和中国 1925～1927 年大革命的经验中，托洛茨基又提出资产阶级参加革命的规律是这样的："资产阶级的参加革命营垒，完全不是偶然的，轻率的，而是受了阶级利益压迫，这是非常明显的。随后因惧怕群众之故，资产阶级就逐渐离开革命，公然表现其对革命宿怀的敌意"，最后"完全彻底的转入反革命的营垒中"。

托的文件对比中外资产阶级后得出一个惊人的结论："越到东方，资产阶级越反动！"

归纳以上托洛茨基对于殖民地半殖民地的资产阶级理论，可以归结为一条：任何时候，资产阶级总是反动的，所以，不能与资产阶级结成任何形式的联合战线。

陈独秀在领导中国大革命的过程中，也感受到了中国资产阶级的这种两面性，但是，在 20 世纪 30～40 年代的短时期内，他不能对它做出理论上的概括和深刻的认识。对中国资产阶级两面性的理论创造和与此相联系的统一战线策略，成了毛泽东领导中国民主革命胜利的三大法宝之一，也是使陈独秀离开中国革命主航道的主要原因之一。

第二，中国还有没有资产阶级民主革命阶段及与此相联系的"工农民主专政"问题。托洛茨基认为，由于中国社会资本主义经济占统治地位，资产阶级没有革命性和农民的私有本性，中国不存在民主革命阶级，"工农民主专政"的口号是"反动的"。

在中国，到底是城市领导（支配）农村，还是农村领导（支配）城市？陈独秀和中国托派为一方，与中共一方，发生了激烈的争论，并由此衍生出两条根本对立的路线：一条是坚持马克思主义在欧洲革命的传统，即以城市为中心，以工人群众为主力的路线；一条是以农村为基础，以农民群众为主力，以农村包围城市，最后夺取城市的路线。而前者的观点，就是在这里由托氏为他们规定的铁律。就这样，当以后毛泽东领导的中共在农村掀起轰轰烈烈的革命运动时，陈独秀的后半生就完全离开了中国革命的主航道，在革命实践上，再也没有什么作为了。

托氏以上对中国社会性质的规定，对资产阶级、农民和工人各阶级的分析，最后落实到中国革命当前的口号和下次革命的性质："要在中国解决基本的资产阶级的民主任务，完全要归结于无产阶级专政。以工农民主专政来反对无产阶级专政，乃从事一种反动的企图"；中国"第三次革命①（不管中国经济比俄国落后得多，或者更正确些说，正因为这落后得多），将不会有一个'民主'时期，甚至像俄国十月革命以后半年的'民主'时期（1917年11月~1918年7月）也不会有，而将被逼于一开始就要最坚决地动摇与取消城市及农村中资产阶级的财产"。

这个论断，为后来大部分中国托派分子所接受，产生了下次"中国革命一开始就是社会主义革命"的观点。唯陈独秀除外。

这年10月，托洛茨基又专门写了《共产国际第六次大会后的中国问题》，详细地论述了大革命失败后的中国革命形势和策略。此件和《中国革命的总结与前瞻》，被中国托派视为托洛茨基论中国革命的两个纲领性文件，既有对过去革命的教训的总结，又有对今后革命战略和策略的指示。第二年（1929年），托洛茨基在这两个文件的基础上，又为来看望他的刘仁静，起草了《中国政治状况和布尔什维克列宁派（反对派）的任务》，成为正式的中国托派纲领。归结起来，其要点如下。

第一，1927年中国革命连续三次失败（即上海、武汉、广州）的总结是："这三次失败都是共产国际和中共中央最根本的错误政策之直接产品。在以下决定中国革命命运动的四个问题中，共产国际十足的机会主义路线充分表现出来"：党的问题、帝国主义问题、关于小资产阶级农民问题和苏维埃问题。

第二，形势、策略与任务。现在是反革命奏凯时期，"现时尚难预言，

① 托氏和中国托派称中国辛亥革命为第一次革命，1925~1927年的大革命为第二次革命，未来革命为第三次革命。

革命高潮将于何时与依何种道路发生"。军事独裁在现时是唯一的国家政权形式。"反对军事独裁斗争必然采用过渡的革命民主要求的形式，如要求中国的国民立宪会议由普遍直接不记名投票选举产生，以解决国家的最要紧问题；实行八小时工作制；没收土地；保证中国的国家独立"；"我们的战略之总路线是在夺取政权"。而"中国无产阶级专政，一定将中国革命化为世界社会主义革命之一部分，中国社会主义的胜利和苏联社会主义的胜利，只有在世界革命胜利之条件下，才可思议"。

第三，当前工作：（1）出版最重要的反对派的文件；（2）准备发行反对派的政治的及理论的机关报；（3）团结优秀的共产主义分子，组织反对派之集中的小组织；（4）和世界各国反对派联系，以便在最近将来组织反对派的国际小组织。

关于成立托派小组织，托洛茨基强调说："只有此种小组织，在自己的旗帜下，在共产党党内及党外，公开的勇敢的前进，才可救共产国际免于灭亡和变节，回复它到马克思列宁的路上。"

显然，托洛茨基主义是一种极左的理论和战略。但是，在革命形势估量和行动策略上，托洛茨基比较注意现实，并不盲动。所以，他为中国革命提出的路线是：现在处在低潮时期，即反革命时期，策略是退却与防守，口号是要求开展国民直接参加选举的"国民会议运动"，主要进行要求民主的合法斗争，在这个斗争中争取群众，等待新的革命高潮的到来，到时就像俄国十月革命那样，在各大城市发动武装暴动，一下子夺取全国政权。

十三　转向托洛茨基主义（1929）

被托洛茨基文章所吸引

　　1920 年代末，陈独秀转向把"无产阶级专政"与"党内民主"相结合的托洛茨基主义。自己没有独立的理论，只得盲从他人，充分显示了他的致命弱点。

　　中国托派首先产生于莫斯科。斯大林与托洛茨基的理论和路线斗争，以及前者对后者的无理处置，使联共内部从领导层到下面党员群众分裂成两派，互相斗争十分激烈。大革命时期陆续到苏联留学的大批中国学生，也相应分成两派，有的还加入了苏联托派，甚至像梁干乔这样的共青团员，还受到过托洛茨基的接见。1927 年 11 月 7 日，苏联举行举行十月革命胜利 10 周年大庆。游行队伍在经过主席台时，托派群众突然打开"反对斯大林，拥护托洛茨基""公布列宁遗嘱"等标语。两派群众扭打起来。这个事件后，托洛茨基遭到了一系列的撤职、开除、流放等处分。随之，斯大林在苏联发动了一场声势浩大的"肃托"运动。苏联托派分子受到严厉镇压，转入地下。中国留学生中的托派分子，也是如此。有的被流放到西伯利亚，有的被驱逐回国。1928 年 12 月，这些人在上海陆一渊家中，成立了中国第一个托派小组织，取名为"中国布尔什维克列宁主义反对派"，出版油印刊物《我们的话》（刊名取自十月革命前托洛茨基主办的革命地下刊物）。他们的主要活动是在刊物上连篇累牍地翻译托洛茨基在中国革命问题上历次批判斯大林和共产国际的文章和文件，把托洛茨基主义介绍到中国来，终于造成中共的一次大分裂。

　　归国留学生王平一，原是山东的中共党员，在莫斯科转向托派，回国后被分配在中共中央直属支部工作，同时又与"我们的话派"关系密切，把托派文件传入党内。这时，原"陈独秀派"的成员，大多数在六大后失去原来的领导职务，先后到上海闲置起来，使原来由于对陈独秀的错误处置而产生的不满情绪膨胀起来。1929 年四五月间，彭述之、尹宽、郑超麟等人，见到王平一带来的托洛茨基文件后，一方面自动组织起来，进行系统的学习，并且完全佩服和接受托洛茨基的一切思想和主张，甚至平时勤于观察与思考又深而不露的郑超麟后来也回忆说，他第一次看托的文章的印象是，"仿佛有甚么电光闪过我的头脑"。

另一方面，他们再鼓动陈独秀出山，反对六大后新的党中央继续推行的"左"倾路线。例如，与陈独秀及他们的低潮形势估计和采取保守、防御、合法斗争的策略不同，以向忠发为总书记、实权掌握在宣传部长李立三为首的新的党中央，认为形势是"革命的高涨要快走向新的高潮的局面。'直接革命的形势'仍然没有变更"；"在这一革命形势之下，本党暴动策略不独没有改变，而且应当更加积极的求其实现"。① 出于这样的形势估计，党中央发出一系列指示，要各地党组织，不管党的力量有多少，积极开展反资本家的经济斗争、农民秋收暴动和反帝运动，而"在一切宣传鼓动的工作中，要注意提出'反国民党'、'政权归工农兵城市贫民代表会议'的口号"②。为此，各地党组织必须在"五一"、"五三"、"五四""五九""五卅"、"八一"（国际反战日）等红色节日，组织群众上街游行示威，从"罢工、怠工、包围东家，在斗争中甚至与警察冲突"，到"设法组织飞行集会鼓动工人反帝情绪"等。国民党政府已经掌握了这个规律，就在当天守株待兔似地镇压群众，结果使好不容易恢复和积蓄起来的党的力量，不断受到摧残。有的地方党组织考虑到当地的实际情况，对这种"左"倾路线进行抵制，中央还加以批评："根据有些地方的经验（如上海），国民党对于民众反帝运动，并不能无限制的压迫，所以在客观上，发动全国范围的反帝高潮，是有可能的。然而我们各地党部在这次运动中的影响，除少数地方外，至今只是模糊的微弱的。这是甚么原故？有些地方的回答这样说：'我们过去太没有群众基础了！'这是错误的。我们在北伐前城市的基础比现在更要薄弱甚至一点也没有，然而我们到处都有反帝的成绩。又有些报告如南昌、南京则这样

① 《中央关于城市农村工作指南》，1928 年 7 月 26 日，《中共中央文件选集》（4），第 334 页。
② 《中央通告第五十九号》，1928 年 7 月 13 日，《中共中央文件选集》（4），第 326、327 页。

说：'反帝运动一点也没有做起。'这只是一种懒惰的回答。如果真有决心运用现在党在群众中就算极微弱的基础，无论如何也不致'一点也没有做起来'。"①

中共在六大后，由于瞿秋白盲动主义路线的停止，全党的工作曾有一些起色。陈独秀本来想遵守自己的诺言，不为自己辩护，不再反对中央。所以，当汪泽楷②从莫斯科参加六大回来劝他起来斗争时，陈独秀拒绝。但是，现在面对党内日益严重的"左"倾现象，在阅读了留学生带回来的托洛茨基从1923年起，一再批评斯大林在中国推行的错误路线，并多次提出国民党将背叛革命，共产党必须立即退出国民党的警告，而被斯大林的联共中央政治局和共产国际执委会否定的一系列文件和文章后，陈独秀一年多来苦恼的问题，终于得到答案，并且找到了知音。原来，他在大革命时期多次提出的"退出国民党"的主张，与在莫斯科的托洛茨基的主张和行动，以及遭遇与结果是不谋而合的。于是，他认为终于找到了大革命失败的根源——党内合作的国共合作路线。由此，他对托洛茨基也产生了由衷的敬佩之意，而对斯大林则更加厌恶。他以自己的亲身体验，完全赞成托氏在《中国革命的总结和前瞻》中关于大革命失败主要是斯大林和共产国际错误指导的论述："过去五年中，没有一个共产党，受共产国际机会主义领导之害有如中国共产党那样酷烈的"；"苏联布尔什维克党和共产国际的权威，始而完全帮助蒋介石，反对中国共产党之独立政策，继而又去援助汪精卫为土地革命的领袖"；"当反对派宣布中国共产党的中央（陈独秀）在共产国际错误指导下进行一种机会主义的政策时，就说我们是'诬蔑'中国共产党的领导，他们当时认为中国共产党领导是无疵的"。

但是，对于"退出国民党"的主张，托洛茨基与陈独秀的含意是不同的。前者提出退出国民党的前提是：国民党已经或即将成为"反革命"。共产党退出后在反帝反封建的同时，也应该把革命矛头指向国民党和资产阶级，以苏俄革命为榜样，成立苏维埃，进行顺带完成民主革命任务的社会主义革命。而陈独秀则一直坚持"打倒列强，打倒军阀"的民主革命。所以，

① 《中央通告第五十九号》，1928年7月13日，《中共中央文件选集》（4），第324页。
② 《文史春秋》2003年第6期，又见《宋任穷回忆录》，解放军出版社，1994，第14页。汪在大革命时期曾任中共豫陕区委书记，继任驻冯玉祥国民革命军司令部政治部少将组织处长。大革命失败时，调任中共江西省委书记；毛泽东领导的秋收暴动失败时，曾写"密信"派宋任穷送到前线，指示毛泽东率部向井冈山发展，这个史料曾长期被埋没。

看重于中国实际情况的陈独秀在大革命失败根源上接受托洛茨基主张外，在其他问题上，接受很慢。特别在革命性质问题上，他一直持保留态度，不像其他人一下子全面倒向托洛茨基主义。据当时与陈独秀等人一起参加学习的郑超麟回忆说："当时陈独秀常到昆明路提篮桥监狱对面一幢房子里去，那儿住着彭述之和汪泽楷两家人。'陈独秀派'那帮人都聚集在那儿阅读讨论托派文件。陈独秀就与他们一起学习，但他每次都提出不同的意见，然后就同尹宽、彭述之、汪泽楷等人辩论。问题如此之多，如此之复杂，陈独秀很难一下子接受托洛茨基的全部论断，尽管经过尹宽等种种解说，每次辩论完，他还是不能接受。但是下次来时，他不再提上次的不同意见，反而以尹宽的意见（即托洛茨基的意见）为基础，提出新的不同意见。如此一层一层讨论下去，到其余人都百分之百地赞成托洛茨基观点时，他还有不同意见。"①

最后，陈独秀还是在当前革命口号和下次革命性质问题上，不能完全接受其他人对洛托茨基有关论述的理解——"无产阶级专政"和"一开始便是社会主义革命"的提法。陈独秀后来在一篇文章中回忆说："在过去'无产者社'开始组织时，关于引起下次革命之因素的，是民主的要求还是社会主义的要求，曾有个剧烈的争论，而最大多数的意见都认为是后者。叛徒马玉夫和已经脱离革命的蔡振德，以及其他的人们，都曾经认为将来的中国革命性质既然是社会主义的而不是民主主义的，仿佛一沾染民主主义，便有点机会主义的嫌疑；马玉夫并且认为中国在经济上也已有实行社会主义革命的程度（任曙现在还有这样的见解），反对分析将来的革命性质专从政治斗争出发；这样的意见，在过去'无产者社'中也曾经过好几次争论，才渐渐在表面上消灭下去……（但）始终并未得到很明确的解决。"②

就这样，经过约三四个月的学习和讨论，陈独秀在基本上接受托洛茨基主义但有些保留的思想状态下，正式转变为托洛茨基主义者，并且很快被拥戴为中共党内反对派即托派的领袖。于是，他打破了一年多的沉默，在8月5日，给中共中央写了一封长信，贡献"一年来慎重考察的结论"。他以他能接受的托洛茨基观点，全面系统地阐述了对于中国革命的意见，抨击八七

---

① 郑超麟：《回忆录》，1945年，手稿。
② 独秀：《我们争论之中心点》，1931年11月4日，《火花》第1卷第5期，1931年11月7日，手刻油印件。

会议和六大以来的共产国际指导中共的路线是"机会主义"——"盲动主义和命令主义""官僚集权制"等，并要求"把这封信在党报上全部发表出来，以便公诸全党讨论"，企图挑起全党性的大争论，表现出托派路线战胜共产国际路线的强烈信心。

其一，关于 1925～1927 年革命失败的根由。陈独秀认为是"不曾洞察资产阶级的发展对于革命之作用及其危险性，尤其是对于国民党的阶级性之错误的观察，遂至不自觉的削弱了无产阶级的力量，过分助长了资产阶级的军事势力，造成了革命失败资产阶级胜利之前提"。陈认为这决定了"党整个的根本政策是机会主义的"。这是他对于托洛茨基所持的"中国资产阶级没有革命性、只有反动性"观点的理解。

其二，关于当前形势与策略。陈独秀严厉批评中央不承认革命失败、低潮的形势和退守的策略，继续执行机会主义、盲动主义和命令主义的错误路线。他指出：中共在八七会议以后，反对所谓"机会主义"，"并未曾指出机会主义政策发生之真正根由；更未看清实际情形，勇敢的承认革命之失败及资产阶级之胜利这些既成事实"；广州暴动失败后"应该马上取很好的退守政策……积聚我们的力量，以图革命之再起"。但是中央"反而是在主观上肯定革命潮还正在一直高涨，因此取了直接进攻政策，直到六次大会前尚在进行湘鄂赣三省总暴动"；现在中央的政策错误，"一点也没有改正。不但向左的机会主义——盲动主义未曾改正，向右的机会主义（指对资产阶级的认识及与资产阶级的联合政策——引者）根本上也同时存在"；"盲动主义者碰着不动的阻碍，自然要发生命令主义；命令主义者惟恐其命令不通行，自然要抹杀党内德谟克拉西"。

陈独秀的以上批评是正确的，而根子还在共产国际那里。在当时共产国际驻中共代表给莫斯科的一封信中，充分反映了他们运用"纪念日拜物教"理念，如何指导中共每逢纪念日必须发动革命群众运动的情况："5 月 30 日是 1925 年上海罢工的第四个周年日。这是个很大的事件。所以大家不无道理地认为，这一天不可能平静地过去……所以我们代表团还在 4 月份就讨论了五一和 5 月份周年日（5 月 4 日、1914 年 5 月 9 日①、1928 年 5 月②等）"；"但是我们清楚，党做不到纪念所有这些周年日"。于是"我们代表团建议

---

① 即袁世凯政府接受日本亡华"二十一条"的"国耻日"。
② 即日本为阻止北伐军北进制造的"济南惨案"。

中国同志着手为 5 月 30 日游行做准备。中国同志赞同这个建议，但向我们描绘了党的状况，说很糟糕，并告诫说不要寄予太大的希望。我们还是决定在这个问题上帮助同志们。在联席会议上，决定成立一个由政治局一名代表、上海省委（应该是"江苏省委"之误——引者）一名代表和七八个工厂支部各一名代表组成的为 5 月 30 日做准备的党的上海委员会……决定由政治局作出举行示威游行的决定，并要把这个决定传达到基层组织，以便正确地贯彻执行"。

然后，这封信讲述了此次运动的情况："5 月 30 日行动是由合法的委员会领导的。同志们做了很好的党内动员。印发了约 70 万份各种传单、1 万份我们合法的报纸。多数工厂举行了以 5 月 30 日为题的集会。5 月 30 日行动完全是针对帝国主义的，同时在某种程度上也是针对国民党和中国资产阶级的。党把这次行动同工人的日常斗争联系起来了。我们只不过是领导这次行动来反对所有其他组织。约有 3 万人参加了游行"；并教工人"怎样捣毁电车、汽车、报馆等"；"游行者同宪兵进行了短暂的搏斗之后，有人喊出了'打倒国民党！'、'大家去捣毁国民党党部'的口号，结果捣毁了两个国民党报馆"。①

从这份绝密档案中，可以清楚地看到当时共产国际指导下的中国革命"左"倾错误到什么程度！这哪里是什么"群众运动"，分明是"运动群众"。

第一，明明中共领导知道当时"党的状况很糟糕"，无力发动这样的运动，可是共产国际代表团为了向莫斯科交账，硬是勉强中共中央做了。即使基层组织抵制，也要执行。信中在谈到他们强迫中共中央做出游行示威决议时指出："如果这些组织以为，政治局的建议不错，那就会得到执行。换句话说，否则党就要不断地举行代表大会。我们决定试一试，该怎么做就怎么做。"而当基层组织采取措施尽量避免损失时，还要受到批评。信中说：中共"政治局对结果并不满意，有意对一些支部进行严厉批评。我们劝同志们不要这样做。不能在一开始领导群众性游行就进行严厉批评，因为这样做会使党的基层组织受到惊吓。当然，糟糕的是我们在街上向游行者发表演讲

---

① 《雷利斯基给共产国际执行委员会东方书记处的第 3 号信》，1929 年 6 月 7 日，《共产国际档案资料丛书》第 8 辑，第 122～127 页。两个报馆是民国日报馆和申报馆。但申报馆不是国民党的。

的同志，看见警察和（拿着棍棒到处打人的）印度人（指租界里的警察——引者）时就惊呆了。能严厉批评这位同志犯右倾，犯机会主义和合法主义吗？"

　　第二，每逢纪念日必有共产党组织的运动，国民党完全清楚，并做了镇压的准备，可是他们还是要共产党员和广大群众去做无谓的牺牲。如上述信中所述："国民党告诫居民：共产党人可能还有反动派（指当时的改组派——引者），将试图利用 5 月 30 日来进行反对中央政府的活动"；"当然，国民党也没有忘记警察方面的工作，采取了种种措施不允许举行任何群众大会、集会和游行"；"学生举行示威游行之后，国民党开始实行镇压。校舍被警察包围。有三所学校关闭……国民党学生决定解散学生组织，建立在国民党保护下的唯一'联合'组织"。最惊人的是，这封信还向共产国际报告了预定的 8 月 1 日的运动："为了便于同志们对 5 月 30 日作出总结，我们代表团要为政治局和省委作出决议……在总体上决议要说，同志们做了很好的工作，并号召继续做工作。我们的印象是，8 月 1 日同志们要纠正 5 月 30 日以来所犯的错误。"共产国际远东局竟专门做出决议，要求中国和各国共产党，在 8 月 1 日这个为纪念第一次世界大战而定的"国际红色日"开展运动，"保卫苏联，反对帝国主义强盗的战争"，特别强调"用直接的武装行动反对帝国主义战争；用革命暴动推翻帝国主义，用国内阶级战争消灭帝国主义战争，变进攻苏联分割殖民地的反动战争为拥护苏联与殖民地民族解放的革命战争"①。中共立即响应，并在 7 月 27 日的中央机关报《红旗》上发表《中国共产党为八一国际赤色日宣言》；共产国际代表团则直接帮助中共中央部署斗争。事后，共产国际远东局做出的决议表明，他们犯了脱离中国实际、在低潮的形势下强迫制造中国革命的"左"倾错误。

　　决议说，举行八一国际赤色日，"党本应动员中国百万民众，反对已经准备好的新的帝国主义战争，争取把帝国主义者从中国赶出去，推翻国民党政权，保卫苏联"。"在开展的运动中有许多不足之处。"最主要的是"一些省份没有表现出动员群众的任何才能"。我们已经给中央指出，"八一运动应该在全国范围内进行，首先应该在像哈尔滨、武汉、奉天、北京、天津、上海、香港和广州这些工业中心区域进行。尽管我们指出了这一点和不止一次地亲自提醒，党在这些地方（上海除外）很少做工作，8 月 1 日几乎是在

① 转引自《中国共产党为八一国际赤色日宣言》，《中共中央文件选集》（5），第 331 页。

劳苦群众中无声无息的情况下度过的"。"无论中央还是我们都没有得到关于在这些地方（上海除外）要举行集会、群众大会、示威游行或罢工的消息。出现这种情况，完全是党的过错。"甚至说："这里暴露出了那个可悲的情况，即中共在中国还没有牢固的有工作能力的中心。"①

情况很清楚：群众根本没有进行"八一运动"的要求，因此中共中央也无能为力；实际上，中共中央是发了很多文件，很想"把帝国主义赶出去，推翻国民党政权，保卫苏联"的方针推行出去。也就是说这已经是很"左"的方针，但是，共产国际认为他们"左"得还不够。

第三，运动完全采取非法斗争的形式，而且是"打倒一切"。当时还有改组派领导的群众斗争，可是信中说"我们只不过是领导这次行动来反对所有其他组织"；而且明明是反帝运动，却"也是针对国民党和中国资产阶级"。

陈独秀说的低潮形势下的策略是退守，也不是无所作为。在 10 月 10 日给中共中央常委的信中，他根据托洛茨基的文件，提出了革命过渡期中"提出总的民主主义的口号，如在'八小时工作制'，'没收土地'之外，提出'废除不平等条约'，'反对国民党军事专政'，'召集国民会议'等"，反对中共中央的"苏维埃"口号。在随后 10 月 26 日他与彭述之联合致中共中央的信中，进一步明确要求把召集国民会议作为现阶段党的中心任务："即民众自己起来，为召集代表民族自身利益的国民会议而奋斗，亦即是一个由普遍的平等的直接的无记名投票选举产生出来的国民会议，以民主的组织运动来对抗国民党的军事独裁，由全国人民代表自己来解决一切国家问题。"② 这可以说，在这个问题上陈完全接受托洛茨基的意见。

托派在"无产阶级专政"和"社会主义革命"的战略纲领下，当前只进行民主主义的斗争；而中共则在"民主主义革命"的纲领下，大搞苏维埃运动，进行夺取政权的暴动。所以，当时许多中间人士，对双方的战略、策略的矛盾颇不理解。其实，这显示了当时双方都不同程度地奉行错误的路线中，无论是理论、战略、形势估计和策略运动，都是由于这种错误而处于

---

① 《共产国际执行委员会远东局关于中国开展八一国际红色日情况的决议》，1929 年 8 月，《共产国际档案资料丛书》第 8 辑，第 150、151 页。

② 手刻油印件，中央档案馆藏。

混乱中。在许多问题上，是你中有我，我中有你。

其三，关于中国社会性质。陈独秀完全接受托洛茨基的"中国没有与资产阶级对立的封建地主阶级"；"资本主义关系在中国无条件地占优势和直接的统治地位"的观点，认为中国的封建势力早已成为残余，地方与资产阶级只有一致，而没有矛盾可言。他说："中国的封建残余，经过了商业资本的长期的侵蚀，自国际资本主义侵入中国以后，资本主义矛盾形态介入了农村，整个的农民社会之经济构造，都为商品经济所支配，已显然不能够以农村经济支配城市，封建阶级和资产阶级经济利益之根本矛盾，如领主农奴制，实质上已久不存在。"特别是经过了这次大革命，封建残余"受了最后打击，失了统治全中国的中央政权形式，失了和资产阶级对立地位，变成了残余之残余"。

关于中国社会性质，封建主义还是资本主义？不仅在中共党内，在当时中国学术界曾引起广泛而热烈的争论。双方都引经据典，振振有词，谁也说服不了谁。

其实，托洛茨基、陈独秀、中国托派等，都夸大了中国社会的资本主义因素。如上述陈独秀的论述，显然错误地把帝国主义入侵后为了进行经济掠夺而建立的殖民地经济和封建社会原有的商品经济，都视为资本主义经济。因此他当时在与向忠发、周恩来辩论关于资产阶级与封建势力比重的问题时，赞同托洛茨基和列宁的观点，反对"此时中国的经济还是农村支配城市"的说法。

其四，关于国民党政权性质。陈独秀也完全接受托洛茨基认为国民党政权是"资产阶级政权"的观点。这是以上对于中国社会性质认识的必然结果。他说："中国的一九二五—二七年之革命……确已开始了中国历史上一大转变时期；这一转变时期的特征，便是社会阶级关系之转变；主要的是资产阶级取得了胜利，在政治上对各阶级取得了优越地位，取得了帝国主义的让步与帮助。""我们应该肯定的告诉党内党外的群众：背叛革命后整个的国民党（从汪精卫到张学良）政权，即资产阶级为中心为领导的政权。"

出于对中国社会和政权性质的"左"倾认识，陈独秀对于富农——"农村中的资产阶级"也极端否定。他说："商业资产阶级，不但直接剥削农民，不但有些地主本身就是商业资产阶级，并且许多衰微的地主正因为商业资产阶级及富农的两种榨取，更要加紧剥削农民以自存……富农占有较多的土地剥削雇农；高利贷所剥削的，不用说多数是贫农；包佃者对农民所取租额，当然比较地主所取得还多，他才好于中取利，所以商业资产阶级，买办阶级及富农和地主同样是农民革命的对象。"

其实，大革命失败后，一些民族资产阶级的代表人物由于不满共产党及工农群众在大革命中的极左行动，一度曾依附于国民党政权，连中共也受了斯大林和共产国际的影响，在六大纲领中也认为民族资产阶级成了革命的对象，说"现在的政权，是地主军阀买办民族资产阶级的国家政权"，因而提出了"建立工农民主专政"的口号。所以，中共当时所提的"工农民主专政"实质上并非如陈独秀和托派理解的包括资产阶级在内，更不是"工人阶级与资产阶级的联合专政"。① 但是，后来在实践中很快就改正了，1931年九一八事件后，重新把民族资产阶级当作统一战线的对象。1935年后，又开始把国民党代表的大地主大资产阶级当作反日本帝国主义的联合对象。而托洛茨基和中国托派却一直僵硬地坚持把一切资产阶级都当作革命的对象（只有陈独秀后来有所改变，抗日战争中拥护中共的以国共合作为中心的统一战线）。其实，在国共斗争的年代，民族资产阶级等中间势力，成了举足轻重的因素。谁争取了他们，谁就能取得最后的胜利。托派否认这一点，是他们在中国失败的重要原因之一。

除了赞成托洛茨基路线之外，促使陈独秀转向托派的第二个因素是：痛切呼吁党内民主。

陈独秀以自己连续出任中共五届领导人的经验，深感中共在共产国际统制下日益"斯大林化"，尤其在八七会议后，为了推行错误路线，党内民主完全被扼杀的状况，指出："如果你们老是固执你们的褊狭性，而不顾及党内德谟克拉西的重要性，而畏不同的意见如蛇蝎，而企图用中央威权霸蛮的造成你们意见的一致，对于不同的意见，禁止讨论，或消极的不在党报上发表出来，一听到同志中和你们有不同意见，不管他的内容如何，便简单的用'小资产阶级观念''非无产阶级意识''观念不正确'如此等类没有内容的抽象名词来排斥他；更或者给他戴一顶帽子，如'反对派''托洛斯基派''某某派'等，来镇压住他，且以暗示一般有不同意见的同志免开尊

---

① 托洛茨基以及受他影响的陈独秀和中国托派，因此竭力反对中共的"工农民主专政"口号，如上所述僵死地根据俄国革命经验：1. "农民"因是私有者，在革命关键时刻，必须跟资产阶级走而背叛工人阶级；2. "民主专政"是资产阶级政权的"专利品"。

口；这便是有意或无意的阻住了党的进步。"

他又说："德谟克拉西，是各阶级为求得多数意见之一致以发展其整个的阶级力所必需之工具；创无产阶级民主集权制之一要素，没有了他，在党内党外都只是集权而非民主，即是变成了民主集权制之反面的官僚集权制。在官僚集权制之下，蒙蔽，庇护，腐败，堕落，营私舞弊，粉饰太平，萎靡不振，都是相因而至的必然现象。"

陈独秀这些思想，从此伴随他的后半生，其中许多思想，永放光彩。但有些内容，则是错误的。

从1901年参加革命开始，陈独秀已经奋斗了28年。这28年充分表明他是一个思想家，但不是一个理论家。他能敏感地接受外来思想，如西方民主主义、无政府主义、马克思列宁主义、托洛茨基主义等，但是，他不能自己创造一个适合中国国情的系统完整的理论。所以，他总是以为找到了最好的救国和革命的道路，实际却从一个陷阱走向另一个陷阱。因为，托洛茨基提出的革命策略，暂时符合中国革命低潮形势的需要，但他倡导的所谓"党内民主""国民会议"（即民主选举国家领导人），根本不可能实行。尤其在中国这样一个缺乏民主基础的国家中。所以，托洛茨基主义不可能像陈独秀等人想象和希望的那样，给中国革命带来出路，更不要说胜利的希望。

但是，当时身在那样形势中的陈独秀，犹如身在庐山而不识其真面目一样，确是把托洛茨基主义当作一条新的革命出路来对待的。而且与托洛茨基一样，自认为是真正的"马克思列宁主义"，对本派的胜利充满信心。于是就出现这样的场面：托洛茨基与各国托派为一方，斯大林派为另一方，都自称是真正的马克思列宁主义，攻击对方是机会主义。

除了托派之外，当时的中共中央还根据莫斯科的指示，把陈独秀派说成"取消派"，全名是"托陈取消派"。其根据是两条：一是说1927年7月大革命失败后的形势转向了低潮而不是高潮；二是说在低潮时期革命策略应该是退守而不是进攻。对此，陈独秀主持的托陈派临委在纪念1930年5月1日劳动节时发表的《告全国工人书》中反驳说："史大林派的国际领导机关及中共中央，因为我们反对他们的机会主义与盲动主义，遂加我们以'取消派'的罪名，以掩蔽他们的政治破产。取消派在俄国革命中所发生的历史，是因为有一派人主张取消革命运动并且取消秘密的共产党。中国革命、共产党是无人能够取消的，我们反对派所以取消的只是中国革命运动中及中国共产党中的机会主义与盲动主义。"又说：1927 年的上海政变和武汉政变，"已表明国民党资产阶级战胜了无产阶级，和国内反动势力结成了反革命的联盟，这时中国革命显然是失败了。革命既然失败了，工农群众的组织及共产党都受了很大的打击几至溃散，此地中国的局势已转入反革命阶段。在此阶段中，无产阶级一时已没有武装进攻之可能，此时即应改取退守战略，一面调动广泛的民众，反抗胜利的资产阶级之军事独裁，以便无产阶级不至因革命失败而退出政治舞台，虽在反革命的阶段亦不至脱离现实的政治斗争……史大林派的国际领导机关及中共中央的政策，不是这样。他们极力讳言中国革命失败，自从一九二七年八月一日一直到今天，他们都不承认中国革命已经失败，他们认为说中国革命已经失败的人是取消派……他们都企图以盲动政策，急速获得胜利，以遮掩其机会主义政策失败的羞颜"。更有甚者，"他们在城市中的工作，专门不断的牺牲少数积极分子做示威打电车这类浮面运动，而不以主力在群众中做组织与斗争的刻苦工作。群众一有自发的斗争，他们不估计群众自身的力量，采取适当的策略，领导斗争获得胜利，而是任意扩大斗争使之必然归于失败；甚至有人主张牺牲大批工人学生和租界巡捕肉搏，造成第二个'五卅'"；更企图勾结国民党中的反蒋派在上海举行'第四次暴动'"。[①]

从思想理论上考察，在当时的历史条件下，应该说陈独秀派的主张比莫斯科和中共的主张实事求是得多。而且如此批判中共历史上第一、第二次"左"倾错误，与后来延安整风时期对三次"左"倾路线的批判，在事实上甚至在语言上完全一致，而时间却相隔了十几年。

正在陈独秀等人转向托洛茨基主义的时候，又发生一个特别的事件——中东路事件，加剧了他与共产国际及中共中央的对立。

在中东路事件中反对"保卫苏联"

中东铁路原是沙俄帝国主义侵略中国东北的产物。依照《中俄攻守同盟密约》、《中俄合办东清铁路合同》（1896 年）、《中俄续订东三省铁路公司合同章程》（1898 年）等一系列不平等条约，还明确由中国清朝政府出股金 500 万两，沙俄政府修建经营。1897 年 7 月动工，1901 年 11 月竣工，与

---

① 《告全国工人书》，《无产者》第 2 期，1930 年 7 月 1 日。

俄国境内西伯利亚大铁道相连。1917 年十月革命后，苏俄政府曾发表声明，废除沙俄在华一切不平等条约和各种特权，还明确表示：中东铁路 "归还给中国，不受任何报酬" ①。但是，这个曾激起陈独秀等无数中国人感激苏俄政府，因而促使他们由向往西方民主主义向苏维埃 "一边倒" 的表示，列宁、斯大林都没有落实。以致后来出版的《苏联对外政策文件汇编》时，竟将 "归还中东铁路……" 这段文字删除了。

他们这样做的理由是冠冕堂皇的，认为当时的中国政府是反动的，若把中东铁路交还给中国，不利于中国革命。所以，不交还中东铁路，反倒成为革命行动。这对于已经归属于共产国际（实为苏联）领导的中共及其领导人陈独秀等人来说，也不能说一个 "不" 字，只得吞下这个苦果。对于北洋政府来说，"弱国无外交"，也无力交涉促其履行宣言。

于是，1924 年 5 月，双方签订《中苏协定》时，按照苏方旨意，该路暂由中苏 "共管"。1924 年 3 月，苏联曾组织特别委员会，托洛茨基任主席，成员有伏罗希洛夫、捷尔任斯基和齐采林。据托洛茨基说，该委员会在中国共产党和国民党代表的同意下，做出决议："为了保障在'第二时期'（所谓第二时期，即指中国革命还未胜利的一段时期——托洛茨基注）中东路不至为帝国主义所夺取，必须将该路的管理权保留于苏维埃政府之手。" ②

1927 年四一二事件后，蒋介石转向亲美反苏反共，在国内制造一系列反苏事件，致使苏联政府被迫撤回驻广州、上海、武汉、长沙等地领事馆和商业机构。这些领事馆和机构，在大革命中支持乃至操纵中共的活动（主要是大力支持国民党蒋介石），完全为当时的 "战友" 蒋介石国民党所掌握，苏联政府不得不接受这个 "惩罚"。但是，1929 年 5 月，蒋介石又指使张学良挑起中东路事件：派军警包围苏联驻哈尔滨领事馆，进行非法搜查和劫掠；然后调东北军沿苏联国境线布防，做出武装进攻苏联的姿态，并用武力接管了中东路，逮捕、驱逐苏方人员，致使苏联政府于 7 月 17 日宣布对国民党政府绝交，撤回苏联政府任命的一切驻华外交、商务及在铁路等方面的供职人员，并保留《中苏协定》中一切权利。

蒋介石的反苏行动升级到这个程度，目的何在？讨好美、英、日等反苏国家，以得到它们的援助，是不言而喻的；但还有一个更隐蔽的目的，即为

①　苏俄政府《第一次对华宣言》，1919 年 7 月 25 日，《新青年》第 7 卷第 6 号。
②　托洛茨基：《中俄冲突与反对派》，《中国革命问题》，第 316 页。

了削弱异己的张学良东北军势力，以便进一步控制东北。因为，以当时的国力无论如何是不能与苏联开战的，让东北军与苏军打仗，无疑是以卵击石。果然，双方接触了几下，东北军伤亡惨重，张学良不得不求和。

在中东路事件的过程中，苏联借共产国际这个工具做出决议，指示各国共产党组织人民群众，开展"保卫苏联"的运动。中共由于受共产国际领导，又与国民党政府敌对，忠实执行共产国际的指示，在机关报上发表一系列宣言、决议和文章，如《反对国民党帝国主义进攻苏联宣言》《中央通告第41号——中东路事件与帝国主义国民党进攻苏联》《中央通告第42号——动员广大群众反对进攻苏联》《中央通告第49号——目前形势中的两大任务——拥护苏联与反对军阀战争》《进攻苏联与瓜分中国》（李立三）、《反对国民党向苏联挑战》（恽代英）、《帝国主义进攻苏联瓜分中国要开始了》（罗绮园）等。[1] 蒋介石制造这个事件，打着"保卫民族利益"的旗子，中共在以上文件和文章中，则对这个关系到中国民族利益和民族感情的复杂问题，采取了简单化的策略，提出了"拥护苏联""武装保卫苏联"的口号，甚至说："反对国民党进攻苏联，成为中国革命最迫切的主要任务。"在行动上，还强行组织群众游行罢工，甚至号召"以广大群众的革命暴动，来消灭帝国主义国民党强盗进攻苏联的战争"。[2]

这种完全脱离群众的做法，得不到群众响应，从而使党员就进一步暴露，造成更大的损失。

中共所以如此，除了积极执行共产国际指示，实权掌握在李立三手中的党中央，对形势做出了错误的估计。他们认为："现在世界大战的危机日益迫切，而中国在帝国主义战争与帝国主义进攻苏联的战争，却是最严重的地方，所以我们必须坚决的去发动广大群众起来……然后才能执行在世界革命中的任务"，即"准备以国内战争消灭帝国主义战争，变反苏联的战争为拥护苏联的战争！"[3] 这种认识和情绪，反映了党中央对革命低潮形势的不耐烦，希望这次危机引起世界大战，早日促使革命高潮形势的到来。

陈独秀对于党中央在中东路事件上的这种策略颇不以为然。他终于打破一年多来的沉默，在1929年7月28日，致函中共中央，指出在中东路问题

---

[1] 《红旗》第31、33、34、49号。
[2] 《中共中央文件选集》（5），第329页。
[3] 《中国共产党为八一国际赤色日宣言》，《红旗》第34号，1927年7月27日。

的宣传上，要考虑中国人民的民族感情，应该把矛头紧紧指向国民党政府的误国政策。因为，不管是对苏联的战争，还是苏联退让后帝国主义各国间为争夺东北的战争，都要在中国做战场，"在战争中最受直接蹂躏的自然是中国人民"。他深刻地指出："帝国主义的走狗国民党政府，对于收回中东路的宣传，是戴着民族利益的假面具来欺骗民众，并且收了效果，不但小资产阶级的群众，甚至有许多劳动群众也受了欺骗……这种情形不用说是于我们不利的。"

面对复杂的情况下，陈独秀认为"我们如何宣传才能获得广大的民众同情"，要特别慎重！他直率地批评中央拿"反对进攻苏联""拥护苏联"做动员群众的中心口号，"太说教式了，太超群众了，也太单调了"；"离开具体问题说教式的单调宣传，只有最觉悟的无产阶级分子能够接受，而不能够动员广大的群众，反而使群众误会我们只是卢布作用，而不顾及民族利益"。①

《中共中央通告》第42号中有一段话说："帝国主义对苏联战争开始的时候，毫无疑问的要引起本国工人阶级的革命，造成世界革命的高潮，这便是中国革命更有利的条件，而更可促成全国革命高潮更快的到来。"陈独秀讥笑这种宣传，认为它会使同志们很自然地做出奇怪的结论："原来帝国主义进攻苏联还有这些好处，我们让他赶快向苏联进攻吧！"他建议中央赶快补发一个通告，以取消第42号通告。

如此尖锐地批评党中央（实际批评共产国际和苏共中央），在当时除了陈独秀没有第二人。陈独秀的意见是正确的，而且是十分宝贵的，在当时各方精神都十分亢奋的形势下，他保持着清醒的头脑。

但是，8月3日，中共中央在给陈独秀的复信中，却认为陈与中央的分歧，"不只是部分的策略问题的讨论，而且包含了很严重的原则的问题"，反过来指责陈提出的"反对国民党政府对于中东路的误国政策"口号，是资产阶级左派（如改组派、第三党）的口号，"走上了资产阶级观点，忘记了世界无产阶级的利益"。② 这是对马克思主义"工人无祖国"口号的教条主义的曲解。

当时在中共中央宣传部工作的王明，在中央机关报上发表一篇长文，猛

---

① 《红旗》第37号，1929年8月7日。署名撒翁。
② 《红旗》第37号，1929年8月7日。署名撒翁。

烈批判陈独秀的意见，攻击陈是"反共产国际""反苏"，是"机会主义"。他历数陈的意见有七大错误后，认为陈独秀"不相信进攻苏联的战争会引起世界革命高潮的到来，事实上就是不相信在进攻苏联的战争中，全世界无产阶级和被压迫民族会有'拥护苏联'的直接行动"。陈独秀上述信中挪揄的正是这种混乱思想：既高喊"拥护苏联"，又欢呼进攻苏联的战争会"引起世界革命高潮尽快到来"。

而且，王明在文章中还刻意寻找所谓"陈独秀错误根源"是"中国共产党内机会主义的历史继续"：躲在"民族利益"和旗帜之下，牺牲工农群众的"阶级利益"；"躲在'毛子不懂中国实际'的宣传之下，使共产国际的正确意见不能成为全党的领导中心；对于共产国际的正确指示，表示怀疑、消极、怠工以至于公然反抗"；放弃"革命领导权"，"变成资产阶级的附庸和小资产阶级的尾巴主义"；等等。

这是王明第一次直接攻击陈独秀。此后，他对陈就咬住不放，直到日本帝国主义侵略中国后，他奉莫斯科之命，诬陷陈是向日本间谍机关领取津贴的"汉奸"。

陈独秀当然不能接受党中央及王明等的批评。他于 8 月 11 日，再函中央，重申自己在中东路问题上的意见，并指出中央在这个问题上的宣传方法，在战略上有两个缺点：

> （一）未曾用群众所了解的事实而不仅是我们主观上的理论，对于中东路问题之本身，加以正确的详细的解析及打碎国民党的假面具，能够使群众减少民族偏见，不至为国民党所欺骗而接受我们的宣传的领导。
>
> （二）"只是"拥护苏联这一口号与宣传，在事实上只能动员无产阶级最觉悟分子，而未能在实际利害上激动无产阶级以外广大的群众，尤其是比较意识落后的群众，把这些广大群众放在斗争战线之外了。

他又辩驳说：7 月 28 日我那信，不是讨论党的一般宣传问题，而是专指对于中东路这一特殊问题的宣传方法，特别指出其中关于宣传方法的缺点。"我的意见也并不是主张跟着群众的落后意识跑，去跟着他们说要收回中东路，而正是要打破群众的幻想，打破国民党的假面具，把群众拉到我们这边来，在我们口号之下，向反革命的势力进攻。"而中央"缺少戒心与注意的宣传策略，固然不是跟着群众跑，却也不能争取群众"。

陈独秀意识到问题的背后存在原则和路线的分歧。所以，他也猛烈抨击中央的错误"不是偶然的"，"正是你们简单化和纯粹主观不看事实的盲动主义精神之表现"。①

这样，本来是一个具体问题上的宣传方法和策略上的分歧，就很快严重升级和大大激化了，以致成为陈独秀很快被开除出党的一个重要原因。

需要特别指出的是，在中东路问题上，托洛茨基和中国托派，也是持"保卫苏联"的立场。事件一发生，1924 年主持签订中苏共管中东铁路的《中苏协定》的托洛茨基，这时也把国际主义精神抛弃了，亲自指示苏联、中国及各国托派组织："要完全牺牲自己来保护十月的胜利"，② 并在 8 月 4 日的文章中，引证他在 1927 年 8 月 1 日苏共中央与中央监察委员会联席会议上的讲演说："我们反对派对保护社会主义的祖国……一点也不怀疑。我们不特自己要保护它，而且教人如何去保护它"；"我可以总结一句话：我们拥护社会主义的祖国，但不是拥护斯大林的路线"。③ 于是，"反对斯大林，保护苏维埃"，就成为他们的著名口号。托氏在文章中，还批判了德、法等国托派中认为中东路事件是"苏联侵犯了中国自决权"的观点。④

这个事件 58 年之后，即 1987 年 7 月，苏联共产党中央委员会马列主义研究院，在莫斯科举行共产国际历史研讨会。研讨会提出了一系列需要拨乱反正、重新评价的历史问题，其中之一是：需要论证共产国际东方政策的成就与失误，特别强调了中国学者近来对共产国际活动的评价变得更客观，所述的一个突出事例即中东路事件，说中国学者指出："把'保卫苏联'的口号当作共产国际的头等任务，不符合当时中国共产党的民族利益。"⑤ 而最早提出这种见解的，不是今天的"中国学者"，而是半个多世纪前，当"保卫苏联"这个口号一提出就进行批评的陈独秀。

在中东路问题上，陈独秀能同时超越中共斯大林派和托洛茨基派，进行独立思考，真是鸡群鹤立。

---

① 《红旗》第 39 号，1929 年 8 月 20 日。
② 托洛茨基：《中俄冲突与反对派》，《中国革命问题》，第 313 页。
③ 托洛茨基：《中俄冲突与反对派》，《中国革命问题》，第 318 页。
④ 托洛茨基：《保卫苏联与反对派——"列宁团"走的是什么道路——极左派与马克思主义》，《中国革命问题》，第 319 页。
⑤ 《苏共历史问题》（俄文版）1987 年第 10 期。

与共产国际及中共中央路线冲突尖锐化

陈独秀给中央上述两封关于中东路问题的信的中间，即 8 月 5 日，还给党中央一封一万多字的长信，即前述用托洛茨基主义系统论述中国革命、反对中共六大路线的八五信函。

陈独秀等人转向托洛茨基主义后，自以为真理在手，在向中央反映、要求改变全党路线的同时，又在党内进行宣传和组织活动，争取党内同志的支持。

陈独秀本来就是领袖人物，他驾轻就熟地开始指挥起这些活动来，指导那些原来"陈独秀派"的成员，在各自接近和熟悉的党员中，阅读托洛茨基的文章，宣传托派的主张以及陈独秀给党中央的信。他们的工作极其认真，不放弃任何一个关系，拉共产党员转向托派。

马玉夫（又称马禹夫）是江苏省委委员中长期负责工人运动的上海码头工委书记，与许多工人及工人支部书记的关系密切。此时，他在"江苏省委独立事件"后已经退出省委，但党内关系仍存在。他利用这种关系，争取了《时事新报》社工人支部和一个绸厂支部完全转向托派；又争取了许多个别工人同志，有铁路、电车、纱厂、印刷、建筑等多种行业的工人，还争取了外地党组织长驻上海工作的几个干部。

《时事新报》社原共产党工人支部书记是屠仰之，浙江省海宁人，大革命时期在杭州活动，失败后来到上海，党把他安排到《时事新报》社当排字工人。他受马玉夫影响后，就想把整个支部拉过来，理论功夫比较深厚的郑超麟就被派去做工作。屠仰之在报社大厅里召集几次报馆支部全体党员会议，20 多人全参加，郑超麟在会上结合党的历史，特别是大革命和几次武装暴动的事实，批判共产国际和新中央的错误路线，宣传托洛茨基的正确主张。听者多数人表示附和。中共中央知道后，立即解散了这个支部，开除了屠仰之，于是，这个支部就被"托陈派"接管。为了巩固托派的这块新阵地，马玉夫与郑超麟商量后，带着屠仰之和两个支部干部去拜见了工人十分仰慕而难得见面的领袖陈独秀。陈独秀热情地接见了他们，讲了许多勉励的话，使他们十分感动。不久，与陈独秀关系很好的托陈派骨干薛农山任《时事新报》社总编辑，该社更成为托派的一个据点。托陈派组织成立时，薛出任法南区（法租界和南市区）区委负责人。

当时的中国工人，生活十分贫困，绝大多数是文盲，虽然少部分人经过大革命的洗礼，有一些要求解放的觉悟，但也不懂得理论，更不知道如何争取解放。过去的革命，牺牲了许多人，错误在哪里？他们也不知道。现在，原来的陈独秀等革命领导人，说找到了新的出路，他们就怀着朴素的热情，进入了托陈派小组织。他们并不关心也不懂得什么是托洛茨基主义，什么是机会主义，主要靠陈独秀这位老"总书记"的个人影响，但是，共产党组织毕竟还在，托陈派的影响总是有限，因此只拉过来一些支部和党员。

绸厂工人支部书记杜培之，江苏盐城人，也受马玉夫拉拢转向托派后把整个支部拉了过来，杜并作为工人代表，被吸收进托陈派小组织的领导成员。

在外地来沪的党团员中活动的彭述之和汪泽楷，也小有成绩，拉过来几个人；甚至通过马任之，把影响较大的沪滨书店也争取了过来，使该店成为他们的一个活动据点。马任之原名马轼材，湖南宝庆人，与彭述之是小同乡。这个人的经历很复杂，带有传奇色彩。大革命时，他加入共产党，随北伐军到福州，领导那里的左派国民党工作。"四一二"后福州也很快反共，他逃到武汉；"七一五"分共时被捕。1928年出狱后到上海，受党组织的委托，办了沪滨书店。实际上是一个党的工作机关，他任经理，杨献珍为编辑。彭述之利用小同乡的关系，首先把马任之拉过来，当运动杨献珍时，遭到了拒绝，此后，沪滨书店就全由马任之控制，成为托陈派的一个支部，出版过一些托派分子写的书。

此外，其他托派成员也都利用自己的关系，积极在有关人员中做争取工作。如郑超麟在印刷工人和铁路工人的干部中，建立了一些关系。他的妻子刘静贞是云南人，因此在驻上海的云南同志中进行活动。

但是，总的来说，这时的托派多数是知识分子，相对而言，主要在知识分子中工作，在工农中没有什么基础。

中共中央很快获知归国留学生托派带回来的托洛茨基文件在党内产生的影响，知道陈独秀他们如上所述，一面进行小组织派别活动，一面，除了陈独秀向党中央写"八五"信，系统阐述他们关于中国革命的主张之外，同时与党的各层领导，进行辩论。陈独秀与总书记向忠发、组织部长周恩来辩论，对向、周坚持"此时中国的经济还是农村支配城市"的观点，认为陈独秀他们在目前形势下无所作为的消极态度和反对农村武装割据的言行是"取消主义"的表现。

中共受斯大林党的影响，既不允许反对中央的路线，更不允许党内任何派别活动。早在1929年6月，即陈独秀等接触托派文件之初，中共中央就很快发现，并在六届二中全会上专门讨论了这个问题，在会议通过的文件中指出："国际上之托洛茨基反对派，最近在中国党内已经开始有了活动"，"这一点值得整个党之严重的注意。全会并不夸大反对派目前在中国之政治上与组织上的作用，只是在党内政治水平低微与党历史纠纷尚有残余的条件之下，反对派在一般落后的消极的离开工作的党员中，可以有他暂时发展的机会"。文件批判了反对派"理论上反对布尔塞维克的路线"，组织上"分裂党、分裂共产国际而走向反革命道路的罪状"，"客观上定会走向一切反动势力的收买与指导之下作为破坏中国共产党破坏中国革命的工具。因此，中共必须坚决的向全党指出这个前途，并坚决的与之斗争"。① 可见，中共一开始就采取了与联共中央一致的明确果断的态度和措施，把陈独秀等人的活动，当作"反革命"对待，也没有讨论和调和的余地。这一点是完全出乎企图在党内进行反对派活动的托洛茨基、陈独秀们的意料的。

几乎与此同时，共产国际方面，也发出了托派在中国活动危险的警告，指示中共克服这个"危险"。国际东方部副主任米夫在6月7日给他们在海参崴的远东局的信中说："今天收到了在上海出版的托派机关刊物《我们的话》的译本。从文章中可以看出，中国托派把工作集中在共产党人中间，在共产党内部有隐蔽的托洛茨基分子在做瓦解工作，并将党的全部文件转给托洛茨基分子。在中国大学（即莫斯科的中国劳动者共产主义大学——引者）截获了这个刊物（是通过海参崴寄来的），这证明托派建立了某种联系。据我们所知，除了上海，他们在香港还有巩固的基地。请速告，为克服托洛茨基主义危险，党在做什么工作。"②

为此，8月13日，中共中央发出第四十四号通告《关于中国党内反对派问题》，指出中央发现反对派"在党内与党外有他的秘密组织，有他的秘密出版物"。通告称："我们与托洛茨基反对派斗争的，主要的是思想上理论上的斗争"，并把托洛茨基主要错误归纳如下："不承认一国范围之内如苏联有建设社会主义的可能，忽视农民的革命作用，不承认赞助殖民地资产

① 《中央政治局工作报告纲要》，1929年6月，《中共中央文件选集》第5册，第192页。
② 《共产国际档案资料丛书》第8辑，第121页。

阶级的民族运动是国际无产阶级革命运动的主要策略之一，不明白革命性质与动力的关系，于是乃形成托洛斯基的不断革命论的主张，无论在任何时地，他都主张无产阶级革命运动要从建立无产阶级的政权开始。故对于中国革命问题中国党内反对派所特别重视的，也是从'五卅'到现在，他们一贯主张中国无产阶级不应与民族资产阶级有一时的合作，不应加入国民党，不承认国民党当时是革命各阶级的联盟，武汉时期应当建立苏维埃政权来与国民党对抗，现在则更不承认有地主阶级与土地革命的存在，不承认资产阶级性的革命尚未完成，认为现在中国革命已经死灭，故主张现时的中国无产阶级应该推翻资产阶级政权，应没收中外资本家的大企业工厂，而实行社会主义革命。"从这个批判来看，中共中央对革命性质似乎保持着清醒的认识，但在实际行动上，并非完全如此。

于是就发生了一种奇怪的现象：托派在战略上的极左与策略上的清醒，与中共的战略上的清醒与策略上的极左，争斗激烈。

中共中央所以把托派视为"反革命"，主要是托派在组织上采取了"反对派"的立场，因此实行了最严厉的制裁。通告规定：各级党部"如果发现某一部分同志有反对派的思想宣传，有任何小组织的秘密活动，党除掉对于其思想给以严重驳斥外，并须将其活动的领袖毫无留恋地开除出去；对于参加这一组织的分子，主要的是用教育的方法，说服其自觉地向党声明退出这一组织，并承认其错误，如被劝告而无效，则党必须予以严重的制裁以至开除出党。"①

8月28日，共产国际和党中央的代表约陈独秀谈话。在陈独秀看来，他们摆出一副傲慢的态度，"一切重要的政治问题都拒绝讨论，单纯的责备我不应该向中央发表不同的意见，坚决的说中央绝对不能容许把我的信（指8月5日的信——引者）公布出来；并且坚决的说中央政治路线没有原则上的错误，加之时局紧张，任何同志都不许发表和中央不同的意见"。"用这样的专横态度来掩护错误，用这样不合理论不合事实的借口来阻止中国党内政治问题所急需要的公开讨论……我只感觉真如反对派（托洛茨基派）所指摘国际领导机关在政治上组织上官僚化之一证。"② 谈话不欢而散。

① 《中共中央文件选集》第5册，第351～352、353页。
② 《给中央常委的信》，1929年10月10日。笔者看到的是大陆某机关档案室保存的手刻油印件，显然是托陈派当时散发的材料。下文10月26日的信同此。

显然，共产国际代表企图用权威压服陈独秀，殊不知这时的陈独秀已经不是大革命时期的陈独秀，恢复了他"硬骨头"的本性，再加上新获得的理论武器——托洛茨基主义，就更加理直气壮了。

共产国际和中共中央也利用组织威权，向托陈派发起了全面的进攻。进攻的信号首先来自莫斯科。

9月7日，莫斯科的共产国际东方部副主任米夫和库丘莫夫（东方部工作人员）给共产国际执行委员会远东局的信中就指示要催促中共中央反右倾、反托派和处理陈独秀："春季我们收到了在上海出版的托派刊物（指《我们的话》——引者）。党对它的出现作出反应没有？无论如何不能让托派组织发展"；"建议（以中央决定的形式）陈独秀立即就党的策略问题作出表态。继续不明确态度的做法是不能允许的。必须要么争取使他在彻底承认错误和接受党的路线的基础上实际参加党的工作，要么决定他的党籍问题"。①

9月12日，中共中央派宣传部秘书长恽代英召集（中央直属）支部干事会和中央、（江苏）省委、区委各代表参加的联席会议，解决彭述之、汪泽楷反对中央路线问题。彭述之三次发言，与恽代英辩论。他反对中央以"机会主义的大头衔"加于陈独秀，更反对在党报和党员群众会议上"公开宣传独秀同志是机会主义者"，并把"机会主义派的名词与反对派的名词并立起来"。他认为大革命时期"整个的机会主义指导是国际的，但在中共一面说，每个负指导责任的人都不好只图塞责，学那'功归于己罪卸于人'的市侩行为。何况像秋白、立三、维汉、恩来等同志，不仅是机会主义负责者，并且同时是盲动主义，即另一种机会主义的负责者，更应该自己明白呢"。他责问说：在过去机会主义时期中（特别在五次大会至国民党破裂前——1927年4月到7月的时期中）是否只独秀一人指导党的工作，在党内专政呢？是否除独秀同志外，当时参加中央指导机关，特别是参加当时中央政治局的人都不负主要责任呢？……我个人认为独秀同志在机会主义时代的确是党内负主要责任的一人，不错，独秀同志在过去确有错误……但参加当时政治局直到现在还在党内负责重要指导责任的人，如秋白、立三、恩来、维汉、忠发等同志，是否在当时都是一尘不染的布尔什维克呢？"从我所知道的事实看来这些同志与独秀同志在过去同是一样的机会主义的执行

---

① 《共产国际档案资料丛书》第8辑，第162页。

者，其程度只有过之无不及。"然后他列举大量事实说明这些同志所犯的错误。

彭述之说："我们的党确有很严重的机会主义存在着。但这种机会主义恰好与中央所指的相反，恰好就在党的领导机关里，就在中央本身。"其表现：第一，中央认为资产阶级是"能解放"农民的；第二，中央（李立三）认为富农（农村资产阶级）"当然"是能革命的，便作出"联合富农"的策略；第三，"对于目前革命形势的估量以为革命高潮快要到来，或革命开始复兴，因而主张不断的示威，主张从每一个小的罢工斗争必须要扩大到广大的政治总罢工以至于暴动斗争，这都是十分明显的盲动主义的表演"。①

辩论到最后，恽代英以"纪律"手段，要彭述之对反对派问题表态，企图压服对方。彭述之认为："布尔什维克党之纪律，决不是机械的无条件的"；"如果没有无产阶级先锋队的觉悟，没有与广大群众相联系，没有正确的政治领导，变成了妨碍群众革命思想与行动之铐梏"。反过来，他要求恽代英转达向中央提出的四点要求：重新审查自己的政治路线；发表独秀同志的政治意见书；公布反对派的一切文件，让全党党员自由讨论自由判断；停止对于党员之一切机械式的纪律钳制，恢复党内应有的民主。②

10 月 5 日，中共中央政治局召开专门会议，通过了《关于党内机会主义与托洛茨基主义反对派的决议》。决议指出陈独秀的信，"完全推翻共产国际指导中国革命的一贯的列宁主义的路线；完全推翻六次大会与中央对于目前的根本策略而走到了可耻的取消主义！"并且逐条批驳了所谓托陈派的取消主义观点。"托陈取消派"的名称，从此在党内广泛流行开来，其主要根据是如下。

（1）取消与资产阶级联合的策略。陈根本否认中国民族革命开始阶段，"可以与资产阶级暂时联合和加入国民党的路线"。在中国革命中的机会主义错误是由于"中国党当时的指导机关违反共产国际的指示，不与资产阶级争夺革命领导权，不反对资产阶级，而极力向资产阶级让步，甚至无耻的投降……决不是当时暂联合资产阶级和加入国民党的根本路线错误"；"独秀同志不去正确的认识历史的教训，只图避免责任，不惜把自己躲到托洛斯

---

① 《评中共第六次大会及其决议案》，1929 年 12 月 20 日，《彭述之选集》第 1 卷，香港：十月书屋，1983，第 297～298 页。

② 《彭述之选集》第 1 卷，第 285～287 页。

基主义的旗帜之下而诬共产国际的根本路线为机会主义！于是他遂与托洛斯基主义同样的走入了更新的机会主义的取消派"。

事实上，让中共"不与资产阶级争夺革命领导权，不反对资产阶级，而极力向资产阶级让步，甚至无耻的投降"的恰恰是当时共产国际的路线。

（2）取消反帝反封建的任务。陈独秀等人认为"中国革命失败了，资产阶级取得了胜利，在政治上对各阶级取得了优越地位，取得了帝国主义的让步与帮助"，这就是取消派的根本观点。因为"照这样说，资产阶级克服了封建势力，帝国主义也对他让步了，那么……自然统治阶级只有稳定，绝'没有动摇'了。这样很简单的取消了反帝国主义的斗争，取消反封建势力的斗争，自然根本把整个的革命都取消了"。

这也不符合实际。陈独秀讲大革命失败后，南京国民党政府取得与帝国主义、封建势力的妥协，统治局势取得一个时期的稳定，这是事实，但是，反帝反封建的任务并没有取消，因此与托派一起继续反日反国民党。

（3）取消非法斗争。陈独秀"只是消极的攻击中央的路线，攻击中央号召'五卅''八一'……的示威运动是盲动，是玩弄，不敢公开的提出积极的主张。实则在他们的观点上只有取消一切非法的斗争，力求合法"；中央的路线是，"既然统治阶级是在走向崩溃，群众斗争是开始复兴，那么光只利用合法的可能来组织群众，光只注意领导群众的日常斗争是不够的。必然同时要领导群众斗争走向政治的示威行动，以扩大党在群众中政治影响。如果说这是盲动，这只是从他的取消观点出发的取消办法"。

这反而证明了陈独秀批评中共中央正在犯盲动主义错误是正确的。实际上，当时的中央不满足于"领导群众斗争走向政治的示威行动"，正在酝酿全国大暴动的计划，企图夺取全国政权，至少取得一省或数省的胜利，终于很快形成第二次"左"倾路线。

（4）取消组织上集中的原则。"因为中央要求全党同志服从党的决议，在党的策略上一致行动，便说'这是命令主义'，'这是一贯的命令主义'，这完全是无政府主义的思想，列宁党的服从多数，服从上级党部的一切决议和指示的根本原则，绝不能容许这样无政府的思想来破坏的"。

只有"服从"，没有"民主"，完全成了专制主义的"领导"，这当然是陈独秀无法接受的！

决议"依据上面的分析"，宣布他们的罪名是："公开的反共产国际，反六次大会，反中央，反党的路线。"为此，"中央号召全党同志坚决站在共产国际、六次大会与中央决议之上，反对这样的取消主义思想，把它彻底肃清"。

组织措施也同时跟上，决议指出：托陈取消派"不只是故意的煽起党的讨论而且实行了他们的小组织的行动。反对派已经有他们的秘密刊物，在党内传播。独秀同志也在未经中央决定以前，把他写给中央的信，自由在同志中间宣传，这是列宁党所不能宽恕的破坏党的行为。因此，中央在组织上有下面的决定：第一，各级党部如果发现了这样的小组织必须马上解散，对于参加的同志须与以组织上的制裁。第二，经过讨论以后，仍然固执他的取消主义的思想，不执行党的策略，不服从决议的，应毫不犹疑的开除出党。第三，独秀同志必须立即服从中央的决议，接受中央的警告，在党的路线之下工作，停止一切反党的宣传与活动"。[①]

这个以中共中央政治局名义做出的决议，表明对陈独秀的思想和行动已经忍无可忍。

但是，人们注意到，这个决议还称陈独秀为"同志"，企图最后挽回陈独秀他们。于是，第二天（10月6日）中共中央向陈独秀发出"书面警告"说："在党的组织原则上不容许有两个路线同时存在，尤其不容许有少数同志与党对立，破坏党的组织系统。""你以及和你的意见相同的人，在上海党的下层组织中有超越组织的活动"，"必须站在党的利益上立即停止这种活动"。中央重申公布你的信"有妨害于对敌人的斗争"；最后，中央决定陈独秀"在党的政治路线之下，在中央担任编辑工作"，并编入中央直属支部参加党的生活还要陈作一篇反对反对派的文章。

这是对陈独秀的"最后通牒"了，意味着若不服从，就要开除党籍。其实，据陈独秀说，在8月28日共产国际代表与陈独秀谈话时，最后也"拿开除党籍的话来威吓我，阻止我发表意见"。陈独秀很觉可笑。这一次他见中央要动真的了，便于10月10日，以给中共中央常委会写信的方式，给以严厉的回答：

---

① 《中共中央文件选集》第5册，第394～402页。这个《决议》本来应该是"10月5日"，但由于1959年中共中央直属的人民出版社在内部出版的《中共党史教学参考资料》第3册上首次刊登时，把时间弄错为"10月15日"，所以，大陆绝大部分有关陈独秀的论著，都写成这个日期（包括笔者的《陈独秀传——从总书记到反对派》），现在应予改正。

　　我现在正式告诉你们：在你们，绝对没有理由可以开除发表政治意见的任何同志；在我，只知道为马克思列宁主义的真理，为全世界无产阶级革命利益，结合下层的革命群众和机会主义上层领导机关奋斗，而不计其他！我还要告诉你们：党内的重大政治问题即领导机关政治路线根本错误的问题，决不应该用组织纪律（列宁曾说，无产阶级革命政党的纪律，是要有正确的政治领导为先决条件方会实现，否则一定变成废话；你们忘记了没有？）来掩护所能解决的；若用这样方法无理由的开除同志，如果由此造成党的分裂，是应该由你们负责的！①

　　可见，这时的陈独秀意志之坚决，是义无反顾的。

　　几十年后解密的联共中央和共产国际秘档，证实了以上陈独秀对中央的批评是对的。当时驻中共的国际代表在给莫斯科的信中说："我们有一些优秀能干的同志，但没有任何经验，常常不联系群众，不了解群众，不善于对基层组织里的辩论、争论等现象作出反应。"信中提到中共中央总是轻易地进行反对"右倾"的斗争，"在这方面好象政治局委员起了带头作用，李立三混淆'左右两种倾向'。在他们那里所有人都是'右的'，他们唯一的手段是压制，或者诉诸纪律"。②

　　在 10 月 10 日这封信中，陈独秀集中批评了当时中共中央在革命性质问题上的错误："你们至今仍旧盲从国际对于中国革命错误的观察，因为中国还是封建统治，以为资产阶级仅仅是参加政权，以为将来的第三次革命仍旧以资产阶级民主革命的性质为限，企图推翻国民党政府后，仍旧要再行建立资产阶级的政府即阶级联盟的工农民主政府，像这样始终系念屠杀工农群众的资产阶级，为它开生路，始终依赖动摇不定的小资产阶级，为它留地位，试问你们的机会主义已经深到如何程度！"他认为："在将来革命高潮到来时，我们党若死守资产阶级的民主阶段，而不立即发出'工厂归工人'、'土地归农民'、'无产阶级贫农专政'这些口号，（必然）自己束缚自己的手足并且拉着革命群众向后退，使革命流产，群众再被一次更大的屠杀。"他明确主张：只有实行彻底的无产阶级领导，以无产阶级专政为手段，"彻

---

①　《陈独秀致中共中央的信》，1929 年 10 月 10 日。
②　《雷利斯基给共产国际执行委员会东方书记处的第 2 号信》，《共产国际档案资料丛书》第 8 辑，第 115、116 页。

底扫荡阻碍中国进步的帝国主义、资产阶级、地主阶级、富农等一切剥削下层民众的反革命势力，建设无产阶级贫农专政的工农兵代表会议（苏维埃），统一全国的政权，才能够一面完成民主革命的任务，一面走到社会主义道路"。在这里，可以看到，陈独秀一度完全接受托洛茨基的观点，成为"一次革命论者"，但在具体行动上，他还是坚持先完成民主革命的任务，因此与青年托派发生了矛盾。

陈独秀在信中还说：你们命令我"一周内作篇反对反对派的文章"；"你们既然代我决定了意见，还要我做文章发表意见做什么？我真想不到你们现在竟至发狂闹笑话到此地步！这种现象已充分的说明了由党员群众合法的讨论和公开的自我批评来纠正领导机关之错误的政治路线，是丝毫没有希望的了！"

事情发展到这种地步，双方对对方都已绝望了！分裂就成了必然的结果。陈独秀因此将被开除党籍。对此，一贯"吃软不吃硬"的他是做了思想准备的。

彭述之的妻子陈碧兰，自1922年入党以来，一向把党当作生命寄托之所，她不愿仅仅为了与彭述之的伴侣关系而失去自己的政治生命和生命的寄托之所。因此，她得知陈、彭将被开除党籍时，内心非常矛盾和苦闷，甚至想到了离婚。为了倾泻胸中的苦闷，有一天，她独自到陈独秀的家里和他谈论此事，她对独秀说："我从某些同志中得到一个消息，说党中央准备开除你和述之。假如述之被开除，一定会跟着开除我，但我绝不愿意跟着他而被党开除，因为我开始干革命时，并不认识述之，我既不是跟着他而参加到革命队伍里来的，当然也绝不愿意跟着他而被党开除。因此，我现在陷于极度矛盾和痛苦的状态之中，我想请教您，怎样才能解除这种矛盾和痛苦。"[①]陈独秀听了此话"用很简单的话语诚恳而又坚决的态度"回答说："假如我们被党开除，并不是因为我们背叛了革命；而是由于党的堕落，它离开了马克思主义的政治原则和布尔塞维克的组织传统，这是党的错误，如果党开除我，我是不在乎的。"陈碧兰听了陈独秀的回答，说："顿时便提醒了我，使我打破了过去对党的那种机械观念。我想，如果党在政治上和组织上有错误，党员是有责任起而批评和纠正的；为了使批评和纠正的意见发生效力和有力量，在党内集中一个有力量的反对派也是需要的"；尤其是独秀所说

---

① 陈碧兰：《我的回忆》，香港：十月书屋，1994，第284页。

的："如果党开除我，我是不在乎的。"

中共中央 10 月 5 日的决议，特别看重党内出现"反对派小组织"，因为这将直接危及党的生命。所以，中共中央对陈独秀 10 日信的直接反应是，在 17 日机关报《红旗》上公布 10 月 5 日通过的《关于党内机会主义与托洛茨基主义反对派的决议》中，将称陈独秀为"同志"的二字，全部删除。

而这时的陈独秀的确已经在党内成立了小组织。

在党内正式组织反对派小组织

早在陈独秀给中央"八五"信后不久，他们就决定正式组织起来，起先是向归国留学生托派小组织"我们的话派"表示，希望加入他们的组织"中国布尔什维克列宁主义反对派"。但是，没有想到这些年轻人（其领导机构称为"总干事会"）心胸狭隘，不仅表示不欢迎，"而且很厌恶"。他们以水泊梁山上王伦的眼光看待这些党内"老干部"的行为，认为是"没有出路的老机会主义者向我们托派投机了"，于是他们采取了"揭穿那些机会主义领袖的'卑鄙动机'，争取其下层群众"的策略。① 于是，总干事会提出了让陈独秀派个人分别加入托派的方案，以便排斥陈独秀等几位老干部的加入。

为什么这些青年托派也把陈独秀们视为"机会主义"呢？因为，他们认为陈独秀给中央的"八五"信中，有以下问题。

第一，他们认为陈独秀没有检讨和承认自己在大革命中的"机会主义"错误。导致大革命失败的机会主义总根源是斯大林为首的共产国际，但是陈独秀也有错误，有不可推卸的责任。

第二，与托派的"无产阶级专政"及中共的"工农民主专政"不同，陈独秀提出了独特的"无产阶级与贫农专政"的口号，青年托派认为，这实质上还是"工农民主专政"的机会主义口号。而托洛茨基反对"工农民主专政"，是反对与资产阶级联合和在革命胜利后的政权中有资产阶级的位置。他们不懂陈独秀的口号无此之意，而与托洛茨基的"无产阶级专政"口号一致的。

第三，在中东路问题上，没有执行托洛茨基"保卫苏联"的指示，而

---

① 王凡西：《双山回忆录》，香港：周记行，1977，第 143 页。

提出"反对国民党误国政策"的口号。

第四，"迁就（中共）'六大'决议案"。这是陈独秀在 10 月 10 日致党中央信中说的一句自谦的话，为了说服党中央能够接受他的意见，根本改变路线。原话是这样的："我在八月五日写给你们那一封长信，是用了合法手续，很委曲求全的极力迁就在第六次大会的决议案范围内，向党建议……"

第五，"还在坚持二次革命论的机会主义观点"。① 这是因为陈独秀最后对托洛茨基关于中国革命性质的观点，还有自己的一点不同于托派的理解，即不同意下次革命一开始就是"社会主义革命"，而认为总有一个哪怕是很短的时期，主要解决未完成的民主革命任务。例如抽烟，把前一支的烟蒂，接续在后一支香烟上一样。如果在先夺取政权、建立"无产阶级与贫农专政"的情况下，这样做，与托洛茨基的观点也是一致的，如十月革命初期的情况。

所以，青年托派排斥陈独秀派完全是找借口，是怕陈独秀加入后替代他们的地位的狭隘的宗派主义情绪。

对于他们提出的以个人名义，分别履行加入其组织的方案，不计较个人名誉得失的陈独秀倒是无所谓，表示同意。但是，彭述之、尹宽等人坚决反对，他们也有另一种宗派主义情绪，认为留学生托派"都很年轻，没有政治经验，不能领导我们这些参加过大革命的老干部，只能受我们领导"。② 这些所谓为"共产主义"而奋斗的革命者，还没有夺取政权，就如此看重个人利益，可以看到他们未来的发展前途了。

恰在此时，在莫斯科留学时转向托派的刘仁静，绕道土耳其拜访被苏联驱逐出国、流放在普林基博岛的托洛茨基后，回到上海。他在岛上时，托氏亲自为中国托派起草了纲领，托他带回国。纲领原名为《中国政治状况和布尔什维克列宁派（反对派）的任务》，后来收进托洛茨基著作《中国革命问题》时，改名为《中国布尔雪维克——列宁派（反对派）底政纲》。③ 据刘说，托洛茨基还给刘起名为"列尔士"（Lels），让他当托氏与中国托派之间的联络员。于是，他到上海后就以"老托代表"自居，来调解青年托派与陈独秀派之间的矛盾，推动两派统一。

---

① 区芳：《反刘仁静政纲》，《我们的话》第 15 期，1930 年 3 月，油印件。
② 区芳：《反刘仁静政纲》，《我们的话》第 15 期；郑超麟：《我所知道的中国托派早期历史》，手稿，中央档案馆藏。
③ 《无产者》第 1 期，1930 年 3 月 1 日；托洛茨基：《中国革命问题》，第 235 页。

刘仁静在中共建党时期，是一大13位代表之一，一度任共青团中央书记，1924年与陈独秀一起赴莫斯科参加共产国际第四次代表大会，可以说与陈独秀关系相当密切。这次到上海后住在法租界，先是郑超麟和尹宽经常去看望他，讲述了陈独秀和他们转向托洛茨基主义的情况，并介绍当时党内及青年托派与陈独秀派的矛盾。于是，他首先做青年托派的工作，说服青年托派吸收陈独秀派。他又与郑超麟约好，某日在东有恒路余庆里郑超麟家中，会见陈独秀。这幢房子是新租的，除了郑家，还有蔡振德家，成了托陈派新的活动中心。起初是非正式聚谈，后来就正式召开会议。刘仁静与陈独秀相别多年，再次见面，倍感亲切；现在又有了关于托洛茨基的共同语言，双方谈得很投机。

刘仁静首先出示了托洛茨基写的三个文件，即上述已经在流传的《中国革命的总结与前瞻》《共产国际第六次大会后的中国问题》和新写的《中国政治状况和布尔什维克列宁派（反对派）的任务》，但这三个文件都是俄文打印稿，比原流传的完整、准确。当场决定，由刘仁静和郑超麟分工翻译，尽快出版。

关于组织问题，陈独秀委托刘仁静向"总干"表示，他将公开承认大革命时期的错误，接受托派的理论和策略；提议双方共同组织"联合委员会"。① 刘仁静表示支持，并建议两派代表直接谈判。

几天后，陈独秀派的代表陈独秀和尹宽与刘仁静领来的青年托派代表史唐和宋逢春，来到法租界一幢两层楼的房子的楼上，开始谈判。这里是尹宽的家。刘仁静列席。

据宋逢春后来回忆：那天，陈独秀穿一件墨绿色哔叽长衫，前额已经光秃，两鬓尚有黑发，面色黝黑，小眼睛炯炯有神，一副教授学者的派头。人到齐后，陈就拿出几块钱来，从饭店叫来几盘菜，边吃边谈。当宋逢春问大革命失败情况时，陈独秀摇摇头说："很惭愧！很惭愧！"接着说："唉，老毛子懂什么？懂什么！"

听刘仁静介绍说，莫斯科回来的青年托派，大多数人生活问题没有解决，睡水泥地（上海话"世门汀"），穿单衣，像野狗一样到处蹭饭吃，捡香烟屁股抽，但还是坚持干革命，了不得。陈独秀很受感动。②

---

① 区芳：《反刘仁静政纲》，《我们的话》第15期，1930年3月。
② 《访问宋逢春谈话记录》，1985年11月12日，唐宝林访问并整理。

谈到正题时，陈独秀向对方提出两个要求：一是提供材料，主要是托洛茨基论中国革命的文件和文章，双方共同讨论问题；二是陈独秀派取消，全体加入托派组织。[①]

史唐和宋逢春表示可以接受陈的条件，但需经"总干研究决定后，作出正式答复"。然而，这时的青年托派总干事会也发生分裂，以史唐、区芳、陈亦谋、张特等人为代表的一派主张有条件地吸收陈独秀派加入；以梁干乔、张师、陆一渊等人为代表的一派，坚决反对他们加入。特别是被称为"大乔"的梁干乔，在苏联时就加入苏联托派，受到过托洛茨基的接见，比刘见托还早，以中国托派"正统"自居，认为是中国托派的当然领袖，深怕陈独秀等一批老干部加入进来会危及他的地位，所以，他与总干宣传部长张师（1929年初接替陆一渊）硬说陈独秀等人要求加入反对派是"阴谋"，主张不要理他们。区芳等人一派则主张在陈独秀派承认"我们的话派"是正统地位的前提下，"分别地而非集体地经过审查，加入他们的组织"。[②]

于是，他们在上海召开了"中国布尔什维克列宁主义反对派"第二次代表大会。大会在史唐、区芳主持（区芳在大会上取代张师任宣传部长）下，讨论通过了吸收陈独秀派的三个条件："一、公开宣布斯大林的领导是机会主义的；二、公开与真诚地批判自己过去的机会主义错误，并承认反对派政纲的正确；三、公开解散自己独立的小组织。"[③] 宋逢春因同意陈独秀的两派合并的意见，被总干说成"投降主义"而被"开除"。[④]

三个条件，对于陈独秀来说，并不苛刻，第一、第二条，他已经做到；第三条他也同意，他甚至通过列席总干会议的刘仁静表示，陈独秀派可以以个人名义分别加入组织；但是三个条件中表现的"我们的话派"那种顽固的、狭隘的"正统"排外倾向，使人感到压抑。此其一。其二，三条件是"我们的话派"内区芳派与梁干乔派斗争的产物，但梁派势力仍然很大，说

---

①　区芳：《反刘仁静政纲》，《我们的话》第15期，1930年3月。

②　区芳：《反刘仁静政纲》，《我们的话》第15期，1930年3月。

③　区芳：《反刘仁静政纲》，《我们的话》第15期，1930年3月；又见"我们的话派"1929年11月15日致托洛茨基的信，原载俄文版《反对派公告》1930年2月、3月合刊，转引自双山译《托洛茨基档案中致中国同志的信》，第16页。这是遵托洛茨基遗嘱在他死后40年开放的档案（美国胡佛大学收藏）中发现的有关中国托派的信，翻译后由香港托派组织自印小册子，没有版权页。以下所引《托洛茨基档案中致中国同志的信》，同此。

④　《总干上海区干组长联席会议对下列问题的决议》，"我们的话派"内部机关刊物《反对派内部生活》之二，1930年6月15日，油印件。

明"我们的话"派中存在不利于陈独秀派的变数。其三，彭述之等人坚决不接受三条件。其四，以中国革命老资格和"老托代表"自居的刘仁静，也看不起"孩子们胡搞"的"我们的话派"这个小组织，提出另行召集临时代表大会，修改"二代会"的决议案，改组"总干，以吸收陈独秀、彭述之等人加入领导"，并对总干说："我们的统一运动，只可以说是全为陈独秀个人，其余诸子，碌碌不足道也。"① 但是，陈、刘二人的提议均遭拒绝。

于是，陈独秀派果断拒绝了总干的三个条件，决定自行组织独立的托派小组织，取名"中国共产党左派反对"，又称"中国共产党布尔什维克列宁派"；推选陈独秀、彭述之、尹宽三人组成临时领导小组，成员分成三个组，进行活动。② 会议通过了尹宽起草的决议，谴责"我们的话派"排斥同志的"门罗主义"；还请刘仁静起草纲领。

就这样，1929 年 9 月，以陈独秀为核心的中国托派第二个小组织便诞生了。

被开除出党

陈独秀派与共产国际和中共中央在政治路线、策略口号和组织观念上如此全面而尖锐的对抗，终于走向破裂。

10 月 25 日，中共江苏省委与上海各区党团书记联席会议通过了《江苏省委为开除彭述之、汪泽楷、马玉夫、蔡振德及反对党内机会主义与托洛茨基反对派的决议》，指出江苏省委完全接受中央反对党内机会主义与托洛茨基反对派的决议及闸北区、沪中区关于开除彭述之、汪泽楷、马玉夫、蔡振德的报告。决议列举的彭述之等人的错误与前述中央批判陈独秀的错误完全相同，恕不细述。

决议最后批准区委的要求，开除彭述之等四人的党籍，并请求中央开除陈独秀的党籍。

但是，陈独秀派并不因此而妥协。他们自以为真理在手，而且又有国内

---

① 区芳：《反刘仁静政纲》；刘仁静：《反对派统一运动之前途》，1929 年，油印小册子。
② 郑超麟：《陈独秀与托派》，《郑超麟回忆录》附录，第 283 页；陈碧兰：《回顾我和彭述之的岁月（代序）》，《彭述之选集》第 1 卷，香港：十月书屋，1983，第 17 页。

外托派势力的背景，反而向中央进行反击。10 月 26 日，即江苏省委做出决议第二天，陈独秀与已经被开除的彭述之二人联名致信中共中央政治局，对中央的路线和策略，再次进行猛烈的抨击。当时，由于发生蒋桂战争，并酝酿着汪精卫、冯玉祥、阎锡山、张发奎、俞作柏等南北各派军阀联合反蒋的形势，中共中央采取了利用矛盾，发展革命根据地的策略，并取得了一些成绩，南方的农村革命根据地有所发展，但中共中央也高估了当时的"有利形势"，部署了一些脱离实际的"左"倾行动，如"中央天天命令同志上街示威"（陈独秀批评说"实际是示弱"）；提出了"现在的战争里面仍然反映着阶级的矛盾"（即买办地主阶级与资产阶级的矛盾）、"变军阀战争为推翻军阀的革命战争"、"以群众的革命暴动来消灭军阀战争"；"为组织苏维埃而斗争"等口号。陈在信中说："这样的口号，在实际行动上等于一根鸿毛抛在空中，落在地下，一声也不响"；天天示威"也不能激动一个群众争取一个群众"。

最严重的是，信的最后，陈独秀、彭述之公开打出反对派的旗帜向中共中央示威说：

> 你们说我们是反对派；不错，我们是反对派！我们的党此时正需要反对派，而且正需要勇敢的对革命对党负责的反对派，坚决的不和机会主义冒险主义威吓手段欺骗手段腐败官僚的领导机关同流合污，为了革命的利益，为了阶级的利益，为了党的利益，而绝不计及自己个人的利益，尽量的发表正言谠论，使马克思列宁主义布尔什维克在中国有一线之延，使全党党员及全无产阶级的群众不至对党完全失望！①

由陈的信可见其对党的事业一片忠诚！然而，他们开出的"国民会议"药方，也不是一个有效的办法。对于当时没有民主传统的中国民众，特别是下层的民众，有几个知道"国民会议"是个啥玩意儿呢！还不是与他们批判的"苏维埃"一样："等于一根鸿毛抛在空中，落在地下，一声也不响。"当时蒋介石与反蒋派军阀集团，倒曾一时把它热炒了一阵子。

中共中央政治局正在准备开除陈独秀时，共产国际及其远东局也在紧急

---

① 《陈独秀、彭述之致中共中央政治局的信》，1929 年 10 月 26 日，手刻油印件。

讨论这个问题，不过在方式和时间问题上，与中共中央发生了分歧。

10月26日，共产国际执委会给中共发来一封信，意见与中共决议完全相同："在一切斗争生活中，首先要反对取消派主义陈独秀派及托洛茨基派，他们现在已经成为一个反革命的联盟向党进攻了，尤其重要的是肃清自己队伍里暗藏的陈独秀托洛茨基派。"①

与此同时，共产国际远东局专门做出一个决议，用了四分之一的篇幅谈陈独秀与中东路问题，重复9月7日米夫和库丘莫夫对待陈独秀的观点，认为陈独秀同志"表达了最右倾机会主义的，而且常常也是反革命的观点"；特别是在中东路问题上，"反对提出保卫苏联的口号和就此问题由党组织群众大会和示威游行"……决议认为"陈独秀和他的拥护者的错误不是暂时性的，相反，它们还在沿着反共、反党方向发展"；"因此，陈和他的拥护者只有在承认和纠正他们的倾向、承认党和共产国际的路线的正确性并接受和执行党和共产国际一切决议的情况下，才能继续留在党和共产国际队伍内"。②

值得注意的是，正是这最后一句，表明共产国际在开除陈独秀问题上，持谨慎态度。他们似乎在效法对于开除托洛茨基前的办法，给对方较多的回转余地，希望把陈独秀留在党内，甚至明确说这并非"已经没有希望"，③即使是他违心地服从党的纪律。因此他们对陈独秀问题的性质，只上到"反共、反党"的高度，没有说是"反革命"。但是，也正是在这一点上，急于要推行极左路线因而急于要开除陈独秀的李立三中央，既不能容忍托陈派如此张狂，也不能接受共产国际远东局心存幻想。

11月15日，政治局做出了《关于开除陈独秀党籍并批准江苏省委开除彭述之、汪泽楷、马玉夫、蔡振德四人决议案》④，指出陈独秀屡次拒绝共产国际及中央决定，拒绝中央指派的工作，且在其最后两封信中，"公开揭出他及彭述之等反国际，反六次大会，反中央，反整个的党之一贯路线的旗帜，公开地承认已为共产国际及联共所开除的托洛斯基为同志；这充分证明

① 《共产国际执委会给中共中央关于国民党改组派和中共任务问题的信》，《中共党史教学参考资料》（5），人民出版社，1959，第413页。
② 《共产国际执行委员会远东局关于共产国际执行委员会第十次全会决议的决议》，1929年10月，《共产国际档案资料丛书》第8辑，第195页。
③ 《共产国际执行委员会远东局和中共中央政治局联席会议记录》，1929年12月10日，《共产国际档案资料丛书》第8辑，第258页。
④ 《中共中央文件选集》（5），第465页。

陈独秀彭述之等已经离开革命，离开无产阶级，客观上就是已经开始转变他们的历史行程走向反革命方面去了"。

从此，陈独秀被打入了"反革命"行列！

但是在当时，开除陈独秀的这个决议并不是最后的，因为陈独秀不仅是中国的，也是国际的人物，是共产国际四大时当选的执行委员。虽然这时共产国际对他已经十分厌恶，但是开除出去的手续还是要走走过场。据郑超麟回忆说：在中央决定开除陈独秀"前几日，中央派了汽车来接陈独秀去一个地方同国际代表（应该是当时国际驻中共代表团团长雷利斯基——引者）谈话。国际代表坐在写字台背后，有人引陈独秀到写字台面前，国际代表坐着，毫无礼貌，说了几句话，态度很不好。翻译站在他的旁边，把他的话翻译给陈独秀听，态度同样不好。不像同党内的同志谈话，却像法官审问犯人。陈独秀于是掉过头来，向房门走去。见面就此结束"。[①] 其实这位代表的态度一点也不奇怪，斯大林控制下共产国际对待各国兄弟党一贯以"老子党"自居，根本不尊重兄弟党，更不要说已经"很不听话"的陈独秀了。

在中国，经过国际代表谈话后，再做出开除的决定，这是"很高"的待遇了。然后，还要报莫斯科审批。陈独秀终于成为托洛茨基反对派，显然在莫斯科引起很大震动。因为早在前一年莫斯科举行中共六大时，斯大林在接见中共领导人时，曾担心陈独秀多次拒绝到莫斯科"讨论中国革命问题"和拒绝邀请参加六大的对立情绪，会导致他另行办报和另行组党，进行反对派的活动，并认为这关键是看陈"是否能找到必需的钱和获得其他的条件"。的确，在斯大林的经验中，无论是组织一个政党，还是办一张报纸（机关报，发表本党的政治主张），钱是第一位的。从他们帮助中共建党到后来的发展，证明了这一点。陈独秀领导的托派及其后发展的苦难的历史，也证明了这一点。但是，这是一种片面的观察。实际上，除了金钱以外，另一个因素更具有决定性的作用：这个政党的政治主张是否适应国民的需要，得到国民的拥护。单纯靠卢布来支撑的政党，那是不能长久的。这个道理，斯大林是不懂的。他是一个权力和金钱的万能论者。

当场，张国焘对斯大林说："陈独秀办不起一张有力量的报。"但他的理由主要不是钱，而是陈独秀的身份。因为"他做了这么些年的著名的中共领袖，其他的社会关系早已断绝了，现在似乎没有人敢于支持他办报。在

---

① 郑超麟：《陈独秀与托派》，《郑超麟回忆录》附录，第285页。

我们看来，他也许不再追随共产国际，但一般人看来，他仍是一个不折不扣的著名共产党员，因此，他之不能从事公开的政治活动是很显然的"。① 斯大林听了"颇为满意"，以为陈独秀并不能在中国从事反对共产国际的有力活动。因此，1927 年底莫斯科多次召陈独秀去苏而遭拒、盛传莫斯科将开除陈独秀时，联共中央政治局会议上曾称关于开除陈独秀的报告"是恶毒的谣言"。② 第二年 7 月，陈独秀拒赴莫斯科参加中共六大时，米夫再次邀请陈，并"保证他能够从事理论工作和返回中国"。③

看来，莫斯科原来是想以"瞿秋白方式"——软禁，训练，认错，返回中国，或是"开除前的托洛茨基方式"——认错，不在群众中造成影响，留在党内——对待陈独秀。但是，这时的陈独秀已经不是大革命时期违心默认的陈独秀，也不是打掉牙往肚里咽的瞿秋白，也不是被开除前违心认错的托洛茨基。陈独秀既不怕没有钱，更不怕"白色恐怖"和"红色恐怖"的打击，坚决要成立一个"反对派"，进行反对共产国际的活动。对此这是共产国际与中共中央都不愿意看到的。

从解密的莫斯科档案看到，他们在为什么要开除陈独秀和如何开除陈独秀的问题上，发生了分歧，冲突十分激烈，主要表现在共产国际远东局想仿照联共中央对托洛茨基处理方法，给予尽量多的机会和时间，要求陈独秀承认错误，希望他继续保留在党内；最后同意开除，主要是因为陈在中东路事件上否定了"保卫苏联"的立场，不能容忍。把保卫苏联的现实利益放在首位，这是联共中央和共产国际一贯的做法。而中共中央政治局则更看重于陈转向托派对本国革命和共产党的影响，即他反对中共六大路线并成立小组织分裂党。因此一开始就认为他不可救药，急于把他开除出党。

1929 年 10 月、11 月，从酝酿到执行开除陈独秀党籍时，共产国际与中共中央似乎没有分歧。11 月 15 日中共中央政治局做出开除陈独秀党籍以后，共产国际远东局向莫斯科表示："我们认为这是正确的，并请求给以批准。"④

---

① 张国焘：《我的回忆》第 2 册，第 25、426 页。
② 《联共（布）中央政治局会议第 120 号（特字第 120 号）记录》，1927 年 8 月 18 日；《共产国际执行委员会给诺罗夫的电报》，1927 年 10 月 11 日；《共产国际档案资料丛书》第 7 辑，第 70、121 页。
③ 《共产国际档案资料丛书》第 7 辑，第 513 页。
④ 《共产国际执委会远东局给共产国际执行委员会的信》，1929 年 11 月 21 日于上海，《共产国际档案资料丛书》第 8 辑，第 221 页。

但是，12月6日，中共中央政治局在讨论共产国际执委会第十次全会决议时，双方的分歧就暴露出来了。

李立三说：决议（指上述远东局的关于共产国际第十次全会的决议的决议）涉及陈独秀的最后一节，证明远东局还是对他抱有幻想。陈独秀及其一伙实行取消主义路线，而且成立了叛徒集团。远东局的同志同陈独秀谈过一次话，结果很失望。但是现在远东局寄希望于陈独秀回到党的正确路线上来。这只是证明远东局一贯坚持"右倾"方针。

周恩来说：在远东局的决议中和在我们以前同他们所进行的辩论中，他们始终表露出了对中国问题的调和主义思想……远东局不把中共反对右倾的斗争作为前提，所以常常指出中央在一些问题上反映出了"右的"错误，而远东局自己只指出机会主义者，甚至期待陈独秀回到党内。

温裕成：始终对陈独秀没有坚定的立场。这证明，远东局是布哈林第二，是调和派。他们不仅不能帮助中共反对取消派，而且相反，充当调和派。①

对此，雷利斯基（即奥斯藤）驳斥道：李立三同志说，代表团（指远东局——编者）说过，这个问题不具有重要意义。另一些同志也说我们在中国不反对右倾错误。但同志们，你们怎么能同我们，同支持你们党内右派的代表团工作9个月呢？……你们在陈独秀问题上的说法是在反对共产国际，而不是反对我们。这一点，我们可以用信来向你们证明。你们在党内进行反对机会主义的斗争吗？是的，你们进行这种斗争，但我们认为，毕竟你们进行得不是很好。你们只是开除党员。但是，你们在《布尔什维克》上刊登的文章多吗？做出反右倾决议的支部多吗？你们撰写的关于陈独秀的小册子多吗？你们看一看苏联、德国和共产国际的其他党。共产国际的所有党在许多年间都撰写文章、小册子等，这以后才把这些违反党纪者赶出党的队伍。我们希望你们进行这样的反右倾机会主义的斗争，并想在这方面帮助你们。开除党员只应在被开除者已经没有希望的时候进行。我们只是要求进行这场运动要同保卫苏联这个重要问题结合起来。②

12月14日，中共中央政治局采取严重步骤，直接向莫斯科最高当局控

---

① 《共产国际执委会远东局和中共中央政治局联席会议记录》，1929年12月10日，《共产国际档案资料丛书》第8辑，第245、247页。

② 《共产国际执行委员会远东局和中共中央政治局联席会议记录》，1929年12月10日，《共产国际档案资料丛书》第8辑，第257、258页。

告，在给远东局并送联共中央总书记斯大林和政治局委员莫洛托夫等人信中，再次批评远东局的关于国际执委会第十次全会的决议："这不过是在减轻陈独秀及其追随者的右倾错误"，对陈独秀们仍然抱有幻想，是"在客观上否定中央把他们开除出党的决定"，只能是调和主义。①

17日，在上海举行的远东局与中共中央政治局第三次联席会议上，远东局成员对中共中央的指责进行了反击。

罗伯特（时任共产国际执委会驻华代表——引者）说：看来，李立三和政治局在力求驳斥我们的批评时，在某种程度上变成了陈独秀的牺牲品，因为帝国主义列强之间存在明显分歧而忽略了资本主义世界和苏维埃世界之间的主要矛盾。由于我们在决议中指出，陈独秀的主要错误是他对保卫苏联的态度问题，所以李立三同志攻击我们的决议，这个情况也是他忽略革命和反革命之间的主要矛盾有关。就因为我们谈到这个主要问题，即对遭到进攻的苏联的态度问题，就使我们的决议具有了调和主义性质。我们曾同他（李立三——引者）详细地谈到如何在党内从思想上和组织上开展反对陈独秀的运动，他开了个轻浮的玩笑，说我们对陈独秀抱有幻想。

中共中央总书记向忠发辩解说：你们只指出了陈独秀在中东路问题上的口号，没有指出他和他们反对党和共产国际路线这样重要的东西，没有指出他和他的信徒组成了几个小派别和破坏我们的组织系统的情况。你们没有提及整个这个情况。我们不能接受你们的意见，而相反，应该反对你们的意见。我同意奥斯藤同志的建议，将这个问题提交共产国际解决，因为在这里，我们知道，我们无法解决这个问题。②

原来是在这种情况下，开除陈独秀党籍的决议提交给共产国际解决的。

中共中央立即写信给共产国际执委会主席团，进一步申诉并明确与远东局的分歧，批评远东局的错误，指出：在取消派（陈独秀等人）开始活跃时期，中央认为这是党内的重大问题，坚决号召全党同志反对取消派，反对一切右倾危险。此外，在党的报纸上还发表了政治局的提纲和对陈独秀信的批评意见。远东局发表了不一致的观点，认为中央过高估计了取消派问题，

---

① 《中共中央政治局给共产国际执行委员会远东局成员的信》，1929年12月14日，《共产国际档案资料丛书》，第8辑第271页。
② 《中共中央给共产国际执行委员会主席团的信》，1929年12月；《共产国际执行委员会远东局第三次联席会议记录》，1929年12月17日，《共产国际档案资料丛书》第8辑，第330、331、305页。

不该在《红旗》上为这种文章提供版面。（远东局邀请陈独秀谈话后）陈及其一伙的反党活动更加活跃了，并在群众中发表自己的观点，公开攻击共产国际和中国党的路线。这清楚证明，他们已由党内反对派变成了阶级敌人，当然毫无疑问，陈独秀被立即开除出党。当中央向远东局报告关于把陈独秀开除出党的这个决议时，远东局的同志说："中央开除陈独秀太不谨慎了。"中央当然反对这种看法，并竭尽全力解释了这样做的绝对必要性。远东局依然说："开除陈当然是必要的，但如果事先做更长时间的工作就更好了。"同时作为例子，援引了联共（布）对托洛茨基采用的方法。中央再次解释说，陈独秀已经变成了阶级敌人，这就是他与当年托洛茨基的区别所在。对此远东局没有作出答复……非常清楚地表明，它对取消派抱有幻想。①

1929 年 12 月 24 日，中共中央政治局特别会议又指责"远东局从根本上忽略了中央旨在反对右的倾向的基本路线和工作，远东局在陈独秀问题上犹豫不决，摇摆不定"。由于远东局不理会中央的抗议，会议决定"把这个问题提交共产国际解决"；"至于如何发展中国革命，这个问题我们也需要在莫斯科解决"。②

于是，1929 年 12 月 30 日共产国际执委会召开政治书记处会议，做出决定：（共产国际执委会）"主席团认为中共中央关于开除陈独秀的决定是正确的。把这个决定通知中共中央，并给陈独秀在两个月期限内向国际监委提出申诉的权利，让他自己来说清楚问题"。③ 并把关于陈独秀的材料分送给主席团的各位委员。

既然已经做出决定，认定中共中央开除陈独秀的决定是"正确的"，那么，除了把陈调到莫斯科接受处罚之外，还有什么"申诉"可言呢！

1930 年 1 月 18 日，国际又根据斯大林、莫洛托夫等 16 位主席团委员"飞行表决结果"做出《中共中央转陈独秀》的电报，全文如下：

共产国际执行委员会政治书记部，决定您予机会来参加本政治书记

① 《中共中央给共产国际执行委员会主席团的信》，1929 年 12 月，《共产国际档案资料丛书》第 8 辑，第 339 页。

② 《中共中央政治局特别会议记录》，1929 年 12 月 24 日，《共产国际档案资料丛书》第 8 辑，第 311 页。

③ 《共产国际执行委员会政治书记处政治委员会会议第 30 号记录》，1930 年 3 月 3 日，《共产国际档案资料丛书》第 8 辑，第 319 页。

部审察中国共产党中央开除你的党籍的决定的会议。

共产国际政治书记部讨论这一问题的会议，将于两月之内举行。共产国际政治书记部将这一决定转告给你，请你尽可能的快点经过中共中央转告此间是否你愿意来参加。

如果你对此提议置之不理，不来参加这一会议，或得不到你的答复，这一问题将提到共产国际主席团的会议日程中去讨论。

政治书记部①

在俄罗斯国家档案馆馆藏档案中，还有一份这件档案的初稿，其中最后一句话是：

如果您未在两个月的期限内到达莫斯科，此问题将在您缺席的情况下审议。②

也许是莫斯科意识到这句话"最后通牒"的意味，所以未在正式文件中出现。

中共中央政治局在 2 月 8 日转达给陈独秀时，又提出："这是共产国际的来电，希望你于一星期内给以书面答复，好使我们有所准备，并对国际有所回答。"③

陈独秀拖了一星期，于 2 月 17 日，写了回信。信一开头就说：

中国向忠发、李立三、周恩来、项英等早已紧急地宣布我为"托洛斯基主义者"、"取消派"、"反革命"、"新工贼"……企图这样一次决定我的前途。同时，你们在去年十月二十六日给他们的训令也就教导他们："在一切斗争生活中，首先要反对取消主义陈独秀及托洛斯基派，他们现在已经成为一个反革命的联盟向党进攻了，尤其重要的是肃

---

① 陈独秀：《答共产国际的信》，1930 年 2 月 17 日，附原电之二，《无产者》第 2 期，1930 年，第 107 ~ 108 页；并参见《根据共产国际执行委员会主席团委员飞行表决结果作的第 34 号记录》，1930 年 1 月 18 日，《共产国际档案资料丛书》第 9 辑，第 31 页。
② 俄罗斯国家社会政治历史档案馆馆藏档案：495 - 2 - 162，俄文打字稿。
③ 陈独秀：《答共产国际的信》，1930 年 2 月 17 日，附原电之一，《无产者》第 2 期，1930 年，第 107 页。

清自己队伍里暗藏的陈独秀派托洛斯基派。"然而现在你们突又来电给我，要我到莫斯科参加你们的会议，专门讨论我们的开除党籍问题，你们这种思想，我很不容易了解！①

陈独秀在再次全面猛烈抨击共产国际和中共中央的路线后宣称："关于这些根本问题，我和你们实有不可调和的不同意见……这些根本问题决不是调我个人到莫斯科便可解决的，而且这是官僚的办法。"②

就这样，陈独秀无可挽回地被他手创的中国共产党开除了。

对开除陈独秀事件，共产国际远东局的最后陈述是这样的："陈独秀就中东路问题给中央写了几封信，他在信中堕落到国民党立场上去了，在中央给他答复和我们跟他谈话后可以看出，他不会从那条路上回来了。于是才提出把他开除出党的问题。我们建议作最后一次努力。在报刊上和在组织中开展对陈独秀反党反共产国际立场的无情斗争，要求他作出声明，承认错误，改正错误，承认中央路线是正确的并加以贯彻执行，我们说否则就把他开除出党。情况果然如此。陈独秀没有这样做，就被开除出党了。"③ 可见，在共产国际看来，陈独秀被开除原因，主要还是在中东路问题上反对"保卫苏联"的立场。在得到陈独秀拒绝到莫斯科参加讨论他被开除党籍的会议的答复之后，远东局才对莫斯科说："陈独秀写了告全体党员的公开信，矛头指向中央（故意抹杀或减轻陈独秀主要批判莫斯科的分量——引者）"；"陈独秀在他最近发表赞同托洛茨基意见的声明后，竭力要在组织上建立与托派分子的联盟"；"你们可以从附上的陈独秀的声明（即陈对共产国际主席团邀请的答复——引者）中看出，他不想去莫斯科。我们认为共产国际应尽快发表批判他的正式声明"。④

但是，在共产国际最高领导机关中，显然有同情陈独秀的人，1930 年 3 月 23 日，国际政治书记处会议讨论以米夫为首的国际东方书记处请求批准关于将陈独秀开除出共产国际的决定并在报刊上公布时，会议却做出了否定

---

① 陈独秀：《答共产国际的信》，1930 年 2 月 17 日，《无产者》第 2 期，1930 年，第 101 页。
② 陈独秀：《答共产国际的信》，1930 年 2 月 17 日，《无产者》第 2 期，1930 年，第 105 页
③ 《共产国际执行委员会远东局给共产国际执行委员会东方书记处的信》，1930 年 1 月 30 日，《共产国际档案资料丛书》第 9 辑，第 38～39 页。
④ 《共产国际执行委员会远东局给共产国际执行委员会东方书记处的信》，1930 年 1 月 30 日；《共产国际执行委员会远东局给共产国际执行委员会的信》，1930 年 3 月 3 日，《共产国际档案资料丛书》第 9 辑，第 49、73～74 页。

的决定:"在不削弱对陈独秀的思想斗争的同时,必须遵守给陈独秀的考验期限。"①

然而,目前解密的莫斯科秘档表明,由于中共中央接着发生以李立三为代表的第二次"左"倾错误,并成为莫斯科的又一个替罪羊,陈独秀开除党籍的问题再也没有提到共产国际的议事日程上,就这样,1929 年 11 月 15 日开除陈独秀党籍的决议成了既成事实。

陈独秀被开除党籍后,引起当时一南一北两个曾与他有过亲密关系者截然相反的反应:一个是建党时期的伙伴杨明斋,一个是得陈热情提携的毛泽东。

杨明斋当时在冀东丰润县车轴山县立中学教国文课为掩护,继续进行革命工作。在他得知陈独秀被开除党籍的消息后,执意要去上海,说要调解党中央与陈独秀的矛盾。经王德周(大革命时期曾是顺直省委负责人之一,时为中学教务处主任)再三劝告:"党中央与陈独秀之间的问题不是偶然的误会造成的,也不是仅仅在某些政策上的分歧问题,而是重大政治路线的斗争,是不能靠调解解决的",他才没有立即走。可是到这年冬天,他又决定偷越国境到苏联,去做共产国际的工作。这次他不听劝阻,终于在 1930 年 1 月杨明斋"未经党的许可,在走私者的帮助下,非法越过中苏边界",但他一直未能接触到共产国际。他先是在远东的哈巴罗夫斯克扫盲站当中文教员,后又转到符拉迪沃斯托克(海参崴)《红星报》和无线电台工作。但是,1931 年他却被当作"叛逃者"流放到托木斯克,在那里当勤杂工。1934 年 8 月,流放期满后,杨明斋又设法到了莫斯科并进入苏联外国工人出版社工作,先后任投递员、校对员。这时的陈独秀不仅被开除、当了中国托派领袖,而且因反蒋抗日,坐在国民党的狱中,当然已经不存在到共产国际为其辩护的问题。他于是希望在苏联安度晚年,可是,在 1936~1938 年的苏联大恐怖运动中,杨明斋终于难逃厄运,1938 年 2 月,他"以被捏造的罪名遭逮捕",并于同年 5 月被杀害。② 陈独秀因为洞悉其奸,始终拒绝去莫斯科,幸免不测;想不到,这位耿直到迂腐的杨明斋,却因为陈独秀抱

---

① 《共产国际执行委员会政治书记处政治委员会会议第 47 号记录》,1930 年 3 月 23 日,《共产国际档案资料丛书》第 9 辑,第 83 页。

② 《宋敏之对杨明斋历史情况的一点补充》,《党史通讯》1984 年第 8 期;又见《吉塔连科(М. Л. Титаренко)致余世诚教授的信》,1989 年 2 月 8 日,《中共党史研究》1989 年第 4 期。

不平，自投罗网，屈死在异国他乡。

远在南方瑞金根据地的毛泽东，写信给中央说："独秀近来行动，真岂有此理。中央驳议文件已经到此，我们当普遍地宣传。"①

另外，也有人出来对中共中央甚至共产国际做工作，希望不要走到这种地步。当时被捕后关在国民党监狱、自知必死无疑的四位共产党高级干部彭湃、杨殷、颜昌颐、邢士贞，8 月 24 日也从狱中写信，对党中央的领导工作有所建议，尤"望党内对于反对派的斗争要多从教育上做功夫，以教育全党"，反对采取简单的惩办手段。②

综上所述，陈独秀 1929 年 11 月 15 日被开除党籍的原因是很复杂的：主要有第一，在中东路这个涉及中国人民的民族利益和感情问题上，反对共产国际和中共中央"保卫苏联"的方针。在这个问题上，陈独秀是正确的。第二，反对党的六大路线，主张接受托洛茨基主义的路线。在这个问题上，陈独秀有正确的一面，如承认大革命失败，革命进入低潮，应取防御方针，以保存党和革命的有生力量。缺点是不懂得利用中国土地广大和统治阶级的矛盾等条件，在农村存在"武装割据，建立红军，坚持革命根据地"的可能性。但其担心党长期在农村生存发展，会被"农民意识化"，长远看，是一个伟大的预见。第三，反对当时立三中央正在发展的"左"倾错误。这一点，陈独秀是正确的，而且很快为中共第二左倾路线的形成所证明。第四，反对以执行纪律为名，推行命令主义，扼杀党内不同政见者；主张实行党内民主，允许不同意见存在。这一点也是正确的，而且为全部的中共党史所证明。

陈独秀对组织上被开除"不在乎"，原则上的是非决不含糊。他见在党的机关报上公布的开除自己党籍的政治局决议后，怒不可遏，立即在 12 月 10 日散发了自己油印的长文《告全党同志书》，对开除他的那些理由进行批驳。

文章一开始就表示：我自从 1920 年随诸同志之后创立本党以来，"忠实的执行了国际领导者史大林季诺维也夫布哈林等机会主义的政策，使中国革命遭到了可耻的悲惨失败，虽夙夜勤劳而功不抵过"；我固然不应该效"万

① 《毛泽东致中共中央的信》（1929 年 11 月 28 日），《毛泽东书信选集》，人民出版社，1983。
② 周恩来：《彭杨颜邢四同志被敌人捕杀经过》，1929 年 9 月 14 日，《红旗》1930 年 8 月 30 日。

方有罪在予一人"可笑的自夸口吻,把过去失败的错误而将自己除外。任何人任何同志指摘我过去机会主义的错误,我都诚恳的接受。"我绝对不愿为要拥护我个人的错误(自从'八七'会议到现在,我不但对于政治的批评不加掩护,即对于一切超过事实的指摘,也以为是个人的细故,默不答辩),而使过去无产阶级付了重价的苦经验埋没下去,得不到一点教训"。"我深切的认识,任何个人任何党派,想免除机会主义的错误,决不是一件容易的事";长期追随列宁学习的如史大林与布哈林,现在也犯了可耻的机会主义;像我辈这样浅薄的马克思主义者,更何可自满,一旦自满,便是自己阻住自己的进步。"我们要真能免除机会主义的错误,只有在马克思列宁的遗教中,在无产阶级的群众斗争中,在同志相互批评中,不断的虚心学习,才庶几可望。"

该文接着以自己建党以来的亲自经历的事实和经验,痛斥、控诉了共产国际在不了解中国国情的情况下所犯下的一系列严重错误,以及他为了服从国际纪律和中央多数人的意见,放弃自己的意见,违心执行国际指示所犯的错误。多次沉痛谴责自己:"主张不坚决的我,遂亦尊重国际纪律和中央多数意见,而未能坚持我的提议。"

这个总结,极大地强化了他 1929 年以后的政治立场,对任何势力、政党、集团不再做任何妥协,完全成为一个独立的人,真是天马行空,我行我素,回到了 1920 年建党以前的年代。这样的人生,有利也有弊;利者,作为一个思想家,有利于自己天才思想的产生和发挥,而能排除任何压力的干扰和压迫;弊者,作为一个实践家,他必然曲高和寡,难以团结民众去为实现理想而奋斗。思想家永远是孤独者。

该文逐条批驳了决议开除他的理由。如决议说:"根本无诚意去认识自己在中国大革命时代之机会主义领导的错误……便必然不可免的要继续过去的错误路线。"陈对此反驳说:"其实我正因为根本的诚意的认识过去机会主义领导的真正错误所在,和决心反对现在及将来继续过去的错误路线而被开除了。"

决议指责陈"不满意共产国际的意见","根本便不愿赴莫斯科去接受国际的训练"。这一条倒是说对了!陈坦白地说:"我所受国际机会主义的训练已经受够了,以前因为接受国际意见,而做了许多错误,现在因为不满意国际意见而被开除了。"

他斥责决议"似是而非"地篡改他给中央信中关于当前形势和策略的

论述，并把"这也算是开除我的理由"；讥讽中央把他的正确意见如在中东路问题上，"以反对国民党误国政策的口号来代替拥护苏联的口号"也当作"开除我的理由"之一；指责中央在八七会议后"不许我参加任何会议，未曾派我任何工作"。直到 1929 年 10 月 6 日，忽然决定要他"在党的政治路线之下，在中央担任编辑工作"，并"限定你一周内作篇反对反对派的文章"。陈表示："我此时已根本承认托洛茨基同志的主张是合乎马克思列宁主义的，我如何能说和自己意见相反的假话！"

陈说："我们只知道托洛茨基同志是坚决的反斯大林、布哈林机会主义政策的，我们不能听斯大林派的造谣，便相信和列宁携着手创造十月革命的托洛茨基同志真有反革命的事实"，真如"斯大林派李立三等对于我们的造谣"一样。于是中央便说我们"已经离开革命，离开无产阶级，走向反革命"而将我们开除了。

等等。

然后，陈独秀指出中央开除他的实质："中央开除我的党籍，这些无理由的理由，都不过是表面的官样文章。实际是讨厌我在党内发表意见，批评他们继续过去机会主义、盲动主义……的破产政策。"

陈独秀最后沉痛地表示：对于八七会议和六大以来的中央错误路线"我当时为党的组织纪律拘囚，不得已取了消极态度，而未能积极的超越组织对中央的毁党政策作坚决的斗争，致党走上了崩溃的道路，这也是我应负的责任……我是怀着错误的见解，还是幻想新的中央受到许多事实的教训，将能够自己醒悟过来，未必盲从国际的错误路线到底"；"直到经过蒋桂战争及五卅纪念运动，我深深的感到中央牢不可破的继续机会主义和盲动主义，明明是不会自己改变的了，非有自下而上党员群众合法的公开的讨论和自我批评，是不能纠正领导机关严重的错误路线了。然而党员群众都在组织纪律的拘囚与钳制之下，一时陷于'敢怒而不敢言'的状况。此时我实在不忍眼见无数同志热血造成的党，就这样长期的在严重错误路线之下破灭消沉下去。不得不挺身出来，自从八月初起开始向党发表意见，以尽我的责任"。"有些同志劝阻我说：'像你这样不避忌讳的批评他们，他们将来会借故开除你的党籍。'我知道这个，然而我爱党的心逼迫着我一定要走向不顾计到我个人利益的道路"；"我宁愿受今天被李立三等少数人开除我的党籍，而不愿眼见党的危机而不力图拯救，将来要受党员群众的责备。我宁愿心安理得的为无产阶级的利益而受恶势力几重压迫，不愿和一切腐化而又横暴的官僚分子同流合污"。

同时陈又号召全党同志:"我们每个党员都负有拯救党的责任,应该回复到布尔什维克精神与政治路线,一致强固的团结起来,毫不隐讳的站在托洛茨基同志所领导的国际反对派即真正马克思列宁主义的旗帜之下,坚决的不可调和的,不中途妥协的和国际的及中共中央的机会主义者奋斗到底……以拯救党拯救中国革命。"①

这篇八千多字、摆事实、讲道理、情智并茂的《告全党同志书》,是国际共产主义运动中的一份特殊文献。它是对斯大林控制下的共产国际和当时"左"倾又没有民主的中共中央的批判是深刻的,而且至今仍有着一定的现实意义。

---

① 传单,油印件,中央档案馆藏。

十四　促进中国托派组织的统一
（1930～1931）

领导托陈派小组织——无产者社

共产国际不想发表最后谴责陈独秀和批准中共中央开除他党籍的声明，中共中央却采取了坚决的态度，并以联共为榜样，拉开了中共党内肃托运动的序幕。在 1929 年 11 月 15 日开除陈、彭等五人之后，紧接着又陆续开除了一大批跟随陈独秀派的党员。

陈独秀等人见此状，也不再抱有幻想。不仅在 1929 年 12 月 10 日以他个人名义发表了《告全党同志书》，而且决定把他们的小组织进一步健全，并准备与党决裂。在陈独秀的主持下，他们开了一次"中国共产党左派反对派"会议，正式选举了领导机关"常务委员会"，总书记陈独秀，常委彭述之、尹宽、马玉夫、杜培之（不久，杜去做了强盗，被捕枪毙，由罗世藩替代），秘书长吴季严（陈独秀外甥，苏联归国留学生）；讨论了本派政纲《我们的政治意见书》。此政纲，先是请刘仁静在他带回的托洛茨基所写的中国托派政纲基础上起草的，最后由陈独秀修改定稿，日期是 1929 年 11 月 15 日，然后在党内征求签名者，到 3 月公布时，签名者有 81 人之多。但据签名者之一郑超麟说，其中约 1/3 用的是假名，以张声势，实际只有五六十人。假名者，一是根本没有其人，如第一名王阿荣。陈独秀的意思是，中国习惯，注意第一名，责任大，弄个假名字。而他自己则签在第 47 位，可见陈独秀有时也很讲究策略，要点小聪明，使人想起《汪陈宣言》的签名。二是有待发展的对象，签上他的名字时，本人不知道，但是，有人被签上了名，后来还是不参加托派。李季在 1921 年曾随陈独秀去广州做教育工作，创办《劳动与妇女》杂志。后留学德国、苏联，回国后在上海大学教经济学。这时，他同情陈独秀派，赞成托洛茨基观点。但他要做一个学者，有公开的职业，即以真名出版译稿和著作，并且正在埋头写《马克思传》，不想参加党派活动，过地下生活。所以见签真名后，很有怨言，说妨碍了他的工作和生活。他后来没有参加托派活动，只是在30年代初参加了与共产党的中国社会史论战，竭力以托派观点，说明中国的历史与经济，1934年初脱离托派。也有人拒绝加入，并劝陈勿入歧途。陈独秀的同乡老友朱蕴山是一个老好人。二人关系一直很深，辛亥革命、五四运动、建立共产党和第一次国共合作时期，朱蕴山在安徽的革命活动，一直受陈独秀的指导。这次，陈独秀特托高语罕送三本托洛茨基言论集给朱，望朱加入托派。朱说不参加，让高把书还给了陈，并嘱陈不要搞托派这个名堂，指出他是中国共产党的"开山书记"，宜慎重；苏联和国际的事，我们弄不清楚，贸然卷入是非旋涡，很难拔出。陈当然认为自己是经过深思熟虑后才转向托洛茨基主义的，不听所劝。从此，二人就不谈政治，只有私交了。①

然而，这五六十名真正的托陈派毕竟多是大革命时期中上层领导干部，所以，意见书一散发，造成中共党内一次很大的震动。

中共中央见此意见书后，确认其为"托陈取消派纲领"（中央档案馆编的《中共中央文件选集》中，即以此为副标题），立即在机关报上进行批判，并把在上签名而未开除的党员，分批开除。因此从1930年3月起，又掀起一个开除党内托派分子的高潮。因在白色恐怖下，组织与党员不便联系，而要处理的党员又如此众多，于是就在中央机关报上点名集体开除。

托陈派小组织宣告成立后，为什么仍沿用"中国共产党左派反对派"的名称？是为了向中央表示不承认被开除，他们还是中共党内的一个派，以遵守托洛茨基关于要求留在党内以夺取领导权、改造共产党，进而改造共产国际的设想。但是，后来的事实证明，这只是一厢情愿的空想，有严密的组织性纪律性控制的共产党，决不可能被所谓的"党内民主"折磨得始终处在四分五裂、软弱无力状态的托派所代替。

然而，当时的陈独秀及其战友们，不可能看到托派以后的发展，相反，他们为自以为正确的理论和信念力量所驱使，满怀信心地开始做"取代"中共的瓦解工作。与留学生托派小组织不一样，他们是已经很有经验的成熟的革命者。所以，工作起来可以说是驾轻就熟，如同当初中共建党初期那

---

① 朱蕴山：《关于陈独秀的几点回忆》，朱世同整理，未刊稿。

样，首先从宣传和组织两方面展开。在宣传方面，他们首先把流散传阅的托洛茨基关于中国革命的文章收集起来，翻译出版了两册《中国革命问题》。如前所述，从 1923 年起，托洛茨基在各种场合，对斯大林共产国际的指导中国革命的路线、方针、政策进行不断的、严厉的批评。这两本书，把这些批评文章按时间顺序编排出版，可以说是托洛茨基论中国革命问题文集的最早版本。自然，按当时译者的经济力量和需要，印数很少，笔者先后在中共中央党史研究室资料室和日本访问时，见到过这套书。从版权页上看到，这套书出版于 1929 年 11 月 7 日，定名为"无产者丛书"。这个日子，这个名称，显然是纪念列宁领导的十月革命。因为，列宁在 1905 年 5 至 11 月日内瓦地下工作时主编的刊物的名称就是《无产者》（俄国社会民主党中央机关报）。郑超麟和王文元后来回忆说，那时，他们都很崇拜列宁和托洛茨基，所以，许多作为都模仿列、托的历史活动。可见他们对列宁、托洛茨基理论的信仰是多么虔诚。但是，外来理论，总不那么贴切现实，因此，又让尹宽起草了一个宣传大纲，虽是大纲，却写得很长，油印成一本小册子，作为陈独秀派内部讨论、统一思想的依据和对外宣传的材料。但其内容无非是形势和任务、战略和策略，观点则是前述陈独秀被开除前后所写的各种文章和文件中表达的，这里不再赘述。

作为政党雏形的另一个重要标志，是他们在 1930 年 3 月 1 日创办了自己的机关报《无产者》（月刊）。在讨论刊物名称时，郑超麟提议用《无产阶级革命》，直接表达托洛茨基主义的中心思想，最后决定，沿用出版托著《中国革命问题》时的名称《无产者》。从此，托陈派小组织被简称为"无产者社"。当时的习惯是，都以各派的机关报名称来简称各派的名称。在后来发表的文件和陈独秀等写的文章中，也经常称自己是"无产者社"或被称为"无产者社"。所以，后来包括郑超麟等托派老人写的回忆录及学者的论著，否认"无产者社""十月社""战斗社"的说法，而硬说是"无产者派""十月派""战斗派"，是不符合历史实际的。只有"我们的话派"的说法是正确的。

《无产者》的创刊，使陈独秀找到当年创办《安徽俗话报》《新青年》时期的感觉，不受操纵和掣肘，想说什么就写什么。不仅由他主编，而且每期主导文章，都由他亲自撰写。因此又能看到他诸多惊世骇俗的言论。

创刊号就很有特色。为了显示他们忠于马克思—列宁—托洛茨基思想路线，刊登了两篇托洛茨基的文章，第一篇就是托洛茨基为中国托派写的政纲

《中国政治状况和布尔什维克列宁派（反对派）的任务》，另一篇是《中国发生什么事件？》（后来译成《中国发生着什么事？》）是借中国南昌暴动后朱德领导的部队向广东进发一事，批判斯大林在中国推行盲动主义路线的。后一篇是《马克思列宁名言录》。当然，最精彩的是陈独秀自己写的《本报发刊宣言》和为贯彻托氏政纲而做的《我们在现阶段政治斗争的策略问题》。

《宣言》一开头就不承认大革命失败是由于"敌强我弱"的基本前提决定的，而认为完全是主观上的机会主义造成的，宣称："中国无产阶级在过去革命失败中，不是因为它的力量不足以战胜敌人而在决定胜负的战场上被打败了，乃是因为政治上走到错误的绝路，猝不及备地遭遇敌人之迎头痛击而溃散下来。在史大林派官僚机会主义指导之下的中国共产党从机会主义的无出路中又突然转入另一极端的盲动主义，把溃散下来的无产阶级队伍更送到敌人的炮口之下加以毁坏，因此使得中国无产阶级在政治上更加陷于迷乱！若长此继续陷于此种迷乱状态中，找不出新的出路，则中国无产阶级决不能再前进一步！"而"我们布尔什维克列宁派（反对派）就恰与之相反：我们要以阶级先锋队的地位领导中国无产阶级从政治的迷途中走上真正解放的道路！"陈独秀在这里显然受对斯大林的不满情绪所激动，不能客观地全面分析大革命失败的原因，夸大了主观方面的因素。

怎么办呢？《宣言》接着说，就是要从失败中退却："恩格斯说：'革命党若错过了革命的环境或遭遇严重的失败。必然有一相当历史时期要退出政治舞台'，'有一个很短的休息期'。中国无产阶级现在正处在这个休息期。让那些官僚们去卖弄手腕，企图包办革命以挽回他们的厄运罢！让那些余兴未尽的英雄们去组织武装暴动，建立苏维埃政府罢！"

这说明，陈独秀的承认革命暂时失败，实行退却，不仅受托洛茨基的影响，还有更深的理论根据。当时在井冈山斗争第一线的毛泽东则有更深切的感受，他说："现在全国是反革命高涨时期，被打击的中间阶级在白色区域内几乎完全附属于豪绅阶级去了，贫农阶级成了孤军"；"我们一年来转战各地，深感全国革命潮流的低落……红军每到一地，群众冷冷清清，经过宣传之后，才慢慢地起来……我们深深感觉寂寞，我们时刻盼望这种寂寞生活的终了"。①

① 《毛泽东选集》第 1 卷，第 75、82～83 页。

　　可见，在当时对形势的估量上，毛泽东与陈独秀是一致的，毛泽东的超群之处在于即使在这种低潮的形势下，还在这样艰苦的农村环境，开辟出农村革命根据地，成为未来革命的起点——星星之火。

　　创刊《宣言》则更注重于理论上的总结与探索。指出："过去的革命完全是一轰而来，一轰而散，并且在机会主义的长期薰陶及官僚主义压制与腐化中，中国共产党党员一般的都养成一种牢不可破的浅薄意识，不但对于无产阶级战术的基本知识茫无所知，并且尚不以为重要。这样决不能应付未来的革命的急风暴雨！为打破这种浅薄的意识，我们首先要解脱机会主义的领导，斩断史大林主义的羁绊！"

　　最后，《宣言》宣称："本报的责任就在团聚中国无产阶级的先进分子，在国际布尔什维克列宁派（反对派）领导之下，彻头彻尾地扫除现在国际及中国共产党领导机关之机会主义的路线，盲动主义的策略及官僚主义的党制。"

　　陈独秀根据托洛茨基主义，对革命新道路的初步探究结果，写了题为《我们在现阶段政治斗争的策略问题》的长篇文章，刊登在创刊号上。文章论述当时中国革命的形势和策略，主张无产阶级应积极参加民主运动，极力要求参加资产阶级的国民会议，"使之走向革命高潮……武装暴动，推翻国民党资产阶级政权，建立无产阶级苏维埃政治"。批评共产国际和中共中央对革命形势的估计（"革命处在两个浪潮中间"）和策略口号（苏维埃）是机会主义和盲动主义，批评中共中央从左的方面"消极抵制"国民会议。

　　如同创刊号所展示的丰富多彩的内容一样，由于当务之急一是对中共路线，特别是连续两次极左错误路线的批判，二是宣传托洛茨基主义理论及促进托派小组织的统一两大任务，因此前期《无产者》的内容宣传托洛茨基的文章较多，批判矛头主要是针对中共的；后期则集中于宣传托洛茨基及其领导的托派临时总部关于促进中国托派统一的来信和文件。从现在看到中国托派小组织统一前出版的12期《无产者》（1930年3月至1931年3月）分析，其内容主要有以下几个方面。

　　一是批判中共的错误路线，阐述托洛茨基对中国革命问题的意见和托派路线。除了上述第一期的内容外，第二期有托洛茨基的《国际错误之"第三时期"》和陈独秀写的彻底否定中共的红军运动因而引起各方强烈反对的《关于所谓"红军"问题》；第三期则以27页的全部篇幅，发表《"中国共产党左派反对派"致中央委员会转全党同志》，全面系统批判中共标志第二次"左"倾路线形成的纲领性文件《新的革命高潮与一省或数省首先胜利》（1930 年 6 月 11 日中共中央政治局会议通过）和武装暴动夺取长沙失败的事件，指出：中共中央"在这个决议中，一贯的运用了史大林派官僚机会主义的传统方法，机械的凑合一些国内外的事实，以作为他们盲动策略的前提。从他们的分析中，只能看到一些'矛盾增剧'，'群众革命化'，'革命高潮到来'等类空洞而激烈的词句，一点也找不出马克思主义的分析。不幸这些词句，正是他们一切策略的总根源。他们亦正在根据在这个上面得出'组织全国武装暴动夺取政权'，'布置以武汉为中心的附近省区的首先胜利'的结论。而这个错误的结论，却须花费无数头颅的经验。这未免太过于残酷呵！"

二是结合重大事件，抨击国民党反动统治。陈独秀认为当时是反革命时期，主张采取退却和防御的策略，尤其反对武装斗争，但并不是中共所说的取消革命，放弃一切斗争。如 1930 年爆发中原大战时，他们即发表《中国共产党左派反对派对时局宣言》，痛斥"这一次战争要算是民国以来杀人最多、扰乱最普遍、破坏力最大的战争。战争区域占了半个中国，战争的时间延长到七个月之久，国民财富被南北各派军阀搜刮尽净；交通运输机关被军事占据、毁坏，使整个中国的经济陷于停顿破灭状况之中；军事戒严，拉夫，军事征发，公开勒索，溃兵劫掠等，波及了全国。至于直接战争区域，除兵士之尸横遍野，肉血淋漓外，瓦斯毒气、飞机炸弹、地雷流弹等，不知牺牲了多少人民，毁坏了多少房屋，甚至整个的乡村与市镇都被毁坏了（如河南民权县）……"《宣言》揭露"每次战争爆发时，国民党的中央政府为掩饰其羞颜起见，总是对人民说：'这是最后一次战争，最后一次肃清反动势力'；这次战争结束以后，就是本党的统一建设及对外取得民族独立与自由。然而实际上，每一次战争结束后，接着就酝酿下一次更大的战争"。当时反蒋派与蒋介石政府曾围绕召开国民会议问题，进行政治斗争。为此，《宣言》最后提出了 15 条政治主张和要求，这可以视为他们的政治纲领：（1）取消帝国主义在华一切特权与利益，取消一切不平等条约。（2）取消过去一切外债。（3）实行真正的绝对的关税自主。（4）停止军阀战争，各系军阀均须受国民会议的裁判，以实现统一。（5）取消国民党的"训政"及军事独裁。（6）中国境内各小民族均有完全自决权。（7）保障人民身体、集会、结社、言论、出版、罢工之自由。（8）释放一切政治犯。（9）一切政党之政治自由。（10）切实施行八小时工作制。（11）严定工厂法，特别保护女工及童工。（12）实行劳动保障与失业救济。（13）无偿没收地主土地归贫农。（14）取消高利欠债。（15）恢复对苏联的邦交，与之建立友谊的反帝国主义联盟。①

从这15条内容看，的确还是追求独立、民主、自由、平等的民主革命的范围，不是消灭资本主义和资产阶级的社会主义革命内容。这完全符合当时陈独秀的思想，而与青年托派的思想不一样。所以，陈独秀派在当时对国民会议的斗争是极其认真的，并接着发表了《为国民会议运动告民众书》和《通告第四号》。②

三是反对一切中间势力，表现出"打倒一切"的极左倾向。在上述《时局宣言》中，除了抨击国民党外，还抨击反蒋派各政党派别，同时攻击"中小资产阶级的代表改组派之汪精卫、陈公博等，第三党之谭平山、邓演达等……为统治者做阻碍工农民众之彻底解放的工具，这就是他们的唯一作用，并没有别的什么中间阵地的作用"。这表明，陈独秀的思想比大革命失败时的状况，有了很大的转变，那时他写给中共中央的信中，还建议团结谭平山等中间派势力，不能搞"党外无党，党内无派"。这种转变已经与打倒一切并把中间势力当作"最危险的敌人"的王明"左"倾路线，相差不远了。

这再次表明，中国托派当时对中共"左"倾中央的批判，实际上是"五十步笑百步"。而在运用统一战线策略方面，又逊于毛泽东。任何革命或改良，如果不能团结全国各阶级、阶层中的大多数，都是不能成功的。这是陈独秀在后半生和中国托派始终没有什么作为的重要原因之一

四是刊登托洛茨基和托派临时国际推动中国托派统一的来信，宣传无产者社特别是陈独秀本人对统一的主张。

但是，这个托陈派小组织，一开始就面临经费短促的困境。离开了共产国际的津贴，一群没有职业的革命家，唯一的收入是没有保障的翻译和写文章的稿费，生活都难以维持，哪有钱来维持一个刊物。《无产者》说是月刊，第一期出刊后，第二期到7月1日才出刊。随后因负责印刷的工人王成伟被捕，稿件没收，10月出版的第三期，不得不改为油印。实际上，无产

---

① 《中国共产党左派反对派宣言》，《无产者》第4期，1930年10月30日。注：《无产者》除第1、2期铅印外，其他10期均为手刻油印件。

② 两个文件都刊于《无产者》第7期，1930年12月。而且整个这一期，就刊登了这两个文件。

者社一派的整个活动经费主要靠陈独秀利用其社会关系筹措的。如他曾派好友李仲山到西北，向陕西省政府主席杨虎城和西安警备司令马青苑筹款。李仲山是陕西潼关人，为人正直、侠义，曾参加辛亥革命，光复陕西；1924年又参加冯玉祥的"首都革命"，欢迎孙中山北上，曾任冯部第二军（军长胡景翼）的驻沪代表。大革命时倾向共产党，与陈独秀关系密切，对蒋、汪的反共行径不满。但是，在大革命失败后的恐怖日子里，李与陈失去了联系。1929年4月，李营救了被捕的郑超麟，于是想通过郑超麟重新与共产党接近。但此时陈独秀、郑超麟等正好转向托派，于是就把他带了过来。其实，他不知道托洛茨基主义为何物，只崇拜陈独秀的为人。这次，他受陈独秀的委托到西北筹款，搞到了一笔钱，但不久，托派的身份暴露后，杨虎城就叫他离开了。后来，他看到托派没有什么发展前途，就去投靠胡宗南，做了西安参议会议长。

这件事表明，革命阵营，如果不是靠路线、方针、政策的正确和革命的不断胜利，而单靠领袖个人的魅力影响，是难以维持和扩大的。陈独秀由于信仰托洛茨基主义这种在总体上脱离中国实际和群众的理论，他不再有如在新文化运动时期那样的"总司令"的影响力和号召力，虽然他还是一个党派的领袖，还在领导着一个方面的革命工作，但他实际上已经被革命潮流边缘化了，不过他自己却不自觉，还想固守革命领袖和活动家的角色，梦想着总有一天，一呼百应，唤起工农千百万，再度掀起翻天覆地的革命浪潮。所以，他的后半生，除了还有些惊世骇俗的思想闪光和学术上取得不俗成绩之外，在革命事业上，不可能再取得值得夸耀的成就。

从时代上来说，如果以一个人代表一个时代的话：从1894年兴中会成立到1914年反袁斗争失败，可以称为"孙中山时代"，亦即中国民主革命前期（毛泽东称其为"旧民主主义革命"）。从1927年秋收起义建立井冈山根据地到1949年共产党夺取大陆政权，可以称为"毛泽东时代"（自然，真正的"毛泽东时代"应该从1935年"遵义会议"开始），即中国民主革命后期（毛泽东称其为"新民主主义革命"）。由于至今还没有实现孙中山的民主宪政，所以，本著不称其为"新"与"旧"。而这两个时代之间，即从1915年到1927年，则可称为"陈独秀时代"。因为，这个时代以《新青年》杂志为阵地发起的新文化运动、五四爱国运动、马克思主义在中国的传播、中国共产党的成立、国共合作及其进行的北伐战争和国民革命运动，没有一个人的影响超过陈独秀。这个时代的特点，是民主革命前期向后期过渡的时期，是国民党由革命转向反动的时期，资产阶级还没有完全丧失领导革命的能力；而共产党还没有领导整个中国革命的经验，处于成长的时期。只是经过了这个成长期，共产党才走上了独立领导中国革命的道路。所以，陈独秀时代也是中国近代史上一个特殊的时代。这个时代以陈独秀发动新文化运动和连任中共五届最高领导人为主要标志。同时也表明，1927 年以后，陈独秀逐渐淡出政治舞台，离开革命的主航道，因为那以后，毕竟是毛泽东时代了。从国民党方面来说，是"蒋介石时代"了。

但是，正如人在江湖，身不由己一样。陈独秀既然登上了托派这趟列车，一时就难以脱身了；他被新思潮、新道路激起的热情，也不想脱身。他找到了刚刚被党开除的何资深担任"无产者社"的秘书长，对组织进行了整顿。此时，托陈派成员已经发展到 120 人（其中老党员知识分子居于多数）。于是，他们学中共那样，设置了上海沪东、沪西、法南（法租界和南市）三个区委，在纱厂和码头工人中建立了支部，在北京也建立了一个支部，摆出一副与共产党全面抗衡、企图取代的架势。

这样工作了六个月，果然成绩不凡。在 1930 年 6 月无产者社代表会议上，陈独秀做《关于中国反对派过去及目前工作》的报告，并做出决议，宣称：半年以来，我们"总算草创了一条新的道路，并团结了一些重要部门的干部分子"。决议在攻击中共重视农村武装斗争是"机会主义"之后，强调他们托派要进行城市工人运动，领导群众做防御的斗争，整顿内部组织，培养工人干部，除上海外，在广东、武汉、天津、青岛及东三省各个工业中心区域发展工作。[①] 不过，后来由于共产党的打压和忙于与青年托派争斗，这个计划落空，只在香港建立了一个支部。

饱受莫斯科回国托派组织的排挤和打击

使陈独秀等人意料不到的是，在他们被共产党打击开除后，满腔热情转向托洛茨基主义、要求加入或联合莫斯科回国的托派组织时，竟然再次饱受他们的排挤和打击。

陈独秀等人被开除以及中共清除托派的运动，实际上是联共清除托派运动的反应和延续。因为早在 1929 年 4 月举行的联共第十六次代表大会做出

---

① 《代表会议对临时委员会报告的决议》，《无产者》第 2 期，1930 年 7 月 1 日。

了在党内清党的决议，莫斯科中山大学也不例外。6月，中山大学召开党员大会，许多学生被指有参加托洛茨基派活动的嫌疑，由于证据不足，有些托派分子被送回国内。但是，从秋季的学期开始，联共中央监察委员会派出清党委员来到中山大学，刮起了十二级台风，采取逼供信的残酷手段，致使一位负责留苏中国托派秘密组织工作的学生，在自杀前交出了一份留苏托派学生名单。① 王文元（即王凡西、双山）说此人是赵言卿，名单上有300人，其中30人已回国（盛岳说，交出八九十人名单的是李萍）。由于接受上次驱逐回国的托派学生催生了中国国内的托派组织并影响到陈独秀等一大批党内领导干部转向托派的教训，苏联当局把这些托派学生几乎全部发配到西伯利亚服苦役，除极少数经过千辛万苦逃回中国外，绝大多数在那里被折磨而死。一大批正在探求救国救民道路的中国热血青年，当时中国最急需最宝贵的人才（对托派的信仰毕竟是暂时的），就这样冤死在西伯利亚的冰雪中。

同时，他们也不放过名单中已经回国而遵照托洛茨基的旨意继续隐蔽在中共党内的人，立即把此名单通知中共中央。中央考虑到白色恐怖的实际情况，这些混进党内的托派分子又在工作上表现良好，也是国民党捕杀的对象，因此采取了谨慎的办法："向（莫斯科来）信内所指出的同志，分别的发出了通知，要他们负责表明自己的政治态度，对托洛茨基反对派的意见，以及是否参加反对派的活动的情形。"②

接到通知的人有的回了信，从《红旗》上摘登的这些回信看，有的的确不是托派分子，只是由于在莫斯科反对过王明，才被诬为托派，如恽雨棠等。因此，他们纷纷发表声明，否认自己是托派。有的是托派，但是为了继续隐蔽在党内，也否认自己是托派，如濮德志（又名濮清泉）、张颖新夫妇。由于他们都郑重表示拥护中央的路线，否认与反对派有任何联系，并与之做过斗争，因此一时得以蒙混过关，中央表示："从这些声明中，中央认为这些同志没有反对派嫌疑的真确证据。"个别托派分子表示悔改，声明脱离托派，如赵醒民在《红旗》上发表了《我对于政治的认识和态度——脱离托洛茨基反对派的声明》。③ 但多数人对中央的通知不予理睬，并积极进行反对派的活动；有的在做了个别谈话的争取工作后，还坚持托派立场。

---

① 参见盛岳《莫斯科中山大学与中国革命》，第193～195页；王凡西：《双山回忆录》（增订本），香港：士林图书服务，1994，第164～166页。名单上是300人，其中30人已回国。
② 《红旗》第87期，1930年3月26日。
③ 《红旗》第80期，1930年3月1日。

于是，在清除签名于"八十一人声明书"的托陈派分子的同时，又成批地开除这些莫斯科回国混入党内的托派分子，出现了清除托派的又一个高潮。

有些人如王文元回国后分配在中央组织部当干事，吴季严则为中央宣传部干事，为了长期留在党内进行反对派活动，他们工作表现积极。用王文元的话说，"我的态度是：拼命工作，尽少说话"，因此深得组织上的信任和器重。所以，当在莫斯科来信中看到他们的名字时，中央十分惊讶和遗憾，更加耐心细致地做争取工作。王文元回忆："此时我正病倒在医院里。周恩来发见名单上有我的名字，找我谈了一次话。他的态度很友善，大意说：他满意我几个月来的工作，所以希望我为自己的'革命前途'，作一书面声明，放弃托派意见，在《红旗》上登载；这样，他可以保证我依旧留在党内工作。"但是，"我没有说什么话，只答应写声明。第二天，部里的交通来取，看了很是失望和难过。因为我所写的完全不是他们所希望的。我表明了自己的政治意见，声明我不同意党六次大会所作的关于中国革命失败的原因，关于目前局势以及前途估计的种种决定；但我同时指出：过去一时期的工作已经证明：我并不曾因为自己的不同意见而在工作中违反多数的决定；我要保留自己的异见愿意继续在民主集中制的组织路线下为革命服务；因此我希望党也应该遵照列宁的组织原则，容许我仍旧工作"。[1] 但是，"我知道，组织不会再来找我……几天之后，我被开除党籍的通告登出来了"。[2]

与他情况相似的还有两个人。5月14日出版的《红旗》上，刊登了这样的文件：《中国共产党中央委员会为开除吴季严、王文元、周崇庆党籍事通知全党》。其中的吴季严是陈独秀大姐的儿子。

从莫斯科回来的刘仁静，是个特殊人物，一向是"反对派中的反对派"。他回国时自知自己的情况，党不会再接纳，就违反莫斯科约定回国后继续隐藏在中共党内的原则，向中央代表恽代英公开表示不同意党的路线并将提出自己的书面意见后就隐居起来，不再参加党的任何工作和活动。接着，他在策划"我们的话派"与陈独秀派的联合失败后，恼羞成怒，在1929年11月5日油印印发了一篇题为《反对派统一运动之前途》的小册

---

[1]　王凡西：《双山回忆录》（增订本），第161、167页。

[2]　王凡西：《双山回忆录》（增订本），第167、168页。

子，叙述了他推动两派联合及失败的经过，激烈攻击两派对托派的"统一运动"没有诚意，使运动以"失败"而"告一段落"。他认为这是因为在"对党的态度和国民会议策略"两个中心问题上，双方明显发生冲突。他主张今后应讨论这些问题，"先在思想策略上的统一，再做组织上的统一"。文中，他毫不掩饰地蔑视青年托派，同时又攻击陈独秀。

对于青年托派即"我们的话派"的"总干事会"，他批评他们不吸收陈独秀派"完全是为了地位"，"惧怕那些有能力的人"，而不是"路线"分歧。[①] 他又批评总干对他拿回来的托洛茨基起草的中国托派政纲，不加讨论，更不在1929年9月举行的二代会上做出决议。对党的态度，他批评总干僵死执行托派在党内活动的原则，主张"注重在党内进行反对派的工作"，同时又应该独立组织，在党外积极开展活动。对于国民会议策略，总干内部也分裂成赞成和反对两派。他还认为我们的话派在二代会政治决议案中关于革命形势"正在复兴"的提法，与中共中央的观点相似。于是，他攻击总干执行的是"投降派路线"。[②]

对于陈独秀，刘仁静对陈写的《论中国革命的性质》（学习托洛茨基文件的心得，只在托派同志中传阅过，没有公开发表）、1929年10月10日给中央的信、《告全党同志书》及《我们在现阶段政治斗争的策略问题》等文章，进行了更为猛烈的批判：一是批评陈"不彻底承认自己的错误"，"脱卸过去革命失败应负的责任"，"表面上承认错误，实际上反执之愈坚"。[③]刘仁静和所有青年托派认为，陈独秀是"自觉地执行"共产国际的路线，而不是像陈独秀说的"违心地执行"。二是批评陈不提托洛茨基的"无产阶级专政"口号，而别出心裁地提"无产阶级与贫农专政"的口号，这"将成为民主专政者之最后遁窟"。[④] 三是批评陈独立成立自己的组织，谈判联合时，又不愿意解散它。

---

① 刘仁静、王文元、宋逢春等九人：《告同志书》，1930年1月，单行本；中国布尔塞维克——列宁主义者（反对派）全国总干事会：《给无产者社一封公开的信》，《我们的话》第19期，1930年7月30日。

② 《刘仁静给托洛茨基的信》，1929年9月，信的原文未见到，此处转引自11月托洛茨基给刘仁静复信中的转述，见《托洛茨基档案中致中国同志的信》，第3页。

③ 列尔士：《一篇虚伪的和可怜的文件——评陈独秀12月10日的〈告全党同志书〉》，《十月》第1期，1930年3月30日。

④ 列尔士：《评陈独秀同志双十日给中央的信》，《反对派统一运动之前途》附录，手刻油印小册子。

为此，刘仁静宣布，陈独秀派是"假借反对派的招牌"，"实际是旧货贴了新商标"，变成了"右派反对派"，而不是"左派反对派"。他甚至这样严厉地攻击陈独秀："我们最初对于陈独秀曾不乏幻想"，但"短期合作"后，发现他"离开革命立场，精神衰败"，"堕落成为一个失意的政客"，"一个小资产阶级民主主义者"；"集合于他周围的……都是些欺诈失意的政客"，"我们应当丢掉他"①。所以，当他帮助起草的最后由陈独秀修改定稿的《我们的政治意见书》发表时，刘仁静断然拒绝在上面签名，并声明这个意见书比他原来起草的稿子"扩大了许多"，"没有一点革命的作用，只是替陈独秀巩固他过去的错误"②。

刘仁静的《反对派统一运动之前途》小册子被中共中央发现后，认为刘仁静在组织新的"反党联盟"，③ 所以，中央在12月29日公开致函刘仁静，要刘表示"最后意见，限你于阅报（红旗）后三日内正式用书面答复中央"。并令刘在中央与托派路线之间做出抉择。④ 刘仁静未予理睬，随即自动脱党。当时不少托派分子，是这样自动脱党的。

因此，刘仁静在不满共产党、批判"我们的话派"和陈独秀派的同时，于1930年1月与王文元、黎白曼、宋逢春等九人，另行成立一个托派小组织，发表长达约1.7万字的《告同志书》（小册子），起名"中国左派共产主义者同盟"，并在该月30日出版机关报《十月》，于是他们被人称为"十月社"。

在《告同志书》中他们两面开弓，一方面严厉批判陈独秀，重复以上刘仁静几篇文章中的观点。另一方面，又系统地批判"我们的话派"1929年9月第二次代表大会通过的政治决议案违背托洛茨基托刘仁静带回的《中国共产主义反对派政纲》，在"世界革命运动之最近形势"、"对中国目前形势之估量"、"国民会议问题"上，"鹦鹉学舌"，与斯大林派观点一样，并"规定我们的小组织是党内的"（而不是"我们的组织是独立的，党内的工作只是一部分"），"将反对派变成史大林主义的一个支

① 列尔士：《一篇虚伪的和可怜的文件——评陈独秀12月10日的〈告全党同志书〉》，《十月》第1期，1930年3月30日。
② 列尔士：发表《一篇虚伪的和可怜的文件——评陈独秀12月10日的〈告全党同志书〉》附言，《十月》第1期，1930年3月30日。
③ 文同：《新的"八月联盟"》，《红旗》第63期，1929年12月20日。
④ 文同：《新的"八月联盟"》，《红旗》第63期，1929年12月20日。

部"，"对史大林主义投降，这是我们反对派所不能宽恕的"；"组织上是采用史大林的禁止讨论和由上层支配一切的方法"；"他们之反对陈独秀派加入，完全是为了地位问题……他们没有独立的政治意见，只有凭借组织上的因袭权威，妨碍别人的前进。这些分子钻进反对派来活动，充分表示他们的个人投机和权位活动欲心理"。于是，他们宣布总干"在理论上和政治上已经死亡"。

在这个《告同志书》上签名的人，被中共开除出党。有的人用的是假名，如黎白曼即黎彩莲，还有王文元的妻子叶英，中共中央不知道他们是否参加了托派，也对他们进行了测询。在 5 月 7 日的《红旗》上登出了中共中央组织部致黎彩莲、叶英的信："你们许久失去了与党的关系，不自动的积极的找党，这是一种有意离开党的表现，中央不知你们住在何处，无法与你们发生关系，希望你们速设法将自己的地址交来，否则这是有意离党，党在组织上应给以最后的处分。"这表明，中共清除党内托派分子的运动，是相当坚决和彻底的。

富有戏剧性的是，"我们的话派"的总干，也做出了一系列开除决定。首先是在十月社成立后，他们谴责"反革命机会主义反对派刘仁静等人向我们——反对派严重进攻"，并将刘仁静、王文元等人开除。① 同时，"我们的话派"内部，在对待陈独秀派的问题上也发生分裂。由于史唐、区芳、张特主张在前述三个条件下，可以吸收陈独秀派，梁干乔就攻击史唐等"受了陈独秀金钱收买"，自动脱离总干工作，并煽动"广东省干会市干会各支部各组长联席会议"写信要挟总干："誓死不同陈独秀派妥协，否则香港区全体同志脱离反对派。"② （当时香港托派组织属于广东省干事会领导——引者）梁干乔还席卷该派与国内外通信地址，截留外国寄来的文件，断绝该派的经济来源，致使该派工作一度陷于混乱。为此，总干做出了开除梁干乔和张师的决议。③ 后因为区芳在工人运动中被捕，并不久死于上海漕河泾狱中，梁干乔又回来成为"我们的话派"的领袖。

---

① 《总干上海区干组长联席会议对下列问题的决议》，《反对派内部生活》之二，1930 年 6 月 15 日。

② 《广东省干会市干会各支部各组长联席会议致总干的信》，1930 年 3 月 24 日；《总干致梁同志函》，1930 年 4 月 25 日；《总干致张师同志信》，1930 年 4 月 25 日，均载《反对派内部生活》，1930 年 4 月 25 日。

③ 《总干上海区干组长联席会议对下列问题的决议》，《反对派内部生活》之二，1930 年 6 月 15 日。

而刘仁静与十月社的合作也不长久。因为他在批判陈独秀时，坚持认为1923年国共合作时他和张国焘主张的"加入国民党而对国民党怠工是布尔什维克路线"的观点，于1930年7月19日被十月社开除。①

与此同时，即在陈独秀派不接受加入"我们的话派"的三个条件并自行成立无产者社小组织，出版机关报《无产者》后，总干加强了对陈独秀的批判。1930年7月，他们发表了《给无产者社一封公开的信》，系统严厉地批判了陈独秀的六大错误：（1）"不勇敢的承认自己在一九二五—二七年革命中所犯的机会主义错误。"（2）中东路问题上"误国政策的错误"。（3）"关于无产阶级专政问题"上，陈独秀提出"无产阶级与贫农专政"的口号，实际上是"工农民主专政"。（4）"对于群众运动消极的倾向"；"你们批评史大林机会主义者的盲动政策的时候，有许多话说得太过火了，因此使你们跑到了不动的极端。在你们的政治意见书中说：'盲动主义的政治路线所表现的是……强迫罢工；每个小的经济斗争都要扩大到大的政治斗争；不断的命令党员群众上街示威……（以上两个省略号为原有——引者）散发传单标语'。事实上，这些都不是盲动主义，而是目前应该努力的经常工作"。"过去史大林派示威与散发传单标语的工作，确有相当的效果，而我们在这种工作上反时时表示落后。"（5）"估计目前时局的错误"：批评陈独秀在《我们在现阶段政治斗争的策略问题》一文中说的军阀"战争的结果都不是资产阶级政权走向崩溃，而是走向逐步的统一与相当稳定"和帝国主义"都一致企图援助中国代表整个的资产阶级利益的政权之统一与稳定"的说法，"完全背诵了周佛海一流人物的幻想，就是希望中国能有俾士麦式的统一之前途"。（6）"对农民问题可耻的态度"，批评陈独秀认为"红军就是土匪"，没有胜利前途的观点。

从以上我们的话派批判陈独秀的六大错误来看，他们与中共所谓"左倾盲动主义"错误的理论、路线、方针、政策和策略方法，无大的区别。所以，他们与中共的对立及批判，其意并不在于争辩路线是非，而是要乘大革命失败的危机，取代中共的领导地位，正如托洛茨基想取代斯大林、托派国际取代第三国际一样，不过是权力之争。这也从根本上注定了他们不可能有发展和胜利的前途。

鉴于以上各小组织之间混战的情况，另外一些莫斯科回国后还在游离状

---

① 《十月社对于刘仁静同志的决议》，《十月旬刊》第2期。

态的托派学生，又在共产党和已有的托派组织之外，成立了第四个托派小组织，这就是赵济、刘胤等七人组织的战斗社，机关报《战斗》。对这些人，陈独秀派曾争取他们加入托陈派，并多次秘密会见赵济。

赵济回忆与陈独秀见面时的印象时，感叹革命岁月的磨炼对陈独秀造成的深刻变化。他说：第一次见面是在上海提篮桥尹宽住处，按照约定的傍晚时分，我到后不久，陈独秀也来了，坐定后，他从怀里掏出一个面包。我问："老先生，你还没有用过晚饭？"他说，他长期害胃病，近来尤甚，每天只能以面包充饥。我看他虽然害胃病，但精神与我想象的不同，我觉得他热情而又和蔼，这和我以前见他时大不相同。在大革命期间，我前后见过他三次：第一次是在 1925 年 1 月第四次党代表大会，我列席会议，我见过他。第二次是在 1925 年 5 月下旬，我到广州对杨希闵军队进行策反工作时见过他。他对我和赵适然、吴少默、陶光潮四人亲自作了指示。第三次是同年 6 月中旬，广东杨（希闵）刘（振寰）叛乱事件解决后，广东区委书记陈延年派我回上海，向党中央口头报告事变解决经过及区委工作情况。他听后勃然大怒，大骂陈延年，倒使我弄得不知所措。所以他过去给我的印象是家长作风，专横独断，盛气凌人。这次见面，那些现象在他身上完全消失了。①

这就是革命事业连续失败的打击在陈独秀身上留下的烙印，改变了他的性格和脾气。而他贫病交加、生活潦倒的情况，一直伴随到他去世。

但是，他的精神却始终没有垮。赵济接着说：在谈话中，他流露出对第三国际的不满。他认为中国革命失败，第三国际不能没有责任。他之不满是说中国革命失败的全部责任都推在他的头上，他是不服气的。但他也说这不是服气不服气的问题，而是如何从失败中取得教训的问题。

这次见面后，赵济和刘胤二人曾搬到尹宽的院子内同住了一个月左右。在这一段时间，陈独秀来过三四次。彭述之、郑超麟、罗汉等人也来过，显然要争取他们加入托派。但是，赵济发现：陈独秀等人除了不定期出一油印刊物外，"没有更多的活动。因为他们每个人为使自己在国民党反动统治下能生存下去，就不得不以更多的时间、更多的精力忙于个人的生活。从尹宽身上可以看出他忙于写作，生活是相当艰苦的"。因此，"我和刘胤当时不想和'无产者社'的人过分接近，也不想入他们的'伙'"。再考虑到其

---

① 赵济：《三十年代初托派组织在上海的活动》，上海《党史资料》1981 年第 2 期。

他两派的状况，"我们也想到这些派别不会长期单独存在下去，不是自生自灭，就是势必会趋向统一，因为这些派别所抱的同样是托洛茨基的观点，到时在统一商谈中及统一组织中我们也可以占一位置"。于是，就在 1930 年 12 月，联合王平一等共七人成立了战斗社。①

这种不断分裂的混战状况，充分表明了中国托派的先天不足和党派偏见的狭隘性，当然，从大的环境来看，在国民党白色恐怖下，他们还能共同信仰托洛茨基主义这样一种革命理想，也有值得敬佩的地方。正如王文元后来回忆时所评论的那样："现在回忆起当时派别间的'斗争'情形，只觉得五花八门，乌烟瘴气；但若仔细想想，这也正是每一个政治思想在运动初期的共通现象。个人与派别偏见，和革命思想的真诚差异交织在一起；时常会表现得非常怪诞。崇高的与卑劣的动机往往会用同一方式表达出来；而各个人品质上的贤与不肖，当事情还只限于说话或文字之时，也总是混淆不清的。光就转向反对派的动机说，已经是颇不一致了。有的，为了党内不易得志，企图到新的方面去找出路；有的，在白色恐怖的猖狂中害怕了革命，把反对派看作了向后退却的一块垫脚石；又有一些人，只想利用反对派的更左的名义，藉以掩饰自己的消极，使自己的脱党能心安理得……不过尽管有这许多卑鄙不纯的动机，我却还应该说，当时的最大多数反对派分子，都是由于真纯的革命动机，即由于真诚相信托洛茨基关于中国革命的主张比之于斯大林们所定的路线，更符合中国革命的利益；因之，不顾他们既得的'利益'或已有的地位，都愿全心全力地为反对派斗争。"②

当时陈独秀主持通过的《接受国际委员会来信之共同意见——无产者社的提案》，对这一现象则从客观条件上进行了分析："在整个共产国际分崩离析的状况下，左派反对派在各国都不能一开始就达到统一的组织，在中国更遇到特别困难的环境。中国共产党在国际机会主义的领导之下，差不多自始就未受到真正的马克思主义的教育，它的理论基础非常薄弱！这次失败之严厉的打击，又使党的基础瓦解并处在极端的白色恐怖之下，再加上史大林派官僚制度先期对于反对派之极端无理的压迫……在这种种打击之下，中国左派反对派在开始的时候就很难从一个成熟的政治派别形成一个统一的组织。现有的各小组织都是在分散的状况中各自成立起来的。因为有各自成立

---

① 赵济：《三十年代初托派组织在上海的活动》，上海《党史资料》1981 年第 2 期。

② 王凡西：《双山回忆录》（增订本），第 173～174 页。

的小组织之存在，就不免具有小组织的排他性；各不相下，甚至互相攻讦，真正政治问题的讨论都难免别生枝节。"①

应该说，在这些反对派中，陈独秀是动机最真诚、最纯洁的一个。

受到托洛茨基推崇

这些中国托派小组织在互相倾轧的同时，又都向托洛茨基写信、寄材料，标榜自己，攻击异己。托洛茨基始终关注着中国的革命运动，并把其视为自己理论的一块重要"试验地"。他对于来自中国的信件和材料，无不认真阅读，及时回复，只是当时邮路不畅，上海与他住的土耳其君士坦丁堡之间的往来信函需要"共费三十五天工夫"。②我们从托洛茨基死后根据其遗嘱40年后（1980年1月）才启封的托洛茨基私人档案里，发现从1929年11月至1940年8月，他给中国托派及陈独秀写的信有22封，其中直接谈陈独秀问题的就有17封之多。

起先，托洛茨基听信刘仁静的片面之词，对吸收陈独秀加入托派组织，采取了谨慎的态度。刘仁静一方面反映陈独秀在基本立场上已经倾向托派，批评"我们的话派"拒绝陈独秀派；但另一方面在革命性质问题上陈独秀仍有保留意见：认为下次革命总有一段时间（即使很短）要完成民主革命遗留下来的任务，不同意一开始就是社会主义革命。陈主张的"无产阶级与贫农专政"口号，也与"无产阶级专政"不一样。对此，托氏在1929年11月给刘的信中，批评刘不应该与"我们的话派"分裂："你说他们反对陈独秀到他们的队伍中来，为了这一点，无论如何不能使我们自己分裂的。如果太性急地与陈独秀统一，然后又跟他分裂，那简直是罪恶。我们与他之间，在过去的歧见（一九二四——一九二七年）是太深了，以致相互间没有事先的郑重考验，不可能统一起来。无论如何，现在就搞左派统一，并且在这个问题上与他们决裂，那是鲁莽的"；"恰好您自己就说陈独秀在中国革命性质问题上是站在R立场上的，并不与我们一致。可是这个问题却是基本的。现在与坚持'民主专政'的人搞统一，便是不可饶恕的轻率"。③

① 《无产者》第9期，1931年1月20日。
② 《托洛茨基同志的答复》，1929年12月22日，《反对派的内部生活》，1930年4月25日。
③ 《托洛茨基致刘仁静的信》，1929年11月，该信是答复刘9月去的信，《托洛茨基档案中致中国同志的信》，第3页。

　　这里的"R"即拉狄克，曾是苏联托派骨干，大革命时期曾任共产国际执委、书记、东方部部长、莫斯科中山大学校长等职，中国留学生多数是受他的影响而转向托派的。但他在中国革命性质问题上一直动摇，与托洛茨基有分歧。1927年被苏共开除后，表示悔过，承认"工农民主专政"等观点，1930年恢复党籍。因此，他被托派视为变节者。但是，后来他又被苏共开除，并在1937年的"托布（哈林）反党联盟案"中被镇压，死后恢复名誉。在这里，托洛茨基显然担心陈独秀成为拉狄克那样的"变节者"。刘仁静受此影响，从1929年11月至1930年3月，写了以上多篇批判陈独秀的文章。

　　"我们的话派"也在1929年11月15日致函托洛茨基，报告因为陈独秀不接受三个条件，继续自己的独立立场，因此"我们认为陈独秀不曾脱离机会主义，我们决定像反对一切机会主义者那样反对他"①。12月22日，托洛茨基复信，对刘仁静说的陈独秀趋向托派，表示"很欢迎"；同时他又说："我很知道他在革命那几年中的策略是斯大林、布哈林、马尔丁诺夫的政策。"而对"我们的话派"说陈还没有放弃机会主义，则表示"现在我还没有读过陈独秀任何纲领式的声明书，所以没有可能在此问题上发表意见"。为了帮助他们分清大的是非，托在信末提出了他与斯大林分歧的15个问题，作为衡量陈独秀和其他人"与我们是否原则上一致"②的标准。这15个问题，就是以上陈独秀被开除前后所发表的文章和文件中经常谈到的与中共中央的分歧。

　　1930年1月25日，刘仁静同时与陈独秀及"我们的话派"决裂以后，又写信给托洛茨基，继续攻击这两派，报告他与他们决裂的情况。2月24日，托洛茨基回信同意他与陈独秀派决裂的行动，但不同意他与"我们的话派"分裂。他重复了1929年11月回信中因听信刘的反映而对陈的批评："关于陈独秀派，因为这一派继续的站在'民主专政'的主张上，换言之即对于最根本的问题站在史大林及马尔丁诺夫的主张上，这就决定了问题，假使陈独秀直到现在还不了解这一所谓'布尔什维克'的口号在中国的作用是掩盖纯粹的孟什维克的政策……那是很坏的；同他统一组织，全然谈不到，因为他的软弱，同他作实际的协定，是没有意义的。"还说："关于对

————————
　　① 《托洛茨基档案中致中国同志的信》，第16页。
　　② 《反对派内部生活》，1930年4月25日。

陈独秀派的估量，'我们的话派'比较的正确。现在这种不同的意见，已经消灭，因为你十分正确的对陈独秀派采取了完全不可调和的态度。"①

托洛茨基为什么对"民主专政"口号如此深恶痛绝，是因为这个口号在斯大林和共产国际的词典中，就意味着承认"资产阶级有革命性"，因此革命性质就是"资产阶级民主革命"，革命运动中，无产阶级必须与资产阶级建立"统一战线"，而其结果就是中国1925～1927年革命那样，以资产阶级的背叛和无产阶级的失败而结束。他听了刘仁静和"我们的话派"的反映后，认为陈独秀至今还坚持这个口号，显然是一种误会。

所以，当接到刘仁静2月21日批判陈独秀等"八十一人意见书"的信后，托洛茨基开始疑惑起来。4月3日复信，他要刘把这个意见书"忠实地翻译出来，寄给我。此事很重要，我请您翻译得尽可能完美确切"。② 托洛茨基不愧是精明的政治家，他不太相信别人的转述，而要亲自阅读陈独秀的意见，做出自己的判断。

从以上托洛茨基四封信来看，他在掌握陈独秀转向托派的第一手材料——陈独秀亲自撰写的声明和文章以前，对陈独秀的态度是十分审慎的：既欢迎，又有警惕。这说明托是一个原则坚定的人。所以，在终于看到无产者社寄去的已翻译成英文的陈独秀1929年12月10日发表的《告全党同志书》之后，他的态度就十分明朗而热烈了，甚至要求中国托派向陈独秀学习。而对于"我们的话派"与十月社及二者与刘仁静之间的分裂，更持批评态度。实际上，这种分裂，使本来就弱小的托派力量，更容易受到摧残。当时在沪西进行工人运动的区芳等人就被反动当局逮捕，不久死于狱中，与外界联络的地址也经常被破坏。1930年8月17日，总干致托洛茨基转法国托派机关报 *La Verite* 编辑部的信中，承认很久与外界通信断绝，"原因是中国反对派受到了白色恐怖以及内部组织分裂的双重打击"，表示出对分裂的危害性开始有所认识，并说几个月内要召开第三次代表大会。③

1930年8月22日，陈独秀和无产者社在受到中共开除，同时又饱受留学生托派组织排挤打击快一年之后，托洛茨基分别致函刘仁静和"我们的话派"，热情赞扬陈独秀的《告全党同志书》"是一篇极好的文件，在一切

---

① 《十月旬刊》，1930年7月15日。
② 《反对派内部生活》之二，1930年6月15日。
③ 匈牙利学者 Kun-Miklco 提供的土耳其托洛茨基档案中该信的复印件。

重要问题上都采取了完全清楚与正确的立场；特别在民主专政问题上"；陈独秀被中共开除前后对中共"左"倾中央的批判，显然深深地打动了托氏，他说："陈独秀有很多的政治经验，这些经验是大多数中国反对派同志们所未有的"；"当我们有了像陈独秀那样杰出的革命者，正式与党决裂，以致被开除出党，终于宣布他百分之百同意国际反对派——我们怎么能够不理他呢？你能找到许多像陈独秀那样有经验的共产党员吗？他在过去犯了不少错误，但他已经明白了这些错误。对于革命者与领袖来说，明白自己过去的错误是很可珍贵的事。反对派中许多年轻人能够而且应该向陈独秀同志学习！"因为陈独秀是国民党"悬赏万金"通缉的"共党首领"，隐蔽得很深，托对刘说："我怕我这里的陈独秀的地址不能用，请你代我向他问候，并请告诉他，读到他去年十二月十日的信，我非常欢喜。我坚决相信我们在将来是能够一起工作的。"①

托洛茨基还认为中国托派"并没有纲领上的战略上的分歧意见，有些细节上的歧异，你们（指"我们的话派"——引者）和刘仁静都拿来异常地夸大了。我决然看不出所有这三派（当时"战斗社"还没有成立——引者）有什么各自分立的理由"。

托洛茨基特别严厉地批评了"我们的话派"的正统自大心理，指责他们"要其他两派都须向你们承认错误，然后你们允许他们加入你们的组织……这种培植威望的政策，乃是莫斯科官僚们的特色"；"我无论如何是不同意的！"

信的最后，托洛茨基要求三派加速统一，"共同拟订一个简短的统一纲领，并依照人数为比例，召集一个统一大会"。

与刘仁静及青年托派比较，托洛茨基的确具有卓越的政治素质和丰富的斗争经验。他懂得怎样使用原则，怎样抓住问题的实质，怎样识别人才和使用干部。

接着，9月1日，托洛茨基给十月社和陈独秀信（对十月社7月17日的回信），更加明确地表示："（一）国际局（托派国际——引者）的立场，并不袒护中国左派反对派的某一派来反对另一派，因为我们的所有的材料未证明有足以造成分裂的任何严重的分歧意见。（二）因此任何中国左派反对

---

① 中国托派少数派油印机关报《建立》第1期，1947年5月；《托洛茨基档案中致中国同志的信》，第23页。

派的哪一派都不能认自己是国际反对派的代表，以反对另外的派别（这一条等于宣布刘仁静不是'老托的代表'——引者）。（三）对于陈独秀同志这一派，也是如此，不久以前我们曾接得译成英文的十二月十日陈独秀同志公开信。在这信中，陈独秀同志对于所有根本问题之立场，完全与我们一般的立场相同。因此我未看出为什么几个中国同志继续的称陈独秀同志的一派为'右派'的理由。"

关于统一问题，这封信提出了一个更加具体而切实可行的办法："各派组织协议委员会以拟就政纲和统一的组织方法。"①

这些信表明，托洛茨基虽然对各派平等看待，但对陈独秀格外垂青，有一种求贤若渴、伯乐相到了好马的心情，较莫斯科留学回来的托派，给陈独秀的感觉，简直是冰火两重天。用王文元后来的话说，陈独秀过去因不被"我们的话派"和十月社承认，受尽奚落和侮辱，"妾身未明"；现在则被托洛茨基奉为掌上明珠——中国托派的领袖了。后来，托见到陈写的其他文章，甚至直接写信给陈独秀，更是推崇备至，说从这些文章中看到："尽管中国革命遭到了溃败，而马克思思想却依旧活着，而且在发生作用。"他并产生一个想法：单单为了能亲自阅读陈独秀的作品，"我就该学习中文"。②

与上述托洛茨基9月1日信的同时，托派临时国际书记局（托洛茨基等各国托派首领签名）发表了《国际共产主义左派反对派告中国及全世界共产党员书》，并寄给中国，系统地重申托洛茨基对于中国革命各种问题的立场，催促中国托派各派小组织早日统一。③

于是，青年托派各小组勉强地派出代表，与陈独秀派的代表组成"协议委员会"，进行协商。但是，由于思想问题没有解决，协商时，各派又各施招数，发生争执。如无产者社的代表吴季严、马玉夫的一篇声明所说：各派代表"各怀鬼胎，没有讨论问题的诚意"。因此，一讨论政治问题，便大家"王顾左右而言他"；"一逢到组织办法问题，便一人一篇演说"。④ 而

---

① 《十月之路》第1期，1930年10月26日，中国左派共产主义同盟（反对派）出版。这是"十月社"的又一份手刻油印机关报。
② 《托洛茨基致陈独秀的信》，1931年4月7日，《托洛茨基档案中致中国同志的信》，第42页。
③ 《十月之路》第1期，1930年10月26日出版，手刻油印件。
④ 吴季严、马玉夫：《对于协议委员会的第三号通告的声明》，1931年1月17日，《无产者》第10期，1931年2月1日。

且，由于青年托派三个小组织的代表站在一起共同对付无产者社，他们又控制了协委秘书处，使无产者社处于不利的状态中。

协议委员会期间又受围攻　托洛茨基再次援救

"我们的话派"受了托洛茨基的批评，傲慢气势有所收敛，在 1930 年 11 月 24 日召开的本派上海积极分子会议上，做出决议，承认"统一是当前刻不容缓的任务"；"应即刻免除组织的成见，开诚布公地努力促成统一，在最短期内，召集第三次代表大会"。同时，区芳也表示，过去反对陈独秀派等不良倾向的斗争有错误，"神经过敏"，采用了"对待敌人的方法"①。但是，由于区芳很快被捕入狱，并病死于狱中，梁干乔主持该派，为了在统一后的组织中保持正统地位和领导权，他们提出了统一大会应该沿用"我们的话派"两次代表大会后的"第三次代表大会"，并且对本派成员报大数的办法，说本派有 300 人，等于其他三派的总和（其实最后约定下来，只有 120～140 人）。

以王文元为首的十月社继承了刘仁静的传统，死扣住陈独秀政治问题上的所谓错误不放。9 月 29 日，他们与"我们的话派"的北方区组织首先联合起来，成立了"中国左派共产主义同盟（反对派）"，发表《接到托洛茨基同志的信后我们对于统一的提议》，对陈独秀仍以挑衅的口吻说："我们没有认整个的'无产者社'为左派反对派，因为其中有些同志，尤其那起领导作用的陈独秀同志，在许多严重问题上，还没有与左派反对派的意见一致"，并重申了革命性质，"无产阶级与贫农专政"，国民会议，"红军"问题，中东路问题五大错误。② 这完全沿袭了前述"我们的话派"批判陈独秀"五大错误"的做法，不过在内容上，他们认为更加抓住了陈独秀反托洛茨基主义错误的要害。

因此，在第一次协议会上讨论议事日程时，十月社及战斗社代表就提出"要对过去的争论问题，首先加以讨论"，并具体提出第三次革命的性质、工人与贫农专政、红军问题、误国政策等，要无产者社代表负责答复。同时，他们又与我们的话派联合提出"统一的两个基本原则是：第一，统一

---

① 区芳：《谈谈统一问题》，《我们的话》第 15 期，1930 年 5 月，手刻油印件。
② 《十月之路》第 1 期，1930 年 10 月 26 日，手刻油印件。

必须以政治为基础；第二，政治的讨论则不能妨碍组织上的统一"。所以主张"提高协委本身的职权，取消各派机关报，停止各派领导机关的活动，混合各派组织"①。无产者社代表"立即提出严重批评"，认为这是"算旧账主义"，"过去那种以要求对方承认错误为统一先决条件的办法，根本要不得。我们根本反对拿出这种条件来谈判统一"。于是，无产者社提出了"无条件统一的口号"，即先成立协委，而那些争论问题等到协委成立后讨论到纲领问题时，再予以解决。双方妥协后成立了协委，讨论过去争论问题时，双方初步进行了交锋，摆出了各自的观点，但多数各自保留了自己的观点。协委的任务是三个："起草共同政纲，召集大会，应付临时事变"，并推选王文元起草的《中国左派共产主义反对派政纲草案》。但草案仍然强调"第三次革命一开始就是社会主义的性质"，批判"无产阶级与贫农专政"是"反动口号"。无产者社代表吴季严批评说："这个口号的内容，已充分表示出阶级关系的变化与革命性质的转变，不能把它和工农民主专政口号等量齐观"；"无产阶级专政""无产阶级领导城乡贫民专政""无产阶级与贫农专政"，"这三个口号是属于同一范畴的，不能彼此对立"。这个问题争论历时两个小时之久，"后来赵济同志和王文元同志总觉得这个口号在字面上'含义模糊'，可作左右解"。最后还是修改为"要严厉的批评含义模糊的口号——无产阶级与贫农专政"。于是，在这个问题上的分歧又保留下来。在各派组织如何混合、将来代表大会的名称是否用"第三次代表大会"、参加统一大会的各派代表的人数等问题上，都争论不休或各说各的。

这样，托洛茨基的来信，本来想和稀泥，促进中国托派小组织的统一，却反而使各派的矛盾，主要是三派与陈独秀派的矛盾更加尖锐化了。于是，托洛茨基在 1931 年 1 月 8 日，又写来一封长信，力图调解：

其一，革命性质问题。托洛茨基没有像青年托派那样批判陈独秀，而是引了陈独秀等人《我们的政治意见书》中的一段话，其中有一句是"中国资产阶级的民主革命之完成，应走俄国十月革命的道路"，托洛茨基说："我认为这样说法是完全正确的，而且绝不能引起误会。"托氏的这个回答很机智，也很微妙。因为所谓"十月革命的道路"，既可以理解为从俄国1917 年二月民主革命开始到十月社会主义革命的胜利，也可以理解为单纯的十月社会主义革命。而当时陈独秀与青年托派的争论，恰恰在于下次中国

---

① 《协议委员会对于无产者社来信的决议》，手刻油印小册子。

革命"一开始"是什么性质：陈独秀这时的认识还比较模糊，认为："中国的第三次革命，不是二月也不是十月"，而是"由彻底的民主革命转变成社会主义革命"；后来则明确说："中国第三次革命将开始于民主主义的斗争，而非开始于社会主义的斗争。"① 但前提是像十月革命那样，这两种革命都在无产阶级领导之下进行，即在无产阶级夺取政权——"无产阶级专政"之下进行。青年托派则强调"一开始就是社会主义革命"。所以，托氏的回答，意在不要纠缠于一开始是什么性质的这种争论。着眼于大原则——"无产阶级专政"，即无产阶级专政下进行这两种革命，排除资产阶级参加或领导革命的任何可能性，这是托洛茨基当时调解中国托派小组织争论的基本态度。在充分表现出陈独秀与托洛茨基一样，具有政治家的宽阔高远的眼界。陈与当时其他托派人员相比，的确是鹤立鸡群。

其二，政权问题。托洛茨基说：陈独秀提的"'无产阶级与贫农专政'口号，并不与'无产阶级专政'口号相冲突，而只是补充这个口号，并使这个口号通俗化……这个口号与'工农民主专政'口号，绝无相同之点"。托氏的这个回答，使中国青年托派十分意外，因为托洛茨基主义的核心就是所谓"不断革命论"，为了使民主革命取得彻底胜利，并不断地转变到社会主义革命上去，无产阶级政党必须在民主革命时就提出"无产阶级专政"的口号，以保证无产阶级在民主革命中的领导权。青年托派认为中国大革命失败，就在于没有及时提出这个口号，而共产国际及中共六大提出的"工农民主专政"，还坚持这个错误。所以，他们一直猛烈抨击"工农民主专政"这个口号，认为这个口号把"工农并列"，"含糊不清"，"即未曾确定在专政当中真正的领导地位是工人所有的，还是农民所有的"；还因为"它表明是'民主的'，而非'社会主义的'"，因此根据俄国"二月革命的经验"，必然导致"资产阶级专政"②。中国托派中的反陈派也就抓住陈独秀的"无产阶级与贫农专政"口号不放，说它与"无产阶级专政"口号根本对立，而与"民主专政"的口号"接近"，"妥协"。经过托洛茨基"裁判"后，反陈派就"闭口无言"了。

其实在这个问题上，陈独秀与遥远的托洛茨基的确是心声相通的。因为"工农民主专政"中的"农"，在俄国革命中主要是指"富农"，即农村资

---

① 顽石（陈独秀）：《对区白的〈我们之间不同意见〉的批评》，《现阶段的形势与反对派的任务——政治问题讨论集之三》下册，中国共产党左派反对派中央宣传部，1934。
② 意因（郑超麟）：《不断革命 ABC》，春燕出版社，1947，第 23、24 页。

产阶级。他们与无产阶级争夺领导权、政权的斗争很激烈。而在中国主要是指"贫下中农",特别是贫农,那是无产阶级的可靠同盟军。这是中共提出这个口号的本意,在中国富农的力量很小,政治上的影响也极其微弱。托洛茨基和中国托派包括陈独秀在内,都对这个口号有误解,所以,陈独秀转向托派后,一面批判这个口号,一面根据中国的特点(尤其是大革命中农民运动的经验)提出"无产阶级与贫农专政"的口号,的确如托洛茨基所评价的那样,是使"无产阶级专政"口号"通俗化",即"中国化"。青年托派批判这个口号是毫无道理的。

其三,国民会议问题。陈独秀认为可以实现,应该为此而奋斗;青年托派则认为它不过是反革命时期"团聚群众"、对抗资产阶级的一个策略,也与中共的"苏维埃"口号相对立。这说明陈独秀在接受这个口号后,走到了另一极端。对在国民党独裁统治下实现国民会议决定国是,抱有幻想,显然是天真的。在这一点上,陈独秀对托洛茨基主义有教条主义的色彩。其实,托洛茨基本人从未把这个问题说死,他说这是个"猜谜式的问题","只能做种种假定"。所以,他说过"立宪会议不一定能召集成功",也说过"这绝不是说:资产阶级民主政制在两个革命的过渡期,是没有可能的"。①在1月8日这封信中,托洛茨基重复了上述观点,仍然强调"没有任何可能,来预先猜测事变在实际上究竟怎样进行"。

就这样,托洛茨基出了一个谜,让中国托派来猜,于是造成了中国托派内部,主要是陈独秀与青年托派之间长期的无休止的争论。

其四,红军问题。这是陈独秀被青年托派抓住的一个最要害的问题。问题的引起是陈独秀发表的一篇长文《关于所谓"红军"问题》。文章从所谓西欧和俄国革命的经验出发,攻击中共领导人"领导农民做游击战争"是"背叛"中国工人运动,攻击红军的成分"大部分是游民无产阶级(土匪和溃兵)","其前途不外是(一)统治阶级的内战一时停止,'红军'便要被击溃,或为所收买;(二)因自己的内哄而溃散;(三)逐步与农村资产阶级(商人与富农)妥协,变成他们的'白军',或为他们的经济手段所压迫而溃散"。②

---

① 托洛茨基:《论国民会议口号——致中国反对派》;《共产国际第六次大会后的中国问题》,《中国革命问题》,第249、215、220页。

② 《无产者》第2期,1930年7月1日。

陈独秀这个论述，显示出以下几个特点：

一是针对当时中共被迫把工作重心由城市转向农村，后来终于走上农村包围城市的道路，以农村根据地为中心，以农民为主力军，进行革命，陈独秀坚守马克思主义在欧洲革命的模式——无产阶级政党必须以城市为中心，以工人阶级为主力军，不能离开城市和工人去农村搞农民运动，尤其不能去搞"军事冒险"；否则，党就会蜕变成为"农民党""小资产阶级的党"，甚至是"土匪党"。这里，陈独秀再次暴露出教条主义的色彩。而这是整个托派与中共在革命模式（道路）上的根本分歧。

二是把红军说成"大部分是游民无产阶级（土匪和溃兵）"反映了部分事实，特别是红军的先锋队和领导人。大革命中毛泽东在《湖南农民运动考察报告》中反映的情况，证明了这个观点。但是，后来红军扩大，中共最后夺取大陆政权依靠的军队主力，主要是广大贫下中农。这一点，陈独秀没有预料到。

三是对红军前途（即中共的前途）必然失败的预测，主要是根据历史上农民起义的经验和大革命时期农民运动的经验，后来被证明是错误的，没想到它有可能推翻国民党政权，并且建立新的政权。这表明陈独秀的这个论断又戴上了经验主义的眼镜。

四是从这个长远意义上看，陈独秀担心中共和红军长期在农村会"农民意识化"。有深刻的预见性。

由此看到，陈独秀的这个论断，实际上是托派理论的逻辑发展。文章的基本观点也来自托洛茨基。托氏说过："贺龙、叶挺的起事（指八一南昌暴动——引者），即令他们放弃了机会主义政策，也不能不是一次孤立的冒险及假共产主义的、马黑诺①式的行动；除了因孤立而被打散以外，别的没有其他道路。"他甚至攻击中共在大革命失败后发动的农民起义是一种"罪恶"，"缺乏集中指导的农民，这里一堆那里一堆的骚动起来，但没有胜利的真实机运"。②直到1930年9月，托洛茨基起草、托派临时国际通过的纲领性文件——《国际共产主义左派反对派告中国及全世界共产党员书——关于中国革命的前途及其任务》中，还宣称："必须等到无产阶级统治了国

---

① 马黑诺是1918年乌克兰农民游击队领袖，反对乌克兰和德国占领军；后来受无政府主义派、富农和反动分子影响，拒绝参加集中化的红军，妨碍了对反革命的斗争，最后被苏维埃军队所消灭。

② 托洛茨基：《中国革命的总结和前瞻》，《中国革命问题》，第188页。

内诸重要的工业和政治中心，然后才有必要的前提以组织红军以及建立苏维埃制度于乡村里面。谁不明白这点，谁就是不懂得革命。"（这个观点，与1927年大革命失败时斯大林的观点是一致的）

所以，郑超麟在《回忆录》中说，对陈独秀的这篇文章，无产者社是"全体同意的"。因此，在《无产者》第3期以整期篇幅发表的一个长达两万多字的文件《中央委员会转全党同志》中，对这个问题做了更全面、更明确的阐述。①

陈独秀和无产者社这种观点，来自苏联十月革命的经验和托洛茨基亲手创造苏联红军的情况，以教条主义为特征的青年托派理应也是应该拥护的。

但是，当时共产党红军与国民党反动派之间的斗争毕竟是革命与反革命生死搏斗的大前提，托派与共产党之间的理论矛盾是小前提。陈独秀咒骂红军的文章，明显地有利于国民党，再加上中共中央对此文进行了有力的批判和红军运动的胜利发展，而蒋介石在对苏区进行反革命"围剿"时，还将陈独秀的这篇文章"大量印出来，在江西散发"，② 于是青年托派就抓住这一点，打击陈独秀派。托洛茨基在1月8日回信中，也不得不表示："将'红军'同土匪混为一谈，如果真有这件事，那是应该纠正的。"接着，他修正了自己过去完全排斥红军的观点，说："革命的农民武装，自然有游民无产阶级分子和职业的土匪加入，但整个运动则有深厚的根基在中国农村条件里头，将来无产阶级专政也是应当依靠在这个根基上面的。"

实际上，陈独秀（包括托洛茨基）后来一直攻击中共在农村武装割据的路线，看不出他的观点有改变的迹象。陈独秀在1932年被捕后的审讯中，还宣称共产党在掌握政权之前不应组织红军。

其五，中东路事件。陈独秀的立场无疑是正确的。他的民族感情更应得到尊重。托洛茨基作为苏联人和有头脑的政治家，即使不同意陈的观点，也很难让陈放弃原来的立场，来保卫他的祖国苏联。所以，在这个问题上，托洛茨基这次明智地保住沉默。

托洛茨基的"一八"来信，再次断定："现在进行统一的诸派别间果然是完全没有原则分歧的。"最后，他恳切地呼吁："亲爱的朋友，你们的组织和报纸，今天就确定地合并起来吧！"

---

① 文件的落款是：中国共产党左派反对派，1930年8月9日。
② 王学文：《三十年代上海文化战线的一些斗争情况》，《党史资料》1980年第3辑。

很清楚，托洛茨基的态度依然是支持同情陈独秀，而批评其他各派的。于是，各派代表又重新坐到谈判桌上来，协议统一。

果断整顿无产者社　最终促使托派统一

但是，人们没有想到的是，这样一来，无产者社却翘尾巴了。主要是二把手彭述之，因有感于那些青年托派对他没有好感，怕在未来的统一组织中不会奉他为领袖，于是出来作梗。他是个矮个子，操一口浓重的湖南口音，戴一副深度的近视眼镜。青年托派称他为"孔夫子"。但他因没有什么业绩，又长期在陈独秀身边相形见绌，所以，大家认为他低能，又高傲自大。在莫斯科留学时，看了一本布哈林写的《共产主义 ABC》，就以马克思主义理论家自居，唠叨个没完，摆老资格，拿臭架子，认为"搞革命还得靠我们这些老干部，这些小孩子只有让他们自生自灭"。[①] 这种观点，与陈独秀完全相反。

大革命时期，他被党内同志视为陈独秀指挥下的"第一把小提琴"，忠实执行陈独秀路线（实为共产国际的斯大林路线），并处处挟陈独秀以自重。"老先生的意见同我一致"，是他的口头禅。而且在中央常委会议上，几乎每次陈独秀发表意见后，他都要替陈独秀做注解，长篇大论地为陈的意见找根据，话说得既长，又空洞，使与会者十分不耐烦，而他却还扬扬自得，很不自觉。有时他还狂妄地认为，中国共产党领袖除了陈独秀以外就是他，宣称中央常务委员会四人（本为五人，蔡和森在 1925 年 10 月去莫斯科当中共驻国际代表）中，"瞿秋白是高等技术人才，张国焘是高等事务人才"，言下之意，唯有他是"高等政治人才"。

大革命失败后，他也下了台，随后，他就参加了没有陈独秀的陈独秀派活动，为恢复陈独秀在党内的地位以恢复自己昔日的地位而奋斗，结果失败。与陈独秀一起转向托派并另成立组织以后，又重燃起他的领袖欲之火。他一面愈加抓紧陈独秀，利用白色恐怖下地下工作的纪律，借口保护陈独秀，控制陈独秀的行踪和住址。当时国民党政府"悬赏万金"缉拿陈独秀，陈与共产党决裂后，从原址老靶子路搬到提篮桥居住，不把新地址告诉其他任何人，只有彭述之一人知道。别人要与陈独秀联系，甚至给陈阅读托洛茨基文

---

① 《访问宋逢春谈话记录》，1985 年 10 月 12 日，唐宝林访问并整理。

件，都要通过他。所以，大家又都把他视为陈的"总理"。现在，他依然认为，必须依靠陈独秀才能恢复他的领袖地位。另外，他又竭力利用往日在党内的地位和关系，把一些支部和党员拉入托派，以扩大他在托派内部的组织基础。陈独秀由于特殊身份、地位和处境，很少做具体的组织工作。这样，彭述之很快就掌握了无产者社中的多数。在常委中，除了陈独秀、尹宽和何资深外，马玉夫、杜培之、罗世凡、吴季严等，都是他的人。因此，他就对陈独秀和其他人搞封锁，按照他的意愿，操纵托陈派的某些活动。

上述对彭述之的评论，都是青年托派和以后托派少数派的看法。虽然都是事实，但公平地说，彭述之所以能做到这一点，以后又一直是托派多数派的领袖，1948 年流亡国外，历尽艰险，到巴黎成为第四国际书记处成员，并写下大量论著，也说明他不是庸碌之辈，还是有较高的理论水平、政治经验和组织能力的。

在托派统一问题上，彭述之主张以无产者社为中心，这是违反托洛茨基来信指示平等原则的，其他三派也不能接受。于是，他就背着陈独秀指挥无产者社参加协议委员会的两位代表马玉夫和吴季严，千方百计延宕和破坏统一，提出要对过去政治原则和策略上一切分歧"分清谁是谁非"，其他三派要检讨和放弃过去攻击陈独秀"机会主义"的错误成见之后，才能够谈组织上的统一，并且列出了"无产阶级与贫农专政""中共最初加入国民党是否正确""中东路问题上的误国政策""在反革命阶段中资产阶级内部战争与其政权稳定""国民会议""农民问题（包括'红军''苏维埃''农民协会'及农村中的武装斗争与经济斗争等）""经济复兴与阶级斗争"等一系列要讨论统一认识的问题。还强调"这次统一，必须求得政治原则上的完全一致，同时此种原则上的一致，绝不能仅限于各派的上层分子，必须普及于各派下层群众。换言之，这次的统一，必须建立于政治原则上的完全一致，与群众的完全一致上面"。同时，在组织上，他们还要检讨"过去'十月社'与'我们的话'的分裂，以及后来梁干乔等所领导的一部分同志与区芳等所领导的一部分同志的分裂问题"。①

如此苛刻的条件，自然激起了其他三派的强烈不满，致使协议工作受到

① 无产者社：《给"协议委员会"转"我们的话派"、"十月社"和"战斗社"的一封信》，《无产者》第 6 期，1930 年 11 月 25 日；又参见尹宽《"乌烟瘴气"——由何而来及怎样扫去?》，《无产者》第 12 期，1931 年 3 月 15 日。

阻碍。而他们在无产者社内部，却说是其他三派没有统一的诚意，使陈独秀等关心统一的人感到心灰意冷。

尹宽从青年托派那里了解到彭述之操纵马玉夫、吴季严阻挠托派统一协议的真相后，报告了陈独秀。陈于是出来做促进统一的工作。他是真诚希望统一的，厌恶过去出于"派别成见"的争论，更鄙视在组织内搞阴谋诡计。于是他连续发表文章和书信，企图扭转形势。1930 年 12 月 15 日，他读了最早起来批判他、分歧意见最多而看了托洛茨基及托派国际来信有所进步的刘仁静写给他的两封信及四篇文章后，回信明确表示："统观你的信和文章，固然有些见解我不能赞同，但在每篇文字中，都感觉到你有可惊的进步，至为欣慰"；"我们过去的争论，本来不十分重要，我以为只要大家理论水平稍稍增高，便自然冰释，犯不着把我们中间咬文嚼字的争论来代替对史大林派的斗争。就是需要争论，也必须大家屏除成见才有结果，否则徒增纠纷而已，所以我始终取了沉默的态度。现在你也认为过去的争论有些是'基于误会'，'有些是说法不同，现在没有一点政治上的意义'。我以为现在到了稍加解释作一结束的时机了"①。

但是，陈独秀最初采取的态度有点像托洛茨基的和稀泥的态度，如尹宽所说的："仲甫同志在内部生活中所采取的态度，据我看是'人人可与为善'的态度，因为他自己是真心为着革命，他也要求'我们大家都好好来干'"；"仲甫同志很少注重党内倾向的斗争及各个人的根本的一贯的立场，在一切问题的讨论上，他仿佛不求把各个人的根本观点弄明白，而务要做出各人的意见'相关不远'的结论"。对此，尹宽评论说："在他也许认为这是避免纠纷，殊不知这正是培养后来的积重难返的纠纷。"②

也许是接受了尹宽的批评和建议，1931 年 1 月，陈独秀召集无产者社开会，通过了《接受国际委员会来信之共同意见——无产者社的提案》。

《提案》极其诚恳地指出："当然，我们各派个人过去对于左派反对派根本原则的解释和目前政治问题的观察，确有一些不正确的意见。但这些不正确的意见都是初期一些不成熟的意见，无论如何不能使我们提这些零碎的不成熟的意见来找出某一派或某一俱有根本不同的倾向，做为分裂的理由。

---

① 独秀：《答列尔士（即刘仁静）同志》，《无产者》第 9 期，1931 年 1 月 20 日。
② 尹宽：《"乌烟瘴气"——由何而来及怎样扫去?》，《无产者》第 12 期，1931 年 3 月 15 日。

关于这种不成熟的意见，各派之间也许可以不分孰多孰少或孰轻孰重，但这是不必要的。因此我们应取消'算旧账'的精神及要求他派承认错误的办法。过去的错误只有在现在尚可成为问题的情形之下，才有重新提出之必要。一切讨论都必须从积极方面，抛弃成见，注重于问题本身之得到正确的解决。"

这个《提案》最可注意的是特别强调当时中共危机造成的机会。在中共第二次"左"倾路线破产，第三次即王明"左"倾路线在共产国际主席米夫支持下非法上台，因而造成党内极度混乱的情势下，特别强调托派小组织迅速统一的重要性，以代替中共对中国革命的领导："现在正是正式党的领导陷于破产，党内同志及一切无产阶级的先进分子都感觉无出路的时候，虽然反对派政治路线已一天一天的由事实证明其正确，但反对派的四分五裂，已丧失群众的同情。这就绝对需要我们各派屏除不必要的纷争，迅速统一起来以集中力量并建立反对派在群众中的信仰。"

从某种意义上说，当时的形势的确为托派代替中共提供了一次也是唯一的一次良机，但是，正如1920～1922年"国民党正在死亡"（孙中山语）时，共产党还未壮大而不能代替一样，托派也错过了这次机会。所不同的是，共产党以后还有机会，而托派则因其纲领的极左错误及组织的始终弱小并分裂状态，却永远没有机会了。这是以后要叙述的历史。

为此，《提案》提议："以最简捷了当的手续，完成统一工作：用共同起草的统一的纲领，由四派代表签字公布出来，即根据此共同签字的纲领，依照各派比例的人数，召集统一大会。"并具体提议协委的工作是：（1）立即把已经起草并经过各组织讨论的纲领作最后审查，并由各派代表签字正式公布出来；（2）立即开始作召集统一大会的准备，各派人数的审查，代表人数的审定，经费的筹划及其他一切应行准备的事项；（3）准备大会中政治、组织、职工、农民等决议案的草案。各草案的起草委员会应立即开始工作。①

陈独秀这次态度的坚决，充分表明在紧接着在2月5日召开了无产者社常委会议，公开讨论批评了"我们无产者当中，也有人在国际所指示的办法以外，提出了枝节问题"，"认为要统一须以无产者社为中心……和那些卑鄙龌龊的分子根本不能合作"的观点；指出："据国际来信明明不曾认为

---

① 《无产者》第9期，1931年1月20日。

中国各派中任何一派能够代表左派反对派而排斥其他一派，我们无产者社若以中心自居，这分明和别派的正统观念，同样的不正确，同样的要阻碍统一。"① 这个讨论，最后形成《第六号通告》，在表决时，五人中陈独秀、尹宽、罗世凡、马玉夫同意，彭述之一人反对。所以，在"可以由述之同志发言他自己的意见付诸全体同志讨论"的情况下，这个《通告》"仍用常委的名义发表出来"。②

但是，这样一来，托陈派内部的矛盾就表面化了，彭道之（彭述之之弟）首先在闸北区委和学生支部散布反对第六号通告的五点意见，说"第六号通告是尹宽个人的意见"；"尹宽主张无原则的统一"；"马玉夫开始所提之意见本来已经大家完全同意——当时反对尹宽个人之意见；后来因仲甫又同意尹宽的意见，反对执委决议案"；等等。③ 闸北区委和学生支部遂致函常委，表示"惊异之至"，要求澄清事实。

克服这种"乌烟瘴气"的状况，尹宽和大家都寄希望于陈独秀的影响。"无产者社无论在名义上或在实际上，都是以仲甫同志惟一的领导者"；"过去的无产者社差不多算是过去了，未来的中国反对派还是需要仲甫同志负极重要的责任，我希望仲甫同志本着他的'革命到底'的精神，拿出革命的热情，坚决地拥护正确的意见，有偏有袒的奖励并提拔好的干部。这样所失的只是那些'老先生的恭维者'（把老先生捧在上面，他们在底下做'实际工作'！）但是所得的是革命——革命下有的是'群众基础'！"④

陈独秀见此情形十分震怒。他站得更高，看得更深、更广、更远，结合当时国内和中共内部的形势，又看到托洛茨基及托派临时国际多次来信催促统一的态度，更是激动万分。他说："在国民党以分区工会法消灭工人阶级组织与罢工的今天，在国民党包办国民会议以欺骗群众的今天，在群众得不着我们党一点领导与帮助的今天，在正式的党陷于空前混乱、停止工作的今天，我们反对派各派小组织还未能迅速的统一起来，集中全部力量来对付摆在面前的斗争，这已经是罪恶了！我们若不痛改前非，若仍旧要搜索枯肠，

---

① 无产者社常委：《通告第六号》，《无产者》第11期，1931年2月30日（原文如此——引者注）。

② 无产者社常委：《通告第六号》"附注"，《无产者》第11期，1931年2月30日（原文如此——引者注）。

③ 《常委答复闸北区委及学生支部的信》，1931年3月6日，《无产者》第12期，1931年3月15日。

④ 尹宽：《"乌烟瘴气"——由何而来及怎样扫去？》，《无产者》第12期，1931年3月15日。

发明一些在其狭隘意识中似乎是持之有故、言之成理的条件，来阻碍统一，这是罪恶之罪恶！"他在重复托洛茨基最近来信催促统一的"十分恳切"的意见及其批评奥（地利）国"反对派每一派在一年中都充分表现他们宁可放弃国际反对派的思想和原则，而绝不愿放弃各自小团体的自尊心"的话语后惊呼："这些说话是如何的沉痛！我们听了若仍旧毫不动心，便是庄周之所谓'心死'！"托洛茨基来信中还说："与奥国反对派相反，中国反对派不是从阴谋诡计小把戏的基础上发生的，而是从那机会主义领导机关所葬送的伟大革命经验基础上发生起来的，伟大的历史使命，使中国反对派负起特殊职任。这里，我们大家希望中国反对派肃清了小团体的精神并全身站立起来，去进行它所应负的任务。"陈独秀写道："这几句话更使我们惭愧无地！"

接着，他以超脱的立场，批评各派特别是无产者社中各种阻碍统一的坏主张。他说："在现时幼稚的环境中，各个小组织或者是各个小组织中某些分子，很难说能够免掉错误甚至很坏的倾向，即以'无产者社'而论，若有人意见搜索它的坏倾向，特别是个人自由的坏倾向，连团体带个人，足够写成一本小册子。这些坏倾向，不用说应该纠正，并应该严厉的纠正，但是纠正的方法，一般都应该首先从政治上下手，从组织上下手，已经落后了一着（如彭述之、吴季严、马玉夫所主张的——引者）……我们为整个的反对派运动负责，就应该从大处着眼，从政治出发来快刀斩乱麻的解决过去及现在的纠纷，才是正当的办法；若不此之图，并且相反的各派相互搜索一些口实，想互以纠正他派的或他派中某些分子的坏倾向为统一的条件，并且各自号召其组织内的同志为这一条件而斗争；这样只有制造无穷的纠纷，只有加深派别的成见，只有使还未统一的现有各派更加分裂。"

最后，他对彭述之控制无产者社多数的状况挑战说："我个人是彻头彻尾赞成国际意见的，我应该把我自己相信合乎真理的告诉所有的同志，并且为真理奋斗。我的义务如此而已。我从来不愿意把真理摔在一边，企图从阴谋诡计小把戏的基础上团结同志做自己个人的群众；这是……我所深恶痛绝的。我毫不顾虑我的意见会在'无产者社'中是最少数，少数未必与真理绝缘，即使是人们所预祝的什么'光棍'和'孤家寡人'，于我个人是毫无所损，更无所惭愧！"①

①　独秀：《对统一运动的意见》，《无产者》第 11 期，1931 年 2 月 30 日（原文如此——引者）。

尹宽的估计没有错，由于陈独秀的崇高威望，他一下决心，事情就好办多了。不仅无产者社内部的乌烟瘴气一下子消散，而且，他还亲自出马，做其他三派的工作，找他们的领导人谈话，宣讲托派统一的重要性和迫切性。他对理论上反对陈独秀最强硬的十月社领导人王文元说："统一是中国反对派当时的绝对必要。如果不统一，则不但其他三派没有前途，'无产者社'也必然死亡，因为，反对派今后的艰巨工作，主要得靠年轻的革命者来负担，而'无产者'中，则'老人'太多了……"①

同时，陈独秀还采取果断措施，召回了参加协议委员会的本派代表马玉夫和吴季严，由自己和尹宽二人代替之；任命完全拥护他的何资深为中央常委秘书，代替吴季严；郑超麟任沪东区委书记，代替拥护彭述之的刘伯庄；马玉夫见势也被迫退出了中央领导机构。② 这就大大削弱了彭述之派的力量，为贯彻陈独秀的主张扫清了道路。

而且，陈独秀还把托洛茨基及托派临时国际的历次来信、无产者社及他对于促进托派统一的主张、他与刘仁静批评与自我批评的相互通信及文章、他和尹宽等人对于彭述之派错误的批评等文章，集中刊登在1931年1～3月出版的《无产者》第9～12期上，在青年托派面前，表示出贯彻托洛茨基及托派国际指示的极大诚意和决心。

陈独秀的这些言论和行动，终于打动了各派代表。连对陈独秀最为挑剔的王文元也同意由陈独秀来修改他起草的托派政纲草案。这个政纲草案改名为《中国共产主义左派反对派（布尔什维克列宁派）的纲领》基本上全盘否定了王的草案，指出王的草案"主要的缺点就是把整个的政治纲领分裂成首尾不相顾的几个专门研究的问题，使人辨别不出反对派在整个过渡时期之一般的任务是什么？目前斗争的策略是什么？未来发展之大概的趋势是如何？"同时，为了减少青年托派对新政纲可能采取的抵制情绪，陈独秀起草的纲领，在结构上，"完全依照托洛斯基同志在一九二九年为我们起草的纲领的次序：首先指出两个过渡期及我们在此时期中之一般的任务，接着即研究过去革命失败的原因，本着过去的经验，分析现时的状况，提出斗争的策略，指示未来的前途，最后再指出反对派目前应着手的工作及反对派对正式党的态度"。

---

① 王凡西：《双山回忆录》（增订本），第187页。
② 郑超麟：《陈独秀与托派》，1980年8月手稿。

对纲领的修改说明还针对青年托派对陈独秀几个政治理论问题的批判，按托洛茨基文件和来信的观点，进行了摆事实，讲道理的合情合理的阐述，既坚持了原则，又令人信服。如从刘仁静到王文元揪住不放的"无产阶级与贫农专政"问题，修改说明指出："原草案说：'要严厉的批评含义模糊的口号——无产阶级与贫农专政'，这是犯了学院主义的毛病，根据形式逻辑作字句上的推敲。'无产阶级与贫农专政'已成了马克思主义著作中一种术语。这种术语是用以表明革命运动的发展到了无产阶级革命阶段中之无产阶级与农民的关系……无产阶级联合贫农，中立中农，反对富农，实现无产阶级专政。根据十月革命的经验，'工农民主独裁'只是在革命的前一段中无产阶级联合农民的一种革命的号召，不能实现成为一个阶段的政权形式，这就是说，农民终于不能有一个独立阶级的作用与无产阶级共担政权。"①

在托派小组织的统一运动中，最初以老托代表自居、傲视并批判各派的刘仁静，没想到被各派所排挤。而且，托洛茨基在 1930 年 8 月以后催促统一的来信，竟然批评他而肯定陈独秀，更是出乎他的意料。于是，他见风使舵，在 1930 年 11 月 20 日，写信给陈独秀，表示："关于过去我们间的争论，已由老托来信解决，我完全承认老托之正确，尤其对于统一运动之态度（基本说来）及对于革命性质之估量，我与你完全同意。最近看到你们《无产者》第四期关于时局宣言，我也完全同意。我以为我们中间已经没有重要争论，使我不能和你们共同工作。关于过去教训的估量，以及关于国民会议及工农运动策略之解释，我们有些说法不同，但是现在没有一点政治上的意义……因此，我向你要求加入你们的组织，请你们提出讨论。"②

然而，当他向陈独秀靠拢时，陈独秀却又前进了。陈于 1930 年 12 月 15 日给他回信，讲述了自己在中国革命性质、"工农民主专政"、国民会议问题上的一些新认识，反对刘仁静的通过"国民会议"和平过渡到"无产阶级专政"的思想，认为国民会议即使能够实现，也要经过无产阶级专政（即武装暴动夺取政权）才能完成民主革命的任务。

刘仁静要求加入无产者社也遭到了拒绝。陈独秀在信中回答说："你的要求，我们已经提出讨论过，一致以为现时已距统一不远，希望你不必加入'无产者社'，以免别派误会，使统一运动发生小小的阻碍。"

① 独秀：《纲领草案修改的说明》，《无产者》第 9 期，1931 年 1 月 20 日。
② 《刘仁静给陈独秀的信》，1930 年 11 月 20 日，《无产者》第 9 期，1931 年 1 月 20 日。

于是，刘仁静恼羞成怒，1931年元旦一个人成立"明天社"（包括他的妻子，可谓"夫妻店"），出版64开本手刻油印袖珍本机关报《明天》，以示在"明天"的统一组织中争一席之地。

所以，他的文字处处着眼于"明天"，他在《发刊词》中说："中国革命的失败，史大林主义之破产，从反面证明布尔雪维克主义之正确。左派反对派在中国革命中理论与策略之正确，亦步步均为革命事变的发展所证实。为了保证下一次革命的胜利，每一青年革命家……不仅应当了解与融化过去革命的经验与教训，与史大林主义者作不可调和的理论的斗争，而且要能时时提出我们的战略与策略……对于下次革命进行切实的准备"；"反对派的统一运动虽然已有二年，可是它的发展是在极困难的过程中。它们分裂成数派，陷于无力的状况。它的统一是它的生死存亡的问题。可是，反对派的统一不仅是在组织方面，而且是在政治方面，行动方面。假使我们能感觉到我们前面的许多大任务，如进行为国民会议的斗争而吸引党内外的群众，反对史大林主义的领导，还有政治的、经济的斗争等，我们内部的争论与这些大任务相比较，简直是没有意义"。所以，他出版这个小刊物，是要促进统一。"统一运动实现了，当然这一小刊物也失去其存在的理由。"

但是，当他要求以独立的一派参加协议委员会时，又遭拒绝。他在给协委的一封信中遗憾地表示："独秀同志已向我转达了协委对我们的请求之答复，意思是不承认'明天社'为左派反对派的组织，只许列尔士个人随时贡献意见。这即是说，不许我们与闻参加和影响协委的各种决定（制定政纲在内），只许我们在决定既成事实后，发表一些无补于事实的意见。我们在接得这种答复，并读了协委最后通过的政纲草案以后，实觉有无上之惋惜！"最后，他"要求准许我们列席"托派统一大会，① 也被拒绝。

就这样，这位以老托代表自居，并以老托赐名"列尔士"为荣、在托派中一直以此为笔名发表了大量文章的刘仁静，一直被托派领导集团所排斥和冷落。于是，他进行各种捣乱活动，被称为"反对派中的反对派"。

---

① 《中国共产主义左派反对派（明天社）给协委的一封信》，1932年3月2日，《明天》第4期，1931年3月25日。

批判中共第二次"左"倾路线、
共产国际和王明领导集团

陈独秀在促进中国托派统一活动的同时，并不忘记进行反对共产国际和中共路线的斗争。

1929 年、1930 年，国际和国内局势发生很大震荡。国际上，资本主义国家发生空前的经济危机，特别是一些先进的资本主义国家。因此，这些国家的工人斗争有所发展，一部分知识分子引用列宁主义的帝国主义论，认为资本主义临近崩溃而纷纷左倾，转向于社会主义。国内，新军阀混战，使蒋介石的国民党中央政府发生严重的统治危机，各城市的共产党组织有所恢复和发展，工人斗争也趋向活跃，而南方数省的共产党红色根据地和红军，也乘机得到了较大的发展。对于这种新形势，首先是莫斯科的共产国际做出了错误判断。早在 1928 年共产国际和中共六大前后，斯大林等人就对中国的形势逐渐产生"左"倾的估计。这年 6 月 9 日，斯大林在接见瞿秋白、周恩来等人时就说：（1927 年的）广州暴动"不是盲动主义"，"是革命临时退后的一个动作，现在准备一个高潮"。① 所以，在共产国际直接指导下通过的在中共六大决议案中，有这样的提法："反动的统治在各区域巩固程度是不平衡的，因此在总的新高潮之下，可以使革命先在一省或数省重要省区之内胜利。"②

六大以后，以李立三为首的中共中央以"强迫罢工"、节假日必须上街游行、命令红军进攻中心城市等手段，不断制造"革命形势"。共产国际更是推波助澜，不断发来错误的指示信和决议案，特别是 1929 年 10 月 26 日的指示信，③ 明确认定"中国进到了深刻的全国危机的时期"，"现在已经可以并且应当准备群众，去实行革命的推翻地主资产阶级联盟的政权，而建立苏维埃形式的工农独裁"，并具体指示城市工人要准备总政治罢工，红军斗争应统一起来，重申要首先反对中国党内的主要危险即"右倾的机会主义情绪和倾向"。随后，1930 年 1 月 11 日中共中央政治局通过了《接受国际

---

① 《周恩来对斯大林同瞿秋白和中共其他领导人会见情况的记录》，《共产国际档案资料丛书》第 7 辑，第 481、478 页。
② 《中共中央文件选集》（4），第 179 页。
③ 《中共中央文件选集》（5），第 422 页。

一九二九年十月二十六日指示信的决议》；① 4 月 11 日，又发出《中央关于
与机会主义取消派斗争给各级党部及全体同志信》，终于把陈独秀批判的
"左"倾错误，发展成为全党性的"左"倾路线。他们一味地反对"陈独秀
右倾机会主义取消派"，却使自己走上了极左的道路，在指出"取消派——
机会主义及反对派的来源及其出路"时指出："取消派的基本路线与策略，
就是要破坏党的组织，扭曲革命的道路，取消群众的斗争，夸张与赞扬统
治阶级的稳定，企图消灭新兴的革命浪潮，而延长统治阶级的寿命。"② 而
在李立三看来："只要是在产业区域与政治中心爆发了一个伟大的工人争
斗，便马上可以形成革命的高潮——直接革命的形势。"③ 于是他就来制造
这种"直接革命的形势"。6 月 11 日，中共中央政治局会议，终于通过了
《新的革命高潮与一省或几省的首先胜利》的决议，标志着"左"倾路线统
治了全党。

决议认为："中国新的革命高潮已经逼近到我们的前面了"，并"有极
大的可能转变成为全国革命的胜利"。而决议在革命性质问题上，与青年托
派持有的观点一样，认为中国"资产阶级已经是反动联盟的一部分"，革命
如果在一省与几省首先胜利，就不但要没收帝国主义在华银行、企业、工
厂，"而且要没收中国资产阶级的工厂、企业、银行"，"从工农专政进到无
产阶级专政"，即"革命胜利的开始，革命政权建立的开始，就是革命转变
的开始"，与青年托派的下次革命"一开始就是社会主义性质"的观点如出
一辙。更有甚者，决议还把这种"不断革命论"运用到中国革命与世界革
命的关系上，宣称中国革命一爆发，就会"掀起全世界的大革命"，中国革
命将会在这一最后决战中取得完全胜利。

这是典型的托洛茨基"不断革命论"和"世界革命论"的观点。

为此，中共中央决定"目前战略的总方针"是："准备一省或几省首先
胜利，建立全国革命政权"；并认为"全国的统治阶级动摇与崩溃的形势是
一样，而动摇崩溃的程度却有差别"，而"在目前的形势看来，以武汉为中
心的附近省区，客观条件更加成熟"。于是中央制定了以武汉为中心的全国
中心城市起义和集中全国红军攻打中心城市的冒险计划。部署了南京、上

---

① 《中共中央文件选集》（6），第 1 页。
② 《中共中央文件选集》（6），第 41 页。
③ 李立三：《新的革命高潮前面的诸问题》，《布尔塞维克》第 3 卷第 2、3 期合刊，1930 年 6
　月 15 日，第 32 页。

海、武汉等城市的暴动准备工作，同时命红军进逼武汉，进取南昌、九江，进攻柳州、桂林和广州。

为执行这个计划，中共中央成立了"中央总行动委员会"，作为领导武装暴动的最高指挥机关；停止党、团、工会的正常活动，把其各级领导机关合并到各级行动委员会中去。

第二次"左"倾路线执行的结果，使中共在十几个省的省委机关被破获，一些大城市的党组织几乎全部瓦解。红军也受到很大的损失，根据地大大缩小。在计划执行过程中，7 月 27 日，红军曾一度攻下湖南省省会长沙，但占领仅 10 天，就"在敌人优势兵力的压力下"被迫撤出，① 红军牺牲惨重。

见此形势，共产国际立即急转变，共产国际政治书记处扩大会议于 7 月 23 日，做出《关于中国问题决议案》，虽然仍坚持很多"左"倾的观点，但改变了 1929 年 10 月给中共指示信中对中国形势的错误估计，说暂时"没有全中国的客观革命形势"，并致电中共中央称："我们坚决反对在目前条件下在南京、武昌举行暴动以及在上海举行总罢工（但仍强调'8 月 1 日要举行游行示威'）。"② 斯大林则又使出文过饰非一招，在 8 月 13 日，致电莫洛托夫说："中国人的倾向是荒诞和危险的。在当前形势下，在中国举行总暴动，简直是胡闹。建立苏维埃政府就是实行暴动的方针，但不是在全中国，而是在有可能成功的地方。中国人急于攻占长沙，已经干了蠢事。现在他们想在全中国干蠢事。决不能容许这样做。"③

于是，立三路线紧急刹车。共产国际要求在莫斯科的瞿秋白和周恩来立即回国，于 1930 年 9 月召开中共中央六届三中全会，停止了立三路线的统治。但是，由于三中全会的做法，不符合国际继续"左"倾的精神，在国际东方书记处书记米夫的作用下，又批判瞿、周三中全会犯了"调和主义"错误，米夫和其莫斯科中山大学的学生王明来华，联络所谓"二十八个半布尔什维克"分子，在"拥护国际路线""反对立三路线""反对调和路

---

① 《别尔图和图梅利陶关于中国军事政治形势的书面报告》，1930 年 8 月 5 日，《共产国际档案资料丛书》第 9 辑，第 297 页。别尔图当时任中国工农红军参谋部第四局局长，图梅利陶任三处副处长。

② 《共产国际执行委员会给中共中央的电报》，1929 年 7 月 23 日，《共产国际档案资料丛书》第 9 辑，第 225 页。

③ 《斯大林给莫洛托夫的电报》，1930 年 8 月 13 日，《共产国际档案资料丛书》第 9 辑，第 300 页。

线"的旗帜下，要求彻底改造党的领导机关，造成党内严重的思想混乱。

在混乱中，共产国际代表米夫和王明等人，于 1931 年 1 月 7 日以非常手段在上海召开六届四中全会，强行改组中央，把不久前被捕泄露党的机关、疑有叛变行为而受到处分的普通党员王明，一下子塞进中央候补常委并任最大最重要的中共江苏省委书记。总书记向忠发被捕被杀后，同年 10 月，由王明的亲信博古出来"负总的责任"。米夫为了"保驾"，在中国驻留长达半年左右，终于使中共中央的实权完全掌握在米夫和王明集团手中，开始以"残酷斗争，无情打击"的手段，在全党排斥异己。于是，中共向更严重的"左"倾错误路线滑下去，陷入了更深重的危机。

与此同时，托派小组织却在托洛茨基及其临时国际的指导下，克服混乱，逐步走向统一。首先表现在对中共"左"倾路线的批判上，1931 年 1 月 21 日，先是陈独秀在《无产者》上发表《国际路线与中国党》，指出："国际现在的路线和所谓'李立三路线'并没有甚么原则上的不同，和他自己以前的路线也根本没有两样"；"站在盲动的国际路线上反对盲动的立三路线和三中全会的'调和主义'……只有使党比立三时代更加混乱无出路"[1]。随后，"我们的话派"终于放弃类似立三路线那样的"左"倾观点，1931 年 3 月，各派讨论后，同意陈独秀撰写的《告全党同志书——立三路线与国际领导的破产》长篇宣言，以"中国左派反对派统一协议委员会"的名义散发。[2] 这是当时中共党内的正义力量受到共产国际和王明集团严重压制的情况下，成为系统批判共产国际在中国不断作恶的檄文。

宣言一开始就揭破王明集团散布的一个谎言，指出"四中全会在组织上完成了巨大的变化，直接在米夫领导下的陈韶玉（即王明——引者）小组织取得了党的最高领导机关……党已在组织上及在政治上克服了一切危机，走上了正确的道路"，实际上是"完成了党的解体"。

宣言在逐条对比李立三的错误与共产国际决议及指示后明确指出：李立三这条"反马克思列宁主义路线的制作人，是共产国际自己"。这次与已往反对陈独秀、瞿秋白的路线一样，为了保住共产国际的"面子"，立三路线"只是作了国际路线的替身，与一九二七年在二十四小时内宣布中共中央的

---

[1]　《无产者》第 9 期，1931 年 2 月 1 日。

[2]　据何之瑜《独秀著作年表》（未刊稿）记述，该文件由陈独秀撰写，在 1931 年 3 月以手刻油印小册子的形式散发。

模范领袖为孟什维克，作了斯大林、布哈林的替身，并无二致"。"我们有权利向全体党员同志宣布：共产国际宣布'立三路线'，完全是为了掩饰自己的破产；'立三路线'的错误，根本就是共产国际的错误"。

但是，宣言在论述国际与中共的路线错误时，却完全从托派，特别是陈独秀的"反红军"的观点出发："党的领导之无出路的基本原因，在于不相信无产阶级在革命中之领导作用，相反的，党的领导政策几乎完全依重农民……企图在农民身上打开一条出路，由农村向城市发展，甚至根本企图在农村中建立政权的意识，完全是离开了无产阶级的一种标志。"断言："在工业城市中，工人尚未起来的条件下，希望在农村中揭起革命的企图而思有所成就，这简直是幻想。"认为：共产国际要中共"集中注意去组织、并且巩固红军，以便在将来依照军事政治的环境而能够占领一个或几个工业的执政的中心城市"的路线，"实是陷中国党于冒险盲动主义错误的真正根源"；而其结果，"我们很早就预言并警告过了：单纯的军事投机，只有更加损害党的基础，使工人运动更加难于恢复"；"一贯的重视农民作用的路线，在理论上与马克思列宁主义没有丝毫共同之点，这是国际机会主义（俄国孟什维克主义在内）的典型思想"。

陈独秀的思想逻辑很简单：工人 + 暴动，是马克思列宁主义的；农民 + 暴动，是机会主义的。

前者，暂且不论，但是，十月革命后几十年执行的斯大林式的"无产阶级专政"，除了个人独裁以外，哪里有多少"工人"的味道？哪里有多少"马克思列宁主义"的味道？至于说到中国，由于工业的极度落后，像欧洲和俄国那样的有组织的工人阶级，根本没有，农民却有几千年造反的传统。所以，综观中外所谓革命的历史，实际上是一部分知识分子组织一部分工人或农民夺取政权的历史，而一旦出现有利形势夺取了政权，往往不过是养肥了另一个官僚主义集团，广大工人、农民得到的利益，是微乎其微的。于是，统治阶级与被统治阶级的矛盾，又逐渐尖锐起来，酝酿下一场的"革命"。

所以，陈独秀对共产国际和中共路线的批判，虽然不乏"为工人谋福利"的真诚目的，但却是十足的书生意气。

那么，挽救中国革命的出路在哪里呢？宣言开出的药方，就是托派的国民会议运动，要求召开"普遍平等不记名投票直接选举的国民会议"。

这样，就把中共与托派之间的两条路线鲜明地对立起来了：

宣言最后强调："现在改造党的政策及党制已成了刻不容缓的任务了。"为此提出以下四条建议：（1）规定日期召集全党的代表大会，对于政策及党制加以根本改变——必须完全采取左派反对派的路线。（2）在大会之前，把一切重要问题在一切会议上及机关报纸上发动党员群众之讨论，不能拿任何罪状作开除的理由，以保护讨论的正确进行。（3）一切事实及经验证明左派反对派路线的完全正确，没有理由把我们排斥于党外，我们应当选举代表参加大会，并且在会上讨论左派反对派恢复党籍问题，使我们得立刻回到党内来。（4）公布历来为领导机关隐藏的左派反对派文件，及对于大会的提案。

这份宣言，充分说明陈独秀及中国托派对于当时替代中共抱着极大而迫切希望，也暴露了他们严重低估了中共自我克服危机的能力。这个宣言和最后的四条建议，是多么的天真、浪漫和荒唐。但是，在当时，陈独秀和托派却是多么认真。

当选托派中央书记处书记

托派四个小组织协议委员会的工作，正是在上述中共被托派认为即将瓦解、将被替代的情况下，再加托洛茨基和陈独秀的积极推动，终于顺利进行。主要的工作是起草统一大会的文件，协商结果：中国托派纲领和《土地问题决议案》（草案）改由陈独秀起草，纲领名为《中国共产党左派反对派纲领》。这个纲领，为了避免争论，是以托洛茨基为中国托派起草的政纲为蓝本的，内容分五部分：过渡时期中反对派之总任务；中国革命失败的教训；"过渡时期与我们的策略"；中国革命的前途；共产主义运动的分派及反对派目前的任务。

在内容上，值得注意的有以下几点。

《纲领》竟然攻击"中国共产党差不多一走上斗争的舞台就在机会主义领导之下"。这种文字出自曾主持创建中共并担任第一至第五届中共中央最高领导人的陈独秀之手，殊属惊人，再次表现出他爱走极端的思想方法。

《纲领》规定托派对中共的策略是："它绝不与共产党的活动隔绝，它在每个问题中采取它的态度，它在示威罢工等斗争中无情的批评正式党领导之政策的错误，并以它自己的信仰，不对正式领导作任何让步。"这就规定了托派始终是中共反对派（反对党）的性质。

《纲领》根据大革命失败的经验，"郑重宣言"：

> 无论何时和无论在何种条件之下，无产阶级的政党均不能加入别一阶级的政党或同别阶级混合组织。无产阶级政党之绝对独立，是共产主义政策之基本和先决的条件。

从内容上说，这一条对于共产党无疑是正确的。可悲的是，对于极左性质的托派来说，在后来的实践中，被发展为拒绝与任何其他政党、团体建立联合战线。而当革命形势到来，陈独秀主张建立这种联合战线时，却遭到托派中其他势力的抵制。所以，《纲领》中的这条规定，从根本上决定了托派自我孤立，难以发展，因此也没有胜利的可能。

《纲领》做出这条规定，是基于对中国民族资产阶级的偏见，认为它没有任何革命性："中国资产阶级在中国的基本农业经济中，与封建形式的剥削发生了有机的不可分离的联系。他们在上层与世界财政资本也是有机的不可分离。中国资产阶级同样的不能解除农村中的封建剥削形式与国际帝国主义的关系"；"资产阶级和最反动的封建军阀的冲突与外国帝国主义的冲突，比起他们与工人和贫农的不可调和的冲突，在最后一分钟内，永远退至不重要的地位"；"所谓中国民族资产阶级恃以反对中国工农的，是有国际帝国主义军事力量为后援。他们比任何的资产阶级更要迅速的残忍的将阶级斗争变为国内战争以屠杀工农"。

所有这些都来自托洛茨基脱离中国实际的说教。仅就这一条，就决定了托派的纲领永远是"左"倾的，尽管在下次革命一开始有没有一个短暂的完成民主任务问题上，陈独秀曾与青年托派发生过激烈的争论，而且陈独秀的观点似乎温和些，但其本质还是"左"倾的。

《纲领》对于"红军"问题，吸收了青年托派的意见，说法全面了一些，但基本上保留了陈独秀的观点，说它"是中国革命具有内心势力和广大可能性之证明"，但又断定，"在工业中心城市消沉之下，没有胜利的机运"，攻击中共"企图依靠乡村的游击队来组织红军并创立苏维埃政府，以对抗国民党的统治，这是官僚主义冒险政策"。

在对中国资产阶级革命性的估计及与其建立联合战线、对待"红军——农村武装割据"革命道路的态度两个问题上的根本对立，可以说是托派与中共的根本对立。二者以后的历史，也是围绕这两大对立展开的。所以，这两大对立，最鲜明地显示出中国托派与中共是怎样划清界限的，而二者的前途为什么那样的大不一样。

《纲领》宣称托派的"目的"是"复兴共产国际"，并说"只有此种小组织在自己的旗帜之下，在共产党内党外，公开而勇敢地前进，才可挽救共产国际于变节及灭亡"。

《纲领》为中国托派规定的"总任务"和"目前的任务"，都强调"准备"——"准备工人阶级走向第三次中国革命"。

上述内容表明，《纲领》的确在中共面前鲜明地树立起了中共反对派的旗帜。

为了避免争论，在革命性质、国民会议等问题上，《纲领》都引用了托洛茨基的原话。所以，这个纲领实际上是四派小组织在托洛茨基的压力下，互相妥协的产物，也是经过七八个月激烈争论、谁也说服不了谁后的妥协。如陈独秀在后来一篇文章中所说："在统一纲领起草时，所谓'中国第三次革命一开始就是社会主义'的问题，又由另外几个同志提将出来；经过好些争论，始终并未曾得到很明确的解决，尤其是在坚持此种意见的几个同志的意念中。他们只最后让步到这样说法：将来的革命固然会由民主主义斗争开始，然而经济的发展也会由社会主义开始。他们忘记了经济发展不是一件神速的事，如此只有把第三次革命推迟到较远的将来。"[1] 《纲领》在1931年5月1日统一大会上顺利地通过。有人回忆在统一大会上，各派对这些问题"发生了争论"，[2] 不是事实，显然把协议委员会时期的争论错植到统一大会上了。但是，陈独秀与其他托派在革命性质上的分歧埋伏了下来，造成了以后托派思想上的分裂和陈独秀领导工作的瘫痪。

统一大会在1931年5月1～3日秘密举行三天。由于陈独秀等深具实力，大会的筹备（会场和经费）由无产者社"独力承担"。[3] 会场布置，由该社秘书长何资深具体负责。陈独秀的好友和崇拜者李仲山拿出一件猞猁皮大衣，典当得二百多元，解决了大会经费问题。他们在上海偏僻的大连湾路租了一幢石库门房子，让王茨槐带着妻子、女儿住进，掩护开会。这些措施事先都绝对保密，开会当天，代表到达时才知道。王茨槐原是中共党员，铁

①　独秀：《我们的争论之中心点》，1931年10月19日，《火花》第1卷第5期，1931年11月7日。陈独秀被捕前共出9期《火花》，全部是手刻油印本。

②　濮清泉（当时名濮德志）：《中国托派的产生和灭亡》，《文史资料选集》第71辑。

③　王凡西：《双山回忆录》（增订本），第189页。

路工人，转向托陈派后，任无产者社法南区委委员。大会采取严密的保密安全措施，除了陈独秀一人之外，所有代表都住在会场内，开完会之后才能出去。

各派代表名额的产生，由于关系到统一后托派中各派的利益分配，曾发生激烈的争斗。后来妥协下来：20 人出一代表，由各派自己推选。"我们的话派"定为 140 人，代表 7 名：梁干乔、陈亦谋、宋敬修、张九等香港 4 位工人代表。无产者社定为 100 人，代表 5 名：陈独秀、郑超麟、江常师、蒋振东、王茨槐。在推选这 5 名代表时，曾发生激烈斗争。由于在统一协议过程中，尹宽与彭述之尖锐对立产生的矛盾，原来两人都不做代表。后来，彭的势力毕竟很大，据郑超麟回忆，开会后临时加了一个代表彭述之，第二天才参加大会。曾为无产者社及这次统一立过很大功劳的尹宽只能落选。陈独秀并没有因为尹宽与自己观点相同，而硬把他拉进代表中来。"十月社"定为 80 人，代表 4 名：王文元、罗汉、宋逢春、濮德志。战斗社 40 人，代表 2 名：赵济、来燕堂。

大会头两天讨论和修改协议委员会提供的各项文件。开幕时，陈独秀致辞，接着做了一个政治报告。由于在一年多的争斗和协议中，各派的意见已经说尽，统一又显得那么迫切，所以，除了《中国共产党左派反对派纲领》以外，大会上还顺利地通过了协议委员会提供的以下几个文件，尹宽起草的《职工运动提纲》、梁干乔起草的《组织问题决议案》、王文元起草的《国民会议问题提纲》。在会后油印的这些大会文件最后一行都注明："一九三一年五月一日统一大会通过。"但是，由于在红军问题上尚有分歧，陈独秀起草的另一个文件《中国土地问题决议草案》没有通过。在该"草案"最后印了这样一行字："一九三一年五月统一大会决议，交特别委员会继续讨论。"[1] 据宋逢春说：由于该草案中仍有称红军为"土匪"的意思，所以青年等托派三派代表串联后，决定搞一下"老先生"，不予通过。[2]

另据王文元回忆，大会上还有一个争论是"关于蒋介石统治下中国的统一可能性问题"。陈独秀认为"全中国表面的统一，可能在国民党统治下获致"。[3] 大多数代表反对这种说法，结果《纲领》做了修改，指出："国

---

① 笔者有幸收集到当时统一大会后散发的这五个议案的手刻油印件，字迹还十分清楚。
② 《宋逢春谈话记录》，1985 年 10 月 12 日，唐宝林访问并整理。
③ 《双山回忆录（增订本）》，第 189 页。

际帝国主义的剩余资本，可以造成中国的经济复兴，目前国民党之召集国民会议亦即是适应这种要求。但是这种前途，受着国内外一切因素之影响，其结果将引起各种矛盾之紧张"；"反动的卑怯的资产阶级不仅只能召集一个选举标准很高的国民会议，并且还不敢骤然放弃国民党的'训政'……这一立宪政治的企图不仅要引起其内部各派之冲突，并且要招致贫民群众之激烈的反抗，为彻底的民主主义而斗争"。

大会决定中国托派的正式名称，仍沿用无产者社的名称，即"中国共产党左派反对派"，以示他们仍是共产国际及中共内部的一派，而不是有人说的"中国共产主义同盟"。这个名称到 1935 年才使用。

大会选举了全国执行委员会委员 13 名（其中包括 9 个正式委员和 4 个候补委员），正式委员是：陈独秀（书记处书记）、陈亦谋（组织部主任）、郑超麟（宣传部主任）、王文元（党报主编）、宋逢春（书记处秘书）、罗汉、张九（香港工人）、彭述之、濮德志等。前 5 人相当于常委组成"书记处"。大概组织还太小，没有自称"中央执行委员会"和"中央书记处"。这个名单，根据王文元、郑超麟、濮德志三人回忆综合而成。三人回忆互有出入，郑超麟说委员中没有罗汉，候补委员中有彭述之和宋敬修，还有一个委员区芳在狱中。后来，流亡在英国的王文元，从美国胡佛图书馆 1980 年公布的托洛茨基档案中，发现当年统一大会时发给托氏的电报上，[①] 有"书记处"5 人的签名，所以，前 5 名"书记处"的名单是可以确证的。

走上了颠沛无尽的不归路

当时，全国中国托派人数约 500 人，主要在上海；其组织仿效中共的系统，设沪东、闸北兼沪中、沪西、法南（法租界和沪南）四个区委。另有北平为中心的华北区委和以香港为中心的华南区委。华南区委的特点是帝国主义企业中洋人资本家与中国工人的矛盾尖锐，因此主要在工人中活动。北平的大学较多，华北区委主要在大学中活动。这就是陈独秀领导下的全部组织和人马。

---

① 电报的英文原稿影印件及中译文，见唐宝林《中国托派史》，台北：东大图书公司，1994，第 355、356 页。

陈独秀从中国共产党的总书记，变成中国共产党左派反对派的"书记处"书记，富有传奇色彩，又一次表现了他的性格的多变性和思想的活跃性，决不为任何信仰所拘囿，并且坚信自己是在为中国人民的根本利益而奋斗！正如他在统一大会闭幕词中激情满怀地说："中国人民正在水深火热之中，我们一天也不能忘记，他们在期待我们，我们应担当历史赋予我们的使命。"① 5 月 9 日，他们还给托洛茨基拍去一份电报，告诉他："中国反对派的统一引起了反动派的注意，也引起了工人大众的注意。我们相信，在国际左派反对派的领导下，它定能完成它伟大的历史任务。"②

但是，由于他们中的不少人并不具有像陈独秀、郑超麟、王文元那样纯真的信仰和为人民利益而斗争的品质；他们的统一又是在外部压力下妥协和凑合的产物，再加上组织上主张党内派别活动的合法存在和自由活动，所以，这个组织缺乏起码的组织性和纪律性，也就缺乏凝聚力。这样的组织本来就经不起任何斗争的考验，更何况他们还处在帝国主义和国民党反动统治最强大、最严厉的中心城市，曾经相当强大的中国共产党都不得不退出这些城市。于是，当执行委员会踌躇满志地开始为他们的"历史任务"而工作时，背叛、瓦解、破败的危机，一个又一个地袭来，把他们置于难以招架的境地，开始了他们永无休止的苦难历程。

首先是在执行委员会中，那些青年托派的委员对陈独秀还是不买账，开会时经常吵架。由于陈独秀写过攻击红军是"土匪"的文章，这是他们唯一抓得住的把柄（连托洛茨基也站在他们的一边），统一大会上又未通过陈起草的土地问题决议案，所以，大家对他写的文章不放心，认为他已经是大家的"书记"了，外面会把他的观点视为整个组织的观点，因此要求他写的文章，最好让大家看看，同意后再发表。陈独秀对此大发脾气，说："文章像人一样，要有个性。大家同意，就没有个性了，还写什么文章！"③

这正是陈独秀的个性，作为思想家的个性。这样的个性，在《新青年》初期，他作为个人独立存在时，可以充分发挥，但当他加入一个组织后，如过去的中共和现在的托派，就不能不受到限制，而不管他的思想和主张有时

---

① 《宋逢春谈话记录》，1985 年 10 月 12 日，唐宝林访问并整理。
② 电报原件影印，见唐宝林《中国托派史》，第 356 页。
③ 《宋逢春谈话记录》，1985 年 10 月 12 日，唐宝林访问并整理。

是多么的正确和英明。这就是个性与组织性、纪律性的矛盾。自然，这种矛盾是辩证的，有时能统一，则使个人的智慧借助于组织的力量，其能量发挥到极致，创造辉煌的业绩；有时则相反，组织性压制个性，使人无所作为，甚至受到无情的打击和摧残。陈独秀的一生，多次发生这两种状况。另外，个人的力量总是渺小的，即使有很英明的思想，如新文化运动时期的陈独秀，也只能发生思想上的影响，若无组织的力量，不可能发生改革社会的作用。这大概就是马克思说的"批判的武器，不能代替武器的批判"吧！

在组织上，托派的致命弱点是它的严重的分裂，始终没有真正的统一。统一大会后，先是曾为统一做出过较大贡献尹宽，由于受到无产者社内部彭述之为首的一帮人的排斥，连大会代表都没有当上，成为继刘仁静后又一个托派"边缘人物"。于是，他利用原来的关系，首先纠集几个人，控制了几个支部，进行反对"中央"的活动。而马玉夫这个为无产者社的成立立过汗马功劳的人，自以为是当然的"中央委员"，但是，先是被撤协委代表，十分不满，愤而退出无产者社领导班子；继又未当上大会代表，更未当上"中央委员"。于是，他坏事做绝，竟到国民党龙华警备司令部告密，企图置新生的托派组织于死地，致使统一大会后还不到一个月——1931年5月23日，托派（中央）执行委员会的机关即遭破坏，除陈独秀、彭述之、罗汉外，其他委员全被逮捕，整个组织陷于瘫痪。陈独秀虽然因马玉夫不知道他的住址而幸免逮捕，但马的背叛引起他的极大震动和痛苦，颇有寇准错用丁渭之悔，哀叹说："我不识人！"陈独秀常有感情用事之时，他见马玉夫平时作风流里流气，还自称是"工人代表"，就对人说："搞革命，当领导人，还是知识分子，工人不懂！"[1]

其实，观察一个人的品质，把马克思主义的阶级分析法教条化为出身成分论，根本是唯心主义的。当时托派和共产党内部都有唯成分论的影响。中共六大时，受布哈林的指使，选了一个工人出身的向忠发当总书记，实际却是个摆设，实权掌握在知识分子、职业革命家李立三手中。托派因为寄希望于唯一的城市工人运动，更强调工人出身这个"教条"。但是，托派的全部历史表明，中国的工人阶级并不接受他们的革命纲领和路线。

陈独秀走到另一极端，搞革命要靠知识分子。知识分子又怎样呢！其实

---

[1]　《宋逢春谈话记录》，1985年10月12日，唐宝林访问并整理。

马玉夫也不是什么工人，梁干乔等人的背叛，更否定了陈独秀的说法。以中国托派元老自居的梁干乔，自认为是统一组织后的当然的"中央委员"，但他在"我们的话派"中的表现，使他声名狼藉，徒然代表最大的一派参加协议委员会，又参加统一大会，最后却落选，什么也不是。于是，他也恼羞成怒，与陆一渊等四人，跑到南京，以广州黄埔军校同学的身份投靠戴笠。此时戴正奉蒋介石之命，筹建法西斯组织军统前身复兴社特务处。于是，梁就与戴等人结成"十人团"，并被称为复兴社的"十三太保"之一，成为军统特务组织最早的骨干。① 背叛后，他给国民党的第一份礼物，就是发表反共声明：声称共产主义不符合中国国情。他说参加托派统一大会后，"没有看见一种鲜明的足为建立健全无产阶级政党的要素"，因此他感到"怀疑"和"失望"，并说这"并不是偶然的现象，而正是现存的无产阶级力量的反映，是抱了纯粹共产主义理论的人们，落到中国现实环境上必然发生的心理现象"②；陆一渊则说："中国工人群众在资本主义下尚未孕育成无产阶级意识，社会主义的政治要求绝对引不起他们的兴趣"。③

陈独秀不承认开局失败，不像共产党那样退出城市，转向农村，而是坚持在城市斗争。于是他着手重整托派事业，吸收尹宽、宋敬修、蒋振东等人加入"中央常委"，但到8月，又遭打击。一天，尹宽受陈独秀之托召集会议于上海英租界振华旅馆，中央组织部长代陈主持会议。是夜，与会者又全体被捕。

就这样，"陈独秀想收拾残局，重振旗鼓，但很长时间也收不拢来"。④所谓"中央常委"，一直只有他和彭述之两三个人。即使如此，陈独秀与彭述之之间也不团结。

托派小组织协议统一期间，由于陈独秀采取坚决措施制止了彭述之企图破坏统一的行动，1924年以来两人关系亲密合作的关系破裂，连私人间的友谊也不存在了。陈独秀是个性情中人，喜怒形于色，而被称为"孔老夫

---

① 梁干乔由于来自共产党营垒，在特务组织中，以研究反共政策著称，由于他们反共有功，受到戴笠的器重，一度任特务处南京总处书记长，主持特务组织的内务工作。但此人的个人野心不改，抗战爆发后，他任特务处郑州办事处主任时，企图发展个人势力，受到戴笠的忌恨和钳制，遂跑到西安，投靠胡宗南，任该部政治部主任，专门从事对延安共产党中央所在地的破坏活动。

② 梁干乔：《回忆与展望》，《苏俄评论》第1卷第3号。

③ 陆一渊：《以前种种》，《苏俄评论》第1卷第3号。

④ 濮清泉：《我所知道的陈独秀》，《文史资料选辑》第71辑。

子"的彭述之是内向人，城府很深。这样两个人，一旦破裂，就不会像陈
独秀与胡适、陈独秀与章士钊那样——曾经肝胆相照，政治上决裂后，还有
久远的私人友谊。陈与彭在政治上几乎没有分歧，就是在个人作风和气质
上，二人难以相互容忍。如郑超麟说："陈独秀是富于意气的人，他容易信
任人，容易过分估量所信任的人的价值，可是对这人失望之后又容易走到另
一极端去。"从此，他对于彭述之的厌恶恰好同过去的信任一般，很是极
端。当时何资深议论彭述之，说他是个"纸老虎"，表面张牙舞爪，在无产
者社中势力很大，戳穿之后，空无所有。陈独秀则说："不是纸老虎，是烂
西瓜。纸老虎里面不过是空无所有而已，烂西瓜表面很好看，剖开之后喷出
一阵恶臭。"①

因此，无产者社期间，"常委"开会几乎每次都吵架，而且吵得很激
烈，成为"乌烟瘴气"的污染源。这种情形一直持续到统一实现、无产者
社自然消亡时为止。可是，陈、彭人之间的恶劣关系，并未因此结束，而是
带进新时期、新领域中来，继续发展。

在陈独秀有决定意义的推动下，协议委员会终于停止争吵，达成协议，
决定各派组织开统一大会时，彭述之却扬言"代表下层反对上层勾结"，继
续反对统一。陈独秀讽刺说："别人代表下层还可以说，你彭述之代表下层
就有点不象了。"代表大会召开前夕，彭述之因未当上代表，给陈独秀写了
一封长信，斥责这次"统一"是"虚伪的"，"无聊的"，他"誓死不承
认"。陈读信后十分气愤。临开会时，彭述之又被补选为代表，并在大会上
当选为候补委员。所以，5月5日，执行委员会举行第一次会议时，陈独秀
当场拿出彭的信给大家看，并当面责问他："今天还认为此次统一是虚伪
的、无聊的等等吗！"问得彭述之"满脸通红，一句话也说不出来"。②

陈独秀就是这样的人，在这种场合，一点面子也不给别人，像过去对待
沈尹默、黄季刚那样。

于是，在托派中央连续遭到镇压，只剩下他们两三个人的情况下，更是
冤家路窄了。二人又常常争吵，因为陈的涵养没有彭好，往往吵得陈独秀拂
袖而去，不欢而散。有一次，陈独秀又发火了，他穿起长衫，高声大叫：我
不愿和你们这些资产阶级在一起争论，我不要什么群众，不要你们；我干我

---

① 郑超麟：《回忆录》，1945年，手稿。
② 郑超麟：《回忆录》，1945年，手稿。

的，你们干你们的好了，说着就走了。大家跑去拉他也没拉住。彭述之就对大家说："他就是这种脾气，过去开共产党中央委员会会议，也是如此。他这种家长式的作风，是永远也改不了的。"①

两人的矛盾，后来终于发展到政治路线上的分歧。晚年陈独秀放弃"无产阶级专政"理论，竭力推崇"民主主义"和赞成国共合作抗日的统一战线，彭述之控制的托派中央又骂陈是"老机会主义"，曾一度要开除他。陈去世时，彭写的悼念文章，还骂他"晚节不保"。这是后话。

这样，在国民党强大势力的打压下，托派组织处于四分五裂、日渐衰败的困难条件下，陈独秀非但不消极，不退缩，反而努力维持托派中央的工作。其坚定信念，顽强奋斗的精神十分可贵，但在大革命失败初期表现出来的对形势的清醒估计，却明显地消减了。这其中自然有与中共"农村割据""对着干"的因素，也有对共产主义革命欧洲模式教条主义的执着。

首先，由于书记处负责主编机关报的王文元入狱，1931 年 9 月 5 日，他亲自创办了托派中央机关报《火花》，显然表示了"星火燎原"的向往；12 月，他又创办了托派内部理论机关枪《校内生活》。托派把他们的组织视为一座"学校"，注重于学习和宣传，而且其主流，始终没有走出这个"学校"。这两个刊物都是油印的。可见这时他们的经济困难，比《无产者》时期还严重。据当时担任《火花》刻印工的曾猛说：他的住房（又是工作间）的房租、伙食费，以及蜡纸、油墨、纸张等的费用，"都是由陈独秀一人负担"。② 如像他主编《新青年》或后来的中共中央机关报《向导》一样，在这两个刊物上，每期的重要文章都由陈独秀署名撰写，还有他以"中国共产党左派反对派执行委员会""常委"名义起草发表的宣言、决议、通告之类的托派文件；它们还以传单的形式，广为散发，顽强地表现托派组织在中国的存在和在政治方面的特殊影响，企图引起国民党、共产党和社会各界的注意。

大概对共产党的"机会主义"的批判已经说尽，或是对托派的严厉打击主要来自国民党，统一以后的托派不再两面作战，而把攻击的重点对准国民党独裁统治，宣传他们"召开国民会议解决一切国是"的政治主张。

---

① 濮清泉：《我所知道的陈独秀》，《文史资料选辑》第 71 辑。
② 曾猛：《关于〈火花〉的情况》，1951 年 4 月 23 日，未刊稿。

1931 年 8 月 6 日，中国托派统一后，首次在政治舞台上亮相，发表了陈独秀起草的《中国共产党左派反对派告民众书》。① 宣言一开头就大声呐喊：

> 全中国工人们、农民们、一切被压迫民众们：
>
> 国民党资产阶级统治中国，已经四年了，他们过去做了些什么？现在正在做什么？民众还不应该起来制裁他们吗？

接着，告民众书历数国民党统治四年来各种罪恶：外交上对帝国主义摇尾乞怜，对日本帝国主义在东北制造的屠杀朝鲜华侨和农民的事件，"蒋介石则公然劝告民众'持以镇静'，'严守秩序'"，安内而不攘外；对内一是穷兵黩武，连年战争，"牺牲人民无数生命财产，破坏全国交通，于国民经济以不断的打击"；二是"全力'剿赤'，以屠杀答复农民为饥饿而争取土地的要求"；三是"蒋介石和他的'皇亲国戚'们"卖官纳贿，聚敛巨资，暗贩鸦片，横行霸道，无恶不作；四是竖尽前代、横尽万国所未有的白色恐怖笼罩了全中国，枪杀共产党人和革命的工人农民，禁止工人罢工，剥夺人民集会结社言论出版之一切自由权利。宣言最后宣告："中国人民不能再在国民党资产阶级统治下，受尽帝国主义军阀的蹂躏了！"号召："一切被压迫民众起来奋斗"，"召集群众的国民会议预备会"；"各业工人否认国民党的工会法，自由的组织自己的工会"；"农民自动平均分土地"；"反对国民党屠杀农民及共产党"；等等。

在共产党转向农村后，在上海这样的大城市中，的确没有再听到如此有力的反国民党统治的声音了。从这个意义上说，托派的确替代了共产党留下的位置，与在农村进行的苏维埃革命，站在一条战线上，具有互补的作用，虽然它的战斗力和影响是那样的微弱，不可与红军同日而语。

大革命失败后，陈独秀与共产党及青年托派争论的一个重要问题是，国民党政府的建立能不能实现中国的稳定与统一，哪怕是暂时的。陈独秀受托洛茨基的说教，一直持肯定的答复，认为在帝国主义的支援下，国民党政府可以获得一定程度的稳定与统一。但是，由于连年的新军阀混战，陈独秀终于改变了看法。在与上述《告民众书》同时发表的陈独秀署名文章《国民党与中国统一——统一是中国进步的必要条件》一文中，他明确指出："已

---

① 《火花》第 1 卷第 1 期，1931 年 9 月 5 日。

离开民众而和民众站在敌对地位的国民党，它不得不依赖帝国主义及各派军人势力以自存，它自身已是一个新旧各派军阀大集团。它自身已屈服在帝国主义的卵翼之下，只能向帝国主义进行某种有利于资产阶级的妥协，而不能进行反帝国主义的对外战争，以获得国家统一；它自身已陷入军阀混战之中，只能一时结合某一派军阀打击另一派军阀，而不能依靠民众的势力彻底消灭整个的军阀制度，实现革命政权的统一。"这就说清楚了帝国主义与军阀制度的存在，是中国国民党不可能实现统一的两大根本原因。所以，要实现中国的统一和独立，首先要打倒国民党和国民党政府。这个观点显然与当时中共的观点特别是毛泽东的观点是一致的。

那么，中国往何处去呢！陈独秀因观点不同，对正宗托派观点与中共之间争论十分热烈的关于"中国社会性质论战"，一直保持沉默，此时则公开发表一篇文章《中国往何处去》，[①] 批判戴季陶以"三民主义"代替或冒充"社会主义"的观点，也同时批判这场论战的托派中的代表人物任曙[②]说的"中国经济已发展到可以实行社会主义革命"的见解，认为中国的出路是"无产阶级的民主主义运动"。这个观点倒是他转向托派后的一直坚持的观点，即"无产阶级领导（或专政）下的民主主义运动"，再不断地发展到"社会主义"。在这里，陈独秀力图使托洛茨基主义与中国的国情和革命实际相结合。但这是有缺陷的观点。因为，历史应该在"民主主义"阶段将停留很长一个阶段，而不是人为地、不停顿地发展到社会主义。关于这一点，陈独秀到晚年才有所悟。

---

① 《火花》第 1 卷第 2 期，1931 年 9 月 28 日。

② 当时是托派北方区委领导人，在论战中著有《中国经济研究》一书，是代表托派一方与中共对立的代表作。

十五　反蒋抗日的旗手（1931～1932）

提出抗日"持久战"思想第一人

托派统一后，在十分艰难困苦的条件下，陈独秀领导托派反对蒋介石国民党的独裁统治，顽强地为他们的"国民会议"——"无产阶级民主主义"而奋斗的时候，历史发生了意外的转折。1931年九一八事变发生，"救国"成了当务之急，"民主"又被降到了次要地位。历史再一次让"救亡"压倒了"启蒙"。不是中国人民不懂或不要"民主"，也不是中国精英知识分子不愿意做"启蒙"工作，而是形势所使然。于是，善于捕捉形势变化的陈独秀立即调整斗争矛头，把抗日救国放到日程上来。

对于陈独秀来说，这个"调整"是很容易的。因为由于蒋介石国民党政府起初对日本侵略推行"不抵抗"政策，他们就很自然把反蒋反国民党的斗争与反日救国斗争结合起来了。这样也很自然地把反独裁的"民主"与反侵略的"救国"很自然地结合起来了。与此同时，全国出现了抗日民主运动，并在第二年的"一·二八"抗战中发展到高潮。在这个运动的鼓舞下，陈独秀兴奋异常，斗志昂扬，以为他们"等待""期盼"的革命时期终于来到了，于是他奔走呐喊，奋笔疾书，发表了一系列文章，特别以"中国共产党左派反对派"名义起草了一篇篇政治宣言，积极参加到政治生活中来，以发挥托派的政治影响。据现在收集到的资料统计：1931年9月至1932年7月，他在《火花》《校内生活》《热潮》杂志及传单上，以个人或以托派组织的名义发表的文章、宣言、决议和书信等达64篇之多。兹列其要者如下。

九一八事变后的1931年9月24日，陈独秀立即以"中国共产党左派反对派执行委员会"名义，发表《为日本帝国主义侵占满洲告民众书》①，谴责国民党政府的"不抵抗主义"，号召像历史上的五卅运动那样，建立反日联合战线，"民众立刻自动武装起来！""立刻自动组织各地方国民会议预备会，领导反日斗争和准备普选的全国国民会议之召集！""反对屠杀农民和对日取不抵抗主义的国民党政府！"

10月1日，陈独秀撰写《抗日救国与赤化》② 一文，针对国民党政府驻美大使颜惠庆讲话，抨击国民党对于日本侵略的"不抵抗"和"力持镇静"的政策，批评资产阶级妄想的中间道路，鲜明地维护中共和托派以及苏联的"赤化"立场，指出："我们敢断言：赤化是全中国最大多数工农劳苦人民所乐为的，不乐为者只是少数的军阀、资本家和地主而已。"但是，文章又明显地表示出一种排斥中间派的"左"的倾向："全世界已经只有两大营垒；一面是赤化的苏联，各国无产阶级及其先锋队——共产党和一切被压迫被剥削的革命民众；一面是反赤的帝国主义，各国资产阶级及其政党。此外所谓中间势力，或者不存在，或者等于不存在"；"专就此次抗日救国运动这一具体问题而论，也只有两条路可走；一是不怕赤化，由全国革命的工人、革命的农民、革命的兵士及一切革命的民众结合起来，建立自己的革命政府，在苏联及各国无产阶级和一切被压迫民众援助之下，对日本帝国主义作持久殊死战，以期获得最后胜利；一是服从反赤化的国民党政府之统一指挥，对日本帝国主义退让，或求救于其他帝国主义，使中国不亡于日本即瓜分于列强，此外没有第三条道路"。

在这里，陈独秀再一次划出一条线，把自己的托派，放在苏联和中共一边，他们还是中国共产党内的一个派——左派反对派，而与帝国主义、国民党、资产阶级是对立的。他这时提出的抗日救国联合战线思想，只包括"全国革命的工人、革命的农民、革命的兵士及一切革命的民众"，还有中共和苏联，不包括资产阶级，因为资产阶级还没有表现出抗日救国的行动。这些思想与当时中共的思想基本上是一致的。陈独秀同时还发表了《对于现在的抗日救亡运动的最坚定的战争》，进一步阐发了武装民众进行抗日民族战争的思想。

---

① 《火花》第 1 卷第 2 期，1931 年 9 月 28 日。
② 《火花》第 1 卷第 4 期，1931 年 10 月 28 日。

10 月 2 日，他又撰写《此次抗日救国运动的康庄大道》① 长文，针对国民党企图依赖美国抵制日本侵略的政策，总结"二十七年以来中国自己断送满洲于日本帝国主义"的教训，揭露国民党所谓"革命政府革命外交"是前清"以夷制夷"政策的继续，指出："用外交政策牵制某方面敌人，使有利于自己之斗争，有时固宜行之，然自己若没有斗争之决心与实力，专依赖外交来以敌制敌，这不但是妄想，不但是奴性，直是引虎自卫，仰仗一面敌人之保护以拒绝另一面敌人的危险政策，菲律宾之依赖美国，朝鲜之依赖日本，便是弱小民族苦的经验。"前清以日制俄的结果是引来日本出兵"为中国打抱不平"，暗中帮助日本继承了帝俄在满洲的一切权利。继而，又引来 1915 年的日本亡华"二十一条"。这次，蒋介石"害怕以民众的革命势力对付帝国主义，仍沿用前清'以夷制夷'的外交政策，即迎合美国门户开放机会均等的野心，依赖美国帝国主义势力来抵制日本帝国主义在满洲的侵略。因此日本帝国主义遂亦急乘美国和英国遭遇空前的经济危机无暇和它竞争以及中国政府消灭了民众运动的机会……突然出兵占领满洲"。

在救亡危机中，陈独秀能如此客观、冷静地总结历史经验，为现实政治之用，是难能可贵的。

那么，陈独秀主张的"抗日救国运动的康庄大道"是什么呢？他说："在此次反日救国的运动中，只有'排货'和'对日宣战'这两个主张，不但是多数民众的意志，而且比较的正当。"为此，要建立抗日救国联合战线。但他总结五卅运动中反帝联合战线中资产阶级动摇的经验，强调说："只有由工人和学生组织大规模的检查队，然后排货运动才能收实效"；而对日宣战，中国作为"殖民地或落后国家对帝国主义宣战，和寻常两国间的战争不同，这是一种革命战争，是需要革命的民众武装参加的……若没有广大武装民众持久的殊死战，单靠国民党政府一点脆弱的军队，不足予日本帝国主义军队之一击"。因此，"要实现民族革命战争，要获得反帝国主义战争的胜利，只有中国第三次革命复兴，以革命的民众政权，代替反革命的国民党政权，领导全国的革命民众和兵士……和日本帝国主义作持久战"。

陈独秀的这些抗日救国主张，虽然在当时历史条件下是不现实的，但是，他提出的一些重要思想如建立抗日的"武装民众"及"持久战"的思想，被后来的事实证明是正确的。可以说陈独秀是提出抗日"持久战"思

① 《火花》第 1 卷第 3 期，1931 年 10 月 8 日。

想的中国第一人。

陈独秀及其为首的托派抗日救国的主张与中共基本上是一致的，而且陈独秀及托派中央发的宣言、文章中，都谴责国民党"剿赤"和"屠杀农民"罪行，即是声援中共的。但是，奉行极左路线的中共中央却在机关报上连续发表文章批判这两篇文章。

10月25日、30日，《红旗》周报第21、22期连续发表署名文章《是对日宣战？还是民众自动武装起来驱逐日本帝国主义》《满洲事变中之取消派》《陈独秀的"康庄大道"》，批判陈独秀及以托派中央名义发表的文章和宣言，陈独秀的对日"宣战"主张，明明是否定国民党政府能够领导抗日救国战争，而主张"民众立刻自动武装起来"，"实现民族革命战争"，《红旗》文章却说"对日宣战""是由南京国民党中央提出，而被一切反革命派别——从国家主义到托陈取消派罗章龙派——拥护的"口号，这个口号与"中国共产党中央提出，而得到全国工农兵贫民及革命学生所拥护的"口号——"民众自动武装起来驱逐日本帝国主义"，是"根本不同的"。陈独秀的联合战线思想，明明是排斥资产阶级的，《红旗》文章却批判说："陈独秀在'康庄大道'上做着第二个五卅运动的梦"；他主张由"工农商学联合起来"是在"幻想第二个五卅的民族统一战线"，"事实上是要和资产阶级妥协，要引诱工人去投降资产阶级，屈服于反革命的资产阶级和豪绅地主"。这种批判不仅是从极左的立场出发，给陈独秀以莫须有的罪名。

《红旗》上的文章，抓住陈独秀《此次抗日救国运动的康庄大道》中提出的"以革命的民众政权，代替反革命的国民党政权"，领导全国抗日救国战争，是"反革命的幻想和空谈"。

其实，双方的主张在当时都没有实现的可能。

创办《热潮》 推动抗日民主运动

陈独秀出任托派中央书记后，无论是推翻国民党独裁统治，还是抗日救国，以及召集国民会议，都一直高喊"民众自动起来"。这是他因见托派组织力量弱小，不足以担当直接组织民众的重任的悲哀和无奈。他懂得抗日和革命都必须是有组织力量的较量，空喊"民众自动起来"无济于事，于是，陈独秀开始寻找组织起来的途径。他首先想到的是亲自指导过的五四运动和五卅运动，凭一份《每周评论》和《热血》小报，曾对运动的发展起过重要的作用。于是，他在 1931 年 12 月 5 日创办了铅印的《热潮》周刊，当时的托派中央机关报《火花》和《校内生活》还是手刻油印的月刊，可见他对《热潮》倾注的热情和寄予的厚望。

12 月 5 日，这一天，中国的政治形势恰恰是酝酿着重大事变的"山雨欲来风满楼"的时候。首先是"九一八"后开始的各地学生赴京请愿团，第一次受到血腥镇压。先是富有爱国传统的北大学生 300 余人，在南京示威游行，高呼"反对政府出卖东三省""打倒卖国政府"等口号，遭宪警镇压，185 人被捕，1 人被打死，33 人受重伤；然后南京中央大学学生千余人结队至卫戍司令部要求释放被捕学生，交涉代表反遭扣留，激起更大民愤。汪精卫改组派、国家主义派以及孙科、胡汉民等沪粤反蒋派乘机利用形势，逼迫蒋介石在 15 日发表下野通电。

在《热潮》发刊词中，陈独秀明确宣告托派要干预局势，宣称："二十世纪是两种热潮的世纪，一种是广大的劳苦饥寒奴隶向一班寄生虫算帐的热潮，一种是几十种被压迫民族向帝国主义算帐的热潮；这两种热潮，虽是时有起伏而不是一直高腾，其结局将无物能与之抵抗，特别是两种热潮之合流终要把全世界洗刷一新"；"今日正是中国民族的热潮和帝国主义的凶焰开始决斗时期，在这一次决斗中，将是他们的凶焰薰涸我们的热潮，还是我们的热潮淹灭他们的凶焰，这就要看我们的努力了！"而"本刊之发行，便是要为热潮做一小小记录，也要供给热潮一点小小动力，或者为内外凶焰所毁灭，或者浮在热潮中向前发展，这就是它的命运！"但是，又强调："我们相信，民众的热潮具有大炮飞机以上的力量；被压迫民族能够而且也只有拿这一力量来淹灭帝国主义的凶焰，淹灭它一切的敌人！"

为了扩大影响，《热潮》在广告启事中称："本刊为供给反帝热潮动力而发行，举凡工人团体、学生团体、一切民众团体以及各地公众图书馆、阅报室，欲置备本刊者，请开示详细地址并备足邮资，本刊即按期赠阅一份"，并且还"招请外埠代销人"。可见陈独秀办此刊物，雄心勃勃。

这是他一生中最后一次自办并主编指导群众斗争的刊物。现在见到的《热潮》，截止到 1932 年 1 月 23 日，共出了 7 期。据应陈独秀之邀经常以"胡年"笔名在上面发表文章的刘仁静说，一·二八抗战后，就停刊了。这七期刊物中，共发表评论文章 48 篇，其中陈独秀以"顽石""三户"为笔名发表的文章有 12 篇，而每期首篇都是"顽石"的文章。刘仁静说，陈独秀所以取"三户"笔名，用的是"楚虽三户，亡秦必楚"这个典故，以示托派当时的力量虽小，将来定能推翻国民党庞大的统治机器。① 其革命气概不减当年。此外，《热潮》每期还都有一组似匕首投枪类的"时事短评"，共 102 篇，刘仁静说也都是陈的手笔，别人写不出来的。

陈独秀在《热潮》上的文章，主要内容有以下几个方面。

一是声讨和谴责日本帝国主义侵华罪行和英、美帝国主义祖护日本、欺压中国的行径，主张"对日绝交"，"对日宣战"。11 月 23 日，国联第三次会议通过日本代表芳泽提出的"派遣中立调查团"来华的提案，国人对此产生幻想，以为日本侵略东北事件可以得到公正的解决。陈独秀立即发表文章《国联第三次会议后的局势》，指出"帝国主义强盗所组织的国际联盟和美国，都是被压迫民族的敌人，不是我们的朋友"；要人们放弃"美国是中国之友"的幻想。

二是抨击蒋介石、汪精卫国民党政府的不抵抗政策和出卖民族利益的罪恶勾当。面对日本帝国主义的侵略，蒋介石令数十万东北军"严禁抵抗"，致使东北三省很快沦陷，并让中国驻国联代表顾维钧提出在中国锦州撤兵，设立中立区国际共管天津等卖国方案。消息传出后，国民党政府怕激起民愤，放出空气说这是"日方向国联的要求"。陈独秀立即在 12 月 12 日出版的《热潮》第二期封面上，以醒目的大标题提出警告："大家还不醒觉吗?!政府为避免和日军冲突，不惜提出中立区和锦州撤兵这种卖国政策。"可以说，起了彻底揭露、大声棒喝的作用。然后，在美国的谕旨下，国民政府又与日本就"满洲中立区问题"直接谈判时，陈独秀又撰文抨击："牺牲东北的政策实现了!""城下之盟实现了!"② 并指出：国民党的"不抵抗政策"与日本的侵略和美英法的政策"配合起来"，断送东三省，号召国人起来武装抗日，代表国民党政府"回答巴黎的决议，回答一切帝国主义"。③

12 月 10 日，陈独秀又以中国共产党左派反对派执行委员会的名义发表《为日帝国主义侵占满洲第二次告民众书》，指出："两三个月来事实证明"了，"我们"原先指出的日本帝国主义的侵略阴谋，"国民党政府绝不能且不愿抵抗日帝国主义的暴行……（只能）摧残中国民众的反帝运动"；"国际联盟和美国都不能帮助中国，只能扶强抑弱帮助日本压迫中国，乘机夺

---

① 《访问刘仁静谈话记录》，1980 年 7 月 12 日，唐宝林访问并整理。
② 三户：《直接谈判之途径》，《热潮》第 1 期，1931 年 12 月 5 日。
③ 顽石：《国联第三次决议后的局势》，《热潮》第 1 期，1931 年 12 月 5 日。

利"。并认为，"现在日帝国主义不仅占领了辽吉，且已夺取黑龙江省城，现正在准备夺取锦州，进攻天津，迫令南京政府承认其已夺取的土地及一切特权"，而国民党政府已"决心与日本直接交涉，签订城下之盟了"。在抨击南京政府镇压全国各地学生救亡运动的行径后，陈独秀指出："满洲事件发展已走到一个转变点了，一个极严重的危急关头了！"现在摆在全国民众面前的只有两条路："或是为国民党所谓'反动分子'、'赤化'所吓倒而跟着它投降帝国主义，准备作'亡国奴'"，或是直接地彻底地抵抗日帝国主义，以至推翻一切帝国主义的压迫，中间道路是没有的。"但要走上第二条路，首先必须坚决反对国民党政府的投降政策坚决抵抗国民党政府对反日运动的一切压迫，以至根本推翻国民党的统治。"

《告民众书》表现出"反蒋抗日"——"抗日必须先推翻国民党政府"的强烈色彩："国民党反动统治之存在，不但是日帝国主义此次凶残地进攻中国和坚持强硬态度之唯一原因，不但是国联和美国此次对日妥协、伙同压迫中国之重要原因，而且是继续阻碍中国民众抵抗日帝国主义之唯一障碍物；此障碍物不扫除，在中国任何反帝国主义的运动都不会有什么真正效果的。民众现在应该有明确的认识：抵抗国民党政府乃是抵抗日帝国主义之前提！"[1]

1931年12月15日，蒋介石在抗日民主运动的冲击下（自然也包括陈独秀托派的揭露与批判）被迫下野。汪精卫上台后，打出"民主政治"的招牌，高唱"一面抵抗，一面交涉"，迷惑了许多人。有人甚至写文章欢呼"接触到民主政治的曙光"。陈独秀又立即予以揭露，指出：在对日避战求和、偷安政策和对民众反日运动的高压手段上，"汪精卫政府和蒋介石政府将没有什么不同"。[2]事实很快证明了他的论断。汪上台后第三天就制造了震惊全国的"一二·一七"血案。当时先后到南京请愿示威团有平、津、京、济、苏、皖各地学生万余人。12月15日，上海示威团学生到国民党中央党部请愿，当时中央委员正在开会，推代理行政院长陈铭枢和蔡元培接见，因二人"大致其训词，答非所问，并严词诘责学生，一时群情愤激"，有人打了陈、蔡。当场逮捕学生11人（有说70余人）。次日，同学们见《中央日报》登满了"莫须有"的谣言，诬蔑学生，"无理捣乱"等，又激

---

① 《火花》第1卷第7期，1932年1月28日。
② 顽石：《真正的危机》，《热潮》第3期，1931年12月22日。

起众愤。于是 17 日，各地在京学生万余人整队赴中央党部质问《中央日报》报道不实，并要求释放被捕学生。因党部闭门不纳，学生砸毁悬挂在中央党部大门口的党徽，然后径赴中央日报社。愤怒的学生冲进报馆，捣毁了一部分设施，政府急派军警前来镇压，伤 30 余人。更有上海学生杨桐恒死于刺刀之下，尸体被抛入报馆门前河中。河上有座珍珠桥，在这危急混乱的情况下，因桥面狭窄，又有多人被挤踏落水。因此"一二·一七"血案，又称"珍珠桥惨案"。

血案发生后第三天，《热潮》即出版"一二·一七血案专号"，陈独秀以"顽石""三户"，彭述之以"南冠"，刘仁静以"胡年"等笔名，分别撰文，从"一二·一七"血案中，分析批判汪精卫、蒋介石国民党政府、改组派和国家主义派，并指导"今后学生运动的进路"。陈独秀在文章中进一步揭露："在此次血案发生前二日，所谓'民主政治'的新政权之主脑人物汪精卫，已开始痛哭爱国青年是'少数不良分子'，欲假借对外问题以危害党国，譬诸败群之马，自无许其有存在之余地'……不许其存在，自然便是屠杀！所以此次血案，便算是汪精卫所谓'民主政治'史上光荣的第一页。"

陈独秀揭露汪精卫改组派所谓"民主政治"家，只是替蒋介石做两件事："一是替他屠杀爱国民众，一是替他签订卖国条约。"①

陈独秀还明确指出，蒋介石与汪精卫之间有不可调和的矛盾，因此蒋可能"马上就会复辟"。②果真不到一个月，1932 年 1 月 21 日，蒋介石返回南京，表面上与汪精卫共同执掌政权，实际上汪只是个空头的行政院长，蒋则很快出任掌握实权的中央军事委员会委员长兼参谋总长。

三是指导学生救亡运动。

《热潮》每期都有报道和评论学生运动的文章。早在北京大学学生到南京示威时，陈独秀就发表文章，警告"时局到了转变点"："政府如果不愿公开的露骨的撕下欺骗人民的假面，只有退出国联和对日开战；如果继续任国联接受日本的要求，其势必须对人民取高压手段。站在人民方面，或站在帝国主义方面，它立须选择其一，再不能在现状之下含糊敷衍下去了"；人

---

① 顽石：《"一二一七"与"三一八"》，1931 年 12 月 20 日，《热潮》第 4 期，1931 年 12 月 29 日。

② 三户：《"一二一七"与改组派及国家主义派》，1931 年 12 月 23 日，《热潮》第 4 期，1931 年 12 月 29 日。

民方面也立须做出选择："或者是服从政府安心当亡国奴，或是起来用自己的力量自己的血汗来决定自己的命运。""一二·一七"血案发生后，汪精卫改组派和国家主义派纷纷指责学生运动"行动越轨"的"错误和过失"，甚至"受赤党利用"。例如国家主义派所领导的上海各大学教授抗日会，一面致电蔡元培，一面致电赴京示威学生，宣告"北平学生对外交部捣毁文件，又赴中央党部殴击蔡陈两先生，本会……对于此类不辨是非利害之举动，认为不当"；同是国家主义派所组织的上海市教育界救国会，也发出《劝告学生复课书》，认为锦州中立，天津共管"暂时或不至实现"，而蒋介石急流勇退，通电辞职，"我青年学子，处此时机，当决然跃出漩涡，归洁其身体，约束其思想，潜修其德业……勒马峻坂，返动为静"。于是，学生中一部分人产生了动摇和妥协的倾向。

陈独秀对初期的学生和平请愿，既抱同情，又持否定态度，指出他们"声势似乎是很浩大，而在行动上还是学生孤军独战，大多数民众虽有奋起之可能，实际还并没有起来；即学生运动虽已开始"左"倾，而到处仍不免表现出懦弱与妥协"，并批评学生"随在他们的上层领袖和一般高等华人的尾巴后"，任人"玩弄和欺骗"，对统治者抱有幻想。

当运动汹涌发展，冲破资产阶级、小资产阶级上层分子及黄色工会头目的束缚时，陈独秀又发出了"挤他们到后台去"的号召，指出这些动摇和妥协的分子"必然会被前进分子挤到斗争的后台去；同时也必须把他们挤到后台去，反日斗争才能向前发展"。[1]

当学生运动发展到放弃对国民党的幻想、捣毁国民党党部的激烈程度时，陈独秀热情地称赞"学生运动走出了'只问外交不问内政'的迷魂阵，由反日运动走到反国民党，这本是运动发展之极自然的逻辑"。[2]

当学生运动受到反动舆论的各种攻击和诬蔑时，陈独秀更是挺身而出，坚决捍卫学生运动的正义性。他在多篇文章中批驳国民党反动派和一些保守派攻击学生"越轨行动"，指出："站在爱国民众反日救国的立场而言，学生捣毁国民党党部，喊出'打倒国民党卖国政府'，因封存和没收奸商的日货而'侵犯私有制和干犯法律'等等'越轨行动'，都是'必要的'，'必需的'，应该大干'越轨行动'"；"'革命是历史的火车头'，人类史上一切

① 顽石：《挤他们到后台去》，《热潮》第7期，1932年1月23日。
② 顽石：《由反日到反国民党》，《热潮》第7期，1932年1月23日。

革命都是'越轨行动'。可以说，没有'越轨行动'，便没有人类进化"。"我们应该高声大喊'越轨行动神圣！'"① 同时，他批驳了国家主义派所谓"反动为静"和"跃出漩涡"的说教，指出这是"埋葬学生运动"和"埋葬反日运动"的主张。

当学生运动在自身的圈子中徘徊，尤其在遭到镇压而停滞不前时，陈独秀又引导说：只是"向政府示威，捣毁阻害反日运动的党部，殴打妥协卖国的官僚……还不能真正解决问题。解决问题的道路，在现状看来，只有由反日的学生与市民，把对付政府的党部的力量，转到工人与兵士中去，'越轨'的学生市民和'越轨'的工人兵士结合起来，再和'越轨'的农民结合起来，直接行动，随地驱逐暴日势力和祖护暴日的势力"；否则，"只有准备当亡国奴"。② 这是他在"一二·一七"血案发生前一天撰写的文章中的话。血案发生后，12月23日，他更明确地指出："经过了'一二·一七'血案，学生运动，当然要自觉的转换其方向，即是集中其时间、精力和热忱于工人、农民和兵士方面来，只有这一新方向之转换，才能使反日运动进到更高的阶段。"③

"学生运动与工农兵相结合"，采取推翻反动政府的"直接行动"，这是陈独秀领导"五四""五卅"和1926～1927年大革命的总方针。这表明他依然保持着1903年领导安徽拒俄运动以来爱国和革命的传统，同时又有"天下兴亡，匹夫有责"的强烈责任感，任何一个反政府的运动的出现，他总认为自己义不容辞，要去领导这个运动，即使不能实行组织领导，也要进行思想指导。他总是充当"弄潮儿"的角色，而且他也的确具有这方面丰富的经验。

但是，一是他的"革命万能论"的思想惯性，具有"左倾"的色彩；再加上托洛茨基主义极左理论的影响，他的革命思想具有明显的"左倾"经验主义的特点。他总希望任何一个群众运动，都走上推翻政府的革命道路，这是不现实的。二是所以说"不现实"，他所依靠的托派组织力量太弱小，根本无法与国民党抗衡。于是，他所提出的具体的"反日反国民党"纲领，就有两个致命的弱点。

---

① 顽石：《谈谈"越轨行动"》，《热潮》第5期，1932年1月7日。
② 顽石：《真正的危机》，《热潮》第3期，1931年12月22日。
③ 三户：《"一二一七"与改组派及国家主义派》，《热潮》第7期，1931年12月29日。

第一，崇拜自发性，鼓吹民众自发起来推翻国民党政府和抗日救国。陈独秀在文章中，反复强调抗日救国只能依靠中国人民自己，尤其是"下层的劳苦民众""奋起自救"，"千万不要依赖现在的统治者"，并且强调："我们三四万万有历史，而且有文化历史、革命历史的中国人，能说没有力量吗！除开少数卖国的军阀、官僚、奸商和豪绅等寄生虫，还有多数爱国的民众……我们相信，民众热潮具有大炮飞机以上的力量；被压迫民族能够而且也只有拿这一力量来淹灭帝国主义的凶焰，淹灭它一切的敌人。"[①] 为此，当广大工农民众在国民党政府压制下表现出一盘散沙、麻木不仁的时候，他就哀叹道："中国人民之不能及时奋起自救！也就是中国民族之真正危机！"[②]

第二，抱住不能实现的"国民会议"不放。这时期的陈独秀论述中国出路的每一篇文章，几乎都要归到托派主张的"国民会议"，希望"在反日反国民党的高潮中涌现出一个和卖国的国民党政府对抗的国民会议，这一革命的国民会议，是不能而且也不会由国民党政府召集的，它应该是全国反日民众代表自动集合的总机关，同时也是组织和领导全国民众反日斗争的总机关……是组织武装组织国家，以彻底反抗帝国主义，彻底肃清帝国主义的一切走狗的总机关"。[③]

但是，在推翻国民党政府之前，"民众代表"怎么可能"自动集合"出现这样一个"国民会议"——他所向往的像"一七九三年法国雅各宾党人领导的国民会议"。要知道，当时的中国除了国民党代表的大资产阶级、中共代表的广大农民之外，只有十分微弱的资产阶级和无产阶级，根本没有法国大革命时期雅各宾党代表的左倾而强大的小资产阶级群体。所以，即使后来国共合作实行抗战，也不可能产生这样的"国民会议"。

改变策略 最先提出建立"抗日联合战线"

"一二·一七"惨案后，学生反日反国民党运动有所沉寂。同样，蒋介石下野后，反蒋派实力人物汪精卫、胡汉民也因蒋介石掌握实际权力和政局

---

① 《热潮》发刊词。
② 顽石：《真正的危机》，《热潮》第 3 期，1931 年 12 月 22 日。
③ 顽石：《中国民众应该怎样救国即自救》，《热潮》第 6 期，1931 年 1 月 13 日。

不稳，迟迟不敢就职。国民党统治危机进一步加深。1932 年 1 月 28 日，蒋介石复出，主政南京政府。但是，就在这一天，中国局势发生又一重大事变，日本侵略者在上海发动进攻，企图奔袭南京，迅速灭亡中国。蒋光鼐、蔡廷锴指挥的第十九路军奋起抵抗，上海各界民众群起支援十九路军，蒋介石在 30 日迁都洛阳的同时，也派其嫡系部队第五军参加上海抗战，致使日军受到重创。但是，这次蒋介石的抗战是被动消极的，只求阻滞日军推进的速度，以争取南京政府后撤的时间，所以，没有全力支援第十九路军的抗战。相反，政府却以其违命抗战为由，予以处罚：停发军饷，截留全国人民支援十九路军的抗日捐款，并命令其避免与日军决战，以便政府再次与日军妥协，致使第十九路军最后弹尽粮绝被迫退出上海。同时，民众抗日救国热情继续高涨，而国民党政府继续压制，"一二·一七"惨案后第三天，周建人、胡愈之、郁达夫、丁玲等 30 余人发起成立了上海文化界反帝抗日联盟；1 月 14 日，上海农工商学各界举行联席会议，通过一系列抗日主张，决定于 17 日召开市民大会，并实行罢课、罢市、罢工、罢税、罢岗、罢操。此日，30 余民众团体举行市民大会，通过反对国民政府出卖东三省、反对政府压迫民众运动等 14 项议案。但会后到市政府和市党部示威游行时，被警察驱散。27 日，上海市政府又取消本市各界抗日救国会……

"一·二八"上海抗战爆发后，至 3 月 2 日第十九路军退出上海之前，陈独秀对形势做出了越来越激进的估计。他认为当时的形势与 1929 年他与中共决裂到任托派中央书记时的形势完全不一样了，"革命的民众都早已认识国民党政府根本是卖国政府，根本非推翻它便不能反日，不能救国"。甚至认为："目前是国民党资产阶级统治已由动摇走向崩溃，民众已经开始抬头的新时期，形成了无产阶级进攻的客观环境，反日的民族斗争已经成了武装民众的特殊机会。"为此，他提出了"武装群众打倒帝国主义的代理人"等口号，并以决议的形式，要求各地托派组织执行："我们一秒钟也不能放松抓住目前这一阶段的实际环境和机会，鼓动工人群众起来为这些口号而斗争，以造成革命的高潮，以造成直接革命的形势。"①

1 月 17 日上海举行市民大会及游行示威被警察驱散事件发生后，陈独秀更认为推翻国民党政权的直接革命形势已经到来，提出了建立"革命的

---

① 《常委对于北方问题的决议》，1932 年 1 月 7 日，《校内生活》第 2 期。《校内生活》是托派中央办的内部机关刊物，手刻油印件。

民众政权"的口号。20 日，他写了题为《一个紧急的政治问题》① 的长文，先行在群众中"紧急"散发（28 日刊登在《火花》上）。文章一开头就说："我这篇文章的题目，是用了列宁《两个策略》第一章的标题，当时他所指的'一个紧急的问题'是什么呢?"就是列宁说的："我们目前所处的革命时期有一个问题就是召集国民大会的问题。"接着，他大段征引了列宁的论述后，指出：我征引这许多话，并不是说当时俄国的历史条件和目前的中国完全相同……而是说目前的中国和当时的俄国局势有某些类似的重要点即列宁所谓"政治已开始恐慌和革命开始发展"，我们应"采取当时俄国多数派同样的态度"，即"从速推翻国民党政府，全部政权交国民会议，实现'革命的民众政权'"。文章从当时各阶级、阶层、政党派别的政治态度，分析了提出这个口号的紧迫性：国民党内部"破碎支离不可收拾之险象"，工人、农民、学生对国民党信仰的打破，特别是"全国学生的反日运动走到反国民党运动"，从南京中央党部至上海、北平、山西、陕西、浙江、汕头、江阴等省、市、县党部被群众"捣毁"；"在追悼'一二·一七'被杀学生游行示威中，都喊出'打倒国民党政府'的口号；有些激进青年的报纸（例如《上海日报》）已提出'民众政权'和'革命民众组织自己的政府'等口号"。"因此我们左派反对派应当觉悟到不仅限于'国民会议'之形式的口号，仅予以民主任务……而要加以实际的条件，使这个会议认真能执行它自己的责任……即要求全部政权交国民会议。"陈独秀指出，这个国民会议，不是参加统治阶级的"国民会议"，而是革命阶级自己创造的"国民会议"。"我们认为苏维埃和国民会议并不是两个绝对不能相容的东西，我们应该为创造我们的国民会议而斗争，当然还应该为创造我们的苏维埃而斗争，只有在两个斗争过程中，看那一个真是我们的，我们才发出全部政权交那一个口号，实现我们的'十月'。"在这里，陈独秀自以为在中国找到了把国民会议与苏维埃相结合，建立无产阶级专政，实行"十月革命"的道路。

陈独秀从这样的形势估计和新的口号出发，于 1932 年 2 月 10 日起草了托派中央常委的《政治决议案——目前形势与我们的任务》，并在上海各区委书记联席会议上表决通过。

《政治决议案》提出"我们的任务"是："组织及参加各地工人、农民、

① 《火花》第 1 卷第 7 期，1932 年 1 月 28 日。

城市贫民的义勇军运动，使之坚决的举起反日反国民党的旗帜"；"用全力推动城市工人自己的以至进攻的斗争。罢工运动一广泛起来，便应组织工人苏维埃，如果当地已有义勇军或我们能够影响的军队，更进而建立工兵苏维埃"；"在适当地点召集全体人民代表的国民会议，领导全国范围的反日反国民党的斗争"。①

值得注意的是，在这个决议案中，陈独秀提出了两个偏离托派传统观念的策略：与左倾的资产阶级"共同行动"和与中共合作领导运动。这个主张包含有建立超党派抗日联合战线的思想。虽然这个思想还不包括联合蒋介石为代表的大资产阶级在内，但在中国，陈独秀是提出这一思想的第一人。从主观上来说，这是因为反日反国民党运动的来潮汹涌，陈独秀深刻感到托派自身力量的弱小，难以担当领导运动的重任。

中国托派诞生时，根据托洛茨基的说教——中国资产阶级没有任何革命性——确立了一条基本政策：不与资产阶级及其政党做任何联合。但是，由于上海十九路军抗战及一些资产阶级的支持，《政治决议案》提出："在民众反日反国民党的斗争向前发展中，如果无产阶级还没有可能夺取政权的时候，如果小资产阶级的党派，甚至向左盘旋的自由资产阶级党派还未放弃对日战争的旗帜而企图推翻国民党政权，我们和他们可以在共同行动上，首先推翻革命的民众之最凶恶的敌人——蒋介石所领导的国民党政府。"

陈独秀在后来解释为什么有这个策略转变时，强调正是由于"九一八"后的形势，所以1931年5月托派统一大会上通过的政纲"已经不适用至少是不够了，当然只有重新决定目前的任务"②。

至于与中共的关系，早在"一二·一七血案"后，陈独秀就开始主动与党和缓对立的情绪，呼吁与党合作领导反日反国民党运动。为此，在1932年1月1日，他以"中国共产党左派反对派"的名义，发表了《告全党同志书》③，指出："目前的反日运动虽在表面上声势浩大，而在行动上还是学生的孤军独战。只有工人群众很快的起来充实这一运动，领导这一运动，才能够使这一运动走上革命的道路，即在这一点，我们党的责任是何等的重大而迫切呵！"接着，告同志书批评党三四年来由于执行以下"国际路

① 《校内生活》第3期，1932年5月20日。
② 常委为公布《法南旧区委同志答复常委的信》加的按语，《校内生活》第4期，1932年10月1日。
③ 《火花》第1卷第7期，1932年1月28日。

线""而自觉的或不自觉的放松了现实的民族民主斗争……使党的组织比以前更加破碎无生气"。使"我们党"陷于空前的"危机"。为此，"我们（左派反对派）为挽救这一危机向全党提出"六项建议，其中最主要的是第二条和第六条：

> （二）由党员群众要求中央对于现实的民族民主斗争迅速采取坚决勇敢的态度与积极政策，以国内革命斗争来防止第二次世界大战和进攻苏联。

> （六）由党员群众要求中央对于所有工会运动中，罢工斗争中，学生运动中，反日运动中，国民会议斗争中，反国民党斗争中，以至组织苏维埃运动中，一切共产主义者联合起来……我们左派反对派在一切行动中都准备和全党同志携手前进。

与此同时，陈独秀还与彭述之、罗汉共同署名，直接写信给中共中央，提议"合作抗日"。①

在 1 月 20 日写的《一个紧急的政治问题》中，他也对托派内部做工作，改变过去激烈攻击中共及红军的立场，并对其予以积极的肯定："我们还应该承认，南方农民争取土地和反国民党的武装斗争，在国民党的内部战争中，特别是在最后一次蒋冯阎战争中，大规模的发展起来，已经不仅是过去大革命之余波……同时，也不能否认南方的武装农民已经是威胁国民党政府而为它不能消灭的势力，并且还未继续削弱它的军事势力……这些都是一九〇五年的俄国所没有的，都会帮助中国工人革命得到俄国一九〇五年较有利的环境"；"我们也应该承认，我们的党，固然还是很弱，而比之一九〇五年俄国的社会民主党各有其所长与所短……在政治水平上，中国党自较俄国的党为低，而在农民和军事势力方面则较强"。这种说法，与他 1930 年《所谓"红军"问题》一文的观点完全相反。

在前述常委的《政治决议案》中，陈独秀更进一步地指出："我们的党——中国共产党，虽然做过不少的错误，毕竟还是在群众中有权威的党。它不但是无产阶级的党，并且应该站在民族领袖地位；它此时即应号召民众

---

① 《罗汉致周恩来等一封公开的信》，汉口《正报》1938 年 4 月 24 日、25 日。

自动的建立全权人民代表的国民会议，来代替国民党政府领导全国的反日斗争……红军一与某一工业城市政治中心城市（如武汉）民众运动汇合起来，即应在那里召集国民会议，做反日反国民党斗争之总机关。"他还说："在已有农民苏维埃的省份，城市苏维埃或义勇军一经成立，应即汇合苏维埃区域的红军占领地方"；"为执行以上的任务，我们……积极要求我党的领导机关改变策略，召集紧急会议，以谋整个党策略上组织上的统一，在未统一前，力求在一切行动上的合作"。

所有这一切转变，表明陈独秀是一个很善于根据形势改变策略的政治家，而不是一个僵死的教条主义者。自然，陈独秀对形势的估计和策略的转变，也带有浓重的浪漫主义色彩，因为当时的国民党并不如他所估计的那样脆弱，民众的抗日运动和中共的力量也不如他所估计的那样强大。更不幸的是，这一次转变本身遇到了托派内部极左派和中共第三次"左"倾路线的反抗，使他的爱国热情和浪漫的革命激情，非但没有得到任何响应，反而受到奚落。

批判托派内部极左派的干扰

陈独秀的思想和纲领已经有了"左"倾的色彩，但是，托派内部还有一股更"左"的极左派。陈独秀说：他们在这次反日反国民党运动中，发出鄙弃"民族主义""爱国运动"和"抗日救国""对日宣战"等口号的论调；他们荒唐地认为"工人无祖国"，"我们不应该爱资产阶级的国救资产阶级的国"，"笼统的反日和对日宣战，救国，爱国，都是资产阶级的民族主义，不是我们的阶级的立场"。陈独秀指出："如果这样的立场这样的意念用在此次反日运动的战略上是完全正确的，那么我们的纲领，我们的民主要求口号，便根本成了问题。"为此，陈独秀着重指导反日反国民党运动的同时，不得不分心与内部的极左派进行斗争。首先，他在理论上阐述了以下道理。

第一，极左派违背了马列主义的辩证法："一切政策与口号，若不择空间和时间一概采用或一概否拒，都是站在形式逻辑的观点上，对辩证的马克思主义加以讥讽。例如马克思、恩格斯和列宁，对于民族主义运动，都曾表示过赞助或反对两种不同的态度，这已经是马克思主义的 A、B、C……（他们）都认为殖民地或被压迫国的民族主义运动，是革命的，是有利于全世界无产阶级的，我们应该相信，世界革命乃是先进国的社会革命和落后国的民族革命之合流。"如果在先进国提出民族主义如"国家独立等，不但是无的放矢，而且是反动的"。

第二，托洛茨基也肯定中国的民族民主口号：在托写的中国反对派任务中，给我们以民主民族的口号："召集国民会议""保证中国的国家独立"等，正是由被压迫国的民主民族运动是革命的观点出发。"如果我们否认这一出发点，则国际左派反对派所给我们的纲领和口号，便根本成了问题……或者幻想中国资产阶级会自动采用民主政制和实行反帝国主义的民族战争，则民主民族的口号对于无产阶级便没有一点革命的意义。"

第三，嘲笑民族主义和爱国主义，就是放弃民族解放运动的领导权："资产阶级，比有些共产主义者更知道，假如要真正实行反帝国主义的民族斗争，必须要提高革命的群众，这首先便是对于它本身的危险；因此我们可以肯定的说，中国资产阶级已经不能担负民族解放的任务。因此领导中国的民族运动以至完成民族解放，已经是无产阶级自己的任务，不能看做是别个阶级的任务，更不应对之加以资产阶级民族主义或爱国主义的嘲笑，这样高贵的嘲笑之结果，没有别的，只有把自己任务和民族领袖的地位拱手让诸别的阶级。"

第四，极左派空谈社会主义革命，不了解民族民主革命的必然性和重要性："我们号召领导群众斗争……必须有一个总的政治口号即政治旗帜，能够召集比较宽广的群众参加全国性的斗争，走上革命道路。这样的政治旗帜……在落后国幼稚的人数较少的无产阶级，只能采用民主民族的，而不宜于社会主义的。如果人们不能肯定的说要用社会主义的旗帜，同时又不屑于用民主民族主义的旗帜，那么，用什么旗帜呢？这必然陷于没有任何旗帜的混斗。"极左派空谈社会主义革命，"仿佛民主民族主义的口号，只应该写在纸上，说在口头，到了民主民族主义实际运动起来时，便要从左边向它放几支冷箭。为什么会有这样颠倒错乱的事，根本是没有真实了解民主民族主义运动在被压迫国家的必然性和重要性"。在这里，陈独秀与其他托派关于下次革命开始于社会主义还是民主主义的理论争论，在实际斗争中就尖锐表现出来了。

陈独秀甚至这样讽刺这帮极左派："我真不懂得，我们在此次反日本帝国主义运动中，必须咬文嚼字的向抗日救国和对日宣战的口号放几支冷箭，才算是无产阶级的立场……那末，只有让这班社会主义者坐在亭子间里，静候中国无产阶级在民族的民主的革命基础上取得政权，再请他们出来到社会主义者的元老院中去。"

第五，极左派是教条主义者："我们要知道马克思主义永远不是教条，无论如何正确的理论，倘不能正确的用当其时其地，都会变成不完全正确，甚至于完全不正确。""'工人无祖国'，是从消极方面指出一般的事实，即是说还没有一个'国家机关'是拥护工人利益的，并不是说在任何条件之下工人都应该**不要**祖国（黑体字是陈独秀所标——引者）；所以更须从积极方面（特别是被压迫国家）号召工人从资产阶级手中夺回它正在出卖的国家，以创造工人的祖国，在这样意义之下的救国爱国，正和资产阶级的卖国是对立的……不错，'救国''爱国''民族主义'，其本质原来是资产阶级的；可是这些资产阶级的民主革命任务，也和其他民主任务一样，要由无产阶级来完成了。"接着，陈独秀具体论述了帝国主义国家如日本工人阶级，如果采用"救国""爱国"口号，"则是直接帮助了他们自己的资产阶级帝国主义，间接帮助了全世界的资产阶级帝国主义；直接打击了中国工人阶级的革命运动，间接打击了全世界的工人革命运动；并且更加紧了他们自己的资产阶级对他们的剥削压迫，这便是离开了阶级的立场。如果中国工人阶级在努力救国爱国的民族革命斗争中，打击了日本帝国主义，不啻打击了全世界的帝国主义……并且给了日本和朝鲜工人阶级解放斗争的机会；这完全合乎工人阶级利益而没有离开阶级的立场……我以为必须这样提出具体的事例加以分析，然后对于所谓的阶级的立场，才不至于陷于空洞的笼统的形式逻辑的了解"。

第六，"抗日救国"是贯彻"总的民主口号"的"特别口号"，不因它有"毒素"而排斥："我们固然应该在纲领中规定总的政治口号，以为一切政治斗争的旗帜；然而仅仅这个还不够领导整个革命斗争的发展，必须在总的旗帜之下，从日常环境中随时得出特别活泼有生气的口号，才能够在实际斗争中领导群众。如果我们虽然采用了总的民主口号（国民会议），而对于日常环境中发生的特别的民主民族口号（抗日救国）加以排斥，并且这类特别的民主民族的口号随时都会发生，若随时加以排斥，则总的民主口号便变成了一个偶像。"有的同志是对于具体名词如"救国""爱国"，甚至于"民族主义""放冷箭，以为这些名词都含有毒素"。陈独秀认为"这在根本观点上至少接近于极左派的立场，否则便没有立场。我以为一切民主民族的口号，都多少含有点毒素……我们不能因此便一般的反对民主主义，对于民族主义也是如此。这主要的问题不在某些口号本身是否含有毒素，而是看用在什么环境，发生什么作用，例如'救国''爱国'口号若用于一九一七年的俄国，'和平'的口号若用之于现在的中国，都同样的大有毒而特有毒"。国民党蒋介石还说"反对帝国主义和民族解放"；汪精卫和孙科"更是大喊民主政治；我们决不能因此便避讳这些名词"。同样，也不能以"抗日救国""爱国""对日宣战"流行于一般资产阶级口中，"作为我们应该避讳这些名词或口号的理由。要令这一班虚伪的甚至反动的'爱国者'破产，只有在我们以具体要求领导广大群众发展剧烈的救国爱国斗争时才能够办到"。

第七，中国民族主义运动的传统，远过于民主主义运动；我们应该积极的领导中国的爱国运动，在完成中国民族解放的基础上早些获得政权："我以为民主主义固然包含了民族主义在内，而后者在中国更特别重要，在中国历史上，只有传统的民族主义运动，而没有传统的民主主义运动；在现代民族主义运动之尖锐化更远过于民主主义运动，主要的如五四、五卅运动和现在抗日救国运动，都是全国性的运动。这一传统的民族主义运动即爱国运动，不但吸收农民和城市小资产阶级的群众，并且吸引工人；'抱中国人的义气''反对外国人'，这是在五卅运动中从广大的工人群众里自然发生的两个普遍而有力的口号，当时确有在这样爱国口号之下涌现工人苏维埃的可能，如果党有革命的政策……这些历史的经验和教训，我们不应该忽视"；"在中国历史的政治的经济的条件之下，传统的民族主义运动即爱国运动，将来还不断的发生，一直到中国民族从一切帝国主义的束缚压迫之下完全解放出来"；"所以我认为：我们应该积极的领导中国的爱国运动，应该用我们的纲领领导爱国运动而充实其内容，一直到夺取政权……因为完成中国民族解放，已经是中国无产阶级自己的任务，并且它在完成这一任务的斗争基础之上，可以比在纯粹社会主义基础之上的先进国家的无产阶级早些获得政权"。[①]

第八，极左派是过去"中国第三次革命一开始就是社会主义革命论"的继续。"无产阶级在直接夺取整个的政权以前，必须利用资产阶级的民主

---

① 独秀：《被压迫国的无产阶级应不应领导爱国运动》，《校内生活》第 1 期，1931 年 11 月 28 日。托派把自己的组织视为学校，团是中学，党是大学。1948 年托派建党前，由于成员太少，没有成立团组织，只有外围组织"读书班"。

主义形式，这本是马克思恩格斯和列宁的传统政策"，但是，有些同志是因反对过去机会主义而发生了幼稚心理，"此次日帝国主义强占满洲的事变发生，有些反对派的同志唯恐资产阶级的民族主义玷污了他们的清洁，指斥已成为普遍运动的抗日救国口号为虚伪的民族主义……只应该加以鄙弃"；"他们认为中国第三次革命一开始就是社会主义的，似乎不必借重什么民主主义了，那末国民会议当然只限于反革命时期的灰色运动……认为将来的中国革命性质既然是社会主义的，便没有什么资产阶级的民主革命任务了，像民族解放和没收土地，都应该是社会主义的而不是民主主义的，仿佛一沾染民主主义，便有沾染机会主义的嫌疑"。为此，他反复引用托洛茨基的话，来说明只有用"国民会议"口号，彻底领导民族民主运动，才能走上夺取政权和社会主义的道路，托洛茨基同志曾经把民主主义运动（民族主义运动当然包含在内）和中国第三次革命的紧密联系三番五次的告诉我们过：

> 在殖民地国家，因土地问题之尖锐和民族压迫之不可忍受，幼稚的和人数较少的无产阶级，在民族的民主的革命基础上，可以比在纯粹社会主义基础之上的先进国家的无产阶级早些获得政权。（《不断革命论》）

> 在某一时代，民主主义问题，将不仅吸收农民，还要吸收工人，这件事情必须在我们领导之下进行。（《一月八日来信》）

> 唯有在一个阶级专政之下即无产阶级专政之下，民主革命才能够和平生长为社会主义革命。苏联由民主主义行为到社会主义行为的过渡，是在无产阶级专政之下进行的。在中国，无产阶级专政之由民主主义阶段到社会主义阶段的过程，进行得比俄国还要快些。（《告中国及全世界共产党员书》）

陈独秀愤怒地说："我们的同志们，如果不能这样彻底了解民主民族口号在落后国家中的真实意义，不愿出全力来为它奋斗而且还加以鄙弃，则很明显的是把国际反对派给我们的政纲腰斩了"；"如果有人拿什么'大同主义'，什么'打破国界'，什么'不要祖国'，什么'不爱资产阶级豪绅地主国家'，什么'反对爱国'，什么'反对狭义的爱国和虚伪的民族主义'等等高尚的理想，来根本反对对日宣战，则只表示他的高尚理想，高尚到和耶稣、托尔斯泰到张学良的不抵抗主义一样"。①

从以上论述来看，陈独秀已经在民族民主革命方面，具有了较深厚的理论修养和丰富的领导革命的经验。这是他从实际出发研究马克思主义和深刻总结历史经验的结果，也是他三十多年来领导革命实践的总结。他的中国"无产阶级"在完成民族解放的基础上"可以比在纯粹社会主义基础之上的先进国家的无产阶级早些获得政权"的论断，虽然来自托洛茨基，却为后来中共 1949 年的胜利所证明。

上述所谓常委《政治决议案》通过后，立即遭到上海最大的托派组织"法南区委"、北方最大的托派组织"北方区委"和以托派理论权威自居的刘仁静的猛烈批判和抵制。以陈岱青为书记的上海法南区委以区委扩大会议的名义，发表长篇的《法南区区委扩大会议对于常委最近政治通告——目前局势与我们的任务的意见书》，逐条批判常委《政治决议案》。对第一条即予以全面否定："常委最近的政治通告关于上海事变以后政局之分析，在总的精神上，缺乏集中注意力在阶级关系及一般革命发展的具体形势上面。因此是损失了这一政治通告所必要的中心意义，而且在这些问题上作了根本的错误，同时在对于一般问题之估计，充满了模糊、动摇不定的观念，而在结论上又表现了尾巴主义、机会主义的倾向，而且一半投降了史大林派。"

接着，《意见书》批判常委决议案在国际形势的问题上，"陷入了幼稚的过分的估计"；"简单的从'可能性'做出发点，来决定事变发展的前途"；指出："我们布尔雪维克主义者，不能应当抓住每一事实的具体形式及现有条件，从最大可能方面来指示群众，领导他们斗争；假使没有政治的远见，我们以含糊的分析，混乱他们的观听，这是绝对不允许的。"

《意见书》认为，对于国内形势，"对于目前工人阶级斗争之乐观与过分估计，在常委观念上是一贯的！我们以为在现有形势之下，工人阶级受了如此严重事变的刺激，还不能起来参加斗争，这显然证明不是简单靠党的正确策略而可以在指顾间使工人阶级一致奋起"；指责"常委只看到工人阶级反日反国民党情绪之'热烈'便作为判断之表面的根据，而没有看见深刻的、客观存在着的阶级力量之基本的对比……没有多大的变化，而且很难有

---

① 独秀：《我们争论之中心点》，《火花》第 1 卷第 5 期，1931 年 11 月 7 日；顽石：《论对日宣战与排货》，《热潮》第 1 期，1931 年 12 月 5 日。

多大的变化……这次中日战争仅仅是帮助一般被压迫群众走近了政治舞台一步，脱离数年来'麻木不仁'的状态，但还不能说已经走上了群众运动直接上升、开始革命高潮的时期"。

《意见书》猛烈批判常委提出的与左倾的资产阶级"共同行动"首先推翻蒋介石政府，然后在走向彻底的民主政治道路上"使资产阶级以至小资产阶级的民族民主行为在实际生活中破产"的策略，认为这个策略"彻头彻尾是机会主义的！这是完全表现了没有了解目前资产阶级内部矛盾之实质，同时忘记了半殖民地中国民族资产阶级的本性"。《意见书》认为，无产阶级既然"没有可能夺取政权"，那么，与资产阶级"共同行动"推翻"蒋政府"，与帮助他们"形成了他们的'新政权'"，便是"引导无产阶级和广大群众服从自由资产阶级当苦力"。"这是百分之百的机会主义。"——这是极左派反对陈独秀主张参加反日斗争的要害：害怕再次当苦力，为资产阶级夺取或巩固政权。

《意见书》对于改变对中共的态度极为愤怒，并进行讽刺，认为常委"对于（中共）党的策略和行动没有加以严格批评而且一半投降了史大林派的主张……竟然承认'农民苏维埃'的存在"，且提出在反帝反国民党旗帜之下与之联合，"这一方面是常委对于目前革命斗争的发展过分估量之必然的结果，另一方面就是因为常委和史大林派一样，完全没有了解苏维埃应当在何种条件何种时间组织的"。"独秀同志告诉我们'乡村苏维埃'之存在是一个事实……常委三同志在'一·二八'以前曾矢口否认这类史大林派'伪造'的，现在却突然承认这是事实。这真是出人意料之突变！实际上，史大林派在农村中的策略和行动，还是一贯继续着和遵守着从前的步调，在'一·二八'以前在农村中如果没有'苏维埃'，在'一·二八'之后，并没有任何事实可以证明这种事实可以一蹴而成的了！"《意见书》认为，只有在革命高潮中才能"不但在农村中，同样在城市组织苏维埃"，但是，"最近所能发生城市中的罢工运动和乡村中的斗争，还不是革命高潮开始的表现"；"满洲、上海事变以后，中国社会力量并没有多大变动，特别是没有变动到已经成熟了组织苏维埃的条件"。[①] 还说"十九路军的抵抗是统治阶级内部矛盾的表现，它对工人阶级影响只是一种欺骗的作用"，"没有丝

[①] 《法南区区委对于常委最近政治通告——目前局势与我们任务的意见书》，《校内生活》第3期，1932年5月20日。

毫抵抗主义或半抵抗主义的气息"；批评陈独秀对十九路军的"歌颂"和"原谅"，"必然增加工人阶级对十九路军乃至其他左派资产阶级的幻想，充分表现尾巴主义的精神，必须严厉加以纠正"。①

客观地说，在当时形势的估计和发展前途上，陈独秀是有些过热，而极左派则有些过冷。但陈独秀主张积极推动反日反国民党的形势，虽然在期待上有浪漫主义的空想色彩，思想行动上是积极的；极左派则是完全消极等待革命高潮的到来。在这个问题上，极左派是真正的"取消派"——只尚空谈，取消一切革命行动。陈独秀转向托派后，处在这样的极左空谈派的包围之中，很难有所作为！

尤其是法南区委书记陈岱青，自九一八事变后全国出现抗日民主运动以后，就鄙薄反日救国运动是在"虚伪的民族主义范围以内翻筋斗"；北方区委的赤声（即任曙）反对"组织群众与武装群众联系起来"的口号，说：在目前"武装群众的口号，只是为资产阶级扩大武装力量，无产阶级从这里得不到什么"。刘仁静甚至怒骂利用敌人间利害冲突的共同行动，是"等于我们在革命中应当与抢劫的盗匪共同行动"，是为了暂时利益，降低自己的尊严，减弱自己的革命气魄，与资产阶级中的一派携手羞辱自己。又说："资产阶级之走向群众是在群众已觉醒以后，因此与它共同行动只是在阻碍群众运动前进，只有反动的意义"。"这是骑马者与马的共同行动。"他认为不仅在这次上海事件中上海和全国"无产阶级运动之消沉"，而且中国现在还没有人数众多的无产阶级，必须经过经济复兴才能谈得上无产阶级夺取政权等，所以，他批判陈独秀提出"组织苏维埃"是"空谈"。刘还认为国民会议与苏维埃是一回事，批评陈独秀的"先国民会议后苏维埃政权"的观点是违背"不断革命论"的机会主义；"我们应当与这些意见坚决无情的斗争"②。

对于这些指责，陈独秀在内部机关报《校内生活》上一一公布，同时给以坚决的驳斥。除以组织名义发表《常委对法区扩会意见书的批评》《常委批评法南区委对告民众书的意见》《常委批评列尔士同志对于政治决议案的意见》《常委对仁静同志〈论中国前途〉的批评》等文件外，还以他个人

---

① 《法南区委陈岱青等人致常委的信》，1932 年 3 月 14 日，《校内生活》第 3 期，1932 年 5 月 20 日
② 列尔士：《中国前途》、《对于政治决议案的意见》，《校内生活》第 3 期，1932 年 5 月 20 日；另转引自独秀《反极左错误》，《校内生活》第 5 期，1932 年 9 月 1 日。

名义，进行说服和批评。

首先，他从马恩列以及托的理论出发，阐述他的意见和策略。为此，他专门发表了一篇名为《反极左错误》①的长文，一开头便写道：

> 列宁曾教训德国和英国反机会主义的左派共产主义者说："……这是不可辩驳的真理，但是再往前多踏一小步——似乎仍照原来的方向——真理便变成错误。"错误和真理相隔只一小步，布尔塞维克政治斗争策略之下砍掉运动，不是一件很简单容易的事呵！
>
> 中国左派反对派，因为过去革命失败，很惨痛的反对史大林派机会主义的错误，很自然的会多踏几大步，走到另一极端之左倾的错误。这些错误，在组织问题上，已经很明显的给年幼的左派反对派不少的障害，在政治问题上，如果不立刻纠正过来，其障害将来比过去及现在更厉害若干倍，故不得不就其中最主要的两个问题指摘出来，以供全党同志的讨论。

接着，陈独秀就极左派错误的两个理论根源，进行详细的剖析。

第一，"由反对史大林派关于将来革命性质问题上的阶段论，而走到另一极端；根本否认革命过程中任何阶段"。他回顾在这个问题上托派小组织时期的历史争论后指出："其实，我们左派反对派和史大林主义者的争论，并不在中国资产阶级民主革命是否完结，也不在第三次革命过程中有无民主阶段，争论的中心点是在经过在那一阶级专政——无产阶级专政或民主专政——之下的民主阶段，才能够完成民主革命。所以托洛茨基同志论到中国第三次革命性质时，总是说'无产阶级专政还是民主专政'？从来不曾说，社会主义的革命还是民主革命？"他还引证托洛茨基的多段论述后，批评"小陈（即陈岱青）和民杰等"认为中国"民主革命已经完结，再来的革命只有社会主义革命"观点，从而对当前民主民族斗争任务（国民会议口号）实行怠工；更批评"最奇异的是久被人骂为民主主义者的刘仁静同志自己，最近也在《中国前途》一篇短文中说：'经济复兴是第三次革命复兴之前提'"的观点，指出："他所祈祷之普遍的经济复兴，使生产力发展到与现

---

① 列尔士：《中国前途》、《对于政治决议案的意见》，《校内生活》第3期，1932年5月20日；另转引自独秀《反极左错误》，《校内生活》第5期，1932年9月1日。

存的资本主义生产关系发生了冲突，像这样欧美先进国家式的资产阶级社会的生产力之高度发展，必然已经解决了国家独立与统一以及土地问题，即是消灭了民主民族革命的因素，在这样旧社会的母体内所孵化成熟的无产阶级革命，当然是在纯粹社会主义基础之上，那还有什么民主因素和民主阶段呢"；"我们所以反对'中国革命一开始就是社会主义的革命'这样的观点，正因为这样不站在无产阶级政治斗争的观点上，而站在经济即生产力发展的观点上来预测中国革命的前途，将要把中国第三次革命推迟到不可知的将来，因为从今天起在中国资产阶级社会的母体内，生产力发展到相当的具备了社会主义革命的条件，不但最近的将来不可能，而且永远不可能"。

总之，"不抓住现实的民族（反日斗争）民主（土地斗争）革命基础来推动无产阶级的革命，而把希望寄托在无产阶级社会的生产力发展到与其生产关系冲突的遐想上面。他们这些错误和其他类似的错误，其来源都是由于不曾深刻的认识中国革命发展之民主阶段和民主民族的因素之重要性"。

从当时来说，陈独秀的这个思想有一定的正确性，即应该重视和积极参加到当时的民主民族斗争中去，而不应为了等待将来的社会主义革命对现实斗争息工。另外，陈也主张有民主民族斗争胜利后应该是无产阶级夺取政权，对资产阶级实行无产阶级专政，从而避免资本主义经济的发展而直接走上社会主义革命和社会主义社会的道路。陈独秀到晚年才完全摆脱这种教条主义的桎梏。

第二，"由反对史大林派'四个阶级联盟'这一荒谬的政策而走到另一极端：根本反对革命斗争中任何阶级联盟，特别是和资产阶级任何联盟"。"他们对于'阶级联盟'和对于'民主阶段'一样，以为在我们现在的政治决议中，还有这样的名词，似乎是海外奇谈。"

陈独秀指出："我们的战略，不在乎否认民主阶段，而在乎是否因此放弃夺取政权；不在乎反对和某一派资产阶级有某种联盟，而在乎是否因此放弃和它整个的不可调和的斗争。"他引用托洛茨基的一系列论述，总结"我们"所以反对过去史大林的"四个阶级联盟"政策的特殊"原因：（1）各阶级一致，特别是工人与资产阶级一致，以阶级妥协代替阶级斗争；（2）联盟的形式是站在共产党服从国民党的原则上，共产党取消自己的旗帜，牺牲批评同盟者的自由，使党的政策与组织和国民党混合；（3）牺牲工农利益以保存四个阶级的政党及政府"。

由此，陈独秀得出结论："这样荒谬的阶级联盟，有它特殊内容与历史意义，并不是一般的阶级联盟可以与之比拟的；也不能因此把反对和资产阶级联盟作为一般的原则……不应该根本反对在阶级斗争总路线之下的任何阶级联盟。"而在另一个文件中，陈独秀又指出：马克思、列宁、托洛茨基主张的无产阶级政党的独立，是反对与资产阶级政党"混合"，"并不反对两党在利害一致时，有一时的联合"；"我们是否做资产阶级的苦力，要看我们是否有独立的组织和政策，不在于拒绝任何共同行动"。① 他强调"共同行动"是在"一定时间、一定事件、和自由资产阶级甚至小资产阶级的共同行动"，同时如列宁所说的"予他们以无情的揭破和斗争"，如托洛茨基所说的保持"共产党组织绝对独立和批评之自由"；批评刘仁静说的一与资产阶级有某种共同行动就是"降低自己的尊严，减弱自己的革命气魄"，"羞辱自己"的说法，是把为无产阶级利益斗争的问题，变成"面子问题"了。

应该说，陈独秀为了民族生存的大义，抛开原来的党派之见，主张与资产阶级"共同行动"，与中共联合"反日反国民党"，是难能可贵的。但是，他没有考虑到，在这样的联合战线中，究竟由谁来领导？各阶级各党派争夺领导权的斗争肯定是很激烈的，他所领导的托派有没有力量来实行这种领导，从而实现他们转变到社会主义革命中去的纲领？陈独秀的"野心"很大，但是却没有实现的可能。

自然，对于一个革命者来说，形势到来时，应该积极投入，不应该与不可能如此考虑问题，否则就会像刘仁静、陈岱青等那样，无所作为而对救国斗争消极怠工。陈独秀的伟大，就在于他是一个血性汉子，他的人生特点，就是为了国家和民族的利益，抓住一切历史机遇，去积极参加斗争，而不考虑斗争的后果（而且历史的发展有许多偶然性，后果也很难预料，如《新青年》所产生的历史影响、五四运动、大革命的胜利与失败、西安事变、日本在"八一五"的投降、1949 年中共的胜利等），更不考虑个人的得失。

制裁托派内部的极左派

由于托派本身是建立在极左派的思想基础上的组织，所以，以上陈独秀的批评教育，无异于对牛弹琴；而且他们根本不尊重"常委""政治决议

---

① 《常委批评列尔士同志对于政治决议案的意见》，《校内生活》第 3 期，1932 年 5 月 20 日。

案"的权威性。在上述法区扩大会议《意见书》中，就宣称："反对派自统一以后，对于一般政治局势之发展及策略之应用，并无最高大会的政治决议可以领导机关的根据，同时在反对派执委破坏以后，实际负责者只有二三人，且限于环境不能召集全国会议来根本解决政治上一切问题。在此过渡时期内，常委对于一切基本政治路线之决定，必须多吸收一般同志的意见，俾可使政治上错误不易发生，一方面积极准备在最短期内召集大会。"这就根本否定了陈独秀为首的常委权威了。为此，法南区委不仅一再公开发文①批判常委《政治决议案》，而且在行动上拒绝散发中央的《为日军占领淞沪告全国民众书》，并不接受常委的多次"警告"。5月21日，常委向区委、特委及全体成员发布了《通告第六号——为小陈及法南区委破坏组织原则》，称"自满洲事变发生以来，特别自上海事件发生以来，在我们反对派内部曾发生了一些不同的政治意见和不正确的政治倾向"，批评法南区委书记陈岱青的"取消主义倾向"和"小资产阶级无政府主义倾向"，并取消陈岱青法南区委书记的职权。② 25日，陈独秀又委派彭述之代表常委召集法南区委会议，解释2月10日常委决议案。彭述之称："政治问题保留讨论，待扩会（即常委与区委书记扩大会议——引者）解决，但在政治问题未得到结果之前，法南区委必须执行常委区书联席会议上通过的政治决议案及一切日常的决议"；否则，区委须"停止工作"。彭的意见遭到区委反对，彭当即宣布"解散区委"。法南区委不服，29日，区委赵济、陈其昌、王平一、陈岱青、李特联合致函"常委"，谴责彭述之在5月25日会议上的行为，请求"恢复区委"。6月4日，《常委复函法南区委》，重申只有接受《政治决议案》，承认错误，"常委才有再度考虑的可能"。③

如前所述，刘仁静更是连篇累牍地发表批判常委《政治决议案》的文章，从极左理论上扰乱人心。而最令陈独秀痛心的是处在反日民主运动第一线并曾是托派寄希望的工人运动重心的北方区委，也因为反对常委的路线和政策，分裂成以汪泽楷为首的"旧临委"和以任曙为首的"临时工作委员会"。陈独秀以常委名义，三次做出决议，批评前者从右的角度对《政治决

---

① 《法南区区委扩大会议对于常委最近政治通告——目前局势与我们的任务的意见书》及3月14日法南区委给常委的信，均载《校内生活》第3期，1932年5月20日。

② 《常委通行第6号——为小陈及法南区委破坏组织原则》，《校内生活》第4期，1932年10月1日。

③ 两个文件均载《校内生活》第4期，1932年10月1日。

议案》取"取消主义和等待主义路线",批评后者从极左的角度抵制常委及分裂组织的错误,命令二者在纠正错误的基础上,立即无条件地统一起来,积极开展工作,但遭到双方的抵制。为此,陈独秀派刘伯庄作为常委特派员到北京,取消北方区委,成立北京特委,企图另起炉灶,重振北方托派组织。但是,由于离不开那些旧成员,还是受到抵制,"北方特委两度改组"。最后,不得不提出,对于常委的决议,"必须绝对执行,谁在组织上行动上不服从该决定,常委就认为谁是不想留在反对派组织之内,有意破坏反对派的组织,必须予以最后的制裁……谁不愿意参加新特委,必须书面声明理由,以凭常委审查处置,否则即以违反纪律论"①,甚至说:"谁表示不干,就让谁滚出去……决不姑息地纪律制裁之。"②

由于深受 1929 年中共中央没有党内民主而制裁党内不同意见同志之害,陈独秀这次处理极左意见的党内同志,采取了极其慎重的态度,并把他们的意见原原本本地刊登在机关报上,也把常委批评他们的文件和书信同时刊出,进行平等的争论。同时,也一直没有采取最极端的措施——开除。这是陈独秀一贯的领导作风,1921~1927 年他任中共中央第一领导人时,也没有开除过一个共产党员。

从另一角度看,这种处理办法,也包含着陈独秀为首的常委及托派组织太弱小了的因素。如此弱小的组织,再开除这些骨干,就成为"客里空"了。然而,悲剧就在于托派组织不是一般可以"争吵不休的俱乐部"和"百家争鸣"的学术团体,而是要取代中共、领导中国革命的政党组织。这就需要有强大的凝聚力,也需要高度集中统一的意志,需要严格的纪律。"绝对民主化"和"无政府主义"是一服砒霜。法南区委在受到常委制裁后,竟然不服,反过来致函常委:"现在没有高过常委及我们间之最高机关——例如全国临时的代表大会——是无力解决我们间之一切政治纷争的。""自今天起,我们离开了一切区委的职责","一切问题得留到代表大会和国际方面去解决"。③

这又回到统一前各小组织纷争的状态中去了。

---

① 《常委对于北方问题的第三次决议》,1932 年 6 月 27 日;《伯庄对北方问题的报告》,《校内生活》第 4 期,1932 年 10 月 1 日。
② 《常委给北方特委的信》,1932 年 7 月 25 日,《校内生活》第 4 期,1932 年 10 月 1 日。
③ 法南区委陈岱青等 5 人《致常委的信》,1932 年 6 月 22 日,《校内生活》第 4 期,1932 年 10 月 1 日。

　　托派内部分裂的严重状况还不止于此，被法南区委称为只有"二、三个人的常委"，思想也不一致。陈独秀没有想到，对于他所提出的在推翻蒋介石国民党政府后建立"民众政权"的主张，连常委中的唯一伙伴彭述之也表示反对。彭声称陈在机关报上发表这种主张时，他因生病，"事前并未予闻"。他认为"民众政权"的提法，"不能表现政权的阶级性"，而目前又还未到发出"无产阶级专政"这一口号的时期，因此，"目前在宣传鼓动上不应该涉及政权问题"；又"因为目前没有代替国民党政权的适当口号"，因此，"不应该喊出'打倒国民党政府'的口号"，只提"反蒋"就可以了。[①] 常委本身尚且如此，何谈其权威性。

　　然而，形势不等人，就在托派内部争吵不已、中共也因王明取得领导权而更加"左"倾的情况下，由九一八事变引起的全国抗日民主群众运动，很快由高潮进入低潮，国民党蒋介石集团的统治危机也得以度过。陈独秀曾经满怀激情，准备在这轮浪潮中大干一场，却由于以上的掣肘演了一场既无人参与又无人捧场的独角戏。他只得望洋兴叹，空悲泣。

托洛茨基的复杂表态

　　1932 年春天，在受到法南区委攻击所谓常委"只有二、三个人"，没有权威性的刺激，陈独秀决心健全常委机构。但他决不吸收极左分子，而把因狱中时疫流行、保外就医的原托派中委委员濮德志（又名濮清泉、化名西流）、宋逢春请进来。二人本来已经心灰意冷，而且又是监视中的保外就医，因此不愿再"入彀"。但经不起陈独秀几次三番的邀请和催促，勉强"入阁"了。陈独秀终于建立起五人常委会，陈仍为书记，委员彭述之、罗世藩、濮德志、宋逢春，秘书谢少珊。

　　极左派提出召开"临时代表大会"或"国际解决"，前者不现实，对于后者陈独秀自认为可行，所以，他在 6 月 15 日，以中国托派中央的名义致托洛茨基，报告了中国托派重整组织的情况，以及九一八事变后采取与左倾的小资产阶级、自由资产阶级及中国共产党领导的苏维埃红军、义勇军"建立联合战线"（"共同行动"）的策略，还有托派内部的争论，请求

---

① 参见法南区委陈岱青等 5 人《致常委的信》，1932 年 6 月 22 日，《校内生活》第 4 期，1932 年 10 月 1 日。

指示。

9 月 22～26 日和 10 月 3 日，托洛茨基给陈独秀托派中央写了两封长信。① 所以花这么长时间和精力写这样的长信，一是由于对中国情况不甚了解，他只能谨慎地根据俄国革命的经验，从战略上表示意见，并提出种种可能，提供给中国托派同志参考。二是，也是主要的，对陈独秀托派中央在抗日反蒋运动中的政策和策略，很难表态，从他的思想原则出发，恐怕很难表示完全支持，但他不愿让他喜欢又十分脆弱的陈独秀及其中央受到伤害。所以，他写这两封信，颇费心思。

他首先为中国托派中央的重振表示高兴，并肯定陈独秀托派中央在"九一八"后抗日民主运动中的政策和策略："隔了许久，我们收到了六月十五日的信。中国左派反对派经过了最残酷的破坏之后，又复活与复兴了，我们的欢乐是无需要说的。虽然我们所得到的消息极少，就我们在这里所能下的判断说，你们信中所表示的立场是和我们的立场相合的。"

信中重点谈了三个问题。

第一，如何对待中共领导的农民苏维埃红军问题。托氏根据俄国革命的经验，大谈这种策略危险性，并提出警告：工人与农民结合时，会发生严重的冲突。托洛茨基写道："农民运动已经创造了它自己的军队，夺取到很多的地域，并且有了它自己的制度……这一运动将要和城市大工业中心联系起来，而且经过这一个事实，它将和工人阶级直接接触。这个接触将是怎样呢？是不是一定和平而亲密呢？""不幸，问题并不是那么简单。让我且说到俄罗斯的经验：在俄国内战那几年中，国内各地的农民创造了他们自己的游击队，这些游击队时常发展为整个军队。""国内战争的痛苦与经验，指示我们在红军占领一个地方消除了白军，必须立刻解除农民游击队的武装"，因为"大部分的游击队，都要维持自己独立的存在，时常与苏维埃当局引起直接的武装冲突……有许多农民队伍，为了反对地主的复辟，作过充分而辉煌的战斗，在胜利之后却变成了反革命的武装"。

这的确是俄国的情形和经验，但他直接教条地用到中国说："中国的情形怎样呢？在红军中的共产党领袖之间无疑地仍有许多失掉阶级性的知识分子和半知识分子，无疑地是包含着农民，他们完全诚实地认自己为共产党

① 托洛茨基：《再给中国左派反对派的信——论无产阶级与农民战争》、《是行动的战略不是揣测——给中国同志的信》，《中国革命问题》，第 301～306、307～312 页。

员，但他们在实质上仍是些革命的穷人和革命的小资产者……只保持着农民战争的领导权……这情形正极度地增加着工人与武装农民之间冲突的危险。"接着，他说，在俄国由于"无产阶级已经在国内大部分的地方夺得了政权，斗争领导权是握在一个坚强的精练的党的手中，中央集权的红军的全部指挥机关，是在工人手中"，这种危险很容易克服了。但是，"在中国情形根本不同，且完全不利于工人。中国最重要地域的政权，是在资产阶级军阀手中，另一些区域是在武装的农民之手。无产阶级的政权还没有……其结果是中国的革命农民，经过它的统治层的中介，似乎预先取得那在本质上是应该属于中国工人之政治的与道德的价值。所有这些价值，在某一个时候会转成反对工人的东西"。他甚至断言："在中国，那成分上是农民而领导者是小资产阶级的军队，和工人冲突的原因和理由，不但没有消除，而且所有的环境都是使这些冲突极度地可能，甚至不可避免。"而且"冲突会闹到全国范围，而把革命颠覆"。托洛茨基再次断定："中国的苏维埃政权（指中共——引者）是纯粹农民的，纯粹在城市圈之外的，它还没有工业无产阶级的基础。因此，它很少有巩固和可靠性，它很少有苏维埃的政权性。"

托氏的这个意见，意在提醒陈独秀托派中央对中共红军的联合政策，要采取十分谨慎的态度。

"那末，结论应该怎样呢？"托氏说，"我们必须大胆地公开地照着事实的原来样子来看它。农民运动是一个伟大的革命因素，因为它是反对大地主、军阀、农奴制和高利贷者的。但是在农民运动本身，是有着很强的私有性与反动倾向的，并且在相当阶段，它会仇视工人的，因为早已有了武装，会更增加这种仇视。谁忘记了农民两重性，谁就不是一个马克思主义者"。

第二，如何对待容易被小资产阶级、资产阶级利用的"爱国主义""民族主义"问题。托洛茨基意见的立场是：托派代表工人阶级；中共代表农民、小资产阶级；国民党代表资产阶级和反革命。这与陈独秀中国托派的立场是一致的。在当时，他们从抽象的理论出发，都自以为这样的立场是正确的、真诚的。但是，中国的农民和工人到底是否成熟到需要一个政党和派别集团来代表他们？要一个怎样的政党或集团来代表他们？他们并没有思考。

托洛茨基认为资产阶级，特别是东方资产阶级是绝对的反革命，所以，他不赞成陈独秀的与"左"倾的资产阶级"共同行动"的策略，但是，为了保护陈独秀，在这个问题上，他只是旁敲侧击地讲了这样一句话："在日本进攻上海的事件上，国民党提出了'工农商学兵联合起来反对帝国主义’，这是著名的斯大林和马尔丁诺夫的‘四个阶级联盟’”；他肯定的是与中共红军联合的策略。信中说：“现在，这是很明显的，我们有实在的根据，来表示一个希望——在正确的政策之下——工人及城市运动，和农民战争打成一片，是可能的，而这将构成第三次中国革命的开始。”

出路何在？托洛茨基指示陈独秀中国托派：“工会和党的中心，必须建立起来，先进工人必须教育起来；无产阶级的先锋队必须团结在一起，进入战争中去”，“并且要预备和获得无产阶级对农民运动的领导，特别是领导它的‘红军’”。这种积极进行革命工作的精神，又是支持陈独秀的，批评极左派的消极等待思想。只是奢望中国托派能“团结在一起，成为工会和党的中心，去领导无产阶级和农民运动，甚至领导中共和红军”。太不切合实际了，比陈独秀还要浪漫。

关于目前的斗争策略和口号，托洛茨基也基本上是支持陈独秀的。他认为日本的侵略和农村中进行的土地革命证明，“再没有比革命的民主的口号更适合于中国革命前夜的政治形势了”，再加上国民党“军事独裁的无力和军阀集团的分裂，在议事日程上提出了政治的民主口号”。于是，他根据俄国革命中“打倒沙皇！”“立宪会议万岁！”两个口号，肯定了陈独秀托派中央实行的“打倒国民党，国民会议万岁”的口号。这无疑是对因不同意“打倒国民党”的方针而坚决反对陈独秀常委《政治决议案》的极左派最大打击。

第三，关于日本侵略引起的“爱国主义”和“民族主义”问题，托洛茨基观点也是与陈独秀的“反蒋抗日”立场一致的。他强调说：“布尔什维克以革命的方法拥护被压迫民族的解放，是用其全力来援助民众的民族解放运动；不仅是反对帝国主义，而且反对民族主义的国内的资产阶级剥削者，如国民党。”这显然与中国托派中鄙薄“爱国主义”“民族主义”的极左派对立的。所以，作为马克思主义理论家的托洛茨基和作为爱国者、革命家和思想家的陈独秀，二人的心是相通的。

托洛茨基的以上意见，完全从马克思列宁主义的抽象理论和俄国革命的经验出发，因此是脱离中国实际的。

托洛茨基的这两封信，可以说是继《中国革命的总结与前瞻》《共产国际第六次大会后的中国问题》《中国布尔雪维克——列宁派（反对派）底政纲》之后的第四个给中国托派的纲领性文件。它的基本精神，不仅规定了中国托派与国民党以及资产阶级的永远对立，也规定了与被他们视为“农民党"的中共的永远对立。其极"左"的色彩十分强烈，尽管它在表面上支持陈独秀的比较灵活的策略和积极进行革命工作的精神。

有意思的是，这两封信的极左精神，被陈独秀以后的托派领导所继承，因为在这两封信寄到中国以前，包括陈独秀在内的托派中央成员全部被捕了，陈独秀也因此永远离开了托派领导岗位。于是，陈独秀在离开了共产国际和中共以后，又摆脱了托洛茨基及托派极左派的羁绊，更加天马行空，特立独行了。

大彻大悟　到达彼岸

十六　在狱中（上·1932～1937）

被　捕

陈独秀领导托派进行反蒋抗日斗争，没有给敌人任何打击，精力却消耗在内斗中，同时又暴露了自己。坚持在城市开展革命活动的托派组织，终于遭到了毁灭性的打击，这是陈独秀始料未及的。

像许多大人物有神奇的"免害"力一样，陈独秀一生多次遭遇被捕甚至被准备枪毙的命运，最后都幸免于难。他任托派中央书记后，托派中央曾两次被全部破获，唯独他幸免。可是这次命运之神不再眷顾于他。他在成为中国共产主义运动领导人后，经过 1921 年、1922 年两次被捕，短暂的羁押之后，第三次被捕，并被判刑 8 年。

陈独秀这次被捕颇有戏剧色彩。

1932 年 10 月 15 日，新的托派中央常委彭述之、罗世藩、濮德志、宋逢春，在上海虹口区有恒路春阳里 201 号秘书谢少珊家开会，被国民党中统特务侦知，与法租界巡捕一起联合行动，五人全部被捕。

这次事件，必然中又有偶然。说必然，城市是国民党统治的中心，而且当时国民党的特务机构已经相当健全，破坏反蒋特别是共产党机关和捕杀所谓"共匪"（包括反蒋抗日的托派及其他异己）的人员十分猖狂。因此在城市中，共产党已经认识到难以进行革命活动，退到了农村；而托派囿于他们的原则，死守城市，成为瓮中之鳖。此其一。其二，在大革命高潮中加入共产党的年轻党员和未经考验的莫斯科归国留学生大批回国，一些人成为出卖组织和同志的叛徒；说偶然，是由于这次托派中央被破获，特别是陈独秀被捕，有意外的因素。

濮德志保外就医并成为常委后，实际上仍处于国民党特务监视之下。一天，他的夫人张颖新在路上碰到了过去在莫斯科留学时的同学费克勤。不料想，此人与她的小姑费侠在莫斯科时仅是共青团员，回国时即被捕，经不起酷刑折磨而叛变了。费侠还成了徐恩曾的姘妇。但她们不知党内机密，无可出卖，于是就与已经叛变的原托派小组织"战斗社"骨干徐乃达、解叔达等人成为中统组织的鹰犬，在徐恩曾的指挥下，专门搜捕共产党人，包括托派分子。陈独秀更是国民党悬赏万金的"共匪首领"。但是，张颖新不知道他们已是特务，就约费克勤到家里来玩。那天正好陈独秀借濮家约见友人，让费克勤见着了。事后，濮德志批评张颖新粗心大意，第二天就搬了家。但是，情报很快就传到了徐恩曾手中。10 月 15 日，濮德志到谢少珊家中开常委会，特务跟踪而至，来了个紧急搜捕。①

与前两次托派中央被破获一样，这次陈独秀又因病未出席，本可再次幸免。但是，由于唯一知道他住址的谢少珊叛变，陈独秀晚上在家中被捕。63年以后，陶希圣的女儿在香港《争鸣》杂志上发表回忆她父亲的文章说：陈独秀"遭中共整肃后，一直在上海隐姓埋名，躲避国民党政府的追捕。后来中共党内反对派把陈独秀抓起来，送到国民党政府治安机关去"。② 这就完全搞错了。当时国民党上海市长吴铁城给南京政府的两个密电说得很清楚。

篠日（17 日），陈独秀被捕后第三天的电报称："……共产党首领陈独秀在沪活动，前经与租界当局特别交涉，协同捕房侦查月余，兹咸日（即15 日）在虹口破获共党常委会议机关，捕获共党谢少珊等五人，按谢供地址，将陈独秀捕获。"

19 日的代电讲得更详细："……据共犯谢少珊称甘愿自首，并可将共产党首领陈独秀拘捕到案等语，即于当日下午 7 时，带同该犯至岳州路永兴里十一号楼上将共党首领陈独秀拘捕……"③

不仅如此，谢少珊还供出了五名常委（包括陈独秀）的真实姓名和身份，以及托派中央的另外几处机关，其中有中央与外地组织的联络站、《火花》印刷所等。这些机关又相继被破，另五名托派骨干分子被捕。谢少珊叛卖有"功"，免予起诉；他感恩戴德，加入"中统"（后转入军统），改

---

① 参见濮清泉《我所知道的陈独秀》，《文史资料选辑》第 71 辑，中华书局，1980；徐恩曾《我和共产党斗争的回忆》，转引自沈云龙《有关陈独秀生平的补充资料》，台北《传记文学》第 31 卷第 2 期，1977 年 8 月。

② 沈宁：《陈独秀一二事》，香港《争鸣》2005 年第 3 期。

③ 国民政府行政院档案：院密第 1277 号、天字第 16034 号，中国第二历史档案馆藏。

名"谢力功"（意为国民党立了一功）。六年后的 1938 年 9 月 30 日，他奉
命与其他两位军统特务一起，以买古董的名义，到上海法租界武康路上一幢
意大利式花园别墅内刺杀了民国第一任内务总理唐绍仪后，也卷入了一件疑
案中，很快招来杀身之祸。原来，唐在上海"八一三"抗战爆发后，拟避
居香港，因得蒋介石、孔祥熙、居正、宋子文、戴季陶之嘱，暂留沪上试探
日方要求和谈的条件，故而与日本大特务头子土肥原、原田有所接触。同
时，大汉奸梁鸿志、温宗尧也的确在拉拢他，企图组建傀儡政府。军统在铲
除大汉奸时，利用谢力功（当时用名谢德盘）与唐的"同乡好友"关系，
错杀了这位 78 岁的民国元老。由于军统拿不出有力证据，此案引起国民党
元老的极大不满。法租界巡捕房很快侦知谢德盘等三人是凶手，设法搜捕，
使谢惶惶不可终日，时间一久，变得精神失常，被秘密送进重庆一家医院。
谢疑神疑鬼，总觉得有人跟踪他，住院还带了一把手枪自卫，引起医院怀
疑，向警方报告了情况。重庆卫戍总部派了另一位共产党叛徒王克全前往观
察，不料谢以为"仇家"已到，举枪瞄准，却被王先发制人，一枪击毙。

从吴铁城的电报中看到，国民党之所以屡屡镇压托派，搜捕陈独秀，主
要是因为仍把陈独秀看作"共产党"，是"共党首领"。把陈独秀在"九一
八""一·二八"时期进行的反日反国民党活动，看作与共产党在农村进行的
苏维埃运动一样，都是反对国民党统治，因此而不能容忍，说"该党专事赤
化"，"严令警务人员密查拿办"。[①] 所以，这次陈独秀被捕，被国民党称作捕
到了"久缉未获之共产党领袖"，大肆宣传。国民党南京特别市党部、广东省
党部、湖南清乡司令何健、新疆省主席金树仁以及全国许多县党部、军队的
师党部等，纷纷致电国民党中央，列数陈独秀从创建共产党到南方"星火燎
原"的各种"罪状"，"恳请严办"，"迅予处决"。[②] 陈独秀等人被捕后，在租
界捕房法庭上进行反对引渡失败后，10 月 18 日被引渡到国民党上海市公安局
拘押，次日晨八时，被押解到南京，拘押在军法司，准备"按军法处置"。

但是，由于陈独秀的特殊经历，在文化界和国民党内有广大的朋友、学
生和敬仰者，援救陈独秀的力量比要求"严处"的势力似乎更大些。如翁
文灏、胡适、罗文幹 22 日致电蒋介石："请将陈独秀案付司法审判"，不由
军法从事。次日，蔡元培、杨杏佛、柳亚子、林语堂等 8 人，更以快邮代电

---

① 《沪上共狱陈独秀被捕记》，《晨报》1932 年 10 月 31 日。
② 这些电报、文件，都保存在中国第二历史档案馆。

致南京国民党中央党部和国民政府，营救陈独秀曰："此君早岁提倡革命，曾与张溥泉、章行严办《国民日日报》于上海；光复后复佐柏烈武治皖有功；而五四运动时期鼓吹新文化，对于国民革命尤有间接之助……顾其反对暴动政策，斥红军为土匪，遂遭共党除名，实与欧美各立宪国议会中之共产党议员无异。犹望矜惜耆旧，爱惜人才，特宽两观之殊，开其自新之路。"①此外，柏烈武、柳亚子、杨杏佛等人还进行了积极的营救活动。甚至宋庆龄还专"为陈独秀事"，由沪抵京，旋飞武汉，拜访蒋介石夫妇。②

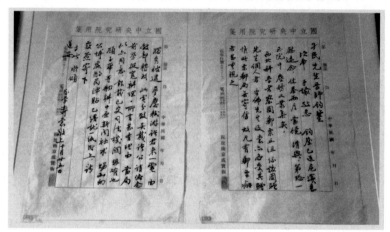

许寿裳为营救陈独秀致蔡元培信

于是，在"严惩派"与"营救派"以及中间派之间，发生了一场激烈的争斗。如陈独秀五四时期北京大学的学生傅斯年，虽是"拥蒋反共"的坚定分子，却公开发表文章，称陈独秀是"中国革命史上光焰万丈的大彗星"，主张处置陈案应"考虑陈氏一生的行迹，及近二十年来中国革命历史"，"能够（一）最合法；（二）最近情；（三）看得到中国二十年来革命历史的意义；（四）及国民党自身的革命立场。我希望政府将此事交付法院，公开审判……不妨依据法律进行特赦运动"。③

傅氏的意见以及众多营救电文，表明一些著名人士希望当局把陈独秀当作一个特例，宽恕其反国民党的活动。在他们的眼中，反对国民党统治毕竟是一种"罪行"，只有忏悔和哀求才能得到宽恕。殊不知，这与陈独秀本人

① 原件藏中国第二历史档案馆。
② 参见《申报》1932 年 10 月 25 日；《晨报》1932 年 10 月 26 日；《大公报》1932 年 11 月 1 日。
③ 傅斯年：《陈独秀案》，《独立评论》第 24 号，1932 年 10 月 30 日。

的认识和性格水火不容。

《大公报》比较了解陈独秀的性格，发表短评《营救陈独秀》，称："陈独秀是一个领袖，自有他的信仰和风格，所以只须给予他机会，叫他堂堂正正地把主张意见，向公众公开申述，这正是尊重他爱护他的道理。如果用哀恳式的乞怜，感情式的缓颊，在法律以外去营救他，倒反转辱没了这位有骨气有意识的老革命家。"认为蔡元培等"矜怜耆旧，爱惜人才"的话，是"多此一举"；主张"大家应当成全陈独秀"，即作为"领袖"，"有真诚信念，不变节，不改话，言行始终一致"。①

面对全国如此强大的营救声势，"严惩派"不仅要求严惩陈独秀，而且要求惩办营救派人士。如 11 月 1 日，国民党南京市党部以书面警告蔡元培、杨杏佛等，谓其"请宽释陈独秀"之电，是"徇于私情，曲加庇护，为反动张目，特予警告！"；广东省党部也电请中央"严办陈独秀，并请惩办出名保释之人"。湖南清乡司令何键，甚至连电国民政府主席林森和军事委员会委员长蒋介石，称"共党首领提倡赤化，麻醉青年……连日报纸所载，竟有不顾大义者曲为庇护"，仰恳"当机立断，迅予处决"；有的则提出另一个条件：只有陈独秀"继续反共"，才能赦其不死。国民党中统局主办的《社会新闻》发表署名文章《清算陈独秀》称：陈独秀是"近代政治怪杰"，但"陈虽是共党取消派，然而他是赤匪的创造者、首作俑者……照现行法规，似应正法，而无活命之可能。反转来说，陈虽是共党，却是反对共党现行暴动政策者，而且还是一个学者，只要他继续反共，似可不至于死"。

未被破坏的北方地区最大的托派组织——"中国共产党左派反对派北方区委"，呼吁老对手共产党营救陈独秀。在其机关报《先锋》上发表《致中共河北省委一封公开信》中，要求中共"审察其过去对陈独秀同志所加一切非议诬蔑之错误，接受反对派的政治路线，并为援救陈独秀同志而斗争"。同时，号召各界起来掀起一个"援陈运动"，其口号是"起来！起来！援救中国革命领袖陈独秀！""中国的革命群众和一切左翼的社团，一切革命分子都应立即起来，游行、示威、通电、开大会，坚决不拔地为援救陈独秀而斗争！"并号召"推翻某党统治"。②

而中共《红色中华》，除了及时报道陈独秀及各界动向外，并发表一系

---

① 《大公报》1932 年 10 月 28 日。
② 《先锋》第 4 期，1932 年 10 月 22 日。

列评论，继续指责陈独秀，并说陈要晋谒蒋介石。

陈独秀本人却安之若素。他被捕到租界巡捕房看守所，看到先行被捕的彭述之、宋逢春等人时，还玩笑说："嗨，原以为就我一个人被捕，没想到你们都来了。这下我可有伴了，可以松快松快了。"谈到谢少珊叛变时，陈独秀却表示了谅解态度，说："这孩子胆子小，上一回逮捕，他就表现出来很慌张，很不成熟。"① 他们在看守所开展了反对由租界"引渡"给国民党政府的斗争。由于国民党早已与租界勾结，斗争失败。10 月 19 日，他们一行乘夜车被押解南京，在沪宁列车上，陈独秀竟"鼾睡达旦，若平居之无事者然"，到南京时，还未醒来。② 处危不惊，置生死于度外，一时传为佳话。

陈独秀等人被拘押到军法司待审。十余箱抄没的文件，则交国民党中央总部检查。10 月 22 日，国民党中央组织部派员赴武汉，向蒋介石"报告捕获陈独秀经过，并携去几个捕获的各种文件，呈蒋审核"。③ 此时已入深秋，天气渐凉。他们被捕时带的衣被不多，遂"函请当局添购衣被"，国民党中央党部准请，拨洋百元。25 日，在国共合作的大革命中还没有资格与陈独秀对话的军政部长何应钦不敢造次，在军政部会客室里，以"半谈话，半审问"的方式，传讯陈独秀。

陈独秀据实表示自己与湘鄂赣等省暴动行动"毫无关系"，只是要求召开国民会议决定一切国是；对于抗日问题，"仍须联俄方为有利"。传询毕，一个奇怪的现象出现了，在一片肃杀气氛的军政部内，竟有"许多青年军人纷纷持笔墨和数寸长的小纸条"，四面围着"犯人"陈独秀，向他"索书纪念"。陈独秀也提起精神来欣然挥毫，草成数书：

"三军可夺帅，匹夫不可夺志也"！（据包惠僧说，这一条是写给何应钦的）

"先天下之忧而忧，后天下之乐而乐"！

"莫等闲白了少年头"！

……

最后是"幸而墨尽，才得解围"。④

---

① 唐宝林：《访问宋逢春谈话记录》，1985 年 10 月 12 日，未刊稿。
② 尉素秋：《我对陈独秀先生的印象》，台北《传记文学》第 30 卷第 5 期，1977 年。
③ 《大公报》1932 年 10 月 23 日、11 月 1 日。
④ 参见《申报》1932 年 10 月 27 日；《晶报》1932 年 11 月 9 日；《陈独秀致王灵均信》，转引自汪原放《亚东六十年》，未刊稿；包惠僧：《我所知道的陈独秀》，中国革命博物馆主办《党史研究资料》1979 年第 8 期。

陈独秀借此既抒发了自己的胸怀和威武不屈的气质，又勉励青年做抗日英雄。这一景况被报纸广泛报道后，更在社会各界人士中获得广泛同情和尊敬。

蒋介石、何应钦、陈立夫通过研究捕获文件，调查叛徒，传讯陈独秀本人，确证陈独秀托派与湘鄂赣各省武装暴动的共产党没有联络关系，并且"反对斯大林派在中国现况之下采用红军策略"，蒋介石才在舆论压力下做出将陈独秀案"交法院公开审判"的决定。国民党中央在讨论蒋介石来电时也"冠冕堂皇"地认为："陈等所犯之罪，系危害民国之生存，国家法律对于此种罪行，早在法律上上有明白的规定，为维持司法独立尊严计，应交法院公开审判"，并为此作出了决议。① 何应钦即根据蒋的命令，托词"陈等虽属危害民国罪犯，但以其非现役军人，且犯案地点，又核与民国紧急治罪法第七条前段规定不合"，"本司无权管辖"，遂令王振南军法司司长备文将陈等转送江苏省高等法院，公开审判。②

"援陈派"取得了第一场胜利。陈独秀、彭述之等一行转到江宁地方法院看守所拘押。

假作真来真亦假

这是 1932 年 10 月 30 日天津《大公报》刊登的一幅陈独秀与彭述之在江宁地方法院看守所的照片，旁边的文字写道："共产党陈独秀、彭述之解送江宁地方法院，在候审室摄影。左为陈独秀，右为彭述之。时陈、彭态度，均颇从容，二人皆着灰色棉布长袍，黄皮鞋，棕色布裤，头戴青灰色半旧呢帽。陈面容憔悴，两鬓已斑。彭双目赤红，眼疾颇重。"

请看，"左为陈独秀，右为彭述之"；"彭双目赤红，眼疾颇重"，而陈则双目炯炯有神，咧嘴在笑，是很清楚的。

11 月 14 日出版的《国闻周报》，在"时人汇志"专栏中准确地截取了左边半张照片，介绍了陈独秀的简历。可是，国民党社会调查科（中统局前身）办的《社会新闻》杂志，不知出于工作上的疏忽，还是故意要丑化陈的形象，却截取了右边半张照片——彭述之，作为"陈独秀"刊出，介绍说"图圈中之共产党取消派领袖陈独秀仲甫氏"。③

---

① 《大公报》1932 年 10 月 25 日。
② 《申报》1932 年 10 月 27 日。
③ 《社会新闻》第 1 卷第 12 期，1932 年 11 月 6 日。

陈独秀与彭述之在江宁地方法院看守所

于是，彭述之的照片，就作为"陈独秀"的照片讹传下来。1965年，台湾中共党史专家王健民在其巨著《中国共产党史稿》第一编编首的照片"中共第一次大会代表之一部"及"中共之五代首领"中，当年《社会新闻》截取的这张照片，又两次作为"陈独秀"列出。

1977年5月，台湾最大的近现代史资料及研究杂志《传记文学》第30卷第5期，封二刊登的陈独秀各个时期的照片中，也出现了这张假照片。

1982年2月，中国学术出版社翻译出版的载有400余幅珍贵历史照片的大型精装本著作《斯诺眼中的中国》第68页，又把右边半张照片列出，说其是"陈独秀"。

1991年庆祝中国共产党成立70周年时，中共中央组织部与中央电视台联合摄制的大型纪实电视片《中流砥柱》第6集，也把这张假照片作为"陈独秀"介绍给观众。笔者当即写信指出错误。当时的中共中央组织部长吕枫很重视，特别派人到我处索取资料，第二次放映时，进行了修改，并告知录像带也做了修改。

然而几十年来那半张一直被埋没的真正的陈独秀照片，却又被当作"彭述之"，刊登在为纪念中共成立70年由中国革命博物馆编、上海人民出版社出版的巨型豪华本《中国共产党 70 年图集》第 164 页上。

事情到此还没有结束。1997 年《炎黄春秋》第 1 期刊登辛平写的当年《陈独秀秘书谈大革命前夜的陈独秀》一文时，又一次把"陈独秀"的这张假照片（即彭述之的照片）放大刊出。

对以上讹传情况，尽管笔者曾一再作出纠正，但是，后来还是在各种媒体上一再出现那张"陈独秀"的假照片。真是假作真来，真也假，纠不胜纠。

审　判

由于一方面国民党不少军政要员要求严办陈独秀案，另一方面，国民党内也有相当一部分开明人士和社会名流、民主党派等纷纷营救陈独秀，使法院对此案颇感棘手，直到 12 月 31 日才由江苏高等检察官提出起诉书，称陈独秀、彭述之等人"组织以危害民国为目的之团体或集会，均触犯《危害民国紧急治罪法》第六条……合依《刑诉法》第二百五十三条第一项，提起公诉"。而这个起诉书直到第二年 4 月法庭开审时才公布。可见法庭方面为审理此案，颇费心思。

"营救派"蔡元培、胡适等在取得交付法院审理的斗争胜利后，纷纷向陈独秀推荐著名辩护律师。他的"五四"以前的挚友章士钊，自告奋勇担任他的义务律师。陈独秀谢绝了其他律师，接受了章士钊。陈独秀在转向托派后，本来就主张"合法斗争"，因此对这次法庭斗争做了充分的思想准备，所以才有以上在巡捕房、沪宁列车、军法司时的不凡表现。他在接受法院传讯时，又表示："愿尊重国家法律，望政府秉承大公，不参加个人恩怨，法律判我是罪有应得，当亦愿受。"①

1933 年 4 月 14、15 日，陈独秀等人在被捕半年后，江宁地方法院第一次开庭审理此案，先是法庭调查，陈独秀不亢不卑、光明磊落地宣布了自己的政治主张。在回答为什么被中共开除时说："因意见不同。"主要在红军问题上，"先要有农工为基础，等有政权，才需要有军队"；"照现在状况尚用不着红军"。因此"与皖湘闽赣等省共党不能合作，是因政策不同"；同时毫不隐讳地宣布其根本主张是："推翻国民党政府，实行无产阶级专政"，并申述三点理由，一是国民党政府是刺刀政治，不合民主政治原则；二是军阀官僚只知集中金钱，人民则困苦到无饭吃；三是人民主张抗日，政府则步

---

①　《大公报》1932 年 11 月 1 日。

步退让，不抵抗。"根据以上三点，人民即有反抗此违背民主主义与无民权实质之义务"，宣称托派最终目的是"世界革命，在中国需要解放民众，提高劳动者生活。关于夺取政权，乃当然的目的"。在法庭要求他检举别人时，他以不做"政府侦探"为由，拒绝指认其他被捕之人。

4月20日，法庭第三次审判陈独秀，并进行辩论。检察官朱隽指控陈独秀等与中共一样，"主张打倒国民政府，实行无产阶级专政"，"都是危害民国"。起诉书把矛头特别指向陈独秀，以其"为中国共产党左派反对派中央执行常务委员首席，是一党之主脑"为由，说"其个人行动及发表之反动文件应负责任……即以中共反对派名义刊行之反动传单、宣言书及其指挥之行动，亦应由其完全负责"。然后列举了托派中央常委的《政治决议案》《为日本帝国主义进攻上海告民众书》《为日本占领淞沪告全国民众》等文件，及以陈独秀个人名义发表的《中国将往何处去》《此次抗日救国运动的康庄大道》等文章，攻击陈独秀"一面借口外交，竭力宣传共产主义，一面则对于国民党政府冷讥热讽，肆意攻击，综其要旨……推翻国民政府，由无产阶级专政"，等等；指控陈独秀、彭述之等"组织以危害民国为目的之团体或集会，又以文字为叛国之宣传"，触犯了《危害民国紧急治罪法》。①看来，检察官花了半年时间，认真研究了破获的文件，站在国民党的立场上，提出了符合逻辑的指控。

章士钊律师起而辩护，认为陈独秀主张以"法定之选民投票"取得政权，"何得为罪？""国家与主持国家之机关（政府）或人物既截然不同范畴，因而攻击机关或人物之言论，遂断为危及国家，于逻辑无取，即于法理不当。"章士钊不愧为著名大律师，利用国民党的假民主，在法理上，辩驳得有理有力。

章士钊接着以国共两党的历史关系进行辩护时，却有些一相情愿了。他说：陈独秀鼓吹的共产主义与三民主义不但不冲突，"而且是一个好朋友"；陈独秀当初曾与国民党"合作"，在国民党中担任职务（指1921年广东国民政府教育委员会委员长），且在《汪陈宣言》中苦口相劝"主张打倒国民党的人"，不做此举；陈独秀与中共分裂组织托派以反共，"有功于国民党"，等等。因此章士钊提议"托洛茨基派与国民党取掎角之势以清共"，以此批驳了检察官起诉陈独秀所谓"叛国""危害民国"的指控"湛然无据"，法庭应"谕知无罪"，"省释无辜"。这就把当时国民党和民主派中

---

① 《陈案书状汇录》，亚东图书馆，1933。以下所引陈案文件，除另注出处外，皆载此书。

"援陈派"营救陈独秀的理由发挥到极致了。

　　章士钊把陈独秀说成是国民党的"功臣"，三民主义的"信徒"，鼓吹议会政治的政客和国民党反共同盟军。为陈独秀曲为巧辩，真是到了挖空心思、煞费苦心的程度。一方面，确是表明他们营救陈独秀的真切心情，但另一方面，又说明他们对托派的无知。殊不知，从陈独秀和托派"打倒国民党"的立场来衡量，所有这些，都是陈独秀历史上的耻辱，不是光荣；是败绩，不是功绩。而且托派所谓"反共"与国民党反共，有本质的区别：是在"打倒国民党"、抗日反对帝国主义侵略目标之下的路线分歧。他们是为了"拯救共产党免于堕落"。

　　对此，陈独秀立即拍案而起，立即发表声明："章律师之辩护，全系个人之意见，至本人之政治主张，应以本人文件为根据……我与中山私人虽有交谊，主张并不相同"。接着，他宣读了自撰的《辩诉状》，看来，他为了对付这场官司，也做了充分的准备。这份自辩状，早在2月20日就写好了，决心把法庭当战场，打一场合法斗争的漂亮仗。这是一份既辩护自己又攻击敌人的《辩诉状》。自辩则无懈可击，坚不可摧；攻敌则义正辞严，入骨三分。他在《辩诉状》中堂堂正正地宣称："半殖民地的中国，经济落后的中国，外困于国际资本帝国主义，内困于军阀官僚。欲求民族解放、民主政治之成功，决非懦弱的、妥协的上层剥削阶级全躯保妻之徒，能实行以血购自由的大业……惟有最受压迫、最革命的工农劳苦人民与全世界反帝国主义反军阀官僚的无产阶级势力联合一气，以革命怒潮，对外排除帝国主义之宰制，对内扫荡军阀官僚之压迫。然后中国的民族解放、国家独立与统一、发展经济、提高一般人民的生活，始可得而期。"陈独秀说，这就是他"五四"以后"组织中国共产党之原因"。这自然也是他终生奋斗的目标。

　　因此，他申明："共产党之终极目的，自然是实现无剥削、无阶级、人人'各尽所能各取所需'的自由社会"；并宣称为实现这一终极目的，"中国共产党目前的任务"是："反抗帝国主义以实现中国独立"；"反抗军阀官僚以实现国家统一"，"改善工农生活"，"实现彻底的民主的国民立宪会议"。并表示他过去、现在及将来"所思所行，亦此物此志"；"鞠躬尽瘁，死而后已！一息尚存，挺身奋斗！"

　　接着，陈独秀从法理和历史事实上，阐述了何为"国"，何为"民国"，雄辩地论证了何为"叛国"和"危害民国"。他指出：国家是"土地、人民、主权之总和"；卖国于外敌，毁坏民权之内政，才是"叛国"、"危害民国"的实质。"若认为在野党反抗不忠于国家或侵害民权之政府党，而主张推翻其政权，即属'叛国'，则古今中外的革命政党，无不曾经'叛国'。"孙中山等"曾推倒满清，推倒北洋政府，如谓推倒政府就是危害国家"，那么孙中山"岂非已叛国两次"！

然后，他把矛头一转，猛烈抨击国民党"对日本侵占国土，始终节节退让，抵抗徒托空言，且制止人民抵抗……向帝国主义屈服，宁至全国论亡……而予则主张由人民自己扩大其组织与武装，对帝国主义进行民族解放战争，以解决东北问题，以完成国家独立，试问谁为'叛国'？""国民党政府，以党部代替议会，以训政代替民权，以特别法（如危害民国紧急治罪法及出版社等）代替刑法，以军法逮捕审判枪杀普通人民，以刺刀削去了人民的自由权利……试问谁为'危害民国'？"

最后，陈独秀大声宣布："今者国民党政府因予始终尽粹革命之故，而加以逮捕，并令其检察官向法院控予以'危害民国'及'叛国'之罪，予不但绝对不能承认，而且政府之所控者，恰恰与予所思所行相反"；"若于强权之外，复假所谓法律以入人罪，诬予以'叛国'及'危害民国'，则予一分钟呼吸未停，亦必高声抗议。"

陈独秀慷慨激昂，《自辩状》义正辞严，逻辑严密，合情合理，一时震慑庭堂，全场鸦雀无声；达到了把自己变成原告，把法庭变成战场的目的。

从中世纪宗教法庭上的伽利略，到1933年9月德国法西斯法庭上的季米特洛夫，人类历史上留下许多进步人士和革命者在反动派的法庭上，变自己被告为原告，审判反动当局的佳话。陈独秀的这场法庭斗争，发生在季米特洛夫莱比锡审判同一年，先于季米特洛夫斗争前五个月，同样脍炙人口，轰动社会。十四年过去了，他仍以其意气风发的精神面貌和泼辣酣畅的文字，再现了五四时期的大无畏精神，高举民主、自由、独立、解放的大旗，痛斥国民党政府的卖国、腐败、专制和残暴，在法庭内外产生很大影响。法庭三次公开审讯，旁听席之拥挤一次甚于一次。尤其是4月20日陈独秀发表《自辩状》这一次，有报道称：有远自镇江、无锡、上海等地专程来南京的，"惟庭地不敷容纳，后至者多抱向隅"；"有立于坐次两旁者，有立于记者席之后者，亦有立于室外者"，总计有二百多人。陈独秀在法庭上"态度安闲，顾盼自若，有时且隽语哄堂"。①

① 《陈彭案辩论总结》《陈独秀案公开审判》，《申报》1933年4月15、22日。

陈独秀的目的是潇洒地达到了，却给社会各界出了个难题。首先是蒋介石国民党政府，原以为可借此改善一下自己的形象，却碰了一鼻子灰，形象暴露得更加丑陋了；面对陈独秀痛斥而无奈，从此结束了公开审判共产党人的做法，特别是中共领袖和骨干分子，一般都在逮捕后秘密处死。最为尴尬的是国民党和民主派中的"营救派"。他们原想利用"托派"的"反共"面貌，曲意迎合国民党政府的法律，以达到营救陈的目的，不料想被陈独秀的"反弹"，弄得两面不是人。

在国民党面前，陈独秀必须是"打倒国民党政府"的革命者，这一点，毫无商量的余地。由于要洗清"被国民党利用反共"的污垢，他也必须两面作战。当得知亚东图书馆准备出版《陈独秀案书状汇录》时，他特别致函汪原放，要他与章士钊商量，把章的《辩护词》中那一段"托洛斯基派与国民党取掎角之势以清共……"的文字删去。

其实，类此内容的电文及各种文章甚多，删除这一段，并不能消除其影响。作为当时著名出版社的亚东图书馆，也不可能不经章士钊本人的同意就删除已经为传媒广泛报道的辩护词。按理说，一个人被捕后，若有有势力人物曲意营救，应该接受。但是陈独秀把人格和信仰看得比生命还重要。这使许多朋友很不理解。于是发生一些传奇的情节：他要别人改变辩护词，别人则要他改变口供。他的老朋友、国民党元老柏烈武在事后对陈的儿子陈松年说："你父亲老了还是这个脾气，想当英雄豪杰，好多朋友想在法庭上帮他的忙，给他改供词，他还要改正过来。"[1]

这就是陈独秀！刚直不阿、有独立人格的陈独秀！

但是，陈独秀的托派经历，却改变不了国民党决心利用他"反共"的企图。4月26日，江苏高等法院做出判决。判决书一面在陈独秀"反共"问题上大肆渲染，引用陈独秀在法庭上的声明和《关于所谓"红军"问题》一文中的内容，宣称：鉴于陈独秀"研究社会主义误入歧途……反对史丹林派（即中国共产党——引者）利用土匪溃兵领导乡村农民为武装暴动，时时加以抨击……审按情节，尚可矜原，自应量予减科"；一面又诬蔑他"以危害民国为目的组织团体，并以文字为叛国之宣传"，"乘日本之侵略，妄诋政府不抵抗，借反日救国名义，欲将建设中华民国之国民党国民政府推翻"，将陈独秀、彭述之各处有期徒刑 13 年，褫夺公权 15 年。其他被捕者，

---

[1] 刘禄天、李永堂整理《陈松年同志谈陈独秀》，《党史研究资料》1979 年第 15 期。

各判 5 年、2 年半不等。

陈独秀理所当然地表示不服。他当场起立大声抗议："我是叛国民党，不是叛国！"

此后，他向国民政府最高法院提出上诉，吸取教训，不再委托律师，亲自在 6 月 15 日写出《上诉状》，驳斥所谓"政府即国家"之谬说，揭露国民党政府卖国独裁种种罪行，阐明工农苏维埃政制乃"民主制之最后最高阶段"，"对待剥削阶级少数人以专政，以实现被剥削大多数人民行使统治权之真正民主国家"；批驳法院的判罪是"莫须有"；"侵害思想言论自由，阻抑民主政治实现"，"于理于法两具无当"。①

所以，6 月 22 日，检察官抛出《上诉答辩书》，批驳陈独秀的上诉是"牵引他国政制，图卸罪责，其理由自不成立"②。

陈独秀与彭述之又立即写出《再抗辩书》，提出两点辩驳：其一，以辛亥革命推翻数千年之君主专制，改建民主共和，其为效法欧美政制，和袁世凯以"中国特别国情"而复辟，毁坏民主共和之正反两例，阐明近世各国政制皆"择善而从"，驳斥所谓"一国有一国之政制，未可强为比拟"之谬说。其二，再次以政党、国家、政府"三者界义各别"为理，驳斥所谓反对国民党就是"危害民国与叛国"罪。

应该说，陈独秀的两次抗辩书，都是有理有力的，但是，他们面临的是独裁政府，而不是遵守法理法制的民主政府，无论是"法"，还是"理"，都是政府甚至蒋介石说了算，说你有罪，就有罪。

6 月 30 日，国民政府最高法院终审判决书终于下达，判决陈独秀、彭述之"以文字为叛国之宣传"，各处有期徒刑 8 年。比原判减少了 7 年。这个变化自然包含着多种因素，除了陈独秀抗辩有理、著名的国民党人和民主人士的营救之外，主要还是考虑以后企图利用陈独秀反共。

狱中斗争

陈独秀等被判刑后，押解到南京第一模范监狱（因挨着"老虎桥"，当

---

① 《法制周报》第 1 卷第 33 期，1933 年 8 月 13 日。
② 《火花》第 2 卷第 1 期，1933 年 12 月 5 日。陈独秀托派中央被捕后，新的临时委员会于此时恢复中央机关报《火花》，称为"第 2 卷"。

地人称"老虎桥监狱"）执行。监狱当局借口收监陈独秀这个名人，特地申请了很大一笔款子，把原来关押公开职务为泛太平洋产业同盟办事处负责人、实为共产国际远东局秘书的牛兰的牢房，翻修一新，陈独秀独住一间，其他人住普通牢房。

　　陈独秀被捕和在江宁地方法院候审期间，曾胃病复发，一度不能进食；判刑入狱后，又完全失去自由，而且不准亲友探监，不准通信，不准读书看报，因此曾表示不堪牢狱生活，不如立处死刑。他在看守所时，就写信给胡适说："以弟老病之躯，即久徒亦等于大辟，因正式监狱乃终日禁闭斗室中，不像此时在看守所中尚有随时在室外散步及与看守者谈话之自由，狱中购买药品和食物当然更不方便，所以我以为也许还是大辟爽快一点。"①

　　陈独秀判刑后，无所畏惧，视死如归，与监狱当局的"三不"恶法进行坚决斗争，甚至绝食。他对典狱长说："你们执行恶法，我拼老命也要抗议。"典狱长说："恶法胜于无法。"陈说："恶法就要打倒！"最后，斗争胜利，"三不准"成了"三允许"，②甚至"每日接见亲友，从不间断"。③

　　为了满足陈独秀的读书要求，牢房里放了两个大书架。陈就通过亲朋，搞来大量书报，把两个书架塞得满满的，又过起他说的"把监狱当研究室"的生活。监狱当局允许从

位于老虎桥旁的南京第一模范监狱大门

---

　　① 《陈独秀致胡适的信》，《胡适来往书信选》（中），第143页。
　　② 参见濮清泉《我所知道的陈独秀》，《文史资料选辑》第71辑。
　　③ 国民政府司法行政部训令，训字第2750号附件国民政府军事委员会调查统计局报告，《第一监狱共犯之现状与活动》，中国第二历史档案馆藏。

上海请来的著名中医黄钟来给他治病，还安排同狱的濮德志、罗世藩轮流看护他。后来甚至还允许他的第三个妻子潘兰珍每天到狱中照料他。从此，陈独秀在狱中过着"特殊的优待"生活。

后来，亲自部署抓捕陈独秀案的中统特务头目徐恩曾回忆说：

> 陈独秀被捕之后，经过正常手续，由上海租界引渡到南京……不错，他精通很多的中国书，他有中国读书人的传统风度，他有坚强的民族自尊心，他完全不像排挤他的那些共产党徒那样甘心出卖自己的祖国而以苏俄为祖国。他在一九一九年中国新文化的启蒙运动中所作的贡献，至今仍受着青年们的景仰。所有这些，使他有别于一般的共产党人。同时，也使我多生自信，以为可以使他放弃过去的政治主张，而踏上纯正的民族主义道路。可是接谈之后，我的信心动摇了。我发现他的态度相当倔强，他虽然坚决反对效忠于苏俄的中共党徒的卖国罪行，但仍不肯放弃他对马克思主义的信仰；他虽已被中共开除党籍，但仍以真正的马克思主义者自命……我自己劝说无效，又邀请一九一九年前后在北大和他同事的许多老友向他进言，但他仍是这个态度。我们为了尊重他的信仰，以后便不再勉强他，只留他在南京过着宁静的读书生活。这一段生活，对他以后的思想的发展影响甚大。在他最后的著作中，他指出他的思想变迁，是经过这五、六年沉思苦想的结果……陈独秀被捕之后，托洛茨基派在中国的活动，从此解体。此事我做得是否算好，现在想来实很怀疑，因为我在无意中替毛泽东立了一个大功，替他剪除了一个不共戴天的仇敌，从此他就减少了一个"内部之忧"了！[①]

徐恩曾的这段文字，很耐人寻味。它说出了陈独秀在中东路事件上，反对中共"拥护苏联"口号所产生的深刻影响，清楚地反映了陈独秀的信仰和性格特点；同时道出了国民党在对待陈独秀问题上的期望和无奈，以及意外的得与失，突显了陈独秀这个人物特有的传奇性。

过去，学者写陈传，对国民党公开审判陈独秀和狱中"优待"，一般都

---

① 徐恩曾：《我和共产党斗争的回忆》，转引自沈云龙《有关陈独秀生平的补充资料》，台北《传记文学》第31卷第2期，1977年8月。

强调国民党为了利用他"反共"，自然不排除有这方面的因素，但是国民党对待陈独秀这个特殊人物的确有无奈的一面。

冠盖云集的探监者

陈独秀这次被捕坐牢，牵动各方人事，多表现出感人的亲情和友情。

在朋友中，最早来探视的是北京大学校长蒋梦麟。早在 1932 年 10 月 31 日，陈独秀被拘押江宁地方法院看守所时，他就来赠书和水果。

在潘兰珍来狱中前，担任陈独秀与狱外联系最多的是赵健及其夫人刘梦符。赵是陈独秀老友柏文蔚部下的军官，当时在中国慈善协会工作，住在南京。对军统局的调查人员，他们可能用了化名。因为在调查报告上这样写着："另有住娃娃桥六号谢纫清、许守贞（女性）亦间常探望陈氏。"

另外，来的次数最多，给陈独秀帮助最多的要算是段锡朋了。这位在 1927 年初大革命高潮中在江西为适应蒋介石反共需要并由蒋圈定、创立了"AB 团"（"反对布尔什维克主义"的英文缩写），杀了大量共产党人的极端反共分子，由于北大师生关系和五四运动导师与学生领袖的关系，对陈独秀却十分崇敬，几乎成了陈的狱外秘书。陈独秀对案子的一些重大要求，与国民党和社会名人的联系等，一般都委托段处理。陈在一封致胡适信中说：段书诒"常来此探视"，并代为转信。[①]　在陈独秀案转法院审理后，蔡元培、胡适等都向他推荐著名的辩护律师。11 月 3 日，陈接见来访的段锡朋时，托其致函胡适："辩护事已委托章行严及另一位彭先生"，不宜烦请律师过多，谢绝了蔡、胡推荐的律师。判刑后，陈独秀与狱外的书信往来频繁，起初的联络站是段家。后来，陈争取了一位名叫季杰的原江宁地方法院看守所主任，此人因与陈"接近之故"，于 1934 年 9 月被辞退。他的住所"院门桥糯米巷十七号"，却成了陈的通讯机关。[②]　军统局的报告中则说：陈独秀"在京建立一通讯机关，地居长乐路 408 号季推事公馆季杰转（前第一监狱

① 《陈独秀致胡适的信》，1932 年 12 月 1 日，《胡适来往书信集》（中），第 143 页。
② 国民政府司法行政部致国民政府军事委员会调查统计局的复函，司法行政部训令训字第 2750 号《令江苏高等法院院长朱树声案准国民政府军事委员会统计局函开"为据报第一监狱男女共犯、尚萌故态、鼓动煽惑、函请转令制止，严予防范》之附件，中国第二历史档案馆藏。

职员），凡陈氏各方往来信件，均由该处转递"。①

此外，蔡元培、胡适、刘海粟、汪原放等，对狱中陈独秀的关心和帮助，都有感人的"故事"，下面将会写到。

在与这些人的恢复接触中，出现了一个特殊现象：多位过去因政治分歧已经"绝交"的朋友，又来帮助陈，而陈也欣然接受。有人说这是中国古代传下来的优良传统：古道热肠。

章士钊是一个典型。他和陈在民主革命早期是亲密战友，后来章士钊当了段祺瑞执政府的司法总长、教育总长，在1926年三一八惨案中充当段政府镇压学生的帮凶，对此，陈独秀十分气愤，给章写了一封快信，说我们早年一道革命，你现在怎么这样糊涂，"我和你绝交"。② 从此，两人似乎一直处于"敌对"状态。但是，这次陈被捕，章士钊不计前嫌，主动出来担当他的辩护律师；陈也不计前嫌，表示接受。章是全国著名的大律师，毛遂自荐做已经与自己"绝交"的人的辩护律师，主要是出于对陈独秀为人的钦佩，希望重建二人的友谊。这从他这次到南京写的一首诗中可以看出：

> 龙潭血战高天下，一日功名奕代存；
>
> 王气只今收六代，世家无碍贯三孙。
>
> 廿载浪迹伤重到，此辈青泥那足论？
>
> 独有故人陈仲子，聊将糟李款牢门。

此后，二人恢复了往昔的友情。陈在狱中生活三年，经常得到章多方面的照顾。1934年初冬，章士钊又应陈独秀狱中消愁之求，给陈写了一张条屏，表达了更加深沉的情感：

> 夜郎流客意何如？犹记枫林入梦初。
>
> 凤鄙诸生争蜀洛，那禁文网落潘吴。
>
> 议从刻木咸奚在？煎到同根泣亦徒。
>
> 留取心魂依苦县，眼中台鹿会相呼。

---

① 国民政府司法行政部训令，训字第2750号附件：国民政府军事委员会调查统计局报告：《第一监狱共犯之现状与活动》，中国第二历史档案馆藏。

② 汪原放：《回忆亚东图书馆》，第102页。

三十年前楚两生，君时扪虱我谈兵。

伯先京口长轰酒，子谷香山苦嗜饧。

昌寿里过梅福里，力山声杂博泉声。

红萁聚散原如此，野马风棂目尽迎。

（佛罗伊德画一囚室，其人目送窗棂间，日光一线，生平梦想事件均浮动于中）

……世乱日亟，衣冠涂炭，如独秀幽居著书，似犹得所。奉怀君子，不尽于言。

士钊　甲戌初冬①

　　这里既有对早年二人共同办报进行反清反袁斗争战斗友谊的回忆，又有对陈独秀著名情友诗《存殁六绝句》怀念战友的响应，以及对陈独秀这匹"野马"被囚失去自由的同情，而在注释中也有对陈独秀坚持共产主义革命理想的讽劝——"梦想"应该醒悟了。这里再次表现了二人的差异。

患难得真情
——老夫少妻重晚情

　　有人说陈独秀是个"情种"，虽然其貌不扬，却总有女性追求她，而且不忌违背常理和舆论的压力，如与妻子不离婚的情况下，与妻妹结婚（当时没有"重婚罪法"）；生病时，又与护士有婚外情；晚年已经是"老头子"了，又结成"老夫少妻"。陈独秀与妻子及情人都有过纯真而感人的情感（除了家庭包办又性格格格不入的元配夫人之外）。这也算是陈独秀的一大传奇。

　　1930年下半年，陈独秀领导无产者社期间，为躲避国民党的通缉，又一次迁居到熙华德路（今长治东路）上一座石库门房子的前楼，而一墙之隔的后楼，就住着潘兰珍。

　　潘兰珍，1908年生于江苏南通一个贫苦农民之家，4岁时，随父母逃荒来到上海。父亲先在外滩码头帮助上下旅客提拿行李，挣点小钱，后进入英

　　①　汪原放：《回忆亚东图书馆》，第172页。

美烟草公司做工人；母亲捡拾煤渣用以烧饭防寒。后来，家里又添了一个弟弟和一个妹妹，为了分担父亲的负担，她去纺织厂当了一名童工。当时的童工，劳作不比成年人轻多少，工资却不到一半，还常常受"拿嬷媪"（工头）的责打。长大后，心地善良的她受了一个流氓的欺骗，生了一个孩子。不久孩子夭折，她也被抛弃，精神上受到很大的刺激，带着一颗凄苦的心独居到这个小楼上来。这时她才 23 岁。为了躲避国民党的通缉追捕，陈独秀必须经常改换住址，这天陈独秀以"李先生""南京人"（南京与安徽口音相似）的"新房客"身份搬来，给这个小楼带来了一丝温暖。虽然他很少出门，而且只有一个神秘的人（秘书）有时来看他，但他与潘兰珍隔窗相望，朝夕相处，不仅生活上互相照顾，陈独秀有空还教她识字读书，进行启蒙教育。教育得法，潘也是一个聪明人，不久，她便能粗读书报了。就这样，二人渐渐萌生爱情。潘兰珍重新点燃起对生活的希望，而陈独秀在多年地下生活的孤独后，渴望得到爱情雨露的滋润，但看到她比自己小 29 岁，起初不敢奢望。这时，潘兰珍倒拿出了常人没有的勇气，对陈说：国父孙中山与国母宋庆龄不也是老夫少妻吗？于是，两颗饱受过煎熬的心，终于结合在一起，同居了。

在陈独秀认识潘兰珍前不久，1930 年 7 月 17 日，陈独秀的第一个妻子高大众在安庆去世，享年 53 岁。她因与一个漂泊四海的"造反者"结婚，一生落寞；再加两个大儿子先后追随父亲造反而牺牲，给她带来了多少难以忍受的痛苦。离开人世，对她也许是一个解脱。在南京困境中挣扎的高君曼，得到姐姐去世的消息，不再顾忌世俗，毅然携儿带女回安庆奔丧，以示对姐姐的愧疚。可是，多年的贫困折磨、对陈独秀的怨恨与姐姐去世的刺激，她从安庆回到南京后不到一年，因患子宫癌，也去世了。就这样，因身处"地下"，两个妻子去世，陈独秀都未在场，未能提供任何帮助和一个丈夫应负的责任。倒是他的学生陈公博曾给高君曼一点帮助。陈看到高住一间草屋，家具破旧不全，絮被也支离散烂，卧病在床，凄凉不堪，接济了一些钱；她去世后，又托潘赞化买地安葬在南京郊区（今雨花台区农花大雨罩村）。后来，陈公博到狱中探望陈独秀时，谈到此事，陈独秀也只得叹息一声，并对公博的帮助表示感谢。①

可能是上帝对陈独秀有所眷顾，在长期寂寞生活和两个妻子先后去世之

---

① 参见陈公博《寒风集》，第 263、264 页。

后，陈独秀又得到了一个充满青春活力的潘兰珍。潘兰珍是个忠厚朴实的女性，她对陈十分信任，到陈被捕前，竟然与这个藏有巨大秘密的人物共同生活了两年时间，却未对他有一点怀疑（也是陈独秀掩饰得天衣无缝）。1931年有一天，潘兰珍听楼下一个邻居说，楼上住着一个"老西"（即共产党），潘也不在意，竟把此话传给陈独秀，因为楼上住家不止他们二人。陈独秀却听了有心，立即决定搬家，由郑超麟帮助，搬到周家嘴路一条弄堂的底头裁缝铺的前楼；后来又搬到岳州路永兴里11号的楼上。每次觅新居，他都要楼上，以防不测时，有回旋的余地。但是，这一次，由于"谢秘书"的出卖，他被捕了。

说也凑巧，这天潘兰珍正好不在家。她与陈独秀的生活是融洽的，但有时也难免发生口角。一个月前，因为一件小事，二人争执起来，她生气回了浦东娘家。所以，陈被捕时，她得以幸免。但当她从报纸上看到国民党逮捕陈独秀的消息和照片时，才恍然大悟，惊讶地说："这不就是我家的老头子吗？"原来这个姓李的老头子还是"老西"的首领。潘兰珍本可趁机远遁，但是，令人料想不到的是，她竟是一个女丈夫，逆流而上，毫不犹豫地跳进旋涡，跑来与陈独秀共渡难关。

陈独秀也是一个重感情之人，被捕后，亦处处为潘着想，恳切委托高语罕做善后工作。从1932年11月至1933年4月，他多次写信给高语罕。首先，对出于无奈向潘隐瞒真实身份达两年之久，表示歉意，询问潘"对于我，以前未曾告以真姓名，及她此次失去衣服，有怨言"？他对于自己这次被捕，因早已有充分的思想准备，并不太介意，但因此给潘造成的损失，却感到难过和有责任。被捕后半个月，还要高语罕再到他家寻觅潘的财物，说在其书桌抽屉内藏有一小袋，"系女友潘君之物，她多年的积蓄，尽在其中，若失去，我真对她不起"。自然，对于潘兰珍，他最为牵挂而只能做到的是以后不再牵连于她，提议从此断绝关系，自谋出路。当时托派的成员还想帮助潘，陈则说："潘女士她浦东有父母，她能在香烟厂做工，不需要我的帮助，并且事已揭开，她必不愿受我们帮助也。"没想到，她却不寻常地不避嫌，不怕险，还要求来探望陈独秀。陈立即托高劝阻，说自己"案情无大危险，免她惧虑"；"婉言劝她不必来看我"。[①]

① 汪原放：《亚东六十年·狱中书信》，未刊稿。

但是，潘兰珍看到陈独秀本来生活清苦，又受病痛折磨，现在又入狱失去了自由，更需要人照顾。别人可以不管，她则责无旁贷。于是，陈独秀判刑后不久，她把与陈同居后领养的女儿安排在娘家后，只身来到南京，先借住在教育部次长段锡朋家里，后租一间小屋，化名"王素芬"，每天五时必到狱中照顾陈的生活。① 有了这样的条件，陈独秀的浪漫无羁习性再次发作，又做出令人惊讶之举来。

一天，典狱长把同监的濮清泉叫去，说"当年我也是崇拜陈先生的一人，以为他的道德文章可以做青年模范，现在看来，他的文章虽好，道德有限"。濮"摸不着头脑"，不知出了什么事？典狱长叫看守退出，把门关紧，说道："我今天把你找来，有件事要你转告。陈先生在我们这里，我们没有把他当作犯人看待，上面叫我们优待，我们也尽量给他以优待。但是优待也有个界限，这里是监狱，不是旅馆。陈先生近来忘记了他在坐监狱，把我们这里当旅馆，这是使我们很为难的……根据看守人的报告说，陈先生和那个姓潘的女士，在他的监房里发生过肉体关系，这怎么行呢？这事情传出去，岂不要叫我同他一样坐牢吗？请你婉言转告他，要为我的处境想一想。面子要双方来顾，如再有这样行动，那就莫怪我无情了。"第二天，濮清泉把此话转告了陈独秀。陈起初"神色自若，毫无赧颜"。濮批评说："你是一个政党的领袖，对妇女问题，没有正确而严肃的态度行吗？"陈自知理亏，沉默良久，然后说道："在建党以前，在这方面，我是放荡不羁的，可是建党以后，我就深自检点没有胡来了。"② 言外之意，他这次不属于"胡来"范围。说来也是，他们已经是同居两年的事实上的夫妻了，不过是场合不合适而已。现在，典狱长既然如此说了，"面子"还是要给的，而且是"双方的面子"，从此不再发生这样的事了。

就这样，潘兰珍一直照顾到陈三年后出狱。患难识知己，日久见人心。潘兰珍三年如一日精心照料陈独秀的生活，使陈独秀深受感动，特别是出狱后晚年的始终如一的照顾，也感动了陈独秀两位前妻所生的孩子，由不理解、不满，到接受和尊敬。对于潘兰珍来说，看到众多国民党达官贵人和社会名流来探望，并馈赠各种衣物（仅贵重的皮袍子就送来八件，陈用不了

① 国民政府司法行政部训令，训字第 2750 号附件，国民政府军事委员会调查统计局报告，《第一监狱共犯之现状与活动》，中国第二历史档案馆藏。

② 濮清泉：《我所知道的陈独秀》，《文史资料选辑》第 71 辑。

就转送狱中难友）和钱财，也使潘大开眼界，看到这个"老头子"的价值和地位。于是两人更加相亲相爱，情深似海。

狱中的研究工作

自从 1901 年留学日本参加革命斗争以来，除了在北京大学和广东教育委员会两个短暂时期进行教育工作以外，陈独秀一直过着动荡危险的"地下"生活。其实，就其个人爱好而言，他更热衷于学术研究，尤其是文字学。以前，在紧张的革命斗争中，还忙里偷闲，做过一些这方面的工作。如1904 年 3 月至 1905 年创办《安徽俗话报》时期，研究过"中国何以不如外国"的原因和救国的途径。《安徽俗话报》上约 50 篇以"三爱"笔名发表的文章，反映了他此时期思索和研究的状况和结果。1914 年 6 月至 1922 年7 月，反袁斗争失败后的新文化运动时期，除继续研究使中国国民性愚昧落后、国家衰弱的根本原因外，还对教育、文学、宗教、道德、法律、艺术等，进行广泛研究，发动新文化运动。在这个过程中，他发表了大量警世骇俗的见解。1922 年 8 月，他把这些见解收编在亚东图书馆出版的《独秀文存》中，他在该书"自序"中说：

> 我这几十篇文章，原没有什么文学的价值，也没有古人所谓著书传世的价值。但是如今出版界的意思，只要于读者有点益处，有印行的价值便印行，不一定要是传世的作品；著书人的意见，只要有点心得或有点意见贡献于现社会，便可以印行；至于著书传世藏之名山以待后人这种昏乱思想，渐渐变成过去的笑话了。我这几十篇文章，不但不是文学的作品，而且没有什么有系统的论证，不过直述我的种种直觉罢了；但都是我的直觉，把我自己心里要说的话痛痛快快的说将出来，不剽袭人家的说话，也没有无病而呻的说话，在这一点，也许有出版的价值。在这几十篇文章中，有许多不同的论旨，就此可以看出文学是社会思想变迁底产物。在这一点，也或者有出版的价值。

人们可以从陈独秀的这段话中，感悟他写文章的特点和为人的特殊性格。

首先，写文章"只要有点心得或有点意见贡献于现社会"就行，不能考虑"传世"。从这一点看，由于他的天赋，正因为他的写作不追求名利，反而成了"传世"之作。据统计，这本《独秀文存》1922年出版后，连续印行10次，累计印数达32000部，畅销达30年。1952年此书因受托派案株连被查禁销毁，30年后，再次被多家出版社出版或列入出版计划。

其次，他写文章主要凭自己的"直觉"，以记录"社会思想底变迁"。所以，陈独秀在文章中表达的思想是"与日俱进"的，他只忠实地反映"社会思想底变迁"，而不考虑个人的名利安危。同时，由于"社会思想变迁"的反复性，他对于自己思想的反复和前后矛盾性，也就从不后悔和检讨。他也就成为一个这样光明磊落的人；而另一些人则认为他"从来不认错"，其实，这恰恰是他的特殊性格，是基于尊重历史的科学性，而不是顽固坚持错误，更不是文过饰非。

在反袁斗争失败后的极度困难时期，陈独秀还研究文字学，完成一部专著《字义类例》。在这部著作中，他对学术的贡献，前已有所论述。而在大革命失败后的隐居时期，他一面思索革命失败的原因和新路，一面又研究汉字改革中的拼音问题，写成《中国拼音文字草案》一稿。

现在人狱，要坐长达八年之牢，于是他更要把监狱当作研究室了，把本来是寂寞难熬的监狱生活，变成紧张的研究工作，在这特殊的环境中，把自己的聪明才智尽情地贡献给所热爱的人民和祖国。用他自己的话来说，要在监狱这种环境中，争取"人生最高尚优美的生活"，为人类创造"有生命，有价值的文明"。[①] 于是，他拟订了一个庞大的著述计划，声称"拟谋中国学术长足之进展"，"创造中国五十年新政治学术之结晶，以谢国人"。[②] 可见他的雄心壮志，不亚于革命斗争中的英雄气概。

他的计划是，除了继续文字学著作外，在两三年内准备研究撰写以下论著：《古代的中国》《现代中国》《道家概论》《孔子与儒家》《耶稣与基督教》《我的回忆录》。从这个计划就可看到，陈独秀的确是博学多才，又通晓多种外国语；对历史、哲学、文学、教育、文字学等，都能做精深研究，并有独到的见解。但他从不恃才傲物，故步自封。他懂得天才在于勤奋、学无止境的道理。所以，他紧紧围绕自己所研究的课题，有计划地博

---

① 《研究室与监狱》，《每周评论》第25号。
② 转引自王森然《近代二十家评传》，第223页。

览群书。根据当时他向胡适、汪原放索要书的信，他在狱中所读的书有以下几类。

政治理论：《列宁的组织论》《伦理与唯物史观》《马克思主义方法论》。这三本都是日文版的。英文版的有亚当·斯密的《原富》、李嘉图的《经济与赋税之原理》。此外还有马克思、恩格斯的著作，如《反杜林论》《经济学批判》《价值、价格及利润》，还有《卢森堡致考茨基书信》，托洛茨基的《中国革命问题》及何礼著的几本主张共和政治的小册子。

这个书单说明中国革命者的一个特殊现象：革命失败以后再学习和反思马克思主义理论。由于中国的共产主义革命者，只有少数人有短期的理论准备，而且由于版本的缺少，各种错误思想的干扰，他们对马克思主义理论的理解也并不准确。而建党后就投入了复杂紧张激烈的革命斗争实践。这与西欧各国党一般都经过几十年的理论准备（学习）和争论再参加到革命高潮中去是不一样的。再加上大革命中处处被莫斯科牵着走，陈独秀希望在马克思主义理论的源头上弄清十几年来革命失败的原因。

历史与传记：《古代社会》、《殷虚书契》、《东方游记》、《中亚细亚游记》、《廿四史》、《廿五史》以及《第一国际史》、《中国革命史》、《马克斯传》、《达尔文传》和托洛茨基自传《我的生平》等。

文字学：《殷虚书契》（它既是记载中国远古时代的历史书，又是研究中国文字最早起源的甲骨文的教科书）、《汉晋西陲木简汇编》、《说文》等中国历代重要的文字音韵学著作。他在这方面兴趣广泛，竟然还要日本出版的亚洲地区的一些小语种小丛书，如蒙古语、西藏语、缅甸语、暹罗语、朝鲜语、安南语、马来西亚语、土耳其语等。此外，为学习马恩原版书需要，他还要学德语，托人购买《英德字典》《德英字典》和《德语文法教程》。

当然，由于经济条件的限制，这些也并不是都买得起。如罗振玉的《殷虚书契》，他很需要，但每部要 232 元。他说："如此之贵，当然不能买……只得设法托人借一部来看看。"有的如《汉晋西陲木简汇编》，书"太重，邮费太贵，不合算"，也只得放弃，或"托便人带来"。[①] 可见陈独秀当时的穷困和意志的坚定。

从以上不完全的书单已经可以看到，陈独秀这次在狱中的确做了长期研

① 汪原放：《回忆亚东图书馆》，第 163 页。

究的准备。若能持之以恒，他必能成为中国近代著名的学问家。所以，胡适和陈的学生、后来成为著名学者的傅孟真、王森然都为他把过多的精力放在政治上而惋惜。1934 年，王森然在狱中探望陈独秀，看到他在狱中刻苦读书，潜心著述时十分激动地评论说："先生书无不读，又精通日文、法文。故其学，求无不精；其文理无不透；雄辩滔滔，长于言才。无论任何问题，研究之，均能深入；解决之，计划周详；苟能专门致力于理论及学术，当代名家，实无其匹。"

王森然更从陈的个性上加以论述："其个性过强，凡事均以大无畏不顾一切之精神处理之。无论任何学说，必参己意以研究之，无迷信崇拜之意。故每当大会讨论之际，其意见迭出，精详过人，常使满座震惊奇绝，或拍掌称快，或呆目无言，诚为一代之骄子，当代之怪杰也。"

但是，陈独秀毕竟首先是一个政治家，救国救民时代的迫切性，使陈独秀没有成为王森然期望中的人物。于是，王又评述说："惜仍以指挥行动之时多，精心研究学术之时少，虽有专一、有恒、自信之美德，致不能完成其哲学理论之中心，使先生终为政治不能成为革命理论家，可胜惜哉。"①

而监狱的生活迫使他安下心来，读书与思考，研究一些问题和学问，对于他的一生来说，倒也不全是坏事。"出了研究室就入监狱，出了监狱就入研究室"，这是他对人生的承诺。可以说他从不虚度光阴。

由于 1937 年全面抗战的爆发，陈独秀在狱中的研究工作实际只做了三年，他的庞大的研究工作没有按计划完成，即使如此，他也取得了丰硕的成果，现就其实际取得的学术成果简述如下。

对于孔子与儒学的研究，后来发表了《孔子与中国》一文。从内容看，可以看出岁月的积累，使他有了明显的成熟和进步。由于封建统治者利用儒教打压和摧残人性激起的新文化运动派"打倒孔家店"的激情，五四新文化运动时期出现了较片面地对待儒学，引起了学术界的另一种反弹。陈独秀这次冷静思索后，对孔子采取了比较全面的、历史的、客观的分析态度，认为人们不应当"绝对的或相当的崇拜孔子"，应当用"现代知识""对孔子重新评定价值"。

那么，"孔子有没有价值？我敢肯定的说有"。"孔子的第一价值是非宗教迷信的态度。"陈独秀对孔子的这一价值评价相当高，说上古至东周、战

---

① 王森然：《近代二十家评传》，第 223～224 页。

国诸子百家，充斥"宗教神话之传说"，"孔子一概摈弃之"。接着以孔子的《论语》一书为证，进行了充分的论述，并对孔子之"言鬼神"和"天命"进行了正本清源的阐述，指出："重人事而远鬼神，此孔墨之同也，孔子之言鬼神，义在以祭享"；"孔子之言天命，乃悬拟一道德上至高无上之鹄的，以制躬行，至于天地之始万物之母，则非所容心，此孔子之异于道家也。"但是，后来经过《中庸》、李斯、董仲舒、班固、许慎、贾逵、郑玄等四次篡改，孔子遂"与阴阳家正式联宗"，为迷信鬼神者大为利用了。

"孔子的第二价值是建立君、父、夫三权一体的礼教。这一价值，在二千年后的今天固然一文不值……然而在孔子立教的当时，也有它相当的价值。"因为自周平王东迁以后，王室渐陵夷，诸侯割据与争斗，再加商业的发展，"动摇了闭关自守的封建农业经济之基础，由经济的兼并，开始了政治的兼并，为封建制度掘下了坟墓，为统一政权开辟了道路，同时也产生了孔子的政治思想。"这就如欧洲中世纪之末，在封建陵夷以后，社会又无由封建走向民主之可能，还要"经过王政复兴君主专制的时代"。孔子"于是乃在封建的躯壳中抽出它的精髓，即所谓尊卑长幼之节，以君臣之义，父子之恩，夫妻之别普遍而简单的礼教，来代替那'王臣公、公臣大夫……的十等制'，冀图在'礼'教的大帽子之下，不但在朝廷有君臣之礼，并且在整个社会有父子、夫妻等尊卑之礼，拿这样的连环法宝，来束缚那些封建诸侯大夫以至陪臣，使他们认识到君臣之义，无所逃于天地之间，以维持那日渐离析分崩的社会。"

陈独秀冷静而精辟地指出："科学与民主，是人类社会进步之两大主要动力，孔子不言神怪，是近于科学的。孔子的礼教，是反民主的，人们把不言神怪的孔子打入冷宫，把建立礼教的孔子尊为万世师表，中国人活该倒霉！""请看近数十年的历史，每逢民主运动失败一次，反动潮流便高涨一次；同时孔子便被人高抬一次，这是何等自然的逻辑！"

所以，文章最后主张："人们如果定要尊孔，也应该在孔子不言神怪的方面加以发挥，不可再提倡阻害人权民主运动、助长官僚气焰的礼教了！"①

应该说，如此言简意赅地评价孔子，是非常独特的，而他对孔子礼教的精详分析和论述，则显出他的博学过人。

关于"道家"的研究，陈独秀写了《老子考略》一文。这是一篇考证

_____

① 《东方杂志》第34卷第18、19号，1937年10月1日。

文章，分三部分。

一为"老子与道家"的关系，指出"道家本黄帝之言"，先秦诸子称其为"黄帝书"及"道经"。其实，"黄帝轩辕氏，当非一代帝王称号（远古无帝王），或亦非专谓一人，可假定其为诸夏有力之一族"。此族"以发明用火著称于世，故或言黄帝，或言有熊，或言祝融"。"自姬周统一以至春秋之世，中国学术思想，惟儒道二派，余皆后起……但是，自学术言，道固无逊于儒，以政治制度言，道术已不适用于经济发展之秦、汉社会，以此道家学术虽广行于民间，而政治则不得不屈折在儒法二家之下。"但是，由于古文献散佚，"黄帝书"及"道经"，今已不可考，即《汉书》所录《黄帝四经》四篇，《杂黄帝》五十八篇，《黄帝君臣》十篇，亦久已散亡，"今所存者，惟先秦及两汉诸子百家所称述者而已，其言义理最完备者，则为《周易·系辞》及《老子》。"但是，汉初称黄帝之言为黄老，或称黄帝老子之术；魏晋以后，又称老庄，罕言黄帝矣，其后更以老子为道家之初祖。"其实庄周并非道家，庄子虽喜称引黄老，而其根本思想'一生死齐彭殇'，实与道家背道而驰也。"老聃更"非道家初祖，老子以前，已有'道经'及'黄帝书'行世，老聃不过祖述黄帝之言者之一人而已"。

二为"老子略历"，指出"神仙家所传老子之神话固全然无稽，即《史记·老子传》，亦全不可信……所记各事，无一足以证信"；《庄子》《列子》也由于"以老莱子与老子相混而致误"，而《史记》"所谓周守藏史，乃由于以老聃与周太史儋相混而致误"；《论语》"亦以老彭为彭祖。郑玄以老为老聃，不足信"；至于道士王浮所撰《化胡经》，唐宋时盛传"老子西去流沙化胡成佛之事"，更是"可耻"。在做了以上种种辟诬之后，陈独秀说："由此，吾人得以推定：老子即老聃，沛之隐君子也。生于周威烈王或安王时，在墨子之后，庄子之前，略与申子、惠子、孟子同时，与关伊同悦黄帝道术，著书上下二篇，言道德之意，今名《道德经》。"

三为老子著书，同样考证了长期流行的众多老子伪著，最后肯定："今惟就《淮南子》以前各书所称引老聃之言以及见于今本《老子》而合乎黄、老道术者，辑成一家言，然后老子教义之真面目始可得而见之。"①

从以上两篇关于孔子和老子论著，可以看到陈独秀这时对先秦诸子百家学说做了系统的研究，否则难以做出如此大胆的论断。

---

① 《东方杂志》第 34 卷第 11 号，1937 年 6 月 1 日。

《自传》之"瑰宝"与遗憾

　　陈独秀关于《我的回忆录》的写作，颇为曲折。当时胡适等老友和托派同志，都积极推动他写自传。胡适在 1933 年 6 月 27 日写的《四十自述》序言中，呼吁蔡元培、陈独秀等都来写自传。他说："我这十几年中，因为深深的感觉中国最缺乏传记的文学，所以到处劝我的老辈朋友写他们的自传"；"我盼望他们都不要叫我失望。"与陈独秀依然保持密切联系的托派同志，更希望他仿效托洛茨基写的《我的生平》和《俄国革命史》，以及他写的《我们的政治意见书》及《告全党同志书》（1929 年 12 月 10 日）那样，通过写自传，总结中国革命的经验教训，同时写《中国大革命史》，狱内外的托派同志都愿意为他提供材料，大家都认为他是写大革命历史的最好人选。

　　但是，陈独秀却没有把写《自传》和《大革命史》列为狱中写作的首选。主要原因是经济问题，即出版问题。当时，除了他个人的开支之外，高君曼及两个孩子（哲民和子美）的生活费，一直由他负责。他的经济来源除了亲朋好友偶有接济以外，主要是亚东图书馆的稿费和版税。高君曼每月从亚东领取 30 元。1931 年她去世后，儿子陈哲民在上海读书的学费和零用钱，也在亚东支取。所以，陈独秀入狱后发现自己欠亚东的钱"实在不少"；汪原放来探监时，陈表示"心里很难过"。[①] 于是他建议：一是重印《独秀文存》，二是打算先着手写《自传》。但是，由于他的政治地位及牢狱的处境，不仅他已经完成的拼音文字稿一直未能出版，《独秀文存》也不能登报销售。所以，亚东对接受陈独秀自传颇为犹豫。这给他的写作积极性很大的打击。入狱之初的 1932 年 12 月 22 日，他在给高语罕的信中说："自传一时尚未能动手写，写时拟分三、四册陆续出版，有稿当然交老友处（指汪孟邹——引者）印行。如老友不能实时印行，则只好给别家。自传和《文存》是一样的东西，倘《文存》不能登报门售，自传当然也没有印行可能。若写好不出版，置之以待将来，则我一个字也写不出来。"[②]

　　陈独秀是一个崇尚思想言论出版自由的人，有所见解就要发表，如

---

　　① 汪原放：《亚东图书馆》，第 168 页。
　　② 以下所引陈独秀致高语罕的信，除另有出处外，均引自《亚东六十年》未刊稿。

他所述："我有手足，自谋温饱；我有口舌，自陈好恶；我有心思，自崇所信。"① 他 19 岁就自己石印出版《扬子江形势论略》，后来又多次自办报刊，有言即发；在担任中共和托派第一把手时，也可以在机关报上随时发表文章，好不痛快。但是，由于国民党的反共统治，他成了头号通缉犯，失去了过去《独秀文存》那样的出版自由，实在气恼，自然"一个字也写不出来"了。

后来，较有实力的群益出版公司得讯，表示愿意接受陈独秀的自传稿，于是陈又积极起来。在法庭审判前的 1933 年 2 月 7 日，他写信给高语罕说："自传稍迟即可动手"，汪孟邹处不能出版，"曹聚仁代表群益公司来索此稿（大约稿费每千字二十元，每月可付二百元）。曹为人尚诚实，惟不知该公司可靠否？望托人打听一下。"就在这封信里，他表示急欲得到托洛次基的《我的生平》《不断革命论》《西方革命史》《法国革命》等书，说明他真的要写《自传》和《中国大革命史》了。同时，他又觉得这样做有点对不起老朋友汪孟邹和亚东图书馆。他是一个讲究义气和重感情的人。所以，他还是希望亚东出。3 月 4 日，他在给高语罕的信中又说："自传尚未动手，此时是否急于向人交涉出版？倘与长沙老友（即汪孟邹——引者）一谈，只要他肯实时付印，别的条件都不重要。"

但是，一是汪孟邹是一个胆子非常小的人，一直没有响应已是国民党重犯、命在旦夕之人的近乎请求的询问；二是陈独秀接着为应付审判，不服，上诉，又被驳回，情绪坏极，特别是令他不堪回首的大革命史和他在其中的表现，以及法庭上被人广泛误解的托派的"反共"作用。若写自传，这些内容都是不可回避的；三是胡适约他写自传，强调传记的"文学性"，更使他望而却步。倒不是他不会在传记中写出"文学性"，而是他的心境，不允许他产生"文学性"。1933 年 10 月 13 日，正是国民党判决他八年徒刑后不久，他给汪原放写信说："自传尚未动手写……我很懒于写东西，因为现在的生活，令我只能读书，不能写文章，特别不能写带文学性的文章，生活中太没有文学趣味了！……你可以告诉适之，他在他的《自述》中望我写自传，一时恐怕不能如他的希望。"他甚至这样说："我以前最喜欢看小说，现在见了小说头便要痛，只有自然科学、外国文、中国文字音韵学等类干燥无味的东西，反而可以消遣。"②

---

① 《敬告青年》，《青年杂志》第 1 卷第 1 号，1915 年 9 月 15 日。
② 汪原放：《亚东图书馆》，第 163、165 页。

由此可见，环境和心情对一个人的写作，有多么大的影响。

就这样，陈独秀暂时无心撰写自传，一拖就是三年，直到 1937 年 7 月上旬出狱前夕，《宇宙锋》杂志主编陶亢德托江孟邹约陈独秀写自传时，陈才真正动起笔来。但他仍不愿全部写出来，表示只写到五四运动，内容亦以能出版为止。7 月 8 日，他在写给陶亢德的信中说："许多朋友督促我写自传久矣，只未能以全部出版，至今延未动手。前次尊函约写自传之一章，拟择其一节以应命；今尊函希望多写一点，到五四运动止，则范围扩大矣。今拟正正经经写一本自传，从起首到五四运动前后，内容能够出版为止，先生以为然否？以材料是否缺乏或内容有无窒碍，究竟能写至何时，能有若干字，此时尚难确定。"①

内容要考虑"能够出版"和"有无窒碍"！可见，这时的陈独秀已经完全没有当年桀骜不羁的狂野精神，而持一种遵守体制限制的现实主义精神，成了一个合法主义者，再也不愿回到当初中共与托派的地下生活中去，批判国民党体制的思想、言论、出版不自由了。数年的牢狱生活，的确使他改变了性格，从一个为革命理想而奋斗的激进主义者、旧世界的批判者，变成了一个与现实体制妥协的合法主义者和现实主义者。如果执政者不再反动，他是准备容忍和合作的，尤其是在日本侵略、民族危机的情况下。他的自传准备只写到五四运动，应该也是出于这种考虑，因为若写到五四运动以后，必然对当前两大政党做出褒贬，发生新的纠纷。自然，这里还有很复杂的情况。因为在与国共两党关系中，也有他自身的许多不好说的尴尬事。要知道，陈独秀是一个爱面子、不太习惯做自我检讨的人。

为什么这时他对写自传积极起来，显然他受到了前一天七七事变的刺激，觉得在狱中安静读书写作的时间不多了。于是，在卢沟桥风火岁月中，他奋笔疾书，到月底，就写出两章：第一章题为"没有父亲的孩子"；第二章题为"由选学妖孽到康梁派"（发表时改名为"江南乡试"）。两章约一万字，内容叙述了作者少年时期痛恶孔孟八股文，喜读《昭明文选》，气煞严厉教育他读四书五经的"白胡子爷爷"，戏弄以迷信骗人的"阴阳先生"和院试蒙了一个秀才，南京乡试未中举人，却看到了"所谓抢才大典"，"简直是隔几年把这班猴子、狗熊搬出来开一次动物展览会"的闹剧，以及曾把康梁改良主义当作人生楷模，等等情境；生动展现了作者自小就不畏强

① 陶亢德：《关于〈实庵自传〉》，《古今》第 8 期，1942 年 10 月 1 日。

暴、同情劳动人民疾苦的品格，和他思想启蒙时期"由选学妖孽到康梁派"的过程。而其文笔之风趣、泼辣、尖锐和深刻，足以令人看了喷饭而又深思。

在他出狱两个多月后的 1937 年 11 月 11 日至 12 月 1 日，自传在《宇宙风》（十日刊）杂志上连载时名为《实庵自传》。显然，在抗战初期全国人民斗志高扬的时候，他已经不愿意太张扬"陈独秀"这个名字了，因为人人都知道"陈独秀"这个大人物，而几乎没有人知道"实庵"是谁；陈独秀考虑，也许在这两章自传内容中，还没有 1914 年才产生的"陈独秀"这个名字。但是，尽管如此，《自传》的发表还是引起很大的轰动。《宇宙风》更是欣喜无状，大登广告，称其为"传记文学之瑰宝"。可见，当年讨厌"文学性"的陈独秀，现在已经文学气十足了。杂志编辑部在编辑后记中还由衷地感谢说："陈独秀先生除为本刊写自传外，还俯允经常撰文，可望每期都有。陈先生是文化导师，文坛名宿，搁笔久矣，现蒙为刊撰文，实不特本刊之幸也。"

陈独秀此传虽是速成，毕竟酝酿已久，而且在取材和写法上，可谓深思熟虑。自传一开头就借用休谟的话说："一个人写自己的生平时，如果说的太多了，总是免不了虚荣的，所以我的自传要力求简短，人们或者认为我自己之擅写自己的生平，那正是一种虚荣；不过这篇叙述文字所含的东西，除了关于我自己著作的记载而外，很少有别的。我的一生也差不多是消耗在文字生涯中，至于我大部分著作之初次成功，也并不足为虚荣的对象。"接着，陈独秀表示："几年以来，许多朋友极力劝我写自传，我迟疑不写者，并不是因为避免什么虚荣；现在开始写一点，也不是因为什么虚荣；休谟的一生差不多是消耗在文字生涯中，我的一生差不多是消耗在政治生涯中，至于我大部分政治生涯之失败，也并不足为虚荣的对象。我现在写这本自传，关于我个人的事，打算照休谟的话'力求简短'，主要的是把我一生所见所闻的政治及社会思想之变动，尽我所记忆的描写出来……也不滥抄不大有生气的政治经济材料，以夸张篇幅。"看来，他还是当年出版《独秀文存》时的思想，写自传不是为了炫耀自己，乃是记录"政治及社会思想之变动"。因此，这部自传具有永恒的价值。

"力求简短"又能写出具有社会价值的自传，自然是一件很难的事情。他接着提到另一种写自传的方法，说富兰克林写自传时，喜欢搜集先人一切琐碎的遗事，为此而长途跋涉，遍访亲戚故旧。陈说："我现在不能够这样做，也不愿意这样做，只略略写出在幼年时代印象较深的几件事而已。"

但是，自传的"瑰宝"在此，遗憾也在此。第一，由于这两章自传寄出后，陈独秀很快出狱，看到祖国在日本侵略的危机中，作为一个爱国者，他不能无动于衷而继续耽在书斋中写自传。特别是他一生奋斗到此，总把民族兴亡、国家利益和人民的苦难放在第一位，而把自己的生命置之度外。现在，面对期望已久的全国抗战的爆发，他又激发起极度兴奋的政治热情，毫不犹豫地投身到轰轰烈烈的抗战热潮中来。不过他不是投笔从戎，而是以笔作枪，口诛笔伐，进行抗日宣传，无暇也没有心情来从事与战局无关的自传写作了。正如他在 1937 年 11 月 3 日，上海沦陷前夕还对反复催促他写自传的陶亢德所说："日来忙于演讲及各新出杂志之征文，各处演词又不能不自行写定，自传万不能实时续写，乞谅之。"

第二个考虑是，不愿意粗制滥造，他是一个做事认真的人，特别是文字上，语不惊人誓不休，这在当时战乱年代写自传几乎也是不可能的。所以，他对陶又说："弟对于自传，在取材，结构，及行文，都十分慎重为之，不愿草率从事，万望先生勿以速成期之。使弟得从容为之，能在史学上文学上成为稍稍有价值之著作。世人粗制滥造，往往日得数千言，弟不能亦不愿也。普通卖文糊口者，无论兴之所至与否，必须按期得若干字，其文自然不足观。望先生万万勿以此办法责弟写自传，倘必如此，弟只有搁笔不写，只前二章了事而已。"没想到，此言成了谶语，倒不是因为陶先生的继续不断催促，而是复杂的局势和他的处境使然。

第三个顾虑应该是他与国共两党及苏联、共产国际的关系。这是他自传中的敏感问题。正如他致陶信中透露的："杂志登载长文，例多隔期一次，非必须每期连载，自传偶有间断，不但现在势必如此，即将来亦不能免。富兰克林自传，即分三个时期隔多年完成者，况弟之自传，即完成，最近的将来，亦未能全部发表，至多只能写至北伐以前也。"[1] 如前所述，他与国共两党及苏联的纠葛，就是从北伐以后开始的。

不过，在给陶写这封信时，他还没有完全放弃续写自传的打算。翌年 3 月，亚东图书馆将其两章自传出单行本时，他还向汪孟邹表示打算完成其自传的全部，并允许各章继出单行本。可能是受了这时发生的所谓其是"每月向日本间谍机关领取 300 元"的"汉奸"案的刺激，他与中共彻底破裂，

---

[1] 转引自陶亢德《关于〈实庵自传〉》。

写全部自传已经无所顾忌了。然而，他的这个"打算"由于至死没有完成另一部学术著作《小学识字教本》而没有实现。当时他入迷似地研究文字学，撰述《教本》。汪孟邹多次催促他续写自传，但他认为写《教本》比写自传更为重要，答应候此书写好后考虑自传的续写问题。没有想到《教本》没有写完，他就病逝了。《实庵自传》这两章也就成了他的自传之绝笔，没有写到他波澜壮阔一生中最精彩的篇章。

这是他人生的一大遗憾，更是中国传记文学史上的一大遗憾。中华五千年文明，传记文学史的著作不少，但真正有价值并脍炙人口的不多。

呕心沥血著述文字学

陈独秀把文字学的研究和著述看得比写自传还重要，主要是他认为汉字的落后将贻误子孙后代。他的这个想法起源于五四新文化运动时期。当时激进者如钱玄同，曾主张废除汉字，陈独秀则主张汉字拼音化，并在 1928 年终于完成《中国拼音文字草案》。他曾满怀希望此稿能出版，许多朋友也都帮忙促成，但终因他"共匪首领"的身份，未能如愿。于是他退而求其次，研究汉字形成的规律，企图解决汉字的难认、难记、难写的问题。实际上，说"退而求其次"是指出版而言，即对社会产生实际的影响；就对这个问题的探索来说，如前述早在 1913 年反袁斗争失败后就开始了，并在当年完成了《字义类例》书稿，因当时出版业不景气，拖到 1925 年才出版。该书就是探索汉字起源的。后来由于政治斗争的激烈和残酷，他中断了这个问题的研究。现在，监狱的环境和朋友的帮助，给了他继续研究这个学术问题的良好条件。所以，这是他一生中从事文字学研究和著述时间最长、收获最多的时期。由于政治上屡屡受挫之后，学术上有一种成就感，而且这也是对国家和人民的一种贡献，因此，他也希望那些"书生气"的朋友们学他——"弃政从著"。他曾为鲁迅议政而中断了小说的创作而惋惜，也曾为胡适从政而中断了文学革命而可惜。1932 年 12 月 1 日，他致函胡，说胡"著述之才远优于从政"，并赠以"王杨卢骆当时体，不废江河万古流"诗句相勉，望其从著不从政重新焕发五四时期文学革命的青春；甚至建议胡从推广拼音文字入手，要其帮助早日出版他三年前著的《中国拼音文字草案》。他天真地认为，自己既已被捕，当局就不应再怕他，商务印书馆"可以放心出版了"，或者由崇拜他的学生傅孟真掌管的中央研究所出版。他希望此书能起到"引龙出水"的作用，"引起国人批评和注意，坑人的中国文字，实是教育普及的大障碍"。为此，他殷殷嘱告胡适："新制拼音文字，实为当务之急，甚望先生能够拿出当年提倡白话义的勇气，登高一呼"，掀起中国拼音文字的运动。①

但是，胡适对此没有回应。除了对文言文和愚昧落后的国民性深恶痛绝外，对汉字的改革，胡适似乎不感兴趣。其实，在这个问题上，胡适是比较理智的，陈独秀倒有点像堂吉诃德。因为，一种文字是一个民族长期共同生活中形成的公器，特别是汉字，是几千年的传统产物，要改成像西文拼音文字那样的东西，岂不与"废除汉字"相同。这个工作，绝不是一两个人"登高一呼"或搞一两个运动所能解决的。汉字与西方拼音文字相比，孰优孰劣，直到今天还是个争论的问题。特别是有了计算机以后，汉字的优越性，似乎在某些方面还占了上风。所以，汉字改革的声音越来越远去了。

陈独秀最后似乎也明白了这个道理，所以，包括狱中和生命的最后几年，他把主要精力放在探索汉字的规律上，帮助人们如何较方便地掌握汉字，也就是写一部通俗的"汉字入门"书。归纳起来，他这方面的成果可以分为两个方面。

一是音韵学方面。

《中国古代有复声母说》：关于人类语言的起源与文字形成的关系，学术界有多种争论，古代语言有无复声母，是其争论之一。陈独秀写此论文，表示自己的观点，并作详细的论证："高本汉、林语堂均谓中国古代语言有复声母 gl、dl、bl，其说可信，惜语焉不详，言古音者未以为定论，今为之疏通证明，且广其义，以质诸同好。"陈独秀深入研究中国古代语音后认为："人类语言之起源，或由于惊呼感叹，或由于拟物之音，日渐演变孳乳，遂成语言。惊呼感叹多演为韵及韵母，拟物之音多演为复声母。"论文对音韵学研究中传统的"叶韵"（即"押韵"）和"通转"之说表示异议，提出应以"复声母说"取代之。他认为，三百年来，中国音韵学者知古韵读音不同今韵，无所谓叶韵，然仍为广韵韵目所拘，对许多字的读音不能解释，并以一字一声为天经地义而无可疑，于一字数声不得其解，乃造为通转之说。他指出这些都是荒谬的；"正确之解释，惟依古音有复声母之说，一字之音有数声母；古代文字声母之音素与后代不同，无所谓通转，犹之古代

---

① 《胡适来往书信选》（中），第 144 页。

文字韵母之音素与后代不同，无所谓叶韵。"发生这种情况，是因为"盖自单音象形字固定之后，无法以一字表现复声母，而在实际语言中，复声母则仍然存在，于是乃以联绵字济其穷……如劈历、玓瓅、昆仑等，比合二字为一名，二声共一韵"；从文字的形成考察，陈独秀认为："复声母之说，除联绵字外，复有字之偏旁得声及一字二音可证也，例如：洛、落、路、赂、珞、酪、硌、骆均从各得声；裸从果得声……"陈独秀在此基础上，又有所创造："余且疑古音不独有复声母 gl、dl、bl，似复有 mbl……"以下又作了详细的例证。此外，论文还广泛列举现代语、山西土语、西藏语、欧洲语有复声母，加以论证，充分显示了他的博学，立论之坚实。

陈独秀最后强调："笃守成说者，或目复声母之说为怪诞不经，余则以为此说乃追求中国原始语音新途径之一，其前途虽犹待芟夷开辟，而比之旧说语意含糊无发音学根据之任意通转，不失为踏实可寻之途径也。"①

《连语类编》：此稿是为其"古代有复声母说"进一步提供证据的，汇编了古籍中遗留复声母痕迹的连语（即转语、联绵词），分天象、山川、草木、鸟兽、虫鱼、氏族、人体、饮食、疾病、亲属、城郭宫室、服饰、用器、舟车、兵器、农器、乐曲、形况、行动、语词共二十类，进行举例论证，"辟华语单音节之说"，指出："华语之非单音节，不独可以今语证之，古语之有复音遗留其痕迹于书籍者，今日尚可得而考焉；此可证华语由单音节发展为复音节之说亦非也。"并说，作"此书非徒以考古"，乃为推动中国拼音文字的推广；"中国拼音文字之难行，单音及方言为二大障碍，古今语皆多复音之义明，拼音文字之障碍去其一矣。"② 此稿在狱中时未出版，随作者辗转跋涉到四川江津，因北京大学同学会资助其晚年生活费，1941年春找出此稿，书短序赠北大以为报答。但因战时困难，社会难顾这类生僻的学术著作，直到他去世时也未出版。

《古音阴阳入互用例表》：此表是向"数百年来"古韵学大家顾宁人、戴东原、段玉裁、江永等人提出挑战的，把古音分成四类十系，将自古以来集音韵学大成的四大名著《说文》《玉篇》《广韵》《集韵》所收之字，依类录入，见古音阴阳入三声互相通转，其条理至为明晰。此表在狱中写了初稿，1941年初重订，作自序，油印25份，征求文字学家魏建功、陈钟凡、

---

① 《东方杂志》第34卷第20、21号，1937年11月1日。
② 陈独秀：《连语类编》，手稿。

顾颉刚（均是陈独秀北大时的学生）意见，得到评价甚高，认为"此作开古音学界一新纪元"，但此评价并非出于对师长的尊敬。抗战时期一直在研究音韵学的魏建功并说："余惟先生实为检讨向来古音分部结果而有此作，其要旨具详自序，锐思精断，非依违章（太炎）高（本汉）所可梦想。"（章、高是当时音韵学家最大的权威——笔者）说明，陈作此表，乃一大发明，魏说："先生所由发明不过阴阳入互用一事，已大改前人陈陈相因之观，学者傥亦学趑余言古音研究所当新辟之途径乎？"他亦深知此工作之艰难，指出："理有至近浅百世不能明者，学有至幽深一语无足奇者，众共卤莽，大道所以艰难也。老聃有言：'吾不知谁之子，像帝之先！'"① 至于具体的学术观点，有人不能苟同。陈钟凡认为："古韵非一成不变之物，周秦与汉魏，未必同符，隋唐以后，变化益繁；欲范以定型，恐难苟合。"② 他写信给陈独秀说："今所谓古人阴阳互用之字，当古人互用时，其音值究为何如，似尚待精密之研讨，遽难加以断论。"③ 陈独秀表示，此乃一人之见，持反对意见者必不乏人，各方异议，拟汇齐将来作一后序总讨论，给予答复。毕竟是学术问题，陈表示可以自由讨论。不像新文化运动时期，白话文代替文言文，"其是非甚明，必不容反对者有讨论之余地，必以吾辈所主张者为绝对之是，而不容他人之匡正也"。这就是陈独秀的风格：无论政治问题或学术问题，他有自己明确的立场和观点，有的他会坚持，不容他人讨论；有的则欢迎讨论。但是，后来没有来得及作"后序"给予答复，他就去世了。

《荀子韵表及考释》：考释《荀子》中一些古字的读音。

《屈宋韵表及考释》：考释屈原著作中，一些古字的读音。如《离骚》中"庸（钟）降（江）按古音东、钟、江分。"等。此表在狱中未完成，以后也未续成。本稿及上稿，都纠正了一些流误。

《晋吕静〈韵集〉目》：当时音韵界对"韵目次第及四声相配，均用《切韵》"，而对晋代吕静《韵集》如何，"皆不可知"。本篇论文把今存《广韵》有而吕目所无者，一一列出，填补了空白。此稿完成于狱中，但陈生前一直未见发表。

---

① 魏建功为《古音阴阳入互用例表》所作的序，陈独秀：《陈独秀音韵学论文集》，第10页。
② 陈钟凡：《陈仲甫先生印象记》，手稿。
③ 《陈钟凡致陈独秀的信》，1941年12月11日，未刊稿。

《广韵东冬钟江中之古韵考》：此稿考证了《广韵》中数字同韵异读的情况，指出并补正了顾炎武、江永、江有浩等音韵学大家在《广韵》研究上的舛误与不足，指出："古今音变，代有不同，就《广韵》诸收之字，考之古音，往往散在异韵者古为同韵，《广韵》同韵者可析为数韵，非所谓叶音、合韵，亦非所谓古人韵缓……兹就广韵东、冬、钟、江之字，依字之母声及古书用韵，推求古韵异读者，以补前贤之阙焉。"①

以上七种音韵学论著②，在陈独秀逝世后，由何之瑜汇编成《陈独秀遗著》，由商务印书馆出版，取名《古音阴阳入互用例表及其它》。1949 年 3 月，该书排出清样，大 16 开本，共 271 页。适逢政权易手，该书胎死腹中。不过这些手稿和清样一直完好地保存着。半个多世纪后的 1993 年，笔者把清样稿推荐给中华书局，由于各种原因，又拖了八年，2001 年才得以出版，改名为《陈独秀音韵学论文集》，并应出版社之请，笔者为其写了"代序"，第一次综合介绍了陈独秀一生从事音韵文字学的情况。人们终于看到了陈独秀研究音韵学的全貌和高深的造诣。该书首印 3000 册，很快销售一空。

二是文字学方面。

《干支为字母说》：这是一篇短篇学术论文。文章认为干支"起源甚古，约在殷商之前……观《尔雅》所载干支之异名，概为复音字，其义绝不可解。"故陈独秀认为干支与汉字不同，乃外族传入的"译音"；指出阴阳五行家对干支的解释是"逞臆妄说"；干支为星宿辰属之说，也不能完全说通，因此，论文认为："干支之解释求之于义，不如求之于音，故近人干支为字母之说，有所取焉。"③ 此稿一直未见发表。

《实庵字说》：这是继 1913 年《字义类例》之后，又一部解析汉字的文字学著作，在《东方杂志》连载五次后，引起学术界的重视。有人评价说："《实庵字说》于金石甲骨文字，多所发明……其书最大成就，即在将有关联谊之字，分别释例，而所举间附以英语学名，于九经文字，鼎彝刻词，及音韵诸书，均有掇拾……此较孙诒让所著，仅录古文者有别。"④ 魏建功则说，原新文化运动干将，已经成为我国著名文字学家的钱玄同，每见《东方杂志》发表《实庵字说》，即于东安市场书摊"争先寻求，津津乐道，喜

---

① 《东方杂志》第 36 卷第 4 号。
② 还有一份陈独秀手制的"表"，何之瑜说"不知何用，附在其中"。
③ 陈独秀：《干支为字母说》，手稿。
④ 梅：《实庵字说》，《新民报》（晚刊）1942 年 6 月 9 日。

至功家清谈。从违取舍，间有发明"。①

《识字初阶》：此稿在狱中只完成初稿，晚年以主要精力修改补充重订，更名为《小学识字教本》，成为文字学巨著。其内容汇集毕生研究音韵文字学之成果，致力于寻找汉字的规律，以解决汉字难学、难认、难记、难写的问题。与《字义类例》着重于"分析字义的渊源"有别；关于此著最后的写作和命运，十分复杂并带有戏剧性，留待晚年叙述。

《甲戌随笔》：在陈独秀1934年狱中所写的文字学研究著作中，这部著作是一部神秘的草稿。2006年在大陆出版前，一直杳无音信。人们以为它已"失踪"了，其实一直保存在陈独秀挚友后人手中。

从内容上看，此稿内容相当杂乱，显然是陈独秀在以上研究音韵文字学时，随手写的心得笔记。后来可能由陈自己或何之瑜稍做整理、归类，并把陈晚年整理的房东杨鲁丞的文字学著作作为"附录"一起编入，取名《甲戌随笔》。陈逝后，由其挚友方孝远保存，后由方之子继孝秘藏，2006年11月，以并不贴切的《陈独秀先生遗著》为书名出版。实际上，在何之瑜编的《陈独秀丛著目录》中，它排在倒数第二位，即遗稿中的第十一种，应该说是陈独秀文字学著作中的次要部分。如此说并非要贬低此稿，因为陈独秀从不"无病呻吟""无得而作"，它是以读书研究中的偶有心得，记录下来的，不是一部完整的著作，所以称为"随笔"。自然，它的出版还是有价值的。

狱中的特殊战斗和《金粉泪》的沧桑

陈独秀在进行以上公开的政治斗争和学术研究之外，还进行了一些隐蔽的斗争和文学创作活动，以示他昂扬的爱国主义精神和不屈的风骨与情操。这则集中表现在他秘密创作的《金粉泪》五十六首组诗中。

《金粉泪》是一组七言绝句，全诗感时伤事，倾吐陈独秀忧国忧民的悲愤情思。"金粉泪"的命题旨意，是因南京乃旧时"六朝金粉"的繁华古都，而今成了国民党政府的首都。国民党的达官贵人们不顾国家民族的存亡，在六朝金粉之地纸醉金迷；而在他们统治下的人民却在痛苦呻吟。对此，蒙冤服刑于南京监狱中的陈独秀感慨万千，愤然将这组诗命名为"金

---

① 《魏建功文集》第3卷，江苏教育出版社，2001，第399页。

粉泪"。它用笔做刀枪,以嬉笑怒骂的方式,从读报和接待来访人员中所见所闻的事实,在政治、经济、文化、军事、外交等广阔领域内,淋漓尽致地揭露、讽刺、痛斥、控诉了国民党官僚的罪恶统治,深切同情人民的苦难。这组诗,无论从哪方面来说,从内容到形式,都是民族瑰宝。

试举例如下:

飞机轰炸名城堕,将士欢呼百姓愁;虏马临江却沉寂,天朝不战示怀柔。("炸名城",即炸锦州。——引者,下同)

长城以外非吾土,万里黄河惨澹流;还有长江天堑在,贵人高枕永无忧。

人心不古民德薄,中夏亡君世道忧;幸有安排谢邻国,首宜统一庆车邮。("庆车邮",讽刺北平当局派代表与伪满洲国签订与关内通车通邮协定)

两载匆匆亡四省,三民赫赫壮千秋;中华终有新生命,海底弘开纪念周。("三民"指三民主义。"海底"乃讽刺国民党代理行政院长宋子文告热河将士书中说:"诸君打到哪里,子文跟到那里……诸君打到海里,子文跟到海里。"明明是在溃退,却还要装做坚决抗战的样子;因为敌强我弱,战略撤退的方针又不能明言告诉人民,这是当时国民党蒋介石难言的苦衷吧!)

健儿委弃在疆场,万姓流离半死伤;未战先逃恬不耻,回銮盛典大铺张。("回銮"指蒋介石于"一·二八"上海抗战起第三天,匆忙宣布迁都洛阳,《淞沪协定》签订后,又回到南京)

关门闭户两争持,佝偻主人佯不知;幸有雄兵过百万,威加百姓不迟疑。("关门"疑为"开门"之误。佝偻主人国民党百万大军,不去抵抗侵略,却只知残害百姓)

木鞋踏破黄河北,教国三民有万能;革命维新皆反动,祭陵保墓建中兴。("木鞋"指日本。"祭陵保墓"指戴传贤等到陕西祭奠周陵、茂陵)

四方烽火入边城,修庙扶乩更念经;国削民奴皆细事,首宜复古正人心。

人以一正般般古,四裔夷酋自罢兵;中国圣人长训政,紫金山色万年青。

德赛自来同命运，圣功王道怎分开；忏除犯上无君罪，齐到金刚法会来。（"金刚法会"，当时报载戴传贤在北京雍和宫举行"时轮金刚法会"，邀请班禅主坛念经。一些国民党要人和社会人士还在报上刊出大幅《启建时轮金刚法会启事》，宣称定期在杭州灵隐寺举行法会）

庶人议政干刑典，民气消沉受品弹；莫道官家难说话，本来百姓做人难。

民智民权是祸胎，防微只有倒车开；嬴家万世为皇帝，全仗愚民二字来。（"嬴家"指秦始皇）

感恩党国诚宽大，并未焚书只禁书；民国也兴文字狱，共和一命早鸣呼。

法外有法党中党，继美沙俄黑白人；囚捕无须烦警吏，杀人如草不闻声。（"黑白人"指沙俄时代的反动组织"黑白党"）

严刑重典事唐皇，炮烙凌迟亦大方；暴虐秦皇绝千古，未闻博浪狙张良。（张良曾遣人用铁锥狙击秦皇于博浪沙。现代秦皇蒋介石的暴虐千古少有，却没有听到像张良这样的人去刺杀他。可见陈独秀对蒋介石这个独夫民贼之恨）

此外，陈独秀还给蒋介石集团中几乎每一个重要成员画了像，以诗注的形式，点名抨击汪精卫、宋子文、孔祥熙、陈立夫、何应钦、胡汉民、戴传贤、吴敬恒、孙科、陈公博、张人杰、陈济棠、李石曾、杨永泰等，如：

珊珊媚骨吴兴体，书法由来见性真；不识恩仇识权位，古今如此读书人。

谓汪兆铭也。

（"吴兴体"，浙江吴兴赵孟頫，宋朝翰林学士，封魏公。他的书法以妩媚著称，谓"吴兴体"，贬之者说"没有骨气"）

陈以此诗讽汪为了权位，什么都可以出卖，献媚于敌人。陈在辛亥革命时期及1920年共同筹备西南大学时，就与汪精卫有所接触。1921年任广东省政府教育委员会委员长、1927年4月5日共同签发《汪陈宣言》及武汉国民政府时期，陈与汪的联系更多，了解愈深。写这首诗是在1934年，四年后汪即成中国最大的汉奸。可见陈对汪的观察入骨三分。

> 艮兑成名老运亨，不虞落水仗天星；只怜虎子风流甚，斩祀汪汪长叹声。
>
> 吴敬恒以子有恶疾绕室长叹，曰吴氏之祀斩矣！
>
> （"艮兑"是八卦中的两个卦名，这里指宦侍妇妾之行）

20 世纪初，陈独秀与吴敬恒同为留日学生，在拒俄运动中，吴在上海，陈奔安徽，同为反帝战友。可是，在大革命中，吴参与策划四一二政变，屠杀革命志士，后又嗾杀陈的两个儿子延年、乔年。但是革命者是杀不绝的，而你这条"汪汪"叫的老狗，虽然早年运气好，没有溺死，晚年又钻营成名，官运亨通，现在你的不肖子染上了花柳病，吴家香火将断啊！

> 故宫春色悄然去，无私王冠只一端；南下明珠三百篚，满朝元老面团团。
>
> 故宫盗宝案乃李石曾、吴敬恒、张人杰合伙为之。

无论就革命而论还是私仇，陈独秀对吴敬恒恨极。吴对陈也是怕得要死，恨得要命。陈独秀逝世时，他做悼诗还骂陈是"阿 Q"，是"跳梁"小丑，但也不得不承认陈有"高明"和功业之处，说陈"思想极高明，政治大失败；对社会有功，于祖宗负罪"，[①] 云云。

《金粉泪》其他谴责国民党官吏的诗句，多数是揭露他们贪污、腐败等恶行的，并抨击他们对革命者的残杀和对人民的横征暴敛，如：

> 贪夫济济盈朝右，英俊凋残国脉衰；孕妇婴儿甘拼命，血腥吹满雨花台。
>
> 虎狼百万昼横行，兴复农村气象新；吸尽苛捐三百种，贫民血肉有黄金。

在这日本侵略、国民党罪恶统治下的祖国，正如历史上多次出现的危机

---

① 吴敬恒：《挽陈仲甫先生》，《新民报》（晚刊）1942 年 6 月 8 日。

一样，出路只有一条：革命。

　　五四五卅亡国祸，造反武昌更不该；微笑捻须张大辫，石头城畔日徘徊。（蒋介石谓五四运动为亡国祸）

陈独秀虽然在狱中，但是无一日不思反抗日本侵略和推翻国民党的罪恶统治。为此，他写这组诗，共五十六首，颇具匠心地安排第一首为：

　　放弃燕云战马豪，胡儿醉梦倚天骄；此身犹未成衰骨，梦里寒霜夜渡辽。

最末一首为：

　　自来亡国多妖孽，一世兴衰过眼明；幸有艰难能炼骨，依然白发老书生。

这样首尾相通，互相呼应，把平时陆续写成的五十六首诗，组成一个整体，在"胡儿"（日本）深入国土，国民党"妖孽"横行，民族危亡的时刻，自己又被身陷狱中，因此无奈地只能在梦里去做"渡辽"抗日除妖的战斗了；所幸是自己"犹未成衰骨"，而且"艰难能炼骨"，这两个"骨"字，点出了这组诗的灵魂："依然（保存着）白发老书生"的爱国性和革命性。

这样一组有着强烈爱国性、革命性和高尚情操的诗作，在国民党时代，当然属于"反诗"，不可能公开发表。但在1934年写好后长期放在狱中作者的身边，也不安全，于是，就给了去探监的挚友汪孟邹保存。一向胆小的汪这次竟接受了此作，深藏起来。

1953年，汪孟邹把《金粉泪》的手迹原稿，作为革命文物捐献给了上海革命历史纪念馆筹备处（中共一大纪念馆前身），并于2月11日附信说：

　　一九三六年，或是一九三七年，我因事到南京，便到监狱里去看托匪独秀（原文如此，盖格于当时形势也——引者），他拿这金粉泪五十六首给我看。后来我和他说'你给我拿了去，让我的侄辈和同事都去看看吧.'他便给了我。这个册页,有一个时期,很不容易收藏,只有东收(藏)西收(藏)的,有时连自己也记不得是藏在哪里了。今天检出十分难得,故把来历写下。独秀不曾署名,也无印章,我也应该为之证明。请给我一收条。

原中共一大纪念馆副馆长任武雄说:这个《金粉泪》在上海革命历史纪念馆中"命运"不佳。根据上级部门的规定:革命纪念馆藏品应分两类,一是文物或革命文物,二是参考品,凡是价值不大的或是反动者的墨迹、手稿、实物与书刊等均编入参考品一类,而参考品阅读、借用较方便,一般不需要上级审核。于是《金粉泪》便成了参考品,除了任武雄与当时个别经手的干部外,无人知悉,犹如"佳人深藏闺中无人晓"。①

"文化大革命"结束后,任武雄就考虑是否发表《金粉泪》的问题。他反复读了《金粉泪》,认为,完全可以公之于世,这对于人们研究陈独秀,了解中国现代史、中共党史大有裨益。

恰巧有一天,汪原放先生突然来找他们问:"《金粉泪》还在吗?仍在你们馆里吗?有没有遭破坏?"答复:"安然无恙。"汪先生说:"那就好了,我就放心了。假如过去不交给你们保藏的话,可能我们被抄家,砸四旧,早已付之一炬,灰飞烟灭了。"② 于是,任先生将《金粉泪》复印件交给上海人民出版社主编《党史资料丛刊》的郝盛潮、周琪生。

郝盛潮等看后,非常高兴。但陈独秀《金粉泪》多是狂草手迹,很难辨认,且有些典故,不仅字难认识,也不懂诗意,他们便请国学根底很深的华东师范大学教授陈旭麓先生为《金粉泪》诠释,陈欣然同意。经过潜心研究,几易其稿,于1981年底交来《简释〈金粉泪〉五十六首》一稿,后发表在《中共党史资料》1983年第4期上。20世纪末,《金粉泪》被评为国家一级文物。

陈独秀对古代诗词有很深研究。他自己爱作五言、七言诗,但不喜欢字句定型的词牌。就是作诗,他有时也不规矩,七言诗中会偶然冒出一个八字句来,如讽刺张学良、何成濬、张群在日军深入国土时发起"武汉射骑

---

① 任武雄:《也谈〈金粉泪〉沧桑》,唐宝林主编《陈独秀与中国》总第58期,2006年9月。

② 任武雄:《也谈〈金粉泪〉沧桑》,唐宝林主编《陈独秀与中国》总第58期,2006年9月。

会"——复古倒退，意志沦丧的《金粉泪》第六首：

> 抽水马桶少不了，洋房汽车没有不行；
> 此外摩登齐破坏，长袍骑射庆升平。

　　这里的第二句，"没有"二字，虽然用小字拼在一起，以示是一个字，读一个音（安徽方言）：miu，但用在七言诗中，总有点"不守规矩"。诗如其人，无论他不喜欢词牌也好，诗中添字扩方言也好，都反映了他那天马行空、独往独来、自由奔放、放荡不羁的性格。

十七 在狱中 （下·1932～1937）

行无愧怍心常坦 身处艰难气若虹

　　这副对联，是陈独秀写给刘海粟的。关于陈独秀残留的诗句对联，还有一些故事，其中最突出的是他与著名绘画大师刘海粟的往来。

　　陈独秀自小受到抚养他的嗣父陈衍庶的影响，对以王石谷为代表的"王画"有深刻的见解。嗣父当时是此画派的著名画家，并对此派画作收藏甚丰，因此陈独秀在其中受到熏陶。有人认为"陈独秀原本是极有条件成为画家的"。"诗画"本来是相连的，陈独秀早年创作的诗作甚多，曾在苏曼殊画作上题过诗句与跋文，对国画有如此的学养，所以，有这种说法并不奇怪。但实际上，陈独秀对此却另有所想，另有所好。早年陈独秀作诗较多，但从 20 世纪 20 年代初即发动新文化运动、领导五四运动、创建中共以后，陈独秀的诗作戛然而止。作诗是如此，作画更是如此了。所以，现在还没有发现一幅陈独秀的画作，不仅如此，他还把"王画"为代表的中国旧画当作他"革命实践"的对象，在新文化运动中有一项"美术革命"。从他对美术革命的阐述，既可以看到他对国画的深切了解，更可以看到他不愿涉足画坛的根本原因。

　　1918 年岁暮，正值新文化运动高潮时，陈独秀接到一位名叫吕澂的人的信，感到此信"对于美术——特于绘画一项——议论透辟，不胜大喜欢迎之至"，并说"本志对于医学和美术，久欲详论；只因为没有专门家担任，至今还未说到，实在是大大的缺点"。这说明他对于美术革命早在考虑之中，并非一时冲动，心血来潮。所以，他对吕澂的欢迎，犹如当年主张文学革命的胡适一样，回信说："足下能将对于中国现在制作美术品详加评论，寄赠本志发表，引起社会讨论，那就越发感谢了。"接着，他把吕信和他的回信一起在《新青年》上发表。他的回信中，完全贯彻新文化运动的六原则（自主的而非奴隶的；进步的而非保守的；实利的而非虚文的；科学的而非想象的等），大力提倡西洋画的写实主义，批判中国画"专重写意"及"临、摹、仿、抚"的崇拜偶像的复古主义。他以当年提倡文学革命那样的勇气大声宣布：

> 说起美术革命，鄙人对于绘画，也有点意见，早就想说了；如今藉着这个机会，正好发表出来，以供国内画家讨论。
>
> 若想把中国画改良，首先要革王画的命。这是什么理由呢？比如文学家必用写实主义，才能够采古人的技术，发挥自己的天才，做自己的文章，不是钞古人的文章。画家也必须用写实主义，才能够发挥自己的天才，画自己的画，不落古人的窠臼。

他在叙述了中国画自南北宋之初到清代的发展后指出："人家说王石谷是中国画的集大成，我说王石谷的画是倪、黄、文、沈一派中国恶画的总结束"；"我家所藏和见过的王画，不下二百多件，内中有'画题'的不到十分之一；大概都用那'临''摹''仿''抚'四大本领，复写古画；自家创作的，简直可以说没有；这就是王派留在画界最大的恶影响。倒是后来的扬州八怪，还有自由描写的天才；社会上却看不起他们，却要把王画当作画学正宗……象这样社会上盲目崇拜的偶像，若不打倒，实是输入写实主义，改良中国画的最大障碍"。[①]

读者从这段叙述和评论中，不难发现陈独秀对中国绘画史总体把握的精深和对王画针砭的深刻，而且言简意赅，尽管这种评论不无偏颇之处。

正是在这个根本点上，陈独秀的美术革命和提倡洋画写实主义的大声疾呼，与刘海粟顶着社会的巨大压力首开教习洋画为主的上海美术专科学校，二者紧紧地结合起来了。洋画的教学，一般都从素描与色彩写生入手，其中人体模特儿写生，是人物画必修课程。然而，刘海粟在中国美术教学中设立人体模特儿，则在社会上引起轩然大波：刘海粟不为所动，终于在中国绘画界开辟出一条洋画之路。陈独秀当年寄托在吕澂身上的"美术革命"热望，

---

① 答吕澂的信，《新青年》第6卷第1号。"抚"，原意为轻按，也有循据之意，即崇奉遵循。

终于在刘海粟身上实践了。所以，他对刘海粟的钦佩之情是非常深切的。

当时陈独秀的早年革命挚友潘赞化，曾赎出青楼女子张玉良，继之纳为妾，改名为潘玉良。1915年陈独秀创办《青年》杂志那一年，二人举行了婚礼。潘有绘画天赋，并有执着的追求，陈独秀赞赏二人的追求恋爱自由的叛逆行为，并为成全潘玉良的愿望而努力，与潘赞化商量后，介绍她先师从上海美专的油画教授洪野，接受启蒙教育，三年后，终于考入上海美专，成为刘海粟门下少有的女弟子。后来她终于成为国际上著名的油画大师，多次获得国际大奖。可是，美术学校中以人体模特儿教学已震惊舆论，女子去学洋画，描绘裸体，更不为社会所容。所以，潘玉良的成长之路，极为艰难，成功后不得不长期寄居并终老在法国，尽管她内心无比眷恋着祖国，尤其恋着像潘赞化、陈独秀、刘海粟和她的业师洪野等亲爱的人们。

1928年，她回国，受到油画界的欢迎，先后任教母校上海美专和南京大学艺术系。她的画作，属于20世纪20年代的后印象主义现代画派之一，是相当前卫的。因此，她成为留法归国学子向国人系统传授这一画派的重要教授之一，对中国绘画史的发展有重大贡献。但是，由于家族（主要是潘赞化的大夫人不见容于玉良）、社会和政治压力，潘玉良在国内和法国感受到的天地之别的不同生活，迫使她不得不在1937年再度移居法国，1977年病逝巴黎。这次赴法前，她专程去南京狱中探望陈独秀，并出示其几幅近作，请陈独秀批评和题词。陈独秀特意在两张裸女素描作品上题了词，此举充分表明二人的心灵相通和彼此信任。

这两幅素描，现藏安徽省博物馆，改革开放后，曾随同潘玉良的其他作品在几个城市展出过。画上的陈独秀题词，再次表示出他对绘画艺术的深刻见解。

在一幅题为《侧身背卧女人体》的画上，陈独秀题词道：

> 余识玉良女士二十余年矣，日见其进，未见其止，近所作油画已入纵横自如之境，非复以运笔配色见长矣。今见此新白描体，知其进犹未已也。

另一幅《裸女》的题词是：

> 以欧洲油画雕塑之神味入中国白描，余称之曰新白描，玉良以为然乎。
>
> 廿六年初夏独秀

　　两幅题字均写于画的右上角，钤长方形白文"独秀"名章。字为工整小楷。原文无标点。

　　两幅题词，一是说明陈独秀在二十多年来狂风暴雨的政治斗争中，始终关注着潘玉良的画作，为她的"日见其进，未见其止"而高兴；二是赞扬潘玉良创造了一种"新白描"的画法。著名学者王观泉先生对此评论说："这三个字（即"新白描"——引者）足以说明，政治家的陈独秀也精通艺道，且认识很前卫。盖中国人物画以线描为主，后人总结国画线条叫作'线描十八法'。但是，陈独秀称潘玉良的人物画是以欧洲的油画雕塑之神味铸成的'新白描'，说明潘玉良作线描人体不取法'十八法'。其线描的功力完全基于画家对人体解剖的心熟、眼明、手到，大有马蒂斯（1859～1951）性格化的人体线描的神韵，变形而形准，细如游丝却使人体有质感。"[1]

　　潘玉良的成功，加深了刘海粟与陈独秀之间的友谊。刘海粟1935年6月25日欧游回国，11月游黄山，做《古松图》《孤松图》等。下山后，即携《孤松图》至狱中探望陈独秀。见到阔别多年的陈独秀，又听到他法庭斗争的传奇，十分激动，快步上前，又握手，又拥抱，并大声说："你伟大。"这三个字概括了他对陈的全部感情。陈也很兴奋，抢着说："你伟大，敢于画人体模特儿，和封建势力斗争……"接着又大声抗议说："蒋介石要我反省，我反省什么！"就这样，两人都忘了是在狱中，天南海北，谈笑风生！刘见老友在狱中还是这种精神状态，十分惊讶。临别时，他从包中取出事先准备好的纸和笔墨，请陈独秀题字留念。陈不假思索，一挥而就，写下一副这样的对联：

　　　　行无愧怍心常坦
　　　　身处艰难气若虹

　　真是豪气冲天！刘海粟得到这副对联后欣喜异常，躲过种种劫难，终于保存下来，现在存放在刘海粟后人家中。

　　与这副对联的意境相似的还有另一副。他的安徽同乡朱灿枢当时是南京高等法院的见习书记官，久慕陈独秀在新文化运动中的声名，更在法庭上领略了他的风采，因此以同乡之名，多次探监。陈独秀感其诚心，也给他写了一副对联相赠，表达了老骥伏枥的心声：

---

[1]　天津《今晚报》2002年4月26日。

气概居贫颇招逸

文章垂老溢纵横①

对于《孤松图》,刘画的题记中写道:"乙亥十一月游黄山,在文殊院遇雨。寒甚,披裘拥火犹不暖,夜深更冷,至不能寐。院前有松十余株,皆奇古。刘海粟以不堪书画之纸笔,写其一。"可见作者此时孤苦伶仃的心境。陈独秀看了此画,触景生情,大发感慨,竟挥洒出一首打油诗来:

黄山孤松,不孤无孤,孤而不孤;

孤与不孤,各有其境,各有其图。

此非调和折衷于孤与不孤之间也。

题奉 海粟先生 独秀书于金陵②

刘海粟《孤松图》

---

① 向宁:《堪称独秀 不愧风流——陈独秀联语琐谈》,未刊手稿。

② 陈独秀的题诗未署日期,但刘海粟的题记是"乙亥年十一月"应是阳历11月或12月。

　　这首诗风趣幽默，富于哲理，充满着辩证法，突破了刘海粟所画所题的意境，同时也表示了他虽身陷囹圄，并不感到孤独的心情。

　　因为陈独秀是名人，到狱中探望的人向他求字的人不少。可惜，囿于政治环境，这些得字人不敢长期收藏，所以，现在能见到的不多。汪原放回忆说，一次去探望他，也求他有空时写一张小屏。不久，陈独秀送汪两张条屏：一张是《古诗十九首》中的《冉冉孤生竹》，也是表示在孤独中保持气节的。一张是含意深刻的题字："天才贡献于社会者甚大，而社会每每迫害天才。成功愈缓愈少者，天才愈大；此人类进步之所以为蚁行而非龙飞也。"①

继续反极左　企图遥控托派

　　陈独秀托派中央全体被捕以后，使本来就十分脆弱的托派组织，群龙无首，一片混乱，似乎消失了。真如陈其昌等人一年后写的文章所说："在去年十月事变以前，因独秀同志个人的威信与经济之维持，上海各区机关勉得飘摇存在，反对派机关报亦经常发行，虽然内部已生腐蚀，但以空架子的存在，社会上还不失有潜势力。可是事变以后，组织的恶劣面目便充分暴露无遗了！区委机关有的无形消灭，机关报无法出版，同志与区委、区委与领导机关之间，连过去的散漫关系也断绝起来了。"② 所以，后来许多托派骨干，如濮清泉、赵济以陈独秀中央全体被捕为标志，说中国托派就此灭亡了。这种说法在托派成为"汉奸""反革命"后不无洗刷个人之嫌。事实是，这次被捕事件后，有些托派同志认为不能没有最高领导机关，应该紧急再建，于是"几天中即有同志作再组活动"，由上海托派沪东、沪西、法南三个区委书记高恒、寒君和陈岱青秘密举行紧急会议，拼凑了由刘仁静、陈岱青、严灵峰、陈其昌、任曙组成的"上海临时委员会"，刘仁静任书记。但是，当陈其昌得知此消息后，强烈表示反对，认为"现组（领导机关）虽属紧要，但以极审慎的态度来计划再组更属必要"，应由代表大会选举产生，"期选出之人能负起目前的责任"；对于如此草率的举动，"试问他们有什么理由来褫夺同志的选举权？无耻之至！"③

---

① 转引自汪原放《回忆亚东图书馆》，第 189 页。
② 昌、文、涅：《我们对于目前我作的意见》，《校内生活》第 7 期，1933 年 11 月 23 日。
③ 纪它（陈其昌）：《一年来上海组织现象的教训》，《校内生活》第 7 期，1933 年 11 月 23 日。

结果，这个"上海临时委员会"，由于委员们坚持己见，力争自己是
"马克思"，各不相让，相争不休，"一事不能作，闹了几个月，于是不得已
而改组"，刘仁静和陈岱青退出，北方来的任曙接任书记。1933 年 9 月，任
曙从北平和广东召来几位代表，举行"全国紧急会议"，补选了几个外省委
员，就把"上海临委"，改名为"全国临委"，任曙"便这样的从上海地方
临委的主脚而一跃为全国临委的主脚了"。这又引起陈其昌等上海同志的不
满，谴责他们"政治运动倒不做得，政客的手腕倒学会了"，声明这次选举
因"事先毫无预闻，迹近包办，不予承认"，并提议开上海大会解决之。他
们认为"上海无论如何在人才上政治上都是全国组织的中心，我们当从本
地情况推进工作，不可对别处存过大幻想"。但是，新临委对此建议"理也
不理"。

任曙临委的第一个动作是，解散作为托派基地的上海三大区委（沪西、
沪东和法南），成立"上海市委"。但"解散"是真，"成立"是假。于是，
上海的组织和工作完全瘫痪。大家都指责任曙是继承了"比史大林派官僚
强千百倍的内部独裁精神"，① 群起而攻之。有人甚至宣布："我们毫不迟疑
地宣布过去的反对派已经死亡！以后的新生命应该'从头做起'。如果要拿
'商定'的、'非法'的、'野鸡临委'等名义再来号召一切，则我们毫不
客气宣布它是工人的叛贼。"② 任曙撒手离开，到北平当大学教授去了。托
派临委再次改组，蒋振东、李平等人加入，刘伯庄任书记。约在 1933 年年
底，临委又因"工作无计划，无办法"而再次改组，成立起比较稳定的三
人小组——陈其昌（书记）、蒋振东、赵济。但是，由于白色恐怖，加之陈
独秀中央全体被捕的恐惧症，三人小组未开过一次会，实际上是陈其昌
"一个人唱独脚戏"，自然是"忙得要死"。后来，尹宽出狱，参加了临委。

1932 年冬，陈独秀利用"优待"条件，通过经常到南京军人监狱探望
郑超麟的刘静贞（郑的妻子，当时化名吴静如），与上海的托派临委建立了
联系。陈委派刘为他与临委之间的交通员，一两个月来一次，传进临委的文
件、刊物和书信，带出陈独秀的文章、意见和信函。

陈独秀原本想以这样的方式，遥控狱外的托派组织。但是，他任中央书
记时，未能有效地领导组织，现在又有谁能听他的遥控呢？于是就出现了更

---

① 纪它（陈其昌）：《一年来上海组织现象的教训》，《校内生活》第 7 期，1933 年 11 月 23 日。
② 工军：《目前应该做些什么》，《校内生活》第 7 期，1933 年 11 月 23 日。

加混乱的状况。

1933 年 9 月 29 日，陈独秀在狱中为临委起草了一个名为《目前形势与反对派的任务》的纲领性文件，遭到狱中彭述之和狱外刘仁静等人的强烈反对，还有许多更左的托派分子，反对陈、彭、刘的主张，并把历史上的争论也扯出来，爆发了一场长时间的激烈争论。各人都以托洛茨基"不断革命论"的权威解释者自居，攻击别人是"机会主义"。临委原来想整顿已经瘫痪了的组织并积极开展活动，但是，此时托派成员思想这么混乱，怎么整顿组织？又怎么能开展活动？临委不得不先集中力量来组织讨论，把大家的思想统一起来。

这场讨论首先从 1933 年 11 月 23 日出版的《校内生活》第 7 期"组织问题专号"上开始的，这时任曙离职不久，陈其昌等人还未上台，临委出了这期内部刊物，刊登了陈独秀以"雪衣"为笔名写的《目前形势和反对派的任务》，同时登出陈其昌等三人写的《我们对于目前工作的意见》和陈其昌个人写的《一年来上海组织现象的教训》，以及其他四篇署名文章《反对派危机和同志间应有的觉悟》《目前应该做什么》《一个提议》《我们怎么干》。可见这一期的全部内容是检讨托派的危机和寻找新的出路的。就在这一期的署名"昔冠"的文章《一个提议》中，明确提出："一切关于某些根本问题及策略问题上因解释或主张不同而发生之分歧，则应容许在内部讨论，最好是每个有意见的人对某几个要点简洁明确地写出来，一面交内部公开讨论，一面汇集某几个不同的要点请国际指示。"

恰在出版这期《校内生活》之际，即 11 月 20 日，中国发生了一次重大事件。因上海"一·二八"抗战被蒋介石排挤到福建去"剿共"的国民党第十九路军将领蔡廷锴、陈铭枢、蒋光鼐与国民党内李济深等反蒋势力联合，发动福建事变，成立抗日反蒋的"中华共和国人民革命政府"，并与共产党、托派进行联络。如何认识和对待这个事件，引起了托派内部的热烈讨论。临委采取陈独秀中央时期提出的"与向左盘旋的资产阶级共同行动"的策略。1934 年 2 月这个政府因蒋介石的重兵镇压和内部不可调和的矛盾而失败。托派内部对此事件的意见分歧更形剧烈。临委再次改组。新临委于是在 3 月 15 日以"中共左派反对派宣传部"的名义，编发了《福建事变与反对派——政治问题讨论集之一》，把各种意见都汇集起来，并加以评论。在"编后记"中，临委表示："今后我们将继续有政治问题讨论集，公诸革命群众……我们内部关于革命问题的原则和策略，向来有许多讨论和争辩。

这种讨论和争辩的文字，过去大都刊载在我们的内部刊物《校内生活》上面。然而这些重要文件，不仅是我们内部同志所当研究，即党外群众亦应留意过问。党内同志当从这些争辩中得些教育，党外群众也当从这中间得些认识"；"健全的革命政党，绝不钳制内部政治意见的争辩，也绝不隐讳这种争辩。"于是，到这年 10 月，除了《校内生活》七、八、九、十期之外，还出了三期讨论集（均是手刻油印件），共计 46 篇文章，而陈独秀以"雪衣""顽石"笔名撰写的有 10 篇之多。

这场大争论，又是围绕着陈独秀《目前形势与反对派的任务》一文进行的。这篇文章主要观点如下。

国际形势：由于 1929 年开始的经济危机造成资本主义世界的极大混乱和 1933 年 1 月斯大林通过共产国际指示德国共产党支持打着"社会主义"旗号的希特勒上台，致使法西斯抬头，世界、中国和托派内的舆论十分恐慌，以为资本主义国家必将崩溃，世界战争很快会爆发，托派甚至认为资本主义国家会再次联合向苏联进攻。陈独秀则持异见，认为："国际左派反对派向来不曾说过资本主义的统治已经走到了总崩溃"，而"会有弥缝一时期的效果"。陈断言："美国造成强有力的海军以前不会和英国和日本公开的决裂"；英国埋头于欧洲问题，"在远东不取冒险的政策"；"欧洲的英法一团，意奥一团，都很明显，如果这两团共同抵制德国则欧洲大陆一时不会发生重大问题的"；"苏联的危机国内重于国外，自一九二七年以来，它在国际政治地位，已日渐减轻了。以现在国际关系，各强国间一有战争，迟早必然国际化。在第二次世界大战的时机未成熟前，简单两国间的战争是很难想像的，况且欧洲进攻苏联的联合战线已经解体，美俄之日渐接近，日本未必敢于单独向苏联武装进攻"。

国内形势：陈独秀认为大资产阶级经过"九一八""一·二八"和华北事件三大危机后，"它的地位又相当稳固了。大资产阶级已一致拥护国民党消极对日让步，积极依赖英美的政策……工人群众在消沉状态中。农民除少数特别区域外，最大多数除悲叹驻军、土匪及苛税杂捐之厄运外，还没有别的举动。"

托派的近期目标："至少在一九三五年以前，世界上几个主要国家如果没有意外的大的事变发生，这二三年中，还只能是反革命抬头，革命低落时期。在此革命低落期下，不应该采用过高的自欺的口号，如'苏维埃'等。我们的力量应该集中于后年三月国民大会的斗争，特别是在大会前大会外之群众的斗争"；"我们虽然不能预想此次运动在现局势下有很大的发展，但如果我们的工作做得好，总可以因此得到一些接近及组织工人、农民、急进的学生之机会，使我们相当的脱离散漫、孤立、软弱的现状。"

三项建议：为了达到以上的目标，文章提议：（1）"即日在上海召集一活动分子会议，决定关于参加国民大会运动的政纲（即政治要求。此政纲中，除以前我们所发表的各项要求外，应加上一项'反对国民党起草的宪法草案，宪法应由国民大会自己起草，由全国人民直接总投票表决'）及工作大纲。"（2）"要特别注意史大林派下的党员群众工作。"（3）组织内"必须全体动员，任何人如果没有不同意见，即无不同的政纲，而仍旧留在组织者，必须担负他力所能任的工作"。

应该说，陈独秀的这个政纲，除了"国民会议"是空想外，比较切合当时托派组织的实际情况，同时又是托派在极度衰微的状态下无可奈何的选择。这个政纲写得既简明扼要，又全面具体，表现出他遥控托派领导工作的殷切心情，因此受到临委的极大重视，首次发表在《校内生活》第 7 期后，又在 1934 年 5 月 12 日出版的《政治问题讨论集之三——国民会议与苏维埃》上重新发表。

从 1933 年 9 月到 1934 年 10 月出版完三期《政治问题讨论集》为止，临委像走马灯似的换了几次，但对陈独秀的意见都十分重视。刘仁静（笔名"列尔士"）、彭述之（笔名"区白"）也发表了多篇文章。对此情况，托派内部也不是没有意见，认为只是少数几个同志说话，大家处于旁观者地位。新成立的临委辩解说："如果有同志对于少数政治认识高的同志的意见，因其常发表便觉得'讨厌'这种情绪是应当制止的。直到现在，内部讨论的各问题，都是必须解决、或将来在事实上要遇到的。这些讨论任何同志都不该轻视。"并指出，常委对于一般同志的意见也是重视的，但有些意见却不知所云。所以，"对于常委，原则上当知道常委有权：（1）不发表无教育意义的文章；（2）先发表重要的文章"。①

由此可见，陈独秀的文章在托派领导者眼中是"政治认识高的重要文章"，因此得到了重视，也使狱中的陈独秀在一定程度上起到了遥控托派的作用。

---

① 《常委答复振东同志的一封信》，1934 年 6 月 15 日，《校内生活》第 9 期，1934 年 7 月 31 日。

在福建事变中的再度亢奋

　　福建事变发生后，托派临委做出积极反应，特请狱中的陈独秀起草了一个宣言——《福建事变之原因与其意义》。① 在"一·二八"事变中，他以常委名义做出的与"向左盘旋"的资产阶级"共同行动"并联合中共红军、首先推翻蒋介石为代表的国民党政府的政治决议案失败后，再度表现出"反日反国民党"的亢奋。

　　宣言在分析事变发生的远因、近因后，指出这次事变的意义是：政变者"不管他们主观上怎样包含着借民众力量与政治口号在进行其自己的企图，但民族民主的问题、民众的需要与国民党的无能，都提上中国政治之正式日程中了"！同时也表明"国民党及其军阀之倒台，中国革命之复活，已有其不是遥远的事体之象征"，"并且无疑的包含着中小资产阶级之某种程度的革命要求"。

　　接着，宣言分析了这次事变的困难与危机，指出它是上层军事政变，领导权在旧军阀和政客手里，而"不是由民众运动之逐渐发展，以民众为主动公开揭露出来的旗帜，所以这次运动的本身是头脚颠倒的，还是以政客的领导者的军人支配政治，而不是以群众支配领袖顺着民众和其要求有变化的可能，而那些政变的主动者有临时叛变的可能"；尤其是福建本身地瘠财穷，十九路军兵力财力之弱，"军事上倒蒋与进攻也是困难的。因此中途走向软化妥协与背叛，甚至在不能获得广大群众的拥护下而有被消灭的可能"。但"此次政变所提出的政纲……其中大部分能代表广大的群众之暂时要求，以此便有吸引广大群众的同情与拥护之可能，如果那些政变的领导者能够坚决的执行其诺言，如果他们更能远大的注意于全国范围之政治运动的扩大，则在得到广大群众拥护和赞助之下，是有其胜利的发展前途的"。

　　所以，陈独秀在宣言中提出的"我们对于政变的态度"中强调：（1）"我们对于这次的政变绝不能采取消极的批评态度袖手旁观，必须积极起来赞助以至领导这一运动"，如"积极的组织群众响应这一运动，使他很快的能发展成为全国的运动"。（2）"努力争取领导作用，改变那以军事支

----

　　① 《政治问题讨论集之一——福建事变与反对派》，1934 年 3 月 15 日，手刻油印小册子。

配政治，以领袖支配群众的现状，使之成为以民众支配领袖，以政治支配军事的形态"。（3）"努力发展工人群众，组织工人群众起来积极参加这一运动，并务期工人能获得领导权，以保障此后不致有革命运动之畸形发展的危险，和争取最终革命彻底的胜利"。（4）"以不妨碍我们的组织政策之独立与批评的自由"。（5）"要求正式党的合作，集中全力发展全国的——尤其是城市民主战争，来扩大这一运动"。为此，"我们要指出史大林派应该改正其偏向于农村而忽略城市，以及忽略民族民主斗争，忽略联合争取民族民主利益之孤立政治的错误"。

可见，这个宣言完全是上海"一·二八"事变时，陈独秀起草并通过的常委决议案的翻版。在那以后，陈独秀虽然经过许多严重的失败，自己也身陷囹圄，并写过消极的 1933 年 9 月政纲，但他对托洛茨基主义和托派事业必胜的信念丝毫没有动摇，此时又活跃起来了。

于是，临委派出宣传委员严灵峰去参加福建人民政府。共产党也派去代表潘汉年表示支持。虽然当时托派与共产党都是以"工人阶级为代表"的政党，又是推行着"左"倾路线，但托派的目标只在于利用这两方面的势力来壮大自己的影响而摆脱孤立的困境，推动城市革命运动复活，三方并无真诚合作的诚意，成为这次事变失败的内因之一。三方能够走出这一步，带有历史的进步性，特别是托派，在陈独秀不再主持中央的情况下，能接受陈独秀的思想，改变完全否定中国资产阶级有革命性的一面，改变不能与资产阶级有任何"共同行动"的策略，走出自己组织的小圈子，当然也是一个进步。

正在狱中的彭述之，借助于陈独秀与狱外建立的联系，也积极写文章，为托派如何应对福建事变出谋划策。开始时，他对福建事变的评价也很高。他认为："此次福建的独立运动，与历来地方军阀反抗中央政府（大军阀）的运动，有其不同之点……公然撕破国民党的旗帜，以'人民政府'的名义对抗国民党政府，并宣布有系统的（虽然是混乱的）改良主义政纲——这点总算是自国民党成立以来内事上一个创局"；"含有较深的政治运动的性质……大凡上层阶级敢于'左倾'，不怕'赤化'的嫌疑，往往是社会走上大爆发之一个预告。历史上有许多革命往往是上层阶级内部的分裂及其中一部分因某种形势被迫所引起的"；"这在客观上是一革命的火药库，只要在适当的地点上擦一根火柴有爆发的可能。现时福建事变是擦了一根火柴。"他主张："无产阶级政党的主要任务，是在尽可能利用这一运动号召民众起来，从各方面打击国民党及南京政府"。① 在具体策略上，他甚至提出"推翻蒋介石政府"的口号，因为"蒋介石在日本可能的新进攻，'红军'的发展，各派资产阶级集团和军阀的反对及蒋因九一八以来自身的日益削弱之下，如能有相当的民众运动，客观上有被推翻之可能。而蒋的推倒又有可能走向革命的道路。我们的策略应向这方面准备。"② "打倒蒋政府是目前的中心任务"。③ 但不提"打倒国民党政府"，因为其力量还不能达到这一点。

刘仁静起初也表现得相当乐观和积极，称赞"福建政府的政纲之如此急进……给民众运动以兴起的机会"；"它已在实际上证明它比南京政府更为适合人民的需要，它已不是任何军队的力量所能推倒的"；"我们应利用这事实唤起工人使之脱离麻木状况，准备将来的政治行动"。为此，他提出一系列主张，"将福建事变变为革命复兴的一个基础"。但是，他笔锋一转，批判陈独秀（笔名"雪衣"）去年发表的九月政纲，斥问"雪衣是否坚持它（指蒋政权——引者）是在稳定？"④

陈独秀对这次事变的态度，如上述他给临委起草的宣言那样，既有乐观其成的一面，又看到其根本的弱点而会失败的一面，因此提出了几条促使它向成功方面转化的主张。但是，他十分清楚，这些主张是不可能实现的，因为他有深刻的历史教训和托洛茨基对中国资产阶级在关键时刻背叛性的论述。不过他是性情中人，面对事变，不能做观潮派，更不能泼冷水，而应该积极推动其成功。九月政纲才是他对一个较长时段的中国形势的真实估计。福建事变的发生出乎他的意料，而其迅速失败，又在他的意料之中。他在一个月后补充强调说：在福建事变问题上，"不能离开我们的阶级立场和斗争路线"，指出："托同志在一九二八年批评国际六次大会党纲草案中，明白的指示我们，不能对越到东方越卑劣的资产阶级划清他们当中的买办阶级和民族资产阶级的界限。落后的中国资产阶级任何派别，命定的不能执行民族民

① 区白：《对闽变的估计》，1933 年 11 月 29 日，《政治问题讨论集之一——福建事变与反对派》，1934 年 3 月 15 日。
② 区白：《我们的不同意见》，1933 年 12 月 27 日，《政治问题讨论集之二——国民会议与苏维埃》，1934 年 5 月 12 日，手刻油印小册子。
③ 转引自雪衣《对于区白两篇文章的批评》，《政治问题讨论集之二——国民会议与苏维埃》，1934 年 5 月 12 日。
④ 列尔士：《福建独立之前途》，1933 年 11 月 23 日，《政治问题讨论集之一——福建事变与反对派》，1934 年 3 月 15 日。

主革命任务，和蒋介石是一样的；正因此，这一任务才落在无产阶级的双肩之上，这乃是中国革命不断性之客观的根据。"为此，他严厉批评了彭述之的依靠反蒋派"打倒蒋介石政府""打倒蒋介石政府是目前的中心任务"的意见。他的主张是："国民党内部以至资产阶级内部矛盾所演成的倒蒋运动，在客观上有利于民众运动之复兴。我们无产阶级的政党应准备利用此客观环境，提出自己的口号与政纲，发展自己的斗争，以吸引群众到自己方面来。"①

其实，当时的托派临委，囿于力量和影响，除了派严灵峰去发表一些大家不能接受的极左言论之外，不可能有其他的作为，更不用说贯彻陈独秀的主张了。即使陈独秀亲自来指挥，也不会两样。

福建事变的失败，更证明陈独秀的九月政纲的正确。但各派都为自己的观点辩护。刘仁静更摆出一贯正确的架势，猛烈批判临委的观点和策略，同时又批判陈独秀和彭述之，致使临委的再一次改组。由陈其昌等人组成的新临委点名批判了除陈独秀以外的各方对于福建事变的意见。

参加托派内部大讨论

其实，这场大讨论的问题，早在 1933 年 9 月陈独秀提出托派新政纲《目前形势与我们的任务》之后第九天，即 10 月 8 日以"雪衣"笔名发表的《几个争论的问题》一文中②就提出了。文章开头便说："我们过去和现在争论的一些问题，如果具有现实性，我们必须有个真实的解决。否则一切工作特别是内部教育和对外宣传，因为两方面相反的意见，相互牵制，一步也不能进行。我特地写出这篇短文，以贡献一点帮助解决这些问题的意见。"

接着，他提出了托派内部长期争论的五大问题。

第一，关于民主运动问题。陈独秀从俄国革命经验中指出："孟什维克主义，在中国党内有很深的根蒂，并且带到左派反对派中来了"，但是它的表现形式却是极左的，即认为"民主主义的口号是资产阶级的，在资产阶级统治之下做做改良主义运动，到了民众运动高涨起来，便用不着它，无产阶级只有在社会主义的口号，苏维埃口号下夺取政权。"

---

① 雪衣：《对于区白两篇文章的批评》，1935 年 12 月 15 日，《政治问题讨论集之二——国民会议与苏维埃》，1934 年 5 月 12 日。

② 《政治问题讨论集之二——国民会议与苏维埃》，1934 年 5 月 12 日。

第二，"民众政权"口号问题。陈独秀说："'民众政权'本来只是在民众运动高涨而还未达到能够提出无产阶级斗争夺取政权这样的中间斗争环境中一个临时的鼓动口号，它根本不能和党纲上无产阶级专政或工农专政这样表现政治阶级性的问题相提并论。前年反日反国民党运动高潮时，此口号一提出，即受到疯狂的反对，由杜畏之传染到彭述之。述之因反对这一口号，走到根本反对在宣传鼓动上涉及政权问题。他主张只提出国民会议，不说政权。我问他，既然喊出打倒国民党的口号，群众如果问国民党打倒后，谁接受政权，我们如何答复呢？他说此时根本就不应该喊出打倒国民党的口号。可是此时许多学生群众已经在南京喊出这一口号。接着，陈批驳了"民众政权即资产阶级的政权"的观点；批驳了"民众政权不表示阶级性"的说法：**"我以为正因为不明显的表现阶级性，它才不是和无产阶级专政及'工农民主专政'鼎足而三的东西。"**（黑体为陈所加——引者）

由于陈写此文时并没有"民众运动高涨的形势"，所以，他表示："我觉得此时不需要这一类的口号（指'民众政权'——引者），因为这一类的临时鼓动口号，不宜于把它用做比较有永久性政纲性的宣传口号"，为此他强调：**"一切策略，一切口号，都有它的时间性，都会因易时而变质，由正确而变为不正确甚至错误。"**在这里，他与以教条主义为特征的多数托派分子，有无可弥补的裂痕。

第三，国民会议问题。陈独秀指出："国民会议之错误的见解，不用说是从对于民主主义的谬见演绎而来的"；而极左派却高喊"国民会议只能是资产阶级统治形式"，"国民会议只能是两个革命间反动时期的口号"，"国民会议不能解决任何问题"，"国民会议运动不应涉及政权问题，不应喊出打倒国民党的口号"。陈独秀则主张根据托洛茨基的指示，共产党（托派）通过国民会议，引发武装暴动，夺取政权，建立苏维埃式的无产阶级专政。这也就是十月革命的道路。

第四，经济复兴问题。这是针对刘仁静的思想——中国革命再起要依靠经济复兴后，无产阶级力量强大，才有胜利的可能。在福建事变发生时，刘也主张托派应该在这个事变中提出"关税自主""废除苛捐杂税"等"肃清中国资本主义发展障碍"为主的口号，① 而不应该存有无产阶级革命并夺取

---

① L：《福建事变与我们的策略》，《政治问题讨论集之一——福建事变与反对派》，1934 年 3 月 15 日。

政权的妄想。陈独秀则认为"资本主义发达自然是社会的进步"。列宁的思想十月革命却表明恰恰是在"资本主义比较不甚发达的国家，是在全资本主义世界最薄弱之一环，正容易爆发无产阶级革命，因为还有其他必要的条件"，除了经济之外。"我们可以承认幼稚的资本主义国家，只要那里有了无产阶级运动，只要那里有了无产阶级之有力的同盟军，那里便有无产阶级革命之可能。如果认为必须资本主义发达到和先进国相接近的程度，那里的无产阶级才能担负革命的任务，那么，'无产阶级革命'这一名词，必须从经济落后国家的字典中永远除去。""这样危险的思想，在无产阶级革命的队伍中，非即时停止不可！"

第五，帝国主义进攻苏联问题。斯大林为了在帝国主义包围下"建设一国社会主义"，一直在宣传"帝国主义进攻苏联"的危机，以使各国共产党执行"武装保卫苏联"的政策。托派中大多数人，也基于托洛茨基关于"保卫十月革命成果"的思想，虽诅咒斯大林本人，却一直认为苏联是"工人国家"，始终持"保卫苏联"的立场。陈独秀在这篇文章中大胆地指出斯大林的说法是谎言："武装进攻苏联，帝国主义者过去已经有过苦的经验，现在的情形更不同了。帝国主义者不是疯子。它们武装进攻苏联必须依据它们的可能与必要，不会作冒险的尝试。现时帝国主义有武装进攻苏联的可能吗？现在的苏联已经不是以前的苏联了，在帝国主义绅士们的眼中，它已经是一个不易欺侮的泼皮。各帝国主义之间的矛盾冲突，已穷于弥缝应付，又加以各国内部的牵制；它们哪里有武装进攻苏联之可能。有必要吗？也没有。它们迫切的进攻苏联，是因为受到苏联推动世界革命之威胁。在斯大林派一个国家社会主义理论所产生之无条件的和平政策统治下之苏联，帝国主义并不甚感觉着有这一威胁了……如果我们认为上述的情形一时不会改变，便应该认为帝国主义武装进攻苏联的联合战线已经解体，并且不是暂时的事。希特勒统治下的德国，在它未能和法国、奥国、波兰的关系弄好以前，也未必敢于冒险……斯大林派夸张帝国主义进攻苏联的危机，是掩蔽国内危机的烟幕弹。"

陈独秀此文发表后，如同在托派中炸响了一枚地雷，连同他的九月政纲，受到了刘仁静、彭述之及其他极左派分子的猛烈反击；陈独秀也及时进行反驳。同时，刘与彭以及极左派分子之间，也互相批判，形成了一场大混战。每人都说自己是"真正的托洛茨基者"，对方是"可耻的机会主义者"，直到1934年1月16日，陈独秀在一篇文章末尾，为托派的发展总结出三条路线说：一是"胡年（即刘仁静——引者）的路：经济复兴，主要的是抵制日货以开辟国内市场";二是"区白（即彭述之——引者）的路：反蒋就是执行民主民族斗争任务";三是"雪衣（即陈独秀——引者）的路：国民会议斗争，在这一斗争中打击国民党军事专政以至无产阶级夺取政权发展中国经济"。陈独秀问："我们走那条路呢?"①

27日，彭又撰万言长文，猛烈抨击陈独秀的《国民会议与苏维埃》一文"除了重复以前的错误与空洞外，更加上了许多新的错误"，"将苏维埃尽量说成一文不值……而用刷子将国民会议刷成最光辉美丽的颜色"②；刘仁静也回击陈独秀，认为自己的路线比陈独秀"组织苏维埃的空谈"切实些，批评陈对资产阶级的估量是动摇的，一到资产阶级向左盘旋时（如十九路军之抗日），"就对它不免发生幻想"；而对形势的估量，"比我更不如"；"一时轻浮的乐观认为苏维埃革命快要到来，一时又改变成沮丧的悲观，认为革命无抬头的可能，教人们如何对他发生信仰"，这才是"无耻的机会主义"。③ 同时，刘仁静又完全同意陈对彭的"单纯倒蒋"策略的批评，但又说陈过去也犯有彭同样的错误（如反蒋问题上与资产阶级的"联合战线"），认为彭"已承认了一九三二年的错误"（指主张"组织苏维埃"——引者），而陈坚持错误。④

对于这种争论，陈独秀实在感到厌恶，2月10日，他以《应该这样答复吗?》⑤ 为题，指责彭述之只会"乱造谣言和乱抄革命文件"，避而不提辩论的中心问题，而"满纸的题外游词，这样的答复只是他表示自己没有争辩能力"。他又反驳刘仁静，坚持认为自己主持的托派常委在"一·二八"时的"路线是正确的"；并说如果将来再出现那样的局势，托派主张迎接革命高潮而被刘仁静的"盲动主义"和"反马克思"等大帽子压倒，"我真要为中国革命痛苦!!!"还申辩自己在"一·二八"后主张的"共同行动"，与彭述之主张与反蒋资产阶级政治联盟，本质上是不同的。⑥

① 雪衣：《我们走那条路》，《政治问题讨论集之二——国民会议与苏维埃》，1934年5月12日。
② 区白：《评雪衣的〈国民会议与苏维埃〉——再论十月革命的经验》，《政治问题讨论集之二——国民会议与苏维埃》，1934年5月12日。
③ 列尔士：《经济复兴与民主斗争——答雪衣同志》，1934年2月3日，《政治问题讨论集之二——国民会议与苏维埃》，1934年5月12日。
④ 列尔士：《评区白的政治意见》。
⑤ 《政治问题讨论集之二——国民会议与苏维埃》，1934年5月12日。
⑥ 顽石：《读列尔士〈评区白的政治意见〉后》，《政治问题讨论集之二——国民会议与苏维埃》，1934年5月12日。

　　这种名为讨论，实为错误思想之间互相攻击的争吵，一直持续到这年7月。陈独秀最后声明自己的基本观点是："打倒国民党、国民会议万岁"，"不但是我们的基本路线，并且可用为在现时的宣传口号。"[①] 陈独秀以此划清了他与刘、彭及托派中一切极左派之间的界限。

　　这种争论，由于没有一方掌握着完全的真理，皆没有说服力，因此不可能达到统一思想的目的，只能更加离心离德。于是，作为旁观者，尹宽致函陈独秀劝阻结束争论。信中抱怨"五、六年来，反对派尚停滞在小团体的状况中，尚未得着发展"，现在是"不仅还没有斗争的基础，并且还没有端正方向，还在议论纷纷，莫衷一是之中"。尤其是"一·二八"事变及福建事变中所存的一些幻想遭到失败，完全陷于"消极状态"；表示自己不愿"加入现时争论的漩涡"，因为这种争论"太滥费了，急待结束"。[②]

　　实际上，由于两个外国人和北方一批年轻托派分子到上海，这场争论早在4月就开始转向了。

差点被托派中央开除

　　陈独秀这次被捕入狱和托派中央再次被破获事件，引起侨居土耳其进而转移到法国（1933年7月）的托洛茨基和托派国际的严重关切。但直到1934年，他们通过上海《密勒氏评论》周刊副主编和《达美晚报》编辑格拉斯（C. Frank Glasse，中文名李福仁），与中国新的托派临委取得了联系。格拉斯是英国人，曾去南非做新闻记者，加入共产党，旋又转向托派，后来到美国，参加美国托派组织。据王文元说，他早在1931年初就来过上海，想参加中国革命，特别想参加中国托派活动；但因当时中国的托派组织一再遭受国民党的破坏，在中国整整两年，始终找不到托派组织，因此在1933年11月离开上海到纽约，与美国的托派同志会晤，同时与在法国的托洛茨基通信，讨论如何办由美国人伊罗生（Hazold Roberts Gsocs）在中国主持的《中国论坛》，并取得了与中国托派联系的地址。1934年2月他来到上海希望帮助重振中国托派组织。恰巧此时，原任中共中央外围报纸《中国论坛》

---

① 顽石：《我对于几个问题的意见》，1934年5月12日，《政治问题讨论集之三——现阶段的形势与反对派任务》下册，1934年10月22日。

② 《给雪衣同志的信》，1934年12月2日，托派内部油印小册子。

（表面上是宋庆龄领导的中国民权保障同盟机关报）主编的伊罗生，由于不同意中共中央宣传部指示的办刊宗旨（在白色恐怖下宣传苏联建设社会主义的"伟大成就"以及批判所谓托派罪恶），也转向同情托派。① 这两个外国人，首先结识刘仁静，受刘的影响较大。与陈其昌为首的新临委接触后，格拉斯认为陈其昌因托派中央连续被破坏而推行的工作方针太保守，建议增加年轻成员。于是，把未遭破坏的北方托派组织骨干史朝生（又名施颂德）、刘家良、扈焕之（又名胡文华）、王树本（又名王耀华）等，先后调到上海。他们首先控制了上海沪西区委，作为他们的据点。

陈其昌为首的临委，比较倾向于陈独秀的九月政纲，主张运用民主口号与广大群众发生联系，反对中共组织"赤色工会"与国民党的"黄色工会"对抗的"盲动主义的工运策略"；充分利用一切公开的、改良的甚至反动的工会，做团结群众及反国民党反资本家的斗争。行动口号是：召集普选、平等、直接、无记名投票的国民会议。他们认为正确的"联合战线"是"布尔什维克的策略"。② 因此他们要求参加宋庆龄主持的上海反帝国主义战争和反法西斯大会，③ 表示"同意这个会议，我们特地为这个会议准备了一个宣言。我们热诚地动员我们的一切组织，去执行这种工作"。但同时又声明："我们在会议中必须坚持我们对于参加的一切党派的理论、政策、行动之讨论和批评的绝对自由！"④ 对这个在白色恐怖下进行的反帝反国民党法西斯统治示威的会议，他们要求对"一切党派……批评的绝对自由"，这不是去吵架，去分裂吗！而大会又是共产党布置的，他们不可能被允许参加。

但是，格拉斯和北方来的年轻托派是一批更加极左的分子，也影响到刘仁静在思想和行动上更加"左倾"起来。福建事变时，他们认为如果在此时运用国民会议策略是帮助蒋介石政府，并且反对任何形式的联合战线和

---

① 参见《坚决反对〈中国论坛〉上偷运反革命托洛茨基私货（提纲）》，《红旗周报》1934 年 1 月；伊罗生《为〈中国论坛〉事给中国共产党的信》，《火花》第 2 卷第 4 期，1934 年 5 月 20 日。

② 纪它（陈其昌）：《全体起来，制止无理的分裂组织！！！》，1935 年 2 月 6 日，油印小册子。

③ 这个大会是总部设在法国的"世界反帝大同盟"安排的。该同盟是国际统一战线组织，由各国著名的进步人士参加组成，如英国的萧伯纳、马莱爵士，苏联的高尔基，法国的古里久、罗曼·罗兰，中国的宋庆龄、鲁迅等。1933 年 9 月，大会召开时，大同盟还派来了马莱、古里久组成的代表团。会后成立了"上海反帝大同盟"。为了避免国民党特务的破坏，大会是中共突击布置、秘密召开的，9 月 30 日只开了一天。因此托派自然被排斥了。

④ 中国共产党左派反对派：《为号召全中国被压迫人民参加上海反帝大会宣言》，《火花》第 2 卷第 1 期。

"共同行动"。同时，由于自感力量太弱，中共的红军运动又在第三次"左"倾路线领导下日渐衰落，因此他们把革命再起的希望寄托在国际突然事件上，如爆发世界大战，反对国际上和国内宋庆龄领导的反战运动、反战大同盟等。在当时开展的内部理论与策略的讨论中，他们一方面支持讨论，以便统一认识，产生一个比陈独秀九月政纲更"左"的新政纲；另一方面，把主要兴趣放在组织的改造上，企图夺取托派的领导权，甚至组成一个"新政党"。因为希特勒上台后，托洛茨基宣布共产国际已经"死亡"，改变了"挽救"共产国际及各国共产党的方针，号召各国托派另立新党，这些青年托派就提出放弃"中国共产党左派反对派"的名称，提议组织新党——"中国共产主义同盟"。

格拉斯、史朝生、刘仁静等人，从政纲和组织两方面，同时发起攻击。

鉴于国际国内形势的变化，陈独秀也认为1931年托派统一大会通过的纲领已经不适用，应该起草一个新的纲领。于是，陈其昌临委委托刘仁静起草了一个《政治决议草案》，并在1934年2月20日临委会上通过。

这个草案又受到史朝生为首的沪西区委、彭述之、罗世藩等人的严厉批评。但陈独秀表示："政治草案我读了一遍，觉得大致可以用得。我老早即认为民众运动的开始抬头而又低落下去的现在，正需要适合现状的这样一个政治决议案。我去年第一次向临委建议就是这个意思。或者有人就不能退却和消极，消极固然不可，依客观的形势，退却有时是必要的，而且有时是革命的。退到我们能够站住脚的地带，能够积极的为准备进攻而站住脚的地带，比任何激烈的词句都要革命些。"

这里，陈独秀与盲动的极左派及消极悲观论者不同，能辩证地看待托派目前的处境，提出适当的方针。同时，他也对临委通过的《政治决议草案》提出了几条重要的修改意见。

关于国际形势。由于当时欧洲的局势变化十分复杂，众说纷纭，草案因而对此"忽略"了。而托派中多数仍坚持帝国主义会联合进攻苏联的可能，总是高喊"拥护苏联"的口号。陈独秀指出这种"忽略"和"拥护"都是不对的，"多瑙河流域事变发展，是国际很重要的现象……我认为，目前意、奥、匈与德不睦，还不是欧洲很重要的问题；重要的问题是将来的形势一变而是意、德、奥、匈公开的联合对法，则去战争便不很远了。德联法对意、奥，法助德征服奥、匈，都是不会有的事。我觉得将来的大战会开始于欧洲而不开始于远东。苏联固然不应该自启战端，日本只要它不积极的干涉满洲，也没有攻俄的必要，而且攻俄并非是很平安顺利的了……照现在的局势，大战会开始于奥、匈进攻小协约，于是法兰西出来援助小协约，于是意大利德国起来援助奥匈，于是法国求助于苏联，于是意德求助于日本，于是法国求助于英美。"

对于苏联，陈认为："苏联看重于中欧的市场，也同样不容易决定放弃那一个，所以它的态度会动摇不定。此时帝国主义眼中的苏联，已不会引起帝国主义国家有联合武装进攻的必须；今后某一集团的帝国主义和苏联开战，决不是简单的向苏联进攻，所以帝国主义联合向苏联武装进攻已成为过去的名词。政治决议案中不应该应用此种名词。"

所以，他提议，在决议案中，"应该说到——明确的说到国际运动的总口号应该是'打倒法西斯蒂的工人联合战线'，而不是'拥护苏联'（'拥护苏联'是某一时期某一环境的特殊口号）；中国运动的总口号，应该是'打倒国民党，实现彻底民主的全权的国民会议'；而不是'倒蒋'。'倒蒋'只能是某一时期某一环境一种特殊的临时行动口号，等于'打倒资产阶级的十个总长'。'打倒十个总长若用为中心政治口号，岂不荒唐！'——这里，他为自己在"一·二八"事件中提出的"倒蒋"口号进行了辩护。

关于国民党的国民大会。由于刘仁静热衷于他的"经济复兴论"，草案没有提及这个问题。陈独秀认为："在没有革命运动的现在，国民党准备召集国民会议颁布宪法，这些现象，是摆在我们面前的重要问题。一个革命的政党对此置之不理，那便是自己表示不存在了。如果应该不理，亦必须向群众指出应该不理的理由。草案对此太过疏忽了。"

陈独秀的最后意见是希望托派内部思想尽早能统一起来，机关报"《火花》最好自然是又不缺又不滥，然目前只应'宁缺不滥'，集中力量发行讨论集及内部生活。因为主要的意见不一致，谁都无法在《火花》上做文章；因为它必须是集体的意见，不应各人说各人的道理。我早已对同志们说过，没有集体的意见，一切工作都无从进行的。特别是政治宣传呵！"①

要知道，这时的陈独秀身陷囹圄，还进行着繁重的学术研究和撰述工作，但对狱外托派的工作和新政纲，却如此呕心沥血、细致入微地思考和推

---

① 顽石：《对政治"草案"和其他问题的意见》，1934年4月6日，《校内生活》第8期，1934年4月30日。

敌，充分表明了他对托洛茨基主义和托派组织的忠诚信仰与爱护。

但是，史朝生等人醉翁之意不在酒，集中攻击"常委对总的问题——特别是重要的政治问题，准备得太缓慢和太不充分"，"常委在政治上没有代表全体同志的意见明白规定我们目前的政治路线，且没有作经常的政治分析和指导；在组织上则日渐失去同志的真正信仰或期望"；这是因为"过去五个月之久一切问题几全由常委三人决定"，[①] 因此要求以快刀斩乱麻的方式，尽快召集代表大会的方法来解决这些问题。于是在 4 月 12、17 日，史朝生分别致函陈独秀和陈其昌，前信批评陈独秀被捕后的托派中央只注重上海的组织，忽视全国的工作，而且没有及时组织讨论，统一思想，并召集全国代表大会；"只把眼睛往上看"，"单纯的仰望几个'老成'和'有能力'的同志挽回危局"，弄得上海的组织"几乎溃散"，各地的组织"极无生气"；主张在全国范围上去集合一切优秀的坚决分子，召开临时大会，推举"特别委员会"，代替临委，以筹备全国代表大会并担负过渡时期中全国性指导工作；还提议临委拟定一个关于目前争论问题和组织工作的草案和大纲，发到各地讨论。[②] 后信则直言谴责陈其昌为首的三人常委"工作方式好像是个保姆或教授，一切重要的工作问题不能尽量用民主方式……来解决"。要求"常委自身应速将各种重要的政治问题作一扼要的总的讨论和大致的决定"；"在最短期内（大约一二个月）"召集广东、北平、山东这三处的代表"来沪共同讨论，并决定几个重要的任务（如筹备全国代表大会及帮助推动目前工作）"。[③] 而当陈其昌常委准备修改政治草案时，他们又急忙抛出一极左的提纲，要求代替草案，理由是"修改太麻烦，提纲比草案好"。但提纲"经过常委多数反对后，他（朝生）又攻击常委不修改草案"。[④]

5 月 15 日，史朝生列席常委会议，提出事先准备好的《当前推动组织的步骤》，重复了上述两封信中的意见，强烈要求常委与各地代表"成立一全国反对派大会筹备会"，"建立比较满意的领导机关"；"一切消极、悲观

---

①　朝生：《目前反对派的政治路线是什么？怎样健全和开展我们的工作？》，《校内生活》第 11 期，1934 年 9 月 29 日。

②　朝生：《与雪衣同志论召集代表大会问题》，《校内生活》第 11 期，1934 年 9 月 29 日。

③　朝生：《给常委的信——论推动组织问题》，《校内生活》第 11 期，1934 年 9 月 29 日。

④　纪它：《批评朝生同志的组织意见》，1934 年 8 月 1 日，《校内生活》第 11 期，1934 年 9 月 29 日。

乃至对组织采取绝望的情绪或倾向，必须和它坚决斗争，并予肃清（用说服和纪律制裁）"。① 真是气势汹汹，咄咄逼人。

一向以稳重著称而被大家尊为"大哥"的陈其昌，受了这些抨击，也被迫撰写长文予以反击，逐条批驳史朝生的指责后指出："应该绝对排斥无计划的急进主义——如主张尽可能的多开活动分子会、临委扩大会等……而应尽可能的少用大会或小会，不要引进可怀疑的群众"；文章揭露了史朝生在修改常委提出的《目前形势与任务》草案问题和等待国际来信问题上出尔反尔的两面派手法后，斥责其"民主""实际是捣乱组织的办法！无政府主义的办法！小资产阶级倾向的表现！""只能使组织更加混乱！"② 陈其昌的主张，正是吸取了陈独秀时代的经验教训而提出的。

同时，对史朝生、胡文华、王振华三人起草的《国际国内形势及我们的任务讨论提纲》，陈其昌也斥之为："这个提纲，不但文字技术拙劣，使它许多地方辞不达意或意思含混或顾此失彼，而且到处都是内容的错误，甚多前后矛盾。而对于一个政治决议所负的中心任务，即指示形势和斗争策略，一点也未告诉我们……不配代替草案。"③

陈其昌的反击，正中蓄意夺权的极左派下怀。史朝生又连续写出长文批驳陈其昌，斥责陈其昌是"官僚主义受人批评时，常不肯虚心考虑问题，而企图用威名来抵制下级同志……这种家长或上司或史大林粗暴的态度，实际是剥削阶级对被剥削阶级之某种意义上的反应"；讽刺陈其昌的"积极办法"，"天晓得这些'计划'或'办法'！！政治上怎样发展？计划哪里来？怎样使计划完善？水平怎样提高？计划怎样才能整齐？"最后他提醒说："数月前某次宣委会上不但我坚决主张另行起草'提纲'，即仁静同志也明白的答复：'我赞成老施的意见，另草提纲，不必修改我们起草的草案'"，并"改变等待国际来信四个月"召开代表大会的主张，要求尽快筹备大会④，并称与陈济棠、胡汉民、冯玉祥等"反蒋"派建立"首先推倒蒋介石"的"联合战线"，"那是最大的机会主义幻想。决议案上如果这样补充

---

① 《校内生活》第 11 期，1934 年 9 月 29 日。
② 纪它：《批评朝生同志的组织意见》，1934 年 8 月 1 日，《校内生活》第 11 期，1934 年 9 月 29 日。
③ 纪它：《评〈国际国内形势及我们的任务讨论提纲〉》，1934 年 10 月 8 日，《校内生活》第 12 期，1934 年 12 月 11 日。
④ 朝生：《与反对派内部残余的官僚主义作思想斗争》，1934 年 8 月 12 日，《校内生活》第 11 期，1934 年 9 月 29 日。

上去，只有断送共产主义同盟的生命"。①

陈独秀在"联合战线"问题上，明确站在陈其昌一边，来信表示："只要有接近群众的机会，不但急进的小资产阶级之运动应该参加，即反动的资产阶级机关（如基督教青年会）亦应该参加。如果因为毫无力量与运动，空口和福建独立的政府党去谈判合作这种无聊的政治之失败遂盲目向左边跑，跑到拒绝与干部派（指中共——引者）、第三党的社会运动（并不是建立政权）合作，即是禁止同志参加孙夫人的某种运动，这显然是一个错误。这种错误不用说，是中了刘仁静反对任何形式共同行动之毒。这种危害于我们的运动，将不在机会主义之下！"②

史朝生等按他们的既定目标急进。在组织上进攻的同时，政治上也发起攻击。他们以"沪西区委意见书"的名义，在12月5日，发表了《我们目前必须确定的几个重要问题》，强调"有几个极严重的政治问题或原则问题，必须马上作一个明确的解决"。

甲、**"根本反对'与上层（无群众的）资产阶级或小资产阶级政党建立反帝反战反蒋反国民党联合战线'的思想"**（黑体为原文所有——引者）。

意见书特别认为宋庆龄、胡汉民等的"抗日"或"反蒋"完全限于口头的、纸上的虚伪的作用，"所以谁如果希望这些政派和上层分子会接受我们的政纲，能和我们共同行动……那只是在我们内部散布十足的机会主义幻想，替胡汉民宋庆龄李杜等军阀政客作说客"；如果自己不"努力与下层群众找联系"，"而将希望寄托在上层的资产阶级及小资产阶级集团上面，这样悲观的右派路线，我们要坚决的反对和彻底的肃清。"

乙、**"赞成国民会议策略"**。意见书称"国民会议口号是我们在目前的中心策略"，但指出："有的同志（指陈独秀——引者）认为除了喊叫'打倒国民党，召集国民会议'的口号"外，不能有别的方法，"是不利于革命运动的发展的"。我们在实际行动中，亦可以发动群众罢工示威，向国民党政府要求，立即召集普选全权的国民会议。

丙、**"确定我们对目前革命形势的认识及我们的革命工作的中心"**。意见书指出：目前革命消沉的主要原因，除了客观因素外，"无产阶级先锋队

① 胡（文华）、朝生、王（振华）：《关于"提纲"与"草案"——并答复对"提纲"的批评》，1934年11月18日，《校内生活》第12期，1934年12月11日。

② 《雪衣来信论对宋庆龄史大林派集团的策略》，1934年11月25日，《校内生活》第13期，1935年2月8日。

的正确而努力的领导，亦是必要和主要的因素之一"。因此主张规定新的基本纲领，"原来的《反对派纲领》（即陈独秀中央时的纲领——引者）已经不够了"；对外要用一切方式与工人群众发生联系，发表重要的纲领及宣言等。

丁，"**实现党的民主**"。格拉斯、史朝生、刘仁静等人，终于亮出杀手锏，说："这一年来，上海的组织是一个民主的和有充分准备的扩大会议都不曾召集过，一切政治问题及组织问题的决定操在二、三个常委的手里。假使他们把政治路线和组织工作弄得很糟，我们将怎么办呢？那除非全体或多数同志起来帮助它纠正它。这就叫做实行党内民主。"

……

就这样，双方矛盾终于不可调和，到 1935 年 1 月 2 日，格拉斯、史朝生、刘家良、刘仁静等人，盗用常委名义，向全国各支部发出了《临委紧要通告——关于召集上海代表大会》的文件。① 通告一开始便称："目前我们面前摆着许多严重的政治问题和工作问题，解决的办法……就是召集上海的代表会"。接着提出了几个"必须解决的问题"，重述上年 12 月 5 日意见书的观点。

通告的中心问题是指责临委故意拖延召开代表大会和临委的改组，说"临委原十人，现只剩四人，常委亦只剩下二人，且常委本身关系甚薄弱，支部生活只靠临委或区委中个别同志领导等"，因此，"现在临委决定十日内召集大会"，要求各支部限于十日内选出代表一人参加。

关于这份通告，陈其昌事后说："自从老何同志失踪以后，常委二人几乎事事对立。我曾主张由我和胡（即胡文华，代表北方青年托派参加临委常委——引者）同志各提出二位候选人，交各同志选补一常委。但胡同志不同意，他要召集上海活动分子会议改选。我同意了他，并规定了议事日程，由他负责妥找开会地址。我正在等待着找好地址开会，忽然发现了《临委紧急通告》。这通告不但把活动分子会议名称改为上海代表大会，并且所规定的议事日程和讨论的内容，也完全和以前规定者不同，极大部分是我素来所坚持反对的。"②

---

① 《校内生活》第 13 期，1935 年 2 月 8 日。
② 《常委书记为目前组织纠纷事告全体同志》，1935 年 1 月 19 日，《全体起来，制止无理的分裂组织！！！》，手刻油印小册子。

　　陈独秀知道陈其昌派是拥护自己的，但的确也有史朝生派指出的某些缺点，因此他不想袒护任何一方，而把组织推向公开的分裂，企图调解双方的矛盾。在 1 月 5 日，他复函陈其昌和史朝生等，首先要求"暂时停止争论，立即召集代表大会来解决"。他认为这样争论下去，"一万年也不会得到一致，如此一万年也不会召集代表大会"；"我在《校内生活》上观纪施（即陈其昌和史朝生）二人的争论，未免太琐碎了，像这样争论下去，有什么好结果呢？我认为草案和提纲同样不高明"；尹宽起草的另一《政治草案》"简直是中国的'近代史'或'党史'"，"陈词滥调，毫无生气……决不能在同志中发生必须读完的兴趣"。他认为"指导政治行动的决议案，永远不宜做从昆仑山发脉的政治经济大文章"。因此，他主张"草案"与"提纲"都不用，"由代大另行起草。我并且现在写了一草案贡献于代大"。

　　这里，除了史朝生与陈其昌两派外，陈独秀无意中又提到尹宽也有一个《政治草案》。加上陈独秀的草案，当时只有几十人的托派竟有四个政纲，可见思想混乱和分裂到什么程度。

　　接着，他建议："倘决心出版对外半公开的党报，兄等或可放弃旧的无大意义的争论，而在新的道路上大家合作，这未尝不是我们生命或者可延续的转机。"

　　转而，陈独秀批评了陈其昌"浓厚的实际工作派的观点"，指出："我们的政治斗争的中心口号和日常斗争的口号不同，有时不能迁就群众的政治水平，实际工作派往往根据某些群众的见解来观察批评先锋派的政治理论，有时很容易走到机会主义，史大林就是实际工作的大将。"

　　但是，陈信的重点是批评史朝生起草的"沪西区委意见书"中关于联合战线、国民会议、革命形势、党内民主四个重大问题上的错误，警告史朝生等人："至于整纪和清党，应该'行之以渐'和'去之太甚'，并且必须于代表大会后举行之，目前万不可操切!!!"① 陈独秀用三个感叹号表示对这个问题的严重关切。

　　这封信表明，陈独秀这时还自觉不自觉地把自己放在托派总书记的位置上，他的政治水平无疑是高出于各派之上的，但他没有意识到，他的威信和地位却早已不如往昔了。

　　但是，史朝生派对陈信和他提出的纲领不予理睬；他们甚至对于陈独秀

① 《雪衣给其昌、赵济、朝生的信》，《校内生活》第 13 期，1935 年 2 月 8 日。

的纲领和"指定名单命令他的人召集全国代表大会"的主张,感到非常可笑,认为陈太不识时务了。这也反映出陈在南京狱中企图遥控上海的托派中央,多么的不切实际。人们的意识,往往落后于现实。陈高估了自己的影响力,其实,在中共成立后,特别是 1927 年上海三次工人武装暴动及蒋介石的四一二政变后,他的影响力急剧萎缩了,从五四时期的高峰,跌入了低谷;即使他当了托派中央书记,在托派内部的号召力也极其有限。这一点,他一点也不自觉,所以又闹出许多笑话来。

1935 年 1 月 13 日,史朝生们终于紧急召开了"上海代表大会"。会后发出的《中常委通告第一号——关于最近上海代表大会及决议》①承认,由于某支部代表因故缺席,法南支部及书记其昌等人弃权,只有七人参加。又称大会由 S(即史朝生)同志和 W(胡文华)分别做政治报告和组织报告后,全体代表热烈讨论一致通过十项决议,而第一个最重要的决议就是所谓与资产阶级小资产阶级的"共同行动"问题,批判陈其昌、尹宽等持此主张的同志,是"彻头彻尾史大林的国民党政策,是资产阶级在无产阶级队伍中的说客,大会认为只有与这种机会主义的思想及分子作无情的斗争,中国布尔什维克列宁派才能前进"。

不仅如此,决议还全面摊牌,把陈独秀、陈其昌、尹宽等表达过的思想或根本没有的观点,全面批判并声称要做组织处理——开除。决议宣称:"目前一切公开或秘密的保留与自由资产阶级及小资产阶级共同抗日倒蒋,反战反帝,说'红军'是'土匪',说'党的民主现在谈不上',说苏联不是工人国家而且日以'和平'转变为资产阶级的国家,以及认为新党在中国不一定必要,将来也许仍旧用'反对派'方式改良史大林派等原则上意见错误的分子,应作最后一次的谈话,假如他们重新考虑之后,放弃这种意见,我们是同志,否则立即开除出党。"这里例举的主要是陈独秀的观点,有些是他原来的,有些则是新的,如"苏联已经不是工人国家"的观点,严重违背托洛茨基的教海,因此托派特别不能容忍。据王文元回忆说:总的来说,除了苏联国家性质之外,陈独秀在 1936 年以前基本上还是一个典型的托洛茨基主义者。即使苏联国家性质问题,陈独秀的思想也只停留在口头上,还没有见诸文字。"进了南京监狱,离开了实际斗争,陈独秀

---

① 《校内生活》第 13 期,1935 年 2 月 8 日。通告的日期是 1935 年 1 月 20 日。同时参见《中国布尔什维克列宁派召开上海代表大会》,《火花》第 2 卷第 7 期,1935 年 4 月。

的思想开始发生了一种后退的酝酿。最初是对苏联的国家性质发生了疑问。他觉得当时的苏联已经不再是工人国家，也不能像托洛茨基所说的是什么堕落的工人国家。他以为，工人阶级一旦被逐出于统治机构——即国家机关以外，这个国家便不是、也不可能是工人阶级的。因之，他认为斯大林的苏联只能称为官僚国家，决不能被描写为任何种类的工人国家。不过陈独秀的这样的意见，那时也还只是感情的，直觉的，未尝深思的，他不曾为此作历史的与社会学的研究，也没有明确的自己意见，因之不曾正式用文字写下来。"[1]

决议的另一个内容是："应立刻改变'左派反对派'的名称为'中国共产主义同盟（布尔什维克—列宁派）'，对国际而言则为'国际共产主义同盟（布列派）中国支部'"。"中国共产主义同盟"是中国托派继"中国布尔什维克列宁主义反对派""中国共产党左派反对派"之后的第三个名称，如上所述是为了响应托洛茨基指示各国托派独立建党号召的。

大会还决定"改变全国领导机关名称为中央委员会，不复用'临委'名称"，并推选刘家良（书记）、史朝生、胡文华、邵鲁[2]、李福仁（格拉斯）等九人和香港一位（空缺）共十人组成中央委员，前三人为常委。

这次代表大会，对于中国托派来说，无疑是一场小小的政变。因为紧接着发出了《中常委第二号通告——常委为撤销陈其昌、商吉士党籍及要求其他同志表示最后态度事》，宣称："中央委员会根据上海代表大会的决议案，已与陈其昌同志作最后谈话。陈正式表示：原来的路线主张是完全正确的，一点不能更改。中央认为陈其昌犯下列各种严重错误，三五月来经过多数同志口头的努力说服，始终没有效果，因此决定将他开除。"

通告列举了陈其昌三大错误：一是"完全保持过去史大林派出卖工人阶级的孟什维克路线，主张联合宋庆龄等资产阶级左派'在反日反帝推翻南京政府的民主纲领底下共同行动'，组织或参加'武装抗日大同盟'，'合办不批评三民主义的报纸'。二是思想和行动是一个十足的跋扈的官僚资本

---

① 王凡西：《双山回忆录》（增订本），第242～243页。

② 原名赵志诚，化名邵鲁，山东泗水县人，1928年起在美商上海中国电话公司当工人，1930年经贺希介绍参加托陈派小组织"中国共产党左派反对派"，并负责该公司的支部工作，发展托派成员。陈独秀主持托派中央期间，负责《火花》等刊物的印刷工作。这次任新中央委员后，以做李福仁和伊罗生的司机为掩护。

主义者。三是"对'红军'及'新党'等原则问题始终保持自己的取消主义成见"。

陈其昌则发表声明，说史朝生们造谣，他们主要以"联合战线"问题为借口，绑架临委，借以打击与他们意见不同的同志。

通告为什么还要开除尹宽呢？因为，"中委认为经过同志们多次口头的和文字的说服以后，他仍保留……在'抗日，反战，反军阀或援助农民暴动等一般民主任务纲领底下建立联合战线'，合办《中国论坛》式的机会主义报纸，及成立'国民党'式的'大同盟'，因此，本决定取消他的党籍。"

通告还批评了原中央委员赵济、朱崇文、贺希、孙后之、秦鉴、江振东、念兹和陈亮，指出他们或同情陈独秀、陈其昌的路线，或表面上同意新中央的路线，私下又同情陈其昌等，"中委不过借口政治问题，排除异己"等，"现在首先撤销其中央委员的资格"。

而刘仁静则由于公开放弃众所反对的"经济复兴论"得到了史朝生派的欢迎。刘的声明说："我已决定放弃过去所说经过民主斗争以实现经济复兴的前途。因为这个前途是最不可能了……无产阶级及其先锋队愈见衰弱，自动的经济复兴愈少可能"；"因为在国际方面还有许多有利于无产阶级革命的因素……革命也会随着爆发战争（假如不是革命）必然松懈帝国主义在中国的束缚而有利于革命运动。"[1]

可见，他们开除陈其昌、尹宽的主要理由是一样的，就是陈独秀在"一·二八"和福建事变中提出的与左倾的资产阶级及小资产阶级建立联合战线（共同行动）的思想。因此，这个开除陈其昌、尹宽的通告，对于陈独秀来说，却是"杀鸡给猴看"，即要陈独秀"表示最后态度"。

陈其昌为此特意赶到南京，向陈独秀汇报了这一严重事件。陈独秀听后立即写信给陈其昌、尹宽、史朝生等人："一切不乐观的现象殊令我不安！一月二日所发临委通告内提的联合战线问题并且说到我的意见，后一半都非我的意见，而亦混合一起，这是什么用意呢？这一问题及其他问题，都急需召集全国性的代表大会解决，不宜草率决定，尤不可由少数人捣乱后，盗用组织威权来解决，尤不可采用开除人这种滑稽手段。我们学史大林不可学得这样快！你们两方面都不应该有意识的或无意识的发起分裂运动，一切候代

<hr>

[1] 列尔士：《关于经济形势及其他》，《政治问题讨论集之二——国民会议与苏维埃》，1934 年 5 月 12 日。

大及国际解决。……大家的不同意见，应公开的辩论，切勿希图利用组织威权来钳制异己，像这样破坏组织的行动是不能容许的！"这就彻底否定了史朝生们策划的"上海代表大会"及其决议的合法性，并且表明他所主张的"代表大会"与史朝生的"代表大会"是两回事。

鉴于深切痛感大革命失败于俄国人和共产国际的干涉，陈独秀特别痛恨李福仁的插手，指出："外国同志倘在中国鼓动分裂运动，如果他算是国际代表，最后国际必须负责（望你们将我这句话明白告诉他！！！），分裂运动不是任何人可以任意儿戏的，特此提出警告！"①

陈独秀的这封短信也激怒了史朝生们。他们以"中国共产主义同盟中央委员会"的名义，立即在 25 日给陈写了一封长达 9000 字的类似文件性质的极其严厉的长信《中央委员会给雪衣同志的信——关于表示政治立场及怎样解决组织问题》。②

信的一开头就危言耸听地说："现在我们的组织已到了极其严重的关头，再不加以彻底改造，历史将判我们是机会主义集团的一个支部。"并指陈独秀的来信是"组织内部发生的机会主义思想简直无形中是替资产阶级说话，跑来腐化我们的同盟"。然后列数陈独秀转向托派以来的一系列"根本错误"，称："对你有些根本错误的意见，我们认为如不以自我批评的精神改正它，则许多机会主义的路线和分子将不断的藉你的'权威'和借你的这些错误发展起来。结果我们从你这里所得的岂不是大大不及我们所损失的吗？"这就把陈独秀说成是托派中"机会主义"的总根子了。接着详细论述了他们认为的"五大错误"：无产阶级可以和自由资产阶级及小资产阶级政党共同行动；苏联已不是工人国家；把南方的红军看作流寇土匪组织；在组织问题上不站在原则的立场，而是站在拉拢调和的中派主义立场等。

说陈独秀的错误路线是"组织内一切机会主义思想和分子的发动机"，"你的这些意见，不断的引起组织内部机会主义思想或分子的发生"，并列举 1932 年陈其昌、赵济等，1933 年旧临委刘伯庄、严灵峰等；1934 年陈其昌、尹宽等的主张和行动，得出结论："你的某些严重错误，无疑的起很大的影响。几年来'反对派'可以说是在你的路线之下工作，但同样的机会主义思想循环的发生，这样我们还不应该探求其中的根本原因吗？"

---

① 《雪衣最近来信》，1935 年 1 月 15 日，《校内生活》第 13 期。
② 《校内生活》第 13 期，1935 年 2 月 8 日。

这封信最后威胁说："上面几个重要问题请你明确的答复我们。在你未决定最后态度以前，我们愿和你继续讨论，并供给你一切材料。我们希望我们仍能在一个布尔什维克的（而非中派主义的）组织内一起工作。"

这是陈独秀自从被中共开除，第四次受到的严厉攻击，而且是有计划、有步骤的精心策划的攻击。

然而，这五大错误，恰恰表明当时的陈独秀思想虽然处在托洛茨基的极左思想体系中，但在这五大问题上，还是理性的，特别在联合战线、苏联性质问题上的见解是深刻而富有远见的；而且陈对两派矛盾的处理基本上是公平的，认可了史朝生派对陈其昌工作作风上的批评。

1934 年底，第一届托派中央五常委之一的王文元出狱到上海，了解此情况后，也致函刘家良、史朝生新中央，呼吁"在目前中国这样黑色的氛围中，我们这点点快等于零的力量，应该要相当加以珍惜的"；与陈独秀的意见不谋而合，提议将不同意见提交全体讨论，大会解决，特别是"请国际解决"；在解决前，"不要进行组织分裂和制裁"[①]。

但是，被极左思潮冲昏了头脑的新中央，根本听不进陈独秀的逆耳忠言，王文元的意见自然也不被理睬，而且在开除陈其昌、尹宽的决定中称，如果陈独秀不检讨"联合战线"等"重大的机会主义错误"，也要开除。据王文元回忆陈独秀当时的确是被"开除"了：史朝生、刘家良、王耀华、扈焕之与李福仁"组织了一个临时领导机关，在理论上，这几位新出山的青年领袖受着刘仁静的指导，所以他们一经登台，立刻就来清算监狱中的陈独秀，把他早已由托洛茨基为之刷清的什么'机会主义'、'侮辱红军'……旧罪名，统统搬将出来，加以鞭笞，而且还通过决议，列举罪状，要南京监狱里的'老头子'承认，否则'开除'。陈其昌和当时刚出狱的尹宽等，见了此种狂妄可笑的行为，竭力反对，史朝生和刘家良等便将他们也一并'开除'了"[②]。

但是后来，王文元在美国哈佛大学遵照托洛茨基遗嘱开放的托氏档案中，发现一份《劳勃茨同志（即伊罗生——引者）向国际书记处提出的备忘录（有关中国共产主义同盟现状的口头报告——限于事实方面）》。这个备忘录写于 1935 年 8 月 3 日于巴黎，王当即将其翻译出来。其中有关陈独

---

① 连根（即王文元）：《对目前组织问题的意见》，《全体起来，制止无理的分裂组织》，手刻油印小册子。

② 王凡西：《双山回忆录》（增订本），第 221 页。

秀被"开除"部分，与王的回忆有出入："去年，陈独秀在他读过托洛茨基同志《苏联与第四国际》那本小册子之后，否定了苏维埃国际的无产阶级性质，这是陈独秀同志所做的许多事情的最后一件，表示出他基本上与中国的布尔什维克——列宁派毫无共同之点了。他的关于资产阶级和关于红军的立场，他对组织事项的态度以及他对苏联的意见，这一切加在一起，充分表明出：在政治上，陈独秀正如美国的俗语所说，是'washed out'（完蛋）了。他是精疲力竭，已经完场大吉。他是一位具有大勇与极度忠实的同志，作为战后中国年轻一代的领导人，他将被人民永远纪念的；但是，他始终保存着当年帮助中共扼杀中国革命的那些思想而不能自拔，今天他是落在我们后面了。去年，组织开除了陈其昌及其一伙之后，新的中央委员会给陈独秀写了一封相当长的信，说明他与目前的组织之间存在着的鸿沟。那封信干脆对他宣布：除非他彻底改变立场，我们的组织与他之间不可能再保持任何关系。这封信始终不曾交到陈独秀手中，因为当时原拟前去送信的人始终不曾去成。以后也再没有机会，跟着不久，便发生了（二次）被捕事件（即新的中央又被破获——引者）。"[1]

与上述根据当时托派的油印刊物（文件）所叙述的历史比对，伊罗生备忘录叙述的情况是符合事实的。就是说，新中央对陈独秀的"开除"，来不及像对陈其昌、尹宽那样做出决定并执行，所以说陈独秀这一次是差一点被托派组织所开除。而且，备忘录提供了另一个重要线索——陈独秀晚年思想的一个重要的转折点。

陈独秀原来只是反对"保卫苏联"或"拥护苏联"这个口号，从1934年读了托氏的《苏联与第四国际》小册子后，认定苏联不再是"工人国家"，这是他晚年思想的一大转变，由此将得出一系列重大的论断，从而形成他的特殊的"晚年思想"，呈现出他一生中最伟大的思想光辉。

托洛茨基也不同意"开除"陈独秀

还需指出的是，"联合战线"之所以成为陈独秀与青年托派争论和决裂的根本问题，是由于托洛茨基对大革命失败教训的总结，引起了太多不同的解读。托洛茨基一再谴责第一次大革命中共产党员加入国民党的"党内合

---

[1] 《劳勃茨同志向国际书记处提出的备忘录》，1935年8月3日于巴黎，王文元翻译稿复印件。

作"方式，即一党服从另一党的纲领，并混合组织，受其领导和宰割，是机会主义、投降主义的"联合战线"。对此，陈独秀、陈其昌等人认为，如果两党独立，在某个问题上"共同行动"的联合战线，并不违反托洛茨基主义；但是，正如陈独秀所说，刘仁静及许多托派成员，从托氏的话"走向另一极端"，否定与资产阶级左派和小资产阶级的政治集团有任何形式的联合战线或"共同行动"。

如上述，伊罗生在给托派国际的《备忘录》同时，还提供了列尔士（刘仁静）写的《五年来中国的左派反对派》报告，伊罗生在备忘录中叙述了1935年1月13日的"上海支部代表会议"成立了新的"中央委员会"的情况称："新的中央委员会立即行动起来……情绪高涨，因为终于摆脱了那件与资产阶级结成联合战线的累赘的行李了。可见，伊罗生与刘仁静及史朝生等托派青年极左派一样，把托派的一切失败、停滞和软弱，都归结于陈独秀的'联合战线'观"。

为此，新中央开除了陈其昌、尹宽；"陈独秀写了一封怒气冲冲的信给上海的人，斥责那次代表会议"，并对开除陈、尹二人"表示非常愤怒"；"并且他做得如此过分：竟提出一张自己假定的名单，要大家接受作为新的中央委员会。他提的新名单包括组织内所有敌对的人，一种无法成立的杂凑。"

这里所谈的情况在托派留下的档案中没有记录。但因为伊罗生是当事人，陈独秀当时又主张维持组织的团结，因此他提出这样一个"新中央委员会"的名单是可信的。

伊罗生还把刘仁静的《五年来的中国左派反对派》报告给了设在巴黎的第四国际书记处东方部负责人 Sneeviet（荷兰托派领袖），又到挪威奥斯洛拜见托洛茨基本人，宣讲他的上述《备忘录》，以争取托氏对他、刘仁静和极左派青年托派的支持。

1935年8月8至13日，托洛茨基读了伊罗生写的《备忘录》和他带来的刘仁静的《五年来的左派反对派》后，四次接见伊罗生，谈论中国托派内部的这场闹剧，特别谈陈独秀问题。根据伊罗生的笔录，有关内容如下。

"他（托氏）对于刘仁静自命为中国运动中布尔什维克倾向的代表的那种骄傲态度，颇觉有趣"；"关于同资产阶级联合战线问题：对于刘仁静所说的陈独秀机会主义，托氏绝不相信，他觉得把问题说得太不辩证了，太倾向于不加分别地使用含浑的名词了。例如他觉得必须把（混合组织的）'联

合战线'和'共同行动'区别开来"；"假使我们这样地采取一个呆板的公
式（指不与资产阶级、小资产阶级建立任何形式的联合战线和共同行
动——引者），那我们就有趋向于教派与机会主义的危险。他着重地说：
'共同行动'，纯粹插话性的共同行动，一定得同向资产阶级投降，混合组
织，或不为任何具体任务而建立一种永久组织的'联合战线'分开"，这恰
恰是陈独秀在与刘仁静极左派争论时的观点。托氏立场鲜明地站到了陈独秀
一边。

关于红军问题，"托氏只说：它的发展证实了反对派的一般的预言：如
不得工人阶级运动的领导，则它的命运就会依赖于其存在区域中的上层民众
（商人与中、富农），即被国民党及帝国主义的优势兵力所压服"。这个观点
也是与陈独秀一致的。

关于国民会议问题的争论，"（伊介绍）刘仁静说群众把国民会议和无
产阶级专政'当成一个东西'（即国民会议是无产阶级专政之通俗公式），
托氏就打断了我的话，他说：倒不如这样说更对些，就是刘仁静把他自己心
里的东西和群众心里的东西'当成一个'了。他接着说，在英法等国的发
展中，民主主义是走向社会主义的一个长时期，是延长了几世纪的时期……
在中国，'民主'时期极短，也许完全不存在。这都是完全可能的，但这不
是说，群众把国民会议或民主的概念和无产阶级专政'当成为一个东西'"，
这个观点也是与陈独秀批判刘仁静的观点一致的。

最后，因这些争论，中国托派新中央决定开除陈独秀，对此，托氏鲜明
地表示："我现在还没有完全了解这些争论，所以还不能表示意见。不过有
一点我可以说的。我想即便陈独秀具有某些机会主义的成分，但他毕竟多活
几岁，有更多的经验。他把这一切都在生活中体验过了。他比别人能在更为
具体的形式下去知道这些。他能贡献我们许多好的意见。"而"刘仁静可怕
地把不同意见夸大了……我相信和陈独秀的分裂是不允许的。我们绝对需要
留他在第四国际总委员会中与我们合作"。[①]

托洛茨基依然信任和倚重陈独秀。就在与伊罗生第三次谈话后，即8月
10日，他给在上海的李福仁写了一封信，在陈独秀问题上再次强调上述意
见，坚决防止再发生"开除"陈独秀的事件。首先，他不得不默认中国托
派组织的变化，"中国支部也已成立其自己的中央委员会，与陈独秀及其一

---

① 托洛茨基：《中国革命问题》，第331～334页。

派不相干了"，但他对两派"那些思想分歧"，"暂时不表示意见"，态度十分谨慎；而对陈独秀的态度却十分鲜明，毫不掩饰地推崇陈独秀"是知名的，而且业已证明为绝对可靠的"；"他是国际的人物，他现在被监禁在牢内。他不仅仍旧忠实于革命，而且仍旧忠实于我们的倾向。"——这里，实际上已经表明了对两派争论的意见，最后甚至以"你们不要我要"的态度说："陈独秀可以而且必须有其位置在第四国际领导机关之中"；"我们现在正在创立第四国际，以总理事会为领导国际的理论机关和咨询机关……我认为，无疑，陈独秀同志是应当加入总理事会的，不管他和中国支部有什么重要分歧"；他还强调说："我们如果抛弃了陈独秀的合作，那对于第四国际的威权将是一个严重的打击。"①

托洛茨基在陈独秀最困难和受屈辱的情况下，给了他又一次最大支持和"荣誉"。二人之间相互尊重的关系，一直继续到托洛茨基1940年去世。

托、陈二人这时在思想理论上来说，总体上依然是"左"倾的，即中国经过短暂的民主斗争，就应建立无产阶级专政的社会主义社会。但陈独秀后来的思想，超过了托洛茨基，即超越了教条主义而回归理性。

思想转变的滥觞

陈独秀被托派开除所以没有成为事实，主要是因为托派中央在1935年3月，又一次被国民党特务机关破获。中国托派从陈其昌时期的稳健保守（实际上是无所作为）型，转变为极左派新中央的激进型，急于布置各地组织在日本侵略华北的严重形势下开展革命宣传和扩大组织。为此，他们宣称"不应该像史大林派那样夸大，但亦不应该成为尾巴主义"。在六个月工作计划中，他们规定做八项工作：一是《火花》至少出六期，开展一次募捐运动。二是《校内生活》至少出四期，并制定新的《政治纲领》，重要原则问题，对过去作一个初步的结束。三是通俗小册子至少出三种（国民会议运动；过去革命教训；国际"左派反对派"十年斗争史）。四是上海党员至少应发展一倍。五是上海至少应发展三个群众团体，参加三个群众团体。六是派人整顿广东组织，恢复北平、青岛组织关系，准备全国代表大会。七是与国际通信，至少有两次。八是成立青年团委员会。

---

① 《建立》（托派少数派机关报）第3期，1947年9月，手刻油印件。

在城市里的共产党组织多被国民党特务机关摧毁的情况下，托派却如此大胆地行动，其结果是可想而知的。实际上，当时托派的动向已经被特务所掌握，正如伊罗生向托洛茨基汇报提纲中所说：国民党特务曾向刘仁静表示：他们"几时要他来"，便几时可以捉他。刘仁静如此，实际上整个托派的处境也是如此。伊罗生在托派新中央成立后，认为中国托派工作走上了正轨，于是雇用刘仁静当翻译，一起去北平，搜集资料，以便写一部真实的《中国大革命史》。当时刘仁静化名为柳鉴明，每天到北平东城大羊宜宾胡同一号伊罗生的住处收集各种报纸上关于政治、经济、农村共产党和国民党等新闻，译出供伊罗生使用，重要的还做成剪报资料。但是，1935 年 3 月22 日早晨，刘仁静携妻陆慎之及两个幼儿回湖北应城县原籍省亲，他们到前门火车站时，警探也随之而来，搜查行李时，刘仁静"表示出惶恐紧张。因为非常紧张，竟致将一些可以入罪的文件带在身边"。这里说"可以入罪的文件"，就是托派内部关于"推翻国民党政府"的刊物、传单和如何"推翻"的讨论集。警探于是认为抓到了共产党，把刘仁静一家人带到局里审问，后移送河北省高等法院第一分院拘押。国民党北平市党务整理委员会得讯如获至宝，立即持公函把刘仁静调到该会审理。函称："贵院寄押共犯柳鉴明。在侦查期间经敝会提出询问线索关系，倾奉中央电令为柳鉴明即共产党托派领袖刘仁静，案情重大，着敝会负责押解送京办理。"① "询问"结果，果然是"共犯"，于是，刘仁静夫妇先被转送北平市公安局，5 月 8 日，国民党市党部从公安局直解南京。②

刘仁静在与陈独秀争论时，本来就认为只有经济复兴后才有条件搞革命，后来因受了陈独秀的多次批评和讥讽及青年托派极左派的压力，才勉强放弃自己的观点。在他看来，被捕事件的发生，再次证明了自己原来的观点是正确的，于是就动摇起来。在国民党训政人员的开导下，重拾中国现在应该发展资本主义经济、不宜进行革命活动的观点，国民党优待他，将其转入南京反省院，他用自己的理论知识，在反省院的刊物上发表文章，做其他犯人的"开导"工作，出院后，投奔原"我们的话"托派骨干梁干乔主持的训练班，该训练班由胡宗南部所办，专门从事反共宣传并对投奔延安的青年

---

① 《中国国民党北京特别市党务整理委员会公函》，特字第 11 号，1935 年 4 月 22 日，北京市历史档案馆藏：J186 - 4 - 198。

② 《中国国民党北京特别市党务整理委员会公函》，特字第 14 号，1935 年 5 月 8 日，北京市历史档案馆藏：J181 - 17 - 2590。

进行"政训"。

刘仁静在北平被捕,四个星期以后,在上海的托派组织,由于一个混进水电工人托派组织的国民党特务告发,史朝生等四名常委在一次开会时,被一网打尽。①

托派中有人说两个外国人李福仁和伊罗生也同时被捕,因为他们的"洋人"身份,打了一顿后放了。笔者曾把这个情况写进由台北东大图书公司1994年出版的《中国托派史》。现在看来有误。新发现的伊罗生向托派国际提出的《备忘录》中说:"G同志(即李福仁)与警方之间也发生了一点纠葛,警方早知道他和我们组织有关系,不过直至目前(即1935年8月)为止,他们不曾对他采取任何行动。"伊罗生在北平的活动由于刘仁静的被捕,北平警察多次上门盘查,现在北京档案馆里,存有多件盘查记录,但没有逮捕的记录。一是伊罗生持有美国护照,中国政府不敢轻易冒犯,二是可能听信了刘仁静的口供:"伊罗生当日曾辅助共产党工作,出刊《中国论坛》,现在已早与共产党脱离关系……现在的思想及其论述对各共产党之工作情形不当之点,均有批评,故其现在只可云同情共产主义竟不满意于国民党,在客观地作一学识(术)上之探讨。"②他不久离华,回国写了一本《中国革命的悲剧》,因为他在写作过程中得到了托洛茨基的具体帮助、指导、审阅和修改,所以这是一本贯彻托洛茨基思想的中国大革命史,第一次向外部世界披露了中国大革命史的许多内幕。所以此著一时成为轰动世界的畅销书,尤其为反苏的西方国家所欢迎,也是中国托派竭力推崇的一部经典著作。

中国托派再次受此重大打击,使新中央重振组织的一系列计划和努力,又付之东流,组织又陷于一片混乱之中。李福仁想找到陈其昌他们,问问他们至少为了恢复一些实际工作(出版《火花》等),是否愿意合作。但是,李的思想很奇怪:等找到陈其昌时,李"对他声明:这是为了共同工作把组织搞活;但在政治问题上,他(陈其昌)的被开除仍旧有效"。③ 这哪是

---

① 《劳勒茨同志向国际书记处提出的备忘录》,1935年8月3日于巴黎,王文元翻译稿复印件。

② 《柳鉴明(刘仁静)口供——河北高等法院第一分院检察处民国二十三年度侦字第八号》,北京市档案馆档案藏:J186-4-198。

③ 《劳勒茨同志向国际书记处提出的备忘录》,1935年8月3日于巴黎,王文元翻译稿复印件。

什么合作，简直是侮辱。于是，自然不欢而散。

幸亏这年夏天，王文元在乡下养病后又回到上海。他看到"此时刘仁静刘家良们合演的悲喜剧已经收场。易洛生走了。李福仁还在。领导机关根本没有，那时全上海大约只有二十余个反对派同志。大家觉得非重新组织不可"。①而陈独秀受了这次打击一点也不消极，把这次事件视为重振托派的好机会。王文元继续说："狱中的独秀对组织很关心，他写信出来，主张由陈其昌、赵济和我，暂时成立一个三人委员会，着手整理工作。"李福仁也从这次事件中吸取了教训，似乎了解到一些中国国情和斗争的特点，主动与陈其昌及尹宽和解，经常与他们见面，也盼望组织能够尽快恢复，弥补过去冒失造成的损失。但是，开始时，陈其昌因受了太重的打击，不太愿意出山。陈独秀则抚摸着"老毛子"斯大林及其来华代表们强加的伤痛，对"毛子"外国人李福仁在这次事件中的恶劣作用更加不可原谅，甚至"万分厌恶"，"接连写出信来，力阻我们再和'毛子'合作。"王文元了解这种情况后，与李福仁推心置腹地谈了一次话。王文元发现："这是一位很忠厚老实的同志，绝非官僚，亦非冒险之徒。他只是一心要想参加工作，希望趁他在华之机，能给组织以多少帮助。可惜的是，过去他的热心却让刘仁静的野心给利用了，以致未能成事，抑且败事。"通过这次谈话，中国托派还弄清了李福仁的真实身份，即并不是刘仁静等一向所说的"国际代表"，只是一个国际朋友。李向王郑重声明，他只因职业关系来中国，因为是托派一分子，就要找组织参加，他从不曾向谁说过他是什么"国际代表"。所以，他得知刘仁静等一向把他说成"国际代表"，抬在肩上，在中国同志中招摇撞骗，"非常气愤"。

经过这次沟通，以及伊罗生与托洛茨基见面后，托氏与李福仁及中国托派重新建立了紧密联系，李福仁与中国托派的关系得到了改善，对今后工作的进行取得了一致的意见。王文元决心推动恢复组织的工作，他回忆说："不久，从一次上海现有同志的代表会议上，推出了一个临时中央委员会，其中包括陈其昌、尹宽、蒋振东、李福仁和我。此时独秀方面，因得其昌、赵济和我的不断解释，总算对'毛子'的合作也谅解了。"②

王文元的回忆，与1980年解密的托洛次基档案中发现的一份会议记录

①　王凡西：《双山回忆录》（增订本），第225页。
②　王凡西：《双山回忆录》（增订本），第225～227页。

有点出入。这份名为《中国共产主义同盟（布尔什维克——列宁派）临时委员会会议记录》① 的档案表明：这次会议召开于 1935 年 12 月 3 日晚，出席者除上述当选的中央委员外，还有原临委成员贺希、邵鲁。

因为这年 8 月伊罗生向托派临时国际和托洛茨基汇报时，曾按照史朝生中央决定，推荐列尔士（刘仁静）、史朝生二人参加即将成立的第四国际领导机构"总理事会"，由于托氏坚持陈独秀参加，变成了三人。但是，现在刘、史二人已经被捕，又传来了刘已经向国民党自首，进入了"反省院"，而史朝生又是大家痛恨的人物，于是，会议着重讨论了陈独秀参加总理事会问题，两派发生了激烈的争论。

李福仁指出，托洛茨基虽然知道陈独秀与中国托派其他同志之间存在种种分歧，但"仍然坚持提名陈独秀"。尹宽坚决反对地说："陈独秀不是一个马克思主义者。假如我们考虑选他基于他的威望和影响力，我们就欢迎他做候选人……但是我们应当讨论他的政治意见，判定他是否是一个马克思主义者？"

陈其昌说："中国同志中没有一个是百分之百的马克思主义者。我们要把这两个问题分开，第一个问题：我们能否选陈独秀同志进总理事会。第二个问题：陈独秀是否是一个真正的马克思主义者。现在我们应当只讨论第一个问题。"

蒋振东说："陈独秀的政治意见不能代表布尔什维克—列宁派，因此联系到他够不够当代表。两个问题一定得合起来讨论。"

李福仁指出："创建第四国际的任务，不止包括布—列派，应该包括所有那些见到第二和第三国际破产而需要第四国际的人们……现在的目的是联合所有赞成建立第四际的革命派到一个组织里来。"他正式提议：本组织赞成托洛茨基的提议，即陈独秀由国际书记处提名参加第四国际总理事会。

尹宽提出：我们接受托洛茨基的提议，同时我们告诉托洛茨基：我们（中国布—列派）不承认陈独秀的政治领导。

陈其昌说："我们接受托洛茨基提议陈独秀作为总理事会候选，不管陈独秀与我们政治上有多少分歧。我们必须仅仅从第四国际的大原则来考虑这个建议。"

---

① 香港中国托派史料编辑室译发，1984 年 8 月 21 日，复写件。

李福仁说，我们还不能说我们不接受陈独秀的政治领导，我们立场的方案尚未做出。这决议案只能简单地赞成陈独秀参加总理事会的提名，无任何保留。我们不希望为了未来的工作先疏远陈独秀。接受建议不需要加上什么保留。

双方争执不下，最后投票表决，四票赞成，三票反对，通过决议案："我们赞成托洛茨基的提议，提名陈独秀参加总理事会。"

但尹宽还是保留说："如果委员会举行投票，那得让全体同志们批准。"

然后，会议正式选举了新的"中国共产主义同盟"中央委员会：李福仁为书记兼司库；宣委王凡西（负责出版理论机关报《火花》），另出一份政治机关报《斗争》（周报），主编为陈其昌；组织委员尹宽。

尹宽为什么说"陈独秀不是一个马克思主义者"而强烈反对陈参加第四国际的总理事会呢？因为尹宽以前曾反对陈独秀1933年9月为托派起草的纲领，而在史朝生中央被破获后，1935年7月10日，陈独秀在狱中为即将成立新的托派中央机构起草了一份纲领式的文件《现局势与我们的政治任务决议草案》，再次表示他对狱外托派组织的关切和企图遥控，但遭到了尹宽的强烈批判。

尹宽写了约一万五千字的长文章《评雪衣的〈现局势与我们的政治任务决议草案〉》[①]和两封《给雪衣的信》[②]，痛加批判。

文章开宗明义地说：陈独秀的草案"代表史大林派的极左主义之另一极端的右倾机会主义"。这是又一顶新帽子，而且这个给他戴帽子的人，是与陈独秀一起经过大革命、转向托派、被党开除、促使托派由小组织走向统一的老战友、老下级。对于陈独秀来说，自然是刺激很大的。

文章总的观点是认为，陈独秀"右派接受无产阶级独裁的口号，但在实行上放弃这个口号即把它送到渺茫的将来，目前只是笼统的民主运动或国民会议运动。他们从反对直接夺取政权上，根本取消了无产阶级夺取政权的斗争；从反对直接革命形势上根本取消了革命发展的一切可能的条件"。

从直到今天的中国历史来看，把无产阶级独裁"送到渺茫的将来"，是何等的英明见解。

陈独秀的许多政治主张，多从实际出发，较少考虑将来，将来到来时，

---

① 《肃清机会主义》，1935年9月4日，铅印小册子。
② 《给雪衣同志的信》，1935年11月15日，手刻油印小册子。

他又会拿出新的对策来。但是尹宽却指责说："在我们，苏维埃是目的，国民会议是斗争的策略和方法。但右派的愚蠢是把策略和方法当作根本路线，把国民会议本身当作唯一可宝贵的东西。"他甚至还说陈独秀"专门夸大反动的局势"，完全抹杀革命发展可能的条件，因而"根本取消了革命的斗争，只剩下空洞的'民主的国民会议'"。

问题的严重还在于，这份尹宽于 1935 年 9 月 4 日写的"万言书"与陈独秀的草案一起，以铅印小册子的形式散发，表明了新临委的整个态度。实际上，这是整个托派中央的观点。甚至与陈独秀关系最密切的原临委书记陈其昌，也以他一贯谨慎的态度保持沉默。这就意味着，陈独秀的思想正在与托派新临委乃至整个托派酝酿彻底分裂。

陈独秀看了这份万言书后的气愤和厌恶，是可以想象的，他认识到他与托派内部占优势地位的极左派之间在革命性质与任务及"国民会议"口号问题上长期的争论，焦点逐渐明确地集中到民主的问题上。于是他对自人类由氏族社会以来民主主义发展史做了系统的研究。他在以"孔甲"笔名发表的《无产阶级与民主主义》[①] 一文中，得出了以下几个重要结论。

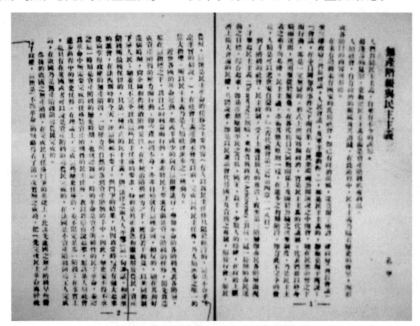

陈独秀《无产阶级与民主主义》影印件

① 《火花》第 3 卷第 1 期，1936 年 3 月 10 日。

第一，自有人类以后，"民主主义乃随着历史发展，而形成各阶段的内容与形态"；"在社会主义运动未发生以前，完成这些民主任务，乃人类进步之唯一的伟大目标。所以民主主义乃是人类社会进步之一种动力。"

第二，"最浅薄的见解，莫如把民主主义看做是资产阶级的专利品"；"不要把民主主义的要求当做仅仅是推翻资产阶级军事独裁的手段而不是我们的目的。"

第三，"不断革命"之真实的意义，是"由无产阶级的政权来完成民主任务。没有无产阶级的政权，落后国的民主任务便无从完成。所以不能把完成民主革命和无产阶级夺取政权分成两个阶段，完成前者再进行后者"。

第四，无产阶级民主主义要"彻底铲除官僚主义"。"在这一意义上，在现时代，只有无产阶级才是民主主义势力的真正代表；我们共产主义者同时也是真正的民主主义者"；"史大林不懂得这一点，抛弃了民主主义，代之以官僚主义"；"蔑视民主主义的人，并不只是史大林，有许多浅薄的老布尔什维克党人，因为形式逻辑头脑的考茨基一班先生们，拿民主主义来对抗无产阶级独裁，他们也就拿无产阶级独裁和民主主义对抗，两方面都以为民主主义和无产阶级独裁不能并存的，同样是形式逻辑的头脑。"

这篇文章表明，（1）他不再像五四时期那样强调民主产生于法兰西资产阶级革命，而是人类从氏族社会以来就是推动历史前进的动力之一，即民主的"普世价值"；（2）他不再认为民主是资产阶级的专利品，而是人类共有的随着历史不断完善和发展的文明成果；（3）1920年他把无产阶级专政当作更大的民主来接受的，并不否定和排斥西方（资产阶级）民主，而是包容后者，这个传统，现在又继承下来，所以他批判斯大林与考茨基把二者对立是"形式逻辑头脑"。

陈独秀的这篇文章在执着于托洛茨基无产阶级专政理论的托派内部引起轩然大波。被陈独秀讥为在莫斯科"蔑视民主主义"的空气中熏陶出来的王文元回忆时说："在我第三次入狱之前（即1935年夏至1937年5月——引者），我们新建的理论机关报《火花》，记得只出了两期……值得提出来的是陈独秀的一个提纲，关于民主主义的。它表示出这个中国启蒙大师思想上的新转变，他在不断跃进后的倒退。他比较郑重地研究了民主主义的历史发展。结果他达到了这样的一个结论：人类的历史主要乃是一部民主的发展史……民主是社会进步或倒退的最可信指标，它本身并不含有阶级性，更不是资产阶级的专利品，社会主义者若在民主头上扣上某某阶级的帽子而加以排拒，则是反动而非进步的。他认为一个真正的工人国家绝对应该比任何资产阶级更加民主。"

王评论说："我们看到了独秀的文章，没有一个人同意。他把民主主义看成为一个超历史超阶级的范畴，还原成一个抽象的观念了。"①

鉴于这种情况，托派临委决定在机关报《火花》上，针对陈独秀的文章，开展一场关于民主主义的讨论。编辑部在前言中说，孔甲的文章登载以后，"已引起许多同志的回响。我们认为这是一个很重要的问题，为使同志们和一切革命者对它有清楚的认识起见，我们认为应该进行一场广泛而公开的讨论"②。在这一期《火花》上，发表了四篇讨论文章。第一篇文章题为《思想上的重新武装》，署名"学文"，与陈独秀的观点一致，并且对陈的观点进行了阐述与发挥。现在无法考证"学文"是否另有其人，如果如王文元所说，当时托派内部"没有一个人同意"陈的观点，那么"学文"很可能是陈独秀的又一个笔名。

"学文"的文章说："马克思恩格斯从没有告诉我们，说民主主义根本要不得，只有社会主义是好的。反之，他曾教导我们，无产阶级为民主主义而斗争是为社会主义而斗争不可分离的。"民主主义并不是资产阶级才有的，"莫尔干告诉我们，人类生来就是民主的，自蒙昧的氏族组织的建立，一直到氏族社会的灭亡，约十万年的长期，民主主义曾倔强的生存着。后来因为经过奴隶制度和封建社会一、二千年的腐蚀，它才湮没无闻。卢梭研究过罗马的历史。他明白了这个真理。所以把民主主义从封建社会的埋没中发掘出来，力创天赋人权与自由平等博爱的学说。资产阶级藉助于这个发掘，于是来高揭民主主义，推翻了封建社会，但等到他们掌握了自己的政权以后，便连忙把它限于自己的阶级，这就是民主主义复活的第一阶段，也就是所谓资产阶级的民主主义。这种形式的民主主义虽然非常褊狭，但较以专制主义，已是一大进步。无产阶级的生长，自然不能以此种民主主义为满足。他必然要努力扩大它，使它发展下去，把它应用到自己的阶级和广大的劳苦群众之上，即是要使它成为真正的人民大众的民主。十月革命完成的就是这

---

① 王凡西：《双山回忆录》（增订本），第 243 页。
② 《火花》第 3 卷第 4 期，1936 年 9 月 25 日。

一种民主，无产阶级的民主，亦即所谓人民大众的民主，这是民主主义复活后的第二阶段。""由这种民主主义发展的历史看来，我们可以说，全部阶级斗争的历史，亦即是民主斗争的历史。每个时代的阶级斗争，是由经济斗争为出发点，而必然发展为政治斗争，即民主斗争……"

"总上以观，我们可以说史大林学校里那些公式，只是些破铜烂铁陈丝杂草而已。然而不幸得很。我们这号称马克思主义的集团，竟还有人把这种破铜烂铁，当作无价法宝。他们口里唱着不断革命，心里却把民主主义与社会主义截然分开，说什么，我们志在夺取政权，对于民主主义，只能在某种时候，拿它与资产阶级对抗一下，它根本不是我们的事业和任务。因之说那些主张作实际民主斗争的人是'资产阶级民主派'、'取消派'（见商吉士的万言书及最近他的建议书）。还有人口头接受国民会议口号，心里却始终鄙弃它，把它当作资产阶级的议会，说什么国民会议只能够动员群众，不能作为夺取政权的口号，群众一起来便要把它去掉，将来只有在苏维埃口号之下才能夺取政权……"文章最后说："我们的思想应该是这样：民主主义与社会主义是相互关联，并行不悖的。"并主张以这个思想"重新武装"托派组织。

需要指出的是，当时陈独秀在与刘仁静、彭述之、史朝生等青年托派争论的同时，还在多篇文章批判商吉士（即尹宽）把"国民会议"的民主口号与夺取政权的"苏维埃"口号对立的思想。尹宽也有上述"万言书"应战的表示。所以，"学文"文章，很可能是陈独秀之作。还因为当时能批判尹宽者，除了已经入狱的史朝生等的"托派中央"外，只有陈独秀一人。

王文元以笔名"连根"立即撰文《论无产阶级与民主主义》①，反驳"孔甲"和"学文"的观点，指出对孔甲同志《无产阶级与民主主义》一文的某些观点"我都同意"，"不过关于民主主义的一般见解，尤其是学文同志文章中所发挥的，我总觉得太偏向于另一极端了。"他认为民主主义不是资产阶级专利品，只有在某种意义上是对的，即资产阶级会利用以为反对封建的武器，"无产阶级在某种情形之下，也能用以反对资产阶级。至于民主主义，就其政治的与经济的含义（即议会制度的统治方式，自由主义的经济政策等）来说，却仍不能不说是属于资产阶级的"。并强调说："托同志说：'少数的共产主义者，固然在现在已经知道了普选权是资产阶级形式

---

① 《火花》第 3 卷第 4 期，1936 年 9 月 25 日。

之一，只有无产阶级专政才能把资产阶级统治消灭……'这句话已经说得很清楚了。"

陈独秀看后，又以"孔甲"笔名发表《关于民主主义的几点根本思想》①，进一步明确自己的思想，并批驳王的观点。

王文元继又写了《几点补充》，再次驳斥陈独秀，指出"由民主主义过渡到社会主义的桥梁是无产阶级专政"。这专政，一方面粉碎了旧的民主主义的国家，即资产阶级的国家；另一方面建立劳苦人民的民主，即苏维埃国家。

王文元的这些"老生常谈"，更显出陈独秀的见解不同凡响，并促使陈独秀在晚年把这个争论继续下去，发表了一系列更加尖锐的观点。

在以上关于民主的理论层面上，陈独秀与托派开始分裂外，在政治层面，即在抗日民族统一战线问题上，也酝酿着分离。由于当时发生日本侵略关内的"华北事件"，全国反日运动又趋高潮。托派中央多少改变了以前陈其昌临委的保守做法，较积极地参加到国家的政治生活中来。特别是这年冬天发生的以北京大学、清华大学等北平学生为中心的反对日本侵略华北的"一二·九"运动，席卷全国时，华北的不少托派学生也参加了南下要求国民党政府抗日的请愿。此外，他们以"中国共产主义同盟（布尔什维克列宁派）"名义，散发了大量传单，提出他们的主张。他们能够有条件进行铅印，是因为他们设法夺取了原伊罗生主持《中国论坛》用的印刷机。据王文元说：新领导机关成立后，"第一件工作是建立一个自己的印刷工场。伊罗生本来留下一架小印刷机给组织的，但在史朝生等当权时出卖了，换来的一笔钱，也当作工作经费花去了。"那时他们没有能力买机器，就凭几个印刷工人的智慧，制作了最原始的"木架铅印机"，仅买一些铅字来，就能够印出两种颜色的漂亮报纸来，以致鲁迅见了误会托派是拿了日本人的"肮脏的钱"来办报的。从此，中国托派组织摆脱了"油印时代"，进入了"铅印时代"。为了维持这个"印刷工场"，还发生过一个小插曲：这个工场起先由两个工人管理，后来一个姓粟的叛变了，企图霸为己有，对组织实行要挟。于是，临委来了一次突然袭击：李福仁化装成租界里巡捕房的"三道头"，邵鲁与另一个同志扮成"包打听"，直入粟寓，将木架铅印机抢出。②

① 《火花》第 3 卷第 4 期，1936 年 9 月 25 日。
② 王凡西：《双山回忆录》（增订本），第 229 页。

有了这架铅印机，托派的宣传效果大大地提高了。在一张 1935 年 12 月 22 日以他们散发的《告革命学生书》① 中，在总结了五四与五卅运动的经验后，他们向学生提出了"到民间去"的口号，"从事群众的革命运动，做工人和贫农的训练员"（这个口号与当时中共口号完全一致），并明确指出："你们的运动只是群众的革命运动之发动，如果不把你们的运动与工农大众结合起来成为一种真正群众的革命运动，那你们的运动一定要失败的"；还指出反日斗争必须与推翻国民党统治相结合："中国的命运取决于中国民众之解放的斗争。为能自由地做民族解放的斗争必须推翻国民党的反动的军事专政。"为此，向学生贡献三点意见：一是"各校组织真正代表群众革命意志的学生会，并成立全国学生联合会，以统一指挥"；二是"斗争对象是日本帝国主义和国民党的统治"；三是"把你们的运动与工农大众结合起来"。最后提出 15 条口号，除"召集普选全权的国民会议"和"第四国际万岁"，表示托派特色外，还有一条即"推翻国民党的反动统治！"与中共正在酝酿的以第二次国共合作为中心的抗日民族统一战线的开始发生对抗。陈独秀初期也是这个立场。

托洛茨基主义是马克思列宁主义的一个流派，与斯大林派没有本质的区别。陈独秀参加托派内部讨论的基本立场和观点，批判极左派，用的还是阶级斗争和无产阶级专政理论，目标是暴力革命推翻国民党统治。这与被列宁批判为"叛徒"、"修正主义"的主张通过民主斗争"和平过渡"到社会主义的社会民主党，是不同的。关于这一点，除了上述陈独秀发表的众多讨论文章外，集中表现在 1936 年应茅盾《五月二十一日》征文写的文章《中国的一日》中。文章宣称："在阶级的社会里，一个国际主义者的头脑中，所谓世界，只有两个横断的世界，没有整个的世界……若有人企图把整个的世界这一抽象观念，来掩盖两个横断世界之存在，而和缓其斗争，这是反动的观点"；"如果有人相信这利害不同的横断世界及横断社会，可以合作，可以一致，这不是痴子，便是骗子"。呼吁人们"不要做痴子，而受骗子的骗"。② 他的意思是世界上只有阶级的对立和斗争，没有民族的对立和斗争，因此也没有什么阶级合作的统一战线。以此批判共产国际和中

---

① 作者收藏的传单原件。
② 茅盾编《中国的一日》，生活书店，1936。茅盾是通过去狱中探望的汪原放约陈独秀写此稿的。

共提出的反法西斯统一战线及正在形成的抗日民族统一战线方针。陈独秀一贯的方针是，双方保持独立的前提下，在某一问题、某一事件上的"共同行动"或"联合战线"，反对一个屈服于另一个或一个政党加入另一个政党的"联合"。

7月1日，他以一个奇怪的笔名"凫儿"撰写了又一个纲领性文章《我们在时局中的任务》，①用更明确的语言阐述上文的思想，开头第一句就说："谁要幻想中国无论是中央或地方有权力的军阀能够进行解放民族的抗日战争，他不是骗子，便是疯子。"接着他分析时局指出：鸦片战争后，中国已深陷主要由英、日两国割据和争夺的半殖民地地位。在这个过程中，英国引进日本帝国主义排斥了俄、德帝国主义势力，但日本却又成为英国的竞争者。"一九一八年以后，日本帝国主义者为了更进一步的发展，而企图吞并全中国，即在中国南方，亦不免要和英国正面冲突。"在这种形势下，在中国资产阶级眼中，反对侵略，完成国家独立，不是民主革命的任务，"而是可怕的赤化运动，他们为镇压这一运动，最后不惜与任何帝国主义者合作"；而"无产阶级所以应该左袒民族解放运动，只是因为这一运动有打击帝国主义的作用，没有这一作用的民族运动，根本是反动的。日本是全世界帝国主义的远东守门狗，英国是全世界帝国主义的首领，亲英反日和亲日反英的观念，都同样不应该一秒钟在无产阶级战士的头脑中存留"；而"联甲倒乙的策略""应用到无产阶级为阶级解放民族解放时代的战略，这便是可耻的选择主人的态度！"

这里所说的没有打击帝国主义作用的民族运动"根本是反动的"观点，后来被托派中的极左派发挥到极致，提出了"中国抗日战争是反动的"观点，接着他猛烈地抨击莫斯科和王明为首的中共驻共产国际代表团发表的《八一宣言》和朱德、毛泽东联名发表的《为两广出兵北上抗日宣言》提出的"联合阵线"的策略，是与各种反动派合作"欺骗民众"，而不是民族解放与国家独立。他说："中国史大林主义者，在去年八月一日发表的《为抗

① 《火花》第3卷第3期，1936年9月25日。据郑超麟和濮清泉说，他们在托派内部刊物上，读到不少陈独秀用"凫儿"笔名写的文章。何之瑜也将"凫儿"的文章列入《独秀著作年表》。"凫儿"即燕子、玄鸟。相传"陈"姓第一代是殷商时代的胡公。周灭商后封胡公于今河南淮阳一带，国号"陈"，首都宛丘。传说商是契的子孙，而契是其母吞燕卵而生的，即"天命玄鸟，降而生商"。所以一些姓"陈"的知识分子，常以"燕""鸟"为雅号。陈独秀取"凫儿"为笔名，是不是也是这个意思呢？

日救国告全体同胞书》中，不曾作任何解释，忽然由在山上建立中国苏维埃政府和国民党政府对抗，一跳跳到'愿意立刻参加各党派（不用说国民党也在内）、各团体、各名流（不用说杜月笙黄金荣也在内）、学者、政治家，以及一切地方军政机关，进行谈判，共同成立国防政府问题'号召所谓'各界同胞'特别是'国民党和蓝衣社中一切有民族意识的热血青年们'，'大家都应当"兄弟阋墙外御其侮"的真诚觉悟'……这样的全国'各界同胞'大合作，比之前四个阶级联盟还要扩大些。心胸狭小的马克思和列宁，当然在醉梦中也想不到如此高明的革命战略（据他们自己说是战略）!""然而，在这一丢丑的文件中，丢丑还不彻底，因为还有'南京卖国政府'、'人面兽性的败类蒋介石……出卖我领土'和'蒋贼'这些不合时代的词句，还是一个缺憾；果然不久以后，这一缺憾便弥补起来了，在朱德领衔的中国红军致全国各省军事长官要求团结一致的快邮代电中，'南京蒋总司令'的头衔，也赫然列入了。"

文章还严厉批评中共在五卅纪念示威中，"只喊出打倒日本帝国主义的口号，颇得英帝国主义的上海租界当局之赞赏，他们这种反日亲英政策，和蒋介石及一切高等华人是一致的!"

文章最后指出："工农劳苦大众是民主民族斗争的主力军，所以阶级解放斗争和民族解放斗争是不能分开的……如果照史大林派的办法，号召工农大众及急进的青年，和资产阶级、地主军阀、买办、官吏，团结一致。这只是团结一致的和平、镇静、退让、投降，而不是团结一致抗日救国!"

紧接着文章对托派讲："这一宣传鼓动，乃是我们的当前任务。我们不能追随机会主义者，舍弃民众斗争的康庄大道，而希望出奇迹。"

可见，中国经过九一八事变、一·二八事变、华北事件，日本帝国主义疯狂侵略，民族矛盾已经明显上升为主要矛盾的情况下，陈独秀的思想在这一方面还是相当落后的，落后于正在向抗日民族统一战线转变的中共。同时也说明，这时的陈独秀的"左"倾思想与他批判的托派内部极左派思想，不过是程度的不同。据濮清泉说，陈独秀的这种思想直到这年年底西安事变和平解决后，才开始转变。开始传来张学良、杨虎城发动兵谏扣蒋消息时，陈独秀"简直像儿童过年那样高兴，他托人打了一点酒，买了一点菜，对我和罗世凡说，我生平滴酒不喝，今天为了国仇家恨，我要痛饮一杯。他先斟满一杯酒，高举齐眉说，大革命以来，为共产主义而牺牲的烈士，请受奠一杯，你们的深仇大恨有人给报了。于是他把酒奠酹地上。他斟了第二杯，呜咽起来说，延年啦乔年，为父的为你俩酹此一杯！接着他老泪纵横，痛哭失声。我们见过他大笑，也见过他大怒，但从未见过他流泪。"当蒋介石获释回到南京时，他"感到惘然。他又一次像儿童一样发出奇谈。他说，看起来蒋介石的统治，是相当稳固的，不像我们分析的那样脆弱"。① 实际上，陈独秀已经感觉到西安事变的和平解决，的确是民族矛盾压倒了阶级矛盾。这一次，他的政治敏感度虽然慢于中共，但却远远快于托派其他人。陈独秀终于有了由反蒋反国民党领导抗日，向拥护蒋介石国民党领导抗日的一个转折。

被打成"汉奸"及对鲁迅的评价

1936 年，对于中国托派来说，还有一件致命的事件，就是被斯大林诬陷为汉奸，同时也殃及陈独秀。

1934 年 12 月 1 日，时任苏共中央政治局委员、中央书记、列宁格勒州委第一书记的基洛夫在斯莫尔尼宫走廊里被刺杀，凶手当场被擒，但是，在审讯过程中，包括凶手、知情人，一个一个被杀死，使此案成为千古之谜。以此为开端，苏联国内的这种大逮捕、大清洗持续了数年。

由于"莫斯科审判"本身是一个阴谋，所以，全部采取秘密审判逼供信方法，于是，关于托派，阴谋者很快就策划出一条"罪状"：1935 年 12 月，托洛茨基在给俄国的托派"平行总部"一封信中指示："不阻碍日本侵略中国！"

据当时人回忆，外国共产党在莫斯科的驻共产国际代表，绝大多数也被杀，但是中共的代表王明、康生却活了下来，是因为他们诬陷别人有功。

王明、康生为了自保，不仅诬告在在苏联的中共党员，而且诬陷已经回国的著名中共党员如参与建党的俞秀松等，致使苏联借新疆军阀盛世才的手，杀死了俞秀松、毛泽民、陈潭秋等一大批中共骨干。同时，他们又在陈独秀和托派即汉奸的问题上大做文章。

根据苏联"不阻碍日本侵略中国"的莫须有罪名，他们首先在巴黎办

① 濮清泉：《我所知道的陈独秀》，《文史资料选辑》第 71 辑。

的机关报《救国时报》，连篇累牍发表诬陷"托陈派"是"汉奸"的文章，竟然多达40余篇，有时专指陈独秀，出现满版"肃清日本汉奸陈独秀"的谤文。而国内各派无人相信，包括长征后首先到达陕北的毛泽东为首的共产党中央也如此。1936年4月25日，在中共中央发表《为创立全国各党各派的抗日人民阵线宣言》，特别提到"中国托洛茨基主义者同盟"，呼吁共同"创立抗日的人民阵线，以抵御日本帝国主义盗匪们的长驱直入"；"互派代表同我们与我们的地方组织共同协商具体进行办法……"① 1937年11月20日中共中央机关报《解放》（也在武汉地区发行），还发表欢迎陈独秀出狱的时评。这两件事，前者发生在巴黎《救国时报》大造"托陈派是汉奸"谣之前，后者则发生在这个造谣的高潮之中。说明在国内，包括共产党在内，"陈独秀不是汉奸"的认识是清楚的。

但是，政治斗争的肮脏就在于为了需要，可以不择手段。陈独秀不是汉奸，虽为国内各界所共识，但"托派即汉奸"的舆论却很快被一些派别所利用。于是，不仅托派受害，其他政派也以"托派"为罪名，加罪于与托派毫无关系的政敌，甚至鲁迅也卷入其中。

随着日本侵华步步深入，在莫斯科的中共驻共产国际代表王明，奉命以"中国苏维埃中央政府、中国共产党中央委员会"的名义，于1935年8月1日，发表《为抗日救国告全体同胞书》（八一宣言），开始急转弯，号召全国各党派包括国民党及其特务组织"蓝衣社"在内，组织"全中国统一的国防政府"。鲁迅刚刚从"局外人"转到同情与支持共产党的革命立场上来，而在《八一宣言》中，竟把杀人如麻、刚刚刺杀了鲁迅的战友杨杏佛并时时威胁着鲁迅生命的国民党特务组织蓝衣社也指明为联合对象，实在令鲁迅难以接受。于是就与周扬等人发生了一场"国防文学"与"民族革命战争的大众文学"的口号之争。

陈其昌了解到鲁迅与周扬们的争论之后，误以为鲁迅也是反对联合战线的，就以陈仲山假名给鲁迅写了一封信，并送上托派中央机关报《斗争》《火花》等刊物，企图争取鲁迅。

其实，陈其昌这个行动有点一相情愿，因为一是鲁迅与周扬们关系弄坏，只是他与共产党王明派的几个人关系不好，特别是创造社、太阳社中的

---

① 中共中央统战部、中央档案馆编《中共中央抗日民族统一战线文件选编》（中），档案出版社，1985，第137～139页。

几位"宿敌";而他与整个共产党,特别是他与身边冯雪峰为代表苏区毛泽东派共产党的关系,依然良好。二是他与周扬们的关系,毕竟是"盟友",大敌当前也不愿彻底翻脸。而且鲁迅对他们尚有"自行改正"的期待:"事实会证明他们到底是什么人,但倘使他们真的志在革命与民族,而不过心术的不正确,观念的不正确,方式的愚笨,那我就以为他们实有自行改正一下的必要。"① 三是王明提出的"抗日民族统一战线"及其在上海的执行者,初期虽有右的缺点,但大方向是正确的。鲁迅毕竟是一个爱国者,基本上拥护的;他与周扬们的分歧,只是策略性的。如他当时对日本友人增田涉所说:"中国目前的革命政党向全国人民所提出的抗日统一战线,我是看见的,我是拥护的,我无条件地加入这战线……我所使用的仍是一枝笔……等到这枝笔没有用了,我可自己相信用起别的武器来,决不会在徐懋庸等辈之下。"② 所以,鲁迅与周扬们的分歧并不是反对不反对联合战线的分歧,而是鲁迅担心"国防文学"的口号太含糊,会在联合战线中失去领导权,像大革命中那样再次被人"吃掉",所以他提出"民族解放战争的大众文学"口号来补充。

另外还有重要一条是,陈其昌的信是站在连陈独秀都不屑的极左立场上写的。信中首先攻击中共的"抗日民族联合战线的新政策",说在 1927 年革命失败后,"不采取退兵政策"而转向"军事投机";"放弃了城市工作","想在农民基础上制造 Redds 以打平天下";现在"失败了",又转向"新政策";"放弃阶级的立场……要求与官僚、政客、军阀,甚而与民众的刽子手'联合战线'",断言其结果必然使革命民众"再遭一次屠杀"。信中承认现在上海的一般自由资产阶级与小资产阶级上层分子无不欢迎中共的"新政策",但又说新政策"越受欢迎,中国革命便越遭毒害"。进而又自吹说:"我们这个团体,自一九三〇年后,在百般困苦的环境中,为我们的主张不懈的斗争……几年来的事变证明我们的政治路线与工作方法是正确的";"现在我们又坚决打击这种背叛的'新政策'"。这显然是与鲁迅的主张背离的,鲁迅岂能同意?但信中却要鲁迅支持他们:"先生的学识文章与品格,是我十余年来所景仰的,在许多有思想的人都沉溺到个人主义的坑中时,先生独能本自己的见解奋斗不息!我们的政治意见,如能得到先生的批

① 《答徐懋庸并关于抗日统一战线问题》之附文,《鲁迅全集》第 6 卷,第 550 页。
② 《答徐懋庸并关于抗日统一战线问题》之附文,《鲁迅全集》第 6 卷,第 550 页。

评，私心将引为光荣。"①

鲁迅是一个原则性很强的人，对如此不顾大局、赤裸裸地攻击提出抗日民族统一战线的中共，又吹捧、拉拢自己的信，他的厌恶是可想而知的。而中共则派冯雪峰等人对鲁做了许多工作。所以，接到陈其昌信后，1936 年 6 月 9 日，冯雪峰在鲁迅病重不能执笔的情况下，代写了《答托洛斯基派的信》，进行报复性反击。信中一面以托派刊物印刷质量好为由，怀疑托派"下作到拿钱来出报攻击毛泽东先生们的一致抗日论"；一面颂扬共产党："那切切实实，足踏在地上，为着现在中国人的生存而流血奋斗者，我得引为同志，是自以为光荣的。"② 过去，此信一直被称为鲁迅"病中口授"，1993 年，亲历此事的胡风发表回忆录《鲁迅先生》一文，披露真相如下：

> 口号问题发生后，国防文学派集全力进攻。冯雪峰有些着慌了、想把攻势压一压。当时鲁迅在重病中，无力起坐，也无力说话，连和他商量一下都不可能。恰好愚蠢的托派相信谣言，竟以为这是可乘之机，就给鲁迅写了一封"拉拢"的信。鲁迅看了很生气，冯雪峰拿去看了后就拟了这封回信。"国防文学"派放出流言，说"民族解放战争的大众文学"是托派的口号。冯雪峰拟的回信就是为了解消这一栽诬的。他约我一道拿着拟稿去看鲁迅，把拟稿念给他听了。鲁迅闭着眼睛听了，没有说什么，只简单地点了点头，表示了同意。
>
> 到病情好转、恢复了常态生活和工作的时候，我提了一句，"冯雪峰模仿周先生的语气倒很像"。鲁迅淡淡地笑了笑，说"我看一点也不像"。③

这封答托派的信，与其说是鲁迅的答信，不如说是一个青年共产党员冯雪峰的答信。自然，在向鲁迅读信时，鲁"只是简单点了点头，表示了同意"，也是事实，这与当时所有的中国人一样，一是在不了解事实的情况下，对已经形成社会共识"谣言性的舆论"的无奈与勉强的认同；二是对

---

① 陈仲山：《致鲁迅的信》，《鲁迅全集》第 6 卷，第 608 页。
② 《答托洛斯基派的信》，《鲁迅全集》第 6 卷，第 610 页。
③ 《新文学史料》1993 年第 1 期。

托派反对建立抗日民族统一战线的基本否定。

王文元则说：在南京狱中的陈独秀知道此事件后，"大发脾气，问我们为什么会对鲁迅发生幻想。他认为，鲁迅之于共产党，无异吴稚晖之于国民党，受捧之余，感恩图报，决不能再有不计利害的是非心了。"①

我始终怀疑王文元转述的陈独秀这段评价鲁迅的话，因为这与陈对鲁的一贯的评价不一致。吴稚晖一是陈独秀主持共产党时期最痛恨的"反共老贼"又是蒋介石四一二反共政变的主要策划者；二是陈独秀的两个儿子，特别是陈延年，是吴稚晖催促所杀。陈独秀再糊涂，也不会把鲁迅比作吴，实际上，陈与鲁二人互相赞誉的情感至死没变。

1933年3月5日，陈独秀被加以"反革命""叛徒""托匪"等种种罪名，同时又被国民党以"叛国罪"关进监狱的时候，如上述，鲁迅却在《我怎么做起小说来》一文中，高度赞扬陈独秀是文学革命的"主将"，是自己的启蒙导师；同时在另一文章中，赞扬陈独秀是一个"一目了然"的光明磊落的人。

鲁迅逝世一年之后，即全国抗战爆发后，陈独秀在赞成国共合作为中心的抗日民族统一战线，公开发表《我对于鲁迅的认识》②，对鲁迅做出他的评价，依然如《新青年》时期那样，赞誉备至：

> 世之毁誉过当者，莫如对于鲁迅先生。鲁迅先生和他的弟弟启明，都是《新青年》作者之一……然而他们两位都有他们自己独立的思想，不是因为附和《新青年》作者中那一个人而参加的。所以他们的作品在《新青年》中特别有价值。

> 鲁迅先生的短篇幽默文章，在中国有空前的天才，思想也是前进的。

> 在民国十六七年，他还没有接近政党以前，党中一班无知妄人，把他骂得一文不值，那时我曾为他大抱不平。后来他接近了政党，同是那一班无知妄人，忽然把他抬到三十三层天以上，仿佛鲁迅先生从前是

① 王凡西：《双山回忆录》（增订本），第238页。
② 《宇宙风》第52期，1937年11月21日。

狗，后来是神。我却以为真实的鲁迅并不是神，也不是狗，而是人，有文学天才的人。

最后，陈独秀说到鲁迅对联合战线的态度是这样的："鲁迅对于他所接近的政党之联合战线政策，并不根本反对，他所反对的乃是对于土豪、劣绅、政客、奸商都一概联合，以此怀恨而终……在这一点，这位老文学家终于还保持着一点独立思想的精神，不肯轻于随声附和，是值得我们钦佩的。"

十八　抗战初期的奋斗与挫折
（1937～1938）

拒绝悔过　无条件出狱

1937 年七七事变爆发，日本帝国主义发动全面侵华战争。为了实现其三个月灭亡中国的狂妄野心，8 月 13 日，又向上海发动进攻，出动大批飞机轰炸国民党首都南京。陈独秀所住的牢房，有一次也被震坍屋顶。他躲到桌子底下，幸免于难，与去探望的陈钟凡（时任南京金陵女子大学中文系主任）还"谈笑自若"。鉴于这种危难的情况，陈钟凡与胡适、张柏龄等商量联名保释他。但是国民党政府的条件是，除了有人保释外，还需要本人具"悔过书"。陈独秀闻之大怒说："我宁愿炸死狱中，实无过可悔。"并且拒绝人保，说"附有任何条件，皆非所愿"。他要的是"无条件出狱"。[①]

但是，当时的情势万分危急，释放像陈独秀这样的"政治犯"是全国人民的强烈愿望，特别是全国学界及国民党中原北大出身的一些官员纷纷奔走。最后，行政院长汪精卫与蒋介石协商，不得不令司法院"设法开释陈独秀"。[②] 因为陈独秀拒绝写"悔过书"，所以要"设法开释"，政府自己要找一个台阶下。这也算是陈独秀的又一个传奇。

8 月 21 日，司法院院长居正向国民政府主席林森呈递了"请将陈独秀减刑"的公文，其中说道：陈独秀原"处有期徒刑八年……该犯入监以来，已愈三载，近以时局严重，爱国情殷，深自悔悟，似宥其既往，藉策

---

① 陈钟凡：《陈仲甫先生印象记》，1947 年 7 月，手稿，中央档案馆藏。
② 《汪精卫致胡适信》，1937 年 8 月 19 日，原件藏中国社会科学院近代史研究所。

将来。拟请钧府依法宣告将该犯原处刑期，减为执行有期徒刑三年，以示宽大"。① 这里，"爱国情殷，深自悔悟"，就是他们自找台阶下的托词。以为捧一下陈"爱国情殷"，他就会默认"深自悔悟"了。其实，这个说法与当年判罪理由自相矛盾，当年判决陈是"危害民国罪"，而现在却承认其"爱国情殷"，岂不自打耳光？可见国民党政府在处理陈独秀出狱问题上的尴尬。

但是，不管怎么样，由于形势的紧急，又有蒋介石的指示，执法当局也顾不得这些了。南京政府21日当天就把呈文批下，向司法院发出了"国民政府指令"。

司法院接到"指令"后，当日"训令"司法行政部部长王用宾，称"现值时局紧迫，仰即转饬先行开释可也"。②

第二天，即8月22日，"宣告陈独秀减刑"的"国府明令"就在《中央日报》等各大报上刊登出来，宣称："将陈独秀原执行有期徒刑八年减为执行有期徒刑三年，以示宽大。"

与此同时，监狱当局也向陈独秀宣布了这个"明令"。陈当然不能接受"深自悔悟"的不实之词。照顾他生活的濮德志和罗世藩劝他发表声明："爱国情殷"可以默认；"深自悔悟"必须更正。但是，一向"实话实说"、快人快语的陈独秀，既没有像当年法庭上那样极力抗争，也没有像让他写悔过书那样强烈抗议，似乎是"默认"了。濮德志后来回忆说："陈独秀这个人是非常怪僻的，新闻记者来见他，本可乘此机会讲讲自己的主张，但他避而不见，把我和罗世藩气坏了。"其实，陈独秀认为，经过上次抗争和朋友帮忙，政府已经不让他写"悔过书"了，这次再拒绝"政府明令"，怕生枝节，遂争取先出狱再说。

于是，8月23日，陈独秀一生中最后一次出狱，出狱后第三天，他就给《申报》馆写了一封声明信，批驳"国府明令"中的"深自悔悟"。此信不长，文字精彩，是《独秀文存》之外的稀有佳作，全文如下：

> 鄙人辛苦狱中，于今五载。兹读政府明令，谓我爱国情殷，深自悔悟。爱国诚未敢自夸，悔悟则不知所指。前此法院科我之罪，诬以叛

---

① 《国民政府司法院呈文》呈字第260号，中国第二历史档案馆藏。
② 《司法院训令》训令第594号，中国第二历史档案馆藏。

国。夫叛国之罪，律有明文，外患罪与内乱罪是也。通敌之嫌，至今未闻有人加诸鄙人之身者，是外患罪之当然不能构成。迩年以来，国内称兵据地或企图称兵据地之行为，每役均于鄙人无与，是内乱罪亦无由周内。无罪而科以刑，是谓冤狱。我本无罪，悔悟失其对象。罗织冤狱，悔悟应属他人。鄙人今日固不暇要求冤狱之赔偿，亦希望社会人士尤其是新闻界，勿加我以难堪之诬蔑也。以诬蔑手段摧毁他人人格，与自身不顾人格，在客观上均足以培养汉奸，此非吾人今日正所痛心之事乎！远近人士，或有以鄙人出狱感想见询者。盖以日来都中有数报所载鄙人言行，皆毫无风影，特发表此书面谈话，以免与新闻界诸君面谈时口耳之间有所讹误。

陈独秀（章）

八月廿五日①

本信寥寥数语，把国民党政府"罗织冤案"揭露得淋漓尽致。

但是，这声明信竟被历史淹没了约半个世纪。接到此信后，《申报》馆编辑部主持言论的胡仲持即与总经理马荫良商量，二人一致认为当年国民党以"危害民国"罪判陈入狱，可以说是"冤狱"，应予"平反"与"赔偿"。但是现在非但不如此，还造谣说他"深自悔悟"。陈的信中表明两点，无不言之成理，在《申报》发表，自无问题。但采取什么形式发表，用"书面谈话"，还是用"读者来信"，一时不能做出决定。如处理不当，或是国民党"新闻检查官"通不过，或为读者所忽略，都不能达到陈独秀的目的，所以迟疑不决。同时，马、胡二人对于托派情况毫无了解，为了慎重起见，他们托胡仲持的哥哥胡愈之，听听共产党方面的意见。了解到共产党认为是否发表此信，可由《申报》自己决定。另外，从邮戳上看，此信是在战局紧急的9月9日陈独秀撤离南京逃往武汉前发出的，到上海时正是上海抗战最激烈之时，新闻热点已转向战况报道，而且受战争影响，上海各报都缩小篇幅，《申报》仅为一张半版面，又多为军事报道所占，陈独秀出狱的新闻，并不引起重视。于是编辑部决定"暂不发表"。但是耽误到11月10

---

① 上海博物馆藏。该信原无标点，但近年来有些书刊（如上海人民出版社出版的《陈独秀著作选》）加标点发表时，往往把"……是内乱罪亦无由周内。无罪而科以刑，是谓冤狱。"点成"……周内无罪而科以刑"，是不知"周内"是"构陷"之意也。

日，上海沦陷，12 月 13 日，南京失守，15 日，《申报》因拒不接受日方的新闻检查，自动停刊。[①] 这样，陈独秀的这封信，在当时就再也没有机会公开发表了。不过，当时因战争压倒了一切，陈独秀和人们也不在意这个问题：陈独秀是否默认了"深自悔悟"的说法。44 年后，当上海《党史资料》杂志从博物馆中挖掘出这封信并披露时，人们才知道他在这个问题上并未妥协，确是硬骨头。

对国民党态度的转变

陈独秀这次出狱，许多亲朋好友前来迎接，当然包括实际上已成为他的第三个妻子的潘兰珍和元配所生的三儿子陈松年。商议后，陈独秀决定先住学生傅斯年家。傅时任国立中央研究院语言所所长；几天后，因附近房屋被日机轰炸，主人避难他去，又于月底移居到陈钟凡家。但南京已是日军轰炸下的危城，虽吉人天相，两度免难，也实在太被动，他要到祖国最需要的地方去，虽然作为文人，不能直接到前线去杀敌，但他有口，有笔，这也是打击敌人的有力武器。于是在 9 月 9 日陈独秀乘轮船迁往武汉。朋友帮忙，最后落脚于武昌城内双庙后街 26 号。据王文元说，这住所原是一个桂系军人的旧式平房，但颇有庭园风味，最适合陈独秀这类大文人居住。陈独秀在流亡途中，能住上这样的房屋，也比较满意。

回想武昌城 1927 年大革命后期斯大林第三国际给他的屈辱生活，陈独秀重返故地，感慨万端。后来他给友人诗中，曾有"不堪回首武昌城"一句，道尽心中的苦涩。现在，他要在这里独立自主地大干一番，以洗刷过去的屈辱。

陈独秀出狱前后，国际国内形势发生了一系列重大而复杂的变化。

苏联一边大肆制造冤案，残杀异己，严重削弱国内有生力量，一边为自保，先后与法国、波兰缔结互不侵犯条约，同时利用第三国际第七次代表大会精神，号召各国共产党人建立广泛的反法西斯统一战线，虽然意在保卫苏联一国社会主义，但对各国共产党，特别是对中共路线的转变，有一定的积极意义。

[①]　马荫良、储玉坤：《关于陈独秀出狱前写给〈申报〉的一封信》，《党史资料》1981 年第 1 期。标题上的"出狱前"，应是"出狱后"。

中共以王明为首的驻共产国际代表团，在 1935 年《八一宣言》发出"停止内战，团结抗日"的呼吁后，12 月中共中央举行的瓦窑堡会议，结束了"左"倾关门主义路线的统治，制定了抗日民族统一战线的策略，并通过西安事变的和平解决，最终实现了从"反蒋抗日"到"联蒋抗日"的转变。1937 年，第二次国共合作实现。

面对如此巨大变化的国际国内形势，一向对政治形势有敏锐观察力的陈独秀，思想也发生了重大变化，主要表现在两个方面。

由"打倒国民党"，转变为"拥护国民党政府领导抗日"。

抗战之初，全国人民同仇敌忾，抗战情绪高涨。蒋介石国民政府也较积极，国共合作较为融洽，打了一些"平型关""台儿庄"那样的胜仗。陈独秀见此，很受鼓舞。他先后在南京、武汉多次发表演说，撰写文章说："这一次抗战，军人确是尽了他们最大的力量，勇敢牺牲的精神，是可钦佩的。"① 同时，他对抗战的前途也相当乐观，而且感染了一些失败主义情绪严重的人。还在南京时，他与胡适、傅斯年谈论形势，傅很沮丧地说："我对于人类前途很悲观，十月革命本是人类运命一大转机，可是现在法西斯的黑暗势力将要布满全世界……我们人类恐怕到了最后的运命！"陈独秀说："不然，从历史上看来，人类究竟是有理性的高等动物，到了绝望时，每每自己会找到自救的道路，'山重水复疑无路，柳暗花明又一村'；此时各色黑暗的现象，只是人类进化大流中一个短时间的逆流，光明就在我们的前面，丝毫用不着悲观。"他甚至以半个多世纪的深刻的历史经验和观察，这样自负地说："即使全世界都陷入了黑暗，只要我们几个人不向黑暗附和、屈服、投降，便能够自信有拨云雾而见青天的力量。"当时傅斯年被他的话深深打动，说："我真佩服仲甫先生，我们比他年纪轻，还没他精神旺，他现在还是乐观。"②

陈独秀之所以对中国抗战有如此的认识，一是看到了由于国共合作的形成，中国出现了空前的团结，一致抗日，结局必胜。他多次留学日本，深知日本国土之小，资源之贫，想灭亡中国如蛇吞大象，最后必败。二是他对这次抗战的意义有了比"救亡爱国"更深刻的认识。他认为这次抗战是"被压迫的民族反抗帝国主义压迫束缚的革命战争"；它不仅是"进步的"，而

---

① 陈独秀：《抗战期中的种种问题》，《抗战》周刊第 1 卷第 6 期，1937 年 10 月 16 日。
② 陈独秀：《我们断然有救》，《政论》第 1 卷第 13 期，1938 年 6 月 5 日。

且是"革命的"；不仅是"反侵略战争"，而且是中国"六七十年来改革与革命的大运动之继续"①，"是第一次革命——辛亥革命、第二次革命——北伐战争之继续"，其意义，不仅仅是赶走日本帝国主义，而且"是推翻一切帝国主义的宰割，完成国家独立与统一"，"由半殖民地的工业进到民族工业，使中国的政治经济获得不断的自由发展之机会"。② 为此，他在自己的"抗战纲领"中写道："以推翻帝国主义者所加于中国民族工业发展的障碍为此次抗日战争之最终目的。"③

要实行这样的抗战，承担这样复杂而艰巨的任务，必须在军事、政治、经济等各方面，有一系列的纲领和政策，并有组织实施力量，就是全国要有统一的领导。此时的陈独秀，已经超脱于党派之外，他考虑的是：谁能领导这样的战争，他就拥护谁，声称："此次抗日战争，无论是何人何党所领导，任何人任何党派都应该一致赞助。"④ 他甚至抛弃大半辈子信仰的社会主义，"谁能够有实力有决心来领导这一战争，完成国家独立（即收回以前所有丧失的主权）与统一，并且能够解决农民问题，谁便能够安然掌权，建设他所主张的政治形态和工业制度：资本主义或社会主义。"⑤

在陈独秀看来，当时，除了国民党，共产党及其他党派都没有这个力量。这是他拥护国民党领导全国抗战的基本出发点。

同时，他对国民党本身的认识，也与"九一八""一·二八"时不一样了，不再骂国民党政府是"不抵抗""投降卖国"的政府，而说："因'九一八'的刺激，反日空气弥漫了全中国，政府也有了二三年的军事上的努力，于是乃有今日的抗日战争。"⑥ 他甚至称国民党政府是"坚决抗战到底的政府"，"我们应该相信政府确有抗战到底的决心，是不会中途妥协的了。政府曾昭告全中国人全世界上的人，'中途妥协即千古罪人'言犹在耳，忠岂忘心。人民不应该再怀疑政府了。"为此，一直处于反对党地位的陈独秀，一再强调"民族利益高于党派利益"，呼吁全国民众，尤其是"共产党及其他党派，都以在野党的资格绝对拥护抗日战争；一致承认国民党一党政

① 陈独秀：《抗日战争之意义》，《我的抗战意见》，华中图书公司，1938，第5页。
② 独秀：《从第一个双十节到第二十六个双十节》，《宇宙风》第49期，1937年10月16日；陈独秀：《抗日战争之意义》，《我的抗战意见》，第5页。
③ 独秀：《抗战中应有的纲领》，《我的抗战意见》，第28页。
④ 独秀：《从第一个双十节到第二十六个双十节》，《宇宙风》第49期，1937年10月16日。
⑤ 陈独秀：《抗战与建国》，《政论》第1卷第9期，1938年4月25日。
⑥ 陈独秀：《抗日战争之意义》，《我的抗战意见》，第5页。

权及其对于抗日战争之军事最高统率权"①。并且提议："政府要抗战到底，人民要援助政府使政府能够抗战到底……人民要政府抗战到底，必须赶快有钱者出钱，有力者出力"②。

可以看出，这时的陈独秀的确是个胸怀宽广、不计前嫌、光明磊落的人，不考虑个人的面子与得失，只从民族大义出发，满腔热情地号召人民支持国民党领导抗日救国战争，对国民党政府的有所作为表示一种很大的期待。

同时，他毕竟对国民党有着几十年的深刻的了解，因此在许多原则问题上，也持保留和谨慎的态度。当时，国民党千方百计拉拢他。出狱时，国民党中统局处长丁默也去迎接，要把他安排在国民党中央党部招待所暂住，显然是要与他谈"虚位以待"的事。他拒绝了。胡适、周佛海等人请他参加国民党的咨询机构国防参政会；蒋介石的亲信朱家骅（时任国民党中央秘书长、教育部长和国立中央研究院总干事）甚至答应提供"十万元"经费和国防参政会的五个名额，要他"组织一个新共党"。他说："蒋介石杀了我许多同志，还杀了我两个儿子，我和他不共戴天。现在大敌当前，国共二次合作，既然国家需要他合作抗日，我不反对他就是了。"③ 对于亲日派周佛海等人，他更有警惕。在南京时，周等举行所谓"低调谈话会"，散布抗战悲观妥协论调，多次请陈独秀参加，交换政治意见，陈始终一言不发，而在他发表的文章和演讲中，狠批这种论调，甚至有一篇文章的标题就是《言和即为汉奸》。

陈钟凡见此情景，给陈独秀赠诗云：

> 荒荒人海里，聒目几天民？侠骨霜筠健，豪情风雨频。
> 人方厌狂士，世岂识清尘？且任鸾凤逝，高翔不可训。

陈独秀率笔和曰：

> 暮气薄大地，憔悴苦斯民，豺狼骋郊邑，兼之惩尘频。

---

① 陈独秀：《抗战中的党派问题》，《陈独秀先生抗战文集》第5集，亚东图书馆，1938。
② 独秀：《言和即为汉奸》，向愚编《抗战文选》第3辑，战时出版社，1937。
③ 《黄理文谈陈独秀》，吴信忠1981年访问整理，未刊稿；包惠僧：《我所知道的陈独秀》（二），《党史研究资料》1979年第5期。

悠悠道途上，白发污红尘。沧溟何辽阔，龙性岂能驯。[①]

可见，陈独秀政治主张有所改变，但他的硬骨头品性没有变。

其实，他所改变的也仅仅是在抗日问题上，而且是策略性的。在民主与独裁的原则问题上，他一点也没有松口。所以，他在以上期待的同时，又强烈要求国民党改变一党独裁的统治，实行民主政治，减轻人民负担。他批评国民党，"提出思想信仰之统一为党派合作抗战的条件问题，这未免太过幻想了，而且对于各党派合作抗日是一种有毒害的幻想！"[②] 在国共摩擦问题上，他批评国民党"未能抛弃招降的态度"，主张："国民党承认共产党及其他在野党派，都公开合法存在，要求他们全力抗日，而不采取招降的态度，并且不妨碍在野党对政府党政治的批评。"[③] 在他的抗战纲领中，主张全民抗战，要求："在野各党派及一般人民都应有政治的自由，集会结社言论出版之自由"；"解除人民痛苦，如减少工人工作时间，解决贫农耕地问题，限制高租高利，废除苛捐杂税和保甲制度，停止征工、拉夫等。"[④]

由此看到，在新的历史条件下，他把抗日与民主又结合起来了。如同他在1920年主持创建中共时，把接受无产阶级专政理论，与争取"多数人的民主"一样。直到他晚年和去世，民主是贯穿他一生思想中的主线。

陈独秀的民主主张，说明他的全民抗日的思想没有变化，他对敌后游击战更给予崇高的评价："即令我们的正式军队节节失败，即令敌人能够占领中国的几大城市，只要全国广大民众无束缚的自由组织起来，活跃起来，敌人便无法摧毁这到处蜂起的几千万武装民众，这几千万武装民众之游击队的洪流，不但能够使政府的正式军队有反攻之可能，并且使敌人已经占领的地方，一夕数惊，不能统治。"[⑤]

但是，陈独秀期待的国民党实行民主抗日和全民抗战是不可能的。随着抗战的发展，他看到残酷的现实是全民抗战变成了国民党政府的片面抗战；国民党再次暴露出独裁专制的本质并在军事上的节节败退。于是，他又由抗战初期的乐观论者，变成悲观论者，甚至"亡国论"者。他说："政府军一

---

① 陈钟凡：《陈仲甫先生印象记》，1947年7月，手稿，中国第一历史档案馆藏。
② 陈独秀：《各党派应如何巩固团结》，《陈独秀先生抗战文集》第5集。
③ 陈独秀：《抗战中的党派问题》，《陈独秀先生抗战文集》第5集。
④ 陈独秀：《抗战中应有的纲领》，《我的抗战意见》，第28页。
⑤ 陈独秀：《准备战败后的对日抗战》，《我的抗战意见》，第32～33页。

败涂地，日本军占领了全中国的大城市，即亡了国。"连这篇文章的标题也用了《准备战败后的对日抗战》。①

于是，他为抗战描绘的美好蓝图，被一一撕碎了：他提出的在野党一致承认国民党最高统率权的主张，变成了国民党"溶共"和统制各党派的最好借口；他提出的"有钱者出钱，有力者出力"的良好愿望，也为他所担心的"无钱者出钱"和"抓壮丁"的残酷现实所代替。他抱怨政府"把救国公债的负担，加在仅能养家活口的小职员小商人身上，甚至加在身负各种捐税已经困苦不堪的农民身上"；对于城乡壮丁，"依靠拉夫形式，拿绳子牵着来强迫服役"②，等等。因此他的晚年，对国民党是失望的，而对民主政治更加渴望。

支持共产党建立统一战线　同时拒绝"回党三条件"

对于共产党，陈独秀也由反对共产党倡导的以国共第二次合作为中心的"抗日民族统一战线"，转变为拥护这个方针。

如前所述，陈独秀一面与托派内部的极左派激烈争吵，主张在某一问题或运动中与非托派政治势力建立"共同行动"式的联合战线；一面又激烈抨击王明等中共领导人提出的类似第一次国共合作那样的抗日联合战线。但是，形势强于人，面对日本侵略的疯狂推进，甚至炸塌他的牢房的屋顶，终于意识到非全民族联合，难以抗日。他的救亡意识，终于再次压倒阶级斗争和党派之争观念，出狱后，即到中共在南京八路军办事处的筹备处，向叶剑英、博古等表示，拥护抗日民族统一战线政策，双方相谈融洽；后又与叶剑英单独交谈一次，向叶郑重声明："我的意见，除陈独秀外，不代表任何人。我要为中国大多数人说话，不愿为任何党派所拘束。"

陈独秀转向托派以来与中共的八年对抗，以他的民族大义和主动行为，得以缓解。但中共反应，先是希望陈"回党"，③后又提出苛刻的"合作三条件"，最后又诬其为"汉奸"，这使陈无比失望。

起初，张闻天、毛泽东、周恩来为首的中共中央在 1936 年 4 月 25 日发

---

① 《我的抗战意见》，华中图书公司，1938 年 3 月，第 31～36 页。
② 陈独秀：《怎样使有钱者出钱有力者出力》，《宇宙风》第 52 期，1937 年 11 月。
③ 陈独秀：《致〈新华日报〉的信》，1938 年 3 月 17 日，《血路》第 12 期；《武汉日报》1937 年 3 月 19 日。

表《为创立全国各党各派的抗日人民阵线宣言》中，有"中国托洛茨基主义同盟"的名称，并且名列第六位。接着在与国民党谈判国共第二次合作，要求释放政治犯时，也并未对狱中托派落井下石，甚至发生叶剑英帮助罗汉寻找托派狱中难友王文元的事情：当时王文元因被单独关在"秘密拘留所"里，其他托派分子都已出狱时，他却踪影全无。罗汉到南京为营救狱中托派朋友时，就请中共"八办"主任叶剑英帮忙寻找。大革命时期，叶、罗二人同受党的派遣，到国民革命军第四军中做政治工作。叶亲自陪着罗汉到南京各个监狱找了一圈，结果虽无着落，却留下一段佳话，使"顽固"的王文元念念不忘。①

陈独秀出狱后，中共中央理论刊物《解放》，还发表时评表示尊敬、欢迎和期待："当陈独秀先生恢复了自由以后，大家都在为陈先生庆幸，希望他在数年的牢狱生活里虚心地检讨自己的政治错误，重振起老战士的精神，再参加到革命的行伍中来。"时评还注意到把陈独秀与其他托派加以区别："陈先生出狱后，在武汉的第一次讲演中说到'……这次抗战是一个革命的战争，全体民众应当帮助政府，世界也应当帮助中国……'这与中国的托洛茨基派的主张已大有差别。托派在目前抗战中主张打倒南京政府，狂吠'左的'民族失败主义，这完全是汉奸理论，完全做着日贼别动队的作用。"②周恩来在进行这种区别时，还对罗汉说："所谓中国托派，事实上亦很复杂……我可以大约将其分为四派：一派是赞成抗日的，你和独秀属之……"，并表示："以后对陈独秀这一派的人，可以将'匪徒'二字停止不用。"③

从以上《解放》的时评文章，到周恩来对罗汉谈话中，同时也可看出：当时中共视陈独秀等一派主张抗日的人为"钦犯被赦"。但是，陈独秀被捕后，一直在家乡从事陶瓷制作业、为人憨厚老实的罗汉，不解其意，到南京要求中共"八办"帮助营救狱中托派朋友时，在未与陈独秀商量（因当时陈独秀已经离开南京去武汉）的情况下，重提1932年"一·二八"上海抗战时他与陈独秀等人提出的与中共"合作抗日"的提议。叶剑英和博古表示欢迎，但事关重大，必须请示中央。叶即一面电告中央，一面嘱罗汉亲自

---

① 参见王凡西《双山回忆录》（增订本），第262页；罗汉《致周恩来等一封公开信》，《汉口正报》1938年4月24日、25日。
② 冰：《陈独秀先生到何处去》，《解放》第24期，1937年11月20日。
③ 罗汉：《致周恩来等一封公开信》，《汉口正报》1938年4月24日、25日。

到西北走一趟，与中共中央直接联络，并给罗开了介绍信和旅费。罗汉先到西安，"八办"林伯渠主任亲自接待，并电询中央的决定。相谈中，林说："陈（独秀）在文化史上有不可磨灭的功绩，在党的历史上有比别人不同的地位，倘能放弃某些成见，回到一条战线上来工作，于民族于社会都是极需要的。"王若飞"自信与陈独秀共事较久，深悉其倔强个性，但中央看重组织问题，亦系党内自来之原则，第三国际的支部，决不允许第四国际或第四国际有关系的分子搀入，这乃是自然的事实，所以他极端希望独秀等几位朋友，完全以革命家的气魄，站在大时代的前面，过去一切的是是非非都无须再费笔墨唇舌去争辩"。①

因山洪毁路，罗汉被阻西安，未去延安。中共中央接电后，毛泽东认为中国托派不能与苏联托派相提并论，表示"可以与陈独秀先生等形成某种合作关系，以期一致抗战……"，但前提是："陈独秀托派如果表示悔改。"②张闻天也这样主张。于是，二人签署向南京和西安发出了中央决定，同意陈独秀等在以下三条件下合作抗日：（1）公开放弃并坚决反对托派全部理论与行动，并公开声明同托派组织脱离关系承认自己过去加入托派之错误；（2）公开表示拥护抗日民族统一战线政策；（3）在实际行动中表示这种拥护的诚意。"③ 这并不是平等的"合作"。虽然在当时中共作为第三国际的支部、苏共的附属党，能这样对待中国托派已属不易。而不少学者竟然把此解释成中央要陈"回党"的条件，并把陈独秀在南京"八办"的拥护抗日民族统一战线的行为和罗汉的西安之行说成是陈独秀等"要求回党"的表示，真是牛头不对马嘴。"合作抗日"与"要求回党"是性质不同的两回事。

陈独秀起初不知道罗汉的活动，知晓后，既不"予以鼓励"，也不表示反对，④ 显然是等待结果如何，再做表态。博古恐怕"三条件"会引起陈反感，嘱罗汉"不妨口头传达"。果不出所料，陈独秀得知"三条件"后，十分不满，说："我不知过从何来，奚有悔！"⑤ 又说："现在乱哄哄的时代，谁有过无过还在未定之天，不写，有什么过可悔！"⑥ 对于公开声明脱离托

---

① 罗汉：《致周恩来等一封公开信》，《汉口正报》1938 年 4 月 24 日、25 日。
② 张国焘：《我的回忆》，第 1331 页。
③ 转引自《叶剑英、博古、董必武给〈新华日报〉的信》，《新华日报》1938 年 3 月 20 日。
④ 王凡西：《双山回忆录》（增订本），第 264 页。
⑤ 高语罕：《陈独秀入川后》，《新民报》晚刊 1947 年 11 月 13 日。
⑥ 包惠僧：《我所知道的陈独秀》（三），《党史研究资料》1980 年第 18 期。

派，他认为是"画蛇添足"，多此一举。于是他写了封回信和七条"抗战纲领"让罗汉给叶剑英和博古，作为他对中共的答复。博古认为陈的抗战纲领与中共中央的纲领"并无不合"，提议待周恩来、董必武到武汉再与陈独秀"交换意见"。后董必武果真亲自登门拜访了陈独秀，因为已有中央三条件，自然无结果而散。

1979 年，中国社会科学院近代史研究所的三位研究人员（其中之一是笔者）成立陈独秀组，专门研究陈独秀后期（1927 年大革命失败以后）的历史，并且联络安徽、北京大学、中国人民大学、上海社会科学院一些对陈独秀前期历史较有研究的学者，分工收集陈独秀一生各个时期的资料，准备分历史阶段编辑一部长达几百万字的《陈独秀研究资料》，以供社会上研究者用。在这个过程中，上海一位叫黄理文的老人，知道早期中共中央及陈独秀一些鲜为人知的资料，于是就请他写了一份回忆录，其中最为重要的内容就是他陪同周恩来等人去狱中探望陈独秀。

我们接此材料后，因为难以判断真伪，就由延安时期与胡乔木有交情的另两位同志出面，给胡乔木写了一封信，请其向叶剑英求证，信的全文如下：

乔木同志：

您好！好久没见到您了，身体好吧，念念。我们在现代史研究所①的革命史研究室工作，最近收集研究陈独秀问题的资料中，接触到黄理文的一篇谈话记录（黄原是陈独秀的交通员，"四一二"前后给周恩来同志当交通员，后被捕，叛变），其中谈到这样一件事：

1937 年 8 月，周恩来同志和朱德、叶剑英同志由庐山到南京。一天上午，恩来同志约黄理文（当时黄在中苏友好文化协会当秘书），陪同他和剑英同志去看望"反省院"中被关押的同志；下午，又要他陪同去南京老虎桥第一监狱看望了陈独秀。恩来同志对陈讲了党的抗日民族统一战线的政策后，陈表示："党的路线完全正确，我完全同意。"

① 当时由近代史研究所副所长李新牵头，准备成立"现代史研究所"（现代史以 1919 年五四运动为起点），公章和经费已经拨下，但因没有房子，暂时留在北京东厂胡同的近代史所，后因各种原因，该所未能成立。

陈还表示："我愿意到延安去接受教育。"恩来同志听了很高兴：说："这样最好，亲属也可以带几个人去。"临别时，周说："我和蒋介石交涉，你就可以出来。你出来后，家里如没有别的事，可以到延安去。"但在周请示报告延安后，中央不同意陈独秀去。为此，陈痛哭流涕。

另据其它一些资料，陈出狱后，他本人及罗汉曾同叶剑英、博古等同志多次商量"回党工作"或"合作抗日"问题。但由于王明、康生回国后极力反对，康生并发表了文章诬陷陈独秀、罗汉是领取日寇津贴的"托派汉奸"，挑起一场论战，关系由此破裂。

我们认为，黄理文所述事实如何，对研究陈独秀晚年思想、政治动态，对搞清陈晚年同党的关系，是重要的。这件事，现在只有叶帅可以证实了，但我们无法去请示他。我们也知道您很忙，但此事只好向您求助，请您在便中请叶帅核实一下这件事，即：**1937 年 8 月，叶帅是否曾和恩来由黄理文陪同去狱中看望过陈独秀？黄理文所述有关陈独秀可去延安的谈话情节，是否基本属实？谢谢。**

　　敬祝

健康！

　　附：黄理文的回忆录

（签名）

1981 年 1 月 21 日 ①

此信发出不久，胡乔木回话说：问了当时任周恩来秘书的童小鹏，说黄理文的说法，"完全是无稽之谈"。

因此，我与林茂生教授共同编著的《陈独秀年谱》（1988 年出版）没有收入这个内容。

不舍托派观点　深陷书生议政误区

极左派组成的已由彭述之为首的上海托派中央，闻知罗汉上述行动后，极为愤怒，并迁怒于陈独秀，立即在 1937 年 10 月 1 日发表重要声明，宣

---

① 打印件，未刊。

称："中国共产主义同盟一贯地认为，要中国民族从帝国主义压迫下彻底解放出来，必须无产阶级起来，本阶级斗争立场领导全国民众，实行抗日。现在中国史大林党所执行的'联合战线'政策，其本质就是阶级合作，其作用是民族解放斗争的制动机。因此史大林党本身已成了中国革命的巨大障碍物"；"今后匪特无与史大林党政治妥协之可能，相反，不根本粉碎它的革命制动机作用，则中国无产阶级与民族的彻底解放斗争，绝不会胜利。"①可见，托派与中共确是你死我活地对立着。

《声明》接着说到罗汉之事："近有罗汉其人，以含糊的'托派'名义，在南京在西安，向史大林党的上层分子接洽所谓抗日合作。按罗汉从前虽曾与左派反对派（本同盟的前身）有组织的关系，但五年以前早已脱离；既非本同盟的一员，自无代表之向史大林党接洽合作的资格，其行动亦与本同盟毫无关系。至于其接洽内容之违背上述一贯主张，当然无加驳斥之必要。恐外界误会，特此声明。今后如有与此类似的任何个人行动，皆与本同盟全体无关，合并声明。"

罗汉当日就给彭述之一个绝妙的回答："弟自仲甫同志与兄（即彭述之——引者）等被叛徒背卖，遭受缧绁之厄后，对于一些言论似左行为可疑的同伴就存戒心，一直警戒到他们陆续叛变出去，还未完全弛懈，因此五年以来自己事实上与组织脱离关系，且亦不悉组织之如何组织也。此次赴京，纯本朋友之谊而图援助几位贞坚卓绝的革命老战士出狱，而西安之行亦为此而抗辩一串无稽之谣诬，并申述吾侪老友，最早主张发动全国武装抗日之事实，尚有'一二八'一役时三人签名所提出之合作纲领可为考证。昨日在兄寓所，晤赵济、独清二位，说彭兄代表现在组织，因洛甫、泽东为商讨联合抗日问题致弟私电开列三条事件，决定弟写一申明文献刊布，以免世人误会上述弟一己经历之事件，与现在中国共产主义同盟者有缠夹不清之观测。弟亦因与此一崭新组织陌生到不曾知悉其何时成立。以故如此一节申明，亦惟有烦兄设法转达也。"② 罗汉的信与陈独秀一样，不仅说明了他的活动与托派无关，而且表示了对其的蔑视，不知其为"何物"。

陈独秀也在当时回信上海，予回痛斥："罗汉为人固然有点糊涂，你们乱骂史国（即中共与国民党——引者），尤其是骂史，虽然不是原则上的错

---

① 《中国共产主义同盟紧要声明》，《斗争》第 3 卷第 9 期，1937 年 10 月 2 日。
② 《罗汉致彭述之的信》，1937 年 10 月 1 日，中央档案馆藏。

误，政策上则是非常的错误。如此错误下去，不知将来会走向何处去！……我对于史合作，在原则上是可以的，可是现在谈不上，合作必须双方都有点东西，而且同一工作的对象不得不互相接触时，此时并没有这样的条件。'合作'自然是胡说，罗兄向我也未言及此，你们又何必神经过敏呢？至于互相造谣臭骂，自然都是混蛋。都为教派所限，不曾看见共同的敌人。"①

陈独秀在说这话时，实际上是十分悲哀与无奈的。当时中共已经是有几十万党员并有军队的第一大在野党，而陈独秀身边只有几个人，甚至是孤家寡人，即使他任托派中央书记时，也没有几个人听他的。这就是他说的"双方都有点东西"，而手中没有"东西"，如何与人家"合作"。罗汉的奔走，自然是自讨没趣。至于他说的"同一工作的对象"，恐怕主要是指抗日武装。当时除广东和山东个别托派分子曾自发地拉起过一小股抗日武装又很快被消灭外，连托派中央都无武装，陈独秀手中更无一兵一卒，如何与中共八路军、新四军合作，共同打击日本侵略者。

这是陈独秀离开中共后，第二次表示出要与中共和解，也是最后一次。由于种种主观与客观的原因，又没有成功。其实，这原是陈独秀一贯的思想，即在一定阶段、一个特殊问题上（即抗日），双方"共同行动"，而不是"全面的政治同盟"，更不是一个吃掉一个式的"回到党内"。这是因为在革命的理论和路线问题上，陈独秀坚持原来的托派立场（所以以上他说托派中央"骂史……不是原则上的错误"），与中共有不可调和的矛盾，例如：

第一，他仍然反对中共关于中国社会性质是"半殖民地半封建"的论断，认为中国"当然是资本主义经济居领导地位"，"没有什么一半一半"。②他的逻辑是：只有说中国是"初期资本主义国家"，或"中国已经不是一个封建残余的旧国家，而企图建立一个资本主义的新兴国"，才能解说中日战争的起因及抗战的胜利"；"如果中国社会真如共产党所说，还是封建或半封建，则对于日本资本主义之发展，还没有势不两立的冲突，对日抗战匪独不必要，而且不可能，以封建半封建的农业国之生产力，绝对没有能力对工业国战争，尤其不堪比较长期的战争"。③

第二，他仍然低估共产党的力量，说"中共人数远远超过我们，然亦

---

① 陈独秀：《给陈其昌等的信》，1937年11月21日，《陈独秀最后论文和书信》，第23页。
② 陈独秀：《资本主义在中国》，《陈独秀先生抗战文集》第1集。
③ 陈独秀：《我们为什么而战》，《告日本社会主义者》（单行本），广州亚东图书馆1938年印行。

只是些知识分子和没有一点工人基础的武装队"。所以，他主张由托派来做"重新创造无产阶级政党的中心势力"。① 他没有估计到占人口 80% 的农民，一旦被中共有效地组织起来，其力量足以推翻帝国主义与国民党在中国的统治。

出狱后，他口口声声自己是无党派人士，实际是为了联系广大群众的一种策略，因为十几年的党派之争，削弱了国力，老百姓对党派之争十分厌恶，陈独秀敏感地意识到了这一点。况且在党派之争中他始终是一个失败者，不管是对国民党，还是对共产党。但在这封给托洛茨基的信中，又暴露了他还是一个党派主义者，还是一个忠实的托派分子，离不开那些主义的教条。

第三，他反对中共走农村包围城市的革命道路。他还是从中国是初期的资本主义社会观及政治经济上"城市领导农村"出发，抨击中共"没有认真的了解和正确的把握住这一历史条件所决定的时代性……所以才有超资本主义的小资产阶级社会主义的幻想，所以才闹出'山上马克思主义'的笑话，所以才有依靠农村攻取城市的错误路线……这一大串头脚颠倒乱杂无章的政策"，"遂至忽左忽右的乱跳，而进退失据"，并声称："必须把所谓'山上的马克思主义'的昏乱思想从根铲除，因为近代的一切大运动都必然是城市领导农村。"②

在这个问题上，又表现了陈独秀的教条主义的偏见。从马克思列宁主义的理论及其指导下的各国革命来看，的确没有农村包围城市、夺取全国政权的先例，但是，中共原先的道路也是从城市到城市，如大革命时期的陈独秀曾亲自领导上海工人三次武装暴动，在北伐军的配合下夺取了中国最大的城市上海。如所谓的第一次大革命失败及其失败后的南昌、秋收起义和广州暴动等，并一度取得胜利。但是，中国毕竟是一个农业经济为主的落后大国，由于城市中反动统治势力十分强大，共产党难以在城市取得胜利。

---

① 《陈独秀给托洛茨基的信》，1938 年 11 月 3 日。《陈独秀著作选》，根据郑超麟提供给何之瑜编的《陈独秀最后论文和书信》一书的日期，定为"1939 年 3 月 × 日"。而在美国 1980 年开放的托洛次基档案，该信英文为"1938 年 11 月 3 日"。经笔者查阅该信最早在托派多数派的小册子《保卫马克思主义》之一"附录一"上发表时，未刊日期。而根据托洛茨基回信时指出李福仁在上海转信给他的日期是 1939 年"1 月 19 日"来推算，陈其昌在那抗战风火岁月中绕道香港去四川，再从原路返回上海，那么，"1938 年 11 月 3 日"这个日期，应该说是正确的。所以，郑超麟在笔者主编的《陈独秀研究动态》第 6 期（1995 年 11 月）上，进行了修正。

② 陈独秀：《五四运动时代过去了吗?》，《政论》旬刊第 1 卷第 11 期，1938 年 5 月 15 日。

第四，他反对中共的独立自主的抗日游击战方针。他说："抗战一年了，农民仍旧是隔岸观火"；如果"跟着以最前进政党自命的蠢材，大反其'唯武器论'，和大唱其'大刀向鬼子们的头上砍去'的歌，大吹其'大刀旋舞起来，"皇军"便要发抖的法螺'……中国永远还是农民无知、商人无耻、士大夫无知而又无耻的中国"①。他甚至说："我们不能相信在新式兵器的现在，在今日的中国，现政府如果失败，别的党能够支持一省或数省政权继续抗战。"②

"唯武器论"与"城市中心论"相结合，使他得出一种荒谬的结论，改变了抗战初期对游击队和游击战的评价："幻想专靠游击队来保护国家，便是天大的错误。就是正规军的游击战术即运动战，亦不可滥用……过去所谓'红军'及山上的'苏维埃政府'为什么到处失败，也正因为在军器上，在经济上，在文化上，农村和小城市都不能够独立存在。在此次战争中，如果我们执迷不悟，过分的估计游击队和游击战术，无意识的帮助敌人更容易的占据了我们全国的大城市和交通要道，即使游击战布满了全国的农村和小城市，甚至避开敌人的势力在偏僻的地方建立一些可怜的边区政府，仍然算是亡了国！"③

在这里，陈独秀再次暴露出书生议政的弱点。他的观点，显然带有托派的偏见。

最后一次救国实践及其夭折

要说陈独秀一点办法也没有，倒也不是。他在书生议政后，决心要做一点书生从政的事，试验一种新的救国道路。

在对国民党失望以后，陈独秀决心要摆脱希望与中共"合作抗日"中的无力、无奈与悲哀，能使自己手中要有点"东西"，于是他与新来武汉的王文元协商，如何重新奋斗。王提出首先要在武汉办一个刊物。陈"立即坚决地否定了。他认为：不但无可能，而且无必要"；"旧的一套工作方法得抛弃，今后如果还想在中国的政治斗争中起若干作用，必须采取新的方

---

① 《民族野心》，《陈独秀先生抗战文集》第6集。
② 《抗战一年》，《陈独秀先生抗战文集》第6集。
③ 《论游击队》，《陈独秀先生抗战文集》第6集。

法，走新的途径"；而像上海托派中央那样，"坐在租界的亭子间里喊抗战，没有在实际行动上跨前一步，没有郑重地投身于政治的乃至军事的斗争。不论任何时候，任何条件，总是将革命之所有能事归结于办一张可怜的报纸"，绝"没有出路"。①

陈独秀首先"嘲笑那种天真的看法：从抗战中可产生革命。'皮之不存，毛将焉附'。他说，抗战失败的结果是丧失了工业城市，溃散了无产阶级。如果战争延长，西南一带在美国支援下，可能发展点新工业，但无足以抵偿东南沿海的损失；因此，在抗战中，他以为决不能爆发我们所想像的革命，更不能以我们所设想的方式爆发出来。（农民的骚乱）只要国民党一天抗日，这些骚乱便不可能生长成打倒国民党统治的革命。将来，变化是多的，城市与乡村的不满也将日益增长，可是谁能领导这些运动呢？据他想，只有那些主张民主和自由，同时又拥有武装实力的党派。因此，旧的一套靠文字在工人中宣传，借此组织起来，实行革命的老想法，必须抛弃。唯一可行的办法是一方面以自由及民主的宽广政纲去团结反国而又不阿共的政治流派，另一方面则积极跑进抗日的武装队伍去，为未来任何变化预先取得有利于革命的可靠保证。"②

从以上王文元零距离观察陈独秀思想变化的状况中，我们看到了陈对托派传统革命路线的否定，也对共产党农村根据地方针的否定。虽然与上海托派中央比，他的思想方法不为任何教条主义所束缚。正如他当时对王文元常提到的列宁一个思想，认为列宁最了不得的地方就是不被马克思主义的现成公式所束缚，在不同的时间和环境，大胆地决定不同的政治口号与斗争方法。更可贵的是他强烈地跳动着一颗爱国的心，在热烈沸腾的抗日怒潮中，"我们绝不该再以背诵'教条'为能事，必须设法实实在在地投身进去，积极地起作用"。但是他有一个致命的弱点，即高估了第三种（中间）势力即民主党派的力量，而低估了国共两党反民主势力的力量。实质上，进入近代以来，中国从来没有真正地能够主导政局的中间势力。于是就决定了陈寻找"反国而不阿共"政治流派的努力最终失败的命运。

当陈独秀为以上思想急于寻找实践机会的时候，机会竟然出现了。

当时陈独秀认识了一位国民党的师长何基沣。此人原属于宋哲元部下的

---

① 王凡西：《双山回忆录》（增订本），第266、268页。
② 王凡西：《双山回忆录》（增订本），第266～267页。

陆军第一二〇旅旅长。七七卢沟桥事件时，打响中国全面抗战爆发第一枪的吉文星团，便属于该旅所辖。事后，何被擢升为一七九师师长。因作战挂彩，在汉口养伤。陈独秀对该部的爱国热情是很钦佩的。另外，这个军人还有一些特点给陈独秀留下了很好的印象：他无任何不良的嗜好，更无军阀的粗犷习气，也没有虚矫的架子，夫妇俩住在一个厢房楼里，连勤务兵都不用。更重要的是，陈与何相谈中了解到，何坚决抗日，对国民党的领导无力深感痛心；而且半年来在华北的抗战实践，使他深深懂得，不将部队的政治认识提高，无法有效地抗日，更无法取得胜利。因此，在汉口养伤期间，他几乎读遍了汉口所能买到的有关抗日乃至一般社会科学的书籍，对陈独秀的抗日论著和演讲，自然也十分钦佩。因此二人相处十分投缘。学习和思索的结果，何决心要从汉口邀请一些革命青年，到他的部队里去，对兵士进行政治教育工作。而这正是陈独秀梦寐以求的好机会。

于是，二人很快就商定方案：以有限的土地改革来发动群众，借以增强军队的力量，谋取抗日的胜利。这也就把陈独秀抗战纲领中有关减轻人民负担，以使人民支持抗战，"有力者出力"的思想具体化了。

但是，王文元及后到的濮德志对这种做法心有余悸，怕重演大革命时期共产党的政治工作人员替军阀做"姨太太工作"的悲剧。陈独秀则认为毫无理由把目前的行动当成"军事投机"。

陈独秀批驳说："情形是根本不同的"；"我们是穷光蛋，不是第三国际，没有任何东西可以让人家欺骗。其次，我们进入他的军队，目的虽然不在'篡权'，可也不一味希望他本人变成革命……（他）可能会真心转向革命的，倘如此，则不难使这不小数量的武装力量置于我们的政治领导之下；如果不然，那末我们既然一开始就坦白地表明自己的面目与行动方针，自不难进退随意，不可能遭受任何损害。"[1]

王文元、濮德志终于被说服。最后，陈独秀与何基沣落实的计划是：陈派王文元、濮德志和另一个河南青年马某某，到何的河南内黄师部去，王任秘书长，濮与马为参谋。陈给他们的指示是：到军队中去的首要工作是兵士群众的教育，以及竭力造成群众的革命环境，即在辖区内尽可能发动土地改革运动，以便使军队同时革命化。[2]

---

① 王凡西：《双山回忆录》（增订本），第 272~273 页。
② 参见王凡西《双山回忆录》（增订本），第 273 页。

　　与此同时，陈独秀在政治上也进行筹划第三种势力的工作。国民党在京沪战线溃退之后，战场西移，武汉成了临时首都，成了政治军事中心以及抗日群众运动新的发源地。一时冠盖如云，各种政治势力的代表人物为抗战事业所激发，汇集到这里进行紧张的活动。同时，武汉的地理位置和战争形势的迅猛发展，也时时提醒着人们，这种情况是短暂的。所以，陈独秀利用自己历史上形成的个人威望，紧紧抓住身边出现的这个特殊环境，实施他的新方案。他积极和章伯钧、章乃器等第三党、救国会以及其他一些民主人士接触，企图组成一个新的联合战线，以在抗日阵营中独树一帜，"不拥国，不阿共"，为努力抗日，胜利后建立独立、民主、自由的新中国为共同目标。[①]

　　陈独秀的这个努力，又有一个特殊的背景。当时，共产党利用国民党因抗战连连溃退在国民中威望直线下降的时机，在武汉的中间势力中积极活动，并由宋庆龄襄助，获得了相当的成功，各个民主党派对中共产生了愈来愈多的期待。陈独秀认为"我们（他表面上否认托派，而言谈中却仍以托派自居）必须参加这一运动，藉以扩大我们的影响；打破我们自建的与人筑的围墙，且使这个普遍而真实的反国民党的群众运动不为斯大林党利用了去"。

　　陈独秀联络中间势力，主要目的还是想通过他们去争取群众。但是，陈独秀的这个努力，又遭到教条主义者王文元、濮清泉的坚决反对。他俩认为，要争取群众，首先要打破群众"对几个所谓民主党派可能发生的幻想。要打破他们的幻想，我们必不可与他们缔结联盟，必须保持独立。在具体问题上尽管可以和他们采取共同行动，但在思想与政治上，我们却必须对他们进行批评"。为此，他们俩又提出要办一张"我们的报"，以便发表"我们"独立的主张和对同盟者进行批评。陈对此"非常生气"。他觉得王、濮太重教条，太不懂政治，一点策略也不懂，与上海的托派是一丘之貉。而陈的性格特点是：一旦决心已下，就坚定不移，不容别人置喙，或者胜利，或者头破血流也不悔。王、濮不得不让步，试着走走看。于是，陈派王、濮代表他去出席第三党、全国救国会、桂系反蒋派和陈独秀派的"四派会议"。陈独秀希望能进退自如，如果谈判成功，他再进一步出面；如果失败，他就不出面了。可是王、濮是何许人也，人家看重的是你陈独秀的名望，到这个时候你还拿架子。所以，"代表"二人先后被拒绝。接着，罗汉来到武汉，陈又

───────────

① 参见王凡西《双山回忆录》（增订本），第274页。

派罗汉出席"四派会议",罗去了两次,也向他"告退"了。随后,他又派濮德志去开封请罗章龙,函招长沙的高语罕,希望这两位比较著名的被共产党开除又不投靠国民党的老相识,能支持他的"复兴事业"……

为了开辟一条有效的抗日道路,陈独秀真所谓煞费苦心。

可是,以上的军事谋划与政治努力,还没有结果,在国共两党的夹击下,很快就烟消云散了。何基沣这位非嫡系军人的活动,时时都在蒋介石特务的监控之中。当王、濮等人买好车票,准备到何的河南内黄师部去的时候,蒋介石果断地掐断了这根线,免除何基沣的师长职,"着毋庸回任"。这使陈、何的精心策划,顿时成为泡影。去请罗章龙,罗断然拒绝;而函请高语罕,高迟迟不予理睬。最后得到的是:来自王明、康生强加的"陈独秀是每月向日本间谍机关领取津贴的汉奸"。虽然此事在社会广泛同情和陈独秀的坚决斗争之下,不了了之,但中间势力却把与陈合作视为畏途,纷纷离去。

就这样,陈独秀在1938年7月,在武汉失守之前,打发走王、濮、罗等,只身一人,进入四川,度过他孤独的暮年生活。这时,只有他的思想闪光,不再有任何的政治活动。就是说他一生轰轰烈烈的政治活动家的生命随着武汉努力的流产而结束了。

由于形格势禁,英雄难展冲天志,万般无奈泪沾襟。

"汉奸事件"
——陈独秀与中共彻底决裂

1937年抗战爆发以后,王明、康生在巴黎《救国时报》上制造的"托派即汉奸"的舆论,开始在国内起作用,除地方上的军阀利用这个罪名消除异己外,共产党内的肃托斗争,主要是在这年11月王明、康生回国以后开展的。在国统区,他们打击的主要对象就是托派,陈独秀首当其冲。

王明、康生回国时拿着莫斯科肃托的"尚方宝剑",得知毛泽东的中央曾想与托派合作抗日,甚至传说要让陈独秀回党,歇斯底里大发作,在12月9~14日的中央政治局会议上声色俱厉地表示,我们和什么人都可以合作,只有托派例外。在国际上我们可以和资产阶级的政客军阀甚至刽子手合作。但不能与托洛茨基的信徒们合作;在中国可以与蒋介石及其下属的反共特务等人合作,但不能与陈独秀合作,并诬指"陈独秀是每月拿三百元津贴的日本间谍"。有人当场指出："陈独秀与托洛茨基究竟有所不同；说陈独秀是日本间谍，究非事实。"王明却坚持说斯大林正在雷厉风行地反托派，而我们却要联络托派，那还了得："陈独秀即使不是日本间谍也应该说成是日本间谍。"①

早在中东路事件时，王明就发表长文，在党的中央机关报上，大肆攻击陈的正确主张，陈未予理睬；1931 年王明的"左"倾路线上台时，曾通过一个决议，又说陈独秀为中央的托派是"最危险的敌人"，应"以主要的力量来打击"，陈独秀也未予还击。现在他指使同伙康生在武汉公开发行的中共中央机关刊物《解放》上，发表长文信口雌黄地说：

> 一九三一年，"九一八"事变，日本帝国主义占领了我们的东三省，同时，上海的日本侦探机关，经过亲日派唐有壬的介绍，与由陈独秀、彭述之、罗汉等所组织的托匪"中央"进行了共同合作的谈判。当时唐有壬代表日本侦探机关，陈独秀、罗汉代表托匪的组织。谈判的结果是：托洛茨基匪徒"不阻碍日本侵略中国"，而日本给陈独秀的"托匪中央"每月三百元的津贴，待有成效后再增加之。这一卖国的谈判确定了，日本津贴由陈独秀托匪中央的组织部长罗汉领取了，于是中国的托匪和托洛茨基匪首，在日寇的指示下，在各方面扮演着不同的角色，就大唱其帮助日本侵略中国的双簧戏。②

康生文章的发表，犹如引爆了一颗炸弹，立时舆论大哗，不要说反共人士，就是非共和亲共人士，也群起为陈独秀抱不平，质问这种造谣中伤的罪恶，并理所当然地把此文当作中共的主张，社会影响极其恶劣。

首先，为陈独秀抱不平的最具影响的是 1938 年 3 月 16 日开始，先后在《大公报》《武汉日报》《扫荡报》相继刊登的王星拱（武汉大学校长）、周佛海（国防参议会参议员）、傅汝霖和梁寒操（均为国民党中央政治委员会会员）、高一涵（国民党中央监察委员会委员）、张西曼（国民党中央立法委员）、陶希圣（国防参议会议员）、林庚白（国民党中央立法委员）九人

---

① 参见张国焘《我的回忆》第 3 册，第 418～423 页；王明：《中共五十年》，现代史料编刊社，1982，第 191 页。

② 康生：《铲除日寇暗探民族公敌的托洛茨基匪徒》（以下简称《铲》文），《解放》周刊第 29、30 期，1938 年 2 月。

联名公开信。信中指责说：

> 中国共产党内部理论之争辩，彼此各一是非，党外人士自无过问之必要。近来迭见共产党出版之《群众》、《解放》等刊物及《新华日报》，竟以全国一致抗日立场诬及陈独秀先生是汉奸匪徒，曾经接受日本津贴而执行间谍工作，此事殊出乎情理之外。独秀先生平生事业，早为国人所共见，在此次抗战中之言论行动，亦为国人所周知。且汉奸匪徒之头衔可加于独秀先生，则人人亦可任意加诸异己，此风断不可长。鄙人等现居武汉，与独秀先生时有往还，见闻亲切，对于彼蒙此莫须有之诬蔑，为正义，为友谊，均难缄默，为此代为表白。凡独秀先生海内外之知友及全国公正人士，谅有同感也。

此时王明正好任中共中央长江局书记，地位在周恩来之上，中国共产党在武汉出版的《新华日报》，也在他的领导之下，① 见了九人公开信，非但不思退守，反而更加无理而愚蠢地进行反击，从公开信发表的第二天开始，指示《新华日报》连发数篇短评，说什么"陈独秀是否为汉奸问题，首先应该看陈独秀是否公开宣言脱离托派汉奸组织和反对托派汉奸行动以为断"。②

陈独秀再也不能保持缄默，立即在当天写了一封《致〈新华日报〉的信》。信中叙述了出狱初期在南京和武汉与叶剑英、博古、董必武的接触情况，指出：

> （他们）从未议及我是否汉奸的问题，并且据罗汉说，他们还有希望我回党的意见。近阅贵报及汉口出版之群众周刊及延安出版之解放周刊，忽然说我接受日本津贴，充当间谍的事。我百思不得其故。项见本日贵报短评，乃恍然大悟。由此短评可以看出，你们所关心的，并非陈独秀是否汉奸问题，而是陈独秀能否参加反对托派运动问题。任何人发现汉奸，只应该向政府提出证据，由政府依法办理。你们造谣诬蔑的苦心，我及别人都可以明白了……我明白地告诉你们：我如果发见了托派

---

① 潘梓年：《〈新华日报〉回忆片断》，重庆人民出版社，1959，第3页。
② 《陈独秀是否托派汉奸问题》，《新华日报》1938年3月17日。

有做汉奸的真凭实据，我头一个要出来反对，否则含沙射影血口喷人地跟着你们做啦啦队，我一生不会干这样昧良心的勾当。受敌人的金钱充当间谍，如果是事实，乃是一件刑事上的问题，决不能够因为声明脱离汉奸组织和反对汉奸行动，而事实便会消灭。是否汉奸应该以有无证据为断，决不应该如你们所说："陈独秀是否汉奸，要由陈独秀是否公开声明脱离托派组织和反对托派汉奸行动以为断"……来武汉后，为避免增加抗战中纠纷计，（我）一直未参加任何党派，未自办刊物。我所有的言论，各党派的刊物，我都送去发表。我的政治态度，武汉人士大都知道，事实胜于雄辩，我以为任何声明都是画蛇添足。你们企图捏造汉奸的罪名，来压迫我做这样画蛇添足的事，好跟着你们做啦啦队，真是想入非非。你们向来不择手段，不顾一切事实是非，只要跟着你们牵着鼻子走的便是战士，反对你们的便是汉奸，做人的道德应该这样吗？①

与以往爱冲动、发脾气的陈独秀不一样，这封信写得十分克制，入情入理，但相当有力。

《新华日报》没有刊登此信，但此信在其他多种报刊上出现了。围绕着以上康生诬文、九人公开信、《新华日报》文章、陈独秀的信，武汉各报纷纷刊文。这些文章大多为陈辩诬，指责中共，内容主要如下。

第一，对抗日阵营的损害甚大。当时日寇侵略极其疯狂，攻陷北平、天津、上海、南京后，矛头直指武汉，全国人民正同仇敌忾进行武汉保卫战，而康生的文章一度干扰了抗日的大局。这在客观上削弱了抗日阵营的力量。因为，陈独秀出狱后，已经声明以无党派的公开的身份出现，到处发表抗日演讲，连续发表抗日文章，再加上他的历史影响，已经成为具有重大影响的抗日人物，半年多的活动完全透明，现在把他打成"日本间谍"，这不仅是对陈独秀这位"中国并带世界性的文化与政治的伟人"的严重伤害，也是对整个抗日阵营的损害。当时一份国民党的报纸社论说："过去惨痛的事实（指党派分裂、内战导致日寇的入侵——引者），我们不堪回忆，以后的事体，我们也不希望再会重演，要避免这种危机，只有大家能顾全大局"；

---

① 陈独秀：《致〈新华日报〉的信》，1938年3月17日，《血路》第12期；《武汉日报》1938年3月19日；《扫荡报》1938年3月20日。

"在这个国难严重的今日,我们还有什么可说?我们认定只有大家衷诚团结,只有民族利益高于一切,融合各党派的势力集中救国的力量,大家在三民主义的旗帜下奋斗努力,始足以救亡图存。到现在倘使还不晓得觉悟,竟日终年的潜心于内部的摩擦,并且由内部理论的斗争而反映到外面来,我们觉得异常的无谓,异常的可惜";"关于党派问题,最近(国民党)中央宣传部有个通知,希望大家少谈,以免影响社会人心惶惶不安,而现在又把这一套提出来讨论,这也是不应当的";"关于目前这样严重关头,大家认定只有抗战才是死里求生的出路。今天一个刊物,明天一篇文章,汗牛充栋,书铺充斥,挂羊头,卖狗肉,破坏抗战阵线,混淆国家思想,这也不是抗战时期中所不应当有的现象。"该文最后写道:

> 我们认定大家既然许身党国,应当大家彻头彻尾的加以反省,"应该痛定思痛,认清敌友,戴罪立功;万不可稍存意气,重蹈以往的覆辙,骨肉相残"而为亲者所痛,仇者所快。
>
> 时急矣!寇深矣!华北数十万方里之土地,已经被敌人侵占;东南富庶的资源,也已经被敌人攫夺;无数万的民众被敌人残杀;大好河山,疮痍满目,我们还有什么心肠来闹内部无谓的纠纷!我们希望大家"以大局为重"!①

其实,中间人士敢于仗义执言者也不少,九人公开信中,最早研究马克思主义者之一的张西曼教授就是一人。他签署公开信后,曾给《新华日报》一信,强调说明他"为甚么敢负责为独秀先生辩护"的理由:他"在陈出狱后,作过数度的访问",认为陈独秀"由他那抵抗倭寇侵略的坚决态度和对我所创中苏文化协会的伟大使命以及中苏两友邦联合肃清东方海盗的热烈期望中,可以证明他至少是个爱国的学者",并诚恳地表示"在各种革命和救国力量集中在三民主义旗帜下奋斗救亡的现阶段中,自然是国家民族的利益高于一切。除证据确凿的汉奸巨恶应由国家法律和民众力量痛加制裁外,断然要力求避免一切无谓摩擦和误会,方可群策群力应付时代危机。现在倭寇已囊括我资源富庶的十省,民众的牺牲痛苦早非人境,分化宰割,大难日殷,我们一般许身国事的志士,应该痛定思痛,互相谅解,认清敌友,待罪

---

① 《以大局为生》,武汉《大汉晚报》1938 年 3 月 19 日。

图功。万不能稍存意气，重蹈以往覆辙，骨肉相残，殃民祸国"。

但《新华日报》在3月19日却发表题为《不容含糊和小心上当》的短评，批评张西曼"态度是含糊的"，要张西曼对此问题"重新加以考虑和表示"，气得张生病一场。

此外，著名人士长沙吴国璋也公开发表文章呼吁："从前有些人因为暴日侵略日亟，曾向国民政府提出停止剿匪的请求。现在日寇业已深入我国，我敢大声呼号，希望中国共产党不要再制造'托匪'新名词，来增加国内纠纷！"文章又指出："在中国共产党的各种书报杂志中，时常看到'托派匪徒'一词，说他们是汉奸，首领是陈独秀先生。我以为很怀疑，以为陈氏是中国共产党的第一任首领，现在中共骨干许多重要分子，都是他介绍入党并提拔训练而成的，如果他也做了汉奸，那么中国共产党还有人靠得住吗？如果事出诬陷，则中共干部分子在道德上言，既属负义不仁；在政略上言，又徒造人人自危的恐怖；在抗敌上言，则又未免陷于自相残杀的绝境。大敌当前，为什么他们要开这样大的玩笑？"[①]

第二，道德上对中共本身损害最大。王明、康生的诬陷，使陈受到重大伤害，如使其争取中间势力的努力付之东流。另外，中共本身在人们特别是民主党派中的威望受到的很大损害。因为，中共中央副主席周恩来正在民主党派中做统战工作，已经取得很大成效。但王明、康生的做法严重破坏了中共的形象，正如当时一本小册子序言所说：

> 陈独秀是中国并带世界性的文化与政治的伟人，而原告共产党则是中国并带世界性的大政党，至所涉及的问题又是民族抗战中的最严重的道德问题（是否"汉奸"）。以如此两造所引起的如此问题，自然有其重大的意义。因为这不仅关系一个人的道德，而且关系一大政党的道德。假如陈氏果真是证据确凿的"汉奸"，则他的历史人格即最后破产；假如事实并不如共产党之所攻击，则中国共产党便无法卸脱其有组织地迫害与诬陷异己之罪。[②]

而国民党的《大汉晚报》，发表署名文章带有轻蔑的口吻说："凡人作

---

① 吴国璋：《陈独秀，汉奸？托派？》，《民意周刊》第15期，1938年3月19日。
② 雷宇同编《中国共产党攻击陈独秀等的反响》，广州新东书局，1938。

事，应当光明磊落，不可鬼鬼祟祟，玩弄手段，然后才能得到人家的同情；否则绝对不会不失败的"；"我们是具有几千年文明的中国国民，我们作人，尤应有泱泱大国的风度……切不可学习落后民族那种狭隘，残忍，刻薄，凶狠，尖刻，毒辣等非文明人类所应有的胸襟——以恨为出发点的胸襟；否则，人类社会只有一天天的开倒车，而仍然回到野蛮的原始社会去。"两天后，该报又发表短评说："夫尊重他人，即所以尊重自己。如政见之争牵涉人我之争，或竟不择手段，肆意诬蔑，此则不足以言政治，徒损一己之政治道德而已"；"以自诩革命党人出此下策，言之痛心，良深浩叹！"①

第三，在法律上使中共处于被动。王明、康生当然知道，一旦"日本间谍""汉奸"罪名成立，在当时立即就要处决的。在苏联时，他们亲眼看到许多中外著名人士，甚至那些与列宁在一起战斗过的老布尔什维克，一旦被诬陷，就处决了，而且根本不要什么证据。在中国，他们也知道抗战初期的王公度、张慕陶也并非托派。王公度在桂系军阀反蒋独立运动中，曾立下汗马功劳，被称为桂系中的"第四号人物"，只是在全国形势逼迫下，桂系军阀转向"联蒋抗日"，但王公度不识时务，坚持原来的立场，再加上他在桂系内部争权夺利斗争中，遭到妒忌，才被杀之。但是杀了之后如何向外解释，他们煞费苦心，最后决定给他按上一个"托派"的帽子。②特别是张慕陶，原是中共重要骨干，执行"左"倾路线而遭到失败，被开除党籍的，与托派风马牛不相及。之后，他投奔阎锡山，表现出相当大的活动能力。中共领导的统战组织牺盟会，曾想争取他"归队"，为张所拒绝，于是张被戴上"托派汉奸"帽子。张从晋系到了蒋介石手下，蒋也拉拢他。最后终因他坚持"反蒋抗日"立场，被以"托派汉奸"罪名处决了。可见在中国也存在无须证据，诬陷其"托派汉奸"罪名就可枪毙的事例。这是苏联"肃托运动"再加上王、康在巴黎《救国时报》上反复宣传在中国造成的恶劣影响。

于是，1938年2月，在巴黎的《救国时报》，抛出了一篇报道式的文章，以陕甘宁特区政府公审大会的名义表示："我们要求政府当局效法广西枪决黄公度及延安公审三匪徒的办法，用枪决韩复榘的毅然手段，以铁一般的国法和军律，来搜捕、公审和枪决陈独秀、叶青、徐维烈、张慕陶、梁干

① 《提高政治道德》，《大汉晚报》1938年3月21、23日。
② 程思远：《政坛回忆》，广西人民出版社，1982，第98页。

乔等汉奸匪徒。"①

当时就有报纸提出陈独秀可以"反坐"中共，变被告为原告："指人为汉奸，固为一时快意，不知此举不惟有违政治道德，更触犯法律森严……吾不知法庭相质，攻讦者又将何辞以对？""法律应予反坐"。② 有人也明确地指出：政府有"惩治汉奸条例"，现在各报所讨论的陈独秀事件，"若他罪证确实，自当处以应得之罪；否则说他是汉奸的日报杂志等，自亦构成诽谤之罪"；"陈独秀自可依刑法第三百十条起诉于法院"。③ 这使中共处于很被动的地位。

应该指出的是，在陈独秀致《新华日报》的公开信后，事件的另一个受害人罗汉，也发表了一封给周恩来、叶剑英等人的很长的公开信，以自己的经历，驳斥了《铲》文对他的诬陷，同时以抗战初期与这些中共骨干接触联系陈独秀派与中共合作抗日的具体过程，指出博古曾对他说："据我自己观察，独秀的意见很少有和托洛斯基相同之点，故中央刊物近来已不把托陈并列一派。"后来罗汉责问周恩来，为什么在武汉出版的《群众》杂志署名汉夫的文章，竟加独秀以"匪徒"的称呼。"恩来兄说，那篇文章的'匪徒'字样，他的确曾经勾去，后来不知怎样又被手民误植上去了。"恩来又说："所谓中国的托派，事实上亦很复杂，如何分野个人亦不十分清楚，不过我大约可以将其分为四派：一派是赞成抗日的，你和独秀等均属之……"④ 这表明周恩来等共产党人对陈独秀"汉奸"问题是有明确认识的。

但王明、康生制造的诬陷陈独秀为汉奸的事件，给中共带来了极大的负面影响，后来，周恩来在十分困难的条件下，对各方面人士做了许多工作，并多次托人去看望陈独秀，并嘱陈在当时"不要活动，不要发表文章"，⑤

---

① 《托陈汉奸匪徒卖国通敌到大后方　陕甘宁特区政府公审托陈匪徒》，《救国时报》第151期，1938年2月5日。黄公度即王公度，如上述，他不是中共党员，也与托派没有关系。其实，张慕陶、徐维烈也都不是托派。梁干乔是早期的托派，1931年5月托派小组织统一后不久，即投靠国民党，这时也不是托派，更没有当汉奸。当时国共抗日统一战线已经形成，但有些人还停留在"反蒋抗日"或"反共抗日"的立场上，于是，国共两党和其他地方军阀都借助苏联肃托旋风来打击或枪毙自己的政敌。虽然陈独秀已经明确表示拥护抗日统一战线，但王明及康生的锄奸部，还是要把他打成"汉奸"，并要求枪决他。

② 《提高政治道德》，《大汉晚报》1938年3月23日。

③ 徐乐如：《最近陈独秀事件的法律观》，《民意周刊》第16期，1938年3月22日。

④ 罗汉：《给周恩来等一封公开的信》，《正报》1938年4月25、26日。

⑤ 《黄理文谈陈独秀》，吴信忠整理，《周钦岳谈陈独秀》，周祖羲访问整理，1982年12月。周钦岳抗战期间任重庆《新蜀报》主编，在武汉和重庆，与周恩来及陈独秀都有来往。

以免事态扩大。在共产党内很有威望的老人、与陈独秀关系亦好的徐特立，当时任长沙八路军办事处主任，也在陈独秀的学生何之瑜的陪同下，特意到武汉慰劝陈独秀，再加上武汉保卫战迫在眉睫，各路精英纷纷准备后撤，才使这场风波平息下来。

但是，由于是非不清，冤案未了，陈独秀仍耿耿于怀。他只答应暂时休战，准备将来"算总账"。他在给何之瑜的信中说："徐老先生（指徐特立——引者）所说：'事情是解决了的。'真使我莫明其妙！罗汉的事，有他自己与你们的信，我不愿多说。关于我，恐怕永无解决之一日。他们自己虽然没有继续说到我，而他们正在指使他们汉口及香港的外围，在刊物上，在口头上仍然大肆其造谣污蔑。我在社会上不是一个初出茅庐的人，社会自有公评，他们无情理的造谣中伤，于我无损，只他们自暴其丑陋而已。我拿定主意，暂时置之不理，惟随时收集材料，将来到法庭算总账……"① 可是，接着他流亡入川，武汉失守后抗日战争进入艰苦的相持阶段，他即病逝于这个阶段中，没有得到"算总账"的机会，在很多人眼中他还是带着"汉奸"这个罪名入土的，可谓遗憾终身。直到1984年，中共文件承认"三十年代王明、康生诬其为日寇汉奸，亦非事实"。②

王明、康生等诬陷陈独秀在海外受到抵制

在武汉，战局关系及周恩来等的努力，使诬陈事件未了。但王明、康生等在"汉口及香港外围，在刊物上，在口头上仍然大肆其造谣污蔑"，在香港的中共中央华侨委员会还令各国华侨的共产党组织，也继续进行诬陷工作。

1938年8月，陈独秀在重庆发表了《告侨胞书——为暹罗〈华侨日报〉作》一文。文中指出："我们的民族运动，是站在各民族平等的原则上面……因此我们侨胞所在的地方，如果是一个民族独立国家，如果她不公开的直接加害于我们，我们便不应该站在自己民族利益的立场，或站在什么'阵线外交'的立场，来妨碍别人以民族利益为本位的外交政策。这样的妨碍不但违反了民族自决的精神，而且只有迫着他们对我们益加疏远，甚至仇恨。"③

① 《陈独秀致贺松生的信》，1938年4月8日，未刊。贺松生即何资深、何之瑜。
② 《关于严肃注意防止不适当地宣传陈独秀的通知》，中宣发文第13号，1984年3月19日
③ 陈独秀：《告日本社会主义者》，亚东图书馆，1938。欧阳会说：离休后我三次去泰国，刊登此文的暹罗《华侨日报》已经找不到了。

这是针对当时受中共领导的暹罗共产党（实际是纯粹的华侨党）在泰国搞极左运动而言的。据当时暹罗共产党领导人欧阳会老人回忆：

陈独秀的文章是暹罗《华侨日报》社长"老丁"（李慕逸）回国拜访陈独秀后约陈写的。老丁是反共拥蒋的国民党人，与中共领导的暹罗华侨党斗争得很厉害。由于侨党一开始就在极"左"路线指导下活动的，发传单，闹罢课，宣传"打倒泰国政府""保卫苏联"；"工人无祖国"，而把"苏联当作自己的祖国"；更严重的是与当地的黑帮势力结合在一起，成立"锄奸团"，对卖日货的商人，若不公开登报承认错误，并向延安捐款者，立即实施暗杀，而且天天杀人，而被杀者一般都是国民党方面的人，把内战打到国外，造成暹罗社会的恐慌。暹罗政府因当时弱小，是被迫亲日的，对共产党极为不满，严厉镇压，但共产党以"抗敌救国会""读书社"等群众团体的面目出现，政府也很无奈。老丁在"一二·九"时就写文章骂侨党扰乱社会秩序。但这个人是个老报人，办报纸很有一套，在暹罗很有名。当时因国共抗日统一战线，《华侨日报》也联合办报。他负责报纸的"社论"和"华侨公园"两个版，侨党负责"文艺"和"生活"两个版。这次老丁组织了一个"战地访问团"回国到重庆，并拜访陈独秀，自然讲到了中共侨党在泰国极左闹革命的情况。所以，"陈独秀写文章时对我们在泰国的活动是很了解的，他的这篇文章实际上是对我们极左错误的批评"。同时，老丁还办了一个《华侨周刊》，发表了回国时他们访问团与陈独秀的合影。

我们看了很震动。当时领导我们的中共香港侨委指示我们，陈独秀是托派，必须批判。因为这事发生在我们工作的地区。但是，怎么批？我们看不出陈独秀的文章有什么错，也不知道给鲁迅写信的"陈仲山"是什么人，更不知道"托派"是怎么一回事。于是领导上向我们提供三个文件：康生写的说陈独秀是日本间谍的文章；巴黎《救国时报》上骂陈独秀是"托匪汉奸"的文章；还有鲁迅给陈仲山的信（骂托派拿日本人的钱办刊物）。党的书记刘石就找我们开会，说："陈独秀是汉奸，老丁利用汉奸来骂共产党，我们不能不管。"于是，决定刘石、杜子贵、如心写三篇批判陈的文章。当时我们共产党是非法的，不能以共产党的名义来批判陈独秀，于是我们决定用"读书社"的名义来进行。杜子贵是党员，但他以商人面目出现，专门做出版书的生意。如心是非党员，是教书的，但他文笔很好，写的诗和散文很有名，人也很正派。他不参加共产党，也不参加救国会，老丁找他来学校是为了冲淡颜色的，不要让我们把学校搞得太红了。于是我们决定让他来写批陈的文章。我的任务是在团里组织大家学这些康生等写的文件。

后来，如心来找我，表示自己不了解共产党，也不了解陈独秀，不愿写，说我是搞政治的，让我来写。我看他很为难，就把他的材料拿回来，我说我试试看吧。我们也有一个叫"我们"的读书社，刘石领导，我做具体工作。我也不了解陈独秀和托派，连陈仲山是不是陈独秀也不知道，于是我只好用这些文件凑了一篇文章交给他。刘石是我们的书记，写了一篇比较有分量的长文章。杜子贵也是把陈独秀的文章断章取义，凑了一篇，说陈独秀散布亡国论。三篇文章写后怎样发表呢？老丁控制的《华侨日报》肯定不会让等于批判自己的文章发表。先打算在我们《中国报》上发表。这个报纸的后台蚁光炎是亲共的商人，华侨总商会会长，派他的秘书当主编。但主编是我们的党员，编辑也都是我们的人。我们认为文章在这个报上发表没问题。但这个主编看后很慎重，说《中国报》登，骂《华侨日报》，引起争论，这个事情闹大了怎么办？于是去征求蚁光炎意见。蚁说先不急于发表，把文章和材料都拿了去。我们想到还有一个读书社叫"傍仿社"，是几个人搞的。笔头很硬，办一个"傍仿"刊物，专门谈风花雪月、华侨生活，但这个组织从来不开会，很松散，我们打不进去，对我们敬而远之，与我在一起时喝茶聊天可以，开会不来。他们不谈爱国，不谈八路军。说到这些文章，他们把国内支持陈独秀的《扫荡报》等文章及共产党批判陈的文章念给蚁光炎听，蚁问二句话："你们说陈是汉奸，有没有根据？""政府有没有宣布？"我们说没有看到。这几个人都是同情陈独秀的。他们就说如果我们登，《华侨日报》来反对，我们再反过去。这样反来反去，影响团结抗战，多不好！蚁光炎说不登。

但是，刘石觉得这个任务不能完成，对上面不好交差！如果硬来，也不好，因为《华侨日报》社长很有名，社会上影响很大。最后想到还有一个《中华民报》。它的副刊《真言》一个月给我们一期，随便我们发表什么，出面的是我们的邱叶山。这个人原来是广东汕头共产党的，听省委指示，经常搞游行，结果暴露，逃到泰国。他说共产党搞得太左了，唱什么"地主分子杀杀杀，地主房子烧烧烧"。所以，到泰国后靠近我们，但组织生活不参加，脱党了。我们认为他不是党员正好。刘石派我与他联系，每次我把刘石准备好的稿子给他，他就发表。可是，这次怎么总不见发表。我就问他。他说他也不同意，压下了。但他对刘石不敢这样说，因为刘是我们的领导，他说是社长不同意。后来我问他，你根本没有把稿子给社长，怎么说社长不同意。他说你不用管了。后来我到香港探亲碰到他，他说他同意陈独秀的观点，所以不愿发表。

那么，这件事后来怎么解决呢？文章又回到刘石手中，他火了，说"他妈的，各家报纸都封锁我们的文章，不封锁陈独秀的文章。"我们在《华侨日报》上也有一个副刊，叫《我们的话》。负责人叫邱心婴，就让他想办法发表。这个人几次要求入党，刘石说你暂时不入党好，便于工作。这次接受了任务，他也觉得不好办。于是他对社长老丁说："告诉你一个消息，你发表的陈独秀文章，引起了很大的反应。"老丁说："好啊，那就让他们写文章讨论。"邱说："不是讨论的问题。那些反对你的人都是'哥们'啊"，说着用大拇指朝老丁的心脏指了指，意思是专门搞暗杀的"黑帮"，也就是我们的"锄奸团"。这下老丁害怕了，问怎么办？邱说："我来组织几篇稿子，应付一下算了。"老丁说："那你赶快去做吧！"邱就把我们的文章，删删改改，把尖锐的词都去掉，然后在报屁股上登了一下，就算了事。

从这个过程看，几乎所有的正派人，都支持陈独秀的，不愿意批判他。后来蚁光炎找人、找我们开会反复验证陈独秀的经历。特别是有一个叫黄病佛的人，对他说陈独秀主张华侨不要干涉人家内政，要遵守人家的法律，这是对的。蚁光炎在会上没有与我们说话。后来回国找到在香港的共产党侨联负责人之一连贯，他不说托派问题，而是介绍了陈独秀的观点。然后说泰国政府找了他（因为他是泰国总商会会长，全国商人归他管；国民党也找他，因为当时国民党政府与泰国没有外交关系），对他说："共产党搞得太凶了，天天杀人，商人都惶恐不安，因为你卖布，布是日本的，就说你不"抵制敌货"（因为泰国政府不愿得罪日本人，不准我们提"抵制日货"，我们就提"抵制敌货"），杀！如果你卖货给日本人，就说你是敌人，杀。我们就是这样天天杀。我们还认为这样做很对。因为我们还为国内抗战募捐。但是泰国政府对蚁光炎说："你们这样搞，我们政府还要不要。日本领事馆找我，我怎么说？你们提抵制敌货，我们已经容忍了，可是现在你们天天杀人，弄得太恐怖了。这是第一；第二，你们杀人不解决问题，因为你们中国人不卖日本货，泰国人卖，印度人卖。总之，你们这样做我很被动。你得管管华侨。特别是那个暗杀团，那是黑社会呵，是黑帮呵。你给他们吃，给他们喝，他们听你的，不要那么嚣张好不好。"意思是反对搞恐怖。可是当时我们的领导很赞成这一套，廖承志（香港中共侨委另一个领导人）称赞新加坡共产党"割鼻子"，对后来侨办主任彭国海（新加坡共产党领导人）说"你是割鼻子的能手"，而我们是干脆捅掉。其实，我们杀汉奸主要是杀国民党，虽然是国共合作，但看着我们、妨碍我们的主要是国民党。所以，我们讨厌国民党胜过卖日货的汉奸。

这个情况反映到连贯那里，连贯觉得这是个问题，批评我们说："你们太左了，人家对你们敬而远之了，你们开会、募捐，人家就躲得远远的，不敢同你们接近了。"所以，连贯就通知我们立即停止暗杀团的活动。蚁光炎回来就是这个意见，说泰国政府对我们有意见。实际上这也就是陈独秀的思想，要遵守人家国家的法律嘛。什么"汉奸"，人家都不相信，汉奸能说出这样的话吗？当时我们批判陈独秀完全是受指示，受蒙蔽，太幼稚了。

锄奸团解散，我们在泰国站不住脚了，于是就我们全去了延安。我们曾经大力支援延安、八路军、新四军：募款捐钱，捐物，药品、汽车等，培训司机、收发报员等。但由于搞极左的"锄奸"活动，又公开批判陈独秀的华侨观，失去了广泛的同情，弄得在泰国立足点也没有了。①

对托派极左派的再批判及思绪的回归

陈独秀在出狱后，拥护国民党蒋介石领导全国抗战，拥护共产党的抗日民族统一战线政策，以及在武汉开展新局面的努力，是违背托派的传统路线的，因此一开始就遭到上海托派中央强烈的抨击。因为他们依然教条主义地对待托洛茨基的指示。

中国抗战爆发后，托洛茨基与他的第四国际对中国托派的路线有明确的指示。1937年8月，第四国际专门通过关于中日战争的决议案，提出了两

① 《欧阳会回忆录》，唐宝林整理，2010年5月。

个"打倒"的口号："打倒国民党！""打倒日本帝国主义！"① 托洛茨基在致友人信中，也指示，对于抗战，"一面要积极参加"，"一面政治上准备推翻蒋介石。"② 对于第二次国共合作，托氏更是极力攻击："共产国际的中国支部遵照着莫斯科的命令……又在重复着这个同样的致命的政策。"③

陈独秀出狱后不久，其他托派也都先后被释放，彭述之由于在托派运动中的严重争吵，不像郑超麟和王文元、濮清泉那样与陈独秀见面，而是历尽千辛万苦回到了已经成为日寇统治中心的上海，与陈独秀诀别了。这时上海托派只剩下 10 个人。他与另一个从监狱出来到沪的刘家良，一起加入了临委。临委书记仍是陈其昌（不久由彭述之接任），其他委员有李福仁、寒君和邵志诚（又名邵鲁，对外充当李的司机）。他们根据以上托洛茨基和第四国际的指示精神，在 1937 年 11 月上海失守后，召开了一次"中国共产主义同盟上海党员代表大会"，通过了《目前抗战中我们的任务与策略的决议》，提出了托派的抗战纲领。

决议认为，国民党抗战，一是"不能不以'应战'来维护其统治权，一是以'应战'作为达到它妥协投降目的的手段"。因此，他们的政策是："全体民众自动组织和武装起来参加抗战……立刻召集紧急的普选全权国民会议以领导彻底的抗日战争"；对于国民党各派，"号召群众监视他们的行动，并准备力量推翻他们"。对中共执行的民族统一战线，他们更是攻击为"彻底投降"，"今天的'国共合作'，不仅是 1925～1927 年国共合作的重演，而且是自觉的叛变。斯大林党已经完全堕落为小资产阶级的改良派，它今后只有依附于一派资产阶级以反对另一派资产阶级……成为资产阶级欺骗和压迫民众之天然工具。"陈独秀斥责上海托派临委的主张是"极左派"，不屑一顾。转向托派以来，他与这种倾向做了不懈的斗争，写了无数的文字，实在已经倦了，现在终于有了摆脱他们的机会。

托派中最有理论修养、被称为是他的"忠实学生与同志"的郑超麟，在 1937 年 8 月 29 日出狱后，曾到他的住处（陈钟凡家）看望他。郑明确反对他拟的几条抗战提纲，特别是反对暂时对国民党"休战"，并从理论到实践各方面，认为共产党会解散组织加入国民党。陈独秀反驳了郑的观点，坚决支持共产党联合国民党一同抗日的政策。郑很克制，没有与陈大吵大闹，因为他太了解陈

---

① 《第四国际执行委员会书记局关于中日战争决议案》，《中国革命问题》，第 272 页。
② 托洛茨基：《论中日战争致里维拉的信》，1937 年 9 月 23 日，《中国革命问题》，第 351 页。
③ 托洛茨基：《伊罗生著〈中国革命悲剧〉序》，《中国革命问题》，第 364 页。

独秀的脾气了，吵也没有用。于是，话不投机半句多，第二天就离开了。这一对从 1924 年以来在腥风血雨中结成深厚情谊的同志，就这样再也没有见面。陈却在文章和书信中，经常批评郑把中日战争看作蒋介石与日本天皇之战，应当采取"失败主义政策"等荒唐的观点。而郑活到 1998 年，活了 98 岁，经历了 1949 年思想改造，包括 27 年的监狱生活，其信仰却始终未改。

陈独秀知道，他在抗战初期表示的抗日主张和在武汉与何基沣师长的接触及与第三种势力的联络，必不为上海托派中央所容，所以，他一开始在南京和武汉"广泛声明"，他不再代表任何党派，并于 1937 年 10 月 21 日致陈其昌的信中，明确告诉了托派临委：

> 我只注重我自己的独立思想，不迁就任何人的意见……不能代表任何人，我已不隶属任何党派，不受任何人的命令指使，自作主张自负责任。将来谁是朋友，现在完全不知道。我绝对不怕孤立。①

陈独秀的这个声明，引起托派临委的惊慌。他们有的主张"公开向外声明，D. S.（陈独秀在托派内部的代号——引者）同志的意见不是我们共产主义同盟的意见，有些同志甚至主张与他决裂"。② 代表年轻人的托派中最极端的极左派刘家良说："陈独秀及其附和者对中国资产阶级存在着强烈的幻想……据我们观察：这个机会主义者（一个标准的机会主义者）是没有希望了。与他决裂只是一个时间问题。"③

当时临时回美国的李福仁甚至认为陈独秀是以"某种方式政治上的投降"，国民党才把他放出来的。④ 因为他听信托洛茨基的话：国共一合作抗日，就会杀死狱中的陈独秀，为此曾接受托洛茨基的委托，要在中国发起援救陈独秀的运动。但是这个运动没有发起，陈独秀却安全出来了。

最后，临委在多数人的赞成下，通过了一个叫《我们对于独秀同志的意见》⑤ 的提纲，严厉指责陈独秀发表的"与任何党派没有关系"的声明，

---

① 《陈独秀的最后论文和书信》，第 24 页。
② 《临委给国际的报告——关于 D. S. 同志问题》，《保卫马克思主义》卷 1，第 28 页，1946 年托派多数派所印的油印小册子。
③ 《刘家良致李福仁的信》，1937 年 11 月 21 日，《托洛茨基档案中致中国同志的信》第 69 页，注释 1。
④ 《托洛茨基致李福仁的信》，1937 年 12 月 1 日，《托洛茨基档案中致中国同志的信》，第 68 页。
⑤ 《保卫马克思主义》卷 1，第 7 页。

是"完全采取了'超党'的，即'超阶级'的立场。他自'八一三'以来所发表的一切文字，正由这一立场出发，因此一贯地充满了机会主义的精神，即充满了站在各党派之间、站在政府与民众之间的调和主义精神，这是根本违背了马克思主义的'阶级对阶级'的基本观点"。

提纲接着逐条批驳了陈独秀的抗战主张：

（1）"D.S. 主张'民族利益高于党派利益'，这在马克思主义的观点，也是错误的。因为'民族'是抽象的，在现代的社会里，真正代表民族利益的往往是一个最进步的阶级（是现时的无产阶级）……又必须是一个真正革命的马克思主义的党。所以单纯地说：'民族利益高于党派利益'，实际上即等于否认无产阶级在民族解放斗争中的领导权，这根本是反动的思想。"

（2）提纲一面重申托派临委的抗日政策，认为国民党的抗战，是"为了保持自身的权位，迫不得已的而起的'应战'……是不能贯彻到底的，将不可避免地要走到中途妥协，屈服投降。因此我们的基本政策是……准备于它真正投降时以实力去推翻它，使抗战不致半途中止"；一面批判陈独秀"把国民党政府这次应战的革命意义尽量加以夸大，同时，不仅自己拥护国民党领导抗战，又公开叫民众'要相信政府有抗战决心，是不会中途妥协了'，这完全是替国民党政府作宣传筒，结果即是欺骗民众。这与我们的基本政策毫无共同之点"。

（3）"D.S. 所说的'共产党及其他党派都应以在野党的资格拥护抗日战争，一致承认国民党一党政权及其对抗日战争之最高统率权这一事实。不要把开放党权和开放政权混为一谈。'这里十分明显的是主张维持国民党的军事专政，是完全放弃了以普选全权的国民会议来代替国民党的军事专政之原来的政治主张。"

（4）愤怒指责陈答复《新华日报》的公开信中，"不但不严正反驳史大林党之对于我们整个组织的无耻诬蔑，反而公开地宣布他与'托派'没有任何关系，即公开宣布他已脱离了'托派'，这完全表示了，他放弃了自己多年来所坚决拥护并为之奋斗的革命旗帜，这等于叛变了组织，叛变了自己"。

（5）"D.S. 所以远离第四国际的基本立场，在最重要问题上走到了如此的机会主义，主要是由他自出狱后希图无条件地保持自己的'公开地位'，因而不得不向国民党政府妥协，不得不向史党（即中共——引者）表示让步……放弃了自己原来的革命立场，然而这正是社会民主党及一切所谓合法马克思主义者之所以堕落之根本原因。"

提纲最后提醒说："D.S. 要想重新回到革命的队伍里来，首先必须考虑他所幻想的'公开地位',进而考虑他近来全部思想错误的根源,否则他的错误将跟着时间前进至于不可收拾。"但在"附言"中,又以和解的口吻表示:"我们希望 D. S. 同志能站在革命的利益上来互相讨论和批评,以便最后获得共同一致的正确结论。"

托派临委这种思想僵化、抱残守缺、不可理喻的状态,使陈独秀深为绝望。他对他们已经不屑一顾。但他明白他们极左的根子在托洛茨基那里,于是,他采取了一个彻底的办法,直接向托氏写告状信。由于是向托氏写信,他又不得不用"我们"即整个中国托派的名义来自称,说明他还是希望托氏运用其声望来挽救中国的托派事业。

信一开头就叙述中国抗战溃败的局势,及中国托派由于极左派路线的错误,造成组织衰微,因而对这种局势处于恼人的无能为力的状态。他哀叹:"我们当然未曾幻想在此次战争中有很大的发展。然如果政策比较的正确些,也不致像现在这样衰微。我们的集团,自始即有极左派的倾向。"然后他列举自己在与托派斗争中对方的极左观点说:有些人认为民主革命在中国已经完结;有些人认为下一次革命性质是单纯社会主义的没有民主成分,甚至一开始便是社会主义的,攻击同志中主张中国无产阶级应该把解决民族民主任务放在自己双肩上的人是左派资产阶级的意识;有些人认为国民会议是反动时代和平运动的口号,不能用作夺取政权的口号;有些人认为任何时期任何事件任何条件下,和其他阶级的党派协议对外国帝国主义或对国内独裁者的共同的行动,都是机会主义。"这些极左派的倾向在组织内部的宣传起了很大的作用,遂决定了对中日战争的整个态度,没有人能够纠正,谁出来纠正,谁就是机会主义。"这就是他的心酸之处,他曾"出来纠正",他就被说成是一个"老机会主义者",并一度被开除出托派。

更使他痛心疾首的是,由于托派的这种极左派错误,使斯大林、王明、康生的"托派即汉奸"的宣传也产生了恶劣的影响。他说:"在战争中,这般极左派的人们,口里也说参加抗战,但同时却反对把抗日战争的意义解析得过高,他们的意思或者认为只有反对国民党统治的战争才是革命的,反对日本帝国主义的战争不能算是革命的;又有人讥笑'爱国'这一名词,甚至有人认为此次战争是蒋介石对日本天皇的战争。有人认为工人参加战争是替资产阶级当炮灰。他们认为谁要企图同共产党、国民党谈判共同抗日的工作,谁便是堕落投降。群众眼中所看见的'托派',不是抗日行动，而是在每期机关报上满纸攻击痛骂中国共产党和国民党的文章，因此使史大林派的'托派汉奸'的宣传在各阶层中都得到了回声，即同情于我们的人也不明白'托派'目前所反对的究竟是谁。从开战一直到今天，这样状况仍旧继续着，不但未能获得群众，简直无法和群众见面，因此使他们的意识更加狭窄，竟至有人造出一种理论说：一个革命党员，社会关系越简单越好。"

为此，他给托派的结论是："这样一个关门主义的极左的小集团（其中不同意的分子很少例外）当然没有发展的希望；假使能够发展，反而是中国革命的障碍。"

最后，为了打动托洛茨基，陈独秀把托派在中国的发展与第四国际的威望联系起来。他把中共与托派对比，报告托派的力量："中共人数远远超过我们，然亦只是些知识分子和没有一点工人基础的武装队。我们在上海、香港二处有组织的人共计不满五十；其余全国各地游离分子大约在百人以上"；然后他提出今后正确的工作方针及托派应彻底改变现状："我们不应该幻想着把工作推迟到收复失地以后再做；应该立即准备在日本继续占领的环境中开始在当地狭小范围内从头做起……只有组织上获得数量众多的工人群众，政治宣传行动上无保留的以百分百的力量用之于民主民族斗争的小集团，才能够得上做重新创造无产阶级政党的中心势力。在组织上努力接近工人，加上民主民族斗争的宣传，这种初步而基本的工作，在日本占领区域或国民党统治区域，都同样是应该采取的方针……现时远离现实斗争的极左派，如果不能深刻的觉悟过去轻视民族民主斗争的错误，大大的改变态度，如果不是每个人都低下头来在上述工作方针之下刻苦工作，如果仍旧说大话，摆领导者的大架子，组织空洞的领导机关，妄想依靠第四国际支部的名义闭起门来自立为王，那么除了使第四国际的威望在中国丧失外，别的将无所成就。"①

---

① 《陈独秀给托洛茨基的信》，1938 年 11 月 3 日。这封信最早刊登在 1946 年托派多数派油印的《保卫马克思主义》卷 1 的"附录"上，取名为《DS 给国际的报告》，但是没有注明日期。1948 年何之瑜把陈独秀的部分遗著编辑成小册子《陈独秀的最后论文和书信》时，请郑超麟回忆，注明为"1939 年某月"。1993 年收入上海人民出版社出版的《陈独秀著作选》时，根据郑超麟的回忆，注明为"1939 年 1 月"。流亡在英国的王文元见后，告诉郑超麟，他在托洛茨基被刺杀后 40 年开放的托氏档案中发现：陈独秀写的原信，注明为"1938 年 11 月 3 日"。于是郑写了《陈独秀致托洛茨基的信是哪一日写的》一文（刊唐宝林主编《陈独秀研究动态》第 6 期，1995 年 11 月），进行了纠正。

在这封信中，真实地表达了陈独秀对中国前途的忧虑与希望：他对国民党的失望，对共产党农村斗争的轻视，和在武汉独立开创政治局面失败后，对托派极左派倾向的痛心及无奈中又有一丝希望。这种思绪与抗战初期对抗战形势的乐观，对国共两党的拥护，对托派表示"已不隶属"的关系，进而与中间势力的联络等思绪与行动，形成鲜明对照。说明一年的抗战生活，使他的思想受到很大的刺激和变化。为什么会有这样大的变化？

第一，他只反对托派的"极左派"倾向及托派领导集团，不反对托派组织。在信中，陈独秀把"我们的组织"与"极左派小集团"是分开的，谴责后者，而对前者表示希望。从私人关系上说，这个"小集团"，那时实际控制在他长期厌恶的彭述之、刘家良和尹宽手中，这无疑更增加了他与"小集团"的对立情绪。如他所说："关于老彭和长子（尹宽），即使意见相同，我也誓不与之共事，况且根本意见相差很远。"① 因此，他可以在实际上脱离极左派领导的托派，不接受托派临委的任何约束，宣称与其没有"隶属"关系，以至被人误会他已"声明脱离了托派"，实际上他一再拒绝作"脱离托派的声明"——讥其为"画蛇添足"，更不能公开反对它。

第二，他只反对托派的"极左"路线和政策，不反对托派的理论基础和基本原则。陈独秀给托洛茨基信中，只批判托派极左派在革命性质、国民会议、共同行动等传统的错误，这些错误也是他与托派的传统分歧。但在反对阶级联盟（如第一次国共合作那样的党派混合）、城市中心、工人为基础等基本原则，与托派临委没有分歧。如他在最早向临委宣布"我已不隶属任何党派"的信中就曾批评他们"乱骂"中共和国民党，尤其是骂中共执行"联合战线"政策是"阶级合作"，是中国革命的"制动机"和"障碍物"时，认为"不是原则上的错误，政策上是非常错误"，因为"不曾看见共同的敌人"。而在给托氏的信中，他所以蔑视"人数远远超过我们"的中共，就是因为中共没有工人基础，不以城市为中心，所以，绝不是马克思主义为指导的无产阶级的政党。而在这些原则方面，托派（即使是极左派）一直没有放弃。

第三，他想做"无党派人士"失败后的思想回归。抗战初期，他想利用在国民党监狱中出来的、公开身份的条件，以无党派人士的面目，拥护国民党政府领导抗日，以换取公开活动的身份；拥护共产党的抗日民族统一战

---

① 仲：《给陈其昌等的信》，1937 年 11 月 21 日，《陈独秀的最后论文与书信》，第 24 页。

线，以试图谋取合作抗日、为国效力的机会；接近中间的民主党派及军人，以谋取自己开创独立政治局面的可能。总之，根据当时复杂的局势，他需要观望、揣摩、尝试一下，决定新的朋友。如他对王文元所说，今后他再不属于任何党派，"陈独秀只代表陈独秀个人，至于谁是朋友，谁是敌人，得在新斗争的分分合合中决定了"①。他在给陈其昌等人的信中也说："你们都是史大林主义者，都是老彭的朋友，和我非永久的伴侣……将来谁是朋友，现在完全不知道。"②

那么，他一年来的观望和努力得到了什么呢？

一是对国民党的希望完全破灭：开战前国民党政府没有作战的意志，仓促应战，最不可少的准备太不够，甚至某些部分简直没有。开战后，复以反革命的方法来执行民族革命的任务，所以军事失败。

二是对共产党满肚子怨恨，王明、康生等竟然无中生有，把他诬成"汉奸"。

三是那些中间民主人士太经不起风浪，如救国会、第三党等，国共一挤压，都离他而去。而且在"汉奸"事件中，为陈独秀辩白的九人公开信署名者林庚白，在《新华日报》一个无理的反驳后，竟然发表声明表示动摇："特郑重声明，本人于该函之内容，完全不能同意，应不负责任"。③ 这又引起一片讥嘲声。这说明他要团结"不拥国不阿共"的势力开创一片新天地，是多么不切实际的幻想。

真是无可奈何花落去！面对这种悲凉处境，他茕茕孑立，形影相吊，无限怅惘。尤其是 1938 年 7 月，他不得不在日本的炮火下只身流亡四川后，生活上又一次饱受磨难。正是在这又一次严重失败和从未有过的孤独之中，上海临委派了与他有深厚情谊的陈其昌长途冒险来到他的身边，与他交换意见。在这种情况下，他写了给托氏的信。信中流露的感情和立场，也就很自然了：他不得不承认他的基础还是托派，也只能是托派。

但是，要他放弃自己的原则，与托派极左派小集团和解，也同样不可能。因为它不仅"没有发展的希望"，"反而是中国革命的障碍"。这是一种多么痛苦与无奈的心情。所以，他给托洛茨基信中提出的由民主民族革命

---

① 王凡西：《双山回忆录》（增订本），第 266 页。

② 仲：《给陈其昌等的信》，1937 年 11 月 21 日，《陈独秀的最后论文与书信》，第 23 页。

③ 林庚白致《新华日报》的信，《新华日报》1938 年 3 月 16 日。

"从头做出"的设想，既是一年来努力受挫后的呻吟，又是不甘失败的挣扎。

学术界有人拿刘仁静提供的情况，证明陈独秀已经与托派脱离关系。刘在 1938 年到武昌，找到了陈独秀，"陈独秀开始对我很客气。第二天去见他，他就不见我了，还给我留下一封信，那封信表示和我绝交，划清界限"。[1] 其实，刘仁静后来自己出来纠正说："有人说陈独秀那次不见我，是表明他与托派划清界限。实际相反，因为我当时已是被托派开除的人，所以他不与我交往。"[2]

原来，刘仁静在 1935 年 3 月北平被捕、押往南京判处徒刑两年半、进入苏州反省院执行后，担任了这个反省院犯人"自治会"主席。他在反省院办的感化犯人的半月刊上，发表了多篇文章，继续宣扬被陈独秀批判过的先"经济复兴"、后"发动革命"的理论，宣称："现在民族复兴的途径只有靠阶级调和，一致对外。""就中国现状看来，在中国想实现社会主义或非资本主义，乃是一种人道主义者的幻想"；主张中国应该"节制私人资本，即是创造国家资本……实现孙中山先生的三民主义"。[3] 在狱中的陈独秀看到了老冤家刘仁静的文章，火冒三丈，立即建议托派临委开除刘仁静。

1981 年，笔者在收集陈独秀资料时，在某单位档案处保存的"陈独秀手稿"卷内，发现了一份以"中国共产主义同盟临时委员会"名义写的手稿——《开除刘仁静党籍启事》，启事写道："刘仁静于一九三五年春在北平被捕之后，未能保持革命者坚决的态度，后入苏州反省院，更显出动摇的倾向。最近我们在苏州反省院半月刊上，读到了他所投登的几篇论文如《节制资本刍议》[4] 等，竟公然站在三民主义的旗帜下，宣传中国资本主义的发展……他整个思想，无疑已投降于反动的孙中山主义之前。为此，我们郑重声明：中国共产主义同盟（布尔什维克—列宁派）决不容许抱有这样思想的分子，继续容留在他的队伍中。"这个《启事》写于 1935 年 11 月 17 日。后来经过临委核实修改后，改名为《中国共产主义同盟开除刘仁静党籍通告》刊登在托派机关报上，《通告》一开头与上述《启事》一样，说他

---

[1] 史斌、苏晏整理《访问刘仁静谈话记录》，1979 年 3～4 月，《党史资料》1981 年第 4 期。
[2] 唐宝林整理《访问刘仁静谈话记录》，1980 年 7 月 22 日。
[3] 刘仁静：《读〈资本论〉刍议》，《半月刊》第 3 卷第 11 期；《读〈西洋史论〉》，《半月刊》第 3 卷第 21 期。《半月刊》为南京反省院内部刊物，南京第二历史档案馆藏。
[4] 可能为《读〈资本论〉刍议》之误。

被捕后动摇，接着说："惟当时仅凭同志口传，本同盟不能率尔置信"。——这说明刘仁静问题的发现及处理意见，确是陈独秀首先提出。然后写道："近闻江苏反省院出版之半月刊，见有刘仁静投登的长文《读〈资本论〉刍议》、《读〈西洋史论〉》等篇，完全证实其思想的反动与叛变……为此，本同盟正式宣布刘仁静为共产主义叛徒，开除其党籍。"①

后来，刘仁静向李福仁问起这件事，李对他说："当时开除你，是狱中的陈独秀支持的。"所以，他出狱后，先到上海，要求恢复与托派的组织关系，未成；他又在1937年10月29日写信给当时在美国的李福仁和伊罗生，要他们转信给托洛茨基，请求帮助解决其恢复组织关系，同时报告陈独秀在武汉的言论，挑拨说："全体同志对他表示失望了。"②

但是，托洛茨基在1938年2月23日致李福仁的回信中，对陈独秀仍然表示关怀和尊敬，而对刘仁静却明确表示蔑视："至于刘仁静，我不愿给他回信。他太不可靠，局势太紧张，我无法确定他是否在玩两面手法。"③ 托氏对二人的态度，使刘仁静出乎意料。

刘仁静在上海碰了一鼻子灰，就到武汉来求助于老冤家陈独秀，如上所述，遭到了陈独秀的冷遇。

所以，陈独秀冷遇刘仁静，非但不能说明陈独秀与托派脱离关系，反而说明他为了维护托派的"纯洁性"，拒绝变节过的刘仁静再回到队伍中来。

果然，这位跳来跳去的刘仁静，在回到托派中来失败后，就公开投入到国民党的怀抱。1939年，刘仁静去西安，投到军统头目国民党第十战区政治主任梁干乔的麾下，任战区政治部宣传科长，专门对延安进行反共宣传。就这样，中国托派中两位唯一见过托洛茨基、因此一度自认为是托派"元老"的人，八年之后，不仅重新见面，还都投进了当年他们发誓要打倒的"国民党反动派"的怀抱。

现在再来谈陈独秀致托氏的信。如上所述，这封信是在上海托派临委之一陈其昌（与郑超麟、王文元一样的不同意陈独秀的思想，但维持着对陈尊敬的情谊）在1938年秋绕道香港到重庆探望陈独秀并向陈展示临委多数通过的第一个对他的决议文件《我们对于独秀同志的意见》后，陈独秀写

---

① 《斗争》第14期，1936年12月15日。
② 《托洛茨基档案中致中国同志的信》，王凡西译，第74页，注4。
③ 《托洛茨基档案中致中国同志的信》，第73页。

的，并托陈其昌带到上海，请李福仁转寄托洛茨基本人。由于当时东部大半个中国领土已经被日本帝国主义占领，陈其昌再绕道香港回上海时，已经是1939年1月。

上海临委的极左派，见到陈独秀向托洛茨基的告状信，气急败坏，立即通过了一个长达一万一千多字的第二个对陈的决议《临委给国际的政治工作报告》①附在陈独秀信一起，进行批驳。

但是，这个批驳是那样无力，反而证明在事实上陈独秀对他们的批评是正确的，如他们不得不承认陈独秀批判他们在抗战爆发后，在他们的刊物上还出现"打倒国民党政府"的口号，"这对于外面曾经发生了一些误会和不好的影响"；但又辩解说："其原因，一部分是由于疏忽，一部分是由于当时的负责者中有一人还坚持保留这一口号以为宣传之用。"然后又自吹上述上海失陷后即1937年11月通过的托派抗战纲领（包括对中共的攻击）是"完全正确的，因为这不但是根据过去俄国及中国革命教训，根据列宁与托同志最近关于中日战争所发表的许多文件（特别是一九三七年九月廿三日写给里维约同志的信）的意见相符，并且由中日战争一年余来的事实，也从反面证实了我们所采取的路线之正确"。

同时，《报告》也承认："我们的政治路线并没有能给予这次抗战以多大的影响。换句话说，我们并没有能根据我们的政治路线去鼓动民众，组织民众起来干涉这次抗战，转移这次抗战，以至抗战不断失败。"但接着又反驳陈独秀："但这不是我们主观的过失，更不能以此诬蔑我们的政治路线是错误的，像D. S.同志归咎于我们的。这是一大串的客观原因所形成起来的……至于要说到我们的错误，也不是没有……但同时也必得知道这是由于我们的组织太弱小太孤立了……"

报告在今后工作的打算中，一面坚持陈独秀批评的做法："尽可能地经常维持我们的刊物出版"；一面又采取陈独秀的建议："尽可能使组织接近群众，在工人及农民中建立新的群众组织"。

与托洛茨基的深情厚谊

陈独秀的告状信和上海临委极左派自我辩驳的报告，都寄到了在美国的

① 《保卫马克思主义》卷1，第10~20页。

托洛茨基面前，要求"最高裁决"。这给一直关心着中国命运，特别关心着中国托派命运，而又远离中国根本不了解中国国情的托氏来说，显然是一道很棘手的难题。

但是，托洛茨基已经是一个形成了自己理论体系的革命家，对陈独秀也有了较深刻的了解，这两点是不可能轻易改变的。

中国抗战爆发后，托洛茨基密切注视着陈独秀的命运与动向。他与托派临委李福仁的谈话与通信中，陈独秀始终是一个重要话题。1937年8月，托洛茨基在墨西哥考约奥冈寓所接见李福仁时，曾要李回中国发起一个"护陈运动"。因为那时第二次国共合作实现，根据他观察斯大林在苏联的做法，曾经"反蒋反共"而又在狱中的陈独秀有被处死的很大可能。特别是斯大林与蒋介石"盟约一签定，他们将杀死陈独秀：我们一定要为他发起一个运动，你（指李福仁——引者）可以发起这个护陈运动"。①

12月，当李福仁把陈独秀的抗战主张告诉托洛茨基，并表示支持彭述之和刘家良等人与陈决裂时，他回信要李"避免作出鲁莽的判断"，指出："战争初期，特别是民族战争的初期，总是给革命党造成最大的困难。即使是布尔什维克党——不是在一场民族战争而是在沙皇帝国主义战争的头几个月中，也完全瘫痪了。它的有资格的代表们发表了一些十分可疑的与模棱两可的宣言。后来逐渐地，在群众变动的情绪压力下，他们才回返到革命路线上来……我们不应该通过非常鲁莽与非常严厉的手段来和中国朋友们决裂，因为他们对自己的态度愈无自信，他们也就会愈加敏感。如果他们现在跨错了一步，同时却不曾跟第四国际破裂，我们一定要友好的与耐性的态度来批评他们"——可见，托氏对陈独秀抗战初期一面表示"不隶属于任何党派"，一面不表示"脱离托派"的态度，是十分谨慎的。

托氏不同意李福仁的陈独秀"投降"后才获释的猜测，认为这只能是一种假设，即在抗日问题上，"可能在一方面的蒋介石和另一方面的我们的同志之间架起了一座桥梁。可是却"完全同意"李说的"斯大林派（指中共——引者）现在可能要暗杀陈独秀的想法"，并说："正为了这个缘故，我相信他最好到美国或墨西哥来"。这是托氏最早提出让陈独秀到国外去的建议，而且态度极为诚恳和坚定。他要李以他的名义立即给陈去信谈这个问题："这对陈独秀来说是一个生死问题，对第四国际说则是一个巨大政治意

---

① 《托洛茨基档案中致中国同志的信》，第74页，注4。

义的问题，至于他能参加（第四国际成立）大会所能带来的好处，那就更不必说了。"这说明托氏始终看重陈独秀参加第四国际的意义。因为在当时第四国际筹备会的成员中，像陈独秀这样的重量级人物的确是凤毛麟角。

1938 年 2 月 5 日，托又致函李福仁，催促他设法把陈独秀"弄到美国来"，并教他"可以以出国宣传、使外国工人运动赞助中国为理由，要求当局授权放洋"。他仍认为："如果苏联参战……到那时我们所有同志会被消灭。我们必须在这个意义上对他们提出毫不含糊的警告。让陈独秀出来，无论对于他或对于我们，同样是很重要的。他在第四国际中可以起到片山潜在莫斯科给第三国际所曾起的作用——而且，我希望陈独秀还能比片山潜给革命事业带来更多的好处。"①

由于通信不便，过了四个月，托氏才知道陈独秀在中国拒绝发表"脱离托派"的声明，而他的担心也被王明、康生等诬陷陈为"汉奸"，要求"枪毙"他而一度十分危险的各种消息所证实。于是，他再次极其郑重地给李福仁写信道："我非常关怀的问题是陈独秀的人身安全。这是一个重要的政治问题。我毫不怀疑斯大林会在战争期间暗杀他……他应该到美国去，如有可能，应取得中国政府的同意……陈独秀如到美国，能为中国的反对日本帝国主义展开很有效的宣传。他以一个真正的中国人、一个老革命家、且以一个独立的政治家资格来进行这种宣传，对于美国工人所能发生的影响比莫斯科的代理人们所发生的要大一千倍。"

请看，由于得到了陈独秀拒绝发表"脱离托派"声明的讯息，托氏对陈的热情得到巨大的释放，给予了陈独秀如此崇高的评价。

同时，陈独秀发表的"我已不隶属于任何党派"的声明被中国托派误认为是"脱离托派"的声明，对他表示强烈谴责，而托氏却表示充分的理解："陈独秀对我们中国支部保持很谨慎的态度，我绝对能够理解。他在中国太出名，他的每一步行动都受着当局的管制……在这样的情形下，陈独秀很容易被牵连到某种臭名洋溢的司法罗网中去，如果发生这种事情，对他将是致命的打击，对第四国际也极为有害。他的处境如果尚非绝难忍受，却已是极端困难的了。他无论如何得跑到外国来。这是我最深的信心。"②

---

① 《托洛茨基档案中致中国同志的信》，第 71 页。片山潜原是日本共产党的创始人和领导人，长期在苏联共产国际工作。1933 年病逝于莫斯科。
② 《托洛茨基档案中致中国同志的信》，第 78 页。

这封信后，由于陈独秀只身进入四川，与上海托派失去了联系，托氏有大半年没有陈的消息，因此很着急。1939 年 2 月 23 日，他在给李福仁的一封短信中问：陈独秀的近况如何？他在干什么？他的思想如何？

现在，李福仁终于把陈独秀致托洛茨基的信和临委的反驳报告寄到托氏面前。一方面，托氏不得不承认，中国托派临委的抗战路线基本上符合他的思想和指示，另一方面，由于他有了以上对陈独秀的观察和了解，对陈信中的意见，也不能不重视。于是，他采取折中方法，调和两个极端，十分审慎地表示："我很困难形成一种确定的见解来判断我们的同志们的政治意见，或判断他们极左主义的程度，因之也不能判断我们老朋友（即陈独秀——引者）方面对于他们的严斥是否正确。"

这句话表达了托氏的矛盾、无奈和对中国国情的无知。他不可能承认他的理论是错误的、极左的，但为什么在中国的命运像陈独秀说的如此糟糕。他自认为自己的理论比斯大林正确，但在中国得到的结果，却根本无法与中共达到的成果相比。他不可能像陈独秀那样批评中国托派，但对于陈独秀仍忠于托派事业的思想感情及其提出的工作方针，显然深受感动。因为陈提出的当前只能进行民族民主斗争的主张，与他提出的中国在"过渡时期"以国民会议为中心口号所要解决的任务，并无不合。而陈独秀看不起中共组织，提出使中国托派成为"创造无产阶级政党中心势力"的意见，更是他一贯的愿望。在 1932 年 9、10 月间给陈的信和 1937 年 8 月与李福仁的谈话中，他都强调了这个愿望。所以，他又对陈独秀表示了较多的谅解和支持。他说："我非常欢喜，我们的老朋友在政治上仍旧是我们的朋友，虽然含有若干可能的分歧"；"然而他表示的意见，我以为在本质上是正确的，我希望在这个基础上能够同他经常合作。"①

关于陈独秀与中国托派临委的矛盾，基于他对陈的情谊和一贯的建议，认为很好解决，就是把陈独秀调离，到美国来参加第四国际的工作，这样既解决了陈与托派临委的矛盾，又解除了他认为陈留在中国危险的担心，更遂了他多年来要陈到第四国际来与他合作奋斗并提高第四国际威望的愿望。可谓是一举三得。可惜的是，他在一点上还是不了解陈独秀：陈首先是一个伟大的爱国者，在祖国危难时刻，绝不会离开祖国。另外，托洛茨基在写了此信的第二年，即 1940 年，自己也被斯大林派的克格勃用斧子残忍地砍死了。

_____

① 《托洛茨基档案中致中国同志的信》，第 28 页。

就这样，托氏的殷切期望没有实现，陈独秀少了一个能深切交流思想的知己。

王文元在陈独秀逝世时，写过一篇题为《托洛茨基与陈独秀》① 的文章，对托洛茨基为什么几次三番在陈独秀与其他托派斗争中袒护陈独秀，有这样的评述："将近十年来，如果没有托洛茨基的'保护'，陈独秀大约已不止一次地被托派中的某些'英雄'开除，宣布'自动脱离'或宣布'变节'了！"又说："托洛茨基在 1927 年 5 月 7 日第一次提到陈独秀时说过一句名言：陈独秀同志根据他自己观察来估计局势，与我们根据理论思考而估计局势，恰恰说着同样的话"；"这个评价决定了托洛茨基对陈独秀的态度，直到最后。他自始至终十分珍视那有经验的革命的陈独秀，而不重视马克思主义理论家的陈独秀。所以每当中国的年青托派或因意气、或因理论上的吹求、即或因正确的批评而攻击陈独秀时，托洛茨基所采取的态度总是袒护的甚至'曲宥的'。"文章还说托洛茨基所以特别看重陈独秀，是要陈参加第四国际，"正因为如此，他不断地要获知陈独秀的思想发展。自从一九二九年以来，陈独秀思想上的一切错误——无论真实的或虚幻的——托洛茨基没有一件不知道"；托洛茨基比任何人更明白陈独秀的错误，但他也比任何人更明白他的长处与价值，因而他比任何人更不愿做出陈独秀"变节"的结论。

文章甚至认定托洛茨基相信当革命局势来临时，陈独秀还会与他们"说着同样的话"；"真实的革命将使我们之间的意见消灭于无形，陈独秀还会回到革命的第四国际的立场来，他仍旧要在中国革命中起着巨大作用。"

上海托派临委见到托的回信后，对托氏在陈独秀问题上采取调和主义立场极为不满，他们又做出一个《临委给国际的报告——关于 D. S. 同志问题》，② 驳斥了托氏对陈的袒护立场，不接受与陈独秀调和："D. S. 同志自出狱后便一贯在政治上采取机会主义立场，在组织上采取取消主义的观点"；"我们不可否认的声明：D. S. 同志与我们之间在抗战过程中有根本不同的两条路线：一条是向孟什维克乖离的路线，一条是不可调和的布尔什维

---

① 连根：《托洛茨基与陈独秀》，《国际主义者》第 3 期，1942 年 6 月 25 日。连根是王文元的笔名。1942 年中国托派分裂成彭述之、刘家良为首的多数派；王文元、郑超麟、陈其昌、楼国华为首的少数派。《国际主义者》是少数派油印机关报。

② 《保卫马克思主义》卷 1，第 21 页。

克—列宁派路线。"

《报告》强调他们是"站在不可调和的阶级斗争观点上……监视着战争的每一步发展"，而陈独秀"一贯便采取政府与人民的中间的立场，一面向政府以超然的'公正人'的资格，哀求和说服政府对民众采取宽容和改良政策，一面则以空洞和含糊的话叫民众'相信'政府，叫民众'自动'起来帮助政府。这种游离的超阶级的态度与布尔什维克—列宁派的基本明确的阶级立场不能调和。"

《报告》再次否认陈独秀的批判，郑重地发表"最后负责的声明"："D. S. 攻击我们为极左派所列举的罪名没有一条是真实的！"——这简直是耍赖皮了，其实陈独秀对他们的批判条条是真实的，而且是至始以来长期如此。就连《报告》也不得不承认："我们这个团体一贯处境孤立……一贯与群众没有保持密切的联系，因此不能及时反映出广大群众心理的转变。"

《报告》再次暴露出他们教条主义的特征，集中火力攻击陈独秀已经离开了托洛茨基不断革命的理论。这一点倒是说对了，但这不是陈的错误，却是陈的优点！因为陈在《告反对资本主义的人们》《资本主义在中国》《我们不要害怕资本主义》等文章和演说中，在坚持带有托派色彩的"中国此时还是一个'初期资本主义国家'"观点的同时，强调"资本主义在中国，还有大发展的余地"。所以他叫人们"不要害怕资本主义"，还说："社会主义在中国的经济成熟，自然是无稽之谈；有相当力量的工业及其政党，只有在工业发达的资本主义社会才能够生长起来……""因此，我们可以得到一个结论：中国目前的问题，不是什么'社会主义，或资本主义'，而是'本国的资本主义，或外国资本主义的殖民地'。"

在这里，很有讽刺意味。以上观点，原本是陈独秀批判的刘仁静的观点，而现在却轮到托派临委来批判他了。据此，《报告》认为："他对中国无产阶级力量及社会主义的信心已根本动摇，他之屡屡郑重'无保留的以百分之百的力量用之于民族民主斗争'并不是表明他站在不断革命论的观点上来提出这个问题。恰恰相反，他最近思想的发展已接近了'阶段论'的学说。"

托派这里反对的所谓"阶段论"，是指资本主义以前的、落后的国家，先进行民族民主革命，后进行社会主义革命，即把托派坚持的"不断革命论"或"一次革命论"——一次革命完成民主革命和社会主义革命两种任务，分成两个阶段来完成。历史证明，陈独秀的"阶段论"是符合历史发展规律的正确理论。

在组织问题上，托派临委更反对托洛茨基的"调和论"。《报告》说："自从他出狱后对我们组织所采取的冷漠、轻蔑甚至敌视的态度，他对某同志表示'各人各干各人的，将来再说'的观念，甚至他在敌人面前公开表示他和'托派'无关的声明，这些都足以觇知他的取消组织的观点。因此我们应该继续声明，即在组织问题上我们与 DS 同志的取消观点也陷于不可调和的地步。"

就这样，无论陈独秀或托派临委，双方都认为已经分裂。只是托派中的王文元、郑超麟、陈其昌、楼国华等少数人，出于与陈的私谊和一相情愿地认为以后时局变化，他能回到托派队伍中来的期望，"完全同意"托洛茨基对陈的"宽容"，反对对陈采取极端的措施。① 为此，又是以"多数"通过的这个《报告》抱怨说："有极少数的老同志往往以道德的感情的观点来回避这一斗争……辩护他（指陈独秀——引者）并未离开我们的立场。"于是，托派临委本身，也开始酝酿新的分裂。

《报告》最后还是屈服于托洛茨基的压力，被迫同意陈独秀"留在第四国际内，是很有意义的"；"我们现在仍继续诚恳的要求 D. S. 同志和我们，和国际组织恢复正常的关系，进行彻底的讨论"，"我们自得到托同志的意见后，我们更希望他能到美国去。"但同时又说："我们认为改正一个领袖同志错误的最不可少的办法，还是对他的错误不可调和的斗争……假如他仍坚执成见，把我们视为'极左派'以保留他一贯的机会主义路线，则我们始终是无法接近无法合作的。"这表明，这次如果没有托洛茨基亲自出来"保驾"，如果不是王文元、陈其昌等人出于感情的"辩护"，彭述之、刘家良这两位宿敌控制的临委，又要演出"开除"陈独秀的闹剧。

---

① 连根：《托洛茨基与陈独秀》，《国际主义者》第 3 期，1942 年 6 月 25 日，手刻油印件。

十九 "终身反对派" 与不变的
人生追求（1938～1942）

颠沛流离的流亡生活

早在 1938 年 2 月，陈独秀即有离汉之意。当时陈钟凡曾推荐他到武汉大学教书，他拒绝，说"抚五（即王星拱，武汉大学校长——引者）与我至好，我所学亦无以教人"。① 做过北京大学文科学长，在文字学上又有很深的造诣，怎么能说"无以教人"，说得谦虚，实际上有难言之隐：一是过去离开北京大学时所受到的同行们泼给他的耻辱，使他挥之不去。大学是知识分子集中之处，又是左中右杂处之地，中国式的"文人相轻"，像他这样政治上多次大失败的知名人物，若到大学去，不知会有多少人造出多少谣来，使他蒙羞不堪。尤其是"日本间谍"事件前，"托派即汉奸"的舆论，已经广泛流传。他虽然一再声明"不再隶属于任何党派"，但是，他的历史是抹杀不了的。在国共两党及其他各政治集团都在抹黑托派的情势下，他在大学里是很难待得下去的。二是几十年来已经习惯于搞政党政治和革命运动，当领袖，受人敬仰，怎么能适应去当一个教书匠？

他也一再拒绝托洛茨基请他到美国去创建第四国际的邀请，原因如上所述不愿意离开危难中的祖国、要为救国尽一份力和对中国托派的极左派倾向表示痛恶并因此对"托洛茨基主义"产生怀疑外，还有具体的困难：他的健康状况很不好，高血压和胃病时常发作。同时国民党一直监视着他的一举一动，批准他出国的可能，可以说绝对没有。老朋友老下级陈其昌等，曾请亚东图书馆老板汪孟邹致书已到美国当大使的胡适，请他在美国的大学里谋

① 《陈独秀致陈钟凡的信》，转引自陈钟凡《陈仲甫先生印象记》，手稿。

一个客座教授的职位，以免托派问题的麻烦。但是信发出后，未见回音。看来胡适也觉得不好办，或是太了解陈独秀，知道他不会离开自己祖国的。抗战初期，胡适曾担心他在国内会有什么麻烦，在美国联系了一家图书公司，请他到美国写自传。但是，与上面同样的理由，他不去。在武汉尝试"新途径"失败后，王文元等人又劝他去香港，以便脱出国民党的严密监控，他也不考虑，他说："我们拥护与参加抗战，就无论如何得留在抗战地区，利用人家不得不给我们的合法身份来作公开批评（监督政府抗战之意——引者）；一去香港便自动放弃这个身份了。"①

何之瑜在陪徐特立到武汉调解所谓陈独秀"日本间谍"事件后，陈独秀曾答应何的邀请，打算去长沙岳麓山下专心著述文字学。但是，后来他又改变主意说："湖南非乐土，城市将难免为战区，乡间亦不无土匪侵害，故决计入川也。"② 这个决定做出后，他送王文元回上海时，还与王约定：至多半年后，再到"大后方"相聚，"一起打开更有效的工作出路"。③ 这说明他之所以不愿出国，还是希望在抗日和改造托派方面有所作为。

陈独秀入川，可谓是一波三折。本来，他打算 1938 年 2 月入川，2 月11 日，他在给何之瑜信中说："弟一星期后，当可动身入川（罗汉、季严亦劝我往）。"但是由于发生"日本间谍"事件，他被迫耽下来。6 月 16 日，他准备乘在国民党中做事的包惠僧为他安排的差船离汉时，阔别三十年的大姐，携家逃难，突然到了汉口。姐弟患难相逢，悲欢交集。他对包惠僧说："老姐姐来了，我怎能撇开他们，自己先行！"④ 这位老姐姐也是一个女能人，很受人尊敬。她嫁给了商人吴向荣，其儿子吴季严一直跟随陈独秀革命，又一起转向托派。所以，陈独秀离家后，一直与这位姐姐关系很好。这样，就拖到 7 月初，他和姐姐一家搭上了中、中、交、农四家银行包的专用轮船上行四川。

陈独秀受王明、康生等无端陷害，却在民主人士中得到了广泛的同情。这些民主人士都是政治上要求民主，反对一党专政，经济上要求发展资本主义，反对国家垄断的。陈独秀在与他们的交往中，吸取不少营养，使他在思想上获益不浅，生活上也得到许多帮助。"不再隶属于任何党派组织"的陈

---

① 《托洛茨基致中国同志的信》，第 74 页。
② 《陈独秀致贺松生的信》，1938 年 2 月 11 日、7 月 8 日，中央档案馆藏。
③ 王凡西：《双山回忆录》（增订本），第 281 页。
④ 《陈独秀致陈松年的信》，1938 年 6 月 14 日，及陈松年的说明，未刊稿，中央档案馆藏。

独秀，现在只有依靠这些新朋友了。如这次入川。他曾在一次宴会上征求民主人士章伯钧的意见，章当即问在场的重庆《新蜀报》主编周钦岳："仲甫入川怎么样？"周表示欢迎并提供方便，"居住和其他生活方面的问题，我都可以负责"。周钦岳根据中共的意见，又希望陈独秀入川后，"千万不要活动，更不要发表什么东西"！① 但是，陈独秀是一个天马行空，言论不羁的人，他7月2日一到重庆，就在27日写就上述《论游击队》，继又发表《资本主义在中国》并做演讲，影射中共。

陈独秀"安抵重庆"那天，周钦岳、高语罕等前往迎接，暂时安排在"上石板街十五号川源公司"楼上。② 这是禁烟委员会李仲公的办事处。在《新民报》《新蜀报》的朋友张恨水、张慧剑、周钦岳等为他设宴洗尘。这说明，他出狱后为自由的努力开始获得成果，虽然后来的事实证明他的行踪仍被国民党特务监视着，与托派也是藕断丝连，但毕竟走出了党派的阴影。然而，重庆成为国民党的陪都后，又成为国民党特务统治的地狱和国共角力的战场，政治上更少民主和自由不说，经济上的重压也很难让陈独秀一家长期生活下去。再加上重庆天气闷湿，很不利于他的日益严重的高血压病，而且大量沿海地区逃难民众集中此地，已经很难找到他合适的住处。所以，他在重庆只住了短短的一个月，就在江津国立九中校长邓季宣和皖籍名医邓仲纯（二人都是陈早年的同学和朋友）的帮助下，于8月3日移居到距离重庆上游水程约180里的江津县城。③ 高语罕说，他本不愿意离开重庆，因他关心时局，江津太闭塞。但"政治的和物质的条件不容许，他只好退居人事比较闲适、生活比较便宜的江津去做寓公"。④

江津当时约有80万人，是川东一个大县。由于日本侵略，沿海和中部地区的大批难民逃亡到这里。原安徽国立第二中学给教育部批准立案后，改名江津九中迁到此地，收容沦陷区疏散到重庆的安徽教职员和学生。这样的人员及其家属不下数千人，形成一个"小安徽区"的氛围。陈独秀因这种非亲即友的关系，带着潘兰珍和老母亲（即嗣母谢氏，陈昔凡之妻）及三儿陈松年一家几口，流亡到此。靠了朋友的照顾，陈松年在九中做了一名修理校舍的木工。但陈独秀的境况仍然十分狼狈，如他给陈松年信中所说：

① 《周钦岳谈陈独秀》，周祖羲1982年12月访问并整理，未刊稿。
② 《陈独秀致贺松生的信》，1938年7月8日，未刊，中央档案馆藏。
③ 《陈独秀致陈松年的信》，1938年8月9日，未刊，中央档案馆藏。
④ 淮南病叟（高语罕）：《陈独秀入川后》，南京《新民报》（晚刊）1947年8月3日。

"不但用具全无，屋也没有了。"这是指原来说好，到江津后住好友邓仲纯（又名邓初）之宅，但因事先对邓妻工作没有做好，人到了，她竟"闭门谢客"。陈独秀懊丧地说："倘非携带行李多件，次日即再回重庆矣。"幸蒙同乡旧交方孝远先生的同情，才在一客栈暂栖下来；8 月 7 日，又得东门郭家公馆（实为客栈）房东怜悯，挪出楼房一间，住了进去，"聊以安身"。陈独秀叹道："出门之难如此。"①

过了几个月，做通了邓仲纯妻子的工作，再加资助邓开设延年医院的江津望族邓蟾秋邓燮康叔侄的照顾，勉强住进邓初开的延年医院后院——"黄荆街八十三号"，与邓初夫妇分住一宅。由于曾遭"闭门谢客"，再次进入，陈独秀精神上的不快与别扭可想而知。很快，潘兰珍就与邓妻闹起矛盾来，又不得不通过他北大时的学生江津县长黄鹏基的帮助，住到江津大西门外江津一中校长施明璋家"施家大院"——"延陵别墅"。月余，因江津中学教员杨宾淑要求陈独秀帮助整理其祖父杨鲁承的遗著，陈才最后定居到距县城约 20 里的偏僻山村鹤山坪石墙院的杨鲁承旧居"杨氏山庄"，直到去世。但他由于与邓仲纯的情谊深厚，又常去邓的医院治病，石墙院可能不通邮或通邮困难，他的晚年通信地址，始终是"黄荆街八十三号"。20 世纪 80 年代发现的他给杨鹏升 1939 ~ 1941 年间的 40 封信，写的全是这个地址。

陈独秀入川，可以说是受尽颠沛流离之苦，但雪上加霜的事还不断袭来。首先，在邓宅时，他十分尊敬的嗣母谢氏去世，使他无比悲痛。在给友人信中，他说："弟遭丧以后，心绪不佳，血压高涨，两耳日夜轰鸣几于半聋，已五十日，未见减轻，倘长久如此，则百事俱废矣。"这位新文化运动的旗手甚至表示要遵守"丧制"，以尽孝道："先母抚我之恩等于生母，心丧何止三年；形式丧制，弟固主短丧，免废人事，然酒食应酬以及为人作文作书，必待百日以后。"②

其次，1940 年 3 月，他尊敬的师长蔡元培去世，使"禁不住有很深的感触！"在给友人信中说："弟前在金陵（即南京——引者）狱中，多承蔡先生照拂，今乃先我而死，弟之心情上无数伤痕中又增一伤痕矣！"并专门撰文《蔡孑民先生逝世感言》。③ 文章叙述了他与蔡先生的交往和"四十

---

① 《陈独秀致陈松年的信》，1938 年 8 月 9 日，未刊，中央档案馆藏。

② 《陈独秀致杨鹏升的信》，1939 年 5 月 5 日，未刊，中央档案馆藏，本书中所有陈致杨的信，出处同，不一一注释。

③ 重庆《中央日报》1940 年 3 月 24 日。

年来社会政治之感触"，精练地概括了蔡元培"令人佩服"的两大精神：一是"大事坚决而又温和"精神："一般说来，蔡先生是一位无可无不可的老好人；然有时有关大节的事或是他已下决心的事，都很倔强的坚持着，不肯通融，虽然态度还很温和"。二是"容纳异己的雅量，尊重学术思想自由的卓见"。这"在习于专制好同恶异的东方人中实所罕有"。文章还借题发挥，有力地批驳了流行至今的所谓五四运动"废弃国粹与道德"的无知与毁谤，指出："凡是一个像样的民族，都有他的文化，或者说他的国粹；在全世界文化洪炉中，合民族有价值的文化，即是可称为国'粹'的而不是国'渣'的，都不容易被熔毁……问题是在一民族的文化，是否保存在自己民族手中，若一民族灭亡了，甚至还未灭亡，他的文化即国粹乃由别的民族来保存，那便糟透了，'保存国粹'之说，在这点是有意义的。如果有人把民族文化离开全世界文化孤独来看待……在保抱残守缺的旗帜之下，闭着眼睛自大排外，拒绝域外学术之输入……"这种"抱着国'渣'当做国'粹'"的"国粹家实在太糟了"。关于道德，文章精辟地指出："人与人相处的社会，法律之外，道德也是一种不可少的维系物，根本否认道德的人无论他属那一阶级，那一党派，都必然是一个邪僻的无耻的小人"；但是，"道德是应该随着时代及社会制度变迁，而不是一成不变的；道德是用以自律，而不是拿来责人的；道德是要躬行实践，而不是放在口里乱喊的，道德喊声愈高的社会，那社会必然落后，愈堕落。"

陈独秀描述的这个"国家高喊道德"的状况，太令人深思了。

文章最后，对亲自指导的五四运动又有高论："五四运动，是中国现代社会发展之必然的产物，无论是功是罪，都不应该专归到那几个人；可是蔡先生，适之和我，乃是当时在思想言论上负主要责任的人。"这是对其在五四运动中的地位与作用的最好概括。

再次，这年春天，正在陈独秀为蔡元培逝世而悲痛之时，他又得知大姐病倒在江津上游约40里的住地油溪镇，立即去看望。手足同胞四人，唯其二人还在，但是都被老与病相缠，相见相别，两情依依。不料想，至6月，就传来了大姐去世的消息，使他怀念伤感不已，做一首五言长诗，说他们兄弟姐妹四人，自己最小。长兄、二姐早逝，"大姐今又亡，微身且苟延"。回想今年春天，他去看望大姐，分别时似有永别之兆，"姐意愿谐往，临行复迟疑。送我西廊外，木立无言辞。依依不忍去，怅怅若有思。骨肉生死别，即此俄顷时。当时未警觉，至今苦追忆。"如同早年写悼兄诗那样，陈独秀善写这种五言长诗，怀念亲人的去世，诗意缠绵悱恻，感人至深。

重感情，重友谊，这是陈独秀品性中的一个显著特点。但是，一般人往往只看到他"固执己见"，疾恶如仇，如王森然所说，"性狷急不能容人，亦辄不见容于人"，①却忽略了他重感情、重友谊的一面。正如程演生所说："仲甫和朋友要好的，欢喜随便谈谈，或是说笑话。有些不知他的人，以为他是暴徒式或不近人情的人，其实他是极和蔼极亲切的人，又有热情，不过负气，好闹脾气，但事过也，就若无其事的。我见过他和朋友因说笑话或顽皮而致变脸而致相打，然过了一天又和好了。不过这是些极相好的朋友。"②特别是晚年，这一面更加突出，而且带有伤感的因素。"穷而益坚，不坠青云之志。"一生清贫和政治的压迫，没有压倒陈独秀，但亲友的一个个去世，却给了他极大的精神刺激。早在 1937 年，听到被称为"中国托派中最杰出的女革命者——黎彩莲"逝世消息时，他就开始承认"老"了。他在给赵济信中说："彩莲的死使我很悲伤。一生中我遭遇到这样的事已不算少；可是我从来不曾如此难受过，也许是我老了……"③但如老骥伏枥，他又不甘心，出狱后仍在武汉为抗日救国奋斗了一阵子，结果受到"日本间谍"事件和国民党解职何基沣两方面的打击，又与极左派占多数的托派组织准备做最后的决裂。在当时国共两党主宰中国命运，民主党派左右摇摆的中国局势中，他一个口口声声"不隶属于任何党派"的个人，又没有任何群众基础，能有什么作为呢？他在送走王文元时所说的半年后到大后方打开新的工作出路的期望，已经成为水中月、梦中花，只剩下一支笔和自己的思想了。但是，现在不是五四时代，用笔和一份刊物，把自己的思想表达出来，可以招来千军万马，掀起惊涛骇浪，改变祖国的命运；现在是枪炮决定中国人命运的抗日战争时代。于是，他感到自己被置于一种多么无奈又多么无能的地步。这种无奈和无能为力的痛苦，又使他回到青年时代革命低潮时曾有过的志不遂愿的"屈原情结"。1941 年 7 月，他在听说友人周光午、何之瑜、台静农、魏建功等于屈原祭日聚饮大醉之事后，也激动万分，作了一首诗给魏建功曰：

---

① 王森然：《近代二十家评传》，第 244 页。
② 程演生：《仲甫家世及其他》，手稿。
③ 转引自王凡西《双山回忆录》（增订本），第 316 页。

除却文章无嗜好，世无朋友更凄凉。

诗人枉向汨罗去，不及刘伶老醉乡。

诗中悲愤自己像屈原那样，纵然有忧国忧民之心和远大的政治抱负，亦为此而奋斗了一生，却不断地受挫、失败，甚至多次被捕坐牢、被诬陷，至今又流亡到江津这穷乡僻壤，"凄凉"到一个志同道合的"朋友"都没有了。若是这样屈死在他乡，倒不如像西晋皖人"竹林七贤"之一的刘伶那样，醉生梦死在故乡。

但是，他还是庆幸自己一直保持着不愿随波逐流的风骨。一天，他与早年留学日本时的同乡好友葛温仲的长子葛康俞相遇，又勾起他浓浓的乡情，赠诗曰：

何处乡关感乱离，蜀江如几好栖迟。

相逢须发垂垂老，且喜疏狂性未移。①

"疏狂"，这是对他本性及优缺点的高度凝练，即曲高和寡，既有真知灼见、高瞻远瞩的英明，又有脱离群众、拒绝世俗之遗憾。这是决定他是思想家而不是政治家的基本品性，也是构成他一生如此精彩、如此大起大落的悲喜剧结局的根本所在。

而在另一首诗中，他更表示了自己终老也要保持磊落倔强之气："但使意无违，王乔勿久持；俯仰无愧怍，何用违吝悔。"②

还是1940年，大姐去世不到两个月，"乡下盗风大炽"，灾难也落到他的头上。大概盗贼听说他是个大名人，一定有财，8月2日，"窃去衣被十余样"。③盗贼是所得无几，陈独秀却损失巨大。因为在武昌时杨鹏升送给他的心爱之物篆刻阳文"独秀山民"四字章及晚年专心研究的尚未完成的很大一部分文字学著作草稿被盗，使他十分痛心。后来，失窃衣物虽大半追

---

① 转引自葛康素（葛康俞之弟）《谈陈仲甫先生书法》，唐宝林主编《陈独秀研究动态》第7期，1996，第9页。

② 《依韵和尹默兄》之最后四句，转引自台静农《酒旗风暖少年狂——忆陈独秀先生》，台北《联合报》，1990年11月11日。

③ 《陈独秀致杨鹏升的信》，1940年12月3日。

回，唯这两件他的心爱文物，"去如黄鹤"。①

在经济上，由于他的名人身份，敏感的政治背景和年迈、战争的环境，他不可能找到有固定收入的职业。但同时，正因为他的名人身份，又做过北大文科学长，有一大批学生在国民党中做官，他与国共两党的恩仇，特别是最后因"日本间谍"事件与中共的决裂，使他入川后的经济状况，变得相当的拮据。据现有的资料记载，他的经济来源，除了有时报刊上（如《政论》《抗战与文化》《中央日报》《民主与统一》等）发表一些文章，有一点微不足道的稿费收入之外，主要靠亲友接济，具体是：通过原无产者社成员薛农山的关系，任《时事新报》名誉主笔，每月领一点少得可怜的津贴；北大同学会经常给他一些生活费，有的说是每月300元；大姐家在陈独秀困难时，也给一点帮助，因为姐夫是经商的，侄女是个中学校长，侄女婿是一个珠宝商，经济较宽裕；此外就是好友蔡元培、邓蟾秋叔侄、杨鹏升的私人资助，连印有"独秀用笺"和"仲甫手缄"的信纸信封，也全由杨鹏升包赠。

杨鹏升与晚年陈独秀的关系密切，如果没有"文革"劫后幸存的陈独秀给他的40封信，人们不可能知道在陈独秀众多朋友中还有一位如此肝胆相照、侠义感人的好朋友。

杨鹏升，四川渠县三汇镇人，比陈独秀小21岁，两人是忘年交。早在五四运动前夕，经时任北京大学校长的蔡元培推荐，杨鹏升就师从北大文科学长陈独秀，陈非常赏识这个四川娃，两人结下了深厚的师生情谊。五四运动后，两人走上了不同的道路，陈独秀成为中国共产党的创始人之一，而杨鹏升留日归国后在国民党军界任职。但与国民党中一些军政官员一样，党派之见并没有影响两人的情谊。说来真巧，1937年，陈独秀辗转流落武汉。稍后，杨鹏升也因得罪蒋介石被调往武汉任国民党武汉警备司令部少将参谋兼办公厅主任。杨费尽周折找到陈独秀，为其安排了固定住所，就是那所桂系将领留下的庭园。其间，两人过从甚密。1938年，武汉沦陷后，两人又一前一后来到四川，杨因对国民党不满，寓居成都修建"劲草园"，沉溺于书画，而陈独秀也迁至江津。据史料记载，两人虽同在蜀地，却从未见面，只是以书信往来。1939～1942年，陈独秀生命的最后三年，写给他的信竟达40封之多。书信最长的有

---

① 《陈独秀致杨鹏升的信》，1941年10月4日。

3 页，最短的只有几十个字，字里行间，表现出陈、杨二人独特而深厚的交情。从信中看到，杨鹏升得知陈独秀自到江津后生活艰难，先后 6 次给他寄钱共 4500 元，这在当时不是一个小数目。最后一封信是陈去世前两个月的 1942 年 4 月写的，对杨多年的资助，陈表示"却之不恭而受之有愧"。陈辞世后，杨鹏升悲痛不已，在其所寄信封的背后写下"此为陈独秀先生最后之函，先生五月二十七日逝世于江津，四月五日书我也。哲人其萎，怆悼何极！"①

到江津后不久，陈独秀还得到一个重要的朋友罗宗文。1940 年 9 月，罗才调任江津县长，到任之初，照例拜访当地知名人士时，因而拜访了陈独秀。略事寒暄后，面对国民党地方官员，陈十分关切民生问题，首先问："现在米价飞涨，怎么办？"可能陈知道罗在邻县永川花费大力气，把米价控制住，从 6 月到 9 月，一直保持稳定，军民相安。罗说："省府最近的命令是要各县将当地粮价压到 7 月半的水平，不许自由上涨。"陈说："压也不是办法。"

大约半个月后，陈独秀步行两华里到县府回访罗。罗回忆说：陈老坐下后说："孙哲生又在放大炮了，你看见没有？"我说："看见了"。孙哲生即孙科，是中山先生之子，时任国民政府立法院长，在中央纪念周做过《抗日时期的经济政策》的报告，其中说到重庆的米价，已涨到 150 元一担。如果粮食由国家来经营，操纵囤积等弊端就会一扫而空。报告在报上发表了。陈接着说（大意）："这是行不通的，因为中国的农民很分散，生产规模很小，是小农经济，每年秋收以后，自己就把粮食保存起来，连罐罐坛坛，都是他们的收藏工具，遇到需要钱的时候，就拿一部分出来，自己设法加工成米，或者舂，或者碾，或运到邻近的水碾去碾。全家动员，肩挑背负，运到邻近的米市去卖，然后买回所需要的油盐、农具和其它日用必需品。这就是说，他们的家，既是仓库，又是粮食加工坊；农民既是仓库保管员，又是加工工人，又是搬运工人，又是销售商人，是十分方便的。如全部由国家来包干，既要修仓库，又要修加工厂，又要组织运输，又要设店销售，要花多大的人力、财力、物力，哪里是容易办得到的啊！不比在苏联有

---

① 抗战胜利后，杨调往重庆任卫戍总司令参议，1949 年在川西起义，解放后任教于西南美专，1954 年因反革命罪被渠县人民法院判刑 20 年，1968 年病逝于狱中。1983 年，法院撤销原判决。1980 年，渠县档案馆在清理各单位档案时，从渠县法院的《杨鹏升案卷》中，意外发现了陈独秀的这 40 封亲笔信。

集体农庄，美国有大农场，是机械化耕种，生产规模大，办起来方便。"罗
当时听到他的一番言论，颇觉有道理。可见陈独秀对农民和农业社会了解之
深。①

此外，近年从台湾中研院近代史研究所收藏的朱家骅档案中，还发现了
这位当时国民党中央组织部长、代理中央研究院院长保存的，因知陈独秀生
活艰困，国民党甚至蒋介石以朱家骅名义与陈独秀的六封通信，其中于
1940年7月17日、1941年3月6日、1942年1月27日，先后三次向陈独
秀资助1000元、5000元、8000元。这六封信中，三封是朱致陈独秀，告有
此三项资助，并派张国焘送去；两封是朱与蒋介石秘书陈布雷的通信，陈布
雷告诉朱："日前所谈仲甫近况艰困，经呈奉谕示一次补助八千元，以吾兄
名义转致。"朱则报告已派张国焘转赠。最后一封陈独秀给朱的回信称：

> 骝先（即朱家骅——引者）先生台鉴：国焘兄来津，奉读手教，
> 并承赐国币八千元，远道转来，不敢辞却，无劳而领厚赐，受之实深惭
> 愧也。弟寓人口既少，生活又简单，去年赐款尚未用罄，今又增益之，
> 盛意诚属过分，以后如再下赐，弟决不敢受，特此预陈，敬希原谅，并
> 谢高谊，余不尽焉。弟独秀启。一月二十九日　卅一年②

在此之前，有学者根据郑学稼所说，认为陈独秀晚年曾明确拒绝国民党
官方甚至蒋介石的资助。郑说：朱家骅赠陈独秀5000元支票一张，他拒之；
朱又托张国焘转赠，又遭拒之；张再托郑学稼寄赠，还是不收。③ 所以，以
上六封信的披露，引起大家的讨论。

首先，在这笔5000元的问题上，到底是朱家骅和陈独秀的信上说得对，
还是郑学稼说得对。或者还有另一笔5000元的资助，陈拒绝了？因为陈独
秀回朱的信中，没有明确说收到的款额数量。另外还有一个直接经办人也有
郑学稼类似的回忆：

> 抗日战争时期，我在四川省银行总行省库部收支课工作。一天，我

---

① 罗宗文：《江津三晤陈独秀》，唐宝林主编《陈独秀与中国》总第55期，2006年2月，第6
页。
② 台北中研院近代史研究所档案馆藏朱家骅档案：301-395-2。
③ 郑学稼：《陈独秀先生晚年的一些事》，台北《传记文学》第30卷第5期。

收到中央银行国库局一件支付书，命在江津县代办国库业务的四川省银行办事处付给陈仲甫一笔数目可观的钱。这笔钱是由蒋介石汇给陈仲甫的。我想，陈仲甫是陈独秀的号名，一般人都不甚知道，所以我特别注意这笔库款的下落。

可是过了六七天，仍不见省银行江津办事处寄回陈仲甫的收据。国库局派了一位襄理大员来查问，并催促尽快将这笔钱送交陈收。

又过了两天，省银行江津办事处回电说："办事处主任张锦柏亲自去见陈，他还是不收，只好将原支付书退回。"我们当即通知国库局：已将这笔钱原封退回。①

这就说明，原先以蒋介石的名义给陈独秀汇过 5000 元赠款，确是被陈拒绝了。

其次，六封信中，1941 年 3 月 6 日朱致陈独秀信告知资助 5000 元的信、1942 年 1 月 27 日朱致陈独秀告知资助 8000 元的信和同日朱致陈布雷报告 8000 元将"以弟名义"转送陈独秀的信，三封都还加了"密"字，说明赠送者不愿意让陈和外人知道这两笔资助款的来源。否则，陈若知道是国民党官方或蒋介石所赠，恐不会接受。朱家骅原是五四时期陈独秀在北大的同事，教授德文。这三笔钱，若以其个人名义资助，而且赠送时写的信又极为诚恳，陈却之不恭，才接受了。然而，陈可能不会一点也不知道这些钱的来源，所以收得很勉强，以至表示"盛意诚属过分，以后如再下赐，弟决不敢受"，可见陈当时心中的苦涩。

这种因生活所迫，不得不靠别人近乎"施舍"度日的状况，极大地刺伤了陈独秀的自尊心。

再次，朱家骅、陈独秀信中所述的赠款数与何之瑜的记录有出入。照顾陈独秀晚年生活的何之瑜在《先生逝世前后用费收支表》（未刊稿）中记载逝世前的医药费收入部分：第一笔就是蒋先生 5000 元②，第二笔是朱骝先先生 5000 元。这就与朱信中的那笔钱对上了，也证明郑学稼、许伯建说的那笔被陈独秀退回去的钱是另外一笔。另外，何之瑜的记录并不齐全，因为

---

① 许伯建：《陈独秀拒收蒋介石捐款》，《世纪》1994 年 6 月号。
② 自然是蒋介石，看来何之瑜是知道这笔钱的来源的，只是瞒着陈独秀，现在陈既逝世，也就不必隐瞒了。对照朱家骅和陈布雷的信，应该是 8000 元，少了 3000 元，这又是一个待考的谜。

杨鹏升的赠款一笔也没有记录，看来有些赠款未经何之瑜之手。

有人认为，陈独秀晚年得到这些"巨额赠款"，说明他的生活并不贫困。但是，正如上述陈独秀与江津县长罗宗文接触时所说，由于战争环境，物价（特别是米价）飞涨，这些赠款又像打水漂一样飞去了。据时人回忆：抗战时期，国民党政府在后方办过 23 个国立中学，收容敌占区和交战区的流亡学生。当时的国立中学都实行公费制，学生有饭吃，伙食费随米价涨而涨，没有下落过：1939 年 2~11 月，每人每月是 6 元，可是到 1941 年 8 月，涨到了每月 133 元，大涨 22 倍。① 陈独秀在致杨鹏升的信中也有不少记载：1940 年 10 月 19 日的信中说："此间米价 30 余元一斗，每斗 60 斤……前次欧战中德国危机，乃物资天然不足，今中国人为居半，谷物暴涨则全属人为。封锁讨伐又加奸墨横行，此事无法解决也"；这年 12 月 23 日函称："数月以来，物价飞涨，逾于常规，弟居乡时，每月用二百元，主仆三人每月食米一斗，即价需一百元。今移居城中（即因"山中大寒，盗风又大炽"，临时移居江津城——引者）月用三百元，尚不及一年半前每月用三十元之宽裕（其时一斗米价只三元，现在要七十元）。长此下去，实属不了！"1941 年 9 月 6 日函称："弟月用三百元（生平所未有，居城中当多一二倍），已觉骇然，兄在成都用度竟多至十倍，倚薪俸为生者，将何以堪！物贵由于币贱米昂，币贱乃自然之理，无法可设；米贵则大半由于人为，挽救之法甚多，政府何不急图之以自救耶！"

这年 11 月 22 日给杨鹏升的信中说："此时弟居乡亦月需费用六百元，比上半年加一倍。兄竟至多我数倍，如何可支！"而且早在这年 1 月 26 日的信中就说过："物价如此高涨，吾兄每月亏空如此之多，奈何？奈何？"陈独秀为了不再连累朋友的生活，曾产生过"出川"的想法："黔、湘、桂之生活费用都比川省要少一半"。因此，虽然朱家骅的资助 1941 年增加到了 5000 元，1942 年又资助了 8000 元，哪能从根本上解决贫困和医药费的开支。有时亲友接济不上时，不得不靠典当度日。柏文蔚送给他的一件灰鼠皮袍就进了当铺，还卖给房东杨鲁承家一些衣物。最后他与潘兰珍在石墙院的住房，一为卧室，一为书房，房上无天花板，下面是潮湿的泥地，若遇大雨，满屋漏水。

穷困潦倒的生活，使他的肠胃病和高血压更加恶化。1941 年冬，米价

---

① 熊安东：《陈独秀晚年是"清苦"的》，《陈独秀与中国》总第 58 期，2006 年 9 月，第 7 页。

大涨，他在向著名佛教大师欧阳竞无借《武荣碑》字帖时，以诗代柬，透露了他那十分清苦的生活：

> 贯休入蜀唯瓶钵，卧病山居生事微。
> 岁尾家家足豚鸭，老馋独美武荣碑。①

1922 年欧阳竞无在南京成立支那内学院，抗战时流亡到江津重建，此人对书法有很深的造诣，与陈独秀过从甚密。而"贯休"是唐朝一高僧，称禅月大师，善诗，兼工书法。其书人称"姜体"（他姓名姜德隐），自成一派，得到后世许多名家的赞赏。他也曾入蜀，并有诗云："一瓶一钵垂垂老，万水千山得得来"，表示他老年只有一瓶一钵的清苦。陈独秀写此诗，自比贯休，不仅被疾病折磨，不能亲自上门拜访，而且"生事微"——家用匮乏。快过年了，家家都备足了猪肉和鸡鸭，而我只得向你借《武荣碑》来解解馋了。

他的安徽同乡老友朱蕴山，听说了这件事，买了几只鸭子去探望他，见他胃病发作，痛得在床上打滚。朱曾劝他不要搞托派，后来又受周恩来之托，劝他到延安去。他都未听从。所以，他逝世后，朱写诗曰：

> 掀起红楼百丈潮，当年意气怒冲霄。
> 暮年萧瑟殊难解，夜雨江津憾未消。
>
> 一瓶一钵蜀西行，久病山中眼塞明。
> 僵死到头终不变，盖棺论定老书生。

到他去世的那一年——1942 年初，生活的窘迫和"川省地势海拔较高"对他病体不利的影响，终于使他做出了移居贵阳的决定。在 1942 年 1 月 9日和 2 月 12 日给杨鹏升的信中，都提到这件事："川中生活，日益不支，弟病虽未好，或可冒险乘车往贵阳，以彼处生活比川中便宜一半。"但"终以病体不胜跋涉"而作罢。而在这两封信之间，即 1 月 27、29 日，恰有朱家

---

① 上海《革命史资料》1987 年第 7 期。"武荣碑"是"汉故执金丞武荣之碑"的简称，民国时期出土，书法介于篆隶之间。

骈赠送经蒋介石"谕示"的 8000 元,使他也暂时有了经济上的支持,没有冒险去贵阳,直到他逝世。

陈独秀晚年如此恶劣的生存环境,许多亲友都来帮助他,资助他,但是,他并非一概都接受:第一,"素无知交者,更不愿无缘受赐"①。第二,国民党的著名官僚或共产党的叛徒赠送的,即使出于同情而并非政治拉拢,他也坚决拒绝。如罗家伦等曾亲自送钱给他,他不要,弄得二人很尴尬。临走时,陈对他们说:"你们做你们的大官,发你们的大财,我不要你们的救济。"陈独秀主持中共时期著名的共产党活动家、后被捕在一次陪绑的假枪毙中吓破了胆而叛变的任卓宣曾汇给他 200 元,很快就退回了。陈说"你比我穷",任不解。其实此话意味深长,乃指人格而已。第三,"无功不受禄。"他的音韵文字学著作《小学识字教本》,曾得到预支稿费 1 万元,因与教育部长陈立夫的书名纠纷,未能出版,这笔钱一直没有动用。对于朋友的资助,他也尽量写一些字联和诗词赠送。他的书法,特别是小篆,很有名气,一纸难求。北大同学会先后派罗汉(罗汉在 1940 年重庆遭日机大轰炸时牺牲)、何之瑜照顾陈独秀晚年的生活,还每月补贴他 300 元生活费。这对于陈独秀晚年生活的稳定,非常重要。陈就把他的书稿《连语类编》赠给北大,以资报答。

生活是如此艰难,尤其是对这种近乎靠别人施舍度日的状况,对他这个早年提倡"独立自由之人格……我有手足,自谋温饱;我有口舌,自陈好恶;我有心思,自崇所信"的自尊性极强的名人来说,②精神上带来无比的痛苦。在致杨鹏升的一系列书信中,充满着这样的字句:"由于医药费,曾与编译馆约过一稿,可以支取应用,不应以此累及友好"(1940 年 1 月 31 日);"接行严转来汇票三百元,不胜惶恐之至……寄回恐拂盛意,受之实惭惑无既,辱在知己,并感谢字亦不敢出口也"(1940 年 2 月 26 日);在接到印有独秀名字的信笺信封时,又说"屡承厚赐,何以报之"(1940 年 4 月 7 日);还有在接到千元兑票时说:"屡承吾兄挂念鄙况,既感且渐,无以答雅意,如何可安"(1941 年 8 月 6 日)。直到他逝世前一个多月给杨的最后一封信,还在说"复觉惭愧无状","且感且惭"(1942 年 4 月 5 日);等等。

对于这样的日子,一般人早已愁闷至极,但是陈独秀毕竟是一个历经磨

① 《陈独秀致杨鹏升的信》,1940 年 1 月 31 日。
② 陈独秀:《敬告青年》,《青年杂志》第 1 卷第 1 号,1919 年 9 月 15 日。

难之人，屡受迫害、打击之外，被捕、坐牢甚至枪毙的威胁也经受过。他却善于苦中寻乐，如有一次还题写李白的诗赠友自嘲之：

> 问君何事栖碧山，笑而不答心自闲；
> 桃花流水杳然去，别有天地非人间。①

在暂居郭家公馆时，曾与早年同乡好友胡子穆一家同居一宅，陈给胡写诗一首曰：

> 嫩秧被地如茵绿，落日衔山似火红；
> 闲倚柴门贪晚眺，不知辛苦乱离中。②

日本侵略造成了国破家亡，人民受尽苦难，但大自然还是那样美丽，让人贪晚眺望，暂时忘却了乱离中的辛苦。

对于因形势格禁一时难以进行革命活动，他也能释怀。在石墙院，除了老友邓初医生常来看病外，还有一位为他看病的程里鸣大夫，时间一长，两人相交甚笃，无话不谈。有一次程笑着问："陈老先生，我有一言不知当讲不当讲？"陈表示："有话直说。"程说："人们都说你老先生是半截子革命。"陈摇头叹息道："你行医，不懂政治。你为我治好了病，无以答谢，给你写副对联吧。"于是，陈独秀为程写了以下一联：

> 美酒饮到微醉处；
> 好花看在半开时。③

真是妙语！虽然由于种种原因，现在不能亲身参加并领导革命和抗日战争了，但是我所从事的革命运动，像"美酒""好花"一样，已经是"最美好的人生"了。

其实，他的精神丝毫未颓，爱国热情也仍旺盛。在家徒四壁的墙上，唯

---

① 手稿影印件。
② 上海《革命史资料》总第 7 期，1987 年 8 月。
③ 《赠程里鸣联》，安庆市陈独秀学术研究会编注《陈独秀诗存》，安徽教育出版社，2003，第 189 页。

陈独秀书岳飞《满江红》

一的装饰，就是他写的岳飞的"还我河山"四个大字。早在武汉时期，他还给友人题赠岳飞"满江红"一词（解放后，收藏者怕招祸，把陈独秀的署名处理了）。

另外，他的贫病交加，也丝毫没有减弱他的好学、博学的品性，更使他博得人们的钦佩和尊敬。上述江津县长罗宗文说："他的字写得很好，我十分欣赏，我调离开江津时，求他写了一副对联，他写的是：'还师自西旅，祖道出东门'。并在边上题云：'宗文先生，长斯邑年余，今调赴铜梁，出纸索书，因集《散氏铭》以赠，即乞正之，独秀。'下联是为罗饯别的意思，但上联之意甚深，在于近而求诸远：当时全国有志之士，都涌到西南，坚持抗日战争，艰苦异常，都渴望早日胜利，从西方班师回到各自的家乡。"《散氏铭》共仅350字，要从中选出10个，集成一联，既反映群众渴望抗战胜利、结伴还乡的心情，又突出群众为我饯行惜别的深情厚谊，信手拈来，联成妙对，足见陈老国学功底的深厚。"①

同时，陈独秀对国家的未来——青少年，如《新青年》时期一样，还是倾注着满腔的热情。1939年，他得知苏联斯大林与德国希特勒签订协定后，曾作长诗《告少年》，强烈谴责黑暗势力，"毋轻涓涓水，积之江河盈；亦有星星火，燎原势竟成；作歌告少年，努力与天争。"② 1940年，17岁的张定从重庆坐船去江津上中学，看到船长室里坐着一位很有风度的长者，一打听，原来他就是赫赫有名的陈独秀。那是陈独秀一生最倒霉的时期：既不容于共产党，更受到国民

①　罗宗文：《江津三晤陈独秀》，唐宝林主编《陈独秀与中国》总第55期，2006年2月，第7页。
②　上海《民主与统一》1939年第2期。

党的监视和打压，不得已来到江津凄度风烛残年。少年张定崇拜陈独秀，顾不得什么就上前求教，还请陈题词。陈独秀在张的日记本上写下"中国少年，少年中国"八个字。船靠岸后，国民党军警进行检查，发现张定携带一些进步书籍，并曾与陈独秀交谈，随即将他进行拘留。在审讯时，张定佯说要给国民党军部打电话。警察问何事，张定说："找我爸爸。"警察一听怕惹不起，便把张定放了。张被释放后，又找到陈独秀，要去革命。陈耐心地劝他："要革命也不能不读书，还是要好好上学。没有学问，革命也搞不好。"① 于是，张定决定继续上学。张定后来成为共产党重要骨干，50年代起在团中央等机构工作，追随胡耀邦为人民做了许多有益的工作。

《小学识字教本》及其坎坷命运

如前所述，陈独秀学识渊博，在对音韵学、文字学的研究有特殊的爱好。每当政治上受挫，他就专心致志进行这方面的研究。晚年在国民党特务的监视下，又与各政党脱离了接触，对正在进行的抗日战争也无能为力，只是偶然对国、共、托三党及战争形势发表一点看法，主要精力是进行最后的文字学研究和撰述。

在狱中，他写了一部《实庵字说》。"实庵"，即诚实的小草屋之意，完全是文人的自谦词和雅号。这部著作，正式开始了他对汉字的逐个解析，但侧重于有关联谊词的释例。完成之后，就全面研究每个汉字的形成规律与音、形、意的组合特点，以帮助人们"识字"。因为了解了这个字的形成历史和特点，自然印象深刻，比不知其然的死记硬背好得多，所以，取名《识字初阶》。但此稿在狱中只完成部分初稿，晚年就以主要精力修改、补充、重订此稿，并改名为《小学识字教本》。

与进行政治运动一样，陈独秀的文字学研究，也贯彻着明确的五四新文化运动革古更新、推动社会进步的革命精神。研究与撰写《中国文字拼音草案》是这样，撰写《小学识字教本》也是这样。"小学"是古代音韵学与文字学的合称，陈独秀一贯主张二者统一起来研究，形、音、意不应分割。正如他在此稿《自叙》中说：

---

① 《张定回忆录》（手稿）。

昔之塾师课童，授读而不释义，盲诵如习符咒，学童苦之。今之学校诵书释义矣，而识字仍如习符咒，且盲记漫无统纪之符咒至二三千字，其戕贼学童之脑力为何如耶！即中学初级生记字之繁难累及学习国文多耗日力，其他科目，咸受其损，此中小学习国文识国字之法急待改良，不可一日缓矣。本书取习用之字三千余，综以字根及半字根凡五百余，是为一切字之基本形义，熟习此五百数十字，其余三千字乃至数万字，皆可迎刃而解，以一切字皆字根所结合而孳乳者也。上篇释字根及半字根，下篇释字根所孳乳之字，每字必释其形与义，使受学者知其然且知其所以然，此不独使受学者感兴趣助记忆，且于科学思想之训练植其始基焉。

因此，当《小学识字教本》（以下简称《教本》）完成上篇时，他在致台静农的信中，明确表示，他是在做五四新文化运动的"未竟之功"："中国文化在文史，而文史中所含乌烟瘴气之思想也最是毒害青年，弟久欲于此二者各写一部有系统之著作，以竟《新青年》之未竟之功。文字方面而始成一半，史的方面未有一字……"① 其"老骥伏枥"的精神跃然纸上。

过去，笔者认为陈独秀从事文字学研究只是他一生政治运动之外的一种爱好，现在看来乃浅见，实际上是他一生革命生涯中的一个重要组成部分，如他五四时期要求青年"立志出了研究室就入监狱，出了监狱就入研究室"一样，一生都在追求这种"人生最高尚优美的生活"。②

从学术和他的历史上来说，陈独秀撰写此稿的原意是想汇毕生研究音韵学和文字学的成果，致力于寻找汉字的规律，以解决汉字难认、难记、难写的问题。此乃是他大革命失败后竭力鼓吹汉字拼音化运动无人响应后的另觅蹊径之为。因为，陈独秀认为，汉字的确存在"三难"问题，但是只要找到汉字的规律，也就不那么难了，因此他一生在进行政治活动之余，总是孜孜以求。从《字义类例》《实庵字说》，最后到《小学识字教本》，终于找到了汉字的整个发展规律，形成了一个完整独立的体系。

从目录上看，《教本》分上篇和下篇。上篇是"字根及半字根"，共分10章：（1）象数七字；（2）象天十五字；（3）象地三十二字；（4）象草木

① 台静农：《酒气风暖少年狂——忆陈独秀先生》，台北《联合报》1990 年 11 月 11 日。
② 陈独秀：《研究室与监狱》，《每周评论》第 25 号，1919 年 6 月 8 日。

五十七字；（5）象鸟兽鱼虫八十二字；（6）象人身体六十三字；（7）象人动作六十七字；（8）象宫室城郭四十字；（9）象服饰二十五字；（10）象器用一百五十七字，共五百四十五字。

下篇是"字根孳乳之字"，分两大章：（1）字根并合者，（甲）复体字六十三字；（乙）合体字二百四十三字；（丙）象声字一百五十八字。（2）字根或字根并合之附加偏旁者存目。

从存稿和何之瑜的注明看，上篇 545 字，全部完成。下篇的（甲）复体字和（丙）象声字部分，也完成了，但（乙）合体字部分，只写到第112 个字"抛"字。何之瑜在此处注明："按仲甫先生于三十一年（即 1942年——引者）五月十三日上午著稿至此'抛'字时，适人过访，旋即卧病，到五月二十七日逝世，乃成绝笔矣。"下篇计划中的第 2 章，留下了空白。但陈独秀临终前对何之瑜说："本书体系已完成，即上篇亦可单独问世。"

《教本》尚有小部分未完成，固然遗憾。但陈独秀临终前对有人提议请代人续写以完成书稿时说过："学力太差者，不能写；学有深造者，皆有自己的见解，又不愿意写也。"① 陈独秀就是这样一个个性特殊的人，学不惊人誓不休。他对自己的学识和见解，充满着自信。正如他在"上篇"完成、给北大时的学生并已经成为著名的文字学家陈钟凡寄此书稿并在附信中说的：

> 此书出，非难者必多，书中解说亦难免无错误，而方法余以为无以易也。形、声、义合一，此中国文字之特征也。各大学文字学科，往往形、声、义三人分教，是为大谬。欲通中国文字，必去六书之说，所谓指事、会意、形声，皆合体象形，声皆有意，又托于形，形、声、义不可分也。六书中说，形声最为荒谬，人旁、鸟旁、草木旁、水火旁、牛旁、口旁、金石旁等等，其字均甚多；但右旁之声，谓之谐声而无义，则将何以别之？……吾书三千字，字字形义并释，不取某声以了之，明知此事至难，然非此无由通识中国文字也。②

又是一个"方法余以为无以易也"！五四新文化运动时期，他与胡适提

---

① 《陈独秀致魏建功、台静农的信》，1942 年 5 月 1 日，手稿，中央档案馆藏。
② 转引自陈钟凡《陈仲甫先生印象记》，1947 年 7 月，手稿。

倡白话文，也说过类似的话。只有坚信自己掌握真理的人，才敢说这种话。这是一种多么豪迈的气概。果然不出所料，此稿传出后，当时就得到名家的好评。陈钟凡当时就认为："虽至今未见全书，其以形声义一贯解释文字的方法可谓缜密。"① 魏建功在读到《教本》书稿时也"赞叹欢喜以为自古文字资料以来，文字学家趋本求末，抱残守缺，两无裨补之失，俄然扫空，因有问疑，获加命提"。②

于是，该书稿就这样留存人间。

从《教本》内容看到，陈独秀关于汉字的学识，殊为惊人。他在这方面的独创性，绝非故逞臆说，以示特异，而是始终坚持历史的、辩证的方法来从事文字的研究，不是把眼光只盯在一字一词上，而是在广阔的历史背景中，展开视野，从古代的生活，典章制度，文物习俗，自然科学成果等方面的联系上来进行深入的探讨，自然就博大精深，从而得出不一般的结论，发前人所未发。为了求得一字的真义，他不仅广究博引，从大量的古籍中，从地下发掘的实物中寻找根据，而且精确考证，从而发现新的真理——既能说出此字的历史形成过程，又能详析它的特点、本义和引申义，等等，含义丰富而简明扼要，一目了然。

如对鬲、鼎、曾、复、呂等字的分析，不仅引用了《周礼》《左传》《诗经》等十三四种古籍，而且考查了地下发掘的螺、蚌、陶器、青铜器、铁器等实物，至于对篆文、甲骨文、金文、《说文》等古代文字学著作研究和运用，更不用说了。

可见，这部书稿凝聚着作者多么巨大的心血。

特别要指出的是，这部珍贵书稿的撰述，不是学者、教授在条件优越的书斋中悠然进行的。本书的前奏《字义类例》是在反袁斗争失败后"静待饿死"的绝境中完成的；本书的起始作《实庵字说》和《识字初阶》，是在狱中进行的，那时，既没有上街买书和到图书馆中查索的自由，精神上又受着各种折磨；晚年撰述本书，又在病贫交加之中，以致到去世还没有完成，自然还没有修改定稿，锦上添花。但是，即使如此，该著不仅在当时就得到如上述著名文字学家陈钟凡、魏建功的赞扬，也得到现代名家的高度评价。

---

① 陈钟凡：《陈仲甫先生印象记》，1947 年 7 月，手稿。
② 魏建功为陈独秀著《古音阴阳入互用例表及其他》作的序，《古音阴阳入互用例表及其他》，商务印书馆 1949 年清样稿。直到 2001 年，此稿才由笔者推荐给中华书局出版。

直到 1987 年，文天谷教授还认为："仅就他三部著作（即《字义类例》、《实庵字说》、《小学识字教本》——引者）达到的总的水平来说，恐怕目前还没有能超过的。"①

但这部书稿的命运，与作者的命运一样坎坷。书稿写到"抛"字绝笔，是意味深长的巧合。早在 1939 年，在国民党教育部所属的国立编译馆工作的陈独秀的好友台静农得知他在从事文字学的研究，就介绍该馆约请陈编一部教师用的《中国文字说明》，并预支给他 5000 元稿费。后来，陈独秀就把已经自成体系、可以单独出版的《小学识字教本》上编交给了编译馆，嘱先行出版。编译馆馆长陈可忠见稿十分赞赏，在 1940 年 5 月 13 日，向教育部报请陈独秀续编学生用的《中国文字说明》，并申请再向陈独秀预支5000 元。教育部长陈立夫在报告上批示："前稿（指教师用《中国文字说明》——引者）已否交来？照发。"②

这表明陈独秀的《小学识字教本》还未完成，已经得到了一万元的预支稿费。但是，他的"无功不受禄"的清高精神，由于发生了他与陈立夫之间关于书名的争执，在他去世前"教师用"的"前稿"却未能完成和出版，"学生用"的后稿自然也未动手。所以他嘱家人不得动用这万元预支稿费，并表示"若教（育）部有意不令吾书出版，只有设法退还稿费，另谋印行"。③

教育部长陈立夫看了陈著，也赞扬备至，同意出版："大著小学识字教本斟酌古今诸家学说，煞费苦心，阁下己见亦多精辟，自宜付梓，以期普及。"但对《小学识字教本》这个书名，认为"究属程度太高"，要求改为《中国文字基本形义》。④

陈立夫起的这个书名，自然有点俗气，但也不是完全不能接受。而自认为是独创的精品之作、追求高雅的陈独秀却不能接受，回函说："许叔重造说文，意在说经；章太炎造文始意在寻求字原；拙著教本，意在便于训蒙，主旨不同，署名遂异。以其内容高深，不便训蒙者，朋辈中往往有之，此皆

---

① 文天谷：《汉字并不难认、难记——陈独秀文字学研究评介》，《广西师范学院学报》1987年第 2 期。

② 国民政府教育部档案，中国第二历史档案馆藏。

③ 《陈独秀致魏建功的信》，1941 年 9 月 19 日，《古音阴阳入互用例表及其他》。2001 年中华书局正式出版时，将附件部分删除。

④ 《教育部陈部长致陈独秀先生函》，1941 年 10 月 11 日，影印件，该书编辑小组《台静农先生珍藏书札》（一），台北，中研院中国文哲研究所筹备处，1996，第 270 页。

不知拙著第一种乃为教师参考而作，儿童课本别有一种。但编排单字三千余，不加诠释，绝无高深之可言，俱见全书，疑虑自解也。"①

显然，陈独秀在这个问题上不愿意媚俗，有点书生气的执拗。到 1942年 2 月，陈独秀在坚持己意的原则下，退而求其次，致函编译馆负责人陈可忠："拙稿虽未尽善而创始不易，弟颇自矜贵希望能于足下在馆期间，油印五十份（弟需要二十份，分赠朋友）分寄全国。此时虽有原稿一份副本三份，一旦川中有乱，难免纷失也。区区之意请勿再过虑而忽之。"②

对此结局，热情此事的陈可忠也甚为遗憾，为有所弥补，很快遵陈之嘱，把《教本》油印了 50 册，分赠学术界人士，特别是对"小学"有研究的学者，包括陈独秀的朋友如章太炎、梁实秋、王抚五等。此事由当时寓居四川江津白沙镇的台静农和魏建功主持，使这部珍贵之作得以存留下来。

经过几十个春秋的国共两党封锁、冻结和压迫之后，1971 年，梁实秋保存的一部教本油印稿，在台湾首先影印出版并再版。但碍于国民党政治，书名改为《文字新铨》，赵友培题签，梁实秋作前言，却没有"陈独秀"的作者名，陈作的序自然也不用了。此事从政治上考量，乃是可以理解的，而且梁先生对此书的出版采取了十分严肃的学者态度。如他在"前言"中所述："影印本初印五百册，较原稿缩小。其原来模糊之字迹经重描后虽已经清晰，但相形之下，原来清晰因系油印，反而模糊。且其中有若干处亦有因油印及重描而致讹误者。为便利读者经赵友培教授就影印本加以校阅改正，后请李立中先生费十个月时间将全稿重描，使之清晰无误，并决定照原样十六开本再行影印发行。"

20 世纪 80 年代，台湾章太炎后人，把一部《教本》油印本，完璧归赵于陈独秀的外甥吴孟明。1995 年，大陆第一次出版《教本》，所据的是已经七十多岁高龄的严学窘教授所抄存的王抚五收藏的那本油印本。而早在 13年前的 1982 年 9 月，这位在武汉华中理工大学语言研究所任所长的严先生已经为此书的出版写了"前言"，说明："一九四六年我在广州中山大学中文系教训诂学时，新任校长王星拱（抚五）为仲甫先生挚友，将所藏《小学识字教本》油印稿假我一读，击节讽诵，爱不忍释，当即抄存一份。一

---

① 《实庵先生复陈部长书》，1941 年 10 月 13 日，该书编辑小组《台静农先生珍藏书札》（一），第 271 页。
② 《陈独秀致陈可忠》，1942 年 2 月 26 日，该书编辑小组《台静农先生珍藏书札》（一），第 273 页。

九六六年'扫四旧'时，幸赖故妻张志远度出书寓，未被焚毁。"① 又说然后因该大学出版社决定出版该书，把抄存稿交由本研究所工作的刘志成整理校订。刘则说："严学宭教授交给我一册普普通通的横格笔记本，是他于一九四六年用钢笔抄录的陈氏《小学识字教本》，字迹细小清晰，但讹错较多。"② 于是他在整理校对过程中，又参照了广西大学沙少海教授处发现的又一本《教本》油印稿，进行校订。但是他竟又发现，无论严的手抄本，还是沙的油印本，"古文字字形均失真过甚，亦有误成他字者，全部查核工具书重新描摹"，并且对他认为"讹错"的地方，大胆地进行"改换"和"删削"。但刘说："待我花去半年光阴核对整理完毕，稿子竟然莫名其妙地被（理工大出版社）搁置起来。"这时恰逢"清理精神污染运动"，学术界一部分学者为陈独秀冤案平反的正义行为，被作为"史学界的精神污染"受到批评，并且殃及这部纯学术的陈独秀著作的出版。所以一直拖到1995年5月，才改由四川成都的巴蜀书社出版。

《教本》终于在大陆出版，原本是一件大好事，但是由于以上所述校订者在见到沙少海收藏的油印本后还进行了"改换"和"删削"，于是就出现了陈独秀临终时担心的憾事："学力太差者，不能写"。吴孟明把巴蜀版《教本》与油印本对照后发现，前者"从原书的'自叙'到全部正文，均有较大数量的改动，刘君在'后记'中亦说'改不胜改'……这不是校勘手抄本的问题，而是直接对陈独秀的原著进行大量删改了"；"由于被改动的地方实在太多，从字句的改动，到内容的删减或删改，几乎每页都有。"全书300多页，仅开始10页的改动就达12处之多。"一部严肃的学术著作，竟被如此的删削和改动，是很罕见的。"对此，陈独秀的后裔和亲属深表"遗憾和震惊"。

吴先生又说，对比之下，梁实秋对待这本书的出版，确是十分严肃的学者态度。所以，考察陈独秀《小学识字教本》的学术价值，应以台湾的《文字新铨》为文本，所幸的是，梁实秋在临终前叮嘱女儿梁文蔷，要在适当的时候，把陈独秀的这部重要著作，捐赠给大陆著名的博物馆，并说台湾影印出版时，由于众所周知的原因，未署作者陈独秀的名，也未刊陈写的序言想必大家都能谅解。2003年8月，已经移居到美国的梁文蔷亲自把乃父

---

① 严学宭：《前言》，陈独秀：《小学识字教本》，巴蜀书社，1995。
② 刘志成：《整理校对后记》，陈独秀：《小学识字教本》。

保存的《小学识字教本》和影印本《文字新诠》捐赠给了中国现代文学馆。这样，再加上上海鲁迅博物馆收藏的《教本》油印本，大陆学者要研究陈独秀著的《教本》原件，就比较容易了。

与蒋介石国民党的"不合作主义"

国民党甚至蒋介石本人屡次通过朱家骅给陈独秀"巨额资助""医药费"，表面看来是没有政治用意的，甚至在陈独秀逝世时，在何之瑜的《先生逝世前后用费收支表》中，还有这样的记载：

> 赙（殡）仪费收入部分：
> 蒋先生5000元
> 陈立夫先生2000元
> ……

这种现象，从1932年陈独秀被捕到1942年去世这十年间国民党在陈独秀身上下的功夫来考察，不能完全排除他们对陈的"期待"，当他们弄清楚陈已经与拥有红军武装的中共对立，并成为其反对派时，狱中生活的优待，出狱时的重诺拉拢，并要其另建或与张国焘合作建立"新共党"，还一直暗中监视着他的行踪，充分说明他们对陈的"关心"，是确有所图的。陈晚年已经"躲"到石墙院这个偏僻山村，朱家骅等国民党人为什么还对他的病贫状况了如指掌，及时地、想尽一切陈独秀难以拒收的办法提供数笔赠款，在当时党派斗争如此敏感而激烈的时代里，其司马昭之心，应该是可想而知的。应该从这十年国民党对陈"下功夫"的角度来看待，但也不必完全排除"人道主义"的因素。因为世界本来是复杂的，非此即彼的简单逻辑，往往是不着边际的。

最能说明这个问题的是，就在提供这些赠款的前一年即1939年，国民党蒋介石还采取过一个特殊的行动。张国焘向蒋介石提议，派国民党知名人士公开访问陈独秀，将陈的抗战言论编辑成册，来对付共产党在抗日宣传上的影响。于是，蒋即派两位心腹爱将胡宗南和戴笠，带上礼物，亲自来到江津，微服私访陈独秀，可见这次"私访"规格之高。而在"礼物"中，有一件特殊的东西，即去年3月由傅汝霖、段锡朋等人在《大公报》上为陈的所谓"汉奸"事件辩护启事的剪报，他们以为这是提供陈大骂中共的最好材料，可谓用心之良苦。

但是，陈独秀在对待国共两党问题上，始终保持着清醒的头脑。像在1933年国民党法庭上的表现那样。他对共产党的抨击，出自他自己的立场和理论，与国民党的反共立场是完全不同的。所以，他对国民党的十年拉拢，始终采取"不合作主义"，犹如当年蔡元培与北洋政府当局那样，虽然当时站在革命左派立场上的陈独秀并不赞成蔡的做法，曾写文章进行抨击，引起胡适的反击与讥讽。现在，他自己却被逼到这个立场上，真是历史的讽刺。所以，陈与胡、戴一见面，第一句话就直捅二人的背后，问是不是蒋介石要他们来的。二人答是。陈原以为他们是来审查他的行动的，而自己自出狱后被国民党监控，也早已察觉，所以，早有思想准备，当即表示，自己是逃难入川，虽以国事萦怀，却并不与闻政治，更不曾有任何政治活动。但天下兴亡，匹夫有责。然后就询问他们的来意。胡宗南一面让陈阅看带去的启事剪报，一面说："受到人身攻击一事大家不平则鸣。傅汝霖、段锡朋诸先生是陈老的学生，忘年之交的朋友，诸先生为陈老恢复名誉的辩护启事，乃国人之公论，民心之所向。今天特来求教，请陈老谈谈对国事的看法。值兹二次大战爆发，德军席卷欧陆，波罗的海四国乃苏俄前卫边沿，被德军闪电一击，不一周而尽失，眼看苏俄处于极不利之局。国内国共问题，由分而合，由合而斗，大战当前，如国策不能贯彻，前途实堪隐忧。当今之计，陈老意下如何？"[1]

胡宗南的意思很清楚：国际形势对苏联不利，国内国共由合而斗，国策不能贯彻，前途堪忧；而你陈独秀又受到中共的诬陷，还不起来大骂中共一番！但陈独秀不是三岁的小孩。他听了胡、戴的话，看透了他们的来意，虽然他对中共有一肚子怨气，但他坚守自己的立场和对形势的独立见解，绝不为国民党提供反共的弹药。当然，在这种场合下，应酬的话是要讲一点的。于是他沉思良久后慢吞吞地说出了这样一番话："蒋先生的抗战决策，是符合国人愿望的。弱国强敌，速胜困难，只要举国上下，团结一致，则任何难关都可渡过。延安坐井观天，谬论横生，我本人多遭诬蔑，幸公道在人心，先生等所示剪报启事一则，足可证明。列名为我辩者，乃国内知名人士，有国民党的，有非国民党的，有以教育家闻名的。我原打算向法院起诉，因见代鸣不平的公启，乃作罢。先生等对我的关注，深致谢意。本人孤陋寡闻，雅不

---

[1] 转引自沈醉、文强《戴笠其人》，文史资料出版社，1980，第207~210页。

愿公开发表言论，致引起喋喋不休之争。务请二君对今日晤谈，切勿见之报刊，此乃唯一的要求。言及世界形势，大不利于苏，殊出意料。斯大林之强权政治，初败于希、墨极权政治，苏联好比烂冬瓜，前途将不可收拾。苏败，则延安决无前途，此大势所趋，非人力所能改变。请转告蒋先生好自为之。"①

陈独秀这番话，可以说是滴水不漏，对国民党、中共和苏联都比较客气。对国民党，除抗战初期陈曾予以积极赞扬外，但接着对其坚持独裁和限制人民参加抗战的"国策"，也给予激烈抨击。如在谈到抗战中的党派问题时，他明确反对国民党的"党同伐异""肃清异己"的政策和对在野党的"招降态度"，认为共产党及其他在野党都应该合法存在，不应妨碍"在野党对政府党政治的批评"，否则就无法避免"摩擦暗潮"，"影响抗战前途"。

对于中共也是如此。他在《"五四"运动时代过去了吗?》《论游击队》等文章中，以托派传统理论——以工人阶级为主力的城市中心论，批评毛泽东的"山上马克思主义"，即推行以农村抗日根据地和游击战为主的抗战路线。但在胡、戴两位极端反共的人面前，他也没有如此说。

当时国际形势错综复杂，英美等民主国家竭力引诱希特勒东侵苏联，苏联则以与希特勒妥协对付之，这种政治手法的诡诈，作为书生的陈独秀，怎能理解? 所以，从他个人经历或从托派传统立场出发，他说以上那些话，是很自然的。即使如此，他也不愿意把这些话由胡、戴去发表，嘱他们"切勿见之报刊"，说明他不愿意为国民党所利用。

总之，陈独秀在这种复杂的形势下，努力地保持着独立的人格。而正是这种威武不能屈，富贵不能淫，贫贱不能移的独立人格，才使他获得了包括一些国民党人在内的许多人的尊敬，从而留下了一世清白，如他晚年赠给友人的于谦幼年时写的诗那样："千锤万凿出名山，烈火焚身只等闲；粉身碎骨浑不怕，要留清白在人间。"②

蒋介石对陈独秀这种软硬不吃的独立人格，既恼又尊。恼的是至陈死也未能把他争取过来，助其反共一臂之力；尊的是，被其争取过来的中共高级领导人物，如张国焘、顾顺章等，都曾为其献计献策。陈独秀既已强烈反中共，为什么不能为其所用，除了他的人格比那些人崇高之外，没有别的可以

---

① 转引自沈醉、文强《戴笠其人》，第 207～210 页。

② 转引自秦园《陈独秀江津题诗》，南京《新民报》（晚刊）1947 年 8 月 3 日。第二句陈独秀有改动，原诗是："烈火光中走一番"。

解释。所以，看了胡宗南、戴笠写的访陈报告后，蒋说："陈的见解深刻，眼光远大。"并认为陈与张、顾"过来"之人，不可同日而语。于是，不仅通过朱家骅和何之瑜向晚年的陈独秀资助巨额医药费，陈逝世时，还资助殡葬费。但也许正因为如此，再加蒋毕竟是个多疑之人，恐其以后再被延安争取过去，因此至陈死也没有放弃对他的监控。据曾任重庆卫戍总司令部党政组中校组长的易啸夫回忆，由军统交下的监视对象黑名单约有百人之多。对监视对象要派专人跟踪，并规定不准离渝。列入被监视的党派人员有中共、救国会、职教社、生教社、乡建派、平教会、福建人民政府、民盟、第三党、托派、青年党、国社党、汪精卫系等方面的，列入托派的有陈独秀、高语罕二人。① 陈也看透了蒋的心思，1941年3月5日，陈独秀在给江津第九中学任教的何之瑜信中，谈到国民党密探到该校侦探陈独秀情况时，嘱何"不必谨慎过度"，"他们愿探的三件事：（一）我们与干部派（指中共——引者）有无关系；（二）我们自己有无小组织；（三）有无反对政府的秘密行动。我们一件也没有。言行再加慎重些，他能探听什么呢？"②

最后的思想辉煌

武汉、广州失陷后，上海由极左派小集团控制的托派中央，做出了一系列错误的结论。他们于1938年10月28日发表了《为武汉广州失陷告全国民众书》（传单），他们从抗战失败主义，进而在战争中引发革命，准备打倒国民党和反对第二次国共合作的传统立场出发，批判国民党1927年背叛革命后的种种罪恶，现在又借应战以达到它与帝国主义妥协的目的；攻击中共葬送了大革命，随即又以盲动主义在乡村建立苏维埃，组织红军进行夺取政权的斗争，失败后又"奴颜婢膝地向国民党投降"，放弃阶级斗争，加深民众对英美帝国主义的幻想，"帮助了国民党政府欺骗政策的顺利进行"；还说抗战失败，断送了大半个中国是国共两党的"反动政策之分工合作（所谓国共合作）所造成的后果"；要求民众"重新认识国民党之一贯的妥协反动政策，尤其要立刻脱离史大林党的恶毒欺骗"。

始终关心政治和人类命运的陈独秀，在专心进行文字学研究的同时，对

---

① 易啸夫：《重庆稽查处内幕》，《重庆文史资料》第37辑，1992。
② 此信手稿原件存北京中央档案馆。

于国内外复杂的形势，也不时发表议论，有时在报刊上直接发表，有时是他给表弟（时在云南某师范学校教书）濮清泉（笔名"西流"）信与文章并由其转给上海的托派朋友王凡西、郑超麟等。这些后来被人们称为"陈独秀最后论文和书信"的文字，主要是他与上海托派极左小集团争论中形成的，而争论的焦点集中在战争与革命、民主与专政及与此相关的抗战前途和苏联问题上。

1. 关于战争与革命。

由于第一次世界大战中以列宁为首的布尔什维克党，执行了使本国政府在战争中失败从而引发统治危机，造成革命时机，夺取了十月革命的胜利，所以，以极左教条主义为特征的托派中央，坚持所谓列宁的"失败主义"和"以国内战争转变帝国主义战争"的路线和口号，准备在这次战争中引发社会主义革命。陈独秀在给西流的信和《我的根本意见》等书信和文章中，反复批判这种论调。

陈独秀说：

> 列宁对一九一四大战理论之正确，是由于他不肯抄袭马恩对普法战争之现成理论，而是自己脑子观察分析当时帝国主义大战的环境与特质；其口号（即对本国实行"失败主义"——引者）之收效，是由于帝俄实际是战败国，而且俄国地大，德国对它不能加以布列斯特和约以上的迫害，十月革命才得以保全。现在呢，我们也不应该抄袭列宁对一九一四大战之现成的理论……一切理论和口号都有其时间性和空间性，是不能随便抄袭的……以背诵一大篇过去大战的经验和理论了事，这样的马克思主义理论家乃是抄袭陈文的八股家啊！历史不会重演，错误是会重演的，有人曾把列宁一九一四大战的理论与口号应用于中日战争，而忘记了被压迫民族反帝的性质，无论他唱如何左的高调，只能有助于日本；现在又有人把列宁当年的理论与口号应用于此次战争，而忽略了反法西斯的特质，无论他如何左的高调，只能有助于希特勒。①

在给西流的另一封信中，他说得更明确尖锐。他说，由于资产阶级有了1871 和 1917 年的经验等原因，"以前我们相信的'帝国主义大战后失败国

---

① 《陈独秀给西流的信》，1940 年 3 月 2 日，《陈独秀最后论文和书信》，第 29～30 页。这本小册子是何之瑜在陈独秀死后把材料带到上海，1948 年由托派朋友集资印刷了几十本，所以没有版权页。

将引起革命'这一公式，完全被推翻了，只有迷信公式对历史事变发展闭起眼睛的人们，才会做一九一七的梦，才会说此次大战是上次大战的重演。英法革命既无望，在英法取失败主义，除了帮助希特勒胜利之外，还有甚么？历史不会重演，人为的错误是会重演的。"① 陈独秀的意思是，不仅十月革命式的社会主义革命不可能发生，"民主革命"也不可能发生。他在另一封给西流的信中补充说："在此次大战结果之前，甚至战后短时期中，大众的民主革命无实现之可能。"② 他的理由是：（1）"不会在任何时间，任何空间，都有革命局势。最荒谬的是把反动的局势，说成革命局势……我们必须驳斥'人民愈穷愈革命'的胡说。'压力愈大反动力也愈大'这一物理现象，虽然也可以应用于社会，而必以被压迫者有足够奋起的动力为条件。"——这个"胡说"和"现象"，恰恰是后来毛泽东思想的核心。（2）"无产阶级的群众，不会在任何时间都倾向革命，尤其是大斗争遭到严重失败之后，或社会经济大恐慌之时。"（3）"无产阶级没有适合于其社会条件的充分数量，没有经济的政治的组织，和别的居民没有甚么大的不同。（经验）使我们不能把现时各国无产阶级力量估计过高，使我们不能轻率宣布'资本主义已到末日'，没有震动全世界的力量之干涉，此次大战自然不是资本帝国主义之终结，而是它发展到第二阶段之开始，即是由多数帝国主义的国家，兼并成简单的两个对垒的帝国主义的集团之开始。"③（4）"各国的革命力量，已为史大林派摧除干净"，特别是"无革命政党"；而"各国的资产阶级有了一八七一和一九一七的经验。"④

同时，陈还认为在这次大战中，不应该发动革命：（1）"在此次帝国主义大战中，对民主国方面采取失败主义，采取以国内的革命战争代替国际的帝国主义战争的方略，无论口里说得如何左，事实上只有帮助纳粹胜利。"（2）"战争与革命，只有在趋向进步的国家，是生产力发达的结果，又转而造成生产力发展的原因；若在衰退的国家，则反而使生产力更加削弱，使国民品格更加堕落——夸诞、贪污、奢侈、苟且，使政治更加黑暗——军事独裁化。"⑤

---

① 《陈独秀给西流的信》，1940 年 9 月，《陈独秀最后论文和书信》，第 37 页。
② 《陈独秀给西流的信》，1940 年 4 月 24 日，《陈独秀最后论文和书信》，第 30～31 页。
③ 陈独秀：《我的根本意见》，1940 年 11 月 28 日，《陈独秀最后论文和书信》，第 2 页。
④ 《陈独秀给西流的信》，1940 年 9 月，《陈独秀最后论文和书信》，第 37 页。
⑤ 陈独秀：《我的根本意见》，1940 年 11 月 28 日，《陈独秀最后论文和书信》，第 5 页。

　　这里的第二条很值得注意。一般说，"在趋向进步的国家""战争与革命"是不会发生的，只有外来强加的战争是可能的，暴力革命更不可能发生。所以，陈的说法不太正确。但是，"在衰退的国家"中，反侵略的战争是正义的，其结果应该如陈自己在抗战初期那样说的是进步的。

　　唯有一点，他说得无比精辟："在衰退的国家"中的革命，必然是"以暴易暴"，"反而使生产力更加削弱，使国民品格更加堕落——夸诞、贪污、奢侈、苟且，使政治更加黑暗——军事独裁化。"在他看来，无论是"进步的国家"，还是"衰退的国家"，都不需要"战争与革命"，最好的道路是"和平的改革"，或像法美那样，在战争与革命后，逐步由"以暴易暴"走向民主选举。但是，这是有识之士的理性思考和期望，实际的历史过程往往不是这样的。因为实际的历史进程不取决于一部分理性之士的理想主义，而取决于各种政治势力或利益集团角逐的结果。这是人类历史上不断出现一些罪恶势力集团一度主宰一国或世界局势的原因之所在。

　　所以，陈独秀认为，中国抗战只能寄希望于英美等民主阵营的胜利："在今天——英美和德国两大帝国主义互争全世界奴隶统治权的今天，孤立的民族战争，无论由何阶级领导，不是完全失败，便是更换主人"；[①]"若希望在此次大战中，转帝国主义战争为推翻一切帝国主义的战争，那便是全然不靠近事实的幻想了"；"有人甚至梦想战争会引起社会主义革命就快到来，不幸事实幻灭了他们的美梦"；"美国胜利了，我们如果能努力自新，不再包庇贪污，有可能恢复以前半殖民地的地位。"[②]

　　但是，上海的托派中央在1940年6月看到陈独秀嘱西流转寄的上述书信时，火冒三丈，"觉得在政治责任上不容许再事沉默"，首先就"战争与革命"问题，作出了"决议"[③]，指出："DS同志在三封信中所表现的根本思想是：这次世界大战决非帝国主义重新分割世界的战争。因此，他公开站在民主的英法帝国主义方面，反对革命的'失败主义'，反对'以国内战争去转变帝国主义的战争'，而'认为不但在英法美国内反对战争是反动的，即印度独立运动也是反动的'——这明显地完全承袭了过去史大林'以民主阵线反对法西斯阵线'之荒诞立场，这在本质上是英法帝国主义的狭隘

　　① 陈独秀：《我的根本意见》，1940年11月28日，《陈独秀最后论文和书信》，第5页。
　　② 陈独秀：《战后世界大势之轮廓》，1942年2月10日，《陈独秀最后论文和书信》，第15、13页。
　　③ 《临委对 D. S. 来信的决议》，《保卫马克思主义》，油印小册子，第29～31页。

爱国主义的思想，是普列汉诺夫、格德和亨得曼在第一次大战中所表现的极端可耻的机会主义之再版。这与革命的马克思主义，与第四国际对第二次大战的基本立场和策略毫无共同之点。"

然后，正如陈独秀所批判的那样，他们只会背诵托洛茨基的语录，摘引托氏关于这次战争的性质和策略的文字，如"拿民主主义对抗法西斯主义的公式……是欺骗人"，"这次战争是为着重新分割而在不同阵营的帝国主义奴隶间进行的……是过去第一次大战的直接延长"；"战争双方都有一种反动的性质"，"因此，我们找不出半点理由，把一九一四和一九一七年在列宁领导下的工人运动的最优良的代表所苦心制作出来的关于战争的原则，加以改变"；"工人阶级及被压迫民众的真正代表的任务不是帮助某一帝国主义阵营来反对另一阵营"，等等，自夸说托同志的这几段话，[①]"也正是我们自大战开始以来所采取的立场"。然后再次谴责陈独秀对于这次大战的意见是"根本错误的"、"反动的"、"机会主义的"等。

这反而证明陈独秀对他们的批判是正确的，并承认了他们对中国抗战一开始就实行所谓"失败主义"和"在战争中引发革命"的策略。这种策略既不现实，又违背全国人民的意愿。

2. 关于民主与专政。

在这个问题上，既是他狱中关于民主主义问题研究与思考的继续，又是与第一个问题——"战争与革命"——直接联系的。

陈独秀在给西流信中说，正因为这次大战是民主阵营与法西斯阵营的战争，而苏联在国内实行法西斯的恐怖统治，在国外与德、日妥协，所以，"现在德、俄两国的国社主义及格柏乌政治（即苏联的克格勃特务统治——引者），意大利和日本是附从地位，是现代宗教法庭，此时人类若要前进，必须首先打倒这个比中世纪宗教法庭还要黑暗的国社主义和格柏乌政治。"[②]"此次（大战）德俄胜利了，人类将更加黑暗至少半个世纪。若胜利属于英法美，保持了资产阶级民主，然后才有道路走向大众民主"[③]

关于民主问题，陈独秀特别声明："我根据苏俄二十年来的经验，沉思

---

① 决议说，这几段话摘自托氏的《德苏协定的前因后果》一文。

② 《陈独秀给西流的信》，1940 年 4 月 24 日，《陈独秀最后论文和书信》，第 30～31 页。

③ 《陈独秀给西流的信》，1940 年 5～6 月，《陈独秀最后论文和书信》，第 31～32 页。此信原附在 4 月 24 日信之后，未署日期，据胡适在《陈独秀最后对于民主政治的见解》一书所写的序言说"同年（即 1940）给西流的信，约在五六月之间"。《陈独秀著作选》没有收入这封重要的信。

熟虑了六七年，始决定了今天的意见。"这些意见是：

一、民主是人类进步的动力。民主是自从古代希腊、罗马以至今天、明天、后天，每个时代被压迫的大众反抗少数特权阶层的旗帜，并非仅仅是某一特殊时代的历史现象。近代民主制的内容，比希腊、罗马要丰富得多，实施范围也广大得多，因为近代是资产阶级当权时代，我们便称之为资产阶级的民主制，其实此制不尽为资产阶级所欢迎，而是几千万民众流血斗争了五六百年才实现的。

二、民主不仅仅是一个抽象的名词，有它的具体内容，资产阶级的民主和无产阶级的民主，其内容大致相同，只是实施的范围有广狭而已；如果说无级民主与资级民主不同，那便是完全不了解民主之基本内容（法院外无捕人杀人权，政府反对党派公开存在，思想、出版、罢工、选举之自由权利等），无级和资级是一样的。

三、如果不实现大众民主，则所谓大众政权或无级（即无产阶级——引者）独裁，必然流为史大林式的极少数人的格柏乌政制，这是事势所必然，并非史大林个人的心术特别坏些；史大林的一切罪恶乃是无产阶级独裁制之逻辑的发展。试问史大林一切罪恶，哪一样不是凭藉着苏联十月以来秘密的政治警察大权，党外无党，党内无派，不容许思想、出版、罢工、选举之自由，这一大串反民主的独裁而发生的呢？我们若不从制度上寻出缺点，得到教训，只是闭起眼睛反对史大林，将永远没有觉悟，一个史大林倒了，会有无数史大林在俄国及别国产生出来。说无产阶级政权不需要民主，这一观点将误尽天下后世。

四、所谓"无产阶级独裁"，根本没有这样东西，即党的独裁，结果也只能是领袖独裁。任何独裁都和残暴、蒙蔽、欺骗、贪污、腐化的官僚政治是不能分离的。①

五、以大众民主代替资产阶级民主是进步的；以德、俄的独裁代替英、法、美的民主是退步的；直接或间接有意或无意的助成这一退步的人们，都是反动的，不管他口中说得如何左。

---

① 以上三条，均载陈独秀《我的根本意见》，1940年11月28日，《陈独秀最后论文和书信》，第3页。

六、民主国与法西斯之显然限界，请看下列对照表：

英、美及战败前法国的民主制	俄、德、意的法西斯制（苏俄的政制是德、意的老师，故可为一类）
（一）议会选举由各党（政府党反对党在内）垄断其选举区，而各党仍须发布竞选的政纲及演说，以迎合选民要求，因为选民毕竟最后还有投票权。开会时有相当的讨论和争辩。	（一）苏维埃或国会选举均由政府党指定。开会时只举手，没有争辩。
（二）无法院命令不能捕人杀人。	（二）秘密政治警察可以任意捕人杀人。
（三）政府的反对党甚至共产党公开存在。	（三）一国一党不容许别党存在。
（四）思想、言论、出版相当自由。	（四）思想、言论、出版绝对不自由。
（五）罢工本身非犯罪行为。	（五）绝对不许罢工，罢工即是犯罪。

七、民主之内容固然包含议会制度，而议会制度并不等于民主之全内容。许多年来，许多人，把民主和议会制度当做一件东西，排斥议会制度，同时便排斥民主，这正是苏俄堕落之最大原因……俄国的苏维埃，比资产阶级的形式民主议会还不如。独裁制如一把利刃，今天用之杀别人，明天便用之杀自己。

八、一班无知的布尔什维克党人，更加把独裁制抬到天上，把民主骂得比狗屎不如，这种荒谬的观点，随着十月革命的权威，征服了全世界，第一个采用这个观点的便是墨索里尼，第二个便是希特勒，首倡独裁本土——苏联，更是变本加厉，无恶不作……第一个是莫斯科，第二个是柏林，第三个是罗马，这三个反动堡垒，把现代变成了新的中世纪，他们企图把有思想的人类变成无思想的机器牛马，随着独裁者的鞭子转动……所以，目前全世界的一切斗争，必须与推翻这三大反动堡垒连系起来，才有意义。①

九、特别重要的是反对党派之自由，没有这些，议会或苏维埃同样一文不值。

十、政治上民主主义和经济上的社会主义，是相成而相辅的东西。

---

① 以上三条，均载《陈独秀给西流的信》，1940年9月，《陈独秀最后论文和书信》，第36～40页。

民主主义并非和资本主义及资产阶级是不可分离的。无产阶级政党若因反对资产阶级及资本主义，遂并民主主义而亦反对之，即令各国所谓"无产阶级革命"出现了……也只是世界上出现了一些史大林式的官僚政权，残暴、虚伪、欺骗、腐化、堕落，决不能创造甚么社会主义。

陈独秀从以上关于民主与专政的论述中，得出两个总结论。

第一，彻底否定列宁和托洛茨基的无产阶级专政理论及其在苏联的实践。他说：

应该毫无成见的领悟苏俄二十余年来的教训，科学而非宗教的重新估计布尔什维克的理论及其领袖（列宁托洛茨基都包含在内）之价值。我自己则已估定他们的价值，我认为纳粹是普鲁士与布尔什维克之混合物。①

第二，只崇信"民主主义"，而彻底抛弃列宁主义和托洛茨基主义。他在给郑学稼的信中说：

列（宁）托（洛茨基）之见解，在中国不合，在俄国及西欧又何尝正确……弟久拟写一册《俄国革命的教训》，将我辈以前的见解彻底推翻。②

在另一封给 S 和 H 的信中，他甚至这样说：

"圈子"即是"教派"，"正统"等于中国的宋儒所谓"道统"，此

---

① 陈独秀：《我的根本意见》，1940 年 11 月 28 日，《陈独秀最后论文和书信》，第 3 页；《陈独秀致 S 和 H 的信》，1941 年 1 月 19 日，《陈独秀最后论文和书信》，第 41 页。H 是胡秋原，是国共之外的中间派人士；S 是孙几伊。过去人们把 S 当作孙洪伊，直到 1996～1997 年，大陆上的郑超麟写信问及台湾的胡秋原，胡在 1997 年 1 月 18 日的回信（载唐宝林主编《陈独秀研究动态》第 12 期，1997 年 10 月）中，才澄清是"孙几伊"。此人是苏州人，民国初期已是有名的作家，抗战爆发后，与胡秋原一起任国民政府国防最高委员会秘书，常在《东方杂志》发表文章，并对陈被中共诬蔑为"汉奸"，深表不平和同情，为陈所闻。当时，他们二人从何之瑜处见到陈的《我的根本意见》，极表赞成，并有所提议，故有此陈独秀的回信。
② 《陈独秀先生晚年致郑学稼教授原函墨迹》，台湾《传记文学》第 30 卷第 5 期。

等素与弟口胃不合，故而见得孔教道理有不对处，便反对孔教，见得第三国际道理不对处，便反对它，对第四国际、第五国际，第……国际亦然。适之兄说弟是一个"终身反对派"，实是如此，然非弟故意如此，乃事实迫我不得不如此也。[①]

胡适称陈独秀晚年民主思想"实在是他大觉大悟的见解"。这是1949年4月14日夜，胡适在太平洋一只轮船上，为推荐正式出版《陈独秀最后论文和书信》小册子[②]而写的长篇序言中的一句话。

"序言"首先引用陈独秀自己的声明"我已不隶属任何党派，不受任何人的命令指使"，强调陈的"最后思想——特别是他对于民主自由的见解"，是他"自己独立的思想"，"很值得我们大家仔细想想"。然后，大段大段地引述介绍陈独秀的民主见解，并给予高度的评价。他特别强调以下几点。

其一，在介绍陈独秀关于大战谁胜利与民主关系时，胡适说："他这里提出了一个理论：'保持了资产阶级民主，才有道路走向大众民主'——这个理论在一切共产党的眼里真是大逆不道的谬论。因为自从一九一七年俄国革命以来，共产党为了拥护'无产阶级独裁'的事实，造成了一套理论，说英美西欧的民主政治是'资产阶级民主'，是资本主义的副产品，不是大众无产阶级需要的民主。他们要打倒'资产阶级民主'，要重新建立'无产阶级的民主'。这是一切共产党在那二十多年中记得烂熟的口头禅。托洛斯基失败之后虽然高喊着党要民主，工会要民主，各级苏维埃要民主，但他实在没有彻底想过整个政治民主自由的问题，所以托派的共产党也承袭了二十年来共产党攻击'资产阶级民主'的滥调。"

其二，胡适特别注意陈独秀提到的民主政治（即所谓资产阶级民主）的"真实价值"和四次提到的民主政治的"真实内容"，指出："只有他能大胆的指摘'自列宁、托洛斯基以下'均不曾懂得'资产阶级民主政治之真实价值'。只有他敢指出二十年（现在三十年了）来共产党用来打击民主政治的武器——'无产阶级民主'原来只是一个空洞的名词！"；"独秀的最

---

① 《陈独秀致S和H的信》，1941年1月19日，《陈独秀最后论文和书信》，第42页。
② 《陈独秀最后论文和书信》经胡适推荐由广州自由中国出版社1949年6月出版，书名改为《陈独秀最后对于民主政治的见解（论文和书信）》，突出了胡适的"序言"思想。在编排上，把原按论文与书信分类编辑的顺序，改为按写作时间先后的顺序。

大觉悟是他承认'民主政治的真实内容'有一套最基本的条款——一套最基本的自由权利——都是大众所需要的,并不是资产阶级所独霸而大众所不需要的。"胡适不厌其烦地把陈四次所述的民主政治的基本条款,用陈的原话一一列出,有时归纳为七条,有时为三条,有时为五条,而在提到"特别重要的是反对党派之自由"时,他评论说:"在这十三个字的短短一句话里,独秀抓住了近代民主政治的生死关头。近代民主政治与独裁政制的基本区别就在这里。承认反对党派之自由,才有近代民主政治;独裁制度就是不容许反对党派的自由。"

胡适如此评述这个问题,因为"反对党派之自由"正是他和独秀最大的共同心愿。二人无论对于共产党还是国民党,都是站在"反对党"的立场上的。比较而言,从行动上看,独秀追求反对党派的自由最为坚决和彻底,最后甚至成为"托派共产党"和"列、托主义"的反对派,所以胡适说他是"终身反对派"。

其三,胡适还注意到陈独秀对于斯大林问题的分析。陈独秀说:"……明明是独裁制产生了史大林,而不是有了史大林才产生独裁制";"……这些违反民主的制度,都非创自史大林";"……这是势所必然,并非史大林个人的心术特别坏些"等。胡适说:"这是很忠厚的评论。向来'托派'共产党总要把苏俄的一切罪恶归咎于史大林一个人,独秀这时候'已不隶属任何党派'了,所以他能透过党派的成见,指出苏俄的独裁政制是一切黑暗与罪恶的原因。"

众所周知,胡适与陈独秀一样,是激烈反对和批判斯大林的,但是二人又都持冷静的、实事求是的态度,这是非常可贵的。

一些学者,认为陈独秀晚年关于民主的见解,表明他回到了1920年建党以前的资产阶级民主主义思想时期,即"回归五四"。这是对陈独秀晚年思想的误解。陈独秀晚年关于民主的见解,与五四新文化运动时期的民主思想,根本不能同日而语。它是陈一生艰苦奋斗经验教训的思想结晶,也是包括中共无数革命者和烈士奋斗牺牲经验教训的总结,更是苏联及整个国际共产主义运动历史的高度总结,也是欧美民主制度和法西斯独裁制度发展历史的总结。这样的思想,在五四时期不可能产生。再说,陈独秀两个时期的民主思想反对的对象也是根本不同的:五四时期的民主思想是反对封建专制主义,晚年的民主思想是反对斯大林式的"无产阶级专政"——对党内、革命阵营内和人民内部不同意见者的专政。

在国、共、托的三面围攻中离开人世

以上陈独秀的最后见解，多数是 1939~1940 年发表的，一贯随着"时间性和空间性"的转移而与时俱进的他，最后一年半在基本观点（主要是"战争不能引发革命"及以上系统的民主观点）未变的情况下，有些意见（主要是战争形势和前途及苏联方面）有所改变，因为世界形势在 1941 年发生了重大变化。如在他最后第三篇论文所述："历史决不会重演，此次大战已使各方面发生巨大变化，或已发生巨大变化之萌芽。"①

1941 年 6 月 22 日，德国在横扫欧洲大陆，谋取英国未遂后，突然东侵苏联。7 月，苏联终于改变对德妥协的方针，与英国签订对德协定，加入了英美等国的反法西斯阵营。12 月 8 日，日军偷袭美国珍珠港海军基地，太平洋战争爆发。第二天英美发表对日宣战。接着中国国民党政府也对日宣战，加入世界反法西斯阵营。

世界格局如此巨大的重新组合，突破了陈独秀原来的有些估计和论断，于是，国、共、托三方都按照各自的政治需要，来攻击陈独秀的思想。

陈独秀 1942 年 3 月 21 日在重庆《大公报》上发表了《战后世界大势之轮廓》一文，该文虽然没有再把苏联列入德、意、日法西斯阵营进行攻击，但因为那时中国抗战和世界反法西斯阵营尚处于下风，如陈文中所说"以现状观之，自然是德、日占优势"，所以，陈预测此次大战结果时，虽然"假定"了三种可能：一是双方"不分胜负而议和"；二是"胜利属于英、美"；三是"胜利属于德、日"，但在阐述时，较倾向于第三种，并且说如果"胜利果然属于纳粹，它竟至支配了半个地球，这占人类半数的人民，在政治上将受到整个时期窒息的大灾难"。在这篇文章的续编《再论世界大势》中，他更明确地说"我们估计此次战争德、日胜利的可能较大"；"则将来法西斯蒂专制会和以前的专制一样，普遍的发展，而且形成历史上一整个时期。"② 这种预测与后来的实际相比，太不着边际。奇怪的是，他还说在这个法西斯统治时期，"在经济上和英、美胜利一样……会有一大进步，例如由币制统一减轻关税壁垒、物资集中等等"；"这在客观上为将来

---

① 陈独秀：《战后世界大势之轮廓》，1942 年 2 月 10 日，《陈独秀最后论文和书信》，第 8 页。
② 陈独秀：《再论世界大势》，1942 年 4 月 19 日，《陈独秀最后论文和书信》，第 14 页。

社会主义世界开辟宽广的道路，加强物质的基础，这本是资本主义在血的罪恶中产生进步的惯例。"

而在论述战后世界时，又说若是上述第三种，则战后将形成德、美为"领导国"的两大集团圈对立的世界；若是第二种，则形成英、美"领导国"的两大集团圈对立的世界。然后在这种对立中，酝酿下次的世界大战。而其他国家都附属于这四个领导集团，如"日本之于德国，苏俄之于英、美"；"现在的苏联，不但他的生产力不能胜任领导国，它自身早已离开社会主义了。"而中国的前途，已如前述：不是日本的殖民地，就是英美的半殖民地，不可能有更好的前途。

陈独秀的以上言论，是在当时中国抗战和世界反法西斯阵营最困难的时期发表的，虽然不合时宜，但他用意是好的，如他自称用的方法类似1914年写的《爱国心与自觉心》的方法，即正言若反，以激励人们更努力地奋斗，他说：

> 与其以乐观的估计构成海市蜃楼来自己安慰自己以至松懈了事前的戒备；不如拿可能的悲观的估计，以警策自己，以唤起别人，加紧事前之努力。如其闭着眼睛否认将来会只有帝国主义的天下；不如睁开眼睛，看清可悲的趋势，承认将来还有法西斯蒂的帝国主义专制会普遍发展而形成历史上一整个时期之危险，因此加紧主观上之努力，在此次大战中，彻底击溃希特勒及其伙伴的势力，而加以严厉的惩戒，以民主自由的巨大潮流，淹没法西斯蒂的思想，使之不能在战后胜利的国家内，以别种形式而复苏，而蔓延，使人类近代的进化史，走向另一道路，即……由资产阶级民主制，直接走到未来世界更扩大的民主制；即令不可能，也要用"知其不可而为之"的精神，影响下一代的青年，继续努力缩短将来的法西斯蒂黑暗时期至可能的极限。

可见陈独秀用心之良苦。但是，第一，陈独秀的这种思维太复杂，不仅脱离了当时各党派的认识水平，也脱离了广大民众的期望，所以如1914年那篇文章那样，引起了广泛的误解。因为无论是世界人民，还是中国人民，已经处于"五更寒"，受尽了法西斯的苦难，他们需要将走向光明前途的安抚和激励，不能再用更加黑暗和漫长的法西斯前途去打击他们的斗志。第二，与1914时相反，那时他的观点很快被事实（如袁世凯签订"二十一条"）证明是对的，所以产生很大影响，成为他发起新文化运动的前奏；但这次他发以上言论后，第二年（1943 年），战争形势就转折了。法西斯阵营开始走下坡路，中国抗战也泛出黎明，战后的世界格局，也不是陈独秀所说的那种格局。这表明陈的这次预言是错误的。

其实这并不奇怪，1914 年，他因参加早期民主革命的全过程，较透彻地研究了法兰西民主主义学说，又在《甲寅杂志》社工作，对世界与中国形势特别是中国社会病根了如指掌，所以能一言中的。而 1942 年，他自己说："久居山中生事微"，在那偏僻的石墙院小山村中，对全国抗战的形势知之甚少，对世界大战的形势，更是"盲人摸象"，又带着对苏联的某些偏见。在这种情况下，还做《战后世界大势之轮廓》《再论世界大势》的大文章，自然是"自不量力""力不从心"了。于是各方责难和批评纷纷射来。

首先是国民党政府，为了维持与苏联的"盟邦外交"，禁止《大公报》刊登陈独秀的《战后世界大势之轮廓》（下篇），因为此文较长，故分两次发表。有国民党人就趁机打击陈。同月 29 日是黄花岗七十二烈士殉难纪念日，江津县长罗宗文在江津东门外体育场举行盛大的群众大会，有学生，工人、机关职工、人民群众约四千人参加，罗主持大会，号召大家学习烈士的革命精神，不怕牺牲，在各个岗位奋发努力，争取抗日战争的最后胜利。讲毕，双目失明的安徽大老凌铁庵，由其女扶到前台，厉声谴责陈独秀乱写文章投稿，散布悲观情绪，大大影响群众的抗战积极性，应群起而声讨之，云云。言词异常尖锐激烈。罗宗文回忆说："散会后，《江津日报》社长张西洛（进步报人，解放后任全国政协委员，《光明日报》经理，是我支持他在江津办日报的）问我：'凌铁老的讲话，上不上报？'我说：'没有必要。'后来，重庆卫戍总部派遣在江津县稽查室的李主任（江西人），曾问我：'罗县长为啥偏袒陈独秀？'可见特务还是时刻盯住陈老的。我听后一笑置之。"①

事不止此，4 月 2 日，国民党军事委员会战时新闻检查局审查陈独秀的《轮廓》一文，指示：该文"内容乖谬，违反抗战国策"，要求电饬各新闻检查处室"注意检扣"。次日，国民党中央图书杂志审查委员会即复函军事委员会战时新闻检查局，称已"通令各省市图书杂志审查处一体注意检扣"。②

---

① 罗宗文：《江津三晤陈独秀》，唐宝林主编《陈独秀与中国》总第 55 期，2006 年 2 月号，第 6 页。

② 《国民党军事委员会战时新闻检查局档案新指字第 8452 号公函》，中国第二历史档案馆藏。

19 日，当得知陈独秀撰写续篇《再论世界大势》后，国民党中央宣传部禁止刊登，理由是："顾虑对苏外交"。

在共产党那里陈独秀的"右倾机会主义"被上升为"右倾投降主义"。

早在 1938 年 7 月，刚入川时，陈独秀接连写了四篇全面抨击中共基本理论和路线的文章或演讲稿：《民族野心》《论游击队》《说老实话》《资本主义在中国的发展——在重庆民生公司的演讲》。在延安的陈伯达立即在中共中央理论机关报《解放》上发表长达 1.2 万多字的重头文章《评陈独秀的亡国论》进行回击。《评》文首先从批判陈的《说老实话》开始。因为陈在此文中一开头便说："全民抗战、各党合作、全国精诚团结、民众奋起、歼灭敌人、最后胜利，如此等等"，现在"成了抗战八股大流行"，"而不容许我说我所应说的老实话"；指责"政府使人不敢说老实话，事情已经够严重了；社会不容许人说老实话，则更糟。至于纯洁的有志青年，也不愿听老实话，而乐于接受浮夸欺骗的宣传，尤其盲目信从在野党不负责任（指中共——引者）的胡吹乱道，那便是无可救药了！"①

《评》文批驳陈独秀攻击的所谓"抗战八股"，"是中国民族从极苦痛的历史教训中得出的真理，中国的获救，必将是因为坚决执行这些真理，而不是什么八股"；要陈说的"在野党的胡吹乱道"和"浮夸欺骗的宣传""拿出真凭实据"来，批驳说："中共党人从来以'做实事，说真话'的德行为矜尚，而在民族危亡的时机更不断地以此互相督责，以此互相劝慰……"以此攻击陈独秀是"血口喷人"。

进而，《评》文批判陈独秀在《论游击队》一文中所说的"老实话"——"城市中心论"。陈独秀说："敌人……占据了我们全国的大城市和交通要道，即使游击队布满了全国的农村和小城市，甚至避开敌人的势力在偏僻的地方建立一些可怜的边区政府，仍然算是亡了国。没有大城市，便没有国家。"《评》文指出："在抗日战争一定时期中，由于本来敌强我弱，由于我方的进步还不够，大城市的暂时陷于敌手，本来是抗战中大家是预料到的，然而大家始终没有认此即等于亡国；反之，却认为是抗战胜利、存国建国之不可免的一段艰苦过程……如果说失掉大城市即等于亡国，这也就是等于说：抗战就不可免亡国，也就是抗战亡国论。"《评》文以此断定陈独秀

① 陈独秀：《说老实话》，1938 年 7 月 27 日，《青年向导》1938 年第 4 期，1938 年 7 月 30 日。

是"抗战亡国论者"，又无限上纲说陈"文不对题地对于目前抗战游击运动进行混乱是非，企图使同胞们对于游击队和游击战灰心失望……'这正是敌人所求之不得的事'"；"而其一切目的就是归结在于执行托洛茨基对其徒弟有名的指令：'不阻止日本侵略中国'。"这就又把陈独秀和中国托派打成"汉奸"了。

更有甚者，《评》文在接着批判陈的演讲《资本主义在中国》中表现的"亡国哲学"和"亡国论的中国社会观"后，竟然把陈说成是"全民族的公敌""国共两党的公敌"！《评》文以所谓"量变"和"质变"的辩证法，把陈说的人类进化有"渐进"和"跳跃"两种形式、而"跳跃的进化，则大半由于外界之影响"的观点，说成是"否认革命"，"否认抗日战争"，而"不进行抗日战争，那就是中国的灭亡"；又把陈的跳跃的进化大半是"外界之影响"说成是"亡国的外力论"，接着侮蔑说："他的这个'哲学'是日寇所欢迎的，因为日寇就正是宣称中国是所谓无组织和不长进的民族，只有日本帝国这'外来的力量'，可'为中国解除水深火热之痛苦'。"

《评》文以中国是半殖民地半封建社会观，批判陈独秀说的中国是"初步的资本主义"社会、"没有什么一半一半"的观点："陈独秀的否认这'一半一半'，不是为的什么，就正是否认这民主革命，就正是为的由否认民主革命到否认抗日战争……欢迎中国的灭亡。"

最后，《评》文总结说："从陈独秀上述的整个观点看来，从陈独秀对于中国前途观点看来，他是反三民主义的；所以，在事实上，陈独秀不但是共产主义事业的背叛者，而且是民族的背叛者，而且是中国文化的背叛者；他在现在的一切言论和行动，完全是于日寇有利的，完全是为日寇服役，并且是假借反共的名义去在实际上反对国民党的。这样，陈独秀还不是全民族的公敌！还不是国共两党的公敌！"①

1942年5月8日，延安《解放日报》发表署名李心清的文章《斥陈独秀的投降主义理论》，重复陈伯达的逻辑，批判陈文"否认苏联社会主义，否认中国三民主义，否认全世界的民族主义与民主主义，否认反法西斯阵线的存在和力量，否认战后任何光明前途"，是"汉奸理论"，反映了"陈独秀的汉奸本质"。

上海托派中央对陈独秀的攻击更加厉害了。

---

① 陈伯达：《评陈独秀的亡国论》，《解放》第61期。

1941 年 1 月 10 日，中央常委会专门通过《关于 DS 对民主和独裁等问题的意见的决议》，对陈的"民主与专政"的见解进行系统的批判：指出陈表示的"最根本的意见，是根本否认无产阶级专政"，是美国与西欧"小资产阶级自由派之特别'发明品'。这班人把史大林官僚专制的一切罪恶都归咎于布尔塞维克主义，归咎于马克思主义，特别归咎于十月后苏联无产阶级专政的制度本身，因而以便服务于资产阶级而从根本上反对无产阶级的革命，反对无产阶级专政的前途。我们的 DS 亦完全是如此。"《决议》重申了"无产阶级专政思想"是马克思主义和列宁的根本思想，只有第二国际的修正主义者才加以反对。《决议》还批驳陈独秀否认在这次大战中有发展任何革命可能的观点，重申列宁在第一次大战中的"全部政策（如转变帝国主义战争为国内战争，失败主义，前线双方兵士联欢等）完全是正确的"。

《决议》最后写道："DS 对于战争与革命的意见，对于民主与专政等问题的意见，现在已经发展到了完全离开第四国际的立场，完全离开了马克思主义，离开了无产阶级的立场而站到最庸俗的最反动的小资产阶级的机会主义的立场上去了。现在的问题是：不是 DS 完全放弃他的立场，就是他离开第四国际，离开革命，中间的道路是没有的。"①

这个决议与其说是做给陈独秀看的，不如说是做给郑超麟、王文元、陈其昌、楼国华等人看的。因为他们知道陈不会"放弃他的立场"，而且上海的决议对远在大后方的陈独秀没有任何约束力，而这几个人在理论观点上是与彭述之等基本一致的，但由于感情上的关系，在组织上反对对陈采取制裁和开除的极端措施。所以决议的核心是最后一句："中间的道路是没有的。"

为什么是这样的呢？

1940 年 7 月，出狱后与陈独秀话不投机、在家乡养病三年的郑超麟回到上海。被托派尊为最高"理论家"的他，立即进入相当于托派中央政治局常委的中央机关报《斗争》编委会，然后他积极写作，为托派的极左传统观念提出一系列理论根据，大力宣传中国抗战的"反动"性质，大力呼吁对国民党领导的国共合作进行的全国抗战实行列宁的"失败主义"策略，坚决坚持"在战争中引发革命"的原则，特别维护列宁托洛茨基主义的"阶级斗争"和"无产阶级专政"理论，维护托洛茨基的"不断革命—世界革命"的理论。

---

① 《保卫马克思主义》卷 1，油印小册子，第 32～35 页。

郑认为："中国没有民族的革命"。因为中国革命"不是资产阶级民主性的革命"，将来的政权"不是工农民主专政"，不是建立独立自由发展资本主义经济的"民族国家"。托洛茨基也从来不称中国革命为"民族的革命"，而称第一次、第二次、第三次革命。郑说："说中国没有民族革命，这并不是说未来中国革命中没有民族解放运动"，但是，"在未来中国革命之中，民族解放运动是没有力量的，而且在某种限度之下带着反动的性质，因为有些力量表面上似乎是'民族的'，而其实不过是掩饰着十足的阶级斗争"；"所谓'国民'，所谓'人民'，所谓'PEOPLE'，是不存在的，存在的是无产阶级、农民、城乡小资产阶级、资产阶级、地主，他们重视各自阶级的利益过于中华民族的利益……殖民地的阶级分化和斗争如此之深刻和激烈，使得殖民地中不能存在一个人群为了共同的民族利益而暂时忘记其阶级利益"。因此，群众的"爱国主义"只是一种"幻想和成见"，势必被"反革命所利用"。[①]

他甚至说："中国对日战争自始即没有客观的进步意义"；"无论在殖民地和非殖民地，爱国主义都是反动的"。为了打破这种"反动"，"惟有赤裸裸的阶级斗争！"宣称："我们第一步应当破坏资产阶级政府（即国民党政府——引者）机构和军队系统，即是应当实行失败主义。'转变帝国主义战争为国内战争'，列宁这个旧口号恰合新中国的需要"；"'先安内而攘外'，蒋介石这话说得比中国一切马克思主义者都高明……我们只有彻底解决中国的国内问题，才能排除外国的侵略。"[②]

最后他说："我们把堂堂正正的革命的失败主义大旗树起来！这个大旗将为中国的革命者和非革命者的分界点。"[③]

恐怕在当时的中国很难找到如此极左的言论了。尽管他解释说所谓"失败主义"并不是在对日战争中使中国失败，而是使国民党政府失败，以造成他们进行十月革命式的"社会主义革命的时机"。他是坚信在这次战争中是能引发革命的。正如他在批驳陈独秀的一封信中所说："你把'革命的

---

① 意因（郑超麟在托派内部的化名）：《在革命的失败主义大旗之下》，《校内生活》《火花》第 3 卷第 5 期合刊，1941 年 4 月 16 日。

② 意因：《论中国对日战争有无客观的进步意义》，《校内生活》《火花》第 3 卷第 5 期合刊，1941 年 4 月 16 日。

③ 意因：《在革命的失败主义大旗之下》，《校内生活》《火花》第 3 卷第 5 期合刊，1941 年 4 月 16 日。

失败主义'误解为秃头无字的失败主义了。'革命的失败主义'并不是说本
国失败比敌国失败好些，而是说：本国战争失败对本国革命是有好处的。
L. D.（即托洛茨基——引者）给革命的失败主义下了一个'足够的定义'
说：彻底实行阶级斗争不必顾虑本国战争胜败。"①

陈独秀在论述"战争与革命"和"民主与专政"的问题时，多次提到
郑超麟的名字，进行批判。所以，郑的这封信，对陈的意见也进行了比较全
面的分析与批驳。

第一，对于战争中爆发革命问题：郑表示对陈的《我的根本意见》，
"有许多条，在文字上，我都可以完全同意的……但有一个根本点，我和你
不相同，就是，有无革命起来干涉战争。不错，现在是最反动的局面，现在
全凭事实看不出丝毫革命的影子，但革命究竟是客观历史过程，即使没有一
个党，即使没有人自觉地去准备革命，革命仍旧是要来的，而且就在这个战
争之中到来。"他并且断言"我们正处在（俄国）1915—1916 年那样的时
代"。

第二，关于民主制与独裁制的选择问题。郑由以上战争必然爆发革命，
联系到这个选择问题，他说："我也不否认现在英美政制优于德意政制，
但……我们现在的问题，并非是在资产阶级这两个统治形式（即独裁制与
民主制）中选择一种较好的，而是根本不要这两个形式，因为战争向我们
提出了根本推翻资产阶级统治的任务了。"由此，郑同时批驳了陈的"选择
主人"说法："我们革命党只能从革命前途出发，如果拿去这个前途，我们
在中国只好选择做菲律宾人（当时是美国殖民地——引者）或高丽人（即
朝鲜人，当时是日本殖民地）二条道路了。做菲律宾人自然比做高丽人好
些，但不值得牺牲性命求做菲律宾人的，求做草字头（即蒋介石——引者）
统治底下的中国人也不很值得。"

第三，关于斯大林与无产阶级专政理论的关系：郑说："我们有权利希
望未来的无产阶级专政不会产生'史大林'"；"苏联的试验还不够给我们证
明这个理论是行不通的。再来一个试验，如果再产生一个'史大林'的话，
我们才肯怀疑这个理论。"

① 《意因写给独秀同志的信》，1942 年立春节，中国共产主义同盟（国际主义派）机关报
《国际主义者》第 3 期，1942 年 6 月 25 日。作者在按语中说："以上是我写给独秀先生的
一封私人的信，为了邮寄困难，至今未曾发出。"所以，此信的价值是陈独秀当时与被他称
为"极左派"思想分歧更加明确了。

由此看到，当时陈独秀是革命的稳健派和保守派，而郑超麟是革命的激进派和理想派。

已如上述，彭述之坚持原来的"保卫主义"立场，即承认中国抗战的"进步性"，执行"保卫中国抗战"和"以国内战争转变帝国主义战争、准备在战争危机（即失败）时，发动社会主义革命，推翻国民党"的策略，为此，他们把主要精力放在机关报上揭露导致抗战不断失败的国民党腐败无能和共产党的"背叛"上，反对国共合作。郑超麟的"革命失败主义"主张提出后，就出现了"保卫主义"与"失败主义"的对立。但所谓"保卫"，由于力量太小又没有行动，也只是说说而已。彭述之原来处于少数。1941年初，李福仁根据托洛茨基生前指示精神，起草了一个决议，由"第四国际太平洋书记处"的名义通过后，带到中国，支持彭述之的立场。[1] 于是情况发生了变化，刘家良等人转向彭的一方，使"保卫主义"成为"多数派"，控制了托派中央临委。而王文元原属多数派的，1941年世界大战发生转折时，发明了"中国抗战变质论"，认为中国抗战由原来保卫中华民族的正义战争，成为两个帝国主义集团争夺殖民地战争的一部分，失去了原有的进步性，于是，他与楼国华、陈其昌等人，转而加入郑超麟的"失败主义"阵营，但他们在托派内部，还是"少数派"。[2]

1941年2月23日，彭述之控制的中央临委会发出《通告》，要求在4月底以前，在托派内部，就抗战性质和是否应该取"失败主义"等问题进行讨论。通告还附上以上陈独秀和彭、郑两派的文章。两派激烈争论的结果，7月13日，彭述之、刘家良等人，在排除郑超麟等4人的情况下，召开了"中国共产主义同盟——第四国际支部第二次全国代表大会"（1931年5月初的托派统一大会被称为第一次代表大会），发表了大会宣言，自吹自擂地宣称："中国四年来抗战所以遭逢失败，其主要的原因就是中国没有一个能真正代表中国广大工农群众利益的革命党……今后只有集中力量创造一个新的无产阶级政党才能够保证抗战的胜利和工农的解放"，而中国共产主义同盟，"始终坚守无产阶级革命的政纲……没有向资产阶级作过任何妥协，我们没有在反动的'阶级合作'舆论之下低头"，因此"只有它最有资

<hr />

[1] 托洛茨基：《中国革命问题》，第368页。托氏在1940年8月被苏联特工用斧子砍死。
[2] 《意因写给独秀同志的信》，1942年立春节，《国际主义者》第3期，1942年6月25日。

格担当新党的组织任务"①。

这也算是对陈独秀所说的这次战争中不能引发革命的一个主要原因——"没有一个革命党"的回应吧！但是，在远离抗日战场和国民党统治中心的、被称为"孤岛"的上海租界里，几个人发出的声音，的确如后来陈独秀所说的"令人发笑"。

大会重新改选了新的领导机构，由彭、刘、李（福仁）、蒋（振东）、毛（鸿鉴）等人组成新"中央委员会"，楼国华、陈其昌从原临委中被排挤出来，郑超麟、王文元被排挤出《斗争》报编委会。他们提出抗议，并要求继续讨论政治问题，也被"新中央"拒绝。于是，他们也召开自己的代表大会，并另出版一个机关报《国际主义者》。从此，中国托派再次正式分裂成两派：彭述之、刘家良为首的"多数派"，又称"斗争报派"；郑超麟、王文元为首的"少数派"，又称"国际主义者"派。以后中国托派再也没有统一。

总结以上陈独秀与托派两派的意见，可以看到以下奇怪的现象：

> 多数派与少数派在战争与革命、民主与专政及苏联问题上，意见基本相同，目标也相同，即在战争中引发社会主义革命，推翻国民党统治，建立无产阶级专政，只是对当前抗战性质（一是进步，一是反动）和策略（一是保卫，一是失败）有些差异，二者就斗得昏天黑地，但都限于口头上，行动上谁也没有跨出一步。少数派骂对方是"顽固的机会主义"，"愚蠢的机会主义"；多数派骂对方是"极左派"、"教派主义"、"长了胡子的幼稚病"、"反陈独秀机会主义上的中派主义、调和主义和折中主义"、"最无骨头的机会主义"等等。而两派与陈独秀的对立，才是真正实在的。所以，彭述之骂陈独秀是"机会主义的民主白痴"；少数派出于对陈独秀的私谊，只同陈独秀讲理辩论，不给陈扣帽子骂人。他们认为对多数派的批判，也就是对陈独秀的批判，如上郑给陈的信那样。郑在发表此信的按语中，还特别说明："第四国际中国支部此次的大争论，独秀先生并未能直接参加，但他的意见还是知道的……保卫主义者把他当作'右派'，把我们当作'极左派'，一起来反对；他们写的论文和议决案，几乎没有一篇不拿他来同我们对照的。

---

① 《校内生活》《火花》第 3 卷第 5 期合刊，1941 年 4 月 16 日。

我们则相反，我们过去的文字完全没有提到他。这并非因为他的意见与
此次争论无关，也不是由于我们避免提到他，而是为了在我们争论的问
题上，即关于中国战争性质和无产阶级对此战争策略的问题上，他的立
场本质上就是那些保卫主义者的立场。我们批评了那些保卫主义者，也
就是批评了他，本无需乎特别批评他的。"

　　这说明两派在与陈独秀的论战中，有这样一个反差：少数派与陈独
秀观点对立严重，但态度比较温和，限于说理；多数派与陈观点距离较
小，但态度比较粗野，主要是背教条＋谩骂，而且用语相当刻薄、下
流，极具侮辱性。于是更加引起陈的反感。一封至今未见公开发表的
信——1941 年 12 月 7 日陈独秀致某某的信中谈到托派分裂时说："文
元等几个人在上海开什么全国大会，已够令人发笑了；他们（指彭述
之等人——引者）以全国代表大会的名义，排斥别人是少数派，这是
史大林派的态度活现，这更加令人发笑。他们自以为是多数派即布尔什
维克，其实布尔什维克并非马克思主义，乃是俄国急进的小资产阶级亦
即法国的布朗基主义、德国此时的纳粹主义即旧的普鲁士与新的布尔什
维克之混合物……弟将继续为文说明布尔什维克的横暴、欺诈等罪恶，
有机会即公开发表。"[1]

　　从以上国民党、共产党以及托派中央对陈独秀的批判情况看，陈独秀真
是四面楚歌，好不孤立！特别是来自组织内部的孤立，是从来没有过的。他
真是成了孤家寡人。正如当时站在彭述之一边的李福仁后来在《第四国际》
杂志上所言："一方面在四川乡村中的陈独秀，另方面在上海的中央委员
会，用书面进行争论，结果陈独秀居于单独一个人的少数"；"陈独秀的政
治思想，在中国组织内找不到一个拥护者。"[2] 与他私交很深的郑超麟、王
文元、陈其昌等人，也不得不承认："我们非但不拥护陈独秀的主张，而且
与他进行了最不含糊的争辩，以致最后，这位'老人'发了脾气，与我们
绝交了。"[3]

　　可见，陈独秀不怕孤立，这是作为一个思想家的基本特质。如果同流合

① 油印小册子《保卫马克思主义》卷 1，附录《D. S. 来信》，第 20 页。
② 第四国际中央机关报《第四国际》，1942 年 7、8 月号合刊（美国出版），第 241 页。
③ 中国共产主义同盟（国际主义者派）：《致美国〈第四国际〉杂志编辑部的信》，1947 年 10
　月 20 日，《第四国际》，1942 年 7、8 月号合刊。

污或从众而趋，就不是思想家了。早年，他写过一首《感遇诗》，赞颂"夸父追日"和"精卫填海"的精神。他的一生执着地体现了这种精神，为了自己认定的真理，一息尚存，奋勇向前，即使是"孤军奋战"，也不退缩。

自然，陈独秀是尊重事实的。当1941年第二次世界大战发生转折，苏联加入英美反法西斯同盟时，他在生前最后一篇所写的文章《被压迫民族之前途》中，修正了对苏联的一个看法，即只从民族利益还是从世界革命的利益出发，对苏联采取了历史的分析的态度，肯定了列宁领导的十月革命及"前期苏联"，依然否定斯大林的独裁统治的"后期苏联"。

笔者访问现存的中国托派老人时，发现他们以此说明陈独秀最后还是拥护列宁主义，拥护无产阶级专政的。因此，他仍是托派的同志。但是他只是肯定了十月胜利后苏维埃政府的外交政策对被压迫民族的支持，也肯定了那时对俄国农奴的解放的"三大旗帜"。至于在拥护民主、反对托氏无产阶级专政理论问题上，他没有做任何修正。

陈独秀去世时，不可能预见几十年后的今天这样的世界和历史新经验。但是他的"最后民主见解"，是非常伟大深刻的。

陈独秀逝世时，他的托派朋友，就对他的最后一篇文章很感兴趣，并给予高度评价。由于陈在文章中强调在帝国主义的现世界，任何一个民族单靠自己一个民族的力量，不可能抵抗帝国主义的入侵，"只有和全世界被压迫的劳动者，被压迫的落后民族结合在一起，推翻帝国主义……"郑超麟认为他至死也坚持托洛茨基的"世界革命"的原则，说陈还是一个"世界革命的老战将"；他们与陈之间"有意见分歧"，但仍"视他为领袖"，"最有经验的、最忠诚于革命的、最富刚强性格的领袖"，并且这样总结其一生："陈独秀同志能够从卢骚主义，进于雅各宾主义，进于列宁主义托洛茨基主义。这个繁复而急剧的过程，完成于一个人的一生中，而且每个阶段的转变时候，这个人又居于主动的领导地位"；"从卢骚到罗伯斯庇尔和巴贝夫相隔半个世纪；从罗、巴诸人经过傅立叶到马克思也相隔半个世纪；从马克思、恩格斯到列宁、托洛茨基又相隔半个世纪。但欧洲这个漫长的过程，中国于半个世纪之间就可以过尽了……但中国这个发展缩在一个人之身，而且相隔不到几年。"因此，陈独秀"不愧为法兰西十八世纪末叶的伟大思想家和伟大人物的同志"，"不愧为俄罗斯二十世纪初叶的伟大思想家和伟大人物的同志，不愧为列宁托洛茨基的同志，不愧为中国布尔什维克——列宁托洛茨基党的领袖……第四国际中国支部曾以中国这样一个伟大思想家和伟大人物为领袖，是足以自豪的"！①

33 年以后，即 1975 年 12 月，王文元在英国某大学历史系演讲时，进一步发挥上述郑的观点，说："先进国从启蒙运动的年代到社会主义革命的年代，一般要经过几百年（如英法）。不够先进的国家（如俄国）也经过了八、九十年。但是在落后的中国却仅是二十年，而且是反映在甚至实现在一个人身上"，"现代中国思想的跃进清晰地反映在陈独秀的身上"；"给陈独秀做一个总评价。照我看来，陈独秀这个人，虽然政治上是失败的，理论上有局限，但是他不仅是中国最勇敢的思想家，而且是历史上伟大的革命家之一。"② 他还说："假使'天假以年'，陈独秀获见中国第三次革命的来临，那末，不管他今天怀着的思想是多么错误，在事变的刺激之下，他仍能显出一个正确而光辉革命家来的。"③ 他甚至认为，那时的陈独秀"仍将是托派的同志"。④

以上两位陈独秀"晚年民主见解"的反对者，由于排除了陈晚年的"反托时期"，对托派时期的陈独秀情有独钟，基本上是出于私谊的，具有强烈的感情色彩；把陈独秀与卢梭、托洛茨基相比，意在赞扬，却是贬低。因为陈独秀晚年的民主见解，是卢、托不能相比的。虽然在政治上，陈独秀自己承认："我大部分政治生涯之失败"；"我奔走会议运动，奔走革命运动，三十余年，竟未能给贪官污吏的政治以致命的打击，说起来实在惭愧而又忿怒。"⑤ 但评价历史人物是不能以成败论英雄的。

自然，还有另一类评价，如彭述之。彭述之妒忌陈独秀的威望，仇恨陈对他的厌恶，所以对陈独秀评价最低，并且用侮辱、谩骂的文字。他认为陈独秀"有始无终"，"以一个光耀的民主主义者踏上中国的政治舞台，而以一个最不名誉的民主主义者钻进他的坟墓里去"；"从革命的无产阶级阵营退到反动的资产阶级阵营"；"我们确是无情地批评他，攻击他，因而在情感上厌恶他，乃至仇视他……为了挽救他免于悲惨的堕落。关于最后一点，我们失败了。"⑥

---

① 意因：《悼陈独秀同志》，《国际主义者》第 3 期，1942 年 6 月 25 日。
② 双山讲述，方丈译《陈独秀的生平和思想》，香港《新观察》第 6 期。
③ 连根：《托洛茨基与陈独秀》，《国际主义者》第 3 期，1942 年 6 月 25 日。
④ 王凡西：《双山回忆录》（增订本），第 307 页。
⑤ 陈独秀：《实庵自传》，《宇宙风》第 51 期，1937 年 11 月 11 日；《敬告侨胞——为暹罗〈华侨日报〉作》，《告日本社会主义者》，亚东图书馆，1938。
⑥ 犀照：《悼陈独秀》，《斗争》第 6 卷第 1 期。

以上郑超麟、王文元、彭述之对陈独秀的评价，有两个共同点：一是都从个人好恶的私谊出发，；二是都否定陈的晚年见解，特别是"民主见解"，而恰恰在这一点上，大半生与陈独秀对立的胡适，如前所述，以理智的方式，给予了高度的评价，并且历史越来越证明是完全正确的。

1942年5月27日，陈独秀终于在病贫交加中逝世于四川省江津县石墙院小山村寓所。

6月2日下葬。墓地在江津县大西门外鼎山山麓之康庄。这里是邓蟾秋家的茔地。陈独秀生前为躲敌机轰炸，曾到此康庄楼屋住过。这里背依青山，山上万树桃花，遍地橘林；面对长江支流几江，江流湍急，日夜奔腾澎湃作雷鸣，风景十分优美。因此之后，陈独秀每年春秋必偕友人来登山，凭眺观赏，成了他晚年的最大乐趣。似乎有了先兆，这年春天，他们夫妇偕江津白沙镇聚奎中学校长周光午夫妇到此观赏桃花，陈俯瞰大江风骚上下，流连不忍离去。主人邓蟾秋看出了他的心思和对他的敬重，就在他逝世后慷慨献于他当墓地，使他得以遂愿，长眠于此。而此地也因他而名气大振。如果说他活着时如他诗中自吟的"笔底寒潮撼星斗"①，那么，现在葬于此地，乃是"足下奔雷地底传，江山风月此长眠"。

由于陈崇高的历史地位和众多人们的爱戴，在大家捐助下，在当时十分困难的战争条件下，可以说，下葬仪式相当的隆重。据当时杨鲁承家做佣人的吴元珍回忆："埋葬陈独秀那天，来了好几百人，有当官的，也有大户绅士。双石乡公所还组织了上百个乡丁来沿途护卫，一路放火炮，点冲天铳。从石墙院到埋陈独秀的'康庄'要走30来里路，队伍拉了好长好长。陈松年端着遗像走在最前头，后面是八人抬的黑漆棺木，衣衾棺木都是白沙镇的大绅士邓蟾秋送的。陈太太（即潘兰珍——引者）一路上哭得死去活来，由杨二太太和吴白林的堂客扶着，我们这些当下人的就打起花圈，跟在后头走。陈先生活着时我们没觉得他有啥，死了，才晓得他了不起，连县长那么大的官，鞠躬时，还只能站在最后头。"② 这个情况，与高语罕的记述是相符的：参加葬仪者，有朝野名流三四十人；"左右乡邻壮丁不期而会者一、二百人，沿途护卫，且放鞭炮以示景仰惜别之意"。③

---

① 取自《夜雨狂歌答沈二》一诗。
② 《访问吴元珍记录》1994年10月8日，未刊件。
③ 高语罕：《入蜀前后》，《民主与统一》1946年第7期。

又经过半年时间，陈独秀的墓落成，墓景也相当的堂皇。"独秀陈先生之墓"的碑文，由著名书法家葛康俞亲自鋈刻，"书刻均具古法，颇有古姿也"。①

在当时属穷乡僻壤的地方，耸立起这座"堂皇"的新坟，也成了当地的一道风景。许多路过此地的要人，特别是他的生前朋友和学生们，都会肃然起敬，勃兴感慨。

著名学者许德珩在抗战时期陈独秀寓江津时，曾三次去拜访他。陈去世后，他有次乘轮船过江津几江，凭栏遥望河岸上那座显眼的新坟，不禁感慨万千，写了这样一首白话诗：

> 得知陈独秀，养病在江津。船行到白沙，过此都停轮。便道去探望，拜访此老人。
> 别已十余年，重见百感生。今非昔所比，白发老病身。坐了五年牢，战起得为民。
> 今住小山村，仆仆感风尘。无人与往来。邓初照顾频。曾谈文字学，对此兴趣真。
> 狱中有著作，此情实可钦。拜访已三次，师友结亲情。谁知三年后，客死在孤村。

陈独秀在晚年两篇文章中，承认自己的一生差不多是消耗在政治生涯中，而且"失败"了。但是，另一个中国著名的学者、与陈独秀有近30年昆弟交情的程演生得知陈逝世消息后给了他这样的评价：

> 他是一个爽直坦白有热情的人，他丝毫没有功名利禄的思想，是一个爱国者，是一个为中国找出路的人。他痛心中国政治的不良，社会的污浊，学术的不长进，士风的鄙陋，想要一一洗涤之。他现在死了。他一生努力的成绩，是存在的。②

可以说，在众多对陈独秀一生的评价中，程先生的评价是最中肯的。

---

① 葛康素：《谈陈仲甫先生书法》，唐宝林主编《陈独秀研究动态》第7期，1996，第9页。
② 程演生：《仲甫家世及其他》，手稿，中央档案馆藏。

而陈独秀的学生、后来成为文字学同好的陈钟凡，对陈有着更深的感受与尊敬。他写的挽联充满悲壮之意：

> 生不遭当世骂，不能开一代风气之先声；
> 死不为天下惜，不足见确尔不拔之坚贞。
> 生死嚼然斯何人，怀宁仲甫陈先生。
> 先生之学关世运，先生之志济群生；
> 斯世斯民方如梦，先生肆意其孤行。
> 孤行长往何所图，口可杜，身可诛，穷坚志壮终不渝。①

陈铭枢将军可能感念陈独秀在狱中还支持他的福建事变壮举，也写了副与陈钟凡类似激情的挽联：

> 言皆断制，行绝诡随，横览九洲，公真健者！
> 谤积丘山，志吞江海，下开百劫，世负斯人！

陈铭枢请在书法上有很高造诣的佛学大师欧阳竟无书写此联，在葬仪上被称为"双美双绝"。

与陈独秀终身为友的同乡高语罕，在陈逝世前一年，就看出"老仲（即陈独秀——引者）之病甚险"，并在致汪孟邹的信中，预写挽联曰：

> 桐棺虽盖，论定尚须十世后；
> 彗星既陨，再生已是卅年迟。
> （彗星云云，纾傅斯年昔年论彼语）②

但高的说法，还是激进了。

当时胡适在美国当大使，没有也不可能听到陈晚年的"民主见解"，所以，陈独秀去世时，思想上是极其孤立的。甚至在抗战胜利后的 1947 年 6 月，他的三儿子陈松年遵其遗嘱，将其棺木迁回家乡安庆时，有人得知故旧

---

① 陈钟凡：《陈仲甫先生印象记》，手稿，中央档案馆藏。
② 《高语罕致汪孟邹的信》，1941 年 4 月 21 日，中央档案馆藏。

和文化界"并无发动往接意思"，十分感慨："世界仿佛早已忘记了这个人"，陈独秀"江津寂寞，安庆亦寂寞"。①

这不奇怪，因为，思想家必须拥有超越那个时代芸芸众生的观察与思考。所以，他肯定是"寂寞"的。但是，他最终又是不寂寞的，他的思想必然为广大民众所接受，并发扬光大。

笔者相信，随着历史的发展，陈独秀这颗明珠，必将发出更加光辉的异彩！

总之，陈独秀有"终身反对派"的一面，反对清王朝，反对北洋军阀，反对国民党政权，反对斯大林，反对第三国际，反对服从斯大林第三国际的中共，最终反对列宁—托洛茨基主义的无产阶级专政；但同时他也有一生追求不渝的信念：从忧国忧民到救国救民，高举"科学"与"民主"两面大旗。而且，他是从提高国民性（即人权自觉）和国家决策科学化这两个根本问题上来救国救民的。

因此，综观陈独秀的一生，如果不抱党派偏见，也"不以成败论英雄"，应该承认，陈独秀是中国近代史上最伟大的爱国者、伟大的革命家与改革家、伟大的民主主义者、伟大的启蒙思想家。

自然，陈独秀的主要革命生涯是在20世纪前40年，必然也刻上这个时代的烙印。这个时代也是民主主义式微的时代，同时也是"革命万能论"盛行一时，改良主义被边缘化的时代。因此，陈独秀在两个主要时期——共产党和托派时期，虽然与极左派进行了不屈不挠的斗争，但他自己却一直在"左"倾圈子中打转，从失败走向失败，最后才在民主主义的觉悟中，腾飞而起。

2003 年 11 月 3 日 于北京农光里起草

2007 年 7 月 21 日 于北京秀园初稿

2008 年 10 月 于北京国美第一城修改稿

2009 年 7 月 10 日 于北京汇成家园定稿

2011 年 4 月 16 日 于许昌东方米兰小区修订

2011 年 9 月 4 日 最后修改定稿

2011 年 11 月 于香港中文大学出版社出版繁体字版

---

① 《史述隐致何之瑜的信》，1947 年 6 月 8 日，中央档案馆藏。

图书在版编目（CIP）数据

陈独秀全传/唐宝林著. —北京：社会科学文献出版社，
2013.7（2025.1 重印）
ISBN 978 - 7 - 5097 - 4769 - 8

Ⅰ.①陈⋯　Ⅱ.①唐⋯　Ⅲ.①陈独秀（1879 ~1942）-
传记　Ⅳ.①K827 = 6

中国版本图书馆 CIP 数据核字（2013）第 142189 号

陈独秀全传

著　　者／唐宝林

出 版 人／冀祥德
项目统筹／徐思彦
责任编辑／赵　薇
责任印制／王京美

出　　版／社会科学文献出版社·历史学分社（010）59367256
　　　　　地址：北京市北三环中路甲 29 号院华龙大厦　邮编：100029
　　　　　网址：www. ssap. com. cn
发　　行／社会科学文献出版社（010）59367028
印　　装／三河市东方印刷有限公司

规　　格／开本：787mm × 1092mm　1/16
　　　　　印张：57.75　字数：996 千字
版　　次／2013 年 7 月第 1 版　2025 年 1 月第 21 次印刷
书　　号／ISBN 978 - 7 - 5097 - 4769 - 8
著作权合同
登 记 号／图字 01 - 2013 - 2879 号
定　　价／128.00 元

读者服务电话：4008918866